國家社科基金重大項目“歷代賦論整理研究”
（19ZDA249）階段性成果
國家社科基金一般項目“歷代賦學文獻考”
（10BZW061）成果

国家出版基金项目
NATIONAL PUBLICATION FOUNDATION

中國賦學文獻考

上

蹤凡 著

齊魯書社

圖書在版編目(CIP)數據

中國賦學文獻考:全2册/蹤凡著. --濟南:齊魯書社,2020.6
ISBN 978-7-5333-4395-8

Ⅰ.①中… Ⅱ.①蹤… Ⅲ.①賦—文學研究—中國—古代 Ⅳ.①I207.224

中國版本圖書館CIP數據核字(2020)第218200號

策劃編輯:趙發國
責任編輯:張 超 趙發國
裝幀設計:劉羽珂 李 生

中國賦學文獻考
蹤 凡 著

主管單位	山東出版傳媒股份有限公司
出版發行	齊魯書社
社　　址	濟南市英雄山路189號
郵　　編	250002
網　　址	www.qlss.com.cn
電子郵箱	qilupress@126.com
營銷中心	(0531)82098521 82098519 82098517
印　　刷	山東臨沂新華印刷物流集團有限責任公司
開　　本	720mm×1020mm 1/16
印　　張	59.75
插　　頁	13
字　　數	1310千
版　　次	2020年6月第1版
印　　次	2020年6月第1次印刷
標準書號	ISBN 978-7-5333-4395-8
定　　價	298.00圓(上、下册)

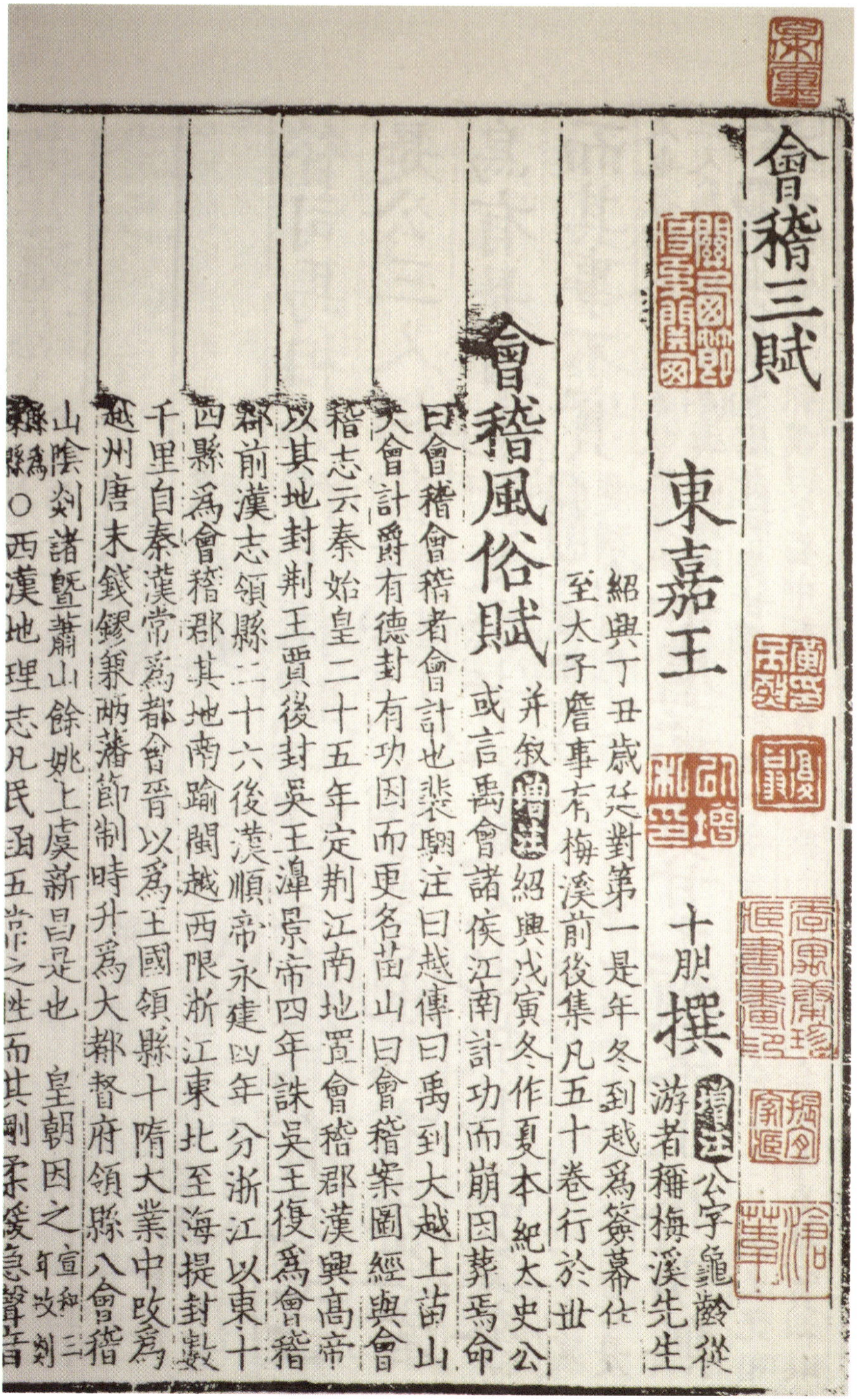

會稽三賦

東嘉王十朋撰 增注 公字龜齡從游者稱梅溪先生紹興丁丑歲廷對第一是年冬到越爲僉幕仕至太子詹事有梅溪前後集凡五十卷行於世

會稽風俗賦 并叙 增注 紹興戊寅冬作夏本紀太史公或言禹會諸侯江南計功而崩因葬焉命曰會稽會稽者會計也裴駰注曰越傳曰禹到大越上苗山大會計爵有德封有功因而更名苗山曰會稽案圖經與會稽志云秦始皇二十五年定荊江南地置會稽郡漢興高帝以其地封荊王賈後封吳王濞景帝四年誅吳王復爲會稽郡前漢志領縣二十六後漢順帝永建四年分浙江以東十西縣爲會稽郡其地南踰閩越西限浙江東北至海提封數千里自秦漢常爲都會晉以爲王國領縣十隋大業中改爲越州唐末錢鏐兼兩藩節制時升爲大都督府領縣八會稽山陰剡諸暨蕭山餘姚上虞新昌是也 皇朝因之宣和三年改剡縣爲嵊縣○西漢地理志凡民函五常之性而其剛柔緩急聲音

《會稽三賦》，宋刻元修本

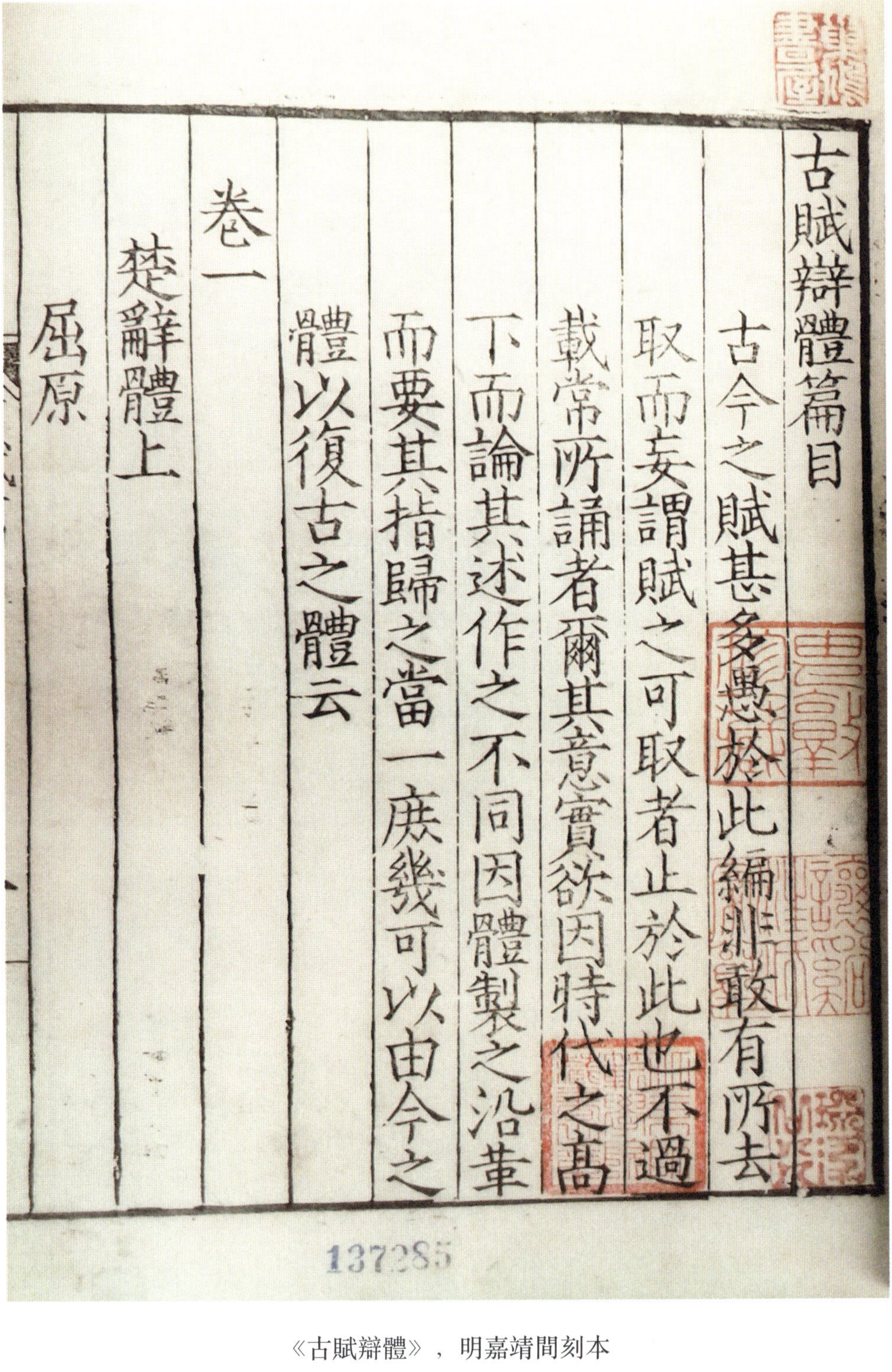
古賦辯體篇目

古今之賦甚多愚於此編非敢有所去取而妄謂賦之可取者止於此也不過載常所誦者爾其意實欲因時代之高下而論其述作之不同因體製之沿革而要其指歸之當一庶幾可以由今之體以復古之體云

卷一

楚辭體上

屈原

《古賦辯體》，明嘉靖間刻本

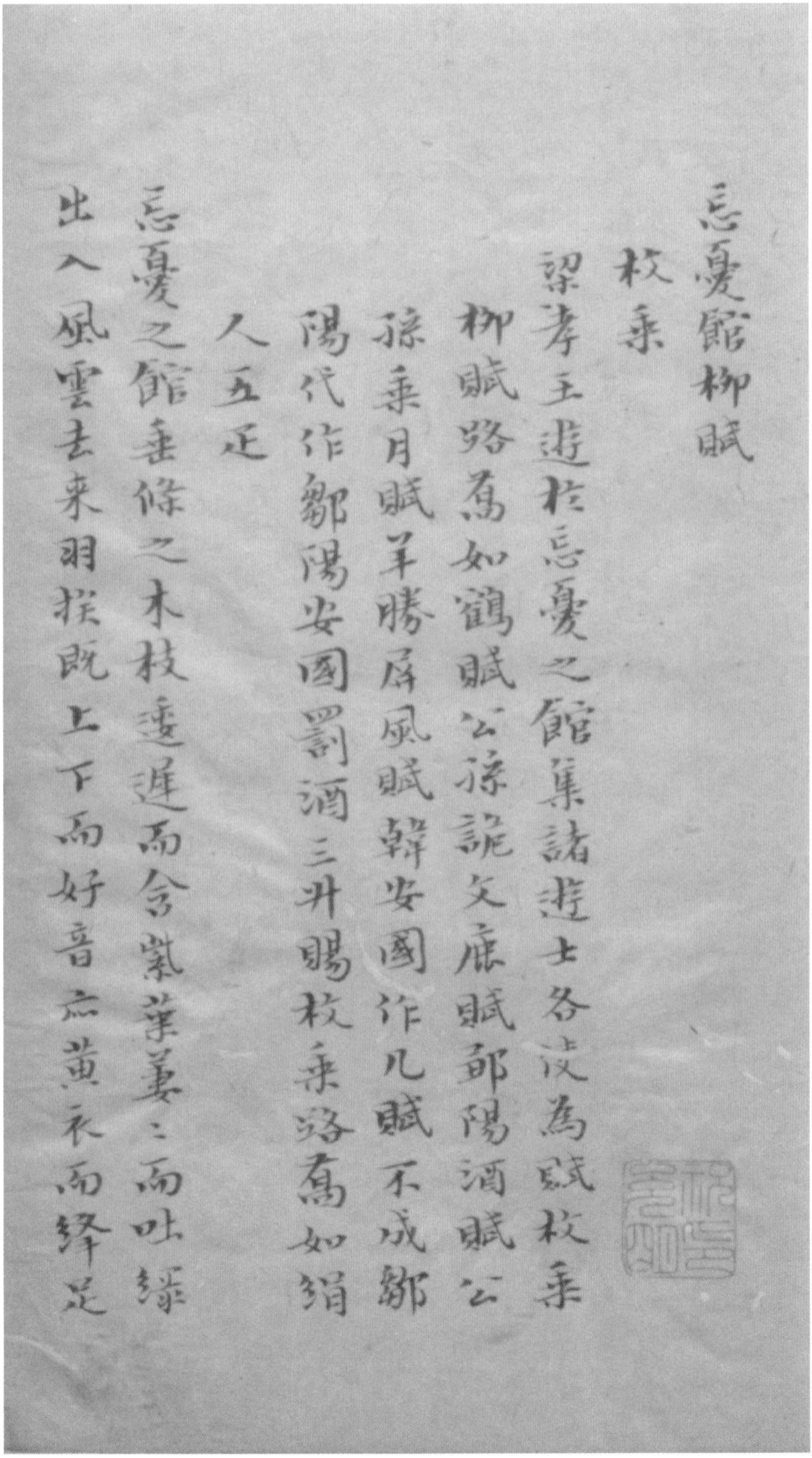
忘憂館柳賦
枚乘
梁孝王遊於忘憂之館集諸遊士各使為賦枚乘柳賦路喬如鶴賦公孫詭文鹿賦鄒陽酒賦公孫乘月賦羊勝屏風賦韓安國作几賦不成鄒陽代作鄒陽安國罰酒三升賜枚乘路喬如絹人五疋
忘憂之館垂條之木枝逶遲而含紫葉萋萋而吐綠出入風雲去來羽族既上下而好音亦黄衣而絳足

祝允明手抄賦，明抄本

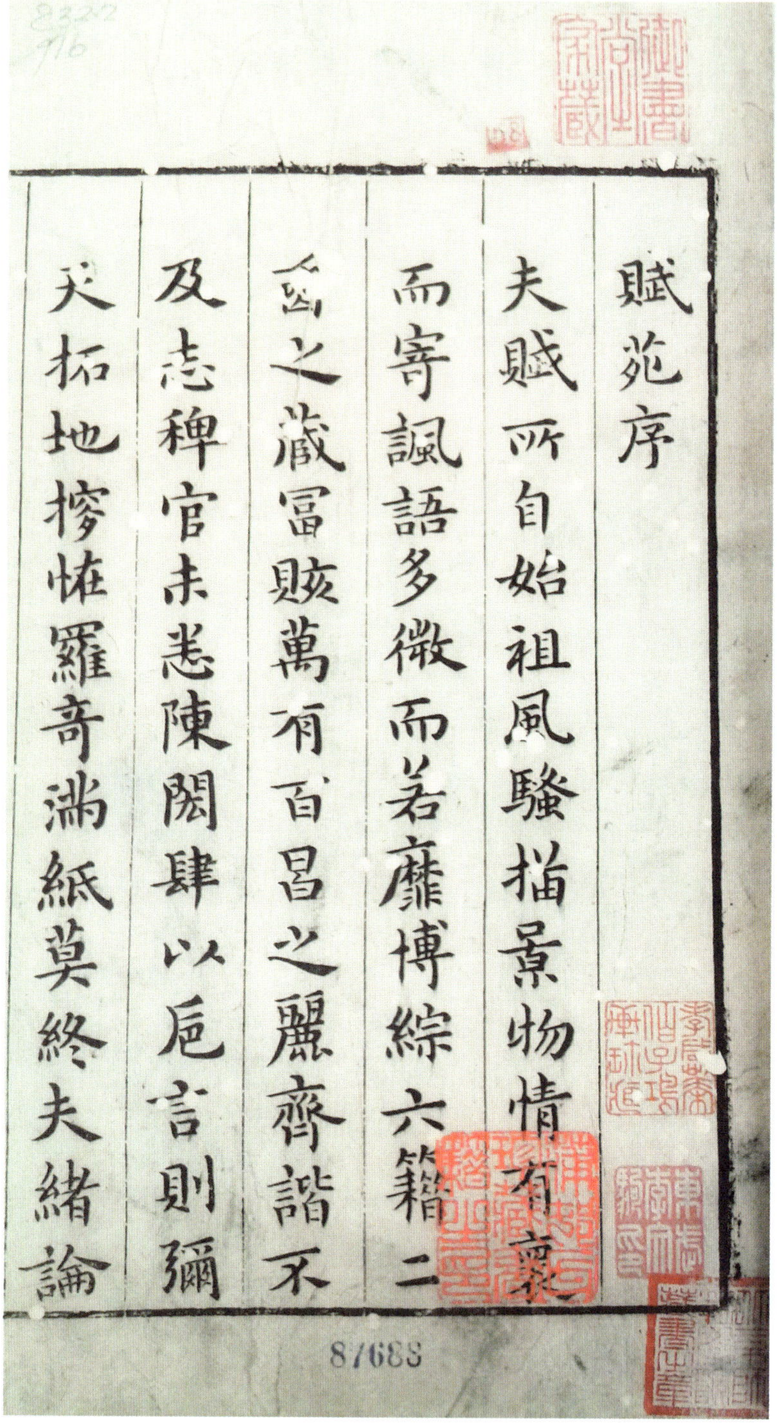

賦苑序

夫賦所自始祖風騷描景物情有褒而寄諷語多微而若靡博綜六籍二酉之藏冨賅萬有百昌之麗齊諧不及志稗官未悉陳閎肆以巵言則彌天拓地摎惟羅奇淵紙莫終夫緒論

《賦苑》，明末刻本

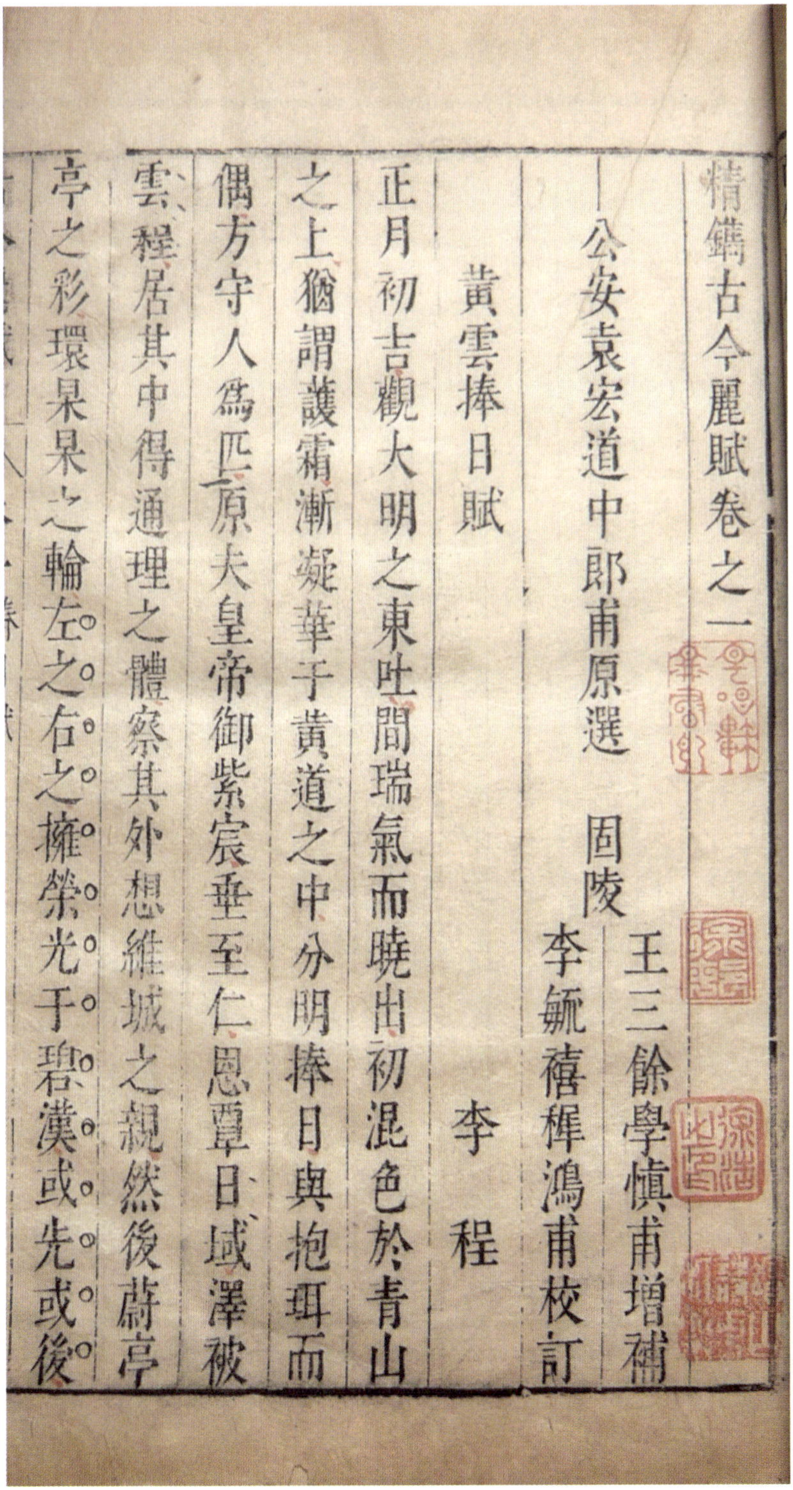

精鐫古今麗賦卷之一

公安袁宏道中郎甫原選

固陵王三餘學愼甫增補

李毓禧稺鴻甫校訂

黃雲捧日賦　李程

正月初吉觀大明之東吐閶瑞氣而曉出初混色於青山之上猶謂護霜漸凝華于黃道之中分明捧日與抱珥而偶方守人爲匹原夫皇帝御紫宸垂至仁恩覃日域澤被雲程居其中得通理之體察其外想維城之親然後蔚亭亭之彩環杲杲之輪左之右之擁榮光于碧漢或先或後

《精鐫古今麗賦》，明末王三餘刻本

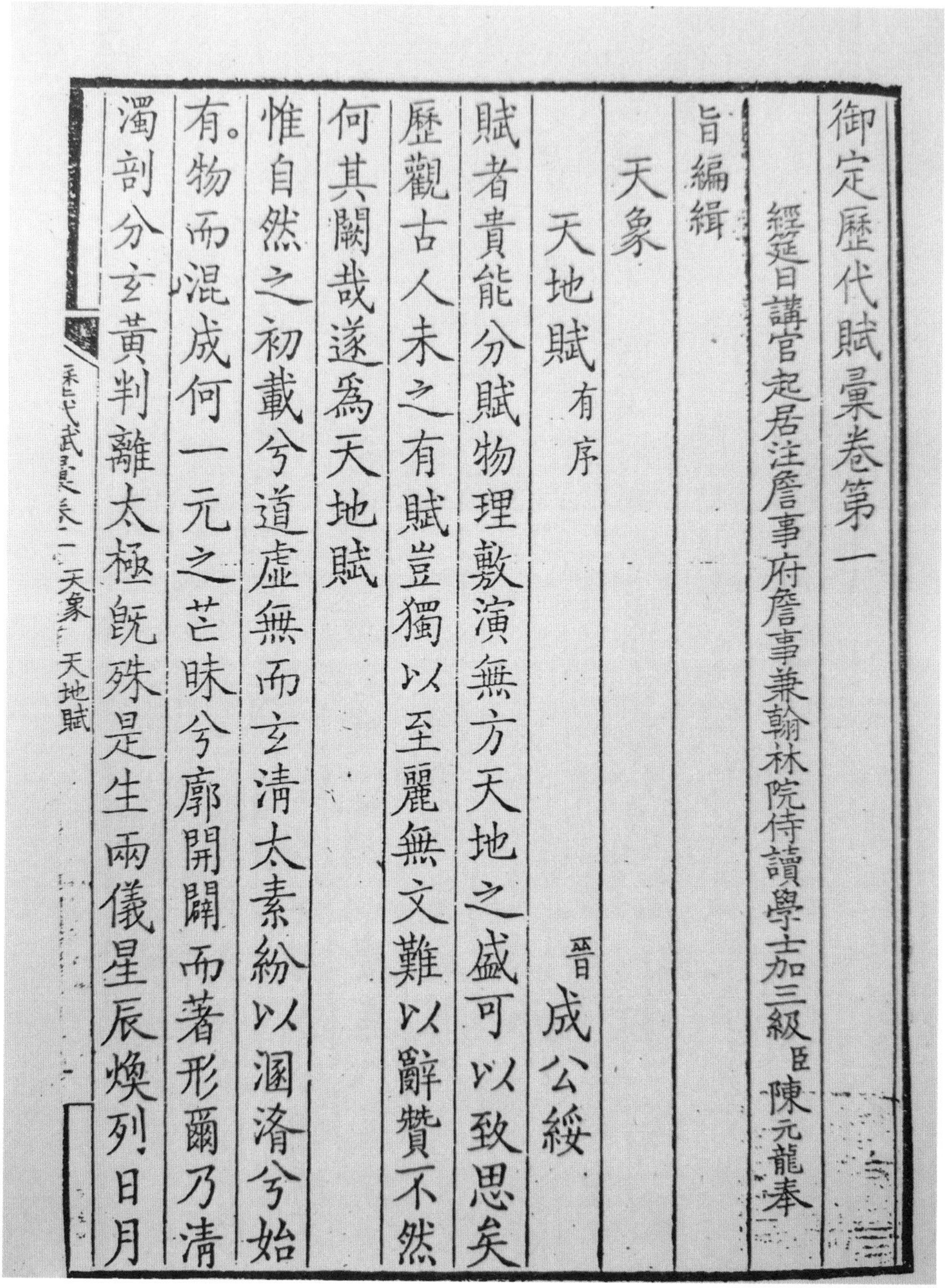
御定歷代賦彙卷第一
經筵日講官起居注詹事府詹事兼翰林院侍讀學士加三級臣陳元龍奉
旨編輯
天象
天地賦有序　晉　成公綏
賦者貴能分賦物理敷演無方天地之盛可以致思矣歷觀古人未之有賦豈獨以至麗無文難以辭贊不然何其闕哉遂爲天地賦
惟自然之初載兮道虛無而玄清太素紛以溷淆兮始有物而混成何一元之芒昧兮廓開闢而著形爾乃清濁剖分玄黃判離太極既殊是生兩儀星辰煥列日月
歷代賦彙　卷一　天象　天地賦

《御定歷代賦彙》，清康熙間内府刻本

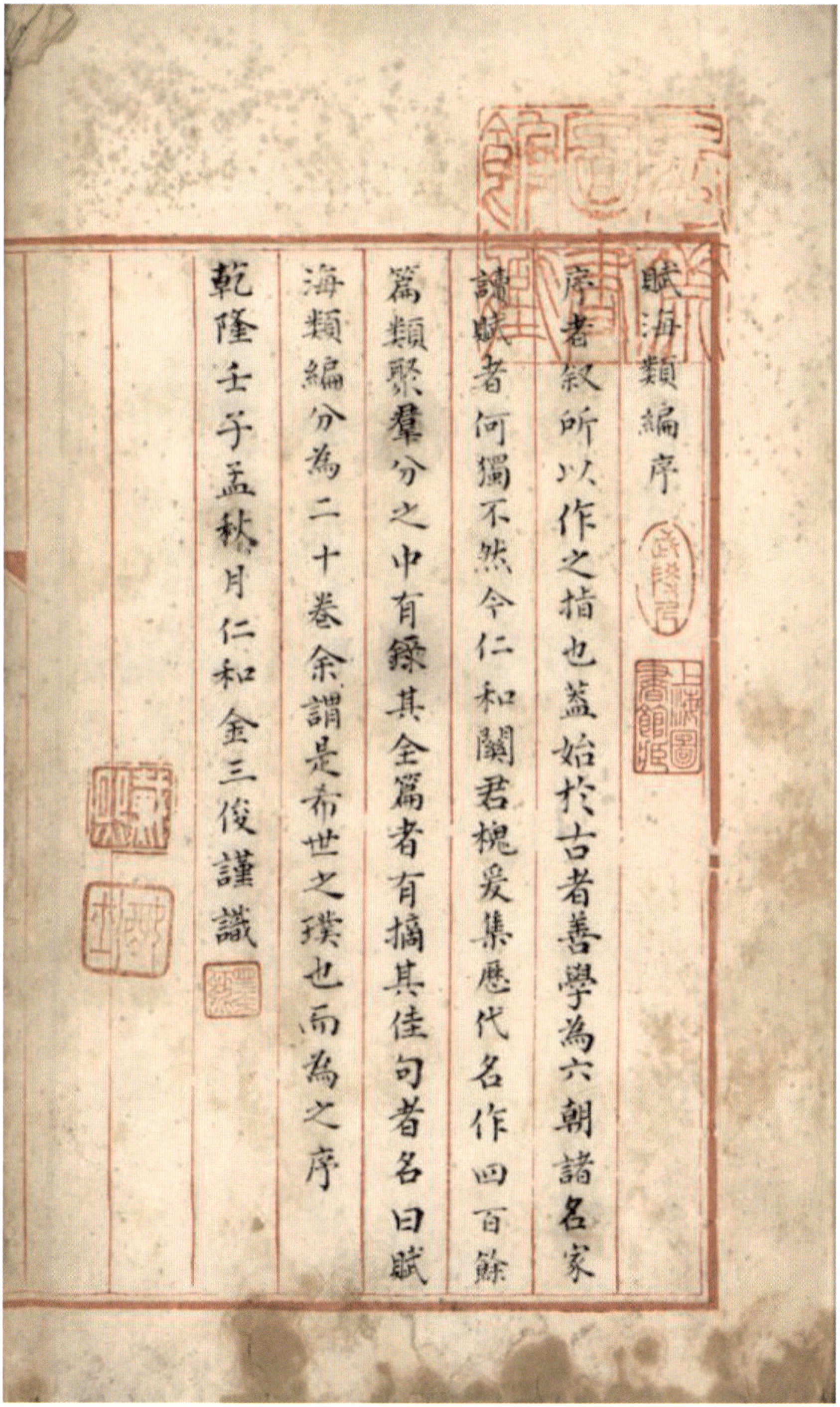

賦海類編序

序者敘所以作之指也葢始於古者善學為六朝諸名家讀賦者何獨不然今仁和關君槐爰集歷代名作四百餘篇類聚羣分之中有錄其全篇者有摘其佳句者名曰賦海類編分為二十卷余謂是希世之璞也而為之序

乾隆壬子孟秋月仁和金三俊謹識

《賦海類編》，清乾隆間鈔本

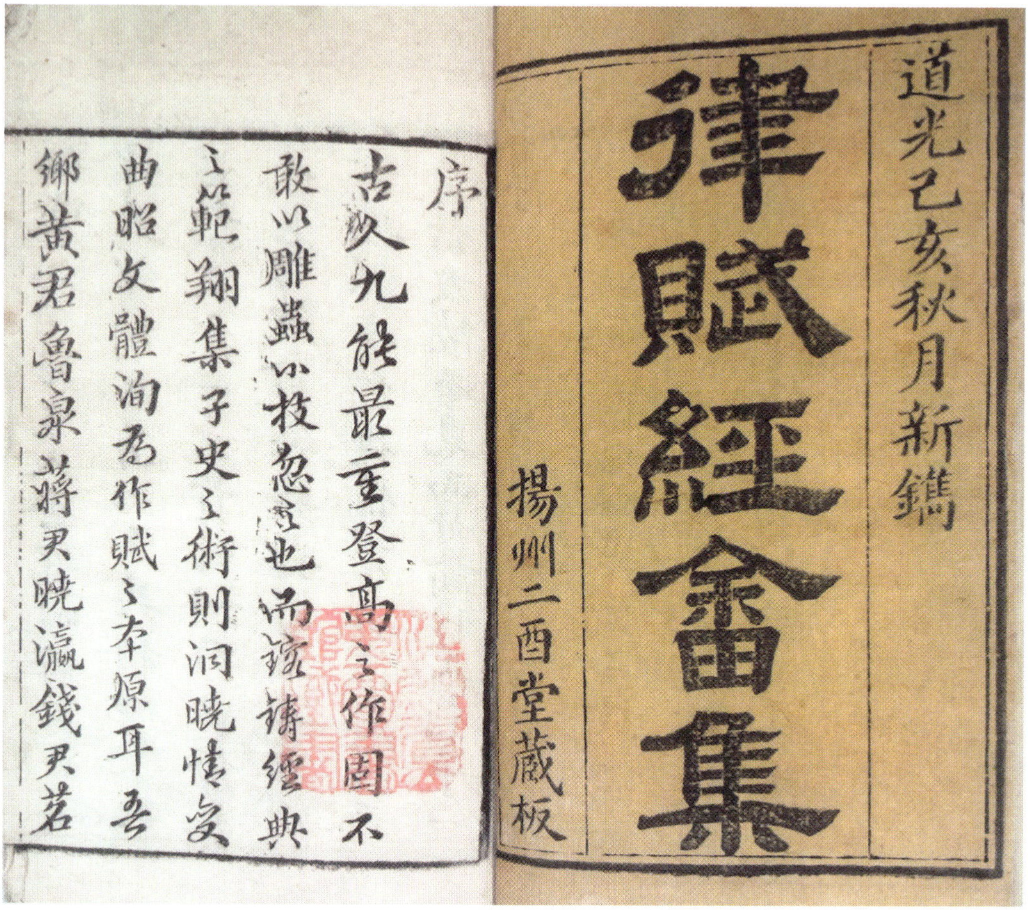
序
古以九能最重登高之作固不
敢以雕蟲小技忽之也而鎔鑄經典
之範翔集子史之術則洞曉情變
曲昭文體洵為作賦之本原耳吾
鄉黃君魯泉蔣君曉瀛錢君茗

道光乙亥秋月新鐫
律賦經畬集
揚州二酉堂藏板

《律賦經畬集》，清道光揚州二酉堂刻本

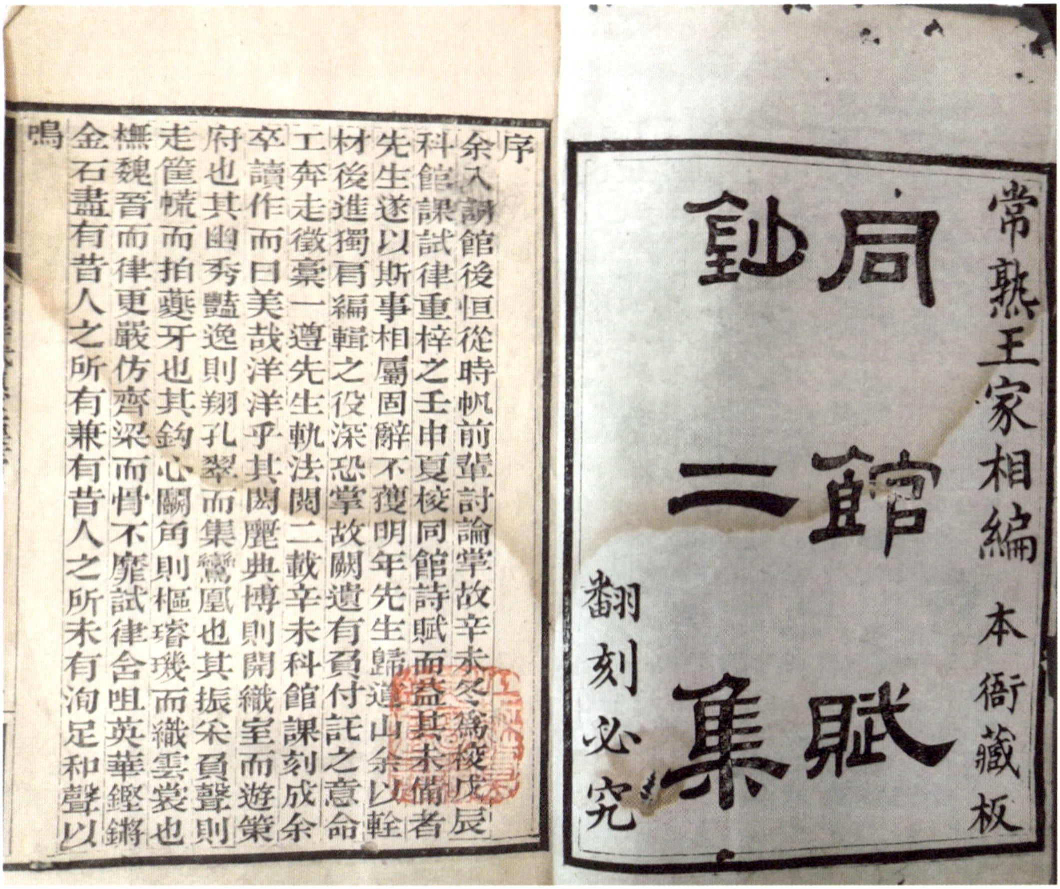

常熟王家相編

同館賦鈔二集

本衙藏板

翻刻必究

序

余入詞館後恒從時帆前輩討論掌故辛未冬爲校戊辰科館課試律重梓之壬申夏校同館詩賦而益其未備者先生遂以斯事相屬固辭不獲明年先生歸道山余以輇材後進獨肩編輯之役深恐掌故闕遺有負付託之意命工奔走徵稾一遵先生軌法閱二載辛未科館課刻成余卒讀作而曰美哉洋洋乎其閎麗典博則開織室而遊策府也其幽秀豔逸則翔孔翠而集鸞凰也其振采負聲則走筐篚而拊蘷牙也其鉤心鬭角則樞璿璣而織雲裳也撫魏晉而律更嚴仿齊梁而骨不靡試律含咀英華鏗鏘金石盡有昔人之所有兼有昔人之所未有洵足和聲以鳴

《同館賦鈔二集》，清嘉慶間刻本

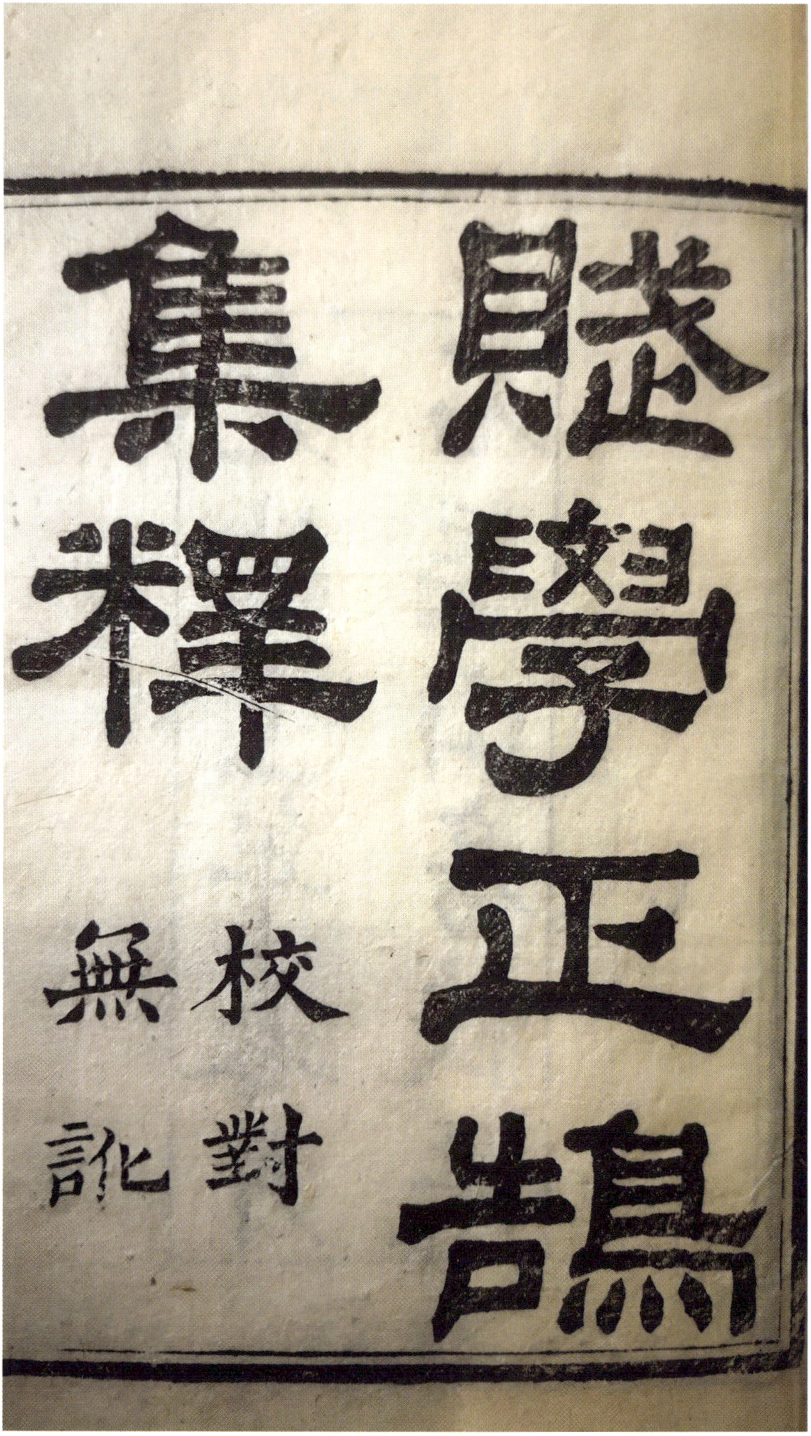
賦學正鵠

集釋

校對

無訛

《賦學正鵠集釋》，清光緒間刻本

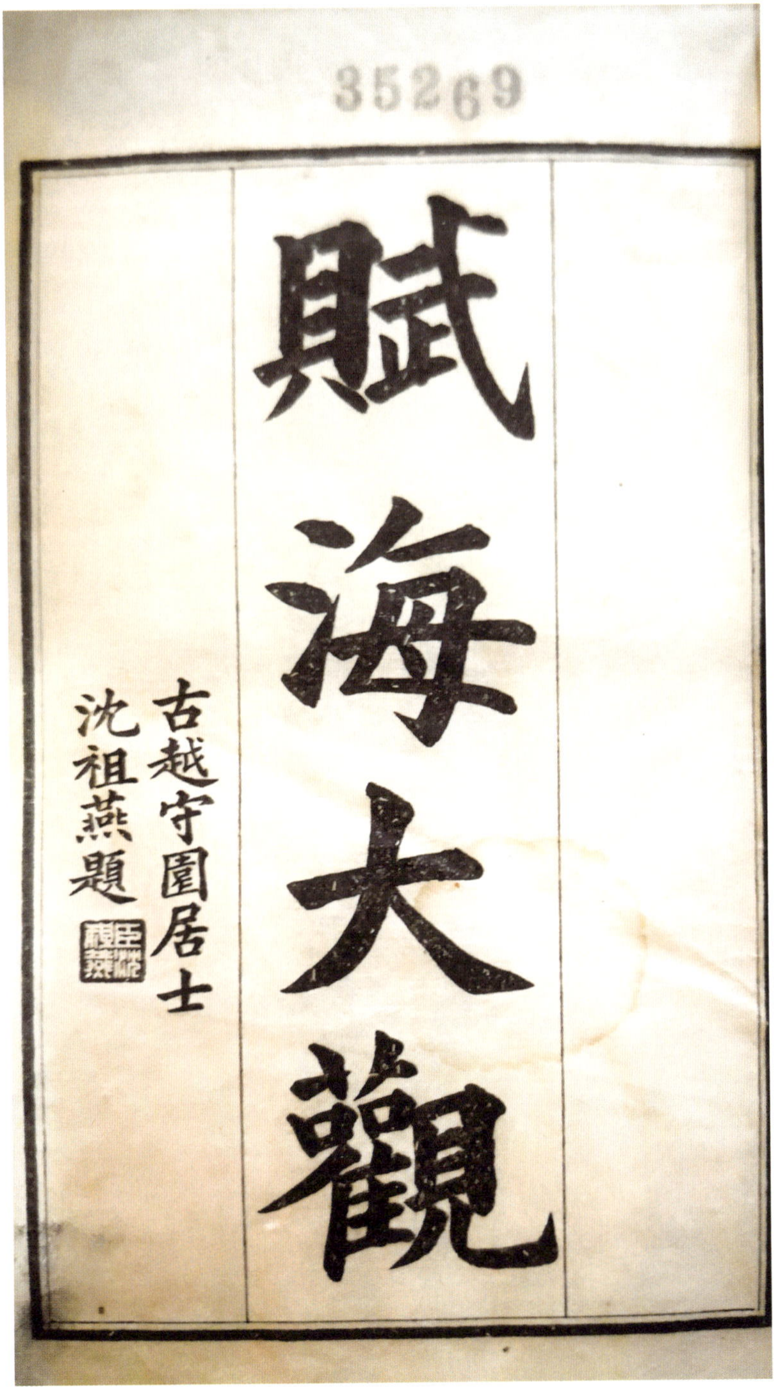

《賦海大觀》，清光緒間石印本

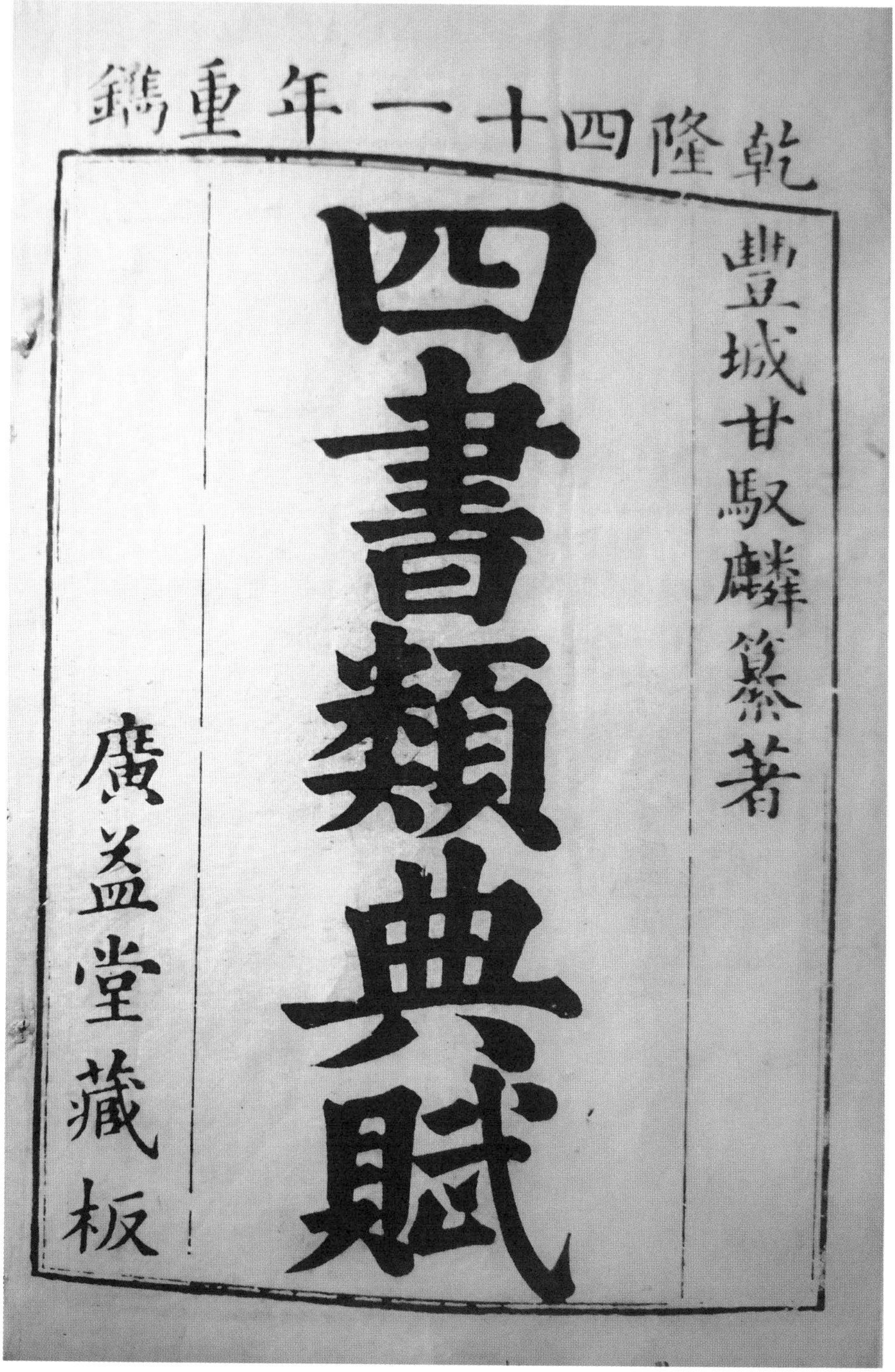

《四書類典賦》，清乾隆四十一年（1776）刻本

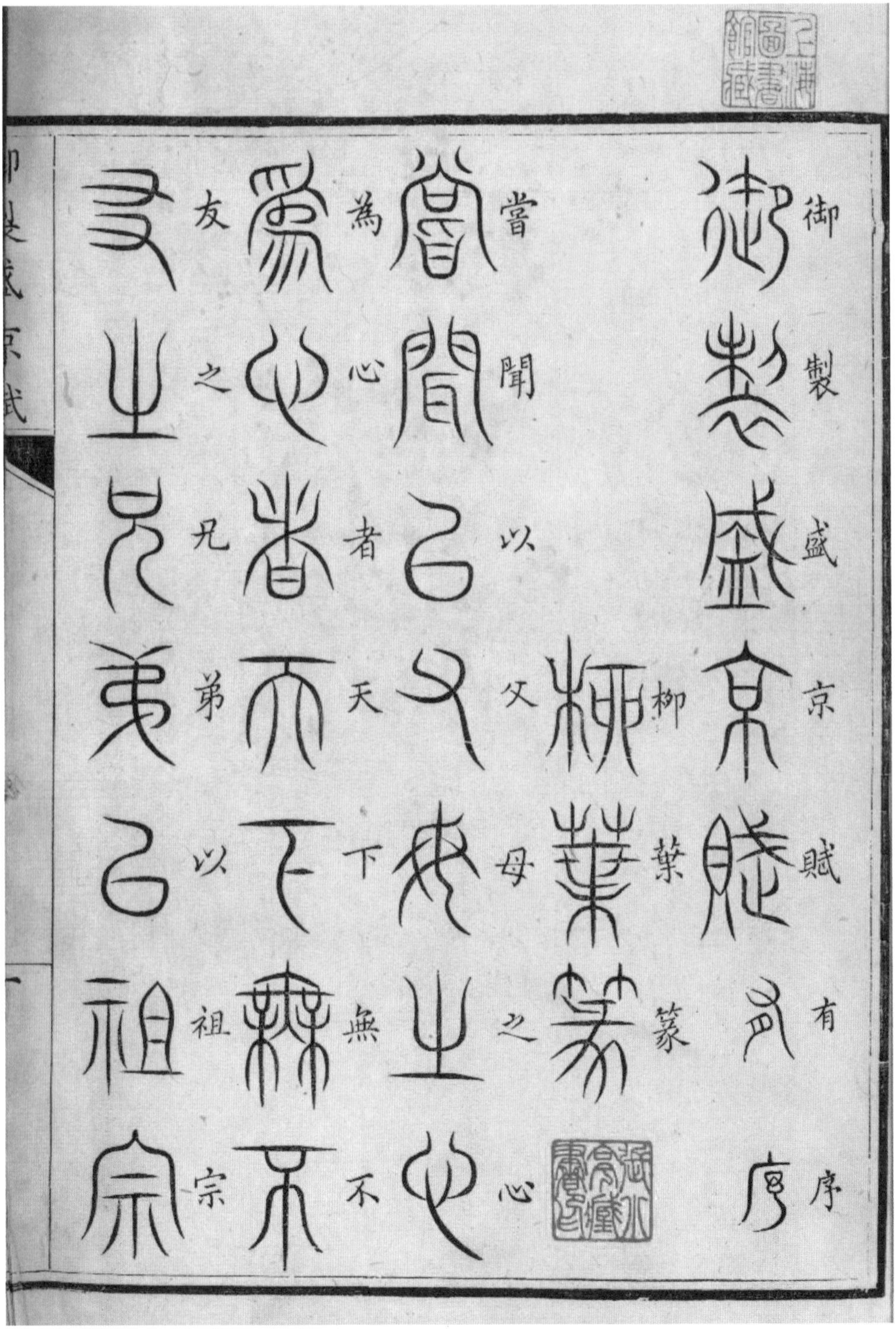
御製盛京賦有序
柳葉篆
嘗聞以父母之心
為心者天下無不
友之兄弟以祖宗

《御製盛京賦》，清乾隆間刻本

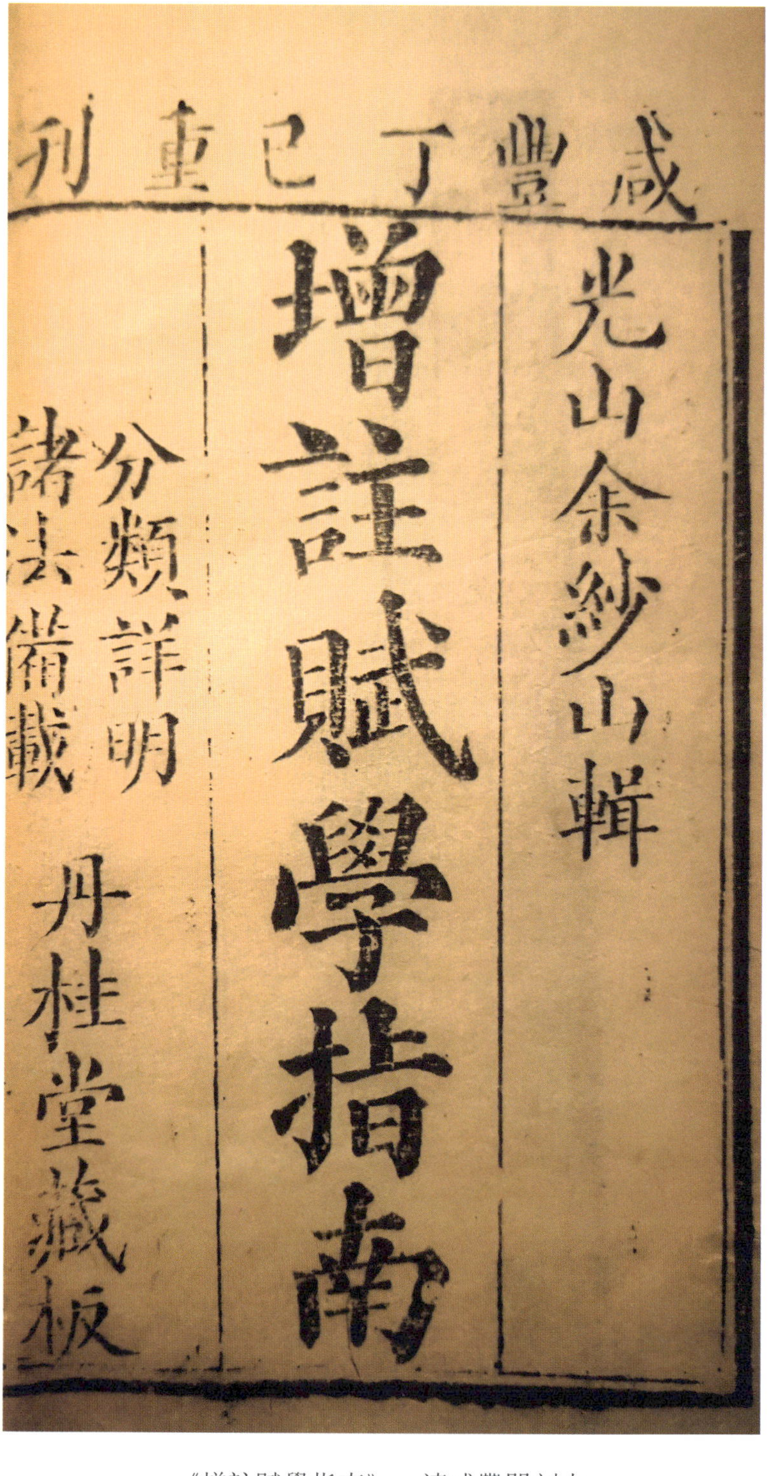
咸豐丁巳重刊

光山余紗山輯

增註賦學指南

分類詳明
諸法備載

丹桂堂藏板

《增註賦學指南》，清咸豐間刻本

緒　言

賦是中國古代所特有的文學體裁,是根據古代漢字的形體、音義特點而組織出來的華美藝術品,具有鮮明的中國特色。漢魏時期,賦爲文壇正宗;六朝之後,賦對於對仗、用韻、典故有着更爲嚴格的追求,進而成爲中國古代最高雅的文體之一。在西方文學中,找不到與“賦”相對應的文體,西方文學的四大體類(詩歌、散文、戲劇、小説)没有給“賦”留下位置,因而郭紹虞、曹道衡、褚斌傑諸先生非常無奈地指出:賦“非詩非文,亦詩亦文”,是一種“介於詩與散文之間”的文體,是古代文學中的“兩棲類”。美國著名漢學家康達維教授在翻譯《文選・賦》和龔克昌《漢賦講稿》時,找不到合適的英文單詞,便衹好使用漢語拼音“fu”來表示。

一、賦體文學發展簡史

賦體文學産生於先秦,荀況《賦篇》是最早以“賦”命名的作品,而稍後宋玉創作的《高唐賦》《神女賦》等奠定了賦體文學的形制和規模。降至漢代,賦體大興,“詞賦競爽,而吟詠靡聞”(鍾嶸《詩品序》),産生了司馬相如、揚雄、班固、張衡、蔡邕等著名賦家,作品多達數千篇,被王國維譽爲“一代之文學”(《宋元戲曲考・自序》)。魏晉南北朝時期,散體大賦衰落,而詠物、抒情小賦興起,賦體文學仍然居於文壇正宗地位,並且講究駢儷和用典,對唐代興起的律賦、律詩有深刻影響。梁昭明太子蕭統主持編纂《文選》,首列賦體,多選駢儷之作,即可見出當時的文壇風尚。能否作賦、賦之優劣甚至成爲衡量一個文人是否有才學的重要標志,故北朝魏收云:“會須作賦,始成大才士。”(《北齊書・魏收傳》)唐代以律詩、律賦取士,律體大盛,文人競相研習,佳作甚多;宋代因之,但講究理趣和議論的文賦也登上文壇,反映了賦與散文交互影響的面貌。元明時期,科舉不考律賦,偶爾以古賦爲題,律體因此衰微,但由於復古風氣的盛行,古賦創作成爲主流,指導古賦創作的《古賦辯體》《青雲梯》等應運而生。清代科舉之鄉試、會試、殿試皆不考賦,但初級考試如縣試、府試、院試大都考律賦,而翰林院月課、散館考試、皇帝觀風考試等亦考律賦,因而律賦創作成爲每個文人的基本訓練内容。清代保存下來的賦作,仍然以律賦爲主,兼有古賦、騷賦、駢賦,數量極爲龐大,内容也更爲豐富。

不難看出,賦是一種歷史悠久、數量巨大、影響深遠的文學體裁,傾注了古代文人墨客的精力和才華,從多方面反映了中國古人的生活狀態和思想面貌。儘管賦體文學在清代滅亡之後趨於衰落(近年又有復興之勢),但兩千餘年的賦體發展,爲後人留下了數以萬計的文學作品。這是一筆十分珍貴的文學和文化遺産。如果不研究賦,不瞭解賦,就不能全面認識中國古代文學的發展歷程,也就不能真正瞭解中國古代文人和中國古代文化。

二、國内外研究現狀述評及研究意義

(一)研究現狀及趨勢

賦體文學的研究始於漢代,可謂源遠流長,但直到 20 世紀 80 年代,纔真正走向繁榮和興盛。近 30 年來,學術界湧現出數百部賦學研究專著和 2 萬篇學術論文,賦學研究呈現出前所未有的鼎盛局面。但是同詩、詞、戲曲、小説等其他文體相比,賦的研究又遠遠落在後面。尤其是 2 萬餘篇的明清賦,很少有人問津,各種文學史也常常隻字不提,這在很大程度上影響了人們對中國古代文學的整體判斷和有效繼承。之所以會出現這種局面,除了思想觀念的偏差,一個很重要的因素就是賦學基本文獻的清點和整理工作過於薄弱,致使不少研究者對於歷代賦的産生數量、基本内容、存佚狀况都不甚清楚,更不用説研究了。世紀之交,已有不少學者認識到這一點。在賦作、賦話的彙輯、整理、校注方面,出現了費振剛等《全漢賦》(北京大學出版社 1993 年版)、《全漢賦校注》(廣東教育出版社 2005 年版),龔克昌等《全漢賦評注》(花山文藝出版社 2003 年版)、《全三國賦評注》(齊魯書社 2013 年版),韓格平等《全魏晋賦校注》(吉林文史出版社 2008 年版),簡宗梧等《全唐賦》(里仁書局 2011 年版),曾棗莊等《宋代辭賦全編》(四川大學出版社 2008 年版),王冠《賦話廣聚》(北京圖書館出版社 2006 年版),孫福軒等《歷代賦論彙編》(人民文學出版社 2016 年版)的編纂①;在賦學基本文獻的介紹方面,有葉幼明《辭賦通論》第四章《辭賦的輯録與整理》(湖南教育出版社 1991 年版),何新文《中國賦論史稿》中的《歷代賦學要籍叙録》(開明出版社 1993 年版),曹明綱《賦學概論》第七章《賦集和賦話》(上海古籍出版社 1998 年版),馬積高《歷代辭賦研究史料概述》下篇《辭賦要籍叙録》(中華書局 2001 年版),臺灣林振興的博士論文《清代賦話述評》(2001),許結《賦學講演録》第四講《賦集》(北京大學出版社 2009 年版)等。諸書篳路藍

① 蹤凡:《新世紀之初的賦集編纂》,《中國社會科學報》2014 年 4 月 18 日,第 B01 版。

縷，功勛卓著，但衹涉及歷代賦學文獻的一小部分，並且大都因體例限制，未能展開討論。目前研究中國古代賦學的學者，仍然主要查閲《文心雕龍》《文選》《全唐文》《歷代賦彙》等少數常見的詩文總集和詩文評著作，而對於大量的古代賦總集、賦家别集，史書、類書、公私目録、筆記信札、域外漢籍中的文獻資料則幾乎忽略。尤其是清代所産生的賦集（含賦總集、賦别集）、賦論、賦話著作，筆者初步統計約有數千種，但大都静静地躺在全國各大圖書館的古籍部，至今無人問津。

需要特别指出的是，馬積高先生等於20世紀末編纂而成的大型賦總集《歷代辭賦總匯》，在出版社積壓了近20年，已經於2014年年初出版。據《湖南日報》2014年1月24日、"中國社會科學網"6月19日的短訊，該書是國家出版基金資助項目，收録先秦至清末7391位作者的辭賦30789篇。全書共26册，2800多萬字。這是賦學界的一大盛事。爲了編纂這部巨著，馬積高、葉幼明、康金聲、萬光治、劉瑞雲、李生龍、郭建勛等先生皓首窮經、焚膏繼晷，查閲了大量的賦學典籍，輯録先秦至元代賦約五千篇，明代賦約五千篇，清代賦約2萬篇，嘉惠學人，其功至偉！對於所查賦學文獻的情況，該書《前言》略有交代，但不够全面、具體；文字校勘，亦無暇顧及；並且限於當時的學術條件，也限於時間和精力，所查文獻恐有較多遺漏。例如，馬積高先生稱："清代各種賦選甚夥，據我們所知者即有50餘種，其中有些還是抄本。"①又云："我們近年編輯《歷代辭賦（總匯）》，計查（清代）别集約六千種，有代表性的總集數種。"②顯而可見，馬先生掌握清代賦總集（包括選集）50餘種，真正被利用的則僅限於"有代表性的總集數種"。而筆者查閲國家圖書館古籍館所藏之清代賦總集就有60餘種；加上南京圖書館、上海圖書館、北京大學圖書館等地所藏，今日可見之清代賦總集至少有200種，可以大大彌補《歷代辭賦總匯》之闕漏和不足。讀者倘若研究某一賦家、某一歷史時期的賦體創作情況，最便利的當然是馬先生所主編之《歷代辭賦總匯》，但亦需核對原始文獻，進行篇目補充和文字校勘工作，這樣就能最大限度地減少闕漏和錯誤。所以，儘管《歷代辭賦總匯》已經面世，但目前仍然迫切需要一部全面揭示古代賦學文獻面貌的目録提要著作，爲賦學研究提供最基本的文獻信息。

（二）研究意義

本書擬對中國古代賦學文獻逐一進行考察，介紹每種文獻的編者（作者）、編纂經過、内容、價值、存佚、版本、館藏地、研究狀況等基本信息。此項研究具有較強的理論意義與實際意義。

---

① 馬積高：《〈歷代辭賦總匯〉前言》，《中國文學研究》2002年第1期。

② 馬積高：《歷代辭賦研究史料概述》，中華書局2001年版，第149頁。

1. 本書是中國古籍目録學的一個分支,屬於專科目録的範疇。通過對中國古代賦學典籍(包括已經佚失的文獻)的全面鈎稽、考察與評介,既能爲人們閱讀、研究古代賦學文獻提供綫索和依據,也能從特定角度豐富中國古籍目録學的内容。

2. 學術界對於詩學、詞學、曲學的研究已有很大進展,但賦學研究卻相對落後。本書作爲賦學研究的基礎工作成果,有利於學術界對各代賦體文學進行全面研討和對古代賦學史進行系統梳理,進而客觀公正地認識賦,認識中國古代文學,無疑具有一定的文體學意義和文學史意義。

3. 賦作爲中國古代特有的文體,比詩、詞、曲(散曲、雜劇)、小説等各種文體都具有更強的兼容性(介於詩、文之間,又常常融入戲曲、小説之中)和更爲深廣的文化内涵(如醫藥賦、方術賦、學術賦等)。所以,本書還能爲我們研究中國古代各體文學之關係、研究古代文學與古代文化之關係提供重要材料和獨特視角。

三、本書内容和方法

(一)基本内容

研究中國古代文學或者古代文化的某一課題,首先應該稽查相關著述,整理出詳細清單,搜集有關材料,評價其内容,判别其真僞,討論其文獻信息。對於孤本、善本,還應該交代現藏館所。本書擬對自戰國至清末約兩千年間所産生的賦學基本文獻逐一進行考察,介紹其作者、産生年代、内容、價值、存佚、版本等基本狀况,聯繫相關序跋和古人評論資料,進行考證分析,旨在進一步推動賦學研究,彌補古代文學研究的若干薄弱環節。本書所謂"賦學文獻"主要包括兩大類:

1. 載有賦體文學作品的文獻,包括對這些作品進行注釋、評點與研究的相關論著。除了專門的賦集、賦選如《古賦辯體》《歷代賦彙》《賦海大觀》,《史記》《漢書》等歷史著作,《文選》《文苑英華》《全唐文》等詩文總集,大量的作家别集,《西京雜記》《藝文類聚》等子史雜著中也保存了相當數量的賦作,皆需認真清理,逐一評介。歷代的《文選》學著作,研究《漢書》《隋書》的著作,也對各書所載録(或著録)的賦作進行了注釋、研究與評論,當然也需介紹。

2. 載有賦學批評文字的文獻。除了專門的賦格、賦話如唐佚名《賦譜》、宋鄭起潛《聲律關鍵》、清浦銑《歷代賦話》、清林聯桂《見星廬賦話》,史書如《漢書》《宋書》《隋書》,子書如漢揚雄《法言》、宋王觀國《學林》,經書如明方以智《通雅》、清閻若璩《四書釋地》,詩文評著作如梁劉勰《文心雕龍》、明王世貞《藝苑卮言》,學術筆記如宋洪邁《容齋隨筆》、明楊慎《丹鉛雜録》等書中皆有精彩的賦論文字,是賦學研究的重要文獻。此外還有一些碑刻、書信、地方志、出土文獻和海外所藏之漢文文獻等，不少爲傳世孤本，甚爲珍貴。但限於時間、精力和一些客觀的原因，有些文獻未能寓目，祇能期待以後增補了。

（二）研究思路和方法

1. 以歷史唯物主義思想爲指導。現當代學者對於賦的研究熱情遠遠不及《詩經》《楚辭》，更不如唐詩、宋詞、元曲和明清小説。但是在中國古代，賦卻是一種歷史悠久、數量巨大、影響甚廣的文學體裁。漢賦是一代之文學，自不待言；隋唐以後以詩賦取士，律賦創作趨於極盛，能否作賦、賦之優劣甚至成爲衡量士子是否具備才學的重要標準之一。本書即以歷史唯物主義思想爲指導，本着重視史料、尊重歷史的態度，通過對大量賦學文獻的考察與評介，尤其是對於佚失文獻的鈎稽與挖掘，努力還原賦在中國古代兩千年間的盛衰演進之迹，恢復其在中國文學史、中國文化史上的重要地位。

2. 采用目録學、版本學、文學史等多種研究方法。由於中國古代的賦學文獻曾大量佚失，所以在開展研究時，必須稽查大量的目録學著作，從中鈎稽有價值的文獻信息；又由於不少古代文獻經過了上千年的輾轉傳鈔與多次刊刻，形成了許多不同版本，所以在介紹賦學文獻時，版本源流的梳理與優劣評判也是必不可少的内容；賦作爲中國古代所特有的文體，具有十分重要的文學史意義，賦學文獻作爲載録賦、評論賦的重要載體，其對於中國文學史的貢獻當然也要得到應有的肯定。

四、主要觀點及創新之處

漢唐時期産生的賦學文獻已十不存一。如西漢劉向父子曾經校理 77 家（部）賦集，作品近千篇，今日可見者僅有 20 家 73 篇，且多爲殘篇，豈不痛哉！即便是唐代大量的賦格、賦譜著作，亦僅存佚名《賦譜》1 部。明清賦學文獻保存較好，是一筆值得珍視的文化遺産，亟須對其進行清理、分類，以便進一步展開研究。

本書介紹歷代賦學文獻 600 餘種，凡 100 餘萬言，内容比較豐富。其中，亡佚文獻大約 280 種，主要鈎稽佚文，徵引前人的考證和評論，努力還原其在賦體文學發展史上曾經起到的重要作用，並爲下一步的輯佚工作提供綫索。又有 180 種文獻没有點校本或影印本，深藏在全國各地圖書館的古籍書庫中，筆者首先充分利用北京的便利條件，全面稽查國圖、首圖、北大、清華、人大、北師大、首師大等圖書館的賦學文獻，此外還遠赴上海、南京、西安、長沙、武漢、桂林等地查閲原始文獻，抄録序跋，撰寫提要。本書第一次將這些"久居深閨"、長期被賦學研究者忽略的文獻公之於衆，抉發其各自的特點和價值，爲學術界的進一步研究提供綫索和依據。這些文獻都是筆者親眼所見（大都是古籍原件，少數幾種看的是影印件），其中部分文獻已經匯成《歷代賦學文獻輯刊》影印出版（國氏所鈎稽的佚注大都有問題,比如"菩薩""算計""文藝""得攀""導御"等詞語,《文選》所收詩文中並没有出現,那麽曹憲對這些詞語的解釋,當然亦不可能出自其《文選音義》,而可能是其他著述(第三卷第六章)。又如宋林坰《賦文精義》一書,是一部重要的賦學論著,惜已散佚,何新文先生從宋孫奕《示兒編》中鈎稽出三段文字,凡430字①。筆者經過分析,認爲其中230字爲林坰所撰,而"予按""予稽"之下,皆爲孫奕的按語,並不出自林坰(第三卷第五章)。又如明代著名賦總集《賦苑》,《四庫全書總目》衹説是"李君",字號不詳;當代學人認爲是"李鴻",字漸卿,但生平難考。饒福婷博士考證李鴻的生平、仕履、交游情況,有一定價值,但她根據李鴻岳父申時行(1535—1614)的生卒年加以估算,得出李鴻的生卒年爲"1565—1640",乃屬臆測。② 筆者以長期以來被學術界忽略的黄汝亨《上饒令李君墓志銘》爲主要依據,重新考證李鴻的生卒年以及《賦苑》的編纂緣起、刻印時間,以澄清學術界的種種誤解(第四卷第一章)。

本書第一次對中國古代賦學文獻進行全面清點與評介,努力還原賦體文學在兩千餘年間創作、結集、注釋、評論的真實圖景與演進脈絡,堪稱一部忠實客觀的賦體文學發展史和賦學理論史。這就避免了一般賦學論著衹研究名家名作,或者以己意擇取數家,略作分析即下論斷的偏頗。對亡佚賦學文獻的探討與揭示,既是歷史唯物主義思想方法的體現,也可以爲以後的輯佚工作提供綫索。

① 何新文、蘇瑞隆、彭安湘:《中國賦論史》,人民出版社2012年版,第206頁。

② 饒福婷:《明代〈賦苑〉及其編者考》,《語文建設》2015年第6期。

凡　例

1.“賦學”是研究賦的學問。本書所謂“賦學文獻”,是指對中國古代賦體文學作品進行編集(含彙集、編選、載録、摘引)、評論、注釋的文獻,既包括專門性賦學文獻,也包括兼容性賦學文獻和依附性賦學文獻。

2.所謂“專門性賦學文獻”,亦可稱爲“純粹性賦學文獻”,是指專門對賦體文學作品進行編集(含編選)、評論、注釋的文獻,而不涉及詩歌、駢文和各體散文,如元祝堯《古賦辯體》、清陳元龍《歷代賦彙》、清浦銑《歷代賦話》等。有些文獻不以“賦”名而專門論賦,如宋鄭起潛《聲律關鍵》、黄承吉《夢陔堂文説》等,亦在著録之列;鑒於辭、賦二體關係頗密,對於兼論楚辭與賦的文獻,一概收入;至於那些雖以“賦”命名而專論楚辭者,如戴震《屈原賦注》等,則不予闌入。

3.所謂“兼容性賦學文獻”,是指收録、評論或注釋賦體作品較多的總集、别集和詩文評著作。這類文獻在四部分類上均隸屬集部,它們往往詩、文、賦兼收,但賦體文學占有較大比重,或者在一部著作中有專篇的賦論文字。如南朝梁蕭統《文選》、唐王棨《麟角集》等收録較多賦作,南朝梁劉勰《文心雕龍》、唐李善《文選注》、清劉熙載《藝概》等包含有較多賦論、賦注等,皆屬此類。

4.所謂“依附性賦學文獻”,是指歷史上一些史部、子部文獻,亦載録或摘引部分賦體作品或者賦論文字,對賦學研究多有裨益。例如史部正史類文獻《史記》《漢書》,子部類書類文獻《藝文類聚》等,皆載録(或摘録)大量早期賦作,價值較高;晉葛洪《抱朴子》、宋王觀國《學林》、明方以智《通雅》等書中皆包含有零散而珍貴的賦論文字。

5.本書將中國古代的賦學文獻劃分爲戰國秦漢、魏晉南北朝、唐宋(含遼金)、元明、清代(以1912年清帝退位爲下限)凡5個歷史時期,列爲5卷。每一時期的賦學文獻,皆劃分爲賦總集、賦别集、賦論、賦注凡四大類。以時代爲綱,以類别爲目,依次進行編録、介紹和考論。

6.每卷“賦總集”之下,又分正編、外編。“正編”著録專門性賦總集(含選集);“外編”著録兼容性賦總集(含準賦集)和依附性賦總集,包括七集、對問集

(當代學者大都將七、對問視爲賦體)、詩文總集、史書、類書、筆記、小學等各類文獻。爲了展示賦集編纂的歷史變遷,“外編”著録文獻時亦以時間先後爲序,不再根據文獻性質進行分類。

7. 每卷“賦别集”“賦論賦注”的著録原則,與“賦總集”相同。

8. 某些以賦體形式撰寫的經部、史部或子部文獻(即“非文學賦文獻”),如宋徐晉卿《春秋類對賦》、宋王十朋《會稽三賦》、元李杲《藥性賦》、明譚貞默《譚子雕蟲》等,多爲一人所著,故附在“賦别集正編”之末。

9. 每類之下,皆以“原著者”(或原編者)的生年先後爲序,不考慮後代編定者或輯佚者年代。若“原著者”(原編者)生年不詳,則參照其卒年、交游情況或本書初刻時間酌定。

10. 對於“專門性”的賦總集、賦别集、賦論賦注,不論存佚,皆予以著録,儘量介紹其作者(或編者)與注釋者、評點者生平仕履,本書的歷代著録情況,版本源流(交代每個版本的館藏地),主要内容、價值、缺陷,主要研究成果等。對於“兼容性”和“依附性”賦學文獻,則本着“前詳後略”的原則,唐代之前(含唐代),一般著録收賦10篇以上,或論賦、注賦文字較多的文獻(《陶潛集》《李太白集》《杜工部集》等影響較大者,作爲特例收入);宋元明清時期,一般著録收賦20篇以上且影響較大的文獻,版本、内容、著録、研究情況皆力求簡略。

11. 戰國秦漢、魏晉南北朝時期的賦學文獻,大都已經散佚,衹能藉助《漢書·藝文志》《隋書·經籍志》的著録纔得以知其大略。爲提供完備資料,本書儘量加以著録、介紹,並彙集前人考證文字,增加“著録與考釋”一項。

12. 明代末年和清代的“賦總集”“賦别集”,大都包含有賦作題解、眉批、夾批、總評、注釋等内容,可納入“賦評”或“賦注”類。但由於這些文獻已經編入“賦總集”“賦别集”,就不再重複編録。

13. 館藏地一律使用簡稱,如中國國家圖書館簡稱“國圖”,首都圖書館簡稱“首圖”,天津圖書館簡稱“天圖”,北京大學圖書館簡稱“北大”等,以此類推。

14. 書中出現的書名、人名字號、地名、朝代、年號等專有名詞,以及引文中的異體字、俗字,一般一仍其舊,如“荀況”“鄭起潛”“魏晉”“天啟”等。其他地方則根據具體情況儘量統一爲規範字形。

15. 本書努力吸收古賢時彦的研究成果,大都在正文或脚注中加以説明,或有未注明處,在此一併表示感謝。

目　録

第一卷 戰國秦漢賦學文獻

對於賦體文學的淵源,學術界觀點不一,争論頗多,可以暫且不論。但對於這一文體出現的時間和最早的賦家,古今學者卻有着十分一致的認識。南朝梁劉勰《文心雕龍·詮賦》云:"荀況《禮》《智》,宋玉《風》《釣》,爰錫名號,與《詩》畫境。六義附庸,蔚成大國。"①將戰國末年楚國的荀況、宋玉視爲最早的賦家,後人皆無異議。(荀況本爲趙人,晚年入楚。)其中荀況《賦篇》是最早以"賦"名篇的作品,具有劃時代的意義,但其中所包含的5篇短賦(《禮》《智》《雲》《蠶》《箴》),皆使用隱書體,描寫相對簡單,藝術成就不高,因而後代學者往往將宋玉奉爲賦體文學之祖。南朝梁任昉《文章緣起》云:"賦,楚大夫宋玉所作。"這裏的"作"是創始之义。清代程廷祚《騷賦論上》云:"賦何始乎? 曰:宋玉。"《騷賦論中》又云:"荀卿《禮》《智》二篇,純用隱語,雖始構賦名,君子略之。宋玉以瑰偉之才,崛起騷人之後,奮其雄誇,迺與雅、頌抗衡,而分裂其土壤,由是詞人之賦興焉。……觀其《高唐》《神女》《風賦》等作,可謂窮造化之精神,盡萬類之變態,瑰麗窈冥,無可端倪,其賦家之聖乎?"②不僅將宋玉視爲"賦始",還奉爲"賦聖",可謂推崇備至。清費經虞《雅倫》卷四亦曰:"宋玉爲賦之祖,而體制各異,作問對情語,多用散文。"③宋玉賦今存十餘篇,其中或有僞作,但不可否認宋玉在賦體文學史上的崇高地位。此外,據《漢書·藝文志》和《文心雕龍·詮賦》,秦代有雜賦9篇,今已不傳。總之,戰國和秦代是賦體文學的創始期,作品數量不多。

西漢是賦體文學興盛的時代,賦的創作成爲文壇主流。班固《兩都賦序》

---

① 〔南朝梁〕劉勰著,范文瀾註:《文心雕龍註》,人民文學出版社1958年版,第134頁。

② 〔清〕程廷祚:《騷賦論》,王冠輯《賦話廣聚》(第三册),北京圖書館出版社2006年版,第776頁。

③ 〔清〕費經虞:《雅倫》卷四,《四庫全書存目叢書》第1697册,齊魯書社1997年版,第64頁。

云:“故言語侍從之臣,若司馬相如、虞丘壽王、東方朔、枚皋、王褒、劉向之屬,朝夕論思,日月獻納。而公卿大臣御史大夫倪寬、太常孔臧、太中大夫董仲舒、宗正劉德、太子太傅蕭望之等,時時間作。或以抒下情而通諷諭,或以宣上德而盡忠孝,雍容揄揚,著於後嗣,抑亦雅頌之亞也。故孝成之世,論而録之。蓋奏御者千有餘篇,而後大漢之文章,炳焉與三代同風。”①將這段記載與《漢書・藝文志》的著録加以比較,可知西漢時期賦的創作隊伍空前龐大,其中既有專職的賦家(言語侍從之臣司馬相如等),也有公卿大夫(賈誼等),還有皇帝(漢武帝)、諸侯王(淮南王劉安、蓼侯孔臧)、武將(衛士令李忠)、車郎(張豐)、家臣(平陽公主舍人周長孺)、博士弟子(杜參),等等。僅僅進獻給皇帝的賦就有一千多篇,當然還有不少没有進獻的作品(如 1993 年尹灣漢墓出土的《神烏賦》)。西漢產生的賦作數量驚人,但是,保存到今天的卻衹有數十篇,非常可惜。

據有關研究,東漢時產生的賦作遠遠多於西漢。費振剛等先生編寫的《全漢賦校注》一書是目前輯録漢賦最爲完備的著作,共輯得兩漢賦 319 篇(含殘篇、存目)。② 其中西漢賦衹有 71 篇,而東漢賦多達 248 篇,是西漢賦的三倍多。由此可以推知,東漢時產生的賦作,應該有數千篇之多,但散佚十分嚴重。西漢賦有幸得到了劉向等人的整理與編目,一些不知名的賦家也被著録,所以賦雖亡佚,尚可藉助《漢志・詩賦略》考知當時賦家的名字;而東漢賦就没有這麽幸運了,目前衹能通過《後漢書・文苑傳》和一些作家的個人傳記,考察少數知名作家的創作情況,並且没有具體的數量和篇名;至於一般作家,則早已湮没無聞。本章主要通過《隋書・經籍志》的著録,參照《後漢書》和其他相關資料,力圖揭示東漢賦創作和編録的情況。

《後漢書・列女傳》云:“(班昭)博學高才……(和)帝數召入宫,令皇后諸貴人師事焉,號曰大家。每有貢獻異物,輒詔大家作賦頌。……所著賦、頌、銘、誄、問、注、哀辭、書、論、上疏、遺令,凡十六篇。子婦丁氏爲撰集之,又作《大家讚》焉。”③顯然,班昭的别集是由她的兒媳丁氏編集的,婆媳二人皆爲文學家。班昭生活于東漢前期,由此可以推知,東漢人已經有了編纂别集、保存前輩文學作品的自覺意識。因此,《隋書・經籍志》所著録的東漢别集,應該大都是東漢人編輯的,並在六朝時不斷得以完善,但更多的情況是遭到破壞而散佚。史載南朝梁代文化極盛,内府所藏圖書達十餘萬卷。《太平御覽》卷六百十九引《三國典略》云:“初侯景來……夜于宫中置酒奏樂,忽聞火起,衆遂驚散。東宫圖籍

① 〔漢〕班固:《兩都賦序》,〔梁〕蕭統編,〔唐〕李善注《文選》卷一,中華書局 1977 年影印清胡克家刻本,第 21 ~ 22 頁。

② 費振剛、仇仲謙、劉南平:《全漢賦校注》,廣東教育出版社 2005 年版。

③ 〔宋〕范曄撰,〔唐〕李賢等注:《後漢書》,中華書局 1965 年版,第 2784 ~ 2792 頁。

數百廚,焚之皆盡。”又云:“周師陷江陵,梁王知事不濟,入東閣竹殿,命舍人高善寶焚古今圖書十四萬卷。欲自投火,與之俱滅,宫人引衣,遂及火滅盡。并以寶劍斫柱令折,歎曰:文武之道,今夜窮矣!”①這兩次焚書,使得梁代圖書喪失殆盡。不少東漢賦集皆在梁代亡佚,就是這個原因。

漢末建安時期的賦家,《隋志》或標以“後漢”,或標以“魏”,並不統一。例如《後漢丞相主簿楊修集》《魏太子文學徐幹集》二書朝代不一,其實楊修(175—219)與徐幹(171—218)皆爲建安時期的著名作家,都任職於曹操帳下。無論生年還是卒年,徐幹都早於楊修,豈可以徐幹爲魏人,而以楊修爲漢人?其實,二人皆在漢末,並未看到曹丕代漢稱帝(220年)的大典,故列入東漢,一如嚴可均《全後漢文》、費振剛《全漢賦校注》之例。原書所題之“後漢”或者“魏”,應該不是最初編集者所爲,而是後代傳抄者所加,並不嚴謹。《隋志》因之,未能糾正。

學術界對戰國秦漢賦的研究較爲熱鬧,成果亦多。對戰國賦的研究主要圍繞宋玉賦進行,著作有高秋鳳《宋玉作品真僞考》(文津出版社1999年版)、吴廣平《宋玉研究》(嶽麓書社2004年版)、劉剛《宋玉辭賦考》(遼海出版社2011年版)、劉剛等《宋玉研究資料類編》(商務印書館2015年版)、姚守亮《宋玉辭賦語法修辭研究》(湖北人民出版社2015年版)等。漢賦一直被譽爲“一代之文學”,因而最早受到學術界關注和研究。早在民國時期,就有金秬香《漢代詞賦之發達》(商務印書館1934年版)、陶秋英《漢賦之史的研究》(中華書局1939年版)、汪吟龍《漢賦考》(中華儒學研究會1939年石印本)等著作。1949年之後,由於特殊的歷史原因,大陸的漢賦研究沉寂了30多年,但在港臺和海外,出現了[美]康達維《漢賦狂想曲:揚雄賦研究》(華盛頓大學1968年博士學位論文,劍橋大學出版社1976年版)、簡宗梧《司馬相如揚雄及其賦之研究》(臺灣政治大學1975年博士學位論文)、《漢賦源流與價值之商榷》(文史哲出版社1980年版)等有分量的著作。1980年之後,大陸的漢賦研究蓬勃發展起來,其進展之迅猛、成果之豐富、研究之深入,都遠遠超過了港臺和海外。在漢賦文本的鈎稽、校勘、注釋、評點方面,先後有費振剛、胡雙寶、宗明華《全漢賦》(北京大學出版社1993年版)、龔克昌等《全漢賦評注》(花山文藝出版社2003年版)和費振剛、仇仲謙、劉南平《全漢賦校注》(廣東教育出版社2005年版),爲漢賦研究者案頭必備之書,向爲學術界所重。在漢賦的研究方面,則有龔克昌《漢賦研究》(山東文藝出版社1984年版,1990年修訂版)、姜書閣《漢賦通義》(齊魯書社1989年版)、萬光治《漢賦通論》(巴蜀書社1989年版,2004年修訂版)、章滄授《漢賦美學》(安徽文藝出版社1992年版)、康金聲《漢賦縱横》(山西人民出版

① 〔宋〕李昉等:《太平御覽》,中華書局1960年版,第2781頁。

社 1992 年版)、阮忠《漢賦藝術論》(華中師範大學出版社 1993 年版,2008 年修訂版)、曲德來《漢賦綜論》(遼寧人民出版社 1993 年版)、馮良方《漢賦與經學》(中國社會科學出版社 2004 年版)、曹勝高《漢賦與漢代制度——以都城、校獵、禮儀爲例》(北京大學出版社 2006 年版)、王焕然《漢代士風與賦風研究》(中國社會科學出版社 2006 年版)、蹤凡《漢賦研究史論》(北京大學出版社 2007 年版)、孫晶《漢代辭賦研究》(齊魯書社 2007 年版)、鄭明璋《漢賦文化學》(齊魯書社 2009 年版)、馮小禄《漢賦書寫策略與心態建構》(人民出版社 2010 年版)、劉向斌《西漢賦生命主題論稿》(中國社會科學出版社 2012 年版)、孔德明《漢賦的生産與消費研究》(光明日報出版社 2013 年版)、王長順《漢賦長安》(西安出版社 2016 年版)、彭春豔《漢賦繫年考證》(上海古籍出版社 2017 年版)、《漢賦文本研究》(花木蘭文化出版社 2017 年版)等,觀點各異,百家争鳴。臺灣學者簡宗梧《漢賦史論》(東大圖書股份有限公司 1993 年版)、朱曉海《漢賦史略新證》(陝西人民出版社 2004 年版)諸書長於考證,可補大陸學術之不足。

本卷將戰國、秦、西漢、東漢(含建安)時期的賦學文獻劃分爲賦總集、賦别集、賦評、賦注凡四大類,分别進行介紹。其中,《史記》《漢書》爲史部文獻,但由於書中載録了賈誼、司馬相如等人的賦體作品,故納入"賦總集外編"加以介紹。此期没有專門的賦評著作,但是《史記》《漢書》《法言》《新論》《論衡》等子史文獻中包含有珍貴的賦論文字,是研究早期賦學的重要文獻,故置於"賦評外編"加以介紹。賦注正編衹有《曹大家注班固〈幽通賦〉》一種,故與外編(主要是史注)合併爲一章,不再單列。每種賦學文獻,皆力求介紹其作者(或編者)、著録與歷代考釋、版本、内容、研究狀況(舉隅)等,但或有省略,並不拘泥。戰國、秦、西漢時期的賦學文獻,大都見於《漢書・藝文志》的著録,則輯録其歷代考釋情況;東漢賦學文獻,大都見於《隋書・經籍志》的著録,亦抄録姚振宗的考釋文字。旨在揭示前人學術成果,爲研究者提供參考,不敢掠美。若有己意,則加"今按"以别之。

第一章 賦總集正編

《秦時雜賦》9 篇,秦佚名撰,漢劉向等輯,佚

【編者】

劉向(前 77? —前 6),原名劉更生,字子政,祖籍沛縣(今江蘇沛縣)。西漢經學家、目録學家。劉向是楚元王劉交(漢高祖之弟)四世孫,歷經宣帝、元帝、成帝三朝。宣帝時爲諫大夫,元帝時任宗正,後因屢次上書稱引災異,彈劾宦官外戚專權,反對宦官弘恭、石顯而下獄,旋得釋。後又因反對恭、顯再下獄,被免爲庶人。成帝即位後,得進用,任光禄大夫,改名爲"向",官至中壘校尉,故又稱劉中壘。曾奉命領校秘書,對漢世所見之所有圖書進行大規模校勘、整理,分爲經傳、諸子、詩賦、兵書、術數、方技六大類,這是我國最早的圖書分類和整理工作,對後世的文獻分類和整理工作有深遠影響。劉向等曾經爲每一部典籍撰寫叙録,叙録内容包括:本書各篇篇名次序,校勘經過,著者生平思想,書名含義,著書原委,書的性質,評論思想、史實、是非,剖析學術源流和書的價值。將各書叙録合併起來,是爲《别録》20 卷。《别録》著録圖書 603 家,計 13219 卷,分爲 6 類 38 種,每類之前有類序,每種之後有小序,每部文獻有叙録,被譽爲我國目録學之祖。戰國、秦和西漢時期的賦學文獻,亦得以全面清點和整理。

劉向治《春秋穀梁傳》。著有《説苑》《新序》《列女傳》等書,今存;《五經通義》已佚,有清人馬國翰輯本。原有集,已佚,明人輯爲《劉中壘集》。據《漢書・藝文志》,劉向有辭賦 33 篇,今僅存《九歎》、《請雨華山賦》(殘)、《雅琴賦》(殘)3 篇,另有存目賦 3 篇。所輯録的《楚辭》《戰國策》等書,亦對後世有很大影響。事迹參見《漢書・楚元王傳》附傳。

【著録與考釋】

見《漢志・詩賦略》。

清沈欽韓《漢書疏證》:劉勰《詮賦篇》"秦世不文,頗有雜賦"本諸此。(今按:王先謙《漢書補注》引沈氏此語。)◎姚振宗《漢書藝文志條理》:《文心雕龍・詮賦篇》曰:"秦世不文,頗有雜賦。"◎姚明煇《漢書藝文志注解》:今佚。◎顧實《漢書藝文志講疏》:亡。《文心雕龍》曰"秦世不文,頗有雜賦"(《詮賦篇》),本此。

今按:這是一部斷代賦集,大抵皆秦代無名氏所撰,内容駁雜,故稱雜賦。

《客主賦》18 篇,秦漢間佚名撰(下同),漢劉向等輯,佚

【著録與考釋】

見《漢志·詩賦略》。

清沈欽韓《漢書疏證》:子墨客卿、翰林主人,蓋用其體。(今按:王先謙《漢書補注》、姚明烜《漢書藝文志注解》引沈氏此語。)◎姚明烜《漢書藝文志注解》:不詳。……案,揚雄《長楊賦》藉翰林以爲主人,子墨爲客卿以風。◎顧實《漢書藝文志講疏》:亡。揚雄《長楊賦》有子墨客卿、翰林主人,蓋兼該此體。

今按:此《客主賦》18 篇,應是借主客問答以結構成篇的賦作,與司馬相如《子虛賦》《上林賦》中之子虛、烏有、亡是公,揚雄《長楊賦》之子墨客卿、翰林主人相類,或因係漢大賦的典型體制而位列《漢志·詩賦略》第四類之首。

《漢志·詩賦略》將戰國秦漢詩賦分爲五種:屈原賦之屬、陸賈賦之屬、孫卿賦之屬、雜賦和歌詩。第四類雜賦 12 種,始《客主賦》18 篇,迄《隱書》18 篇,實際上爲分類賦集。明胡應麟《詩藪·雜編卷二》首倡"雜賦"爲"後世總集所自始也"之説。清人章學誠《校讎通義·漢志詩賦》乃云:"(前)三種之賦,人自爲篇,後世别集之體也。雜賦一種,不列專名,而類叙爲篇,後世總集之體也。"①劉師培《論文雜記》發揚章説,以爲:"《客主賦》以下十二家,皆漢代之總集類也;(此爲總集之始。)餘則皆爲分集。而分集之賦,復分三類:有寫懷之賦,有騁辭之賦,有闡理之賦。"②章、劉所言可參。《漢志》所謂"雜賦",將不同題材、不同體式的賦分類彙集,實具後世賦總集之雛形。正如張舜徽所云:"此類雜賦,名目甚多。要皆劉氏校書時就叢雜篇帙中,區分類次,彙編而成。其各種標題,亦向、歆所加也。"③集中作品大都無作者姓名,應該包含不少民間通俗賦作。

《雜行出及頌德賦》24 篇,漢劉向等輯,佚

【著録與考釋】

見《漢志·詩賦略》。

姚明烜《漢書藝文志注解》:不詳。◎顧實《漢書藝文志講疏》:亡。

今按:伏俊璉認爲此類賦既包括用詼諧的口氣描寫帝王將相、達官貴人行

---

① 〔清〕章學誠著,葉瑛校注:《文史通義校注(附《校讎通義》)》,中華書局 1985 年版,第 1065 頁。

② 劉師培:《劉師培辛亥前文選》,生活·讀書·新知三聯書店 1998 年版,第 326 頁。

③ 張舜徽:《張舜徽集·漢書藝文志通釋》,華中師範大學出版社 2004 年版,第 365 頁。

巡出遊的作品,也包括婚辭、冠詞之類的頌德祝願之作。①

《雜四夷及兵賦》20 篇,**漢劉向等輯,佚**

【著録與考釋】

見《漢志·詩賦略》。

姚明煇《漢書藝文志注解》:不詳。◎顧實《漢書藝文志講疏》:亡。

今按:伏俊璉認爲此類賦包括用詼諧嘲謔的筆觸所寫的反映民族鬥争、民族融合、民族文化的韻誦體作品。②

《雜中賢失意賦》12 篇,**漢劉向等輯,佚**

【著録與考釋】

見《漢志·詩賦略》。

清沈欽韓《漢書疏證》:董仲舒有《士不遇賦》,見《古文苑》。◎王先謙《漢書補注》:中、忠字同。董仲舒有《士不遇賦》,見《古文苑》,當即此類。(今按:姚明煇《漢書藝文志注解》、顧實《漢書藝文志講疏》引王先謙此語。)

今按:此《雜中賢失意賦》12 篇,應與司馬遷《悲士不遇賦》、董仲舒《士不遇賦》内容相近。又,姚振宗《漢書藝文志條理》:"按,'中'或'忠'字之寫誤。"

《雜思慕悲哀死賦》16 篇,**漢劉向等輯,佚**

【著録與考釋】

見《漢志·詩賦略》。

姚明煇《漢書藝文志注解》:不詳。《楚辭》所載東方朔《七諫》,似此之類。◎顧實《漢書藝文志講疏》:亡。

今按:這 16 篇作品,當爲抒情賦,因作者名不詳,故編録於此。查費振剛等《全漢賦》,西漢時期此類賦作有賈誼《弔屈原賦》、司馬相如《哀二世賦》、劉徹《李夫人賦》、班婕好《自悼賦》等,可以佐證。

《雜鼓琴劍戲賦》13 篇,**漢劉向等輯,佚**

【著録與考釋】

見《漢志·詩賦略》。

姚明煇《漢書藝文志注解》:不詳。◎顧實《漢書藝文志講疏》:亡。

---

① 伏俊璉:《〈漢書·藝文志〉"雜行出及頌德"、"雜四夷及兵"賦考》,《西北師大學報》(社會科學版)2001 年第 4 期。

② 伏俊璉:《〈漢書·藝文志〉"雜行出及頌德"、"雜四夷及兵"賦考》,《西北師大學報》(社會科學版)2001 年第 4 期。

今按:這13篇爲音樂與雜藝賦,描寫内容包括鼓、琴、簫等樂器以及寶劍、雜技、戲劇演出等。賈誼《虡賦》、枚乘《笙賦》和《七發》"龍門之桐"一段、王褒《洞簫賦》、劉向《雅琴賦》、馬融《圍棋賦》等皆屬此類,張衡《西京賦》亦有描寫雜技的片段。

《雜山陵水泡雲氣雨旱賦》16篇,漢劉向等輯,佚

【著録與考釋】

見《漢志·詩賦略》。顔師古:"泡,水上浮漚也。泡,音普交反。漚,音一侯反。"

清沈欽韓《漢書疏證》:《古文苑》有董仲舒《山川頌》。(今按:王先謙《漢書補注》引沈氏此語。)◎姚明煇《漢書藝文志注解》:不詳。師古曰:"泡,水上浮漚也。"沈欽韓曰:"《古文苑》有董仲舒《山川頌》。"案:《古文苑》又有公孫乘《月賦》,《全上古三代秦漢六朝文》又有東方朔《旱頌》。◎顧實《漢書藝文志講疏》:亡。《古文苑》有董仲舒《山川頌》、公孫乘《月賦》。

今按:漢賈誼有《旱雲賦》,公孫乘有《月賦》,司馬相如有《梓桐山賦》(佚),劉向有《請雨華山賦》(錯亂),司馬相如《子虛賦》《上林賦》有描寫山川的片段。

《雜禽獸六畜昆蟲賦》18篇,漢劉向等輯,佚

【著録與考釋】

見《漢志·詩賦略》。

宋王應麟《漢藝文志考證》:劉向《别録》有《行過江上弋鴈賦》《行弋賦》《弋雌得雄賦》。(清沈欽韓《漢書疏證》、王先謙《漢書補注》引王氏此語。)◎姚明煇《漢書藝文志注解》:不詳。《古文苑》載有路喬如《鶴賦》一篇。◎顧實《漢書藝文志講疏》:亡。《西京雜記》有公孫詭《文鹿賦》,《古文苑》有路喬如《鶴賦》。

今按:王應麟所舉劉向三賦皆佚,公孫詭《文鹿賦》和路喬如《鶴賦》皆甚短小。此外,賈誼有《鵩鳥賦》,孔臧有《鴞賦》《蓼蟲賦》,傅毅有《神雀賦》,班昭有《大雀賦》《蟬賦》等。

《雜器械草木賦》33篇,漢劉向等輯,佚

【著録與考釋】

見《漢志·詩賦略》。

姚明煇《漢書藝文志注解》:不詳。《古文苑》載有羊勝《屏風賦》、中山王《屏風賦》二篇,《全上古三代秦漢六朝文》載有東方朔《寶甕銘》一篇、中山王《文木賦》一篇、鄒陽《酒賦》一篇、《几賦》一篇。◎顧實《漢書藝文志講疏》:亡。

《西京雜記》有中山王《文木賦》,鄒陽《酒賦》《几賦》,羊勝《屏風賦》。

今按:姚明煇、顧實所舉鄒陽《酒賦》,不屬於此類;姚氏所謂"中山王《屏風賦》",當作"淮南王(劉安)《屏風賦》"。此外,司馬相如有《玉如意賦》(佚),劉向有《麒麟角杖賦》(佚),劉歆有《燈賦》。

《(文)[大]雜賦》34 篇,漢劉向等輯,佚

【著録與考釋】

見《漢志·詩賦略》。

清錢大昭《漢書辨疑》:文,閩本作"大"。◎王先謙《漢書補注》:錢大昭曰:"文,閩本作大。"朱一新曰:"汪本作大。"先謙曰:官本作"大"。◎姚振宗《漢書藝文志條理》:本書《王褒傳》:"宣帝修武帝故事,講論六藝群書,博盡奇異之好,數從褒等放獵,所幸宮館,輒爲歌頌,第其高下,以差賜帛。議者多以爲淫靡不急,上曰:'不有博弈者乎? 爲之猶賢乎已!'辭賦,大者與古詩同義,小者辯麗可喜,辟如女工有綺縠,音樂有鄭衛,今世俗猶皆以此虞説耳目。辭賦比之,尚有仁義風諭,鳥獸草木多聞之觀,賢于倡優博弈遠矣。'"《文心雕龍·詮賦篇》曰:"遂客主以首引,極聲貌以窮文。至于草區禽族,庶品雜類,則觸興致情,因變取會。擬諸形容,則言務纖密。象其物宜,則理貴側附。斯又小制之區畛,奇巧之機要也。漢初詞人,順流而作。臯朔已下,品物畢圖。繁積于宣時,校閲于成世。"按:此十家(今按:從《客主賦》至《大雜賦》)以《大雜賦》居其末,則以前九家,皆劉勰所謂"小制之區畛",可知也。《志》無東方朔賦,意即在此十家雜賦之中。◎姚明煇《漢書藝文志注解》:不詳。大,本作"文"。◎顧實《漢書藝文志講疏》:亡。

今按:作"大"是。"大雜賦"内容不詳。大概是不能歸入前幾類的賦作,或者篇數有限,不足以另立一類的賦作,合爲此類,冠名曰"雜"。

《成相雜辭》11 篇,漢劉向等輯,佚

【著録與考釋】

見《漢志·詩賦略》。

宋王應麟《漢藝文志考證》:《荀子·成相篇》注:"蓋亦賦之流也。"朱文公曰:"凡三章,雜陳古今治亂興亡之效,託聲詩以諷時君。若將以爲工師之誦、旅賁之規者,其尊主愛民之意,亦深切矣。"相者,助也。舉重勸力之歌,史所謂"五羖大夫死,而舂者不相杵",是也。成相,助力之歌。淮南王亦有《成相篇》,見《藝文類聚》。(姚振宗《漢書藝文志條理》引王氏此語。)◎清沈欽韓《漢書疏證》:《荀子》有《成相篇》。楊倞云:"雜論臣治亂之事,以自見其意。故下云託於成相以喻意。"按:《樂記》"治亂以相",鄭云:"相,即拊也,亦以樂。拊者,以韋爲之,裝之以糠。糠,一名相,因以名焉。"此則瞽矇之諷誦,持此器以爲節,故名成相,亦歌賦之流。《考證》云:"淮南王亦有《成相篇》,見《藝文類聚》。"◎王先謙《漢書補注》:王應麟曰:"《荀子·成相篇》注:蓋亦賦之流也。淮南王亦有《成相篇》,見《藝文類聚》。"(姚明煇《漢書藝文志注解》同。)◎姚振宗《漢書藝文志條理》:《荀子·成相篇》楊倞注:"《漢書·藝文志》謂之《成相雜辭》,蓋亦賦之流也。"嘉善謝墉附注曰:"成相之義,《禮記》:'治亂以相。'相乃樂器,所謂舂牘。又古者瞽必有相。審此篇音節,即後世彈詞之祖。《漢志》:'《成相雜辭》十一篇。'惜不傳。託于瞽矇諷誦之詞,亦古詩之流也。《周書·周祝解》亦此體。"(錢氏大昕輯《風俗通》佚文云:"相,附也,所以輔相于樂,奏樂之時先擊相。)〇朱子《楚辭辯證》曰:"荀卿《成相》之篇,本擬工誦箴諫之詞。其言奸臣蔽主擅權,馴致移國之禍,千古一轍,可爲流涕。"〇按:荀卿《成相篇》,文凡三章,楊倞注書引《藝文志》爲説,尋繹其意,似即在此十一篇之内。淮南王《成相篇》,或亦在此書。◎顧實《漢書藝文志講疏》:亡。《藝文類聚》引《成相篇》曰:"莊子貴支離,悲木槿。"注云:"《成相》出《淮南子》。"(卷八十九)然則此《成相雜辭》十一篇者,淮南王之所作也。蓋從其本書别出。

今按:《荀子》有《成相篇》,今存。全文采用三三七四七句式,如首章云:"請成相,世之殃,愚闇愚闇墮賢良。人主無賢,如瞽無相何倀倀。"至於"成相"之意,舊説有三。1. 盧文弨以"相"爲樂器(舂牘),俞樾以"相"爲"送杵聲"(王先謙從之),皆從音樂角度言之。又謂"請成相"即"請奏此曲",可謂殊途同歸。此説契合《成相篇》的民間文學特色,可謂探本之論。説見王先謙《荀子集解》卷十八引。2. 盧文弨又説"瞽必有相",此處"相"應是盲人的扶助者,比喻國君的扶助者——賢臣。3. 王引之以爲"請成相"即"請言成治之方",可備一説。相比較而言,當以第一説爲優。但民間文學常作雙關語,"請成相"三字很可能表面上是指請讓我演唱(奏)一曲,而實際上暗寓着"請言成治之方"的含義。

成相之體,秦漢間頗爲流行。除了《荀子·成相篇》《漢志》所著録的《成相雜辭》11 篇(已佚),尚有湖北雲夢睡虎地出土的秦簡《爲吏之道》。兹舉兩段爲例:"凡治事:敢爲固,遏私圖,畫局陳棋以爲耤。肖人懾心,不敢徒語恐見惡。凡戾人,表以身,民將望表以戾真。表若不正,民心將移乃難親。"除了領起語"凡治事",正文皆采用三三七四七的句式,這與《荀子·成相篇》完全一致。這種句式節奏明快,形式活潑,琅琅上口,便於記誦,所以爲《荀子》和《爲吏之道》的作者所采用,目的在於宣揚政治思想或者爲官的法則。直到元代,仍有錢天佑《叙古頌》采用此體。[1]《漢志》所著録的《成相雜辭》11 篇,亦必然采用三三

---

① 譚家健:《元代的成相辭》,載氏著《先秦散文藝術新探》,首都師範大學出版社 1995 年版,第 394 ~ 402 頁。

七四七句式，但其内容則不得而知。

《隱書》18 篇，漢劉向等輯，佚

【著録與考釋】

見《漢志・詩賦略》"雜賦"類。顔師古注曰："劉向《别録》云：《隱書》者，疑其言以相問，對者以慮思之，可以無不諭。"

宋王應麟《漢藝文志考證》：《文心雕龍》："讔者，隱也。遯辭以隱意，譎譬以指事也。昔還社求拯於楚師，喻'眢井'而稱'麥麴'；叔儀乞糧於魯人，歌'佩玉'而呼'庚癸'。伍舉諫荆王以'大鳥'，齊客譏薛公以'海魚'；莊姬託辭於'龍尾'，臧文謬書於'羊裘'。隱語之用，被于紀傳；大者興治濟身，其次弼違曉惑。楚莊、齊桓［威］，性好隱語。至東方曼倩，尤巧辭述。"《晉語》："有秦客廋辭於朝。"（注："廋，隱也。"東方朔曰："乃與爲隱耳。"）《新序》："齊宣王發《隱書》而讀之。"（王先謙《漢書補注》摘引之。）◎清沈欽韓《漢書疏證》：《列女傳》（六）："無鹽邑女言於齊宣王：'竊嘗喜隱。'宣王曰：'隱，固寡人之所願，試一行之。'言未卒，忽然不見。宣王大驚，立發《隱書》而讀之，退而推之。"《吕覽・重言篇》："荆莊王立三年，不聽而好讔。成公賈願與王讔。"《滑稽傳》以爲齊威王。淳于髡《説苑・正諫篇》："咎犯見晉平公曰：'臣善隱。'平公召隱士十二人。咎犯申其左臂而詘五指，平公問於隱官，曰：'占之爲何？'隱官皆曰不知。"蓋如今之謎語掌於史卜筮者也。又《六韜・陰書篇》，太公曰："諸有陰事大慮，當用書，不用符。主以書遺將，將以書問主，皆一合而再離，三發而一知。"故《列女傳》臧文仲拘於齊，文仲微使人遺公書，恐得其書，乃謬其詞云云。《左傳》還無社申叔儀之語。《國語》秦客廋辭於朝，此則兵交使往，又取尚於祕閟密喻也。劉勰《諧讔篇》："至東方曼倩，尤巧辭述。（朔與郭舍人爲隱，舍人不服，因曰：'臣願復問朔隱語。'）自魏代已來，頗非俳優，而君子嘲隱，化爲謎語。謎也者，迴互其辭，使昏迷也。"◎周壽昌《漢書注校補》：據劉向《别録》言，則近于廋辭，絶非賦體，乃與《成相雜辭》同入雜賦家，何也？◎姚振宗《漢書藝文志條理》：劉向《别録》曰："《隱書》者，疑其言以相問，對者以慮思之，可以無不諭。"《新序・雜事篇》："楚莊王莅政三年，不治，而好隱戲。士慶進曰：'隱有大鳥來，止南山之陽，三年不蜚不鳴，不審其故，何也？'王曰：'寡人知之矣。此鳥不蜚，以長羽翼，不鳴，以觀群臣之慝。是鳥雖不蜚，蜚必沖天；雖不鳴，鳴必驚人。'又曰：'齊宣王發《隱書》而讀之。'"（《吕覽・重言篇》"士慶"作成"公賈"，《楚世家》作"伍舉"，當從《史記》。）〇《文心雕龍・諧讔篇》曰："讔者，隱也。遯辭以隱意，譎譬以指事也。漢世《隱書》十有八篇，歆、固編文，録之歌末。昔楚莊、齊威，性好隱語，東方曼倩，尤巧辭述。"按：《新序》引"大鳥不蜚不鳴"，似即《隱書》中之一則，《東方朔傳》載朔與郭舍人互爲隱語，亦似出于十八篇之中。又按：章氏《校讎通義》曰："雜賦一種，不列專名，而類叙爲編，後世總集之體也。"今按，此十二家大抵尤其纖小者，故其大篇標曰《大雜賦》，而《成相辭》《隱書》置之末簡，其例亦從可知矣。◎姚明煇《漢書藝文志注解》：不詳。師古曰："劉向《别録》云：'《隱書》者，疑其言以相問，對者以慮思之，可以無不諭。"案：《文心雕龍·諧讔篇》："讔者，隱也。遯詞以隱意，譎譬以指事也。"本書《東方朔傳》載朔隱語二則，言朔爲隱，變詐縫出，莫能窮，遂得愛幸。◎顧實《漢書藝文志講疏》：亡。"隱"字亦作"讔"。《文心雕龍》曰："讔者，隱也。遯辭以隱意，譎譬以指事也。至東方曼倩，尤巧辭述。"（《諧讔篇》）王應麟曰："《晉語》有'秦客廋辭於朝。'《新序》：'齊宣王發《隱書》而讀之。'"

今按：《文心雕龍·諧讔篇》曰："歆、固編文，録之歌末。"其體當似歌而非賦。然《漢志》編文，將其置於"雜賦"之末。考荀子《賦篇》有五，實即隱書之體。其中每篇小賦，皆分爲三個部分：1. 甲方進"隱"，請乙方猜，一般使用四言句式；2. 乙方猜出之後，並不直接説出謎底，而是用不同於進"隱"者的語言對謎底再進行描述和闡釋，這叫作"占"或"射"，一般使用反問句式；3. 甲乙雙方共同揭示謎底，稱爲"歸之"。"占""射"的過程和進"隱"的過程同樣重要，因爲它延長了遊戲的時間，對於被問者觀察事物與語言表達能力也是一次考驗。正因如此，隱語纔有了智力測試與語言競技的雙重功能。王長華指出，後世謎語省掉了"占""射"的步驟，而發展其智力測試功能；而其"語言競技功能，即對謎面的競相描摹卻爲同樣以'狀物'爲目的的另一文體——賦的產生提供了契機"①。所言甚是。隱語以主客問答組織成篇的結構方式，進隱者（甲方）、射隱者（乙方）對同一事物的鋪陳描繪，尤其是進隱者所使用的四言句式，都爲辭賦文體所繼承。荀子直接將五篇隱書定名爲《賦篇》，更可以看出隱書與早期辭賦的緊密關係。《漢志》録之於"雜賦"之末，良有以也。

又，《漢志》在"《隱書》十八篇"之下，有"右雜賦十二家，二百三十三篇"一句。顧實《漢書藝文志講疏》："今計家數篇數悉符。此雜賦盡亡，不可徵。蓋多雜詼諧，如《莊子》寓言者歟？"今按：《漢志》將賦分爲四家，列入最後一家的是雜賦，即雜賦處於末流的位置。因爲《漢志·詩賦略》中的賦家，大半曾被皇帝召爲待詔，他們活躍于帝王周圍，上有所感，則稗官即興説之，賦家即興誦之。正因如此，雜賦類的情況更爲複雜：其一皆無作者，其二皆無年代，其三多以題材分類。雜有共的意思，雜賦爲總集之體，是某一類賦作的彙編，既包括民間流傳的寓言故事型賦作，也包括作者莫徵、年代失考的文人作品。另外，雜賦在形式上是民間謠誦之體，在内容上描述廣博，既有箴言類的雜記，又有滑稽諧隱之

① 王長華、郗文倩：《論宋玉大小言賦在賦體發展史上的意義》，《中國文化研究》2004年第4期。

言和占卜繇辭,甚至包含描寫日常動植物而無關諷諫的小賦,一般篇幅短小。雜賦包含有不少詼諧調侃的俗賦,是其特色。

《淮南王群臣賦》44篇,漢八公等撰,漢劉向等輯,佚

【著録與考釋】

見《漢志・詩賦略》“屈原賦之屬”。

宋王應麟《漢藝文志考證》:《楚辭・招隱士》,淮南小山之所作也。淮南王安招致賓客,客有八公之徒,分造詞賦,以類相從。或稱大山,或稱小山,如《詩》之有大、小《雅》。(今按:王先謙《漢書補注》引王氏此語。)◎清姚振宗《漢書藝文志條理》:本書《地理志》:“始楚屈原作《離騷》諸賦,後有宋玉、唐勒。漢興,枚乘、鄒陽、嚴夫子之徒,興于文景之際,而淮南王安都壽春,招賓客著書。”王逸《楚辭章句》曰:“《招隱士》者,淮南小山之所作也。昔淮南王安,博雅好古,招懷天下俊偉之士。自八公之徒,各竭才智,著作篇章,分造辭賦,以類相從。故或稱小山,或稱大山,其義猶《詩》有《小雅》《大雅》也。小山之徒,閔傷屈原,故作《招隱士》之賦。”案:王叔師當東漢中葉,及見是書,其言“分造辭賦,以類相從”“《小雅》《大雅》”云云,殆即謂此書以大山、小山分綱,而又各從其類歟?今可見者,唯《楚辭》録存一篇。◎姚明煇《漢書藝文志注解》:《楚辭》載《招隱士》一篇,其序曰:“《招隱士》者,淮南小山之所作也。昔淮南王安,博雅好古,招懷天下俊偉之士。自八公之徒,感慕其德,而歸其仁,各竭才智,著作篇章,分造辭賦,以類相從。故或稱小山,或稱大山,其義猶《詩》有《小雅》《大雅》也。”◎顧實《漢書藝文志講疏》:殘。《楚辭・招隱士》一篇,淮南小山之所作也。淮南賓客,分造辭賦,以類相從,或稱大山,或稱小山,猶《詩》有《大雅》《小雅》也。

今按:諸家所論略同。《漢志》所著録之“《淮南王群臣賦》四十四篇”,即淮南王劉安之賓客所創作的辭賦之彙集,惜已佚失,不可考見。今本《楚辭》載有淮南小山《招隱士》一篇,應在此集之内。王逸《楚辭章句》稱,淮南王門客有所謂八公之徒,“各竭才智,著作篇章,分造辭賦,以類相從”,故將此賦集之作者題爲“八公等”。既爲多人賦集,當然應該歸入總集類。

《長沙王群臣賦》3篇,漢佚名撰,漢劉向等輯,佚

【著録與考釋】

見《漢志・詩賦略》“孫卿賦之屬”,“《廣川惠王越賦》五篇”之下。

清姚振宗《漢書藝文志條理》:案:長沙王吴芮傳國五世。賈生爲太傅,在芮玄孫靖王差之時。至孝文後七年,無子國除。此長沙王列廣川王之次,盖景帝子、長沙定王發,廣川惠王越兄弟也。傳國七世,王莽時絶。其群臣姓名無可考。◎姚明煇《漢書藝文志注解》:今佚。◎顧實《漢書藝文志講疏》:亡。

今按:姚振宗以此處"長沙王"即長沙定王劉發,乃漢景帝劉啟之子,廣川惠王劉越之弟,可從。然其群臣姓名無考。賦僅3篇,皆佚。

《黄門書者王廣吕嘉賦》5篇,漢王廣、吕嘉撰,漢劉向等輯,佚

【著者】

王廣、吕嘉,生平不詳,皆爲黄門書者,是少府屬官,文官名。

【著録與考釋】

見《漢志・詩賦略》"孫卿賦之屬","《侍中徐博賦》四篇"之下。

清姚振宗《漢書藝文志條理》:本書《百官表》,少府屬官有黄門令丞,又有中黄門。按:黄門屬官又有書者,黄門書者屬又有假史,皆《表》所不具。王商、徐博、王廣、吕嘉四人,始末並無考。《志》于黄門中雜以侍中徐博一條,豈以奏賦先後爲次歟?抑轉寫亂其次第也?◎姚明煇《漢書藝文志注解》:今佚。◎顧實《漢書藝文志講疏》:亡。

今按:此爲王廣、吕嘉賦之合集,以二人身份地位相同故也。黄門書者二人賦5篇,皆佚。

第二章 賦總集外編(史書)

《史記》130 卷(含賈誼、司馬相如賦),漢司馬遷撰

【著者】

司馬遷(前 145? —前 87?),字子長,左馮翊夏陽(今陝西韓城南)人,西漢偉大的史學家、文學家、思想家、天文學家。司馬遷最大的貢獻是創作了中國第一部紀傳體通史《史記》,被後人尊爲"史聖"。《史記》原名《太史公書》,記載了上自中國上古傳説中的黄帝時代,下至漢武帝元狩元年(前 122),共三千多年的歷史。全書包括十二本紀(記歷代帝王政績)、三十世家(記諸侯國和漢代諸侯、勛貴興亡)、七十列傳(記重要人物的言行事迹)、十表(大事年表)、八書(記各種典章制度),共一百三十篇,五十二萬六千五百餘字。本紀、表、書、世家、列傳五種體例有機地結合在一起,而以"本紀"爲核心。因《史記》確立了帝紀的統帥地位,突出了帝王在歷史發展中的作用,故爲歷代帝王所首肯,紀傳體也便成爲歷代正史相沿不改的編纂體例,《史記》也被奉爲"二十五史"之首。司馬遷因遭受"李陵之禍"而被漢武帝處以宫刑,忍受奇恥大辱,但他隱忍苟活,發憤著書,意欲"究天人之際,通古今之變,成一家之言",以畢生心血撰寫了這一劃時代巨著。《史記》展示了中國上古至秦漢時期波瀾壯闊的歷史畫卷,表達了卓越的歷史觀和超越時代的進步思想,是研究上古政治、經濟、文學、文化的最爲重要的原始文獻,也抒發了作者深刻的人生體驗和政治情懷,被魯迅譽爲"史家之絶唱,無韻之《離騷》"。

【版本】

《史記》130 卷,漢司馬遷撰,南朝宋裴駰集解,唐司馬貞索隱,唐張守節正義,中華書局 1959 年標點本;中華書局 2013 年新標點本。

【内容】

《史記》不僅是一部偉大的歷史著作,也是賦學研究史上的重要文獻。該書《屈原賈生列傳》不僅記載了屈原、賈誼兩位早期辭賦作家的生平事迹,介紹了他們創作辭賦的經過,而且載録了屈原《懷沙》《漁父》、賈誼《弔屈原賦》《鵩鳥賦》凡 4 篇作品。而《司馬相如列傳》則全文載録了司馬相如的《子虚賦》《上林賦》《哀二世賦》《大人賦》凡 4 篇賦作,《喻巴蜀檄》《難蜀父老》《諫獵疏》《封禪文》凡 4 篇散文,具有極爲重要的史料價值和文學價值。其實,相如 4 篇散文,

亦頗受賦體之影響，正如明張溥《司馬文園集題辭》所言“抑其文，皆賦流也”①，也有一定的賦學研究價值。

《史記》是第一部在史書中大量載録傳主文學創作的史書，對於保存賈誼、司馬相如兩位作家的6篇賦體文學作品具有重要貢獻，同時也對後世史書載録賦體作品發凡起例，産生了深遠影響。例如班固在《漢書》中載録賈誼、司馬相如、揚雄、班固等7人賦作18篇，《晉書》載録左芬、張華、向秀、潘岳、成公綏等19位作家的辭賦20篇，就是對《史記》這一體例的發揚光大。此外，賈誼2賦、司馬相如4賦最早見載於《史記》，與《漢書》《文選》《藝文類聚》中的文字有所不同，爲研究者提供了作品的早期面貌，具有十分重要的校勘價值。

《漢書》120卷（含賈誼、司馬相如、揚雄等7家賦），漢班固撰

【著者】

班固（32—92），字孟堅，扶風安陵（今陝西咸陽）人。東漢史學家班彪之子。班彪采集前史遺事，著《後傳》數十篇。班彪卒後，班固繼承父業，撰寫了《漢書》一百卷，包括十二紀、八表、十志、七十傳，後人析爲一百二十篇。班固初撰《漢書》時，有人告發其“私修國史”，因而被捕入獄。其弟班超向漢明帝申明作書之意，遂獲釋，得賜金。漢明帝嘉其才華，召爲蘭臺令史，秩俸二千石，奉詔與陳宗、伊敏、孟異等撰《世祖本紀》及諸傳記，後轉遷爲郎，典校秘書，又撰功臣、平林、新市、公孫述等列傳，共成列傳、載記二十八篇。漢章帝時任玄武司馬。建初四年（79），章帝效法西漢宣帝石渠閣故事，詔諸王、諸儒會於白虎觀講論五經異同，由班固纂成《白虎通義》。章帝建初七年（82），《漢書》基本完成。漢和帝永元元年（89），因遭母喪，辭官守孝在家，這時竇憲率兵伐匈奴，班固從竇憲出征，任中護軍，行中郎將事。大破匈奴後，勒石燕然山之銘文，即出自班固手筆。洛陽令種競被班固家奴醉罵，懷恨未忘。和帝永元四年（92），竇憲失勢自殺，班固受牽連而被免官，種競利用竇憲事敗之機，逮捕班固，日加笞辱，班固遂死獄中，年六十一歲。此時所著《漢書》，八《表》及《天文志》均未完成，其妹班昭、同郡馬續補之。班固不僅是偉大的史學家，與司馬遷並稱“班馬”；還是偉大的文學家，名列“漢賦四大家”之一，著有《兩都賦》《答賓戲》《幽通賦》等漢賦名篇。其中《兩都賦》被編爲《文選》之首篇。明人張溥輯有《班蘭臺集》。

【版本】

《漢書》120卷，漢班固撰，唐顔師古注，中華書局1962年標點本。

【内容】

《漢書》繼承了《史記》介紹賦家生平事迹、載録并評論賦作的傳統，而成就

---

① 〔明〕張溥：《漢魏六朝百三名家集》，江蘇古籍出版社2001年版，第27頁。

更爲突出。首先,《漢書》不僅專門爲賈誼、枚乘、司馬相如、王褒、揚雄等著名賦家撰寫傳記,詳細記載他們的生平仕履以及撰寫辭賦的經過,爲我們解讀其賦作提供了極爲珍貴的背景資料,而且在《外戚傳》等篇保存了一些不太重要的賦家的生平資料和具體作品,此外還記載了文學集團的活動、地域文學的興盛,在《藝文志》中保存了劉歆《七略》的主要内容,爲我們瞭解西漢時期辭賦創作的繁榮情況展示了很多生動而詳悉的細節。

《漢書》載録的賦作比《史記》更爲豐富。除了過録《史記》中的賈誼《弔屈原賦》《鵩鳥賦》、司馬相如《子虛賦》《上林賦》《哀二世賦》《大人賦》,還載録了東方朔、劉徹、班婕妤、揚雄、班固等人的作品,篇目如下:

賈誼《弔屈原賦》《鵩鳥賦》(見本傳);

司馬相如《子虛賦》《上林賦》《哀二世賦》《大人賦》(見本傳);

東方朔《答客難》(見本傳);

劉徹《李夫人賦》、班婕妤《自悼賦》(均見《外戚傳》);

揚雄《甘泉賦》《河東賦》《校獵賦》《長楊賦》《解嘲》《解難》(見本傳)、《酒賦》(見《遊俠傳》);

班固《幽通賦》《答賓戲》(見《叙傳》)。

總數凡7家,18篇,比《史記》多出12篇。這12篇賦作在歷史上是第一次著録,當然十分珍貴;而所載賈誼賦、司馬相如賦也與《史記》文字有異,爲後人提供了可資參考的異文。例如《史記》載《鵩鳥賦》云:"拘士繫俗兮,攌如囚拘。"《説文解字》:"攌,大木柵也。"而《漢書》載此賦"攌"作"儹"。胡克家《文選考異》云:"案:'窘'當作'儹',注同。《漢書》作'儹',《選》文與之同,故善云'囚拘之貌'。其五臣良注'窘,困也',乃作'窘'耳。各本皆以五臣亂善。《史記索隱》云:'《漢書》作儹,音去殞反。'與善讀求殞反正合。"到底應該是作"攌",作"儹",還是作"窘"? 各家見仁見智,是非難以遽斷。但有一點非常清楚:古代典籍(包括賦)在傳鈔過程中已經過了後人的加工整理,與原始面貌已有了很大差異。《漢書》的記載,爲我們研究漢賦本身、研究漢賦的傳播提供了很有價值的資料。

限於人物傳記的篇幅以及作者構思的需要,《漢書》對有些賦作衹載篇名,或衹交代其主要内容,這同樣爲我們研究這些賦家賦作提供了一些綫索或參考。比如《枚臯傳》記載:"臯因賦殿中。詔使賦平樂館,善之。"則臯應有《平樂館賦》。又載:"與東方朔作《皇太子生賦》及《立皇子禖祝》。"又載:"從行至甘泉、雍、河東,東巡狩,封泰山,塞決河宣房,遊觀三輔離宫館,臨山澤,弋獵射馭狗馬蹵鞠刻鏤,上有所感,輒使賦之。"這些賦作的題目已難以確知,不過枚臯創作了題材相當豐富、數量相當可觀的應制之作,當毫無疑問。這與《漢志》所載"枚臯賦百二十篇"相合。

兩漢時期的賦體創作十分興盛,但今日所見者寥寥。《史記》《漢書》爲我們保存了漢賦代表作家賈誼、司馬相如、揚雄、班固等人賦作18篇,不僅使這些賦作免遭亡佚的不幸命運,而且有助於它們在後世的閱讀和傳播,使它們獲得了不朽的歷史地位。後代閱讀、注釋、評論《史記》《漢書》的文人學者,也附帶對這18篇賦進行了閱讀和研究(參見本卷賦論外編、賦注外編)。《史》《漢》保存漢賦經典之功,不可忽視。

第三章 賦別集正編

《孫卿賦》10 篇,戰國楚荀況撰,漢劉向等輯

【著者】

孫卿,名況,原名荀卿。漢人避宣帝劉詢諱,改荀爲孫。後人尊稱爲荀子。戰國趙(今河北南部及山西一帶)人。15 歲時,遊學于齊。20 餘歲爲齊祭酒,以湣王驕盈暴虐,與稷下諸學士離去。30 餘歲再至齊爲祭酒。50 歲左右,又去齊至秦,皆不用。後至楚,春申君任爲蘭陵令。春申君死後,荀子廢居蘭陵(今山東臨沂市蘭陵縣),著書以終。《隋志》著録《楚蘭陵令荀況集》一卷,殘缺。梁二卷。《舊唐志》與《新唐志》著録《趙荀況集》二卷。

劉向(前 77? —前 6),字子政。事迹參見本卷第一章"秦時雜賦"條。除了章學誠、劉師培,清人姚振宗亦以劉向爲別集的開創者。

【著録與考釋】

見《漢志・詩賦略》。

宋王應麟《漢藝文志考證》:荀子《賦篇》:《禮》《知》《雲》《蠶》《箴》,又有《佹詩》。(《隋志》:《荀況集》二卷。《唐志》二卷。)(清王先謙《漢書補注》徵引此句。)◎清沈欽韓《漢書疏證》:荀子《賦篇》所載是也。◎姚振宗《漢書藝文志條理》:孫卿有子書三十三篇,見《諸子・儒家》。○本志敘曰:"大儒孫卿及楚臣屈原離讒憂國,皆作賦以風,咸有惻隱古詩之義。"○《文心雕龍・才略篇》曰:"荀況學宗,而象物名賦,文質相稱,固巨儒之情也。"○《隋書・經籍志》:《楚蘭陵令荀況集》一卷,殘缺。梁二卷。《唐書・經籍志》:《趙荀況集》二卷。《唐・藝文志》同。○章學誠《校讎通義》曰:"荀卿賦十篇,居第三種之首。當日必有取義也。案:荀卿之書,有《賦篇》列于三十二篇之内,不知所謂賦十篇者,取其《賦篇》與否?"○嘉善謝墉序《荀子》曰:"《漢志》又有《孫卿賦》十篇,今所存僅《禮》《知》《雲》《蠶》《箴》五篇。"(案:此五篇劉氏《别録》入荀子書之末,名曰《賦篇》,似在此十篇之外者,猶《七略》既録《孔臧賦》二十篇,别有四篇見載《連叢子》也。)◎姚明煇《漢書藝文志注解》:今闕。荀子《賦篇》載《禮賦》《智賦》《雲賦》《蠶賦》《箴賦》,凡五篇。《史記》有列傳。◎姚振宗《隋書經籍志考證》:荀況有《荀卿子書》,詳見《子部・儒家》。○《漢書・藝文志・詩賦略》:"孫卿賦十篇。"叙曰:"春秋之後,周道寖壞。聘問歌詠,不行于列國。學詩之

士,逸在布衣,而賢人失志之賦作矣。大儒孫卿及楚臣屈原,離讒憂國,皆作賦以諷,咸有惻隱古詩之義。”○晉摯虞《文章流别論》曰:“賦者,敷陳之稱,古詩之流也。前世爲賦者,有孫卿、屈原,尚頗有古之詩義。”(案:《流别論》佚文,嚴氏可均皆輯入《西晉文編》。)○梁劉勰《文心雕龍·詮賦篇》曰:“賦也者,受命于詩人,拓宇于楚辭也。于是,荀況《禮》《智》,宋玉《風》《釣》,爰錫名號,與詩畫境,六義附庸,蔚成大國。遂客主以首引,極聲貌以窮文。斯蓋别詩之原始,命賦之厥初也。至于草區禽族,庶品雜類,則觸興致情,因變取會……斯又小制之區畛,奇巧之機要也。觀夫荀結隱語,事數自環。”又《諧讔篇》云:“魏代以來,嘲隱化爲謎語。謎也者,迴護其辭,使昏迷也。荀卿《蠶賦》,已兆其體。”又《才略篇》云:“荀況學宗而象物名賦,文質相稱,固巨儒之情也。”○《唐書·經籍》《藝文志》:《趙荀況集》二卷(舊、新《唐志》著録往往相同,故合并爲一條)。○朱子《楚辭辯證》曰:“荀卿《成相》之篇,本擬工誦箴諫之辭,其言奸臣蔽主,擅權馴致,移國之禍,千古一轍,可爲流涕。”(荀子《成相篇》楊倞注曰:“《漢書·藝文志》謂之成相雜辭,蓋亦賦之流也。”)○王氏《漢書藝文志考證》曰:“荀子《賦篇》:《禮》《知》《雲》《蠶》《箴》五篇,又有《佹詩》。”(案:荀卿《遺春申君書》曰:“天下不治,請陳佹詩。”注:“佹與詭同,佹異激切之詩也。”蓋即《遺春申君賦》。)○會稽章學誠《校讎通義》曰:“《漢書·藝文志》‘荀卿賦十篇’,居詩賦第三種之首,當日必有取義也。案荀卿之書有《賦篇》,列于三十二篇之内,不知所謂‘賦十篇’者,取其《賦篇》與否?”○嘉善謝墉序《荀子》曰:“《漢志》有‘孫卿賦十篇’,今所存僅《禮》《智》《雲》《蠶》《箴》五篇。”○烏程嚴可均《全三代文編》曰:“荀卿有集二卷,《荀子》有《禮賦》《智賦》《雲賦》《蠶賦》《箴賦》,《國策》及《韓詩外傳》有《爲書謝春申君》,今存凡六篇。”(案:《成相辭》三篇或亦編入本集。)○謹案:《四庫提要》言劉向裒《楚辭》,爲總集之祖,而不言别集始于何人。以余考之,亦始于劉中壘也。中壘《詩賦略》五篇,皆諸家賦集、詩歌集,固别集之權輿。至輯東方朔所著諸篇于《别録》,諸體畢備。則明明爲别集之類。或謂集始于東漢,蓋但據《後漢書·儒林》《文苑傳》所載篇籍約略言之,實則劉中壘之時已具此體類矣。楚漢諸集,大抵以《七略》《藝文志》所載爲本,而附益以他文,其集録人姓名皆不可考,此集亦不知起于何時。觀劉氏以《賦篇》《成相辭》編入《荀子》書,則其時尚無是集也。◎顧實《漢書藝文志講疏》:存。十篇,蓋十一篇之誤。荀子有《賦篇》《成相篇》,《成相》,亦賦之流也。《賦篇》有《禮》《知》《雲》《蠶》《箴》五賦。又有《佹詩》一篇,凡六篇。《成相篇》自“請成相,世之殃”至“不由者亂何疑爲”是第一篇;自“凡成相,辨法方”至“宗其賢良辨孽殃”是第二篇;自“請成相,道聖王”至“道古聖賢基必張”是第三篇;自“願陳辭”(“願陳辭”上脱“請成相”三字)至“託于成相以喻意”是第四篇;自“請成相,言治方”至“後世法之成律貫”是第五篇。合《賦篇》之六篇,實十有一篇(本王先謙《荀子集解》)。

今按:姚振宗《隋志考證》徵引富贍,可資參考。張舜徽曰:"《荀子·賦篇》中有《禮》《知》《雲》《蠶》《箴》五賦,又有《佹詩》一篇,凡六篇。《賦篇》之外,有《成相篇》,《成相》亦賦之流也。今本是篇分四大章,一、二、四章,並以'請成相'開端;惟第三章以'願陳辭'居首。條理秩然,當日必各自爲篇,後之編書者合而爲一耳。以此四篇,合前六篇,適符《漢志》十篇之數。"①此説本於顧實,而將《成相篇》分爲 4 篇,以合《漢志》十篇之數。可備一説。

【研究】

研究荀況賦,基本文獻有:清王先謙《荀子集解》卷十八(内含楊倞注,清俞樾、盧文弨、王念孫的考釋,有諸子集成本,新編諸子集成本),王天海《荀子校釋》(内含吕思勉、楊柳橋、冢田虎、久保愛、安積信、鍾泰等人注釋與考證。本書上下册,上海古籍出版社 2005 年版)、梁啟雄《荀子簡釋》(上海古籍出版社 1956 年版)、王雲路等《荀子直解》(浙江文藝出版社 2000 年版)、張覺《荀子校注》(嶽麓書社 2006 年版)等。研究著作有:李金錫《屈荀辭賦論稿》(春風文藝出版社 1986 年版)、馬積高《荀學源流》(上海古籍出版社 2000 年版)等。專門研究荀子賦的論文有十餘篇,舉其要者,有:包遵信《淺談〈荀子·賦篇〉》(《文史哲》1978 年第 5 期)、趙逵夫《〈荀子·賦篇〉包括荀卿不同時期兩篇作品考》(《貴州社會科學》1988 年第 4 期)、張小平《荀子〈賦篇〉的真僞問題及研究》(《江淮論壇》1996 年第 6 期)、馬世年《〈荀子·賦篇〉體制新探——兼及其賦學史意義》(《文學遺産》2009 年第 4 期)、劉寅子《荀子〈賦篇〉的創作特色及其對漢賦的影響》[《重慶科技學院學報》(社會科學版)2010 年第 13 期]、鄧穩《〈賦篇〉篇名非荀況自題考》[《四川師範大學學報》(社會科學版)2015 年第 4 期]等。

《唐勒賦》4 篇,戰國楚唐勒撰,漢劉向等輯,佚

【著者】

《史記·屈原列傳》:"屈原既死之後,楚有宋玉、唐勒、景差之徒者,皆好辭而以賦見稱。"這是唐勒之名首次見於典籍記載。唐勒,戰國末年楚國大夫,與宋玉、景差同時,長於辭賦,是楚襄王的文學侍從。著有《奏土論》,僅存 20 餘字,見《水經注》卷二十一《汝水》。賦 4 篇,皆佚。或曰山東臨沂銀雀山漢墓出土的《唐勒賦》殘簡,即爲唐勒所撰。

【著録與考釋】

見《漢志·詩賦略》。班固原注:"楚人。"

---

① 張舜徽:《張舜徽集·漢書藝文志通釋》,華中師範大學出版社 2004 年版,第 361 頁。

清沈欽韓《漢書疏證》:《御覽》六百三十三宋玉賦云:“景差、唐勒等並造《大言賦》。”(今按:王先謙《漢書補注》引沈氏此語。)◎姚振宗《漢書藝文志條理》:《史·屈原列傳》:“屈原既死之後,楚有唐勒、景差之徒者,皆好辭而以賦見稱。”○本書《人表》第六等中下唐勒,梁玉繩曰:“唐勒,惟見《史·屈原傳》。《通志·氏族略》云:‘楚滅唐,子孫以唐爲氏。’”(宋洪邁《容齋五筆》云:“《西京雜記》霍光曰:‘楚大夫唐勒一産二子,一男一女,男曰正夫,女曰瓊華,以先生者爲長。’唐勒有子曰正夫,唯見于此。”)○嚴可均《三代文編》曰:“唐勒,楚人。事頃襄王,爲大夫。《水經·汝水注》引唐勒《奏土论》。”(按:《奏土论》似在此四篇之外者。)◎姚明煇《漢書藝文志注解》:今佚。◎顧實《漢書藝文志講疏》:亡。宋玉賦曰:“景差、唐勒等並造《大言賦》。”(《御覽》六百三十三引。)蓋非今存《大言賦》。班《志》無《楚辭》,亦無景差。

今按:唐勒賦今不存。《古文苑》卷二載宋玉《大言賦》,賦中稱楚襄王與唐勒、景差、宋玉遊於陽雲之臺,競爲大言,唐勒曰:“壯士憤兮絶天維,北斗戾兮太山夷。”此係宋玉賦中假托之語,未必真唐勒賦也。至於山東臨沂銀雀山一號漢墓出土的“《唐勒賦》殘簡”的情況,詳見下一條按語。

《宋玉賦》16篇(《宋玉集》《宋大夫集》),戰國楚宋玉撰,漢劉向等輯

【著者】

宋玉,楚國鄢(今湖北宜城)人。戰國末年楚國大夫,在屈原之後。王逸以爲是屈原弟子,未知确否。长於辭賦,是頃襄王的文學侍從。《隋書·經籍志》著録《楚大夫宋玉集》三卷,當以辭賦爲主。《舊唐書·經籍志》《新唐書·藝文志》皆著録《楚宋玉集》二卷。《直齋書録解題》著録“《宋玉集》一卷,楚大夫宋玉撰”。

【著録與考釋】

見《漢志·詩賦略》。班固原注:“楚人,與唐勒並時,在屈原後也。”

宋王應麟《漢藝文志考證》:《隋志》:《宋玉集》三卷。王逸云:“屈原弟子。”《楚辭》:《九辯》《招魂》;《文選》:《風賦》《高唐》《神女》《登徒子好色賦》;《古文苑》:《大言》《小言》《釣》《笛》《諷賦》。朱文公謂:辭有餘而理不足。(沈欽韓《漢書疏證》引之,認爲《笛賦》非宋玉作。)◎清周壽昌《漢書注校補》:《隋·經籍志》:《楚大夫宋玉集》三卷。《唐志》二卷。《通志》二卷。《通考》一卷,云自《文選》及《古文苑》中録出,非原本。◎王先謙《漢書補注》:王應麟曰:“《隋志》:《宋玉集》三卷。王逸云:‘屈原弟子。’《楚詞》:《九辨》《招魂》;《文選》:《風賦》《高唐》《神女賦》《登徒子好色賦》;《古文苑》:《大言》《小言》《釣》《笛》《諷賦》。”沈欽韓曰:“《笛賦》非宋玉作。《隋志》:《宋玉集》三卷。”◎姚振宗《漢書藝文志條理》:《史·屈原列傳》:“屈原既死之後,楚有宋玉、唐勒、景差之

徒者,皆好辭而以賦見稱。然皆祖屈原之從容辭令,終莫敢直諫。”○本書《地理志》:“始楚賢臣屈原,被讒放流,作《離騷》諸賦,以自傷悼。後有宋玉、唐勒之屬,慕而述之,皆以顯名。”○本書《人表》第五等中中宋玉,梁玉繩曰:“宋玉,始見《史・屈原傳》,鄢人,屈原弟子,體貌閑麗,楚襄王稱爲先生。冢在唐州北陽縣。”○《隋志・集部・别集篇》:《楚大夫宋玉集》三卷。《唐・經籍志》:《楚宋玉集》二卷。《藝文志》同。(按:《隋》《唐志》所載固是,别本與《漢志》著録不同。然《漢志》所載諸賦,亦在其間,故并及之焉。)○洪邁《容齋三筆》曰:“宋玉《高唐》《神女》二賦,其爲寓言託興甚明。予嘗即其詞而味其旨,蓋所謂發乎情,止乎禮義,真得詩人風化之本。玉之意,可謂正矣。今人詩詞顧以襄王藉口,考其實,則非是。”○嚴可均《三代文編》曰:“宋玉,郢人,師事屈平,爲頃襄王大夫,有集三卷。按:《漢・藝文志》:‘《宋玉賦》十六篇。’今存者《風賦》《大言賦》《小言賦》《諷賦》《高唐賦》《神女賦》《登徒子好色賦》《釣賦》《笛賦》《九辯》《招魂》,凡十一篇。《對楚王問》《高唐對》不在此數。如《九辯》爲九篇,則多出《漢志》三篇,所未審也。或云,《笛賦》有宋意送荆卿之語,非宋玉作。”◎姚明煇《漢書藝文志注解》:今考《楚辭》載《九辯》十篇,《招魂》一篇;《文選》載《風賦》《高唐賦》《神女賦》《登徒子好色賦》四篇,凡十五篇。又《古文苑》載玉《笛賦》《大言賦》《小言賦》《諷賦》《釣賦》五篇,或謂後人假託。王逸曰:“宋玉者,屈原弟子也。閔惜其師,忠而放逐,故作《九辯》以述其志。至於漢興,劉向、王褒之徒咸悲其文,依而作詞,故號爲楚詞,亦采其九以立義焉。”◎顧實《漢書藝文志講疏》:存。《楚辭》:《九辯》十一篇,《招魂》一篇;《文選》:《風賦》《高唐賦》《神女賦》《登徒子好色賦》四篇。凡十六篇。《古文苑》等載《諷賦》《笛賦》《釣賦》《大言賦》《小言賦》五篇,非玉作。張惠言曰:“皆五代宋人聚斂假託爲之。”嚴可均亦曰:“《笛賦》有宋意送荆卿之語,非宋玉作。”◎姚振宗《隋書經籍志考證》:宋玉有《宋玉子》,見《子部・小説家》。○《文章流别論》曰:“孫卿、屈原,頗有古詩之義,至宋玉則多淫浮之病矣。”○梁沈約《宋書・謝靈運傳論》曰:“周室既衰,風流彌著,屈平、宋玉導清源于前。”○《文心雕龍・詮賦篇》曰:“于是荀況《禮》《智》,宋玉《風》《釣》,爰錫名號,與詩畫境。”又曰:“觀夫荀結隱語,事數自環。宋發巧談,實始淫麗。”又《雜文篇》曰:“宋玉含才,頗亦負俗。始造對問,以申其意。放懷寥廓,氣實使之。”又《誇飾篇》云:“文辭所被,誇飾恒存。自宋玉、景差,誇飾始盛。”又《才略篇》云:“戰代任武,而文士不絶。諸子以道術取資,屈宋以楚辭發采。”○《唐書・經籍》《藝文志》:《楚宋玉集》二卷。○宋洪邁《容齋三筆》曰:“宋玉《高唐》《神女》二賦,其爲寓言託興甚明。予嘗即其詞而味其旨,蓋所謂發乎情,止乎禮義,真得詩人風化之本。玉之意可謂正矣。今人詩詞顧以襄王藉口,考其實,則非是。”○陳氏《書録解題》曰:“《宋玉集》一卷,楚大夫宋玉撰。《史記・屈原傳》言楚人宋玉、唐勒、景差之徒，蓋皆原之弟子也，而玉之辭賦獨傳。至以屈宋並稱于後世，餘人皆莫能及。案：《隋志》《集》三卷，《唐志》二卷。今書乃《文選》及《古文苑》中録出者，未必當時本也。”○汪氏《文選撰人篇目》曰：“周宋玉有《風賦》《高唐賦》《神女賦》《登徒子好色賦》《九辯》五首，《招魂》《對楚王問》。”○嚴氏《全三代文編》曰：“宋玉有集三卷。案：《漢書・藝文志》‘宋玉賦十六篇’，今存者《風賦》《大言賦》《小言賦》《諷賦》《高唐賦》《神女賦》《登徒子好色賦》《釣賦》《笛賦》《九辯》《招魂》，凡十一篇。《對楚王問》《高唐對》不在此數。如《九辯》爲九篇，則多出《漢志》三篇，所未審也。或云《笛賦》有宋意送荆卿之語，非宋玉作。然隋唐已前本集有之，誤收久矣，不必删耳。又原本《北堂書鈔》三十三引《宋玉集序》。”（案：嚴氏所輯有全文完善無缺者，有殘文唯存一二語者，今唯就其所分篇目，皆以篇數計之，并發其凡于此。）

今按：關於宋玉著作的真僞，歷來存在争議。20世紀初期，受疑古思潮的影響，宋玉的作品幾乎全部被視爲僞作。直到1972年《御賦》（又稱《唐勒賦》）的出土，纔打破了對其賦作的懷疑，並使人們對宋玉作品的真僞有了全新的認識。經歷了一個否定之否定的過程後，今天我們可以確定現存的宋玉賦作有：《風賦》《高唐賦》《神女賦》《登徒子好色賦》《笛賦》《大言賦》《小言賦》《諷賦》《釣賦》，再加上考古發掘的宋玉賦佚篇《御賦》，共10篇，如下：

1.《風賦》，見《文選》卷十三，是一篇借風爲喻的諷諫之作。全文采用問答體，通過楚襄王和宋玉的四問四答來叙述風的發生過程和各種態勢，並將風分爲“大王之雄風”與“庶人之雌風”來進行對比描寫，從而闡明了“其所托者然，則風氣殊焉”的道理。其君臣問答的結構形式、散韻並用的句式特點和鋪張揚厲的藝術風格，開漢代散體大賦之先聲。

2.《高唐賦》《神女賦》，見《文選》卷十九。這兩篇賦分别寫的是楚懷王、楚襄王夢中豔遇巫山高唐神女的故事，奠定了中國文學史上用夢境表達情思與性愛主題的寫作模式。

3.《登徒子好色賦》，見《文選》卷十九。在賦中，宋玉針對登徒子在楚襄王面前誣陷自己“好色”進行了巧妙的辯解與反擊。意圖在於諷諫楚襄王不要沉溺於女色而不理國政。由此登徒子在後世便成爲好色之徒的代名詞。

4.《笛賦》，見《古文苑》卷二。這是一篇描寫竹笛的賦，賦中描寫了做笛之竹的生長環境、吹笛人的動作神態以及笛聲的美妙動人和豐富多彩，最後稱頌笛子爲世間珍寶。它是現存文學作品中描寫音樂的最早篇章。其後枚乘的《笙賦》、王褒的《洞簫賦》、劉玄的《簧賦》、傅毅的《琴賦》、馬融的《長笛賦》、嵇康的《琴賦》等音樂文學作品，都受到了此賦的影響。

5.《大言賦》《小言賦》，見《古文苑》卷二。《大言賦》寫的是楚襄王與唐勒、景差、宋玉比賽説大話；《小言賦》寫的是楚襄王命令景差、唐勒、宋玉比説小言。

這兩篇賦都是宋玉的遊戲之作,没有什麽深意,是作爲文學侍從的宋玉爲了博得襄王的歡心而創作的娱樂文學作品。

6.《諷賦》,見《古文苑》卷二。劉向《説苑·正諫》:"諫有五:一曰正諫,二曰降諫,三曰忠諫,四曰戇諫,五曰諷諫。孔子曰:'吾其從諷諫矣乎!'"①班固《白虎通·諫諍》言:"人懷五常,故知諫有五:其一曰諷諫,二曰順諫,三曰闚諫,四曰指諫,五曰陷諫。諷諫者,智也。知禍患之萌,深睹其事,未彰而諷告焉。此智之性也。"②所謂諷諫,指的是用委婉的語言來勸諫君王,希望君王覺悟並糾正過失。這篇《諷賦》即采用諷諫的進諫方式來勸諫楚襄王。此賦對後代辭賦亦有影響。漢代辭賦大家司馬相如的《美人賦》就有模仿此賦的痕迹。

7.《釣賦》,見《古文苑》卷二。《釣賦》以釣魚之術喻治國之道,構思奇妙,跌宕有致。文章以喻證法闡明治國道理,對比説明了"役夫之釣"與"大王之釣"的區别,否定了役夫之釣,讚美了大王之釣。

8.《御賦》,是新發現的宋玉賦殘篇。1972 年 4 月,山東臨沂銀雀山一號漢墓出土了一批竹簡,其中有 20 餘枚殘簡,其簡背面上端署有"唐革(勒)"二字,加上篇中又有唐勒所説的話,被一些學者稱爲"《唐勒賦》殘簡",並認爲其作者是唐勒。後來,湯漳平、李學勤和朱碧蓮經過仔細研究與精心考證,斷定《唐勒賦》殘簡的作者是宋玉。根據殘賦内容和辞赋命名的惯例,认爲《唐勒賦》殘簡最好稱爲《御賦》。③《御賦》是一篇散體賦,通過唐勒和宋玉的對話,描寫了王良、造父之"良御",鉗且、大丙之"神御",今人之"俗御"三種御術,作者以御術比喻治國之道,主張"君麗民義""以義役民",極力讚美"義御",凸顯了儒家思想。

宋玉現存的其他作品有 3 篇,如下:

1.《九辯》,見東漢王逸《楚辭章句》卷八,是宋玉的代表作。九辯,原是古樂曲名,這裏作者借舊題寫新事。王夫之《楚辭通釋》曰:"辯,犹遍也,一闋謂之一遍。蓋亦效夏啟《九辯》之名,紹古體爲新裁,可以被之管絃。其詞激宕淋漓,異於風雅,蓋楚聲也。"④故"九辯"即"九遍""九闋",指的是由若干樂章組合而成的一種曲調。全文共 255 句,1500 餘字,是楚辭中僅次于《離騷》的長篇抒情詩。它第一次將淒涼寂寞的秋景與自身的惆悵失意融合在一起,開創了中國文學史上影響深遠的"悲秋"主題。魯迅《漢文學史綱要》謂:"《九辯》……雖馳神

① 〔漢〕劉向撰,向宗魯校證:《説苑校證》,中華書局 1987 年版,第 206 頁。

② 〔清〕陳立撰,吴則虞點校:《白虎通疏證》,中華書局 1994 年版,第 135 頁。

③ 詳參李學勤《〈唐勒〉、〈小言賦〉和〈易傳〉》(《齊魯學刊》1990 年第 4 期);朱碧蓮《宋玉辭賦真僞辨》(1983 年發表於香港《抖擻》第 1 期,後收入中國社會科學出版社 1987 年出版的《宋玉辭賦譯解》一書)。

④ 〔清〕王夫之:《楚辭通釋》,上海人民出版社 1975 年版,第 121 頁。

逞想,不如《離騷》,而凄怨之情,實爲獨絶。"[①]評價十分中肯。

2.《招魂》,見《楚辭章句》卷九,是宋玉爲招楚頃襄王之生魂而作。[②] 文中想像豐富,刻畫細緻,善於鋪陳。它的鋪陳手法,對漢賦有直接影響。

3.《對楚王問》,見《文選》卷四十五。此文寫宋玉對楚襄王責問自己有不好的行爲,對比描寫了音樂中的《陽春》《白雪》與《下里》《巴人》、鳥類中的鳳與蕃籬之鷃、魚類中的鯤與尺澤之鯢,隱喻自己就是音樂中的《陽春》《白雪》、鳥類中的鳳、魚類中的鯤,表明自己品性高雅、志向遠大、行爲超群,是"瑰意綺行、超然獨處"的聖人,因而不被"世俗之民"理解,是不足爲怪的。劉熙載曾言:"用辭賦之駢儷以爲文者,起於宋玉《對楚王問》,後此則鄒陽、枚乘、相如是也。惟此體施之,必擇所宜,古人自主文譎諫外,鮮或取焉。"[③]點出了此種文體最適宜于"譎諫"的特點。

【研究】

研究宋玉的賦,基本文獻有:袁梅《宋玉辭賦今讀》(齊魯書社 1986 年版)、朱碧蓮《宋玉辭賦譯解》(中國社會科學出版社 1987 年版)、金榮權《宋玉辭賦箋評》(中州古籍出版社 1991 年版)、吴廣平《宋玉集》(嶽麓書社 2001 年版)、曹文心《宋玉辭賦》(安徽大學出版社 2006 年版)等。主要著作有:高秋鳳《宋玉作品真僞考》(文津出版社 1999 年版)、吴廣平《宋玉研究》(嶽麓書社 2004 年版)、劉剛《宋玉辭賦考》(遼海出版社 2011 年版)、劉剛等《宋玉研究資料類編》(商務印書館 2015 年版)、姚守亮《宋玉辭賦語法修辭研究》(湖北人民出版社 2015 年版)等。另外有研究論文一百餘篇,不贅。

《趙幽王賦》1 篇,漢劉友撰,漢劉向等輯,疑

【著者】

趙幽王劉友(? —前 183,或前 181),漢高祖劉邦第六子,漢惠帝劉盈、漢文帝劉恒的異母弟。漢高祖十一年(前 196)被封爲淮陽王。漢惠帝元年(前 194)十二月,吕后派人將趙王劉如意毒死,改封劉友爲趙王。劉友妻爲吕氏之女,因劉友另寵他妾,向吕后誣告劉友欲反叛,遭到囚禁,斷糧而死,以平民禮下葬。

【著録與考釋】

見《漢志・詩賦略》"屈原賦之屬"。

清沈欽韓《漢書疏證》:本傳作"歌"。(今按:王先謙《漢書補注》引沈氏此語。)◎姚振宗《漢書藝文志條理》:本書《諸侯王表》:"趙幽王友,高帝子。高帝

① 魯迅:《漢文學史綱要》,人民文學出版社 1973 年版,第 25 頁。

② 關於《招魂》的作者,歷來多有争論。本文采用胡念貽、潘嘯龍、羅又群三位先生的觀點,認爲是宋玉爲招楚頃襄王之生魂而作。

③ 〔清〕劉熙載:《藝概》,上海古籍出版社 1978 年版,第 14 頁。

十一年三月丙寅,立爲淮陽王。二年徙趙,十四年。高后七年自殺。"(《高后紀》:"七年春正月,趙王友幽死於邸。")○本書《高五王傳》:"趙幽王友,十一年立爲淮陽王。趙隱王如意死。孝惠元年,徙友王趙。凡立十四年。友以諸呂女爲后,不愛,愛他姬。諸呂女怒去,讒之于太后,曰:'王曰:呂氏安得王?太后百歲後,吾必擊之。'太后怒,以故召趙王。趙王至,置邸不見。令衛士圍守之,不得食。其群臣或竊饋之,輒捕論之。趙王餓,乃歌曰:'諸呂用事兮劉氏微,迫脅王侯兮彊授我妃。我妃既妒兮誣我以惡,讒女亂國兮上曾不寤。我無忠臣兮何故棄國?自決中野兮蒼天舉直。于嗟不可悔兮寧早自賊,爲王餓死兮誰者憐之!呂氏絶理兮託天報仇。'遂死,以民禮葬長安。"◎姚明煇《漢書藝文志注解》:本書列傳載歌一篇,殆即此也。◎顧實《漢書藝文志講疏》:疑。本傳歌一篇,或即此。

今按:《史記·呂后本紀》載趙幽王歌一篇,歌曰:"諸呂用事兮劉氏危,迫脅王侯兮彊授我妃。我妃既妒兮誣我以惡,讒女亂國兮上曾不寤。我無忠臣兮何故棄國?自決中野兮蒼天舉直!于嗟不可悔兮寧蚤自賊。爲王而餓死兮誰者憐之!呂氏絶理兮託天報仇。"①《漢書·高五王傳》亦載此歌,文字稍異。所謂"趙幽王賦一篇",殆謂此也。可見在漢代學者眼中,楚歌亦可稱爲賦。

《莊夫子賦》24 篇,漢莊忌撰,漢劉向等輯,佚

【著者】

莊忌,又稱嚴忌,西漢初年吴(今江蘇蘇州)人。《史記·司馬相如列傳》:"是時梁孝王來朝,從游説之士齊人鄒陽、淮陰枚乘、吴莊忌夫子之徒,相如見而説之。"南朝宋裴駰《史記集解》:"徐廣曰:名忌,字夫子。"唐司馬貞《史記索隱》:"徐廣、郭璞皆云:名忌,字夫子。案:《鄒陽傳》云枚先生、嚴夫子,此則夫子是美稱,時人以爲號。《漢書》作'嚴忌'者,案忌本姓莊,避明帝諱改姓嚴也。"②《漢書·司馬相如傳上》云:"是時梁孝王來朝,從游説之士齊人鄒陽、淮陰枚乘、吴嚴忌夫子之徒,相如見而説之。"顔師古注曰:"嚴忌本姓莊,當時尊尚,號曰夫子。史家避漢明帝諱,故遂爲嚴耳。"③對比這兩段話可以發現,《漢書》這段話除了改莊爲嚴,其餘全與《史記》同。關於改莊爲嚴的原因,是避漢明帝劉莊之諱,這一點毫無争議。關於夫子之稱,則有兩種觀點:徐廣、郭璞認爲夫子是莊忌的字;司馬貞、顔師古認爲夫子是對人的尊稱。筆者以爲後者之言

① 〔漢〕司馬遷撰,〔宋〕裴駰集解,〔唐〕司馬貞索隱,〔唐〕張守節正義:《史記》,中華書局 1982 年版,第 403 ~ 404 頁。

② 〔漢〕司馬遷撰,〔宋〕裴駰集解,〔唐〕司馬貞索隱,〔唐〕張守節正義:《史記》,中華書局 1982 年版,第 2999 ~ 3000 頁。

③ 〔漢〕班固撰,〔唐〕顔師古注:《漢書》,中華書局 1962 年版,第 2529 ~ 2530 頁。

較爲合理。一般認爲,古人的名和字之間有意義上的聯繫,名和字意義相同(相近)或是相反。若夫子是其字,而忌和夫子之間卻没有意義上的聯繫,可見這一觀點是講不通的。

【著録與考釋】

見《漢志·詩賦略》"屈原賦之屬"。班固原注:"名忌,吴人。"

宋王應麟《漢藝文志考證》:《楚辭》:《哀時命》。◎清錢大昭《漢書辨疑》:即嚴夫子也。此獨不避諱,史駁文。(今按:王先謙《漢書補注》引錢氏此語。)◎沈欽韓《漢書疏證》:《楚辭章句》王逸云:"《哀時命》者,嚴夫子之所作也。"(今按:王先謙《漢書補注》引沈氏此語。)◎姚振宗《漢書藝文志條理》:本書《地理志》:"始楚屈原作賦,以自傷悼。後有宋玉、唐勒之屬。漢興,高祖王兄子濞于吴,招致天下之娱游子弟。枚乘、鄒陽、嚴夫子之徒興于文景之際。"(按:本《志》無鄒陽賦,疑在第四篇諸雜賦中。)○本書《鄒陽傳》:"吴王濞招致四方游士,陽與吴嚴忌、枚乘等俱仕吴,皆以文辯著名。久之,吴王陰有邪謀。是時,景帝少弟梁孝王貴盛,亦待士。于是鄒陽、枚乘、嚴忌知吴王不可説,皆去之梁,從孝王游。"○王逸《楚辭章句》:"《哀時命》者,嚴夫子之所作也。夫子名忌,與司馬相如俱好辭賦,客游于梁。梁孝王甚奇重之。忌哀屈原受性忠貞,不遭明君而遇暗世,斐然作辭,嘆而述之,故曰'哀時命'也。"洪興祖曰:"忌,會稽吴人。本姓莊,當時尊尚,號曰夫子。避漢明帝諱,改曰嚴。一云名忌,字夫子。"◎姚明煇《漢書藝文志注解》:今闕。《楚辭》載《哀時命》一篇,王逸云:"嚴夫子之所作也。"彼避漢明帝諱,故改莊爲嚴。◎顧實《漢書藝文志講疏》:殘。《楚辭》:《哀時命》一篇,王逸曰:"嚴夫子所作也。"避明帝諱,故曰嚴。班《志》蓋本《七略》舊文。

今按:《漢書》其他幾處都將莊忌稱爲嚴忌或嚴夫子,此處仍爲"《莊夫子賦》二十四篇",或許是照録《七略》舊文,而未做改動之故。《史記》《漢書》皆將嚴忌與枚乘、鄒陽並舉,可知三人交好,齊名於當時。其作品今僅存《哀時命》一篇,見王逸《楚辭章句》。其餘諸賦皆佚。

《賈誼賦》7篇(《賈誼集》《賈長沙集》),漢賈誼撰,漢劉向等輯,殘

【著者】

賈誼(前200—前168),洛陽(今河南洛陽東)人。年十八,以能誦《詩》《書》屬文稱於郡中。二十餘,文帝召爲博士。提出改革制度的主張,又數上疏陳政事,言時弊,受文帝賞識,遷太中大夫。爲大臣所忌,出爲長沙王太傅。後被召回長安,又出爲梁懷王太傅。梁懷王墜馬而死,賈誼深感愧疚,憂傷而終,年僅三十三歲。《隋志》集部於"漢淮南王集一卷"下注云:"梁有《賈誼集》四卷,録一卷,亡。"此處的"録",殆即劉向《賈誼叙録》也。南朝梁代賈誼作品大

都尚在,故有四卷之多,但亡於梁陳之際,故《隋書》不著録。《舊唐志》《新唐志》著録《前漢賈誼集》二卷,蓋唐人重輯,後亦散佚。明人張溥輯録《賈長沙集》一卷。傳見《史記・屈原賈生列傳》《漢書・賈誼傳》。

【著録與考釋】

見《漢志・詩賦略》。

宋王應麟《漢藝文志考證》:朱文公曰:"賈太傅以卓然命世英傑之材,俯就騷律,所出三篇,皆非一時諸人所及。"(《惜誓》《弔屈原》《服賦》。)《古文苑》有《旱雲》《簴賦》。《隋志》:"梁有《賈誼集》四卷。"(今按:王先謙《漢書補注》、姚振宗《漢書藝文志條理》引王氏此語。)◎清沈欽韓《漢書疏證》:《隋志》:"梁有《賈誼集》四卷。"《楚辭章句》云:"《惜誓》者,不知誰所作,或曰賈誼。"《御覽》(五百八十二)賈誼《筍簴賦》曰:"纓擊拳以蟉虬,負大鐘而欲飛。"《古文苑》有《旱雲賦》。◎姚振宗《漢書藝文志條理》:賈誼有書五十八篇,見《諸子・儒家》。○《史・屈賈列傳》:"自屈原沈汨羅後百有餘年,漢有賈生,爲長沙王太傅,過湘水,投書以弔屈原。"又曰:"賈生爲傅三年,有鴞飛入賈生舍,止于坐隅。楚人命鴞曰服。賈生既以適居長沙,長沙卑濕,自以爲壽不得長。傷悼之,乃爲賦以自廣。"劉向《别録》(賈生《弔屈原賦》):"因以自諭自恨也。"○王逸《楚辭章句》:"《惜誓》者,不知誰所作也,或曰賈誼,疑不能明也。惜者,哀也。誓者,信也,約也。言哀惜懷王與己信約,而復背之也。古時君臣將共爲治,必以信誓相約,然後言乃從,而身以親也。蓋刺懷王有始而無終也。"○《隋書・經籍志》:"梁又有《賈誼集》四卷,録一卷。"《唐・經籍志》:前漢《賈誼集》二卷。《藝文志》同。◎姚明煇《漢書藝文志注解》:今闕。《楚辭》載《惜誓》一篇;《史記》、本書列傳皆載《弔屈原賦》一篇,《服鳥賦》一篇;《古文苑》載《旱雲賦》一篇,又《簴賦》殘。凡五篇。◎顧實《漢書藝文志講疏》:殘。《楚辭》:《惜誓》一篇(王逸曰:"不知誰作,或曰賈誼。");《史記》本傳:《弔屈原賦》一篇,《鵩鳥賦》一篇(《漢書》本傳同);《古文苑》:《旱雲賦》一篇。凡四篇。又有《(虡)[簴]賦》,殘(嚴輯《上古三代文》)。◎清姚振宗《隋書經籍志考證》:賈誼有《賈子》十卷,見《子部・儒家》。○《漢書》本傳:……"凡所著述五十八篇。"(案:此五十八篇見《漢志・儒家》,非謂是集也。)○《文章流别論》曰:"楚辭之賦,賦之善者也,故揚子稱'賦莫深于《離騷》'。賈誼之作,則屈原儔也。"○《文心雕龍・詮賦篇》曰:"秦世不文,頗有雜賦。漢初辭人,順流而作。陸賈扣其端,賈誼振其緒。"又云:"賈誼《鵩鳥》,致辨于情理。"又《哀弔篇》曰:"自賈誼浮湘,發憤弔屈,體同而事覈,辭清而理哀。蓋首出之作也。"……又《體性篇》曰:"吐納英華,莫非情性,是以賈生俊發,故文潔而體清。"又《事類篇》曰:"觀夫屈宋屬篇,號依詩人,雖引古事,而莫取舊辭,唯賈誼《鵩賦》,始用《鶡冠》之説。"(案:此或爲《鶡冠子》轉襲《鵩賦》之語。)又《才略篇》曰:"賈誼才穎,陵軼飛兔,議愜而賦清,豈虚至哉?”○《唐書·經籍》《藝文志》①:前漢《賈誼集》二卷。○《崇文總目》:“《賈誼集》二卷。”○明張溥《漢魏六朝百三家》:《賈長沙集》輯本一卷,凡賦四篇,騷一篇,疏六篇,《過秦論》上、中、下三篇。○汪氏《文選撰人篇目》:“漢賈誼有《鵩鳥賦》《過秦論》《弔屈原文》。”○嚴氏《全漢文編》曰:“賈誼有集四卷。案:賈生諸疏散見《新書》者十六篇,小有異同。見存不録。録其所無者,曰:《旱雲賦》《簴賦》《鵩鳥賦》《惜誓》《上疏陳政事》《上疏請封建子弟》《上疏諫封淮南諸子》《説積儲》《諫除盜鑄錢令使民放鑄》《過秦論》《弔屈原文》,凡十一篇。”又曰:“《過秦論》,《文選》分上、中、下三篇,《史記·秦始皇本紀》但爲一篇,不分上、中、下,而次第全異,文亦小異,最爲古本,今據録之。”又曰:“《弔屈原文》,《史》《漢》本傳並以爲賦,今據《文選》編入,並録其序,蓋本集所題如此。”

今按:賈誼賦作今存4篇,如下:

1.《弔屈原賦》,見《史記·屈原賈生列傳》、《漢書·賈誼傳》、《文選》卷六十、《藝文類聚》卷四十(《文選》《藝文類聚》題作《弔屈原文》)。文帝四年(前176),賈誼被貶爲長沙王太傅,及渡湘水,歷屈原放逐所經之地,對其不幸遭遇深表傷悼,遂作此賦。作品中表達了對屈原的無比尊敬和深切同情,同時字裏行間也流露出作者的自我傷悼,控訴了不公正的社會。此賦對比鮮明,感情激切,堪稱漢初騷體賦的代表之作。

2.《鵩鳥賦》,見《史記·屈原賈生列傳》、《漢書·賈誼傳》、《文選》卷十三、《藝文類聚》卷九十二。文帝前元六年(前174),賈誼謫居長沙,有鵩鳥入其宅,以爲不祥,作此賦以自廣,闡明自己對生死、禍福的達觀態度。《鵩鳥賦》繼承了屈原《離騷》主客問答的形式。賦中多采用《鶡冠子》之語,表現了賈誼的道家思想。

3.《旱雲賦》,見《古文苑》卷三、《藝文類聚》卷一百(《藝文類聚》誤題作東方朔《旱頌》)。此賦或針對文帝前元九年(前171)大旱而作,對農民的疾苦表示了深切的同情,並一針見血地指出了天旱的原因:“託咎于在位”,即旱災是統治者造成的。此爲中國最早的天象賦。

4.《簴賦》(殘),見《古文苑》卷二十一、《藝文類聚》卷四十四、《初學記》卷十六、《太平御覽》卷五百八十二。簴是古代懸掛鐘、磬的縱柱。從殘文看,其內容當是對簴進行歌頌、讚美的,其旨意或爲頌揚能負重有抱負的大人物。

此外尚有《惜誓》1篇,屬於楚辭體,王逸以爲是“哀惜懷王與己信約,而復背之”的作品。

【研究】

研究賈誼賦,基本文獻有:王洲明、徐超《賈誼集校注》(人民文學出版社

① 此處兼指《舊唐書·經籍志》和《新唐書·藝文志》這兩本書。下同,不再一一説明。

1996 年版)。主要論文有:龔克昌《賈誼賦論》(《中州學刊》1985 年第 4 期)、韓高年《論賈誼賦的"承上啟下"》(《中國韻文學刊》2002 年第 1 期)、饒宗頤《賈誼〈鵩鳥賦〉及其人學》[《東南大學學報》(哲學社會科學版)2003 年第 4 期]等。

《枚乘賦》9 篇(《枚叔集》),漢枚乘撰,漢劉向等輯,殘

【著者】

枚乘(? —前 140),字叔,淮陰(今屬江蘇)人。初爲吴王劉濞郎中。時濞欲反,乘上書勸阻,吴王不聽。遂去吴之梁,從梁孝王游。其後,吴王與六國謀反,乘再次上書勸濞罷兵,又不聽,後來吴果亡國。枚乘由此聞名天下。景帝召拜爲弘農都尉。乘爲大國上賓已久,與才俊並遊,不願爲郡吏。以病去官,復游梁。梁客皆善屬辭賦,乘尤高。梁孝王死,乘乃歸故鄉。武帝爲太子時,已聞乘名。即位後,以安車蒲輪徵乘入京,乘死於途中。在辭賦領域,與司馬相如並稱枚馬。《隋志》云:"梁有《漢弘農都尉枚乘集》二卷,録一卷,亡。"此書亦亡於梁陳之際。《舊唐志》著録《枚乘集》二卷,已非梁代之舊。《新唐志》《宋志》各著録一卷。

【著録與考釋】

見《漢志・詩賦略》。

宋王應麟《漢藝文志考證》:《古文苑》有《梁王菟園賦》。《文選》注:"《枚乘集》有《臨霸池遠訣賦》。"《隋志》:《乘集》二卷(《文選》有《七發》)。(姚振宗《漢書藝文志條理》、王先謙《漢書補注》引王氏此語。)◎清沈欽韓《漢書疏證》:《隋志》:"梁有《枚乘集》二卷。"《考證》云:"《古文苑》有《梁王菟園賦》,《文選》注(王粲《七哀詩》):《枚乘集》有《臨霸池遠訣賦》。"按:《西京雜記》又有《柳賦》。◎周壽昌《漢書注校補》:《隋・經籍志》注:"梁有《漢宏農都尉枚乘集》二卷。"《唐志》復著録。《通志》載二卷。馬氏《通考》云:"今本一卷,乃於《漢書》及《文選》諸書鈔出者,蓋久佚其全矣。"◎王先謙《漢書補注》:《西京雜記》有《柳賦》,又略見《初學記》二十八。◎姚振宗《漢書藝文志條理》:本書列傳:"枚乘,字叔,淮陰人也。爲吴王濞郎中。吴王之初怨望謀爲逆也,乘奏書諫吴王,不納。乘等去而之梁,從孝王游。及吴與六國反,以誅鼂錯爲名,漢斬錯以謝諸侯。枚乘復説吴王,令還兵疾歸。吴王不用乘策,卒見禽滅。漢既平七國,乘由是知名。景帝召拜乘爲弘農都尉。乘久爲大國上賓,與英俊並游,得其所好,不樂郡吏。以病去官,復游梁。梁客皆善屬辭賦,乘尤高。孝王薨,乘歸淮陰。武帝自爲太子聞乘名,及即位,乘年老,迺以安車蒲輪徵乘,道死。"○《隋書・經籍志》:"梁有《漢弘農都尉枚乘集》二卷,録一卷,亡。"《唐・經籍志》:《枚乘集》二卷。《唐・藝文志》:一卷。《宋史・藝文志》:一卷。○嚴可均《全漢文編》曰:"《西京雜記》《初學記》有枚乘《柳賦》。"◎姚明煇《漢書藝文志注解》:今闕。《文選》載《七發》一篇。《古文苑》載《梁王菟園賦》《忘憂館柳賦》二篇,本書有列傳。◎顧實《漢書藝文志講疏》:殘。《文選》:枚乘《七發》一篇,《西京雜記》:《柳賦》一篇;《古文苑》載其《梁王菟園賦》一篇(《藝文類聚》六十五同)。又有《臨霸池遠訣賦》(《文選》王粲《七哀詩》注引),亡。◎清姚振宗《隋書經籍志考證》:《文章流別論》曰:"《七發》造于枚乘,借吴、楚以爲客主,此因膏粱之常疾,以爲匡勸。雖有甚泰之辭,而不没其諷諭之義也。其流遂廣,其義遂變,率有辭人淫麗之尤矣。"○《文心雕龍·明詩篇》曰:"古詩佳麗,或稱枚叔。觀其結體散文,直而不野,婉轉附物,怊悵切情,實五言之冠冕也。"(案:謂《古詩十九首》也,或云不盡是枚叔。)又《詮賦篇》曰:"枚乘《菟園》,舉要以會新。"又《雜文篇》云:"枚乘摛豔,首製《七發》,腴辭雲構,誇麗風駭,蓋七竅所發,發乎嗜欲,始邪末正,所以戒膏粱之子也。"又云:"自《七發》以下,作者繼踵。觀枚氏首唱,信獨拔而偉麗矣。"又《才略篇》曰:"枚乘之《七發》,鄒陽之上書,膏潤于筆,氣形于言矣。"又《章句篇》曰:"若乃改韻從調,所以節文辭氣。賈誼、枚乘,兩韻輒易,亦各有其志也。然兩韻輒易,則聲韻微躁。"○陳氏《書録解題》曰:"《枚叔集》一卷,漢弘農都尉淮陰枚乘撰。叔,其字也。《隋志》:梁時有二卷,亡。《唐志》復著録。今本乃于《漢書》及《文選》諸書鈔出者。"○汪氏《文選撰人篇目》:漢枚叔乘有《七發》八首,《奏書諫吴王》《重諫吴王舉兵》。○嚴氏《全漢文編》曰:"枚乘有集二卷。案:《漢志》:《枚乘賦》九篇。《文選》謝朓《休沐重還道中》詩注引《枚乘集》有《臨灞池遠訣賦》,今亡。本傳及《説苑》《西京雜記》《初學記》《藝文類聚》《文選》《古文苑》諸書,有《梁王菟園賦》《柳賦》《上書諫吴王》《上書重諫吴王》《七發》,凡五篇。"(案:《文選·西京賦》注、謝玄暉詩注並引枚乘《樂府詩》。)

今按:其賦今存5篇(2篇存目):

1.《七發》,見《文選》卷三十四、《藝文類聚》卷五十七《雜文部三·七》。賦題之意,主要有兩説:劉勰《文心雕龍·雜文篇》以爲"蓋七竅所發,發乎嗜欲,始邪末正,所以戒膏粱之子也"[①]。《文選》李善注稱:"《七發》者,説七事以起發太子也。"[②]蓋當時諸侯王生活奢侈,《七發》一文,意在勸誡膏粱子弟擺脱腐化享樂之生活,而易以較爲健康的生活方式。本賦開頭即云:"楚太子有疾。而吴客往問之。"假設楚太子與吴客的問答組織成篇,吴客依次列舉音樂、飲食、車馬、遊樂、田獵、觀濤六事以激發楚太子,太子皆不能起;最後以要言妙道來啟發,太子終於大病痊愈。全賦自然分爲七段,而前後呼應,一意貫通,或以爲《七

① 〔南朝梁〕劉勰著,范文瀾註:《文心雕龍註》,人民文學出版社1958年版,第254頁。
② 〔梁〕蕭統編,〔唐〕李善注:《文選》,上海古籍出版社1986年版,第1559頁。

發》八首,實爲穿鑿之論。本賦體制龐大,辭藻繁富,多用比喻和疊字,是一篇完整的新體賦,標誌着漢代散體大賦的形成。自此以後,以七段成篇的賦成爲一種專門文體——七體,歷代仿作不絶。

2.《忘憂館柳賦》,見《西京雜記》卷四、《古文苑》卷三、《初學記》卷二十八。作品先描寫了忘憂館的旖旎風光和梁孝王門下的濟濟人才,接下來寫了梁國君臣之相得以及遊園宴飲之樂,最後以對梁孝王的頌揚結束全篇。

3.《梁王菟園賦》,見《古文苑》卷三、《藝文類聚》卷六十五《産業部上·園》。此賦運用鋪陳誇飾的筆法,描寫了梁孝王菟園的廣大、山水的壯觀、動植物的繁多、仕女的豔麗以及釣射的歡快,這種筆法,爲其後的賦家所繼承和發揚。

4.《臨霸池遠訣賦》(存目)。《文選》卷二十七謝朓《休沐重還道中》"霸池不可別,伊川難重違"句下李善注云:"《枚乘集》有《臨霸池遠訣賦》。"可知,枚乘此賦,唐代尚存。其後《枚乘集》亡佚,賦亦不存。

5.《笙賦》(存目)。《文選》卷十八馬融《長笛賦》序云:"追慕王子淵、枚乘、劉伯康、傅武仲等簫琴笙頌,唯笛獨無。"李善注:"王子淵作《洞簫賦》,枚乘未詳所作,以序言之,當爲《笙賦》。《文章志》曰:'劉玄,字伯康,明帝時官至中大夫,作《簧賦》。傅毅,字武仲,作《琴賦》。'"李善所云,亦頗合理,故列于此處。

【研究】

研究枚乘賦的論文有:龔克昌《散賦作家枚乘——〈漢賦研究〉之一》(《文史哲》1984 年第 1 期)、畢萬忱《試論枚乘的〈七發〉》(《文史哲》1990 年第 5 期)、阮忠《建立漢賦散化體制的枚乘賦風》[《淮陰師專學報》(哲學社會科學版)1991 年第 2 期]、趙逵夫《〈七發〉與枚乘生平新探》[《西北師大學報》(社會科學版)1999 年第 1 期]等。

《司馬相如賦》29 篇(《司馬文園集》《司馬長卿集》),漢司馬相如撰,漢劉向等輯,殘

【著者】

司馬相如(前 169? —前 118),字長卿,蜀郡成都(今四川省成都市)人。少時好讀書擊劍,初名犬子,後因慕藺相如之爲人,更名相如。景帝時以貲爲郎,爲武騎常侍,非其所好。因病免,客游梁,與枚乘、鄒陽、莊忌等切磋賦藝,創作了著名的《子虛賦》。及梁孝王卒,相如因家貧而投奔故友臨邛令王吉。臨邛巨富卓王孫宴請相如和王吉,相如於席間奏琴,以琴聲引誘卓氏寡女卓文君,文君乃夜奔相如。漢武帝讀《子虛賦》而善之,狗監楊得意趁機推薦相如,相如又作《上林賦》,武帝大悦,封爲郎。曾以中郎將身份前往巴蜀,通西南夷。後爲孝文園令。司馬相如是漢代最傑出的賦家,被後人譽爲“辭宗”“賦聖”。與枚乘並稱枚馬,與揚雄並稱揚馬,與司馬遷並稱“西漢文章兩司馬”。傳見《史記・司馬相如列傳》《漢書・司馬相如傳》。

【著録與考釋】

見《漢志・詩賦略》。《隋書・經籍志》著録《漢文園令司馬相如集》一卷,《舊唐書・經籍志》《新唐書・藝文志》著録《司馬相如集》二卷,鄭樵《通志・藝文略》也著録《文園令司馬相如集》二卷,但皆在其後佚失。

宋王應麟《漢藝文志考證》:朱文公曰:“相如之文,能侈而不能約,能諂而不能諒。其《上林》《子虛》之作,既以誇麗而不得入於楚辭;《大人》之於《遠遊》,其漁獵又泰甚,然亦終歸於諛也;特《長門》《哀二世賦》二篇,爲有諷諫之意。艾軒林氏曰:相如,賦之聖者。”《隋志》:《集》一卷。◎清沈欽韓《漢書疏證》:《初學記》有《美人賦》,所謂“玉釵挂臣冠,羅袖拂臣衣”者也。◎周壽昌《漢書注校補》:《隋・經籍志》:《漢文園令司馬相如集》一卷。◎王先謙《漢書補注》:沈欽韓曰:“《隋志》:《相如集》一卷。”葉德輝曰:“本傳有《子虛賦》(《文選》分‘亡是公’以下爲《上林賦》)、《哀秦二世賦》、《大人賦》凡三篇;《文選》有《長門賦》一篇;《藝文類聚・人部》有《美人賦》一篇(《古文苑》、《初學記》‘人部’下同);《文選・魏都賦》注有《梨賦》;《北堂書鈔》百四十六篇‘石部’有《梓桐山賦》。”◎姚振宗《漢書藝文志條理》:司馬相如有《凡將篇》,見《六藝・小學家》。又有《荆軻論》,見《諸子・雜家》。○《史》《漢》本傳:“相如爲郎,事孝景帝,爲武騎常侍,非其好也。會景帝不好辭賦,是時梁孝王來朝,從游説之士鄒陽、枚乘、嚴忌夫子之徒,相如見而説之,因病免,客游梁,得與諸侯游士居數歲,乃著《子虛》之賦。上讀《子虛賦》而善之,乃召問相如。相如曰:‘此乃諸侯之事,未足觀,請爲天子游獵之賦。’上令尚書給筆札,相如以子虛,虛言也,爲楚稱;烏有先生者,烏有此事也,爲齊難;亡是公者,亡是人也,欲明天子之義。故虛藉此三人爲詞,以推天子諸侯之苑囿,其卒章歸之于節儉,因以風諫。奏之天子,天子大説。嘗從上至長楊獵,還,過宜春宫,奏賦以哀二世行失。見上好仙,因奏《大人賦》。”○《隋書・經籍志》:《漢文園令司馬相如集》一卷。(按:“文”上脱“孝”字。)《唐・經籍志》:《司馬相如集》二卷。又總集類:《上林賦》一卷。《唐・藝文志》並同。○嚴可均《鐵橋漫稿》:《司馬長卿集》輯本序曰:“《漢志》長卿賦二十九篇,今存《子虛》《上林》《哀秦二世》《大人》《長門》《美人》六賦。徧索群書,惟得《魏都賦》張載注引《梨賦》一句,《北堂書鈔》引《魚葅賦》,有題無文。餘二十一賦莫考。”又曰:“三百篇後,屈原爲辭賦之宗,宋玉亞之,長卿與宋玉在伯仲之間。揚子雲云:‘如孔氏之門用賦也,相如入室’,此爲定論。然而長卿不徒以詞賦見後,世鮮有知之者。《蜀志・秦宓與王商書》云:‘蜀本無學士,文翁遣相如東受七經,還教吏民,于是蜀學比于齊魯。故《地理志》曰:“文翁倡其教，相如爲之師。”漢家得士，盛于其世。’如宓此言，蜀地經師，長卿爲鼻祖，而《史》《漢》叙儒林授受，不一及之，以辭賦揜其名耳。古之振奇人，文章必從經出，故援《蜀志》以發其端。”（按：長卿以辭賦名家，不專治經，亦莫詳其所授受，故本傳及《儒林傳》皆不載其事。）◎姚明煇《漢書藝文志注解》：今闕。《史記》、本書列傳載《子虚賦》《哀二世賦》《大人賦》。《文選》亦載《子虚賦》，而分爲二篇，其下篇曰《上林賦》。《文選》又載《長門賦》，《古文苑》載《美人賦》，總凡六篇。◎顧實《漢書藝文志講疏》：殘。《史》《漢》本傳：《子虚賦》（《文選》分“亡是公”以下爲《上林賦》）、《哀秦二世賦》、《大人賦》三篇；《文選》：《長門賦》一篇；《古文苑》：《美人賦》一篇（《藝文類聚·人部》《學記·人部》同。張惠言曰：“恐六朝人所擬。”）凡五篇。又有《梨賦》（《文選·魏都賦》注引）。《魚葅賦》：《北堂書鈔》百六十四引；並殘。《梓桐山賦》（《玉篇·石部》），亡。◎清姚振宗《隋書經籍志考證》：《史》《漢》本傳……《傳贊》曰：“相如雖多虚辭濫説，然要其歸引之于節儉，此亦《詩》之風諫何異！揚雄以爲靡麗之賦，勸百而諷一，猶騁鄭衛之聲，曲終而奏雅，不已戲乎？”○又《藝文志》：《司馬相如賦》二十九篇。叙曰：“揚子曰：如孔氏之門人用賦也，則賈誼登堂，相如入室矣。如其不用何？”又《諸子·雜家》：《荆軻論》五篇，軻爲燕刺秦王，不成而死。司馬相如等論之。○《西京雜記》曰：“長卿素有消渴疾，及返成都，悦文君之色，遂以發痼疾。乃作《美人賦》以自刺，而終不能改。卒以此疾至死。文君爲誄，傳于世。”○《蜀志·秦宓傳》：“宓與治中同郡王商書，請立司馬相如祠堂，曰：‘蜀本無學士，文翁遣相如東受七經，還教吏民，于是蜀學比于齊魯。《地理志》曰：文翁倡其教，相如爲之師。漢家得士，盛于其世。仲舒之徒不達封禪，相如制其禮。夫能制禮造樂，移風易俗，非禮所稱有益于世者乎？’”○晉李充《翰林論》曰：“盟檄發于師旅。相如《喻蜀父老》，可謂德音者矣！”○《宋書·謝靈運傳論》曰：“屈平、宋玉導清源于前，賈誼、相如振芳塵于後。英辭潤金石，高義薄雲天。”又曰：“相如巧爲形似之言。”○《文心雕龍·詮賦篇》曰：“相如《上林》，繁類以成豔。”《頌贊篇》云：“相如屬筆，始贊荆軻。”《哀弔篇》云：“相如之《弔二世》，全爲賦體。桓譚以爲其言惻愴，讀者歎息。及卒章要切，斷而能悲也。”《檄移篇》云：“相如之《難蜀老》，文曉而喻博，有移檄之骨焉。”《封禪篇》云：“相如《封禪》，蔚爲唱首。爾其表權輿，序皇王，炳玄符，鏡鴻業，驅前古于當今之下，騰休明于列聖之上，歌之以禎瑞，贊之以介邱，絶筆兹文，固維新之作也。”《風骨篇》云：“相如賦仙，氣號淩雲，蔚爲辭宗，迺其風力遒也。”《才略篇》云：“相如好書，師範屈、宋。洞入誇豔，致名辭宗。然覆取精意，理不勝辭。故揚子以爲文麗用寡者長卿，誠哉是言也。”○《史通·序傳篇》曰：“司馬相如始以自叙爲傳，然其所叙者，但記自少及長立身行事而已。逮于祖先所出，則蔑爾無聞。”又曰：“相如自序，乃記其客游臨邛，竊妻卓氏，以《春秋》所諱，持爲美談。雖事或非虚，而理無可取。載之于傳，不其愧乎？”又《雜説篇》曰：“馬卿爲《自叙傳》，具在其集中。子長因録斯篇，即爲列傳。班氏仍舊，曾無改奪。尋固于馬、揚傳末皆云：遷、雄之自叙如此。至于《相如》篇下，獨無此言。蓋止憑太史之書，未見文園之集，故使言無畫一，其例不純。”○明汪士賢《二十名家集》輯本一卷，凡賦六篇，琴歌二首，書二篇，檄一篇，難一篇，附《白頭吟》。○張氏《百三名家集》輯本一卷，凡賦、書、檄、難、《封禪文》、《琴歌》，綜十二篇。○汪氏《文選撰人篇目》：“漢司馬長卿相如有《子虚賦》《上林賦》《長門賦》《上疏諫獵》《喻巴蜀檄》《難蜀父老》《封禪文》。”○案：本志載是集，實一卷，嚴氏云《隋志》二卷，豈所見本異耶？又隋唐時集本有相如自序，即《史記》列傳，《史通》有明文，則亦本集中之一篇也。

【版本】

今日所能見到的司馬相如文集，大多是明清時輯録的。其中明人輯本有5種：1.《司馬長卿文鈔》1卷，明末李賓輯，明刻《八代文鈔》本，天津圖書館藏；2.《司馬長卿集》1卷，明汪士賢校訂，明萬曆十一年(1583)南城翁少麓刊刻《漢魏諸名家集》本，國家圖書館善本部藏；3.《司馬文園集》2卷，明張燮輯，《七十二家集》本，明天啟、崇禎間刻本，國家圖書館善本部藏；4.《司馬文園集》1卷，明張溥輯，《漢魏六朝百三家集》(又稱“百三名家集”或“一百三家集”)本，明末婁東張氏刊本，國家圖書館善本部藏；5.《司馬長卿集》1卷，明末張運泰、余元熹輯，《漢魏六十名家集》(又稱《漢魏名文乘》)本，清刻本，國家圖書館普通古籍閱覽室藏。清人輯本有2種：1.《司馬相如文》2卷，清嚴可均輯，清光緒年間王毓藻刻《全上古三代秦漢三國六朝文》本，中華書局1958年據此影印；2.《司馬長卿集》2卷，近代丁福保《漢魏六朝名家集初刻》本，宣統三年(1911)上海文明書局鉛印本，國家圖書館普通古籍閱覽室藏。[①]

【内容】

司馬相如賦今存10篇(3篇存目)，如下：

1.《子虚賦》《上林賦》[②]，見《史記·司馬相如列傳》、《漢書·司馬相如傳》、《文選》李善注本卷七及卷八、《藝文類聚》卷六十六。這兩篇賦是司馬相如的代表作，也是漢賦中的典範之作。《子虚賦》作于相如游梁之時，《上林賦》作于後來武帝召見之時，前後相差十多年。兩賦内容相連屬，構思一以貫之，稱其爲一篇作品也是很有道理的。作品借子虚、烏有先生、亡是公三人之口，講述了齊、楚和天子田獵的情形，以及他們對此事的態度。《子虚賦》通過烏有先生

① 蹤凡：《〈司馬相如集〉版本叙録》，《古籍整理研究學刊》2011年第6期。

② 龔克昌認爲，《子虚賦》《上林賦》原是一篇，本名《天子遊獵賦》(見《史記》《漢書》)，但蕭統編《文選》時嫌其太長，遂分割成上、下篇，名之《子虚》《上林》。爲便於指稱，今仍據傳統觀點，將《子虚賦》《上林賦》視爲兩篇作品。

對子虚的批評,表現出作者對諸侯及其使臣崇尚侈靡、不尚德義的思想行爲的否定,顯示出鮮明的諷喻意圖。《上林賦》緊承《子虛賦》結尾烏有先生的言論展開,寫了亡是公對子虛、烏有乃至齊、楚諸侯的批評,並通過渲染上林苑遊獵之盛及天子對侈靡生活的反省,展現了漢代的盛世景象,表明了作者對畋獵的態度,以達到諷諫的目的。

2.《哀二世賦》,見《史記·司馬相如列傳》、《漢書·司馬相如傳》、《藝文類聚》卷四十。司馬相如隨從武帝至長楊宮射獵,過宜春宮,見秦二世陵,觸景生情,追懷往事,作《哀二世賦》,抒發了對秦迅速敗亡的感慨,意在提醒漢武帝以國事爲重,避免重蹈秦二世的覆轍。

3.《大人賦》,見《史記·司馬相如列傳》、《漢書·司馬相如傳》、《藝文類聚》卷七十八。武帝好神仙,相如以爲傳聞列仙居山澤間,形容甚癯,不符合帝王好仙之意,遂作《大人賦》以諷諫武帝。賦奏,天子大悦,反飄飄有淩雲之氣。諫而不止,也是漢賦被後人詬病的重要原因之一。

4.《美人賦》,見《古文苑》卷三、《藝文類聚》卷十八《人部·美婦人》、《初學記》卷十九、《太平御覽》卷三百八十一、《北堂書鈔》卷一百六。

5.《長門賦》,見《文選》李善注本卷十六、《藝文類聚》卷三十。在司馬相如的作品中,此賦得到歷代文學家的稱讚。作品以一個受到冷遇的嬪妃的口吻寫成。君主許諾朝往而暮來,可是天色將晚,還不見臨幸。她登上蘭台望其行蹤,唯見浮雲四塞,天日窈冥。其文將離宫内外的景物同人物的情感交融在一起,以景寫情,是相如的新創。此賦以騷體寫成,幽怨淒婉,情味雋永,爲歷代宫怨之祖。

6.《梨賦》(殘句),見《文選》左思《魏都賦》劉逵注,僅存四字:"唰嗽其漿。"

7.《梓桐山賦》,存目。見《玉篇》石部"硐"下注:"司馬相如《梓桐山賦》云'硐'。"

8.《魚葅賦》,存目。見《北堂書鈔》卷一百四十六。

9.《玉如意賦》,存目。見明曹學佺《蜀中廣記》卷七十引《西京雜記》。

此外,相如散文《難蜀父老》《諭巴蜀檄》《諫獵疏》《封禪文》也多以賦筆爲之,因而有時被視爲賦體。

【研究】

研究司馬相如賦,基本文獻有:金國永《司馬相如集校注》(上海古籍出版社1993年版),朱一清、孫以昭《司馬相如集校注》(人民文學出版社1996年版),李孝中《司馬相如集校注》(巴蜀書社2000年版),張連科《司馬相如集編年箋注》(遼海出版社2003年版),費振剛、仇仲謙、劉南平《全漢賦校注·司馬相如》(廣東教育出版社2005年版)等。研究著作有:李天道《司馬相如賦的美學思想與地域文化心態》(中國社會科學出版社、華齡出版社2004年版),劉南平、班秀萍《司馬相如考釋》(天津古籍出版社 2007 年版),蹤凡《司馬相如資料彙編》(中華書局 2008 年版),熊偉業《司馬相如研究》(電子科技大學出版社 2012 年版),鄧郁章《天下文宗司馬相如》(四川人民出版社 2013 年版),丁憶如《司馬相如賦篇之音韻風格研究》(花木蘭文化出版社 2012 年版),侯柯芳《淺説司馬相如》(四川大學出版社 2016 年版),張大可、徐興海《一代辭宗司馬相如》(商務印書館 2018 年版)。另有研究論文百餘篇,舉起要者,有:沈伯俊《宮怨體的濫觴——〈長門賦〉》[《成都大學學報》(社會科學版)1982 年第 1 期]、龔克昌《〈天子遊獵賦〉辨》(《文學遺産》1983 年第 3 期)、霍松林、尚永亮《司馬相如賦的主體特徵和模式作用》[《陝西師大學報》(哲學社會科學版)1992 年第 1 期]、周勛初《司馬相如賦論質疑》(《文史哲》1990 年第 5 期)等,不贅。

《淮南王賦》82 篇,漢劉安撰,漢劉向等輯,佚

【著者】

淮南王劉安(前 179—前 122),沛郡豐邑(今江蘇豐縣)人,漢高祖劉邦之孫,淮南厲王劉長之長子。文帝十六年(前 164),襲父封爲淮南王。好讀書,善爲文辭,曾奉漢武帝之命作《離騷傳》。又招致賓客方術之士數千人,集體編寫《淮南子》(原名《淮南鴻烈》)一書。後因謀反事泄,畏罪自殺。

【著録與考釋】

見《漢志·詩賦略》。

宋王應麟《漢藝文志考證》:《隋志》:《集》一卷(梁二卷)。劉向《别録》:“淮南王有《熏籠賦》。”◎清沈欽韓《漢書疏證》:群臣賦四十四篇,《招隱》入楚辭。《隋志》:《集》一卷(梁二卷)。《考證》:“劉向《别録》:淮南王有《熏籠賦》(見《御覽》七百十一)。”按:《古文苑》有劉安《屏風賦》。◎周壽昌《漢書注校補》:《隋·經籍志》有《漢淮南王集》一卷。《北堂書鈔》卷一百三十五、《太平御覽》卷七百十二引劉向《别録》云:“淮南王有《熏籠賦》。”《古文苑》有《屏風賦》。(今按:王先謙《漢書補注》引之。)◎姚振宗《漢書藝文志條理》:淮南王安有《内》《外篇》,見《諸子·雜家》。○劉向《别録》曰:“淮南王有《熏籠賦》。”○《隋書·經籍志》:“《漢淮南王集》一卷。梁二卷。《唐·經籍志》:《漢淮南王集》二卷。《藝文志》:《淮南王安集》二卷。○嚴可均《全漢文編》曰:“《藝文類聚》六十九、《初學記》二十五、《太平御覽》七百一並引淮南王《屏風賦》。案:《七略·六藝·樂家》有淮南王《琴頌》。班氏出之,或在此八十二篇中。《楚辭》中有《橘頌》。頌,亦賦之支流也。”◎姚明煇《漢書藝文志注解》:今闕。《古文苑》載《屏風賦》一篇,《史記》、本書有列傳。◎顧實《漢書藝文志講疏》:殘。《藝文類聚》:《屏風賦》一篇(《全上古三代文》)。《别録》曰:“淮南王有《熏籠賦》。”(《御覽》七百十一)亡。◎清姚振宗《隋書經籍志考證》:淮南王安有《淮南子》,見《子部・雜家》。○《漢書》本傳:"時武帝方好藝文,以安屬爲諸父,辯博善爲文辭,甚尊重之。每爲報書及賜,常召司馬相如等視草迺遣。初,安入朝,使爲《離騷傳》。旦受詔,日食時上。又獻《頌德》及《長安都國頌》。每宴見,談説得失及方技賦頌,昏暮然後罷。"○《漢書・藝文志》:"《淮南王賦》八十二篇。"又《六藝略・樂家》注云:"出淮南、劉向等《琴頌》七篇。"(案:淮南《琴頌》,當在此八十二篇中。班氏以其重複,出之。)○王氏《漢藝文志考證》曰:"淮南王有《成相篇》,見《藝文類聚》。"(今按:王氏《考證》無此語,姚氏誤。)○馮氏《詩紀》曰:"淮南王有《八公操》一篇。"(疑即《漢志》所謂《琴頌》之一。)

今按:劉安賦82篇,大多散佚,今僅存賦2篇(含存目1篇):

1.《屏風賦》,見《古文苑》卷三、《初學記》卷二十五、《藝文類聚》卷六十九、《太平御覽》七百一。賦借喬木之口,道出自己初見棄而後被中郎發現,並經大匠的砍削雕刻而終成屏風,以發揮自己蔭庇君王的作用。本賦似在號召衆文人投靠在他的門下,纔會有更好的發展。

2.《熏籠賦》,存目。《太平御覽》卷七百十一引劉向《别録》曰:"淮南王有《熏籠賦》。"《北堂書鈔》卷一百三十五作《熏籠之賦》。

《太常蓼侯孔臧賦》20篇,漢孔臧撰,漢劉向等輯,佚

【著者】

孔臧(前201?—前123),漢蓼侯孔藂之子,文帝九年(前171)嗣藂爲御史大夫。臧願嗣家業,求爲太常,與從弟安國綴集古義,遂拜爲太常,在官數年卒。《隋志》云:"梁有《漢太常孔臧集》二卷,亡。"《舊唐志》《新唐志》皆著録《孔臧集》二卷,已佚。

【著録與考釋】

見《漢志・詩賦略》"屈原賦之屬"。

宋王應麟《漢藝文志考證》:《孔叢子》云:"臧嘗爲賦二十四篇。四篇别不在集,似其幼時之作也。"(今按:沈欽韓《漢書疏證》、王先謙《漢書補注》並引之。)◎清沈欽韓《漢書疏證》:《御覽》(九百二十七):漢太常孔臧,仲尼之後,以才學知名,作《鴞賦》,曰:"季夏庚子,思道静居。爰有飛鴞,集我室隅。異物之來,吉凶是符。昔在賈生,有識之士。忌兹爲鴞,[卒]喪用已。咨我令考,信通秉真。變性生家,謂之天神。修德滅邪,化及其鄰。"又《藝文類聚》有孔臧《蓼蟲賦》。◎王先謙《漢書補注》:葉德輝曰:"《孔叢子・連叢上》有《諫格虎賦》、《楊柳賦》、《鴞賦》(《藝文類聚・鳥部下》《御覽・羽族部十》引同)、《蓼蟲賦》(《藝文類聚・草部下》、《御覽・蟲豸部五》引同)四篇。◎姚振宗《漢書藝文志條理》:孔臧有書十篇,見《諸子・儒家》。○《連叢子》曰:"臧嘗爲賦二十四篇。四篇别不在集,似其幼時之作也。"○《隋書・經籍志》:"梁有《漢太常孔臧集》

二卷,亡。"《經籍志》:《孔臧集》二卷,《藝文志》同。○嚴可均《全漢文編》曰:"《孔叢子·連叢上篇》載孔臧《諫格虎賦》《楊柳賦》《鴞賦》《蓼蟲賦》四篇。(此即所謂不在二十篇之内是也。)◎姚明煇《漢書藝文志注解》:今闕。考《孔叢子》末附《連叢子》,舊題孔臧撰。載《諫格虎賦》《楊柳賦》《鴞賦》《蓼蟲賦》四篇。◎顧實《漢書藝文志講疏》:亡。《孔臧集》詳見《儒家》。《僞孔叢子》:"臧嘗爲賦二十四篇,四篇别不在集。"末附《連叢》,載其《諫虎賦》《楊柳賦》《鴞賦》《蓼蟲賦》四篇,未審何出。◎清姚振宗《隋書經籍志考證》:《漢書·功臣侯表》:蓼夷侯孔聚,以執盾前元年從起碭,以左司馬入漢爲將軍,三以都尉擊項籍,屬韓信。高帝六年正月丙午封,三十年薨。孝文九年,侯臧嗣,四十五年。元朔三年,坐爲太常衣冠道橋壞,不得度,免。(師古曰:"前元年謂初起之年,即秦胡亥元年也。")○又《藝文志》:"《太常蓼侯孔臧賦》二十篇。"(又《儒家》"太常蓼侯孔臧十篇"注云:"父聚,高祖時以功臣封,臧嗣爵。")○《文選·兩都賦序》注:"《孔臧集》曰:臧,仲尼之後,少以才博知名。稍遷御史大夫,辭曰:'臣代以經學爲宗。'乞爲太常,專修家業,武帝遂用之。"○《連叢子》曰:"臧嘗爲賦二十四篇,四篇别不在集,似其幼時之作也。"(案:《孔叢子》《連叢子》皆作于魏時,其言"四篇别不在集",則其在集者,即《七略》《藝文志》所載賦二十篇。魏時《孔臧集》如此也。由是證知,西漢人之集有即據《詩賦略》所載以爲别集單行者,亦有不盡爲賦,諸體皆有,如劉中壘所録《東方朔集》者。而《詩賦略》五篇,則漢時一大總集,合之爲總集,分之即爲别集,《孔臧集》其一也。)○嚴氏《全漢文編》曰:"孔臧,孔鮒從曾孫。文帝九年,嗣父聚爵蓼侯。元朔二年拜太常,五年坐事免。《連叢子》有《諫格虎賦》《楊柳賦》《鴞賦》《蓼蟲賦》《與侍中從弟安國書》《與子琳書》,凡六篇。"

今按:孔臧賦今存4篇,如下:

1.《諫格虎賦》,見《孔叢子·連叢上》。意在告誡君王應當勤於國家政事,實行仁政,與民同樂。此賦是較早的田獵賦,對司馬相如《子虚賦》的創作有影響。

2.《楊柳賦》,見《孔叢子·連叢上》。賦中的楊柳,在作者的精心培養下,長成了一株參天大樹,爲人們提供了休憩的場所,抒發了作者對楊柳的喜愛之情。

3.《鴞賦》,見《孔叢子·連叢上》、《藝文類聚》卷九十二。此賦欣然歡迎鴞的降臨,一反前人以鴞爲不祥之鳥的看法,且查考經書以斷吉凶,提出了修德、修身、天命、中庸、仁義等觀點,可見其深受儒家思想的影響。

4.《蓼蟲賦》,見《孔叢子·連叢上》、《藝文類聚》卷八十二。此賦借物喻人,以寄生在蓼草上的貪婪的蠕蟲來比喻好逸惡勞的膏粱之子,旨在告誡人們要勤勞修德,自食其力。文章篇幅短小,以四言爲主,語言流暢,通俗易懂,與堆砌辭藻的漢大賦有明顯區别。

從現存的這四篇賦來看,孔臧的賦作題材較爲狹窄,多是對單一事物進行刻畫與描寫,寓諷諫之義於其中。雖然體現出漢代賦家寫作的用心,但也缺少了一種厚重與大氣。

【研究】

關於孔臧賦的研究,可以參考:韓暉《漢賦的先驅孔臧及其賦考説》(《文史哲》1998 年第 1 期)、孫少華《孔臧四賦與西漢詩賦分途發微》(《文學遺産》2009 年第 2 期)等。

《陽丘侯劉隁賦》19 篇,漢劉隁撰,漢劉向等輯,佚

【著者】

劉隁,楊丘侯劉安(謚"共")之子,齊悼惠王劉肥之孫,漢高帝劉邦之曾孫。齊悼惠王劉肥(前 234? —前 189)是漢高祖劉邦長子,庶出。《漢書·王子侯表》記載:"楊丘共侯安,齊悼惠王子。(孝文四年)五月甲寅封,十二年薨。(孝文)十六年侯偃嗣,十一年,孝景四年,坐出國界,削爲司寇。"而據《史記》《劉氏名人録》《中國古代名人録》等有關書籍,劉肥有十二子:1. 劉襄;2. 劉章;3. 劉興居;4. 劉罷軍;5. 劉甯國;6. 劉信都;7. 劉將閭;8. 劉辟光;9. 劉志;10. 劉卬;11. 劉賢;12. 劉雄渠。未有劉安。查《史記》《漢書·高五王傳第八》《劉氏名人録》《中國古代名人録》等相關書籍,西漢王侯衹記載一個劉安,係淮南厲王劉長之長子,而没有齊悼惠王之子"劉安"。蓋《漢書·王子侯表》記載失誤。

【著録與考釋】

見《漢志·詩賦略》。顏師古:"隁,音偃。"

清錢大昭《漢書辨疑》:齊悼惠王之子也。《史·表》"陽"作"楊","隁"作"偃"。◎王先謙《漢書補注》:齊召南曰:"案《王子侯表》,'陽邱'應作'楊邱','隁'應作'偃'。齊悼惠王之孫,共安侯之子也。"◎姚振宗《漢書藝文志條理》:本書《王子侯表》:"楊丘共侯安,齊悼惠王子。(按:齊悼惠王肥,高帝子也。)孝文四年封,十二年薨。孝文十六年侯偃嗣,十一年,孝景四年,坐出國界,削爲司寇。"◎姚明煇《漢書藝文志注解》:今佚。本書《王子侯表》有楊丘侯劉偃。◎顧實《漢書藝文志講疏》:亡。《王子侯表》作"揚丘"。

今按:"楊丘"即"陽丘",縣名,治在今山東章丘西北。劉隁賦皆佚。

《吾丘壽王賦》15 篇,漢吾丘壽王撰,漢劉向等輯,佚

【著者】

吾丘壽王,姓吾丘,字子贛,趙(今河北南部)人。武帝時,奉詔從董仲舒學《春秋》。後遷侍中、中郎,因事免。久之,上疏願擊匈奴,復召爲郎。拜東郡都

尉,徵入爲光禄大夫侍中。後獲罪被殺。善辭賦。《隋志》稱梁有《漢光禄大夫吾丘壽王集》二卷,已亡。賦亦不傳。

【著録與考釋】

見《漢志・詩賦略》"屈原賦之屬"。

宋王應麟《漢藝文志考證》:《隋志》:梁有《漢光禄大夫虞丘壽王集》二卷。《藝文類聚》有《驃騎論功論》,而賦不傳。(今按:沈欽韓《漢書疏證》、姚振宗《漢書藝文志條理》引王氏此語。)◎清姚振宗《漢書藝文志條理》:吾丘壽王有書六篇,見《諸子・儒家》。○《隋書・經籍志》:"梁有《漢光禄大夫吾丘壽王集》二卷,亡。"◎姚明煇《漢書藝文志注解》:今佚。本書有列傳。◎顧實《漢書藝文志講疏》:亡。

《蔡甲賦》1 篇,漢蔡甲撰,漢劉向等輯,佚

【著者】

蔡甲,生平不詳,蓋生活于漢昭帝、宣帝時,在劉偃、吾丘壽王之後,劉向之前。

【著録與考釋】

見《漢志・詩賦略》。

清姚振宗《漢書藝文志條理》:蔡甲,始末未詳。案:宣帝時有蔡癸,見《諸子・農家》,豈其族歟? 又案:自司馬相如至此,凡七家,皆武帝時人,而列于武帝之前者,當時必有其義。殆奉詔以生卒先後爲次,不必以尊卑論也。◎姚明煇《漢書藝文志注解》:今佚。◎顧實《漢書藝文志講疏》:亡。

今按:姚振宗之言"殆奉詔以生卒先後爲次",比較合理。司馬相如(前169? —前118)、淮南王劉安(前179—前122)、蓼侯孔臧(前201—前123)皆早於漢武帝劉徹(前156—前87),故置於劉徹之前。蔡甲賦僅有1篇,亡。

《上所自造賦》2 篇,漢劉徹撰,漢劉向等輯

【著者】

劉徹(前156—前87),即漢武帝,漢景帝劉啟之子。在位五十四年。雄才大略,好文學,尤喜辭賦。即位之初,即以安車蒲輪徵枚乘,後又徵召司馬相如、東方朔、枚皋、莊忌等辭賦家。又好音樂,立樂府以采歌謠。其時辭賦、樂府詩興盛,皆與其提倡有關。《隋志》載《漢武帝集》一卷,梁二卷。《舊唐志》《新唐志》著録二卷。

【著録與考釋】

見《漢志・詩賦略》。顔師古注:"武帝也。"

宋王應麟《漢藝文志考證》:《外戚傳》有《傷悼李夫人賦》,《文選》有《秋風

辭》,《溝洫志》有《瓠子之歌》二章(《隋志》:《武帝集》一卷。《唐志》二卷)。◎清沈欽韓《漢書疏證》:《傷李夫人》及《秋風辭》。《隋志》:《武帝集》一卷。(王先謙《漢書補注》引沈氏此語。)◎周壽昌《漢書注校補》:上爲武帝,非。顔注幾不明,第師古當日何由知爲武帝而注之?必有所受,惜其説不傳。或謂因武帝《悼李夫人賦》知之,然何由知此賦定在二篇内也?《隋・經籍志》:《漢武帝集》一卷,注:梁二卷。◎姚振宗《漢書藝文志條理》:顔氏集注曰:"武帝也。"(案:此似班氏本注。)○《本紀》贊曰:"漢承百王之弊,高祖撥亂反正。文景務在養民,至于稽古禮文之事,猶多闕焉。孝武初立,卓然罷黜百家,表章'六經',遂疇咨海内,舉其俊茂,與之立功,興太學,修郊祀,改正朔,定曆數,協音律,作詩樂,建封禪,禮百神,紹周後,號令文章,焕焉可述。"○《漢武故事》曰:"上好辭賦,每行幸及奇獸異物,輒命相如等賦之。上亦自作詩賦數百篇,下筆即成,初不留思。相如造遲,彊時而後成。上每歎其工妙,謂相如曰:'以吾之速,易子之遲,可乎?'相如曰:'于臣則可,未知陛下何如耳?'上大笑而不責也。"○《隋書・經籍志》:《漢武帝集》一卷。梁二卷。《唐・經籍志》:《漢武帝集》二卷。《藝文志》同。○王氏《考證》:"《外戚傳》有《傷悼李夫人賦》,《文選》有《秋風辭》,《溝洫志》有《瓠子之歌》二章。"(案:以爲武帝之賦可考見者,唯此三章。别詳于《拾補》。)○何義門《讀書記》曰:"上所自造賦,不以冠趙幽王之上,而介于壽王、兒寬之中,此漢人所以近古也。"○章學誠《校讎通義》曰:"臣工稱當代之君,則曰上。劉向爲成帝時人,其去孝武之世遠矣。竊意'上所自造'字必武帝時人標目,劉向從而著之。"◎姚明煇《漢書藝文志注解》:今存。本書《外戚列傳》載《傷李夫人賦》一篇,《文選》載《秋風辭》一篇。◎顧實《漢書藝文志講疏》:存。《外戚傳》:《傷悼李夫人賦》一篇,《文選》:《秋風辭》一篇。◎清姚振宗《隋書經籍志考證》:案:《詩賦略》第一篇二十家,尋其章法,皆楚騷之體,師範屈宋者也。故此止二篇。○又《外戚傳》:"上思懷李夫人不已,爲作詩,又自爲賦傷悼。"(王子年《拾遺記》曰:"武帝思懷李夫人,不可復得,因賦落葉哀蟬之曲。")○《漢武故事》:"帝行幸河東,祀后土,作《秋風辭》。"又曰:"上好辭賦,每行幸及奇獸異物,輒命相如等賦之,上亦自作詩賦數百篇,下筆即成,初不留思。"○《唐書・經籍》《藝文志》:《漢武帝集》二卷。○嚴氏《全漢文編》曰:"武帝諱徹,景帝中子。四年封膠東王。七年立爲皇太子。後三年正月即位,改元十一。在位五十四年,謚曰孝武皇帝,廟號世宗。有集二卷。今輯存《李夫人賦》《秋風辭》,制詔、册書、策書、勑書、璽書、報書及雜文,綜一百篇,編爲二卷。"

今按:張舜徽曰:"《漢書・藝文志》中有甚可疑者二事:一爲《詩賦略》中著録《上所自造賦》;二爲《諸子略》《詩賦略》《兵書略》中著録之書,班氏自注'有列傳'者,凡十一見。使無顔注説明,孰知'上所自造賦'爲武帝作,'有列傳'謂

《太史公書》乎？竊疑此等處皆史遷之筆,非他人所可爲。或太史公著書時原有辨章學術、簿録群書之作,因未成書,故不録入百三十篇中。而其稿在漢世有傳鈔本,劉向父子得之,采入己書,班氏因而未改耳。世遠無徵,莫能定也。"①推測司馬遷曾有目録學撰述,可備一説。

武帝賦今存《悼李夫人賦》一篇,又叫《李夫人賦》,見《漢書・外戚傳上》、《藝文類聚》卷三十四。李夫人,漢武帝時貳師將軍李廣利、協律都尉李延年之妹,爲武帝妃,甚得寵愛,早卒。武帝思念李夫人日甚,曾夜設帷帳召李夫人之魂,之後寫就本賦。此賦感情真摯,讀來極爲感人。此外,《文選》載有《秋風辭》一篇,《溝洫志》載有《瓠子之歌》二章。此處《上所自造賦》二篇,當指《李夫人賦》《秋風辭》。

【研究】

研究漢武帝賦,可以參考:龍文玲《漢武帝與西漢文學》(社會科學文獻出版社 2007 年版,第 284 ~ 312 頁);論文有:包明明《漢賦中的漢武帝——從〈長門賦〉到〈李夫人賦〉》(《古典文學知識》1999 年第 3 期)、龍文玲《論漢武帝〈李夫人賦〉及其文學史意義》(《學術論壇》2006 年第 5 期)、張峰屹《美人遲暮悵秋風——解讀漢武帝〈秋風辭〉》(《古典文學知識》1997 年第 3 期)、柏俊才《〈秋風辭〉與漢武帝天漢年間的精神世界》(《樂府學》2013 年)等。

《兒寬賦》2 篇,漢兒寬撰,漢劉向等輯,佚

【著者】

兒寬,西漢千乘(今山東省高青縣)人。治《尚書》,爲孔安國弟子。元鼎四年(前 113)任左内史。在任數年内,勸農業,緩刑罰,並負責在鄭國渠上流南岸開六條小渠,灌溉兩旁高地,稱爲"六輔渠"。後任御史大夫,與司馬遷等共同制定"太初曆"。《漢書・藝文志・儒家》有作品九篇,今佚。賦也不存。

【著録與考釋】

見《漢志・詩賦略》。

清姚振宗《漢書藝文志條理》:兒寬有書九篇,見《諸子・儒家》。○班固《兩都賦序》曰:"公卿大臣,御史大夫倪寬、太常孔臧、宗正劉德、太子太傅蕭望之等,時時間作。或以抒下情而通諷諭,或以宣上德而盡忠孝,雍容揄揚,著於後嗣,抑亦雅頌之亞也。"◎姚明煇《漢書藝文志注解》:今佚。本書有列傳。◎顧實《漢書藝文志講疏》:亡。

① 張舜徽:《張舜徽集・漢書藝文志通釋》,華中師範大學出版社 2004 年版,第 352 ~ 353 頁。

《光禄大夫張子僑賦》3 篇，漢張子僑撰，漢劉向等輯，佚

【著者】

張子僑，生卒年不詳。宣帝時曾與王褒、劉向等待詔金馬門。元帝時爲太中大夫，官至光禄大夫。其賦三篇，皆佚。

【著録與考釋】

見《漢志・詩賦略》。班固原注："與王褒同時也。"

清錢大昭《漢書辨疑》：《蕭望之傳》作"子蟜"。（今按：王先謙《漢書補注》引錢氏此語。）◎姚振宗《漢書藝文志條理》：本書《劉向傳》："宣帝循武帝故事，招選名儒俊材置左右。更生與王褒、張子僑等並進對，獻賦頌。"又《王褒傳》："宣帝時修武帝故事，講論六藝群書，博盡奇異之好。召高材劉向、張子僑等，待詔金馬門。"（劉向《别録》曰："孝宣皇帝重申不害《君臣篇》，使黄門張子僑正其字。"）〇又《東平思王傳》："王事太后，不相得，太后上書言之。元帝遣太中大夫張子蟜奉璽書諭意。"（師古曰：蟜，字或作僑。）〇案：張子僑仕履參考史傳，乃宣帝時，始與劉、王等待詔金馬門，後爲黄門郎。元帝時爲太中大夫，至光禄大夫。其賦著録三篇，今無一傳。◎姚明煇《漢書藝文志注解》：今佚。◎顧實《漢書藝文志講疏》：亡。

《陽成侯劉德賦》9 篇，漢劉德撰，漢劉向等輯，佚

【著者】

劉德（？—前 56），字路叔，楚元王劉交之曾孫，宗正劉辟彊之子，光禄大夫劉向之父。修黄老術，有智略。少時數言事，召見甘泉宫，武帝謂之"千里駒"。昭帝初，爲宗正丞。父爲宗正，徙大鴻臚丞，遷太中大夫，後復爲宗正。以事免官，霍光聞而恨之，復白，召德守青州刺史。歲餘，復爲宗正，與立宣帝，以定策賜爵關内侯。地節四年（前 66）封爲陽城侯。子安民爲郎中右曹，宗家以德得官宿衛者二十餘人。在位 11 年薨，謚曰繆。有賦 9 篇，已佚。

【著録與考釋】

見《漢志・詩賦略》。

清錢大昭《漢書辨疑》：即劉向之父。（今按：王先謙《漢書補注》引錢氏此語。）◎王先謙《漢書補注》：《表》《傳》俱作"陽城"。◎姚振宗《漢書藝文志條理》：本書《恩澤侯表》："陽城繆侯劉德以宗正關内侯行謹，重爲宗室率侯。宣帝地節四年三月甲寅封，十年薨。五鳳二年，節侯安民嗣。"〇本書《楚元王傳》："元王子紅侯富，富子宗正辟彊，辟彊子德字路（宋祁曰：'路下疑有叔字。'）。少脩黄老術，有智略。少時數言事，召見甘泉宫。武帝謂之千里駒。昭帝初，爲中正丞，徙大鴻臚丞，遷太中大夫，爲宗正，免爲庶人。召守青州刺史，歲餘，復

爲宗正。與立宣帝定策,賜爵關内侯。地節中以親親行謹厚封爲陽城侯。立十一年,子向坐鑄僞黄金,當伏法。德上書訟罪,會薨,大鴻臚奏德訟子罪,失大臣體,不宜賜謚。制曰:'賜謚繆侯。'"◎姚明煇《漢書藝文志注解》:今佚。劉向父,本書附《楚元王列傳》。◎顧實《漢書藝文志講疏》:亡。即劉向之父,《表》《傳》俱作"陽城"。

今按:陽城繆侯劉德,是劉辟彊之子,劉向之父。《漢志·詩賦略》"陸賈賦之屬"著録劉辟彊賦八篇,"屈原賦之屬"著録劉德賦九篇、劉向賦三十三篇。劉向之子劉歆亦善辭賦,今存賦三篇。可見其祖孫四代皆博學多才,擅長辭賦。不僅如此,漢賦作家群體中,劉氏宗室佔有突出地位。明胡應麟《詩藪·外編卷一·周漢》云:"漢宗室向、歆最著,諸王則淮南、河間。然《藝文》詞賦類,有陽丘侯劉隁賦十九篇,陽成侯劉德賦九篇,淮陽憲王賦二篇,廣川惠王越賦五篇,趙幽王賦一篇,宗正劉辟彊賦八篇,皆宗室也。……唐詩千餘家,宗室與列者不能屈全指。先秦、漢賦六十餘家,而劉氏占籍者十數人,東漢不與焉。是唐宗室能詩者,不過百之一,而漢宗室能賦者,幾得十之三,何其盛也!"①誠哉此言!

《劉向賦》33篇,漢劉向撰,漢劉歆等輯,殘

【著者】

劉向(前77—前6),原名更生,字子政,高祖弟楚元王劉交玄孫。宣帝時任散騎諫大夫,元帝時因反對宦官弘恭、石顯而下獄。成帝時更名向,任光禄大夫。校閱經傳、諸子、詩賦等書籍,寫成《别録》20卷,爲我國最早的分類目録學著作。著有《説苑》《新序》《列女傳》《五經通義》(殘)等。原有集,已佚,明人輯爲《劉中壘集》。所輯録的《楚辭》《戰國策》等書,亦對後世有很大影響。事迹可參本章"秦時雜賦九篇"編者簡介。

【著録與考釋】

見《漢志·詩賦略》。

宋王應麟《漢藝文志考證》:《楚辭》:《九歎》,《古文苑》:《請雨華山賦》,《文選》注:《雅琴賦》。《隋志》:《向集》六卷。《唐志》:五卷。今所存十八篇。《别録》曰:"向有《芳松枕賦》。"(今按:王先謙《漢書補注》引王氏此語。)◎清沈欽韓《漢書疏證》:樂家所出《琴頌》,應入此。《文選·琴賦》注劉向《雅琴賦》曰:"遊於心以廣,觀臣德樂之愔愔。"《楚辭》有《九歎》,《古文苑》有《請雨華山賦》。(王先謙《漢書補注》引"樂家所出《琴頌》,應入此"九字。)◎周壽昌《漢書注校補》:此向之子歆所入也。《隋·經籍志》:《漢諫議大夫劉向集》六卷。又云漢太中大夫《劉歆集》五卷。壽昌案:《志》無歆作,蓋歆於《七略》未入已

① 〔明〕胡應麟:《詩藪》,上海古籍出版社1979年版,第129頁。

作,班亦遂未入之也。《太平御覽》卷七百七引劉向《别録》云,向有《芳松枕賦》。又案:《通志》作《諫議大夫劉向集》六卷,《通考》作《劉中壘集》五卷,陳振孫《書録解題》曰:"前四卷封事並見《漢書》,《九歌》見《楚辭》,末《請雨華山賦》見《古文苑》,是亦非原書也。"◎姚振宗《漢書藝文志條理》:劉向有《五行傳記》,見《六藝·尚書家》。又有所序六十七篇,見《諸子·儒家》。又有《老子説》,見《道家》。○《漢書·楚元王附傳》:"向本名更生,以父德任爲輦郎。既冠,以行修飭,擢爲諫大夫。是時,宣帝循武帝故事,招選名儒俊材置左右,更生以通達能屬文辭,與王褒、張子僑等並進對,獻賦頌凡數十篇。"○《七略·别録》曰:"向有《芳松枕賦》。向有《合賦》,有《麒麟角杖賦》,有《行過江上弋雁賦》《行弋賦》《弋雌得雄賦》。"○王逸《楚辭章句》曰:"《九歎》者,護左都水使者光禄大夫劉向之所作也。向以博古敏達,典校經書,辯章舊文,追念屈原忠信之節,故作《九歎》也。"○《隋書·經籍志》:《漢諫議大夫劉向集》六卷。《唐·經籍志》:《劉向集》五卷。《藝文志》同。《宋史·志》同。○《黄氏日鈔》曰:"楚元王以好學禮賢開國,故戊雖以叛誅,而辟彊、德、向皆世濟其美。漢之宗英,于斯爲盛。"○嚴可均《全漢文編》曰:"《古文苑》有劉向《請雨華山賦》,《文選》注有《雅琴賦》七條,《圍棋賦》四語。《楚辭》有《九歎》。又按:向有《麒麟角杖賦》《芳松枕賦》《合賦》等篇,今並亡。"○案:《七略·樂家》有淮南劉向等《琴頌》七篇,班氏出之,或在此三十三篇中(《文選·張景陽雜詩》注引劉向七言)。◎姚明煇《漢書藝文志注解》:今闕。《楚辭》載《九歎》九篇,《古文苑》載《請雨華山賦》一篇。……本書附《楚元王列傳》。◎顧實《漢書藝文志講疏》:殘。《楚辭》:《九歎》九篇,《古文苑》:《請雨華山賦》一篇,本書《高祖頌》一篇(《高帝紀贊》),凡十一篇。又有《雅琴賦》(疑即樂家所出《琴頌》)、《圍棋賦》,並殘。《麒麟角杖賦》《芳松枕賦》等並亡(《全上古三代文》)。◎清姚振宗《隋書經籍志考證》:《漢書·楚元王附傳》……又《傳贊》曰:"仲尼稱'才難,不其然與?'自孔子後,綴文之士衆矣,唯孟軻、孫況、董仲舒、司馬遷、劉向、揚雄。此數公者,皆博物洽聞,通達古今,其言有補于世。傳曰:'聖人不出,其間必有命世者',豈近是乎?嗚虖!向言山陵之戒,于今察之,哀哉!指明梓柱,以推廢興,昭矣!"

【内容】

劉向有辭賦33篇,今存10篇(含3篇殘句,6篇存目):

1.《請雨華山賦》,見《古文苑》卷二十一。此文闕誤甚多,難以讀懂,至今仍未斷句。

2.《雅琴賦》(殘句),《文選》李善注有殘句六條;《初學記》卷十六有殘句一條,共七條。

3.《圍棋賦》(殘句),見《文選》韋曜《博弈論》李善注,僅存四句話。

4.《芳松枕賦》,存目。《太平御覽》卷七百七引劉向《别録》云:"向有《芳松枕賦》。"

5.《麒麟角杖賦》,存目。《北堂書鈔》卷一百三十三引劉向《别録》曰:"向有《麒麟角杖賦》。"

6.《合賦》,存目。《太平御覽》卷七百十七引劉向《别録》云:"向有《合賦》。"

7.《行過江上弋鴈賦》《行弋賦》《弋雌得雄賦》,存目。《太平御覽》卷八百三十二引劉向《别録》云:"有《行過江上弋鴈賦》《行弋賦》《弋雌得雄賦》。"今按:此三賦是否爲劉向所作,存疑。

8.《九歎》,見《楚辭》。

西漢時很少有爲自己作品結集者,所謂"《劉向賦》三十三篇",很可能係劉向卒後其子劉歆所輯。

【研究】

研究劉向賦論,可以參考:蹤凡《劉向父子的漢賦研究》(《文獻》2002年第1期)、冷衛國《劉向、劉歆賦學批評發微》(《文學遺産》2010年第2期)、鄧駿捷《劉向校書考論》(人民出版社2012年版)。

《王褒賦》16篇(《王諫議集》),漢王褒撰,漢劉向等輯,殘

【著者】

王褒(前?—前61),字子淵,蜀郡資中(今四川資陽)人。通音律,善歌詩,"宣帝時修武帝故事,講論六藝群書,博盡奇異之好,徵能爲楚辭九江被公,召見誦讀"(《漢書·王褒傳》),又召見一批文學之士待詔金馬門,王褒受到益州刺史王襄的推薦而被徵入都,受詔作《聖主得賢臣頌》。後與張子僑等並爲待詔,數從帝遊獵,所至輒爲歌頌。不久擢爲諫議大夫。後奉詔赴益州祭祀,病死道中,帝甚憫惜。《隋志》《唐志》《宋志》皆著録其集五卷。宋鄭樵《通志》亦著録五卷,元馬端臨《文獻通考》未著録,蓋亡于宋末。有賦16篇,今存《九懷》《聖主得賢臣頌》《洞簫賦》《甘泉宫頌》《碧鷄頌》數篇。

【著録與考釋】

見《漢志·詩賦略》"屈原賦之屬"。

宋王應麟《漢藝文志考證》:本傳作《甘泉》《洞簫頌》,《楚辭》有《九懷》,《文選》注有《碧鷄頌》。《隋》《唐志》:《褒集》五卷。(今按:王先謙《漢書補注》引王氏此語。)◎清沈欽韓《漢書疏證》:《隋志》:《王褒集》五卷。傳云作《甘泉》《洞簫頌》,《洞簫賦》在《文選》,《楚辭》有《九懷》,《文選》注(五十五)王褒《碧雞頌》曰:"持節使者,敬移金精馬,縹縹碧雞。歸來歸來,漢德無疆,黄龍見兮白虎仁,歸來歸來可以爲倫。歸來翔兮,何事南荒?"漢時賦、頌通稱,《聖主得賢臣頌》亦其一也（高誘注《吕覽》引班固《幽通頌》）。◎周壽昌《漢書注校補》：《隋・經籍志》：《漢諫議大夫王褒集》五卷，《通志》同，而《通考》無之，是宋末已亡也。◎姚振宗《漢書藝文志條理》：本書《列傳》："王褒，字子淵，蜀人也。宣帝時益州刺史王襄使褒作《中和》《樂職》《宣布》詩，選好事者令依《鹿鳴》之聲，習而歌之。褒既爲刺史作頌，又作其傳。刺史因奏褒有軼材，上迺徵褒，詔褒爲《聖主得賢臣頌》其意，令與張子僑等並待詔。數從褒等放獵，所幸宫館，輒爲歌頌，第其高下，以差賜帛。頃之，擢爲諫大夫。其後太子體不安，詔使褒等虞侍太子，誦讀奇文及所自造作。太子喜褒所爲《甘泉》及《洞簫》頌，令後宫貴人左右皆誦讀之。後方士言益州有金馬碧雞之寶，可祭祀致也。宣帝使褒往祀焉。褒于道病死，上閔惜之。"○本書《何武傳》："宣帝時，天下和平，四夷賓服，神爵五鳳之間，婁蒙瑞應。而益州刺史王襄使辯士王褒頌漢德，作《中和》《樂職》《宣布》詩三篇。"（《文選・四子講德論》注引如淳曰："言王政中和，在官者樂其職。《國語》所謂宣布哲人之令德也。"）○王逸《楚辭章句》曰："《九懷》者，諫議大夫王褒之所作也。懷者，思也。言屈原雖見放逐，猶思念其君，憂國傾危，而不能忘也。褒讀屈原之文，追而愍之，故作《九懷》，以裨其詞。史官録第，遂列于篇。"（按：此稱史官者，即謂劉中壘也。）○《隋書・經籍志》：《漢諫議大夫王褒集》五卷。《唐・經籍志》：《王褒集》五卷。《藝文志》同。《宋史・志》同。○嚴可均《全漢文編》曰："《楚辭》有《九懷》，《文選》有《洞簫賦》《四子講德》《聖主得賢臣頌》，《選》注引《甘泉宫賦》《碧雞頌》。"○案：章氏《校讎通義》曰："《漢志》詩賦一略區爲五種，而每種之後更無叙論。"又曰："詩賦前三種之分家，不可考矣。"今案：前三種各以體分，此二十種大抵皆楚騷之體，師範屈、宋者也，故區爲第一篇。◎姚明煇《漢書藝文志注解》：今闕。《楚辭》載《九懷》九篇，本書列傳載《聖主得賢臣頌》一篇，《文選》載《洞簫賦》一篇，《全上古三代秦漢六朝文》載《甘泉宫頌》《碧鷄頌》二篇。◎顧實《漢書藝文志講疏》：殘。《楚辭》：《九懷》九篇；本傳：《聖主得賢臣頌》一篇；《文選》：《洞簫賦》一篇；凡十一篇。又有《甘泉宫頌》《碧鷄頌》（詳《全上古三代文》），並殘。◎清姚振宗《隋書經籍志考證》：《文心雕龍・詮賦篇》曰："子淵《洞簫》，窮變于聲貌。"又《書記篇》曰："古有鐵券，以堅信誓。王褒《髯奴》，則券之楷也。"又《才略篇》曰："王褒構采，以密巧爲致，附聲測貌，泠然可觀。"○張溥《百三家》：《王諫議集》輯本一卷，凡賦、騷、論、頌、移、約、文，八篇。○汪氏《文選撰人篇目》："漢王子淵褒有《洞簫賦》《聖主得賢臣頌》《四子講德論》。"○嚴氏《全漢文編》曰："王褒有集五卷，今存《洞簫賦》《九懷》《四子講德論》《聖主得賢臣頌》《甘泉宫頌》《碧雞頌》《僮約》《責髯奴辭》，凡八篇。《責髯奴辭》，《古文苑》以爲後漢黄香作。"

【内容】

姚明煇《漢書藝文志注解》曰："《楚辭》載《九懷》九篇，本書《列傳》載《聖主得賢臣頌》一篇,《文選》載《洞簫賦》一篇,《全上古三代秦漢六朝文》載《甘泉宮頌》《碧鷄頌》二篇。"①凡十三篇。不過按今天的賦體觀而言,祇有《洞簫賦》和《甘泉賦》稱得上賦。

1.《洞簫賦》,見《文選》卷十七、《藝文類聚》卷四十四。賦中先描寫了洞簫的前身竹管的生長環境,刻畫深山美景,摹寫了風聲、水聲及禽獸啼鳴聲,頗爲傳神。接下來是對洞簫演奏及其藝術效果的描繪,曲盡其妙,感人至深。此篇是較早的音樂文學作品,對其後馬融《長笛賦》、嵇康《琴賦》等作品都有較大影響。

2.《甘泉賦》(殘句),見《文選》李善注。

【研究】

研究王褒賦,可以參考王洪林《王褒集考譯》(巴蜀書社 1998 年版)。論文主要有:王華寶《〈文選·王褒《洞簫賦》〉劄記》(《文教資料》1998 年第 3 期)、李丹博《附聲測貌　泠然可觀——論王褒〈洞簫賦〉的藝術成就》[《山西師大學報》(社會科學版)2003 年第 2 期]、許志剛、楊允《〈洞簫賦〉與〈長笛賦〉文藝思想研究》(《文學評論》2010 年第 2 期)、彭春艷《王褒〈甘泉賦〉、〈洞簫賦〉作年考》(《安徽文學》2013 年第 1 期)、陳莉《從王褒〈洞簫賦〉看漢代音樂美學思想》(《文藝評論》2014 年第 6 期)等。

《陸賈賦》3 篇,漢陸賈撰,漢劉向等輯,佚

【著者】

陸賈(前 228? —前 141),楚人。以客從漢高祖定天下。曾出使南越,説南越尉趙佗歸漢。歸即拜太中大夫。陸賈時時在高帝前稱説《詩》《書》,始被辱罵,終被推重。著《新語》十二篇,有戰國縱横家之風。張舜徽曰:"陸賈有《楚漢春秋》,見《六藝略》春秋家;又有書二十三篇,見《諸子略》儒家。是固深於儒學之士也。……司馬遷讀其《新語》十二篇,推爲當世之辯士。由其善辯,故外使南越,内安社稷,皆致非常之功,又豈迂拘儒生所能臻。至於賦之有無,不足爲輕重也。"②其賦皆亡佚,但《新語》二卷(文淵閣《四庫全書》本第 695 册)、《楚漢春秋》一卷(上海書店出版社《叢書集成續編》第 22 册)尚存。

【著録與考釋】

見《漢志·詩賦略》"陸賈賦之屬"。

清姚振宗《漢書藝文志條理》:陸賈有《楚漢春秋》,見《六藝·春秋家》。又

---

① 姚明煇:《漢書藝文志注解》,吴平、曹剛華、查珊珊輯《〈漢書〉研究文獻輯刊》(第十册),國家圖書館出版社 2008 年版,第 553 頁。

② 張舜徽:《張舜徽集·漢書藝文志通釋》,華中師範大學出版社 2004 年版,第 355 頁。

有書二十三篇，見《諸子·儒家》。○《文心雕龍·詮賦篇》曰："賦也者，受命于詩人，拓宇于《楚辭》也。漢初詞人，順流而作。陸賈扣其端。"◎姚明煇《漢書藝文志注解》：今佚。《史記》、本書皆有列傳。

今按：劉勰《文心雕龍·才略篇》云："漢室陸賈，首案奇采，賦《孟春》而選典誥，其辯之富矣。"①可見陸賈撰有《孟春賦》，富于才辯，文辭華美，頗有縱横家馳騁翰藻、汪洋恣肆之風。惜其賦皆亡佚。

《枚皋賦》120篇，漢枚皋撰，漢劉向等輯，佚

【著者】

枚皋（前156—?），字少孺，淮陰（今屬江蘇）人。枚乘庶子。其母爲枚乘遊梁時所娶之小妾，枚乘東歸淮陰，皋母不肯隨行，皋即與母居梁。年十七，上書梁共王，得召爲郎。後見讒獲罪，家室被没。亡至長安，遇赦，上書自稱枚乘子，武帝大喜，拜爲郎。皋作辭賦，才思敏捷，受詔即成，但詼諧調笑，不爲士大夫所重。漢武帝僅僅把他當作文學侍從，没有什麽政治地位。枚皋作賦百二十篇，尤嫚戲不可讀者尚數十篇，數量巨大，但不爲正統文人所重，因而全部亡佚。他是創作俗賦的高手，在中國俗文學史上應有一席之地。《隋志》未著録其集，可見佚失甚早。

【著録與考釋】

見《漢志·詩賦略》"陸賈賦之屬"。

宋王應麟《漢藝文志考證》：本傳："凡可讀者百二十篇，其尤嫚戲不可讀者尚數十篇。"（王先謙《漢書補注》引王氏此語。）◎清沈欽韓《漢書疏證》：本傳："頗詼笑，不甚閑靡。凡可讀者百二十篇。"◎姚振宗《漢書藝文志條理》：劉向《别録》曰："有《麗人歌賦》。"（按：《别録》佚文有此語，不知當何屬。今考《文章緣起》，云："漢枚皋作《麗人歌詩》。"似乎爲枚皋而發也，姑繫于此。）○本書《枚乘傳》："武帝聞乘名，以安車蒲輪徵乘，道死。詔問乘子，無能爲文者，後迺得其孽子皋。皋字少孺，年十七，上書梁共王，得召爲郎。三年，爲王使，與冗從争，見讒惡遇罪，家室没入。皋亡至長安，會赦，上書自陳枚乘之子，上得之大喜。召入見待詔，皋因賦殿中。詔使賦平樂館，善之，拜爲郎，使匈奴。皋不通經術，詼笑類俳倡，爲賦頌，好嫚戲，比東方朔、郭舍人等，而不得比嚴助等得尊官。武帝春秋二十九迺得皇子，群臣喜，故皋與東方朔作《皇太子生賦》及《立皇子禖祝》，受詔所爲，皆不從故事，重皇子也。初，衛皇后立，皋奏賦以戒終。皋爲賦，善于朔也。從行至甘泉、雍、河東，東巡狩，封泰山，塞決河宣房，游觀三輔離宫館，臨山澤，弋獵射馭狗馬，蹴鞠刻鏤，上有所感，輒使賦之。爲文疾，受詔

① 〔南朝梁〕劉勰著，范文瀾註：《文心雕龍註》，人民文學出版社1958年版，第698頁。

輒成,故所賦者多。司馬相如善爲文而遲,故所作少,而善于皋。皋賦辭中自言爲賦不如相如,又言爲賦迺俳,見視如倡,自悔類倡也,故其賦有詆娸東方朔,又自詆娸。其文骳骫,曲隨其事,皆得其意,頗詼笑,不甚閑靡。凡可讀者百二十篇。"○案:此似即據劉中壘《别録》之文,故云"百二十篇",與本志合。蓋中壘定著如此,其他"尤嫚戲不可讀者尚數十篇",則棄而不録者也。◎姚明煇《漢書藝文志注解》:今佚。本書附《枚乘列傳》,傳:皋爲文疾,爲賦頌,好嫚戲,上有所感,輒使賦之,受詔輒成,故所賦者多,凡可讀者百二十篇,其尤嫚戲不可讀者尚數十篇。

今按:楊樹達《漢書窺管》曰:"本傳有《平樂館賦》《皇太子生賦》及《立皇子禖祝》《衛皇后立時戒終之賦》。"[①]《漢書·賈鄒枚路傳》:"武帝春秋二十九乃得皇子,群臣喜,故皋與東方朔作《皇太子生賦》及《立皇子禖祝》,受詔所爲,皆不從故事,重皇子也。"[②]則枚皋此四賦存目:《平樂館賦》《皇太子生賦》《立皇子禖祝》《戒終賦》。

《朱建賦》2 篇,漢朱建撰,漢劉向等輯,佚

【著者】

朱建,生卒年不詳,生活于楚漢之際。爲人有口辯,性剛直,行不苟合。嘗爲淮南王黥布相。布圖謀反漢,建諫之,不聽。及布失敗,高祖賜號平原君,家徙長安。辟陽侯審食其與之納交。審食其得幸吕太后,及諸吕敗,建以計出之。文帝三年,淮南厲王劉長擊殺審食其。文帝聞建爲之出謀劃策,使吏捕治,建遂自殺。文帝深爲惋惜。《史記·酈生陸賈列傳》《漢書》皆有傳。

【著録與考釋】

見《漢志·詩賦略》"陸賈賦之屬"。

清姚振宗《漢書藝文志條理》:平原君朱建有書七篇,見《諸子·儒家》。○案:平原君,文帝時卒,此當在陸大夫之次,枚皋之前,疑轉寫之誤。觀下一條注"枚皋同時",明是承上文而言,尤可證也。◎姚明煇《漢書藝文志注解》:今佚。《史記》、本書皆有列傳。

今按:朱建賦 2 篇皆佚,不詳其内容。張舜徽曰:"《諸子略》儒家有《平原老》七篇,即朱建作也(《平原老》,一作《平原君》,高似孫《子略》已作老矣)。其賦早亡。《朱建賦》當在《枚皋賦》之前,姚説是也。今本《漢志》失次,由傳鈔者亂之。"[③]所言極是。

---

① 楊樹達:《漢書窺管》,湖南教育出版社 2007 年版,第 197 頁。

② 〔漢〕班固撰,〔唐〕顔師古注:《漢書》,中華書局 1962 年版,第 2366 ~ 2367 頁。

③ 張舜徽:《張舜徽集·漢書藝文志通釋》,華中師範大學出版社 2004 年版,第 356 頁。

《常侍郎莊忽奇賦》11 篇,漢莊忽奇撰,漢劉向等輯,佚

【著者】

莊忽奇,一作嚴忽奇。生卒年不詳,與枚皋同時。官至常侍郎,與朱買臣、吾丘壽王等常在武帝左右,是武帝的文學侍從。《七略》引"或説"莊忽奇爲莊助昆弟,則應當排在莊助之後。張舜徽曰:"班固撰《漢書》時,宜避明帝劉莊諱,故《漢書》中姓名有作'莊'者,皆易爲'嚴'。《漢志》此處仍作莊忽奇者,沿用《七略》舊文也。"①

【著録與考釋】

見《漢志·詩賦略》"陸賈賦之屬"。班固原注:"枚皋同時。"顔師古注:"《七略》云:忽奇者,或言莊夫子子,或言族家子,莊助昆弟也。從行至茂陵,詔造賦。"

清錢大昭《漢書辨疑》:《百官表》加官有中常侍,無常侍郎。然東方朔亦嘗爲常侍郎,則武帝時有此加官矣。《嚴助傳》作"嚴忽奇"。(今按:王先謙《漢書補注》引錢氏此語。)◎姚振宗《漢書藝文志條理》:劉歆《七略》曰:"忽奇者,或言莊夫子子,或言族家子,莊助昆弟也。從行至茂陵,詔造賦。"○本書《嚴助傳》:"武帝後得朱買臣、吾丘壽王、司馬相如、主父偃、徐樂、嚴安、東方朔、枚皋、膠倉、終軍、嚴忽奇等,並在左右。"◎姚明煇《漢書藝文志注解》:今佚。師古曰:"《七略》云:'忽奇者,或言莊夫子子,或言族家子,莊助昆弟也。'"

今按:張舜徽曰:"武帝好辭賦,文士從行在外,亦詔造賦,此如今人覩物興懷,口吟五七言詩耳。成之易,故亡之速,此類賦篇雖廣,宜其無傳也。"②據此,則莊忽奇賦多爲短章,以詠物、抒情、頌德爲主。皆佚。

《嚴助賦》35 篇,漢嚴助撰,漢劉向等輯,佚

【著者】

嚴助(?—前 122),會稽吴(今江蘇蘇州)人。本名莊助,漢人避明帝諱改莊爲嚴。史書或"莊"或"嚴",乃後人傳抄之誤。

【著録與考釋】

見《漢志·詩賦略》。顔師古注:"上言莊忽奇,下言嚴助,史駮文。"

清周壽昌《漢書注校補》:本《志》儒家者流,作《莊助》四篇。此作嚴助。一人而忽莊忽嚴,皆傳寫參錯,非班原文也。◎姚振宗《漢書藝文志條理》:嚴助有

① 張舜徽:《張舜徽集·漢書藝文志通釋》,華中師範大學出版社 2004 年版,第 356 頁。

② 張舜徽:《張舜徽集·漢書藝文志通釋》,華中師範大學出版社 2004 年版,第 356 頁。

書四篇,見《諸子·儒家》。○本傳:"助爲會稽太守,奉三年計最,因留侍中。有奇異,輒使爲文,及作賦、頌數十篇。"◎姚明煇《漢書藝文志注解》:今佚。本書有列傳。師古曰:"上言莊忽奇,下言嚴助,史駁文。"

今按:《漢書·嚴助傳》稱,武帝時屢舉賢良文學之士,"唯助與壽王見任用,而助最先進。……因留侍中。有奇異,輒使爲文,及作賦頌數十篇"[①],當在此"三十五篇"之中;可知助在當時,亦文士中之傑出者。《隋志》不見其集,故其賦早亡。

《朱買臣賦》3篇,漢朱買臣撰,漢劉向等輯,佚

【著者】

朱買臣,字翁子,吴(今江蘇蘇州)人。生卒年不詳。與嚴助同鄉。家貧,好讀書,常刈薪樵自給。後買臣至長安,嚴助薦之,説《春秋》,言《楚辭》,遂拜爲侍中大夫。後拜爲會稽太守,以兵破東越有功,徵入爲主爵都尉,位列九卿,權重一時。《隋志》不載其集,可知早已亡佚。

【著録與考釋】

見《漢志·詩賦略》"陸賈賦之屬"。

清姚振宗《漢書藝文志條理》:本書列傳:"朱買臣,字翁子,吴人也。家貧,好讀書,不治産業,常艾薪樵,賣以給食。年五十,隨上計吏爲卒,將重車至長安。詣闕上書,書久不報。會邑子嚴助貴幸,薦買臣,召見,説《春秋》,言《楚辭》。帝甚説之,拜爲中大夫,與嚴助俱侍中。拜會稽太守,受詔將兵,與横海將軍韓説等俱擊破東越。有功,徵入爲主爵都尉,列于九卿。數年,坐法免官。復爲丞相長史。後以告張湯陰事,湯自殺。上亦誅買臣。"○本書《地理志》:"始楚屈原作《離騷》諸賦,後有宋玉、唐勒、枚乘、鄒陽、嚴夫子之徒,而吴有嚴助、朱買臣,貴顯漢朝,文辭並發,故世傳《楚辭》。"(按:此則西京人文大都依則楚騷,可知也。)◎姚明煇《漢書藝文志注解》:今佚。本書有列傳。

今按:朱買臣賦3篇,早已佚失,内容不詳。

《宗正劉辟彊賦》8篇,漢劉辟彊撰,漢劉向等輯,佚

【著者】

劉辟彊(?—前86),一作劉辟疆,字少卿。漢高祖異母弟楚元王劉交之孫。好讀《詩》,能屬文。武帝時,以宗室子隨二千石論議,冠諸宗室。清静少欲,以書爲伴,無意于仕進。昭帝時,拜爲光禄大夫,守長樂尉。後徙宗正,數月卒。

---

① 〔漢〕班固撰,〔唐〕顔師古注:《漢書》,中華書局1962年版,第2775、2790頁。

【著録與考釋】

見《漢志·詩賦略》“陸賈賦之屬”。

清姚振宗《漢書藝文志條理》:本書《楚元王傳》:“元王子紅侯富,富子辟彊。辟彊字少卿,亦好讀《詩》,能屬文。武帝時,以宗室子隨二千石論議,冠諸宗室。清静少欲,常以書自娱,不肯仕。昭帝即位,大將軍霍光擇宗室可用者,遂拜辟彊爲光禄大夫,守長樂衛尉,時年已八十矣。徙爲宗正,數月卒。”案:宗正劉中壘之大父也。自元王以來,家世魯詩,故《史》云“亦好讀《詩》”,此與前二十家賦别分部居,各爲起訖,不與陽城侯賦、劉向賦論前後也。◎錢大昭《漢書辨疑》:辟彊,字少卿,楚元王之孫。(今按:王先謙《漢書補注》引錢氏此語。)◎姚明煇《漢書藝文志注解》:今佚。楚元王曾孫,劉向祖。本書附《楚元王列傳》。

今按:劉辟彊賦 8 篇,已亡佚,内容不詳。

《司馬遷賦》8 篇,漢司馬遷撰,漢劉向等輯,殘

【著者】

司馬遷(前 145—?),字子長,夏陽龍門(今陝西韓城)人。張舜徽《漢書藝文志通釋》言:“司馬遷乃曠代奇才,協六經異傳,齊百家殊語,包羅萬事,撰爲一書。二千年間,迄無其匹。《漢志》既著録《太史公》百三十篇於《六藝略》春秋家矣。千古史裁,莫之與京。後世載筆之士,得其一體,皆足述成專書,名垂來葉。敻矣其不可及也!雖其一生亦嘗作賦,特徇時尚偶爾爲之,固以小技視之矣。”①《隋志》著録《漢中書令司馬遷集》一卷。《舊唐志》《新唐志》著録《司馬遷集》二卷,佚。

【著録與考釋】

見《漢志·詩賦略》“陸賈賦之屬”。

宋王應麟《漢藝文志考證》:《藝文類聚》有《悲士不遇賦》(《隋志》:《遷集》一卷。《唐志》:一卷)。(今按:王先謙《漢書補注》引王氏此語。)◎清沈欽韓《漢書疏證》:《藝文類聚》《文選》注引司馬遷《悲士不遇賦》。◎周壽昌《漢書注校補》:《隋·經籍志》:《漢中書令司馬遷集》一卷。《通志》作二卷。◎姚振宗《漢書藝文志條理》:司馬遷有《太史公》百三十篇,見《六藝·春秋家》。○本書《東方朔傳》:“是時,朝廷多賢材。上復問朔:‘方今公孫丞相、兒大夫、董仲舒、夏侯始昌、司馬相如、吾丘壽王、主父偃、朱買臣、嚴助、汲黯、膠倉、終軍、嚴安、徐樂、司馬遷之倫,皆辯知閎達,溢于文辭,先生自視,何與比哉?’”○《隋

① 張舜徽:《張舜徽集·漢書藝文志通釋》,華中師範大學出版社 2004 年版,第 357 頁。

書·經籍志》:《漢中書令司馬遷集》一卷。《唐·經籍志》:《司馬遷集》二卷。《藝文志》同。◎姚明煇《漢書藝文志注解》:今闕。《藝文類聚》載《悲士不遇賦》一篇。本書有列傳。◎清姚振宗《隋書經籍志考證》:"司馬遷,見《史部·正史類》。又有《素王妙論》,見《子部·五行家》。"○《漢書》本傳:"遷既被刑之後,爲中書令,尊寵任職。故人益州刺史任安予遷書,責以古賢臣之義,教以慎于接物,推賢進士爲務。遷報之。"○又公孫弘等《傳贊》曰:"漢之得人,于兹爲盛。儒雅則公孫弘、董仲舒、兒寬,文章則司馬遷、相如。"○嚴氏《全漢文編》曰:"司馬遷,字子長,河内人。元封中爲太史令,天漢中爲坐罪宫刑,後爲中書令。有《史記》一百三十卷,集一卷。《藝文類聚》有《悲士不遇賦》,本傳有《報任少卿書》,《高士傳》有《與摯伯陵書》,凡三篇。附《素王妙論》二條。"又曰:"摯峻,字伯陵,京兆長安人。隱于阱山,見《高士傳》。有《報司馬子長書》。"(案:董仲舒先有《士不遇賦》。)

今按:司馬遷賦今存《悲士不遇賦》一篇,見《藝文類聚》卷三十《人部十四·怨》。在賦史上,司馬遷稱不上大家,但這一抒情言志的賦作,或四字句,或六字句,近似騷體,而無"兮"字,别具一格。内容上以抒情説理爲主,較少誇飾的成分,從而區别于御用賦家之作,發揮了賦體文學抒發個人情志的特色。

【研究】

研究司馬遷賦,可以參考:趙省之《司馬遷賦作的評價》(《文史哲》1956年第2期)、趙懷忠《司馬遷〈悲士不遇賦〉二題》(《渭南師專學報》1999年第3期)、趙懷忠《司馬遷〈悲士不遇賦〉摭談》(《渭南師專學報》1999年第6期)等。

《郎中臣嬰齊賦》10篇,漢嬰齊撰,漢劉向等輯,佚

【著者】

《漢書·諸子略》道家類"郎中嬰齊十二篇"顔師古注曰:"武帝時。師古曰:劉向云:'故待詔,不知其姓,數從游觀,名能爲文。'"可知嬰齊生活于漢武帝時,曾待詔金馬門,官郎中。所撰道家論文12篇,賦10篇,已佚。

【著録與考釋】

見《漢志·詩賦略》"陸賈賦之屬"。

清錢大昭《漢書辨疑》:道家有《郎中嬰齊》十二篇,疑即其人。(今按:王先謙《漢書補注》引錢氏此語。)◎姚振宗《漢書藝文志條理》:嬰齊有書十二篇,見《諸子·道家》。班氏注云:"武帝時。"顔氏集注:"劉向云:故待詔,不知其姓。數從游觀,名能爲文。"◎姚明煇《漢書藝文志注解》:今佚。

今按:所撰賦10篇,一度進獻給漢武帝,皆亡佚不存。

《臣説賦》9篇，漢臣説撰，漢劉向等輯，佚

【著者】

臣説，名説（音悦），姓氏不詳，生活于漢武帝時。屬雜家者流，亦作賦。

【著録與考釋】

見《漢志·詩賦略》"陸賈賦之屬"。顔師古曰："説，名。音悦。"

清姚振宗《漢書藝文志條理》：臣説有書三篇，見《諸子·雜家》。班氏注云："武帝時，作賦。"顔氏集注曰："説者，其人名，讀曰悦。"（今按：皆爲《漢志·諸子略》雜家類"臣説三篇"注。）◎姚明煇《漢書藝文志注解》：今佚。

今按：臣説曾進御所作賦9篇，今不傳。

《臣吾賦》18篇，漢臣吾撰，漢劉向等輯，佚

【著者】

臣吾，姓氏不詳，名吾，大概生活于漢武帝時代。其賦早佚。

【著録與考釋】

見《漢志·詩賦略》"陸賈賦之屬"。

清姚振宗《漢書藝文志條理》：臣吾始末未詳。案：以上三家，史並失其姓氏。舊本文相連屬，似臣説、臣吾，亦官郎中，蒙上省文歟？◎姚明煇《漢書藝文志注解》：今佚。

《遼東太守蘇季賦》1篇，漢蘇季撰，漢劉向等輯，佚

【著者】

蘇季，生平不詳，曾官遼東太守。西漢遼東郡，大約相當於今遼寧省大部和朝鮮東北部部分地區。

【著録與考釋】

見《漢志·詩賦略》"陸賈賦之屬"。

清姚振宗《漢書藝文志條理》：蘇季，始末未詳，疑是蘇武之後。◎姚明煇《漢書藝文志注解》：今佚。

今按：其賦僅1篇，内容不詳。

《蕭望之賦》4篇，漢蕭望之撰，漢劉向等輯，佚

【著者】

蕭望之（前114？—前47），字長倩，漢初名相蕭何的六世孫，東海蘭陵（今山東蒼山蘭陵鎮）人，徙杜陵（今陝西西安東南）。蕭望之是西漢宣帝、元帝倚重的大臣，又是著名的經學家。主治《齊詩》，兼學諸經，是漢代《魯論語》的知名傳人。

【著録與考釋】

見《漢志·詩賦略》"陸賈賦之屬"。

清姚振宗《漢書藝文志條理》:本書《列傳》:"蕭望之,字長倩,東海蘭陵人也,徙杜陵。好學,治《齊詩》,事同縣后倉且十年。以令詣太常受業,復事同學博士白奇,又從夏侯勝問《論語》《禮服》。京師諸儒稱述焉。以射策甲科爲郎,署小苑東門候。數年,坐弟犯法,免歸爲郡吏。御史大夫魏相除爲屬,察廉爲大行治禮丞。宣帝自在民間聞望之名,拜爲謁者,累遷諫大夫、丞相司直,歲中三遷,至二千石。爲平原太守。徵入守少府,復以爲左馮翊,遷大鴻臚,代丙吉爲御史大夫,左遷太子太傅,以《論語》《禮服》授皇太子。宣帝寢疾,拜爲前將軍光禄勛,與周堪受遺詔輔政,領尚書事。元帝即位,望之選白宗室明經達學散騎、諫大夫劉更生給事中。後與弘恭、石顯忤,望之及堪、更生皆免爲庶人。"又《元帝本紀》:"初元二年冬,詔曰:'國之將興,尊師而重傅,故前將軍望之傅朕八年,道以經書,厥功茂焉。其賜爵關内侯,食邑八百户。朝朔望。'十二月,中書令弘恭、石顯等譖望之,令自殺。"○《世系》:"蕭氏世居豐沛,漢有丞相酇文終侯何,二子遺、則;則生彪,諫議大夫、侍中,始徙蘭陵;生章,公府掾;章生仰;仰生皓;皓生望之,御史大夫,徙杜陵;生育,光禄大夫。"(案《世系》,則望之爲蕭相國七代孫也。)◎姚明煇《漢書藝文志注解》:今佚。本書有列傳。

今按:蕭望之作賦4篇,皆佚,内容不詳。班固《兩都賦序》云:"公卿大臣御史大夫倪寬、太常孔臧、太中大夫董仲舒、宗正劉德、太子太傅蕭望之等,時時間作。或以抒下情而通諷諭,或以宣上德而盡忠孝,雍容揄揚,著於後嗣,抑亦雅頌之亞也。"楊樹達《漢書窺管》曰:"司馬相如、虞邱壽王、枚皋、劉向、倪寬、孔臧、劉德、蕭望之八家之賦,並見於《詩賦略》。"[①]可知其爲漢代著名賦家。

《河内太守徐明賦》3篇,漢徐明撰,漢劉向等輯,佚

【著者】

徐明,字長君,漢代東海郡(今山東費縣至江蘇灌南縣一帶)人,漢元帝、漢成帝時曾任河内郡、涿郡等五郡太守。

【著録與考釋】

見《漢志·詩賦略》。班固原注:"字長君,東海人。元、成世歷五郡太守,有能名。"

清周壽昌《漢書注校補》:有能名而不入《循吏傳》,蓋亦時之所謂能吏而已。班詳注字籍官閥,亦以無傳之故。◎王先謙《漢書補注》:陶憲曾曰:"亦任

① 楊樹達:《漢書窺管》,湖南教育出版社2007年版,第198頁。

涿郡,見《王尊傳》。"◎姚振宗《漢書藝文志條理》:徐長君,據班氏注,則與劉中壘同時人。◎姚明煇《漢書藝文志注解》:今佚。

今按:作賦3篇,早已佚失。

《給事黄門侍郎李息賦》9篇,漢李息撰,漢劉向等輯,佚

【著者】

李息,生平不詳,曾任給事黄門侍郎。《後漢書·百官志》:"黄門侍郎,六百石。"本注曰:"無員,掌侍從左右,給事中,關通中外。及諸王朝見於殿上,引王就坐。"劉昭注:"《漢舊儀》曰:黄門郎屬黄門令,日暮入對青瑣門拜,名曰夕郎。《宫閣簿》:青瑣門在南宫。衛瓘注《吴都賦》曰:'青瑣,户邊青鏤也。一曰天子門内有眉格再重,裹青畫曰瑣。'《獻帝起居注》曰:'帝初即位,初置侍中、給事黄門侍郎,員各六人,出入禁中,近侍帷幄,省尚書事。改給事黄門侍郎爲侍中侍郎,去給事黄門之號,旋復,復故舊。侍中、黄門侍郎以在中宫者,不與近密交政。誅黄門後,侍中侍郎出入禁闈,機事頗露,由是王允乃奏比尚書,不得出入,不通賓客。自此始也。'"又《後漢書·孝獻帝紀》李賢注曰:"《輿服志》曰:'禁門曰黄闥,以中人主之,故號曰黄門令。'然則黄門郎給事黄闥之内,故曰黄門郎。"可知黄門侍郎職在侍奉人主,關通中外,可出入禁中,故知曉朝中機密,未必皆奄人也。張舜徽曰:"李息乃當時近侍中之能文者,其文不傳。"

【著録與考釋】

見《漢志·詩賦略》。

清錢大昭《漢書辨疑》:《衛霍傳》之李息,别是一人,非作賦者。(王先謙《漢書補注》引錢氏此語。)◎姚振宗《漢書藝文志條理》:本書《百官表》:"少府屬官有中黄門。"師古曰:"中黄門謂奄人,居禁中,在黄門之内給事者也。"案:《霍去病傳》有李息,景、武時人,蓋别一人也。◎姚明煇《漢書藝文志注解》:今佚。

今按:李息賦9篇,皆佚。

《淮陽憲王賦》2篇,漢劉欽撰,漢劉向等輯,佚

【著者】

淮陽憲王劉欽(?—前28),漢宣帝劉詢之子。宣帝元康三年(前63)封淮陽王,在位34年,卒後謚憲王。因博學明智,故爲宣帝寵愛,幾欲立爲太子。後來元帝、成帝皆敬重之。事迹見《漢書》卷八十《宣元六王傳》。

【著録與考釋】

見《漢志·詩賦略》。

清王先謙《漢書補注》:名欽,宣帝子。◎姚振宗《漢書藝文志條理》:本書

《諸侯王表》:"淮陽憲王欽,宣帝子。元康三年四月丙子立,三十六年薨。"(案:淮陽王薨,《本紀》失載,蓋在成帝河平元年也。)○本書《宣元六王傳》:"淮陽憲王欽,元康三年立,母張倢伃有寵,最幸。而憲王壯大,好經書法律,聰達有材,帝甚愛之。太子寬仁,喜儒術,上數嗟歎憲王,曰:'真我子也。'常有意欲立張倢伃與憲王。然用太子起于微細,上少依倚許氏。及即位,而許后以殺死,太子蚤失母,故弗忍也。久之,上以故丞相韋賢子玄成陽狂讓侯兄(宋祁曰:'兄'字上疑有'於'字。),經明行高,稱于朝廷。乃召拜玄成爲淮陽中尉,欲感諭憲王,輔以推讓之臣,由是太子遂安。宣帝崩,元帝即位,乃遣憲王之國。至成帝即位,以淮陽王屬爲叔父,敬寵之,異于他國。《贊》曰:'淮陽憲王,于時諸侯爲聰察矣。'"◎姚明煇《漢書藝文志注解》:今佚。本書有列傳。

今按:劉欽賦二篇,已佚。

《揚雄賦》12篇(附論《揚侍郎集》),漢揚雄撰,漢劉向初輯、東漢人補輯,殘

【著者】

揚雄(前53—18),亦寫作楊雄,字子雲,蜀郡成都(今四川成都)人。揚雄少而好學,博覽群書。爲人簡易,口吃不能劇談。好深思,少嗜欲。少時曾好辭賦,常擬司馬相如之作。年四十餘,始至京師,獻所作《甘泉》《羽獵》等賦,被成帝任爲郎中,給事黄門。王莽時,召爲大夫。後卒,時年七十一。揚雄一生淡泊名利,不慕榮華,沉淪下僚,位不過大夫,卻留下了豐富的著述,在哲學、語言學、文學等方面皆有成就。其作多有模擬,張舜徽曰:"雄所述造,蓋無文而不規效前修。著述之體,至此一變矣。其學博大深醇,實西漢一通儒也。"①著有《太玄》《法言》《方言》《訓纂篇》《倉頡訓纂》《蜀王本紀》等,另有賦、頌、箴、銘等數十篇。《隋志》《舊唐志》《新唐志》皆著録《揚雄集》5卷;《宋志》著録《揚雄集》6卷,又《二十四箴》2卷。

【著録與考釋】

見《漢志·詩賦略》。

宋王應麟《漢藝文志考證》:本傳:"賦莫深於《離騷》,反而廣之(又旁《惜誦》以下至《懷沙》一卷,名曰《畔牢愁》)。辭莫麗於相如,作四賦(《甘泉》《河東》《校獵》《長楊》)。《志》云:'入揚雄八篇。'蓋《七略》所載止四賦也。《古文苑》有《太玄》《蜀都》《逐貧賦》,《文選》注有《覈靈賦》(《隋志》:《雄集》五卷)。(王先謙《漢書補注》引之。)◎清沈欽韓《漢書疏證》:《考證》云:"本傳:作四賦;志云:'入揚雄八篇。'蓋《七略》所載止四賦也。《古文苑》有《太玄》《蜀都》

---

① 張舜徽:《張舜徽集·漢書藝文志通釋》,華中師範大學出版社2004年版,第359頁。

《逐貧賦》。《文選》注引《覈靈賦》。"(《御覽·一》:《覈靈賦》曰:"自今推古,至於元氣始化。古不覽今,名號迭毁,請以《詩》《春秋》言之。")◎王先謙《漢書補注》:陶紹曾曰:"《説文·氏部》引雄賦'響若氏隤',蓋《解嘲》古亦謂之賦也,當在此十二篇中。"◎姚振宗《漢書藝文志條理》:揚雄有《訓纂篇》,又有《倉頡訓纂》,見《六藝·小學家》。又有所序《太玄》《法言》等三十八篇,見《諸子·儒家》。○本傳:"顧嘗好辭賦。先是時,蜀有司馬相如,作賦甚弘麗温雅。雄心壯之,每作賦,嘗擬之以爲式。又以爲賦者,將以風之,必推類而言,極麗靡之辭,閎侈鉅衍,競于使人不能加也。既迺歸之于正,然覽者已過矣。往時武帝好神仙,相如上《大人賦》欲以風,帝反縹縹有陵雲之志。由是言之,賦勸而不止明矣。又頗似俳優淳于髡、優孟之徒,非法度所存,賢人君子詩賦之正也。于是輟不復爲。"又曰:"賦莫深于《離騷》,反而廣之;辭莫麗于相如,作四賦。"○劉歆《七略》曰:"揚雄賦四篇:《甘泉賦》,永始三年,待詔臣雄上;《羽獵賦》,永始三年十二月上;《長楊賦》,綏和元年上。"(案:又有《河東賦》,永始三年三月上者,《七略》佚文不備,故闕如也。)又曰:"子雲家諜言,以甘露元年生。"又曰:"揚雄卒,弟子侯芭負土作墳,號曰'玄冢'。"(王氏《考證》曰:"《七略》所載止四賦:《甘泉》《河東》《校獵》《長楊》也。"按:《文選·劉先生夫人墓誌》注引《七略》"揚雄卒"云云,疑後人附著之辭,非《七略》本文。)○本志注曰:"入揚雄八篇。"○《隋書·經籍志》:《漢太中大夫揚雄集》五卷。《唐·經籍志》:《揚雄集》五卷。《唐·藝文志》同。《宋·藝文志》:六卷。○又《前漢文編》曰:"《漢志》揚雄賦十二篇,今蒐輯群書,得完篇九,殘篇一。本傳云:'旁《離騷》作重一篇,名曰《廣騷》;旁《惜誦》以下至《懷沙》一卷,名曰《畔牢愁》。'此二篇並亡,僅存篇名。"又曰:"《酒賦》,《漢書》題作《酒箴》,《御覽》引《漢書》作《酒賦》,各書亦作《酒賦》,《北堂書鈔》作《都酒賦》,都酒者,酒器名也。驗文,當以'都酒'爲長。"(案:嚴氏《漫稿》謂:《廣騷》《畔牢愁》似即《反騷》之子目歟?《文編》之言不合,蓋駁文而失于刊正者,今故不取。)◎姚明煇《漢書藝文志注解》:今存。本書列傳載《反離騷》一篇,《甘泉賦》《河東賦》《校獵賦》《長楊賦》四篇,《解嘲》《解難》二篇,《趙充國列傳》載《趙充國頌》一篇,《文選》載《劇秦美新》一篇,《古文苑》載《太玄賦》《蜀都賦》《逐貧賦》三篇。◎清姚振宗《隋書經籍志考證》:揚雄有《方言》,見《經部·小學家》。○雄《答劉歆書》曰:"雄先作《縣邸銘》《王佴頌》《階闥銘》及《成都城四隅銘》。蜀人有楊莊者,爲郎,誦之于成帝。成帝好之,以爲似相如,雄遂以此得外見。此數者,皆都水君常見,故不復奏。雄爲郎之歲,自奏少不得學,而心好沈博絶麗之文。願不受三歲之奉,且休脱直事之繇,得肆心廣意,以自克就。有詔可,不奪奉,令尚書賜筆墨錢六萬,得觀書于石渠。如是後一歲,作《繡補》《靈節》《龍骨》之銘,詩三章,成帝好之,遂得盡意。"○《漢書》本傳:"雄博覽,無所不見,顧嘗好辭賦。先是,蜀有司馬相如,作賦甚弘麗温雅。雄心壯之,每作賦,常擬之以爲式。又怪屈原文過相如,至不容,作《離騷》,投江而死。悲其文,讀之未嘗不流涕也。以爲君子得時則大行,不得時則龍蛇。遇不遇,命也,何必湛身哉?迺作書,往往摭《離騷》文而反之,自岷山投諸江流,以弔屈原,名曰《反離騷》;又旁《離騷》作重一篇,名曰《廣騷》;又旁《惜誦》以下至《懷沙》一卷,名曰《畔牢愁》。孝成帝時,客有薦雄文似相如者,上方郊祀甘泉泰畤、汾陰后土,以求繼嗣,召雄待詔承明之庭。正月,從上甘泉還,奏《甘泉賦》以風,天子異焉。其三月,將祭后土,還,上《河東賦》以勸。其十二月羽獵,雄從,故聊因《校獵賦》以風。明年,上將大誇胡人以多禽獸,令胡人手搏之,自取其獲,上親臨觀焉。雄從至射熊館,還,上《長楊賦》以風。哀帝時,雄方草《太玄》,有以自守,泊如也。或嘲雄,而雄解之,號曰《解嘲》。客有難《玄》太深,衆人之不好也,雄解之,號曰《解難》。其意欲求文章成名于後世,以爲箴莫善于《虞箴》,作《州箴》;賦莫深于《離騷》,反而廣之;辭莫麗于相如,作四賦。皆斟酌其本,相與依放而馳騁云。"○梁沈約注《制旨連珠》曰:"竊聞連珠之作,始自子雲;放《易》象《論》,動模經誥。班固謂之命世,桓譚以爲絶倫。"○《文心雕龍·詮賦篇》曰:"子雲《甘泉》,構深瑋之風。"《銘箴篇》云:"揚雄稽古,始範《虞箴》,作《卿尹》《州牧》二十五。"《誄碑篇》云:"揚雄之誄元后,文實煩穢,沙麓撮其要,而摯疑成篇(注云:有敚誤),安有累德述尊,而闊略四句乎!"《哀弔篇》云:"揚雄弔屈,思積功寡,意深文略,故辭韻沈膇。"《雜文篇》云:"揚雄覃思文閣,業深綜述,碎文瑣語,肇爲《連珠》,其辭雖小而明潤矣。"又曰:"揚雄《解嘲》,雜以諧謔,迴環自釋,頗亦爲工。"《封禪篇》云:"揚雄《劇秦》,影寫長卿,詭言遯辭,故兼包神怪。然骨掣靡密,辭貫圓通,自稱極思,無遺力矣。"《書記篇》云:"子雲之《答劉歆》,志氣盤桓。"《體性篇》云:"子雲沈寂,故志隱而味深。"《才略篇》云:"子雲屬意,辭人最深,觀其涯度幽遠,搜選詭麗,而竭才以鑽思,故能理贍而辭堅矣!"○《唐書·經籍》《藝文志》:《揚雄集》五卷。(《宋史·志》六卷。)○晁氏《讀書志》:"《揚雄集》三卷。古無雄集,皇朝譚愈好雄文,患其散在諸篇籍,離而不屬,因綴輯之,得四十餘篇。"(案:此三卷似五卷之寫誤。)○陳氏《書録》曰:"《揚子雲集》五卷,漢黄門郎成都揚雄子雲撰。大抵皆録《漢書》及《古文苑》所載。蓋古本已不存,好事者于史傳、類書中鈔録,以備一家之作,充藏書之數而已。"又曰:"《二十四箴》一卷,揚雄撰。今廣德軍所刊本校集中無《司空》《尚書》《博士》《太常》四箴……或云崔駰,或云崔子玉,疑不能明也。"○《四庫提要》曰:"隋、唐《志》皆載《雄集》五卷,其本久佚。宋譚愈始取《漢書》及《古文苑》所載四十餘篇,仍輯爲五卷,已非舊本。明萬曆中,遂州鄭樸又取雄所撰《太玄》《法言》《方言》書及類書所引《蜀王本紀》《琴清英》諸條,與諸文賦合編之,釐爲六卷,而以逸篇之目附卷末,即此本也。"(又汪氏《二十名家集》、張氏《百三家集》亦各有輯本。)○汪氏《文選撰人篇目》:"漢楊子雲雄有《甘泉賦》《羽獵賦》《長楊賦》《解嘲》《趙充國頌》《劇秦美新》。"○嚴氏《鐵橋漫藁·重編揚子雲集叙》曰:"《揚子雲集》,隋、唐《志》皆五卷,亡于唐末。宋譚愈輯爲三卷,或作五卷,余未見之。明鄭樸補輯爲六卷,即《四庫》所收也。余又重編爲四卷,凡六十一篇。卷視隋唐差少,篇視鄭樸增多。拾遺訂誤,皆注明出處,以便覆查。疑者闕之。《漢志》著録賦十二篇,今得《蜀都》《甘泉》《河東》《羽獵》《長楊》《覈靈》《太玄》《逐貧》《酒》《反騷》十篇,其《廣騷》《畔牢愁》僅見篇名,似即《反騷》之子目。據許氏《説文》引《解嘲》'響若氏隤',謂之賦,則視《漢志》亡其一篇。(案:子雲《自叙》言:'旁《離騷》作重一篇,曰《廣騷》;旁《惜誦》以下至《懷沙》一卷,曰《畔牢愁》。'則明明爲二篇,與《反騷》爲三篇。嚴氏《全漢文編》以此二篇數在十二篇之内,是十二篇之目已全。《文編》之言是也。此所云云,蓋駁文而失于刊正者。)《後漢·胡廣傳》稱《十二州箴》《二十五官箴》,其九篇亡闕。今除《初學記》之《潤州箴》,《御覽》之《河南尹箴》誤入不録外,得整篇二十八,如後漢原數。(案:此已較宋二十四箴爲完善。)又五篇有缺,文四篇亡。知所謂亡闕者,有亡有闕,非九篇俱亡之謂。《蜀都賦》爲集中鉅製,校讎再四,從順良難!《連珠》及《琴清英》皆不全,《覈靈賦》《與桓譚書》《爲益州刺史作節度》章段畸零,猶存崖略。將欲復隋唐本之舊,斷斷不能,視鄭樸本,則後來者居上矣。繕寫,而爲之叙録曰:'自古言儒術者曰孟荀,曰荀揚,而桓譚、陸績推揚爲聖人,未免過當。要是荀子後第一人。宋儒以《劇秦美新》爲詬病,大書'莽大夫'。《春秋》責備賢者,于世教有功,固非鮮淺,然而革除之際,實難言之。漢承秦,賈生《過秦》,千古名論;新承漢,子雲不劇漢而劇秦,有微詞焉,亦非苟作。後儒學問文章,曾不及子雲千一。其于仕莽,悲其遇焉可也。'又自編《四録堂類集總目·揚子雲集四卷》,可均校編。"◎顧實《漢書藝文志講疏》:後注云:"入揚雄八篇。"蓋《七略》據雄傳言作四賦,止收《甘泉賦》《河東賦》《校獵賦》《長楊賦》四篇。班氏更益八篇,故十二篇也。其八篇,則本傳:《反離騷》《廣騷》《畔牢愁》三篇。《古文苑》:《蜀都賦》《太玄賦》《逐貧賦》三篇。又有《覈靈賦》(《文選》《御覽》)、《都酒賦》(即《酒箴》,亦作《酒賦》,詳《全上古三代文》)二篇。凡八篇。然若益以《解嘲》《解難》《趙充國頌》《劇秦美新》諸篇,則溢出十二篇之數矣。豈此諸篇不在内耶?

【内容】

《漢志》稱揚雄有賦 12 篇,班固於"陸賈賦之屬"之末注云:"入揚雄賦八篇。"可知當年劉向祇見到揚雄賦 4 篇,餘 8 篇乃東漢人所補。揚雄賦現存 11 篇,僅《漢書》本傳就收了 6 篇,這在很大程度上反映了揚雄的文學成就和地位。其賦大致可以分爲三類,一類是諷諭賦,如《漢書》所收《甘泉賦》《河東賦》《羽獵賦》《長楊賦》四賦,都作於漢成帝時期。揚雄在後期認爲這類賦是"童子雕蟲篆刻","壯夫不爲"。之後就再没有類似的作品問世。另一類是都邑賦,如

《蜀都賦》即爲對故鄉蜀都(成都)的描繪和歌頌。第三類是抒情言志賦,如《太玄賦》《逐貧賦》《酒賦》《解嘲》《解難》等賦。總而言之,其賦雖多模擬之作,然在謀篇佈局、遣詞造句上仍有自己的特色。後世將其與司馬相如並稱爲"揚馬"。

揚雄賦現存 11 篇,簡介如下:

1.《甘泉賦》,見《漢書》本傳、《文選》卷七、《藝文類聚》卷三十九。此賦作于漢成帝元延二年(前 11),批判了秦漢王朝的奢侈,意在勸諫成帝戒奢從儉。

2.《河東賦》,見《漢書》本傳、《藝文類聚》卷三十九。漢成帝祭后土,登西嶽華山,泛覽三代遺迹,因而浮想聯翩,對先賢無比仰慕。揚雄則借機創作此賦,以鼓勵成帝效法前代聖賢。

3.《羽獵賦》,見《漢書》本傳、《文選》卷八、《藝文類聚》卷六十六。

4.《長楊賦》,見《漢書》本傳、《文選》卷九。此賦針對漢成帝好獵而發,籍翰林以爲主人,子墨爲客卿以諷。

5.《解嘲》,見《漢書》本傳、《文選》卷四十五、《藝文類聚》卷二十五。

6.《解難》,見《漢書》本傳。

7.《酒賦》,見《漢書·遊俠傳》、《藝文類聚》卷七十二、《北堂書鈔》卷一百四十八、《太平御覽》卷八十九、七百五十八、七百六十一。

8.《蜀都賦》,見《古文苑》卷四、《藝文類聚》卷六十一。

9.《太玄賦》,見《古文苑》卷四。

10.《逐貧賦》,見《古文苑》卷四、《藝文類聚》卷三十五、《初學記》卷十八、《太平御覽》卷四百八十五。

11.《覈靈賦》(殘句),見《文選》注、《太平御覽》卷一。

【研究】

揚雄是"漢賦四大家"之一,相關研究成果甚多。基本文獻有:張振澤《揚雄集校注》(上海古籍出版社 1993 年版),鄭文《揚雄文集箋注》(巴蜀書社 2000 年版),林貞愛《揚雄集校注》(四川大學出版社 2001 年版),費振剛、仇仲謙、劉南平《全漢賦校注·揚雄》(廣東教育出版社 2005 年版)等。著作衹有一種:[美]康達維《漢代辭賦:揚雄賦研究》(英國劍橋大學出版社 1976 年版)。論文主要有:龔克昌《揚雄賦新論》(《中國古典文學論叢》第二輯,人民文學出版社 1985 年)、方銘《揚雄賦論》(《中國文學研究》1991 年第 1 期)、阮忠《揚雄賦風的思想性》[《成都大學學報》(社會科學版)1992 年第 2 期]、王琳《追步前賢不乏創變——論揚雄賦》[《山東師大學報》(人文社會科學版)2001 年第 5 期]、俞紀東《〈漢志·詩賦略〉"揚雄賦"繹釋》[《復旦學報》(社會科學版)2002 年第 3 期]、熊良智《揚雄〈蜀都賦〉釋疑》(《文獻》2010 年第 1 期)、王德華《主文譎諫,以頌爲諷——揚雄〈甘泉賦〉、〈羽獵賦〉、〈長楊賦〉解讀》(《古典文學知識》2010 年第 1 期)等數十篇。學位論文有:陳碧仙《揚雄辭賦及其賦論之研究》(福建師範大學 2002 年碩士學位論文)、黄競《揚雄辭賦研究》(湖南師範大學 2004 年碩士學位論文)、劉静安《從大賦創作到玄静之思:揚雄辭賦創作論》(陝西師範大學 2007 年碩士學位論文)、李昕昕《揚雄賦研究》(首都師範大學 2008 年碩士學位論文)、高安晶《司馬相如與揚雄辭賦研究》(西北大學 2011 年碩士學位論文)、張倩《揚雄辭賦名物考》(蘭州大學 2012 年碩士學位論文)等。

《待詔馮商賦》9 篇,漢馮商撰,漢劉向等輯,佚

【著者】

馮商,字子高,長安(今陝西西安)人,一説陽陵(今陝西咸陽)人。生卒年不詳。治《易》,事五鹿充宗,能屬文,博聞强記。成帝時,與孟柳待詔金馬門,受詔續《史記》十餘篇。未成,病死。《漢志・六藝略》"春秋家"著録其《所續太史公書》7 篇,《詩賦略》著録其賦 9 篇,皆佚。

【著録與考釋】

見《漢志・詩賦略》"陸賈賦之屬"。

清周壽昌《漢書注校補》:《藝文類聚》卷八十引劉向《别録》云:"待詔馮商作《燈賦》。"(王先謙《漢書補注》引周氏此語。)◎姚振宗《漢書藝文志條理》:馮商有《續太史公書》,見《六藝・春秋家》。○《漢書・張湯傳贊》如淳注曰:"班固《目録》:'馮商,長安人。成帝時以能屬書待詔金馬門。'"(按:如淳引班固《目録》今不可考,疑即此《志》此條注文,而轉寫失之者。)○劉向《别録》曰:"待詔馮商作《燈賦》。"◎姚明煇《漢書藝文志注解》:今佚。◎顧實《漢書藝文志講疏》:亡。《别録》曰:"待詔馮商作《燈賦》。"(《藝文類聚》八十引)

今按:馮商賦 9 篇,皆佚。唯有《燈賦》1 篇,存目。

《博士弟子杜參賦》2 篇,漢杜參撰,漢劉向等輯,佚

【著者】

杜參(? —前 24),杜陵(今陝西西安東)人。曾爲博士弟子,後爲長社尉,與劉向同爲校中祕書。是漢代著名的文獻整理專家,惜於成帝陽朔元年(前 24)病卒,年僅二十餘歲。

【著録與考釋】

見《漢志・詩賦略》"陸賈賦之屬"。顔師古曰:"劉向《别録》云:'臣向謹與長社尉杜參校中祕書。'劉歆又云:'參,杜陵人,以陽朔元年病死,死時年二十餘。'"(周壽昌《漢書注校補》引顔氏此語。)

清沈欽韓《漢書疏證》:參與劉向同事者,《文選》注:“《七略》又有尚書郎中北海展隆。”◎周壽昌《漢書注校補》:參同向校書,必與歆友,故《七略》入之,《别録》詳其年籍官閥。參雖早卒,其得傳亦幸也。◎姚振宗《漢書藝文志條理》:劉歆《七略》曰:“參,杜陵人,以陽朔元年病死,死時年二十餘。”(按:其人于劉中壘爲後進而前卒者。)○顔氏集注:劉向《别録》云:“臣向謹與長社尉杜參校中祕書。”(按:《晏子》《列子》叙録並有此語,顔氏以爲即此杜參也。)◎顧實《漢書藝文志講疏》:亡。《晏子春秋叙録》云:“臣向謹與長社尉臣參校讎”云云,即此杜參。亦見《北史·文苑》之《樊遜傳》。

今按:作賦2篇,皆佚。

《車郎張豐賦》3篇,漢張豐撰,漢劉向等輯,佚

【著者】

張豐,張子僑之子,大約與劉歆同時。生平不詳,曾以父任光禄大夫爲車郎,職務較低。

【著録與考釋】

見《漢志·詩賦略》“陸賈賦之屬”。班固原注:“張子僑子。”

清周壽昌《漢書注校補》:《光禄大夫張子僑賦》三篇,已著録於前。兹復録其子豐之作,是與枚乘及子皋同列賦家,父子繼業,皆西漢盛事也。◎姚振宗《漢書藝文志條理》:本書《百官表》:“光禄勛屬官有大夫、郎、謁者,郎有議郎、中郎、侍郎、郎中。郎中有車、户、騎三將。”如淳曰:“主車曰車郎。”《漢儀注》:“左右車將主左右車郎。”案:劉中壘以父任爲輦郎。服虔曰:“輦郎,如今引御輦郎也。”張豐殆亦以父任光禄大夫爲車郎。于中壘亦爲後進,未詳其始末。◎姚明煇《漢書藝文志注解》:今佚。◎顧實《漢書藝文志講疏》:亡。

今按:張豐受其父張子僑影響,作賦3篇,皆佚。

《驃騎將軍朱宇賦》3篇,漢朱宇撰,漢劉向等輯,佚

【著者】

朱宇,生平不詳,大概與劉歆同時。曾爲驃騎將軍史。據《西漢會要》卷三十二,票(驃)騎將軍幕府下有票騎將軍司馬、鷹擊司馬、票姚校尉、驃騎將軍史等職銜,其中驃騎將軍史可能職掌幕府文書。

【著録與考釋】

見《漢志·詩賦略》“陸賈賦之屬”。顔師古注:“劉向《别録》云:‘驃騎將軍史朱宇。’《志》以宇在驃騎府,故總言驃騎將軍。”

清王先謙《漢書補注》:劉奉世曰:“其實唯脱一‘史’字耳。”◎姚振宗《漢書藝文志條理》:劉向《别録》曰:“驃騎將軍史朱宇。”○顔師古曰:“《志》以宇在驃

騎府,故總言驃騎將軍。"劉奉世曰:"其實唯脱一'史'字耳。"(案:顏説頗謬,劉説是也。)〇案:自馮商以下四人,年皆少于揚子雲而著録其賦者,或其人已卒,或其賦奏御,故類從于其後。〇又案:此二十一家,大抵不盡爲騷體,觀揚子雲諸賦,略可知矣。故區爲第二篇。◎顧實《漢書藝文志講疏》:亡。顏注非也。據《别録》,則"將軍"下脱一"史"字。

今按:朱宇賦3篇,皆佚。

《孝景皇帝頌》15篇,漢李思撰,漢劉向等輯,佚

【著者】

李思,生平不詳,蓋漢景帝、武帝時人。其作頌15篇,亦云富矣。

【著録與考釋】

見《漢志·詩賦略》"孫卿賦之屬"。

清周壽昌《漢書注校補》:此既名曰頌,以入賦家,或亦偶語諧韻,如賦體也。班固《竇車騎北征頌》《東巡頌》《南巡頌》,馬融《廣成頌》,崔駰《四巡頌》可證。李思無傳,亦未注其本末。◎姚振宗《漢書藝文志條理》:《文心雕龍·頌讚篇》曰:"容告神明謂之頌。頌主告神,義必純美。漢之惠景,亦有述容。"〇章學誠《校讎通義》曰:"《孝景皇帝頌》次于第三種賦内,其旨不可強爲之解矣。按六藝流别,賦爲最廣。比興之義,皆冒賦名。風詩無徵,存乎謡諺。則雅、頌之體,實與賦類同源異流者也。"◎姚明煇《漢書藝文志注解》:今佚。◎顧實《漢書藝文志講疏》:亡。

今按:李思作頌15篇,雖皆亡佚,但其内容以頌德爲主,語言上與賦體相近,多爲四言,則可以斷定。如班固《車騎將軍竇北征頌》云:"羌戎相率,東胡争騖。不召而集,未令而諭。於是雷震九原,電曜高闕。金光鏡野,武旗冒日。"就頗類賦體。

《廣川惠王越賦》5篇,漢劉越撰,漢劉向等輯,佚

【著者】

廣川惠王劉越(?—前136),漢景帝劉啟之子。景帝中元二年立,武帝建元五年卒,在位13年。

【著録與考釋】

見《漢志·詩賦略》"孫卿賦之屬"。

清王先謙《漢書補注》:越,景帝子。◎姚振宗《漢書藝文志條理》:本書《景十三王傳》:"廣川惠王越以孝景中二年立,十三年薨。"〇又本紀:"孝景中二年夏四月立皇子越爲廣川王,孝武建元五年秋八月,廣川王越薨。"◎姚明煇《漢書藝文志注解》:今佚。《史記》、本書俱有列傳。◎顧實《漢書藝文志講疏》:亡。

今按:其賦5篇,今佚。

《魏内史賦》2篇,漢魏内史撰,漢劉向等輯,佚

【著者】

魏内史,蓋爲魏國之内史,姓名不詳。内史爲諸侯國之屬官,治國民,典獄事。成帝時,因内史權重,難以爲治,乃以内史爲都尉。西漢後期無魏國,蓋爲漢代初年人。

見《漢志·詩賦略》"孫卿賦之屬"。

清姚振宗《漢書藝文志條理》:本書《百官表》:"諸侯王國有内史,治國民。成帝綏和元年,省内史,更令相治民,如郡太守。"案:魏内史,蓋魏國之内史。考《諸侯王表》及《傳》,漢初唯有魏王豹,已爲周苛殺于滎陽,是後無封魏王者。此魏内史,不知在何時。◎姚明煇《漢書藝文志注解》:今佚。◎顧實《漢書藝文志講疏》:亡。

今按:西漢後期無魏國,若爲漢初魏王豹之内史,則爲漢初之賦。内容不詳。

《東暆令延年賦》7篇,漢延年撰,漢劉向等輯,佚

【著者】

延年,不詳其姓氏,曾任樂浪郡東暆縣(今韓國東海岸江陵市)縣令,官職甚微。

【著録與考釋】

見《漢志·詩賦略》"孫卿賦之屬"。顔師古注:"東暆,縣名。暆,音移。"

宋王應麟《漢藝文志考證》:《地理志》:"縣在樂浪郡。"(王先謙《漢書補注》、姚振宗《漢書藝文志條理》引王氏此語。)◎清王先謙《漢書補注》:延年,亦見《溝洫志》。◎姚振宗《漢書藝文志條理》:《地理志》:"樂浪郡,武帝元年封,三年開屬幽州。"應劭曰:"故朝鮮國也。延年,其人名,失其姓。"◎姚明煇《漢書藝文志注解》:今佚。師古曰:"暆,音移。"◎顧實《漢書藝文志講疏》:亡。《地理志》:"東暆縣屬樂浪。"今朝鮮地。

今按:延年作賦7篇,皆佚。

《衛士令李忠賦》2篇,漢李忠撰,漢劉向等輯,佚

【著者】

李忠,生平不詳,曾爲宫門警衛之長,乃一武士耳。張舜徽曰:"《漢書·百官公卿表》云:'衛尉,秦官,掌宫門衛屯兵。屬官有公車司馬、衛士、旅賁三令丞。衛士,三丞。'是衛士令乃宫門警衛之長也。李忠,始末未詳。"①

見《漢志・詩賦略》"孫卿賦之屬"。

清姚振宗《漢書藝文志條理》:本書《百官表》:"衛尉,屬官有公車司馬、衛士、旅賁三令丞。"◎姚明煇《漢書藝文志注解》:今佚。◎顧實《漢書藝文志講疏》:亡。

今按:李忠乃一武士,亦作賦2篇,可見漢代賦家之多。皆佚。

《張偃賦》2篇,漢張偃撰,漢劉向等輯,佚

【著者】

張偃,始末不詳。今按:據《史記・張耳陳餘列傳》,張偃爲漢初張耳之孫,趙王張敖和魯元公主之子,吕后時被封爲魯王,漢文帝時廢,改封爲南宫侯。不知是否即此人。

【著録與考釋】

見《漢志・詩賦略》"孫卿賦之屬"。

姚明煇《漢書藝文志注解》:今佚。◎顧實《漢書藝文志講疏》:亡。

今按:張偃所作賦2篇,皆佚。

《賈充賦》4篇,漢賈充撰,漢劉向等輯,佚

【著者】

賈充,始末未詳。

【著録與考釋】

見《漢志・詩賦略》"孫卿賦之屬"。

姚明煇《漢書藝文志注解》:今佚。◎顧實《漢書藝文志講疏》:亡。

今按:賈充賦4篇,皆佚。

《張仁賦》6篇,漢張仁撰,漢劉向等輯,佚

【著者】

張仁,始末未詳。

【著録與考釋】

見《漢志・詩賦略》"孫卿賦之屬"。

姚明煇《漢書藝文志注解》:今佚。◎顧實《漢書藝文志講疏》:亡。

今按:張仁賦6篇,皆佚。

---

① 張舜徽:《張舜徽集・漢書藝文志通釋》,華中師範大學出版社2004年版,第362頁。

《秦充賦》2 篇,漢秦充撰,漢劉向等輯,佚

【著者】

秦充,生平不詳,蓋爲武帝時人。姚振宗以爲秦充與李忠等皆爲衛士令,恐非是。

【著録與考釋】

見《漢志・詩賦略》"孫卿賦之屬"。

清姚振宗《漢書藝文志條理》:此(今按:指《張偃賦》《賈充賦》《張仁賦》《秦充賦》)並在李步昌之前。步昌,宣帝時人。則此四家,大抵皆武帝時奏賦者。舊本連屬而書,或皆是衛士令,蒙上省文。◎姚明煇《漢書藝文志注解》:今佚。◎顧實《漢書藝文志講疏》:亡。

今按:其賦 2 篇,皆佚。

《李步昌賦》2 篇,漢李步昌撰,漢劉向等輯,佚

【著者】

李步昌,漢宣帝時人,曾爲鉤盾冗從,是管理園林的小官。但他深於儒學,擅長作賦。《漢志・六藝略》"儒家"有《鉤盾冗從李步昌》八篇,顔師古注:"宣帝時,數言事。"王應麟《考證》曰:"《百官表》少府有鉤盾令丞,注:'鉤盾主近苑囿。'《枚皋傳》:'與冗從争',注:'散職。'"

【著録與考釋】

見《漢志・詩賦略》"孫卿賦之屬"。

清錢大昭《漢書辨疑》:儒家有《鉤盾冗從李步昌》八篇,疑即其人。(王先謙《漢書補注》引錢氏此語。)◎姚振宗《漢書藝文志條理》:李步昌有書八篇,見《諸子・儒家》。官鉤盾冗從云。◎姚明煇《漢書藝文志注解》:今佚。◎顧實《漢書藝文志講疏》:亡。儒家有鉤盾冗從李步昌。

今按:李步昌賦 2 篇,皆佚。

《侍郎謝多賦》10 篇,漢謝多撰,漢劉向等輯,佚

【著者】

謝多,生平不詳,曾爲侍郎。《漢書》卷十九上《百官公卿表》曰:"郎掌守門户,出充車騎,有議郎、中郎、侍郎、郎中,皆無員,多至千人。議郎、中郎秩比六百石,侍郎比四百石,郎中比三百石。"謝多爲侍郎,當然係武士。

【著録與考釋】

見《漢志・詩賦略》"孫卿賦之屬"。

清姚振宗《漢書藝文志條理》:謝多,始末未詳。◎姚明煇《漢書藝文志注解》:今佚。◎顧實《漢書藝文志講疏》:亡。

今按:謝多賦10篇,皆佚。

《平陽公主舍人周長孺賦》2篇,漢周長孺撰,漢劉向等輯,佚

【著者】

周長孺,始末未詳,曾爲平陽公主舍人。平陽公主,即武帝之姊也。舍人是古代豪門貴族家裏的門客,《漢書·高帝紀》"其舍人陳恢曰"顔師古注:"舍人,親近左右之通稱也,後遂以爲私屬官號。"

【著録與考釋】

見《漢志·詩賦略》"孫卿賦之屬"。

清姚振宗《漢書藝文志條理》:本書《外戚傳》:"孝景王皇后,武帝母也。長女爲平陽公主。"○本書《衛青霍去病傳》:"平陽侯曹壽尚武帝姊,陽信長公主。壽有惡疾,就國。上迺詔青尚平陽主。"如淳曰:"本陽信長公主也,爲平陽侯所尚,故稱平陽主。"按:舍人周長孺,始末未詳。◎姚明煇《漢書藝文志注解》:今佚。◎顧實《漢書藝文志講疏》:亡。

今按:周長孺賦2篇,皆佚。

《雒陽錡華賦》9篇,漢錡華撰,漢劉向等輯,佚

【著者】

錡華,西漢雒陽(今河南省洛陽市)人,生平不詳。據《左傳·定公四年》記載,周分康叔以殷民七族,其中有錡氏。可知錡華爲殷商後裔。姚振宗以爲"雒陽下疑有令丞等字",不可從。

【著録與考釋】

見《漢志·詩賦略》"孫卿賦之屬"。顔師古曰:"錡,姓;華,名。錡,音魚綺反。"

宋王應麟《漢藝文志考證》:《左傳》:"分康叔(云云)。殷民七族,錡氏。"(今按:王先謙《漢書補注》引王氏此語。)◎清王先謙《漢書補注》:葉德輝曰:"邵思《姓解》三,西漢有錡業。"案:華、業字形近,疑即此人。◎姚振宗《漢書藝文志條理》:王氏《考證》:"《左傳》:'分康叔(云云)。殷民七族,錡氏。'"案:見《定公四年傳》。○鄭樵《氏族略》:"錡氏,商人之七族。"《漢書》:"雒陽錡華。"按:雒陽下疑有令丞等字。錡氏,殷民七族之一也。◎姚明煇《漢書藝文志注解》:今佚。◎顧實《漢書藝文志講疏》:亡。

今按:其賦9篇,皆佚。

《眭弘賦》1 篇,漢眭弘撰,漢劉向等輯,佚

【著者】

眭弘(? —前 78),字孟,魯國蕃(今山東滕縣)人。少好俠,及長,從嬴公學《春秋》經,術業大進。以明經爲議郎,至符節令。昭帝元鳳三年(前 78),泰山萊蕪山南大石自立,弘上書言當有賢人受命,勸帝讓位,因此獲罪被誅。

【著録與考釋】

見《漢志·詩賦略》"孫卿賦之屬"。顔師古曰:"即眭孟也。眭,音先隨反。"

清姚振宗《漢書藝文志條理》:本書《列傳》:"眭弘,字孟,魯國蕃人也。從嬴公受《春秋》。以明經爲議郎,至符節令。孝昭元鳳三年正月,泰山有大石自起立,昌邑有枯社木臥復生,上林苑大柳樹斷枯臥地,亦自立,有蟲食樹葉成文字,曰:'公孫病已立。'孟推《春秋》之意,以爲石、柳皆陰類,下民之象;泰山者,岱宗之嶽,王者易姓告代之處。今大石自立,僵柳復起,非人力所爲,此當有從匹夫爲天子者。枯社木復生,故廢之家公孫氏當復興者也。孟意亦不知其所在,即説曰:'先師董仲舒有言,雖有繼體守文之君,不害聖人之受命。漢家堯後,有傳國之運。漢帝宜誰差天下,求索賢人,禪以帝位,而退自封百里,如殷周二王後,以承順天命。'孟使友人内官長賜上此書。昭帝幼,大將軍霍光秉政,惡之,下其書廷尉。奏賜孟妄設妖言惑衆,大逆不道,皆伏誅。後五年,孝宣帝興于民間,即位,徵孟子爲郎。"○本書《儒林傳》:"董仲舒弟子東平嬴公,爲昭帝諫大夫。授東海孟卿、魯眭孟。孟爲符節令,坐説災異,誅。"○《黄氏日鈔》曰:"眭孟言災異,至使漢帝禪天下,其以妖言死,宜矣。"◎姚明煇《漢書藝文志注解》:今佚。師古曰:"即眭孟也。"案:本書有列傳。◎顧實《漢書藝文志講疏》:亡。

今按:其賦 1 篇,今佚。

《别栩陽賦》5 篇,漢别栩陽撰,漢劉向等輯,佚

【著者】

别栩陽,或以爲姓别,名栩陽;或以爲姓别,而被封爲栩陽侯;或以爲栩陽亭爲離别之地,5 首賦皆爲在栩陽亭創作的離别之賦。今據《漢志》行文,判爲姓别名栩陽,生平不詳。

【著録與考釋】

見《漢志·詩賦略》"孫卿賦之屬"。

宋王應麟《漢藝文志考證》:庾信《哀江南賦》:"栩陽亭有離别之賦。"蓋亭名也。(今按:姚振宗《漢書藝文志條理》、王先謙《漢書補注》引王氏此語。)◎

清錢大昭《漢書辨疑》:庾信《哀江南賦》云:“栩陽亭有離别之賦。”王伯厚遂以此栩陽爲亭名。大昭謂:此説非也。《志》中此處俱叙賦家姓名,不載篇名。信如伯厚説,當言一篇,不當有五篇。竊意姓别名栩陽耳。《廣韻·十七·薛》:“别字云離也。又姓,《何氏姓苑》云揚州人,皮列切。”◎沈欽韓《漢書疏證》:不知誰作。梁庾信賦:“栩陽有離别之意。”◎王先謙《漢書補注》:沈濤曰:“案:别栩陽,當是姓别而封栩陽亭侯者。若以爲離别之别,則當列於雜賦家,而不列於賦家矣。《志》兵、陰陽家有《别成子望軍氣》六篇,此人當即成子之後。古有别姓,《元和姓纂》引《姓苑》云京兆人。”先謙曰:前漢無亭侯之制,沈説非也。庾賦當有所本。◎姚振宗《漢書藝文志條理》:顧炎武《日知録》:“庾子山《哀江南賦》云:‘栩陽亭有離别之賦。’《夜聽擣衣曲》云:‘栩陽離别賦。’案:《漢書·藝文志》:‘《别栩陽賦》五篇。’詳其上下文例,當是人姓名,姓别,名栩陽也。以爲離别之别,非也。”○《四庫提要》曰:“庾信《哀江南賦》稱,栩陽亭有離别之賦。實由誤記《藝文志》,與所用‘桂華馮馮’誤讀《郊祀志》者相等。應麟乃因而附會,以栩陽爲漢代亭名,亦未免閒失之嗜奇。”○沈濤《銅熨斗齋隨筆》曰:“庾信《哀江南賦》曰:‘栩陽亭有離别之賦。’讀爲離别之别。濤案:别栩陽,當是姓别而封栩陽亭侯者。若以爲離别之别,則當列于雜賦家,而不列于賦家矣。《志·兵陰陽家》有《别成子望軍氣》六篇,此人當即成子之後。古有别姓,《元和姓纂》引《姓苑》云‘京兆人’。”○案:是篇著録之例,大抵當時奏進,不知其官閥者則從而稱臣,如下文《臣昌市賦》《臣義賦》是也。其非奏御爲劉中壘所收録者,則但書其姓名,如《眭弘賦》及此《别栩陽賦》是也。《廣韻》“别”字注云:“别,又姓。”亭林先生之言是也。沈氏以爲封栩陽亭侯,則《漢志》例無此稱,似未可信。

今按:顧炎武、《四庫提要》、姚振宗所言甚是。詳其上下文例,當是人姓名,姓别,名栩陽也。王應麟據庾信《哀江南賦》之一語,以栩陽爲漢代亭名,謬矣。《漢志·兵書略》有《别成子望軍氣》六篇,即姓别名成子。《廣韻》卷五“别”字注云:“别,又姓。”别栩陽賦 5 篇,皆佚。

《臣昌市賦》6 篇,漢昌市撰,漢劉向等輯,佚

【著者】

昌市,姓氏不詳,名昌市,生平不可知。姚振宗以爲係漢宣帝時人,詳見“臣義賦”條。

【著録與考釋】

見《漢志·詩賦略》“孫卿賦之屬”。

姚明煇《漢書藝文志注解》:今佚。◎顧實《漢書藝文志講疏》:亡。

今按:姓名前冠以“臣”字,可知爲奏御之賦。6 篇皆佚,内容不詳。

《臣義賦》2 篇,漢臣義撰,漢劉向等輯,佚

【著者】

臣義,名義,不詳其姓氏。

【著録與考釋】

見《漢志・詩賦略》"孫卿賦之屬"。

清姚振宗《漢書藝文志條理》:此二家(今按:指《臣昌市賦》及《臣義賦》)大抵皆宣帝時奏賦,自署其名而不書其官及姓。至成帝時,劉氏校録已無可考,遂各就其所署書之。◎姚明煇《漢書藝文志注解》:今佚。◎顧實《漢書藝文志講疏》:亡。

今按:2 篇亦爲奏御之賦,皆佚。

《黄門書者假史王商賦》13 篇,漢王商撰,漢劉向等輯,佚

【著者】

王商,生平不詳。《陝西通志》卷七十五以爲係杜陵(今陝西省西安市南郊)人,不詳所據。曾任黄門書者假史,蓋爲文士之職,地位甚低。姚振宗《漢書藝文志條理》云:"本書《百官表》,少府屬官有黄門令丞,又有中黄門。按:黄門屬官又有書者,黄門書者屬又有假史,皆《表》所不具。王商、徐博、王廣、吕嘉四人,始末並無考。"

【著録與考釋】

見《漢志・詩賦略》"孫卿賦之屬"。

姚明煇《漢書藝文志注解》:今佚。◎顧實《漢書藝文志講疏》:亡。

今按:王商作賦 13 篇,皆佚。

《侍中徐博賦》4 篇,漢劉向等輯,佚

【著者】

徐博,生平不詳,曾任侍中。侍中是朝中散職,秦朝設置。漢代爲上起列侯、下至郎中的加官,位次常侍。加此官者可出入宫廷,擔任皇帝侍從。侍中任務很雜,宋朱勝非《紺珠集》卷十三引《齊職儀》云:"漢侍中掌乘輿物褻器,有虎子之屬。"因身居君側,常備顧問應對,地位漸趨貴重。

【著録與考釋】

見《漢志・詩賦略》"孫卿賦之屬"。

姚明煇《漢書藝文志注解》:今佚。◎顧實《漢書藝文志講疏》:亡。

今按:徐博賦 4 篇,皆佚。

《漢中都尉丞華龍賦》2 篇，漢華龍撰，漢劉向等輯，佚

【著者】

華龍，生卒年不詳。宣帝時與劉向、張子僑等待詔金馬門。元帝時，欲附蕭望之、周堪以求進，以行污穢，爲二人所拒。華龍遂與鄭朋相結，附于弘恭、石顯。弘、石使華龍、鄭朋告蕭望之等謀，欲罷車騎將軍疏退許、史狀，待蕭望之休日上之。元帝可其奏，遂下蕭望之等于獄。不久，赦蕭望之而罷周堪。成帝初，徙漢中都尉丞。可知其品行不佳。

【著録與考釋】

見《漢志・詩賦略》"孫卿賦之屬"。

宋王應麟《漢藝文志考證》:《蕭望之傳》:"華龍，宣帝時與張子蟜等待詔。"(《志》云張子僑。)◎清錢大昭《漢書辨疑》:龍，與劉向、王褒同時人。◎沈欽韓《漢書疏證》:《蕭望之傳》:"宣帝時，龍與張子蟜等待詔。"《王褒傳》有柳褒。◎姚振宗《漢書藝文志條理》:本書《王褒傳》:"宣帝時修武帝故事，召高材劉向、張子僑、華龍、柳褒等待詔金馬門。"○本書《蕭望之傳》:"華龍者，宣帝時與張子僑等待詔，以行汙濊不進，欲附周堪等不納，故與待詔鄭朋相結。恭、顯挾二人告望之等，令朋、龍上之。望之及堪、更生皆免爲庶人。"按:《佞幸石顯傳》，成帝初，顯黨皆免官，諸所交結以顯爲官者皆廢罷。少府五鹿充宗左遷玄菟太守，御史中丞伊嘉爲雁門都尉，龍殆以此時徙爲漢中都尉丞。◎姚明煇《漢書藝文志注解》:今佚。◎顧實《漢書藝文志講疏》:亡。

今按:作賦 2 篇，皆佚。

《左馮翊史路恭賦》8 篇，漢路恭撰，漢劉向等輯，佚

【著者】

路恭，里籍、生平不詳，曾任左馮翊史。左馮翊是京師"三輔"(京兆尹、左馮翊、右扶風)之一，治所在長安(今西安市東北)，轄區相當於一郡二十四縣。約當今陝西渭河以北、涇河以東、洛河中下游地區，因地屬畿輔，故不稱郡。

【著録與考釋】

見《漢志・詩賦略》"孫卿賦之屬"。

清姚振宗《漢書藝文志條理》:路恭，始末未詳。◎姚明煇《漢書藝文志注解》:今佚。◎顧實《漢書藝文志講疏》:亡。

今按:路恭賦 8 篇，皆佚。

《神烏傅》1 篇，漢佚名撰，1993 年出土

【著者】

佚名，當爲西漢末年下層文人，生活於漢哀帝、平帝社會動亂、綱紀大壞之

時。作者或許曾經受到東海郡長官的照顧,故賦中有感恩之語。

【内容】

《神烏傅》("傅"通"賦")之簡册,於1993年3月出土於江蘇省連雲港市東海縣尹灣村六號漢墓。據《發掘簡報》(見《文物》1996年第8期),該墓群的墓主爲師饒,曾做過東海郡功曹史,於漢成帝元延三年(前10)下葬。因此,《神烏傅》至遲是西漢末年的作品。它是今存漢賦中唯一保持原始狀態、未經任何改動的作品,在文學、史學、語言學、書法學等領域皆有極高研究價值。

《神烏傅》講述了這樣一個故事:陽春三月,雌、雄二烏銜材築巢,不料建材被盜烏竊取,雌烏與盜烏搏鬥受傷,又遭拘捕。雌烏逃脱不能,其雄欲與同死;雌烏不允,且囑其另索賢婦,善待幼子,而後斂翅投地而死。雄烏大哀,求告無門,高翔而去。要之,《神烏傅》講述了一個恃強淩弱的悲劇,讚美了夫妻生死與共的愛情。賦中勤勞善良的雌烏死於非命,行凶作惡的盜烏卻逍遥法外,這無疑折射出西漢末年政治黑暗、吏治腐敗、邪惡勢力横行、下層民衆備受苦難的社會現實。

《神烏傅》係兼有寓言性質的叙事賦。其故事情節曲折生動,跌宕多姿,富於戲劇性。作者善於把人物置於激烈的戲劇衝突中,通過人物的對話、表情、動作來刻畫藝術形象。例如以"見我不利,忽然如故""盜烏賁然怒曰:甚哉,子之不仁!"等等來刻畫盜烏的厚顏無恥、恃強逞凶;以"其雄悌而驚,挾翼申頸,比天而鳴"的動作以及"吉凶浮泭,願與汝俱"的語言來描寫雄烏的驚訝、痛苦和對愛情的忠貞;通過勇鬥盜烏和臨終托孤兩幕劇情,深刻地表現了雌烏勤勞勇敢、不畏強暴的優秀品質以及體貼丈夫、牽掛幼子、捨己爲人、勇於獻身的高尚情懷。《神烏傅》有大量的通假字、異體字及誤字存在,體現了俗文學的特徵。賦中渾然天成地使用《周易》《詩經》《論語》《莊子》等書的典故,體現了文人賦俗不傷雅的長處。俗賦肇始於荀卿《成相篇》及《賦篇》,然簡括粗略;後世之賦,衹有揚雄《逐貧賦》、曹植《鷂雀賦》、敦煌寫本《燕子賦》與之差可比擬。上下縱觀,由周至唐的俗賦發展之迹依稀可辨。總之,《神烏傅》的出土,既展示了漢賦文學題材、手法、風格的多樣性,也填補了俗賦發展史上的空缺,其意義不可低估。①

【研究】

主要研究論文有:揚之水《〈神烏賦〉試論》(《中國文化》1996年第2期)、裘錫圭《〈神烏賦〉初探》(《文物》1997年第1期)、劉樂賢、王志平《尹灣漢簡〈神烏賦〉與禽鳥奪巢故事》(《文物》1997年第1期)、周寶宏《漢簡〈神烏傅〉整理與研究》(《古籍整理研究學刊》1997年第2期)、萬光治《尹灣漢簡〈神烏賦〉

① 參見蹤凡《兩漢故事賦的表現題材及文學成就》,《社會科學輯刊》2005年第1期。

研究》[《四川師範大學學報》(社會科學版)1997年第3期]、伏俊連《從新出土的〈神烏賦〉看民間故事賦的産生、特徵及在文學史上的意義》[《西北師大學報》(社會科學版)1997年第6期]、虞萬里《尹灣漢簡〈神烏傅〉箋釋》(《學術集林》卷十二,上海遠東出版社1997年版)、譚家健《〈神烏賦〉源流漫論》(《中國文學研究》1998年第2期)、蹤凡《〈神烏賦〉集校集釋》(《先秦兩漢學術》2006年第6期)、許雲和《尹灣漢簡〈神烏傅(賦)〉考論》[《中山大學學報》(社會科學版)2008年第3期]、王思豪《〈神烏傅(賦)〉用經、子文譾論》(《東南文化》2009年第4期)、廖群《"俗講"與西漢故事簡〈妄稽〉〈神烏賦〉的傳播》(《民俗研究》2016年第6期)等。

第四章　賦别集外編(詩文别集)

《漢太中大夫劉歆集》5 卷(《劉子駿集》),漢劉歆撰,佚名輯,殘

【著者】

劉歆(前 53? —23),字子駿,後改名秀,字穎叔。沛(今江蘇沛縣)人,劉向少子。西漢著名經學家、目録學家、天文學家,西漢古文經學的真正開創者。少以通《詩》《書》、能屬文見召。成帝時爲黄門郎,受詔與父劉向領校秘書。哀帝時,爲侍中、太中大夫,遷奉車都尉、光禄大夫,繼承父業,典校群書,撰成《七略》,這是我國第一部圖書分類目録,對我國目録學的建立有巨大貢獻。其成就主要在整理典籍方面。《舊唐志》《新唐志》皆載《劉歆集》五卷。

【著録與考釋】

見《隋志·别集類》《舊唐書·經籍志》《新唐書·藝文志》。大概編於魏晉時期。

清姚振宗《隋書經籍志考證》:劉歆有《爾雅注》,見《經部·論語家》。○《漢書·劉向傳》:"向三子,少子歆最知名。父子俱好古,博見彊志,過絶于人。及歆親近,欲建立《左氏春秋》及《毛詩》《逸禮》、古文《尚書》,皆列于學官。哀帝令歆與五經博士講論其義,諸博士或不肯置對,歆因移書太常博士責讓之,其言甚切。諸儒皆怨恨。"(案:《儒林傳》五官中郎將房鳳、光禄勛王龔、奉車都尉劉歆三人共移書。)又《王莽傳》:"平帝時,莽爲大司馬,以劉歆典文章。"○《古文苑·遂初賦序》曰:"《遂初賦》者,劉歆所作也。歆少通詩書,能屬文。成帝召爲黄門侍郎、中壘校尉、侍中、奉車都尉、光禄大夫。歆好《左氏春秋》,欲立于學官,時諸儒不聽。歆乃移書太常博士,責讓深切,爲朝廷大臣非疾,求出補吏,爲河内太守。又以宗室不宜典三河,徙五原太守。是時,朝政已多失矣。歆以論議見排擯,志意不得。之官,經歷故晉之域,感今思古,遂作斯賦,以歎征事而寄己意。"(亦見《藝文類聚》。案:此文章叙録之文也,不知出誰氏。)○《文心雕龍·檄移篇》曰:"劉歆之《移太常》,辭剛而義辨,文移之首也。"又《議對篇》曰:"如吾邱之駁挾弓,劉歆之辨祖宗,雖質文不同,得事要矣。"又《事類篇》曰:"揚雄《百官箴》,頗酌于《詩》《書》;劉歆《遂初賦》,歷叙於紀傳。"又《章句篇》曰:"若乃改韻易調,所以節文辭氣。賈誼、枚乘,兩韻輒易;劉歆、桓譚,百句不遷,亦各有其志也。"○《唐書·經籍》《藝文志》:"《劉歆集》五卷。"○張氏

《百三家》:《劉子駿集》輯本一卷,凡賦、書、議各三篇,奏、説、論各一篇,附《洪範五行傳》佚文。○汪氏《文選撰人篇目》:"漢劉子駿歆有《移書讓太常博士》。"○嚴氏《全漢文編》輯本二卷,弟一卷曰《遂初賦》《甘泉宫賦》《燈賦》《上山海經表》《孝武廟不毁議》《惠景及太上皇寢園議》《功顯君喪服議》《移太常博士書》《答文學》《與揚雄書從取方言》《新序論》《斛銘》,凡十二篇;弟二卷曰《三統曆説》、《七略》佚文、《鐘律書》佚文,凡三篇。

【内容】

劉歆賦作今存完整的一篇:《遂初賦》,殘文兩篇:《甘泉宫賦》《燈賦》。共3篇。

1.《遂初賦》,見《古文苑》卷五、《藝文類聚》卷二十七。此賦是歆見朝政日敗,自請外放,被任命爲五原太守時所作。他歷經三晉故地,撫今追昔,以前人遭際自比,感慨頗多。其後班彪的《北征賦》、班昭的《東征賦》、蔡邕的《述行賦》等述行言志作品,都受到它的影響。

2.《甘泉宫賦》(殘),見《古文苑》卷二十一、《藝文類聚》卷六十二、《初學記》卷二十四。此賦描寫了甘泉宫的雄偉高大以及宫中豐富繁多的景物。與揚雄的同題賦作有異曲同工之妙。

3.《燈賦》(殘),見《藝文類聚》卷八十。此賦短小,似爲殘篇。馬積高《賦史》以爲是全篇。文中明爲頌燈,實則借燈喻人,以言己意。頌燈之"修麗""委蛇""以夜繼晝",喻己忠君守職之志;頌燈之"明無不見,照察纖微",喻人君應當明察秋毫,不枉屈人事。

【研究】

研究劉歆賦,可以參考的論文有:張宜遷《博采史傳　情詞美贍——劉歆〈遂初賦〉簡析》(《古典文學知識》1997年第2期)、張宜遷《〈遂初賦〉與兩漢之際賦學流變》[《阜陽師範學院學報》(社會科學版)2000年第2期]、蔣文燕《疏闊悲涼　蒼茫雋永——讀劉歆〈遂初賦〉和班彪〈北征賦〉》(《名作欣賞》2004年第6期)、陳麗平《劉歆〈遂初賦〉抒情象徵系統的特殊性與時代必然性》(《鞍山師範學院學報》2013年第3期)、徐華《劉歆〈遂初賦〉的創作背景與賦史價值》(《文學遺産》2013年第3期)、彭春豔《劉歆〈遂初賦〉〈甘泉宫賦〉作年新考》(《蘭臺世界》2014年第29期),學位論文有:張僑《論劉向劉歆的文學創作及其文學觀》(湖南師範大學2010年碩士學位論文)。

《後漢徐令班彪集》2卷,漢班彪撰,佚名輯,殘

【著者】

班彪(3—54),字叔皮,扶風安陵(今陝西咸陽)人。西漢末年動亂之際,先依天水隗囂避難,後又爲河西大將軍竇融的從事。光武帝時先後在司徒府任

職,位終於望都長。班彪才高而好著作,博采異聞遺事,爲《史記》作《後傳》六十五篇。其子班固繼其志而寫成《漢書》。其别集或爲班氏後人所輯,本有五卷,梁代散佚。《隋志》著録二卷,乃陳隋文人所輯。《舊唐志》同。《新唐志》載《班彪集》三卷。

【著録與考釋】

見《隋志·别集類》。原注:"梁五卷。"《舊唐書·經籍志》:"二卷。"《新唐書·藝文志》:"三卷。"

清姚振宗《隋書經籍志考證》:《後漢書》本傳:"彪,字叔皮,扶風安陵人也。祖況,成帝時越騎校尉;父稚,哀帝時廣平太守。彪性沈重好古。年二十餘,更始敗,三輔大亂時,隗囂擁衆天水,彪乃避難從之。囂問彪從横之事,彪疾囂言,又傷時方艱,乃著《王命論》。以爲漢德承堯,有靈命之符。王者興祚,非詐力所致,欲以感之。而囂終不寤,遂避地河西。河西大將軍竇融以爲從事,深敬待之,接以師友之道。彪乃爲融畫策事漢,總河西以拒隗囂。及融征還京師,光武問曰:'所上章奏,誰與參之?'融對:'皆從事班彪所爲。'帝雅聞彪名,因召入見。舉司隸茂才,拜徐令。以病免。後數應三公之命,輒去。彪既才高,而好述作,遂專心史籍之間。乃繼采前史遺事,傍貫異聞,作《後傳》數十篇。因斟酌前史,譏正得失,而略論之。後辟司徒王況府(王音肅),察廉,爲望都長。建武三十年,年五十二,卒官。所著賦、論、書、記、奏事,合九篇。二子固、超。"○又《傳論》曰:"班彪以通儒上才,傾側危亂之間,行不踰方,言不失正,仕不急進,貞不違人,敷文華以緯國典,守賤薄而無悶容。彼將以世運未弘,非所謂賤焉耻乎?何其守道恬淡之篤也!"○《文心雕龍·才略篇》曰:"二班兩劉,奕葉繼采,舊説以爲固文優彪,歆學精向,然《王命》清辨,《新序》該練,璿璧産於崑岡,亦難得而踰本矣。"又《哀弔篇》曰:"自賈誼浮湘,發憤弔屈,首出之作也。班彪、蔡邕,並敏于致語,然影附賈氏,難爲並驅耳。"○《唐書·經籍志》:《班彪集》二卷。(《藝文志》三卷。)○汪氏《文選撰人篇目》曰:"後漢班叔皮彪有《北征賦》《王命論》。"○嚴氏《全後漢文編》曰:"班彪有集五卷,今諸書所引有《覽海賦》《北征賦》《冀州賦》《悼離騷》《復護羌校尉疏》《上言宜復置烏桓校尉》《上言宜選東宫及諸王國官屬》《奏事》《上事》《奏議答北匈奴》《與京兆丞郭季通書》《與金昭卿書》《王命論》《史記論》,凡一十四篇。"○案:史言竇融所上章奏皆班彪所爲,然則《融傳》及《袁宏紀》所載《上書歸誠》《上書請征隗囂》《與隗囂書》並在河西時事,大抵皆叔皮之辭。○又案:《漢書·藝文志·春秋家》韋昭注曰:"馮商受詔續《太史公》十餘篇,在班彪《别録》。"案:班彪《别録》,《本傳》及他傳記罕見記述,惟韋氏得見之。疑即叔皮所集諸家之史稿,馮商爲其中之一。此外,如《史通》所舉,劉向以下十四家又褚少孫一家,凡十六家所脩所續之史,胥在其間歟?此雖非其自撰,亦絶大手筆,且泯没無聞久矣!因并附記于此。

(《本傳》言"不足踵繼前書",《史通》言"雄、歆褒美僞新",皆據此《别録》,故有是斷語。)

【内容】

班彪的賦今僅存三篇:《北征賦》《覽海賦》《冀州賦》(殘),簡介如下:

1.《北征賦》,見《文選》卷九、《藝文類聚》卷二十七。班彪在王莽已亡、淮陽王劉玄失敗時從長安到天水避難,途經安定郡城(今寧夏固原)時寫下了此賦。此賦就途中所見之歷史遺迹抒發自己的感慨,主張以德化邊,反對以武御邊,對人民所遭受的苦難深表同情。乃行旅賦之名篇,對劉歆《遂初賦》多有模擬。

2.《覽海賦》,見《藝文類聚》卷八。此賦寫于光武建武十二年(36)班彪爲徐令之後,觀海有感而作此賦。

3.《冀州賦》(殘),一作《遊居賦》,見《藝文類聚》卷六及卷二十八、《初學記》卷八。

【研究】

研究班彪賦,可以參考的論文有:章滄授《覽海仙遊　感悟人生——班彪〈覽海賦〉賞析》(《古典文學知識》2003 年第 1 期)、栗蘲秋《由班彪〈北征賦〉看〈昭明文選〉中紀行賦的抒情方式》(《柳州師專學報》2005 年第 3 期)、王子今《〈全漢賦〉班彪〈冀州賦〉題名獻疑》(《文學遺産》2008 年第 6 期)、李雪蓮《從班彪的賦看其外儒内道思想》(《黔南民族師範學院學報》2010 年第 1 期)、彭春豔《班彪賦研究》[《貴州師範大學學報》(社會科學版)2015 年第 4 期]、金璐璐《班彪〈北征賦〉文史價值考論》(《北方論叢》2016 年第 3 期)、劉躍進《〈文選〉中班彪、班昭父女創作》(《中國文化》2016 年第 2 期)等。

《後漢車騎從事杜篤集》1 卷,漢杜篤撰,佚名輯,殘

【著者】

杜篤(? —78),字季雅,京兆杜陵(今陝西西安)人。少志于學,不修小節,不爲鄉人所禮。光武建武二十年(44),因得罪美陽令,被捕送京師。適值光武功臣吴漢死,杜篤於獄中作誄,文辭壯美,得到光武帝賞識,賜帛免刑,因獻《論都賦》。後仕郡,爲文學掾,以目疾,二十餘年不至京師。章帝建初三年(78),從車騎將軍馬防擊西羌,戰死於射姑山。《舊唐志》《新唐志》並著録《杜篤集》五卷。

【著録與考釋】

見《隋志・别集類》。《舊唐書・經籍志》《新唐書・藝文志》作:《杜篤集》五卷。

清姚振宗《隋書經籍志考證》:《後漢書・文苑傳》:"杜篤,字季雅,京兆杜

陵人也。高祖延年,宣帝時御史大夫。篤少博學,不修小節。居美陽,與美陽令游。數從請託,不諧,頗相恨。令怨,收篤送京師。會大司馬吴漢薨,光武詔諸儒誄之。篤于獄中爲誄,辭最高。帝美之,賜帛免刑。篤以關中表裏山河,先帝舊京,不宜改營洛邑,乃上奏《論都賦》。後仕郡文學掾,以目疾,二十餘年不闚京師。女弟適扶風馬氏。建初三年,車騎將軍馬防擊西羌,請篤爲從事中郎,戰没于射姑山。所著賦、誄、弔、書、贊、七言、《女誡》及雜文,凡十八篇。又著《明世論》十五篇。"(《馬防傳》云:"防賓客奔湊,四方畢至,京兆杜篤之徒數百人,常爲食客,居門下。")○《文心雕龍·才略篇》曰:"杜篤、賈逵,亦有聲于文,迹其爲才,崔、傅之末流也。"又《誄碑篇》曰:"杜篤之誄,有譽前代。吴誄雖工,而他篇頗疏,豈以見稱光武,而改盼千金哉!"○《唐書·經籍》《藝文志》:《杜篤集》五卷。○嚴氏《全後漢文編》:"杜篤有集一卷。今存《祓禊賦》《首陽山賦》《論都賦》《書槴賦》《衆瑞賦》《通邊論》《展武論》《連珠》《迎鐘文》《禖祝》《吴漢誄》《弔比干文》,凡十二篇。"又曰:"篤有《明世論》十五篇,《通邊論》《展武論》即十五篇之二。"

【内容】

杜篤賦作今存5篇:

1.《論都賦》,見《後漢書·杜篤傳》、《藝文類聚》卷六十一。賦中假設主客問答,論定都洛陽祇是權宜之計,長安纔是"帝王之淵囿,而守國之利器",主張返都長安。這篇作品把以往天子、王侯生活的題材轉化爲關乎國家、社會的重大問題,是東漢賦風轉變的重要標誌。

2.《首陽山賦》,見《古文苑》卷五、《藝文類聚》卷七。此賦旨在頌揚伯夷、叔齊之節義。

3.《書槴賦》,見《藝文類聚》卷五十五、《太平御覽》卷六百六。這是一篇最早歌頌書籍裝飾的賦。

4.《祓禊賦》(殘),見《藝文類聚》卷四、《北堂書鈔》卷一百五十五(《北堂書鈔》作《上巳賦》)。此賦寫的是一項古代民俗的熱鬧場面。祓禊是古時爲除災祛邪而舉行的一種儀式,每年春、秋兩季於水濱舉行。

5.《衆瑞賦》(殘句),散見於《北堂書鈔》卷一百二十九、《文選》注。

【研究】

研究杜篤賦,可以參考的論文有:劉培《東漢論都賦内蘊的演變》(《東嶽論叢》2001年第2期)、王徵《試論〈論都賦〉的創作背景及其開創意義》(《棗莊學院學報》2008年第3期)、金前文《杜篤諸賦創作時間考》[《傳奇·傳記文學選刊(理論研究)》2010年第7期]、徐筱婷《從杜篤〈祓禊賦〉試觀先秦時期迷信思想及崇巫觀念——與出土文獻合證》[《遼東學院學報》(社會科學版)2012年第4期]、陳松青《杜篤〈論都賦〉爲反對立都洛陽而作嗎?》(《中國文學研究》2017

年第 3 期)等。

《後漢車騎司馬傅毅集》2 卷,漢傅毅撰,佚名輯,殘

【著者】

傅毅(42? —90?),字武仲,扶風茂陵(今陝西興平)人。少博學,章帝時爲蘭臺令史,拜郎中,與班固等共校典籍。爲外戚車騎將軍馬防所尊禮,引爲軍司馬。馬氏敗,免官歸。後出任車騎將軍竇憲的主記室、司馬。《舊唐志》《新唐志》並著録《傅毅集》五卷。

【著録與考釋】

見《隋志・别集類》。原注:"梁五卷。"新、舊《唐志》亦作五卷。

清姚振宗《隋書經籍志考證》:《後漢書・文苑傳》:"傅毅,字武仲,扶風茂陵人也。少博學。永平中于平陵習章句,因作《迪志詩》。以顯宗求賢不篤,士多隱處,故作《七激》以爲諷。建初中,肅宗博召文學之士,以毅爲蘭臺令史,拜郎中,與班固、賈逵共典校書。毅追美孝明皇帝功德最盛,而廟頌未立,乃依《清廟》作《顯宗頌》十篇奏之,由是文雅顯于朝廷。車騎將軍馬防,外戚尊重,請毅爲軍司馬。及馬氏敗,免官歸。永元元年,車騎將軍竇憲復請毅爲主記室,崔駰爲主簿。及憲遷大將軍,復以毅爲司馬,班固爲中護軍。憲府文章之盛,冠于當世。毅早卒,著詩、賦、誄、頌、祝文、《七激》、連珠,凡二十八篇。"○《文章流别傳》曰:"傅毅《顯宗頌》文,與《周頌》相似,而雜以風雅之意。"○《文心雕龍・明詩篇》曰:"古詩佳麗,或稱枚叔。其《孤竹》一篇,則傅毅之詞。"(黄叔琳曰:"謂《古詩十九首・冉冉孤生竹》篇也。")又《雜文篇》曰:"傅毅《七激》,會清要之工。"又《頌贊篇》曰:"至于班、傅之《北征》《西巡》,變爲序引,豈不褒過而謬體哉?"又《誄碑篇》曰:"傅毅所製,文體倫序。至于序述哀情,則觸類而長。毅之誄北海,云'白日幽光,雰霧杳冥'。始序致感,遂爲後式,景而效者,彌取于工矣。"○《唐書・經籍》《藝文志》:《傅毅集》五卷。○汪氏《文選撰人篇目》:"後漢傅武仲毅有《舞賦》。"○嚴氏《全後漢文編》:"傅毅有集五卷。今諸書所引有《洛都賦》《反都賦》《舞賦》《雅琴賦》《扇賦》《與荆文姜書》《七激》《顯宗頌》《竇將軍北征頌》《西征頌》《扇銘》《明帝誄》《北海王誄》,凡一十三篇。"○案:本志《總集篇》又有"《神雀賦》一卷,後漢傅毅撰",似合諸家《神雀頌》爲一編。

【内容】

傅毅賦今存《洛都賦》《舞賦》等 7 篇作品(存目 1 篇),如下:

1.《洛都賦》,見《藝文類聚》卷六十一、《初學記》卷二十四、《北堂書鈔》卷一百三十八。光武帝奪取政權之後,建都何處,成了當時人們争論的焦點。杜篤作《論都賦》,力主遷回舊都長安。此賦則主張建新都於洛陽。

2.《舞賦》,見《文選》卷十七、《古文苑》卷二、《藝文類聚》卷四十三、《初學

記》卷十五。此賦是我國賦史上現在所能見到的最早以舞名篇的作品。作品描寫細膩,生動傳神。其後曹植的《洛神賦》也有類似的筆觸,應受到此賦的影響。

3.《琴賦》(殘),見《藝文類聚》卷四十四、《初學記》卷十六。此賦係現在所能見到的最早以琴名篇的賦作,描寫了伐梧桐樹枝製作雅琴的過程,頗多情趣。

4.《扇賦》(殘句),見《北堂書鈔》卷一百三十四。從殘文看,意在歌頌扇子的功用,是最早描寫扇子的賦作。

5.《反都賦》(殘句),見《水經注》卷十五《伊水注》。僅存兩句:"因龍門而暢化,開伊闕以達聰。"由賦中頌揚龍門、伊闕推測,此賦主張建都洛陽,與《洛都賦》主旨一致。

6.《神雀賦》(存目),見《隋書·經籍志》卷三十五:"《神雀賦》一卷,後漢傅毅撰。"

7.《七激》,見《藝文類聚》卷三十五。全文模仿枚乘之《七發》而作,以七事激發徒華公子。不過篇中似有缺漏,衹舉了妙音、美食、駿騎、校獵、遊玩、要言妙道六事。

【研究】

研究傅毅賦的論文較多,主要有:鄭明璋《從傅毅〈舞賦〉看漢代長袖舞的動態美》[《安慶師範學院學報》(社會科學版)2007 年第 4 期],劉剛《宋玉、傅毅同名〈舞賦〉舞蹈描寫的圖像研究》(《文藝研究》2009 年第 12 期),范春義《〈舞賦〉爲傅毅所作申證》(《文學遺産》2010 年第 2 期),孫科鏤《"七"體創作的二百年沉寂與傅毅的寫作模式》(《求是學刊》2010 年第 6 期),翁雪、康榮《從傅毅〈舞賦〉之作看漢代舞蹈中的"浩然氣勢"》(《蘭臺世界》2014 年第 11 期)等。

《後漢大將軍護軍司馬班固集》17 卷(《班蘭臺集》),漢班固撰,佚名輯,残

【著者】

班固(32—92),字孟堅,扶風安陵(今陝西咸陽東北)人。少即有才名,在其父班彪增補《史記》、撰《後傳》的基礎上重修漢史。被人告發私改國史,下獄。其弟班超上書力辯,乃得釋。召爲蘭臺令史,遷爲郎,典校祕書,奉詔續寫《漢書》。大將軍竇憲出征匈奴,徵班固爲中護軍。竇憲敗,班固坐官免,旋被捕,死於獄中。他是東漢前期重要的史學家,與司馬遷並稱"班馬";同時也是重要的辭賦家,與張衡並稱"班張"。

【著録與考釋】

見《隋志·别集類》。新、舊《唐志》作十卷。

清姚振宗《隋書經籍志考證》:班固有《太甲篇》《在昔篇》《漢書》,見經部小學、史部正史類。○《漢書·敘傳》曰:"彪有子曰固,弱冠而孤,作《幽通》之賦,以致命遂志。"李善曰:"幽通,謂與神遇也。"○《後漢書·班彪傳》:"彪二子,

固、超。固九歲能屬文，誦詩賦。及長，博貫載籍，九流百家之言，無不窮究。所學無常師，不爲章句，舉大義而已。永平初，東平王蒼以至戚爲驃騎將軍輔政，開東閣，延英雄。時固始弱冠，奏記説蒼，薦故司空掾桓梁、京兆祭酒晉馮、扶風掾李育、京兆督郵郭基、涼州從事王雍、弘農功曹史殷肅（注云：固集殷作段）六人，蒼納之。自爲郎後，遂見親近。時京師脩起宫室，濬繕城隍，而關中耆老猶望朝廷西顧。固感前世相如、壽王、東方之徒，造構文辭，終以諷勸，乃上《兩都賦》，盛稱洛邑制度之美，以折西賓淫侈之論。及肅宗雅好文章，固愈得幸，數入讀書禁中，或連日繼夜。每行巡狩，輒獻上賦頌。朝廷有大議，使難問公卿，辯論于前，賞賜恩寵甚渥。固自以二世才術，位不過郎，感東方朔、揚雄自論，以不遭蘇、張、范、蔡之時，作《賓戲》以自通焉。後遷玄武司馬，天子會諸儒講論'五經'，作《白虎通德論》，令固撰集其事。又作《典引篇》，述叙漢德。"又曰："所著《典引》《賓戲》《應譏》、詩、賦、銘、誄、頌、書、文、記、論、議、六言，在者凡四十一篇。"（又王逸《離騷序》曰："班固、賈逵各作《離騷經章句》。"）○《文章流别傳》曰："昔班固爲《安豐戴侯頌》，與《魯頌》體意相類。"（案：竇融封安豐侯。）○鍾嶸《詩品》曰："自王、揚、枚、馬之徒，詞賦競爽，而吟詠靡聞。詩人之風，頓已缺喪。東京二百載中，惟有班固《詠史》，質木無文。"又曰："孟堅才流，而老于掌故，觀其《詠史》，有感歎之詞。"○《文心雕龍·詮賦篇》曰："孟堅《兩都》，明絢以雅贍。"又《祝盟篇》曰："班固之祀濛山，祈禱之誠敬也。"《銘箴篇》曰："若班固《燕然》之勒，序亦盛矣。"《雜文篇》曰："班固《賓戲》，含懿采之華。"○本志《總集篇》："梁有項氏注《幽通賦》一卷。"又曰："梁有班固《典引》一卷，蔡邕注。"○《唐日本國見在書目》："《班固集》十二卷。"○《唐書·經籍志》：《班固集》十卷。又《總集類》：《幽通賦》一卷，班固撰，曹大家注。○《唐書·藝文志》：《班固集》十卷。又《總集類》：《曹大家注班固〈幽通賦〉》一卷。○馮氏《詩紀》輯存詩歌七篇。○張氏《百三家集》：《班蘭臺集》輯本一卷，凡賦、表、奏、記、牋、書、議、符命、設難、頌、銘、論、哀辭、連珠、文、詩，二十九篇。○汪氏《文選撰人篇目》："後漢班孟堅固有《兩都賦》《幽通賦》《答賓戲》《典引》《公孫弘傳贊》，《漢書》述高紀、述成紀、述韓彭等傳，《封燕然山銘》。"（《述高紀》等三篇即《漢書·叙傳》中篇目。《文選》分類標目，謂之《史述贊》，實非贊也。其云贊者，以范《書》論贊之例例之耳。"然班書既云傳贊，不得又云述贊。）○嚴氏《全後漢文編》："輯本三卷。凡賦、頌、詩、歌、疏、議、箋、奏記、書、論、序、連珠、銘、《典引》、《弈旨》、哀辭、祝文，凡三十二篇。附班超遺文五篇，班勇遺文四篇。"

【内容】

班固賦作今存 7 篇，存目 1 篇，如下：

1.《兩都賦》，見《後漢書·班固傳》、《文選》卷一。包括《西都賦》和《東都賦》兩篇賦作,實爲上下章。賦中虛擬西都賓、東都主人兩個人物,通過二人的談話結構篇章,二人分别代表了定都長安、定都洛陽兩種不同的政治態度,在賓主論難之間,已表明了作者主張定都洛陽的立場。《兩都賦》主題鮮明集中,結構前後照應,語言豐富整齊,在賦史上開創了京都賦的範例。在《文選》中被列爲首篇,可見其文學史地位。此後張衡《二京賦》、左思《三都賦》皆顯然受此賦影響。

2.《幽通賦》,見《漢書·叙傳》、《文選》卷十四、《藝文類聚》卷二十六。幽通,謂與神靈相遇,暗含使自己的思緒深邃入神,看透世事之意。此賦作于班固喪父之後,反映了班固對現實生活的憂慮和對未來生活的追求。

3.《耿恭守疏勒城賦》(殘句),見《文選》潘岳《關中詩》李善注。耿恭,東漢扶風茂陵(今陝西興平)人,字伯宗。明帝時任戊己校尉,後駐西域疏勒城,遭北匈奴貴族圍攻,城中糧盡,煮弩鎧,食筋革,與部衆堅守不屈。直至漢軍來援,率領堅持到最後的二十六人與援軍會合,戰到玉門關僅剩十三人。當時稱他"節過蘇武"。疏勒,西域國名,故址在今新疆喀什地區。班固此賦當是歌頌耿恭堅守疏勒城的壯舉的。

4.《竹扇賦》,見《古文苑》卷五。此賦寫了扇子的取材、製作以及功用,表達了作者對漢王朝的忠心。

5.《終南山賦》(殘),見《古文苑》卷五、《初學記》卷五。此賦描寫了終南山的高峻險要,借此爲漢王朝祈福,彰顯了作者對漢王朝的一片赤誠之心。

6.《覽海賦》(殘句),見《文選》潘岳《西征賦》李善注。僅存兩句。

7.《白綺扇賦》(存目),見《初學記》卷二十五。

8.《答賓戲》,見《漢書·叙傳》、《文選》卷四十五、《藝文類聚》卷二十五。作者通過賓主之間的問答,揭示了無功、有功的區别在于是否弘道,借此表明自己不汲汲于富貴,一心向學,志于著書爲文的志向。此賦顯然受到了東方朔《答客難》、揚雄《解嘲》的影響。

【研究】

研究班固賦,可以參考的專著有:白静生《班蘭臺集校注》(中州古籍出版社1991年版),費振剛、仇仲謙、劉南平《全漢賦校注·班固》(廣東教育出版社2005年版),侯文學《班固集校注》(人民出版社2019年版)。論文甚多,以討論《兩都賦》的儒家思想和賦學史地位爲主,亦有研究班固的賦學觀以及《幽通賦》《答賓戲》的論文。舉其要者,有:龔克昌《班固賦簡論》(《古典文學論叢》第四輯,齊魯書社1986年)、何沛雄《〈兩都賦〉和〈二京賦〉的歷史價值》(《文史哲》1990年第5期)、曹道衡《略論〈兩都賦〉和〈二京賦〉》(《文學評論》1992年第3期)、孫亭玉《論〈幽通賦〉與〈答賓戲〉》(《長沙電力學院社會科學學報》1997年第4期)、孫亭玉《班固〈兩都賦〉主旨考辨》(《求索》1998年第2期)、趙逵夫《〈兩都賦〉的創作背景、體制及影響》(《文學評論》2003 年第 1 期)、蹤凡《班固對漢賦的研究》(《南京師範大學文學院學報》2006 年第 2 期)、常森《〈兩都賦〉新論》[《北京大學學報》(哲學社會科學版)2007 年第 1 期]、陳君《〈兩都賦〉的創作與東漢前期的政治趨向》(《文學評論》2010 年第 2 期)、曾祥旭《班固〈兩都賦〉作年考》(《文學遺産》2011 年第 6 期)、李光先《〈文選〉李善注京都賦引詩考論——以卷一班固的〈兩都賦〉李善注爲例》(《牡丹江教育學院學報》2015 年第 1 期)、蔣曉光《五德終始説與〈兩都賦〉》(《社會科學》2015 年第 5 期)、周興陸《從漢代賓客之盛衰談班固〈答賓戲〉之主旨》(《中國社會科學院研究生院學報》2018 年第 2 期)等。

《曹大家集》16 篇(《班昭集》),漢班昭撰,漢丁氏輯,佚名續輯,殘

【著者與編者】

班昭(49? —120?),字惠班,一名姬,扶風安陵(今陝西咸陽东北)人,東漢著名史學家、文學家。班彪之女,班固之妹,嫁曹世叔,早寡。博學多才。班固著《漢書》,其八表及《天文志》未成而卒,漢和帝命班昭續之。班昭屢受詔入宫,皇后妃嬪皆師事之,號曰“大家”。每有貢獻異物,便命她作賦頌。及鄧太后臨朝,她亦參與政事。年七十餘而卒,皇太后素服舉哀,極爲隆重。《曹大家集》最初由其兒媳丁氏所輯,收録賦、頌、銘、誄、問、注、哀辭、書、論、上疏、遺令,凡 16 篇①,卷數不詳,後人或有增補。據《隋書・經籍志》載,曹大家尚有《列女傳注》15 卷、《女誡》1 卷。新、舊《唐志》著録《曹大家集》2 卷、《幽通賦注》1 卷。

【著録與考釋】

《隋志・別集類》著録:梁有《班昭集》三卷,亡。新、舊《唐書》作二卷。

清姚振宗《隋書經籍志考證》:班昭即曹大家,有《列女傳注》,見《史部・雜傳家》。○《唐書・經籍》《藝文志》:《曹大家集》二卷。(《舊志》列別集類之末,《新志》列唐人之前。)○汪氏《文選撰人篇目》:“後漢曹大家班昭有《東征賦》。”○嚴氏《後漢文編》:輯本有《東征賦》《鍼縷賦》《大雀賦》《蟬賦》《爲兄超求代疏》《上鄧太后書》《欹器頌》《女誡》,凡八篇。○案:曹大家實後漢人,列之于此者,或《七録》以二班同出一家,故變例附其祖姑之次歟?②

---

① 《後漢書・列女傳》載:“(昭)……博學高才……(和)帝數召入宫,令皇后諸貴人師事焉,號曰‘大家’。每有貢獻異物,輒詔大家作賦頌。”又曰:“所著賦、頌、銘、誄、問、注、哀辭、書、論、上疏、遺令,凡十六篇。子婦丁氏爲撰集之,又作《大家讚》焉。”可知最早的《曹大家集》出自其子婦丁氏,書後附有《大家讚》1 篇。這條記載也成爲別集産生於東漢的有力證據。

② 今按:《隋志》列《班昭集》三卷於《漢成帝班婕妤集》之下。

【内容】

班昭(曹大家)賦尚存4篇:

1.《東征賦》,見《文選》卷九、《藝文類聚》卷二十七。此賦是班昭隨其子到陳留時所作,其亂辭稱:"先君行止,則有作兮。雖其不敏,敢不法兮。"表明此賦是效法其父班彪《北征賦》而作。賦中記叙自洛陽至陳留的經歷,對孔子、子路、蘧伯玉等先賢加以稱頌,多是觸景生情,有所感慨。

2.《鍼縷賦》,見《藝文類聚》卷六十五、《太平御覽》卷八百三十。此賦述寫了鍼縷成衣的事實,闡述了事之成敗必由小至大的道理,故而歌頌了針綫以小成大的精神。

3.《大雀賦》,見《藝文類聚》卷九十二、《太平御覽》卷九百二十二。大雀,即鴕鳥。由其序"大家同産兄西域都護定遠侯班超獻大雀,詔令大家作賦"可知,此賦是受詔之作,頌讚了班超進獻的從西域帶回來的鴕鳥,表明了漢王朝的富强昌盛。

4.《蟬賦》(殘),見《藝文類聚》卷九十七、《太平御覽》卷九百四十四、《文選》庾亮《讓中書令表》李善注。其後曹植的《蟬賦》、陸雲的《寒蟬賦》應受到此賦的沾溉。

又,東漢是别集興起的時代。《隋書·經籍志》云:"别集之名,蓋漢東京之所創也。自靈均已降,屬文之士衆矣,然其志尚不同,風流殊别,後之君子,欲觀其體勢,而見其心靈,故别聚焉,名之爲集。辭人景慕,並自記載,以成書部。"①但東漢所編之别集,大都不見於歷史記載。南朝宋范曄《後漢書》在賦家傳記中,往往交代其所作詩賦雜文之篇數。如《後漢書·桓譚馮衍列傳》謂:桓譚"所著賦、誄、銘、説、《問交》《德誥》《慎情》、書記説、自序、官録説、策,五十篇";《班彪列傳》謂:班彪"所著賦、論、書、記、奏事,合九篇",班固"所著《典引》《賓戲》《應譏》、詩、賦、銘、誄、頌、書、文、記、論、議、六言,在者凡四十一篇"。范氏定然看到了各家别集,方能提供如此準確之篇數。從《後漢書》可以推知,漢魏時所編之作家别集,似乎衹是將作品彙集一處,並未分卷。

【研究】

研究班昭賦的論文有:蔣文燕《别樣的生活境遇　相似的心靈規範——讀〈自悼賦〉和〈東征賦〉》(《名作欣賞》2001年第6期)、金璐璐《班昭〈東征賦〉及其文學史意義》(《學術論壇》2010年第6期)、楊穎《班昭〈東征賦〉中的情志》(《古典文獻研究》第十四輯,鳳凰出版社2011年)、金璐璐《班昭〈東征賦〉〈女誡〉作年考辨》(《船山學刊》2011年第1期)、李艷《論班昭〈東征賦〉的創作年代》(《濟寧學院學報》2012年第1期)、李艷《論班昭〈東征賦〉的史料價值和文

① 〔唐〕魏徵等:《隋書》,中華書局1973年版,第1081頁。

化地位》(《濟寧學院學報》2013 年第 1 期)、孔德明《論班昭〈幽通賦注〉的文學史意義》(《文藝評論》2014 年第 12 期)、孔德明《班昭注〈幽通賦〉動因、時間考》(《蘭臺世界》2015 年第 20 期)等。

《後漢長岑長崔駰集》10 卷(《崔亭伯集》),漢崔駰撰,佚名輯,残

【著者】

崔駰(? —92),字亭伯,崔篆之孫,涿郡安平(今屬河北)人。博學多才,善屬文。少游太學,與班固、傅毅齊名,而不求仕進。章帝元和中上《四巡頌》,爲帝賞識,言于侍中竇憲,由此得到竇憲重用。和帝時,竇憲爲車騎將軍,以崔駰爲府掾。及竇憲率兵出征匈奴,改駰爲主簿。竇憲驕縱,崔駰屢次勸誡,皆不聽。後命爲長岑(今朝鮮黄海南道長淵郡北)長,崔駰不赴任而歸。永元四年(92)卒于家中。《舊唐志》《新唐志》皆著録《崔駰集》十卷。

【著録與考釋】

見《隋志・别集類》。新、舊《唐志》同。

清姚振宗《隋書經籍志考證》:《後漢書》本傳:"駰字亭伯,涿郡安平人也。年十三,能通《詩》《易》《春秋》。博學有偉才,盡通古今訓詁百家之言,善屬文。少游太學,與班固、傅毅同時齊名,常以典籍爲業,未遑仕進之事。時人或譏其太玄静,將以後名失實。駰擬揚雄《解嘲》,作《達旨》以答焉。元和中,肅宗始脩古禮,巡狩方岳,駰上《四巡頌》以稱漢德,辭甚典美。後侍中竇憲以爲上客。竇太后臨朝,憲以重戚出納詔命,駰獻書誡之。及憲爲車騎將軍,辟駰爲掾。憲擅權驕恣,駰數諫之。及出擊匈奴,道路愈多不法,駰爲主簿,前後奏記數十,指切長短。憲不能容,因察駰高第,出爲長岑長。駰自以遠去,不得意,遂不之官而歸。永元四年,卒于家。所著詩、賦、銘、頌、書、記、表、《七依》《婚禮結言》《達旨》《酒箴》,合二十一篇。"〇《文心雕龍・銘箴篇》曰:"崔駰品物,贊多戒少。"又《雜文篇》曰:"崔駰《達旨》,吐典言之裁。"又曰:"崔駰《七依》,入博雅之巧。"又《才略篇》曰:"傅毅、崔駰,光采比肩。"〇《唐書・經籍》《藝文志》:《崔駰集》十卷。〇張氏《百三家》:《崔亭伯集》輯本一卷,凡賦、著述、書、牋、箴、銘、頌、議、論、七、雜文、詩,三十五篇。〇嚴氏《全後漢文編》:輯本一卷,凡賦、謚議、奏記、箋、書、《達旨》《博徒論》《明帝頌》《四巡頌》《七依》、箴、銘、《婚禮結言》,綜四十篇。

【内容】

崔駰賦今存 7 篇,其中 6 篇殘缺不全:

1.《反都賦》(殘),見《藝文類聚》卷六十一。所謂"反都",即返回舊都,指回到舊都長安。因賦殘缺,作者的具體論述已無從得知。

2.《大將軍臨洛觀賦》(殘),見《藝文類聚》卷六十三、《太平御覽》卷二十。

從殘文仍可看出洛觀優越的地理位置、雄偉的建築以及周邊優美的景色。

3.《大將軍西征賦》(殘),見《藝文類聚》卷五十九。此賦描寫了竇憲將軍率軍西征旅途的艱難險阻與軍隊的高昂鬥志,歌頌了將軍西征的壯舉。

4.《武都賦》(殘),見《北堂書鈔》卷一百十四。武都,城邑名,當時是竇憲統轄的涼州的一小部分地區,在今甘肅省西和縣西南。

5.《武賦》(殘句),此賦僅存一句"假皇天兮簡帝心"。見《文選》顏延之《赭白馬賦》李善注。《文選》王儉《褚淵碑文》李善注"兮"作"乎"。疑爲《武都賦》殘句,備考。

6.《達旨》,見《後漢書·崔駰傳》、《藝文類聚》卷二十五。該賦表達了作者淡泊名利、甘於寂寞的情懷。

7.《七依》(殘),見《藝文類聚》卷五十七。

【研究】

没有專門論文。有些論文在研究京都賦、武賦、對問體賦或者崔氏家族的文學成就時涉及崔駰。例如:徐宗文《崔爲文宗　世禪雕龍——論東漢崔氏辭賦創作之特色及成因》(《文學遺産》1998 年第 4 期)、孫寶《崔駰、班固賦、頌作年獻疑》(《古籍整理研究學刊》2009 年第 5 期)、司尚羽《東漢崔氏家族文學研究》(鄭州大學 2007 年碩士學位論文)等。

《後漢河間相張衡集》11 卷(《張河間集》),漢張衡傳,佚名輯,殘

【著者】

張衡(78—139),字平子,南陽(今屬河南)人,東漢時期傑出的天文學家、數學家、發明家、文學家。少善屬文,通"五經",貫"六藝"。安帝時拜爲郎中,再遷太史令。淡泊名利,擔任太史令達 14 年之久。永和初爲河間相(東漢河間國在今河北省獻縣、河間市一帶)。後拜尚書。不到一年而卒。張衡在文學史上有很高的地位,是東漢時期的漢賦大家,與司馬相如、揚雄、班固並稱"漢賦四大家"。他所創作的《二京賦》《思玄賦》《歸田賦》等都具有較高的思想性和藝術價值。在科學發明上也取得了突出的成就,在天文學方面著有《靈憲》《渾儀圖注》等,數學著作有《算罔論》等。著有《張河間集》。

【著録與考釋】

見《隋志·别集類》。原注:"梁十二卷,又一本十四卷。"新、舊《唐志》作十卷,《宋史·藝文志》作六卷。

清姚振宗《隋書經籍志考證》:張衡有《靈憲》,見《子部·天文家》。○《後漢書》本傳:"衡少善屬文,游于三輔,因入京師,觀太學,遂通'五經',貫'六藝'。雖才高于世,而無驕尚之情。常從容淡静,不好交接俗人。永元中,舉孝廉,不行。連辟公府,不就。時天下承平日久,自王侯以下,莫不踰侈。衡乃擬

班固《兩都》,作《二京賦》,因以諷諫。精思傅會,十年乃成。順帝初再轉,復爲太史令。衡不慕當世,所居之官,輒積年不徙。自去史職,五載復還,乃設客問,作《應間》以見其志。陽嘉元年,復造候風地動儀。驗之以事,合契若神,自書典所記,未之有也。初,光武善讖,顯宗、肅宗因祖述焉。自中興之後,儒者争學圖緯,兼復附以妖言。衡以圖緯虚妄,非聖人之法,乃上疏請禁絶之。及遷侍中,帝引在左右,嘗問衡天下所疾惡者。宦官懼其毁己,皆共目之,衡乃詭對而出。閹豎恐終爲其患,遂共讒之。衡常思圖身之事,以爲吉凶倚伏,幽微難明,乃作《思玄賦》,以宣寄情志。著《周官訓詁》,崔瑗以爲不能有異于諸儒也。所著詩、賦、銘、七言、《靈憲》《應間》《七辯》《巡誥》《懸圖》,凡三十二篇。永初中,劉珍、劉騊駼等著作東觀,撰集《漢記》。因定漢家禮儀,上言請衡參論其事。會並卒,而衡常歎息,欲終成之。及爲侍中,上疏請得專事東觀,收檢遺文,畢力補綴。又條上司馬遷、班固所叙,與典籍不合者十餘事。又以爲《王莽本傳》但應載篡事而已,至于編年月,紀災祥,宜爲《元后本紀》。又更始居位,人無異望。光武初爲其將,然後即真,宜以更始之號建于光武之初。書數上,竟不聽。及後之著述,多不詳典,時人追恨之。"(案:《靈憲》《懸圖》,並見《子部·天文家》。)○《文心雕龍·明詩篇》曰:"張衡《怨篇》,清典可味,《仙詩》《緩歌》,雅有新聲。"又云:"四言、五言,平子得其雅。"《詮賦篇》曰:"張衡《二京》,迅發以宏富。"《雜文篇》曰:"張衡《應間》,密而兼雅。"又云:"張衡《七辯》,結采綿靡。"《論説篇》曰:"張衡《譏世》,韻似俳説。"○《唐書·經籍》《藝文志》:《張衡集》十卷。○《宋史·藝文志》:《張衡集》六卷。○馮氏《詩紀》輯存《怨篇》《同聲歌》《定情歌》《四愁詩》《思玄詩》五篇。○張氏《百三家》:《張河間集》二卷,凡賦、誥、疏、策、表、書、七、設難議、説、銘、贊、誄、樂府、詩,綜三十八篇。○汪氏《文選撰人篇目》:"後漢張平子衡有《二京賦》《南都賦》《思玄賦》《歸田賦》《四愁詩》。"○嚴氏《文編》:輯本四卷,凡賦、《東巡誥》、對策、表、奏、封事、疏議、書、《應間》《七辯》、序、贊、銘、誄及《靈憲》《渾天儀》《玄圖》,凡三十八篇。○曾氏《補後漢志》曰:"案:《玉燭寶典·五》引《逍遥賦》,嚴未采。又《御覽·二十》'浩浩陽春發,楊柳何依依。百鳥自南歸,翱翔萃我枝。'稱張衡歌。"(案:《玉燭寶典》近始從日本傳出,還歸中夏,嚴氏未及見也。)

【内容】

張衡賦作今存16篇:

1.《思玄賦》,見《後漢書·張衡傳》、《文選》卷十五。據《後漢書》本傳,和帝、順帝時,張衡以特殊才能受到親幸,宦官共進讒言污蔑之。他每爲自己的處境苦惱,經常思考人生和社會問題,以爲吉凶倚伏,幽微難明,遂將自己的感受寫成《思玄賦》。此賦爲長篇騷體賦,陳述自己遭遇詆毁卻不肯屈從俗輩,並馳騁想象,遍訪古聖先賢,以探求人生玄妙之理。

2.《二京賦》，包括《西京賦》與《東京賦》兩篇，見《文選》卷二、卷三，《藝文類聚》卷六十一。據《後漢書》本傳，張衡見天下承平日久，自王侯以下莫不逾侈，乃擬班固《兩都賦》，創作了《二京賦》。《二京賦》在結構謀篇方面完全模仿《兩都賦》，以《西京賦》《東京賦》構成上下篇。《西京賦》假託憑虚公子對長安繁盛富麗的稱頌，展現出繁榮富貴、窮奢極欲的京都景象，在極度誇張的描寫中見出其荒謬的方面，暗含了作者的否定之意。《東京賦》表現了安處先生對西京奢靡生活的否定。在對東都城市建築以及上層統治者的盛典禮會的描繪中，使人感受到東漢君主崇尚懿德，修飭禮教，奢未及侈，儉而不陋的禮治成就。兩賦合在一起約八千字，遠遠超過司馬相如、班固之大賦，被譽爲"長篇之極軌"。

3.《南都賦》，見《文選》卷四、《藝文類聚》卷六十一。作者鋪叙了南陽秀美的風光、豐饒的物産與安定的生活，意在歌頌劉漢王朝，並祝願劉漢帝業永遠昌盛。

4.《歸田賦》，見《文選》卷十五、《藝文類聚》卷三十六。作者以平淺清麗的語言，描寫了充滿自然情趣的田園景象，表達了自己對田園生活的喜愛與嚮往之情，反映了自己抱負無法伸展卻又不願同流合污的矛盾思想。本賦是漢末抒情小賦興起的重要標誌，對魏晉六朝賦的創作有深遠影響。

5.《冢賦》，見《古文苑》卷五、《藝文類聚》卷四十、《初學記》卷十四。《古文苑·冢賦》章樵題注云："漢之人主多預爲陵廟，則士大夫必預爲冢兆者。詳觀此賦，其平子預爲築之冢邪？"如章氏之言，此賦當是張衡爲自己選冢而作。

6.《髑髏賦》，見《古文苑》卷五、《藝文類聚》卷十七、《初學記》卷十四、《太平御覽》卷三百七十四。《古文苑·髑髏賦》章樵題注："莊周，蒙人也，著書寓言（指《莊子·至樂篇》）曰：'夫子使楚，見空髑髏，擊以馬捶而問曰："夫子貪生失理而爲此乎？將有凍餒之患而爲此乎？"語卒，援髑髏，枕而卧。髑髏見夢曰："夫死無君于上，無臣于下，與天地爲春秋，雖南面帝王，樂不過是也。"'故平子托之以伸其意。"章氏之言甚是。此賦大體上是莊子《至樂篇》的加長版，借髑髏之口表達了樂死惡生的思想。

7.《温泉賦》，見《古文苑》卷五、《藝文類聚》卷九、《初學記》卷七。

8.《定情賦》（殘），見《藝文類聚》卷十八、《文選》曹植《洛神賦》李善注。

9.《舞賦》（殘），見《藝文類聚》卷四十三、《初學記》卷十五。

10.《羽獵賦》（殘），見《藝文類聚》卷六十六、《初學記》卷二十二。

11.《扇賦》（殘句），見《北堂書鈔》卷一百三十四。

12.《逍遥賦》（殘句），見《北堂書鈔》卷一百九、一百十。

13.《鴻賦》（僅存序），見《太平御覽》卷九百十六。

14.《應間》，見《後漢書·張衡傳》。

15.《七辯》（殘），見《藝文類聚》卷五十七、《北堂書鈔》卷一百四十二。

【研究】

張衡既是漢代散體大賦的重要作家,其《二京賦》被譽爲京都大賦的“長篇之極軌”;又是漢代騷體賦的創作者,作有著名的《思玄賦》;同時還是漢末抒情小賦的開創者,其《歸田賦》對魏晉六朝的詠物抒情小賦有深遠影響。研究張衡賦,可以參考費振剛、仇仲謙、劉南平《全漢賦校注·張衡》(廣東教育出版社2005年版),張震澤《張衡詩文集校注》(上海古籍出版社2009年版)。論文甚多,主要有:龔克昌《張衡賦論》(載《中國歷代著名文學家評傳》,山東教育出版社1983年版)、劉周堂《論張衡〈二京賦〉對漢大賦諷諫藝術發展的貢獻》(《中國文學研究》1987年第4期)、張國寧《淺論張衡〈二京賦〉的諷諭意義》(《青海師專學報》1994年第3期)、康達維、陳廣宏《道德之旅:張衡的〈思玄賦〉》(上)(下)(《古代文學知識》1996年第6期、1997年第1期)、許結《張衡〈思玄賦〉解讀——兼論漢晉言志賦之承變》(《社會科學戰綫》1998年第6期)、王子今《〈南都賦〉自然生態史料研究》(《中國歷史地理論叢》2004年第3期)、陳君《張衡〈西京賦〉與〈思玄賦〉中的小説因素》(《文學遺産》2005年第5期)、郗文倩《張衡〈西京賦〉“魚龍曼延”發覆——兼論佛教幻術的東傳及其藝術表現》(《文學遺産》2012年第6期)、蔣曉光《月令之學與〈二京賦〉的論述》[《南京大學學報》(哲學·人文科學·社會科學版)2013年第4期]、郭建勛、李慧《論張衡在詩賦形制表現上的創新》[《湖南大學學報》(社會科學版)2015年第4期]、楊朝蕾《張衡〈二京賦〉的風俗世態書寫及其審美趣味》(《中國韻文學刊》2016年第2期)、趙金平《〈二京賦〉名物鋪寫探究》(《安順學院學報》2017年第4期)、吴利妹《東漢中葉儒學内部調整對文學的影響——以張衡賦爲中心的考察》[《淮海工學院學報》(人文社會科學版)2018年第5期]等。

《後漢南郡太守馬融集》9卷(《馬季長集》),漢馬融撰,佚名輯,殘

【著者】

馬融(79—166),字季長,右扶風茂陵(今陝西興平東北)人,東漢經學家、文學家。漢安帝時任校書郎,詣東觀(朝廷藏書處)典校秘書。因得罪外戚鄧氏,滯於東觀,十年不得升官。直到鄧太后死後,纔召拜郎中。漢桓帝時,外任南郡(今湖北省荆門市)太守,因忤大將軍梁冀,遭誣陷,免官,髡徙朔方。後得赦,復拜議郎,又在東觀著述,以病辭官,居家教授。他達生任性,不重節操,常坐高堂,施絳紗帳,前授生徒,後列女樂,開魏晉清談家毁棄禮教的風氣。其學生多達四百餘人,鄭玄、盧植乃其中翹楚。曾爲《周易》《尚書》《毛詩》《三禮》《論語》《孝經》《老子》《淮南子》等多部古籍作注,大大促進了古文經學的繁榮。明張溥輯有《馬季長集》1卷。

【著録與考釋】

見《隋志·别集類》。《舊唐志》:《馬融集》五卷。(《新唐志》同。)

清姚振宗《隋書經籍志考證》:馬融有《周易注》,見《經部·易家》。○《後漢書》本傳:"永初時,鄧太后臨朝,騭兄弟輔政。而俗儒世士以爲文德可興,武功宜廢,逐寢蒐狩之禮,息戰陳之法,故滑賊從横,乘此無備。融乃感激,以爲文武之道,聖賢不墜,五才之用,無或可廢。元初二年,上《廣成頌》以諷諫,重述蒐狩之義。安帝東巡岱宗,上《東巡頌》,帝奇其文。陽嘉二年,詔舉敦樸,徵詣公車、對策。善鼓琴,好吹笛。所著賦、頌、碑、誄、書、記、表、奏、七言、琴歌、對策、遺令,凡二十一篇。初,融懲于鄧氏,不敢復違忤勢家,遂爲梁冀草奏李固,又作《大將軍西第頌》,以此頗爲正直所羞。"○《文章流别傳》曰:"頌詩之美者也,若馬融《廣成》《上林》之屬,純爲今賦之體而謂之頌,失之遠矣。"○《文心雕龍·頌贊篇》曰:"馬融之《廣成》《上林》,雅而似賦,何弄文而失質乎?"《雜文篇》曰:"馬融《七厲》,植義純正。"又云:"唯《七厲》叙賢,歸于儒道。雖文非拔群,而意實卓爾矣。"又《才略篇》曰:"馬融鴻儒,思洽識高。吐納經範,華實相符。"○《唐書·經籍》《藝文志》:《馬融集》五卷。○張氏《百三家》:《馬季長集》輯本一卷,凡賦、疏、頌、書,十二篇,而繫以《忠經》序及文。"○汪氏《文選撰人篇目》曰:"後漢馬季長融有《長笛賦》。"○嚴氏《全後漢文編》曰:"馬融有集九卷,今存《琴賦》《長笛賦》《圍棋賦》《樗蒲賦》《龍虎賦》《舉敦樸對策》《飛章誣李固》《上疏乞自效》《上書請赦龐參梁慬》《延光四年日蝕上書》《又上書陳星孛》《奏馬賢事》《與竇伯向書》《與謝伯世書》、書序(似《泰誓篇》序,非總序)、《廣成頌》《梁大將軍西第頌》、遺令、自叙,凡二十篇。"又曰:"張溥本有《忠經序》。案:《忠經》及序皆宋人依託,不録。"○曾氏《補後漢志》曰:"《玉燭寶典·三》引《上林頌》,嚴未采。"(案:此亦嚴所未見也。)○案:賈公彦《序周禮廢興》有云:"《周禮》後出者,以始皇特惡之故也。是以《馬融傳》云'秦自孝公已下,用商君之法'云云。至年六十有六,目瞑意倦,自力補之,謂之《周官傳》也。"此一段凡四百餘言,皆賈所引馬氏《周官傳序》(篇中亦雜有賈氏之説)。……嚴氏失采此文,則甚爲可惜也。

【内容】

馬融賦作今存7篇(1篇存目),如下:

1.《長笛賦》,見《文選》卷十八、《藝文類聚》卷四十四。

2.《圍碁賦》,見《古文苑》卷五、《藝文類聚》卷七十四。"碁",一作"棊",異體字。

3.《樗蒲賦》,見《藝文類聚》卷七十四。

4.《琴賦》,見《藝文類聚》卷四十四。

5.《龍虎賦》(殘句),見《史記·陳丞相世家》集解。

6.《梁將軍西第賦》(殘句),見《文選》何晏《景福殿賦》李善注、《文選》張協《七命》李善注、《玉燭寶典》卷三。

7.《七厲》(存目),見《藝文類聚》卷五十七引傅玄《七謨序》。

【研究】

研究馬融賦,可以參考:高林廣《通靈感物,寫神喻意——馬融〈長笛賦〉藝術旨趣管窺》(《名作欣賞》2012 年第 17 期)、金前文《馬融諸賦創作時間考》(《傳奇·傳記文學選刊(理論研究)》2012 年第 3 期)、楊允《〈長笛賦〉藝術特色探索》[《渤海大學學報》(哲學社會科學版)2009 年第 2 期]、許志剛、楊允《〈洞簫賦〉與〈長笛賦〉文藝思想研究》(《文學評論》2010 年第 2 期)、王峥《馬融所賦"長笛"考》(《文藝評論》2014 年第 10 期)等。

《後漢左中郎將蔡邕集》12 卷(《蔡中郎集》),漢蔡邕撰,佚名輯,殘

【著者】

蔡邕(133—192),字伯喈,陳留圉(今河南杞縣南)人。東漢著名文學家、史學家、書法家、音樂家。少博學,喜好辭章、數術、天文、書法,妙操音律。校書于東觀,遷議郎,將五經文字書于碑,使工匠鐫刻,立於太學門外,世稱"熹平石經"。因上書論朝政闕失,獲罪,流放朔方。遇赦後,又因權貴陷害,亡命江湖十二年。靈帝卒,董卓專權,被迫出任侍御史,官至左中郎將,封高陽侯。及董卓被誅,邕亦下獄死。傳見《後漢書》卷六十下。所著詩、賦、碑、誄、銘、贊、連珠、箴弔、論議、《獨斷》《勸學》《釋誨》《叙樂》《女訓》《篆執》、祝文、章表、書記,凡百四篇。明張溥輯有《蔡中郎集》。

【著録與考釋】

見《隋志·别集類》。原注:"梁有二十卷,《録》一卷。"《舊唐志》:"《蔡邕集》二十卷。"(《新唐志》同。)

清姚振宗《隋書經籍志考證》:蔡邕有《月令章句》,見《經部·禮類》。○《後漢書》本傳:"邕少博學,師事太傅胡廣,好辭章、數術、天文,妙操音律,閑居玩古,不交當世。感東方朔《客難》及揚雄、班固、崔駰之徒設疑以自通,乃斟酌群言,韙其是而矯其非,作《釋誨》以戒厲。熹平中,連上疏、上封事、陳七事,又對詔問,又上書自陳。及徙朔方,又上書自陳,奏其所著《十意》,分别首目,連置章左。所著詩、賦、碑、誄、銘、贊、連珠、箴、弔、論議、《獨斷》《勸學》《釋誨》《叙樂》《女訓》《篆執》、祝文、章表、書記,凡百四篇,傳于世。"(案:《勸學》見《經部·小學家》。)○《文心雕龍·銘箴篇》曰:"蔡邕銘思,獨冠古今。橋公之鉞,吐納典謨;朱穆之鼎,全成碑文,溺所長也。"又《誄碑篇》曰:"自後漢以來,碑碣雲起。才鋒所斷,莫高蔡邕。觀楊賜之[碑],骨鯁訓典;陳郭二文,詞無擇言;周胡衆碑,莫非精允。其叙事也該而要,其綴采也雅而澤;清詞轉而不窮,巧義出而卓立。察其爲才,自然而至。"又《雜文篇》曰:"蔡邕《釋誨》,體奥而文炳。"又《才略篇》曰:"張衡通贍,蔡邕精雅,文史彬彬,隔世相望。是則竹柏異

心而同貞,金玉殊質而皆寶也。”(案:裴啟《語林》曰:“衡之初死,蔡邕母始孕,此二人才貌相類,時人方邕是衡之後身,故劉勰有是言。”)〇《唐日本國見在書目》:“《蔡邕集》廿卷。”又雜家《獨斷》一卷,注云:“今案:蔡邕撰。”(案:《獨斷》集外别行,見于著録者,莫先于此。其云“今案”者,知其前不著撰人也。)〇《唐書·經籍》《藝文志》:《蔡邕集》二十卷。〇《崇文總目》:“《蔡邕文集》五卷。”又《史部·儀注類》:“《獨斷》二卷,蔡邕撰。”〇《通志·藝文略》:“蔡邕《外文》一卷。”又《儀注類》:“蔡邕《獨斷》二卷。”〇《宋史·藝文志》:“《蔡邕集》十卷。”又《史部·故事類》:“蔡邕《獨斷》二卷。”〇晁氏《讀書志》:“《蔡中郎集》十卷,所著文章百四篇,今録止存九十篇,而銘墓居其半,或曰碑銘,或曰神誥,或曰哀贊,其實一也。嘗自云爲《郭有道碑》,獨無愧辭,則其他可知已。”又《經部·經解類》:“《獨斷》二卷,漢左中郎將蔡邕纂,雜記自古國家制度及漢朝故事。王莽無髮,蓋見于此。”〇陳氏《書録》曰:“《蔡中郎集》十卷,《唐志》:二十卷。今本闕亡之外,纔六十四篇。其間有稱建安年號及爲魏宗廟頌述者,非邕文也。卷末有天聖癸亥歐陽静所書,辨證甚詳,以爲好事者雜編他人之文相混,非本書。又《史部·禮注類》:‘《獨斷》二卷。’言漢世制度、禮文、車服及諸帝世,次而兼及前代禮樂。”〇嚴氏《鐵橋漫藁·重編蔡中郎集叙》曰:“漢魏六朝文集傳于今世者,多近代新輯。《蔡邕集》則舊本殘闕,北宋增補,前明又屢增補者也。案:《隋志》十二卷,梁有二十卷,《録》一卷;舊、新《唐志》二十卷;《崇文總目》五卷;《書録解題》《通考》《宋志》十卷;晁氏《志》亦十卷,云九十篇已。上本皆不存。天聖中歐静本十卷六十四篇,明初小板九行本十卷《外傳》一卷,及錫山活字本、蘭雪堂活字别本即歐静本增補六篇,凡六十九篇。俞汝成增入《獨斷》,復增補爲九十二篇。汪士賢删《獨斷》,餘同俞本。張溥復删補爲百二十四篇,搜羅尚未賅備,又失落《楊賜第一碑》,而《劉鎮南碑》各本皆未删。案:本傳所著詩、賦、碑、誄、《獨斷》《勸學》等凡百四篇,是晉宋古本《獨斷》在集中。《隋志》無《獨斷》入集,故不載(案:兩《志》亦然)。《續漢·禮儀志上》注有《車駕上原陵記》(案:此似即所擬《禮意》中之一事),《隸釋》有《陳球碑》《劉寬後碑》,皆鉅篇。《北堂書鈔》《文選注》《御覽》徵引短篇章段,爲張溥所罣漏者甚多。今統鈔六朝唐宋各書所載,以校勘明刻本,正其譌誤,補其闕遺,得百四十六篇,重加編次,爲十四卷,《録》一卷。卷數少于梁唐,篇數溢于本傳,皆注明出處,以便覆覈。其注稱本集者,明初小板本也。本集有而各書未引見者二十五篇(此等處亦考出,其縝密人所難能),或當是舊本,其中或雜以他人之文,既無顯據,亦仍其舊。張溥本有《琴贊》,俟考出處。《説郛》載《月令問答》《明堂月令》《月令篇名》,皆《月令章句》之文,其書久亡,明刻本入集,今亦附集末。東漢學問文章,首推班、張、崔、蔡,實則蔡在崔上。蔡之《月令章句》《靈紀》《十意》、四十二《列傳》不存集,雖存而殘缺不全,收聚散亡,尚見古本崖略。蔡文不盡此,而盡于此。”又自編《四録堂類集總目》:“《蔡中郎集》十四卷,《録》一卷,可均校編。”(曾氏《補志》曰:“楊氏外集有《琴贊考》,《書鈔》一百九則嵇康作也。馮氏《詩紀》輯存《飲馬長城窟行》等詩歌六首,其《樊惠渠歌》即《樊渠頌》,《琴歌》即《釋誨文》。除此二首,合以嚴氏輯文,是蔡集之善本。”)○張氏《書目答問》:“《蔡中郎集》六卷,聊城楊氏仿宋本,附《獨斷》二卷,通行三本皆遜此本。嚴可均校補《蔡中郎集》十四卷,《録》一卷,未刊。”(案:今刊入《全後漢文編》中,省《獨斷》二卷,故止十二卷。其《録》一卷亦省之。)

【内容】

蔡邕著述甚豐,姚振宗論之詳矣。其實蔡邕還是漢末辭賦大家,其賦今存18篇:

1.《述行賦》,見《古文苑》卷二十一、《藝文類聚》卷二十七。

2.《青衣賦》,見《藝文類聚》卷三十五、《初學記》卷十九。

3.《漢津賦》,見《古文苑》卷七、《藝文類聚》卷八、《初學記》卷七。

4.《短人賦》,見《古文苑》卷七、《初學記》卷十九。

5.《筆賦》,見《藝文類聚》卷五十八、《初學記》卷二十一、《北堂書鈔》卷一百四、《古文苑》卷七。

6.《彈琴賦》(殘),見《藝文類聚》卷四十四、《初學記》卷十六、《古文苑》卷二十一、《北堂書鈔》卷一百九。

7.《傷故栗賦》,見《古文苑》卷二十一、《藝文類聚》卷八十七、《初學記》卷二十八、《太平御覽》卷九百六十四。

8.《蟬賦》,見《藝文類聚》卷九十七。

9.《彈棊賦》(殘),見《古文苑》卷七、《藝文類聚》卷七十四、《太平御覽》卷七十五。

10.《協和婚賦》,見《古文苑》卷二十一、《初學記》卷十四。

11.《協初賦》(殘),見《藝文類聚》卷十八、《太平御覽》卷三百八十一、《北堂書鈔》卷一百三十四、一百三十五。

12.《瞽師賦》(殘),見《北堂書鈔》卷一百十一、《初學記》卷十六、《太平御覽》卷七百四十。

13.《霖雨賦》(殘),見《藝文類聚》卷二,署名陳王曹植,題爲《愁霖賦》。時至今日,大家一致認爲《藝文類聚》記載失誤,據此賦前兩句與《述行賦·序》判斷,可證明此賦確是蔡邕所作。

14.《檢逸賦》(殘),見《藝文類聚》卷十八、《北堂書鈔》卷一百十。

15.《團扇賦》(殘句),見《北堂書鈔》卷一百三十四。

16.《玄表賦》(殘句),見《文選》卷四十謝朓《拜中軍記室辭隋王牋》“抽揚小善”句李善注。

17.《静情賦》,存目。陶淵明《閑情賦》序:“初,張衡作《定情賦》,蔡邕作《静情賦》,檢逸辭而宗澹泊,始則蕩以思慮,而終歸閑正。”

18.《釋誨》,見《後漢書·蔡邕傳》、《藝文類聚》卷二十五。

【研究】

研究蔡邕賦,基本文獻有:鄧安生《蔡邕集編年校注》(河北教育出版社2002年版),費振剛、仇仲謙、劉南平《全漢賦校注·蔡邕》(廣東教育出版社2005年版)。論文主要有:吴明賢《蔡邕賦論》[《四川師範大學學報》(社會科學版)1990年第4期]、俞紀東《蔡邕〈青衣賦〉研究》(《上海財經大學學報》2001年第1期)、傅建忠《典雅:蔡邕辭賦的美學品格》[《西安電子科技大學學報》(社會科學版)2003年第2期]、劉桂華《漢代賦史上的一朵奇葩——淺議蔡邕的戀情賦》[《濟南大學學報》(社會科學版)2003年第3期]、汪青《雅韻琴音——蔡邕〈琴賦〉的文學與音樂解讀》(《名作欣賞》2006年第10期)、陳海燕、朱慧《蔡邕賦的成就及風格述評》[《西南石油大學學報》(社會科學版)2011年第2期]、楊榕《蔡邕抒情小賦論略》(《廣西民族師範學院學報》2011年第2期)、張新偉《蔡邕辭賦援引〈楚辭〉語詞祖述》(《遵義師範學院學報》2015年第4期)、趙玉霞、王瑞鳳《蔡邕〈述行賦〉與李奎報〈祖江賦〉比較》[《遼東學院學報》(社會科學版)2015年第5期]等。學位論文有傅建忠《蔡邕辭賦研究》(福建師範大學2003年碩士學位論文)。

《後漢丞相倉曹屬阮瑀集》5卷(《阮元瑜集》),漢阮瑀撰,佚名輯,殘

【著者】

阮瑀(165?—212),字元瑜,陳留尉氏(今河南開封)人。東漢末文學家,“建安七子”之一。少聰穎有志,受學于蔡邕。中都護曹洪(曹操從弟)聞其名,欲致之,令掌書記,瑀不肯。後又避曹操而逃入山中,曹操使人焚山,不得已而出,拜爲司空軍謀祭酒,與陳琳同管記室,後徙倉曹屬。軍國書檄多出其手。其集5卷,已佚。明張溥輯《阮元瑜集》1卷。

【著録與考釋】

見《隋志·别集類》。原注:“梁有《録》一卷,亡。”

清姚振宗《隋書經籍志考證》:《魏志·王粲傳》:“陳留阮瑀,字元瑜,少受學于蔡邕。建安中都護曹洪欲使掌書記,瑀終不爲屈。太祖以爲司空軍謀祭酒,管記室。軍國書檄,多瑀與陳琳所作。瑀以十七年卒,文帝書《與元城令吴質》曰:‘元瑜書記翩翩,致足樂也。’”〇又傳注:《典略》曰:“太祖嘗使瑀作書與韓遂,時太祖適近出,瑀隨從,因于馬上具草,書成呈之。太祖擥筆欲有所定,而竟不能增損。”臣松之案:“魚氏《典略》、摯虞《文章志》並云:瑀,建安初辭疾避役,不爲曹洪屈,得太祖召,即投杖而起。又《典略》載:太祖初征荆州,使瑀作書

與劉備。及征馬超,又使瑀作書與韓遂。此二書今具存。"(案:瑀子籍,《晉書》有傳,蓋陳留尉氏人也。)〇張氏《百三家》:《阮元瑜集》輯本一卷,凡賦、論、書、牋、文、詩,十九篇。〇嚴氏《全後漢文編》:阮瑀有集五卷,今存《紀征賦》《止欲賦》《箏賦》《鸚鵡賦》《謝曹公牋》《爲曹公作書與孫權》《爲曹公與劉備書》《文質論》《弔伯夷》,凡九篇。

【内容】

阮瑀賦今存《紀征賦》、《止欲賦》、《箏賦》(殘)、《鸚鵡賦》(殘句)4 篇:

1.《紀征賦》,見《藝文類聚》卷五十九。

2.《止欲賦》(殘),見《藝文類聚》卷十八。

3.《箏賦》(殘),見《藝文類聚》卷四十四、《初學記》卷十六、《北堂書鈔》卷一百十。

4.《鸚鵡賦》(殘句),見《藝文類聚》卷九十一。

【研究】

專門研究阮瑀賦的論文有周昀《阮瑀〈箏賦〉之淺論》[《新鄉學院學報》(社會科學版)2009 年第 5 期]。此外尚有綜合研究阮瑀生平、文學或者文風的論文數篇。

《後漢丞相軍謀掾陳琳集》3 卷(《陳記室集》),漢陳琳撰,佚名輯,殘

【著者】

陳琳(? —217),字孔璋,廣陵(今江蘇揚州)人。"建安七子"之一。初爲大將軍何進主簿。曾諫阻何進謀誅宦官,不聽,便避禍冀州,依附袁紹。袁紹使之典文章,軍中文書,多出其手。最著名的是《爲袁紹檄豫州文》,文中歷數曹操的罪狀,詆斥及其父祖,極富煽動力。建安五年(200)官渡之戰,袁紹大敗,陳琳爲曹軍俘獲。曹操愛其才而不咎,署爲司空軍師祭酒,使與阮瑀同管記室。後又徙爲丞相門下督。建安二十二年(217),與劉楨、應瑒、徐幹等同染疫疾而亡。明張溥輯有《陳記室集》1 卷。

【著録與考釋】

見《隋志·别集類》。原注:"梁十卷,《録》一卷。"《舊唐書·經籍志》:"《陳琳集》十卷。"(《新唐書·藝文志》同。)

清姚振宗《隋書經籍志考證》:《魏志·王粲傳》:"廣陵陳琳,字孔璋。前爲何進主簿,進欲誅宦官,太后不聽。進乃召四方猛將,並使引兵向京城,欲以劫恐太后。琳諫進,進不納其言,竟以取禍。琳避難冀州,袁紹使典文章。袁氏敗,琳歸太祖。太祖謂曰:'卿昔爲本初移書,但可罪狀孤而已,惡惡止其身,何乃上及父祖邪?'琳謝罪,太祖愛其才而不咎。與阮瑀並爲司空軍謀祭酒,管記室。軍國書檄,多琳、瑀所作。琳徙門下督,著文、賦數十篇。建安二十二年卒。

文帝書與元城令吴質曰:'孔璋章表殊健,微爲繁富。'"注又引《典論》曰:"琳、瑀之章表書記,今之儁也。"○又傳注:《典略》曰:"琳作諸書及檄,草成,呈太祖。太祖先苦頭風,是日疾發,臥讀琳所作,翕然而起,曰:'此愈我病!'數加厚賜。"○又《吴志·張紘傳》注:《吴書》曰:"紘見陳琳作《武庫賦》《應譏論》,與琳書,深歎美之,琳答書。"○《唐書·經籍》《藝文志》:《陳琳集》十卷。(《宋史·藝文志》同。)○《崇文總目》:"《陳琳文集》九卷。"○陳氏《書録解題》:"《陳孔璋集》十卷,魏丞相軍謀掾廣陵陳琳孔彰撰。魏文帝《典論》以孔融、王粲、徐幹、陳琳、阮瑀、應瑒、劉楨七人,所謂建安七子者也。今諸家詩文散見于《文選》及諸類書。其以集傳者,仲宣、孔璋而已。"○張氏《百三家》:《陳記室集》一卷,凡賦、上書、書、牋、檄、版文、設難、樂府、詩,二十二篇。"○嚴氏《全後漢文編》:輯本一卷,凡《大暑賦》《止欲賦》《武庫賦》《神武賦》《神女賦》《大荒賦》《迷迭賦》《馬瑙勒賦》《柳賦》《鸚鵡賦》《諫何進召外兵》《答東阿王箋》《更公孫瓚與子書》《答張紘書》《爲曹洪與魏太子書》《爲袁紹檄豫州》《檄吴將校部曲》《應譏》《韋端碑》,十九篇。"

【内容】

據俞紹初輯校《建安七子集·陳琳集》①,陳琳現存賦作15篇(1篇存目):

1.《神女賦》(殘),見《藝文類聚》卷七十九。

2.《神武賦》,見《藝文類聚》卷五十九、《北堂書鈔》卷一百五十八。

3.《武庫賦》(又作《武軍賦》)(殘),見《太平御覽》卷三百三十六、《藝文類聚》卷五十九、《初學記》卷二十二。

4.《大暑賦》(殘),見《初學記》卷三、《韻補》。

5.《止欲賦》(殘),見《藝文類聚》卷十八、《文選》卷三十一江淹《雜體詩》李善注、《韻補》。

6.《大荒賦》(殘),見《初學記》卷二十、《韻補》。

7.《迷迭賦》(殘),見《藝文類聚》卷八十一、《太平御覽》卷九百八十二、《韻補》。

8.《馬瑙勒賦》(殘),見《太平御覽》卷三百五十八、《北堂書鈔》卷一百二十六、《太平御覽》卷八百八、《韻補》。

9.《柳賦》(殘),見《初學記》卷二十八、《文選》卷二十三潘岳《悼亡詩》李善注。

10.《鸚鵡賦》(殘),見《藝文類聚》卷九十一。

11.《車渠椀賦》(殘),見《韻補》。

12.《悼龜賦》(殘),見《韻補》。

---

① 俞紹初:《建安七子集》,中華書局2005年版。

13.《武獵賦》,存目。

14.《答客難》(殘句),見《韻補》。

15.《應譏》,見《藝文類聚》卷二十五。

【研究】

研究陳琳賦,可以參考俞紹初《建安七子集》(中華書局 2005 年版)、吴雲《建安七子集校注》(天津古籍出版社 2005 年版)、龔克昌等《全三國賦評注·陳琳》(齊魯書社 2013 年版)。論文有:周進《〈全漢賦·陳琳賦〉勘誤》(《康定民族師範高等專科學校學報》2007 年第 3 期)、孔德明《陳琳"不閑於辭賦"論考辨》(《常熟理工學院學報》2014 年第 5 期)、馬黎麗《陳琳賦研究》(《中國文學研究》2016 年第 1 期)等。

《後漢丞相主簿繁欽集》3 卷(《繁休伯集》),漢繁欽撰,佚名輯,殘

【著者】

繁欽(? —218),字休伯,潁川(今河南禹州市)人。以文才機辯,得名於汝、潁間。長於書記,尤善爲詩賦,其所與太子書,記喉轉意,率皆巧麗。爲豫州從事,遷丞相主簿。建安二十三年卒。有集 10 卷,今存《繁休伯集》輯本 1 卷。

【著録與考釋】

見《隋志·别集類》。原注:"梁《録》一卷,亡。"

清姚振宗《隋書經籍志考證》:《魏志·王粲傳》:"自潁川邯鄲淳、繁欽等,亦有文采。"裴松之曰:"繁音婆。《典略》曰:欽,字休伯,以文才機辨,少得名于汝、潁。欽既長于書記,又善爲詩賦,其所與太子書,記喉轉意,率皆巧麗。爲丞相主簿。建安二十三年卒。"○《文選·繁休伯與文帝牋》注:《文章志》曰:"繁欽,字休伯,潁川人。少以文辨知名,以豫州從事,稍遷至丞相主簿,病卒。《文帝集序》云:'上西征,余守譙,繁欽從。時薛訪車子,能喉轉,與笳同音。欽牋還與余,而盛歎之。雖過其實,而其文甚麗。'"(亦見汪氏《文選撰人篇目》)○《唐書·經籍》《藝文志》:《繁欽集》十卷。○嚴氏《全後漢文編》曰:"繁欽有集十卷,今有《暑賦》《抑檢賦》《明□賦》《愁思賦》(一作秋思)、《弭愁賦》《述征賦》《述行賦》(一作遂行)、《避地賦》《征天山賦》(一作《撰征賦》)、《建章鳳闕賦》《三胡賦》《桑賦》《柳賦》《與魏太子箋》《爲史叔良作移零陵檄》《川里先生訓》《硯頌》《硯贊》《尚書箴》《威儀箴》《嘲應德璉文》《丘雋碑》,凡二十二篇。"

【内容】

繁欽賦今存 13 篇:

1.《愁思賦》(一作《秋思賦》),見《藝文類聚》卷三十五、《初學記》卷三。

2.《弭愁賦》,見《藝文類聚》卷三十五。

3.《建章鳳闕賦》,見《藝文類聚》卷六十二、《文選》陸倕《石闕銘》李善注。

4.《三胡賦》（殘），見《太平御覽》卷三百八十二、九百六十六及三百六十九。

5.《桑賦》，見《藝文類聚》卷八十八、《太平御覽》卷九百五十五。

6.《柳賦》，見《藝文類聚》卷八十九。

7.《暑賦》（殘），見《藝文類聚》卷五、《初學記》卷三、《北堂書鈔》卷一百二十五。

8.《征天山賦》（一作《撰征賦》）（殘），見《太平御覽》卷三百三十九及卷三百五十三、《藝文類聚》卷五十九。

9.《三胡賦》（殘），見《太平御覽》卷三百八十二、九百六十六及三百六十九。

10.《明□賦》（殘句），僅存四句，見《北堂書鈔》卷一百五十八。

11.《述行賦》（一作《遂行賦》）（殘句），僅存四句，見《文選》謝靈運《擬魏太子鄴中集》詩李善注及《史記·魯周公世家》索隱。

12.《述征賦》（殘句），僅存二句，見《太平御覽》卷三百五十一。

13.《避地賦》（殘句），僅存二句，見《水經·濟水注》。

【研究】

研究繁欽賦的論文有：張應斌《繁欽〈建章鳳闕賦〉補輯》（《文獻》2002 年第 4 期）、大明《繁欽〈柳樹賦〉考辯》[《四川師範大學學報》（社會科學版）2009 年第 3 期]、彭春豔《繁欽賦研究》[《語文教學通訊·D 刊》（學術刊）2014 年第 12 期]。

《後漢丞相主簿楊修集》1 卷，漢楊修撰，佚名輯，殘

【著者】

楊修（175—219），字德祖，弘農華陰（今陝西華陰東）人。建安初，舉孝廉，任郎中。後爲丞相曹操主簿。文才兼備，能準確揣摩曹操的想法，也深得曹植寵信。其後曹植見寵日衰，加之楊修是袁術的外甥，曹操以之爲心頭之患，終藉故殺之。年四十四。

【著録與考釋】

見《隋志·别集類》。原注："梁二卷，《録》一卷。"

清姚振宗《隋書經籍志考證》：《後漢書·楊震傳》："震，弘農華陰人也。中子秉，秉子賜，賜子彪，彪子修，字德祖，好學，有俊才。爲丞相曹操主簿。操忌修，且以袁術之甥，慮爲後患，遂因事殺之。修所著賦、頌、碑、贊、詩、哀辭、表、記、書，凡十五篇。"○又傳注：《續後漢書》曰："有人白：修與臨淄侯曹植飲醉共載，從司馬門出，謗訕鄢陵侯章。太祖聞之，大怒，故遂收殺之。時年四十五矣。"○《魏志·陳思王植傳》注：《典略》曰："修，建安中舉孝廉，除郎中。丞相

請署倉曹屬主簿。是時,軍國多事,修總知外内事,皆稱意。自魏太子以下,並爭與交好。臨淄侯植後以驕縱見疏,而植故連綴修不止,修亦不敢自絶。至二十四年秋,公以修前後漏泄言教,交關諸侯,乃收殺之。修臨死,謂故人曰:'我固自以死之晚也。'其意以爲坐曹植也。修死後百餘日,而太祖薨。"○《唐書·經籍》《藝文志》:《楊修集》二卷。○嚴氏《全後漢文編》:"楊修有集二卷,今存《節游賦》《出征賦》《許昌宫賦》《神女賦》《孔雀賦》《答臨淄侯箋》《司空荀爽述贊》,凡七篇。"

【内容】

楊修賦作今存9篇(3篇存目):

1.《神女賦》,見《藝文類聚》卷七十九。

2.《孔雀賦》,見《藝文類聚》卷九十一。

3.《節遊賦》(殘),見《藝文類聚》卷二十八。

4.《出征賦》(殘),見《藝文類聚》卷五十九、《北堂書鈔》卷一百三十七、《太平御覽》卷七百七十。

5.《許昌宫賦》(殘),見《藝文類聚》卷六十二、《文選》潘岳《藉田賦》注、《北堂書鈔》卷一百二十。

6.《傷夭賦》(殘句),僅存二句,見《文選》潘岳《悼亡詩》李善注。

7.《暑賦》(存目),楊修《答臨淄侯箋》:"是以對鶡而辭,作《暑賦》,彌日而不獻。"

8.《五湖賦》(存目),清顧懷三《補後漢書藝文志》云:"楊修有《五湖賦》。"

9.《七訓》(存目),《太平御覽》卷五百九十引傅玄《七謨序》:"自大魏英賢代出,有陳王《七啟》、王氏《七釋》、楊氏《七訓》、劉氏《七華》、從父侍中《七誨》,並陵前而邈後,揚清風於儒林,亦數篇焉。"楊氏,或即楊修。

【研究】

研究楊修賦,可以參考費振剛等《全漢賦校注·楊修》(廣東教育出版社2005年版)、龔克昌等《全三國賦評注·楊修》(齊魯書社2013年版)。論文有:張應斌《楊修佚文〈五湖賦〉》(《中國典籍與文化》2005年第2期)、高暢《〈全漢賦校注〉對楊修〈出征賦〉的誤釋》(《商丘職業技術學院學報》2015年第4期)。

《魏太子文學徐幹集》5卷,漢徐幹撰,佚名輯,殘

【著者】

徐幹(171—218),字偉長,北海郡(今山東濰坊)人,三國時期著名辭賦家、詩人、政論家,建安七子之一。爲曹操司空軍謀祭酒掾屬、五官將文學。性恬淡,不重視官禄,屢次辭官。抱質懷文,有箕山之志。建安二十二年(217)春,瘟疫流行,幹亦染疾而卒。曹丕《與吴質書》云:"觀古今文人,類不護細行,鮮能以

名節自立。而偉長獨懷文抱質,恬淡寡欲,有箕山之志,可謂彬彬君子矣!”《舊唐志》《新唐志》著録其集5卷。

【著録與考釋】

見《隋志·别集類》。原注:“梁有《録》一卷,亡。”

清姚振宗《隋書經籍志考證》:徐幹有《中論》,見《子部·儒家》。○《魏志·王粲傳》注:《典論》曰:“今之文人,北海徐幹,如幹之《玄猨》《漏巵》《圓扇》《橘賦》,雖張、蔡不過也。然于他文,未能稱是。”○《文心雕龍·才略篇》:“徐幹以賦論標美。”又《詮賦篇》曰:“偉長博通,時逢壯采。”○《唐書·經籍》《藝文志》:《魏徐幹集》五卷。(《唐志》入魏代者,非也。)○嚴氏《全後漢文編》曰:“徐幹爲五官將文學,有《中論》六卷,集五卷。今存《齊都賦》《西征賦》《序征賦》《哀别賦》《嘉夢賦》《冠賦》《團扇賦》《車渠椀賦》《七喻》《失題》,凡十篇。”

【内容】

徐幹賦今存12篇(4篇存目):

1.《序征賦》(殘),見《藝文類聚》卷五十九。

2.《西征賦》(殘),見《藝文類聚》卷五十九、《北堂書鈔》卷一百十八。

3.《齊都賦》(殘),見《藝文類聚》卷六十一、《太平御覽》卷三百三十八、《北堂書鈔》卷一百四十六、一百四十八。

4.《哀别賦》(殘句),僅存四句,見《初學記》卷十八。

5.《冠賦》(殘句),僅存六句,見《初學記》卷二十六,題作《魏齊干賦》。

6.《車渠椀賦》(殘句),僅存八句,見《藝文類聚》卷七十三。

7.《圓扇賦》(殘句),僅存四句,見《北堂書鈔》卷一百三十四、《太平御覽》卷七百二、八百十四。

8.《嘉夢賦》(僅存序文),見《初學記》卷七。

9.《玄猿賦》,存目。《文選》卷五十二曹丕《典論·論文》:“王粲長于辭賦,徐幹時有齊氣,然粲之匹也。如粲之《初征》《登樓》《槐賦》《征思》,幹之《玄猨》《漏巵》《圓扇》《橘賦》,雖張、蔡不過也。”猨,同“猿”。

10.《漏巵賦》,存目。出處同上。

11.《橘賦》(存目)。出處同上。

12.《七喻》(殘),見《藝文類聚》卷五十七、《北堂書鈔》卷一百四十五、《太平御覽》卷四百六十四等書。

【研究】

研究徐幹賦,可以參考俞紹初《建安七子集》(中華書局2005年版)、吴雲《建安七子集校注》(天津古籍出版社2005年版)、龔克昌等《全三國賦評注》(齊魯書社2013年版)的相關内容。尚無專門的研究論文。

《魏太子文學應瑒集》5 卷（《應德璉集》），漢應瑒撰，佚名輯，殘

【著者】

應瑒（177—217），字德璉，汝南南頓（今河南項城）人，漢末文學家，“建安七子”之一。出身儒學世家，司空掾應珣之子，司隸校尉應劭（邵）之侄。初，與劉楨一同被魏王曹操任命爲丞相掾屬，後轉爲平原侯庶子。曹丕任五官中郎將時，瑒爲將軍府文學（掌校典籍、侍奉文章）。著文賦數十篇，詩歌亦見長。《隋志》著録其集 5 卷，已佚。明張溥輯有《應德璉集》1 卷。

【著録與考釋】

見《隋志·别集類》。原注：“梁有五卷，《録》一卷，亡。”

清姚振宗《隋書經籍志考證》：《魏志·王粲傳》：“始文帝爲五官將，及平原侯植皆好文學，粲與汝南應瑒（字德璉）並見友善。太祖辟爲丞相掾属，转爲平原侯庶子，後爲五官將文學。（咸）著文賦數十篇。瑒以建安二十二年卒。文帝書與元城令吴質曰：‘德璉常斐然有述作，意其才學足以著書，美志不遂，良可痛息。’”〇又傳注：華嶠《漢書》曰：“瑒祖奉，爲世儒者，延熹中至司隸校尉。子邵亦博學多識，官至泰山太守。邵弟珣，字季瑜，司空掾，即瑒之父也。”〇《文心雕龍·才略篇》曰：“應瑒學優以得文。”又《序志篇》曰：“詳觀近代之論文者，若應瑒文論，華而疏略。”〇《唐書·經籍》《藝文志》：“《魏應瑒集》二卷。”（案，此入魏代，亦非。）〇張氏《百三家》：《應德璉集》一卷，凡賦、書、論、雜文、詩，二十篇。〇嚴氏《全後漢文編》曰：“應瑒爲五官將文學，有集五卷。今存《愁霖賦》《靈河賦》《正情賦》《撰征賦》《西征賦》《西狩賦》《馳射賦》《校獵賦》《神女賦》《車渠椀賦》《竦迷迭賦》《楊柳賦》《鸚鵡賦》《慜驥賦》《報龐惠恭書》《釋賓》《文質論》《弈勢》，凡一十八篇。”

【内容】

應瑒賦今存 16 篇：

1.《慜驥賦》，見《藝文類聚》卷九十三。

2.《愁霖賦》，見《藝文類聚》卷二。

3.《車渠椀賦》，見《藝文類聚》卷七十三、《北堂書鈔》卷一百五十二。

4.《迷迭賦》，見《藝文類聚》卷八十一、《太平御覽》卷八百九十二。

5.《靈河賦》（殘），見《藝文類聚》卷八、《初學記》卷六、《水經·河水注》五、《古文苑》卷二十一、《北堂書鈔》卷一百三十七、卷一百三十八。

6.《正情賦》（殘），見《藝文類聚》卷十八、《北堂書鈔》卷一百三十六。

7.《西狩賦》（殘），見《藝文類聚》卷六十六、《北堂書鈔》卷十四。

8.《馳射賦》（殘），見《藝文類聚》卷六十六、《太平御覽》卷三百五十八、《文選》卷十四顔延之《赭白馬賦》李善注、《文選》卷十八成公綏《嘯賦》李善注。

9.《神女賦》（殘），見《太平御覽》卷三百八十一、《文選》卷三十陸機《擬古詩》李善注。

10.《撰征賦》（殘句），見《藝文類聚》卷五十九。

11.《西征賦》（殘句），僅存兩句，見《水經注》卷二十二《渠水注》。

12.《校獵賦》（殘句），僅存六句，見《初學記》卷二十二。

13.《楊柳賦》（殘句），殘存八句，見《藝文類聚》卷八十九。

14.《鸚鵡賦》（殘句），殘存八句，見《藝文類聚》卷九十一。

15.《讚德賦》（殘句），僅存兩句，見《北堂書鈔》卷九十七。

16.《釋賓》（殘句），見《文選》卷三十五張協《七命》李善注、《文選》卷四十七袁宏《三國名臣序贊》李善注、《文選》卷五十五劉峻《廣絶交論》注。

【研究】

研究應瑒賦，可以參考俞紹初《建安七子集》（中華書局 2005 年版）、吴雲《建安七子集校注》（天津古籍出版社 2005 年版）、龔克昌等《全三國賦評注》（齊魯書社 2013 年版）的相關内容。論文有：尚巖《應瑒賦作略論》[《西藏民族學院學報》（哲學社會科學版）2010 年第 6 期]。

《魏太子文學劉楨集》4 卷（《劉公幹集》），漢劉楨撰，佚名輯，殘

【著者】

劉楨（？—217），字公幹，東平（今山東東平縣東）人。漢末文學家，“建安七子”之一。與應瑒同時被曹操徵辟，歷任丞相掾屬、平原侯庶子、五官將文學。爲人卓傲，曾因在曹丕舉行的宴會上平視甄夫人，而以不敬之罪被刑，後復被起用。才思敏捷，爲文妙絶。建安二十二年（217）染疫而卒。著有《毛詩義問》10 卷，文集 4 卷。明張溥輯有《劉公幹集》1 卷。

【著録與考釋】

見《隋志・别集類》。原注：“《録》一卷。”

清姚振宗《隋書經籍志考證》：劉楨有《毛詩義問》十卷，見《經部・詩類》。○《魏志・王粲傳》：“粲與東平劉楨等咸著文賦數十篇。注引《典論》曰：‘琳、瑀之章表書記，今之儁也。應瑒和而不壯，劉楨壯而不密。”又《魏略》曰：“建安二十三年，太子又與吴質書曰：‘孔璋章表殊健，公幹有逸氣，但未遒耳。至其五言詩，妙絶當時。’”○《唐書・經籍》《藝文志》：《魏劉楨集》二卷。（案：此入魏代，亦非。）○張氏《百三家》：《劉公幹集》一卷。凡賦、書、碑、詩，十七篇。○嚴氏《全後漢文編》曰：“劉楨爲平原侯庶子，五官將文學。有《毛詩義問》十卷，集四卷。今存《大暑賦》《黎陽山賦》《魯都賦》《遂志賦》《清慮賦》《瓜賦》《與曹植書》《諫曹植書》《答魏太子丕借廓落帶書》《處士國文甫碑》，凡十篇。”

【内容】

劉楨賦今存 7 篇（1 篇存目）：

1.《魯都賦》,見《藝文類聚》卷六十一。此賦殘存錯亂。

2.《遂志賦》,見《藝文類聚》卷二十六。

3.《大暑賦》(殘),見《藝文類聚》卷五、《古文苑》卷二十一。

4.《黎陽山賦》(殘),見《藝文類聚》卷七、《文選》卷二十二謝混《游西池》詩李善注、《文選》卷二十四陸機《答賈長淵》詩李善注。

5.《清慮賦》(殘),見《初學記》卷二十七,《太平御覽》卷一百八十五、卷七百六、卷八百八,《北堂書鈔》卷一百三十三、卷一百四十、卷一百四十四等。

6.《瓜賦》(殘),見《初學記》卷十及卷二十八、《太平御覽》卷九百七十八。

7.《大閱賦》(存目)。

【研究】

研究劉楨賦,可以參考俞紹初《建安七子集》(中華書局 2005 年版)、吴雲《建安七子集校注》(天津古籍出版社 2005 年版)、龔克昌等《全三國賦評注》(齊魯書社 2013 年版)。學位論文有:吴潔《劉楨研究》(陝西師範大學 2007 年碩士學位論文)。

《後漢侍中王粲集》11 卷(《王侍中集》),漢王粲撰,佚名輯,殘

【著者】

王粲(177—217),字仲宣,山陽高平(今山東鄒城市)人,漢末三國名臣,著名文學家,"建安七子"之一。少時才思敏捷,在長安爲蔡邕所賞,謂書籍文章,身後盡當贈之。西京擾亂,避難荆州,依劉表 16 年,未被重用。後歸曹操,爲丞相掾,賜爵關内侯。後遷軍謀祭酒。魏國始建宗廟,王粲與和洽、衛覬、杜襲同拜侍中。其時舊制禮儀廢弛,朝内正要興造制度,故使王粲與衛覬等典其事。建安末從曹操南征孫權,卒于返鄴途中。年四十一。有集 11 卷,已散佚,明張溥輯有《王侍中集》1 卷。他的詩賦注重錘煉字句,風格清麗,是建安七子中最有文才者,被譽爲"七子之冠冕"。後人將他和曹植並稱爲"曹王"。

【著録與考釋】

見《隋志·别集類》。新、舊《唐志》:"《王粲集》十卷。"《宋志》:"《王粲集》八卷。"

清姚振宗《隋書經籍志考證》:王粲有《尚書釋問》四卷,見《經部·書類》。○《魏志》本傳:"魏國既建,拜侍中。博物多識,問無不對。時舊儀廢弛,興造制度,粲恒典之。性善算,作算術,略盡其理。善屬文,舉筆便成,無所改定,時人常以爲宿構。然正復精意覃思,亦不能加也。著詩、賦、論、議,垂六十篇。文帝書《與元城令吴質》曰:'仲宣獨自善于辭賦,惜其體弱,不起其文。至于所善,古人無以遠過也。'"○又傳注:《典論》曰:"粲長于辭賦,如粲之《初征》《登樓》《槐賦》《征思》,雖張、蔡不過也。"又《典略》曰:"粲才既高,辯論應機。鍾繇、王

朗等雖各爲魏卿相,至于朝廷奏議,皆閣筆不能措手。"○又傳評曰:"昔文帝、陳王博好文采,同聲相應,才士並出,惟粲等六人最見名目。而粲特處常伯之官,興一代之制。然其沖虚德宇,未若徐幹之粹也。"○《文心雕龍·詮賦篇》曰:"仲宣靡密,發端必遒。"又《雜文篇》曰:"仲宣《七釋》,致辯于事理。"又《才略篇》曰:"仲宣溢才,捷而能密,文多兼善,辭少瑕累。摘其詩賦,則七子之冠冕乎!"○《唐書·經籍》《藝文志》:《王粲集》十卷。(《宋史·志》八卷。)○晁氏《讀書志》:"《王粲集》八卷。粲著詩、賦、論、議,垂六十篇,今集有八十一首。案:《唐志》:《粲集》十卷,今亡兩卷。其詩文反多于史所紀二十餘篇。"(案:史所言篇數,或以卷分,或以類分。晁氏以首數爲篇數,似不然。又云"亡兩卷"者,蓋即《尚書問》析出别行,其後鄭氏門人田瓊、韓益爲解釋之,即《七録》所載《尚書釋問》四卷是也。)○張氏《百三家》:《王侍中集》一卷,凡賦、書、檄、七、記、論、連珠、贊、銘、祭文、樂府、詩,綜五十六篇。"○汪氏《文選撰人篇目》:"魏王仲宣粲有《登樓賦》《公讌詩》《詠史詩》《七哀詩》《贈蔡子篤詩》《贈士孫文始詩》《贈文叔良詩》、《從軍詩》五首、《雜詩》一首。"○嚴氏《全後漢文編》:"王粲有《去伐論集》三卷,《漢末英雄記》十卷,集十一卷。今存賦、書、檄、《七釋》、頌、贊、論、《荆州文學官志》《倣連珠》、銘、弔,綜四十六篇,編爲二卷。"○案:《王粲傳》云:"魏國既建,拜侍中",又《武紀》:"建安十八年十一月初置尚書、侍中、六卿",注引《魏氏春秋》曰:"以王粲、杜襲、衛覬、和洽爲侍中。"是王粲爲魏國侍中,非漢侍中。《經部·書類》題魏侍中,"魏"下當增"國"字。此題"後漢侍中",則全非事實矣。(凡按:如姚振宗所言,作"後漢侍中"確實不當,作"魏國侍中"較爲妥當。)

【内容】

王粲在建安七子中成就最高,詩與賦皆膾炙人口。其賦作今存 31 篇(5 篇存目):

1.《登樓賦》,見《文選》卷十一、《藝文類聚》卷六十三。此賦是王粲避難荆州依劉表時登當陽縣城樓所作,主要抒寫作者因久居客地,才能抱負不得施展而産生的思鄉之情,是建安時期抒情小賦的代表作品。

2.《遊海賦》(殘),見《藝文類聚》卷八、《初學記》卷六、《北堂書鈔》卷一百三十七、《太平御覽》卷七百七十。

3.《浮淮賦》,見《初學記》卷六、《古文苑》卷七、《藝文類聚》卷八、《北堂書鈔》卷一百三十七。

4.《傷夭賦》,見《藝文類聚》卷三十四。

5.《思友賦》,見《藝文類聚》卷三十四。

6.《出婦賦》,見《藝文類聚》卷三十。

7.《寡婦賦》,見《藝文類聚》卷三十四、《文選》卷十六潘岳《寡婦賦》李善注。

8.《初征賦》,見《藝文類聚》卷五十九。

9.《羽獵賦》(殘),見《初學記》卷二十二、《古文苑》卷七、《太平御覽》卷六十六。

10.《大暑賦》(殘),見《藝文類聚》卷五、《古文苑》卷二十一、《初學記》卷三、《太平御覽》卷三十四、《北堂書鈔》卷三十四。

11.《酒賦》(殘),見《藝文類聚》卷七十二、《北堂書鈔》卷一百四十八。

12.《神女賦》(殘),見《藝文類聚》卷九十七、《文選》卷十六潘岳《寡婦賦》李善注。

13.《馬瑙勒賦》,見《藝文類聚》卷八十四、《太平御覽》卷三百五十八及卷八百八。

14.《車渠椀賦》,見《藝文類聚》卷八十四、《太平御覽》卷八百八、《文選》卷二十一左思《詠史》其一李善注。

15.《槐樹賦》,見《藝文類聚》卷八十八、《初學記》卷二十八。

16.《柳賦》(殘),見《藝文類聚》卷八十九、《初學記》卷二十八。

17.《白鶴賦》(殘句),僅存六句,見《藝文類聚》卷九十。

18.《鶡賦》,見《藝文類聚》卷九十。

19.《鸚鵡賦》,見《藝文類聚》卷九十一。

20.《鶯賦》,見《藝文類聚》卷九十二。

21.《閑邪賦》(殘),見《藝文類聚》卷十八、《文選》卷二十六謝朓《暫使下都夜發新林至京邑贈西府同僚》李善注、《北堂書鈔》卷一百三十六。

22.《迷迭賦》,見《藝文類聚》卷八十一。

23.《彈碁賦》(殘),見《太平御覽》卷七百五十四及七百五十五。碁,同“棋”。

24.《投壺賦》(僅存序文),見《太平御覽》卷七百五十三。

25.《圍碁賦》(僅存序文),見《太平御覽》卷七百五十三。

26.《愁霖賦》(存目),《文選》卷三十一江淹《雜體詩三十首·張黄門》李善注曰:“王仲宣有《愁霖賦》。”

27.《感丘賦》(存目),《全晉文》卷一百二載陸雲《與兄平原第十二書》曰:“《登樓賦》無乃煩,《感丘賦》《弔夷齊》辭不爲偉。”

28.《述征賦》(存目),《全晉文》卷一百二載陸雲《與兄平原第三十一書》云:“視仲宣賦集,《初》《述征》《登樓》前即甚佳,其餘平平,不得言情處。”

29.《喜霖賦》(存目),《全晉文》卷一百二載陸雲《與兄平原第三十一書》云:“視仲宣賦集……《愁霖》《喜霖》,殊自委頓,恐此都自易勝。”

30.《征思賦》(存目),《文選》卷五十二曹丕《典論·論文》:“王粲長于辭賦,徐幹時有齊氣,然粲之匹也。如粲之《初征》《登樓》《槐賦》《征思》,幹之《玄猿》《漏卮》《圓扇》《橘賦》,雖張、蔡不過也。”

31.《七釋》,見《文館詞林》卷四百十四(《續修四庫全書》本)、《藝文類聚》卷五十七;《北堂書鈔》《初學記》《太平御覽》散録有殘句。

【研究】

研究王粲賦,可以參考俞紹初《建安七子集》(中華書局 2005 年版)、吴雲《建安七子集校注》(天津古籍出版社 2005 年版)、龔克昌等《全三國賦評注》(齊魯書社 2013 年版)的相關内容。論文有:曹成浩《王粲〈登樓賦〉研究中的幾個問題》(《東嶽論叢》1985 年第 3 期)、曹大中《〈登樓賦〉——王粲棄劉歸曹的信號與準備》(《中州學刊》1987 年第 3 期)、胡德懷《論王粲賦》(《中國文學研究》1988 年第 2 期)、張亞新《王粲賦論》(《貴州社會科學》1988 年第 6 期)、于浴賢《王粲賦論》(《文史哲》1990 年第 5 期)、俞紹初《〈登樓賦〉測年》(《文學遺産》2003 年第 2 期)、黄燕平《王粲〈七釋〉考論》[《河南師範大學學報》(哲學社會科學版)2012 年第 1 期]、萬年松《歧路彷徨——王粲〈登樓賦〉主旨探討》(《齊齊哈爾師範高等專科學校學報》2013 年第 2 期)、劉思文、于瀟怡《朝鮮朝文人李安訥對王粲及其賦的接受》(《東疆學刊》2016 年第 3 期)、王進明《王粲〈登樓賦〉與李安訥〈次王粲《登樓賦》韻〉之比較》(《延邊教育學院學報》2016 年第 3 期)等。

第五章 賦評外編

此期没有賦評專書。不過,《史記》《漢書》兩部史書中包含有精彩的賦論觀點,揚雄《法言》、桓譚《新論》、王充《論衡》等子部文獻中也有不少論賦文字,劉歆《七略·詩賦略論》、班固《兩都賦序》更是賦論史上的經典文獻。下面即以時代先後爲序,分别加以著録和介紹。

《史記》130卷(論賈誼、司馬相如賦),漢司馬遷撰

【著者】

司馬遷(前145?—前87?),字子長,左馮翊夏陽(今陝西韓城南)人,西漢偉大的史學家、文學家、思想家、天文學家。著有《史記》130卷。事迹參見“賦總集外編”。

【版本】

《史記》130卷,漢司馬遷撰,南朝宋裴駰集解,唐司馬貞索隱,唐張守節正義,中華書局1959年標點本;2013年新標點本。

【内容】

《史記·屈原賈生列傳》和《司馬相如列傳》不僅記載了屈原、賈誼、司馬相如三位早期辭賦作家的生平事迹,介紹了他們創作辭賦的經過,而且載録了屈原《懷沙》《漁父》、賈誼《弔屈原賦》《鵩鳥賦》、司馬相如《子虛賦》《上林賦》《哀二世賦》《大人賦》等著名辭賦作品,具有極爲重要的史料價值和文學價值。此外,書中還出現了最早的辭賦評論,表達了司馬遷進步的賦學觀,對後代的辭賦創作和賦學研究産生了深遠影響。約而言之,主要有以下幾點:

第一,對賦體淵源及辭、賦關係的理解。司馬遷把屈原與賈誼合傳,明顯透露出他對這一問題的看法。《史記·屈原賈生列傳》除評論《離騷》外,還載録了《漁父》《懷沙》《弔屈原賦》《鵩鳥賦》四篇作品。前面説屈原“乃作《懷沙》之賦”,以“賦”稱屈原的楚辭作品,後面又説賈誼“爲賦以弔屈原”“爲賦以自廣”,稱《弔屈原》《鵩鳥》爲“賦”,可見在司馬遷眼裏,楚辭與漢賦都可稱爲“賦”,“辭”與“賦”是没有區别的。《屈原傳》結尾有這樣一句話:“屈原既死之後,楚有宋玉、唐勒、景差之徒者,皆好辭而以賦見稱。”這裏的“辭”指文辭,而不是文體名“楚辭”的簡稱。司馬遷將屈賈合傳,並且將屈、宋、唐、景、賈的辭與賦全部

稱爲“賦”,他顯然認爲賈誼賦作無論在藝術結構還是在精神實質上都直承楚辭而來,與楚辭没有什麽本質區别。西漢末年劉向父子校理典籍,他們將楚辭體、賦體、頌、七、對問、隱書、成相雜辭等全部稱爲“賦”,可見在漢代,“賦”的文體範圍是十分寬泛的。

第二,強調賦的諷諫功能。《史記·司馬相如列傳》曰:“其(《子虚》《上林賦》)卒章歸之於節儉,因以風諫。”又曰:“《春秋》推見至隱,《易》本隱之以顯,《大雅》言王公大人而德逮黎庶,《小雅》譏小己之得失,其流及上。所以言雖外殊,其合德一也。相如雖多虚辭濫説,然其要歸引之節儉,此與詩之風諫何異?”《太史公自序》又云:“《子虚》之事,《大人》賦説,靡麗多誇,然其指風諫,歸於無爲。”這裏反復強調相如賦的諷諫性,認爲它們與《春秋》《易經》《詩經》在表現方式上有所不同,但在合乎“德”(倫理規範)方面,在諷諫君主方面並没有什麽本質的區别。這是司馬遷載録相如賦的重要原因。

《史記》在采録其他作品時,亦體現了司馬遷重視諷諫的賦學觀。《太史公自序》云:“作辭以諷諫,連類以争義,《離騷》有之。”太史公顯然對《離騷》譏刺世事、諫諍君主的精神推崇備至。采録《漁父》《懷沙》,也是因爲它們有強烈的政治批判性和諷諫性,至於宋玉、唐勒、景差之徒的賦作,太史公認爲“皆祖屈原之從容辭令,終莫敢直諫”,因其缺乏屈原的直諫精神而一概予以刊落。相反,對於最得屈原之精髓,諷諫性、批判性極強的賈誼《弔屈原》《鵩鳥》二賦,則全文予以登載。《司馬相如列傳》采録《哀二世賦》,是因爲它“哀二世行失”,借古以諷今;采録《大人賦》,是因爲它諫止武帝求仙。司馬遷載於《史記》的大部分文學作品(主要是辭賦),都具有強烈的諷諫性。

第三,批評了賦的誇張虚構與文辭華麗。《史記·司馬相如列傳》與《太史公自序》都説相如賦描寫諸侯、天子之事“侈靡過其實”“虚辭濫説”“靡麗多誇”,但其終歸節儉,因而是可取的。所謂“侈靡過其實”是指奢侈淫靡,與實際不符;所謂“虚辭濫説”,是指言辭過於虚假、誇大:兩者分别從描寫内容與語言形式上着眼,而其本質是一致的,即今天所説的誇張與虚構。司馬遷處於文學發展的早期階段,對於文學的基本特徵不甚理解,他用學術作品的標準來要求文學,故有此説。司馬遷還最早指出了漢賦語言華麗、辭藻絢爛的藝術特徵,並對此有所不滿。他説相如賦“靡麗多誇”(《太史公自序》),所謂“靡麗”,就是過於華麗綺靡,與樸實無華是相反的概念。此後揚雄説“詩人之賦麗以則,辭人之賦麗以淫”(《法言·吾子》),王充稱漢賦爲“弘麗之文”“文麗而務巨”(《論衡·定賢》),都認識到漢賦“麗”的特色,但都傾向於否定性的評價。總的來説,司馬遷雖然對漢賦的誇張虚構與語言華麗有些微詞,但並没有横加指責,而是持寬容的態度。《司馬相如列傳》是《史記》中少有的長篇大傳,本傳以三分之二的篇幅載録相如的《子虚賦》《上林賦》《哀二世賦》和《大人賦》,這固然與四賦“尤著於公卿”並且有諷諫之意有關,但也分明透露出司馬遷從内心對相如賦文學成就與語言形式的認可。

第四,對於賈誼、司馬相如賦的解讀。司馬遷解讀漢賦作品,往往能“知人論世”,聯繫賦家的親身經歷,設身處地揣摩賦家創作時的思想感受及情緒狀態,因而對作品主旨的理解與評論能够切中肯綮。例如《賈誼傳》云:“賈生爲長沙王太傅三年,有鴞飛入賈生舍,止於坐隅。楚人命鴞曰‘服’。賈生既以適居長沙,長沙卑濕,自以爲壽不得長,傷悼之,乃爲賦以自廣。其辭曰……”這段話明確交代了《鵩鳥賦》的寫作時間、因由及主旨。如果説《弔屈原賦》主要抒寫賈生遭讒見放的憤慨,那麽《鵩鳥賦》則旨在排遣命壽不長的憂慮。司馬遷所謂“爲賦以自廣”云云,應是千古不刊的論斷。該賦乃是借老莊思想來排遣憂愁,自我寬慰,故作達觀,力圖使長期受傷的心靈得到一點慰藉與安寧。學者對此賦主旨多有異説,但作賦以“自廣”——自我寬慰,仍是其最原初的、也是最基本的主題。

司馬遷善於對賦作本身的基本内容及藝術手法進行分析、歸納與評價。比如在載録《子虛》《上林賦》前,司馬遷曰:“相如以‘子虛’,虛言也,爲楚稱;‘烏有先生’者,烏有此事也,爲齊難;‘無是公’者,無是人也,明天子之義。故空藉此三人爲辭,以推天子諸侯之苑囿。其卒章歸之於節儉,因以風諫。”録完該賦,又作簡評:“無是公言天子上林廣大,山谷水泉萬物,及子虛言楚雲夢所有甚衆,侈靡過其實,且非義理所尚,故删取其要,歸正道而論之。”從這兩段話不難看出:1. 司馬遷認爲《子虛》《上林賦》的主旨是“歸之於節儉,因以諷諫”,這是符合作品實際的。該賦先讓子虛、烏有分别誇耀楚國的雲夢和齊國的孟諸等苑囿,實際上是在暴露他們主子的罪過;然後讓亡是公盛讚天子上林苑的廣大以及狩獵的盛況,在氣勢上壓倒齊楚。最後寫天子幡然悔悟,於是解酒罷獵,墾田養農,開倉濟民,改革制度,大興禮樂,風化天下。這是一種委婉的勸諫方式,旨在勸導漢武帝節儉愛民,其用心是良苦的。2. 司馬遷説子虛、烏有、亡是公都是虛構的人物,指出了該賦假設主客問答以構造全篇的結構方式,這也是此後散體大賦的基本創作模式。3. 司馬遷還認爲亡是公誇飾上林苑的廣大以及苑中的山谷水泉萬物,以及子虛所言雲夢物産之豐富,都“侈靡過其實”,是不足取的。這實際上已看到漢賦誇張虛構的藝術特徵。

司馬遷的這些話雖然見諸史書,但實際上是最早的賦評,無論是學術觀點還是評論方式,都對以後的賦學研究頗有影響。此外,《史記》還簡單介紹了漢初文學集團的活動。《史記·司馬相如列傳》載:“(相如)以貲爲郎,事孝景帝,爲武騎常侍,非其好也。會景帝不好辭賦。是時梁孝王來朝,從遊説之士齊人鄒陽、淮陰枚乘、吴莊忌夫子之徒,相如見而説之。因病免,客遊梁,梁孝王令與諸生同舍。相如得與諸生遊士居,數歲,乃著《子虛》之賦。”可見在梁孝王門下,曾聚集着一批有名的辭賦家。司馬相如爲了自己心愛的辭賦,爲了尋覓志同道合的朋友,離開首都,到一個諸侯國那裏去當門客,並且在那裏創作了著名的《子虛賦》。對於梁孝王劉武招集文士之事,《史記·梁孝王世家》云:"招延四方豪傑,自山以東遊説之士,莫不畢至,齊人羊勝、公孫詭、鄒陽之屬。"《史記·魯仲連鄒陽列傳》亦云:"鄒陽者,齊人也。遊於梁,與故吴人莊忌夫子、淮陰枚生之徒交,上書而介於羊勝、公孫詭之間。"由此可見,梁孝王門下曾有鄒陽、枚乘、莊忌、羊勝、公孫詭、司馬相如等作家雲集,他們高談闊論,争奇鬥勝,著文寫賦,彼此唱和,形成了一個熱鬧的文學團體,呈現出彬彬之盛的創作局面。據《漢書·藝文志》,莊忌有賦 24 篇,枚乘有賦 9 篇,司馬相如有賦 29 篇(部分作於梁孝王門下)。《西京雜記》卷四也有零星記載。可見,梁孝王雖無賦作問世,但他懂賦、愛賦,重視辭賦作家,招集大批文士進行創作活動,培養了枚乘、司馬相如等漢賦大家,這不僅促進了漢初藩國辭賦的繁榮,對漢賦成長爲一代之文學也起到了導夫先路的作用。①

【研究】

研究司馬遷的賦評和賦學思想,可以參考鄭良樹《司馬遷的賦論》(載香港《新亞學術集刊》第十三輯,1994 年),蹤凡《論司馬遷對中國楚辭學和中國賦學研究的貢獻》[《濟南大學學報》(社會科學版)2006 年第 3 期]。

《法言》10 卷,漢揚雄撰

【著者】

揚雄(前 53—公元 18),也寫作"楊雄",字子雲,蜀郡成都(今四川省成都市郫縣)人,西漢著名哲學家、辭賦家、語言學家。事迹參見第 60 頁"揚雄賦"條。

【版本】

1. 晉李軌注,諸子集成本。

2. 清汪榮寶義疏《法言義疏》,民國二十二年(1933)鉛印本。

【内容】

揚雄不僅是著名的辭賦作家,居於"漢賦四大家"之列,同時也是著名的辭賦評論家。其論賦之語主要見於《法言·吾子》篇,反映了揚雄對辭賦諷諫性的高度重視和對"麗淫"之賦的批評,具有鮮明的儒家思想傾向。例如《法言·吾子》云:"或問:'吾子少而好賦?'曰:'然。童子雕蟲篆刻。'俄而曰:'壯夫不爲也。'或曰:'賦可以諷乎?'曰:'諷乎!諷則已;不已,吾恐不免於勸也。'"在揚

① 參見蹤凡《論司馬遷對中國楚辭學和中國賦學研究的貢獻》,《濟南大學學報》(社會科學版)2006 年第 3 期。

雄看來,諷諫是賦的立身之本,是賦體文學賴以生存的先決條件。而漢大賦不僅起不到諷諫作用,反而"欲諷反勸""勸而不止",於是"輟不復爲",放棄了散體大賦的創作。揚雄雖曾擬相如賦而創作過著名的四大賦,但其創作意圖卻主要在於規諷而不在於頌揚。揚雄把帝王作爲漢賦的唯一讀者,將儒家經世致用的文學觀念發展到極致,因而忽略了文學作品的審美作用和娱樂功能,看不到文學作品自身的規律和價值。這正如段淩晨所云:"論文者,固宜即其本體,評其是非妍媸。不當專以其作用,定其價值。故子雲之言,非篤論也。"①"諷諫性"是一把雙刃劍,後代強調文學社會作用和作家社會責任感的文學批評家,大都打着揚雄的旗號;而批判、否定漢賦者,也都不約而同地把揚雄抬了出來,有些道學家甚至由此發展爲文學取消主義。

《法言・吾子》又云:"或問:'景差、唐勒、宋玉、枚乘之賦也益乎?'曰:'必也淫。''淫則奈何?'曰:'詩人之賦麗以則,辭人之賦麗以淫。如孔氏之門用賦也,則賈誼升堂、相如入室矣。如其不用何?'"揚雄把賦分爲"詩人之賦"與"辭人之賦"兩大類,這是在對賦的思想内容、藝術特色、社會功用以及賦家的才學身份、趣味風格做出綜合研究後而進行的分類,開後代漢賦分類之先河。這兩大類作品有一個共同的特點——"麗"。在揚雄之前,司馬遷曾指出過相如賦"靡麗多誇",那是對具體作家作品的論斷,而揚雄的"麗"則是在對此前所有賦家賦作進行全面考察後,所做出的理論概括和審美評價,因而具有很大的概括性和普遍性。這裏所謂的"麗",主要是指語言華麗,富於文彩,同時也包括結構的勻稱和風格的優雅。但揚雄對"麗"的強調是有限度的,麗辭藻繪必須合乎"則",合乎法度,否則便是"侈麗""淫麗""靡麗",便失去了價值和意義。這裏的所謂"則",主要應指儒家的思想原則、倫理規範。揚雄説過:"捨舟航而濟乎瀆者,末矣;捨五經而濟乎道者,末矣。"(《法言・吾子》)又説:"書不經,非書也;言不經,非言也;言書不經,多多贅矣!"(《法言・問神》)揚雄潛心研讀儒家經典,並以紹繼孟子的道統自居,構建了明道、徵聖、宗經的文學批評模式。"詩人之賦麗以則","麗則"是揚雄所崇尚的最高境界,是其賦學觀的重要内容。麗與則,同文與質、華與實、辭與事是同等類型的概念,用今天的話説,就是形式與内容的辯證統一。揚雄認爲内容與形式同等重要,不可偏廢:"事勝辭則伉,辭勝事則賦,事辭稱則經。足言足容,德之藻矣。"(《法言・吾子》)以此爲出發點,揚雄對於麗詞雅義、符采相勝的"詩人之賦"予以充分肯定,而對於繁華損枝、腴辭害骨的"辭人之賦"表示了極端的不滿。揚雄將賦分爲兩類的觀點以及"麗則""麗淫"的論調對後世影響很大,"淫麗"在後來成了人們批判散體大賦的千古不變的口實,而"麗則"卻幾乎成了雅正辭賦的代名詞。南朝梁劉孝綽在

---

① 段淩辰:《西漢文論概述》,《河南大學學報》1934年第2期。

《昭明太子集序》中主張“典而不野,遠而不放,麗而不淫,約而不簡”的文風,元代楊維楨將個人辭賦集定名爲《麗則遺音》,皆可見後人對“麗則”境界的推崇。①

【研究】

研究揚雄賦論,可以參考董治安《關於漢賦同經學聯繫的一點探索——從揚雄否定大賦談起》(《文史哲》1990 年第 5 期)、蹤凡、冷衛國《揚雄漢賦觀芻議》[《陝西師範大學學報》(哲學社會科學版)2004 年第 5 期]、常昭、陳天强《由辭賦異途看揚雄賦論》[《濟南大學學報》(社會科學版)2006 年第 4 期]、蘭壽春《“詩人之賦麗以則”辯證——簡論揚雄賦論的影響和意義》(《龍岩學院學報》2007 年第 1 期)、王棟《揚雄賦論中的文體自覺意識》[《西南交通大學學報》(社會科學版)2007 年第 5 期]、馬光《揚雄賦論中文體自覺意識的形成》(《中國社會科學院研究生院學報》2007 年第 5 期)、劉瀏《揚雄“詩人之賦”辯義》(《文藝評論》2011 年第 6 期)、王德華《揚雄賦論準則及其大賦創作模式》[《浙江師範大學學報》(社會科學版)2011 年第 4 期]、車瑞、劉冠君《“麗則”:揚雄賦論與漢賦嬗變》[《武漢大學學報》(人文科學版)2015 年第 4 期]等。

《詩賦略後敘》1 篇,漢劉歆撰

【著者】

劉歆(前 50—23),字子駿,漢高祖劉邦四弟楚元王劉交五世孫,宗正劉向之子。以能通經學、善屬文爲漢成帝召見,待詔宦者署,爲黄門郎。漢成帝河平三年(前 26),受詔與其父劉向領校中秘書,協助校理圖書文獻。劉向死後,繼承父業。哀帝時,劉歆負責總校群書,在劉向《别録》的基礎上,修訂成爲中國歷史上第一部圖書分類目録《七略》。建平元年(前 6)改名劉秀。後因謀誅王莽,事敗自殺。劉歆是中國儒學史上的一個重要人物,他是古文經學的真正開創者,此外還在校勘學、天文曆法學、史學、詩等方面卓有貢獻。他編制的《三統曆譜》被認爲是世界上最早的天文年曆的雛形;他是第一個不沿用“週三徑一”的中國人,並將圓周率計算爲 3. 15471,祇略爲偏差了 0. 0131。著有《劉子駿集》。

【版本】

《漢書·藝文志》,漢班固撰,中華書局 1962 年標點本。

【内容】

劉歆《七略》已佚,但《漢書·藝文志》保存了其核心内容。而《漢志·詩賦略》之末的總論,當出自《七略·輯略》,現將該文移録如下:

---

① 參見蹤凡、冷衛國《揚雄漢賦觀芻議》,《陝西師範大學學報》(哲學社會科學版)2004 年第 5 期。

《傳》曰:“不歌而誦謂之賦,登高能賦,可以爲大夫。”言感物造耑,材知深美,可與圖事,故可以爲列大夫也。古者諸侯卿大夫交接鄰國,以微言相感,當揖讓之時,必稱《詩》以諭其志,蓋以别賢不肖而觀盛衰焉。故孔子曰“不學《詩》,無以言”也。春秋之後,周道寖壞,聘問歌詠,不行於列國,學《詩》之士,逸在布衣,而賢人失志之賦作矣。大儒孫卿及楚臣屈原,離讒憂國,皆作賦以風,咸有惻隱古詩之義。其後宋玉、唐勒,漢興枚乘、司馬相如,下及揚子雲,競爲侈麗閎衍之詞,没其風諭之義。是以揚子悔之,曰:“詩人之賦麗以則,辭人之賦麗以淫。如孔氏之門人用賦也,則賈誼登堂,相如入室矣,如其不用何?”自孝武立樂府而采歌謡,於是有代、趙之謳,秦、楚之風,皆感於哀樂,緣事而發,亦可以觀風俗,知薄厚云。序詩賦爲五種。

這段文字與班固在《漢書》賦家傳記及《兩都賦序》中所發表的言論頗有齟齬之處。(如司馬相如論、揚雄論,漢賦諷諭説等),顯然並不出自班氏,而是依據了《七略》中的現成材料。這段文字反映了劉向、劉歆父子的賦學觀:

1. 探討了賦的性質及其淵源。《詩賦略論》一開頭便説:“《傳》曰:‘不歌而誦謂之賦。登高能賦,可以爲大夫。’”這裏的《傳》疑爲劉向《别録》,因爲《藝文類聚》卷八十二、《太平御覽》卷七百十、七百十七引《别録》均作《别傳》,看來《别録》又稱《别傳》,可簡稱《傳》。而且《文心雕龍·詮賦》已明確指出:“劉向明不歌而誦。”可見“不歌而誦”云云的確出自劉向《别録》。[①] 劉歆先引其父劉向語,指出了賦(包括楚辭)的文體性質及其與詩歌的區别:詩可合樂歌唱,賦則不歌而誦。與音樂脱離,靠口誦成聲乃是賦與詩最本初的區分。

2. 認爲禮崩樂壞,文化下移是辭賦興起的直接原因。所謂“周道寖壞,聘問歌詠不行於列國”,介紹的就是戰國紛爭、古禮漸廢、詩樂消歇、文士失職的歷史背景。傳統的道德標準與禮樂制度都被打破了,原來的文士淪落到民間,於是產生了以荀卿、屈原爲代表的“賢人失志之賦”。這種分析基本上是符合歷史真實的。

3. 介紹了辭賦由“詩人之賦”向“辭人之賦”的發展演變。劉氏父子與揚雄觀點相似,認爲辭賦產生之初,荀卿、屈原“皆作賦以風,咸有惻隱古詩之義”,是“詩人之賦”;而後來的宋玉、唐勒、枚乘、司馬相如、揚雄等“競爲侈麗閎衍之詞,没其風諭之義”,是“辭人之賦”。楚漢辭賦中的鋪陳描寫與華麗辭藻完成了文學藝術從抒情向體物的轉變,是文學藝術的一大進步。劉氏父子雖然從客觀實際出發,基本上認可了辭賦的價值並整理出“詩賦”一大類,但他們畢竟是經學

---

① 程千帆、徐有富先生認爲“《傳》曰”應置於“不歌而誦謂之賦”的後面。並説“不歌而誦”爲劉向語,而“登高能賦”云云則出自《詩經·鄘風·定之方中》的《毛傳》。亦通。見氏著《校讎廣義·目録編》,齊魯書社 1988 年版,第 43 頁。

家,對文學藝術的發展進程表現出迷惘與困惑。

4. 強調了辭賦的諷諭功能。劉氏父子對於“作賦以風”的荀子、屈原大加讚賞,對於“没其風諭之義”的“辭人之賦”十分不滿,所使用的評價標準正是漢人衆口一致的“諷諫説”。他們都過分强調辭賦的社會功用,而對其藝術貢獻認識不足。

【研究】

劉歆賦論大都承襲其父劉向,因而常常合在一起進行研究。主要論文有:蹤凡《劉向父子的漢賦研究》(《文獻》2002 年第 1 期)、冷衛國《劉向、劉歆賦學批評發微》(《文學遺産》2010 年第 2 期)。

《新論・道賦》1 篇,漢桓譚撰,佚

【著者】

桓譚(前 23—50),字君山,沛國相(今安徽濉溪縣)人。東漢哲學家、經學家。愛好音律,善鼓琴,博學多通,徧習“五經”,喜非毁俗儒。哀帝、平帝間出仕,位不過郎。王莽時任掌樂大夫。劉玄即位,詔拜太中大夫。光武帝時,任議郎給事中。因堅決反對讖緯神學而被光武帝目爲“非聖無法”,險遭處斬。後貶爲六安郡丞,道中病卒。《後漢書》有傳。著有《新論》29 篇,早已散佚。另有賦、誄、書、奏凡 26 篇。《隋書・經籍志》著録有集 5 卷,已佚。嚴可均《全後漢文》卷十三至卷十五輯有《新論》殘文。

【内容】

《後漢書・桓譚傳》云:“初,譚著書言當世行事二十九篇,號曰《新論》,上書獻之,世祖善焉。”可知其《新論》頗受漢光武帝賞識。又,本段唐李賢注云:“《新論》,一曰本造,二王霸,三求輔…… 十二道賦。”可知《道賦》是《新論》29 篇之一,位列第十二。《道賦》是兩漢之際賦論的重要代表,也是先唐賦論史上少有的賦論專文,惜早已散佚。嚴可均《全後漢文》卷十五輯有佚文四條,如下:

1. 余少時學,好《離騷》,博觀他書,輒欲反學。(《北堂書鈔》卷九十七“桓譚好離騷”條引桓譚《新論》云云。)

2. 子雲工於賦,王君大習兵器,余欲從二子學。子雲曰:“能讀千賦則善賦。”君大曰:“能觀千劍則曉劍。”諺曰:“伏習象神,巧者不過習者之門。”(《意林》卷三。《北堂書鈔》卷一百二所引更爲詳細。)

3. 諺曰:“侏儒見一節而長短可知。”孔子言:“舉一隅足以三隅反。”觀吾小時二賦,亦足以揆其能否。(《太平御覽》卷四百九十六引桓子《新論》曰。)

4. 予少時爲奉車郎,孝成帝幸甘泉宫,欲畫壁,爲之賦,以頌美二仙之行。余承命爲作《仙賦》,以書甘泉之壁。(《北堂書鈔》卷一百二“甘泉書壁”條引桓子《新論》云。)

其實,《北堂書鈔》等徵引《新論》,皆未標注篇名。但考其内容,似乎確實出自《道賦》一篇。此外,尚有兩條佚文似乎亦應來自《道賦》:

5. 及相如之《弔二世》,全爲賦體。桓譚以爲其言悽愴,讀者歎息。(《文心雕龍・哀弔》)

6. 余少時見揚子雲麗文高論,不量年少,猥欲逮及。常作小賦,用精思大劇,而立感動發病。子雲亦言:"成帝上甘泉,詔使作賦,爲之卒暴,倦臥,夢其五臟出地,及覺,大少氣,病一歲。"余素好文,見子雲工爲賦,欲從之學。子雲曰:"能讀千賦,則善爲之矣。"(《藝文類聚》卷五十六引桓子《新論》曰。《北堂書鈔》卷一百二略同。)

綜合以上6條材料,桓譚賦論乃係隨筆式言論。第1、5條爲讀賦感受,第2、6條爲作賦體會,第4條交代創作《仙賦》的經過(實爲《仙賦序》的節略)。其中第6條以揚雄和自己因寫賦而生病的事例,談論文學創作之甘苦,令人感慨。這些文字雖然有些零碎,不成系統,但也表達了作者對《離騷》的推重,以及對辭賦創作過程中從模擬走向創新,進而臻於神似之境界的揭示。至於作賦之甘苦,更是作者的切身體會,與一般泛泛而論者不同。稱《哀二世賦》"其言悽愴",指出該賦淒涼悲愴之風格,亦甚準確。至於桓譚對於其他具體作品的品讀,因散佚過多,難以考知。不難看出,桓譚《道賦》既有創作論,又有批評論,具有鮮明的個人色彩。其内容與風格皆與清代賦話有幾分相似,堪稱是中國古代賦話的先驅。

【研究】

研究桓譚賦論,可以參考:冷衛國《桓譚〈新論〉中的賦學批評》,載其《漢魏六朝賦學批評研究》,商務印書館2012年版)、孫少華《桓譚"不及麗文"與兩漢之際文風的轉變》[《南京大學學報》(哲學・人文科學・社會科學版)2012年第5期]、李楠《桓譚漢賦觀芻議》(《蘭州教育學院學報》2016年第8期)。

《漢書》120卷(論司馬相如、劉徹、揚雄等人賦),漢班固撰

【著者】

班固(32—92),字孟堅,扶風安陵(今陝西咸陽)人,東漢史學家、文學家。官至蘭臺令史。著有《漢書》120卷。事迹參見《賦總集外編》"漢書"條。

【版本】

《漢書》,漢班固撰,唐顔師古注,中華書局1962年標點本。

【内容】

《漢書》載録了漢代賦家賈誼、司馬相如、劉徹、東方朔、揚雄等7人的賦作18篇,比《史記》多出12篇,貢獻甚巨。此外,班固還對這些作品進行了評論和研究。《漢書・司馬相如傳贊》云:

贊曰:司馬遷稱"……相如雖多虚辭濫説,然要其歸引之於節儉,此亦《詩》之風諫何異?"揚雄以爲靡麗之賦,勸百而風一,猶騁鄭衛之聲,曲終而奏雅,不已戲乎!

班固完全同意司馬遷的觀點,認爲相如賦同《詩經》一樣具有諷諫作用,並批判了揚雄所謂"曲終奏雅""勸百諷一"的觀點;而《漢書・叙傳》又云:"文豔用寡,子虚烏有。寓言淫麗,託風終始。多識博物,有可觀采。蔚爲辭宗,賦頌之首。"卻又批評相如賦"文豔用寡",即華而不實,没有多少現實功用。在《叙傳》中,班固用了先抑後揚的手法,既批評了相如賦華麗的辭藻、細微的功用與虚構的手法,又肯定了相如賦"托風終始"的教化作用、"多識博物"的認識作用與"有可觀采"的審美作用,最後得出"蔚爲辭宗,賦頌之首"的崇高評價。班固曾譽《離騷》爲"辭賦宗",在此又稱相如爲"賦頌之首",他把屈原尊爲辭賦的創始者,而把相如敬爲辭賦的第一人(班固也將辭、賦、頌混同),這種祖屈首馬論對明人王世貞"屈氏之騷,騷之聖也;長卿之賦,賦之聖也"(《藝苑卮言》卷二)的觀點甚有影響。

又如,枚皋是大賦家枚乘之子,其賦"凡可讀者百二十篇,其尤嫚戲不可讀者尚數十篇"。《漢書》本傳對枚皋賦未加載録,卻作了一番評論:"皋不通經術,詼笑類俳倡,爲賦頌,好嫚戲","其文骫骳,曲隨其事,皆得其意,頗詼笑,不甚閑靡"。枚皋常在賦中挑逗嬉戲,詼諧取鬧,徒博一笑,有失雅正;他也具有較強的語言表現力,隨物賦形,委曲貼切,很得武帝喜愛,但浮躁草率,不甚閑靡。班固對賦家創作風格的討論,具有一定的開創意義。不僅如此,他還把枚皋與相如、東方朔做了一番比較,認爲"(枚皋)爲文疾,受詔輒成,故所賦者多。司馬相如善爲文而遲,故所作少而善於皋","皋爲賦善於朔也"。論及創作主體的才學品性對賦作風格成就的影響。

班固對漢賦藝術手法也有討論。班固在《漢書・揚雄傳》載録揚雄賦7篇,他在《甘泉賦》後做了如下交代:揚雄對甘泉宫的奢泰瑰偉、不合古制十分不滿,他"欲諫則非時,欲默則不能已,故遂推而隆之,乃上比於帝室紫宫,若曰此非人力之所爲,黨(倘)鬼神可也"。班固曾經提出"義正""事實"的創作原則,反對誇飾,但在這裏他又對揚雄賦用心良苦的誇張、想象表示認同。他認爲衹要符合"義正"(思想正統)的大前提,適度的誇張不實也是允許的。這比左思拘泥於"徵實"的原則、一味稽考查驗要高明得多。班固又云:"是時趙昭儀方大幸,每上甘泉,常法從,在屬車間豹尾中。故雄聊盛言車騎之衆,參麗之駕,非所以感動天地,逆釐三神。又言'屏玉女,卻虙妃',以微戒齊(齋)肅之事。"點破《甘泉賦》借古諷今、委婉勸諫的寫作方式,對我們理解該賦頗有啟發。

【研究】

研究班固《漢書》中的賦論,可以參考:蹤凡《班固對漢賦的研究》(《南京師範大學文學院學報》2006年第2期)、車艷《淺論班固易學思想與其賦論賦作之關係》[《福建論壇》(人文社會科學版)2010年第S1期]、余江、劉雪妮《淺析班固賦學觀的矛盾》(《雲夢學刊》2012年第5期)、何新文、王慧《班固的"賦頌"理論及其〈兩都賦〉"頌漢"的賦史意義》[《中南民族大學學報》(人文社會科學版)2015年第2期]、林冉《從〈漢書·藝文志·詩賦略〉探討班固的賦學觀》(《開封教育學院學報》2016年第7期)。

《兩都賦序》1篇,漢班固撰

【著者】

班固(32—92),字孟堅,扶風安陵(今陝西咸陽)人。漢代著名史學家。生平仕履見《賦總集外編》"漢書"條。

【内容】

《兩都賦序》冠於班固《兩都賦》之前,見《文選》卷一,全文如下:

> 或曰:"賦者,古詩之流也。"昔成、康没而頌聲寢,王澤竭而詩不作。大漢初定,日不暇給。至於武、宣之世,乃崇禮官,考文章,内設金馬石渠之署,外興樂府協律之事,以興廢繼絶,潤色鴻業。是以衆庶悦豫,福應尤盛。《白麟》《赤雁》《芝房》《寶鼎》之歌,薦於郊廟;神雀、五鳳、甘露、黄龍之瑞,以爲年紀。故言語侍從之臣,若司馬相如、虞丘壽王、東方朔、枚皋、王褒、劉向之屬,朝夕論思,日月獻納。而公卿大臣御史大夫倪寬、太常孔臧、太中大夫董仲舒、宗正劉德、太子太傅蕭望之等,時時間作。或以抒下情而通諷諭,或以宣上德而盡忠孝,雍容揄揚,著於後嗣,抑亦雅頌之亞也。故孝成之世,論而録之,蓋奏御者千有餘篇,而後大漢之文章,炳焉與三代同風。
>
> 且夫道有夷隆,學有粗密,因時而建德者,不以遠近易則。故皋陶歌虞,奚斯頌魯,同見采於孔氏,列於《詩》《書》,其義一也。稽之上古則如彼,考之漢室又如此,斯事雖細,然先臣之舊式,國家之遺美,不可闕也。臣竊見海内清平,朝廷無事,京師修宫室,浚城隍,而起苑囿,以備制度。西土耆老,咸懷怨思,冀上之眷顧,而盛稱長安舊制,有陋洛邑之議。故臣作《兩都賦》,以極衆人之所眩曜,折以今之法度。

這是一篇十分簡明的辭賦發展史。《兩都賦》作於漢明帝永平年間,創作的目的是頌揚東都的法規制度,批判西都的奢華淫靡,爲東漢皇帝建都洛陽大造輿論,大唱讚歌。該賦長約4300字,被《文選》列爲首篇,是漢大賦的代表作之一。《兩都賦序》是班固爲該賦寫的序言,是現存第一篇綜論漢賦的專文①,它反映了班固深刻而又頗具時代色彩的賦學觀:

① 劉歆有《詩賦略論》,保存在《漢書·藝文志》中,並非論賦專文,且論賦過簡。

1. 對於賦的性質淵源,班固引前人之語曰:"賦者,古詩之流也。"指出賦是古詩的一個支流。接着便着意論證詩與賦的關係,認爲賦是"雅頌之亞",是從《詩經》那裏發展而來的。這是賦體文學詩源論的最早記載,雖然不是班氏首創,但經過他的鼓吹與闡發,又經過《文選》的傳播與普及,而在賦學史上産生了極爲深遠的影響。後人皇甫謐、摯虞、劉勰、顔之推、白居易、吴訥、劉熙載、王闓運等都有類似論述,影響直到今天。賦的淵源十分複雜,詩源論顯然有以偏蓋全之嫌,但也並非憑空揑造。龔克昌説:"漢賦的歌頌和諷諫,是從《詩經》的《雅》和《頌》中學來的。"①此外,《詩經》的鋪陳手法("賦"筆)、韻律格式等等,都對賦有所沾溉與啟迪。班固的賦爲"古詩之流"説,對我們今天探討賦的起源及文體性質、認識文學發展演變規律仍有一定的借鑒意義。

2. 班固認爲,帝王的德澤與社會的安定是漢賦興盛的重要原因。他先從《詩經》的盛衰那裏得到啟示,所謂"成、康没而頌聲寢,王澤竭而詩不作",便揭示出社會政治、經濟的成敗對文學興衰的決定作用。其次,班固還揭示了漢賦興盛更爲直接的原因——帝王的提倡與文人的競作。"大漢初定,日不暇給",是指大漢建國之初,高祖及文景二帝忙於處理内憂外患,無暇顧及文化事業。"至於武、宣之世,乃崇禮官,考文章,内設金馬石渠之署,外興樂府協律之事,以興廢繼絶,潤色鴻業。"關於武帝劉徹、宣帝劉詢建立各種文化機構,招攬大批文士、鼓勵詩賦創作的情況,《漢書·藝文志》《禮樂志》《司馬相如傳》《東方朔傳》《枚乘、枚皋傳》《王褒傳》等都有記載。功名利禄的誘惑大大激起了賦家的創作熱情,不僅"言語侍從之臣"司馬相如等"朝夕論思,日月獻納",就連"公卿大臣"倪寬等人也是"時時間作",作家的隊伍空前壯大起來,作品的數量也陡然劇增,一時間形成了彬彬之盛的創作局面。

3. 班固還强調了賦的社會功能。漢人説詩,不外"美""刺"二端;漢人論賦,也不出頌美、諷諫兩大功用。班固作爲一名正統的儒學家和史學家,更對此强調有加,所謂"抒下情而通諷諭""宣上德而盡忠孝"云云,便是儒家詩學觀念給班固賦學觀打上的深深烙印。但在班固的觀念中,似乎有弱化諷諫、强調頌美的傾向。他大談"興廢繼絶,潤色鴻業"(振興業已廢絶的禮樂文化,光贊漢代帝王的偉大功業),稱揚漢賦"頌大漢之天聲",符合時代的需要、社會的要求。他還身體力行,創作了《兩都賦》,並在賦末附有《明堂》《辟雍》《靈臺》《寶鼎》《白雉》之詩,替皇帝説教,爲漢帝國大唱讚歌。很顯然,班固的賦學觀中有着狹隘的功利主義色彩,他認識不到賦體文學作爲社會意識形態的相對獨立性,僅僅把它視爲社會政治的附庸、輿論宣傳的工具、歌功頌德的材料,將其定位爲粉飾太平、阿諛君王的御用文學,這當然是保守的,落後的,具有很大的局限性。

---

① 龔克昌:《漢賦研究》,山東文藝出版社 1990 年版,第 308 頁。

4. 高度評價了漢賦的歷史地位。司馬遷曾在《史記·司馬相如列傳》批評相如賦的"虚辭濫説",其後揚雄、劉歆、桓譚、王充、張衡、蔡邕等都對漢賦做了不同程度的批判與指責。班固首先説賦是"古詩之流",是"雅頌之亞",不僅旨在探討漢賦的淵源,也是爲了抬高漢賦的社會地位。其次,班固在描述了武、宣之世創作的盛況之後,做了如下總結:"蓋奏御者千有餘篇,而後大漢之文章,炳焉與三代同風。"這是極高的評價。李善注:"《論語》子曰:'三代之所以直道而行。'馬融曰:'三代,夏、殷、周。'"在中國歷史上,人們常把夏商周看成是理想的社會,班固稱頌以漢賦爲代表的大漢之文章"炳焉與三代同風",儼然有把漢賦奉爲"一代之盛"的意思。當然,班固没有也不可能超越經學的藩籬,儘管他高度評價了漢賦的社會價值和歷史功績,但他所做的論斷主要是來自社會政治角度而非文學角度,這是不能忽視的。①

《論衡》25 卷,漢王充撰

【著者】

王充(27—約 97),字仲任,會稽上虞(今浙江紹興)人,東漢時期著名的哲學家。充少孤,鄉里稱孝。後到京師,受業太學,師事扶風班彪。好博覽而不守章句。家貧無書,常遊洛陽市肆,閲所賣書,一見輒能誦憶,遂博通衆流百家之言。刺史董勤徵聘他爲從事,改任治中,不久就辭職回家。同郡人謝夷吾上書推薦王充有才學,漢肅宗特地下詔派遣公車去徵聘他,因病未往,時已年近七十,遂作《養性書》十六篇。永元年間卒於家。所撰《論衡》八十五篇,二十餘萬言,是中國古代著名的哲學著作,也是一部不朽的無神論著作。

【版本】

《論衡校釋》,漢王充撰,黄暉校釋,新編諸子集成本,中華書局 1990 年版。

【内容】

王充賦論,散見於《論衡》各篇中,兹舉數例如下:

1. 孝武皇帝好仙,司馬長卿獻《大人賦》,上乃仙仙有淩雲之氣。孝成皇帝好廣宫室,揚子雲上《甘泉頌》,妙稱神怪,若曰非人力所能爲,鬼神力乃可成,皇帝不覺,爲之不止。長卿之賦,如言仙無實效;子雲之頌,言奢有害。孝武豈有仙仙之氣者,孝成豈有不覺之惑哉?然即天之不爲他氣以譴告人君,反順人心以非應之,猶二子爲賦頌,令兩帝惑而不悟也。(《譴告篇》)

2. 夫口論以分明爲公,筆辯以荴露爲通,吏文以昭察爲良。深覆典雅,指意難睹,唯賦頌耳。(《自紀篇》)

---

① 參見蹤凡《班固對漢賦的研究》,《南京師範大學文學院學報》2006 年第 2 期。

3. 以敏於賦頌,爲弘麗之文爲賢乎? 則夫司馬長卿、楊子雲是也。文麗而務巨,言眇而趨深,然而不能處定是非,辯然否之實。雖文如錦繡,深如河、漢,民不覺知是非之分,無益於彌爲崇實之化。(《定賢篇》)

4. 唯班固之徒稱頌國德,可謂譽得其實矣。頌文譎以奇,彰漢德於百代,使帝名如日月,孰與不能言,言之不美善哉?(《須頌篇》)

5. 今上、上王至高祖,皆爲聖帝矣。觀杜撫、班固等所上《漢頌》,頌功德符瑞,汪濊深廣,滂沛無量,逾唐、虞,入皇域。三代隘辟,厥深洿沮也。(《宣漢篇》)

6. 或曰:著作者,思慮閑也。……司馬長卿不預公卿之事,故能作《子虛》之賦;楊子雲存中郎之官,故能成《太玄經》,就《法言》。使孔子得王,《春秋》不作;長卿、子雲爲相,賦、玄不工籍。答曰:……夫稟天地之文,發於胸臆,豈爲閑作不暇日哉? 感僞起妄,源流氣烝。管仲相桓公,致於九合;商鞅相孝公,爲秦開帝業。然而二子之書,篇章數十。長卿、子雲,二子之倫也。俱感,故才並;才同,故業鈞。皆士而各著,不以思慮閑也。(《書解篇》)

《論衡》是一部"疾虛妄"的哲學著作,作者總是以真實爲標尺,以功用爲準繩,因而對漢賦中的虛構、誇張和想象十分不解,甚至加以批判。第 1 條就是對《大人》《甘泉》二賦馳騁雲天的想象、虛無縹緲的境界、"推而隆之"的手法的批評和否定。第 2 條又批評了賦頌文學語言上的雕琢與晦澀;第 3 條認爲賦頌文學雖然體制龐大,語言華麗,但是不切實用;第 4、5 條認爲賦頌文學應該歌頌漢德,肯定了班固《漢頌》的成就;第 6 條則指出創作賦頌需要的是天賦、才情和充沛的情感,並不依賴時間和空閑。其中雖有一些偏頗的成分,但也有值得借鑒和思考的因素。

【研究】

《論衡》賦論研究,可以參考蹤凡《試論王充的漢賦觀》,載《社會科學研究》2002 年第 2 期。

第六章 賦注正編、外編

賦注始於東漢,曹大家《幽通賦注》是歷史上第一部賦注文獻,惜已散佚。此外,東漢時期注釋《史記》《漢書》的學者,也附帶着注釋了書中所收録的賦作。① 下面即鈎沉史料,略做考論。

《曹大家注班固〈幽通賦〉》1 卷,漢班昭撰,殘

【著者】

曹大家,即班昭,字惠班,一名姬,扶風安陵(今陝西咸陽)人。東漢著名史學家、文學家。著有《曹大家集》2 卷、《女誡》1 卷、《列女傳注》15 卷、《幽通賦注》1 卷。生平參見第四章"《曹大家集》16 篇"條。

【著録】

見《舊唐書·經籍志》别集類。(《新唐書·藝文志》同。)

佚名《新唐書藝文志注》:大家見《别集類》。○《文選注》引曹大家語最多。

【内容】

曹大家是今日可考的最早的漢賦注釋家,曾爲其兄班固之《幽通賦》作注,惜已亡佚。但《文選》李善注共徵引曹大家《幽通賦注》61 條,《漢書·叙傳》顔師古注引 4 條,《史記》三家注亦有 1 處徵引。共計 66 條,去掉重複,實際 64 條,從中可以大致考知《幽通賦注》的主要内容及風格。爲便於説明,略具數例如下:

1.《文選·幽通賦》(以下衹稱篇名;○下爲注釋):"係高頊之玄冑兮,氏中葉之炳靈。"○曹大家曰:"係,連;冑,緒也。高,高陽氏也。頊,帝顓頊也。言己與楚同祖,俱帝顓頊之子孫也。水北方黑行,故稱玄也。"【善曰】《家語》孔子曰:"顓頊者,黄帝之孫,昌意之子也。又曰高陽,配水也。"②

---

① 詳參蹤凡《東漢賦注考》,《文學遺産》2015 年第 2 期。

② 南朝梁蕭統編,唐五臣-李善注《文選》卷一四,韓國奎章閣藏 1434 年朝鮮活字本。今按:當今流行的《文選》李善注宋尤袤刻本、清胡克家覆刻尤袤本,《文選》李善-五臣注(即六臣注)系統各種刻本,皆已損壞李善注原貌。各本於《幽通賦》的注釋中删去"善曰"二字,故難以區分曹大家注和李善注。唯有五臣-李善注系統較好地保存了李善注舊式,没有删去"善曰"二字。今以韓國奎章閣藏朝鮮活字本五臣-李善注《文選》爲依據加以徵引、統計。下同。

2.《幽通賦》:"巨滔天而泯夏兮,考遘愍以行謡。"○曹大家曰:滔,漫也。泯,滅也。夏,諸夏也。考,父也。言父遭亂,猶行歌謡,意欲救亂也。《詩》云:"我歌且謡。"【善曰】[尚書曰]"象恭滔天。"①行謡,言憂思也。

3.《幽通賦》:"葛綿綿於樛木兮,詠南風以爲綏。"○曹大家曰:"《詩·周南國風》曰:'南有樛木,葛藟累之。樂只君子,福履綏之。'此是安樂之象也。"

4.《幽通賦》:"蓋惴惴之臨深兮,乃二雅之所祗。"○曹大家曰:"祗,敬也。《大雅》曰:'人亦有言,進退惟谷。'《小雅》曰:'惴惴小心,如臨于谷。'此皆敬慎之戒也。"

5.《幽通賦》:"謨先聖大猷兮,亦鄰德而助信。"○曹大家曰:"謨,謀也。猷,道也。言人常當謨先聖之道,亦當爲鄰人所助也。孔子曰:'天所助順也,人所助信也。'孔子曰:'德不孤,必有鄰。'"【善曰】《毛詩》曰:"匪大猷是。"經或作"繇",字誤也。

由上述數條賦注推知,曹大家注釋《幽通賦》頗爲詳盡準確。其基本體例爲先解釋字詞,再疏通句意,最後徵引文獻。有省去釋詞,直接解句者,亦有無徵引者,形式靈活,遵循具體情況而定。

曹大家釋詞多按"A,B 也"的訓詁體式;解句多以"言"字開頭,在疏通句意的基礎上,能够結合背景與自身體悟。其最突出的特點便是長於徵引。曹大家《幽通賦注》僅存 64 條,而徵引前代典籍者 12 條,徵引出現的頻率爲 18.75%。這 12 條徵引,又可以分爲以下三種情況:1. 直接徵引,李善亦没有補注,如上引第 3 條。2. 有釋詞、徵引,李善也有補注,以"善曰"别之,如上引第 2、5 條。3. 釋詞、解句、徵引皆備,李善没有補注,如上引第 4 條。徵引的典籍主要有《周易》《詩經》《論語》《莊子》、賈誼賦等。由曹大家開始傾力采用的徵引之法,不僅能揭示典故出處,佐證詞、句之釋,而且在挖掘賦意賦旨、保存古代文獻(包括早期注釋成果)等方面都具有十分重要的意義,因而是訓詁學的一次重要突破。

但這種訓釋方法,似乎並不是曹大家的首創。追溯其淵源,早在先秦時期就已經有了徵引的思維方式,並且常常用於政治外交活動或者個人著述。其作爲一種訓詁方法而運用於文獻注釋,則應該始於西漢。據王逸《天問章句叙》,西漢劉向、揚雄皆曾注解《天問》,"援引傳記(一作經傳),以解説之,亦不能詳悉。所闕者衆,日無聞焉"②。儘管王逸批評二人注解疏略,闕漏甚多,但指出他們都運用了"援引傳記(一作經傳)"以解説《天問》的方法,當爲"徵引"之法的最早記載。惜二人之《天問解》皆佚,不可詳考。又,王逸《離騷經章句叙》所

① "尚書曰"三字原缺,據《文選》李善-五臣注本補。

② 〔宋〕洪興祖撰,白化文等點校:《楚辭補注·天問第三》,中華書局 1983 年版,第 118 頁。

提及的班固《離騷經章句》，或許亦曾使用徵引之法，並影響于曹大家《幽通賦注》的撰寫，但此書亦已失傳。其實，追溯徵引之法的淵源，不能不提及屢遭後人韃伐的漢代章句之學。關於章句之學，最早的記載應該出自《漢書·夏侯勝傳》："勝從父子建，字長卿，自師事勝及歐陽高，左右采獲，又從五經諸儒問與《尚書》相出入者，牽引以次章句，具文飾說。勝非之曰："建所謂章句小儒，破碎大道。"建亦非勝爲學疏略，難以應敵。建卒自顓門名經，爲議郎博士，至太子少傅。"[①]夏侯勝、夏侯建生活于漢宣帝時代，章句之學興起之時。夏侯建曾師從夏侯勝、歐陽高學習《尚書》，但其學風與老師大爲不同。夏侯勝承繼西漢初年的學風，闡説聖人之道，注重語詞訓詁，因而語言十分簡練。夏侯建卻將夏侯勝和歐陽高的解説綜合起來，又從五經諸儒那裏采獲不少與《尚書》相出入的資料，薈萃一處，因而内容龐雜，卷帙浩博。其長處是資料豐富，在與其他學派争論時能够左右逢源，迅速駁倒對方；短處是往往固執己説，而遠離經典本意。章句之學内容龐雜，多而無當，甚至畸形膨脹，茫無頭緒，早已爲歷史所淘汰，但夏侯建"左右采獲，又從五經諸儒問與《尚書》相出入者，牽引以次章句"，對於其師之論説、五經諸儒之觀點皆加以援引、薈萃，排列在特定的章句之下，類似於今天的集注、集釋，以便徵引和利用。這也許是飽受詬病的章句之學所留給後人的一點微薄的遺産吧。但夏侯建們使用此法，主要用於不同學派之間的辯難、論争，是建立和鞏固"家法"的需要；而曹大家使用此法，則着眼於語詞的訓釋和句意的解説，以闡明賦意爲旨歸，因而雖有徵引，而並不煩瑣。曹大家對章句之學的批判性繼承，使徵引之法走向了科學而健康的發展之路，對此後的文學注釋乃至經史注釋都産生了積極影響。[②]

儘管《幽通賦注》是最早的漢賦注釋，但其注釋體例十分科學，内容亦詳盡明晰，顯然受到漢代經書注釋的影響，但又無煩瑣之弊，以明白曉暢爲宗旨。這是十分可貴的。

【研究】

徐暢撰有《德藏吐魯番出土〈幽通賦注〉寫本的性質、年代及其流傳》（《吐魯番學研究》2013 年第 2 期）一文，他認爲此注出自晉代人項岱，並非曹注。此外有孔德明《論班昭〈幽通賦注〉的文學史意義》（《文藝評論》2014 年第 12 期）、蹤凡《從班昭〈幽通賦注〉看〈文選〉五臣－李善注的價值》（《天中学刊》2019 年第 2 期）。

---

① 〔漢〕班固撰，〔唐〕顔師古注：《漢書》，中華書局 1962 年版，第 3159 頁。

② 詳參蹤凡《東漢賦注考》，《文學遺産》2015 年第 2 期。有改動。

［外編］

《史記音義》1 卷，漢延篤撰，佚

【著者】

延篤(? —167)，字叔堅，南陽犨縣(今河南省平頂山市西南)人。少從唐溪典、馬融受業，博通經傳及百家之言，能著文章，有名京師。舉孝廉，爲平陽侯相，以師喪棄官。桓帝以博士徵，拜議郎，與朱穆、邊韶共著作東觀。遷左馮翊，又徙京兆尹，寬仁愛民，郡人擁戴。以忤梁冀，適病免歸。家居爲教授。桓帝永康元年，卒於家。篤論解經傳，多所駁正。所著詩、論、銘、書、應訊、表、教令，凡 20 篇，另有《史記音義》1 卷。

【著録】

司馬貞《史記索隱後序》云："古今爲注解者絶省，音義亦希。始後漢延篤，乃有《音義》一卷，又别有《音隱》五卷，不記作者何人。近代鮮有二家之本。"

【内容】

《史記音義》流傳不廣，唐代就已經很難見到。《史記》所載之賈誼、司馬相如諸賦，頗有僻字難字，應該成爲延篤注音、釋義的重要篇章，惜未見徵引，估計已經完全佚失。

又，陳直先生認爲延篤很可能是最早爲《漢書》作注的學者，其《漢書新證·自序》云："《漢書》最早之注解，當始於東漢桓帝時之延篤。自司馬貞《索隱後序》謂延篤有《史記音義》一卷，近世鮮有其本。今《漢書·天文志》記昭帝始元中，'流星下燕萬載宫極東去。'李奇注：引'延篤謂之堂前楣也'。疑延篤所注，在《史記音義》之外另有《漢書音義》。……延篤蓋爲注《漢書》最早之一人。《風俗通·聲音篇》兩引《漢書注》，疑即爲延篤之注。"①按：僅從《漢書》李奇注引延篤説，就認定延篤有《漢書音義》，未免過於武斷，亦有可能出自延篤《史記音義》或者其他文章，祇是由於延著皆已散佚，難以考實。本書不取此説，仍以服虔、應劭爲最早的《漢書》注釋者。

《史記音隱》5 卷，佚名撰，佚

【著録】

司馬貞《史記索隱後序》云："古今爲注解者絶省，音義亦希。始後漢延篤，乃有《音義》一卷，又别有《音隱》五卷，不記作者何人。近代鮮有二家之本。"

【内容】

《史記音隱》5 卷，早已散佚，其作者姓名及年代亦不詳，姑係於此。

---

① 陳直：《漢書新證》，天津人民出版社 1979 年版，第 1 ~ 2 頁。

《漢書·賈誼傳》注 1 篇、《漢書·揚雄傳》注 1 篇，漢胡廣撰，佚(疑)

【著者】

胡廣(91—172)，字伯始，南郡華榮(今屬湖南)人，東漢末年名臣，訓詁學家。據《後漢書·胡廣傳》，胡廣"少孤貧，親執家苦"。成人後曾入郡府爲散吏，二十七歲舉孝廉，至京師參加殿試，擢爲第一。歷任尚書侍郎、尚書左丞、尚書僕射；累升太中大夫、尚書令、太僕、太常、司空、録尚書事；出爲濟陰、汝南太守；入拜大司農、大司空，授太尉、進太傅，封安樂鄉侯。胡廣居朝爲官五十多年，居公相位三十多年，歷事安、順、沖、質、桓、靈六位皇帝，"五作卿士，七蹈相位，三據冢宰"，可謂顯赫一時。但其爲人清廉正直，明辨是非，不畏權勢，一心匡扶東漢的時局，主張"選舉人才，無拘定制"。在外戚梁冀專權時，反對梁冀專權亂綱的行爲。熹平元年薨，年八十二。續揚雄、崔駰等作《官箴》4 篇，文甚典美，與前作合稱《百官箴》並爲之注，是研究漢朝官吏制度的寶貴資料。其餘所著詩、賦、銘、頌、箴、弔及諸解詁，凡 22 篇。[①] 其作品大都已經散佚。《隋書·經籍志》著録胡廣《漢官解詁注》3 篇，《新唐書·藝文志》作 3 卷，已佚。

【内容】

未見著録。

作爲一名訓詁學家，胡廣對漢賦注釋也有貢獻。《史記》三家注、《文選》李善注各徵引胡廣《弔屈原賦注》2 條，略同；《文選》李善注又徵引《長楊賦注》1 條。四家注合計徵引 5 條，去除重複，僅得 3 條，今照録如下：

1.《史記·屈原賈生列傳》録《弔屈原賦》："闒茸尊顯兮，讒諛得志。"○【索隱】應劭、胡廣云"闒茸不才之人，無六翮翱翔之用而反尊貴"。今按：《文選·弔屈原文》李善注引胡廣曰："闒茸不才之人，無六翮翱翔之用，而反尊顯，爲諂諛，得志於世也。"文字較此爲完備。

2.《史記·屈原賈生列傳》録《弔屈原賦》："賢聖逆曳兮，方正倒植。"○【索隱】胡廣云："逆曳，不得順隨道而行也。倒植，賢不肖顛倒易位也。"今按：《文選》善注同。

3.《文選·長楊賦》："聊因筆墨之成文章，故藉翰林以爲主人，子墨爲客卿以諷。"○胡廣曰："博士爲儒雅之林，是也。《説文》曰：'毛長者曰翰。'《詩序》曰：'下以風刺上。'"

由 3 條注釋可見，胡廣注擅長釋詞、解句，且能徵引文獻來補充己意。第 1 條解句，使賦意顯明，而釋詞亦在其中。第 3 條注釋徵引《説文》與《詩序》來釋詞，靈活準確。

---

① 〔宋〕范曄撰，〔唐〕李賢等注：《後漢書》，中華書局 1965 年版，第 1510～1511 頁。

今按:據史書記載,胡廣曾撰有《百官箴注》48 篇,《漢官解詁注》3 篇,但不載其爲《史記》或《漢書》作注,以上 3 條注釋,遂不詳所出。但是,《後漢書》本傳載胡廣"所著詩、賦、銘、頌、箴、弔及諸解詁,凡二十二篇",説明胡廣曾有"諸解詁"問世。又,《太平御覽》卷二百六十六云:"《漢書》胡廣注曰:秋冬歲盡,各計縣户口……"則可知胡廣曾經爲《漢書》作注。以上 3 條注釋,當出自胡廣對《漢書·賈誼傳》和《揚雄傳》的注釋。或許未能注完全書,故不見於正史。但此係孤證,尚待進一步考索。

《漢書注》卷數不詳,漢荀悦撰,佚(疑)

【著者】

荀悦(148—209),字仲豫,潁川潁陰(今河南許昌)人。東漢末期著名政論家,史學家。幼時聰穎好學,家貧無書,閱讀時多用強記,過目不忘。漢靈帝時宦官專權,遂隱居不出。獻帝時應曹操之召,任黄門侍郎,累遷至秘書監、侍中。獻帝以《漢書》文繁難懂,命荀悦用編年體改寫,乃依《左傳》體裁,寫成《漢紀》30 篇,時人稱其"辭約事詳,論辨多美"。另著有《崇德》《申鑒》等。

【著録與考釋】

顔師古《漢書叙例》曰:"諸家注釋,雖見名氏,至於爵里,頗或難知。傳無所存,具列如左:荀悦,字仲豫,潁川人,後漢秘書監。(撰《漢紀》三十卷,其事皆出《漢書》。)"

今按:據顔氏《叙例》,荀悦似乎注過《漢書》,《史記》三家注、《漢書》顔注、《文選》李善注皆有"荀悦曰"云云,但考其内容,疑取自其所撰《漢紀》而約言之,未必真有《漢書注》也。録以備考。

《漢書音訓》1 卷,漢服虔撰,佚

【著者】

服虔,字子慎,初名重,又名祇,後更名虔,滎陽(今河南滎陽市東北)人。東漢經學家。少年清苦勵志,嘗入太學受業,舉孝廉,官至尚書侍郎、高平令。中平末,遷九江太守,因故免官。遭世亂,病卒。《漢書叙例》有小傳。據《後漢書·儒林列傳》,服虔"有雅才,善著文論,作《春秋左氏傳解》,行之至今。……所著賦、碑、誄、書記、連珠、《九憤》,凡十餘篇。"[①]《隋書·經籍志》著録服虔撰著有:《春秋左氏傳解誼注》三十一卷、《春秋杜氏服氏注春秋左傳》十卷、《春秋左傳傳音》三卷、《春秋左氏膏肓釋痾》十卷、《春秋漢議駁》二卷、《春秋成長説》九卷、《春秋塞難》三卷、《通俗文》一卷、《漢書音訓》一卷。俱佚。

---

① 〔宋〕范曄撰,〔唐〕李賢等注:《後漢書》,中華書局 1965 年版,第 2583 頁。

【著録與考釋】

見《隋書·經籍志》。新舊《唐志》、鄭樵《通志》同。

清姚振宗《隋書經籍志考證》:服虔有《左氏傳解誼》,見《經部·春秋家》。○《唐書·經籍志》:《漢書音訓》一卷,服虔撰。○《唐書·藝文志》:服虔《漢書音訓》一卷。○元李冶《敬齋古今黈》曰:"霍去病傳爲票姚校尉。服虔曰:'音飄搖。'此二字《集韻》皆收,入去聲。杜詩悉作平聲,則實用服注也。"○王鳴盛《十七史商榷》曰:"裴駰《史記集解》於《左氏傳》引服虔注,亦襲取服虔《漢書注》。"

【内容】

服虔在爲《漢書》作音訓時,也注釋了書中所收録的賦作。服虔賦注保存情況詳見下表:

服虔賦注被徵引情況一覽表

篇目	《史記》三家注	《漢書》顔師古注	《文選》李善注	總計徵引條數
弔屈原賦		2	2	4(3)
鵩鳥賦	3	3		6(4)
子虛賦	3	3	6	12(8)
上林賦	3	1	6	10(9)
大人賦	1	4		5(5)
答客難		2	2	4(2)
自悼賦		1		1(1)
甘泉賦		15	24	39(33)
河東賦		5		5(5)
校獵賦		10	19	29(21)
長楊賦		5	16	21(17)
解嘲		2	7	9(8)
幽通賦		2		2(2)
合計徵引篇目數/條(次)數	4/10	13/55	8/82	13/147(118)

從上表可知,《史記》三家注共徵引服虔注釋10條,《漢書》顔師古注徵引55條,《文選》李善注徵引82條,五家注共147條。去除重複,合併相同、相近賦注后,合計徵引118條。下面擇取數條,一窺其豹:

1.《漢書·賈誼傳》:“偭蟂獺以隱處兮,夫豈從蝦與蛭螾?”○服虔曰:“蟂音梟。”今按:《文選》善注同。

2.《史記·屈原賈生列傳》:“形氣轉續兮,變化而嬗。”○【集解】服虔曰:“嬗音如蟬,謂變蜕也。”今按:《漢書》顔注同。

3.《史記·司馬相如列傳》:“秋田乎青丘,傍徨乎海外,吞若雲夢者八九,其於胸中曾不蔕芥。”○【正義】服虔云:“青丘國在海東三百里。”今按:《漢書》顔注、《文選》善注同。

4.《漢書·司馬相如傳下》:“出乎椒丘之闕。”○服虔曰:“丘名也,兩山俱起,象雙闕者。”今按:《史記索隱》《文選》善注略同。

5.《漢書·揚雄傳上》:“平原唐其壇曼兮,列新雉於林薄。”○服虔曰:“新雉,香草也。雉、夷聲相近。”今按:《文選》善注同。師古注“新雉”爲“辛夷耳,爲樹甚大,非香草也。其木枝葉皆芳,一名新矧”。香草、樹名,未審孰是。

6.《文選·甘泉賦》:“正瀏濫以弘惝兮,指東西之漫漫。”○服虔曰:“惝,大貌也。音敞。”今按:《漢書》顔注節引作:“惝音敞。”

7.《文選·長楊賦》:“莫不蹻足抗首,請獻厥珍。”○服虔曰:“蹻,舉足也。音矯。”

8.《文選·幽通賦》:“盍孟晉以迨群兮?辰倏忽其不再。”○服虔曰:“盍,何不也。孟,勉也。晉,進也。迨,及也。何不早進仕以及輩也?”

不難看出,服虔注以注音、釋義爲主,且二者並重。其注有單獨注音者,如第1條;亦有單獨釋義者,如第3條。音義兼釋時,大都遵循先釋義、後注音的順序,如第5、6、7條皆是如此,第2條先注音再釋義,此種體式在服注中少有。服注注音大都采用直音法,間用比擬標音法,如第2、5條,反切法則不常見。其釋詞以準確凝練、言簡意賅爲特色。第8條連訓四詞,兼及解句,反而不常見。先唐賦注家,大都是在注釋《漢書》之時附帶注釋書中所收録的漢賦作品,因而無不惜墨如金,簡潔明了。

服虔的賦注,應該全部出自其《漢書音訓》一卷。從卷數可知,該書不録《漢書》正文,衹是以《漢書》各篇爲單位,將其中之疑難字詞逐一進行釋義、注音,偶爾解句而已。

《漢書集解音義》24卷,漢應劭[等]撰,晉臣瓚彙集,佚

《漢書集解》115卷,漢應劭[等]撰,晉蔡謨彙集,佚

【著者】

應劭(約153—196),東漢學者,字仲瑗(一作仲援、仲遠)。汝南郡南頓縣(今屬河南省項城市)人。父名奉,桓帝時名臣,官至司隸校尉。劭少年時專心

好學,博覽多聞。靈帝時(168—188)被舉爲孝廉,辟車騎將軍何苗掾。遷蕭令、御史營令,中平六年(189)至興平元年(194)任泰山郡太守,後依袁紹,卒於鄴。應劭博學多識,著述甚豐,《後漢書·應奉傳》附《應劭傳》云:"凡所著述百三十六篇。又集解《漢書》,皆傳于時。"①據《隋書·經籍志》,應劭撰有《漢書集解》115 卷、《漢書集解音義》24 卷、《漢官注》5 卷、《漢官儀》10 卷、《漢朝議駁》30 卷、《風俗通義》31 卷。今僅存《風俗通義》10 卷。

【著録與考釋】

見《隋書·經籍志》。按:錢大昕以爲"應劭"下當有"等"字,今補之;同時據顔師古《漢書叙例》補充彙集者姓名。又,原書《漢書集解》115 卷在前,而據《漢書叙例》,其編纂當在《漢書集解音義》之後,今乙正之。

《舊唐書·經籍志》:"《漢書集解音義》二十四卷,應劭撰。"(《新唐書·藝文志》同。)

清姚振宗《隋書經籍志考證》:《漢書集解音義》二十四卷,應劭撰。(按:應劭當爲臣瓚。)○錢大昕《養新録》曰:"《隋·經籍志》:'《漢書集解音義》二十四卷,應劭撰。'按:顔氏《漢書叙例》云云,知《隋志》所載即臣瓚所集,非出於應劭一人。《隋志》多承阮録舊文,則'應劭'下當有'等'字,傳寫失之也。"(按:應劭原本當亡於永嘉之亂,其卷數亦莫得而詳。此二十四卷,實臣瓚書,特相承題爲應劭耳。)○《小學考》曰:"按:《集解》,《隋志》已與本書並著,仍别出此書者,當如今《索隱》已附《史記》,而别有單行本歟? 抑《集解》附本書,而此更有音義歟? 其連稱《集解音義》,或併將《集解》文字而音訓之,不特爲史文作音訓歟?"(按:本《志》應劭兩書,實蔡謨、臣瓚本也,顔監發之甚詳,謝氏又何疑而爲是説乎?)○侯康《補後漢書藝文志》曰:"《隋志》有應劭書,無臣瓚書。據顔氏《叙例》,蓋誤以瓚書爲應書也。"

姚振宗《隋書經籍志考證》:《漢書》一百一十五卷,漢護軍班固撰,太山太守應劭集解。(應劭當爲蔡謨,誤。)○顔師古《漢書叙例》云云(按:《漢書注》本自蔡謨始。顔氏云云,即指本《志》此書而言。《史記索隱序》云:"蔡謨集注之時,已有二十四家之説。"亦謂此本也。)

今按:《漢書集解音義》與《漢書集解》實爲一種,差異在於前者無正文、後者有正文而已。並且二者皆非應劭自撰,它們分别出自晉代臣瓚、蔡謨的彙集。顔師古《漢書叙例》云:"《漢書》舊無注解,唯服虔、應劭等各爲音義,自别施行。至典午中朝,爰有晉灼,集爲一部,凡十四卷;又頗以意增益,時辯前人當否,號曰《漢書集注》。屬永嘉喪亂,金行播遷,此書雖存,不至江左。是以爰自東晉,迄于梁、陳,南方學者皆弗之見。有臣瓚者,莫知氏族,考其時代,亦在晉初,又

① 〔宋〕范曄撰,〔唐〕李賢等注:《後漢書》,中華書局 1965 年版,第 1614 頁。

總集諸家音義,稍以己之所見,續厠其末,舉駁前説,喜引《竹書》,自謂甄明,非無差爽,凡二十四卷,分爲兩帙。今之《集解音義》,則是其書。而後人見者,不知臣瓚所作,乃謂之應劭等集解,王氏《七志》、阮氏《七録》並題云然,斯不審耳。學者又斟酌瓚姓,附著安施,或云傅族,既無明文,未足取信。蔡謨全取臣瓚一部,散入《漢書》,自此以來,始有注本。”①顯而可見,應劭原書名爲《漢書音義》,估計僅有一卷或數卷,與服虔《漢書音訓》内容、體例相似。後來晉人晉灼彙聚諸家注解,成《漢書集注》14 卷;東晉臣瓚又總集諸家音義,成《漢書集解音義》24 卷;稍後蔡謨又將臣瓚書的内容散入《漢書》正文之中,是爲《漢書集解》115 卷。《隋志》將《漢書集解音義》和《漢書集解》皆題爲應劭撰,不知乃分别出自臣瓚、蔡謨,當予以糾正。

因此,《史記》三家注、《漢書》顔注、《文選》李善注所徵引的應劭賦注,很可能取自《漢書集解》115 卷,並不全出於應劭之手。(其中顔師古注中有較爲可靠的應劭注。)但因爲其他作者名字早已佚去,目前衹能歸於應劭名下,俟異日再考。

【内容】

署名應劭的賦注保存情況如下:

應劭等賦注被徵引情況一覽表

篇目	《史記》三家注	《漢書》顔師古注	《文選》李善注	總計徵引條數
弔屈原賦	9	6	5	20(10)
鵩鳥賦	6	4	3	13(8)
子虚賦	2	2	4	8(7)
上林賦	4	6	6	16(9)
大人賦	4	8	0 + 1	13(7)
答客難			1	1(1)
李夫人賦		1		1(1)
甘泉賦		9	12	21(14)
河東賦		1		1(1)
校獵賦		14	14	28(15)
長楊賦		2	4	6(4)

① 〔漢〕班固撰,〔唐〕顔師古注:《漢書》,中華書局 1962 年版,第 1 ~ 2 頁。

（续表）

篇目	《史記》三家注	《漢書》顔師古注	《文選》李善注	總計徵引條數
解嘲		11	12	23(20)
幽通賦		28	24	52(38)
兩都賦			1	1(1)
合計徵引篇目數/條(次)數	5/25	12/92	12/87	14/204(136)

（注:表中"0+1",表示《文選》並未收録《大人賦》,因而徵引《大人賦注》0條,但李善在注釋《文選》其他詩文時徵引了應劭等《大人賦注》1條,故用"0+1"列於此處。）

從上表可知,《史記》三家注共徵引應劭等注釋25條,《漢書》顔師古注徵引92條,《文選》李善注徵引87條,五家注共204條,去除重複,合併相同、相近賦注后,合計徵引136條。下面摘録有代表性賦注15條:

1.《史記·屈原賈生列傳》:"莫邪爲頓兮,鉛刀爲銛。"○【集解】應劭曰:"莫邪,吴大夫也,作寶劍,因以冠名。"今按:《史記索隱》、《漢書》顔注所引略同。

2.《史記·屈原賈生列傳》:"彌融爚以隱處兮,夫豈從蝦與蛭螾?"○【索隱】《漢書》作"偭蟂獺",……應劭云:"偭,背也。蟂獺,水蟲害魚者。以言背惡從善也。"今按:《漢書》顔注引作:"蟂獺,水蟲害魚者也。偭,背也。欲捨蟂獺,從神龍遊也。"《文選》善注節引之。

3.《史記·屈原賈生列傳》:"彼尋常之汙瀆兮,豈能容吞舟之魚!"○【集解】應劭曰:"八尺曰尋,倍尋曰常。"今按:《漢書》顔注、《文選》善注所引同。

4.《漢書·司馬相如傳上》:"左烏號之彫弓,右夏服之勁箭。"○應劭曰:"楚有柘桑,烏棲其上,支下著地,不得飛,欲墮號呼,故曰烏號。"

5.《史記·司馬相如列傳》:"於是乎盧橘夏孰。"○【索隱】應劭曰:"《伊尹書》'果之美者,箕山之東,青鳥之所,有盧橘夏孰'。"今按:《漢書》顔注、《文選》善注無"果之美者"四字,後面所引同。

6.《文選·上林賦》:"左蒼梧,右西極,丹水更其南,紫淵徑其北。"○應劭曰:"丹水出上洛冢領山,東南至析縣入汮水。更,公衡切。"今按:《漢書》顔注所引無注音。

7.《漢書·揚雄傳上》:"同符三皇,録功五帝,卹胤錫羨,拓迹開統。"○應劭曰:"卹,憂也。胤,續也。錫,與也。羨,饒也。拓,廣也。時成帝憂無繼嗣,故修祠泰畤、后土,言神明饒與福祥,廣迹而開統也。"今按:《文選》善注同。

8.《漢書·揚雄傳下》:"曠以歲月,結以倚廬。"○應劭曰:"漢律以不爲親行三年服不得選舉。"今按:《文選》善注略同。

與服虔注相比，應劭的賦注内容更爲詳盡。注音較少，但對於賦中人名、地理、名物、制度的注解卻頗見功力。第 1 條釋莫邪，古之鑄劍師也；第 6 條釋丹水，乃是水名；第 2、4、5 條分别解釋動物、植物和水果；第 3、8 條則詮釋度量衡和漢代法律；第 7 條先釋詞，後解句，則與曹大家的賦注十分相似。應劭努力用最簡潔的語言解釋語詞名物，對於讀者閲讀、理解賦作甚有幫助。

應劭等《漢書集解》115 卷，衹見於《隋志》，《舊唐志》已經不見記載，看來亡佚於唐代；《漢書集解音義》24 卷，新舊《唐志》皆有記載，可能亡于兩宋之際。司馬貞、張守節、顔師古、李善等皆生活在唐代，因而能够看到這兩種文獻，並加以徵引。

《漢書注》卷數不詳，漢伏儼撰，佚

【著者】

顔師古《漢書叙例》曰："諸家注釋，雖見名氏，至於爵里，頗或難知。傳無所存，具列如左：……伏儼，字景宏，琅邪人。"可知伏儼曾經注釋《漢書》，但卷數不詳。東漢時琅邪國相當於今山東省日照市和臨沂市部分地區，治開陽（今臨沂市北）；琅邪縣在今山東省膠南縣西南 23 公里。

【内容】

伏儼賦注保存較少。《漢書》顔師古注徵引伏儼《子虚賦注》2 條，《史記》三家注、《漢書》顔師古注、《文選》李善注各徵引其《上林賦注》1 條，此注内容相同。五家注合計徵引 5 條，去除重複，僅得 3 條，如下：

1.《漢書・司馬相如傳上》："右夏服之勁箭。"○伏儼曰："服，盛箭器也。夏后氏之良弓名煩弱，其矢亦良，即煩弱箭服也，故曰夏服。"

2.《漢書・司馬相如傳上》："勺藥之和具，而後御之。"○伏儼曰："勺藥以蘭桂調食。"

3.《史記・司馬相如列傳》："若夫青琴宓妃之徒。"○【索隱】伏儼曰："青琴，古神女也。"今按：《漢書》顔注、《文選》善注同。

伏儼注釋僅得 3 條，皆釋詞，第 1、3 條釋典故，第 2 條釋食物。皆出自《漢書・司馬相如傳》伏儼注。

《漢書注》卷數不詳，漢劉德撰，佚

【著者】

顔師古《漢書叙例》曰："諸家注釋，雖見名氏，至於爵里，頗或難知。傳無所存，具列如左：……劉德，北海人。"可知劉德曾經注釋《漢書》，但卷數不詳。東漢時北海國相當於今山東濰坊市大部和青島市部分地區。

【内容】

劉德賦注保存情況如下：《漢書・外戚傳》顔師古注徵引劉德《自悼賦注》1

條,《幽通賦注》3 條,《文選》李善注徵引《幽通賦注》2 條。兩家注合計徵引 6 條,去除重複,共 4 條:

1.《漢書・外戚傳下》:"顧左右兮和顔,酌羽觴兮銷憂。"○劉德曰:"酒行疾如羽也。"今按:此句寫出後宫女子强顔歡笑,衹能飲酒聊以自慰。劉德之注稍顯牽强。

2.《文選・幽通賦》:"既仁得其信然兮,仰天路而同軌。"○劉德曰:"人道既然,仰視天道,又同法也。仁,謂求仁而得仁也。馮衍《顯志賦》曰:'惟天路之同軌。'"今按:《漢書》顔注節引第一句。

3.《漢書・外戚傳下》:"道悠長而世短兮,夐冥默而不周。"○劉德曰:"夐,遠也。周,至也。冥默,玄深不可通至也。"今按:《文選》善注節引最後一句。

4.《漢書・外戚傳下》:"謨先聖之大繇兮,亦厶悳而助信。"○劉德曰:"厶,近也。"

劉德注釋 4 條,釋詞解句皆有,除第 1 條外,另三條語言簡潔準確,一目了然,且能徵引别賦以作補充。

《漢書注》卷數不詳,漢鄭氏撰,佚

【著者】

顔師古《漢書叙例》曰:"諸家注釋,雖見名氏,至於爵里,頗或難知。傳無所存,具列如左:……晉灼《音義序》云不知其名,而臣瓚《集解》輒云鄭德。既無所據,今依晉灼但稱鄭氏耳。"可知鄭氏曾經注釋《漢書》,其名字、籍貫皆不詳,《漢書注》卷數亦不詳。據《隋書・經籍志》,鄭氏撰有《孝經注》1 卷,《今字石經鄭氏尚書》8 卷(亡),《易腦經》1 卷,不知是否爲同一人。

【内容】

鄭氏《漢書注》早已亡佚,但司馬貞《史記索隱》保存 19 條,顔師古《漢書注》保存 120 條,李善《文選注》保存 7 條,尚可窺其大概。與賦有關的注釋有:《漢書》顔師古注徵引鄭氏《弔屈原賦注》1 條,《上林賦注》2 條,《校獵賦注》2 條,《文選》李善注徵引鄭氏《鵩鳥賦注》1 條,《校獵賦注》1 條,《長楊賦注》1 條。兩家注合計徵引 8 條,略舉數例如下:

1.《漢書・賈誼傳》:"斡棄周鼎,寶康瓠兮。"○鄭氏曰:"康瓠,瓦盆底也。《爾雅》曰:'康瓠謂之甈。'"

2.《文選・鵩鳥賦》:"不以生故自寶兮,養空而浮。"○鄭氏曰:"道家養空虚,若浮舟也。《莊子》曰:汎若不繫之舟,虚而遨遊。"

3.《漢書・司馬相如傳下》:"孫叔奉轡,衛公參乘。"○鄭氏曰:"孫叔者,太僕公孫賀也,字子叔。衛公者,大將軍衛青也。大駕,太僕御,大將軍參乘。"

4.《漢書・揚雄傳上》:"拕蒼豨,跋犀犛,蹶浮麋。"○鄭氏曰:"蹶音馬蹄蹶之蹶。"

5.《文選·羽獵賦》:"狹三王之阸僻,嶠高舉而大興。"○鄭氏曰:"阸僻,陋小也。王逸《楚辭注》曰:'嶠,舉也。嶠,音矯。'"今按:此處鄭氏引用《楚辭·九章·惜誦》王逸注,可見其對當代著述成果的重視。另外,今本《楚辭》"嶠"作"矯",鄭氏保存了一條重要的《楚辭》異文,十分珍貴。

6.《文選·長楊賦》:"腦沙幕,髓余吾。"○鄭氏曰:"折其骨,使髓膏水也。《通俗文》曰:'骨中脂曰髓,古髓字。'"

鄭氏注釋 8 條,第 4、5 條爲注音,其餘皆釋義。注音用比擬標音法與直音法;釋義用詞簡潔,多引前人典籍。第 5、6 條分别徵引王逸《楚辭注》和服虔《通俗文》,後者已佚,該注保存了一條佚文。王逸、服虔皆爲東漢末年人,比鄭氏略早。重視對當代注釋家、經學家著作的徵引應該是鄭氏注的一大特色。

《漢書注》卷數不詳,漢李斐撰,佚

【著者與内容】

顏師古《漢書叙例》曰:"諸家注釋,雖見名氏,至於爵里,頗或難知。傳無所存,具列如左:……李斐,不詳所出郡縣。"可知李斐曾經注釋《漢書》,但其籍貫、生平、《漢書注》卷數皆不詳。《史記》三家注、《漢書》顏注、《文選》李善注皆有徵引"李斐曰"若干條,應該取自其《漢書注》,但似乎均與賦無關。看來李斐賦注已無遺存。

《漢書注》卷數不詳,漢李奇撰,佚

【著者】

李奇,南陽(今屬河南)人,生平不詳。陳直以爲係西晉人,不知所據。顏氏《叙例》列在建安時期文人鄧展、文穎之前,故視爲漢末學者。

【著録】

顏師古《漢書叙例》曰:"諸家注釋,雖見名氏,至於爵里,頗或難知。傳無所存,具列如左:……李奇,南陽人。"

【内容】

現將李奇賦注被徵引情況統計如下:

李奇賦注被徵引情況一覽表

篇目	《史記》三家注	《漢書》顏師古注	《文選》李善注	總計徵引條數
弔屈原賦	3	3	4	10(5)

（续表）

篇目	《史記》三家注	《漢書》顔師古注	《文選》李善注	總計徵引條數
鵩鳥賦	2	2	2	6(4)
子虛賦	1	1	2	4(2)
上林賦	2	3	4	9(4)
大人賦		1		(1)
長門賦			1	1(1)
李夫人賦		1		1(1)
甘泉賦		5	6	11(6)
河東賦		1		1(1)
校獵賦		1		1(1)
長楊賦		3	2	5(4)
解嘲		3	3	6(3)
幽通賦		1		1(1)
兩都賦			1	1(1)
合計徵引篇數/條數	4/8	12/25	9/25	14/58(35)

從上表可知,《史記》三家注共徵引李奇賦注 8 條,《漢書》顔注共徵引 25 條,《文選》善注徵引 25 條,五家注合計徵引 58 條。去除重複,合併相同、相近注釋,共 35 條,下面摘録幾條有代表性的注釋:

1.《史記·屈原賈生列傳》:"訊曰:'已矣,國其莫我知,獨堙鬱兮其誰語?'"○【集解】李奇曰:"訊,告也。"今按:《史記索隱》引作:"誶,告也。"《漢書》顔注同。本條來自李奇《漢書注》,故當以"誶"爲是。

2.《漢書·賈誼傳》:"謂隨、夷溷兮,謂蹠、蹻廉。"○李奇曰:"蹠,秦大盜也。楚之大盜爲莊蹻。"今按:《文選》善注引作:"蹠,魯之盜蹠;蹻,楚之莊蹻。"未審孰是。

3.《史記·司馬相如列傳》:"鶩於鹽浦,割鮮染輪。"○【索隱】李奇云:"鮮,生肉也。染,濡也。切生肉,濡鹽而食之。"今按:《漢書》顔注引作:"鮮,生也。染,擩也。切生肉,擩車輪,鹽而食之也。"更爲完備。《文選》善注同。

4.《史記·司馬相如列傳》:"喿石裖崖。"○【索隱】李奇曰:"裖,整也,整頓池外之厓,音之忍反也。"今按:《文選》善注略同。

5.《文選·上林賦》:"鄢郢繽紛,《激楚》結風。"○李奇曰:"鄢,今宜城縣也。郢,楚都也。繽紛,舞也。”今按:《漢書》顔注同。

6.《漢書·揚雄傳上》:“陵高衍之嵱嵷兮,超紆譎之清澄。”○李奇曰:“嵱音踴。嵷音竦。”今按:《文選》善注同。

7.《漢書·揚雄傳上》:“舉洪頤,樹靈旗。”○李奇曰:“欲伐南越,告祈太一,畫旗樹太一壇上,名靈旗,以指所伐之國也。見《郊祀志》。”今按:《文選》善注同。

8.《漢書·揚雄傳下》:“昔有彊秦,封豕其士,窫窳其民,鑿齒之徒相與摩牙而争之。”○李奇曰:“以喻秦貪婪,殘食其民也。”今按:《文選》善注同。

李奇賦注,内容包括注音、釋詞與解句。注音多用直音法與反切法,如第4、第6條;釋詞言語精練,且長於天文地理、名物典制方面的考據,如第2條釋人名,第5條釋地名,第7條介紹戰争文化;解句準確而靈活,如第3條注釋,“切生肉,擩車輪鹽而食之”一句頗能摹狀出齊王獵後飲食之原始與野蠻,旨在反襯楚王飲食的高雅和考究,甚合賦意。又如第8條,略去賦句表層之義,直接加以引申,指出其比喻義,可謂一語中的。但也有解釋失當者,如《史記·屈原賈生列傳》:“衆人或或兮,好惡積意。”《史記集解》引李奇曰:“或或,東西也。所好所惡,積之萬億也。”《漢書》顔注、《文選》善注同。今按:《史記集解》與《漢書》顔注引瓚曰:“言衆懷抱好惡,積之心意。”瓚説是也。“意”同“臆”,胸也。積意,猶言積滿於胸中。李奇注“意”爲“億”,非。

《漢書注》卷數不詳,漢鄧展撰,佚

【著者】

鄧展,顔師古《漢書叙例》載:“鄧展,南陽(今屬河南)人,魏建安中爲奮威將軍,封高樂鄉侯。”可知爲漢末建安時將領。建安十八年,鄧展與劉勛、劉若、夏侯惇、王忠、鮮于輔等衆將上書勸曹操進爵魏公。大約卒於建安末期。曾注《漢書》,卷數不詳。

【内容】

鄧展賦注情况如下:《史記》三家注徵引其《弔屈原賦注》《鵩鳥賦注》各1條;《漢書》顔師古注徵引其《弔屈原賦注》3條,《甘泉賦》《校獵賦》《幽通賦》注各1條;《文選》李善注徵引《弔屈原賦注》2條,《鵩鳥賦》《上林賦》《甘泉賦》《校獵賦》《解嘲》注各1條。五家注合計徵引15條,去除重複,共9條。

鄧展賦注有注音、有釋詞,亦有解句。一般先釋詞,再注音,主要采用直音法。例如《文選·上林賦》:“臨坻注壑,瀺灂霣墜。”李善注引鄧展曰:“坻,水中山也。坻,音遲。”解句亦甚恰當,如《漢書·賈誼傳》引《弔屈原賦》:“于嗟默默,生之亡故兮!”顔師古注引鄧展曰:“言屈原無故遇此禍也。”(《文選》善注同。)釋“生”爲先生,指屈原,甚確。

《漢書音義》卷數不詳，漢文穎撰，佚

【著者】

文穎，字叔良，南陽(今屬河南)人，東漢末任荆州從事，建安中爲甘陵府丞。據顔師古《漢書叙例》，文穎曾注《漢書》。《文選·兩都賦》："是故横被六合，三成帝畿。"李善注曰："《漢書音義》文穎曰：'關西爲横。'"據此，將書名暫定爲《漢書音義》。

【内容】

文穎賦注情况詳見下表：

文穎賦注被徵引情况一覽表

篇目	《史記》三家注	《漢書》顔師古注	《文選》李善注	總計徵引條數
子虚賦	2	6	7	15(8)
上林賦	11	10	10	31(14)
大人賦		1		1(1)
答客難		1	1	2(2)
甘泉賦			2	2(2)
羽獵賦(校獵賦)			1	1(1)
南都賦			1	1(1)
合計徵引篇目數/條數	2/13	4/18	6/22	7/53(29)

從上表可知，《史記》三家注共徵引文穎注釋13條、《漢書》顔師古注共徵引18條，《文選》李善注徵引22條。五家注合計徵引53條，去除重複，共29條。這29條注釋，祇有一條注音(采用直音法)，其餘28條皆爲釋詞或解句，尤其善於詮釋地理名物、典章制度。如：

1.《史記·司馬相如列傳》："左蒼梧，右西極。"○【正義】文穎云："蒼梧郡屬交州，在長安東南，故言左。《爾雅》云：'西至於豳國爲極。'在長安西，故言右。"今按：《漢書》顔注、《文選》善注同。

2.《史記·司馬相如列傳》："諸蔗猼且。"○【索隱】《漢書》作"巴且"，文穎云"巴蕉也"。今按：《漢書》顔注引作："巴苴，草名，一名巴蕉。"更爲詳盡，《文選》善注同。

3.《史記·司馬相如列傳》："孫叔奉轡，衛公驂乘，扈從横行，出乎四校之中。"○【索隱】文穎曰："凡五校，今言四者，一校隨天子乘輿也。"今按：《漢書》

顔注、《文選》善注同。

4.《文選·上林賦》："巴渝宋蔡，淮南干遮，文成顛歌。"○文穎曰："文成，遼西縣名也。其縣人善歌。顛，益州顛縣，其人能作西南夷歌也。顛與滇同也。"今按：《史記索隱》、《漢書》顔注同。

或地名，或草木，或制度，或民俗，視野開闊，分析透徹，因而被屢次徵引。有時還兼及方言。如《漢書·司馬相如傳下》："罷池陂陁，下屬江河。"顔師古注引文穎曰："南方無河也。冀州凡水大小皆謂之河，詩賦通方言耳。"（《文選》善注同。）所言頗有道理。南方名"江"，北方稱"河"，今日亦然。當然，這是就一般情況而言，北方亦偶有稱江者，如鴨緑江、黑龍江等。

第二卷　魏晋南北朝賦學文獻

東漢大賦家張衡仿照班固《兩都賦》,以十年之力創作了著名的《二京賦》,長達 7700 多字,被譽爲“長篇之極軌”。至此,散體大賦的創作走向了極致,使後人難以超越,同時也斷送了這一賦體的生機與活力。不過,張衡創作的《歸田賦》衹有 240 字,意境優美,語言清新,開啟了漢末詠物、抒情小賦的發展新路。蔡邕和建安時期的王粲、劉楨、陳琳等賦家,皆傾力創作小賦,而散體大賦的創作幾乎絶迹了。

三国、两晋時期的賦壇,則繼承了建安賦創作的風尚,以詠物、抒情小賦爲主。賦的内容也與恢宏壯麗、長於歌頌的散體大賦不同。首先,歌唱男女愛情、同情婦女不幸命運的賦篇大量出現,如曹丕《出婦賦》《寡婦賦》《離居賦》、曹植《感婚賦》《洛神賦》、潘岳《寡婦賦》、陶淵明《閑情賦》等。其次,對節物變遷、人生短促的感歎,對親友故土的懷念,對離愁别緒的描寫,是此期賦家着力表現的又一重要領域,如曹丕《感離賦》、曹植《秋思賦》《感節賦》、向秀《思舊賦》、潘岳《懷舊賦》、陸機《歎逝賦》《感物賦》《感丘賦》《述思賦》《懷土賦》等。再次,不少作品描繪祖國秀美壯麗的山川景物,如曹丕《登城賦》《臨渦賦》、傅玄《陽春賦》、成公綏《大河賦》、木華《海賦》、郭璞《江賦》、曹毗《涉江賦》、孫綽《遊天台山賦》、支曇諦《廬山賦》等,它們代表了當時山水文學的主要成就。總之,較之兩漢賦,魏晉賦特别重視個人情懷的抒發,情感成爲時人評賦的主要標準,“抒情”“言情”“緣情”“娱情”等成爲時人介紹作賦動因時常用的詞語。與屈原、宋玉抒寫“賢人失志”之情不同,魏晉賦所抒寫的往往是日常生活中各種細緻動人的感情,具有鮮明的個性色彩。

南北朝時期,賦的創作技巧進一步提高,尤其注重駢偶和用典。鮑照《蕪城賦》是作者有感於淮左歷史名城廣陵(今江蘇揚州)遭受戰亂、被嚴重破壞而作。賦中如此描寫廣陵城的殘破:“澤葵依井,荒葛罥塗。壇羅虺蜮,階鬥麏鼯,木魅山鬼,野鼠城狐,風嗥雨嘯,昏見晨趨。飢鷹厲吻,寒鴟嚇雛。伏虣藏虎,乳血飧膚。崩榛塞路,峥嶸古馗。白楊早落,塞草前衰。稜稜霜氣,蔌蔌風威。孤蓬自振,驚沙坐飛。灌莽杳而無際,從薄紛其相依。通池既已夷,峻隅又已頽。直視千里外,唯見起黄埃。凝思寂聽,心傷已摧。"場面陰森恐怖,令人不寒而慄。而對偶精工,語言凝練,極有藝術震撼力和感染力。江淹《恨賦》《别賦》,庾信《哀江南賦》《小園賦》等,皆爲駢賦名篇。其中《哀江南賦》以宏大的體制,淩雲縱放之健筆,將作者個人的身世與梁朝興亡的歷史鎔鑄一爐,華實相扶,文情並茂,在六朝賦史上樹起一座巨大的里程碑。《哀江南賦》用典藝術高超精絶,往往能把典故溶化於真實可感的情景描繪中,給人以"使事無迹"的印象,又往往不拘泥於原典之義,善作反用,靈活多變。駢賦的藝術特色對當時的駢文和各類應用文體的寫作,對後代的律詩、律賦等皆有深遠影響。

魏晉南北朝賦的數量遠遠多於兩漢。主編《歷代辭賦總匯》的馬積高先生稱:"據初步統計,計收有先秦漢魏晉南北朝隋辭賦作家 412 人,辭賦作品 1625 篇。"①除去先秦兩漢賦 365 篇(計外編),則現存魏晉南北朝賦有 1260 篇。相關賦學文獻亦夥。據《隋書・經籍志》的著録,此期産生了大量的賦總集,其中既有編纂歷代詩文時兼及賦體的綜合性總集,如摯虞《文章流别集》30 卷、蕭統《文選》30 卷;也有專門的歷代賦總集,如謝靈運《賦集》92 卷、蕭衍《歷代賦》10 卷;還有某一題材賦的彙集,如《雜都賦》11 卷、《樂器賦》10 卷;某一體裁賦的彙集,如卞景《七林》10 卷、劉楷《設論集》2 卷,等等。目前衹有《文選・賦》保存下來。據《藝文類聚》卷五十五《雜文部・集序》引曹植《文章序》:"余少而好賦,其所尚也,雅好慷慨,所著繁多。雖觸類而作,然蕪穢者衆。故删定别撰,爲《前録》七十八篇。"②可知曹植曾經自編别集,所謂《前録》78 篇,即以賦爲主。此期别集甚夥,但大都爲同時人或者後人所編,作者自編者甚少,詳情可查《隋書・經籍志》。對於賦的評論和注釋,亦出現了劉勰《文心雕龍》10 卷、褚詮之《百賦音》10 卷(佚)、佚名《雜賦圖》17 卷(佚)等作品,爲賦學研究做出了重要貢獻。

研究魏晉南北朝賦的專著,除了馬積高《賦史》(上海古籍出版社 1987 年版)和郭維森、許結《中國辭賦發展史》(江蘇教育出版社 1996 年版)兩部通史,尚有曹道衡《漢魏六朝辭賦》(上海古籍出版社 1989 年版)、(港)何沛雄《漢魏六朝賦論集》(聯經出版事業公司 1990 年版)、(臺)廖國棟《魏晉詠物賦研究》(文史哲出版社 1990 年版)、程章燦《魏晉南北朝賦史》(江蘇古籍出版社 1992 年版)、(港)廖志強《南朝賦闡微》(天工書局 1997 年版)、王琳《六朝辭賦史》(黑龍江教育出版社 1998 年版)、于浴賢《六朝賦述論》(河北大學出版社 1999 年版)、郭建勛《先唐辭賦研究》(人民出版社 2004 年版)、王德華《唐前辭賦類

① 馬積高:《〈歷代辭賦總匯〉前言》,《中國文學研究》2002 年第 1 期。
② 〔唐〕歐陽詢:《藝文類聚》卷五十五,上海古籍出版社 1999 年版,第 996 頁。

型化特徵與辭賦分體研究》(浙江大學出版社 2011 年版)等可資參考。

與第一章相似,本章將魏晉南北朝時期的賦學文獻劃分爲賦總集、賦别集、賦評、賦注凡四大類,分别進行介紹;每類之下,又各分正編、外編。對於每種賦學文獻,皆力求介紹其作者(或編者)、著録與歷代考釋、内容、版本、研究狀況等,或繁或簡,並不拘泥。此期賦學文獻,大都見於《隋書·經籍志》的著録,本章彙鈔《隋志》原文和姚振宗的考釋文字,旨在揭示前人學術成果,爲研究者提供參考。若有己意,則加"今按"以别之。

第一章　賦總集正編

魏晉時期,未見有專門編選賦體文學的總集。據《隋書・經籍志》著録,“專門性”賦總集的編纂應該始於南朝宋謝靈運《賦集》92 卷,此後代有所作,漸成大觀。但這一歷史時期的賦總集都已散佚。今略作考述。

《賦集》92 卷,南朝宋謝靈運輯,佚

【編者】

謝靈運(385—433),原名謝公義,字靈運。祖籍陳郡陽夏(今河南太康),生於會稽始寧(今浙江上虞),晉宋之際著名文學家。東晉名將謝玄之孫,謝瑍幼子,小名“客”,人稱謝客。少好學,博覽群書。性傲岸,好臧否人物。年十八襲封康樂公,故後人又稱“謝康樂”。他是中國山水詩的開創者,是第一個大量創作山水詩的詩人。其詩與顔延之齊名,並稱“顔謝”。《隋志・總集類》同時著録其《詩集》50 卷、《詩集抄》10 卷、《詩英》10 卷。

【著録與考釋】

《隋志・集部・總集類》:“《賦集》九十二卷,謝靈運撰。”《通志・藝文略第八》著録。

清姚振宗《隋書經籍志考證》:謝靈運有《晉書》,見《史部・正史類》。

【内容】

此《賦集》凡 92 卷,當是選録古今名篇而成的專體文學總集。《隋志》著録,説明該書在隋唐之際尚存,蓋亡於安史之亂中。後人没有徵引,故難以考知其選篇及分類情況。但它是較早的專門性賦體文學總集,具有一定的開創性,而且卷帙巨大,影響不可小覷。

《賦集鈔》1 卷,南朝佚名鈔,佚

【著録與考釋】

見《隋志・總集類》。《通志・藝文略第八》著録。

清姚振宗《隋書經籍志考證》:不著撰人。

【内容】

此條上接“《賦集》九十二卷,謝靈運撰”,估計是對謝靈運所編《賦集》中經典作品的摘抄。亡於唐代。

《賦集》50 卷，南朝宋劉義宗輯，佚

【編者】

新渝惠侯劉義宗（？—444），字伯奴，原籍彭城（今江蘇徐州）。劉義慶弟。幼爲劉裕所愛，晉末賜爵新渝縣男。劉裕代晉後，進爵爲侯。謚惠。據《隋志・別集類》著録，梁有《新渝惠侯義宗集》12 卷，《賦集》50 卷，皆亡。

【著録與考釋】

見《隋志・總集類》。《通志・藝文略第八》著録。

清姚振宗《隋書經籍志考證》：新渝惠侯劉義宗有集，見前《別集類》。

【内容】

《隋志》於上條"《賦集》九十二卷"下注云："梁又有《賦集》五十卷，宋新渝惠侯撰……亡。"可見該書亡於南朝梁代。此《賦集》50 卷，應是輯録前人賦作而成，與謝靈運《賦集》相近。

《賦集》40 卷，南朝宋劉彧輯，佚

【編者】

宋明帝劉彧（439—472），字休炳，小字榮期。原籍彭城（今江蘇徐州）。宋文帝第十一子。初封淮陽王，改封湘東王。景和元年（465）十二月，前廢帝被殺，立爲帝，年號泰始。在位期間，寵臣阮佃夫等專擅威權，貨賂公行；府庫爲空，百官並斷禄俸，而奢靡益甚，民不堪命。晚年多諱，忍虐好殺，慮太子稚弱，遂翦除諸弟殆盡，劉宋王朝自此而衰。泰豫元年（472）病卒。爲藩王時好讀書，曾撰《江左以來文章志》、續衛瓘所注《論語》2 卷。有禎祥及宴集，輒自作詩，且令群臣同作。

【著録與考釋】

見《隋志・總集類》。《通志・藝文略第八》著録。

清姚振宗《隋書經籍志考證》：宋明帝有《周易義疏》，見《經部・易類》。○《唐書・經籍志》：《賦集》四十卷，宋明帝撰。○《唐書・藝文志》：宋明帝《賦集》四十卷。

【内容】

亦爲賦總集。《隋志》於"《賦集》九十二卷"下注云："梁又有《賦集》四十卷，宋明帝撰……亡。"可見該書亡於南朝梁代。新、舊《唐志》又著録，或許亡而復出。此後不見著録。

《獻賦》18 卷(《獻賦集》),南朝齊卞鑠輯,佚

【編者】

卞鑠(或作卞録、卞鏗),南朝齊詩人。字里及生卒年均不詳。約於宋明帝泰始年間至齊高帝建元年間在世。與劉融、袁仲明俱爲袁粲所賞,恒在坐席。宋明帝泰始五年袁粲爲丹陽尹,以卞鑠爲主簿。仕齊官至端溪令。鍾嶸《詩品》把他與王中、卞彬等 3 人同列下品。據《隋志・别集類》,鑠著有《文集》16 卷。其作品今已不存。

【著録與考釋】

見《隋志・總集類》。《通志・藝文略第八》著録。

清姚振宗《隋書經籍志考證》:不著撰人。〇《唐書・經籍志》:《獻賦集》十卷,卞鏗撰。〇《唐書・藝文志》:卞鑠《獻賦集》十卷。〇案:《舊唐志》作卞鏗,《新志》作卞鑠。卞鏗未詳。卞鑠有集,見《别集類》南齊人文中。

【内容】

《隋志・總集類》曰:"《獻賦》十八卷。"不著撰人。編者不詳。而《舊唐志》在"《五都賦》五卷"之下有"《獻賦集》十卷,卞鑠撰",《新唐志》作"卞鑠《獻賦集》十卷",很可能即爲此《獻賦》18 卷之殘賸。

此《獻賦》18 卷,彙集前人或時人進獻之賦而成,故多爲歌功頌德之作。新舊《唐志》有著録,名爲《獻賦集》,但已減爲 10 卷。亡於唐代。

《歷代賦》10 卷,南朝梁蕭衍輯,梁周捨等注,佚

【編者】

梁武帝蕭衍(464—549),字叔達,小字練兒。南蘭陵(今江蘇常州)人。他是南朝梁代的建立者,也是著名的詩人、書法家、學者。在齊爲王儉東閣祭酒,歷官寧朔將軍、給事黄門侍郎、雍州刺史、中書監、大司馬。南齊中興二年(502),齊和帝被迫"禪位"於蕭衍,梁代建立。蕭衍在位時間達 48 年,在南朝的皇帝中列第一位。在位頗有政績,晚年爆發"侯景之亂",都城陷落,被侯景囚禁,死於臺城,享年 86 歲。葬於修陵,謚爲武帝,廟號高祖。蕭衍爲帝時奬勵文學,重用文士,有梁一代,學術與詩文並臻繁榮,蕭衍之力也。他博學能文,著述極富,儒釋經史,皆有涉及,而以經學、史學的研究爲卓著。撰有《周易講疏》《春秋答問》《孔子正言》等 200 餘卷、《通史》600 卷、佛學著作數百卷,皆佚。他還是著名的詩人、書法家,存詩 80 餘首,書法學著作 4 種。

【著録與考釋】

《隋志・總集類》曰:"《歷代賦》十卷,梁武帝撰。"《通志・藝文略第八》著録。

清姚振宗《隋書經籍志考證》:梁武帝有《周易大義》,見《經部·易類》。○《梁書·文學·周興嗣傳》:"天監十七年,興嗣復爲給事中,直西省。左衛率周捨奉勅注高祖所製《歷代賦》,啟興嗣助焉。"

【内容】

《隋志》著録其《歷代賦》10卷,新舊《唐志》皆未著録,蓋亡於唐代。《梁書》卷四十九《周興嗣傳》和《南史》卷七十二《周興嗣傳》並載梁天監年間周捨奉勅注釋《歷代賦》事,周興嗣襄助其事。但《隋志》衹著録原書,不載注釋,或許未能蕆事,或許早在隋前就已亡佚。又,曹道衡先生《〈文選〉和辭賦》一文認爲蕭統所編《文選》賦的部分可能依據了蕭衍《歷代賦》,見《文選學新論》第108~113頁,中州古籍出版社1997年版。

《圍碁賦》1卷,南朝梁蕭衍輯撰,殘

【著録與考釋】

《隋志·總集類》:"《圍碁賦》一卷,梁武帝撰。"《通志·藝文略第八》著録。

清姚振宗《隋書經籍志考證》:梁武帝有《歷代賦》,見前。○嚴氏《全梁文編》曰:"梁武帝《圍棋賦》見《藝文類聚》七十四。"

【内容】

梁武帝蕭衍,生平見上條。據《藝文類聚》卷七十四,東漢馬融、晉曹攄、蔡洪、梁武帝、梁宣帝皆有《圍棊賦》;據《太平御覽》卷七百五十三,三國魏王粲、晉劉恢亦有《圍碁賦》。(碁、棊、棋,異體字。)不知此處《圍碁賦》1卷,是梁武帝個人作品,還是梁武帝將前人和自己所作之《圍碁賦》彙在一處而成的集子。姑入總集類,因爲今存梁武帝《圍碁賦》僅有四百餘字,不足1卷。先唐《圍棋賦》今存4篇,作者分别爲:漢馬融、晉蔡洪、晉曹攄、梁蕭衍。類似的作品尚有漢蔡邕、魏曹丕、魏丁廙、晉夏侯惇的《彈棊賦》。皆見於《歷代賦彙》卷一〇三。

《樂器賦》10卷,南朝佚名輯,佚

【著録與考釋】

《隋志》於"《賦集》九十二卷"下注云:"梁又有……《樂器賦》十卷……亡。"編者不詳。

【内容】

該書係專門題材賦作的彙集,其編纂應該受到劉向等《雜鼓琴劍戲賦》13篇(《漢志·詩賦略》雜賦類)的啟發。亡於南朝梁陳時期。先唐樂器賦,今存者有:《虡賦》(漢賈誼)、《笙賦》(晉王廙、晉夏侯惇、晉潘岳)、《琴賦》(漢傅毅、漢蔡邕、晉嵇康)、《金錞賦》(梁簡文帝)、《箏賦》(漢侯瑾、魏阮瑀、晉賈彬、晉陳氏、梁簡文帝)、《箜篌賦》(晉曹毗、晉孫氏)、《琵琶賦》(晉傅玄、晉孫該、晉成公綏）、《長笛賦》（漢馬融）、《洞簫賦》（漢王襃）、《笳賦》（魏杜摯、晉孫楚）等，可窺其大概。

《伎藝賦》6 卷，南朝佚名輯，佚

【著録與考釋】

《隋志》於“《賦集》九十二卷”下注云：“梁又有……《伎藝賦》六卷……亡。”編者不詳。該書係專門題材賦作的彙集，亡於梁陳時期。

【内容】

先唐伎藝賦，今存數篇：《釣賦》（周宋玉、晉潘尼）、《投壺賦》（魏邯鄲淳）、《藏鉤賦》（晉庾闡）、《彈棊賦》（漢蔡邕、魏文帝、魏丁廙、晉夏侯惇）、《圍棊賦》（漢馬融、晉蔡洪、晉曹攄、梁武帝）、《四維賦》（晉李秀）、《象戲賦》（周庾信）、《樗蒱賦》（漢馬融）、《塞賦》（漢邊韶）等，可參。

《賦集》86 卷，北魏崔浩輯，佚

【編者】

崔浩（？—450），字伯淵，清河郡武城（今河北省清河縣。曹道衡以爲係今山東武成，不知所據）人。少好文學，博覽經史，玄象陰陽，百家之言，無不涉獵，研精義理，時人莫及。年弱冠即爲直郎，後任給事秘書，轉著作郎。仕北魏道武、明元、太武帝三朝，元帝時襲爵白馬公，太武帝時進爵東郡公，白太常卿，遷爲司徒。太平真君十一年（450）被冤殺。崔浩著述甚富，有《國書》30 卷、《食經》9 篇、《周易注》10 卷、《急就章》2 卷等，皆佚。

【著録與考釋】

見《隋志・總集類》。

清姚振宗《隋書經籍志考證》：崔浩有《周易注》，見《經部・易類》。

今按：《隋志》稱“《賦集》八十六卷，後魏祕書丞崔浩撰”。崔浩於北魏道武帝天興（398—404）中給事秘書，故此書當編於 404 年之前，是崔浩早年編纂的賦總集。新、舊《唐書》未見著録，蓋佚於唐代中期。

《續賦集》19 卷，北朝佚名輯，佚

【著録與考釋】

見《隋志・總集類》。

清姚振宗《隋書經籍志考證》：不著撰人。案：此次崔氏書後，似即續崔氏之集，皆北朝人之作。

【内容】

此爲崔浩《賦集》之續編，姚振宗所言甚是。編者当为北朝後期人。

《五都賦》6 卷，並録。張衡及左思撰，南北朝佚名輯

【作者】

張衡(78—139)，字平子，南陽(今河南南陽市)人，東漢著名文學家、科學家、學者，"漢賦四大家"之一。曾爲河間相，官至尚書。著有《張河間集》。其《二京賦》長達七千餘字，是漢代京都賦的鉅製，被譽爲"長篇之極軌"。左思(約 250—305)，字太沖，齊國臨淄(今山東淄博)人。西晉著名文學家。其貌不揚卻才華出衆。晉武帝時，因妹左棻被選入宫，舉家遷居洛陽，任秘書郎。晉惠帝時，依附權貴賈謐，爲文人集團"二十四友"的重要成員。永康元年(300)，因賈謐被誅，遂退居宜春里，專心著述。太安二年(303)移居冀州，不久病逝。其《三都賦》長達一萬多字，體製龐大，内容豐富，時人競相傳抄，造成"洛陽紙貴"的現象。

【著録與考釋】

見《隋志·總集類》。

清姚振宗《隋書經籍志考證》:《世説·文學篇》孫興公云:"《三都》《二京》，五經鼓吹。"言此五賦是經典之羽翼。○《文選目録》曰:張平子《西京賦》一首，《東京賦》一首。左太沖《三都賦序》一首，又《蜀都賦》一首，《吴都賦》一首，《魏都賦》一首。○《唐書·經籍》《藝文志》:《五都賦》五卷。

【内容】

張衡《二京賦》2 首，左思《三都賦》並序 4 首，每首 1 卷，故爲 6 卷。《二京賦》和《三都賦》都是京都大賦的名篇，不僅是古代散體大賦的重要代表，而且通過全方位、多角度的描繪，形象地展示了長安(西安)、洛陽、成都、建業(南京)、鄴城(安陽)五個歷史文化名城的風貌，具有重要的地理學和民俗學價值，歷來被當作地方誌來讀。因而，5 篇賦合併傳抄，具有多方面的意義。《録》爲五篇賦的目録，當含有解題和評論，惜已散佚。

《雜都賦》11 卷，南北朝佚名輯，佚

【著録與考釋】

見《隋志·總集類》。

清姚振宗《隋書經籍志考證》:不著撰人。

【内容】

此書名爲"雜都賦"，則其所表現之都城並非名城大邑，更非帝王所居，而是一般城邑而已。此類賦大都已經失傳，今存《齊都賦》(魏徐幹)、《魯都賦》(魏劉楨)、《趙都賦》(魏劉邵)、《揚都賦》(晉庾闡)、《登城賦》(魏文帝)、《亢父賦》(晉阮籍)、《蕪城賦》(宋鮑照)、《吴城賦》(梁吴均)、《建安城門峽賦》(梁蕭子範)等,可以參考。

《雜賦》16卷,南北朝佚名輯,佚

【著録與考釋】

見《隋志·總集類》。

清姚振宗《隋書經籍志考證》:不著撰人。案:此次《雜都賦》之下,疑亦是《雜都賦》,敓“都”字。又十六卷,亦似前條十一卷之原本。

【内容】

《隋志》於“《雜都賦》十一卷”下注云:“梁《雜賦》十六卷……亡。”編者不詳。該書内容應該與劉向編集之《大雜賦》(《漢志·詩賦略》雜賦類)相近,内容龐雜,且多爲無名氏作品。亡於梁陳時期。

《相風賦》7卷,晉傅玄等撰,南朝佚名輯,佚

【著録與考釋】

見《隋志·總集類》。

清姚振宗《隋書經籍志考證》:傅玄有《傅子》,見《子部·雜家》。○《藝文類聚·儀飾部》:“《晉令》曰:‘車駕出入,相風前引。’”○案:《藝文類聚》載晉傅玄、張華、潘岳、陶侃、孫楚《相風賦》,凡五家。今考嚴氏《文編》,有牽秀《相風賦》。秀嘗爲張華寮屬,有集見前。又有杜萬年《相風賦》,其序云:“太僕傅侯,命余賦之。”則與傅玄同時。又有傅咸《相風賦》,玄之子也。其序曰:“《相風》之賦,蓋以富矣,然辭義大同。惟中書張令,以太史《相風》,獨無文飾,故特賦之。太僕寺丞武君賓,樹一竹於前庭,其上頗有樞機,插以雞毛,於以占事知來,與彼無異。斯乃簡易之至,有殊太史《相風》”云云。案:相風亦云相風烏,今尚有之,多施於舟舶帆桅之上。晉人爲是賦,可考見者凡八家,大抵皆在此七卷中。以傅玄爲首,故云“傅玄等”。晉之後罕見有是作,此殆東晉人所集録也。(又《御覽·皇親部》載,《左貴嬪集》有《相風賦》。)

【内容】

《隋志》於“《雜都賦》十一卷”下注云:“梁《相風賦》七卷,傅玄等撰……亡。”編者不詳,亡於梁陳時期。

相風亦名相烏,是古代觀測風向的儀器,亦可用作儀仗。《晉書·輿服志》:“次相風,中道。”晉潘岳《相風賦》:“立成器以相風,棲靈烏於帝庭。”北周庾信《周宗廟歌》之十二:“鼓移行漏,風轉相烏。”清吴偉業《八風詩·南風》:“玉尺披圖解愠篇,相烏高指越裳天。”吴翌鳳注引《拾遺記》曰:“少昊母曰皇娥,遊窮桑之浦。有神童稱爲帝子,與皇娥讌戲泛於海。以桂枝爲表,結芳茅爲旍,刻玉爲鳩置於表端,言知四時之候。今之相風,蓋其遺象。”本書凡7卷,乃是同題賦

作的彙集,以傅玄所作爲首篇,故署名“傅玄等”。《歷代賦彙》卷七録有4篇《相風賦》,晉張華、潘岳、孫楚、陶侃各一篇,不及傅玄。而《太平御覽》卷九引鄭玄(當作傅玄)《相風賦》曰:“昔之造相風者,其知自然之極乎?其達變通之理乎?上稽天道陽精之運,表以靈烏,物象其類。下憑地體安貞之德,鎮以金虎,玄成其氣,風雲之應,龍虎是從。觀妙之徵,神明所通。夫能立成器以占志吉凶之先見者,莫精乎此。乃構相風,因象設形。婉盤虎以爲趾,建脩竿之亭亭。體正直而無撓,度徑挺而不傾。棲神烏於竿首,候祥風之來征。”雕刻烏形於竿首,故又名相烏。同卷又載傅咸之《相風賦序》,不贅。

《遂志賦》10卷,南朝佚名輯,佚

【著録與考釋】

見《隋志·總集類》。

清姚振宗《隋書經籍志考證》:不著著人。○《藝文類聚》:“陸機《遂志賦》序(今本無“序”字)曰:‘昔崔篆作詩,以明道述志,而馮衍又作《顯志賦》,班固作《幽通賦》,皆相依倣焉。張衡《思玄》,蔡邕《玄表》,張叔《哀系》,此前世可得言者也。崔氏簡而有情,《顯志》壯而泛濫,《哀系》俗而時靡,《玄表》雅而微素,《思玄》精練而何惠,欲麗前人,而優游清典,漏《幽通》矣。班生彬彬,切而不絞,哀而不怨矣。崔、蔡沖虚温敏,雅人之屬也。衍抑揚頓挫,怨之徒也。豈亦窮達異事,而聲爲情變乎!余備託作者之末,聊復用心焉。’”案:漢劉歆有《遂初賦》,魏劉楨有《遂志賦》,此大抵裒合諸家之作,不知始于何人也。

【内容】

《隋志》於“《雜都賦》十一卷”下注云:“(梁)《遂志賦》十卷……亡。”編者不詳,亡於南朝梁代。此爲同題賦作之彙集,但不知始於何篇。今存《遂志賦》兩篇,分别爲三國劉楨、晉陸機所撰。而此前之劉歆《遂初賦》、馮衍《顯志賦》、班固《幽通賦》、張衡《思玄賦》等,皆抒寫懷才不遇之情懷,主旨亦與此略同。

《乘輿赭白馬[賦]》2卷,南朝佚名輯,佚

【著録與考釋】

見《隋志·總集類》。

清姚振宗《隋書經籍志考證》:不著撰人。○《文選》顔延年《赭白馬賦》序曰:“我太祖之造宋也,五方率職,四隩入貢,祕寶盈於玉府,文駟列乎華廐。乃有乘輿赭白,特稟逸異之姿。妙簡帝心,用錫聖皁。(注:皁,櫪也。)服御順志,馳驟合度。齒列雖衰,而藝美不忒,襲養兼年,恩隱周渥。(注:襲,受也。隱,私也。)歲老氣殫,斃於内棧。少盡其力,有惻上仁。乃詔陪侍奉述中旨,末臣庸蔽,敢同獻賦。”案:同時奉詔作賦者,不止顔氏一人,此殆裒爲一帙歟?時宋文帝元嘉十七年也。

【内容】

《隋志》於"《雜都賦》十一卷"下注云:"(梁)《乘輿赭白馬[賦]》二卷……亡。"編者不詳,亡於梁陳時期。《赭白馬賦》,今僅存南朝宋顔延年一篇,見《文選》卷十四、《藝文類聚》卷九十三,爲詠物之賦。

《述征賦》1卷,南朝佚名輯,佚

【著録與考釋】

見《隋志·總集類》。

清姚振宗《隋書經籍志考證》:不著撰人。〇蔡邕《述征賦》序曰:"延熹二年秋,霖雨逾月。是時梁冀新誅,而徐璜、左悺等五侯擅貴於其處,又起顯陽苑於城西。人徒凍餓,不得其命者甚衆。白馬令李雲以直言死,鴻臚陳君以救雲抵罪。璜以余能鼓琴,白朝廷,敕陳留太守發遣余。到偃師,病不前,得歸。心憤此事,遂託所過,述而成賦。"(陽湖孫氏《續古文苑》目録曰:"漢蔡邕《述行賦》,宋歐陽靜輯集外文。")〇嚴氏《後漢文編》附注曰:"本集及《文選·魏都賦》《雪賦》《舞鶴賦》注並作《述行賦》。(《水經·濟水注》《文選·陸機〈前緩聲歌〉》注引此題並作《述征賦》。)"案:魏文帝有《述征賦》,曹植、繁欽亦各有《述行賦》《述征賦》,其佚文並見嚴氏《文編》,此或合此數家爲一編。

【内容】

《隋志·總集》曰:"《述征賦》一卷。"不知作者或編者姓名,蓋爲同題賦作之彙集。今存《述征賦》有:《水經注》卷七引蔡伯喈(蔡邕)《述征賦》殘句,《太平寰宇記》卷十八引崔琰《述征賦》殘句,卷二十九引曹植《述征賦》殘句,《太平御覽》卷三百五十一引繁欽《述征賦》殘句,《藝文類聚》卷五十九引魏文帝(曹丕)《述征賦》。其中蔡邕、繁欽、曹植之作又名《述行賦》。

《神雀賦》1卷,漢傅毅[等]撰,南朝佚名輯,佚

【著録與考釋】

見《隋志·總集類》。

清姚振宗《隋書經籍志考證》:傅毅有集,見《别集類》後漢人文中。〇《後漢書·明帝本紀》:"永平十七年春正月,甘露降於甘陵。"又曰:"是歲,甘露仍降,樹枝内附,芝草生殿前,神雀五色翔集京師,西南夷哀牢、儋耳、僬僥、磐本、白狼、動黏諸種,前後慕義貢獻。西域諸國,遣子入侍。夏五月戊子,公卿百官以帝威德懷遠,祥物顯應,乃並集朝堂,奉觴上壽。太常擇吉日,策告宗廟。"〇又《賈逵傳》:"永平中,有神雀集宫殿官府,冠羽有五采色。帝異之,以問臨邑侯劉復。復不能對,薦逵博物多識。帝乃召見逵,問之。對曰:'昔武王終父之業,

鸑鷟在岐;宣帝威懷戎狄,神雀仍集。此胡降之徵也。'帝敕蘭臺給筆札,使作《神雀頌》。○王充《論衡·佚文篇》:"永平中,神雀群集,孝明詔上《神雀頌》。百官上頌,文比瓦石,惟班固、賈逵、傅毅、楊終、侯諷五頌金玉,孝明覽焉。"○《宋書·符瑞志》:"漢明帝永平十七年春,神雀五色集京師。"又曰:"漢章帝元和中,神雀見郡國。"○案:《論衡》言傅毅於永平中撰《神雀頌》,《符瑞志》言元和中神雀見郡國,傅氏爲賦,或當在元和中也。

【内容】

漢王充《論衡·佚文篇》云:"永平中,神雀群集,孝明詔上《神爵頌》。百官頌上,文皆比瓦石,唯班固、賈逵、傅毅、楊終、侯諷五頌金玉,孝明覽焉。"①"永平中",《東觀漢記》卷十八作"永平十七年",即公元74年;又"爵"通"雀",古時賦、頌相通,故《神爵頌》即《神雀賦》。《隋志·總集篇》所著録"《神雀賦》一卷,後漢傅毅撰",即永平十七年所作也。疑《隋志》所著録之《神雀賦》一卷,實爲五家賦(頌)之彙集,故"傅毅"之下當有"等"字。編者年代不詳。内容上皆以神雀降臨爲祥瑞之兆,進而歌頌漢明帝功德及漢帝國之強大。五賦(頌)皆佚,蓋亡於梁陳時期。

---

① 黄暉:《論衡校釋》,中華書局1990年版,第863~864頁。

第二章　賦總集外編

(七集、對問集、詩文總集)

本章主要收録準賦集(七體、對問體的彙集)和"兼容性"賦總集。七、對問二體皆不以"賦"名,但與賦體十分接近,枚乘《七發》、東方朔《答客難》、揚雄《解嘲》皆爲辭賦名篇,在賦體文學發展史上具有重要地位。西漢劉向父子校理群籍時,將七、對問等皆納入賦類。降至魏晉,由於這兩類作品數量增多,遂有了傅玄《七林》、謝靈運《七集》、謝靈運《設論集》、劉楷《設論集》等專體性總集。對於這些有賦集之實而不以"賦"名的總集,暫且置於"賦總集外編"加以介紹。此外,本章還著録了一些收賦較多的詩文總集,如摯虞《文章流別集》、蕭統《文選》等。下面即以時間爲序,逐一進行著録和考論。

《七林》30卷,音1卷,晉傅玄(?)輯,佚名音注,佚

【編者】

傅玄(217—278),字休奕,北地泥陽(今陝西耀縣)人。少孤貧,潛心向學,善爲文,通曉音律。郡上計吏,再舉孝廉,太尉辟,皆不就。州舉秀才,除郎中。曾參與撰集《魏書》。後參安東將軍、衛軍將軍軍事,轉温令,再遷弘農太守,領典農校尉。司馬炎爲晉王,以玄爲散騎常侍。晉受禪,封鶉觚子,加駙馬都尉,後遷侍中。268年,爲御史中丞。次年,遷太僕,轉司隸校尉。卒於家,謚剛,追封清泉侯。玄勤於著述,《晉書》本傳記其撰論經國九流及三史故事,評斷得失,各爲區例,名爲《傅子》,爲内、外、中篇,凡有四部、六録,合百四十首,數十萬言。明人張溥輯有《傅鶉觚集》一卷,在《漢魏六朝百三家集》中。存詩60餘首,見逯欽立《先秦漢魏晉南北朝詩》;存文90餘篇,包括53篇賦作,見嚴可均《全晉文》卷四十五、四十六。

【著録與考釋】

《隋志·總集類》"《七林》十卷"注云:"梁又有《七林》三十卷,音一卷,亡。"

清姚振宗《隋書經籍志考證》:不著撰人。〇案:《太平御覽·文部》引傅玄《七謨序》,末云:"傅子集古今七篇品之,署曰《七林》。"是傅子有《七林》之集,在謝客之前,疑即是書。其音一卷,不知何人作。

【内容】

姚振宗疑爲晉傅玄所輯,可參。《七林》是一部七體文學作品的彙集,當始於枚乘《七發》,作品有數十篇之多。七是一種特殊的文學體裁,假設主客問答組織成篇,分爲七段逐一鋪陳,其語言韻散夾雜,篇末多有諷諫之意,因而與早期賦體文學之内容、風格幾無差別。《漢志》賦類,當含有七體;而《文選》將賦、七並列,後人便視爲兩種文學體裁。自明代起,學者又將七視爲賦體。枚乘《七發》是漢代散體大賦的名篇,標誌着散體大賦的形成,具有重要的文學史意義,作品見《文選》卷三十四。劉宋之前的七體作品尚有:桓麟《七説》(殘)、桓彬《七設》(殘)、傅毅《七激》(殘)、劉廣世《七興》(殘)、崔駰《七依》(殘)、崔瑗《七蘇》(殘)、崔琦《七蠲》(佚)、李尤《七歎》(殘)、張衡《七辯》(殘)、劉梁《七舉》(殘)、馬融《七厲》(佚)、酈炎《七平》(佚)、王粲《七釋》(基本完整)、徐幹《七喻》(殘)、曹植《七啟》(全)、《七忿》(殘句)、楊修《七訓》(佚)、卞蘭《七牧》(殘句)、劉劭《七華》(殘)、傅巽《七誨》(殘)、張協《七命》(殘)、應貞《七華》(殘句)、杜預《七規》(殘句)、傅玄《七謨》(殘)、成公綏《七唱》(殘)、孫毓《七誘》(殘)、左思《七諷》(殘句)、陸機《七微》(佚)、《七證》(佚)、《七羨》(殘句)、湛方生《七歡》(基本完整)、段業《七諷》(佚)、謝靈運《七濟》(殘句)、顔延之《七繹》(殘)、孔欣《七誨》(殘)等,通 36 篇,大都可見於嚴可均《全文》。[詳參郭建勛《"七"體的形成發展及其文體特徵》,《北京大學學報》(哲學社會科學版)2007 年第 5 期;臺灣學者陳成文《"七"體之形成與發展》,國際賦學會學術論壇,新加坡,2012 年 11 月。]

《文章流别集》30 卷,晉摯虞輯,佚

【編者】

摯虞(250—300),字仲治(《晉書》誤作"仲洽"),晉京兆郡長安縣(今陝西省西安市西北)人,晉代文獻學家和文學理論家。泰始中舉賢良,拜中郎,擢太子舍人,除聞喜令,召補尚書郎。元康中遷吴王友,後歷秘書監、衛尉卿、光禄勛太常卿,遭亂餓死。《晉書》本傳全文載録其《思遊賦》《太康頌》2 篇,又云:"虞撰《文章志》四卷,注解《三輔決録》。又撰古文章,類聚區分,爲三十卷,名曰《流别集》,各爲之論。"《隋志》著録《摯虞集》九卷,注曰:"梁十卷,録一卷。"(《舊唐志》:2 卷;《新唐志》:10 卷。)又著録《文章流别集》四十一卷,注曰:"梁六十卷。"而《舊唐志》與《新唐志》皆作 30 卷,與本傳同。估計摯虞原書爲 30 卷,齊梁年間將各卷分爲上下,遂爲 60 卷;梁陳時有散佚,減爲 41 卷,《隋志》所云即此本。唐代又有散佚,後人乃加以整理、拼接,復爲 30 卷,以合《晉書》30 卷之數,但絶非摯虞原書之舊也。《玉海》之後未見著録,蓋亡於宋代。

【著録與考釋】

《晉書》本傳云:"(摯虞)又撰古文章,類聚區分,爲三十卷,名曰《流别集》,

各爲之論。"可知《文章流别集》原書爲 30 卷。

《隋志·總集類》作 41 卷,注曰:"梁六十卷。"今已全部散佚。

清姚振宗《隋書經籍志考證》:摯虞有《決疑要注》,見《史部·儀注類》。○《晉書》本傳:"虞撰《文章志》四卷,又撰古文章,類聚區分,爲三十卷,名曰《流别集》,各爲之論,辭理愜當,爲世所重。"○鍾嶸《詩品》曰:"摯虞《文志》,詳而博贍,頗曰知言。"《文心雕龍·序志篇》:"詳觀近代之論文者多矣,至如魏文述典,陳思序書,應瑒文論,陸機《文賦》,仲洽《流别》,宏範《翰林》,或臧否當時之才,或銓品前修之文,或汎舉雅俗之旨,或撮題篇章之意。"又曰:"《流别》精而少功。"○顔師古《刊謬正俗》曰:"司馬子長撰《史記》,自叙作書本意,欲比擬《尚書叙》耳。及班孟堅爲《漢書》,亦放其意。摯虞撰《流别集》,全取孟堅書序爲一卷,謂之《漢述》。"○本志《叙》曰:"總集者,以建安之後,辭賦轉繁,衆家之集,日以滋廣。晉代摯虞,苦覽者之勞倦,於是采擿孔翠,芟翦繁蕪,自詩賦下,各爲條貫,合而編之,謂爲《流别》。是後又集總鈔,作者繼軌,屬辭之士,以爲覃奥,而取則焉。"○《唐書·經籍志》:《文章流别集》三十卷,摯虞撰。○《唐書·藝文志》:摯虞《文章流别集》三十卷。○《四庫提要·總集類》序曰:"文籍日興,散無統紀,於是總集作焉。一則網羅放佚,使零章殘什,並有所歸;一則删汰繁蕪,使莠稗咸除,菁華畢出。是固文章之鑒衡,著作之淵藪矣。《三百篇》既列爲經,王逸所裒又僅《楚辭》一家,故體例所成,以摯虞《流别》爲始。其書雖佚,其論尚散見《藝文類聚》中,蓋分體編録者也。"……○案:本志《史部·簿録類》有摯虞《文章志》四卷,與本傳所載同,似即此《七録》所有之《志》二卷也。本志又别著録《流别志論》二卷,似即《七録》之《志》二卷、《論》二卷,合并爲帙。

【内容】

《隋書·經籍志·集部》總集類後序曰:"總集者,以建安之後,辭賦轉繁,衆家之集,日以滋廣,晉代摯虞,苦覽者之勞倦,於是采擿孔翠,芟翦繁蕪,自詩賦下,各爲條貫,合而編之,謂爲《流别》。"①可知《文章流别集》乃是一部分體編録的文學總集,而以詩、賦居首。又據明張溥所輯之《晉摯虞集》,《文章流别論》對于頌、詩、七、賦、箴、銘、誄、哀辭、文、圖讖、碑銘等皆有專門論述,對賦體論之尤詳,説明其文體分類在十類以上,賦類爲其大宗。《藝文類聚》引《文章流别論》曰:"王澤流而詩作,成功臻而頌興,德勛立而銘著,嘉美終而誄集,祝史陳辭,官箴王闕。……故有賦焉,所以假象盡辭,敷陳其志。……古詩之賦以情義爲主,以事類爲佐;今之賦以事形爲本,以義正爲助。"其賦論貢獻參見本章《文章流别論》條。

因《文章流别集》已經散佚,故無法考見其選賦卷數及具體篇目。但該書是

① 〔唐〕魏徵等:《隋書》,中華書局 1973 年版,第 1089 頁。

第一部分類編選的文學總集，正如姜宸英《湛園札記》卷二所言："摯虞《文章流別集》三十卷，此選文之祖也。"其文體分類的理論、方法乃至具體選篇、編次情況，都對孔逭《文苑》、蕭統《文選》和此後的文學總集有深遠影響。

【研究】

可參考李士彪《魏晉南北朝文體學》，上海古籍出版社 2004 年版。

《設論集》3 卷，南朝宋謝靈運（?）輯，佚

【著録與考釋】

《隋志·總集類》"《設論集》二卷"注："梁有《設論集》三卷，東晉人撰，亡。"

清姚振宗《隋書經籍志考證》：案，兩《唐志》有謝靈運《設論集》五卷，疑即此書。

【内容】

兩《唐志》所著録之謝靈運《設論集》爲 5 卷，而《隋志》作 3 卷，似有區別。但仔細考察，《隋志》中此書附在劉楷"《設論集》二卷"之注語中，而兩《唐志》皆著録於劉楷"《設論集》三卷"之下，儘管卷數有異，但前後因襲之迹昭然若揭。《隋志》衹載朝代，兩《唐志》則揭示編者姓名，兩者互補，可知此《設論集》乃是謝靈運在東晉時所輯，是其早年的編纂。《隋志》"三卷"，或爲"五卷"之訛。

本書是一部設論體（答難體）文章的彙集。設論體是古代文體之一種，主要通過假設主客問答的方式組織成篇，先假設有客人責難主人，然後主人作答，語言上韻散夾雜，近似賦體。其中客人之責難，實際上是在替主人發洩内心之牢騷不平；而主人之回答，亦不過是對現實政治之粉飾。因而設論體多爲失意文人抒發内心憤懣與不平所作，設計十分巧妙。《漢志》之賦，實包含設論體作品；《文選》單列"設論"一體，收録東方朔《答客難》、揚雄《解嘲》、班固《答賓戲》三篇，大都使用整齊而押韻的賦句。當代學人研究賦體文學，亦往往兼及設論體，如馬積高《賦史》、費振剛《全漢賦校注》等。

《七集》10 卷，南朝宋謝靈運輯，佚

【編者】

謝靈運，南朝宋著名文學家，文獻學家，生平見"《賦集》九十二卷"條。他不僅編有《詩集》《賦集》《七集》《迴文集》，尚有《設論集》五卷。（見兩《唐志》。）

【著録與考釋】

見《隋志·總集類》。

清姚振宗《隋書經籍志考證》：謝靈運有《賦集》《詩集》《詩集鈔》《雜詩鈔》

《詩英》《迴文集》,並見前。○《唐書·藝文志》:謝靈運《七集》十卷。

【内容】

本書亦爲七體文學總集,與傅玄(?)輯《七林》30卷略同,而卷帙較小。

《七林》10卷,南朝卞景輯,佚

【編者】

卞景,南朝齊梁間人,生平不詳。

【著録與考釋】

見《隋志·總集類》,原注:"梁十二卷,録二卷。"

清姚振宗《隋書經籍志考證》:卞景始末未詳。○《唐書·經籍志》:《七林集》十二卷,卞氏撰。○《唐書·藝文志》:卞氏《七林集》十二卷。

【内容】

其内容與傅玄(?)輯《七林》30卷略同。

《客難集》20卷,宋齊間佚名輯,佚

【著録與考釋】

《隋志·總集類》"《設論集》二卷"注:"梁有《客難集》二十卷,亡。"

清姚振宗《隋書經籍志考證》:不著撰人。

【内容】

答難,即設論體。參見"《設論集》三卷"條。

《設論集》2卷,宋齊間劉楷輯,佚

【編者】

劉楷,生活于宋齊之際,生平不詳。

【著録與考釋】

見《隋志·總集類》。

清姚振宗《隋書經籍志考證》:劉楷始末未詳。案,宋齊間有三劉楷:一秘書郎劉楷,爲元凶劭所殺,見《宋書·長沙景王》附傳;一大司農劉楷,爲交州刺史,見《齊書》武帝永明三年本紀;一南中郎司馬劉楷,爲司州刺史,見永明九年本紀。此不著時代,莫能詳焉。○《唐書·經籍志》:《設論集》三卷,劉楷撰。○《唐書·藝文志》:劉楷《設論集》三卷。

【内容】

劉楷《設論集》亦爲設論體文章之彙集,亡於唐宋時期。

《文苑》100 卷，南朝齊孔逭輯，佚

【編者】

孔逭，會稽（今浙江紹興）人。抗直有才藻，曾作《東都賦》，爲時人所稱；又著《三吴注録》，不傳。官終衛軍武陵王蕭曄東曹掾。《南史》卷七二有傳。

【著録與考釋】

見《隋志・總集類》。

清姚振宗《隋書經籍志考證》:《南史・文學・邱巨源附傳》:"時又有會稽孔廣、孔逭皆才學知名，逭抗直有才藻。陳郡謝瀹年少時游會稽還，父莊問:'入東何見，見孔逭不?'見重如此。著《三吴決録》，不傳。卒於衛軍武陵王東曹掾。"○《唐書・經籍志》:《文苑》一百卷，孔逭撰。○《唐書・藝文志》:孔逭《文苑》一百卷。○《玉海・藝文類》:《中興書目》:"孔逭集漢以後諸儒文章，今存十九卷，賦、頌、騷、銘、誄、弔、典、書、表、論，凡十屬。目録有書寫校正官吏姓名，題龍朔二年，或大中十年，蓋唐祕書所藏本也。"

【内容】

南宋王應麟所編《玉海》卷五十四"藝文類"引《中興書目》曰:"孔逭集漢以後諸儒文章，今存十九卷。賦、頌、騷、銘、誄、弔、典、書、表、論，凡十屬。《目録》有書寫校正官吏姓名，題龍朔二年，或大中十年，蓋唐祕書所藏本也。"可知《文苑》是按照文體分類編録的詩文總集，共分十類，而以賦類居首，可見其對賦體文學的重視。但《文苑》本有百卷，《中興書目》僅以 19 卷殘本爲據加以著録，估計其文體分類遠遠不止十類。新舊《唐志》皆著録爲 100 卷，説明其書在唐代和北宋初年尚存，而《中興書目》《宋史・藝文志》著録爲 19 卷，蓋佚於宋元之際。據《中興書目》，該書選篇始於漢代，不及先秦，很可能以漢賦爲始。《文選》以賦類居首，以班固《兩都賦並序》爲首篇，或許受其影響。

《皇德瑞應賦頌》16 卷，南朝佚名輯，佚

【著録與考釋】

《隋志・總集類》曰:"《皇德瑞應賦頌》一卷，梁十六卷。"

清姚振宗《隋書經籍志考證》:不著撰人。案:兩《唐志》有《皇帝瑞應頌集》十卷，不著撰人，似即此十六卷之殘賸。

【内容】

《隋志》稱"梁十六卷"，知此書乃梁以前人所輯，惜散佚嚴重，隋代已僅賸一卷。此爲賦、頌合集，古人常常將賦、頌並稱。此集中的賦，亦多歌頌皇帝聖德與祥瑞，與頌接近。新舊《唐志》著録之《皇帝瑞應頌集》十卷，排列在宋明帝《賦集》四十卷之下，《五都賦》五卷之上，位置與《隋志》略同，可以斷定即此書

之殘賸。但《隋志》著録僅一卷,兩《唐志》反而增至十卷,蓋另有善本,據以補入也。書亡於宋代。

《文選》30 卷(《昭明文選》),南朝梁蕭統等輯

【編者】

昭明太子蕭統(501—531),字德施,小字維摩,南蘭陵(今江蘇常州)人,梁武帝蕭衍之長子,著名文學家,藏書家。天監元年(502)十一月被立爲皇太子。後因蠟鵝厭禱事件,與父親有嫌隙。中大通三年(531)三月,遊後池,乘船摘芙蓉,姬人蕩舟落水,後被救出,傷到大腿,未及即位而卒,謚昭明,世稱昭明太子。著有《文集》20 卷,編纂《正序》10 卷,《英華集》20 卷,《文選》30 卷。文集已散佚,後人輯有《昭明太子集》。

【著録與考釋】

見《隋志·總集類》。

清姚振宗《隋書經籍志考證》:昭明太子有集,見前《别集類》。○《自序》略曰:"余監撫餘閑,居多暇日,歷觀文囿,泛覽辭林,未嘗不心游目想,移晷忘倦。自姬漢以來,眇焉悠邈,時更七代,數逾千祀。辭人才子,則名溢於縹囊;飛文染翰,則卷盈乎緗帙。自非略其蕪穢,集其清英,蓋欲兼功太半,難矣!故雜而集之,遠自周室,迄於聖代,都爲三十卷,名曰《文選》云耳。"○又曰:"凡次文之體,各以彙聚。詩、賦體既不一,又以類分;類分之中,各以時代相次。"○《梁書》《南史》本傳:又撰古今典誥文言,爲《正序》十卷,《文選》三十卷。○《唐書·經籍志》:《文選》三十卷,梁昭明太子撰。○《唐書·藝文志》:梁昭明太子《文選》三十卷。○《宋史·藝文志》:蕭統《文選》六十卷,李善注。○晁氏《讀書志》:"李善注《文選》六十卷,梁昭明太子蕭統纂。前有序,述其所以作之意。蓋選漢迄梁諸家所著賦、詩、騷、七、詔、册、令、教、策、秀才文、表、上書、啟、彈事、牋、記、書、移檄、難、問對、議論、序、頌、贊、符命、史論、連珠、銘、箴、誄、哀辭、碑、誌、行狀、弔、祭文,類之爲三十卷。竇常謂統著《文選》,以何遜在世,不録其文,蓋其人既往,而後其文克定,然則所録者,前人作也。唐李善注,析爲六十卷。"○陳氏《書録解題》:"《文選》六十卷,梁昭明太子蕭統德施撰,唐崇賢館學士江都李善注,北海太守邕之父也。"○《四庫簡明目録》曰:"《文選》爲文章淵藪,善注又考證之資糧。一字一句,罔非瓌寶。古人總集,以是書爲弁冕,良無忝焉!"○錢塘汪師韓《文選理學權輿》序曰:"總集自晉有之,而無以選名者。梁昭明太子采自周迄梁百三十餘家之文爲《文選》,至唐而盛行。杜詩曰:'熟精《文選》理。'《舊唐書》(書)列《文選》學於《儒林傳》,李善之注獨傳。又有五臣之注,竊取李氏未定之本,識者鄙之。與李氏同以《選》學教授者曹憲、許淹、公孫羅並作《音義》,而皆不傳。唐常寶鼎撰《文選著作人名》,其書不可得見。今考周四

家：卜子夏、屈原、宋玉、荆軻；秦一家：李斯；漢十七家：高祖、武帝、淮南小山、賈誼、鄒陽、司馬相如、枚乘、東方朔、王褒、李陵、蘇武、司馬遷、孔安國、揚雄、楊惲、劉歆、班婕妤；後漢十六家：班彪、班固、張衡、韋孟（案：此當入前漢）、孔融、彌［禰］衡、傅毅、楊修、馬融、崔瑗、朱浮、王延壽、蔡邕、史岑、潘勖、曹大家；季漢一家：諸葛亮；魏十六家：武帝、文帝、曹植、王粲、陳琳、阮瑀、劉楨、應瑒、應璩、吴質、曹冏、何晏、繁欽、鍾會、繆襲、李康；吴一家：韋昭；晉四十六家：羊祜、杜預、張華、傅咸、嵇康、阮籍、向秀、劉伶、皇甫謐、束皙、陸機、陸雲、庾亮、李密、成公綏、潘岳、潘尼、張載、張協、孫楚、何劭、孫綽、郭璞、劉琨、盧諶、干寶、左思、張翰、曹攄、趙至、袁宏、石崇、桓温、傅玄、歐陽建、木華、夏侯湛、應貞、張悛、棗據、郭泰機、司馬彪、王瓚、陶潛、王康琚、殷仲文；宋十三家：謝靈運、謝惠連、謝混、謝莊、謝瞻、鮑昭［照］、范曄、顔延之、袁淑、王徽、王僧達、傅亮、劉鑠；齊六家：謝朓、王儉、王融、孔稚珪、陸厥、王中；梁九家：任昉、江淹、邱遲、范雲、徐悱、劉峻、沈約、虞羲、陸倕。其名字爵里所未悉者，史岑、王康琚二人耳。更有無名氏之詩二十三篇，則古樂府三首、古詩十九首、古辭《君子行》一首也。"（案：所考撰人，類多前後失次，今姑存其舊録之。）〇案：《文選》撰人，據汪氏所考，實一百三十家。合以無名氏之作，故云百三十餘家。所載文章，大凡四百七十六篇，六百九十餘首。汪序又云："《選注》所引諸經傳訓一百餘；小學三十七；緯候圖讖七十八；正史、雜史、人物别傳、譜牒、地理、雜術藝，凡史之類，幾及四百；諸子之類，百二十；兵書二十；道釋經論三十二；詔、表、牋、啟、詩、賦、頌、贊、箴、銘、七、連珠、序、論、碑、誄、哀詞、弔、祭文、雜文、集，幾及八百。其入《選》之文互引者不與焉！其薈萃宏富有如此。"

【版本】

1.《文選》60 卷，〔梁〕蕭統編，〔唐〕李善注，中華書局 1977 年影印清胡克家刻本。

2.《文選》60 卷，〔梁〕蕭統編，〔唐〕五臣－李善注，人民文學出版社影印宋紹興間刻本，書名爲《日本足利學校藏宋刊明州本六臣注文選》。

【内容】

蕭統信奉佛教，性格寬和，喜好山水，不樂女色。尤好文學，引納才學之士。當時著名文士劉孝綽、王筠、陸倕、殷筠、劉勰等皆爲東宫僚屬，以劉孝綽、王筠最見親厚。其主持編訂的《文選》，乃係多人合作而成。全書凡 30 卷（至唐析爲 60 卷），收録作家 130 人，作品 513 篇，按文體分類編次，分賦、詩、騷、七、詔、册、令等 38 類。將賦列于卷首，或是賦居于當時文壇正宗地位這一時代意識的體現。《文選·賦》收録歷代賦作 56 篇，數量雖不算多，但多爲長篇鉅製，其篇幅幾乎占《文選》的三分之一，分量很重；並且多是漢魏六朝時期有定評的作品，表現出蕭統對前人賦學觀的繼承與吸收。編者將這 56 篇賦分爲 15 類，現將具體

收賦情況列目如下:

賦(李善注本卷一至卷十九)

一、京都類

卷一:班固《兩都賦》2 首。(或以爲《兩都賦序》《西都賦》《東都賦》《明堂詩》《辟雍詩》《靈臺詩》《寶鼎詩》《白雉詩》,凡 8 首。)

卷二:張衡《西京賦》。

卷三:張衡《東京賦》。

卷四:張衡《南都賦》,左思《三都賦序》《蜀都賦》。

卷五:左思《吴都賦》。

卷六:左思《魏都賦》。

二、郊祀類

卷七:楊雄《甘泉賦》并序。

三、耕籍類

卷七:潘岳《籍田賦》。

四、畋獵類

卷七:司馬相如《子虛賦》。

卷八:司馬相如《上林賦》,楊雄《羽獵賦》。

卷九:楊雄《長楊賦》,潘岳《射雉賦》。

五、紀行類

卷九:班彪《北征賦》,班昭《東征賦》。

卷十:潘岳《西征賦》。

六、遊覽類

卷十一:王粲《登樓賦》,孫綽《遊天台山賦》并序,鮑照《蕪城賦》。

七、宫殿類

卷十一:王延壽《魯靈光殿賦》并序,何晏《景福殿賦》。

八、江海類

卷十二:木華《海賦》,郭璞《江賦》。

九、物色類

卷十三:宋玉《風賦》,潘岳《秋興賦》并序,謝惠連《雪賦》,謝希逸《月賦》。

十、鳥獸類

卷十三:賈誼《鵩鳥賦》并序,禰衡《鸚鵡賦》,張華《鷦鷯賦》。

卷十四:顔延年《赭白馬賦》,鮑照《舞鶴賦》。

十一、志類

卷十四:班固《幽通賦》。

卷十五:張衡《思玄賦》《歸田賦》。

卷十六:潘岳《閑居賦》并序。

十二、哀傷類

卷十六:司馬相如《長門賦》并序,向秀《思舊賦》并序,陸機《嘆逝賦》并序,潘岳《懷舊賦》并序、《寡婦賦》并序,江淹《恨賦》《别賦》。

十三、論文類

卷十七:陸機《文賦》并序。

十四、音樂類

卷十七:王褒《洞簫賦》,傅毅《舞賦》并序。

卷十八:馬融《長笛賦》并序,嵇康《琴賦》并序,潘岳《笙賦》,成公綏《嘯賦》。

十五、情類

卷十九:宋玉《高唐賦》并序、《神女賦》、《登徒子好色賦》并序,曹植《洛神賦》。

總共56篇,不計《兩都賦序》和《三都賦序》。如果加上被編入"七"體的枚乘《七發》、曹植《七啟》、張協《七命》,被編入"設論"體的東方朔《答客難》、揚雄《解嘲》、班固《答賓戲》,被編入"辭"體的陶淵明《歸去來》,被編入"弔文"體的賈誼《弔屈原文》,則《文選》實際收録賦和賦體文64篇。

以上統計,依據的是60卷李善注本,而蕭統原本僅有30卷,賦類當在其1—9卷或1—10卷,幾乎占全書的三分之一,可見賦體文學在六朝人心目中的比重。此外,蕭統所選各賦,大都是有定評的作品,不少作品來自史書,但並不照抄,而以最通行的版本録入,對文字也進行過一番校理工作,因而文字與史書並不完全相同。筆者做過比較,發現《文選》所録28篇漢賦作品,有14篇來自《史記》《漢書》《後漢書》,恰好半數。如下表:

《史記》《漢書》《後漢書》載録漢賦被《文選》收録情況

	史記(5+1篇)	漢書(17+1篇)	後漢書(11+1篇)	文選(14篇)
賈誼	弔屈原賦	同左		收(入弔文類)
	鵩鳥賦	同左		收
司馬相如	天子遊獵賦	同左		收(析爲《子虛賦》《上林賦》兩篇)
	哀二世賦	同左		
	大人賦	同左		
東方朔		答客難		收(入設論類)
劉徹		李夫人賦		

(续表)

	史記 (5+1篇)	漢書 (17+1篇)	後漢書 (11+1篇)	文選 (14篇)
班婕妤		自悼賦		
揚雄 (楊雄)		甘泉賦		收
		河東賦		
		校獵賦		收(改稱《羽獵賦》)
		長楊賦		收
		解　嘲		收(入設問類)
		解　難		
		酒賦(酒箴)		
班　固		幽通賦		收
		答賓戲		收(入設問類)
			兩都賦	收(析爲《西都賦》《東都賦》兩篇)
杜　篤			論都賦	
崔　篆			慰志賦	
崔　駰			達　旨	
馮　衍			顯志賦	
張　衡			應　間	
			思玄賦	收
趙　壹			窮鳥賦	
			刺世嫉邪賦	
邊　讓			章華賦 (章華臺賦)	
蔡　邕			釋　誨	

《文選》把《天子遊獵賦》和《兩都賦》各析爲兩篇,可見在蕭統的思想觀念中,前三史共著録漢賦30篇(28+2),他從中選録了14篇,約占總數的46.7%。蕭統更多地從《史記》《漢書》中選録,取自《史記》的漢賦篇數(4篇)占《史記》載録總篇數(6篇)的66.7%,取自《漢書》的漢賦(11篇)占《漢書》載録總篇數(18篇)的61.1%,而取自《後漢書》的漢賦(3篇)僅占《後漢書》載録總篇數(11+1篇)的25%。顯然,蕭統對司馬遷與班固的選賦觀有較多的認同。考察被蕭統棄而未録的漢賦,多爲抒寫個人塊壘與抨擊黑暗現實的作品,因其鋒芒

畢露、批判性太強而予以刊落；而那些被選録的篇章，雖然題材十分廣泛，但仍以歌功頌德或委婉諷諫的作品爲主。這與蕭統作爲太子的政治地位及其正統的文學思想是分不開的。

蕭統《文選序》稱："余監撫餘閑，居多暇日，歷觀文囿，泛覽辭林，未嘗不心遊目想，移晷忘倦。自姬漢以來，眇焉悠邈，時更七代，數逾千祀，詞人才子，則名溢於縹囊；飛文染翰，則卷盈乎緗帙。自非略其蕪穢，集其清英，蓋欲兼功太半，難矣！"於是精選歷代詩文，上自周代，下迄南朝齊代，凡一百三十餘家，四百七十六篇，六百九十餘首。（見姚振宗《隋書經籍志考證》）編者將這些優秀作品劃分爲 38 體，其中賦、詩二體卷帙浩繁，於是又將賦按其内容與主題分爲 15 類，詩則依其體製分爲 23 類。這是中國文學史上第一次大規模的文體分類工作，影響極爲深遠。選賦 15 類，我們又可以將其歸納爲三大板塊：（1）政教諷諭類，京都、郊祀、耕藉、畋獵是也；（2）觀覽詠物類，紀行、遊覽、宫殿、江海、物色、鳥獸是也；（3）情志藝文類，志、哀傷、論文、音樂、情是也。這恰恰印證了蕭統在《文選序》中的一段論述："述邑居則有'憑虚''亡是'之作，戒畋遊則有《長楊》《羽獵》之制（政教諷諭類），若其紀一事，詠一物，風雲草木之興，魚蟲禽獸之流（觀覽詠物類），推而廣之，不可勝載矣。"詳論政教諷諭而略談情志藝文，充分顯示出蕭氏賦學觀的正統性。

《文選》次賦首列《京都》，就是這種正統性的具體表現。在蕭統眼裏，京都是天子所居，政令所出，是一個國家的政治、經濟、軍事、文化中心，具有首等重要的地位；那麼描寫京都的散體大賦也便成了最雅正、最經典、最崇高、最傑出、最能稱作範本與楷模的作品。京都類又首選班固《兩都賦》，該賦體制宏大，風格儒雅，極力讚揚東都的法度，批判西都的淫奢，是集頌揚與諷諫於一體的作品。其中的《西都賦》控引天地，縱横古今，長於鋪陳和渲染，而《東都賦》務在寫實，崇尚教化，長於論證和説理。自此以後，漢大賦沿着《東都賦》的方向發展，漸漸向經學靠近，失去其固有的光彩，成爲"五經之鼓吹"（《晉書・孫綽傳》）、"經典之羽翼"（《世説新語・文學》劉孝標注）。時人對京都賦的高度重視與極力吹捧，完全是被政治功利的賦學觀所左右，與文學走向自覺的歷史進程不符，因而是落後的。蕭統並没有完全擺脱經學的束縛，這是他的局限性。《兩都賦》前還有一篇序文，充分肯定了賦的社會地位，强調了賦的美刺尤其是頌美的功能。蕭統列之於首，實際上表明了他對班固賦學觀的高度重視與基本認同，同時也是借此序來作爲幾乎占《文選》三分之一的賦體文學作品的總説明。

京都以下，又列郊祀、耕藉、畋獵三種。所謂郊祀、耕藉、畋獵，都是天子所舉行的盛大典禮活動。"國之大事，在祀與戎。"（《左傳・成公十三年》）典禮莫重於祭祀，祭祀莫大於祭天的郊祀禮。可見郊祀是治國的大典，是天子衆多典禮中最重要、最莊嚴、最肅穆的一種,所以《文選》在京都之下,首列郊祀一類。耕藉之禮,旨在勸農;畋獵之禮,旨在閲兵,皆爲治國之大業。劉向《説苑·修文篇》曰:"蒐苗獮狩之禮,簡其戎事也。"所以揚雄《羽獵賦》説漢成帝狩獵的目的在於"開北垠,受不周之制,以奉終始顓頊玄冥之統",即接受顓頊、玄冥主殺的傳統,習馬練兵,炫耀武威,以備開拓北方邊陲。(實際上漢成帝没有這麽高的思想境界,這衹是揚雄的一種委婉勸諫的方式。)

以上幾種是政教諷諭類的作品,鋪陳的是京城帝都的繁華景象,描繪的是天子郊祀田獵的盛大典禮,客觀上展現了帝國的文明、强大、統一和昌盛,具備頌美的功能;而其創作主旨不外乎諷諭最高統治者修明法度、去奢從儉、歸田養民,勵精圖治,並且都使用了委婉含蓄、旁敲側擊的勸諫方法,具有典麗潤澤、温柔敦厚的風格,堪稱是雅頌之遺,最爲統治者所賞識、喜愛,也最爲正統文人所推崇、尊奉,其被蕭統列爲衆賦之首是勢在必然的了。

至於觀覽詠物類的作品,描寫的對象多在帝都宫廷之外,賦中的主人公多爲文人士大夫。抒發的情感、寓含的哲思或者關乎國政,但更多地則從個人的切身感受出發,記叙見聞歷歷如見,抒情寫懷哀婉悠長,指擿時弊心熱辭切,藝術手法豐富多變。其中紀行中有班彪《北征》、班昭《東征》、潘岳《西征》,遊覽中有王粲《登樓》、孫綽《游天台山》、鮑照《蕪城》,鳥獸中有賈誼《鵩鳥》、禰衡《鸚鵡》、張華《鷦鷯》等。披覽諸賦不難發現,它們都以外在風光景物、草木鳥獸爲契機,主人公遊覽的目的並不在於娱目,詠物的目的也不在於消遣,而是借此抒發個人的情志和懷抱,堪稱《國風》《小雅》之亞。唯王延壽《魯靈光殿賦》旨在狀物頌德,與此頗不相類,照理應歸入京都一種,或許編者以爲靈光乃諸侯之宫殿,不得忝入京都之列? 或許認爲該賦專詠一殿,與概寫都邑者有異? 今已難知其詳了。

最後一類是情志藝文類,包括志、哀傷、論文、音樂、情數種,都屬於社會生活方面的内容。志類中收班固《幽通》、張衡《思玄》《歸田》、潘岳《閑居》諸賦,或作通達之幽思,或探玄遠之哲理,或抒歸隱之樂趣,都是抒寫個人志向情趣的作品,表達了賦家對社會人生的深入思考與獨特抉擇,充滿了哲學思辯的色彩與超脱塵世的逸趣。哀傷類收有司馬相如《長門賦》、向秀《思舊賦》、江淹《恨賦》《别賦》等,賦中無不充滿了哀怨、悲憤、痛苦和憂傷,皆爲抒情賦的佳作。論文與音樂類比較獨特,是研究古代文學理論、藝術活動的珍貴資料。情類收有宋玉《高唐》《神女》《登徒子好色》及曹植《洛神》四賦,都是"發乎情,止乎禮義"的作品。這説明蕭統一方面尊重客觀現實,對文學界出現的男歡女愛之作給予一定的地位,另一方面又衹選其中最能恪守禮法的作品。對於陶淵明的名作《閑情賦》,不僅未加收録,還在《陶淵明集序》中批評它是"白璧微瑕",是"揚雄所謂勸百而諷一者","卒無諷諫,何足摇其筆端!"並長聲浩歎:"異哉! 無是可也。”可見漢儒所強調的辭賦諷諫説對蕭統的影響。

顯而易見，蕭統一方面視賦爲文學之一大宗，列於《文選》之首並大量選録高乘之作，表現出鮮明的文學主流觀；他時常衝破傳統觀念的束縛，從文學藝術的角度審視、考察、評價、選録作品，展示了賦的文學題材的豐富性和多樣性，並在一定程度上肯定了情愛賦的地位，顯示出文學自覺時代的新特點；他還衝破了漢儒辭、賦、頌、七混同的文體觀念，有意將它們加以區別，具有超凡的識别力與洞察力。另一方面，蕭統“三歲受《孝經》《論語》，五歲遍讀‘五經’，悉能諷誦”的讀書經歷以及他作爲太子的政治地位，使他在很大程度上接受了漢儒的諷諫説並顯示出新的特點。他把京都列於賦首並重視郊祀、田獵賦的選録，固然反映了他對於散體大賦的欣賞與肯定，但他的認識角度更多地來自社會政治方面而非文學藝術方面。他認同班固《兩都賦序》的觀點，強調漢賦的美刺尤其是頌美的功能，對於抒情直率、大膽浪漫的愛情賦懷有偏見，也是由正統儒家的價值觀與文學觀所決定的。所以，蕭統的賦學觀中進步性與落後性並存，繼承性與開創性同在。

【研究】

《文選》在編成之後就被廣泛誦習，流播海内，隋唐時還爲科舉考試所用，形成了一門專門的學問——文選學，影響直到今天。被《文選》選録的詩賦作品，亦因《文選》一書的廣泛傳播而成爲不朽的經典。《文選》對賦體文學的分類，亦對此後的賦集，如《文苑英華·賦》《唐文粹·賦》《廣文選·賦》《歷代賦彙》《賦海大觀》等産生了深遠影響。

《文選》版本甚多，但以李善注60卷本最爲流行，原30卷本反而極爲罕見。而李善注本自宋代以來屢經翻刻，也産生了數十種不同的版本。當然，最爲可靠的是宋尤袤刻本和清胡克家翻刻本。

研究《文選·賦》的論文極多，或針對某類賦研究，或針對某篇賦研究，或研究某一文學主題，或研究其中語詞音韻，不一而足。專著則有：郭瓏：《〈文選·賦〉聯綿詞研究》（巴蜀書社2006年版）、馮莉《〈文選〉賦研究》（中國語言大學2008年博士學位論文；北京語言大學出版社2016年版）、唐普《〈文選〉賦類研究》（四川師範大學2011年博士學位論文）、劉志偉《文選資料彙編·賦類卷》（中華書局2013年版）等。不少“文選學”專著以及研究中古文學的專著都涉及《文選·賦》，如胡大雷《中古賦學研究》第三章即爲《賦與〈文選〉》（廣西師範大學出版社2011年版），此類甚多，不贅。

《七悟》1卷，北朝齊顔之推編，佚

【作者】

顔之推（531—595?），字介，琅邪臨沂（今屬山東）人，南北朝時期著名文學家、教育學家。世居建康(今南京市),生於士族官僚家庭,世傳《周官》《左氏春秋》。少時博覽群書,爲文辭情並茂,甚得梁湘東王賞識,19歲就被任爲國左常侍。後投奔北齊,歷20年,官至黄門侍郎。577年,北齊爲北周所滅,他被徵爲御史上士。581年,隋代北周,他又於隋文帝開皇年間被召爲學士,不久病逝。著作有《訓俗文字略》1卷、《顔氏家訓》2卷、《還冤志》3卷、《集靈記》20卷等。其中《顔氏家訓》是古代教育學經典著作,在家庭教育發展史上有深遠影響。

【著録與考釋】

見《隋志·總集類》。

清姚振宗《隋書經籍志考證》:顔之推有《訓俗文字略》,見《經部·小學家》。○《唐書·經籍志》:《七悟集》一卷,顔延之撰。(延之當爲之推。)○《唐書·藝文志》:顔之推《七悟集》一卷。○案,《北齊書·文苑傳》載有文三十卷,《隋》《唐志》皆不著。傳載其《觀我生賦》,自爲之注,述其生平甚悉。《書録解題》有《稽聖賦》三卷,擬《天問》而作,其孫師古注,《中興書目》稱李淳風注,今不傳。此《七悟》一卷,《唐志》作《七悟集》,不知爲自撰、爲集録也。

【内容】

《隋志》將《七悟》置於"《七林》十卷"之下,可見爲七體文學作品,但不知係顔之推自撰,還是輯録前人作品的總集。兩《唐志》均作《七悟集》,故當以總集爲是。

第三章　賦别集正編

自劉向父子輯録《孫卿賦》10 篇、《宋玉賦》16 篇之後,"專門性"賦别集罕見編録與流傳。三國時曹植自編《前録》78 篇,不分卷,頗具古風,但此後的賦别集仍然很少,大都是單篇賦自爲一册。

《曹植賦前録》78 篇,三國魏曹植撰,曹植輯,殘

【作者】

曹植(192—232),字子建,沛國譙(今安徽省亳州市)人。三國魏著名文學家,建安文學代表人物。魏武帝曹操之子,魏文帝曹丕之弟。少有才華,頗受曹操寵愛,幾欲立爲太子。但在曹丕即位後,遭受種種限制和打擊。他在文帝、明帝二朝的 12 年中,曾被遷封過多次,最後的封地在陳郡,卒謚思,故後人稱"陳思王"。文學成就甚高,與曹操、曹丕合稱"三曹",南朝宋文學家謝靈運更有"天下才有一石,曹子建獨佔八斗"的評價。新、舊《唐志》著録《魏陳思王集》20 卷。又 30 卷。《宋史・藝文志》著録《曹植集》10 卷。明張溥輯有《陳思王集》2 卷,嚴可均《全三國文》有《陳王植集》7 卷。

【内容】

《藝文類聚》卷五十五《雜文部・集序》引曹植《文章序》曰:"余少而好賦,其所尚也,雅好慷慨,所著繁多。雖觸類而作,然蕪穢者衆。故删定别撰,爲《前録》七十八篇。"可見曹植不僅創作了大量辭賦作品,還自編了賦集,名曰《前録》(當然以後還會有《後録》)。又《文選》卷四十二曹植《與楊德祖書》云:"今往僕少小所著辭賦一通相與。夫街談巷説,必有可采,擊轅之歌,有應風雅,匹夫之思,未易輕棄也。辭賦小道,固未足以揄揚大義,彰示來世也。昔楊子雲先朝執戟之臣,猶稱壯夫不爲也。吾雖德薄,位爲蕃侯,猶庶幾戮力上國,流惠下民,建永世之業,留金石之功,豈徒以翰墨爲勛績,辭賦爲君子哉?"曹植贈送給楊修的"少小所著辭賦一通",即此《前録》78 篇也。由此文可知,曹植雖然擅長辭賦,創作豐碩,但他並不滿足於此,渴望爲國家建功立業,名垂青史,所以纔有"辭賦小道"之論。

曹植前期(建安時期)作品,今存有《感婚賦》《愍志賦》《出婦賦》《静思賦》《九華扇賦》《離思賦》《登臺賦》《娱賓賦》《釋思賦》《愁霖賦》《歸思賦》《鷃鵲賦》《橘賦》《叙愁賦》《東征賦》《遊觀賦》等，近 30 首。（詳參趙幼文《曹植集校注》，人民文學出版社 1984 年版。）這些作品主要表現作者建功立業的抱負，書寫離愁别緒，反映對女性的同情，也有一些文人之間的唱和之作。

關於曹植的著述和研究情況，詳見下章“魏陳思王曹植集”條。

《迦維國賦》2 卷，晉虞干紀撰，佚

【著録與考釋】

見《隋志・總集類》。

清姚振宗《隋書經籍志考證》：虞干紀，始末未詳。○本志《佛經篇》：“佛經者，西域天竺之迦維衛國净飯王太子釋迦牟尼所説。釋迦當周莊王之九年四月八日自母右脅而生，姿貌奇異，有三十二相，八十二好。捨太子位，出家學道，勤行精進，覺悟一切種智，而謂之佛，亦曰佛陀，亦曰浮屠，皆胡言也。華言譯之爲净覺云。”

【内容】

虞干紀，生平不詳，曾爲晉右軍行參軍。《隋志》於“《雜都賦》十一卷”下注云：“梁《迦維國賦》二卷，晉右軍行參軍虞干紀撰……亡。”迦維國，古印度方國名，在印度中部。本賦似在鋪陳古印度迦維國的風光、物産、民俗、宗教等，是較早反映域外文化的賦作，惜已亡佚。蓋亡於梁陳時期。

《枕賦》1 卷，晉張君祖撰，佚

【作者】

張君祖，本名張翼，字君祖①，下邳（今江蘇省邳州市）人，東晉書法家，文學

---

① 關於張君祖的年代、生平，前人有不同看法。明豐坊《書訣》曰：“昔人傳筆訣云：雙鈎懸腕，讓左側右，虚掌實指，意前筆後。論書勢云：屋漏痕如壁坼，如錐畫沙，如印印泥，如折釵股。自鍾、王以來，知此祕者，晉則謝安石、郗方回、庾稚恭、張君祖，宋則羊敬元、薄欽叔……”如此，則張君祖爲晉代書法家。又，明楊慎《丹鉛總録》卷十九“青嵐帚”條曰：“陳張君祖《竹賦》：青嵐運帚，碧空掃烟。”則張君祖又爲陳代文學家。明馮惟訥《古詩紀》卷一百十七輯録張君祖詩 9 首，入陳代，又録庾僧淵《答張君祖詩》2 首，而作按語云：“張君祖、庾僧淵諸詩，皆恬澹雅逸，有晉風。歷選陳詩，無此作也。考《高僧傳》有康僧淵、竺法雅者，並在晉成帝時，疑即此人歟？《廣宏明集》云陳張君祖，既不能明，姑列于此。”對其時代有所懷疑。明周嬰《巵林》卷五曰：“《廣弘明集》多誤。……馮氏所疑是也。但《高僧傳》竺法雅，河間人，立寺高邑，爲趙太子石宣所敬。是爲張康在南，竺雅居北，風馬不及，贈答何繇矣？考竇臮《述書賦》曰：‘君祖馳馭藝，忝令譽，窮正驗草，而罕逮其能。作僞亂真，而未可爲據。’竇蒙注曰：‘張翼，字君祖，下邳人，晉東海太守。穆帝令翼寫王右軍手表，帝自批後，右軍殆不能别。久乃悟云：小人幾欲亂真！’然則張君祖者，晉張翼也，與康僧淵實並時。諸家不考，遂使目前佳士千載晦蒙，予深惋焉，故爲訂之云爾。”此説圓通，可從。

家。據竇蒙《述書賦注》,曾爲東海太守。擅長書法,《南齊書》卷三十三《王僧虔傳》云:"太祖善書……就求能書人名,僧虔得民間所有袠中所無者,吴太皇帝、景帝、歸命侯書,桓玄書,及王丞相導、領軍洽、中書令珉、張芝、索靖、衛伯儒、張翼十二卷奏之。"爲魏晉善書者十二人之一。又載僧虔《論書》云:"張翼,王右軍自書表,晉穆帝令翼寫題後答,右軍當時不别,久後方悟云:'小人幾欲亂真。'"張翼模仿王羲之書法,令羲之本人幾不能辨。亦善詩賦。存詩9首,見《古詩紀》卷一百十七。另有《竹賦》《枕賦》等,並佚。

【著録與考釋】

《隋志·總集類》:"《枕賦》一卷,張君祖撰。"

清姚振宗《隋書經籍志考證》:張君祖,始末未詳。○《通志·藝文略》:"《枕賦》一卷,張君祖撰。"(鄭氏所據,即本志此一條,其所見本作張君祖也。)○馮氏《陳詩紀》曰:"張君祖,爵里無考。有《答庾僧淵詩》《贈沙門竺法頵詩》及《詠懷詩》《道樹經贊》《三昧經贊》,凡九首。又有《庾僧淵答張君祖詩》二首,並見《廣弘明集》。案:諸詩皆恬淡雅逸,有晉風。歷選陳世,無此作也。考《高僧傳》,有康僧淵、竺法雅者,並在晉成帝時,疑即此人歟?《廣弘明集》云陳張君祖,既不能明,姑列於此。"○嚴氏《全陳文編》曰:"張君祖未詳,馮惟訥《詩紀》云云,或是頵與庾字誤。有詩序、經贊,凡三篇。"(案:嚴氏亦疑爲晉人,故謂竺法頵或是竺法雅,庾僧淵或是康僧淵也。漢魏時有《枬榴枕賦》,張紘諸人皆致思焉。)

《梁武帝净業賦》3卷,南朝梁蕭衍撰

【著録與考釋】

見《隋書·經籍志》别集類。

清姚振宗《隋書經籍志考證》:帝《自序》略曰:"朕布衣之時,唯知禮義,不知信向。烹宰衆生,以接賓客,隨物肉食,不識菜味。及至南面,富有天下,遠方珍羞,貢獻相繼,海内異食,莫不畢至,方丈滿前,百味盈俎。乃方食輟箸,對案流泣,恨不得以及温凊,朝夕供養,何以獨甘此膳?因亦蔬食,不噉魚肉。復斷房室,不與嬪侍同屋而處,四十餘年矣。既不食衆生,無復殺害障;既不御内,無復欲惡障。除此二障,意識稍明,内外經書,讀便解悟。從是以來,始知歸向。《禮》云:'人生而静,天之性也。感物而動,性之欲也。'有動則心垢,有静則心净。外動既止,内心亦明。始自覺悟,患累無所由生也。乃作《净業賦》云爾。"○嚴氏《文編》曰:梁武帝有《净業賦》三卷,《釋藏》策字七號、《廣弘明集》二十九上載之,并賦序。

【内容】

明張溥《漢魏六朝百三家集》卷八十《梁武帝集》、《歷代賦彙》卷一百六皆載此賦,但按其篇幅,不及三卷。蓋《隋志》著録之本,並有注釋、配圖故也。梁武帝不僅精於佛理,而且屢次放棄帝王之尊,捨身佛寺,是佛教思想的忠實踐行者。本賦作爲較早的佛教賦,代表了中國賦史中的重要一脈,也是中國佛教史的重要文獻。

《觀象賦》1 卷,北朝魏張淵撰並注

【作者】

張淵,生卒年不詳,北朝魏術數家、文人。自稱曾仕苻堅,又仕後秦。後秦亡,入夏。太武帝(拓跋燾)平統萬獲淵,以爲太史令。後爲驃騎將軍諮祭酒。嘗著《觀象賦》。《魏書》《北史》有傳。《北史》作"張深",李善《文選注》引作"張泉",皆因避唐高祖李淵名諱而改之。

【著録與考釋】

《隋志·總集類》:"《觀象賦》一卷。"不著撰人。

清姚振宗《隋書經籍志考證》:《魏書·術藝傳》:"張淵,不知何許人也。明占候,曉内外星分。世祖神䴥中爲太史令,驃騎將軍諮祭酒。嘗著《觀象賦》。"○《北史·藝術傳》:"張深著《觀象賦》,其言星文甚備。文多不載。"○汪氏《文選理學權輿》曰:"《選》注所引群書有張泉《觀象賦》,又引《觀象賦》自注。"○嚴氏《後魏文編》曰:"淵,仕苻堅,官爵未詳。又仕姚興父子,爲靈臺令。姚泓滅,仕赫連昌,爲太史令。太武平統萬,復爲太史令。遷驃騎將軍諮祭酒,著《觀象賦》并序,有注,見《魏書》本傳;又見《十六國春秋》六十九,無注。《北史》作張深,《文選·月賦》注引作張泉,皆避唐諱。又《初學記》卷一略載此賦,作宋張鏡。《隋志》有《宋新安太守張鏡集》十卷,豈此賦又見《張鏡集》耶?疑《初學》有誤。"

【内容】

《魏書·術藝傳》所載之《觀象賦》有序有注,當即此書也。《初學記》卷一節引此賦,作者爲宋張鏡,《歷代賦彙》作陳張鏡。宋王應麟《困學紀聞》卷九曰:"《觀象賦》,後魏張淵撰。(見《後魏書》)《初學記》云宋張鏡,非也。"今按:王説是。《魏書》爲北齊魏收撰,《北史》爲唐初李延壽撰,時間距北魏不遠,所云更爲可靠。《初學記》《歷代賦彙》有誤。此賦今存,見《魏書》卷九十一、《歷代辭賦總匯》第1册第1079~1085頁。

《東都賦》1 卷,孔逭撰,佚

【作者】

孔逭(?—494?),生平見本章《賦總集》"《文苑》100卷"條。

【著録與考釋】

見《隋志·總集類》。

清姚振宗《隋書經籍志考證》:孔逭有《文苑》,見前。○《南史·文學·邱巨源傳》:"時又有會稽孔逭,有才藻,製《東都賦》,于時才士稱之。"

【内容】

《南史》卷六十二《邱巨源傳》曰:"逭抗直,有才藻,製《東都賦》,於時才士稱之。"可知《東都賦》爲孔逭所作,與輯録前人作品不同。《隋志》於"《雜都賦》十一卷"下注云:"(梁)《東都賦》一卷,孔逭作……亡。"該書僅有一卷,内容不多。亡於梁陳時期。

第四章　賦别集外編

《魏文帝集》10 卷,三國魏曹丕撰,佚名輯,殘

【作者】

曹丕(187—226),字子桓,沛國譙(今安徽亳縣)人,曹操次子。初爲五官中郎將,曹操死後,嗣位爲丞相、魏王。220 年,迫漢獻帝禪位,建立魏朝,六年而卒,謚曰文帝。在位期間平定邊患,擊退鮮卑,和匈奴、氐、羌,恢復漢朝在西域的設置。文學上擅長詩、賦,與其父曹操、其弟曹植並稱“三曹”。其《典論·論文》是中國文學史上第一部有系統的文學批評專論,影響深遠。《隋志》、新舊《唐志》皆著録《魏文帝集》10 卷。《宋志》著録《魏文帝集》1 卷。可見該書亡佚於唐宋之際,宋代僅殘存 1 卷耳。

【著録與考釋】

見《隋志·别集類》。

清姚振宗《隋書經籍志考證》:魏文帝有《典論》,見《經部·小學家》《子部·儒家》。○《魏志》本紀:“初,帝好文學,以著述爲務。自所勒成,垂百篇。”○又本紀評曰:“文帝天資文藻,下筆成章,博聞强識,才藝兼該。”○又本紀注:《魏書》曰:“帝八歲能屬文,有逸才,博貫古今經傳諸子百家之書。初在東宫,疫癘大起,時人彫傷,帝深感歎。與素所敬者大理王朗書曰:‘生有七尺之形,死爲一棺之土。唯立德揚名,可以不朽。其次莫如著篇籍。疫癘數起,士人彫落,余獨何人,能全其壽?’故論撰所著《典論》、詩賦,蓋百餘篇。胡沖吴曆曰:‘帝以素書所著《典論》及詩賦餉孫權,又以紙寫一通與張昭。’”○鍾嶸《詩品》曰:“魏文帝詩,其源出於李陵,頗有仲宣之體則。所訂百許篇,率皆鄙質如偶語。惟《西北有浮雲》十餘首,殊美贍可翫,始見其工矣。不然,何以銓衡群彦,對揚厥弟者耶!”○《文心雕龍·才略篇》曰:“魏文之才,洋洋清綺。舊談抑之,謂去植千里,然子建思捷而才儁,詩麗而表逸;子桓慮詳而力緩,故不競于先鳴。而樂府清越,《典論》辨要,迭用短長,亦無懵焉。但俗情抑揚,雷同一響,遂令文帝以位尊減才,思王以勢窘益價,未爲篤論也。”又《銘箴篇》曰:“魏文九寶,器利辭鈍。”《序志篇》云:“近代論文,若魏文述《典》,密而不周。”○《唐書·經籍》《藝文志》:《魏文帝集》十卷。○《宋史·藝文志》:《魏文帝集》一卷。○《玉海·藝文類》:《中興書目》曰:“《魏文帝集》六卷,賦、詩各二,書、表、詔一,雜文一。”○

馮氏《詩紀》輯存樂府十八篇二十二首，詩十六篇二十首。○張氏《百三家》：《魏文帝集》二卷，凡賦、詔、令、策、教、表、書、序、論、議、連珠、銘文、哀策、誄、制、樂府、詩，綜一百九十餘篇。○汪氏《文選撰人篇目》："魏文帝丕有《芙蓉池詩》、樂府二首、《與吴質書》《與鍾大理書》《典論・論文》。"○嚴氏《全三國文編》："魏文帝有《典論》五卷，《列異傳》三卷，集二十三卷。今存賦、制、詔、策、令、教、上書、議、書、敘、論、連珠、銘、誄、哀策文、《受禪告天文》，凡一百六十九篇，編爲四卷，繫以《典論》佚文。"

【内容】

曹丕賦作今存30篇：《愁霖賦》《喜霽賦》《濟川賦》《臨渦賦》《滄海賦》《述征賦》《浮淮賦》《戒盈賦》《離居賦》《感離賦》《永思賦》《出婦賦》《悼夭賦》《寡婦賦》《感物賦》《哀己賦》（殘句）、《登臺賦》《登城賦》《校獵賦》（殘）、《蔡伯喈女賦序》（殘句）、《玉玦賦》《彈棋賦》《迷迭賦》《馬腦勒賦》《車渠椀賦》《槐賦》《柳賦》《鶯賦》《閑思賦》（殘句）、《思親賦》（殘句）。見于張溥《漢魏六朝百三名家集・魏文帝集》、《歷代賦彙》、嚴可均《全三國文》、《藝文類聚》《太平御覽》《北堂書鈔》等書。

【研究】

研究曹丕賦，可以參考：洪順隆《魏文帝曹丕年譜暨作品繫年》（臺灣商務印書館1989年版）、魏宏燦《曹丕集校注》（安徽大學出版社2009年版）、宋戰利《曹丕研究》（河南大學2007年博士學位論文）、夏傳才、唐紹忠《曹丕集校注》（河北教育出版社2013年版）等。

《魏陳思王曹植集》30卷，魏曹植撰，佚名輯，殘

【作者】

詳參上章"曹植賦前録"條。

【著録與考釋】

見《隋志・别集類》。

清姚振宗《隋書經籍志考證》：陳思王有《列女傳頌》，見《史部・雜傳篇》。○植《文章序》曰："故君子之作也，儼乎若高山，勃乎若浮雲，質素也如秋蓬，摛藻也如春葩，氾乎洋洋，光乎皜皜，與雅、頌争流可也。余少而好賦，其所尚也，雅好慷慨，所著繁多，雖觸類而作，然蕪穢者衆，故删定别撰，爲《前録》七十八篇。"（案：傳注引《典略》："臨淄侯植《與楊修書》云：'今往僕少小所著辭賦一通相與。'修答書云：'猥受顧賜，教使刊定。'似即此《前録》，嘗以屬楊修審定者，時爲建安十九年，徙封臨淄之後事也。"）○《魏志》本紀："明帝景初中，詔曰：'陳思王昔雖有過失，既克己慎行，以補前闕。且自少至終，篇籍不離于手，誠難能也。其收黄初中諸奏植罪狀，公卿已下議，尚書、中書、祕書三府、大鴻臚者，皆削除之。撰録植前後所著賦、頌、詩、銘、雜論,凡百餘篇,副藏内外。'”(案:此稱前後所著,蓋并《前録》自定之七十八篇,合爲百餘篇也。《晉書·曹志傳》:志曰:“先王有手所作目録。”)○《唐日本國見在書目》:“魏《曹植集》三十卷。”○《唐書·經籍》《藝文志》:《魏陳思王集》二十卷。又三十卷。(案:此兩本疑前後録分編,或猶是景初舊第。)○《宋史·藝文志》:《曹植集》十卷。○晁氏《讀書志》:“《曹植集》十卷,魏曹植子建也。太祖子,文帝封植爲陳王,卒年三十一。”(案:“文帝”當云“明帝”;三十一,“三”當爲“四”。)案:《魏志》,景初中撰録植所著賦、頌、詩、銘、雜論凡百餘篇。《隋志》:三十卷,《唐志》:二十卷,今集十卷,比隋唐本,有亡逸者。而詩文二百篇,反溢于本傳所載,不曉其故。○陳氏《書録》曰:“《陳思王集》二十卷,卷數與前志合。其間亦有采取《御覽》《書鈔》《類聚》諸書中所有者,意皆後人附益。然則亦非當時全書矣!其間或引摯虞《流别集》,此書國初已亡,猶是唐人舊傳也。”○《四庫提要》曰:“《曹子建集》十卷,目録後有嘉定六年癸酉字,猶從宋寧宗時本翻彫,蓋即《通考》所載也。凡賦四十四篇,詩七十四篇,雜文九十二篇,合二百十篇,殘篇斷句,錯出其間。《棄婦篇》見《玉臺新詠》。《鏡銘》八字,反覆顛倒,皆叶韻成文,實爲回文之祖,見《藝文類聚》。皆未收入,亦不免有所舛漏。”○嚴氏《文編》卷首《叙目》曰:“《曹植集》十卷,明郭萬程刻本。又二卷,明張溥《百三家集》本。”又《四録堂類集總目》:“《陳思王集》十卷,可均校編。”又《全三國文編》輯本七卷,凡賦五十六篇,及令、章、表、疏、書、序、頌、畫贊、論説、銘、誄、雜文,百四十三篇。(馮氏《詩紀》《樂府詩》各一卷。)”○張氏《書目答問》:“《曹子建集》十卷,明仿宋刻附音義本,明安氏活字版本,漢陽朝宗書室活字版本。”

【内容】

曹植是一位多産賦家,成就亦高。其賦作今存57篇:《愁霖賦》《喜霽賦》《大暑賦》《愁思賦》《感時賦》(殘句)、《洛神賦》《洛陽賦》(殘句)、《遷都賦》(殘)、《静思賦》《懷親賦》《離思賦》《釋思賦》《玄暢賦》(殘)、《幽思賦》《述行賦》(殘句)、《述征賦》(殘句)、《節游賦》《感節賦》《出婦賦》《愍志賦》《愍子賦》(殘句)、《歸思賦》《思婦賦》《慰子賦》《慰情賦》(殘句)、《叙愁賦》《九愁賦》《悲命賦》(殘句)、《潛志賦》《藉田賦》(殘)、《感婚賦》《娱賓賦》《東征賦》《登臺賦》《遊觀賦》《臨觀賦》《閑居賦》(殘)、《寶刀賦》《九華扇賦》《扇賦》(殘句)、《酒賦》(殘)、《車渠椀賦》《迷迭香賦》《芙蓉賦》《橘賦》《槐賦》《白鶴賦》《鶡賦》《鸚鵡賦》《離繳雁賦》《射稚賦》(殘句)、《鷂雀賦》(殘)、《神龜賦》《蟬賦》《蝙蝠賦》《宴樂賦》(殘句)、《彈棋賦》。見于明張溥所輯《陳思王集》,清人丁晏《曹集銓評》、嚴可均《全三國文·陳王植集》、《歷代賦彙》《藝文類聚》《太平御覽》《北堂書鈔》《初學記》等書。

【研究】

研究曹植賦,可以參考趙幼文《曹植集校注》(人民文學出版社1984年版),

樸現圭《曹植及其文學研究》(臺灣師範大學 1988 年博士學位論文),鍾優民《曹植新探》(黄山書社 1984 年版),崔積寶《曹植研究》(黑龍江教育出版社 2003 年版),邢培順《曹植文學研究》(中國社會科學出版社 2014 年版)等。論文甚多,不贅。

《魏步兵校尉阮籍集》10 卷,晉阮籍撰,佚名輯,殘

【作者】

阮籍(210—263),字嗣宗,陳留尉氏(今河南尉氏縣)人,阮瑀之子。少志氣宏放,任性不羈,喜怒不形於色。入仕後歷任尚書郎、曹爽參軍、司馬懿從事中郎、散騎常侍、東平相、步兵校尉等職。爲官不效力,或旋即告退,或明哲保身,得以善終。籍才藻豔逸,著述頗豐。《隋志》載籍有集 13 卷,雖有散佚,大體尚存。明人有輯本多種,較爲通行的有汪士賢輯《漢魏諸名家集·阮嗣宗集》、張溥輯《漢魏六朝百三家集·阮步兵集》。今人校注本有陳伯君《阮籍集校注》(中華書局 1987 年版)、郭光《阮籍集校注》(中州古籍出版社 1991 年版)2 種。

【著録與考釋】

見《隋志》,原注:"梁十三卷,録一卷。"

清姚振宗《隋書經籍志考證》:《魏志·王粲附傳》:"陳留阮瑀,字元瑜,爲丞相倉曹掾屬,建安十七年卒。子籍,才藻豔逸,而倜儻放蕩,行己寡欲,以莊周爲模則,官至步兵校尉。"○《晉書》本傳:"籍字嗣宗,陳留尉氏人也。志氣宏放,任性不羈,太尉蔣濟辟之,謝病歸。復爲尚書郎,少時,又以病免。及曹爽輔政,召爲參軍。宣帝爲太傅,命爲從事中郎,復爲景帝大司馬從事中郎。高貴鄉公即位,封關内侯,徙散騎常侍。籍少有濟世志,屬魏晉之際,天下多故,名士少有全者。籍由是不與世事,遂酣飲爲常。文帝輔政,拜東平相,到郡旬日而還,帝引爲大將軍從事中郎。聞步兵廚營人善釀,有貯酒三百斛,乃求爲步兵校尉,遺落世事。雖去佐職,恒游府内,朝宴必與焉。會帝讓九錫,公卿將勸進,使籍爲其辭,籍沈醉忘作。臨詣府,使取之,見籍方據案醉眠。使者以告,籍便書案,使寫之,無所改竄,辭甚清壯,爲時所重。嘗登廣武,觀楚漢戰處;登武牢山,望京邑而嘆,于是賦《豪傑詩》。景元四年冬卒,時年五十四。籍能屬文,初不留意。作《詠懷詩》八十餘篇,爲世所重;著《達莊論》,叙無爲之貴;又著《大人先生傳》,亦籍之胸懷本趣也。"○《唐日本國見在書目》:"《阮嗣宗集》五卷,又《阮步兵集》十卷。"○《唐書·經籍》《藝文志》:《阮籍集》五卷。○《宋史·藝文志》:《阮籍集》十卷。(一本阮籍誤作阮林。)又《經部·易家》:阮嗣宗《通易論》一卷。(案:此一卷似即從本集中析出者。元胡一桂曰:"《易通論》一卷,凡五篇。")○《崇文總目》:"《阮步兵集》十卷,阮籍撰。"○晁氏《讀書志》:"《阮籍集》十卷。籍志氣宏放,博覽群籍,尤好莊老。屬文不留思,嗜酒能嘯,善彈琴。

當其得意,忽忘形體,雖不拘禮數,而發言玄遠。"○陳氏《書録·別集類》:"《阮步兵集》十卷,魏步兵校尉陳留阮籍嗣宗撰。籍,瑀之子也。"又《詩集類》:"《阮步兵集》四卷,其題皆曰《詠懷》,首卷四言十三篇,餘皆五言八十篇,通爲九十三篇。《文選》所收十七篇而已。"○張氏《百三家》:《阮步兵集》一卷,凡賦、箋、奏記、書、論、傳、贊、誄、文帖二十篇、《詠懷》三首,又八十二首。歌二首。○汪氏《文選撰人篇目》:"晉阮嗣宗籍有《詠懷詩》十七首、《勸晉王牋》、奏記、《詣蔣公》。"○嚴氏《全三國文編》曰:"阮籍有集十三卷,今存賦、箋、奏記、書、贊、論、傳、帖、誄、弔凡二十篇。"又卷首叙録曰:"《阮籍集》十卷,明黄省曾刻本。又一卷,張溥《百三家集》本。"○案:《太平御覽·地部七·金門山》引阮籍《宜陽記》曰:"金山之竹,堪爲笙管。"案:《宜陽記》當在本集。

【内容】

阮籍賦作今存《東平賦》《首陽山賦》《鳩賦》《獼猴賦》《清思賦》《亢父賦》,凡6篇。此外,《大人先生傳》一篇,馬積高先生《歷代辭賦總匯》收之,視爲賦體。

【研究】

没有研究專著,相關論文有:王琳《魏末之賦首——阮籍賦試論》[《山東師大學報》(社會科學版)1994年第3期]、鄭明璋《論阮籍的經歷與辭賦藝術性的關係》(《臨沂師專學報》1998年第5期)、王利鎖《曹芳被廢與阮籍心靈的裂變——論阮籍〈首陽山賦〉在其心靈史上的意義》[《河南大學學報》(社會科學版)2003年第4期]、張建偉《易代之際的悲憤與自責——阮籍〈首陽山賦〉發微》[《山西大學學報》(哲學社會科學版)2006年第1期]等。

《晉司隸校尉傅玄集》15卷,晉傅玄撰,佚名輯,殘

【作者】

傅玄(217—278),字休奕,北地泥陽(今陝西耀縣)人。東晉文學家。生平詳參"《七林》30卷"條。存詩60餘首,見逯欽立《先秦漢魏晉南北朝詩》;存文90餘篇,包括53篇賦作,見嚴可均《全晉文》卷四十五、四十六。

【著録與考釋】

見《隋志》。原注:"梁五十卷。録一卷,亡。"

清姚振宗《隋書經籍志考證》:傅玄有《傅子》,見《子部·雜家》。○《晉書》本傳:"玄博學,善屬文,解鐘律。數上書陳便宜,多所匡正。"又曰:"玄少時避難于河内,專心誦學。後雖顯貴,而著述不廢。撰《傅子》數十萬言,并文集百餘卷,行于世。"○《太平御覽·文部》摯虞《文章流別論》曰:"傅子集古今七篇品之,署曰'七林'。"(案:此條嚴氏輯《流別論》遺之。)○《文心雕龍·樂府篇》曰:"逮于晉世,則傅玄曉音,創定雅歌,以詠祖宗。"又《才略篇》曰:"傅玄篇章,義多規鏡。"○《唐書·經籍》《藝文志》:《傅玄集》五十卷。○《宋史·藝文

志》:《傅玄集》一卷。○張氏《百三家》:《傅鶉觚集》一卷,凡賦、墓誌、疏、奏、議、序、論、贊、箴、銘、誡、頌、設難、誄、祝文九十五篇,樂府三十八篇,詩二十五篇。○汪氏《文選撰人篇目》:"晉傅休奕玄有《雜詩》一首。"○嚴氏《全晉文編》輯存賦五十三篇,擬騷、表、疏、議、客難、《七謨》序、頌、《古今畫贊》、箴、銘、《口誡》、墓誌、誄、祝文凡四十篇,綜九十三篇,編爲二卷。

【内容】

傅玄賦今存53篇,如下:《風賦》(殘句)、《喜霽賦》《陽春賦》(殘)、《述夏賦》《朝會賦》(殘)、《辟雍鄉飲酒賦》《正都賦》(殘)、《潛通賦》(殘句)、《矯情賦》(僅存序)、《敘行賦》(殘句)、《大言賦》(殘句)、《筆賦》(殘)、《硯賦》《團扇賦》(殘)、《相風賦》《琴賦》(殘)、《琵琶賦》(殘)、《箏賦》(殘)、《笳賦》(殘句)、《節賦》(殘句)、《敘酒賦》(殘句)、《投壺賦》(僅存序)、《彈棋賦》(僅存序)、《紫華賦》《鬱金賦》《芸香賦》(僅存序)、《屬葵賦》(僅存序)、《宜男花賦》《菊賦》《蓍賦》《瓜賦》《安石榴賦》《李賦》《桃賦》《棗賦》《蒲萄賦》《桑葚賦》(殘句)、《柳賦》《朝華賦》(僅存序)、《雉賦》《山鷄賦》《鷹賦》《鸚鵡賦》《鬪鷄賦》《鷹兔賦》《乘輿馬賦》(殘句)、《馳射馬賦》(殘句)、《良馬賦》(殘句)、《走狗賦》《猨猴賦》《蟬賦》《愁霖賦》(殘句)、《蜀都賦》(殘句)。大多殘缺不全,散見於《藝文類聚》《太平御覽》《北堂書鈔》《初學記》等書中。

【研究】

研究傅玄的著作有:魏明安、趙以武《傅玄評傳》(南京大學出版社1996年版)、王繪絜撰《傅玄及其詩文研究》(臺灣文津出版社1997年版)等。未見專門研究其賦的論文和專著。

《晉著作郎成公綏集》9卷,晉成公綏撰,佚名輯,殘

【作者】

成公綏(231—273),字子安,東郡白馬(今河南省滑縣東)人。少聰敏,家貧好學,有俊才,善辭賦。爲張華所重,薦之太常,徵爲博士。歷秘書郎,轉秘書丞、騎都尉。入晉,官中書郎。曾與賈充等參訂法令,又每與張華受詔,並爲詩賦。明張溥輯有《成公子安集》,見《漢魏六朝百三名家集》;今存詩5首,見逯欽立《先秦漢魏晉南北朝詩》;存文36篇,見嚴可均《全晉文》卷五十九。

【著録與考釋】

見《隋志》。原注:"殘缺。梁十卷。"

清姚振宗《隋書經籍志考證》:《晉書・文苑傳》:"成公綏,字子安,東郡白馬人也。幼而聰敏,博涉經傳。性寡欲,不營資産。家貧歲飢,嘗晏如也。少有俊才,辭賦甚麗。閑默自守,不求聞達。時有孝烏,每集其廬舍,綏謂有反哺之德,以爲祥禽,乃作賦美之。又以爲賦者,貴能分賦物理,敷演無方。天地之盛,可以致思矣。歷觀古人未之有賦，豈獨以至麗無文，難以辭贊？不然，何其闕哉？乃爲《天地賦》。綏雅好音律，嘗當暑承風而嘯，泠然成曲，因爲《嘯賦》。張華雅重綏，每見其文，歎伏以爲絶倫。薦之太常，徵爲博士。歷祕書郎，轉丞，遷中書郎。每與華受詔，並爲詩賦。又與賈充等參定法律。泰始九年卒，年四十三。所著詩、賦、雜筆十餘卷，行世。”〇又史臣曰：“子安幼標明敏，少蓄清思，懷天地之寥廓，賦辭人之所遺，特構新情，豈常均之所企！”〇《文心雕龍·詮賦篇》曰：“太沖安仁，策勛于鴻規；士衡子安，底績于流制。”又《才略篇》曰：“成公子安，選賦而時美。”〇《唐書·經籍》《藝文志》：《成公綏集》十卷。〇張氏《百三家》：《成公子安集》一卷，凡賦、頌、銘、箴、誄、《七唱》、雜文三十篇，樂歌二篇，詩二篇。〇汪氏《文選撰人篇目》：“晉成公子安綏有《嘯賦》。”嚴氏《全晉文編》曰：“成公綏有集十卷，今存《天地賦》以迄《螳螂賦》，凡二十四篇。《七唱》、頌、贊、《錢神論》、箴、銘、誄、《戒火文》《隸書體》十二篇。綜三十六篇。”

【内容】

成公綏賦現存 29 篇：《天地賦》《雲賦》《陰霖賦》（殘句）、《時雨賦》（殘句）、《大河賦》（殘）、《洛禊賦》（殘句）、《延賓賦》《宣清賦》（殘句）、《慰情賦》（殘句）、《嘯賦》《琴賦》《琵琶賦》《棄故筆賦》《芸香賦》《柳賦》《日及賦》（僅存序）、《木蘭賦》《鴻鴈賦》《鷹賦》（殘句）、《烏賦》《玄鳥賦》（殘句）、《鸚鵡賦》（僅存序）、《射兔賦》《蜘蛛賦》《螳蜋賦》《洛神賦》（殘句）、《風賦》（殘句）、《藏鈎賦》（僅存序）、《賦》（殘句，原無賦題）。大多殘缺不全，見於《藝文類聚》《初學記》《太平御覽》《北堂書鈔》等書。其中《嘯賦》被《文選》選入，最爲知名。此外又有《七唱》，僅存殘句。

【研究】

研究論文有：崔曉蕾《〈成公綏集〉整理與研究》（河北師範大學 2010 年碩士學位論文）、吕則麗《指千秋以厲響，俟寂寞之來和——成公綏賦論》（《棗莊師範專科學校學報》2004 年第 3 期）、佘江《妙音極樂　自然至和——成公綏〈嘯賦〉論》［《湖南科技大學學報》（社會科學版）2005 年第 1 期］、彭巖《成公綏〈嘯賦〉的音樂美學思想初探》（《湖南科技學院學報》2007 年第 11 期）、楊興龍《成公綏辭賦略論》（《濮陽職業技術學院學報》2010 年第 4 期）等。

《晉馮翊太守孫楚集》6 卷，晉孫楚撰，佚名輯，殘

【作者】

孫楚（約 218—293），字子荆，太原中都（今山西平遥）人。祖、父均仕魏，黨附司馬氏。仕魏爲石苞鎮東參軍，遷著作佐郎。後因侮石苞，被免官。扶風王駿與楚交好，咸寧初起楚爲征西參軍。後轉梁令，遷衛將軍司馬。惠帝初（290），爲馮翊太守。明張溥《漢魏六朝百三名家集》輯有《孫馮翊集》。今存文

45 篇,見嚴可均所輯《全晉文》;詩 8 篇,見《先秦漢魏晉南北朝詩》。

【著録與考釋】

見《隋志》。原注:“梁十二卷,録一卷。”

清姚振宗《隋書經籍志考證》:《晉書》本傳:“楚,字子荆,太原中都人也。才藻卓絶,爽邁不群,多所陵傲,缺鄉曲之譽。年四十餘,始參鎮東軍事。文帝遣符邵、孫郁使吴(《吴志·孫晧傳》及《晉書·文帝紀》並作“徐紹、孫彧”),將軍石苞令楚作書遺孫晧,要其北面稱臣,永爲魏藩。邵等至吴,不敢爲通。後遷佐著作郎,復參石苞驃騎軍事。楚既負其材氣,頗侮易于苞。又與郭奕忿争,遂湮廢積年。初,參軍不敬府主,楚既輕苞,遂制施敬,自楚始也。征西將軍扶風王駿與楚舊好,起爲參軍,轉梁令,遷衛軍司馬。惠帝初,爲馮翊太守。太康三年,卒。(案:當是元康。)初,楚與同郡王濟友善,濟爲本州大中正,訪問銓邑人品狀,至楚,濟曰:‘此人非卿所能目,吾自爲之。’乃狀楚曰:‘天才英博,亮拔不群。’楚少所推服,惟雅敬濟。初,除婦服,作詩以示濟,濟曰:‘未知文生于情,情生于文,覽之悽然,增伉儷之重。’三子:衆、洵、纂。惟纂子統、綽並知名。”(統、綽亦並有集,見後東晉人文中。)○又史臣曰:“孫楚體英絢之姿,超然出類,見知武子,覽其貽孫皓之書,諒曩代之佳筆也。而負才陵傲,蔑苞忿奕,違遜讓之道,十年沈廢,蓋自取矣!”○鍾嶸《詩品》曰:“子荆零雨之外,雖有累札,良亦無聞。”○《文心雕龍·才略篇》曰:“孫楚綴思,每直置以疏通。”○《唐書·經籍》《藝文志》:《孫楚集》十卷。○張氏《百三家》:《孫馮翊集》一卷,凡賦、論、頌、贊、銘、碑、疏、牋、書、哀文四十篇,詩六篇。○嚴氏《全晉文編》輯存賦十七篇,上言、奏、牋、書、頌、贊、銘、《論屈建文》、誄、碑、哀文、哀辭、祭文二十八篇,綜四十五篇。”

【内容】

其賦作今存 17 篇:《雪賦》《井賦》《笑賦》《笳賦》《韓王故臺賦》《登樓賦》(殘)、《相風賦》《菊花賦》《蓮花賦》(殘)、《杕杜賦》《茱萸賦》《橘賦》(殘句)、《鶴賦》(殘句)、《雉賦》《鴈賦》《鷹賦》《蟬賦》。見於《藝文類聚》《初學記》《太平御覽》《北堂書鈔》等書。

【研究】

肖時正有《孫楚研究》(湖南師範大學 2009 年碩士學位論文)。

《晉散騎常侍夏侯湛集》10 卷,晉夏侯湛撰,佚名輯,殘

【作者】

夏侯湛(243—291),字孝若,沛國譙縣(今安徽亳縣)人。貌美有才,與潘岳友善,京師譽爲“連璧”。仕魏爲太尉掾。晉泰始四年(268)舉賢良,授郎中。後選補太子舍人,轉尚書郎,出爲野王令。後遷中書侍郎,出補南陽相。惠帝即位,授散騎常侍。元康初,卒,年四十九。《晉書》本傳記其著論三十餘篇,别爲

一家之言。《隋志》、新舊《唐志》皆著録其集十卷,已佚。明張溥《漢魏六朝百三名家集》輯有《夏侯常侍集》。今存詩 7 首,見逯欽立《先秦漢魏晉南北朝詩》;存文 46 篇,見嚴可均所輯《全晉文》。

【著録與考釋】

見《隋志》。原注:“梁有録一卷。”

清姚振宗《隋書經籍志考證》:夏侯湛有《新論》,見《子部·儒家》。○《晉書》本傳:“湛幼有盛才,文章宏富,善構新詞,而美容觀,與潘岳友善。泰始中,舉賢良,對策上第,拜郎中,累年不調,乃作《抵疑》以自廣。後出爲野王令,優游多暇,乃作《昆弟誥》。”○又史臣曰:“孝若掞蔚春華,時標麗藻。觀其《抵疑》詮理,本窮通于自天;作誥敷文,流英聲于孝悌。旨深致遠,殊有大雅之風烈焉!”○《文心雕龍·才略篇》曰:“夏侯孝若,具體而皆微。”○《唐書·經籍》《藝文志》:《夏侯湛集》十卷。○馮氏《詩紀》輯存《周詩》一條,又《山路吟》《江上泛歌》《離親詠》《長夜謡》《寒苦謡》,凡六篇。○張氏《百三家》:《夏侯常侍集》一卷,凡賦二十三篇,《抵疑》《昆弟誥》、序、贊、傳十五篇,詩七篇。○嚴氏《全晉文編》輯存賦二十五篇,謡、歌、辭、對策十篇,《昆弟誥》《抵疑》、叙、贊、傳、碑、銘并《新論》佚文十九篇。

【内容】

夏侯湛賦今存 28 篇:《寒雪賦》(殘句)、《雷賦》《雷電賦》《電賦》(殘句)、《禊賦》(殘)、《大暑賦》《歎秋賦》(殘句)、《梁田賦》(殘句)、《鞞舞賦》《夜聽笳賦》《繳彈賦》(殘句)、《獵兔賦》《雀釵賦》《釭燈賦》《合歡被賦》(殘句)、《宜男花賦》《芙蓉賦》《浮萍賦》《薺賦》《石榴賦》《愍桐賦》《朝華賦》《瓜賦》(殘句)、《觀飛鳥賦》《玄鳥賦》《春可樂賦》《秋可哀賦》《秋夕哀賦》。見於《藝文類聚》《初學記》《太平御覽》《北堂書鈔》等書。《全魏晉賦校注》《歷代辭賦總匯》有輯録。

【研究】

研究夏侯湛,可以參考張寧《夏侯湛研究》(南京師範大學 2011 年碩士學位論文)。研究其賦和賦論,可以參考:冷衛國《夏侯湛以“味”論賦》(《文學遺産》2001 年第 1 期)、徐利英、汪群紅《試論夏侯湛賦的創新意識》(《贛南師範學院學報》2005 年第 2 期)、楊朝蕾《夏侯湛詠物賦論》[《河北理工大學學報》(社會科學版)2011 年第 3 期]。

《晉司隸校尉傅咸集》17 卷(《傅中丞集》),晉傅咸撰,佚名輯,殘

【作者】

傅咸(239—294),字長虞,北地泥陽(今陝西耀縣)人。傅玄子。晉武帝泰始中,舉孝廉,拜太子司馬,兼司徒掾屬。咸寧初,襲爵清泉侯。累遷侍御史、尚書右丞、司徒左長史、車騎司馬、尚書左丞等職。晉惠帝時,轉爲太子中庶子,遷

御史中丞，以議郎兼司隸校尉。卒官，年五十六。咸爲官剛正不阿，嫉惡如仇，亦能文。《傅咸集》梁代三十卷，隋代十七卷，唐宋時僅剩三卷。明張溥輯有《傅中丞集》，見《漢魏六朝百三名家集》。今存詩約 20 首，見逯欽立所輯《先秦漢魏晉南北朝詩》；存文 70 餘篇，見嚴可均所輯《全晉文》。

【著録與考釋】

見《隋志》。原注："梁三十卷，録一卷。"

清姚振宗《隋書經籍志考證》：《晉書・傅玄傳》："玄子咸，字長虞，剛簡有大節，風格峻整，識性明悟，疾惡如仇，推賢樂善，好屬文論，雖綺麗不足，而言成規鑒。潁川庾純常嘆曰：'長虞之文，近乎詩人之作矣。'咸寧初，襲父爵清泉侯，拜太子洗馬，累遷尚書右丞、冀州刺史、司徒左長史。時帝留心政事，詔訪朝臣政之損益，咸在位多所執正。轉車騎司馬、尚書左丞。惠帝即位，爲御史中丞，再爲本部中正，以議郎長兼司隸校尉。咸累上事，稱引故事，條理灼然，朝廷無以易之。吴郡顧榮常與親故書曰：'傅長虞爲司隸，勁直忠果，劾案驚人，雖非周才，偏亮可貴也。'元康四年卒官，時年五十六，詔贈司隸校尉，謚曰貞。"○《文心雕龍・奏啟篇》曰："傅咸勁直，而按辭堅深。"又《議對篇》曰："漢世善駁，則應劭爲首，晉代能議，則傅咸爲宗。然仲瑗博古，而銓貫有叙，長虞識治，而屬辭枝繁。"又《才略篇》曰："傅玄篇章，義多規鏡；長虞筆奏，世執剛中。並楨、幹之實才，非群華之韡萼也。"○《唐書・經籍》《藝文志》：《傅咸集》三卷。○張氏《百三家》輯本序曰："傅氏諸賦，不尚綺麗，長虞短篇，時見正性。"又曰："休奕四部六録，文集百餘，湮闕者多。長虞著述不富，傳文亦與父埒，爲彪爲固，不能短長。凡賦及賦序、疏、表、奏、上書、牋、教、草、書、尺牘、頌、箴、銘、碑、誄七十五篇，詩十五篇。"○嚴氏《全晉文編》：傅咸有集三十卷。案，張溥本有《燭銘》，今據《御覽》改入《傅玄集》。凡賦三十六篇，表七篇，上言、上書、奏劾、奏事、上事十四篇，教、牋各二篇，書草五篇，詩序五篇，頌、銘、箴、碑、誄七篇，綜七十六篇。

【内容】

其賦作今存 36 篇：《喜雨賦》《患雨賦》《感涼賦》《神泉賦》(殘)、《小語賦》《申懷賦》《感別賦》《弔秦始皇賦》《遂登芒賦》《明意賦》《相風賦》《紙賦》《羽扇賦》《扇賦》《狗脊扇賦》《櫛賦》《鏡賦》《汪巵賦》《畫像賦》《燭賦》《款冬賦》《芸香賦》《玉賦》《桑樹賦》《梧桐賦》《舜華賦》《儀鳳賦》《鸚鵡賦》《燕賦》《班鳩賦》《黏蟬賦》《鳴蜩賦》《青蠅賦》《蜉蝣賦》《螢火賦》《叩頭蟲賦》。其所存賦作大多較爲完整，不尚綺麗，見於《藝文類聚》《初學記》《太平御覽》《北堂書鈔》等書。

【研究】

研究傅咸賦，可以參考：趙茂林《傅咸辭賦創作與西晉賦風》(《中國韻文學刊》2008 年第 4 期)、馬黎麗《傅玄、傅咸父子辭賦比較研究》[《安徽師範大學學報》(人文社會科學版)2012 年第 2 期〕、張愛美《論傅咸詠物賦的諷教傳統》(《臨沂大學學報》2012 年第 4 期)。

《晉黄門郎潘岳集》10 卷,晉潘岳撰,佚名輯,殘

【作者】

潘岳(247—300),字安仁,滎陽中牟(今屬河南)人。少聰穎有才,有“奇童”之稱。泰始三年(267),舉秀才,闢爲司空掾,後兼任虎賁中郎將。太康三年(282),出爲河陽令,後轉懷縣令。在河陽、懷縣並有政績。太康六年(285),以公事免。後坐楊駿罪被除名,終獲救免死。元康二年(292),起爲長安令。歷任著作郎、散騎侍郎、給事黄門侍郎等職。潘岳爲賈謐“二十四友”之一,又曾奉賈太后令構陷太子,後被趙王倫所殺。潘岳工詩善文,詩、賦俱佳,與陸機並稱“潘陸”。《隋志》、新舊《唐志》皆著録其集十卷,已佚。明張溥輯有《潘黄門集》。今存詩 20 餘首,見逯欽立所輯《先秦漢魏晉南北朝詩》;存文 61 篇,見嚴可均所輯《全晉文》。

【著録與考釋】

見《隋志》。

清姚振宗《隋書經籍志考證》:《晉書》本傳:“岳,字安仁,滎陽中牟人也。少以才穎見稱,鄉邑號爲奇童,謂終賈之儔也。早辟司空太尉府,舉秀才。泰始中,武帝躬耕籍田,岳作賦以美其事。出爲河陽令,轉懷令,調補尚書度支郎,遷廷尉評,以公事免。楊駿引爲太傅主簿,駿誅,除名。未幾,選爲長安令,作《西征賦》,述所經人物、山水,文清旨詣。尋爲著作郎,轉散騎侍郎。岳性輕躁,趨世利,與石崇諂事賈謐。構愍、懷之文,岳之辭也。其母數誚之曰:‘爾當知足,而乾没不已乎!’而岳終不能改。既仕宦不達,乃作《閑居賦》。趙王倫輔政,孫秀爲尚書令,誣岳與石崇、歐陽建謀奉淮南王允、齊王冏爲亂,誅之,夷三族。岳辭藻絶麗,尤善爲哀誄之文。”○李充《翰林論》曰:“潘安仁之爲文也,猶翔禽之羽毛,衣被之綃縠。”(案鍾嶸《詩品》,知此下尚有“淺于陸機”之語。)○《文心雕龍·詮賦篇》曰:“太沖安仁,策勛于鴻規。”又《祝盟篇》曰:“潘岳之祭庾婦,奠祭之恭哀也。”(黄氏注云:“潘集有《爲諸婦祭庾新婦文》。”)又《誄碑篇》曰:“潘岳構意,專師孝山,巧于序悲,易入新切,所以隔代相望,能徵厥聲者也。”(後漢蘇順字孝山,有集見前。)又《哀弔篇》曰:“建安哀辭,惟偉長差善,《行女》一篇,時有惻怛。及潘岳繼作,實踵其美。觀其慮善辭變,情洞悲苦,叙事如傳,結言摹詩,促節四言,鮮有緩句,故能義直而文婉,體舊而趣新。《金鹿》《澤蘭》,莫之能繼也。”(黄注:潘集有《金鹿哀辭》《澤蘭哀辭》。)又《指瑕篇》曰:“潘岳爲才,善于哀文。然悲内兄,則云感口澤;傷弱子,則云心如疑。《禮》文在尊極,而施之下流。辭雖足哀,義斯替矣!”又《才略篇》曰:“潘岳敏給,辭自和暢,鍾

美于《西征》,賈餘于哀誄,非自外也。"○《唐書·經籍》《藝文志》:《潘岳集》十卷。(《宋史·藝文志》七卷。)○張氏《百三家》:《潘黄門集》一卷,凡賦、表、議、頌、贊、箴、訓、碑、哀文、祭文、誄五十二篇,詩十四篇,謠一篇。"○汪氏《文選撰人篇目》曰:"晉潘安仁岳有《籍田賦》《射雉賦》《西征賦》《秋興賦》《閑居賦》《懷舊賦》《寡婦賦》《笙賦》《關中詩》《金谷集詩》、《悼亡詩》三首、《贈陸機詩》《河陽縣詩》《懷縣詩》《楊荊州誄》《楊仲武誄》《夏侯常侍誄》《馬汧督誄》《哀永逝文》。"○嚴氏《全晉文編》輯存賦二十有二……又《文編》卷首叙目曰:"《潘岳集》六卷,明人纂輯本。"

【内容】

潘岳賦今存23篇:《秋興賦》《登虎牢山賦》《寒賦》(殘句)、《滄海賦》《西征賦》《懷舊賦》《悼亡賦》《寡婦賦》《藉田賦》《閑居賦》《狹室賦》《笙賦》《相風賦》(殘)、《蓮花賦》《芙蓉賦》《朝菌賦》(殘句)、《扇賦》(殘句)、《橘賦》《河陽庭前安石榴賦》《菓賦》(殘句)、《射雉賦》《螢火賦》《朱實賦》(殘句)。其賦大多篇幅較長,辭藻華麗,見於《文選》《藝文類聚》《初學記》《太平御覽》《北堂書鈔》《歷代賦彙》等書。其中《閑居賦》影響較大。

【研究】

研究潘岳,可以參考:陳淑美《潘岳及其詩文研究》(臺灣文津出版社1999年版)、董志廣《潘岳集校注》修訂版(天津古籍出版社2005年版)、王曉東《潘岳研究》(上海古籍出版社2011年版)。研究潘岳賦,可以參考:王琳《潘岳賦論》[《山東師大學報》(社會科學版)1993年第5期]、蕭立生《論潘岳抒情賦的藝術特色》[《湖南大學學報》(社會科學版)1996年第2期]、韓傳達《心畫心聲的真情流露——潘岳〈閑居賦〉辨析》(《遼寧廣播電視大學學報》2002年第4期)、王曉東《潘岳賦作辨僞》(《北京教育學院學報》2007年第1期)、郭殿忱《潘岳〈西征賦〉吐魯番殘卷考釋》(《黄河科技大學學報》2008年第3期)、顧農《〈文選〉中潘岳賦六首釋證》[《廣西師範大學學報》(哲学社會科學版)2011年第6期]、王芬濤《從〈閑居賦〉看潘岳的隱逸心態》(《興義民族師範學院學報》2012年第4期)等。

《晉齊王府記室左思集》2卷(《左太沖集》),晉左思撰,佚名輯,殘

【作者】

左思(約250—約306),字太沖,齊國臨淄(今山東淄博)人。家世寒微,貌寢口訥,不好交遊。晉武帝泰始八年(272),妹左芬入宫後,隨妹入京師,賜官秘書郎。博學多才,晉惠帝時爲賈謐"二十四友"之一。賈謐獲罪後,退居洛陽宜春里,專事著述。左思文思敏捷,詩賦俱佳。其作品《三都賦》轟動於時,洛陽爲之紙貴;《詠史》八首,雄豪壯麗,價值較高。《隋志》著録其集二卷,兩《唐志》作

五卷。明人輯録漢魏六朝遺文而未及左思,至清末丁福保始輯爲《左太沖集》一卷,收入《漢魏六朝名家集初刻》。今存《三都賦》、《齊都賦》殘文等7篇,見嚴可均所輯《全晉文》;存詩15首,見《先秦漢魏晉南北朝詩》。

【著録與考釋】

原注:"梁有五卷,録一卷。"

清姚振宗《隋書經籍志考證》:《晉書·文苑傳》:"左思,字太沖,齊國臨菑人也。家世儒學,少學鍾、胡書及鼓琴,並不成。遂感激勤學,兼善陰陽之術。貌寢口訥,而辭藻壯麗。不好交遊,惟以閑居爲事。造《齊都賦》,一年乃成。復欲賦《三都》,會妹芬入宫,移家京師。乃詣著作郎張載,訪岷邛之事。遂構思十年,門庭藩溷皆著紙筆,遇得一句,即便疏之。自以所見不博,求爲秘書郎。及賦成,時人未之重。思以其作不謝班、張,恐以人廢言。安定皇甫謐有高譽,思造而示之,謐稱善,爲其賦序。張載爲注《魏都》,劉逵注《吴》《蜀》而序之。陳留衛瓘又爲思賦作略解。自是之後,盛重於時。文多不載。司空張華見而歎曰:'班張之流也。使讀之者盡而有餘,久而更新。'於是豪貴之家,競相傳寫,洛陽爲之紙貴。初,陸機入洛,欲爲此賦,聞思作之,撫掌而笑,與弟雲書曰:'此間有傖父欲作《三都賦》,須其成,當以覆酒甕耳。'及思賦出,機絶歎服,以爲不能加也,遂輟筆焉。秘書監賈謐請講《漢書》,謐誅,退居宜春里,專意典籍。齊王冏命爲記室督。及張方縱暴都邑,舉家適冀州。數歲,以疾終。"○《文心雕龍·明詩篇》曰:"四言五言,兼善則子建、仲宣,偏美則太沖、公幹。"又《詮賦篇》曰:"仲宣、偉長,太沖、安仁,士衡、子安,景純、彦伯,亦魏晉之賦首也。"又《雜文篇》曰:"枚乘《七發》以下,作者繼踵。自桓麟《七説》以下,左思《七諷》以上,枝附影從,十有餘家,或文麗而義暌,或理粹而辭駁。"又《指瑕篇》云:"左思《七諷》,説孝而不從,反道若斯,餘不足觀矣。"又《才略篇》云:"左思奇才,業深覃思,盡鋭于《三都》,拔萃于《詠史》,無遺力矣。"○本志《總集篇》:梁有《齊都賦》二卷并音,左思撰。(案,此有敚誤,詳見本條。)又曰:梁有張載及晉侍中劉逵、晉懷令衛瓘注左思《三都賦》三卷,纂[綦]毋邃注《三都賦》三卷。○《唐書·經籍志》:《左思集》五卷。又總集類:《齊都賦》一卷,左太沖撰。《齊都賦音》一卷,李軌撰。又《三都賦》三卷,左太沖撰。○《唐書·藝文志》:《左思集》五卷。又總集類:左太沖《齊都賦》一卷。李軌《齊都賦音》一卷。左太沖《三都賦》三卷。○嚴氏《全晉文編》:左思有集五卷,今存《齊都賦》五條及《三都賦》并序、《白髮賦》《七諷》,凡七篇。

【内容】

左思賦今存5篇:《齊都賦》(殘句)、《三都賦》(包括《蜀都賦》《吴都賦》《魏都賦》三篇)、《白髮賦》。見於《文選》《藝文類聚》《初學記》《太平御覽》等書。其中《三都賦》長達一萬多字,是左思的成名作,曾經引起"洛陽紙貴"的轟動效應。它是漢晉散體大賦中篇幅最長的鉅製,也是文學史、方志史上的名篇,具有重要的文學史和文化史意義。

【研究】

左思賦研究尚無專著,但相關論文不少。舉其要者,有:冷衛國《左思〈三都賦〉及其辭賦觀》[《西北師大學報》(社會科學版)1997 年第 5 期]、周勛初《左思〈三都賦〉成功經驗之研討》(《長春師範學院學報》1999 年第 3 期)、徐傳武《關於皇甫謐〈三都賦序〉的真實性》(《社科縱横》1999 年第 6 期)、徐傳武《左思〈白髮賦〉考論》(《泰安師專學報》1999 年第 4 期)、王志民《左思〈三都賦〉與西晉文壇風氣》[《淄博學院學報》(社會科學版)1999 年第 1 期]、顧農《關於"洛陽紙貴"——〈三都賦〉轟動效應剖析》[《南通師範學院學報》(哲學社會科學版)2000 年第 4 期]、孫少華《文本層次與經典化——〈文選〉左思〈蜀都賦〉注引揚雄〈蜀都賦〉相關問題》[《中南民族大學學報》(人文社會科學版)2015 年第 3 期]、杜慧月《左思〈三都賦〉晉人舊注略論》[《北京化工大學學報》(社會科學版)2016 年第 2 期]、陶慧《左思〈三都賦〉之"吴都"辨析》(《文學遺産》2018 年第 3 期)等。

《晉太常卿潘尼集》10 卷(《潘太常集》),晉潘尼撰,佚名輯,殘

【作者】

潘尼(約 250—約 311),字正叔,滎陽中牟(今屬河南)人。潘岳從侄,與潘岳以文章知名,時稱"兩潘"。少有清才,以勤學著述爲務。太康五年(284)左右舉秀才,爲太常博士。惠帝元康初,授太子舍人。後爲尚書郎,轉著作郎。歷黄門侍郎、散騎常侍、侍中、秘書監。永嘉中,遷太常卿。晉亂,舉家回鄉,病死途中。年六十餘。《隋志》、新舊《唐志》皆著録其集十卷,已佚。明張溥輯有《潘太常集》,見《漢魏六朝百三名家集》。今存詩 20 餘首,見逯欽立所輯《先秦漢魏晉南北朝詩》;存文 26 篇,見嚴可均所輯《全晉文》。

【著録與考釋】

見《隋志》。

清姚振宗《隋書經籍志考證》:《魏志・衛覬傳》:"建安末,尚書右丞河南潘勖,亦以文章顯。"《文章志》曰:"勖子滿,平原太守,亦以學行稱。滿子尼,字正叔。"《尼别傳》曰:"少有清才,文辭温雅。尼嘗贈陸機詩,機答之,其四句曰:'猗歟潘生,世篤其藻,仰儀前文,丕隆祖考。'位終大常。尼、從父岳,爲孫秀所殺。尼、岳文翰,並見重于世。"○《晉書・潘岳傳》:"岳從子尼,字正叔,少與岳俱以文章見知。性静退不競,唯以勤學著述爲事。著《安身論》,以明所守。太康中舉秀才,爲博士。元康初拜太子舍人,上《釋奠頌》。數遷著作郎,爲《乘輿箴》。及趙王倫篡位,孫秀專政,忠良之士皆罹禍酷。尼遂疾篤,取假拜掃墳墓,聞齊王冏起義,乃赴許昌,冏引爲參軍,事平,封安昌公,歷黄門侍郎、散騎常侍、侍中、秘書監。永興末,爲中書令。時三王戰争,皇家多故,尼職居顯要,從容而已。雖憂虞不及,而備嘗艱難。永嘉中,遷太常卿。洛陽將没,攜家遠鄉里,道遇賊,不得前,病卒于塢壁,年六十餘。"○《太平御覽·文部·文士傳》曰:"潘尼曾與同僚飲,主人有琉璃盃,使客賦之。尼于坐立成。"○《文心雕龍·銘箴篇》曰:"潘尼《乘輿》,義正體蕪。"○《唐書·經籍》《藝文志》:《潘尼集》十卷。○張氏《百三家》:《潘太常集》一卷,凡賦、頌、箴、論、序、銘、碑二十三篇,詩二十首。○嚴氏《全晉文編》輯存賦十四,詩序三,頌二,論一,箴二,銘一,碑二,碣一,凡二十六篇。

【内容】

潘尼賦今存15篇,篇目如下:《苦雨賦》《西道賦》《懷退賦》《東武館賦》《釣賦》《火賦》《琉璃椀賦》《瑁賦》《扇賦》《安石榴賦》《桑樹賦》《芙蓉賦》(殘句)、《朝菌賦》(僅存序)、《秋菊賦》《鱉賦》。見《藝文類聚》《初學記》《太平御覽》《北堂書鈔》等書。潘賦尚無人進行專門研究。

《晉平原内史陸機集》14卷(《陸平原集》),晉陸機撰,佚名輯,殘

【作者】

陸機(261—303),字士衡,吴郡吴縣(今江蘇蘇州)人。其祖父、父親皆爲三國吴著名將領。陸機少有奇才,文章冠世。晉武帝太康十年(289),與其弟陸雲入洛陽,聲名大噪于時,世稱"二陸"。歷任祭酒、太子洗馬、郎中令、殿中郎、著作郎、中書郎。後被成都王司馬穎薦爲平原内史,世稱"陸平原"。太安二年(303),司馬穎舉兵討長沙王司馬乂,以機爲後將軍、河北大都督。兵敗,被司馬穎所殺。陸機工詩,善作賦,其詩、文、賦都有名篇傳世。明張溥輯有《陸平原集》,見《漢魏六朝百三名家集》。今存詩近百首,見逯欽立所輯《先秦漢魏晉南北朝詩》;存文74篇,見嚴可均所輯《全晉文》。

【著録與考釋】

見《隋志》。原注:"梁四十七卷,録一卷,亡。"

清姚振宗《隋書經籍志考證》:陸機有《吴章篇》,見《經部·小學家》。○《晉書》本傳:"機年二十而吴滅,退居舊里,閉門勤學,積有十年,以孫氏在吴,而祖父世爲將相,有大勛於江表,深慨孫皓舉而棄之,乃論權所以得,皓所以失。又欲述其祖父功業,遂作《辯亡論》二篇。及齊王冏矜功自伐,受爵不讓,作《豪士賦》以刺焉。又以聖王經國,義在封建,因采其遠指,著《五等論》。機天才秀逸,辭藻宏麗,張華嘗謂之曰:'人之爲文,常恨才少,而子更患其多。'弟雲嘗與書曰:'君苗見兄文,輒欲燒其筆硯。'後葛洪著書,稱:'機文猶玄圃之積玉,無非夜光焉;五河之吐流,泉源如一焉。其弘麗妍贍,英鋭漂逸,亦一代之絶乎!'其

爲人所推服如此。然好遊權門,與賈謐親善,以進趣獲譏。所著文章凡二百餘篇,並行於世。"○《文心雕龍·明詩篇》曰:"晉世群才,稍入輕綺,張潘左陸,比肩詩衢,采縟於正始,力柔於建安。或析文以爲妙,或流靡以自妍,此其大略也。"又《頌贊篇》云:"陸機積篇,惟《功臣》最顯。其褒貶雜居,固末代之訛體也。"(黄注云:陸集有《漢高祖功臣頌》。)又《雜文篇》云:"自楊雄《連珠》以下,擬者間出,唯士衡運思,理新文敏,而裁章置句,廣于舊篇,豈慕朱仲四寸之璫乎?"又《哀弔篇》云:"陸機之弔魏武,序巧而文繁。"又《論説篇》云:"陸機《辯亡》,效《過秦》而不及。"又《檄移篇》云:"陸機之《移百官》,言約而事顯,武移之要者也。"又《議對篇》云:"陸機斷議,亦有鋒穎,而腴辭弗翦,頗累文骨,亦各有美,風骨存焉。"又《書記篇》云:"劉廙謝恩,喻切以至,陸機自理,情周而巧,箋之爲善者也。"○本志《總集篇》:"梁有《連珠》一卷,陸機撰,何承天注,亡。(案:《文選》有陸士衡《演連珠》,劉孝標注,《七録》、本志皆不見。)○《唐書·經籍》《藝文志》:《陸機集》十五卷。(《宋史·藝文志》:十卷。)○晁氏《讀書志》:《陸機集》十卷,機所著文章三百餘篇(案:三百或二百之誤),今存詩、賦、論、議、箋、表、碑、誄百七十餘首。以《晉書》《文選》校正外,餘多舛誤。○汪氏《文選撰人篇目》:晉陸士衡機有《歎逝賦》《文賦》《讌玄圃詩》《招隱詩》《斥邱令詩》《答賈謐詩》《與士龍詩》《贈顧彦先詩》《贈顧交阯詩》《贈車騎詩》《答張士然詩》《爲顧贈婦詩》《贈馮文熊詩》《贈士龍詩》《赴洛詩》《赴洛道中詩》《從梁陳詩》,樂府十七首,《挽歌》三首,《園葵詩》,《擬古》十二首、《謝内史表》《豪士詩序》《漢高功臣頌》《辯亡論》《五等諸侯論》,《演連珠》五十首,《弔魏武文》。○嚴氏《文編》叙録曰:"《陸機集》十卷,明都穆《二俊文集》本,其序言宋舊本,其實從群書纂輯,非舊本也。"又《全晉文編》輯本四卷,凡七十四篇。○張氏《書目答問》:《陸士衡集》十卷,明汪士賢刻《漢魏六朝二十名家集》本。

【内容】

其賦作今存30篇:《浮雲賦》《白雲賦》《感時賦》《祖德賦》《述先賦》《思親賦》《述思賦》《豪士賦》《遂志賦》《懷土賦》《行思賦》《思歸賦》《别賦》《歎逝賦》《愍思賦》《大暮賦》《幽人賦》《應嘉賦》《感丘賦》《文賦》《鼓吹賦》《漏刻賦》《羽扇賦》《列仙賦》《陵霄賦》《織女賦》(殘句)、《瓜賦》《桑賦》《菓賦》(殘句)、《鼈賦》。見於《歷代賦彙》《藝文類聚》《初學記》《太平御覽》《北堂書鈔》等書。《全魏晉賦校注》《歷代辭賦總匯》有輯録。

【研究】

研究陸機賦的論文有二十餘篇,擇其要者如下:冷衛國《陸機陸雲的賦學批評》(《齊魯學刊》2005年第5期)、馬予静《陸機駢賦藝術論》[《河南大學學報》(社會科學版)2007年第3期]等。李劍清《陸機入洛後賦作與北方風物》(《河南社會科學》2008年第2期)、張安祖《陸機〈文賦〉"詩緣情而綺靡,賦體物而瀏亮”含義辨》(《求是學刊》2006 年第 6 期)、劉運好《論陸機賦》[《安徽師範大學學報》(人文社會科學版)2010 年第 6 期]、顧農《玄言詩賦的先行者:陸機》[《清華大學學報》(哲學社會科學版)2012 年第 3 期]、沈揚《深文隱蔚　餘味曲包——論陸機〈羽扇賦〉的隱喻空間》(《中國韻文學刊》2013 年第 4 期)、田佳佳《論陸機抒情賦中的自我形象》[《山西師大學報》(社會科學版)2015 年第 S1 期]、宋小芹《論陸機賦的題材選擇與情感表達》[《遼東學院學報》(社會科學版)2017 年第 2 期]、徐宗文《恢萬里而無閡,通億載而爲津——論陸機〈文賦〉的歷史意義》[《濟南大學學報》(社會科學版)2018 年第 2 期]等。

《晉清河太守陸雲集》12 卷(《陸清河集》),晉陸雲撰,佚名輯,殘

【作者】

陸雲(262—303),字士龍,吴郡吴縣(今江蘇蘇州)人,三國時東吴大將陸遜之孫,陸機之弟。他年少時即有文采,因其文學成就而與其兄陸機並稱“二陸”。年十六,舉賢良。吴亡,與其兄陸機隱退故里。晉太康十年(289),與陸機離家入洛,受到名士張華接待,時有“二陸入洛,三張減價”之説(“三張”指著名文學家張載、張協和張亢)。刺史周浚召爲從事,後出補浚儀令,頗有政聲。吴王司馬晏任爲郎中令。後由成都王司馬穎任命爲清河内史。司馬穎討齊王司馬冏,陸雲以軍功升爲大將軍右司馬。後陸機兵敗被冤殺,陸雲也一起遇害,時年四十二。所著文章三百四十九篇,又撰《新書》十篇,並行於世。

【著録與考釋】

見《隋志》。原注:“梁十卷,録一卷。”

清姚振宗《隋書經籍志考證》:陸雲有《陸子》十卷,見《子部·道家》。〇《晉書》本傳:雲六歲能屬文,清正有才理,少與兄機齊名,雖文章不及機,而持論過之,號曰“二陸”。所著文章三百四十九篇,行于世。〇《抱朴子》佚文曰:“嵇君道問二陸優劣,抱朴子曰:吾見二陸之文百許卷,似未盡也。又嵇君道曰:每讀二陸之文,未嘗不廢書而歎,恐其卷盡也。”〇《文心雕龍·鎔裁篇》曰:“士衡才優,而綴辭尤繁;士龍思劣,而雅好清省。及雲之論機,亟恨其多,而稱清新相接,不以爲病,蓋崇友于耳。”又《才略篇》曰:“陸機才欲窺深,辭務索廣,故思能入巧,而不制繁。士龍朗練,以識檢亂,故能布采鮮净,敏于短篇。”〇《唐書·經籍》《藝文志》:《陸雲集》十卷(《宋史·藝文志》同,晁氏《讀書志》同。)〇《崇文總目》:《陸雲集》八卷。〇陳氏《書録解題》:《陸士龍集》十卷,晉清河内史陸雲撰。太康平吴,二陸入洛,張茂先所謂“利獲二俊”者也。遜、抗之後,而有機、雲,可謂代不乏人矣。然皆不免其身,才者身之累也,況居亂世乎? 機好游權門,抑又有以取之耶? 〇張氏《百三家》輯本:凡賦、啟、書、疏、頌、贊、箴、碑、誄、文、騷爲一卷,詩一卷。〇嚴氏《文編》叙録曰:“《陸雲集》十卷,宋刊本;又明都

穆《二俊文集》本。又《全晉文編》輯本五卷,凡五十四篇。"○張氏《書目答問》:《陸士龍集》十卷,明汪士賢刻《二十名家集》本。

【内容】

陸雲辭賦,今存 8 篇:《南征賦》並序、《登臺賦》、《愁霖賦》、《喜霽賦》有序、《歲暮賦》有序、《逸民賦》有序、《羊腸轉賦》、《寒蟬賦》有序。

【研究】

研究陸雲,可以參考中華書局 1988 年出版黄葵點校的《陸雲集》,俞士玲《陸機陸雲年譜》(人民文學出版社 2009 年版)、許雪峰《陸雲考論》(首都師範大學 2006 年碩士學位論文),以及郭建勛、玄桂芬《論陸雲的辭賦》(《中國文學研究》1999 年第 4 期)、冷衛國《陸機、陸雲的賦學批評》(《齊魯學刊》2005 年第 5 期)、鄧成林、劉運好《以情緯物,藉思成理:論陸雲賦的藝術》[《新疆大學學報》(哲學・人文社會科學版)2016 年第 5 期]等。

《廣州刺史嵇含集》10 卷,晉嵇含撰,佚名輯,殘

【作者】

嵇含(263—306),字君道,譙郡銍縣(今安徽宿州)人。嵇康侄孫。好學,能屬文。家在鞏縣亳丘,故自號亳丘子。元康年間舉秀才,除郎中,齊王司馬冏辟爲征西參軍,長沙王司馬乂又召爲驃騎記室督、尚書郎。後爲從事中郎,轉中書侍郎,出爲襄城太守。後被鎮南將軍劉弘、司馬郭勱所殺,時年四十四。今存詩四首,見逯欽立所輯《先秦漢魏晉南北朝詩》;存文 25 篇,見嚴可均所輯《全晉文》。

【著録與考釋】

《隋志》"《晉太傅主簿郭象集》二卷"注:"(梁)又有《廣州刺史嵇含集》十卷,録一卷,亡。"

清姚振宗《隋書經籍志考證》:《晉書・忠義・嵇紹傳》:紹,康之子也。(紹)從子含,字君道。祖喜,徐州刺史;父蕃,太子舍人。含好學,能屬文,家在鞏縣亳丘,自號亳丘子。門曰歸厚之門,室曰慎終之室。舉秀才,除郎中。時弘農王粹以貴公子尚主,館宇甚盛,圖莊周於室,廣集朝士,使含爲之讚。含援筆爲弔文,以謂託非其所,可弔不可讚。粹有愧色。齊王冏辟爲參軍,襲爵武昌鄉侯。長沙王乂召爲記室督,尚書郎。後鎮南將軍劉弘表爲平越中郎將,廣州刺史。假節未發,會弘卒。含性剛躁,素與弘司馬郭勱有隙,勱夜掩殺之,時年四十四。懷帝即位,謚曰憲。○《唐書・經籍》《藝文志》:《嵇含集》十卷。○嚴氏《全晉文編》曰:"嵇含有《南方草木狀》三卷,集十卷。今存賦十六篇,誥、上言、《詩序》《草木狀序》、銘、誄、弔文、《失題》九篇,凡二十五篇。"

【内容】

其賦作今存 16 篇:《困熱賦》(僅存序)、《娱蜡賦》《祖賦》(僅存序)、《白首

【内容】

其賦作存 12 篇:《秋興賦》《涉江賦》《觀濤賦》《湘表賦》(殘句)、《魏都賦》(殘句)、《楊都賦》(殘句)、《臨園賦》(殘句)、《詠冶賦》(殘句)、《冶成賦》(殘句)、《箜篌賦》《鸚鵡賦》《馬射賦》(殘句)。大多殘缺不全,見於《歷代賦彙》《藝文類聚》《初學記》《太平御覽》等書。

【研究】

宗偉撰有《曹毗生卒年考證》(《許昌學院學報》2016 年第 6 期)。

《宋徵士陶潛集》9 卷(《陶彭澤集》《陶靖節集》),南朝宋陶潛(陶淵明)撰,佚名輯,殘

【作者】

陶潛(365？—427),字淵明(一説陶淵明字元亮),號五柳先生,私謚靖節,潯陽柴桑(今江西九江)人,晉末宋初著名詩人、辭賦家、散文家。曾做過江州祭酒、建威參軍、鎮軍參軍、彭澤縣令等幾任小官,後辭官回家,從此隱居。田園生活是陶淵明詩文的主要題材,相關作品有《飲酒》《歸園田居》《桃花源記》《五柳先生傳》《歸去來兮辭》等。有《陶淵明集》。

【著録與考釋】

見《隋志》。原注:“梁五卷,録一卷。”

清姚振宗《隋書經籍志考證》:陶潛有《搜神後記》,見《史部·雜傳類》。○《宋書》《南史·隱逸傳》:“潛自以曾祖晉世宰輔,耻復屈身後代。自宋武帝王業漸隆,不復肯仕。所著文章,皆題其年月。義熙以前,明書晉氏年號;自永初以來,唯云甲子而已。《與子書》以言其志,并爲訓戒;又爲《命子詩》以貽之。其妻翟氏,志趣亦同,能安苦節,夫耕於前,妻鋤於後云。”○《唐日本國見在書目》:《陶潛集》十卷。○《唐書·經籍志》:《陶淵明集》五卷。○《唐書·藝文志》:《陶潛集》二十卷,又集五卷。○《宋史·藝文志》:《陶淵明集》十卷。○《崇文總目》:《陶潛集》十卷。○晁氏《讀書志》:《陶潛集》十卷,晉陶淵明元亮也。一名潛,潯陽人。蕭統云:淵明,字元亮。《晉書》云:潛,字元亮。《宋書》云:潛,字淵明,或云字深明,名元亮。按:集《孟嘉傳》與《祭妹文》皆自稱淵明,當從之。今集有數本:七卷者,梁蕭統編以序、傳、《顔延之誄》載卷首;十卷者,北齊陽休之編,以《五孝傳》《聖賢群輔録》、序、傳、誄分三卷,益之詩,篇次差異。案:《隋·經籍志》:潛集九卷,又云梁有五卷,録一卷。《唐·藝文志》:潛集五卷。今本皆不與二志同,獨吴氏《西齋書目》有潛集十卷,疑即休之本也。休之本出宋庠家云。江左名家舊書,其次第最有倫貫,獨《四八目》後《八儒》《三墨》二條,似後人妄加。○陳氏《書録解題》:《陶靖節集》十卷,晉彭澤令潯陽陶潛淵明撰。或云淵明字元亮,大司馬侃曾孫,自號五柳先生,世稱靖節徵

士。○張氏《書目答問》:《陶淵明文集》十卷,汲古閣仿宋大字本,何氏成都刻,繙毛本;《陶靖節詩注》四卷,宋湯漢注,拜經樓校本。(案,其本至多,宋庠之時已云有數十本,今則陳陳相因,悉數之不能盡。)

【内容】

陶淵明辭賦僅存3篇:《感士不遇賦》並序、《閑情賦》並序、《歸去來兮辭》並序,數量雖不多,但皆爲賦史名篇,膾炙人口,千古流芳。

【研究】

研究陶淵明辭賦的論文有50餘篇,主要有:吴雲《陶淵明〈閑情賦〉散論》[《山東師院學報》(哲學社會科學版)1980年第3期]、李文初《陶淵明〈閑情賦〉的評價問題》[《暨南學報》(哲學社會科學)1986年第2期]、袁行霈《陶淵明的〈閑情賦〉與辭賦中的愛情閑情主題》[《北京大學學報》(哲學社會科學版)1992年第5期]、張廷銀《"閑情"自當屬真情——論陶淵明〈閑情賦〉的人格意義》(《學術交流》1997年第1期)、王志清《〈閑情賦〉之于"宫體詩"的影響考論》(《貴州社會科學》2007年第7期)、范子燁《陶淵明〈閑情賦〉"十願"的源流》(《文學遺産》2009年第1期)、魏耕原《關於〈歸去來兮辭〉的幾個問題》(《學術界》2011年第7期)、徐國榮《"歸去來兮辭"淵源考論》(《文藝研究》2012年第3期)、朱中明《陶淵明〈閑情賦〉理想女性形象之源》(《文藝評論》2012年第6期》)、許東海《系譜·地圖·諫書——陶淵明辭賦的歸田論述及其文化構圖》[《湖北大學學報》(哲學社會科學版)2013年第2期]、林曉光《〈閑情賦〉譜系的文獻還原——基於中世文獻構造與文體性的綜合研究》(《文學評論》2014年第3期)、楊昊《朝鮮文人權斗經〈次《感士不遇賦》〉與陶淵明〈感士不遇賦〉之比較》(《濱州學院學報》2014年第2期)等。

《宋臨川内史謝靈運集》19卷(《謝康樂集》),南朝宋謝靈運撰,佚名輯,殘

【作者】

謝靈運(385—433),原名謝公義,字靈運。原籍陳郡陽夏(今河南太康),出生于會稽始寧(今浙江上虞)。東晉名將謝玄之孫,襲封康樂公,故世稱謝康樂。曾任永嘉太守、侍中、臨川内史等職。喜歡遊山玩水,每出遊,隨從之人數百。後因反抗劉宋王朝而被殺。工詩文,文章爲江左第一。能書畫,通史學,又精玄學佛理。張溥輯有《謝康樂集》二卷。

【著録與考釋】

見《隋志》。原注:"梁二十卷,録一卷。"

清姚振宗《隋書經籍志考證》:謝靈運有《晉書》,見《史部·正史類》。○《宋書》《南史》本傳:"靈運少好學,博覽群書,文章之美,與顔延之爲江左第一。縱横俊發,過於延之,深密不如也。從叔祖混特加愛之。奉使慰勞宋武帝於彭

城，作《撰征賦》。少帝時，出爲永嘉太守。既不得志，肆意遊遨，所至輒爲詩詠，以致其意。及去職，與隱士王弘之、孔淳之等放蕩爲娱，有終焉之志。每有一詩至都下，貴賤莫不競寫，宿昔間士庶皆徧，名動都下。作《山居賦》并自注，以言其事。所著文章，傳於世。”〇《南史傳論》曰：謝氏自晉以降，雅道相傳，可謂德門者矣。靈運才名，江左獨振，而猖獗不已，自致覆亡。人各有能，兹言乃信，惜乎？〇《唐書・經籍》《藝文志》：《謝靈運集》十五卷（《宋史・藝文志》：九卷。）〇張氏《百三家》：《謝康樂集》二卷，凡賦、表、牋、書、《游名山志》、論、頌、贊、銘、《七濟》、誄爲一卷，樂府詩爲一卷。〇嚴氏《全宋文編》輯存賦、表、牋、書、論、《七濟》《游名山志》、序、頌、贊、銘、誄、祭文，凡四十二篇，編爲四卷。又《文編》卷首叙録曰：“《謝靈運集》四卷，明沈道初刻本。”〇顧氏《彙刻書目》曰：“《謝康樂集》四卷，明汪士賢刊《漢魏二十名家集》本。”

【内容】

謝靈運賦今存13篇：《怨曉月賦》《嶺表賦》《長谿賦》《孝感賦》《歸塗賦》《感時賦》《傷亡賦》《逸民賦》《入道至人賦》《辭禄賦》《撰征賦》（殘）、《山居賦》《江妃賦》。見《藝文類聚》《初學記》《太平御覽》《北堂書鈔》等書。

【研究】

研究謝靈運賦，可以參考：唐愛明《謝靈運抒情小賦之意境創新論》（《船山學刊》2006年第3期）、李紅《謝靈運賦的藝術手法》[《瀋陽師範大學學報》（社會科學版）2010年第2期]、易聞曉《謝靈運詩賦的關聯與分異》[《山西師大學報》（社會科學版）2011年第6期]、孫晶《“去飾取素”與謝靈運辭賦審美觀的玄學色彩》[《煙臺大學學報》（哲學社會科學版）2012年第1期]、胡武生《論謝靈運〈山居賦〉的藝術特徵及其賦史意義》[《湖北大學學報》（哲學社會科學版）2013年第2期]、時國強《謝靈運〈撰征賦〉主旨辨析》（《文藝評論》2013年第4期）等。

《宋征虜記室參軍鮑照集》10卷（《鮑參軍集》），南朝宋鮑照撰，佚名輯，殘

【作者】

鮑照（415？—466），字明遠，祖籍東海，久居建康。南朝宋文學家，與顔延之、謝靈運合稱“元嘉三大家”。家世貧賤，臨海王劉子頊鎮荆州時，任前軍參軍。劉子頊作亂，照爲亂兵所殺。《宋書》《南史》有傳。

【著録與考釋】

原注：“梁六卷。”

清姚振宗《隋書經籍志考證》：《南史・宋臨川烈武王道規傳》：“道規嗣子義慶，招聚才學之士，東海何長瑜、鮑照等並有辭章之美，引爲佐吏國臣。”又曰：“鮑照，字明遠，東海人。文辭贍逸，嘗爲古樂府，文甚遒麗。元嘉中，河、濟俱清，當時以爲美瑞，照爲《河清頌》，其序甚工。文帝以爲中書舍人。上好爲文

章,自謂人莫能及。照悟其旨,爲文多鄙言累句,當時咸謂照才盡,實不然也。臨海王子頊爲荆州,照爲前軍掌書記。子頊敗,爲亂兵所殺。"○齊虞炎《集序》曰:鮑照,字明遠,本上黨人。家世貧賤,少有文思。宋臨川王愛其才,以爲國侍郎。王薨,始興王濬又引爲侍郎。孝武初,除海虞令,遷太學博士,兼中書舍人。……出爲秣陵令,又轉永嘉令。大明五年,除前軍行參軍,侍臨海王鎮荆州,掌知内命,尋遷前軍刑獄參軍事。宋明帝初,江外拒命,及義嘉敗,荆土震擾,江陵人宋景因亂掠城,爲景所殺,時年五十餘。身既遇難,篇章無遺,流遷人間者,往往見在。儲皇博采群言,遊好文藝,片辭隻韻,罔不收集。照所賦述,雖乏精典,而有超麗,爰命陪趨,備加研訪,年代稍遠,零落者多,今所存者,儻能半焉。○《唐書·經籍》《藝文志》:《鮑照集》十卷。(《唐日本國見在書目》云《鮑集》十卷,殆即此集。)○《宋史·藝文志》:《鮑照集》十卷。○《崇文總目》:《鮑照詩集》一卷。○晁氏《讀書志》:《鮑照集》十卷。照,上黨人,臨海王子頊敗,爲亂兵所殺。事見沈約《宋書》。而李延壽以世祖爲文帝,集有唐虞炎序云:爲宋景所害,儻見於他書乎? 唐人避武后諱,改照爲昭。(案:晁氏糾《南史》之誤,是也。而以虞炎爲唐人,則失之矣。)○陳氏《書録》曰:《鮑參軍集》十卷,宋前軍行參軍東海鮑照明遠撰。世多云鮑昭以避唐武后諱也。沈約《宋書》、李延壽《南史》皆作鮑照,而《館閣書目》直以爲鮑昭,且云上黨人,非也。(案:此以上黨人爲非,知未見虞炎之序。)○嚴氏《文編》卷首叙録曰:《鮑照集》十卷,一影寫宋刻本,一明都穆集本。

【内容】

鮑照賦今存10篇:《蕪城賦》《遊思賦》《傷逝賦》《觀漏賦》《芙蓉賦》(殘)、《園葵賦》《無鶴賦》《野鵝賦》《尺蠖賦》《飛蛾賦》。見《文選》《藝文類聚》《太平御覽》《初學記》等書。

【研究】

研究鮑照賦,可以參考:蘇瑞隆《鮑照詩文研究》(中華書局2006年版)、丁福林《鮑照研究》(鳳凰出版社2009年版)、丁福林、叢玲玲《鮑照集校注》(中華書局2012年版)。相關論文有:張小夫、張屏《鮑照〈蕪城賦〉作年考》[《五邑大學學報》(社會科學版)2002年第4期]、李華《論鮑照的詠物賦》(《棗莊學院學報》2007年第1期)、顧農《重讀鮑照〈蕪城賦〉》(《中國典籍與文化》2008年第4期)、陳洪娟《論鮑照賦的情感形態》(《濟寧學院學報》2009年第1期)、丁福林《從〈飛蛾賦〉和〈尺蠖賦〉看鮑照前後期人生態度的轉變》(《古典文學知識》2010年第5期)、韋暉《論鮑照賦的藝術特色》(《牡丹江大學學報》2010年第8期)、龍江洪《鮑照賦美的追求》[《貴州民族學院學報》(哲學社會科學版)2011年第1期]、陳剛《鮑照賦作時考辨》(《三門峽職業技術學院學報》2014年第3期)、李向東《淺析鮑照賦的生命意識》[《貴陽學院學報》(社會科學版)2014年第 6 期］、劉佳慧《鮑照〈舞鶴賦〉中的“若無毛質”》（《古典文學知識》2018 年第 2 期）等。

《梁武帝詩賦集》20 卷，南朝梁蕭衍撰，佚

【作者】

梁武帝蕭衍（464—549），字叔達，小字練兒。南蘭陵（今江蘇常州）人。生平參見本章“《歷代賦》10 卷”條。

【著録與考釋】

《隋書·經籍志》别集類著録：“《梁武帝集》二十六卷。（梁三十二卷。）《梁武帝詩賦集》二十卷。《梁武帝雜文集》九卷。《梁武帝别集目録》二卷。《梁武帝净業賦》三卷。”凡五種。《詩賦集》專録蕭衍詩賦，故選之。

清姚振宗《隋書經籍志考證》：〇張氏《百三家》輯本序曰：“帝兼文武之才，制旨二百餘卷，五禮一千餘卷，通史六百卷，後世無由誦讀。今得其詔、令、書、勑諸篇，置帝王集中，則魏晉風烈，間有存者。凡賦、詔、敕、制、册、璽書、令、檄、表、書、序、記、連珠、箴、銘、雜文，凡百九十餘篇，樂府、詩、聯句六十餘首。”〇嚴氏《全梁文編》曰：“帝姓蕭，諱衍，齊高帝族孫。永明初，爲巴陵王南中郎法曹行參軍，歷衛將軍王儉東閤祭酒，數遷，至明帝即位，封建陽男，歷輔國將軍雍州刺史，又數遷。至和帝時，假黄鉞進中書鑒、大司馬、録尚書，驃騎大將軍、揚州刺史，都督中外諸軍事，封梁公，加九錫，位相國，進封梁王。以中興二年四月受禪，改元七：天監、普通、大通、中大通、大同、中大同、太清。在位四十八年。有《周易》《尚書》《毛詩》《禮記》大義講疏，《鍾律緯》《孝經義疏》《孔子正言》《通史》《老子講疏》《兵書鈔》《金策》《圍棋品》，各若干卷。集三十二卷，《詩賦集》二十卷，《雜文集》九卷，《别集目録》二卷。今存賦四篇，制七篇，詔一百四十七篇，勑三十七篇，策一，册一，璽書一，宣旨二，令三，表二，議二，檄一，書十，答三，《天象論》一，《輿駕東行記》一，序二，《連珠》四，《凡百箴》一，《硯銘迴文》一，《諭蕭子書》《草書狀》《觀鍾繇書法十二意》各一，碑文一，《即位告天文》《捨道事佛疏文》各一，懺文二，《斷酒肉文》四，《鍾律緯》四，綜凡二百四十七篇，編爲七卷。”又卷首叙目曰：“《梁武帝集》八卷，明閻光世《蕭梁文苑》本。”

【内容】

今存梁武帝蕭衍賦凡 4 篇：《净業賦》並序、《孝思賦》並序、《圍棋賦》《賦體》，見張溥所輯《梁武帝集》和嚴可均《全梁文》卷一。

【研究】

于英麗撰有《梁武帝蕭衍的思想與其賦之關係》［《福建師範大學學報》（哲學社會科學版）2005 年第 4 期］、孔德明《梁武帝君臣〈賦體〉文學意藴闡釋》（《昆明學院學報》2016 年第 2 期），可參。

《梁簡文帝集》85 卷，梁蕭綱撰，梁陸罩輯，殘

【作者】

梁簡文帝蕭綱(503—551)，字世纘，南蘭陵(今江蘇武進)人，梁武帝蕭衍第三子，南北朝時期梁朝皇帝、文學家。由於長兄蕭統早亡，蕭綱在中大通三年(531)被立爲太子。太清三年(549)侯景之亂，梁武帝被囚餓死，蕭綱即位。大寶二年(551)爲侯景所害。長於詩歌創作，是宫體詩的代表作家。又精於醫學，著有《沐浴經》3 卷、《如意方》10 卷，均佚。陸罩，字洞元，吴郡吴縣(今江蘇蘇州)人。梁朝詩人。曾參與《法寶聯璧》的鈔撰。

【著録與考釋】

原注："陸罩撰，並録。"

清姚振宗《隋書經籍志考證》：梁簡文帝有《毛詩十五國風義》，見《經部·詩家》。○《梁書》本紀："太宗幼而敏睿，識悟過人，六歲便屬文，高祖驚其早就，弗之信也。乃於御前面試，辭采甚美，高祖歎曰："此子，吾家之東阿。"讀書十行俱下，九流百氏，經目必記，篇章辭賦，操筆立成，博綜儒書，善言玄理，引納文學之士，賞接無倦。恒討論篇籍，繼以文章，雅好題詩。"……○《南史》本紀："所著文集一百卷，行於世。"又曰："帝自幽縶之後，賊乃撤内外侍衛，使突騎圍守。墻垣悉有枳棘，無復紙，乃書壁及板鄣爲文，自序云：'有梁正士，蘭陵蕭世讃，立身行道，終始若一，風雨如晦，雞鳴不已。弗欺暗室，豈況三光，數至於此，命也如何？'又爲文數百篇。崩後，王偉觀之，惡其辭切，即使刮去。有隨偉入者，誦其連珠三首，詩四篇，絶句五篇，文並悽愴云。○《唐日本國見在書目》：《梁簡文帝集》八卷，(案八下似敚十字。)○《唐書·經籍》《藝文志》：《梁簡文帝集》八十卷。○《宋史·藝文志》：《梁簡文帝集》一卷。○陳氏《書録解題》：《梁簡文帝集》五卷。案，《隋志》八十五卷，唐已闕五卷，《中興書目》止存一卷，詩百篇又闕其三首。今五卷，皆詩，總二百四十四篇。○張氏《百三家集》輯本序曰："梁簡文帝朱邸日久，會逢清宴，兼以昭明爲兄，湘東爲弟，文辭競美，增榮棠棣，儲極既正，宫體盛行。但務綺博，不避輕華，人挾曹丕之資，而風非黄初之舊，亦時世使然乎？帝《誡當楊書》'立身須謹重，文章須放蕩'，是則其生平所處也。凡賦、詔、令、教、移、表、疏、章、啟、書、序、論、《七勵》、頌、銘、碑、連珠、墓誌、銘、誄、哀辭、雜文、祭文、疏文八十餘篇，爲一卷，樂府六十餘篇，詩一百八十篇，爲一卷。(馮氏《詩紀》輯存樂府一卷，詩二卷，篇數略同。)○嚴氏《全梁文編》曰："帝諱綱，武帝第三子，天監六年封晉安王，中大通三年五月立爲皇太子。太清三年五月即位，明年，改元大寶。在位二年，爲侯景所廢，幽於永福省，遇弑。明年，侯景伏誅，追謚曰簡文皇帝，廟號太宗。有《毛詩十五國風義》《長春義記》《老子私記》《莊子講疏》《談疏》《竈經》各若干卷，(案，《談疏》六卷爲晉

簡文帝之書，詳見《子部・道家》。）集八十五卷。今存賦二十三篇，詔六，令六，教九，章二，表十八，移文一，啟四十二，書十九，《勸醫論》一，《七勵》一，序九，頌五，連珠一，銘十三，《草堂傳》一，誄一，哀辭一，墓誌銘十三，碑九，雜文七，疏文三，凡一百九十一篇，編爲七卷。”又卷首叙録曰：“《梁簡文帝集》十四卷，明閻光世《蕭梁文苑》本。”

【内容】

蕭綱賦今存23篇：《晚春賦》《秋興賦》《臨秋賦》《海賦》《大壑賦》《圍城賦》《述羈賦》《阻歸賦》（一作《徂歸賦》）、《序愁賦》《悔賦》《玄虚公子賦》《舌賦》《舞賦》《箏賦》《金錞賦》《列燈賦》《對燭賦》《眼明囊賦》《梅花賦》《采蓮賦》《修竹賦》《鴛鴦賦》《鵁鶄賦》，此外有《七勵》一篇。見《文苑英華》《藝文類聚》《初學記》等書。

【研究】

研究蕭綱賦，可以參考：杜志強《蕭綱賦考論》［《遼東學院學報》（社會科學版）2012年第2期］、楊朝蕾《語言張力與蕭綱賦的詩意呈現》［《南昌大學學報》（人文社會科學版）2014年第3期］、馬言《玄學浸潤與蕭綱賦的語用自然》［《遼東學院學報》（社會科學版）2018年第1期］。

《梁金紫光禄大夫江淹集》9卷（《江醴陵集》《江文通集》），南朝梁江淹撰，佚名輯，殘

【作者】

江淹（444—505），字文通，宋州濟陽考城（今河南省民權縣）人，南朝著名文學家，歷仕宋、齊、梁三朝。少孤好學，二十歲左右在新安王劉子鸞幕下任職。泰始二年（466）入建平王劉景素幕，被誣入獄，後獲釋。劉景素密謀叛亂，江淹曾多次諫勸，不納，貶爲建安吴興縣令。宋順帝升明元年（477），蕭道成執政，召回江淹，並任爲尚書駕部郎、驃騎參軍事，大受重用。蕭道成代宋自立，被任爲驃騎豫章王記蕭嶷室帶東武令，遷中書侍郎。齊武帝永明間，任廬陵内史、尚書左丞、國子博士諸職。明帝蕭鸞時，又任宣城太守、秘書監諸職。梁武帝蕭衍代齊，江淹官至金紫光禄大夫，封醴陵侯。梁天監四年（505）去世，梁武帝爲他素服舉哀。著有《江文通集》。《梁書》《南史》有傳。

【著録與考釋】

見《隋書・經籍志》。原注：“梁二十卷。”

清姚振宗《隋書經籍志考證》：江淹有《齊史》，見《史部・正史篇》。○《梁書》《南史》本傳：“淹少孤貧，常慕司馬長卿、梁伯鸞之爲人，不事章句之學，留情於文章。早爲高平檀超所知，常升以上席，甚加禮焉。宋建平王景素好士，淹隨景素在南兗州。廣陵令郭彦文得罪，辭連淹，言受金，淹被繫獄。自獄中上

書,景素即日出之。尋舉南徐州秀才,對策上第。時少帝即位,多失德,景素鎮京口,咸勸因此舉事,日夜謀議。淹知禍機將發,乃贈詩十五首以諷焉。齊高帝輔政,沈攸之作亂,乃桂陽之役,是時軍書表記,皆使淹具草。相府建,補記室參軍。高帝讓九錫及諸章表,皆淹制也。齊建元二年,始置史官,淹與司徒左長史檀超共掌其任,參掌詔策。”淹少以文章顯,晚節才思微退,時人謂之才盡。凡所著述百餘篇,自撰爲前後集,并《齊史》十志,並行於世。○《唐日本國見在書目》:《江文通集》一十卷。○《唐書·經籍志》:《江淹前集》十卷,《江淹後集》十卷。○《唐書·藝文志》:《江淹前集》十卷,《後集》十卷。○《宋史·藝文志》:《江淹集》十卷。又《子部·小説家》:江淹《銅劍贊》一卷。○晁氏《讀書志》:《江淹集》十卷。淹著述百餘篇,自撰爲前、後集。今集二百四十九篇。……○陳氏《書録解題》:《江文通集》十卷,梁散騎常侍江淹文通撰。○汪氏《文選撰人篇目》曰:“《文選》有梁江文通淹《恨賦》《別賦》《香爐峰詩》《望荆山詩》、《雜體詩》三十首、《詣建平王上書》。”○嚴氏《全梁文編》:“江淹有《齊史》十二卷、《集》二十卷、《後集》十卷。今輯存七卷。”又卷首叙録曰:“《江淹集》十卷,一明汪士賢《二十名家集》本,一揚州江氏刻本。”○張氏《書目答問》:“《江文通集彙注》十卷,明胡人驥注,刻本。”

【内容】

江淹賦作今存28篇:《赤虹賦》《四時賦》《江上之山賦》《井賦》《待罪江南思北歸賦》《恨賦》《別賦》《去故鄉賦》《哀千里賦》《泣賦》《倡婦自悲賦》《知己賦》《傷友人賦》《傷愛子賦》《學梁王兔園賦》《横吹賦》《扇上綵畫賦》《丹砂可學賦》《水上神女賦》《燈賦》《空青賦》《蓮華賦》《青苔賦》《金燈草賦》《靈丘竹賦》《翡翠賦》《石劫賦》《麗色賦》,見《文選》《藝文類聚》《初學記》《太平御覽》等書。其中《恨賦》《別賦》爲賦史名篇,見於《文選》,歷代傳頌。

江淹是南朝最重要的駢賦作家。他的賦繼承了鮑照的傳統,但佈景、寫情都更爲酣暢淋漓。他的賦往往發端即景,突兀横出,注重辭藻的錘鍊,構造五彩繽紛的境界,如“水黯黯兮蓮葉動,山蒼蒼兮樹色紅”(《哀千里賦》),“掛青蘿兮萬仞,豎丹石兮百重”(《江上之山賦》)。江淹擅長將四時物色薈萃於一篇,拓寬了寫景的跨度和容量,如《四時賦》《麗色賦》都采用這種寫法。江賦寫情更爲透切,他擅長描摹世上各種身份的人的心理情緒,將人間各種最强烈的情感加以集中表現,高度類型化,但又富有個性。例如在《恨賦》中,作者刻畫了皇帝之恨、藩王之恨、名將之恨、美人之恨、名士之恨等等,每種類型都以一個歷史人物作爲代表,渲染其“飲恨而吞聲”的悲苦之情。如寫名將李陵之恨:“至如李君降北,名辱身寃。拔劍擊柱,弔影慚魂。情往上郡,心存雁門。裂帛繫書,誓還漢恩。朝露溘至,握手何言?”李陵投降匈奴時,心情極爲痛苦,後來家人被漢武帝誅殺,報國無門,歸國無望,人生進入絶境,内心更爲悲傷。作者攝取他降北生活中的某些場景,形象而深刻地表現了一代名將誤入歧途的無限悔恨,極有個性,也極有震撼力。《别賦》刻畫各種類型人物的離愁别緒,寫到富貴者之别、劍客之别、從軍者之别、夫妻之别、情侣之别等等,對每一類人物的離别都描寫得很有特色。江淹賦寫情,往往通過景物來烘托渲染,景爲情設,景中含情,情與景水乳交融。如《恨賦》寫王昭君之恨,以"紫臺稍遠,關山無極,摇風忽起,白日西匿,隴雁少飛,代雲寡色"的景象加以烘托;《别賦》寫情侣之别:"下有芍藥之詩,佳人之歌,桑中衛女,上宫陳娥;春草碧色,春水渌波,送君南浦,傷如之何! 至乃秋露如珠,秋月如珪,明月白露,光陰往來;與子之别,思心徘徊。"寫得情景交融,優美動人。

【研究】

研究江淹賦,基本文獻有:俞紹初、張亞新《江淹集校注》(中州古籍出版社1994 年版)、蕭合姿《江淹及其作品研究》(臺灣文津出版社 2000 年版)等。研究論文有:何沛雄《慷慨激昂　淋漓盡致——江淹〈恨賦〉賞析》(《名作欣賞》1987 年第 5 期)、張廷銀《江淹賦以悲爲美的審美特色及其成因》(《青海民族學院學報》1993 年第 2 期)、嚴健華《困惑與選擇——從江淹詩賦作品看其宇宙人生觀》(《中國文學研究》1997 年第 4 期)、韋暉《論江淹在賦體文學上的繼承與創新》[《重慶科技學院學報》(社會科學版)2010 年第 6 期]、于浴賢《論江淹貶謫閩地賦的價值和意義》[《閩江學院學報》(社會科學版)2012 年第 4 期]、張海明《江淹〈别賦〉〈恨賦〉寫作時間及本事新證》[《北京師範大學學報》(社會科學版)2014 年第 2 期]、郭建勛等《江淹辭賦通論》(《中國文化研究》2014 年第 4 期)、袁濟喜、遲文穎《論江淹賦作中的文學審美觀念——兼論中國文學理論批評對象的學科定位》(《學術研究》2017 年第 10 期)等。

《後周開府儀同庾信集》21 卷(《庾開府集》《庾子山集》),北周庾信撰,佚名輯,殘

【作者】

庾信(513—581),字子山,小字蘭成,南陽新野(今屬河南)人。自幼隨父親庾肩吾出入於南朝梁代宫廷,後又與徐陵一起任蕭綱的東宫學士,成爲宫體文學的代表作家,被稱爲"徐庾體"。侯景叛亂時,庾信逃往江陵,輔佐梁元帝。後奉命出使西魏,在此期間,梁爲西魏所滅。北朝君臣一向傾慕南方文學,庾信又久負盛名,被强迫留在北方,官至車騎大將軍、開府儀同三司。北周代魏後,遷爲驃騎大將軍、開府儀同三司,封侯。庾信在北朝身居顯貴,被尊爲文壇宗師,受皇帝禮遇,但他深切思念故國鄉土,爲自己身仕敵國而羞愧。卒於隋文帝開皇元年。有《庾子山集》。

【著録與考釋】

見《隋志・集部》。

清姚振宗《隋書經籍志考證》:《北史·文苑傳》:“庾信,字子山,南陽新野人。幼而俊邁,聰敏絶倫,博覽群書,尤善《春秋左氏傳》。父肩吾,爲梁太子中庶子。東海徐摛爲右衛率,摛子陵及信並爲抄撰學士。父子東宫,出入禁闥,恩禮莫與比隆。既文並綺豔,故世號徐庾體焉。當時後進,競相模範。每有一文,都下莫不傳誦。聘于東魏,文章辭令,盛爲鄴下所稱。還爲東宫學士,領建康令。臺城陷後,奔於江陵。梁元帝除御史中丞、右衛將軍,封武康縣侯。聘于西魏,屬大軍南討,遂留長安。周孝閔帝踐阼,封臨清縣子,除司水下大夫、弘農郡守,驃騎大將軍、開府儀同三司,司憲中大夫,進爵義城縣侯,拜洛州刺史。徵爲司宗中大夫。明帝、武帝並雅好文學,信特蒙恩禮,至於趙滕二王,周旋款至,有若布衣之交。群公碑誌,多相託焉。唯王褒頗與信埒,自餘文人,莫有逮者。信雖位望通顯,常作鄉關之思,乃作《哀江南賦》以致其意。大象初,以疾去職。隋開皇元年,卒。有《文集》二十卷。”○又《文苑傳序》曰:“梁自大同之後,雅道淪缺,漸乖典則,争馳新巧。簡文、湘東,啟其淫放;徐陵、庾信,分路揚鑣。其意淺而繁,其文匿而彩,詞尚輕險,情多哀思。格以延陵之聽,蓋亦亡國之音也。”○《周書》傳論曰:王褒、庾信,奇才秀出,牢籠於一代。是時世宗雅詞雲委,滕趙二王,雕章間發,咸築宫虛館,有如布衣之交。由是朝廷之人,閭閻之士,莫不忘味於遺韻,眩精於末光,猶丘陵之仰嵩岱,川流之宗溟渤也。然則子山之文,發源於宋末,盛行於梁季,其體以淫放爲本,其詞以輕險爲宗,故能誇目侈於紅紫,蕩心逾於鄭衛。昔揚子雲有言:“詩人之賦麗以則,辭人之賦麗以淫。”若以庾氏方之,斯又詞賦之罪人也。○周滕簡王逌序曰:“(信)妙善文詞,尤工詩賦,窮緣情之綺靡,盡體物之瀏亮。誄奪安仁之美,碑有伯喈之情,箴似揚雄,書同阮籍。……昔在揚都,有集十四卷,值太清罹亂,百不一存。及到江陵,又有三卷,即重遭軍火,一字無遺。今之所撰,止入魏以來,爰洎皇代,凡所著述合二十卷,分成兩帙,付之後爾。余與子山,夙期款密,情均縞紵,契比金蘭。欲余製序,聊命翰札云。○《北史·魏澹傳》:“隋初,除太子舍人。廢太子勇深禮之,令注《庾信集》,世稱博物。”○《唐日本國見在書目》:《庾信集》廿卷。○《唐書·經籍》《藝文志》:《庾信集》二十卷。○《宋史·藝文志》:《庾信集》二十卷。又《哀江南賦》一卷。又曰:王道珪注《哀江南賦》一卷,張庭芳注《哀江南賦》一卷。○晁氏《讀書志》:“《庾信集》二十卷。周庾信子山也。孝閔時終司憲大夫。信在梁,與徐陵文並綺麗,世號徐庾體。集有滕王逌序。”○陳氏《書録解題》:“《庾開府集》二十卷,周司憲中大夫南陽庾信子山撰。信,肩吾之子,仕梁及周。其在揚都有集四十卷,及江陵又有三卷,皆兵火不存。今集止自入魏以來所作,而《哀江南賦》實爲首冠。”○《四庫提要》曰:“《庾開府集箋注》十卷,周庾信撰,國朝吴兆宜注。信駢偶之文,集六朝之大成,導四傑之先路。自古迄今,屹然爲四六宗匠。初在南朝,與徐陵齊名。王通《中説》曰:‘徐陵、庾信,古之誇人也,其文誕。'令狐德棻《周書》至詆其'誇目蕩心',斥爲詞賦之罪人。然此自指臺城應教之日,二人以宮體相高耳。至信北遷以後,閱歷既久,學問彌深,所作皆華實相扶,情文兼至。抽黄對白之中,灝氣舒卷,變化自如,則非陵之所能及矣。張説詩曰:'蘭成追宋玉,舊宅偶詞人。筆涌江山氣,文驕雲雨神。'其推挹甚至。杜甫詩曰:'庾信文章老更成,凌雲健筆意縱横。後來嗤點流傳賦,不覺前賢畏後生。'則諸家之論,甫固不以爲然矣。《北史》本傳稱,有集二十卷,與周滕王之序合。《隋志》作二十一卷,皆已久佚。元末明初尚有重編之本,今亦未見。此本雖冠以滕王逌序,實由諸書鈔撮而成,非其原帙也。"又曰:"《庾子山集注》十六卷,錢塘倪璠撰。"

【内容】

據清倪璠《庾子山集注》(中華書局1980年版),現存庾信賦有15篇:《三月三日華林園馬射賦》《小園賦》《竹杖賦》《邛竹杖賦》《枯樹賦》《傷心賦》《象戲賦》《春賦》《七夕賦》《燈賦》《對燭賦》《鏡賦》《鴛鴦賦》《蕩子賦》《哀江南賦》,馬積高《歷代辭賦總匯》增補3篇:《愁賦》《象賦》《失題》,凡18篇。其中《哀江南賦》體制宏大、感情悲壯,震爍古今,堪稱絶唱。

庾信的文学创作以入北爲界,分爲前後兩期。前期作品内容狹小,風格綺靡,與徐陵齊名,被稱爲"徐庾體"。入北之後的二十多年,庾信一直被羈旅異域之愁、國破家亡之悲、屈身仕敵之恥煎熬著,這使他的感情日益深沉,靈魂逐漸净化,其文學創作也走出了狹小天地,轉向了更爲廣闊的社會人生。庾信後期賦的代表作是《哀江南賦》,該賦以宏大的體制,淩雲縱放之健筆,將個人的身世飄零與梁朝興亡的歷史镕鑄一爐,感情悲壯,文辭華茂,代表了南北朝時期辭賦創作的最高成就。

《哀江南賦》在描寫個人的身世之悲時,也以沉痛的筆墨描寫了廣大人民流離失所的痛苦。西魏軍隊攻陷江陵(今南京),梁朝的十萬軍民被擄掠爲奴,作者以飽蘸血淚的筆調寫道:"冤霜夏零,憤泉秋沸。城崩杞婦之哭,竹染湘妃之淚。水毒秦涇,山高趙陘。十里五里,長亭短亭。饑隨蟄燕,暗逐流螢。秦中水黑,關上泥青。於時瓦解冰泮,風飛電散。渾然千里,淄澠一亂。雪暗如沙,冰横似岸。逢赴洛之陸機,見離家之王粲。莫不聞隴水而掩泣,向關山而長歎。況復君在交河,妾在青波。石望夫而逾遠,山望子而逾多。才人之憶代郡,公主之去清河。栩陽亭有離别之賦,臨江王有愁思之歌。"作者截取了江陵人民被驅趕入魏的典型片斷,繪出一幅慘不忍睹的流民圖,深刻地揭露了戰争給人民帶來的深重災難。作者並不是一味地同情難民、追悼梁朝之滅亡,而是以理性批判的精神與客觀公正的態度審視歷史,他對於梁武帝的苟且偷安、清談誤國,對梁元帝的耽於内訌、自私無能,以及對諸將帥的貪生怕死等等,都進行了一針見血、毫不隱晦的揭露,從而使該賦在抒發沉痛的身世之悲和亡國之思的同時,更有歷史的深邃感和滄桑感,給人留下無盡的思索和哀歎。

《哀江南賦》是駢賦的代表作。它與一般駢賦不同,“以駢文爲形式”,而“以散文爲精神”(瞿蜕園《漢魏六朝賦選》評語),更便於抒發跌宕起伏的感情。根據賦作的内容和情感的變化,時而氣勢磅礴,淋漓酣暢,時而文氣平緩,清新自然,形成起伏跌宕、疏密相間的行文風格。該賦長於用典,往往能把典故融化於真實可感的情景描繪中,給人以“使事無迹”的印象,讀起來十分自然貼切。

庾信的小賦如《三月三日華林園馬射賦》《小園賦》《竹杖賦》《邛竹杖賦》《枯樹賦》《春賦》等,無不語言精美,風格清新,備受後人喜愛。明清賦選,大都對庾信賦情有獨鍾,大量選入。清人梁夔譜《古賦首選》一書,衹選辭賦兩篇:屈原《離騷》和庾信《哀江南賦》,尤可見出編者對庾信辭賦成就的推崇,已經達到了與屈原並駕齊驅的地步。

【研究】

研究庾信賦,可以參考的著作有:清倪璠注、許逸民校點《庾子山集注》(中華書局 1980 年版)、林怡《庾信研究》(人民文學出版社 2000 年版)、徐寶餘《庾信研究》(學林出版社 2003 年版)、吉定《庾信研究》(上海古籍出版社 2008 年版)、許東海《庾信賦研究》(花木蘭文化出版社 2010 年版)、何世劍《庾信詩賦接受研究》(江西人民出版社 2013 年版)、張曉慶《庾信後期思想和文學研究》(鄭州大學出版社 2018 年版)等。論文有:顧竺《論庾信和他的詩賦》(《徐州師範學院學報》1980 年第 4 期)、宋振華《從庾信〈春賦〉中的對偶談到修辭》(《東北師大學報》1986 年第 1 期)、周廣璜《窮緣情之綺靡——試論庾信後期詩賦的抒情特色》(《中州学刊》1988 年第 5 期)、陳慶元《柔媚與剛健——庾信〈春賦〉與〈三月三日華林園馬射賦〉比較》(《文史知識》1998 年第 2 期)、林怡《庾信〈哀江南賦〉創作時間新考》(《中國典籍與文化》2000 年第 4 期)、王茂福《庾信賦倪注辨誤十例》(《文藝研究》2003 年第 4 期)、龔賢《論庾信前期賦風》[《貴州大學學報》(社會科學版)2004 年第 1 期]、李偉兵《庾信駢賦“使事無迹”探》(《瀋陽大學學報》2008 年第 5 期)、何世劍《庾信〈哀江南賦〉的接受表徵及内蘊》[《河北師範大學學報》(哲學社會科學版)2011 年第 2 期]、辛玲、王衛振《庾信賦中聯合式複音詞研究》(《天中學刊》2012 年第 1 期)、任榮《庾信〈哀江南賦〉“胡書”新考》(《文學遺産》2015 年第 4 期)、劉偉利《論庾信〈小園賦〉的“老成”風貌》(《洛陽理工學院學報》2017 年第 5 期)等。

第五章　賦評外編

此期仍然没有專門的賦論專書,今擇取一些包含有較多賦論的詩文評著作(如摯虞《文章流别論》、劉勰《文心雕龍》)和子部雜著(如葛洪《西京雜記》《抱朴子外篇》),分别加以著録和介紹。以時代先後爲序。

《文章流别論》2 卷,晉摯虞撰,佚

【作者】

摯虞(250—300),字仲治,晉代文獻學家和文學理論家。生平著述見本章《賦總集外編》"文章流别集"條。

【内容】

《晉書》本傳云:"(虞)又撰古文章,類聚區分,爲三十卷,名曰《流别集》,各爲之論,辭理愜當,爲世所重。"可見《文章流别論》乃是摯虞對其所編《文章流别集》中各類作品的評論,當是中國古代最早的文體論專著,惜早已散佚。明張溥在編纂《晉摯虞集》時,共輯録《文章流别論》佚文 11 條:頌、詩、七、賦、箴、銘、誄、哀辭、文、圖讖、碑銘各 1 條,可以大略考見其文體分類思想。其論"賦"云:

> 賦者,敷陳之稱,古詩之流也。古之作詩者,發乎情,止乎禮義。情之發,因辭以形之;禮義之旨,須事以明之,故有賦焉,所以假象盡辭,敷陳其志。前世爲賦者,有孫卿、屈原,尚頗有古詩之義;至宋玉,則多淫浮之病矣。《楚辭》之賦,賦之善者也,故揚子稱賦莫深於《離騷》;賈誼之作,則屈原儔也。古詩之賦,以情義爲主,以事類爲佐;今之賦,以事形爲本,以義正爲助。情義爲主,則言省而文有例矣;事形爲本,則言當而辭無常矣。文之煩省,辭之險易,蓋由於此。夫假象過大,則與類相遠;逸辭過壯,則與事相違;辯言過理,則與義相失;麗靡過美,則與情相悖。此四過者,所以背大體而害政教。是以司馬遷割相如之浮説,揚雄疾"辭人之賦麗以淫"。(《北堂書鈔》卷一百六、《藝文類聚》卷五十六、《太平御覽》卷五百八十七所引文字剪裁、合併而成)

摯虞賦論,主要繼承了揚雄、劉歆、班固的賦學思想而又有所突破。第一,對於賦的起源和文體性質,摯虞承襲班固《兩都賦序》的"賦者,古詩之流"説,但他並不像漢代學者那樣僅僅拘泥于政教諷諭,而是從創作手法的角度將文體之賦和《詩經》"六義"之"賦"進行了繫聯："《周禮》太師掌教六詩：曰風，曰賦，曰比，曰興，曰雅，曰頌。言一國之事，繫一人之本，謂之風；言天下之事，形四方之風，謂之雅。頌者，美盛德之形容。賦者，敷陳之稱也。"（《藝文類聚》卷五十六引）這樣就從賦源的角度立論，指出了賦體文學鋪陳的基本特點。這正是他對漢儒的突破。當然，這種突破並不是摯虞個人的，左思、皇甫謐等皆有類似論述。第二，揚雄曾將賦分爲"詩人之賦"與"辭人之賦"兩大類，褒前者而抑後者；摯虞則將賦分爲"古詩之賦"和"今之賦"兩大類，認爲前者"尚頗有古詩之義"，"以情義爲主，以事類爲佐"，大力褒揚；後者"以事形爲本，以義正爲助"，因而"言當而辭無常"，基本立場與思維方式皆與揚雄一脈相承。至於其將屈原、荀子、賈誼尊爲"古詩之賦"的楷模，將宋玉等人視爲"今之賦"的代表，無疑又受到劉歆《詩賦略論》的啟發。第三，對於賦的創作，摯虞主張在内容上要"以情義爲主，以事類爲佐"，強調要有雅正的思想和充沛的情感；在藝術上則要求"言省而文有例"，即語言精練，脈絡清晰，表達規範。儘管賦以鋪陳爲基本特色，但"事類"的鋪陳要爲"情義"的抒發服務，不能喧賓奪主。批評賦體"四過"，旨在引導賦的創作向着健康的方向發展，是卓有見地的。第四，至於賦的社會作用，摯虞仍與漢儒一樣，強調政教諷諭。在討論《七發》時，摯虞認爲"此因膏粱之常疾，以爲匡勸，雖有甚泰之辭，而不没其諷諭之義也"。可見其對賦之社會作用的重視。

總之，摯虞的賦論對漢儒有繼承也有發展。認識到賦體文學鋪陳的特質，強調賦的創作要"以情義爲主，以事類爲佐"，藝術手段必須服務于思想的表達和情感的抒發，是其卓識；而過分強調賦的政教諷諭功能，批評賦體"四過"，又表現出他對賦體文學誇張、虚構、麗藻等藝術特色的偏見。

此外，摯虞對賦體文也有評論。其論"七"云：

> 《七發》造於枚乘，借吴楚以爲客主。先言"出輿入輦，蹷痿之損；深宫洞房，寒暑之疾；靡曼美色，宴安之毒；厚味煖服，淫曜之害。宜聽世之君子，要言妙道，以疏神導引，蠲淹滯之累"。既設此辭以顯明去就之路，而後説以色聲逸游之樂。其説不入，乃陳聖人辨士講論之娱，而霍然疾瘳。此因膏粱之常疾，以爲匡勸，雖有甚泰之辭，而不没其諷諭之義也。其流遂廣，其義遂變，率有辭人淫麗之尤矣。崔駰既作《七依》，而假非有先生之言曰："嗚呼，揚雄有言：童子雕蟲篆刻，俄而曰：壯夫不爲也。孔子疾小言破道，斯文之族，豈不謂義不足而辨有餘者乎？賦者將以諷，吾恐其不免於勸也。"

這段話對《七發》的文本結構進行了細密而深刻的剖析，進而指出作品的主旨，這在此前的賦學研究中十分罕見。本書將"七"作爲一種文體，而與賦、頌、詩等並列，直接影響到了《文選》的編纂。

又,《文選》卷九《北征賦》李善注引《文章流別論》曰:"更始時,班彪避難涼州,發長安,至安定,作《北征賦》也。"同卷《東征賦》李善注又引《流別論》曰:"發洛至陳留,述所經歷也。"可以推知,《文章流別論》不僅有對不同文體的概括性介紹,也有對具體作品的題解與分析。頗疑摯虞在編纂《文章流別集》時,即撰寫了這些文字,以與選篇相配合,後人將這些文字别裁成書,單獨流傳,遂成《文章流别論》2 卷。

【研究】

研究摯虞賦論,可以參考的文獻有:何新文《中國賦論史稿》第二章之三《晉代的賦論》,何新文等《中國賦論史》之《摯虞〈文章流别志論〉中的賦論》,冷衛國博士論文《漢魏六朝賦學批評史》第五章第三節《摯虞〈文章流别論〉中的賦學批評》。

《西京雜記》2 卷,晉葛洪編

【編者】

葛洪(284—343?),字稚川,自號抱樸子,丹陽郡句容(今江蘇句容)人。三國方士葛玄之侄孫,世稱小仙翁。東晉道教學者、著名煉丹家、醫藥學家。他曾受封爲關内侯,後隱居羅浮山煉丹。著有《神仙傳》《抱朴子》《肘後備急方》《西京雜記》等。

【著録】

《隋志》史部舊事類:《西京雜記》二卷。

《舊唐書·經籍志》:《西京雜記》一卷,葛洪撰。(《新唐書·藝文志》同。)

《宋史·藝文志》:葛洪《西京雜記》六卷。

宋晁公武《郡齋讀書志》卷二上:"《西京雜記》二卷,晋葛洪撰。初序言:洪家有劉子駿《漢書》百卷,乃當時欲撰史,録事而未得締思。無前後之次,雜記而已。後學者始甲乙壬癸爲十卷,以其書校班史,殆全取劉書耳。所餘二萬許言,乃抄撮之,析二篇,以裨《漢書》之闕。猶存甲乙哀次。江左人或以爲吴均依託爲之。"

宋陳振孫《直齋書録解題》卷七:"《西京雜記》六卷,晉句漏令丹陽葛洪稚川撰。其卷末言:'洪家有劉子駿書百卷。先父傳之,歆欲撰《漢書》,雜録漢事,未及而亡。試以此記考校班固所作,殆是全取劉書,少有異同耳。固所不取,不過二萬餘言,今鈔出爲二卷,以裨《漢書》之闕。'所謂先父者,歆之於向也。而《館閣書目》以爲洪父傳之,非是。《唐·藝文志》亦祇二卷。今六卷者。後人分之也。按:洪博聞深學,江左絶倫,所著書幾五百卷。本傳具載其目,不聞有此書。而向歆父子亦不聞其嘗作史傳於世。使班固有所因述,亦不應全没不著也,殆有可疑者。豈惟非向歆所傳,亦未必洪之作也。(案,晁公武《讀書志》云:

此書江左人皆以爲吴均依託爲之。)”

【内容】

《西京雜記》一書,來歷不明。晉葛洪《西京雜記跋》云:“洪家世有劉子駿《漢書》一百卷,無首尾題目,但以甲乙丙丁紀其卷數。先公傳之,歆欲撰《漢書》,編録漢事,未得締構而亡,故書無宗本,止雜記而已,失前後之次,無事類之辨。後好事者以意次第之,始甲終癸,爲十帙,帙十卷,合爲百卷。洪家具有其書記,以此記考校班固所作,殆是全取劉氏,有小異同耳。并固所不取,不過二萬許言,今鈔出爲二卷,名曰《西京雜記》,以裨《漢書》之闕爾。後洪家遭火,書籍都盡,此兩卷在洪巾箱中,常以自隨,故得猶在。劉歆所記,世人希有,縱復有者,多不備足。見其首尾參錯,前後倒亂,亦不知何書,罕能全録。恐年代稍久,歆所撰遂没,并洪家此書二卷,不知出所,故序之云爾。”明言該書出自西漢劉歆,但後人不信,多疑爲葛洪僞造。

《四庫全書總目》該書提要云:“《西京雜記》六卷,舊本題晉葛洪撰。……黄伯思《東觀餘論》稱,此書中事皆劉歆所説,葛稚川采之。其稱余者,皆歆本文云云。今檢書後有洪跋,稱其家有劉歆《漢書》一百卷,考校班固所作,殆是全取劉氏,有小異同。固所不取,不過二萬許言,今鈔出爲二卷,名曰《西京雜記》,以補《漢書》之闕云云。伯思所説,蓋據其文。案《隋書·經籍志》載此書二卷,不著撰人名氏。《漢書·匡衡傳》顔師古注稱:‘今有《西京雜記》者,出於里巷,亦不言作者爲何人。’至段成式《酉陽雜俎·廣動植篇》始載葛稚川就上林令魚泉問草木名,今在此書第一卷中。……則指爲葛洪者,實起於唐。故《舊唐書·經籍志》載此書,遂注曰晉葛洪撰。然《酉陽雜俎·語資篇》别載庾信作詩用《西京雜記》事,旋自追改曰:‘此吴均語,恐不足用。’晁公武《讀書志》亦稱江左人,或以爲吴均依託。……今考《晉書·葛洪傳》,載洪所著有《抱朴子》《神仙》《良吏》《集異》等傳,《金匱要方》《肘後備急方》並諸雜文,共五百餘卷,並無《西京雜記》之名,則作洪撰者自屬舛誤。特是向、歆父子作《漢書》,史無明文。而以此書所紀與班書參校,又往往錯互不合。……是以陳振孫等皆深以爲疑。……流傳既久,未可遽更。今姑從原跋,兼題劉歆、葛洪姓名,以存其舊。其書諸志皆作二卷,今作六卷,據《書録解題》,盖宋人所分,今亦仍之。其中所述,雖多爲小説家言,而摭采繁富,取材不竭。李善注《文選》,徐堅作《初學記》,已引其文,杜甫詩用事謹嚴,亦多采其語。詞人沿用數百年,久成故實,固有不可遽廢者焉。”館臣兼題劉歆、葛洪姓名,意在折衷。

今按:關於該書作者,目前主要有劉歆、葛洪、吴均、蕭賁、佚名五種説法,迄今尚無定論,而以葛洪説最爲流行。其實,考證此書作者的最直接證據仍然是葛洪跋。洪跋稱其家藏有劉歆《漢書》一百卷,洪鈔撮其中與班固《漢書》不同的内容,乃成《西京雜記》2 卷。顯然,葛洪衹是此書的鈔纂人,並非作者。或以爲葛洪自撰,而託名劉歆;事實上,如此豐富複雜的資料,恐怕絶非葛洪(或其他人)向壁虚造,而必定有其依據。至於家藏《漢書》百卷,是基本可信的。衹是這百卷書未必出自劉歆,或者本爲佚名所輯,葛洪父祖誤題作劉歆而已。

《西京雜記》具有不可忽視的歷史價值和文學價值,書中不少典故,皆已成爲文學史或者文化史上耳熟能詳的經典資料。從賦學角度觀之,該書的價值首先在賦學文獻方面,它保存了較爲豐富的早期辭賦作品。最著名的就是梁孝王群臣所作的7篇賦:枚乘《柳賦》、路喬如《鶴賦》、公孫詭《文鹿賦》、鄒陽《酒賦》《几賦》和羊勝《屏風賦》(見六卷本卷四)。儘管皆爲詠物賦,但在一定程度上反映了漢初藩國辭賦創作的興盛,也展示了早期賦作以鋪陳爲核心、以頌德爲旨歸的基本風貌。又,該書卷六曰:"魯恭王得文木一枚,伐以爲器,意甚玩之,中山王爲賦曰……恭王大悦,顧盼而笑,賜駿馬二匹。"這段話與史載魯恭王好宫室、鬥鶏、狗馬的性格十分相合,因而是可信的,具有一定的史料價值。

此外,該書還對文人軼事有十分生動的記載。如該書卷二云:

> 司馬相如初與卓文君還成都,居貧愁懣,以所著鷫鸘裘就市人陽昌貰酒,與文君爲歡。既而文君抱頸而泣曰:"我平生富足,今乃以衣裘貰酒。"遂相與謀於成都賣酒。相如親着犢鼻褌滌器,以恥王孫。王孫果以爲病,乃厚給文君,文君遂爲富人。
>
> 文君姣好,眉色如望遠山,臉際常若芙蓉,肌膚柔滑如脂。十七而寡,爲人放誕風流,故悦長卿之才而越禮焉。長卿素有消渴疾,及還成都,悦文君之色,遂以發痼疾,乃作《美人賦》,欲以自刺,而終不能改,卒以此疾至死。文君爲誄,傳於世。①

這兩段文字,可補《史記·司馬相如列傳》之不足。第一段文字描寫了卓文君隨司馬相如私奔后,爲生活所迫,文君當壚賣酒、相如滌器市中的故事,刻畫出才子佳人的窘態及其放誕風流的性格,成爲千古佳話。第二段則描繪了文君相貌之美,相如因好色而發痼疾,最終死於消渴疾。現代科學證明,消渴疾(糖尿病)與好色縱欲没有關係,所以這段記載是不可信的,卻交代了相如創作《美人賦》的背景和動機,也交代了卓文君曾經爲相如作誄,因而具有文學史料價值。

本書還載録了十分珍貴的賦論資料。卷二云:

> 司馬相如爲《上林》《子虚賦》,意思蕭散,不復與外事相關,控引天地,錯綜古今,忽然如睡,焕然而興,幾百日而後成。其友人盛覽,字長通,牂牁名士,嘗問以作賦。相如曰:"合綦組以成文,列錦繡而爲質,一經一緯,一宫一商,此賦之迹也。賦家之心,苞括宇宙,總覽人物,斯乃得之於内,不可

---

① 〔晉〕葛洪編,周天游校注:《西京雜記》,三秦出版社2006年版,第82~83頁。

得而傳。”覽乃作《合組歌》《列錦賦》而退,終身不復敢言作賦之心矣。①

這段話一方面記載了司馬相如創作《子虚》《上林賦》的經過,反映了文學創作的甘苦;另一方面還載録了相如對賦體文學創作的論述,是今日所能見到的最早的有獨到見解的賦論觀點。相如論賦核心爲“賦迹”“賦心”。所謂“賦迹”,指的是作賦技巧,即以絲帶般華麗的辭藻和錦繡般精妙的構思組織成賦,力求結構嚴密,聲韻鏗鏘;所謂“賦心”,指的是文學創作中的形象思維問題,即賦家内心要囊括宇宙天地和大自然的萬事萬物,還要瞭解歷史和現實生活中的各色人等,有了豐富的創作素材,纔能驅遣自如,縱横馳騁。相如的賦論,既是相如創作經驗的總結,也在一定程度上規定了此後漢賦創作的標準和方向,對後世影響深遠。此外,本書還記載了揚雄賦論 2 則:

或問揚雄爲賦,雄曰:“讀千首賦,乃能爲之。”

司馬長卿賦,時人皆稱典而麗,雖詩人之作,不能加也。揚子雲曰:“長卿賦不似從人間來,其神化所至邪?”子雲學相如爲賦而弗逮,故雅服焉。②

第一則指出文學創作需要雄厚的積累,在廣泛閲讀、反復揣摩的基礎上才能寫好賦,似乎是對青年賦作家的諄諄教誨。第二則是對相如賦的評論,非常符合相如賦的特點和風格,也與《漢書·揚雄傳》中揚雄崇拜相如、模擬相如賦的記載相吻合。

【研究】

研究《西京雜記》,較爲方便的參考著作有:向新陽、劉克任《西京雜記校注》(上海古籍出版社 1991 年版),成林、程章燦《西京雜記全譯》(貴州人民出版社 1993 年版),周天遊校注《西京雜記》(三秦出版社 2006 年版)等。

《抱朴子外篇·鈞世》1 篇,晉葛洪撰

【作者】

葛洪(284—343?),字稚川,晉丹陽郡句容(今江蘇句容)人。生平參見上條。

【版本】

1.〔晉〕葛洪:《抱朴子》,《諸子集成》本。

2. 楊明照:《抱朴子外篇校箋》,中華書局 2018 年版。

【内容】

《抱朴子》是一部哲學著作,思想深刻,義理豐富。作者重視子書而輕視詩賦,以詩賦爲細碎小言,不及子論深美,於是作《抱朴子》,以求流芳百世,顯然有

① 〔晉〕葛洪編,周天游校注:《西京雜記》,三秦出版社 2006 年版,第 93 頁。

② 〔晉〕葛洪編,周天游校注:《西京雜記》,三秦出版社 2006 年版,第 97、153 ~ 154 頁。

輕視詩賦、輕視文學的傾向。但是在《抱朴子·鈞世》篇中,作者則表達了較爲通達的文學發展觀。篇中云:

且夫《尚書》者,政事之集也,然未若近代之優文、詔策、軍書、奏議之清富贍麗也;《毛詩》者,華彩之辭也,然不及《上林》《羽獵》《二京》《三都》之汪濊博富也。……今詩與古詩,俱有義理,而盈於差美。方之於士,並有德行,而一人偏長藝文,不可謂一例也。比之於女,俱體國色,而一人獨閑百伎,不可混爲無異也。若夫俱論宫室,而奚斯"路寢"之頌,何如王生之賦《靈光》乎? 同説遊獵,而《叔畋》《盧鈴》之詩,何如相如之言《上林》乎? 並美祭祀,而《清廟》《雲漢》之辭,何如郭氏《南郊》之艷乎? 等稱征伐,而《出車》《六月》之作,何如陳琳《武軍》之壯乎? 則舉條可以覺焉。近者夏侯湛、潘安仁並作《補亡詩》,《白華》《由庚》《南陔》《華黍》之屬,諸碩儒高才之賞文者,咸以古詩三百,未有足以偶二賢之所作也。且夫古者事事醇素,今則莫不彫飾,時移世改,理自然也。至於罽錦麗而且堅,未可謂之減於簑衣;輜軿妍而又牢,未可謂之不及椎車也。書猶言也,若入談語,故爲知有胡越之接,終不相解,以此教戒,人豈知之哉? 若言以易曉爲辨,則書何故以難知爲好哉? 若舟車之代步涉,文墨之改結繩,諸後作而善於前事,其功業相次千萬者,不可復縷舉也,世人皆知之快於曩矣,何以獨文章不及古邪?①

自漢代以來,《詩經》《尚書》就被奉爲儒家經典而備受尊崇。葛洪認爲賦的"汪濊博富"、辭采豔壯遠遠勝過《詩經》,這的確是震聾發聵的新見解。其實,東漢王充在其哲學名著《論衡》中,就闡明了發展進化、今勝於古的觀點,但他没有也不可能將賦的價值與地位淩駕於《詩經》之上。葛洪的這段論述,則將進化論引入文學研究領域,頗具開創性與啟發性。事實上,葛洪並不抵制經書,非議典謨,相反,他對於經書與子書的重視遠遠超過了辭賦。上引文字之所以主張賦勝於《詩》,主要是從内容的富贍、辭采的豔麗、構思的精巧與氣勢的宏壯等幾個方面加以考慮的。不過,這畢竟從一個側面反映了魏晉時期注重辭藻、崇尚雕飾的社會風氣。此外,他説"今詩"(指賦,他認同賦爲"古詩之流"説)與"古詩"(指《詩經》)"俱有文理,而盈於差美",指出賦在論宫室、説畋獵、美祭祀、稱征伐等方面有勝過《詩經》之處,觸及了不同文體在反映社會生活方面各有所長的文學命題,無疑也具有一定的文體學意義。當然,他援引時人言論,大膽地認爲夏侯湛、潘岳的《補亡詩》亦勝過《詩經》,説明這種發展進化觀點不僅不是葛洪所獨創,而且更有可能是一種蔓延于文壇的時代風氣。

---

① 〔晉〕葛洪:《抱朴子·外篇》,《諸子集成》(第八册),世界書局 1935 年版,第 155 ~ 156 頁。

【研究】

研究葛洪的賦學觀,可以參考郭勇《葛洪對辭賦的貢獻——以〈抱樸子外篇〉論葛洪的辭賦觀》[《青島農業大學學報》(社會科學版)2007 年第 1 期]等。

《文心雕龍》10 卷,南朝梁劉勰撰

【作者】

劉勰(465? —520),字彦和,山東莒縣(今屬山東省日照市)人,南北朝時期著名的文學理論家。曾官縣令、步兵校尉、東宫通事舍人,頗有清名。晚年在莒縣浮來山創辦(北)定林寺。劉勰雖任多種官職,但其名不以官顯,卻以文彰,一部《文心雕龍》奠定了他在中國文學史和文學批評史上不可或缺的地位。《梁書》卷五十《文學傳下》云:"勰早孤,篤志好學,家貧不婚娶,依沙門僧祐,與之居處,積十餘年,遂博通經論,因區别部類,録而序之。今定林寺經藏,勰所定也。天監初,起家奉朝請,中軍臨川王宏引兼記室,遷車騎倉曹參軍,出爲太末令,政有清績。除仁威南康王記室,兼東宫通事舍人。時七廟饗薦,已用蔬果,而二郊農社,猶有犧牲,勰乃表言,二郊宜與七廟同改。詔付尚書議,依勰所陳。遷步兵校尉,兼舍人如故。昭明太子好文學,深愛接之。初,勰撰《文心雕龍》五十篇,論古今文體,引而次之。……既成,未爲時流所稱。勰自重其文,欲取定於沈約。約時貴盛,無由自達。乃負其書,候約出,干之於車前,狀若貨鬻者。約便命取讀,大重之,謂爲深得文理,常陳諸几案。然勰爲文,長於佛理,京師寺塔及名僧碑誌,必請勰製文。有敕與慧震沙門於定林寺撰經,證功畢,遂啟求出家。先燔鬢髮以自誓,敕許之。乃於寺變服,改名慧地,未朞而卒。文集行於世。"可知劉勰《文心雕龍》曾經得到文壇巨擘沈約的高度贊許,又曾經與昭明太子來往密切,做過東宫通事舍人。據專家考證,劉勰還曾經參與《昭明文選》的編纂。

【著録】

《隋書·經籍志》總集類:《文心彫龍》十卷,梁兼東宫通事舍人劉勰撰。

唐《日本國見在書目·雜家》:《文心雕龍》十卷,劉勰撰。又《總集家》:《文心雕龍》十卷。注云:劉勰,在雜家。

《舊唐書·經籍志》:《文心雕龍》十卷,劉勰撰。

《新唐書·藝文志》:劉勰《文心雕龍》十卷。(《崇文總目·文史類》同。)

《宋史·藝文志·文史類》:劉勰《文心雕龍》十卷。辛處信注《文心雕龍》十卷。

《郡齋讀書志》卷四上:《文心雕龍》十卷,晉劉勰撰。評自古文章得失,别其體製,凡五十篇,各係之以贊云。余嘗題其後曰:世之詞人,刻意文藻,讀書多滅裂,杜牧之以龍星爲真龍,王摩詰以去病爲衛青,昔人譏之。然亦不足怪,蓋詩賦或率爾之作故也。今勰著書垂世,自謂嘗夢執丹漆器,隨仲尼南行,其自負

不淺矣。觀其論説篇籍,稱《論語》以前,經無論字,《六韜》《三論》,後人追題,是殊不知《書》有"論道""經邦"之言也。其疎畧殆過於王杜矣。

《直齋書録解題》卷二十二《文史類》:《文心雕龍》十卷,梁通事舍人東莞劉勰彦和撰。勰後爲沙門,名慧地。

《四庫全書總目》卷一百九十五《集部四十八・詩文評類》:《文心雕龍》十卷(内府藏本),梁劉勰撰。……事迹具《南史》本傳。其書《原道》以下二十五篇,論文章體製;《神思》以下二十四篇,論文章工拙。合《序志》一篇,爲五十篇。據《序志篇》稱,上篇以下,下篇以上,本止二卷,然《隋志》已作十卷,蓋後人所分。又據《時序篇》中所言,此書實成於齊代,此本署梁通事舍人劉勰撰,亦後人追題也。是書自至正乙未刻於嘉禾,至明宏治、嘉靖、萬歷間凡經五刻,其《隱秀》一篇,皆有缺文。明末常熟錢允治稱,得阮華山宋槧本,鈔補四百餘字。然其書晚出,别無顯證,其詞亦頗不類。

《四庫全書簡明目録》卷二十《集部・詩文評類》:《文心雕龍》十卷,梁劉勰撰。分上下二篇,上篇二十有五,論體裁之别;下篇二十有四,論工拙之由,合《序志》一篇,亦爲二十五篇。其書於文章利病,窮極微妙。摯虞《流别》,久已散佚,論文之書,莫古於是編,亦莫精於是編矣。

【内容】

《文心雕龍》凡 10 卷,50 篇,體製宏大,結構嚴謹,觀點精湛,文辭瑰麗,影響極爲深遠。該書是中國文學史和中國文學批評史上最爲重要的經典著作,尤其在近現代的學術研究中,更是備受推崇,關於此書的研究已經成爲一門專門的學問——龍學,並且是當代學術的一大熱點。

《文心雕龍》也是中國賦論史上最爲重要的理論著作之一,它與班固《兩都賦序》、祝堯《古賦辯體》、劉熙載《藝概・賦概》等前後輝映,共同代表了中國古代賦論的最高成就。該書把西漢以來不同的賦學觀加以折衷調理,綜合融會,建構了空前龐大嚴整的理論體系,成就極高,影響至爲深遠。《文心雕龍》對賦體文學的評論以《詮賦》《雜文》二篇最爲集中,但在《辨騷》《通變》《麗辭》《比興》《誇飾》《事類》《時序》《才略》等篇中也有不少精彩的片斷。其中《詮賦篇》云:

> 《詩》有六義,其二曰賦。賦者,鋪也;鋪采摛文,體物寫志也。昔邵公稱:"公卿獻詩,師箴[瞍]賦。"《傳》云:"登高能賦,可爲大夫。"《詩序》則同義,《傳》説則異體。總其歸塗,實相枝幹。故劉向云明"不歌而頌",班固稱"古詩之流也"。至如鄭莊之賦"大隧",士蔿之賦"狐裘";結言扭韻,詞自己作,雖合賦體,明而未融。及靈均唱《騷》,始廣聲貌。然則賦也者,受命于詩人,[而]拓宇于《楚辭》也,於是荀況《禮》《智》,宋玉《風》《釣》,爰錫名號,與詩畫境,六義附庸,蔚成大國。遂客主以首引,極聲貌以窮文。

斯蓋别詩之原始,命賦之厥初也。秦世不文,頗有雜賦。漢初詞人,順流而作。陸賈扣其端,賈誼振其緒,枚、馬同其風,王、揚騁其勢。皋、朔已下,品物畢圖。繁積於宣時,校閲於成世,進御之賦,千有餘首,討其源流,信興楚而盛漢矣。夫京殿苑獵,述行序志,並體國經野,義尚光大。既履端於倡序,亦歸餘於總亂。序以建言,首引情本;亂以理篇,迭致文契。按《那》之卒章,閔馬稱"亂",故知殷人輯頌,楚人理賦,斯並鴻裁之寰域,雅文之樞轄也。至於草區禽族,庶品雜類,則觸興致情,因變取會,擬諸形容,則言務纖密;象其物宜,則理貴側附;斯又小製之區畛,奇巧之機要也。觀夫荀結隱語,事數自環;宋發巧談,實始淫麗;枚乘《菟園》,舉要以會新;相如《上林》,繁類以成豔;賈誼《鵩鳥》,致辨於情理;子淵《洞簫》,窮變於聲貌;孟堅《兩都》,明絢以雅贍;張衡《二京》,迅發以宏富;子雲《甘泉》,構深瑋之風;延壽《靈光》,含飛動之勢:凡此十家,並辭賦之英傑也。及仲宣靡密,發端必遒;偉長博通,時逢壯采;太沖、安仁,策勛於鴻規;士衡、子安,底績於流制;景純綺巧,縟理有餘;彦伯梗概,情韻不匱:亦魏晉之賦首也。原夫登高之旨,蓋覩物興情。情以物興,故義必明雅;物以情觀,故詞必巧麗。麗詞雅義,符采相勝,如組織之品朱紫,畫繪之著玄黄,文雖新而有質,色雖糅而有本,此立賦之大體也。然逐末之儔,蔑棄其本,雖讀千賦,愈惑體要;遂使繁華損枝,膏腴害骨,無貴風軌,莫益勸戒,此揚子所以追悔於雕蟲,貽誚於霧縠者也。贊曰:賦自《詩》出,分歧異派。寫物圖貌,蔚似雕畫。抑滯必揚,言庸無隘。風歸麗則,辭翦美稗。①

以此篇爲主要依據,參照其他各篇論述,可以全面瞭解劉勰賦學觀的主要内容及其歷史性貢獻。

一、關於賦(漢賦)的文體性質,《文心雕龍·詮賦》云:"賦者,鋪也,鋪采摛文,體物寫志也。"這是歷來治賦者引用最多的名言之一。其實,對於賦文學"體物"與"寫志"兩方面的表現内容或曰基本功能,劉勰之前的學者早就有所認識。比如晉人皇甫謐《三都賦序》:"賦也者,所以因物造端,敷弘體理。"成公綏《天地賦序》:"賦者,貴能分賦物理。"陸機《文賦》:"賦體物而瀏亮。"但都偏於鋪寫事物而昧於抒發情志。摯虞《文章流别志論》曰:"情之發,因辭以形之;禮義之旨,須事以明之。故有賦焉,所以假象盡辭,敷陳其志。"已意識到賦文學抒寫情志的一面,但對於賦鋪寫事物的論述又稍嫌粗略。劉勰綜合了他們的觀點,將"體物"與"寫志"並提,認爲賦文學兼有描寫外物與表述内心兩項功能,這既囊括了以"體物"爲主的散體大賦與詠物小賦,又涵蓋了以"寫志"爲主的騷體賦

① 〔南朝梁〕劉勰著,范文瀾註:《文心雕龍註》,人民文學出版社 1958 年版,第 134 ~ 136 頁。

與抒情賦,認識全面,概括性強,基本符合賦文學的實際情況。因此,後人在討論這一問題時儘管見仁見智,終究不外乎"體物"與"寫志"兩端。

劉勰以"鋪采摛文"來概括賦在藝術手法上的特點和要求,亦極爲準確。所謂"鋪采摛文",即指舒布文采,鋪陳辭藻,這是賦體文學所固有的、區别於其他文體的基本質素之一。《文心雕龍·頌贊》又云:"頌惟典雅,辭必清鑠,敷寫似賦,而不入華侈之區。"就準確地概括出了賦、頌、楚辭諸體的根本區别。劉勰認爲頌以"典雅"爲工,辭以"清鑠"爲上,二者偶有類賦的鋪陳文字,也必須有所節制,不能發展到侈靡華麗的地步。换言之,賦的文體特點就是要鋪陳文采,就是要華麗其辭,侈靡一點也並無不可。就楚漢以來的文人賦尤其是散體大賦而論,劉勰的看法無疑是精闢的、深刻的。

二、對於賦的淵源,古代主要有詩源説與辭源説兩種,都孕育於司馬遷的《史記》,此後班固、左思、皇甫謐等皆有論述。劉勰主要繼承了前人的詩源説與辭源説,並加以融會、發展和完善。其《文心雕龍·詮賦》云:

> 《詩》有六義,其二曰賦。……昔邵公稱:"公卿獻詩,師箴瞍賦。"《傳》云:"登高能賦,可爲大夫。"《詩序》則同義,《傳》説則異體。總其歸塗,實相枝幹。故劉向云明"不歌而頌",班固稱"古詩之流也"。至如鄭莊之賦"大隧",士蔿之賦"狐裘",結言扭韻,詞自己作,雖合賦體,明而未融。及靈均唱《騷》,始廣聲貌。然則賦也者,受命於詩人,拓宇於《楚辭》也。於是荀況《禮》《智》,宋玉《風》《釣》,爰錫名號,與詩畫境,六義附庸,蔚成大國。遂客主以首引,極聲貌以窮文。斯蓋别詩之原始,命賦之厥初也。

劉勰對於詩源説與辭源説的綜合闡發,已達到了細密精微的程度,成了賦論史上耳熟能詳的經典之論。比如對於詩源説,他就兼綜了劉向、班固、左思、皇甫謐等人的觀點,既指明了賦得名於《詩經》六義,濫觴於周代賦詩,又劃出了詩、賦分野,肯定了二體差異。劉勰還詳細論證了賦從周代政治、外交上的賦詩行爲發展到一種獨立文體的過程,尤其令人注意。其中暗含了賦文學形成期的兩條演進綫索:一條是以瞽瞍之類倡優藝人爲代表的俗文學綫索,一條是以文人士大夫爲代表的雅文學綫索。第一條綫索較多吸收民間説唱文學的營養,由倡優講唱通俗文藝發展到後來的故事賦和俳諧雜賦。第二條綫索則更多取法於《詩經》,由政治家、文人的誦詩、作詩活動發展到後來的文人賦。雖然兩條綫索有融合的趨勢,楚漢時期的許多賦家都兼有倡優與文人士大夫雙重身份,但對於劉勰來講,他的論述重點無疑落在了第二條發展軌迹上,即:

誦讀《詩經》成句—自賦短章—屈《騷》—荀、宋賦

鄭莊公所賦"大隧",士蔿所賦"狐裘"皆爲徒詩,絶非賦作。劉勰説它們合乎"賦體"的要求,乃是以劉向"不歌而誦"的標準言之,並不符合科學的文體分類的標準。但劉勰把早期賦的演進脈絡梳理得源流判然,井然有序,乃是此前

的種種零星論述都無法比擬的,無怪乎其影響後世之深久巨大。

三、關於早期賦壇的興盛情況,《文心雕龍·詮賦》有如此描繪:

秦世不文,頗有雜賦。漢初詞人,順流而作。陸賈扣其端,賈誼振其緒,枚、馬同其風,王、揚騁其勢。皋、朔已下,品物畢圖。繁積於宣時,校閲於成世,進御之賦,千有餘首,討其源流,信興楚而盛漢矣。

這裏顯然借鑒了班固《兩都賦序》的有關論述。所不同的是,班氏大談福應祥瑞,强調漢賦潤色鴻業、歌功頌德的社會作用,具有濃厚的讖緯神學與迂腐儒生的氣息;劉勰則主要梳理賦文學本身的發展流變,歷舉西漢時的主要賦家及其創作的規模、數量,脈絡更爲明析,所論也更加切合實際。

在辭賦興盛的漢代,湧現出一批有卓越成就與巨大影響的賦家,他們把漢賦的創作推向了高潮,使之成爲當之無愧的"一代之文學"。《詮賦》篇云:

觀夫荀結隱語,事數自環;宋發巧談,實始淫麗;枚乘《菟園》,舉要以會新;相如《上林》,繁類以成豔;賈誼《鵩鳥》,致辨於情理;子淵《洞簫》,窮變於聲貌;孟堅《兩都》,明絢以雅贍;張衡《二京》,迅發以宏富;子雲《甘泉》,構深瑋之風;延壽《靈光》,含飛動之勢:凡此十家,並辭賦之英傑也。及仲宣靡密,發端必遒;偉長博通,時逢壯采;太沖、安仁,策勛於鴻規;士衡、子安,底績於流制;景純綺巧,縟理有餘;彦伯梗概,情韻不匱:亦魏晉之賦首也。

這些賦家多爲前代賦學研究者所推崇、肯定,劉勰將他們彙聚並提,顯示出兼綜舊説、總其大成的特色。各家代表賦作多被《文選》收録,《文選》在某種程度上實踐了《文心雕龍》的賦學理論。其中"辭賦英傑"凡 10 家,"魏晉賦首"凡 8 家,風格各異,代表早期賦體文學的最高成就。

對於辭賦興盛及衰敗的原因,劉勰在《時序篇》中有論,不贅。

四、賦體文學題材論。自從揚雄《法言·吾子》、劉歆《詩賦略論》將早期賦劃分爲"詩人之賦"與"辭人之賦"兩大類,後之學者多雷同回應。皇甫謐《三都賦序》、摯虞《文章流别論》中所謂"古詩之賦""今之賦"即仿揚、劉之説而造。《文心雕龍·詮賦》也分兩大類:

夫京殿苑獵,述行序志,並體國經野,義尚光大。既履端於倡序,亦歸餘於總亂。序以建言,首引情本;亂以理篇,迭致文契。按《那》之卒章,閔馬稱"亂",故知殷人輯頌,楚人理賦,斯並鴻裁之寰域,雅文之樞轄也。至於草區禽族,庶品雜類,則觸興致情,因變取會。擬諸形容,則言務纖密;象其物宜,則理貴側附;斯又小制之區畛,奇巧之機要也。

這裏將早期賦劃分爲有關"京殿苑獵,述行序志"的大賦與描寫"草區禽族,庶品雜類"的小賦,其二分法的思維模式頗類揚雄諸人,但劃分的標準與依據既非古今之别,亦非高下之判,而是著眼於賦作本身的表現内容與結構形態。而且,劉勰對大賦“既履端於倡序,亦歸餘於總亂”的藝術結構,以及小賦“觸興致情,因變取會”的創作特點做了較爲細緻的分析研討,這較之漢晉學者無疑是一个可喜的進步。至於其行文中暗含着重視雅文輕忽小制的傾向,則又與《文選·賦》首列京都、郊祀、田獵三類賦有着相當的一致性。

西漢末年的劉向、劉歆父子,曾在《七略·詩賦略》中將233篇雜賦粗略地劃分爲12家(類),其中“客主賦”似著眼於賦之結構,“成相雜辭”與“隱書”乃著眼於賦之文體,中間“雜行出及頌德賦”“雜四夷及兵賦”“雜中賢失意賦”等8家(類)僅從標目看就應是内容上的分類。分類標準不一,也不科學,但已向我們展示出賦之題材與主題的豐富性、多樣性。晉宋齊梁的賦集如何分類,不得而知。《文心雕龍》意在兼綜、唯務折衷,對前人成果加以吸收、利用,納入自己的理論體系之中。在宏篇大賦與奇巧小賦兩大範圍内,又按賦之題材與主題將其細分爲京殿、苑獵、述行、序志、草木、禽獸、庶品等數類:

> 至如氣貌山海,體勢宫殿,嵯峨揭業,熠熠焜煌之狀……(《誇飾》)
>
> 物貌難盡,故重沓舒狀。於是嵯峨之類聚,葳蕤之群積矣。及長卿之徒……(《物色》)

提及山海、宫殿、物貌諸種門類。將這些論述綜合起來,再挖掘出《文心雕龍》所具體論及的賦作,即可大略見出劉勰對賦之題材與主題的基本認識。

《文心雕龍》涉及的賦作題材、主題及相關作品

《文心》分類	《文心》論及賦作	《文選》分類
京殿	《兩都賦》《二京賦》《南都賦》《趙都賦》《三都賦》《南郊賦》	京都
苑獵	《菟園賦》《子虚賦》《上林賦》《校獵賦》《羽獵賦》(張衡)	畋獵
述行	《登樓賦》	紀行、遊覽
序志	《遂初賦》《顯志賦》	志
宫殿	《甘泉賦》《魯靈光殿賦》《景福殿賦》	宫殿
山海	《七發》“通望乎東海”、應貞《臨丹賦》	江海
物貌	《賦篇》(荀況)	物色
草區禽族	《蠶賦》《鵩鳥賦》《鷦鷯賦》《螢賦》	鳥獸
庶品雜類	《洞簫賦》《長笛賦》	音樂
(論文)	《文賦》	論文
(情)	《高唐賦》《神女賦》	情

（续表）

《文心》分類	《文心》論及賦作	《文選》分類
（仙釋）	《大人賦》《集靈賦》	
（天象、歲時）	《孟春賦》（陸賈）	
（詼諧俗賦）	《登徒子好色賦》《醜婦賦》《餅賦》	

從上表不難看出，劉勰雖然没有專門爲賦分類，卻對賦體文學表現内容的豐富多彩有着充分的認識。崇尚京殿、苑獵賦，並在書中多次論析班固《兩都賦》、張衡《二京賦》《南都賦》、司馬相如《上林賦》等，與《文選・賦》首列京殿、郊祀、畋獵三大類基本一致，反映出時人對於表現帝都風貌及重大政治活動的文學作品的熱衷和推崇。劉勰還十分重視反映文人士大夫政治遭際與個人志趣的述行、序志賦，這與《文選》在畋獵之下羅列紀行、遊覽、志類賦如出一轍。對於這些鴻篇巨製的騁詞大賦，劉勰予以特别關注和高度評價；同時他也没有忽略各類詠物抒情小賦，稱頌它們是"觸興致情，因變取會，擬諸形容，則言務纖密；象其物宜，則理貴側附"，是"小制之區畛，奇巧之機要"，給予一定的文學史地位，表現出一種相容並蓄的態度與通達圓照的目光，實屬難能可貴。其所涉及的物色、草區禽族、庶品雜類乃與《文選》之物色、鳥獸、音樂諸題材相通。山海、宫殿二類比較特殊，後者本可以併入京都賦，或許因其所狀乃諸侯之殿而非天子所居，皆將這兩類置於騁詞大賦與詠物小賦之間，隱然已將其視爲兩大範疇的中間環節或過渡樣式。

除了京殿、苑獵、述行、序志、山海、宫殿、物貌、草區禽族、庶品雜類，《文心雕龍》還多次論及陸機《文賦》和宋玉《高唐賦》《神女賦》，它們在《文選》中分别被歸入論文類和情類。雖然劉勰没有明確類名，但他對這些作品十分重視，顯然已經意識到這兩類作品的價值。

五、賦體文學藝術論

劉勰在討論文學創作的同時，對賦體文學的藝術特色作了較爲全面的分析與評價。

（一）虛構、誇張與想象

劉勰在《通變》中説："夫誇張聲貌，則漢初已極。自兹厥後，迴圈相因，雖軒翥出轍，而終入籠内。"又在《誇飾》中説：

自宋玉、景差，誇飾始盛，相如憑風，詭濫愈甚。故上林之館，奔星與宛虹入軒；從禽之盛，飛廉與鷦鶇[明]俱獲。及揚雄《甘泉》，酌其餘波，語瓌奇則假珍於玉樹，言峻極則顛墜於鬼神。至《東都》之比目，《西京》之海若，驗理則理無不驗，窮飾則飾猶未窮矣。又子雲《羽獵》，鞭宓妃以饟屈原，張衡《羽獵》，困玄冥於朔野。孌彼洛神，既非罔兩；惟此水師，亦非魑魅;而虚用濫形,不其疏乎!此欲誇其威而飾其[辭],事義暌刺也。①

他認爲漢賦的誇飾(包括誇張、虚構和想象)承繼宋玉、景差,在漢初就已頗爲盛行,歷兩漢四百年而不衰,成爲漢賦的一個重要特徵。這是符合事實的,但他列舉馬揚班張賦中的此類描寫,以爲他們有違事實,無理可驗,不符合儒家的思想標準(徐復《文心雕龍正字》:"暌,乖也;剌,戾也),就顯然步前儒之後塵,以經書的、學術的標準來要求文學作品了。在《事類》篇中,他還説:"按葛天之歌,唱和三人而已。相如《上林》云:'奏陶唐之舞,聽葛天之歌,千人唱,萬人和。'唱和千萬人,乃相如接人(按:當爲推之),然而濫侈葛天,推三成萬者,信賦妄書,致斯謬也。"今按:《吕氏春秋·古樂》云:"昔葛天氏之樂,三人操牛尾,投足以歌八闋。"劉勰以古書的記載爲準繩來衡量、評判《上林賦》,把賦中這段場面壯闊、氣勢宏偉的精彩描寫指責爲"濫侈葛天,推三成萬",是不可相信的荒謬之言,這就混淆了文學描寫與史書子書的界限,是不可取的。

(二)比喻、對偶與用韻

《文心雕龍·比興》專門討論文學創作中比與興兩種表現手法,略於論"興"而詳於論"比"。其論"比"之四法云:

> 夫"比"之爲義,取類不常:或喻於聲,或方於貌,或擬於心,或譬於事。宋玉《高唐》云:"纖條悲鳴,聲似竽籟",此比聲之類也;枚乘《菟園》云:"焱焱紛紛,若塵埃之間白雲",此則比貌之類也;賈生《鵩賦》云:"禍之與福,何異糾纆",此以物比理者也;王褒《洞簫》云:"優柔温潤,如慈父之畜子也",此以聲比心者也;馬融《長笛》云:"繁縟絡繹,范、蔡之説也",此以響比辯者也;張衡《南都》云:"起鄭舞,繭曳緒",此以容比物者也。若斯之類,辭賦所先,日用乎"比",月忘乎"興",習小而棄大,所以文謝於周人也。②

劉勰在討論比體之四法(比聲、比貌、比心、比事)時,所舉六例皆出自早期賦。因爲四法可交相爲用,輾轉相比,故又衍生出比聲、比貌、以物比理、以聲比心、以響比辯、以容比物等數種,以此類推,可知比體之靈活變化,其妙無窮。這種種技法均爲"辭賦所先"。(詹鍈《義證》:"即'辭賦所重'。")劉勰儘管反復指責賦"用比忘興""習小棄大",違背了"舊章",但他還是對賦開拓譬喻諸法的功績予以了充分肯定,對於賦中運用譬喻所達到的藝術效果予以高度讚賞:"至於揚、班之倫,曹、劉以下,圖狀山川,影寫雲物,莫不織綜比義,以敷其華,驚聽

① 〔南朝梁〕劉勰著,范文瀾註:《文心雕龍註》,人民文學出版社1958年版,第608~609頁。

② 〔南朝梁〕劉勰著,范文瀾註:《文心雕龍註》,人民文學出版社1958年版,第602頁。

回視,資此效績。”他顯然並未忽視“比”的價值與作用,而是認爲“比類雖繁,以切至爲貴”,意謂譬喻儘管變化多端,必須準確貼切,方可傳神,不能“刻鵠類鶩”,盡失其真。

劉勰《文心雕龍·麗辭》一文專門討論文學創作中對偶的修辭手法。麗者,耦也,這裏所謂“麗辭”,即指對偶的語言藝術。對偶之法源於先秦,至漢代始大力爲之,後經六朝駢賦、駢文的錘煉,迄於唐宋格律詩而臻於極致。劉勰對賦中的對偶表示了充分關注與較高評價:“自揚、馬、張、蔡,崇盛麗辭,如宋畫吴冶,刻形鏤法,麗句與深采並流,偶意共逸韻俱發。”以爲從漢代起,揚雄、司馬相如、張衡、蔡邕等辭賦作家大量使用對偶,如同春秋時宋國的繪畫,吴國的冶鑄,精雕細刻,惟妙惟肖,給人以文采飛揚、雅韻飄逸之感。《麗辭》又把自古以來的對偶分爲四類:

> 故麗辭之體,凡有四對:言對爲易,事對爲難,反對爲優,正對爲劣。言對者,雙比空辭者也;事對者,並舉人驗者也;反對者,理殊趣合者也;正對者,事異義同者也。長卿《上林賦》云,“修容乎禮園,翱翔乎書圃”,此言對之類也;宋玉《神女賦》云,“毛嬙鄣袂,不足程式,西施掩面,比之無色”,此事對之類也;仲宣《登樓》云,“鍾儀幽而楚奏,莊舄顯而越吟”,此反對之類也;孟陽《七哀》云,“漢祖想枌榆,光武思白水”,此正對之類也。①

言對僅僅在文詞上相對,所以相對容易;事對要用典故,要“徵人之學”,所以相對較難。衹要運用恰當,二者都能準確凝煉地表情達意。正對指用意思相近的語詞相對,反對是指用意義相反或不同的詞來相對,前者在詩賦中十分常見而後者應用較少,但不可強分高下。劉勰稱“反對爲優,正對爲劣”,其實也是不恰當的。他所舉的例子“鍾儀幽而楚奏,莊舄顯而越吟”中,鍾儀與莊舄衹有幽顯之别,二人身處異地而心係祖國的高尚情懷,樂操土音、寄託鄉思的感人舉動都是相似的,所以也算不上嚴格意義上的“反對”。劉勰所謂的言對、事對與正對、反對是兩兩交錯的,實際上用了兩種不同的分類標準。總的來説,劉勰對對偶修辭所做的分類及優劣評判不無可商之處,但他力圖總結前人應用對偶的種種經驗,其細密的眼光、認真的態度對我們今天研究對偶以及研究辭賦都會有所啟迪和幫助。

劉勰對賦的用韻也有所評論。《文心雕龍·章句》云:“賈誼、枚乘,兩韻輒易;劉歆、桓譚,百句不遷。”賈誼賦今僅存《鵩鳥賦》《弔屈原賦》《旱雲賦》《簴賦》(殘)四篇,枚乘賦今僅存《七發》《梁王菟園賦》《柳賦》三篇。《弔屈原賦》的確是“兩韻輒易”,其他則爲四句换韻或韻散夾雜。劉歆賦今存《遂

① 〔南朝梁〕劉勰著,范文瀾註:《文心雕龍註》,人民文學出版社 1958 年版,第 588 ~ 589 頁。

初賦》《甘泉宫賦》《燈賦》,桓譚賦今存《仙賦》,都是四韻或五韻一换,並非"百句不遷"(惟《燈賦》不换韻,但衹存十句,支微合韻)。劉勰的評論或許是針對四位賦家的某些作品而發(這些作品多已佚失),不能涵蓋他們的所有賦作。他實際上是想表達這樣一種觀點:頻繁换韻與一韻到底都有偏頗之處。《章句》篇又云:"昔魏武論賦,嫌於積韻,而善於資代;陸雲亦稱四言轉句,以四句爲佳","兩韻輒易,則聲韻微躁;百句不遷,則唇吻告勞。妙才激揚,雖觸思利貞,曷若折之中和,庶保無咎"。在總結前人論述的基礎上,劉勰經過自己的分析領會,得出了四韻一轉的折中之論。《文心雕龍注訂》云:"彦和改韻轉句,主折中之言,以四句爲佳,此蓋當時所尚,流爲隋唐近體之制,乃成定制矣。"所言甚是。

(三)模擬、用典、徵引

揚雄作賦嘗擬司馬相如"以爲式"(見《漢書·揚雄傳》),自此模擬之風漸熾,而成爲漢賦的通病。其實在揚雄之前,賦中就已出現了因襲模擬的現象,衹是在揚雄之後纔漸漸形成"屋下架屋,章摹句寫"的局面,使漢大賦的創作趨於僵化。《文心雕龍·通變》云:

自兹(指漢初)厥後,循環相因;雖軒翥出轍,而終入籠内。枚乘《七發》云:"通望兮東海,虹洞兮蒼天。"相如《上林》云:"視之無端,察之無涯,日出東沼,月生西陂。"馬融《廣成》云:"天地虹洞,固無端涯,大明出東,月生西陂。"揚雄《校獵》云:"出入日月,天與地沓。"張衡《西京》云:"日月於是乎出入,象扶桑於濛汜。"此並廣寓極狀,而五家如一。諸如此類,莫不相循。①

劉勰批評漢魏賦中"循環相因"的描寫是"齷齪於偏解,矜激乎一致",衹能是"庭間之迴驟",而不能"萬里逸步",進入廣闊無垠的天地。他還認爲"漢之賦頌,影寫楚世;魏之策制,顧慕漢風……從質及訛,彌近彌澹"(《通變》)。這裏面有貴古賤今的因素,但他對於模擬之風的針砭卻是十分嚴厲也是頗爲中肯的。

在《文心雕龍·事類》中,劉勰對賦中的用典與徵引也有所論述。他説:

唯賈誼《鵩賦》,始用《鶡冠》之説;相如《上林》,撮引李斯之書,此萬分之一會也。及揚雄《百官箴》,頗酌於《詩》《書》;劉歆《遂初賦》,歷叙於紀傳;漸漸綜采矣。至於崔、班、張、蔡,遂捃摭經史,華實布濩,因書立功,皆後人之範式也。②

① 〔南朝梁〕劉勰著,范文瀾註:《文心雕龍註》,人民文學出版社1958年版,第520~521頁。

② 〔南朝梁〕劉勰著,范文瀾註:《文心雕龍註》,人民文學出版社1958年版,第615頁。

《鵩鳥賦》套用《鶡冠子》的成句,《上林賦》化用《諫逐客書》的語言,這還僅僅是偶然的現象。自揚雄之後,賦乃至各類文學作品中都大量出現了使用典故或引證古語的現象。若運用得當,確實能給人以"華實布濩"、典雅富贍之感;若使用不當,也容易造成晦澀雕琢、歧義叢生之弊。劉勰撰《事類》,似是針對六朝駢文中慣用典故、成辭以爲裝點的現象而發,試圖引導當代的文學創作;不過,他認識到辞賦用典、徵引之修辭手法的開拓與使用,肯定其首開風氣的作用和影響。

六、賦家才情品性論。劉勰在《文心雕龍·神思》中討論了賦家創作速度遲與緩的問題:

> 人之稟才,遲速異分;言之制體,大小殊功。相如含筆而腐毫,揚雄輟翰而驚夢,桓譚疾感於苦思,王充氣竭於思慮,張衡研《京》以十年,左思練《都》以一紀:雖有巨文,亦思之緩也。淮南崇朝而賦《騷》,枚皋應詔而成賦,子建援牘如口誦,仲宣舉筆似宿構,阮瑀據案而制書,禰衡當食而草奏:雖有短篇,亦思之速也。①

由於賦家從事辭賦(以及其他文學作品)創作時思維的敏捷程度不同,語言的粗細工拙有異,表現在創作的速度上往往如天懸壤隔。但無論是"含筆腐毫"式的遲緩之思,還是"應詔成賦"式的神速之作,都必須以賦家的才與學——大量的生活積累與藝術才能基礎。劉勰進一步指出:"若學淺而空遲,才疏而徒速,以斯成器,未之前聞。"充分強調後天的學習與積累在文學創作中的重要作用。

在《文心雕龍·體性》中,劉勰又論述了賦家的思想感情與氣質才華對其賦作風格的巨大影響:

> 若夫八體屢遷,功以學成,才力居中,肇自血氣。氣以實志,志以定言,吐納英華,莫非情性。是以賈生俊發,故文潔而體清;長卿傲誕,故理侈而辭溢;子雲沉寂,故志隱而味深;子政簡易,故趣昭而事博;孟堅雅懿,故裁密而思靡;平子淹通,故慮周而藻密;仲宣躁鋭,故穎出而才果;公幹氣褊,故言壯而情駭……②

這段話是説,賦家創作風格的變遷是學習的結果,而對賦家風格起決定性作用的,乃在於賦家的"血氣"(氣質才華)與"情性"(思想感情)。

六朝時有品評人物的風氣,而對於文人的品行則多有貶抑與批評。曹丕《與吴質書》云:"觀古今文人,類不護細行,鮮能以名節自立。"顏之推《顏氏家訓·文章》云:"自古文人,多陷輕薄:屈原露才揚己,顯暴君過;宋玉體貌容冶,

① 〔南朝梁〕劉勰著,范文瀾註:《文心雕龍註》,人民文學出版社 1958 年版,第 494 頁。
② 〔南朝梁〕劉勰著,范文瀾註:《文心雕龍註》,人民文學出版社 1958 年版,第 506 頁。

見遇俳優。東方曼倩滑稽不雅,司馬長卿竊貲無操。王褒過章《僮約》,揚雄德敗《美新》。"劉勰也受此風所染,他在《文心雕龍·程器》中如此解剖"文士之疵":

相如竊妻而受金,揚雄嗜酒而少算。敬通之不循廉隅,杜篤之請求無厭。班固諂竇以作威,馬融黨梁而黷貨。文舉傲誕以速誅,正平狂憨以致戮。仲宣輕脆以躁競,孔璋偬恫以麤疎。丁儀貪婪以乞貨,路粹餔啜而無耻。潘岳詭禱於愍懷,陸機傾仄於賈郭。傅玄剛隘而詈臺,孫楚狠愎而訟府。諸有此類,並文士之瑕累。……彼揚、馬之徒,有文無質,所以終乎下位也。①

這些批評並非毫無道理。但他將司馬相如、揚雄等官運不濟、仕途偃蹇歸因於他們"有文無質"——徒有文才而無節操,這在一定程度上原諒了現實對文人的種種不公正待遇,未免失之偏頗。

七、賦體文研究。六朝時期,隨着文學作品的大量積累以及文學的社會功用日益多樣化,人們的文體觀念走向細密。賦與騷、頌、七、答難、連珠等都被視爲不同的文體。劉勰也接受了這種時代觀念,他在《雜文篇》對於對問(答難)、七、連珠的討論在客觀上豐富了辭賦文體論的内容。全文如下:

智術之子,博雅之人。藻溢於辭,辭盈乎氣。苑囿文情,故日新殊致。宋玉含才,頗亦負俗,始造《對問》,以申其志。放懷寥廓,氣實使之。及枚乘摛艷,首製《七發》,腴辭雲構,誇麗風駭。蓋七竅所發,發乎嗜欲,始邪末正,所以戒膏粱之子也。揚雄覃思,文闊業深,綜述碎文璅語,肇爲《連珠》,其辭雖小而明潤矣。凡此三者,文章之枝派,暇豫之末造也。自《對問》以後,東方朔效而廣之,名爲《客難》,託古慰志,疏而有辨。揚雄《解嘲》,雜以諧謔,迴環自釋,頗亦爲工。班固《賓戲》,含懿采之華;崔駰《達旨》,吐典言之裁;張衡《應間》,密而兼雅;崔實《客譏》,整而微質;蔡邕《釋誨》,體奥而文炳;景純《客傲》,情見而采蔚。雖迭相祖述,然屬篇之高者也。至於陳思《客問》,辭高而理疏;庾敳《客咨》,意榮而文悴。斯類甚衆,無所取裁矣。原兹文之設,廼發憤以表志。身挫憑乎道勝,時屯寄於情泰。莫不淵岳其心,麟鳳其采,此立本之大要也。自《七發》以下,作者繼踵。觀枚氏首唱,信獨拔而偉麗矣。及傅毅《七激》,會清要之工;崔駰《七依》,入博雅之巧。張衡《七辨》,結采綿靡;崔瑗《七厲》,植義純正。陳思《七啟》,取美於宏壯;仲宣《七釋》,致辨於事理。自桓麟《七説》以下,左思《七諷》以上,枝附影從,十有餘家。或文麗而義暌,或理粹而辭駁,觀其大抵所歸,莫不高

① 〔南朝梁〕劉勰著,范文瀾註:《文心雕龍註》,人民文學出版社 1958 年版,第 719 ~ 720 頁。

談宮館,壯語畋獵,窮瓌奇之服饌,極蠱媚之聲色。甘意摇骨體,艷詞動魂識。雖始之以淫侈,而終之以居正。然諷一勸百,勢不自反。子雲所謂先騁鄭衛之聲,曲終而奏雅者也。唯《七厲》叙賢,歸以儒道,雖文非拔群,而意實卓爾矣。自《連珠》以下,擬者間出。杜篤、賈逵之曹,劉珍、潘勖之輩,欲穿明珠,多貫魚目。可謂壽陵匍匐,非復邯鄲之步;里醜捧心,不關西施之嚬矣。惟士衡運思,理新文敏,而裁章置句,廣於舊篇。豈慕朱仲四寸之璫乎? 夫文小易周,思閑可贍,足使義明而詞凈,事圓而音澤。磊磊自轉,可稱珠耳。詳夫漢來雜文,名號多品,或典誥誓問,或覽略篇章,或曲操弄引,或吟諷謡詠。總括其名,並歸雜文之區;甄别其義,各入討論之域。類聚有貫,故不曲述。贊曰:偉矣前修,學堅多飽。負文餘力,飛靡弄巧。枝辭攢映,嘒若參昴。慕嚬之心,於焉祇攪。①

所論雜文三體,今人多視爲賦體文,如馬積高《賦史》、費振剛等《全漢賦》、程章燦《魏晉南北朝賦史》皆然。對問(答難)之體,始於宋玉,而以東方朔《答客難》、揚雄《解嘲》最爲著名。諸作皆假設主客問答以成篇,首尾多散句,中間多四言而用韻,其藝術結構、修辭手法、風格特色皆與賦體十分相似,衹是不以"賦"名篇而已。至於七體和連珠體,雖然前者多作七段,後者磊磊如珠,各有特色,但内容、語言、風格亦皆與賦體相近。劉勰論七體,稱其"雖始之以淫侈,而終之以居正。然諷一勸百,勢不自反。子雲所謂先騁鄭衛之聲,曲終而奏雅者也",所謂"諷一勸百""曲終奏雅",完全借用了揚雄對司馬相如賦的評點語言,可見賦與七在本質上並没有區别。劉勰對於對問、七、連珠諸體的分析和討論,揭示了三種賦體文的淵源流變和主要特色,既是賦體文學影響於散文創作的具體證據,也在一定程度上豐富了辭賦文體論的内容。

【研究】

研究《文心雕龍》的賦學觀,基本文獻有:范文瀾《文心雕龍注》(人民文學出版社 1958 年版)、詹鍈《文心雕龍義證》(上海古籍出版社 1989 年版)、陸侃如、牟世金《文心雕龍譯注》(齊魯書社 1995 年版)、黄叔琳注、李詳補注、楊明照校注拾遺《增訂文心雕龍校注》(中華書局 2012 年版)等。研究論文較多,主要有:龔克昌《劉勰論漢賦》(《文史哲》1983 年第 1 期)、畢萬忱《體國經野 義尚光大——劉勰論漢賦》(《文學評論》1983 年第 6 期)、于浴賢《劉勰賦學觀的缺失——從魏晉賦首談起》(《文史哲》2005 年第 2 期)、蕭曉紅《試論〈文心雕龍·詮賦〉的理論價值》(《大同職業技術學院學報》2006 年第 2 期)、岳進《寫物與體物——〈文心雕龍·詮賦〉中的創作論》(《社會科學論壇》2006 年第 8 期)、于景

① 〔南朝梁〕劉勰著,范文瀾註:《文心雕龍註》,人民文學出版社 1958 年版,第 254 ~ 256 頁。

祥《〈文心雕龍〉與〈文選〉所揭示的賦體駢化軌迹》(《社會科學輯刊》2006 年第 6 期)、王承斌《劉勰、蕭統大賦觀之比較》(《廣西社會科學》2007 年第 11 期)、張海明《略論劉勰的文學史撰述策略——以〈文心雕龍〉之〈辨騷〉〈詮賦〉爲中心》[《北京師範大學學報》(社會科學版)2010 年第 3 期]、張宜斌《劉勰的賦學思想述論》(《學習月刊》2011 年第 6 期)、高林廣《〈文心雕龍〉的司馬相如辭賦批評》[《内蒙古師範大學學報》(哲學社會科學版)2012 年第 3 期]、孫董霞《從劉勰對賦的界定缺陷看賦文學的本質特徵》(《求索》2013 年第 3 期)等。學位論文有:岳進《〈文心雕龍〉賦論研究》(首都師範大學 2005 年碩士學位論文)、范英梅《〈文心雕龍·詮賦〉篇魏晉八家評語疏證》(首都師範大學 2009 年碩士學位論文)。

第六章 賦注正編、外編

本章先列正編，對《隋書・經籍志》著録的專門性賦注進行考論，以時代爲序。再列外編，著録那些包含有賦注的其他文獻，如蘇林《漢書注》、晉灼《漢書集注》、裴駰《史記集解》、蕭該《文選音》等，或爲史注，或爲集部注釋，亦以時代爲序。

《二京賦注》2 卷（《二京解》《二京賦音》），三國吴薛綜撰，佚

【作者】

薛綜（？—243），字敬文，沛郡竹邑（今安徽宿縣北）人。少依族人避地交州，從吕岱平定交州境内變亂。事畢還都，授謁者僕射。善詞辯。黄龍三年（231），任鎮軍大將軍孫慮長史。嘉禾二年（233），吕岱從交州召出，他恐繼者非其人，上疏陳述交州歷史及現狀，以國之安危所在，不可不察。遷尚書僕射。時孫權欲親征遼東太守公孫淵，切諫止之。赤烏三年（240），徙選曹尚書。五年，以名儒兼爲太子少傅，仍兼選舉，甚爲優重。六年春，卒。《三國志・吴志》稱："凡所著詩、賦、難、論數萬言，名曰《私載》，又定《五宗圖述》《二京解》。"①

【内容】

《隋書・經籍志》集部總集類："雜賦注本三卷"注："梁有……薛綜注張衡《二京賦》二卷，亡。"但兩《唐志》皆著録：薛綜《二京賦音》二卷，或許爲輯佚所得。李善在注釋《文選・二京賦》時大量采用薛綜注，對其十分重視。加上李善在其他詩文注釋中的徵引，《文選》善注共徵引薛綜注釋 685 條，其中《西京賦注》311 條（294 + 17），《東京賦注》373 條（370 + 4），去除重複，合計徵引 682 條。現選録代表性注釋 15 條，如下：

1.《文選・西京賦》："故帝者因天地以致化，兆人承上教以成俗。"〇言帝王必欲順陽時，居沃土，歡逸其人，使下承而化之，以成奢泰之俗。今按：李善在《西京賦》賦題下特意注明"薛綜注"三字，並作説明："善曰：舊注是者，因而留之，並於篇首題其姓名。其有乖繆，臣乃具釋，並稱臣善以别之。"

2.《文選・西京賦》："洪鐘萬鈞，猛虡趪趪。"〇洪，大也。猛，怒也。三十

① 〔晉〕陳壽撰，〔宋〕裴松之注：《三國志》，中華書局 1959 年版，第 1254 頁。

斤曰鈞,縣鐘格曰筍,植曰虡。趪趪,張設貌。言大鐘乃重三十萬斤,虡力猛怒,故能勝之焉。

3.《文選·西京賦》:"重以虎威章溝,嚴更之署。"○虎威、章溝,未聞其意。嚴更,督行夜鼓。署,位也。

4.《文選·西京賦》:"屬長樂與明光,徑北通乎桂宫。"○長樂、桂宫,皆宫名。明光,殿名也。《漢書》《武帝故事》:"上起明光宫、桂宫、長樂宫,皆輦道相屬,懸楝飛閣,北度從宫中西上城至神明臺。"

5.《文選·西京賦》:"伏櫺檻而頫聽,聞雷霆之相激。"○伏,猶憑也。櫺,臺上蘭也。頫,低頭也。《蒼頡篇》曰:"霆,霹靂也。言臺之高,於上低頭聽,雷聲乃在下。"

6.《文選·西京賦》:"跳丸劍之揮霍,走索上而相逢。"○揮霍,謂丸劍之形也。索上,長繩繫兩頭於梁,舉其中央,兩人各從壹頭上,交相度,所謂舞絙者也。

7.《文選·東京賦》:"且天子有道,守在海外。"○《淮南子》曰:"若天下無道,守在四夷;天下有道,守在海外。"言四夷皆爲臣僕。

8.《文選·東京賦》:"萇弘魏舒,是廓是極。"○萇弘,周大夫也。魏舒,晉大夫獻子也。廓,猶規也。極,致也。謂二人率諸侯曰,敬以致功,規度王城,三旬而立之。

細讀上述8條注釋,可知薛綜注頗爲重視釋詞、解句,注音較少。注音用反切法。釋詞大多具體清晰,如第2條釋鐘、簴、筍,第4條釋漢代宫殿,第5條釋建築構件,第8條釋歷史人物,無不準確明白;而第6條釋漢代雜技跳百索,尤爲形象生動。解句多冠以"言"字或"謂"字,是對全句文意的串講。其注釋基本體例爲:先釋詞,再解句,最後徵引文獻,當然,亦有靈活變更之處。如第7條,先徵引《淮南子》,揭示語言出處,再詮釋句意。薛綜注釋態度較爲嚴謹,多聞闕疑,不妄下斷語,如注釋3稱"虎威、章溝,未聞其意",就十分審慎。李善注《西京賦》《東京賦》時,通篇采用薛綜注,對其他注釋成果基本没有徵引,可知薛注質量之高。

【研究】

羅琴撰有《〈文選·二京賦〉薛綜注真僞辨》(《文獻》2014年第1期),通過對史志著録的考察、對不同版本引書的校勘、對反切的校勘,得出了李善當年所據之薛綜注不是僞託的結論。

《二京賦注》1卷,漢魏間晁矯撰,佚

【作者】

晁矯,生平不詳。《隋志》將其置於薛綜之下,傅巽、張載之上,蓋生活于漢魏之際。

【内容】

《隋志》"《雜賦注本》三卷"注:"(梁有)晁矯注《二京賦》一卷,亡。"兩《唐志》不著録,可見亡於梁代,後不復出現。乃是爲張衡《二京賦》所作之注釋。未見徵引。

《二京賦注》2 卷,漢魏間傅巽撰,佚

【作者】

傅巽,字公悌(一作公地),雍州北地泥陽(今陝西耀縣東南)人,生活於漢魏之際。傅介子之後,其父爲東漢代郡太守傅睿。傅巽於漢靈帝、漢獻帝時辟公府,授尚書郎。董卓之亂時,避難荆州,依附劉表,爲東曹掾。曹操南征,傅巽、王粲以説劉琮歸降而被封爲關内侯。曹丕即位,爲待中、尚書。明帝太和中,卒,年六十餘。《郝氏續後漢書》卷五曰:"(傅巽)瓌偉博達,有知人鑑。辟公府,拜尚書郎,後客荆州。以説劉琮之功,賜爵關内侯,曹丕時爲侍中。太和中卒。巽在荆州,目龐統爲半英雄,證裴潛終以清行顯,統後輔昭烈,見待次於諸葛亮,潛位至尚書令,並有名德。及在魏朝,魏諷以才智聞,巽謂之必反。卒如其言。"據《隋書·經籍志》,傅巽有集二卷,《二京賦注》二卷。據《太平御覽》,傅巽有《奢儉論》。皆佚。今存《槐樹賦》《七誨》等殘文 5 篇。

【内容】

《隋志》"《雜賦注本》三卷"注:"(梁有)傅巽注《二京賦》二卷,亡。"兩《唐志》不著録,可見亡於梁代,後不復出現。乃是爲張衡《二京賦》所作之注釋。未見徵引。

《思玄賦注》1 卷,漢張衡撰,魏晉間佚名注,殘

【作者】

不詳注者。《文選·思玄賦》篇首"舊注"二字李善注曰:"未詳注者姓名,摯虞《流别》題云衡注。詳其義訓,甚多疎略,而注又稱'愚以爲疑',非衡明矣。但行來既久,故不去。"據此,可知晉人摯虞曾在《文章流别論》中將此注題爲張衡撰。今按:注釋中確實有"愚以爲"字樣,若爲張衡自撰,不會使用這種口吻,故此注絶非出自張衡。應該是張衡之後、摯虞之前的文人所注,而託名張衡。其時代大約在魏晉之際。

【内容】

史籍中亦没有著録《思玄賦注》,但其大部分内容保存在《文選》李善注中,可以窺其大略。注釋體例大都是兩句一注,總共保存了 171 條之多。内容以釋詞爲主,偶有辨字、注音或解句。例如:

1.《文選·思玄賦》:"仰先哲之玄訓兮,雖彌高而弗違。"○訓,教也。彌,終也。違,避也。

2.《文選·思玄賦》:"尚前良之遺風兮,恫後辰而無及。"○尚,庶幾也。良,善也。恫,痛也。言我後時將無及也。恫,他公切。

3.《文選·思玄賦》:"辮貞亮以爲鞶兮,雜伎藝以爲珩。"○辮,交織也。鞶,所以帶珮也。手伎曰伎,體才曰藝。珩,珮也。

4.《文選·思玄賦》:"越谽嘲之洞穴兮,漂通川之碄碄。經重痻乎寂寞兮,慜墳羊之深潛。"○谽嘲,大貌。漂,浮也。碄碄,深貌。重陰,地下也。寂寞,静貌。痻,古"陰"字。墳羊,土精怪也。

5.《文選·思玄賦》:"戒庶僚以夙會兮,僉供職而來迓。"○庶僚,即下豐隆、列缺等也。迓,迎也。言戒誓令夙早而會,皆供職而來迎我也。

不難看出,《思玄賦》古注的主要内容便是釋詞,格式大都是"A,B 也"的形式(如第 1 條),也使用"AB 曰 C"式(如第 3 條),或者"AA,B 貌"式、"AB,C 貌"式(如第 4 條)。很少辨字、注音,不過第 2 條使用反切標音法注音,第 4 條注明古今字,皆甚可取,可惜衹是偶然行爲,並未貫穿全篇。第 5 條出現解句,亦可參考。

古注有時還會出現徵引,内容則較爲豐富。例如:

6.《文選·思玄賦》:"或輦賄而違車兮,孕行産而爲對。"○車,人名也。孕,懷子也。昔有周犨者,家甚貧。夫婦夜田,天帝見而矜之,問司命曰:"此可富乎?"司命曰:"命當貧,有張車子財可以假之。"乃借而與之期,曰:"車子生,急還之。"田者稍富,致貲巨萬。及期,忌司命之言,夫婦輦其賄以逃,與行旅者同宿。逢夫妻寄車下宿,夜生子,問名於夫,夫曰:"生車間,名車子也。"從是,所向失利,遂便貧困。鄭玄曰:"孕,娠子也。"

7.《文選·思玄賦》:"雲菲菲兮繞余輪,風眇眇兮震余旟。"○《楚辭》曰:"雲菲菲而承宇。"眇眇,遠貌。《周禮》曰:"鳥隼爲旟。"《爾雅》曰:"錯鳥隼爲旟。"此謂合剥鳥皮毛,置之竿頭,即《禮記》所謂"載鴻及鳴鳶"也。

第 6 條揭示事典,主要講述了一對命該貧困的夫妻得到天帝憐憫,借財使用卻没有按期歸還,而最終破産的故事,宣揚貧富由命、連天帝也無能爲力的思想。此爲張衡賦句之所出,理應加以説明,可惜的是没有注明出處。李善補注云:"見《鬼神志》及《搜神記》。"恰好彌補了這一缺憾。第 7 條先徵引《楚辭》,揭示"雲菲菲兮繞余輪"句之出處,接下又徵引《周禮》和《爾雅》並加以分析,有效地解釋了"旟"字的含義。看來古注作者還是注意到了對古書的徵引和利用,衹是没有貫穿全篇而已。李善雖然説"詳其義訓,甚多疎略",但還是將其保留,正説明此注之價值不可忽略。

《二都賦音》2卷，漢班固撰，晉李軌音，佚

【作者】

李軌，字弘範，東晉江夏(今湖北武漢)人，著名史學家、注釋家。官至祠部郎中。據《隋書・經籍志》，李軌撰有《晉泰始起居注》20卷、《晉咸寧起居注》10卷、《晉泰康起居注》21卷、《晉咸和起居注》16卷、《揚子法言解》1卷、《周易音》1卷、《周禮音》1卷、《儀禮音》1卷、《禮記音》2卷、《左傳音》3卷、《公羊傳音》1卷、《老子音》1卷、《莊子音》1卷、《二都賦音》1卷，另有《尚書音》《穀梁傳音》《小爾雅解》，卷數不詳。

【内容】

《隋書・經籍志》集部云："《二都賦音》一卷，李軌撰。"其中《二都賦》，當即班固《兩都賦》。兩《唐志》皆未著録，可見亡於唐代。未見徵引。

【研究】

研究李軌古注的論文有：簡啟賢《李軌音注考》(《雲南教育學院學報》1993年第3期)、吴萍《從東晉李軌音切看切韻音系裏的重紐現象》(《安徽大學學報》2012年第3期)、劉紅英《李軌思想研究：從李軌〈法言注〉看魏晉思想》(北京師範大學碩士論文，2005年)等，但大都與《二都賦音》無關。

《二京賦音》2卷，漢張衡撰，晉李軌、綦毋邃音，佚

【作者】

李軌，字弘範，東晉著名史學家、注釋家。事迹見上條。綦毋邃，事迹不詳，大約生活於晉穆帝、晉哀帝時。著有《列女傳》7卷、《孟子注》7卷、《二京賦音》2卷、《誡林》3卷、《三都賦注》3卷，今並亡。其中《孟子注》一書，《隋書・經籍志》、兩《唐志》均曾著録，然有9卷、7卷之别。

【内容】

《隋書・經籍志》集部"《雜都賦》十一卷"注："(梁有)《二京賦音》二卷，李軌、綦毋邃撰，亡。"兩《唐志》作《三京賦音》一卷。按："三"當爲"二"之形訛。該書亡於宋代，未見徵引。

今按：據《隋志》著録，先唐注釋張衡《二京賦》者五家：薛綜、晁矯、傅巽、李軌、綦毋邃是也。今僅存薛綜一家，其餘四家皆片簡無存，惜乎！

《齊都賦》并音2卷，晉左思撰，晉李軌音，佚

【作者】

李軌，字弘範，東晉著名史學家、注釋家。事迹見"《二都賦音》2卷"條。

【内容】

《隋書・經籍志》"《雜都賦》十一卷"注曰："(梁有)《齊都賦》二卷并音，左

思撰，亡。”《晉書》卷九十二《左思傳》曰：“（思）貌寢口訥，而辭藻壯麗，不好交遊，惟以閑居爲事。造《齊都賦》，一年乃成。”事在《三都賦》前，可知《齊都賦》爲左思早年作品。據《隋志》，似乎左思自己曾爲此賦注音，而《舊唐書·經籍志》曰：“《齊都賦》一卷，左太冲撰。《齊都賦音》一卷，李軌撰。”《新唐書·藝文志》亦曰：“左太冲《齊都賦》一卷。李軌《齊都賦音》一卷。”前後對照，可知《隋志》所謂“《齊都賦》二卷并音”，乃是并左思《賦》與李軌《音》而言，而脱去李軌之名。故將此《齊都賦音》定爲李軌撰。

《水經注》卷二十六“淄水”注引左思《齊都賦》注曰：“申池在海濱，齊藪也。”《樂府詩集》卷四十一陸機《東武吟行》題注引左思《齊都賦》注云：“東武、太山，皆齊之土風，絃歌謳吟之曲名也。”據其内容，似乎與“音”的注釋體例不符，應該並不出自李軌《音》。存疑，録以備考。

《三都賦注》3 卷，晉左思撰，晉綦毋邃注，佚

【作者】

綦毋邃，晉代注釋家，詳參本章“《二京賦音》二卷”條。

【内容】

《隋書·經籍志》“《雜賦注本》三卷”注曰：“（梁有）綦毋邃注《三都賦》三卷，亡。”兩《唐志》作一卷。日本京都大學影印之《唐鈔本文選集注》卷八李善經注引綦毋邃《三都賦注》5 條，臚列如下：

1. 左思《三都賦序》：“然相如賦《上林》而引盧橘夏熟，揚雄賦《甘泉》而陳玉樹青葱，班固賦《西都》而歎以出比目，張衡賦《西京》而述以遊海若。”集注引綦毋邃曰：“凡此四者，皆非西京之所有也。”

2. 左思《三都賦序》：“考之果木則生非其壤，校之神物則出非其所，於辭則易爲藻飾，於義則虚而無徵。”集注引綦毋邃曰：“蓋韓非所謂‘畫鬼魅易爲好，畫狗馬難爲工’之類。”

3. 左思《三都賦序》：“且夫玉巵無當，雖寶非用。”集注引綦毋邃曰：“巵，一名觶，酒器也。當，底也。”

4. 左思《三都賦序》：“積習生常，有自來矣。”集注引綦毋邃曰：“《左傳》曰：‘習實生常。’”

5. 左思《三都賦序》：“且夫任土作貢，《虞書》所著；辯物居方，《周易》所慎。”集注引綦毋邃曰：“《虞書》曰：‘禹别九州，任土作貢’，定其肥磽之所生，而著九州貢賦之法也。《周易》曰：‘君子以慎辯物居方。’”

綦毋邃賦注僅存這 5 條，然管中窺豹，尚可大致考知其注釋之體例、方法。其中第 1 條、第 2 條闡析賦文，使文意調暢，晦者變顯；第 3 條訓釋語詞，第 4 條、第 5 條揭示用典，亦可見賦文用詞之恰切，風格之典雅。這 5 條珍貴資料，幸有

《唐鈔本文選集注》將其保存下來,而校以傳世刻本,結果卻令人瞠目結舌:5 條綦毋邃注,在宋明州州學刻本六家注《文選》、宋建陽刻本六臣注《文選》、宋淳熙八年貴池尤袤刻本李善注《文選》中,無一例外地被視爲劉淵林(劉逵)注。《晉書·左思傳》稱張載注《魏都》,劉逵注《蜀都》《吴都》二賦,但未言是否有人注釋《三都賦序》。李善在注釋《三都賦》並序時,本來徵引了綦毋邃注,但未署其名,後來遂被傳鈔者誤爲劉逵注,以訛傳訛,以至於今。這種張冠李戴的情况,在先唐古注中十分常見。因而,清理先唐古注,使羼亂的舊注各歸其主,各呈其態,是一項十分重要且艱巨的任務。

【研究】

可以參考:羅國威《左思〈三都賦〉綦毋邃注發覆——〈文選〉舊注新探之一》(《古籍整理研究學刊》1994 年第 6 期)、王立群《從綦毋邃注看唐寫本至宋刻本〈文選〉注釋的演變——〈文選〉注釋研究之一》(《文獻》2004 年第 3 期)、唐普《〈文選·三都賦〉舊注底本問題試探》[《四川大學學報》(哲學社會科學版)2009 年第 4 期]。

《子虚上林賦注》1 卷,晉司馬彪撰,佚

【作者】

司馬彪,字紹統,河内温縣(今河南温縣)人,皇族,高陽王司馬睦長子。自幼好學,然好色薄行,不得爲嗣,故專精學習,博覽群集。初拜騎都尉,泰始中爲秘書郎,轉丞,後拜散騎侍郎。惠帝末年卒,時六十餘歲。著述頗豐,以《續漢書》83 卷最爲知名。《隋書·經籍志》還著録《晉祕書丞司馬彪集》4 卷、《九州春秋》10 卷、《莊子注》16 卷、《莊子注音》1 卷及《兵記》1 卷,皆佚。事迹見《晉書·司馬彪傳》。

【内容】

司馬彪所撰《子虚上林賦注》1 卷,《隋志》、兩《唐志》皆未著録,但是《史記》三家注、《文選》李善注皆有大量徵引,説明此書確實存在,或者與他人注釋合併而存在。清吴士鑒《補晉書經籍志》著録:"《上林子虚賦注》"一種,可信。又,應三玉先生《〈史記〉三家注研究》認爲司馬彪撰有《漢書音義》一書,"《文選》卷十九韋孟《諷諫詩》李善注有引"[①]。但經過核查,發現《文選·諷諫詩》"彌彌其逸,岌岌其國"句李善注云:"岌,《孟子》曰:'天下殆哉岌岌乎。'司馬彪以爲:岌岌,危也。"並没有提及《漢書音義》之名。今按:此處韋孟《諷諫詩》應該是宋玉《登徒子好色賦》之誤。本卷《登徒子好色賦》"復稱詩曰"句李善注云:"司馬彪注《漢書·子虚賦》曰:'復,荅也。'顔師古注:復音伏。"但此句僅僅説

① 應三玉:《〈史記〉三家注研究》,鳳凰出版社 2008 年版,第 119 頁。

司馬彪曾爲《漢書》中所載録之《子虚賦》作注,並非是司馬彪爲整部《漢書》作注。應氏據此以爲司馬彪撰有《漢書音義》,顯然是不恰當的。《晉書》本傳和《隋志》、兩《唐志》著録司馬彪著述多種,皆未言及《漢書音義》,可知司馬彪並未撰寫過《漢書注》或者《漢書音義》。考《史記》三家注、《漢書》顔師古注所徵引之司馬彪語,大多出自司馬彪《莊子注》或者《續漢書》八志,並非專門的《史記注》或《漢書注》;而《史記·司馬相如列傳》徵引司馬彪注27條,又全部集中在《子虚賦》《上林賦》2篇中,本傳之叙述文字以及《大人賦》《難蜀父老》等皆無徵引。故筆者認爲,司馬彪可能僅僅爲《子虚上林賦》作過注,並未注完全部《司馬相如傳》,更未注釋過《史記》或《漢書》。

經核查,《史記》三家注共徵引司馬彪《子虚賦注》11條,《上林賦注》16條,合計27條;《文選》李善注共徵引司馬彪《子虚賦注》15條(14+1),《上林賦注》49條(39+10),合計徵引64條。二書合併,四家注共徵引司馬彪《子虚上林賦注》91條,去除重複,共66條。現擇取數條如下:

1.《史記·司馬相如列傳》:"案節未舒。"○【索隱】司馬彪云:"案轡徐行得節,故曰案節,馬足未展,故曰未舒之也。"今按:《文選》善注略同。

2.《史記·司馬相如列傳》:"雙鶬下,玄鶴加。"○【正義】司馬彪云:"鶬似雁而黑,亦呼爲鶬括。《韓詩外傳》云:'胎生也。'"

3.《文選·子虚賦》:"蜚襳垂髾。"○司馬彪曰:"襳,袿飾也。髾,燕尾也。"

4.《文選·上林賦》:"洶湧彭湃。"○司馬彪曰:"洶湧,跳起也。彭湃,波相戾也。洶,許勇切。湃,蒲拜切。"今按:《史記索隱》無注音。

5.《文選·上林賦》:"滭弗宓汩,偪側泌瀄。"○司馬彪曰:"偪側,相迫也。泌瀄,相揳也。偪字與逼同。揳,先結切。"今按:《史記索隱》無注音。

6.《文選·上林賦》:"藰莅芔歙,蓋象金石之聲,管籥之音。"○司馬彪曰:"衆聲貌也。藰,音劉。莅,音利,芔,古卉字。歙,音翕。"

司馬彪的賦注以釋詞與注音爲主,辨字、解句較少。其釋詞言語較爲簡練,且多準確無誤,基本以"A,B也"的形式。注音多用反切法,通常置於釋詞之後,無單獨注音者。通常是先釋詞,後注音,如:"洶湧,跳起也。彭湃,波相戾也。洶,許勇切。湃,蒲拜切。"辨字部分,如第5、6條,前者釋異體字,後者釋古今字,皆十分確切。值得注意的是,李善在注釋班固《西都賦》、張衡《南都賦》、揚雄《甘泉賦》、潘岳《藉田賦》、班彪《北征賦》、王粲《登樓賦》、何晏《景福殿賦》、曹植《應詔詩》、鮑照《擬古詩》、曹植《七啟》等篇章時亦徵引了司馬彪《上林賦注》,多達10條,尤可見出他對司馬彪《上林賦注》的熟悉和重視。

《魯靈光殿賦注》1卷、《魏都賦注》1卷,漢王延壽、晉左思撰,晉張載注,殘

【作者】

張載,字孟陽,安平武邑(今屬河北)人。晉代詩人、辭賦家。父收(一作

牧),爲蜀郡太守。載雅閑博學,妙擅文章。武帝泰始九年(273),載入蜀省父,道經劍閣,乃撰《劍閣銘》。時益州刺史張敏,亦能文,見而奇之,乃表上此文,武帝遣使鐫之於劍閣。後又作《叙行賦》《登成都白菟樓詩》《濛汜賦》等。任佐著作郎。太康元年(280),作《平吴頌》。出補鄉令,復入爲著作郎,撰《晉書》。轉太子中舍人,遷樂安相、弘農太守。惠帝太安二年(303),長沙王乂殺齊王冏,執政,以載爲記室督,拜中書侍郎,又領著作。其時皇室紛争攻伐,載無復仕進意,稱疾告歸,卒於家。載有集七卷,佚。今存詩十二首并殘句,見《先秦漢魏晉南北朝詩》;存文十三篇,見《全上古三代秦漢三國六朝文》。

【内容】

《魯靈光殿賦注》一卷未見著録,但李善在注釋《文選·魯靈光殿賦》時特意注明"張載"之名,全篇引用張載注釋,多達 68 條;注釋其他詩文時引張載注 2 條,共計 70 條。

《晉書》卷九十二《左思傳》曰:"及(《三都》)賦成,時人未之重。思自以其作不謝班、張,恐以人廢言。安定皇甫謐有高譽,思造而示之,謐稱善,爲其賦序。張載爲注《魏都》,劉逵注《吴》《蜀》而序之。"可知張載曾撰《魏都賦注》一篇。《隋書·經籍志》集部總集類"雜賦注本三卷"注:"梁有……張載及晉侍中劉逵、晉懷令衛權注左思《三都賦》三卷,亡。"可見在齊梁時期,有張載等《三都賦注》3 卷流傳,但《隋志》並未分言之。考《文選·三都賦》李善注,在題目"三都賦序,左太沖""吴都賦,左太沖"下各注明"劉淵林注"四字,《蜀都》《魏都》皆不注,遂啟後人之疑惑。今按:《魏都賦》題下當有"張載注"或"張孟陽注"。胡克家《文選考異》卷一云:"茶陵本此下有'劉淵林注'四字,袁本無。案:各本皆非也,當有'張載注'三字。何云前注'張載爲注魏都',陳云賦末善曰'張以慺,先隴反'云云,則知卷首本題'張孟陽注',與前合,後來誤作'劉淵林'耳。所説是也。袁、茶陵賦中每節注首'劉曰',皆非。蓋合併六家時,已誤其題矣。"[①]高步瀛《文選李注義疏》論之甚詳:"梁章鉅曰:《三都賦序》注云:張載爲注《魏都》。劉逵爲注《吴》《蜀》。今此賦後'矆焉相顧'句李注云:'張以慺,先隴反。'今本並爲'矆'。又潘正叔詩注引張孟陽《魏都賦》注曰:'聽政殿左崇禮門。'與今注合,皆足證此爲張注,誤題劉淵林耳。許巽行説同。許又曰:案《霍光傳》師古引此賦指爲劉注,又《西京賦》'設在蘭錡'引劉逵《魏都賦注》云:'受他兵曰蘭,受弩曰錡。'今賦中無此注,豈張、劉各自有注邪? 所未詳矣。曹子建《贈徐幹》詩注:'劉淵林《魏都賦注》曰:文昌,正殿名也。'亦誤劉。步瀛案:從諸家説,則此篇注當爲張孟陽撰無疑。《隋書·經籍志·總集》稱梁有張載及晉

① 〔清〕胡克家:《文選考異》,見〔梁〕蕭統編,〔唐〕李善注《文選》,中華書局 1977 年影印胡刻本。

侍中劉逵、晉懷令衛權注左思《三都賦》三卷,而未析言之。然觀《漢書・霍光傳》顔注及本書《西京賦》李注,則張、劉皆有《魏都賦注》也。曹子建《贈徐幹》詩注引劉淵林注,與此賦注合。疑張、劉注語偶爾相同。《贈徐幹》詩與《西京賦》注皆引劉注,非必誤也。"①今人黄侃、游國恩先生亦以爲在《文選・魏都賦》下當有"張載注"三字,其説可從。《文選・三都賦序》題下"劉淵林注"下李善云:"《三都賦》成,張載爲注《魏都》,劉逵爲注《吴》《蜀》,自是之後,漸行於俗也。"可知李善注《三都賦》時,乃是以張載注《魏都賦》、劉逵注《吴都賦》《蜀都賦》爲底本的。故在《文選・魏都賦》注中,"善曰"之上皆爲張載注。《四庫全書》本李善注《文選・魏都賦》題下有"劉淵林注"四字,當爲"張載注"或"張孟陽注"之訛。

現摘選數條賦注如下:

1.《文選・魯靈光殿賦》:"粤若稽古帝漢,祖宗濬哲欽明。"○若,順也。稽,考也。言能順天地,考行古之道者,帝也。濬,深也。哲,智也。又有深知欽明。《詩》云:"濬哲維商。"《書》云:"放勛欽明。"

2. 同賦:"錫介珪以作瑞,宅附庸而開宇。"○介,大也。圭長尺二寸謂之介。瑞,信也。諸侯錫大圭以爲瑞信,又以爲寶。申伯之封云:"錫爾介圭,以作爾寶。"古者附庸百里,魯五百里之封也。成王以周公有大功,錫二十四等附庸,方七百里,以是開居也。

3. 同賦:"西廂踟蹰以閑晏,東序重深而奥秘。"○西廂,西序也。踟蹰,連閣傍小室也。閑,清閑也。可以燕會。踟或移字。○東序,東廂也。互言之,文相避耳。《爾雅》曰:"東西廂謂之序。"

4. 同賦:"忠臣孝子,烈士貞女。"○忠臣,屈原、子胥之等。孝子,申生、伯奇之等。烈士,豫讓、聶政之等。貞女,梁寡、昭姜之等。

5. 同賦:"周行數里,仰不見日。"○或二或三爲數,非正之辭也。《論語》孔子曰:"加我數年,可以學《易》。"

6.《文選・魏都賦》:"故將語子以神州之略,赤縣之畿,魏都之卓犖,六合之樞機。"○鄒衍以爲儒者所謂中國者,於天下八十一分居一耳。中國名赤縣神州,赤縣神州内自有九州,禹之所叙九州也,是以不得爲州數。中國外,若赤縣神州者九,所謂九州者也。范雎説秦王曰:"魏、韓,中國處而天下之樞也。"

7. 同賦:"于時運距陽九,漢網絶維。姦回内贔,兵纏紫微。"○不飲酒而怒曰贔。《詩》曰:"内贔于中國。"漢室之亂,起于閹官,故曰内贔也。紫微宫,在南城下,于時兵所圍繞。光憙元年四月,靈帝崩。八月,大將軍何進入省見太后,黄門張讓、郭進等斬進。進部曲將兵突入尚書閣。閣閉,虎賁中郎將袁術等

① 高步瀛:《文選李注義疏》,中華書局1985年版,第1261頁。

攻闔。

8. 同賦:“且魏地者,畢昴之所應,虞夏之餘人。先王之桑梓,列聖之遺塵。”○《詩譜》云:“魏地,畢昴之分野。”虞舜及禹所都之地,在《禹貢》冀州,雷首之北,析城之西,周以封同姓。其後晉獻公滅魏,以封大夫畢萬,在晉之南河曲,故其詩云:“彼汾一曲,寘之河之干。”

上述張載 8 條注釋,多爲釋詞、解句,未見注音。其注釋體例遵循傳統形式,即先釋詞再解句最後徵引文獻。釋詞言語較簡練,基本點到爲止,無描述性語句。内容廣泛,地理、名物、典故皆有,尤善釋名物。基本上采用“A,B 也”的格式,而第 4 條舉例式釋詞,第 5 條“B 爲 A”式釋詞,皆能較好地詮釋詞義。解句尤其詳盡,大都將解句與詮釋詞語、徵引典籍有機地融合在一起。例如第 6 條引用鄒衍的觀點,在娓娓的叙述中,自然而然地詮釋了神州、赤縣的含義;徵引范雎言論,不僅能揭示“魏都之卓犖,六合之樞機”的語源,亦揭示出韓魏爲天下之樞紐的觀念來源。第 7 條則將文獻徵引與史實的叙述相結合,讓讀者對“姦回内贔,兵纏紫微”四字産生了具體而真切的體會,這比一般的字詞訓釋更能够傳達賦作的深刻内涵。

【研究】

《文選・南都賦》“㲉玃猱㹧戲其巔”李善注:“張載《吴都賦注》曰:㹧,猨屬。”似乎張載亦曾撰寫過《吴都賦注》。《文選・西京賦》“武庫禁兵,設在蘭錡”李善注曰:“劉逵《魏都賦注》曰:受他兵曰蘭,受弩曰錡,音蟻。”看來劉逵亦曾撰寫過《魏都賦注》。這與史書記載相左,令人疑惑。關於《三都賦》張載注及其與劉逵注、衛權注、綦毋邃注之關係,可以參考唐普《〈文選・三都賦〉舊注底本問題試探》[《四川大學學報》(哲學社會科學版)2009 年第 4 期],該文認爲:李善注《文選・三都賦》時所采用的舊注底本應當爲綦毋邃序注本,該本在張載、劉逵及衛權《三都賦》注本的基礎上,增加了《三都賦序》注。在李善注《文選》時,綦氏序注本略有殘缺。對於臧榮緒《晉書》與序注本在舊注作者問題上産生的分歧,李善采信了史書的記載,因此導致了後人對《三都賦》舊注的誤解。至於《文選》李善注引“劉逵《魏都賦注》”“張載《吴都賦注》”,疑二者皆各有《三都賦注》,至李善時或有少量佚文,而李善注《文選・三都賦》時不采。

《蜀都賦注》1 卷、《吴都賦注》1 卷,晉左思撰,劉逵注,殘

【作者】

劉逵,字淵林。晉元康中爲尚書郎,歷黄門侍郎,累遷侍中。據《晉書・左思傳》,左思《三都賦》成,“(皇甫)謐稱善,爲其賦序;張載爲注《魏都》,劉逵注《吴》《蜀》而序之”,“陳留衛權又爲思賦作略解”,“自是之後,盛重於時。……於是豪貴之家,競相傳寫,洛陽爲之紙貴”。可知其曾爲《魏都賦》《吴都賦》作

注。《隋書·經籍志》經部著録劉逵《喪服要記》二卷,已佚。

【内容】

《隋書·經籍志》“雜賦注本三卷”注云:“(梁有)張載及晉侍中劉逵、晉懷令衛權注左思《三都賦》三卷,亡。”未分言之。據《晉書·左思傳》,左思《三都賦》成,“(皇甫)謐稱善,爲其賦序;張載爲注《魏都》,劉逵注《吴》《蜀》而序之,曰:‘觀中古已來,爲賦者多矣。相如《子虚》擅名於前,班固《兩都》理勝其辭,張衡《二京》文過其意。至若此賦,擬議數家,傅辭會義,抑多精緻。非夫研覈者不能練其旨,非夫博物者不能統其異。世咸貴遠而賤近,莫肯用心於明物。斯文,吾有異焉。故聊以餘思,爲其引詁,亦猶胡廣之於《官箴》、蔡邕之於《典引》也。”由此可知,劉逵對《三都賦》評價甚高,所注爲《蜀都賦》《吴都賦》2 篇。這 2 篇賦注雖已亡佚,但李善注釋《文選·三都賦》時即以其爲底本,故大多數内容得以保存。《文選·蜀都賦》李善注使用劉逵注 74 條,《文選·吴都賦》李善注使用劉逵注 78 條,《文選》謝朓《鼓吹曲》李善注徵引劉逵《吴都賦注》1 條,合計 153 條。數量似乎不多,但每一條内容都很豐富。例如:

1.《蜀都賦》:“夫蜀都者,蓋兆基於上世,開國於中古。廓靈關以爲門,包玉壘而爲宇。帶二江之雙流,抗峨眉之重阻。”○揚雄《蜀王本紀》曰:“蜀王之先,名蠶叢、拍濩、魚鳧、蒲澤、開明。是時人萌椎髻左言,不曉文字,未有禮樂。”從開明上到蠶叢,積三萬四千歲,故曰“兆基於上代”也。秦惠王討滅蜀王,封公子通爲蜀侯。惠王二十七年,使張若與張儀築成都城,其後置蜀郡,以李冰爲守。《地理志》曰:“蜀守李冰鑿離堆,穿兩江,爲人開田,百姓饗其利。”是時蜀人始通中國,言語頗與華同,故言“開國於中古”也。靈關,山名,在成都西南漢壽界。在前,故曰門也。玉壘,山名也,湔水出焉,在成都西北岷山界。在後,故曰宇也。江水出岷山,分爲二江,經成都南,東流經之,故曰帶也。揚雄《蜀都賦》曰:“兩江珥其前。”峨眉,山名也,在成都南犍爲界。面之,故曰抗也。

這條注釋長達 300 餘字,首先徵引揚雄《蜀王本紀》和班固《漢書·地理志》的相關記載,并加以歸納、梳理、分析,既勾勒出悠悠漫漫、神奇虚幻的蜀國開國史,也解釋了“兆基於上世,開國於中古”的深刻内涵。這種補充性注釋,挖掘賦句後面蘊含的歷史文化信息,爲讀者提供十分具體的背景資料,大有助於讀者對賦意的理解,具有一般語詞訓釋所遠遠達不到的效果。此外,劉逵還詳細交代了靈關、玉壘、二江、峨眉的地理位置,分析“門”“宇”“帶”“抗”四字的用字之妙,讓讀者潛心體會本賦的語言之精,修辭之美,亦與一般注釋家有别。但劉逵並没有忽略對賦中語詞名物的訓釋,例如:

2.《蜀都賦》:“孔翠群翔,犀象競馳。白雉朝雊,猩猩夜啼。金馬騁光而絶景,碧雞儵忽而曜儀。火井沉熒於幽泉,高爓飛煽於天垂。”○孔,孔雀也。翠,翠鳥也。孔雀特出永昌南涪縣,翡翠常以二月、九月群翔興古十餘。白雉出永昌。猩猩生交趾封溪，似猿，人面，能言語，夜聞其聲，如小兒啼。《春秋傳》曰："豕人立而啼。"服子慎曰："啼，呼也。"《淮南子》曰："猩猩知往。"《地理志》曰："金馬、碧雞，在越巂青蛉縣禺同山。漢宣帝時，方士言益州有金馬、碧雞之神，可以醮祭而置也。宣帝使諫議大夫王褒持節而求之，褒道病卒，竟不能致也。"蜀郡有火井，在臨邛縣西南。火井，鹽井也，欲出其火，先以家火投之，須臾許，隆隆如雷聲，爓出通天，光輝十里。以筩盛之，接其光而無炭也。熇，熾也。

3.《吴都賦》："島嶼緜邈，洲渚馮隆。曠瞻迢遰，廻眺冥蒙。珍怪麗，奇隙充。徑路絶，風雲通。洪桃屈盤，丹桂灌叢。瓊枝抗莖而敷蘂，珊瑚幽茂而玲瓏。"○島，海中山也。嶼，海中洲，上有山石。魏武《滄海賦》曰："覽島嶼之所有。"緜邈，廣遠貌。水中可居曰洲，小洲曰渚。曠瞻、迢遰，謂島嶼也。馮隆，高貌。迢遰，遠貌。廻眺、冥蒙，謂洲渚深奥之貌。言珍怪之物，麗於島嶼之中。徑路絶者，人道斷絶。風雲通者，唯風雲能交通也。意者謂奇怪之徒，因風雲以交通。《水經》曰："東海中有山焉，名曰度索，上有大桃，屈盤三千里。"桂生蒼梧、交趾、合浦以南山中，所在叢聚，無他雜木也。其枝葉皆辛。木叢生曰灌。瓊樹生其華蘂，仙人所食，令人長生。《楚辭》曰："精瓊蘂以爲糧。"蓬萊三山，神仙所居，故宜有焉。《漢書》歌曰："上蓬萊，咀瓊英。"珊瑚，赤色，有枝，無葉。《扶南傳》曰："漲海中有盤石，珊瑚生其上。"玲瓏，明貌。

第2條對孔、翠、白雉、猩猩、啼、金、碧雞、火井、熇等詞逐一解釋，第3條對島、嶼、緜邈、洲、渚、馮隆、曠瞻、迢遞、廻眺、冥蒙、徑路絶、風雲通、洪桃、丹桂、灌、珊瑚等逐一解釋，或直接訓釋，或徵引故籍，無不清楚明白，令人一目了然。其中亦不乏解句之處，例如第3條"言珍怪之物，麗於島嶼之中"，就是對"珍怪麗"三字的詮解。

劉逵賦注，徵引古代典籍甚多，有時甚至以引代注，這一點與張載相似，亦對李善注釋之體例有重要啟發作用。此外，劉逵還注意到對古注的徵引，例如：《蜀都賦》："都人士女，袨服靚糚。"劉逵注云："蘇林曰：'袨服，謂盛服也。'張楫曰：'靚謂粉白黛黑也。'"這裏徵引了蘇林和張揖的古注，十分可貴。但考其内容，卻與其他典籍的徵引有異。《漢書》卷五十一《賈鄒枚路傳》："夫全趙之時，武力鼎士，袨服叢臺之下者"注："師古曰：袨服，盛服也。"劉逵引作"蘇林曰"。漢司馬相如《上林賦》："靚莊刻飾，便嬛綽約。"顔師古、李善並引郭璞曰："靚莊，粉白黛黑也。"劉逵卻引作"張揖曰"。張揖早於郭璞，蘇林早於顔師古。倘若劉逵徵引不誤，便可作爲郭璞、顔師古襲用前人注釋的證據。

當然，就李善注所徵引的内容來看，劉逵注也有不完善的地方。例如《蜀都賦》："其沃瀛則有攢蔣叢蒲。緑菱紅蓮。雜以藴藻，糅以蘋蘩。總莖柅柅，裛葉蓁蓁。"劉逵注："《楚辭》曰：'倚沼畦瀛。'王逸云：'瀛，澤中也。'班固以爲畦。蔣，菰名也。藴、藻、蘋、蘩，皆水草也。"用"皆水草也"四字來解釋"藴、藻、蘋、蘩”四種植物,顯然過於籠統,不能讓讀者滿意。有些地方頗爲難懂,劉逵卻没有注釋。例如《吴都賦》:“東西膠葛,南北峥嶸。房櫳對櫎,連閣相經。閽闥譎詭,異出奇名。左稱彎碕,右號臨硎。”其中“膠葛”“櫳”“櫎”“閽闥”等皆不太好懂,“彎碕”“臨硎”還涉及陳後主的典故,劉逵隻字未注,實爲疏略。這就爲李善補注留下了空間。當然,這種情況的出現,還有一種可能:那就是劉逵已經作注,但質量不高,李善不滿意,於是悉數删削,重新作注。此外,劉逵注較少注音,亦不利於讀者誦讀。對於這些缺陷,李善注做了必要的彌補。

【研究】

《文選·西京賦》“武庫禁兵,設在蘭錡”李善注引劉逵《魏都賦注》曰:“受他兵曰蘭,受弩曰錡,音蟻。”據此,似乎劉逵亦曾撰寫過《魏都賦注》。但這是孤證,亦有可能是李善的筆誤。研究劉逵賦注,仍然應該以《蜀都賦注》《吴都賦注》爲主。相關論文有:顧農《左思〈三都賦〉及其序注綜考》[《廣西師範大學學報》(哲學社會科學版)2005 年第 1 期]、王立群《從左思〈三都賦〉劉逵注看北宋監本對唐抄本〈文選〉舊注的整理》[《河南大學學報》(社會科學版)2007 年第 1 期]、熊良智《試論韓國奎章閣本〈文選·魏都賦〉注者題録的有關問題》[《四川師範大學學報》(社會科學版)2007 年第 6 期]、唐普《〈文選·三都賦〉舊注底本問題試探》[《四川大學學報》(哲學社會科學版)2009 年第 4 期]等。

《三都賦略解》3 卷,晉衛權(衛瓘)撰,佚

【作者】

衛權,又作“衛瓘”,字伯輿,陳留襄邑(今河南睢縣)人。魏司徒臻之孫。元康初,汝南王亮輔政,擢爲尚書郎。曾爲晉懷令。據《晉書·左思傳》,左思《三都賦》成,“(皇甫)謐稱善,爲其賦序;張載爲注《魏都》,劉逵注《吴》《蜀》而序之”,“陳留衛權又爲思賦作略解”,“自是之後,盛重於時。……於是豪貴之家,競相傳寫,洛陽爲之紙貴”。傳鈔者除了鈔録《三都賦》正文,亦當鈔録了張載、劉逵、衛權三人的注釋。衛權《略解》曾經幫助《三都賦》傳播,亦藉助《三都賦》而傳播。衛權,《晉書》作“衛瓘”,何焯《義門讀書記》卷二十五曰:“按,衛權字伯輿,見《三國志》注中。諸本皆誤瓘,宋本亦誤。”今按:《三國志·魏志》卷二十二《衛臻傳》裴松之注:“臣松之案舊事及《傅咸集》,(衛臻之子)烈終於光禄勛。烈二弟京、楷,皆二千石。(衛)楷子權,字伯輿。晉大司馬汝南王亮輔政,以權爲尚書郎。傅咸與亮牋曰:‘衛伯輿,貴妃兄子,誠有才章,應作臺郎,然未得東宫官屬。東宫官屬,前患楊駿,親理塞路。今有伯輿,復越某作郎。一犬吠形,群犬吠聲,懼於群吠,遂至回聽。’權作左思《吴都賦》叙及注,叙粗有文辭,至於爲注,了無所發明,直爲塵穢紙墨,不合傳寫也。”《三國志》裴注與《晉書》字異,今從裴注作“權”。

【内容】

《隋書·經籍志》"雜賦注本三卷"注云:"(梁有)張載及晉侍中劉逵、晉懷令衛權注左思《三都賦》三卷,亡。"未分言之。據《晉書·左思傳》,左思《三都賦》成,"(皇甫)謐稱善,爲其賦序;張載爲注《魏都》,劉逵注《吴》《蜀》而序之","陳留衛權又爲思賦作《略解》,序曰:'余觀《三都》之賦,言不苟華,必經典要。品物殊類,稟之圖籍,辭義瓌瑋,良可貴也。有晉徵士故太子中庶子安定皇甫謐,西州之逸士,耽籍樂道,高尚其事。覽斯文而慷慨,爲之都序。中書著作郎安平張載、中書郎濟南劉逵,並以經學洽博,才章美茂,咸皆悦玩,爲之訓詁。其山川土域,草木鳥獸,奇怪珍異,僉皆研精所由,紛散其義矣。余嘉其文,不能默已,聊藉二子之遺忘,又爲之《略解》,祇增煩重,覽者闕焉。'自是之後,盛重於時。"①據衛權《略解序》,可知其《三都賦略解》乃是對劉逵《蜀都賦注》《吴都賦注》、張載《魏都賦注》的補充,内容並不多。因其附在《三都賦》之下,故定爲三卷。

裴松之《三國志·魏志》注曰:"(衛權)爲注,了無所發明,直爲塵穢紙墨,不合傳寫",評價甚低,後人亦不加重視。今存衛權賦注1條,如下:

《後漢書》卷三十六:"黄門侍郎,六百石。本注曰:無員,掌侍從左右,給事中,關通中外。及諸王朝見於殿上,引王就坐。"梁劉昭注:"《漢舊儀》曰:'黄門郎,屬黄門令,日暮入,對青瑣門拜,名曰夕郎。'《宫閣簿》:'青瑣門在南宫。'衛瓘注《吴都賦》曰:'青瑣,户邊青鏤也。一曰天子門内有眉,格再重,裏青畫曰瑣。'"

這是對《吴都賦》"彫欒鏤楶,青瑣丹楹。圖以雲氣,畫以僊靈"句的注釋。李善注采用劉逵注:"瑣,户兩邊以青畫爲瑣。"衛權提供了兩種解釋:一種是"户邊青鏤",一種是"門楣青畫",對劉逵注有所補充。

《子虚上林賦注》1卷,晉郭璞撰,佚

【作者】

郭璞(276—324),字景純,河東聞喜縣(今屬山西)人,東晉著名學者、訓詁學家。生平參見本章"《晉弘農太守郭璞集》17卷"條。

【内容】

《隋書·經籍志》集部總集類:"雜賦注本三卷"注曰:"梁有郭璞注《子虚上林賦》一卷,亡。"郭璞《子虚上林賦注》一卷雖早已亡佚,但《史記·司馬相如列傳》三家注、《漢書·司馬相如傳》顔師古注、《文選·子虚賦、上林賦》李善注都有大量徵引,因而大多數内容都保存了下來。考《史記·司馬相如列傳》三家注

① 〔唐〕房玄齡等:《晉書》,中華書局1974年版,第2376~2377頁。

所引,主要集中在《子虛》《上林》二賦,但在注《大人賦》《封禪文》時各徵引 1 條,而本傳開頭"是時卓王孫有女文君"至"奏之天子,天子大説"一段卻徵引 14 條。如"以琴心挑之",《史記集解》引郭璞曰:"以琴中音挑動之。""爲齊難",《史記集解》引郭璞曰:"詰難楚事也。"這些頗有針對性的注語不可能來自郭璞《毛詩拾遺》《爾雅注》諸書,所以,頗疑郭璞曾經完整注釋了《史記·司馬相如列傳》或者《漢書·司馬相如傳》。現將其賦注定爲《子虛》《上林》《大人》3 篇,列表如下:

郭璞賦注遺存情況一覽表

篇目	《史記》三家注	《漢書》顏師古注	《文選》李善注	總計徵引條數(去重後條數)
子虛賦	63	26	45	134(91)
上林賦	136	108	157+18	419(189)
大人賦	1			1(1)
合計徵引篇目數/條(次)數	3/200	2/134	2/220	3/554(281)

從上表可知,《史記》三家注共徵引郭璞賦注 200 條,《漢書》顏師古注共徵引 134 條,《文選》李善注共徵引 220 條,五家注合計徵引 554 條,去除重複,共 281 條,現摘選代表性注釋 10 條,如下:

1.《史記·司馬相如列傳》之《子虛賦》:"子虛過詫烏有先生,而無是公在焉。"○【集解】郭璞曰:"詫,誇也,音詫夏反。"

2. 同上:"鶩於鹽浦,割鮮染輪。"○【集解】郭璞曰:"鹽浦,海邊地多鹽鹵。鮮,生肉也。染,擩也,音而沿反,又音而悦反。擩之於輪,鹽而食之。鶩,馳也,音務。"

3. 同上:"楩枏豫章。"○【集解】郭璞曰:"楩,杞也,似梓。枏,葉似桑。豫章,大木也,生七年乃可知也。"

4.《漢書·司馬相如傳上》之《子虛賦》:"其下則有白虎玄豹,蟃蜒貙豻。"○郭璞曰:"蟃蜒,大獸似狸,長百尋。貙似狸而大。豻,胡地野犬也,似狐而小。蟃音萬。蜒音延。豻音岸。"今按:《文選》善注同。

5.《文选·子虛賦》:"阳子驂乘,孅阿爲御。"○郭璞曰:"孅阿,古之善御者,见《楚辞》。孅,音纖。"

6. 同上:"邪與肅愼爲鄰,右以湯谷爲界。"○郭璞曰:"肅愼,國名,在海外,北接之。"

7.《漢書·司馬相如傳上》之《子虛賦》:"封疆畫界者,非爲守禦,所以禁淫也。”○郭璞曰:“天下有道,守在四夷。立境界者,欲以禁絶淫放耳。”今按:《文選》善注同,《史記索隱》節引“禁絶淫放耳”五字。

8.《史記·司馬相如列傳》之《上林賦》:“巴俞宋蔡。”○【集解】郭璞曰:“巴西閬中有俞水,獠人居其上,皆剛勇好舞,漢高募取以平三秦。後使樂府習之,因名巴俞舞也。”今按:《史記索隱》《文選》善注略同。

9.同上:“柔橈嫚嫚。”○【索隱】郭璞曰:“柔橈嫚嫚,皆骨體耎弱長豔皃也。《廣雅》云:‘嫚嫚,容也。’”今按:《文選》善注略同。

10.同上:“長眉連娟,微睇緜藐。”○【索隱】郭璞曰:“連娟,眉曲細也。緜藐,遠視皃也。娟音一全反。睇,大計反。藐音邈。”今按:《漢書》顔注、《文選》善注無注音。

郭璞賦注留存數量較多,但大都集中於司馬相如之《子虚賦》與《上林賦》,《史記》三家注、《漢書》顔師古注和《文選》李善注在注釋這兩篇賦作時廣泛徵引郭注,尤其是李善,在兩篇賦的題目下特標“郭璞注”三字,可見其稱賞之意。此外,郭璞曾爲《爾雅》《方言》《山海經》等作注,在文字訓詁、地理名物方面有深厚造詣,其賦注特點亦是如此,善於爲奇字怪字注音,直音法與反切法兼用;善於釋動物、植物、天文、地理等内容,精準而詳細,便於後人解讀賦作。郭璞被後人譽爲博物學家,其注亦爲博物注的代表。例如第3至第6條分别詮釋植物、動物、人名、地名,十分準確;第8條解釋歌舞名而涉及西南民俗,亦爲絶佳的史料。第2條郭璞以“染”爲“擩”,認爲是“擩之於輪,鹽而食之”,引起後人争論。清人朱珔曰:“此承上鹽浦而言,故以‘染輪’爲擩鹽。或疑‘染輪’謂割鮮而血染車輪,如《羽獵賦》所云‘創淫輪夷’,注引《音義》曰:‘創血流平於車輪也。’但彼處言殺獸,與此言割鮮異。《西都賦》‘割鮮野食’,《西京賦》‘割鮮野饗’,注皆引此語爲證。而兩賦不及‘染輪’者,以其非鹽浦故也。後賦言‘芍藥之和具,而後御之’,正與此反對,仍以舊注爲優。”高步瀛贊同此説,又云:“苟非擩而食之,割鮮何以言及車輪?”齊國産鹽,此處言“鶩於鹽浦”,車輪上自然沾滿鹽巴,“擩車輪鹽而食之”也就順理成章了。從全賦來看,這段話以極其誇張的手法來表現齊王得意之態,也暴露了齊王飲食方式之粗俗:在鹽鹻地上馳騖縱横,割取鳥獸的鮮肉,蘸取車輪上的鹽粒就往嘴裏送。賦後段子虚曰:“楚王乃登雲陽之臺,怕乎無爲,憺乎自持。勺藥之和具,而後御之。不若大王終日馳騁,曾不下輿。脟割輪焠,自以爲娱。臣竊觀之,齊殆不如。”極言楚王飲食考究,舉止高雅,對齊王“脟割輪焠,自以爲娱”的粗野舉動極盡嘲諷之能事。子虚、烏有針鋒相對,争强鬥勝,於此可見。郭璞注釋之精到,亦於此可見。

《海賦注》1卷,晉木華撰,晉蕭廣濟注,佚

【作者】

蕭廣濟,生平不詳,大概是晉代人,曾爲輔國將軍。《隋書·經籍志》史部著録:"《孝子傳》十五卷,晉輔國將軍蕭廣濟撰。"集部著録:"蕭廣濟注木玄虛《海賦》一卷,亡。"木華,字玄虛,廣川(今河北景縣)人,西晉辭賦家,曾爲太傅楊駿府主簿。蕭廣濟或者略晚於木華。

【内容】

《隋書·經籍志》集部"雜賦注本三卷"注:"(梁有)蕭廣濟注木玄虛《海賦》一卷,亡。"未見徵引。

《初學記》卷三十《鳥部》"背青春,翔玄月"注:"郭璞《江賦》曰:'陽烏爰翔,于以玄月。千類萬聲,自相喧聒。'蕭廣濟注曰:'陽烏,鴈之屬。'"似乎蕭廣濟還曾爲郭璞《江賦》作注,唐徐堅尚可見到。但李善注《文選》時没有徵引。録以備考。

《射雉賦注》1卷,晉潘岳撰,南朝宋徐爰注,佚

【作者】

徐爰(394—475),初名瑗,字長玉,一作季玉,南琅邪開陽(今南京市)人。東晉末爲琅邪王大司馬府中典軍。宋文帝元嘉初年,遷殿中侍御史,後入東宫爲僚屬,遷員外散騎侍郎。宋武帝劉峻即位後,官尚書右丞。大明六年(462)領著作郎,編纂《宋書》。巧於逢迎,能得人主微旨,寵待隆密。明帝在藩時,爰禮敬甚簡。及即位,遂徙爰交州。明帝卒,還建康,除中散大夫,卒,年八十二。徐爰著有文集10卷(《隋志》作6卷,此從《隋志》注及兩《唐志》),行於世。所撰《宋書》65卷,爲沈約《宋書》取資頗多。此外尚有《周易繫辭注》2卷、《禮記音》2卷、《三國評志》3卷、《合皇覽目》4卷、《射雉賦注》1卷、《雜逸書》22卷等,皆佚。

【内容】

《隋書·經籍志》總集類"《雜賦注本》三卷"注:"(梁有)徐爰注《射雉賦》一卷,亡。"兩《唐志》不載。但是,李善在注釋《文選》卷九之潘岳《射雉賦》時較爲完整地保存了徐爰注,多達66條。仔細閲讀,發現徐爰賦注音義兼釋,内容十分豐富。其順序爲:釋詞—徵引—解句—注音。例如:

1.《文選·射雉賦》:"厲耿介之專心兮,奓雄艶之姱姿。"○厲,嚴整也。耿介,專一也。奓,豐也。姱,好也。美色曰豔。言雉嚴整其不群之性,奮揚其雄豔之貌。見敵必戰,不容他雜,此之謂英麗也。奓,赤氏切。姱,苦瓜切。

2.《文選·射雉賦》:"麥漸漸以擢芒,雉鷕鷕而朝鴝。"○漸漸,含秀之貌也。微子曰:"麥秀漸漸。"鷕鷕,雉聲也。又云:"雉之朝鴝,尚求其雌。"雌雉不得言鴝,顔延年以潘爲誤用也。案,《詩》有鷕雉鳴,則云求牡;及其朝鴝,則云求雌。今云"鷕鷕朝鴝"者,互文以舉,雄雌皆鳴也。此以上序節物氣候,雉可射之時也。鷕,以少切。

第 1 條先解釋“厲”“耿介”“奓”“婍”諸詞,再通釋全句,最後再爲“奓”“婍”注音,層次井然,有條不紊。其中“見敵必戰,不容他雜,此之謂英麗也”既是對此二句賦文的引申,也是對前文“聿采毛之英麗兮,有五色之名翬”的補充,前後呼應,更見出句意相承、一脈貫通之情致。第 2 條亦用此順序,不過中間徵引微子的《麥秀歌》,以佐證“漸漸”之釋;又徵引《詩經·小雅·小弁》之詩句,“鷕鷕”則求牡,“朝雊”則求雌,此處“互文以舉,雄雌皆鳴”,不是誤用。這類考證文字,在其他賦注中是難得一見的。至於“此以上序節物氣候,雉可射之時也”,則是對上段文字的總括,類似的文字還有“此以上言雉之形性也”“此以上言媒之形勢”“此以上序翳之形飾”等等,説明徐爰重視對賦意的總結,旨在梳理賦之内在層次,引導讀者領會賦意賦旨。

一般情況下,徐爰注以兩句爲一單元,遵循詞、句、音的順序作注。但有時亦有調整。亦以兩句爲一單元,采用(上句)詞、句—(下句)詞、句—(兩句)音的順序。例如:

3.《文選·射雉賦》:“爾乃擎場拄翳,停僮葱翠。”○擎者,開除之名也。今傖人通有此語。射者聞有雉聲,便除地爲場,拄翳於草。停僮,翳貌也。葱翠,翳色也。擎,步何切。拄,株庾切。

先釋上句“擎場拄翳”,再釋下句“停僮葱翠”(下句没有解句),最後注音。賦注中吸收方言俗語,交代民俗民風,亦頗有趣味,且具有語言學和民俗學價值。

《百賦音》10 卷,南朝宋褚詮之(諸詮之)撰,佚

【作者】

褚詮之,或寫作褚詮、諸詮之、褚令之。南朝宋人,曾爲御史,兼中書舍人,餘不詳。《隋書·經籍志·集部别集類》著録:“(梁)又有宋……兼中書舍人《褚詮之集》八卷,録一卷,亡。”《集部總集類》又著録:“《百賦音》十卷,宋御史褚詮之撰。”

【内容】

褚詮之是南朝宋代著名語言學家,所撰《百賦音》在南北朝時期頗爲風行。北齊顔之推《顔氏家訓》卷上《勉學篇》曰:“讀《五經》者是徐邈而非許慎,習賦誦者信褚詮而忽吕忱,明《史記》者專皮鄒而廢篆籀,學《漢書》者悦應、蘇而略《蒼》《雅》。不知書音是其枝葉,小學乃其宗系。”其中“褚詮”應爲“褚詮之”之省,“應、蘇”指應劭、蘇林。這説明在南北朝時期褚詮之《百賦音》、應劭《漢書集解音義》、蘇林《漢書注》皆十分流行,是普通讀者喜聞樂見的書籍。顔之推爲了突出《説文解字》《爾雅》等專門語言文字學著作的價值,所以貶低它們。唐代顔師古在《漢書·司馬相如傳》題下注曰:“近代之讀相如賦者多矣,皆改易文字，競爲音説，致失本真，徐廣、鄒誕生、諸詮之、陳武之屬是也。”亦對褚詮之、徐廣等持否定態度。前已言之，徐廣注賈誼、相如賦注重辨字、注音，揭示異文，自有價值。褚詮之《百賦音》爲一百首賦作集中作注，確實在很大程度上方便了讀賦者研讀與學習，無怪乎人們競相傳閱了。《隋書・經籍志》集部總集類：“《百賦音》十卷，宋御史褚詮之撰。”可知此書在隋代尚存。《舊唐書・經籍志》：“《百賦音》一卷，褚令之撰。”《新唐書・藝文志》同。作者名僅差一字，顯然爲誤字，應即此書，但僅殘賸一卷耳。

褚詮之《百賦音》早已散佚，蓋亡於唐末宋初。但隋蕭該《漢書音義》在注釋《漢書・揚雄傳》之《甘泉賦》時徵引 5 條，注釋《校獵賦》時徵引 13 條，注釋《長楊賦》時徵引 5 條，合計爲 23 條（名字作“諸詮”）。司馬貞《史記索隱》徵引 1 條，陸德明《經典釋文》徵引 2 條。三部書加在一起，共徵引褚詮之《音》26 條。現擇取數條如下：

1.《漢書・揚雄傳》之《甘泉賦》：“柴虒參差，魚頡而鳥䀕。”○蕭該《音義》曰：“柴，一本作㗪，諸詮《賦》：㗪，音初綺反。”

2.《漢書・揚雄傳》之《甘泉賦》：“迺望通天之繹繹。”○宋祁曰：晉灼曰：“繹音夕。”諸詮賦音亦。

3.《漢書・揚雄傳》之《校獵賦》：“陿三王之阸薜。嶠高舉而大興。”○蕭該《音義》曰：陿音洽。阸，諸詮音烏隔反，一音於賣反。

4.《漢書・揚雄傳》之《長楊賦》：“迺展民之所詘，振民之所乏。”○宋祁曰：諸詮曰：詘，古“屈”字。

5.《春秋公羊傳・僖公三十三年》：“爾即死，必於殽之嶔巖。”○唐陸德明釋文：“嶔，苦銜反。鄒深生、褚詮之音《上林賦》並同。韋昭《漢書音義》去瞻反。”

6.《經典釋文》卷二十七：“（《莊子・秋水》）井幹，古旦反。司馬云：井欄也。諸詮之音《西京賦》作韓音。”

7.《史記・司馬相如列傳》：“臣之所見，蓋特其小小者耳，名曰雲夢。”○【索隱】褚詮音亡楝反，又音莫風反。

另外，《毛詩・周南・螽斯》：“螽斯羽，詵詵兮。”鄭箋：“凡物有陰陽情慾者，無不妬忌。”陸德明音義曰：“慾音欲，諸詮之音諭。”《爾雅注疏》卷十一：“貏貐類貙，虎爪，食人，迅走。”陸德明音義曰：“貏字亦作猰，或作窫，諸詮之烏八反。……貐字或作窳，諸詮之以主反。”出處不明，不知是來自《百賦音》，還是褚詮之另有《毛詩音》《爾雅音》等著述。這幾條不統計在內。

從上面所舉 7 條，亦可看出褚詮之音注的特色。注音多用反切法，如第 1 條、第 3 條、第 5 條等；偶爾也用直音法，如第 2 條、第 6 條。其中第 4 條辨古今字，雖然是孤證，但也説明褚詮之《百賦音》在注音之外，似乎還有其他方面的内容。

《賦音》2 卷,南朝郭徵之(郭微之)撰,佚

【作者】

郭徵之,兩《唐志》作郭微之,生平不詳,大約生活于南朝齊梁時期。

【内容】

《隋書·經籍志》集部"《百賦音》十卷"注:"梁有《賦音》二卷,郭徵之撰,亡。"兩《唐志》著録,但署名"郭微之"。蓋亡於兩宋之際。未見徵引。

《雜賦圖》17 卷,南朝佚名撰,佚

【作者】

姓名不詳,大約生活于南朝梁以前。

【内容】

《隋書·經籍志》集部"《百賦音》十卷"注:"梁《雜賦圖》十七卷,亡。"兩《唐志》未見著録,蓋亡於梁陳時期。但該書以繪圖的方式詮解賦意,自與一般注本不同,乃是辭賦與繪畫兩種文藝相結合的産物。人言"詩中有畫",豈知賦中亦有畫耶?

《雜賦注本》3 卷,南朝佚名撰,佚

【作者】

姓名不詳,大約生活于南朝時期。

【内容】

《隋書·經籍志》集部著録:"《雜賦注本》三卷。"不署編者。兩《唐志》未著録,蓋亡於唐代初年。所注雜賦,大抵爲無名氏作品,頗有詼諧調笑之作。其注釋亦多方言俚語,有失雅正,故爲儒家文人所鄙棄。

《洛神賦注》1 卷,三國魏曹植撰,南朝孫壡注,佚

【作者】

孫壡,生平不詳。《隋志》將孫壡《洛神賦注》置於梁武帝《圍碁賦》和佚名《觀象賦》之下,估計其大約生活于齊梁時期。

【内容】

《隋書·經籍志》集部:"《洛神賦》一卷,孫壡注。"兩《唐志》未著録,蓋亡於唐代。未見徵引,不詳其面貌。

［外編］

《司馬相如傳注》1卷、《揚雄傳注》1卷,三國魏張揖撰,佚

【作者】

張揖,字稚讓,清河(今河北省清河縣)人,一説河間人,漢魏之際著名語言學家。魏明帝太和年間,官至博士。所著《廣雅》十卷,共18450字,體例篇目依照《爾雅》,字按意義分類相聚,釋義多用同義相釋的方法。因博采經書箋注及《三蒼》《方言》《説文解字》等書增廣補充,故名《廣雅》,是研究古代漢語辭彙和訓詁的重要著作。所著《埤蒼》三卷,是研究古代語言文字的專著。還著有《古今字詁》三卷、《司馬相如傳注》一卷、《錯誤字誤》一卷、《難字》一卷。皆佚。僅存《廣雅》十卷。《魏書》有傳,附《江式傳》之後。

【内容】

據顔師古《漢書叙例》,張揖曾注《漢書》,但止解《司馬相如傳》一卷。因少故精,影響頗大。其賦注情況詳見下表:

張揖賦注遺存情況一覽表

篇目	《史記》三家注	《漢書》顔師古注	《文選》李善注	總計徵引條數(去重後條數)
子虚賦	14	46	48+6	114(64)
上林賦	56	68	87+15	226(135)
哀二世賦		2		2(2)
大人賦	24	42	0+1	67(50)
長楊賦			3	3(3)
合計徵引篇目數/條(次)數	3/94	4/158	4/160	5/412(256)

有兩點需要説明:

一、表中48+6,意思是李善在注釋《文選·子虚賦》時共徵引張揖《子虚賦注》48條,在注釋《文選》其他詩文時又徵引張揖《子虚賦注》6條,拼在一起,《文選》李善注共徵引張揖《子虚賦注》64條(有重複)。這6條注釋分别是:

1.《文選》卷三張衡《東京賦》:"温液湯泉,黑丹石緇。"李善注引張揖《子虚賦注》曰:"玄厲黑石,可用磨也。"

2.《文選》卷十三賈誼《鵩鳥賦》:"細故蔕芥兮,何足以疑。"李善注引張揖《子虚賦注》曰:"蔕芥,刺鯁也。"

3.《文選》卷十八嵇康《琴賦》:“新衣翠粲,纓徽流芳。”李善注曰:“《子虚賦》曰:‘翕呷翠粲。’張揖曰:‘翠粲,衣聲也。’”

4.《文選》卷十九宋玉《高唐賦》:“昔者楚襄王與宋玉遊於雲夢之臺。”李善注引《漢書音義》張揖曰:“雲夢,楚藪也,在南郡華容縣,其中有臺館。”

5.《文選》卷二十謝宣遠《王撫軍庾西陽集别時爲豫章太守庾被徵還東》:“榜人理行艫,輶軒命歸僕。”李善注曰:“張揖《子虚賦注》曰:‘《月令》曰:命榜人。榜人,舡長也。’”

6.《文選》卷二十八《塘上行》:“江蘺生幽渚,微芳不足宣。”李善注:“張揖《漢書注》曰:‘江蘺,香草也。’”今按:此處所引張揖《漢書注》,乃是《漢書·司馬相如傳》所載《子虚賦》“江蘺蘪蕪”句張揖注。

二、顔師古《漢書叙例》稱,張揖注《漢書》“止解《司馬相如傳》一卷”,但李善在注釋揚雄《長楊賦》時曾徵引張揖語3條,皆不著出處。如:《長楊賦》:“酌允鑠,肴樂胥。”李善注引張揖曰:“允,信也。鑠,美也。言酌信美以當酒,帥禮樂以爲肴。”同賦:“其勤若此,故真神之所勞也。”李善注引張揖曰:“《詩》云:‘愷悌君子,神所勞矣。’”考其内容,或釋詞解句,或徵引故籍,似乎不可能出自張揖《埤蒼》《廣雅》《古今字詁》等文字學、訓詁學著作,而更像是出自張揖專門爲《漢書·揚雄傳》所作的註釋。或許顔師古没有見到張揖的《揚雄傳注》,或許這篇《揚雄傳注》衹完成了一部分,並且遠遠不及《司馬相如傳注》詳贍,所以爲顔師古所忽略。李善引録雖少,卻説明張揖確實曾對《揚雄傳》作過簡單的注釋。

據上表,《史記》三家注共徵引張揖注釋94條,《漢書》顔師古共徵引158條,《文選》李善注徵引161條,五家注合計徵引412條,去除重複,共256條,摘選代表性注釋11條,如下:

1.《史記·司馬相如列傳》:“陽子驂乘,纖阿爲御。”○【索隱】張揖云:“陽子,伯樂也。孫陽字伯樂,秦繆公臣,善御者也。”今按:《漢書》顔注、《文選》善注略同。

2.《漢書·司馬相如傳上》:“岑崟參差,日月蔽虧。”○張揖曰:“高山壅蔽,日月虧缺半見。”今按:《文選》善注同。

3.《漢書·司馬相如傳上》:“其石則赤玉玫瑰,琳瑉昆吾,瑊玏玄厲,碝石武夫。”○張揖曰:“琳,玉也。瑉,石之次玉者也。昆吾,山名也,出善金。《尸子》曰‘昆吾之金’。”今按:《文選》善注略同。

4.《文選·子虚賦》:“畋罷,子虚過奼烏有先生,亡是公存焉。”○張揖曰:“奼,誇也,醜亞切,字當作詫。”

5.《史記·司馬相如列傳》:“終始霸滻,出入涇渭。”○【索隱】張揖云:“灞出藍田西北而入渭。滻亦出藍田谷,北至霸陵入灞。灞滻二水盡於苑中不出,故云終始也。涇渭二水從苑外來,又出苑去也。涇水出安定涇陽縣开頭山,東至陽陵入渭。渭水出隴西首陽縣鳥鼠同穴山,東北至華陰入河。”今按:《文選》善注節引“灞滻二水盡於苑中不出,故云終始也。涇渭二水從苑外來,又出苑去也”。《史記索隱》更爲完備。

6.《漢書·司馬相如傳下》:“其獸則庸旄貘犛,沈牛麈麋,赤首圜題,窮奇象犀。”○張揖曰:“旄,旄牛,其狀如牛而四節毛。犛牛黑色,出西南徼外。沈牛,水牛也,能沈没水中。麈似鹿而大。”今按:《史記索隱》《文選》善注略同。

7.《漢書·司馬相如傳下》:“沙棠櫟櫧。”○張揖曰:“沙棠,狀如棠,黄華赤實,其味似李,無核。《吕氏春秋》曰‘果之美者,沙棠之實’。櫟,果名也。櫧似柃,葉冬不落。”今按:《文選》善注同。

8.《漢書·司馬相如傳下》:“聽葛天氏之歌。”○張揖曰:“葛天氏,三皇時君號也。其樂三人持牛尾,投足以歌八曲:一曰《載民》,二曰《玄鳥》,三曰《育草木》,四曰《奮五穀》,五曰《敬天常》,六曰《徹帝功》,七曰《依地德》,八曰《總禽獸之極》。”今按:《史記索隱》《文選》善注同。

9.《文選·上林賦》:“紛溶萷蔘,猗狔從風。”○張揖曰:“猗狔,猶阿那也。溶,音容。萷,音蕭。蔘,音森。猗,憶靡切。狔,女爾切。”今按:《史記索隱》節引釋義。

10.《文選·上林賦》:“拖蜺旌,靡雲旗。”○張揖曰:“析羽毛,染以五采,綴以縷爲旌,有似虹蜺之氣也。畫熊虎於旒爲旗,似雲氣也。”

11.《漢書·司馬相如傳下》:“貫列缺之倒景兮,涉豐隆之滂濞。”○張揖曰:“貫,穿也。陵陽子《明經》曰:‘列缺氣去地二千四百里,倒景氣去地四千里,其景皆倒在下也。’”今按:《文選》卷七揚雄《甘泉賦》“歷倒景而絶飛梁兮”李善注引之。

上述張揖11條注釋,辨字、注音、釋詞、解句皆有,體例完備,内容豐富。不難看出,張揖尤其善於詮釋地理、名物、典故,釋地理準確詳細,釋名物生動形象,釋典故豐富具體,且有所徵引,注釋方法靈活多變,大大方便了讀者理解與研究。其注音較少,且多在釋義後出現,但兼用直音法與反切法。張揖是先唐漢賦注釋存留最多的注釋家之一(共412條,僅次於薛綜、郭璞),主要原因即在於其注釋内容的豐富和準確。張珊認爲,李善《文選注》多引張揖,恐與曹憲有關,因“曹憲推崇張揖”,“而李善又師事曹憲,學術相傳,故凡所引述,多選張揖”。[1] 所論頗有道理。其實,顔師古亦多引張揖注,這不能不歸因於張注本身的品質與水準。

---

① 張珊:《〈文選〉賦類李善注所收舊注解題》,《古籍整理研究學刊》2010年第6期。

《漢書注》卷數不詳,三國魏蘇林撰,佚

【作者】

蘇林,字孝友,陳留外黄(今河南省蘭考縣)人,主要活動于漢魏易代之際。據顏師古《漢書叙例》,蘇林曾經做過魏給事中領秘書監、散騎常侍、永安衛尉、太中大夫,黄初中遷博士,封安成亭侯。大約卒于齊王芳正始年間,享年八十餘。《隋書·經籍志》及兩《唐志》並載蘇林撰述有:《孝經注》一卷、《陳留耆舊傳》一卷,已佚。

【内容】

其賦注情況詳見下表:

蘇林賦注遺存情況一覽表

篇目	《史記》三家注	《漢書》顏師古注	《文選》李善注	總計徵引條數(去重後條數)
弔屈原賦	2	1	1	4(2)
鵩鳥賦	1	2	1	4(2)
子虛賦	3	4	4	11(6)
上林賦	1	5	2	8(7)
哀二世賦		1		1(1)
大人賦	1	1		2(1)
答客難		1	1	2(1)
甘泉賦		3	3	6(3)
河東賦		2		2(2)
校獵賦		3	1	4(3)
長楊賦		2	1	3(2)
解嘲		2	5	7(6)
幽通賦		1		1(1)
合計徵引篇目數/條(次)數	5/8	13/28	9/19	13/55(37)

從上表可知,《史記》三家注共徵引蘇林注釋 10 條,《漢書》顏師古注徵引 28 條,《文選》李善注徵引 19 條,五家注合計徵引 55 條,去除重複,共 37 條。爲

便於説明，現摘録若干條如下：

1.《史記·屈原賈生列傳》："形氣轉續兮，變化而嬗。"○【索隱】蘇林云："嬗音蟬，謂其相傳與也。"今按：《漢書》顔注、《文選》善注引釋詞。

2.《史記·司馬相如列傳》："且齊東陼巨海。"○【索隱】蘇林："（陼，）音渚，小洲曰陼。"今按：《漢書》顔注、《文選》善注略同。

3.《漢書·司馬相如傳上》："其高燥則生葴析苞荔，薛莎青薠。"○蘇林曰："析音斯。"今按：《文選》善注引作："析，斯曆切。"一爲直音法，一爲反切法，未審孰是。

4.《文選·子虚賦》："樝梨梬栗，橘柚芬芳。"○蘇林曰："梬，音郢都之郢。"

5.《漢書·司馬相如傳下》："江河爲阹，泰山爲櫓。"○蘇林曰："阹，獵者圜陳遮禽獸也。"

6.《漢書·東方朔傳》："同胞之徒無所容居，其故何也？"○蘇林曰："胞音胞胎之胞也，言親兄弟。"今按：《文選》善注同。

7.《漢書·揚雄傳上》："秦神下讋，跖魂負沴。"○蘇林曰："秦文公時庭中有怪化爲牛，走到南山梓樹中，伐梓樹，後化入豐水，文公惡之，故作其象以厭焉。今之茸頭是也，故曰秦神。"

蘇林賦注，注音較多，且兼用直音法、比擬標音法與反切法。釋詞多伴隨注音而出現，單獨釋詞者較少，第 9 條援引神話傳説以解釋"秦神"之意，生動形象，有助於讀者更好地理解賦意，頗具神異色彩。

《漢書注》卷數不詳，三國魏張晏撰，佚

【作者】

張晏，字子博，中山（今陝西省淳化縣南）人，生平不詳。據顔師古《漢書叙例》，張晏曾注《漢書》。

【内容】

其賦注情況詳見下表：

張晏賦注遺存情況一覽表

篇目	《史記》三家注	《漢書》顔師古注	《文選》李善注	總計徵引條數（去重後條數）
弔屈原賦	4	3	4	11(4)
鵩鳥賦	1	2	1	4(2)
子虛賦	1	2	2	5(3)
上林賦	1			1(1)

（续表）

篇目	《史記》三家注	《漢書》顔師古注	《文選》李善注	總計徵引條數（去重後條數）
答客難		1	2	3(2)
自悼賦		1		1(1)
甘泉賦		10	10	20(12)
河東賦		2		2(2)
校獵賦		7	11	18(13)
長楊賦		4	4	8(6)
解嘲		2		2(2)
幽通賦		6	5	11(8)
合計徵引篇目數/條(次)數	4/7	11/40	9/39	13/86(56)

從上表可知,《史記》三家注共徵引張晏注釋7條,《漢書》顔師古注共徵引40條,《文選》李善注徵引39條,五家注合計86條,去除重複,共56條。先摘選代表性注釋10條如下:

1.《史記·屈原賈生列傳》:"訊曰:'已矣,國其莫我知,獨堙鬱兮其誰語?'"○【集解】張晏曰:"訊,《離騷》下章亂辭也。"今按:《史記索隱》、《漢書》顔注、《文選》善注略同。

2.《漢書·賈誼傳》:"傅説胥靡,廼相武丁。"○張晏曰:"胥靡,刑名也。傅説被刑,築於傅巖,武丁以爲己相。"

3.《文選·答客難》:"夫蘇秦、張儀之時,周室大壞,諸侯不朝,力政争權,相擒以兵,並爲十二國,未有雌雄,得士者强,失士者亡,故説得行焉。"○張晏曰:"周千八百國,在者十二。謂魯、衛、齊、宋、楚、鄭、燕、趙、韓、魏、秦、中山。《春秋孔演圖》曰:'天運三百歲,雌雄代起。'"

4.《漢書·揚雄傳上》:"乃詔虞人典澤,東延昆鄰,西馳闛闔。"○張晏曰:"東至昆明之邊也。"今按:《文選》善注同。

5.《漢書·揚雄傳下》:"酌允鑠,肴樂胥。"○張晏曰:"允,信也。鑠,美也。言酌信義以當酒,帥禮樂以爲肴也。"今按:這段話《文選》李善注引作張揖,未審孰是。

6.《漢書·叙傳》:"巨滔天而泯夏兮,考遘愍以行謡。"○張晏曰:"彪遇王莽之敗,憂思歌謡也。"

《〈史記〉三家注研究》認爲張晏是《史記》三家注所引最多者之一,稱:"《史記》三家注引張晏注涉及釋義、釋典章制度、人物姓氏、山川地望等各個方面。"①張晏注釋釋詞較多，通曉名物、制度、律令及天文地理，略於注音。間有解句者，如第 4 條以"東至昆明之邊也"釋"東延昆鄰"，第 6 條以"彪遇王莽之敗，憂思歌謠也"釋"考遺愍以行謠"，頗爲順暢，有助理解。

《漢書注》卷數不詳，三國魏如淳撰，佚

【作者】

如淳，三國時魏國人，生平不詳。顏師古《漢書叙例》載："如淳，馮翊（今陝西大荔縣）人，魏陳郡丞。"曾注《漢書》。

【内容】

如淳賦注情況詳見下表：

如淳漢賦注釋遺存情況一覽表

篇目	《史記》三家注	《漢書》顏師古注	《文選》李善注	總計徵引條數（去重後條數）
弔屈原賦	2	1	2	5(3)
鵩鳥賦	3	2	3	8(3)
子虛賦	3	2	3	8(4)
上林賦	6	10	10+1	27(15)
大人賦	2	3	0+1	6(5)
答客難		3	2	5(3)
李夫人賦		1		1(1)
自悼賦		1		1(1)
甘泉賦		3	5	8(6)
校獵賦		8	10	18(13)
長楊賦		3	3	6(3)
解嘲		2	4	6(5)
合計徵引篇目數/條（次）數	5/16	12/39	11/44	13/99(62)

從上表可知，《史記》三家注共徵引如淳注釋 16 條，《漢書》顏師古注共徵引 39 條，《文選》李善注徵引 44 條，五家注合計徵引 99 條，去除重複，共 62 條，現

① 應三玉：《〈史記〉三家注研究》，鳳凰出版社 2008 年版，第 94 頁。

摘録數條如下：

1.《史記·屈原賈生列傳》："斡棄周鼎兮寶康瓠。"○【集解】如淳曰："斡，轉也。《爾雅》曰：'康瓠謂之甈'，大瓠也。"今按：《文選》善注節引前三字。

2.《漢書·賈誼傳》："大鈞播物，坱圠無垠。"○如淳曰："陶者作器於鈞上，此以造化爲大鈞也。"今按：《史記索隱》《史記集解》《文選》善注同。

3.《漢書·司馬相如傳上》："瑊玏玄厲，碝石武夫。"○如淳曰："瑊音緘。玏音勒。"今按：《文選》善注同。

4.《史記·司馬相如列傳》："若夫青琴宓妃之徒，絶殊離俗，姣冶嫻都，靚莊刻飭，便嬛綽約，柔橈嬛嬛，嫵媚孅嫋。"○【索隱】如淳曰："宓妃，伏羲女，溺死洛水，遂爲洛水之神。"今按：《文選》善注同。

5.《漢書·揚雄傳下》："萃從允溶，淋離廓落，戲八鎮而開關。"○如淳曰："不言九者，一鎮在中，天子居之故也。"今按：《文選》善注同。

6.《文選·長楊賦》："皆稽顙樹領，扶服蛾伏。"○如淳曰："叩頭時，項下向，則領樹上向也。"今按：《漢書》顔注同。

上述6條如淳注釋，注音、釋詞、解句皆有。注音爲直音法，釋詞較詳細，且善於釋律制、禮儀、習俗等，亦能有所徵引，解句不多。如淳還擅長溯源性釋詞，如第2條"陶者作器於鈞上，此以造化爲大鈞也"，揭示"大鈞"一詞的語源，令人茅塞頓開；又如第5條解釋爲何衹言"八鎮"而不言"九"，亦切中肯綮，有助理解。

《漢書音》9卷，三國魏孟康撰，佚

【作者】

孟康，三國時期魏國人。據顔師古《漢書叙例》和《三國志·魏書·杜恕傳》裴松之注引《魏略》，孟康字公休，安平廣宗（今河北威縣東）人。黄初中爲散騎侍郎，正始中出爲弘農太守，領典農校尉。嘉平末，從渤海太守徵入爲中書令，後轉爲監，封廣陵亭侯。[1] 據《隋書·經籍志》，孟康撰有《漢書音》九卷。兩《唐志》同。

【内容】

孟康賦注情况詳見下表：

① 〔晉〕陳壽撰，〔宋〕裴松之注：《三國志》，中華書局1959年版，第506頁。

孟康賦注遺存情況一覽表

篇目	《史記》三家注	《漢書》顔師古注	《文選》李善注	總計徵引條數(去重後條數)
弔屈原賦	1	2		3(2)
鵩鳥賦	3	6	4	13(7)
子虚賦	8	1	1	10(5)
上林賦	3	7	6	16(9)
大人賦	1			1(1)
李夫人賦		7		7(7)
自悼賦		2		2(2)
甘泉賦		5	5	10(5)
校獵賦		7	7	14(8)
長楊賦		3	4	7(4)
解嘲		7	1	8(7)
幽通賦		10	2	12(10)
合計徵引篇目數/條(次)數	5/16	11/57	8/30	12/103(67)

從上表可知,《史記》三家注共徵引孟康注釋 13 條,《漢書》顔師古注共徵引 57 條,《文選》李善注徵引 30 條,五家注合計徵引 103 條,去除重複,共 67 條,現摘選代表性注釋 7 條,如下:

1.《漢書·賈誼傳》:"般紛紛其離此郵兮,亦夫子之故也!"○孟康曰:"般音班。般,反也。紛紛,構讒意也。"今按:《史記集解》節引"般音班"三字。

2.《史記·司馬相如列傳》:"江離麋蕪,諸蔗猼且。"○【索隱】孟康云:"麋蕪,蘄芷也,似蛇床而香。"

3.《史記·司馬相如列傳》:"騰遠射干。"○【索隱】孟康云:"騰遠,鳥名。"

4.《文選·上林賦》:"横流逆折,轉騰潎洌。"○孟康曰:"轉騰,相過也。潎洌,相撇也。潎,匹列切。洌,音列。"今按:《漢書》顔注節引釋義。

5.《漢書·外戚傳上》:"的容與以猗靡兮,縹飄姚虖愈莊。"○孟康曰:"言夫人之顔色的然盛美,雖在風中縹姚,愈益端嚴也。"

6.《漢書·揚雄傳上》:"屬堪輿以壁壘兮,梢夔魖而抶獝狂。"○孟康曰:"堪輿,神名,造圖宅書者。木石之怪曰夔,夔神如龍,有角,人面。魖,秏鬼也。獝狂亦惡鬼也。今皆梢而去之。"今按:《文選》善注未徵引"堪輿"釋義。

7.《漢書·叙傳》:"戎女烈而喪孝兮,伯徂歸於龍虎。"○孟康曰:"伯,晉文公也。歲在卯出，歷十九年，過一周，歲在酉入。卯爲龍，酉爲虎也。”今按：《文選》善注同。

由上述7條注釋可見，孟康《漢書音》不僅注音，亦釋詞解句。注音靈活運用直音法與反切法；釋詞豐富具體，尤善於釋名物、典故，但亦有錯誤之處，如注釋3，句中“騰遠”即“騰猿”，與射干都是善緣之獸。《漢書》顔注引應劭曰：“騰遠，獸名也。”《文選》五臣注向曰：“騰遠、射干皆猿類，善緣木也。”孟康誤爲鳥名。其解句或翻譯或概括，不拘一格，視賦意而定。第7條通過分析晉文公重耳出逃與歸國時間的干支紀年，詮釋“伯徂歸於龍虎”之涵義，即龍年（卯年）出逃，虎年（酉年）歸國，歷時19年，這對於不瞭解古代紀年法的讀者尤爲有用。

《漢書音義》7卷，三國吴韋昭撰，佚

【作者】

韋昭（201—273），又名韋曜，字弘嗣，吴郡云陽（今江蘇丹陽）人，三國時期吴國著名文學家、史學家、經學家。據《三國志・吴書》，韋昭少好學，能屬文，從丞相掾除西安令，還爲尚書郎。遷太子中庶子，受太子孫和諭作《博弈論》。孫和被廢後，爲黄門侍郎。孫亮即位，諸葛恪輔政，表爲太史令，撰《吴書》。孫休即位後，爲中書郎、博士祭酒，受命校定朝廷藏書。孫皓即位，封高陵亭候，遷中書僕射，職省，爲侍中，常領左國史。因昭生性精確剛正，不好言嘉應，又不欲爲廢太子孫和作紀，爲孫皓所怒，遂坐他事下獄誅死。《隋書・經籍志》著録其著作有：《毛詩答雜問》七卷、《春秋外傳國語注》二十二卷、《孝經解贊》一卷、《辯釋名》一卷、《漢書音義》七卷、《吴書》二十五卷、《洞紀》四卷、《官儀職訓》一卷。現僅存《國語注》一種。

【内容】

韋昭賦注主要見於《漢書音義》7卷，久已散佚。《史記》三家注、《漢書》蕭該音義、《漢書》顔師古注、《文選》李善注有徵引。現予以鈎稽、匯總，列表如下：

韋昭賦注遺存情況一覽表

篇目	《史記》三家注	《漢書》蕭該音義①	《漢書》顔師古注	《文選》李善注	總計徵引條數（去重後條數）
弔屈原賦	1			3	4(3)
鵩鳥賦	4			2	6(4)

① 〔隋〕蕭該撰，〔清〕臧鏞堂輯：《漢書音義》，《兩漢書訂補文獻彙編》本，北京圖書館出版社2004年影印清光緒十四年（1888）刻本。

(续表)

篇目	《史記》三家注	《漢書》蕭該音義	《漢書》顏師古注	《文選》李善注	總計徵引條數(去重後條數)
子虛賦	9			5	14(12)
上林賦	4			8 +2	14(11)
大人賦	5				5(5)
甘泉賦		5	3	8	16(16)
羽獵賦(校獵賦)		7		14	21(19)
長楊賦		4		10	14(13)
解嘲		1		4	5(4)
解難		2			2(2)
幽通賦		5		3	8(8)
答賓戲		10		11	21(19)
兩都賦 2 篇				3	3(3)
合計徵引篇目數/條(次)數	5/23	7/34	1/3	11/73	14/133(119)

需要説明的是,蕭該《漢書音義》早已散佚,現使用清臧藏鏞輯本,亦可以管窺豹,考其面貌。另外,此處《漢書》顏師古注使用的是文淵閣《四庫全書》本。如《漢書·揚雄傳》引《甘泉賦》:“騰清霄而軼浮景兮,夫何旟旐郅偈之旖旎也。”顏師古注引韋昭曰:“偈音桀。”此條注釋四庫本有之,而中華書局標點本删之。爲了搜羅更爲完備的資料,故使用四庫本加以統計。

從上表可知,《史記》三家注共徵引韋昭賦注 23 條,蕭該《漢書音義》徵引 34 條,《漢書》顏師古注徵引 3 條,《文選》李善注共徵引 73 條,六家注合計徵引 133 條,去除重複,共 119 條。現摘選數條如下:

1.《文選·弔屈原文》:“偭蟂獺以隱處兮,夫豈從蝦與蛭螾?”○韋昭曰:“蝦,蝦蟇。蛭,水蟲,食人者也。螾,丘螾也。偭然自絶於蟂獺,況從蝦與蛭螾也?蝦音遐。蛭,之一切。螾音引。”今按:《史記集解》引作:“蝦,蝦蟇也。蛭,水蟲。螾,丘螾也。”有義無音,蓋節録之。

2.《史記·司馬相如列傳》:“華榱璧璫。”○【索隱】韋昭曰:“裁玉爲璧,以當榱頭。”今按:《文選·上林賦》《西都賦》善注引“玉”並作“金”。

3.《文選·上林賦》:“奏陶唐氏之舞,聽葛天氏之歌。”○韋昭曰:“葛天氏,古之王者,其事見《吕氏春秋》。”

4.《史記·司馬相如列傳》:“排閶闔而入帝宫兮,載玉女而與之歸。”○【正義】韋昭云:"閶闔,天門也。《淮南子》曰:'西方曰西極之山,閶闔之門。'"

5.《文選·甘泉賦》:"乃搜逑索偶皋伊之徒,冠倫魁能。"○韋昭曰:"搜,擇也。逑,匹也。索,求也。偶,對也。"

6.《文選·長楊賦》:"使農不輟耰,工不下機。"○韋昭曰:"耰,所以覆種,音憂。"

7.《漢書·揚雄傳》引《長楊賦》:"稽顙樹頷,扶服蛾伏。"蕭該《音義》引韋昭曰:"稽顙樹頷,當依古本作'犁顙樹頷'。犁顙,顙攦也。樹頷,頷觸土也。今作稽顙,傳寫誤耳。"

8.《漢書·叙傳》録《幽通賦》:"咨孤矇之眇眇兮,將圮絶而罔階。"蕭該《音義》引韋昭曰:"圮,毁也。音敷委反。"

韋昭《漢書音義》已佚。由上述8條注釋,可知其注音、釋詞、解句皆有,内容比較全面,而語言十分簡明。音義體是魏晉六朝時期十分常見的注釋體例,一般以釋音爲主,偶有釋義,亦極爲簡單。因其音義兼釋,故稱"音義",亦簡稱"音"。在韋昭之前,音義體著作有服虔《漢書音訓》、應劭《漢書集解音義》、孟康《漢書音義》等書,皆佚。韋昭《漢書音義》集成前人的研究體例和成果,内容上音義兼釋,語言上簡練明瞭。如第1、8條,就代表了音義體的基本模式,第8條尤爲典型。蕭該《漢書音義》徵引韋昭注34條,大都以釋音爲主,偶有釋義。

韋昭釋音,主要用反切法,亦使用直音法,如第1條。其釋義,大都使用"A,B也"的傳統格式,如第5條。但也並不拘泥,如第6條"耰,所以覆種",通過用途來詮解農具,就十分恰當。亦偶有徵引,如第3條解釋葛天氏爲"古之王者",指出出處,表示有所憑依,讓讀者自行去查閲;第4條則直接引用《淮南子》中的記載,但由於體例和篇幅的限制,這種徵引是十分少見的。值得注意的是,韋昭還注意到了文獻的校勘,第7條説明他對不同版本的用字進行過比勘,並且有所取捨。總之,韋昭賦注爲讀者閲讀、研習賦作提供了重要參考,也爲後人保留了較爲珍貴的古代語音、訓詁和文獻校勘方面的資料。但是,《漢書》顏師古注對其徵引極少,不知何故,這也是韋昭注長期湮没的重要原因。蕭該《漢書音義》和李善《文選注》對韋昭音義徵引較多。

《漢書集注》13卷,晉晉灼撰,佚

【作者】

晉灼,晉代學者。顏師古《漢書叙例》載:"晉灼,河南(今河南洛陽)人,晉尚書郎。"據《隋書·經籍志》及兩《唐志》,晉灼撰有《漢書集注》13卷。

【内容】

晉灼曾經爲《漢書》所載之14篇漢賦作注。儘管其《漢書集注》已佚,但通過《史記》三家注、《漢書》顏師古注、《文選》李善注的徵引資料,仍然可以考見

其賦注的基本面貌:

晉灼賦注遺存情況一覽表

篇目	《史記》三家注	《漢書》顔師古注	《文選》李善注	總計徵引條數(去重後條數)
弔屈原賦	1	2	1	4(3)
鵩鳥賦	1		1	2(2)
子虚賦	1	4	5+1	11(6)
上林賦	7	6	6	19(12)
哀二世賦	1	1		2(1)
大人賦	1	3		4(3)
李夫人賦		3		3(3)
甘泉賦		13	17+1	31(19)
河東賦		3		3(3)
校獵賦		9	17	26(17)
長楊賦		1	5	6(5)
解嘲		4	4	8(4)
幽通賦		3	2	5(4)
南都賦			1	1(1)
合計徵引篇目數/條(次)數	6/12	12/52	10/61	14/125(82)

從上表可知,《史記》三家注共徵引晉灼賦注12條,《漢書》顔注徵引52條,《文選》李善注徵引61條,五家注合計125條,去除重複,共82條。現選録數條如下:

1.《史記·屈原賈生列傳》録《弔屈原賦》:"斡棄周鼎兮寶康瓠。"○【索隱】晉灼云:"斡,古'管'字也。"

2.《漢書·賈誼傳》録《弔屈原賦》:"横江湖之鱣鯨兮,固將制於螻蟻。"○晉灼曰:"小水不容大魚,而横鱣鯨於汙瀆,必爲螻蟻所制。以況小朝主闇,不容受忠逆之言,亦爲讒賊小臣所害。"今按:《文選》善注亦引之,"所害"之下有"鱣或作鱏"四字。

3.《漢書·司馬相如傳上》録《子虚賦》:"泊乎無爲,澹乎自持,勺藥之和具,而後御之。"○伏儼曰:"勺藥以蘭桂調食。"文穎曰:"五味之和也。"晉灼曰:"《南都賦》曰:'歸雁鳴鵽,香稻鮮魚,以爲勺藥,酸甜滋味,百種千名。'文説是也。”今按:《文選》善注同。

4.《文選·上林賦》:“荅遝離支。”○晉灼曰:“離支,大如雞子,皮粗,剥去皮,肌如雞子,中黄,味甘,多酢少。遝,音沓。離,力智切。”今按:《史記索隱》、《漢書》顔注無注音。“少”下疑有脱字。

5.《漢書·揚雄傳上》引《甘泉賦》:“左欃槍右玄冥兮,前熛闕後應門。”○晉灼曰:“《大人賦》‘欃槍以爲旌’,又曰‘左玄冥而右黔雷’。雄擬相如,故云爾。熛闕,赤色之闕,南方之帝曰赤熛怒,應門正在熛闕之内也。”今按:《文選》善注同。

6.《文選·羽獵賦》:“蚩尤並轂,蒙公先驅。”○《漢書音義》曰:“蒙公,蒙恬也。”如淳曰:“蒙公,髦頭也。”晉灼曰:“此多説天子事,如説是。並,步浪切。”

7.《文選·解嘲》:“范雎以折摺而危穰侯。”○晉灼曰:“摺,古‘拉’字也,力答切。”今按:《漢書》顔注節引前五字。

8.《漢書·叙傳》引《答賓戲》:“矕龍虎之文舊矣。”晉灼曰:“矕,視也。言目厭見其文久矣。”

晉灼《漢書集注》13 卷,集此前《漢書注》之大成,價值較高,因而成爲顔師古《漢書注》前最爲流行的一部著作。分析上述諸條注釋,可知晉灼注有下列幾點特色:其一,重辨字,如第 1 條、第 7 條揭示古今字,第 2 條比勘不同版本,提供異文,皆可爲研賦者提供參考。其二,重視解句,尤其善於挖掘賦意賦境,例如第 2 條揭示賦句的喻意,乃是以“鱣鯨制於螻蟻”比喻賢人身處逆境,必爲小人所陷害,洞察賦中之批判精神,十分可貴。其三,善釋名物,如第 4 條對離支(荔枝)的解釋,就十分具體、細緻。其四,重訓詁,善徵引,博采衆説,擇善而從,如第 3 條徵引伏儼、文穎之説,然後以《南都賦》爲據,肯定文説;第 6 條先羅列《漢書音義》如淳的注釋,再以本賦之内容爲據,肯定如説。皆顯示出該書集成的特色,其注釋體例、方法頗爲顔師古《漢書注》所吸收。其五,以小見大,梳理文學創作與發展之規律,如第 5 條將揚雄《甘泉賦》與司馬相如《大人賦》賦句相比較,驗證史書上關於揚雄“每作賦,常擬相如以爲式’的記載,展示了漢代辭賦創作中的模擬風尚。總之,晉灼集注質量較高,爲顔師古《漢書注》的出現奠定了良好基礎。

《漢書叙傳注》5 卷、《幽通賦注》1 卷,晉項岱撰,佚

【作者】

項岱,晉人,生平不詳。《隋書·經籍志》載項岱撰《漢書叙傳》五卷,兩《唐書》志並載,已佚。《隋書·經籍志》:“《雜賦注本》三卷”注:“梁有……項氏注《幽通賦》,亡。”不載作者名及卷數。而《舊唐書·經籍志》著録:“《幽通賦》一卷,班固撰,曹大家注。又一卷,項岱撰。”《新唐書·藝文志》亦著録:“曹大家注《幽通賦注》一卷;項岱注《幽通賦》一卷。”可知曹大家和項岱曾各撰有《幽通賦注》一卷。

筆者認爲,項岱所撰《幽通賦注》一卷,乃是從其所撰《漢書叙傳》五卷中析出單行之本。理由如下:第一,班固所撰《漢書·叙傳》附於《漢書》之末,僅有二卷,前半部分講述個人家世、生平,並且全文引録了自撰之《幽通賦》和《答賓戲》,後半部分則闡明撰述各篇之用意,相當於全書之《目録》;而項岱《漢書叙傳》卻多達五卷,其增加的内容,應該是項岱爲班固《叙傳》所作的注釋。準確地講,項岱此書應該名爲《漢書叙傳注》。第二,《文選》卷五十班固《述高帝紀第一》李善注徵引項岱注 2 條,《述成帝紀第十》李善注徵引項岱注 3 條,當出自項岱《漢書叙傳注》中的後半部分。第三,《文選》卷十四班固《幽通賦》李善注徵引項岱注 11 條,而卷四十五班固《答賓戲》則徵引項岱注多達 36 條,應當分别取自項岱《漢書叙傳注》前半部分對於《幽通賦》和《答賓戲》所作的注釋。第四,因爲有漢曹大家《幽通賦注》單行本,好事者遂從項岱《漢書叙傳注》中析出《幽通賦注》單行本,以便與曹大家注本並行;而項岱對《答賓戲》的注釋,則遠遠没有享受到《幽通賦注》的待遇。但李善在注釋《答賓戲》時徵引項岱注 36 條,遠遠多於對其《幽通賦注》的徵引,則又最大程度地保存了這一注釋成果。

【内容】

項岱《幽通賦注》亡於梁陳時期,唐代有輯本,又亡於唐末宋初。李善在注《文選·幽通賦》時共徵引項岱注 11 條,注《答賓戲》時徵引項岱注 36 條,共計 47 條賦注。下面摘録數條如下:

1.《文選·幽通賦》:“斡流遷其不濟兮,故遭罹而嬴縮。”〇項岱曰:“斡,轉也。遷,徙也。嬴,過也。縮,不及也。遭,遇也。罹,憂也。言人受先祖善惡之迹,轉徙流行,故有遭遇福禍相及也。”

2.《文選·幽通賦》:“觀天網之紘覆兮,實棐諶而相訓。”〇項岱曰:“天網大覆人上,非不信也,誠欲有誠實於世間,亦當相輔助教也。《尚書》曰:‘天威棐忱。’諶與忱古字通也。訓,或爲順。”

3.《文選·幽通賦》:“操末技猶必然兮,矧耽躬於道真。”〇項岱曰:“矧,況。耽,樂也。言由基、李廣奮精誠於末技,感獸而開石,豈況乃能推至精耽身於大道之中乎?《莊子》曰:‘道之真,以持身也。’”

4.《文選·答賓戲》:“蓋聞聖人有一定之論,烈士有不易之分。”〇項岱曰:“謂庖羲、堯、舜、文王、周公、孔子也。論,論道化也。一定五經,垂之萬世,後人不能改也。分,決也。謂許由、巢父、伯成、子高、夷齊、吴札,志自然之決,不可變易也。”

5.《文選·答賓戲》:“主人逌爾而笑曰。”〇項岱曰:“逌,寬舒顔色之貌也。讀作攸。”

6.《文選·答賓戲》:“於是七雄虓闞分裂,諸夏龍戰虎争。”○項岱曰:“龍以喻人君。《周易》曰:‘龍戰於野,其血玄黄。’虎以喻猛力,争不以任也。”

項岱賦注,以釋詞、解句爲主。釋詞以“A,B”或者“A,B 也”的形式爲主,例如第 1 條、第 3 條。解句是項岱注用力最多之處,一般以“言”字領起,如第 1 條、第 3 條,但也並不拘泥。例如第 2 條,不用“言”字,直接解句,並且徵引《尚書》以揭示語源。第 4 條將釋詞解句穿插進行,對“聖人”“烈士”的詮釋,則采用了列舉法,更加易於理解;而第 6 條則指出該句使用了比喻手法,揭示本體,令人一目了然。偶有辨字、注音,如第 2 條、第 5 條。項岱賦注雖然不多,但質量較高,形式也十分靈活,值得重視。

《漢書音義》24 卷,晉臣瓚(傅瓚)撰,佚

【作者】

臣瓚,顔師古《漢書叙例》曰:“臣瓚,不詳姓氏及郡縣。”《漢書音義》乃呈上御覽之書,作者自稱“臣瓚”,遂亡其姓氏。今按,南朝宋裴駰《史記集解序》云:“《漢書音義》稱臣瓚者,莫知氏姓。”唐司馬貞《索隱》:“案,即傅瓚。而劉孝標以爲于瓚,非也。據何法盛《晉書》,于瓚以穆帝時爲大将軍,誅死,不言有注《漢書》之事。又其注《漢書》,有引《禄秩令》及《茂陵書》,然彼二書亡于西晉,非于所見也。必知是傅瓚者。案,《穆天子傳目録》云:‘傅瓚爲校書郎,與荀勖同校定《穆天子傳》。’即當西晉之朝,在于之前,尚見《茂陵》等書。又稱‘臣’者,以其職典秘書故也。瓚,音殘岸反。”又,顔師古《漢書叙例》宋祁校語云:“景祐余靖校本云:‘臣瓚,不知何姓。’案,裴駰《史記序》云:‘莫知姓氏。’韋稜《續訓》又言未詳,而劉孝標《類苑》以爲于瓚,酈元注《水經》以爲薛瓚。姚察《訓纂》云:‘案《庾翼集》,于瓚爲翼主簿兵曹參軍,後爲建威將軍。《晉中興書》云:翼病卒,而大將于瓚等作亂,翼長史江彪誅之。于瓚乃是翼將,不載有注解《漢書》。然瓚所采衆家音義,自服虔、孟康以外,並因晉亂湮滅,不傳江左。而《高紀》中瓚案《茂陵書》,《文紀》中案《漢禄秩令》,此二書亦復亡失,不得過江。明此,瓚是晉中朝人,未喪亂之前,故得具其先輩《音義》,及《茂陵書》《漢令》等耳。蔡謨之江左,以瓚二十四卷散入《漢書》,今之注也。若謂爲于瓚,乃是東晉人,年代前後了不相會。此瓚非于,足可知矣。又案,《穆天子傳目録》云:‘祕書校書郎中傅瓚校古文《穆天子傳》。’曰記《穆天子傳》者,汲縣人不準盗發古塚所得書。今《漢書音義》臣瓚所案,多引汲書,以駮衆家訓義,此瓚疑是傅瓚。瓚時職典校書,故稱臣也。顔師古曰:後人斟酌瓚姓,附之傅族耳。既無明文,未足取信。”皆主臣瓚爲傅瓚之説,明方以智《通雅》卷二十《姓氏》、清何焯《義門讀書記》卷四十五從之。何焯曰:“臣瓚,李氏亦謂之傅瓚,不獨小司馬《史記索隱》爲然。”今按:何焯所謂李氏,乃謂《文選注》的作者李善。《文選》李善注胡克家

刻本卷十八成公綏《嘯賦》:“群鳴號乎沙漠。”李善注:“武帝元朔六年,衛青將六將軍絶幕。應劭曰:‘幕,匈奴之南界。’傅瓚:‘沙土曰幕。’”又,卷十九曹植《洛神賦》:“采湍瀨之玄芝。”李善注:“《漢書音義》應劭曰:‘瀨,水流沙上也。’傅瓚曰:‘瀨,湍也。’”兩處徵引,皆作“傅瓚”,是李善以臣瓚姓傅。劉寶和《〈漢書音義〉作者“臣瓚”姓氏考》(《文獻》1989年第2期)以孔穎達《左傳·定公九年》正義1條和《文選》李善注2條爲據,力主臣瓚姓傅。劉氏以爲孔、李二人生處太平年代,天下遺書大量出現,更容易看到傅瓚的真實姓名,所言或有道理。但他説《水經注》徵引薛瓚注爲孤證,則明顯不合事實。

明顧起元《説畧》卷八則云:“按,《漢書》余靖刊誤,已知有傅瓚,然亦疑其未足据矣。余考酈道元《水經注》,多引薛瓚,《漢書注》則臣瓚者,安知其非薛耶?道元後魏人,去晉不遠,其書引用不一而足,當不誤也。宋景文云:‘劉孝標《類苑》以爲于瓚,《水經注》以爲薛瓚’,而終云‘不足取信’,似未深考也。”今按:酈道元《水經注》徵引薛瓚《漢書音義》多達15條(並非劉寶和所説的孤證),可見酈道元觀點鮮明,臣瓚即薛瓚。這15條注釋,在學術史上頗有地位。宋毛晃《禹貢指南》卷三、宋程大昌《禹貢論》上、宋羅泌《路史》卷八、宋王應麟《玉海》卷一百七十三、清王夫之《春秋稗疏》卷一、清惠棟《春秋左傳補註》卷一、卷二等皆曾徵引薛瓚《漢書注》。而《康熙字典》卷十九“瓚”字條亦以爲臣瓚姓薛。可見“薛瓚”説的學術影響,實在不可小覷。

綜上,臣瓚爲于瓚説明顯錯誤,不可從。“傅瓚”説與“薛瓚”説則各有道理,目前還不能定論。正如顧起元所云,酈道元(470?—527)是北魏人,距離薛瓚所處的時代(十六國時期)不算太遠,所言似更爲可靠;且孔穎達《左傳正義》僅言“有臣瓚者,不知姓氏,或云姓傅”,並不十分肯定,不能作爲論據;而《文選》李善注宋刻本徵引臣瓚注45條,衹有2條寫作“傅瓚”,這兩條很可能是傳鈔者擅自修改的,與李善無關。所以,“薛瓚”説似乎有其道理。薛瓚生處東晉十六國的戰亂時期,《太平御覽》卷二百四十九引《後秦記》云:“姚襄遣參軍薛瓚使桓温,温以胡戲瓚。瓚曰:‘在北曰狐,居南曰狢,何所問也?’”知薛瓚曾爲北朝姚襄(351—357)之參軍,出使東晉桓温,擅長外交。另一方面,“傅瓚”説亦有所據。據《穆天子傳目録》的記載,傅瓚曾經點校過汲塚圖書,這與臣瓚多引汲塚書相合;臣瓚引用《茂陵書》《漢禄秩令》,二書不傳江左,東晉人已經難以見到,亦與傅瓚時代(西晉)相合;而傅瓚曾做過校書郎中,與荀勖共同點校秘書,又與其自稱“臣瓚”相合。傅瓚爲西晉中期人,是文獻整理專家,考其身份、學識,比行伍出身的薛瓚更有可能作《漢書音義》。其實早在劉宋(427—479)時代的裴駰,就已經不知臣瓚之姓氏。由於資料缺乏,後人種種考證皆不能令人信服。故本書仍然題曰“臣瓚”。

【内容】

臣瓚賦注情況詳見下表:

臣瓚賦注遺存情況一覽表

篇目	《史記》三家注	《漢書》顔師古注	《文選》李善注	總計徵引條數(去重後條數)
弔屈原賦	2	1	1	4(3)
鵩鳥賦	5	4	2	11(4)
羽獵賦(校獵賦)			1	1(1)
合計徵引篇目數/條(次)數	2/7	2/5	3/4	3/16(8)

從上表可知,《史記》三家注共徵引臣瓚注釋 7 條,《漢書》顔師古注徵引 5 條,《文選》李善注徵引 4 條,五家注合計徵引 16 條,去除重複,共 8 條。現摘録數條如下:

1.《史記·屈原賈生列傳》之《弔屈原賦》:“莫邪爲頓兮,鉛刀爲銛。”○【集解】瓚曰:“許慎曰:‘莫邪,大戟也。’”

2.《史記·屈原賈生列傳》之《鵩鳥賦》:“夫禍之與福兮,何異糾纆。”○【集解】瓚曰:“糾,絞也。纆,索也。”今按:《漢書》顔注、《文選》善注同。善注“索也”下有:“《鶡冠子》曰:‘禍與福如糾纆也。’”揭示語源。

3.《史記·屈原賈生列傳》之《鵩鳥賦》:“誇者死權兮,品庶馮生。”○【集解】瓚曰:“誇,泰也。《莊子》曰:‘權勢不尤,則誇者不悲也。’”今按:《漢書》顔注所引略同。

4.《文選》卷八揚雄《羽獵賦》:“穿昆明池,象滇河。”○瓚曰:“西南夷有昆明國。又有滇池。故作昆明池以象之。以習水戰。”

臣瓚注釋留存較少,細觀上述 4 條,可知其釋詞較多,長於徵引,其中第 1—3 條皆有徵引。從顔師古《漢書叙例》可知,臣瓚曾注《漢書》,且爲集注家,能够靈活徵引衆家注釋與前人典籍。

《史記音義》13 卷,晉徐廣撰,佚

【作者】

徐廣(352—425),字野民,東莞姑幕(今山東項城北)人,徐邈之弟。據《晉書·徐廣傳》,徐廣在晉武帝時除秘書郎,典校秘書省,後爲散騎侍郎,仍領校書。徐廣的著述,據《隋書·經籍志》的著録,有《毛詩背隱義》二卷、《禮論問》二卷、《禮論答問》八卷、《史記音義》十二卷、《晉紀》四十五卷、《車服雜注》一卷。皆已散佚。

【内容】

徐廣《史記音義》是《史記》學史上的重要文獻。裴駰《史記集解序》云:“故

中散大夫東莞徐廣研核衆本,爲作《音義》,具列異同,兼述訓解,粗有所發明,而殊恨省略。"①司馬貞《史記索隱後序》稱:"宋中散大夫徐廣作《音義》十三卷,唯記諸家本異同,於義少有解釋。"②但《史記集解》徵引《音義》多達 2239 條,《史記索隱》亦引 171 條,③可見他們對《音義》的重視。

徐廣賦注主要集中於賈誼、司馬相如兩家,具體情況是:《史記·屈原賈生列傳》三家注徵引徐廣《弔屈原賦注》7 條、《鵩鳥賦注》7 條;《史記·司馬相如列傳》徵引徐廣《子虚賦注》27 條、《上林賦注》55 條、《哀二世賦注》1 條、《大人賦注》10 條。《漢書》顔師古注徵引 0 條,《文選》李善注徵引其《鵩鳥賦注》1 條。合併在一起,《史記》三家注、《文選》李善注共徵引徐廣賦注 6 篇 108 條,去其重複,共有 107 條。爲便於研究,先擇取數條如下:

1.《史記·屈原賈生列傳》之《弔屈原賦》:"襲九淵之神龍兮,沕深潛以自珍。"○【集解】徐廣曰:"沕,潛藏也,亡筆反。"

2.《史記·屈原賈生列傳》之《弔屈原賦》:"彌融爚以隱處兮。"○【集解】徐廣曰:"一本云'彌蠍爚以隱處也'。"今按:《史記索隱》亦略引之。

3.《史記·屈原賈生列傳》之《鵩鳥賦》:"單閼之歲兮。"○【集解】徐廣曰:"歲在卯曰單閼。文帝六年,歲在丁卯。"

4.《史記·司馬相如列傳》之《子虚賦》:"瑊玏玄厲,瑌石武夫。"○【集解】徐廣曰:"瑊音古咸反,玏音勒,皆次玉者。"

5.《史記·司馬相如列傳》之《子虚賦》:"東薔雕胡。"○【集解】徐廣曰:"烏桓國有薔,似蓬草,實如葵子,十月熟。"

6.《史記·司馬相如列傳》之《上林賦》:"蛸胡豰蛫。"○【集解】徐廣曰:"蛸音在廉反,似猿,黑身。豰音呼穀反。蛫音詭。"

7.《史記·司馬相如列傳》之《上林賦》:"俳優侏儒,狄鞮之倡。"○【集解】徐廣曰:"韋昭云:狄鞮,地名,在河内,出善倡者。"

8.《史記·司馬相如列傳》之《大人賦》:"奄息總極氾濫水嬉兮,使靈媧鼓瑟而舞馮夷。"○【集解】徐廣曰:"媧,一作'贻'。"

徐廣注釋體例較爲完備,内容也很豐富,包括注音、釋詞、校字等方面。其注音利用直音法和反切法,如第 1 條、第 4 條、第 6 條;釋詞較少,且集中於典故與名物,如第 3 條釋歲時,第 5 條釋植物,第 6 條釋動物;徐廣重視揭示不同版本之異文,如第 2 條、第 8 條,爲讀者提供理解和研究的綫索,這在先唐賦注家中

① 〔漢〕司馬遷撰,〔宋〕裴駰集解,〔唐〕司馬貞索隱,〔唐〕張守節正義:《史記》,中華書局 1982 年版,第 4 頁。

② 〔漢〕司馬遷撰,〔宋〕裴駰集解,〔唐〕司馬貞索隱,〔唐〕張守節正義:《史記》,中華書局 1982 年版,第 9 頁。

③ 應三玉:《〈史記〉三家注研究》,鳳凰出版社 2008 年版,第 23 頁。

是極爲難得的,這也是徐廣賦注最突出的特色。此外,徐廣還對前人研究成果有所徵引,如第 7 條就徵引了韋昭的賦注。徐廣《史記音義》主要依靠裴駰《史記集解》的徵引纔得以保存其一鱗半爪,現存 107 條賦注幾乎全部來自裴駰《集解》,這是值得重視的。裴駰《史記集解序》云:"東莞徐廣,研核衆本,爲作《音義》,具列異同,兼述訓解,粗有所發明,而殊恨省略。聊以愚管,增演徐氏,采經傳百家,并先儒之説,豫是有益,悉皆抄内。……以徐爲本,號曰《集解》,未詳則闕,弗敢臆説。"裴駰自言"增演徐氏""以徐爲本",既然以徐廣《史記音義》爲底本,就難怪其能成爲保存徐廣《音義》最爲重要的文獻了。

《史記集解》130 卷,漢司馬遷撰,南朝宋裴駰集解

【作者】

裴駰,字龍駒,河東聞喜(今屬山西)人,南朝宋史學家。裴松之之子,官至南中郎參軍。集"九經"、諸史并徐廣《史記音義》,著《史記集解》一百三十卷。《史記索隱後序》云:"宋中散大夫徐廣作《音義》十三卷,唯記諸家本異同,於義少有解釋。又中兵郎裴駰,亦名家之子也,作《集解》注本,合爲八十卷,見行於世。仍云亦有音義,前代久已散亡。"駰所作《集解》與司馬貞《索隱》、張守節《正義》,合稱《史記》三家注,是研究《史記》的經典著作,爲歷代學者所重。

【内容】

裴駰《史記集解》最大的貢獻,就是對劉宋之前的《史記》注釋進行了大規模的集成工作,在保存古注方面功勛卓著。其注釋賦體,仍然集中於賈誼、司馬相如兩家凡 6 篇賦作,特點是大量徵引前人論述,以引代注,極少個人言論。其徵引前代賦注情況詳見下表:

裴駰《史記集解》徵引賦注一覽表

	服虔	應劭	李奇	鄧展	蘇林	張晏	如淳	孟康	韋昭	臣瓚	郭璞	徐廣	漢書音義	佚名	總計徵引家數、條數
弔屈原賦		6	1	1	1	2	2	1	1	3		6	1	2	12/27
鵩鳥賦	2	4	1			1	2	2	2	4		6	1	1	11/26
子虛賦									3		37	27	29		4/96
上林賦											69	53	34		3/156
哀二世賦												1	2		2/3
大人賦									1		1	10	22		4/34
總計徵引條數	2	10	2	1	1	3	4	3	7	7	107	103	89	3	14/342

由上表可見,裴駰徵引東漢、三國、兩晉賦注多達 14 家 342 條,而且没有重複。這是一宗十分珍貴的賦注資料,對於後人研究早期賦注之内容、形態及其注釋學貢獻具有重要意義。例如徐廣賦注 103 條,就幾乎全部依靠裴駰《集解》纔得以保存下來。如果没有裴駰的徵引,恐怕連一條也難以見到了。另外,裴駰在注釋《弔屈原賦》時徵引劉向《别録》1 條,在注釋《子虚賦》時徵引吕静 1 條,皆非賦注,不計。

當然,裴駰並不是機械地將前人賦注羅列在一起,而是下了一番斟酌取捨的功夫,存其灼見,去其謬誤。裴駰有時還會以"駰案"的方式表達補充或修正之意,或者直接釋詞。經查考,這類按語或自撰的注釋共有 49 條,其中《弔屈原賦》2 條,《鵩鳥賦》2 條,《子虚賦》18 條,《上林賦》23 條,《大人賦》4 條。據《史記集解序》,裴駰乃是以徐廣《史記音義》爲底本,因而較爲完整地保存了徐廣注。徐廣注長於辨字、注音、揭示異文,但釋詞過於簡單,或者根本就没有釋詞,不便於讀者對賦意的理解。於是裴駰在保留徐廣注的基礎上,常常以"駰案"的形式補充釋詞方面的内容。值得注意的是,"駰案"往往不是裴駰自撰,而是通過徵引的方式進行的,例如:

1.《史記·屈原賈生列傳》之《鵩鳥賦》:"乘流則逝兮,得坻則止。"○【集解】徐廣曰:"坻,一作'坎'。"駰案:"張晏曰:'坻,水中小洲也。'"

2.《史記·司馬相如列傳》之《子虚賦》:"掩兔轔鹿,射麋腳麟。"○【集解】徐廣曰:"轔音吝。"駰案:"郭璞曰:'腳,掎足。轔,車轢。'"

3.《史記·司馬相如列傳》之《子虚賦》:"雌黄白坿。"○【集解】徐廣曰:"音符。"駰案:"《漢書音義》曰:'白坿,白石英也。'"

4.《史記·司馬相如列傳》之《上林賦》:"揭車衡蘭,槀本射干。"○【集解】徐廣曰:"揭音桀。"駰案:"郭璞曰:'揭車,一名乞輿。槀本,槀茇;射干,十月生。皆香草。'"

5.《史記·司馬相如列傳》之《上林賦》:"留落胥餘,仁頻並閭。"○【集解】徐廣曰:"頻,一作'賓'。"駰案:"郭璞曰:'落,樓也。胥餘似並閭。並閭,椶也,皮可作索。餘未詳。'"

不難看出,"駰案"或徵引《漢書音義》,或徵引張晏注、郭璞注,内容幾乎全是釋詞,與徐廣注相互配合,相互補充,珠聯璧合,共同完成注釋任務。

裴駰有幾處自撰的注釋,亦值得注意:

1.《史記·屈原賈生列傳》之《弔屈原賦》:"夫豈從螘與蛭螾。"○【集解】《漢書》"螘"字作"蝦"。

2.《史記·屈原賈生列傳》之《鵩鳥賦》:"大專槃物兮。"○【集解】《漢書》"專"字作"鈞"。

3.《史記·司馬相如列傳》之《子虚賦》:"其南則有平原廣澤,登降陁靡。"

○【集解】音移糜。

4.《史記·司馬相如列傳》之《上林賦》:"沸乎暴怒,洶湧滂濆。"○【集解】洶音許勇反,涌音勇,滂昔浦橫反,濆音浦拜反。

5.《史記·司馬相如列傳》之《上林賦》:"鼓嚴簿,縱獠者。"○【集解】《漢書音義》曰:"鼓嚴,嚴鼓也。簿,鹵簿也。"駰謂鼓嚴於林簿之中,然後縱獠也。

數量並不多,第1條、第2條揭示異文,第3條、第4條注音,第5條則解句(内含釋詞),質量都很高。

總之,裴駰賦注以徵引見長,爲後人保存了十分珍貴的早期賦注資料。他注重對古注的剪裁和搭配,爲讀者提供了一個内容較爲豐富完備、釋義準確而實用的注釋本。其自撰注釋質量亦高,值得重視。

【研究】

尚無專門研究裴駰賦注的論著。研究裴駰《史記集解》的論著有:應三玉《〈史記〉三家注研究》(鳳凰出版社2008年版),碩士論文有:高麗娜《〈史記〉"三家注"訓詁用語研究》(北京師範大學2009年碩士學位論文)、王曉君《〈史記〉三家注與〈漢書〉顔注對比研究》(河北大學2012年碩士學位論文)。

《前漢書音義》13卷,南朝陳張沖注,佚

【作者】

張沖,字叔玄,南朝陳吴郡(今江蘇蘇州)人。《隋書》卷七十五《儒林傳》云:"吴郡張沖,字叔玄,仕陳爲左中郎將,非其好也。乃覃思經典,撰《春秋義》,略異於杜氏七十餘事。《喪服義》三卷,《孝經義》三卷,《論語義》十卷,《前漢書音義》十三卷。官至漢王侍讀。"

【内容】

據《隋書·儒林傳》,張沖曾爲班固《漢書》做過音義。《隋志》未見著録,可見散佚較早。估計亦曾注及《漢書》所録之賦,惜未見徵引。

《後漢書音》1卷,北魏劉芳撰,佚

【作者】

劉芳,字伯文,彭城(今江蘇徐州)人,北魏大臣、學者。《魏書》卷五十五《劉芳傳》云:"(太后)擢芳兼主客郎,與纘相接。尋拜中書博士,後與崔光、宋弁、邢產等俱爲中書侍郎。俄而詔芳與產入授皇太子經,遷太子庶子兼員外散騎常侍。從駕洛陽,自在路及旋京師,恒侍坐講讀。芳才思深敏,特精經義,博聞强記,兼覽蒼雅,尤長音訓,辨析無疑,於是禮遇日隆,賞賚豐渥。正除員外散騎常侍,俄兼通直常侍。從駕南巡,撰述行事,尋而除正。……以芳經學精洽,超遷國子祭酒。以母憂去官。高祖南征宛鄧,起爲輔國將軍、太尉長史,從太尉

咸陽王禧攻南陽,蕭鸞將裴叔業入寇徐州,疆埸之民,頗懷去就,高祖憂之。以芳爲散騎常侍、國子祭酒、徐州大中正,行徐州事。徙兼侍中,從征馬圈。高祖崩於行宫。及世宗即位,芳手加衮冕。……遷中書令祭酒,如故。出,除安東將軍、青州刺史。爲政儒緩,不能禁止姦盜,廉清寡欲,無犯公私。還朝,議定律令。芳斟酌古今,爲大議之主,其中損益多芳意也。世宗以朝儀多闕,其一切諸議,悉委芳修正。於是朝廷吉凶大事,皆就諮訪焉。轉太常卿。……芳撰《鄭玄所注周官儀禮音》《干寶所注周官音》《王肅所注尚書音》《何休所注公羊音》《范寗所注穀梁音》《韋昭所注國語音》《范曄後漢書音》,各一卷。《辨類》三卷,《徐州人地録》四十卷,《急就篇續注音義證》三卷,《毛詩箋音義證》十卷,《禮記義證》十卷,《周官》《儀禮》義證各五卷。……延昌二年卒,年六十一。"

【内容】

《隋書·經籍志》史部:"《後漢書音》一卷,後魏太常劉芳撰。"《舊唐書》未著録。《新唐書·藝文志》:"劉芳《後漢書音》一卷。"蓋亡於宋代。劉芳曾注釋《後漢書》所載賦 12 篇,惜其賦注不傳。

《漢書音義》12 卷,存 3 卷,隋蕭該撰,清臧庸輯

【作者】

蕭該,隋代學者,祖籍蘭陵(今屬山東臨沂),晉南渡后遷居南蘭陵(今江蘇常州)。梁武帝弟鄱陽王蕭恢之孫,梁時封攸侯。梁末居江陵,西魏克江陵,遂入長安。歷北周至隋開皇初,賜爵山陰縣公,拜國子博士。奉詔與何妥正定經史,以所見不同,罷。通《詩》《書》《春秋》《禮記》大義,尤精《漢書》,著有《漢書音義》十二卷。另有《文選音》三卷(一作十卷),開《文選》學之先河。諸書均佚。

【著録】

《隋書·經籍志》史部著録:"《漢書音義》十二卷,國子博士蕭該撰。"

兩《唐志》:"《漢書音》十二卷。"今按:《漢書音》即《漢書音義》之省稱。

【版本】

1. 清嘉慶二年(1797)臧氏拜經堂刻本,拜經堂叢書十種之一,國家圖書館藏;

2. 清光緒間(1875—1908)德化李盛鐸木犀軒刻本,木犀軒叢書十七種之一,國家圖書館藏;

3.《兩漢書訂補文獻彙編》影印清光緒十四年刻本,北京圖書館出版社 2004 年版。

【内容】

《隋書·經籍志》史部著録:"《漢書音義》十二卷,國子博士蕭該撰。"兩《唐

志》作《漢書音》十二卷,説明該書在唐代尚存,蓋亡於唐末宋初。宋初宋祁校正《漢書》,徵引蕭該《漢書音義》甚多,獨於《揚雄傳》《叙傳》兩篇尤詳,其他各篇甚略,估計所見已爲殘本。清人臧庸(初名臧鏞堂,1767—1811)輯得 3 卷,頗便研究。

據臧庸輯本,《漢書・司馬相如傳》所載之《哀二世賦》存蕭該《音義》1 條,《揚雄傳》所載之《甘泉賦》存 38 條(36+2),《河東賦》存 9 條,《校獵賦》存 47 條(45+2),《長楊賦》存 11 條(10+1),《解嘲》存 12 條(11+1),《解難》3 條,《漢書・叙傳》所載之《幽通賦》存 24 條,《答賓戲》存 23 條。總計 168 條。其中有 6 條比較特殊,仔細揣摩,實爲宋祁以蕭該本爲據撰寫的校勘記,儘管能够保存一些珍貴的異文資料,但並非蕭該《漢書音義》的内容。扣除這 6 條,蕭該賦注今存 162 條。(揚雄《反離騷》尚有 18 條,以其非賦體,不計。)

研究蕭該《漢書音義》中的賦注,發現大多數條目以引代注,即以徵引前代賦注和其他文史資料的方式進行注釋。徵引的資料極爲豐富,蕭該的個人注釋不及三分之一。先將現存各賦注釋中徵引古代賦注的情況列表如下:

蕭該《漢書音義》徵引前代賦注一覽表

	曹大家	服虔	應劭	李奇	鄧展	蘇林	張晏	如淳	孟康	鄭氏	韋昭	晉灼	郭璞	諸詮	總計徵引家數、條數
甘泉賦				1				2		2	8	4		5	6/22
河東賦						1					5				2/6
校獵賦		2			1	1	4	2		1	7	1		14	9/33
長楊賦						1					4	2		4	4/11
解嘲			1			3					2				3/6
解難								1			2	6			3/9
幽通賦	2	1	1	1	1		1		1		6	6		4	10/24
答賓戲	1									1	10	2	1		5/15
總計徵引條數	3	3	2	2	2	6	5	5	1	4	44	21	1	27	14/126

從上表可見,蕭該在爲《漢書》所載之 8 篇賦作注時,至少徵引前代賦注 126 條,其徵引最多者爲:韋昭 44 條,諸詮(褚詮之)27 條,晉灼 21 條,分别出自韋昭《漢書集解音義》、褚詮之《漢書音義》、晉灼《漢書集注》諸書。有些前代賦注並不出自《漢書》注,而是賦注家對其他賦作所作的注釋。例如《幽通賦》:"慆慆而不詭兮,卒隕身虖世罔。"蕭該《音義》曰:"曹大家注《幽通賦》云:'詭,避

也。'"曹大家未曾注釋《漢書》,但撰寫過《幽通賦注》一卷,爲蕭該所徵引。又,《荅賓戲》:"守突奥之熒燭。"蕭該《音義》曰:"郭璞曰:'突音突。'該謂,依《儀禮》,宜言徒骨反。"今按:郭璞未曾注釋過《荅賓戲》,此條音注,當出自他爲司馬相如《上林賦》所作的注釋。《史記·司馬相如列傳》所載《上林賦》云:"夷嵕築堂,纍台增成,巖突洞房。"司馬貞《史記索隱》引郭璞曰:"言在巖突底爲室,潛通臺上。"李善注所引相同,皆未見這條音注。如果蕭該《音義》不誤,當可以提供一條郭璞《子虛上林賦注》的佚文。可見,蕭該《漢書音義》在徵引古代賦注時,表現出較爲宏闊的學術視野。雖然僅有 122 條古注,但徵引對象多達 14 家,涵蓋漢、魏、晉、宋四代,甄别遴選,價值較高。在保存古注方面也有一定功勞。

其實,蕭該《音義》在注釋 8 篇賦作時,其徵引範圍遠遠不限於古代賦注,對於先秦兩漢典籍亦多有徵引。據粗略統計,有《春秋》《詩經》《楚辭》《莊子》《吕氏春秋》《淮南子》《史記》《漢書》等經典著作。而對於古代字書、韻書的徵引,更是比比皆是,包括《字林》《説文解字》《廣雅》《爾雅》《倉頡篇》、揚雄《方言》、張揖《字詁》等。僅《字林》一書,8 篇賦注就徵引了 42 條,超過晉灼、褚詮之等賦注家,與韋昭賦注數量基本相當。可知蕭該在注賦時,乃是充分吸收古代的賦注成果,並查閱大量字書、韻書,再輔以個人按斷,進而較好地完成了注賦的任務。

蕭該所作按斷和個人註釋,亦有一定數量。如《漢書·司馬相如傳》所載《哀二世賦》:"巖巖深山之谾谾兮。"蕭該《音義》曰:"谾,或作'豅',長大皃也。"校勘與釋義並重。又,《漢書·揚雄傳》載《甘泉賦》:"薌呹肸以棍根兮。"蕭該《音義》曰:"呹,别本丑乙反,《文選》余日反。肸,别本作'盻',靈乞反。案,今《漢書》本'盱'或作'盻'者,傳寫之誤。"有辨字,有注音,且有個人判斷,頗見功力。《漢書·揚雄傳》引《解嘲》:"頷頤折頞,涕涶流沫。"蕭該《音義》:"頷作顩,韋昭曰:'曲上曰顩',音欺甚反。該案:《字林》曰:'顩,醜也,丘飲反。'與韋昭音同。《字林》:'顩,狹面鋭頤之貌也。'《倉頡篇》亦云:'顩,丘歛反,又吾檢反。'頞,《字林》曰:'鼻莖也,一曷反。'涶即唾也,才卧反。"既保存古本面貌,又旁徵博引,觀點獨到,可資參考。

【研究】

研究蕭該賦注,可以參考:萬獻初《蕭該〈漢書音義〉音切考辨》(《古漢語研究》2009 年第 3 期)。

《後漢書音》3 卷,隋蕭該撰,佚

【作者】

蕭該,見"《漢書音義》十二卷"條。

【内容】

《隋書·經籍志·史部》云:"《范漢音》三卷,蕭該撰。""范"即范曄,"漢"即《後漢書》。《舊唐書·經籍志》上:"《後漢書音》三卷,蕭該撰。"《新唐書·藝文志》二:"蕭該《後漢書音》三卷。"蓋亡於兩宋之際。或許已經注釋到《後漢書》諸賦,但未見徵引。

《文選音》3卷(一作10卷),隋蕭該撰,佚

【作者】

蕭該,見"《漢書音義》十二卷"條。

【著録】

《隋書·經籍志》集部總集類:"《文選音》三卷,蕭該撰。"今按:《隋書》卷七十五《何妥傳》附載蕭該小傳云:"後撰《漢書》及《文選》音義,咸爲當時所貴。"則其書名當作《文選音義》。按古人常常因聲求義,所撰音書,亦往往兼而釋義。故《隋志》之《文選音》,當爲《文選音義》之别稱或省稱,實爲一書。

《舊唐書·經籍志》集部總集類:"《文選音》十卷,蕭該撰。"《新唐書·藝文志》同。今按:兩《唐志》作十卷,與《隋志》異。蓋《隋志》所著録,乃爲初編;後又有增補,遂爲十卷。宋人所見,皆爲十卷本。

《宋史·藝文志》已不載,蓋亡於兩宋之際。

【内容】

《隋書》卷七十五《何妥傳》附載蕭該小傳云:"蘭陵蕭該者,梁鄱陽王恢之孫也。"今按,鄱陽王蕭恢是梁武帝蕭衍之弟,而《文選》主編蕭統是梁武帝之長子。如此,則蕭該實爲蕭統之從姪,其爲《文選》作《音義》,實有着家學淵源。

宋恪震先生稱"此書爲研究《文選》之濫觴",所言甚是。惜已亡佚。今人王重民曾以爲巴黎國家圖書館所藏《唐寫本文選音殘卷》爲蕭該《文選音》的殘留,周祖謨已駁其非。鈎稽傳世文獻,僅見佚文2條:

1.《漢書·揚雄傳》:"薌呹肸以掍根兮,聲駍隱而歷鍾。"〇宋祁校:蕭該《音義》曰:呹,别本丑乙反,《文選》余日反。肸,别本作盻,靈乞反。今按:宋祁所謂"蕭該《音義》",當指蕭該《漢書音義》,但其中稱"《文選》余日反",當係蕭該爲《文選·甘泉賦》的注音,故視爲《文選音》的内容。

2.《文選·思玄賦》:"行頗僻而獲志兮,循法度而離殃。"〇李善注:頗,傾也。離,遭也。殃,咎也。蕭該《音》本作陂,布義切。《禮記》曰:"商亂曰陂。"鄭玄曰:"陂,傾也。"《周易》曰:"無平不陂。"《廣雅》曰:"陂,邪也。"今按:此處"蕭該《音》"顯然是指蕭該《文選音》,僅僅徵引"陂,布義切"4字。

此外,宋恪震先生《選學最早幾部撰著試述》一文,又從日本金澤文庫藏《古寫本文選集注殘卷》中鈎稽出蕭該《文選音》佚文8條,涉及《離騷》《招魂》《招隱士》《七啟》《與文帝箋》《聖主得賢臣頌》《四子講德論》凡7篇《選》文。(載鄭州大學文學院編《選學論萃》,第62~63頁。)其中賦注1條:

《唐鈔本文選集注》卷七十八曹子建《七啟八首》:"垂宛虹之長緌,抗招搖之華旍。"〇集注:《音決》:"招,之遥反。蕭音韶。"今按:此處"蕭音韶"顯然是指蕭該《文選音》的注音:"招,音韶。"使用直音法。

【研究】

可以參考:王書才《蕭該生平及其〈文選〉研究考述》(《安康師專學報》2005年第2期)。

第三卷　唐宋賦學文獻(含遼金)

唐宋(含遼金),是中國賦體文學史上的又一關鍵時期。首先,由於科舉考試的需要,律賦應運而生並迅速走向興盛。唐代進士科考試有一場專考詩賦,詩用"試帖詩"(主要是排律),賦用律賦。對於應試者而言,能否創作律詩、律賦,其所創作律詩、律賦的優劣直接決定了他的命運。因此,文人無不研習律賦,成爲一時之尚。律賦是在六朝駢賦的基礎上形成的。其特點是:1. 對用韻有嚴格的限制。早期律賦限韻不嚴,但在太和(827—835)以後,科舉試賦便以八韻之數爲常格。如李程《金受礪賦》,以"聖無全功,必資佐輔"爲韻;王起《庭燎賦》,以"早設王庭,輝映群辟"爲韻;等等。後期律賦不僅講韻數,講平仄,還講次韻,如《旗賦》以"風日雲野,軍國清肅"爲韻腳,必須依次押這8個韻,不得顛倒錯亂。2. 講究用典與對偶。用典是一種藝術手段,將古代的歷史故事或文學作品中的意象,用極凝煉的語言揭示出來,可以使作品含蓄蘊藉,耐人尋味,富有表現力,同時也顯示出作者讀書之廣,見聞之博,聯想之豐富。如王棨《涼風至賦》,本來是鋪陳涼風的,賦中云:"悄絲管於上宮,陳娥翠斂;颭簷楹於華省,潘鬢霜凋。"上句用了漢武帝陳皇后被幽居長門宫,百無聊賴,迎風奏琴的典故,見司馬相如《長門賦》;下句則用了潘岳《秋興賦》頭髮斑白、臨秋風而抒寫哀愁的典故。王棨巧妙化用,含蓄而深刻地表現了寒風的悽楚、悲涼。此外,這兩聯都是四六句式,對仗十分工穩。3. 律賦還十分重視破題,即在開頭就扣住題目,揭示主題。如貞元十二年(796)的科舉考試,題目是《日五色賦》,李程開篇就説:"德動天鑒,祥開日華。"既扣住了題目中的"日"字,又點明了頌揚聖德的主題;結尾云:"故曰惟天爲大,吾君是則。"又與開頭相照應,設計頗爲巧妙。這一點很受考官賞識,李程也因此從落第生被擢爲狀元,在當時傳爲佳話。既然律賦在韻腳、對仗、用典等方面有許多具體要求,其篇幅自然也就受到限制,一般不超過400字。由於科舉試賦的導向作用,律賦的表現内容大多局限於描述符瑞、稱頌聖德,或闡發經義、吟詠物態,真正抒發個人性靈的作品極少。唐、宋兩代,科考皆試律賦,頗爲興盛。現存1700篇唐賦,1400篇宋賦,皆以律賦爲大宗。元代改用古賦,律賦創作因此而中歇。

其次,文賦也登上了文壇。伴隨着中唐古文運動的興起,賦體文學又有了新的氣象。晚唐杜牧的名作《阿房宫賦》,被視爲最早的文賦作品。其實,該賦有不少工隱的對偶句,但杜牧善於將散句與對偶句交叉使用,使文章參差錯落;賦中很少用生詞僻典,所以讀起來明白曉暢。更可貴的是,杜牧還將對仗演化爲排比,使行文氣勢磅礴,有一瀉千里、不可遏止之勢。此外,杜賦結尾還有一大段議論:"嗚呼! 滅六國者,六國也,非秦也;族秦者,秦也,非天下也。嗟乎! 使六國各愛其人,則足以拒秦;使秦復愛六國之人,則遞三世可至萬世而爲君,誰得而族滅也? 秦人不暇自哀,而後人哀之;後人哀之而不鑒之,亦使後人而復哀後人也。"從歷史中總結經驗教訓,以爲後世之鑒戒,這是政論文的表現内容,杜牧卻援之入賦,爲賦體文學注入了新的内容。此後,在賦中進行議論和説理成爲文賦的重要特色。宋代是文賦的成熟與興盛期,産生了歐陽修《秋聲賦》、蘇軾《前赤壁賦》《後赤壁賦》等膾炙人口的作品。宋代文賦,最突出的特點就是注重議論,講究理趣。這與宋詩是同步發展的。

據馬積高先生統計,唐代辭賦作家 579 人,辭賦作品 1711 首;宋代辭賦作家 347 人,辭賦作品 1445 首;①遼代辭賦 2 家 2 篇,金代辭賦 20 家 48 篇(據《歷代辭賦總匯目録》,其中《天文精義賦》《天文玉曆精異賦》《藥性賦》各計 1 篇)。加在一起,唐宋遼金共有辭賦作家 948 人,作品 3206 篇,數量十分驚人。簡宗梧等先生編纂《全唐賦》(里仁書局 2011 年版),輯録唐代賦 1714 篇,與《歷代辭賦總匯》出入不大;曾棗莊先生編有《宋代辭賦全編》(四川大學出版社 2008 年版),輯録兩宋辭賦 2124 篇(其中騷體辭 848 篇,賦 1276 篇),比《歷代辭賦總匯》多出 600 多首。但是以上三部總集除了輯録以"賦"名篇者,還收録楚辭體和賦體文,《宋代辭賦全編》甚至收録了大量楚歌,混淆了賦與詩歌的區别,這是需要注意的。

唐代學者在輯録當代賦方面成就不大。唐代文人主要閲讀、研習六朝詩文集,以《昭明文選》最受青睞,他們不注意對當代賦的搜羅和保存。《新唐書・藝文志》著録的李德裕《雜賦》2 卷、陸龜蒙賦 6 卷、李商隐賦 1 卷、薛逢《賦集》14 卷等,很可能係唐人所編,但屈指可數。值得慶幸的是,唐代出現了《文選・賦》的李善注和五臣注,皆爲古代賦注的巔峰之作,代表了兩種不同的賦注風格。此外,唐代出現了不少指導律賦創作的賦格書,幸有佚名《賦譜》存留下來,爲唐代賦論增加了一抹亮色。據現有材料來看,宋代學者在輯賦、注賦方面可以遥承六朝,成果較多。例如北宋不僅出現了接續《文選》的大型詩文總集《文苑英華》1000 卷(以"賦"爲首,共 150 卷),而且出現了專門的賦總集,例如范仲淹

① 馬積高:《〈歷代辭賦總匯〉前言》,《中國文學研究》2002 年第 1 期。

《賦林衡鑒》若干卷,王咸《典麗賦》93 卷,江文蔚《唐吴英秀賦》72 卷,等等。儘管皆已散佚,但説明宋代學者已經注意到對唐代名賦的編選和學習。至於賦別集,雖然專門的集子很少,但常常收在作家文集之中。宋代的賦評文字也很多,如洪邁《容齋隨筆》、王觀國《學林》、吴曾《能改齋漫録》等書中皆包含有豐富的賦論資料。宋代賦論,以鄭起潛《聲律關鍵》爲代表。

研究唐宋賦,可以參考馬積高《賦史》(上海古籍出版社 1987 年版)、郭維森、許結《中國辭賦發展史》(江蘇教育出版社 1996 年版)兩部通史的相關部分,此外尚有韓暉《隋及初盛唐賦風研究》(廣西師範大學出版社 2002 年版)、伏俊連《敦煌賦校注》(甘肅人民出版社 1994 年版)、尹占華《律賦論稿》(巴蜀書社 2001 年版)、趙俊波《中晚唐賦分體研究》(中國社會科學出版社、華齡出版社 2004 年版)、詹杭倫《唐宋賦學研究》(中國社會科學出版社、華齡出版社 2004 年版)、趙成林《唐賦分體叙論》(湖南大學出版社 2009 年版)、彭紅衛《唐代律賦考》(社會科學文獻出版社 2009 年版)、王士祥《唐代試賦研究》(上海古籍出版社 2012 年版)、詹杭倫《唐代科舉與試賦》(武漢大學出版社 2015 年版)、何玉蘭《宋人賦論及作品散論》(巴蜀書社 2002 年版)、劉培《兩宋辭賦史》(上下册,山東人民出版社 2012 年版)、王立洲《南宋辭賦志》(吉林人民出版社 2015 年版)、許瑶麗《宋代律賦與科舉——一种文學体式的制度浮沉》(人民出版社 2016 年版)、胡建昇《宋賦研究:權力與形式》(上海交通大學出版社 2017 年版)等。

臺灣學者鄭色幸《柳宗元辭賦研究》(臺灣文津出版社 2004 年版)、許東海《諷諭、美麗、感傷——白居易之詩賦邊境及其文化風情》(萬卷樓圖書股份有限公司 2005 年版)、王良友《中唐五大家律賦研究》(臺灣文津出版社 2008 年版)、吴儀鳳《賦寫帝國——唐賦創作的文化情境與書寫意涵》(萬卷樓圖書股份有限公司 2012 年版)、黄水雲《傳承與拓新:唐代遊藝賦書寫》(臺灣文津出版社 2012 年版)、陳韻竹《歐陽脩蘇軾辭賦之比較研究》(文史哲出版社 1986 年版)、林天祥《北宋詠物賦研究》(萬卷樓圖書股份有限公司 2004 年版)、顧柔利《北宋文賦綜論》(萬卷樓圖書股份有限公司 2007 年版)、廖志超《蘇軾辭賦理論及其創作之研究》(上、下,花木蘭文化出版社 2007 年版)、李燕新《東坡辭賦研究——兼論蘇過辭賦》(上、下,花木蘭文化出版社 2011 年版)、吕慧珠《梅堯臣辭賦研究》(花木蘭文化出版社 2012 年版)等著述亦可參考。

本章同樣將唐宋時期的賦學文獻劃分爲賦總集、賦別集、賦評、賦注凡四大類,每一類又劃分正編、外編,分别加以著録和考述。《藝文類聚》《初學記》本爲類書,隸屬子部,但由於書中保存了數百篇先唐賦,大都十分完整,具有重要的賦學資料價值,故納入"賦總集外編"加以評介。《北堂書鈔》《太平御覽》等類書亦徵引不少賦篇,可惜皆爲殘句,價值不高,故不予介紹。唐宋時期(尤其是宋代)的非文學賦創作十分興盛,它們屬於經部、史部或者子部文獻。[①] 例如唐代卜應天《雪心賦》屬於子部術數類,宋代吴淑《事類賦》屬於子部類書類,徐晉卿《春秋經傳類對賦》屬於經部春秋類,李仝《新雕注疏珞琭子三命消息賦》屬於子部術數類,王十朋《會稽三賦》屬於史部地理類,這些著作並非嚴格意義上的文學作品,但其中也表現出傑出的文學技巧,是賦與其他學科門類互相融合的見證,亦有一定的賦學文獻價值,因而附在"賦别集"之末加以介紹。

① 參見尹占華《非文學賦概論》,《西北師大學報》(社會科學版)2000年第6期。

第一章　賦總集正編

《薛氏賦集》9 卷,唐薛珪編,佚

【編者】

薛珪,生平不詳。《崇文總目》將其置於白居易《禮部策》10 卷之下,楊氏《唐吴英雋賦集》70 卷之上。又,鄭樵《通志·藝文略第八》:"《薛氏賦集》九卷,唐薛廷珪集。"可知爲唐代末年人。

【著録】

宋王堯臣等編《崇文總目》卷十二《總集類上》:"《薛氏賦集》九卷,薛珪撰。"姑且入總集類。《通志·藝文略》著録。已佚。

《唐吴英秀賦》72 卷(《唐吴英雋賦集》70 卷),五代江文蔚輯(一説楊氏編),佚

【編者】

江文蔚(901—952),原名旭,字君章,福建建甌人。五代辭賦家。後唐長興二年(931)進士。後因避禍而逃至南唐,官至禮部侍郎、翰林院學士,與徐鉉同掌詞命。博學多才,尤工詞賦,其作多承六朝遺風,與高越齊名,時稱"江高"。

【著録】

《宋史》卷二百九《藝文志》著録:"江文蔚《唐吴英秀賦》七十二卷。"《崇文總目》卷十一作"《唐吴英雋賦集》七十卷,楊氏編"。《通志·藝文略第八》著録:"《唐吴英雋賦集》七十卷,僞吴楊氏撰。"江氏書與楊氏書,不知區别何在。今已不存。

【内容】

江文蔚擅長辭賦,但其賦皆不存。所編《唐吴英秀賦》72 卷,久已佚失,蓋爲唐代(含南唐)吴地作家賦作的匯集,是較早的地方性賦集。

《賦苑》200 卷,五代徐鍇輯,佚

【編者】

徐鍇(920—974),字鼐臣,又字楚金,揚州廣陵(今江蘇揚州)人。南唐文字訓詁學家,與其兄徐鉉齊名,世稱"小徐"。仕於南唐,任秘書省校書郎,遷集

賢殿學士,終内史舍人。平生著述甚多,今僅存《説文解字繫傳》40卷、《説文解字韻譜》10卷。

【著録】

《宋史》卷二百九《藝文志》著録:"徐鍇《賦苑》二百卷,《目》一卷。"《崇文總目》卷十二著録此書。今已不存。

【内容】

《崇文總目》卷十二稱:"徐(鉉)[鍇]之集唐宋律賦爲《賦苑》二百卷。"徐鍇卒於南唐,未及見到趙匡胤簒位,故所輯皆爲唐五代時期作品。今按:漢魏至唐代所編賦集中,以南朝宋謝靈運《賦集》92卷、北魏崔浩《賦集》86卷爲最鉅。該書竟然多達200卷,卷帙空前,收賦浩博,在賦集編纂史上有重要意義。宋李昉等編《文苑英華・賦》150卷,規模與此相近,或許即在此書基礎上略加增删而成。又,徐鍇之兄徐鉉亦參與了《文苑英華》的編纂,更能够坐實《賦苑》與《文苑英華・賦》的關係。

《廣類賦》25卷,宋佚名輯,佚

【著録】

《宋史》卷二百九《藝文志》著録:"《廣類賦》二十五卷。"不注撰人。《崇文總目》卷十二同。

【内容】

《通志・藝文略》:"《廣類賦》二十五卷,采唐人雜賦。"可知爲唐賦之匯集。據其書名,該書内容龐雜,類别繁多。早已散佚。

《靈仙賦集》2卷,宋佚名輯,佚

【著録】

宋尤袤《遂初堂書目》:"《靈仙賦集》二卷。"不注撰人。《崇文總目》卷十一、《宋史・藝文志》同。

【内容】

據《國史經籍志》,該書"采唐人賦靈仙神異事"。編者匯集唐代仙道題材之賦,成爲一集。久已亡佚。

《甲賦》5卷(《諸家甲賦》),宋佚名輯,佚

【著録】

《宋史》卷二百九《藝文志》著録:"《甲賦》五卷。"不注撰人。《崇文總目》卷十一作"《諸家甲賦》一卷"。

【内容】

唐宋時期,稱用於科舉考試的律賦爲"甲賦",律賦是後起的稱呼。可知此書乃是科舉試賦之選編,早已散佚。

《賦選》5卷,宋佚名輯(或曰李魯輯),佚

【著録】

《宋史》卷二百九《藝文志》著録:"《賦選》五卷。"不注撰人。《崇文總目》卷十一、《通志·藝文略》有著録,署名"李魯編"。今已不存。

【内容】

《歷代賦辭典》云:"《賦選》5卷,宋徐鍇撰。《宋史·藝文志》有著録。"①今按:《宋史》卷二百九《藝文志》如此著録:"徐鍇《賦苑》二百卷《目》一卷;《廣類賦》二十五卷;《靈仙賦集》二卷;《甲賦》五卷;《賦選》五卷。"所列書目5種,後4種皆不注撰人,當署佚名編。《歷代賦辭典》編者將5種賦集皆視爲徐鍇所編,不妥。又,《崇文總目》卷十一稱"李魯編",《通志·藝文略》著録:"《賦選》五卷,李魯集唐人律賦。"李魯生平不詳,但該書爲唐代律賦之選集,當無可疑。

《桂香賦集》30卷,宋佚名編,佚

【著録】

《宋史》卷二百九《藝文志》:"《桂香賦集》三十卷。"《國史經籍志》同。今按:《宋志》將其列在"江文蔚《唐吴英秀賦》七十二卷"之下,故或以爲江文蔚撰,非是。今已不存。

《賦林衡鑒》若干卷,宋范仲淹輯,佚

【作者】

范仲淹(989—1052),字希文,蘇州吴縣(今屬江蘇)人。北宋著名的政治家、思想家和文學家。宋大中祥符八年(1015)進士,授廣德軍司理參軍。歷任興化縣令、秘閣校理、陳州通判、蘇州知州等職,因秉公直言而屢遭貶斥。康定元年(1040)與韓琦共任陝西經略安撫招討副使,鞏固西北邊防。慶曆三年(1043)出任參知政事,發起"慶曆新政"。不久受挫,被貶出京,歷知邠州、鄧州、杭州、青州。皇祐四年(1052)改知潁州,於途中逝世,年六十四。謚文正,封楚國公、魏國公。有《范文正公集》傳世,通行有《四部叢刊》影明本,附《年譜》及《言行拾遺事録》等。

【内容】

《賦林衡鑒》卷數不詳,其書久佚,但序言尚存,斯爲萬幸。據范仲淹自序,可知該書乃是一部律賦選集,選擇唐宋律賦100餘篇,而以唐代居多,以爲士林

① 遲文浚等:《歷代賦辭典》,遼寧人民出版社1992年版,第1425頁。

之衡鑒。編者自言:"所舉之賦,多在唐人,豈貴耳而賤目哉? 庶乎文人之作,由有唐而復兩漢,由兩漢而復三代。"(《范文正公集》卷四,《四部叢刊》本)指出學賦的步驟和程序,當以唐賦爲起點。編者將百餘篇賦作分爲 20 類:"叙昔人之事者,謂之叙事;頌聖人之德者,謂之頌德;書聖賢之勛者,謂之記功;陳邦國之體者,謂之贊序;緣古人之意者,謂之緣情;明虚無之理者,謂之明道;發揮源流者,謂之祖述;商榷旨義者,謂之論理;指其物而詠者,謂之詠物;述其理而詠者,謂之述詠;類可以廣者,謂之引類;事非有隱者,謂之指事;究精微者,謂之析微;取比象者,謂之體物;強名之體者,謂之假象;兼舉其義者,謂之旁喻;叙其事而體者,謂之叙體;總其數而述者,謂之總數;兼明二物者,謂之雙關;詞有不羈者,謂之變態。區而辯之,律體大備。"其分類的標尺,蓋爲科舉考試而發,有一定的針對性。但由於原書已佚,不詳其具體篇目,許多分類至今難曉其意。比如第一類爲叙事類,收録"叙昔人之事"的作品,顯然更像是詠史,而與一般的叙事賦不同。

《奇正賦格》若干卷,宋李君瑞輯,佚

【編者】

李君瑞,宋蒲陽(今福建莆田)人,生平不詳。與林希逸(1193—1271)同時,生活於南宋理宗、度宗時期。

【内容】

本書已佚,不知其具體内容。林希逸《李君瑞奇正賦格序》云:"今集賦家大小諸試,自蘭省三舍、諸郡鹿鳴,以至堂補巍綴者皆在焉。每題先之以正,繼之以奇。鋪叙之外,或以韻奇,或以意奇,或以句簡古而奇,或以原頭末三韻兩韻混成構結。"(《竹溪鬳齋十一藁》續集卷十二)可知該書是一部當代賦的選集。或大賦或小賦,或古賦或律賦,或出自廟堂,或來自民間,不拘一格。每一賦題皆收録數篇,先正後奇,便於比較。既然或以意奇,或以句奇,或以韻奇,想必編者對各賦之"奇"有其獨到的分析。書名"奇正賦格",正緣於此。作爲較早的一部將選賦與論賦相結合的著作,該書對中國古代賦論的發展有一定推動作用。

《集賢賦》若干卷(《李氏賦編》),宋李君編,佚

【作者】

李君,名字、生平不詳。南宋人。大概生活於宋理宗、宋度宗年間。

【内容】

本書又名《李氏賦編》,已佚。據歐陽守道(1209—?)《李氏賦編序》,李君選録自宋理宗端平元年(甲午,1234)以來數十年的賦作,"皆以日月相次,凡省

監郡邑學之所取皆在焉。魁文録其全篇,餘則各韻各對,擇其善者"(《巽齋文集》卷八,文淵閣《四庫全書》本),以資同業者讀習之助。可見該書乃是一部當代試賦的匯集,而以中第者之賦爲重點。至於一般賦作,則節録其對偶精工或者用韻精巧的句子,以供學習者揣摩。本書似乎是第一部將完整賦篇與佳聯名段並選的賦集,可見其指導作賦、提供辭藻的用心。

《典麗賦》64 卷,宋楊翱輯,佚

【編者】

楊翱,字號、生平均不詳。

【著録】

《宋史》卷二百九《藝文志》:"楊翱《典麗賦》六十四卷。"《崇文總目》卷十一作"《典麗賦集》六十四卷"。據鄭樵《通志・藝文略第八》,該書係"宋朝楊翱集古今律賦"而成,可知是唐宋律賦名篇之選集,體例不詳。今已不存。

《類文賦集》1 卷,宋佚名輯,佚

【著録】

《宋史》卷二百九《藝文志》著録:"《類文賦集》一卷。"《崇文總目》訛作"類史賦集"。宋人編纂此書,或許是專門選録接近散文的賦體文學作品(文賦),以反映賦體創作的新動向,同時與唐代以來用於科舉考試的甲賦(律賦)相區别。該書早已散佚。

《典麗賦》93 卷,宋王咸(一作王戊)編,佚

【編者】

王咸,字號、生平均不詳。

【著録】

宋陳振孫《直齋書録解題》卷十五"後典麗賦四十卷"注云:"先有王戊集《典麗賦》九十三卷,故此名《後典麗賦》。王氏集未見。"《宋史・藝文志》作"王咸《典麗賦》九十三卷"。該集收録主題宏大、風格典雅、語言瑰麗的賦作。同様編選律賦,而比楊翱《典麗賦》卷帙更大。據《直齋書録解題》卷十五,唐仲友編有《後典麗賦》40 卷,收録"唐末以及本朝盛時名公"之作。則此書收賦,主要以唐代爲限。今已不存。

《後典麗賦》40 卷,宋唐仲友輯,佚

【編者】

唐仲友(1136—1188),字與政,又稱説齋先生,浙江金華人。南宋紹興二十四年（1154）甲戌科進士，曾知台州。著有《六經解》《帝王經世圖譜》《説齋文集》等。淳熙間（1174—1189）知台州在臨海時，刊刻《荀子》《楊子法言》《中説》《昌黎先生集》《後典麗賦》等書，頗有影響。

【著録】

陳振孫《直齋書録解題》卷十五著録："《後典麗賦》四十卷，金華唐仲友與政編。仲友以辭賦稱於時，此集自唐末以及本朝盛時名公所作皆在焉，止於紹興間。先有王戊集《典麗賦》九十三卷，故此名《後典麗賦》。王氏集未見。"今按：王戊，當係"王咸"之訛。

【内容】

王咸編有《典麗賦》93卷，主要收録唐代律賦。本書接續王編，收録"唐末以及本朝盛時名公"之作，而以紹興年間（1131—1162）爲限。（《直齋書録解題》卷十五）今已不存。

《天聖賦苑》18卷，宋李祺編，佚

【編者】

李祺，字號、籍貫均不詳。

【著録】

《宋史》卷二百九《藝文志》："李祺《天聖賦苑》一十八卷。"内容不詳。《補遼金元藝文志》《明史·藝文志》等均不見著録，可見早已佚失。

《大全賦會》50卷，宋元間佚名輯，佚

【著録】

清紀昀等《四庫全書總目》卷一百九十一《集部總集類存目一》云："《大全賦會》五十卷（《永樂大典》本），不著編輯者名氏。"清嵇璜《續文獻通考·經籍考》同。

【内容】

《四庫全書總目》卷一百九十一《集部總集類存目一》云："《大全賦會》五十卷，不著編輯者名氏。皆南宋程試之文。案宋禮部科舉條例，凡賦限三百六十字以上成。其官韻八字，一平一仄相間，即依次用。若官韻八字平仄不相間，即不依次用。其違式不考之目，有詩賦重疊用事、賦四句以前不見題、賦押官韻無來處、賦得一句末與第二句末用平聲不協韻、賦側韻第三句末用平聲、賦初入韻用隔句對、第二句無韻。拘忌宏多，頗爲煩碎。又淳熙重修文書式，凡廟諱、御名本字外，同音之字應避者凡三百一十七。又有舊諱，濮王、秀王諸諱應避者二十一。是下筆之時，先有三四百字禁不得用，則其所作，苟合格式而已。其浮泛庸淺，千手一律，固亦不足怪矣。"從中可以得到以下信息：1. 該書卷帙較大，凡

50 卷,收賦數百篇。2. 該書本已散佚,乃是四庫館臣從《永樂大典》中輯出者,則其編纂年代應該早於明永樂年間。3. 該書編者不詳,但其所收皆爲南宋程式之賦,這些賦作講究平仄格律,而元、明兩代崇尚古賦,科舉亦考古賦,没有編纂此書的文化背景和氛圍。則此書之編,當在宋末,最晚在元代初年,尚未確定科考試古賦之時。4. 據《四庫總目》,宋代科考對律賦有嚴格規定,一律限八韻,對於限韻次序、違試(犯規)條例、全賦字數、避諱用字等皆有極爲嚴格的規定。禁忌過多,作者難以馳騁才思,故所作多"浮泛庸淺,千手一律",質量並不高。5. 清代科舉也考律賦,但清人以唐賦爲宗,該書因失去讀者而終於再次散佚。

第二章　賦總集外編

《藝文類聚》100卷,唐歐陽詢等編撰

【作者】

歐陽詢(557—641),字信本,潭州臨湘(今湖南長沙)人,唐代著名書法家、學者。古代"楷書四大家"(歐陽詢、顔真卿、柳公權、趙孟頫)之一。幼時聰敏勤學,博聞強記。隋朝時曾官至太常博士。入唐,累遷銀青光禄大夫、給事中、太子率更令、弘文館學士,封渤海縣男。與同代的虞世南、褚遂良、薛稷並稱"初唐四大家"。其楷書法度之嚴謹,筆力之險峻,舉世無匹,被譽爲"唐人楷書第一"。後人以其書於平正中見險絶,最便初學,號爲"歐體",與虞世南並稱"歐虞"。傳世的墨迹有《卜商帖》《張翰帖》等,碑刻有《九成宫醴泉銘》《皇甫誕碑》等,都堪稱書法藝術的瑰寶。另外編有《藝文類聚》100卷,是我國古代著名的類書。

【版本】

1. 南宋紹興年間(1131—1162)浙江地區刻本;
2. 明正德十年乙亥(1515)錫山華堅蘭雪堂銅活字本;
3. 明嘉靖六年丁亥(1527)天水胡瓚宗在蘇州刊刻小字本;
4. 明嘉靖七年戊子(1528)陸采加跋本;
5. 明嘉靖九年庚寅(1530)宗文堂刊本;
6. 明嘉靖二十八年己酉(1549)張松在山西重刻小字本;
7. 明萬曆十五年丁亥(1587)王元貞在南京重刻大字本;
8. 清光緒五年己卯(1879)成都宏達堂刻本;
9. 現在最爲通行的是汪紹楹先生以宋刻本爲底本加以校理句讀的本子,中華書局上海編輯所1965年版,上海古籍出版社1982年重印。重印時編製了人名和篇目索引,尤其便於使用。

【内容】

《藝文類聚》是一部類書,應該歸屬子部。但因其保存了大量的先唐辭賦作品,數量遠遠超過了《文選》和其他史書,具有文學總集的性質,故編入此類。

類書起源於三國,被尊爲類書之祖的魏文帝《皇覽》業已失傳。現存較早又比較完整的類書是隋唐之際虞世南(558—638)的《北堂書鈔》。該書完成於虞

氏任隋秘書郎時,書中摘録了不少詩文作品,有些作品今已失傳。如傅毅《扇賦》、崔駰《武都賦》、張衡《扇賦》、崔瑗《七蘇》等,就衹能在該書中見到一些片斷。稍後,唐歐陽詢等奉敕撰集《藝文類聚》一書,則是古代類書中保存先唐詩文最爲豐富的一種。

《藝文類聚》(以下簡稱《類聚》)是唐高祖李淵下令編修的,給事中歐陽詢主編,參與其事者還有秘書丞令令狐德棻、侍中陳叔達、太子詹事裴矩、詹事府主簿趙弘智、齊王府文學袁朗等十餘人,武德七年(624)成書。《藝文類聚》與《北堂書鈔》《初學記》《白氏六帖》合稱"唐代四大類書"。此書分46部,727子目,百餘萬言。編者開創事文兼備,隸事在前、引文在後的體例,層次極爲分明。隸事在前,均注出處;所引詩文,均注時代。詩文體既不一,又標明"詩""賦""贊""箴"等字加以區别。所引用的古籍,據北京大學研究所在1923年所作的統計,共1431種,這些古籍大多散失,現存不足十分之一。很多已經散佚的先唐古籍,藉助此書的徵引纔得以窺其一鱗半爪。即使未散佚的古書,亦因《類聚》所引者多爲唐前古本,可用以互校今傳之本,而有可能糾訂其誤謬。早在宋代,周必大、彭叔夏校《文苑英華》,就已利用本書。明清時期的校勘、輯佚學者在研究先秦、兩漢迄南北朝的古籍時,更是廣泛地運用這部類書。

本書對於先唐辭賦的保存,功績尤爲突出。現統計如下:

(一)天部(卷一至卷二):10目44篇

1. 天:* 晉成公綏《天地賦》

2. 月:宋周祗《月賦》、* 宋謝靈運《怨曉月賦》、* 宋謝莊《月賦》、梁沈約《八詠·望秋月》

3. 雲:楚荀況《雲賦》、* 晉陸機《浮雲賦》、又《白雲賦》、* 晉成公綏《雲賦》、晉楊乂《雲賦》

4. 風:* 楚宋玉《風賦》、後漢趙壹《迅風賦》、晉李充《風賦》、晉陸沖《風賦》、* 晉湛方生《風賦》、晉江逌《風賦》、晉王凝之《風賦》、* 齊王融《擬風賦》、齊謝朓《擬風賦》、梁沈約《擬風賦》、又《八詠》

5. 雪:晉孫楚《雪賦》、晉李顒《雪賦》、* 宋謝惠連《雪賦》、* 周劉璠《雪賦》、宋謝莊《雜言·詠雪》

6. 雨:魏文帝《愁霖賦》、魏陳王曹植《愁霖賦》、又《愁霖賦》、魏應瑒《愁霖賦》、* 晉潘尼《苦雨賦》、晉陸雲《愁霖賦》、晉傅咸《患雨賦》、又《喜雨賦》、晉成公綏《陰霖賦》、又《時雨賦》、* 宋傅亮《喜雨賦》、梁張纘《秋雨賦》

7. 霽:魏文帝《喜霽賦》、魏陳王曹植《喜霽賦》、* 晉陸雲《喜霽賦》

8. 雷:* 晉李顒《雷賦》

9. 電:* 晉顧凱之《雷電賦》

10. 虹:* 梁江淹《赤虹賦》

説明:《藝文類聚·天部》共收賦44篇。《初學記》(以下簡稱《初》)亦首列天部,除了選録《類聚》中的部分賦作(左側加*者,凡16篇),又增補了("星"目)宋張鏡《觀象賦》、梁陸雲《公星賦》,(雷)晉夏侯湛《雷賦》,(雨)盧照鄰《秋霖賦》,(霽晴)魏繆襲《喜霽賦》、傅玄《喜霽賦》,共收賦22篇。篇數減半。

(二)歲時部(卷三至卷五):11目51篇

1. 春:*晉傅玄《陽春賦》、*晉湛方生《懷春賦》、*周庾信《春賦》、晉夏侯湛《春可樂》、晉王廙《春可樂》、晉李顒《悲四時》

2. 夏:晉傅玄《述夏賦》、梁江淹《四時賦》、晉李顒《悲四時賦》(篇目重出)

3. 秋:*晉潘岳《秋興賦》、晉盧諶《感運賦》、晉江逌《述歸賦》、宋袁淑《秋晴賦》、宋沈勃《秋羇賦》、梁簡文帝《秋興賦》、又《臨秋賦》、梁江淹《四時賦》(篇名重出)、晉夏侯湛《秋可哀》、又《秋夕哀》、晉湛方生《秋夜賦》、宋謝琨《秋夜長》、宋蘇彦《秋夜長》、宋何瑾《悲秋夜》、宋伏系之《秋懷》

4. 冬:*晉陸機《感時賦》、梁江淹《四時賦》(篇名重出)、*晉陸雲《歲暮賦》、*梁蕭子雲《歲暮直廬賦》、*晉傅玄《大寒賦》

5. 元正:*晉傅玄《朝會賦》

6. 三月三日:後漢杜篤《祓禊賦》、*晉成公綏《洛禊賦》、*晉張協《洛禊賦》、晉褚爽《禊賦》、*晉夏侯湛《禊賦》、*晉阮瞻《上巳會賦》、*梁蕭子範《家園(三月)三日賦》①、*周庾信《三月三日華林園馬射賦》

7. 七月七:*(隋)[周]庾信《七夕賦》②、*南齊謝朓《七夕賦》

8. 七月十五日:*(唐)楊炯《盂蘭盆賦》

9. 九月九日:*宋傅亮《九月九日登陵囂館賦》

10. 熱:*魏繁欽《暑賦》、魏陳王曹植《大暑賦》、魏劉楨《大暑賦》、魏王粲《大暑賦》、*晉夏侯湛《大暑賦》、晉卞伯玉《大暑賦》、晉傅咸《感涼賦》

11. 寒:梁裴子野《寒夜賦》、晉夏侯湛《寒苦謠》

説明:《藝文類聚·歲時部》共收賦51篇。其中《春可樂》《秋可哀》等皆在"賦"目之下,今據其句式,視作賦體。(江淹《四時賦》凡3次摘録,衹計1篇。李顒《悲四時》2次)《初學記·歲時部》有20篇賦因襲《類聚》,此外還增補了晉謝萬《春遊賦》、宋劉義恭《感春賦》、梁簡文帝《晚春賦》、梁孝元帝《春賦》、隋蕭慤《春賦》、隋盧思道《納涼賦》、漢繁欽《秋思賦》、晉曹毗《秋興賦》、齊褚彦回《秋傷賦》、虞世南《秋賦》、晉王沈《正會賦》,總數爲31篇。(包括唐賦1篇。)此外,"魏繁欽"改作"後漢繁欽"。

---

① 括弧内的文字,是依據通行本校補的。下同。

② 庾信爲北周作家,此處誤作隋代。誤字用圓括號括起,正字用方括號括起。下同。

(三)地部(卷六):4 目 5 篇

1. 關:＊後漢李尤《函谷關賦》

2. 岡:宋傅亮《登龍岡賦》

3. 峽:梁蕭子範《建安城門峽賦》、隋江總《貞女峽賦》

4. 石:＊陳張正見《石賦》

(四)州部(卷六):1 目 1 篇

1. 冀州:＊漢班彪《冀州賦》

(五)郡部:0 目 0 篇

(六)山部(卷七至卷八):7 目 13 篇

1. 總載山:魏劉楨《黎陽山賦》、晉潘岳《登虎牢山賦》、晉郭璞《巫鹹山賦》、＊梁江淹《江上之山賦》、梁吴均《八公山賦》、陳張正見《山賦》、晉潘尼《西道賦》

2. 廬山:宋支曇諦《廬山賦》

3. 北芒山:晉張協《登北芒賦》

4. 天台山:晉孫綽《游天台山賦序》

5. 首陽山:(後)漢杜篤《首陽山賦》

6. 羅浮山:宋謝靈運《羅浮山賦》

7. 交廣諸山:宋謝靈運《嶺表賦》

(七)水部(卷八至卷九):16 目 38 篇

1. 總載水:魏文帝《濟川賦》、又《臨渦賦》、晉應貞《臨丹賦》、晉左九嬪《涪漚賦》

2. 海水:後漢班叔皮《覽海賦》、＊魏王粲《遊海賦》、魏文帝《滄海賦》、＊晉木玄虚《海賦》、晉潘岳《滄海賦》、晉庾闡《海賦》、晉孫綽《望海賦》、齊張融《海賦》

3. 河水:＊晉成公綏《大河賦》、＊魏應瑒《靈河賦》

4. 江水:＊東晉郭璞《江賦》、晉庾闡《涉江賦》、晉曹毗《涉江賦》

5. 淮水:＊魏文帝《浮淮賦》、＊魏王粲《浮淮賦》

6. 漢水:＊後漢蔡邕《漢津賦》

7. 洛水:＊魏曹子建《洛神賦》

8. 壑:梁簡文帝《大壑賦》

9. 濤:晉顧愷之《觀濤賦》、晉曹毗《觀濤賦》、晉伏滔《望濤賦》

10. 泉:＊後漢張衡《温泉賦》、晉傅咸《神泉賦序》

11. 湖:＊吴楊泉《五湖賦》

12. 池:晉張載《蒙汜池賦》、晉郭璞《鹽池賦》、宋謝莊《悦曲池賦》

13. 溪:宋謝靈運《長溪賦》

14. 谷:晉胡濟《瀍谷賦》

15. 井:＊晉郭璞《井賦》、＊晉孫楚《井賦》、＊晉江逌《井賦》

16. 冰:＊晉顧凱之《冰賦》、＊晉庾倏(儵)《冰井賦》

説明:《藝文類聚・地部》選賦 5 篇,《州部》1 篇,《山部》13 篇,《水部》38 篇。《初學記》將《藝文類聚》的《地部》《山部》《水部》歸併爲《地部》,其中有 19 篇賦因襲《類聚》,此外還增補有唐太宗《小山賦》、漢班固《終南山賦》、東晉王彪之《水賦》、梁簡文帝《海賦》(四庫本作晉庾闡《海賦》)、南齊謝朓《楚江賦》、隋杜臺卿《淮賦序》、魏曹植《述行賦》(摘句)、東晉王彪之《(井)賦》、晉江統《函谷關賦》,總數爲 28 篇。此外,將"魏王粲"改爲"後漢王粲",將"吴楊泉"改爲"西晉楊泉",將魏應瑒置於晉成公綏之前,將西晉庾倏置於東晉顧愷之之前,甚是。此外,《初・地部》無"州"目,另設《州郡部》,也選了班彪《冀州賦》。

(八)符命部 0 篇

(九)帝王部 0 篇

(十)后妃部 0 篇

(十一)儲宫部(卷十六):1 目 1 篇

1. 儲宫:＊魏卞蘭《贊述太子賦》。今按:《初・儲宫部》亦選此賦。

(十二)人部(卷十七至卷三十六):31 目 169 篇

1. 耳:晉祖台之《荀子耳賦》

2. 舌:梁簡文帝《舌賦》

3. 髪:晉左思《白髮賦》

4. 髑髏:＊後漢張衡《髑髏賦》、＊晉吕安《髑髏賦》

5. 美婦人:楚宋玉《登徒子好色賦》、＊漢司馬相如《美人賦》、後漢張衡《定情賦》、後漢蔡邕《協初賦》、又《檢逸賦》、魏陳琳《止欲賦》、魏阮瑀《止欲賦》、魏王粲《閑邪賦》、魏應瑒《正情賦》、魏陳思王曹植《静思賦》、晉張華《永懷賦》、梁江淹《麗色賦》、梁沈約《麗人賦》

6. 言語:楚宋玉《大言賦》、又《小言賦》、晉傅咸《小語賦》、魏陳暄《應詔語賦》

7. 嘯:晉成公綏《嘯賦》、晉殷仲堪《將離詠》(殘句)

8. 笑:晉孫楚《笑賦》

9. 孝:＊魏陳思王曹植《懷親賦》、晉陸機《祖德賦》、又《述先賦》、＊又《思親賦》、＊晉劉柔妻王氏《懷思賦》、宋謝靈運《孝感賦》、＊梁武帝《孝思賦》

10. 智:楚荀況《智賦》

11. 性命:晉仲長敖《核性賦》

12. 友悌:魏陳王曹植《離思賦》、又《釋思賦》、晉陸機《述思賦》

13. 交友:梁丘遲《思賢賦》

14. 鑒誡:魏文帝《戒盈賦》、吴楊泉《贊善賦》

15. 諷:楚荀況《賦》(實爲《佹詩》)、楚宋玉《諷賦》《釣賦》、晉陸機《豪士賦》

16. 諫:漢東方朔《非有先生論》(入論類)

17. 言志:後漢馮衍《顯志賦》、後漢班固《幽通賦》、魏陳王曹植《玄暢賦》、又《幽思賦》、魏劉楨《遂志賦》、魏丁儀《厲志賦》、魏韋誕《叙志賦》、晉夏侯惇《懷思賦》、晉棗據《表志賦》、晉潘尼《懷退賦》、晉傅咸《申懷賦》、晉曹攄《述志賦》、晉陸機《遂志賦》、又《懷土賦》、梁元帝《玄覽賦》、又《言志賦》

18. 行旅:漢劉歆《遂初賦》、後漢班彪《北征賦》、後漢曹世叔妻班氏《東征賦》、後漢蔡邕《述行賦》、魏崔琰《述初賦》、晉陸機《行思賦》、又《思歸賦》、晉潘岳《西征賦》、晉郭璞《流寓賦》、晉張載《叙行賦》、晉袁宏《東征賦》、宋謝靈運《歸塗(途)賦》、宋鮑照《遊思賦》、齊謝朓《思歸賦》、梁簡文帝《述羈賦》、又《阻歸賦》、梁江淹《待罪江南思北歸賦》、梁丘遲《還林賦》、梁沈約《滑塗賦》、梁張纘《南征賦》、陳沈炯《魂歸賦》

19. 遊覽:後漢班彪《遊居賦》、魏陳思王曹植《節遊賦》、又《感節賦》、魏楊修《節遊賦》

20. 别:*魏文帝《離居賦》、又《感離賦》、又《永思賦》、又《出婦賦》、魏陳王曹植《出婦賦》、又《愍志賦》、又《歸思賦》、魏王粲《出婦賦》、晉陸機《别賦》、晉傅咸《感别賦》、*梁江淹《别賦》、又《去故鄉賦》、*梁劉孝儀《歎别賦》、*梁張纘《離别賦》

21. 怨:漢董仲舒《士不遇賦》、漢司馬遷《悲士不遇賦》、漢司馬相如《陳皇后長門賦》、*(漢)班婕妤《自傷賦》(即《自悼賦》)、魏丁廙《蔡伯喈女賦》、梁江淹《恨賦》

22. 贈答:梁邵陵王《贈言賦》、梁張纘《懷音賦》、梁陸倕《感知已賦贈任昉》、梁任昉《荅陸倕感知己賦》

23. 閨情:梁元帝《蕩婦秋思賦》、梁江淹《倡婦自悲賦》、周庾信《蕩子賦》

24. 報恩:齊謝朓《酬德賦》

25. 懷舊:西晉向秀《思舊賦》、晉潘岳《懷舊賦》

26. 哀傷:*漢武帝《李夫人賦》、後漢蘇順《歎懷賦》、魏文帝《悼夭賦》、又《寡婦賦》、又《感物賦》、魏陳王曹植《慰子賦》、魏高貴鄉公《傷魂賦》、魏王粲《傷夭賦》、又《思友賦》、又《寡婦賦》、魏丁廙妻《寡婦賦》、晉陸機《歎逝賦》、又《愍思賦》、又《大暮賦》、晉潘岳《悼亡賦》、又《寡婦賦》、晉王渾妻鍾氏《遐思賦》、晉劉滔母孫氏《悼艱賦》、宋孝武帝《擬漢武帝李夫人賦》、宋謝靈運《感時賦》、又《傷己賦》、宋顔延之《行殣賦》、宋鮑昭[照]《傷逝賦》、梁沈約《傷美人

賦》、梁江淹《傷友人賦》、梁蕭子範《傷往賦》、周庾信《哀江南賦》、又《傷心賦》

27. 妬:梁張纘《妬婦賦》

28. 愁:魏陳王曹植《叙愁賦》、又《愁思賦》、又《九愁賦》、魏繁欽《愁思賦》、又《弭愁賦》、梁簡文帝《序愁賦》

29. 貧:＊漢揚雄《逐貧賦》、＊晉束晳《貧家賦》

30. 婢:＊後漢蔡邕《青衣賦》、＊後漢張安超《譏青衣賦》

31. 隱逸:後漢張衡《歸田賦》、魏陳王曹植《潛志賦》、晉張華《歸田賦》、晉陸機《幽人賦》、又《應嘉賦》、晉陸雲《逸民賦》、晉孫承《嘉遁賦》、宋謝靈運《逸民賦》、又《入道至人賦》、又《辭禄賦》、梁簡文帝《玄虚公子賦》、梁陸倕《思田賦》、宋陶潛《歸去來》、梁沈約《八詠・守山東》

説明:《藝文類聚・人部》内容豐富,子目繁多,選賦多達169篇。《初學記・人部》下不設髑髏、説、嘲戲、言志、行旅、遊覽、哀傷、愁、隱逸等子目,精簡之意頗佳,但删除的子目又不見蹤影,甚覺遺憾。選賦方面,除了因襲《類聚》所録14篇,各子目增補的作品有:(機敏)增補魏禰衡《鸚鵡賦序》,(師)晉潘岳《閑居賦》、漢班固《西都賦》(摘句),(諷諫)謝偃《惟皇誡德賦》、(美婦人)宋玉《高唐賦》並序、魏曹植《洛神賦》、宋謝靈運《江妃賦》,(醜人)劉謐之《龐郎賦》、朱彦時《黑兒賦》、劉思真《醜婦賦》、宋玉《登徒子好色賦》(摘句),(長人)漢司馬相如《大人賦》,(短人)漢蔡邕《短人賦》,(奴婢)漢王褒《責須髯奴辭》,總數爲28篇。不及《類聚》的五分之一。另外,漢武帝《李夫人賦》和成帝班婕好《自傷悼賦》2篇,《初・中宫部・嬪妃》選録。漢張衡《髑髏賦》,《初・禮部・死喪》選録。

(十三)禮部(卷三十八至卷四十):9目17篇

1. 禮:＊楚荀況《禮賦》

2. 郊丘:＊晉郭璞《南郊賦》

3. 辟雍:＊後漢李尤《辟雍賦》、晉傅玄《辟雍鄉飲酒賦》

4. 巡狩:漢揚雄《甘泉賦》、又《幸河東賦》

5. 籍田:＊晉潘岳《籍田賦》、宋任豫《籍田賦》、隋江總《勞酒賦》

6. 社稷:晉張華《朽社賦》

7. 婚:魏陳王曹植《感婚賦》、＊晉張華《感婚賦》

8. 弔:漢司馬相如《弔秦二世賦》、晉傅咸《弔秦始皇賦》

9. 冢墓:＊後漢張衡《冢賦》、＊晉陸機《感丘賦》、晉傅咸《遂登芒賦》

説明:《類聚・禮部》收賦17篇。(不含收入"文"類的賈誼《弔屈原文》等6篇)《初・禮部》照録7篇,又增補(祭祀)魏孫該《三公山下祠賦》、晉嵇含《祖道賦序》、(郊丘)後漢鄧耽《郊祀賦》、(明堂)唐劉允濟《萬象明堂賦》、(親蠶)晉閔鴻《親蠶賦》、(朝會)晉傅玄《朝會賦》、(饗燕)魏曹植《娱賓賦》、晉王沈宴

《嘉賓賦》、晉成公綏《延賓賦》、隋薛道衡《宴喜賦》、(婚姻)後漢蔡邕《協和婚賦》、(死喪)漢張衡《髑髏賦》、晉呂安《髑髏賦》、晉陸機《大墓賦》、宋鮑照《傷逝賦》,共計22篇。説明徐堅等對典禮類作品更爲重視。

(十四)樂部(卷四十三至卷四十四):11目30篇

1. 舞:＊後漢傅毅《舞賦》、＊後漢張衡《舞賦》、＊梁簡文帝《舞賦》

2. 歌:(晉)袁山松《歌賦》

3. 琴:＊後漢傅毅《琴賦》、後漢馬融《琴賦》、＊後漢蔡邕《琴賦》、＊晉嵇康《琴賦》、＊晉成公綏《琴賦》

4. 箏:＊後漢侯瑾《箏賦》、＊魏阮瑀《箏賦》、＊晉陶融妻陳氏《箏賦》、＊晉賈彬《箏賦》、＊晉顧愷之《箏賦》、＊梁簡文帝《箏賦》

5. 箜篌:＊晉鈕滔母孫氏《箜篌賦》、＊晉曹毗《箜篌賦》、＊宋臨川王劉義慶《箜篌賦》

6. 琵琶:＊晉孫諺(該)《琵琶賦》、＊晉成公綏《琵琶賦》

7. 笥簴:＊漢賈誼《簴賦》

8. 簫:＊漢王褒《洞簫賦》

9. 笙:＊晉潘岳《笙賦》、＊晉王廙《笙賦》、晉夏侯淳《笙賦》

10. 笛:＊楚宋玉《笛賦》、＊後漢馬融《長笛賦》

11. 笳:魏杜摯《笳賦》、晉孫楚《笳賦》、晉夏侯湛《夜聽笳賦》

説明:《類聚・樂部》收賦30篇。《初・樂部》照録24篇,又增補唐楊師道《聽歌管賦》、謝偃《聽歌賦》、陳顧野王《舞影賦》、謝偃《觀舞賦》、陳陸瑜《琴賦》、陳顧野王《箏賦》、晉傅玄《琵琶賦》、唐薛收《琵琶賦》、虞世南《琵琶賦》、晉陸士衡《鼓吹賦》、夏侯湛《笙賦》、陳顧野王《笙賦》、陳傅縡《笛賦》,總數爲37篇,超過《類聚》。

(十五)職官部(卷四十五):1目1篇

1. 諸王:＊魏夏侯玄《皇胤賦》。今按:《初・帝戚部》選録此賦。《初・職官部》無賦。

(十六)封爵部0篇

(十七)治政部(卷五十二):1目1篇

1. 赦宥:＊(後漢)崔寔《大赦賦》。今按:《初・政理部》亦選此賦,又增補隋江總《辭行李賦》1篇。

(十八)刑法部(卷五十四):1目1篇

1. 刑法:晉傅咸《明意賦》。今按:《初》無刑法部,亦不選此賦。

(十九)雜文部(卷五十五至卷五十八):6目20篇

1. 經典:後漢杜篤《書槴賦》

2. 讀書:晉束皙《讀書賦》

3. 賦：＊晉陸機《文賦》、漢楊雄（揚雄）《反騷》、後漢班彪《悼離騷》、晉摯虞《愍騷》、魏陳王曹植《九詠》、梁元帝《擬秋氣摇落》、梁張纘《擬若有人兮》、梁武帝《賦體》、梁任昉《賦體》、梁王僧孺《賦體》、（梁）陸倕《賦體》、梁柳惲《賦體》

4. 紙：＊晉傅咸《紙賦》

5. 筆：＊後漢蔡邕《筆賦》、＊晉傅玄《筆賦》、晉成公綏《故筆賦》、梁吴均《筆格賦》

6. 硯：＊晉傅玄《硯賦》

説明：《類聚・雜文部》收賦 20 篇。（不包括“七”目下枚乘《七發》等 20 篇）其中揚雄《反騷》等 6 篇爲楚辭體，但本書編入“賦”目之下，姑從之。《初學記・文部》照録 5 篇（左側有＊者），没有增補。數量僅爲《類聚》的四分之一。《初》對七體文學没有涉及，甚覺粗略。

（二十）武部（卷五十九）：1 目 16 篇

1. 戰伐：後漢崔駰《大將軍西征賦》、魏文帝《述征賦》、魏陳王曹植《東征賦》、魏應瑒《撰征賦》、魏徐幹《西征賦》、又《序征賦》、魏王粲《初征賦》、魏阮瑀《紀征賦》、魏陳琳《武軍賦》、又《神武賦》、魏繁欽《征天山賦》、魏楊修《出征賦》、晉陸士龍《南征賦》、宋傅亮《征思賦》、宋謝靈運《撰征賦》、梁沈約《憫國賦》

（二十一）軍器部（卷六十）：3 目 3 篇

1. 牙：＊吴胡綜《大牙賦》

2. 刀：＊魏陳王曹植《寶刀賦》

3. 彈：晉夏侯孝若（夏侯湛）《繳彈賦》

説明：《類聚・武部》收賦 16 篇，《軍器部》3 篇。《初・武部》將其合併，照録軍器賦 2 篇，又增補（獵）後漢張衡《羽獵賦》、魏王粲《羽獵賦》、（漁）晉潘尼《釣賦》，凡 5 篇。《初》對“征戰”之賦一篇未選，甚憾。

（二十二）居處部（卷六十二至卷六十四）：16 目 62 篇（孫楚《登樓賦》與《登城賦》實爲一篇）

1. 總載居處：漢楊雄《蜀都賦》、後漢班固＊《西都賦》、又《東都賦》、後漢張衡《西京賦》、又《東京賦》、又＊《南都賦》、後漢杜篤《論都賦》、後漢崔駰《反都賦》、＊（後）漢傅毅《洛都賦》、魏徐幹《齊都賦》、魏劉楨《魯都賦》、魏劉邵《趙都賦》、晉左思＊《蜀都賦》、又《吴都賦》、又＊《魏都賦》、＊晉庾闡《揚都賦》、晉傅玄《正都賦》

2. 宫：漢劉歆＊《甘泉宫賦》、魏卞蘭《許昌宫賦》、魏楊修《許昌宫賦》、北齊邢子才《新宫賦》

3. 闕：魏繁欽《建章鳳闕賦》

4. 臺:魏文帝《登臺賦序》、＊魏陳王曹植《登臺賦》、晉陸雲《登臺賦》、晉孫楚《韓王臺賦》、晉盧諶《登鄴臺賦》

5. 殿:後漢李尤《德陽殿賦》、後漢王延壽《魯靈光殿賦》、魏何晏《景福殿賦》、魏韋誕《景福殿賦》、魏夏侯惠《景福殿賦》、宋孝武《華林清暑殿賦》、宋江夏王劉義恭《華林清暑殿賦》、＊宋何尚之《華林清暑殿賦》

6. 坊:梁蕭子範《直坊賦》

7. 樓:魏王粲《登樓賦》、＊晉孫楚《登樓賦》、晉棗據《登樓賦》、晉郭璞《登百尺樓賦》

8. 櫓:晉歐陽建《登櫓賦》

9. 觀:後漢崔駰《大將軍臨洛觀賦》、後漢李尤《平樂觀賦》、又《東觀賦》、魏陳王曹植《遊觀賦》、又《臨觀賦》

10. 堂:＊陳江總《雲堂賦》(《初》作隋)

11. 城:＊魏文帝《登城賦》、晉孫楚《登城賦》(有重複)、＊宋鮑照《蕪城賦》、＊梁吴筠(均)《吴城賦》

12. 館:晉張協《玄武館賦》、晉潘尼《東武館賦》

13. 宅舍:魏陳王曹植《閑居賦》、晉潘岳《閑居賦》、晉庾闡《閑居賦》、晉束晳《近遊賦》、梁沈約《郊居賦》

14. 庭:陳沈炯《幽庭賦》

15. 室:晉潘岳《狹室賦》、晉庾闡《狹室賦》

16. 齋:宋謝靈運《山居賦》

説明:《類聚·居處部》收賦62篇。《初·居處部》分爲都邑、城廓、宫、殿、樓、臺等十餘目,照録14篇,增補(園囿)梁江淹《梁王兔園賦》(該賦《類聚》入産業部)、(市)晉成伯陽《平樂市賦》2篇,總數爲16篇。《初》將“總載居處”目改爲“都邑”目,甚好。

(二十三)産業部(卷六十五至卷六十六):7目22篇

1. 農:晉束晳《勸農賦》

2. 園:漢枚乘《梁王兔園賦》、齊謝朓《遊後園賦》、梁裴子野《游華林園賦》、＊梁江淹《梁王兔園賦》、周庾信《小園賦》

3. 蠶:晉楊泉《蠶賦》

4. 織:後漢王逸《機賦》、晉楊泉《織機賦》

5. 鍼:楚荀況《鍼賦》、(後)漢曹大家《鍼縷賦》

6. 田獵:漢司馬相如《子虛賦》《上林賦》、漢楊雄《羽獵賦》、＊後漢張衡《羽獵賦》、魏文帝《校獵賦》、＊魏王粲《羽獵賦》、魏應瑒《西狩賦》、又《馳射賦》、晉夏侯湛《獵兔賦》、晉潘岳《射雉賦》

7. 釣:＊晉潘尼《釣賦》

説明:《類聚·産業部》收賦22篇。《初》無産業部,相關作品散在武部和居處部。《類聚》在該部設田獵目,選録馬、揚、張、王、應諸賦,既不符合這些賦作的基本内容,也違背了賦家的創作意圖。

(二十四)衣冠部(卷六十七):3目3篇

1. 貂蟬:隋江總《華貂賦》

2. 玦珮:魏文帝《玉玦賦》

3. 袍:隋江總《山水納袍賦》

(二十五)儀飾部(卷六十八):3目8篇

1. 鼓吹:晉陸機《鼓吹賦》

2. 相風:晉傅玄《相風賦》、晉張華《相風賦》、晉潘岳《相風賦》、晉陶侃《相風賦》、晉孫楚《相風賦》

3. 漏刻:＊晉陸機《漏刻賦》、＊宋鮑昭《觀漏(刻)賦》

(二十六)服飾部(卷六十九至卷七十):8目20篇

1. 屏風:＊漢淮南王《屏風賦》

2. 杖:晉張翰《杖賦》、周庾信《竹杖賦》

3. 扇:魏陳王曹植《九華扇賦》、吴閔鴻《羽扇賦》、晉張載《扇賦》、晉傅咸《羽扇賦》、又《扇賦》、＊晉陸機《羽扇賦》、晉江逌《扇賦》、梁昭明太子《扇賦》、＊梁江淹《扇上彩畫賦》、梁周興《白鶴羽扇賦》

4. 枕:後漢張紘《瓌材枕賦》

5. 香爐:＊梁昭明太子《銅博山香爐賦》

6. 釵:晉夏侯湛《雀釵賦》

7. 梳枇:晉傅咸《櫛賦》

8. 鏡:＊梁劉緩《(照)鏡賦》、周庾信《鏡賦》、＊晉傅咸《鏡賦》

説明:《類聚·衣冠部》收賦3篇,《儀飾部》8篇,《服飾部》20篇。《初學記》設立《器物部》,照録8篇,增補(屏風)芊勝(羊勝之訛)《屏風賦》、(香爐)陳傅宰《博山香爐賦》、(舟)西晉棗據《船賦》(《類聚》入舟車部)、後梁甄玄成《車賦》、(燈)周庾信《燈賦》、梁江淹《燈賦》、(燭)梁簡文帝《對燭賦》、周庾信《對燭賦》、(火)西晉潘尼《火賦》(以上5賦在《類聚·火部》)、戴逵《流火賦》,共計18篇。

(二十七)舟車部(卷七十一):1目1篇

1. 舟:＊晉棘(棗)據《船賦》

(二十八)食物部(卷七十二):2目5篇

1. 餅:＊晉束皙《餅賦》

2. 酒:＊漢楊雄《酒賦》、魏陳王曹植《酒賦》、＊魏王粲《酒賦》、＊晉張載《酃酒賦》

(二十九)雜器物部(卷七十三):3 目 7 篇

1. 盤:魏毌(毋)丘儉《承露盤賦》

2. 巵:晉傅咸《汙巵賦》

3. 盌:魏陳王曹植《車渠椀賦》、魏應瑒《車渠椀賦》、魏徐幹《車渠椀賦》、晉潘尼《琉璃椀賦》、隋江總《瑪腦盌賦》。今按:盌、椀、碗,異體字。

(三十)巧藝部(卷七十四):18 篇

1. 書:晉陽泉《草書賦》、齊王僧虔《書賦》

2. 畫:(晉)傅咸《畫像賦》

3. 圍棊:後漢馬融《圍棊賦》、晉曹攄《圍棊賦》、晉蔡洪《圍棊賦》、梁武帝《圍棊賦》、梁宣帝《圍棊賦》。今按:棊、棋、碁,異體字。

4. 彈棊:後漢蔡邕《彈棊賦》、魏文帝《彈棊賦》、魏丁廙《彈棊賦》、晉夏侯惇《彈棊賦》

5. 樗蒲:後漢馬融《樗蒲賦》

6. 投壺:魏邯鄲淳《投壺賦》

7. 塞:後漢邊孝先(邊韶)《塞賦》

8. 藏鉤:晉庾闡《藏鉤賦》

9. 四維:東晉李秀《四維賦》

10. 象戲:周庾信《象戲賦》

(三十一)方術部(卷七十五):2 目 3 篇

1. 疾:晉摯虞《疾愈賦》、梁裴子野《卧疾賦》

2. 醫:晉嵇含《寒食散賦》

(三十二)内典部:0 篇

(三十三)靈異部(卷七十八至卷七十九):20 篇

1. 仙道:漢司馬相如《大人賦》、後漢桓君山(桓譚)《仙賦》、後漢黄香《九宫賦》、晉陸機《列仙賦》、又《陵霄賦》、梁陶宏景《水仙賦》、又《雲上之仙風賦》、梁江淹《丹砂可學賦》

2. 神:(楚)宋玉《高唐賦》、又《神女賦》、魏陳王曹植《洛神賦》(與水部重複)、魏陳琳《神女賦》、魏王粲《神女賦》、魏楊修《神女賦》、晉張敏《神女賦》、晉楊該《三公山下神祠賦》、宋謝靈運《江妃賦》、梁江淹《水上神女賦》

3. 夢:後漢王延壽《夢賦》

4. 魂魄:梁沈炯《歸魂賦》

(三十四)火部(卷八十):3 目 13 篇

1. 火:*(晉)潘尼《火賦》

2. 燈:漢劉子駿(劉歆)《燈賦》、魏殷臣《鯨魚燈賦》、晉夏侯湛《釭燈賦》、晉孫惠《百枝燈賦》(殘句)、(晉)范堅《蠟燈賦》、梁簡文帝《列燈賦》、*梁江淹

《燈賦》、＊周庾信《燈賦》

3. 燭:晉傅咸《燭賦》、＊梁簡文帝《對燭賦》、梁元帝《對燭賦》、＊周庾信《對燭賦》

説明:《類聚・舟車部》收賦1篇,《食物部》5篇,《雜器物部》7篇,《巧藝部》18篇,《方術部》3篇,《靈異部》20篇,《火部》13篇。《初》有《道釋部》,無賦。《初》不設《雜器物部》《巧藝部》《方術部》,相應賦作亦不見選録。《初・服食部》合併了《類聚・食物部》和《服飾部》的部分内容,除了照録《類聚・食物部》4賦,又增補(冠)魏齊幹賦、(羹)張翰《豆羹賦》、(脯)唐陳子昂《麈尾賦》、(餅)庾闡《惡餅賦序》,共計8篇。

(三十五)藥香草部(卷八十一至卷八十二):21目51篇

1. 空青:梁江淹《空青賦》

2. 芍藥:宋王徽《芍藥華賦》

3. 款冬:晉傅咸《款冬賦》

4. 草:晉傅玄《紫華賦》、梁蕭子暉《冬草賦》、梁沈約《愍衰草賦》

5. 蘭:陳周弘讓《山蘭賦》

6. 菊:＊魏鍾會《菊花賦》、又云、晉孫楚《菊花賦》、晉潘尼《秋菊賦》、晉盧湛《菊花賦》、晉傅玄《菊賦》、齊卞伯玉《菊賦》

7. 杜若:齊謝朓《杜若賦》

8. 鬱金:(後)漢朱公叔《鬱金賦》、晉傅玄《鬱金賦》

9. 迷迭:魏文帝《迷迭賦》、魏陳王曹植《迷迭香賦》、魏王粲《迷迭賦》、魏應瑒《迷迭賦》、魏陳琳《迷迭賦》

10. 芸香:晉傅咸《芸香賦》、晉成公綏《芸香賦》、晉傅玄賦序(殘句)

11. 鹿葱:晉傅玄《宜男花賦》、晉夏侯湛《宜男花賦》

12. 蜀葵:虞繁《蜀葵賦》、梁王筠《蜀葵花賦》

13. 藍:後漢趙岐《藍賦》

14. 芙蕖:後漢閔鴻《芙蓉賦》、＊魏陳王曹植《芙蓉賦》、吴蘇彦《芙蕖賦》、晉孫楚《蓮花賦》、晉潘岳《蓮花賦》、晉夏侯湛《芙蓉賦》、晉潘岳《芙蓉賦》、宋傅亮《芙蓉賦》、＊宋鮑昭[照]《芙蓉賦》、梁簡文帝《采蓮賦》、梁元帝《采蓮賦》、梁昭明太子《芙蓉賦》、梁江淹《蓮花賦》

15. 萍:＊晉夏侯湛《浮萍賦》、晉蘇彦《浮萍賦》

16. 苔:＊(梁)江淹《青苔賦》

17. 蓍:晉傅玄《蓍賦》

18. 茗:晉杜育《荈賦》

19. 艾:(晉)孔璠之《艾賦》

20. 薺:(晉)夏侯湛賦、齊卞伯玉《薺賦》

21. 蓼:漢孔臧《蓼蟲賦》

説明:《類聚·藥香草部》收賦51篇。《初·花草部》除了照録5賦,還增補(五穀)晉張翰《豆羹賦》(重)、(蘭)唐顔師古《幽蘭賦》、(菊)晉潘尼《秋菊賦》、(萱)梁徐勉《萱草花賦》,總數爲9篇。今按:《初》將珍花異草附於《寶器部》之後,甚爲牽強。

(三十六)寶玉部(卷八十三至卷八十四):6目8篇

1. 玉:*晉傅咸《玉賦》

2. 珠:*梁吴筠《碎珠賦》

3. 馬瑙:魏文帝《馬瑙勒賦》、魏王粲《馬瑙勒賦》

4. 瑠璃:晉潘尼《瑠璃椀賦》

5. 車渠:魏文帝《車渠椀賦》、(魏)王粲《車渠椀賦》

6. 瑇瑁:晉潘尼《瑇瑁椀賦》

説明:《類聚·寶玉部》收賦8篇。《初·寶器部》中設有金、銀、珠、玉、錦、繡、羅、絹諸目,除照録2賦外,又增補梁張率《繡賦》1篇,凡3篇。

(三十七)百穀部(卷八十五):2目2篇

1. 黍:晉稽含(嵇含)《孤黍賦》

2. 豆:*(晉)張翰《豆羹賦》

(三十八)布帛部(卷八十五):2目2篇

1. 素:漢班婕妤《擣素賦》

2. 布:晉殷巨奇《布賦》

(三十九)菓部(卷八十六):15目39篇

1. 李:*晉傅玄《李賦》

2. 桃:*晉傅玄《桃賦》、宋伍緝之《園桃賦》、陳張正見《衰桃賦》

3. 梅:*梁簡文帝《梅花賦》、(陳)陳暄《食梅賦》

4. 甘:晉胡濟《黄甘賦》、*宋謝惠連《甘賦》

5. 橘:*魏陳王曹植《橘賦》、晉潘岳《橘賦》、宋謝惠連《橘賦》、梁吴筠《橘賦》

6. 石榴:*晉潘尼《安石榴賦》、晉張載《安石榴賦》、晉張協《安石榴賦》、晉應貞《安石榴賦》、晉潘岳《河陽庭前安石榴賦》、*晉夏侯湛《若石榴賦》、晉傅玄《安石榴賦》、晉庾儵《石榴賦》、晉范堅《安石榴賦》、宋顔測《山石榴賦》

7. 栗:*後漢蔡邕《傷故栗賦》

8. 枇杷:宋周祗《枇杷賦》、宋謝瞻安《成郡庭枇杷樹賦》

9. 木瓜:宋何承天《木瓜賦》

10. 杜梨:晉孫楚《杕杜賦》

11. 蒲萄:《魏都賦》(兩句)、魏鐘會《蒲萄賦》、晉荀勖《蒲萄賦》

12. 荔支:後漢王逸《荔支賦》

13. 芭蕉:梁徐摛《冬蕉捲心賦》

14. 甘蔗:晉張協《都蔗賦》

15. 瓜:魏劉楨《瓜賦》、*晉陸機《瓜賦》、晉嵇含《瓜賦》、晉張載《瓜賦》、*晉傅玄《瓜賦》、梁張纘《瓜賦》

(四十)木部(卷八十八至卷八十九):12目41篇

1. 木:晉劉柔妻王氏《春花賦》、周庾信《枯樹賦》、晉庾闡《浮查賦》

2. 松:*齊王儉《和竟陵王高松賦》、*齊謝朓《高松賦》、梁沈約《高松賦》

3. 柏:*晉左九嬪《松柏賦》

4. 槐:晉傅選(巽)《槐賦》、魏文帝《槐賦》、*魏陳王曹植賦、*魏王粲《槐樹賦》、*晉摯虞《槐賦》、晉庾儵《大槐賦》

5. 桑:魏繁欽《桑賦》、晉陸機《桑賦》、晉潘尼《桑樹賦》、晉傅咸《桑樹賦》

6. 桐:晉傅咸《梧桐賦》、晉夏侯湛《愍桐賦》、宋袁淑《桐賦》、齊王融《應竟陵王教桐樹賦》、梁沈約《桐賦》、又《八詠・悲落桐》

7. 楊柳:*魏文帝《柳賦》、魏應瑒《楊柳賦》、魏繁欽《柳賦》、*魏王粲《柳賦》、晉成公綏《柳賦》、晉伍輯之《柳花賦》、*(晉)傅玄《柳賦》

8. 茱萸:晉孫楚《茱萸賦》

9. 長生:晉嵇含《長生樹賦》

10. 木槿:晉盧諶《朝華賦》、晉傅咸《舜華賦》、晉羊徽《木槿賦》、晉夏侯湛《朝華賦》、隋江總《南越木槿賦》

11. 木蘭:晉成公綏《木蘭賦》

12. 竹:晉江逌《竹賦》、齊王儉《靈丘竹賦》、*梁簡文帝《修竹賦》

説明:《類聚・菓部》收賦39篇,《木部》收賦41篇。《初》將二部合併爲《果木部》,精簡部類之舉,實堪稱道。除了照録《類聚》18篇賦,又增補(櫻桃)後梁宣帝《櫻桃賦》、(棗)晉傅玄《棗賦》、陳後主《棗賦》、(栗)陳陸瓊《栗賦》、(甘)晉劉瑾《甘樹賦》、(槐)王濟《槐樹賦》、(桐)南齊蕭子良《梧桐賦》、宋劉義恭《梧桐賦》、(竹)陳顧野王《拂崖筱賦》、梁江淹《靈丘竹賦》、隋蕭大圜《竹花賦》,總數爲29篇。

(四十一)鳥部(卷九十至卷九十二):30目76篇

1. 鳥:後漢趙壹《窮鳥賦》、晉夏侯湛《觀飛鳥賦》、梁沈約《天淵水鳥應詔賦》

2. 鳳:晉桓玄賦、晉傅咸《儀鳳賦序》

3. 鴻:晉成公綏《鴻雁賦》、梁沈約《八詠・聽曉鴻篇》

4. 鶴:魏王粲《白鶴賦》、*魏陳王曹植《白鶴賦》、晉桓玄《鶴賦》、宋臨川康

王《鶴賦》、＊宋鮑照《舞鶴賦》、梁沈約《八詠・聞夜鶴篇》

5. 雉:晉王叔之《翟雉賦》、晉傅純《雉賦》、晉傅玄《雉賦》、晉孫楚《翟賦》

6. 鶡:魏陳王曹植《鶡賦》、魏王粲《鶡賦》

7. 孔雀:魏楊修《孔雀賦》、魏鐘會《孔雀賦》、晉左九嬪《孔雀賦》

8. 鸚鵡:＊後漢禰衡《鸚鵡賦》、＊魏陳王曹植《鸚鵡賦》、魏應瑒《鸚鵡賦》、魏王粲《鸚鵡賦》、魏阮瑀《鸚鵡賦》、晉傅玄《鸚鵡賦》、晉左九嬪賦、晉盧諶賦、晉傅咸賦、晉曹毗賦、晉桓玄《鸚鵡賦》、＊宋顔延之《白鸚鵡賦》、＊宋謝莊《赤鸚鵡賦》、梁昭明太子《鸚鵡賦》

9. 雁:＊魏陳王曹植《離繳雁賦》、晉羊祜《雁賦》、晉孫楚《雁賦》

10. 鵝:宋鮑昭(照)《野鵝賦》

11. 鴨:晉蔡洪《鬥凫賦》、宋王徽《野鶩賦》、齊謝朓《野鶩賦》

12. 雞:＊晉傅玄《鬥雞賦》、晉陸善《長鳴雞賦》、＊晉習嘏《長鳴雞賦》

13. 山雞:晉傅玄《山雞賦》、宋臨川康王《山雞賦》

14. 鷹:晉傅玄《鷹賦》、晉孫楚《鷹賦》

15. 鷂:魏陳王曹植《鷂雀賦》

16. 烏:＊梁何遜《窮烏賦》

17. 雀:後漢曹大家《大雀賦》

18. 燕:晉傅咸《燕賦》、晉盧諶《燕賦》、晉夏侯湛《玄鳥賦》

19. 鳩:晉傅咸《班鳩賦》

20. 反舌:梁沈約《反舌賦》、梁蕭子暉《反舌賦》

21. 倉庚:魏文帝《鶯賦》、魏王粲《鶯賦》、晉王惲妻鍾夫人《鶯賦》

22. 鵂鶹:晉張華《鵂鶹賦》

23. 鴛鴦:梁簡文帝《鴛鴦賦》、梁元帝《鴛鴦賦》、周庾信《鴛鴦賦》、陳徐陵《鴛鴦賦》

24. 鵁鶄:晉摯虞《鵁鶄賦》、梁簡文帝《鵁鶄賦》

25. 鸂鶒:宋謝惠連《鸂鶒賦》

26. 白鷺:宋謝惠連《白鷺賦》

27. 鷿鵜:晉張望《鷿鵜賦》

28. 鵬:晉賈彪《鵬賦》

29. 翡翠:梁江淹《翡翠賦》

30. 服鳥:漢賈誼《服鳥賦》、漢孔臧《鴞賦》

説明:《類聚・鳥部》收賦 76 篇。《初・鳥部》除了照録 10 篇,又增補了(鳳)唐太宗《鳳賦》、晉傅咸《儀鳳賦》、(鷹)隋魏彦深《鷹賦》、(烏)晉成公綏《烏賦》、(鵲)梁徐勉《鵲賦》、(雁)陳後主《夜亭度雁賦》,總數爲 16 篇。

(四十二)獸部(卷九十三至卷九十五):6 目 13 篇

1. 馬:魏應德璉(應瑒)《慜驥賦》、晉曹毗《馬射賦》、晉傅玄《乘輿馬賦》、又《馳馬射賦》、＊宋顏延之《赭白馬賦》、＊宋謝莊《乘輿舞馬賦應詔》

2. 牛:臧道顔《駃牛賦》

3. 狗:＊晉傅玄《(走)狗賦》、＊魏賈岱宗《大狗賦》

4. 猨:晉傅玄《猨猴賦》

5. 獼猴:＊後漢王延壽《王孫賦》、晉阮籍《獼猴賦》

6. 果然:魏鍾毓《果然賦》

説明:《類聚・獸部》收賦 13 篇。《初・獸部》選録其中 5 篇,增補虞世南《師子賦》、宋劉義恭《白馬賦》、宋孔甯子《牛賦》、唐虞世南《白鹿賦》、東晉王廙《兔賦》、後魏盧元明《劇鼠賦》,共計 11 篇。

(四十三)鱗介部(卷九十六至卷九十七):5 目 7 篇

1. 龍:晉劉琬《神龍賦》

2. 龜:＊魏曹植《神龜賦》

3. 鼈:晉陸機《鼈賦》、晉潘尼《鼈賦》

4. 魚:晉王虞《釣魚賦》、＊晉摯虞《觀魚賦》

5. 石劫:梁江淹《石劫賦》

説明:《類聚・鱗介部》收賦 7 篇。《初・鱗介部》選其 2 篇,增補魏劉劭《龍瑞賦》、繆襲《青龍賦》,凡 4 篇。

(四十四)蟲豸部(卷九十七):14 目 23 篇

1. 蟬:後漢蔡邕《蟬賦》、後漢曹大家《蟬賦》、＊魏陳王曹植《蟬賦》、晉明帝《蟬賦》、晉陸士龍《寒蟬賦》、晉傅咸《黏蟬賦》、又《鳴蜩賦》、晉孫楚《蟬賦》、宋顏延之《寒蟬賦》

2. 蠅:晉傅咸《青蠅賦》

3. 蚊:晉傅選《蚊賦》

4. 蜉蝣:晉傅咸《蜉蝣賦》

5. 螢火:＊晉傅咸《螢火賦》、＊晉潘安仁《螢火賦》

6. 蝙蝠:魏陳王曹植《蝙蝠賦》

7. 叩頭蟲:晉傅咸《叩頭蟲賦》

8. 蛾:晉支曇諦《赴火蛾賦》

9. 蜂:晉郭璞《蜜蜂賦》

10. 蟋蟀:晉盧諶《蟋蟀賦》

11. 尺蠖:宋鮑昭[照]《尺蠖賦》

12. 蟻:晉郭璞《蚍蜉賦》

13. 蜘蛛:晉成公綏《蜘蛛賦》

14. 螳螂:晉成公綏《螳蜋賦》

説明:《類聚·蟲豸部》收賦23篇。《初·蟲部》僅僅設有蟬、蝶、螢凡3個子目,删減幅度極大。除選録《類聚》2賦外,又增補(蟬)西晉傅玄《蟬賦》、陳褚玠《風裏蟬賦》、(螢火)梁蕭和《螢火賦》3篇,凡5篇。

(四十五)祥瑞部(卷九十八至卷九十九):3目3篇

1. 祥瑞:魏劉劭《嘉瑞賦》

2. 龍:魏劉劭《龍瑞賦》

3. 鳳皇:晉顧凱之《鳳賦》

(四十六)災異部:0篇

總數爲858篇。去掉5篇重出之作,《類聚》實際上收賦(歐陽詢等所認定的賦作)853篇。除了唐楊炯《盂蘭盆賦》,全部是先唐賦作。[①] 事實上,今天所能見到的先唐賦作名篇,大抵通過史書和詩文總集的載録而得以流傳至今。今考《史記》收録賈誼、司馬相如賦6篇(以下仍然衹統計以"賦"名篇的作品,包括賦序,不包括騷、七、頌、對問等),《漢書》收録漢賦14篇,《後漢書》9篇,《晉書》11篇,《宋書》5篇,《南齊書》2篇,《梁書》4篇,《陳書》1篇,《魏書》7篇,《北齊書》1篇,《周書》1篇,《隋書》3篇,共計66篇。南朝梁蕭統《文選·賦》收録56篇。加在一起,史書和詩文總集共計收録先唐賦122篇。如果去掉重複之作,僅有102篇。全部是膾炙人口的名篇。毫無疑問,史書和《文選》在保存這些先唐經典名作方面功勞巨大。但如果僅有這些名篇,先唐文學仍然顯得十分單薄。並且名篇之所以不朽,之所以受到歷代文人的代代傳頌,應該有著大量並不知名或者知名度稍低的文學作品作爲陪襯,進行比較,方纔凸顯出它的優秀特出之處。因而《類聚》所載録的853篇賦作,大大豐富了先唐賦的研究資料;倘若没有《類聚》,將有七百餘篇先唐賦(大約占今存先唐賦的半數以上)銷聲匿迹,那纔是中國古代文學的重大損失。所以,稱《類聚》爲先唐賦之淵藪,一點都不爲過。

考察《類聚》在"賦"目下所收的853篇作品,大都以"賦"名篇,不收騷、七、頌、贊、碑、銘、誄、對問(答難)、連珠、弔文等韻文作品。這反映了唐代初年較爲明細的文體觀念。偶然也收賦序,包括:晉潘岳《秋聲賦序》(歲時部秋類)、梁簡文帝《眼明囊賦序》(服飾部囊類)、晉傅咸《儀鳳賦序》(鳥部鳳類),凡3篇。筆者以爲屬於誤收,因爲據全書體例,編者一貫將賦序納入"序"類,而不是"賦"類。考察《藝文類聚》全書,"序"目下收録的賦序作品有:魏繆襲《青龍賦

① 拙文《〈藝文類聚〉與中國賦學》統計數據爲:"總數爲902篇。去掉3篇重出之作,實際收録賦作899篇。除了1篇唐賦,皆爲先唐賦作。"(載蹤凡《賦學文獻論稿》,商務印書館2017年版,第223~224頁)比本文數量更多,是因爲當時將七、對問、收在"書"類的《僮約》、收在"弔"類的若干弔文、收在"文"類的賦序等也統計在內。但根據《藝文類聚》的體例,這些文章都不屬於"賦"體。今予以更正,特此説明。

序》(鱗介部龍類),晉嵇含《社賦序》(歲時部社類)、《蜈蠟賦序》(歲時部臘類)、《白首賦序》(人部發類)、(鹿葱)賦序(藥香草部鹿葱類)、《朝生暮落樹賦序》(以上入木部木槿類),晉稽康(嵇康)《懷香賦序》(藥香草部草類),晉傅玄《蜀葵賦序》(藥香草部蜀葵類)、《朝華賦序》,晉成公綏《日及賦序》、《烏賦序》(鳥部烏類),晉潘尼《朝菌賦序》、晉伏滔《長笛賦序》(木部竹類),晉沈充《鵝賦序》(鳥部鵝類),晉阮籍《鳩賦序》(鳥部鳩類),晉王廙《白兔賦序》(獸部兔類),晉傅咸《喜雨賦序》(災異部祈雨類),凡 17 篇。這足以證明歐陽詢等將賦序視爲"序"體,而不是"賦"體。歐陽詢等編纂《藝文類聚》時,繼承了蕭統、劉勰等較爲明細的文體觀念,努力將賦與其它文體區分開來,展示它們各自的特徵和用途,其賦體觀是狹義的。

除了賦序,《藝文類聚》"賦"目之下也收録了少量不以"賦"命名的韻文,包括:梁沈約《八詠・望秋月》《臨春風》《悲落桐》《聽曉鴻》《聞夜鶴》《守山東》,宋謝莊《雜言・詠雪》,晉夏侯湛《春可樂》《秋可哀》《秋夕哀》《寒苦謡》,晉王廙《春可樂》,晉湛方生《秋夜賦》,宋謝琨《秋夜長》,宋蘇彦《秋夜長》,宋何瑾《悲秋夜》,宋伏系之《秋懷》,晉殷仲堪《將離詠》(殘句),宋陶潛《歸去來》,漢楊雄《反騷》,後漢班彪《悼離騷》,晉摯虞《愍騷》,魏陳王曹植《九詠》,梁元帝《擬秋氣摇落》,梁張纘《擬若有人兮》,凡 25 篇。這些韻文,既不能歸入詩體,也不能納入騷、七、頌、贊、對問等體,因爲每篇作品都有一大半篇幅使用賦句寫成。故編者將其歸入賦體,恐怕也是一種變通的處理方式。

當然,《類聚》是一部類書,書中載録賦作主要是爲了滿足讀者徵事與作文的需要,所載作品不如《文選》和史書精確,有的有删削,有的有錯訛。但是,在先唐賦作十不存一、早期類書和詩文總集亦大都散佚的情況下,該書的文獻價值就得以凸顯。與現存其他類書相比,《藝文類聚》的價值也是獨特的。唐虞世南《北堂書鈔》、白居易《白氏六帖》、宋李昉《太平御覽》等類書亦曾摘録一些先唐賦作,但大都是散句,鮮有完整的篇幅。《藝文類聚》則不然。例如司馬相如《子虛賦》,《類聚》卷六十六《産業部・田獵》加以載録,從"楚使子虛使于齊"到"何爲亡以應哉",一千餘字,基本完整。(《子虛賦》在本書中衹出現一次。)《北堂書鈔》摘引《子虛賦》多達 11 次,但每次都是摘句,或四字,或六字,最多不過十餘字,文獻價值極低。《白氏六帖》《太平御覽》等書亦大致如此。徐堅等《初學記》在體例上效法《類聚》,可惜卷帙太小,其文獻價值亦遠在《類聚》之下。

《類聚》將 853 篇歷代賦歸入 39 部 299 類,這是中國賦學史上的一次創舉。此前的分類,如《漢書・藝文志・詩賦略》將賦分爲屈原賦之屬、陸賈賦之屬、孫卿賦之屬、雜賦四大類,大約是從風格流派的角度劃分的;而雜賦内部按照題材與體制分爲 12 類,亦十分粗略,且標準不一,邏輯混亂。至於《文選・賦》將歷代賦分爲京都、郊祀、耕藉等15類，更多爲《類聚》所取法，但《文選·賦》僅收賦56篇，數量太少，分類自然也顯得粗糙，並且没有二級分類。《藝文類聚》雖然不是純粹的詩文總集，其收録賦作的目的在於佐證"類事"部分，並且全書46部727類，衹有39部299類之下輯録了賦作，遠遠没有涵蓋所有部類。但在中國賦學史上，《類聚》輯賦數量之盛多，分類之細緻，都是空前的。歐陽詢等爲賦體文學設置二級分類，尤其值得肯定，這使賦的題材分類趨於精細和綿密，能够更爲深刻地反映先唐賦創作題材的豐富性和多樣性。

我們將《類聚》對賦的歸類情況置於賦體文學分類史上，更能够反映出歐陽詢分類思想的賦學價值。此後按照内容和題材分類選賦（輯賦）的詩文總集，主要有宋李昉等《文苑英華·賦》（38類）、清陳元龍《歷代賦彙》（正集、外集共38類）、清張維城《分類賦學雞蹠集》（30部）、清鴻寶齋主人《賦海大觀》（32類468目）等。爲了便於比較，現列表如下：

《藝文類聚》對賦的歸類與後代賦總集分類比較表

《藝文類聚》對賦的歸類（39部299目）	《文苑英華·賦》38類	《歷代賦彙》38類	《分類賦學雞蹠集》30部155類	《賦海大觀》32類468目（據國圖社整理之《總目》）
1天部：天、月、雲、風、雪、雨、霽、雷、電、虹，10目	1天象	1天象	1天文部：天地總、天、日、月、星、風、雨、雲附霞、霜、雪、露附霧、雷附虹電、河漢，13類	1天文類：天文總、日月、日、月、星辰、風雨、風、雨、雲、霞、霜、雪、露、霧、雷、電、虹、河漢、煙，19目 2天象類：天象、渾天儀、太極，3目
2歲時部：春、夏、秋、冬、元正、三月三日、七月七日、七月十五、九月九日、社、熱、寒、臘，13目	2歲時	2歲時	2歲時部：時令總、春、夏、秋、冬，5類	4時令類：時令總、閏、漏、立春、元宵、中和節、花朝、社日、清明、春總、浴佛日、浣花節、端午、夏總、暑、七夕、中秋、重陽、秋總、小春、冬至、臘日、冬總，23目

(续表)

《藝文類聚》對賦的歸類(39部299目)	《文苑英華·賦》38類	《歷代賦彙》38類	《分類賦學雞蹠集》30部155類	《賦海大觀》32類468目(據國圖社整理之《總目》)
3地部:關、岡、峽、石,4目 4州部:冀州,1目 5山部:總載山、廬山、北芒山、天台山、首陽山、羅浮山、交廣諸山,7目 6水部:總載水、海水、河水、江水、淮水、漢水、洛水、壑、濤、泉、湖、池、溪、谷、井、冰,16目	3地類	3地理	3地理部:地附山水總、山、水、海江潮河湖、雜水、石、橋附堤路城郭等,7類	3地理類:地、山、海、潮、江、河、淮、漢、渭、湖、泉、瀑、池、磯、瀨、堤、井、潭、溪、灣、水、冰、村、郊、橋、石、土、塵、京、都、形勝,31目
8人部:耳、舌、髮、髑髏、美婦人、言語、嘯、笑、孝、智、性命、友悌、交友、鑒誡、諷、諫、嘲戲、言志、行旅、遊覽、別、怨、贈答、閨情、報恩、懷舊、哀傷、妒、愁、貧、奴、婢、隱逸,33目	22人事 23志 35遊覽 36哀傷	25覽古 26寓言 31言志 32懷思 33行旅 34曠達 35美麗 36諷諭 37情感 38人事	7性道部:聖賢、德性、言行、儒修,4類 8人品部:品藻、高隱、漁樵、閨閣,4類 16人事部:形體、壯志、早慧、交際、思慕、遊覽附訪友、送別附歸隱、感憤、夢寐、人事雜載,10類	12人品類:器識、立志、清操、高尚、漁、樵、隱逸,7目 13性道類:德性、德行、操修、品節、性情、道學、言行、交際、好學,9目 15人事類:聰慧、壽、未遇、貧、壯志總、交際、愛財、友誼、送別總、遠行、遊覽、歸思、感憤總、仇恨、喜、思慕、幽思、感懷,18目 16婦女類:美色、神女、思婦、才女、烈女、閨閣、貞節,7目 17身體類:人總、心、舌、鼻、耳、目、髮、須、眉、手、指、腹、膽、氣、神、淚、影、骨、病、夢、寐,21目

(续表)

《藝文類聚》對賦的歸類(39部299目)	《文苑英華·賦》38類	《歷代賦彙》38類	《分類賦學雞蹠集》30部155類	《賦海大觀》32類468目(據國圖社整理之《總目》)
9禮部:禮、郊丘、辟雍、巡狩、籍田、社稷、婚、弔、冢墓,9目	9苑囿、朝會 10禋祀 11行幸 16耕藉附田農	6典禮 8臨幸 9搜狩	12禮制部:朝會、學校附書院、祭祀、雜載(宴進講養老籍田),4類	8典禮類:典禮總、臨幸、巡狩、祭祀總、耕藉、祭物、封禪、祭器、朝會、宴集、學校總、書院、飲食、燕射、田獵,15目
10樂部:舞、歌、琴、箏、箜篌、琵琶、笥篪、簫、笙、笛、笳,11目	17樂 18鐘鼓	18音樂	13樂制部:樂律、歌曲舞附秋千、琴瑟附弦、鐘鼓、笙笛簫管磬、琵琶附築,6類	9樂律類:樂律總、雜律總、歌、曲、舞、琴、瑟、琵琶、箏、雜總、鐘、鼓、磬、笙、笛、簫、塤篪、築、笳、角、箜篌、匏、嘯、聲,24目
7儲宮部:儲宮,1目 11職官部:諸王,1目 12治政部:赦宥,1目 13刑法部:刑法,1目	5帝德 15治道 21符瑞	5治道 7禎祥	5帝治部:君德附納諫、用賢、政刑、巡狩附向化頌禱瑞應,4類 6仕宦部:勛名、節操、循良、知遇、科第,5類	5君德類:治化、勤政、德政、聖學、養民、睿鑒、好善、文德、帝儲、愛民、政刑、符瑞、貢獻,13目 6.仕進類:仕進總、盡職、輔治、清節、科第、試士,6目 7舉賢類:用賢、養士、選舉,3目
14雜文部:經典、讀書、賦、七、紙、筆、硯,7目	12諷諭 13儒學	10文學	9文學部:書籍、碑帖、文、詩、詞賦、勤學、博學、書法、字辨訛、文具,10類 10文具部:筆墨、硯、紙、雜具,4類	10文學類:勤學、博學、經、史、文、詩、賦、書法、碑帖、畫、筆墨總、筆、硯、墨、紙,15目

(续表)

《藝文類聚》對賦的歸類(39部299目)	《文苑英華·賦》38類	《歷代賦彙》38類	《分類賦學雞蹠集》30部155類	《賦海大觀》32類468目(據國圖社整理之《總目》)
15 武部:戰伐,1目 16 軍器部:牙、刀、彈,3目	14 軍旅 11 武功 11 武備部:講武附息兵、名將事迹、兵器,3類	11 武備類:師旅、將帥、戰功、講武、奏凱、射、弓、劍、雜具,9目		
17 居處部:總載居處、宮、闕、臺、殿、坊、樓、櫓、觀、堂、城、館、宅舍、庭、室、齋,16目	6 京都 7 邑居 8 宮室	4 都邑 14 宮殿	4 宮室部:屋舍總附鄰、樓閣、亭臺、堂室附園苑壁門窗闌幹,4類	21 宮室類:第宅總、殿、堂室總、堂、宮、閣、樓、臺、宅、屋、觀、館、廬、齋、庵、軒、亭、庭、園、雜載,20目
18 産業部:農、園、蠶、織、針、田獵、釣,7目	32 薪火 33 畋漁	13 農桑	14 農桑部:農桑總、農事附農器豐年、禾稼附粟米、蠶桑附紡織棉花,4類	19 農桑類:農桑總、農、耕、苗、秧、穫、稼穡、豐年、粟、稻、穀、禾、稼、麥、豆、農具、蠶、紡織、桑、棉、圃,21目
19 衣冠部:貂蟬、玦佩、袍,3目	27 服章	20 服飾	18 服用部:衣服、冠巾韈屐、扇、雜載,4類	23 服飾類:服總、裘、錦、冠巾、佩、裙、韈屐、被、枕、雜載,10目
20 儀飾部:鼓吹、相風、漏刻,3目	18 鐘鼓 2 歲時			

(续表)

《藝文類聚》對賦的歸類(39部299目)	《文苑英華·賦》38類	《歷代賦彙》38類	《分類賦學雞蹠集》30部155類	《賦海大觀》32類468目(據國圖社整理之《總目》)
21 服飾部:屏風、杖、扇、枕、香爐、釵、梳枇、囊、鏡,9目 22 舟車部:舟,1目	26 器用 31 舟車	20 服飾 17 舟車	19 器用部:車、舟船附槎、鏡簾床、燈燭、香爐、杖如意、量鼎規矩權衡、窯器、雜器,9類	22 器用部:器用總、車、舟船、槎、航舫、帆、櫓聲、屏風、簾、鏡、扇、杖、鼎、爐、香、燈、燭、風箏、砧、酒器、窯器、木器、度量衡、鐘漏、笏、如意、麈尾、雜載,28目 23 服飾類
23 食物部:餅、酒,2目	20 飲食	21 飲食	21 飲饌部:酒附酒器、茶附茶器、飯粥羹、糕餅、蔬菜、食物雜載,6類	24 飲食類:酒、茶、飯、粥、羹、糕、餅、粽、蔬菜、雜載,10目
24 雜器物部:盤、卮、碗,3目		1 天象 19 玉帛	19 器用部	22 器用部
25 巧藝部:書、畫、圍棋、彈棋、樗蒲、投壺、塞、藏鈎、思維、象戲,10目	19 雜技 24 射、博弈 28 圖畫	22 書畫 23 巧藝	15 技藝部:射御附投壺、畫、卜弈、雜技,4類	10 文學類 18 技藝類:投壺、弈、紙鳶、秋千、球、騎射、騎、醫、卜、雜載,10目
26 方術部:疾、醫,2類				18 技藝類
27 靈異部:仙道、神、夢、魂魄,4目	22 人事 34 道釋	24 仙釋	16 人事部 17 釋道部:佛寺塔僧、仙,2類	14 仙釋類:仙總、仙、道術、神鬼、仙境、釋總、佛、僧、廟、祠宅、寺、塔,12目

(续表)

《藝文類聚》對賦的歸類(39部299目)	《文苑英華·賦》38類	《歷代賦彙》38類	《分類賦學雞跖集》30部155類	《賦海大觀》32類468目(據國圖社整理之《總目》)
28 火部:火、燈、燭,3目	32 薪火	16 器用	19 器用部	22 器用部
29 藥香草部:空青、芍藥、款冬、草、蘭、菊、杜若、鬱金、迷迭、芸香、鹿葱、蜀葵、藍、芙蕖、萍、苔、蓍、茗、艾、薺、蓼,21目	39 草木	27 草木	22 草部:草、蕉、苔萍菌、草類雜載,4類 24 花木部:花總、牡丹、梅、桃李杏桂、木花雜載,5類 25 花草部:荷、芍藥、蘭菊、葵雞冠鳳仙、草花雜載(藤木附),5類	29 草類:草總、芝、苔、茅、萍、蒲、艾、雜草,8目 30 花卉類:花總、牡丹、梅花、臘梅、水仙、蘭、杏花、桃花、海棠、芍藥、榴花、蓮、荷花、芙蓉、葵、蓼、茉莉、玉簪、秋海棠、桂花、菊、木芙蓉、茶花、蘆花、雜載,25目
30 寶玉部:玉、珠、馬瑙、瑠璃、車渠、玳瑁,6目	29 寶	19 玉帛	12 珍寶部:金玉、珠、寶器雜載,3類	20 珍寶部:金、玉、圭、璧、珠、珊瑚、雜載,7目
31 百穀部:黍、豆,2目	16 耕藉附田農	13 農桑		19 農桑類
32 布帛部:素、布,2目	30 絲帛	19 玉帛		19 農桑類
33 果部:李、桃、梅、甘、橘、石榴、栗、枇杷、木瓜、杜梨、蒲萄、荔枝、芭蕉、甘蔗、瓜,15目	39 草木	28 花果	26 果部:橘柚柑橙、桃李瓜梅橄欖、雜載,3類	32 果實類:櫻桃、荔枝、梅子、桃子、李子、枇杷、葡萄、棗、梨、栗、橙、橘、柑、石榴、諫果、瓜、雜載,17目

《藝文類聚》對賦的歸類（39部299目）	《文苑英華·賦》38類	《歷代賦彙》38類	《分類賦學雞跖集》30部155類	《賦海大觀》32類468目（據國圖社整理之《總目》）
34木部：木、松、柏、槐、桑、桐、楊柳、茱萸、長生、木槿、木蘭、竹，12目	39草木	27草木	23木部：松柏、竹槐、楊柳、樹木雜載，4類 24花木部	31樹木類：樹木總、松柏、松、柏、柳、槐、桐、楓、竹、筍、芭蕉、雜木，12目
35鳥部：鳥、鳳、鴻、鶴、雉、鶡、孔雀、鸚鵡、雁、鵝、鴨、雞、野雞、鷹、鷂、烏、雀、燕、鳩、反舌、倉庚、鵂鶹、鴛鴦、鴳鶕、鸂鶒、白鷺、鷿鵜、鵬、翡翠、鵩鳥，30目	37鳥獸	29鳥獸	27鳥部：鳥總、鳳鶴、雁、鶯鷹雕、燕、雞鴨鵝、雜載，7類	25飛禽類：飛禽總、鳳、鵬、孔雀、鶴、鷹、雕、鶻、鳶、鴻、雁、鸚鵡、鶯、燕、杜鵑、鵲、鴿、烏、鴉、雞、鴨、鳩、雉、鵝、鴛鴦、鷗、鷺、梟、雜載，29目
36獸部：馬、牛、狗、兔、猨、獼猴、果然，7目	37鳥獸	29鳥獸	28獸部：馬、牛羊、雜載，3類	26走獸類：麒麟、虎、豹、犀、象、獅、鹿、馬、驢、牛、羊、犬、豕、雜載，14目
37鱗介部：龍、龜、鱉、魚、石劫，5目	38蟲魚	30鱗蟲	29水族部：龍鯉附、魚、蟹、雜載，4類	27水族類：龍、蛟、蛇、蜃、鼉、魚、鱸、鯨、鱷、鮒、金魚、墨魚、蟹、蛙、螺、鱉、蚌，17目
38蟲豸部：蟬、蠅、蚊、蜉蝣、螢火、蝙蝠、叩頭蟲、蛾、蜂、蟋蟀、尺蠖、蟻、蜘蛛、螳螂，14目	38蟲魚	30鱗蟲	30蟲豸部：蝶、蟬、蟋蟀蜂、蟻虱蚊、雜載，5類	28蟲豸類：蟲總、蛩、蜂、蝶、蟬、螢、蚊、蟋蟀、促織、蠅、蟢、蜘蛛、蝸、蟻、蛾、虱、蠹、蜻蜓、雜載，19目
39祥瑞部：祥瑞、龍、鳳皇，3目	21符瑞	7禎祥	5帝治部	5君德類

從賦集分類史的角度來看,《類聚》奠定了後世賦總集"天地人物"的分類格局,影響極爲深遠。1.《類聚》首列天、歲時、地、州、山、水諸部,幾乎成了後代賦總集一成不變的慣例。例如宋李昉等《文苑英華·賦》、清陳元龍《歷代賦彙》、清張維城《分類賦學雞蹠集》,皆首列天象(天文)、歲時二類,而將地、州、山、水四部合併爲地類(地理部)。清鴻寶齋主人《賦海大觀》略有拆分、歸併,將順序調整爲天文、天象、地理、歲時四類,然並無本質區別。天地是萬物和人類得以生存、繁衍、進化的前提,《周易》曰:"大哉乾元,萬物資始,乃統天",又曰:"天行健,君子以自強不息……地勢坤,君子以厚德載物。"首列天部(天類)和地部(地類),反映了古人對生命本源的深刻思考以及對蒼天后土的高度敬畏。2.《類聚》將"物"置於全書結尾,亦成爲此後各種賦總集的定式。"物"有兩大類:一類是人類的日常生活用品,如衣冠、儀飾、服飾、舟車、食物、雜器物、火等;另一類是自然界的各種生命形態,包括花、草、果、木、鳥、獸、鱗介、蟲豸等。此舉多爲後人所效法,例如《文苑英華·賦》以鳥獸、蟲魚、草木收尾,《歷代賦彙》以草木、花果、鳥獸、鱗蟲收尾,《分類賦學雞蹠集》以草、木、花木、花草、果、鳥、獸、水族、蟲豸收尾,《賦海大觀》以飛禽、走獸、水族、蟲豸、草、花卉、樹木、果實收尾。不難看出,賦總集的分類或粗放、或精細,或者先動物後植物,或者先植物後動物,但無不將它們安排在卷末。《論語·陽貨》記載孔子語:"《詩》可以興,可以觀,可以群,可以怨;邇之事父,遠之事君;多識於鳥獸草木之名。"文學除了審美作用、教育作用、社會倫理作用,還具有認識作用,這一點早在孔子時代就已經得到了認識和闡發。《藝文類聚》以降的分類方式,既是對這種文藝觀念的認同和實踐,也能在客觀上展示以"鋪敘"爲主要特徵的賦體文學在反映天地萬物方面所達到的深度與廣度,以及先民對自然界林林總總動物植物的種屬、習性、品格的認識。

《類聚》與後世總集亦略有差異:1.《類聚》在水部之下列符命、帝王、后妃、儲宮、人部。符命介乎天地之間,帝王、后妃、儲宮卷帙極小,選賦極少,可以忽略不計,所以後世賦總集取消了這4類。2.《類聚》人部卷帙極爲龐大,多達21卷,收賦179篇,納入33類之中,内容關乎人類(普通人)的身體、思想、情感、操守等方面。後世賦總集爲了卷帙上的均衡,對人部的賦篇進行拆分,其中《文苑英華·賦》拆爲人事、志、遊覽、哀傷4類;《歷代賦彙》將其編在外集,分爲8類;《分類賦學雞蹠集》分爲3部18類;《賦海大觀》則拆分爲5類65目,最爲細緻。賦總集根據賦作的内容、數量進行拆分,客觀上反映了賦體文學對人類自身的鋪敘和書寫,符合賦文學發展的實際,當然比《類聚》更爲科學。3.在人部之下,《類聚》又編列禮、樂、職官、治政、刑法、雜文、武、軍器、居處、産業等部,反映人類的各種典章制度和社會活動。後世賦總集的處理方式差別較大,或者將這些門類緊接在地部之下,或者穿插在人部之中,順序也不一致,但皆編在文獻的中部,避開卷首或卷末的位置。4.《類聚》卷末還附有祥瑞、災異二部,祇選賦1篇,並不重要。這似乎有與天部、地部相呼應的考慮,但與蟲豸部不能銜接,故後世總集皆揚棄不取,而將其提前到帝治之下,或納入符瑞(祥瑞)之中。

《類聚》分類的影響並不局限於大型賦總集,後代小型賦集在對賦作進行分類編纂時,也往往采用"天地人物"的順序。例如清劉文蔚《唐人應試賦選·例言》云:"今分天地人物爲四部,部列上下,爲八卷。日月星雲之類附乎天,山川宫室之類附乎地,外王内聖之類附乎人,器用動植之類附乎物。"[①]清丁鹿壽《館賦宛虹集例言》亦云:"爰匯前後各集,訖嘉慶辛未科止,以天地人物之類爲次。"[②]采用這種排序的還有孫清達《竹笑軒賦鈔》、陳鶴年《律賦鳳芝箋釋》、蔣圻《近科館賦鴛針》、藍昺《昭陵賦鈔》等。"天地人物",儼然已經成爲清代大小賦集分類編纂的通例。有趣的是,清孫理《國朝律賦新機·凡例》認爲"選家分類,始自昭明",但他在編纂時並没有效法《昭明文選》以京都類居首、以情類收尾的順序,稱"目之前後,則仍按天地人物爲序"[③]。可見這一分類方法何等强大。

在部類的名稱上,後世賦總集也多有效法《類聚》之處。例如《類聚》天部,後世賦總集或作天象,或作天文;《類聚》歲時部,後世或沿襲歲時之名,或改爲時令類;《類聚》禮部,後世或作典禮,或作禮制;《類聚》樂部,後世使用樂、音樂、樂制、樂律之名;《類聚》食物部,後世則使用飲食、飲饌之名。儘管名稱略有變化,但所指相同,絲毫不影響理解,可見《類聚》對後世賦總集類名的垂範作用。

《類聚》對賦體文學進行二級分類的作法,尤其具有開創意義。比如《類聚》天部之下,分爲天、日、月、星、雲、風、雪、雨、霽、雷、電、霧、虹,凡13類,其中10類之下皆有賦作。全書有299類選有賦作,説明歐陽詢等已經將歷代賦作(有少數係節録的片段)劃分爲299類。很可惜的是,宋李昉等《文苑英華·賦》、清陳元龍《歷代賦彙》皆未能對所輯録的賦作進行二級分類。直到道光年間,纔有張維城《分類賦學雞蹠集》將天文部分爲天地總、天、日、月、星、風、雨、雲附霞、霜、雪、露附霧、雷附虹電、河漢,凡13類;光緒年間,又有鴻寶齋主人《賦海大觀》將天文類分爲:天文總、日月、日、月、星辰、風雨、風、雨、雲、霞、霜、雪、露、霧、雷、電、虹、河漢、煙,凡19目。兩部賦總集的類目名稱,大都直接或者間接來自《類聚》,不難看出《類聚》的二級分類在賦文學分類史上的意義。

總之,《類聚》是先唐賦之淵藪,在保存先唐賦方面具有不可替代的價值,它

---

① 〔清〕劉文蔚、姚亢宗:《唐人應試賦選》卷首,清乾隆二十五年(1760)刻本。
② 〔清〕陳士楨等:《館賦宛虹集箋注》卷首,清嘉慶二十三年(1818)緑滿山房刻本。
③ 〔清〕孫理:《國朝律賦新機》卷首,清嘉慶十一年(1806)丙寅刻本。

爲後人全面瞭解先唐賦、研究先唐賦提供了十分寶貴的資料。《類聚》對賦體作品的歸類,尤其是進行二級分類的做法,也對後代賦體文學總集的分類具有重要的啟發意義和深遠影響。當然,書中文字或有訛誤,朝代或有錯訛,需要加以甄别、辨析。

【研究】

研究類書與文學關係的著作有:方師鐸《傳統文學與類書之關係》(天津古籍出版社 1986 年版)、唐光榮《唐代類書與文學》(巴蜀書社 2008 年版)、田媛《隋暨初唐類書編纂與文學》(北京大學 2008 年博士學位論文)。專門研究《藝文類聚》的著述有:郭醒《〈藝文類聚〉研究》(南京大學 2003 年博士學位論文)、孫翠翠《〈藝文類聚〉所引"藝文"研究》(魯東大學 2009 年碩士學位論文)。蹤凡撰有《〈藝文類聚〉與中國賦學》(載《賦學文獻論稿》,商務印書館 2017 年版,第 203 ~231 頁)、《歐陽詢賦學思想探微》[《新疆大學學報》(哲學·人文社會科學版)2018 年第 6 期],亦可參看。

《晉書》130 卷,唐房玄齡等撰

【作者】

房玄齡(579—648),名喬,字玄齡。唐齊州臨淄(今山東淄博)人,鮮卑人,唐朝初年名相。18 歲舉進士,授羽騎尉。在渭北投靠其李世民,爲其參謀劃策,典管書記。唐武德九年(626),他參與玄武門之變,與杜如晦、長孫無忌、尉遲敬德、侯君集五人並功第一。唐太宗李世民即位後,房玄齡爲中書令;貞觀三年(629)二月授尚書左僕射;貞觀十一年(637)封梁國公;貞觀十六年(642)七月進位司空,仍綜理朝政。貞觀二十二年(648)病逝,謚文昭。因房玄齡善謀,而杜如晦處事果斷,因此人稱"房謀杜斷"。曾監修《晉書》130 卷,被列爲"二十四史"之一。

【版本】

《晉書》版本較多,目前最爲通行的是中華書局 1974 年點校本。此本由吴則虞、楊伯峻等先生點校,點校時以金陵書局本爲工作底本,與宋本(即百衲本)、清武英殿本互校,此外還參考了元大德年間九路刊二十二行本、明南北監本、吴琯西爽堂本、周若年刊本、毛晉汲古閣刊本等,擇善而從,可謂集衆本之長。

【内容】

《晉書》爲史部文獻,但由於其載録晉代著名賦作 20 篇,具有總集的功能,故列入《賦總集外編》加以介紹。《晉書》由房玄齡、褚遂良、許敬宗監修,參與編纂者有令狐德棻、敬播、來濟、陸元仕等,總數達 21 人。由於書出衆手,難免會出現錯訛、疏漏和前後失照之處。但該書有一個突出特點,那就是充分利用現成的文獻資料,尤其是大量的宫廷檔案、詔書上書、詩賦雜文等文獻。這從史書編纂的角度言之,也許顯得良莠不分、失於抉擇,但也在客觀上爲後人保存了一批珍貴的史料,也保存了一批優秀的文學作品。

據不完全統計,《晉書》引録現成文獻數百篇。若從文體角度考察,則包括上疏(上書)、詔書、上表、議、對、論、詩、賦、頌、辭、箴、誄、銘、牋、移、序、對問、七、弔文等不同文體,而以上疏(上書)爲大宗。其中以"賦"名篇者 11 篇,對問 6 篇,七體 1 篇,弔文 1 篇,辭 1 篇,總計有賦和賦體文 20 篇,羅列如下(加下劃綫者又見於《文選》):

8. 左芬《離思賦》(《晉書》卷 31《左貴嬪傳》,中華書局標點本 4 册 957 頁);

9. 張華《鷦鷯賦》(《晉書》卷 36《張華傳》,4 册 1069 頁);

10. 向秀《思舊賦》(《晉書》卷 49《向秀傳》,5 册 1375 頁);

11. 庾敳《意賦》(《晉書》卷 50《庾敳傳》,5 册 1395 頁);

12. 摯虞《思遊賦》(《晉書》卷 51《摯虞傳》,5 册 1419 頁);

13. 陸機《豪士賦序》(《晉書》卷 54《陸機傳》,5 册 1473 頁);

14. 潘岳《藉田賦》(《晉書》卷 55《潘岳傳》,5 册 1500 頁);

15. 潘岳《閑居賦》(同上,5 册 1504 頁);

16. 李暠(李玄勝)《述志賦》(《晉書》卷 87《凉武昭王傳》,7 册 2265 頁);

17. 成公綏《天地賦》(《晉書》卷 92《文苑傳》,8 册 2372 頁);

18. 成公綏《嘯賦》(《晉書》卷 92《文苑傳》,8 册 2373 頁);

19. 張協《七命》(《晉書》卷 55《張載傳》附張協,5 册 1519 頁);

20. 皇甫謐《釋勸》(《晉書》卷 51《皇甫謐傳》,5 册 1411 頁);

21. 束皙《玄居釋》(《晉書》卷 51《束皙傳》,5 册 1429 頁);

22. 夏侯湛《抵疑》(《晉書》卷 55《夏侯湛傳》,5 册 1491 頁);

23. 郭璞《客傲》(《晉書》卷 72《郭璞傳》,6 册 1905 頁);

24. 王忱《釋時論》(《晉書》卷 92《文苑傳》,8 册 2381 頁);

25. 曹毗《對儒》(《晉書》卷 92《文苑傳》,8 册 2387 頁);

26. 陶淵明《歸去來兮辭》(《晉書》卷 94《隱逸傳》,8 册 2461 頁)。

其選録辭賦的數量遠遠多於《史記》(6 篇)和《後漢書》(12 篇),而與《漢書》(18 篇)大致相當,爲保存這些辭賦作品做出了突出貢獻。這在"二十四史"中是比較突出的。

其實,編者對有些賦作的評價極高,衹是由於篇幅限制,衹好忍痛割愛。例如《晉書》卷七十六《王廙傳》稱:"(王廙)'謹竭其頑,獻《中興賦》一篇,雖未足以宣揚盛美,亦是詩人嗟嘆詠歌之義也。'文多不載。"同卷《成公綏傳》載:"時有孝烏,每集其廬舍,綏謂有反哺之德,以爲祥禽,乃作賦美之。文多不載。"同卷《左思傳》介紹左思創作《三都賦》的經歷以及皇甫謐、張載、劉逵、衛權等作序、作注的情況,亦稱“文多不載”。同卷《張翰傳》載:“(翰)命駕而歸,著《首丘賦》,文多不載。”同卷《庾闡傳》云:“(闡)又作《揚都賦》,爲世所重。”這些作品,皆爲作者所激賞,衹是由於篇幅太長,未能鈔入正史。

總之,《晉書》全文載録或者明確表示讚賞的辭賦作品多達25篇。這些作品,有的已經被《文選》收録,例如張華《鷦鷯賦》、向秀《思舊賦》、潘岳《藉田賦》、張協《七命》、陶淵明《歸去來辭》,但更多的作品不見於《文選》,作者刻意收録,顯示出保存優秀辭賦作品的良好動機。

《晉書》的貢獻,不僅表現在介紹賦家生平、仕履、思想,也不僅在於刻意保存辭賦作品,還在於對辭賦創作的背景進行十分詳細的介紹,并對這些作品進行簡要評論。例如本書卷三十六《張華傳》曰:“初未知名,著《鷦鷯賦》以自寄。其詞曰……陳留阮籍見之,歎曰:‘王佐之才也。’由是聲名始著。”可知張華《鷦鷯賦》雖爲歌詠禽鳥之作,實則寄託了作者的情志和懷抱。此賦深得當時名士阮籍之稱讚,張華亦因此而知名。又,卷四十九《向秀傳》曰:

> (嵇)康善鍛,秀爲之佐,相對欣然,傍若無人。又共吕安灌園於山陽。康既被誅,秀應本郡計入洛,文帝問曰:“聞有箕山之志,何以在此?”秀曰:“以爲巢、許狷介之士,未達堯心,豈足多慕?”帝甚悦。秀乃自此役,作《思舊賦》云:……後爲散騎侍郎,轉黄門侍郎、散騎常侍。在朝不任職,容迹而已。

這段文字雖然簡略,卻極爲深刻地揭示了魏晉易代之際知識分子内心的苦悶與悲哀。迫於司馬氏的淫威,向秀在嵇康被殺後前往洛陽領命;面對晉武帝的奚落,向秀以機智而委婉的方式作答,化解了一場針鋒相對的鬥争,卻不能化解内心的悲憤、恐懼與不安。其“在朝不任職,容迹而已”,正是以消極的方式來表達對司馬氏的不合作乃至反抗。這既是《思舊賦》創作的歷史背景,也正是本賦所隱含的深刻内容。《思舊賦》雖悼逝者,亦以自悼,篇幅簡短,語詞閃爍,卻蘊含着難以壓抑的悲憤。又,卷五十一《摯虞傳》云:

> 虞嘗以死生有命,富貴在天。天之所祐者義也,人之所助者信也。履信思順,所以延福;違此而行,所以速禍。然道長世短,禍福舛錯,怵迫之徒,不知所守,蕩而積憤,或迷或放。故借之以身,假之以事,先陳處世不遇之難,遂棄彝倫,輕舉遠遊,以極常人罔惑之情,而後引之以正,反之以義,推神明之應於視聽之表,崇否泰之運於智力之外,以明天任命之不可違。故作《思游賦》,其辭曰……

這段文字不僅交代了摯虞《思遊賦》的創作動機,而且理清了該賦的脈絡層次,指出其“輕舉遠遊,以極常人罔惑之情”的浪漫主義手法,以及篇末纔“引之以正,反之以義”的基本構思,進而闡明了此賦所宣揚的天命不可違的創作思想。這段文字類似全賦之題解,爲讀者理解、分析、欣賞此賦提供了重要參考。

《初學記》30 卷,唐徐堅等編

【編者】

徐堅(659—729),字元固,湖州長城(今浙江省長興縣)人。少舉進士。唐中宗神龍初年,官居給事中。唐睿宗即位,徐堅自刑部侍郎加封銀青光禄大夫,官拜左散騎常侍,俄而轉黄門侍郎。712 年,唐玄宗即位,改麗正書院爲集賢院,以徐堅爲學士,副張説知院事,累封徐堅至東海郡公。開元十三年(725),徐堅官居左散騎常侍。又因修東封儀注之功,特加封徐堅爲光禄大夫。徐堅深得玄宗信任,建言多被采納。曾先後參與編撰《唐六典》《太極格》《史記注》《姓族系録》《唐史》等,又與賀知章、趙冬曦輯《文府》20 卷,續《文集》30 卷。著作有《大隱傳》《初學記》《集》30 卷。今存詩 9 首。

【版本】

《初學記》今存最早的版本是明嘉靖十年(1531)安國桂坡館刻本,影響較大;而清古香齋袖珍本文字較爲可靠。中華書局曾以古香齋本爲底本,參照他本加以校勘、斷句,1962 年排版印行。此本在每卷之末都附有《校勘表》,此外還有許逸民先生編製的《索引》,另册印行,方便讀者使用,是目前最爲通行的本子。

【内容】

《初學記》是徐堅等奉唐玄宗之命,爲了方便皇子們創作詩文時查檢典故而編纂的一部類書,故名"初學記"。由於讀者的特殊需要,《初學記》比一般類書都要簡明,内容衹有《藝文類聚》的四分之一,分類上因襲《類聚》而略有删併,在體例上别具風格。全書分爲 22 部,313 個子目,每個子目都按照"叙事—事對—詩文"的順序編排資料。其中"叙事"部分徵引經史典籍中的相關論述,言簡意賅;"事對"部分提供對仗工整的詞句,一一注明典故出處,這爲皇子們寫作律詩、律賦提供了絶佳的語詞材料;詩文部分則選録了一些文學名篇,以供揣摩、倣習之用。

經過統計,全書各部選賦情况如下:天部 22 篇,歲時部 31 篇,地部 28 篇,州郡部 1 篇,帝王部 0 篇,中宫部 2 篇,儲宫部 1 篇,帝戚部 1 篇,職官部 0 篇,禮部 22 篇,樂部 37 篇,人部 28 篇,政理部 2 篇,文部 5 篇,武部 5 篇,道釋部 0 篇,居處部 16 篇,器物部 18 篇,寶器、花草部 12 篇,果木部 29 篇,獸部 11 篇,鳥、鱗介、蟲部 25 篇。共計 296 篇,數量是《類聚》(895 篇)的33.07%,但規模仍然超過不少賦體總集。

就選賦而言,《初學記》中的不少作品都來自《藝文類聚》,因而可以視爲《類聚》的節略本。例如:《類聚・雜文部》收賦 40 篇,《初學記・文部》選録其中 5 篇,數量僅有《類聚》的八分之一;《類聚・武部》收賦 16 篇,《軍器部》收賦

3 篇,加在一起爲 19 篇,《初學記》將兩部合併爲《武部》,但衹選録其中 2 篇,另外增補了張衡《羽獵賦》、王粲《羽獵賦》、潘尼《釣賦》凡 3 篇,總數爲 5 篇,大約是《類聚》的四分之一。其實所增補的 3 篇賦,《類聚》已經在《産業部》中收録,《初學記》没有《産業部》,故併入此部之中。又如,《類聚・藥香草部》收賦 52 篇,《初學記・寶器花草部》選録其中 5 篇,增補張翰《豆羹賦》等 4 篇,共收花草賦 9 篇,大約是《類聚》的六分之一;《類聚・鳥部》收賦 78 篇,《初學記・鳥鱗介蟲部》選録其中 10 篇,另外增補唐太宗《鳳賦》等 6 篇,共收禽鳥賦 16 篇,大約是《類聚》的五分之一①。不難看出,《初學記》所選賦作大都出自《藝文類聚》相應的部目之中,而數量卻大大減少,稱其爲《類聚》的節略本,實不爲過。不過,亦有少數部類選賦數量超過了《類聚》,例如《類聚・禮部》收賦 18 篇,《初學記・禮部》選録其中 7 篇,但又增加了祭祀、明堂、朝會、宴饗、婚姻、死喪等目,增補賦作多達 15 篇,其總數(22 篇)已經超過了《類聚》;《類聚・樂部》收賦 30 篇,《初學記・樂部》選録其中 24 篇,又增補了楊師道《聽歌管賦》等 13 篇賦,總數爲 37 篇,亦超過了《類聚》。儘管這種情況比較少見,但的確反映了編者對於禮、樂二部及其相關賦作的重視,或許已經透露出編者努力對皇子們進行禮樂教化與藝術燻陶的苦心。此外,與《類聚》相比,《初學記》還重視對唐賦的選録。《類聚》衹選取唐賦 1 篇(楊炯《盂蘭盆賦》),而《初學記》則選録了唐太宗、虞世南、楊師道、盧照鄰、陳子昂、顔師古等唐代賦家的作品,多達十餘篇。重視對當代賦的選録,正是《初學記》的一大特色。

《説文解字繫傳》40 卷,五代徐鍇撰

【編者】

徐鍇(920—974),字鼐臣,又字楚金,揚州廣陵(今江蘇揚州)人。南唐文字訓詁學家。事迹參見本卷第一章“《賦苑》200 卷”條。

【版本】

《繫傳》一書在宋代已殘闕不全,僅有抄本。今日所見,乃係後人據其兄徐鉉校定本(即“大徐本”)補入。現有中華書局 1987 年影印清道光年間祁嶲藻刻本。

【内容】

《説文解字繫傳》凡 40 卷,是一部著名的文字學著作。因徐鍇與其兄徐鉉並治《説文》,世稱其書爲“小徐本”。其中“通釋”部分 30 卷,將許慎《説文解字》15 篇各分爲兩卷。凡有己意,皆以“臣鍇曰”或“臣鍇案”别之。此下有“部叙”2 卷,“通論”3 卷,“祛妄”“類聚”“錯綜”“疑義”“系述”各 1 卷。該書注重

---

① 參見本章“《藝文類聚》100 卷”條。

發明許書義例,注意引古書以證古義,注重對詞義的辨析,段玉裁《説文解字注》多受其啟發。

徐鍇在徵引古籍以説解字義、發明許慎體例時,多涉及早期辭賦。據筆者統計,《繫傳》一書徵引前代賦多達 206 條,全部集中於漢魏六朝賦,隋唐賦連 1 條也没有,反映了徐鍇貴古賤今的傾向。其實,語言文字學家在研究字義、詞義時往往追溯淵源,力求揭示其原始出處,自然會對早期文獻有較多徵引。這 206 條賦文,有 8 條出自戰國賦,122 條出自漢賦,76 條出自六朝賦,漢賦比重最高。其所徵引者,又大都集中在司馬相如《上林賦》(24 條)、班固《兩都賦》(22 條)、王延壽《魯靈光殿賦》(16 條)等少數散體大賦上,説明這些作品在晚唐五代已成爲文學經典而被廣泛傳誦,從特定角度肯定了這些大賦在語言文字學史上的貢獻。

此外,《繫傳》的徵引還爲後人研究漢賦提供了很有價值的異文資料。如卷六"鬻"字條徐鍇注云:"相如《上林賦》'湁潗鼎鬻',如此作也。"卷二十一"湁"字條又注云:"《上林賦》曰'湁潗鼎鬻'。"①今見《史記》《漢書》《文選》所載之《上林賦》皆作"湁潗鼎沸"②,而金國永《司馬相如集校注》、朱一清等《司馬相如集校注》、李孝中《司馬相如集校注》、張連科《司馬相如集編年箋注》以及費振剛等《全漢賦校注》亦作"湁潗鼎沸",皆未出校記③。徐鍇言之鑿鑿,並且兩次徵引,可見其所見之《上林賦》確實將"沸"寫作"鬻"。今按:"鬻"同"沸",一字異體,"鬻"是較古的寫法。徐氏《繫傳》爲我們保存了有價值的異文,十分珍貴。又如卷一"玓"字條引《上林賦》"玓瓅江湄",各通行本作"的皪江靡";卷九"礚"字條引《上林賦》"鏗鎗礚礚",通行本作"闛鞈"或"鏜礚";卷十四"㝩"字條引司馬相如《長門賦》"委參差以㝩㝗",通行本俱作"槺梁";卷十一"樘"字條引王延壽《靈光殿賦》"枝堂杈牙而斜據",今通行本作"枝牚杈枒";卷十七"頫"字條引《魯靈光殿賦》"仡頫猥以鵰䫉",今通行本作"仡欺猥以鵰䫉",等等。我們很難判斷這些異文孰優孰劣,但它們往往是互爲異體或者彼此通假,可以幫

① 〔南唐〕徐鍇:《説文解字繫傳》,中華書局 1987 年影印清道光年間祁寯藻刻本,第 55 頁上、第 220 頁下。

② 〔漢〕司馬遷:《史記》,中華書局 1959 年標點本,第 2017 頁;〔漢〕班固:《漢書》,中華書局 1962 年標點本,第 2548 頁;〔南朝梁〕蕭統:《文選》,中華書局 1977 年影印本,第 124 頁上。另外,日本水澤利忠《史記會注考證校補》亦未有校記,見瀧川資言、水澤利忠:《史記會注考證(附校補)》,上海古籍出版社 1986 年影印本,第 1900 頁下。

③ 金國永:《司馬相如集校注》,上海古籍出版社 1993 年版,第 39 頁注[二六];朱一清、孫以昭:《司馬相如集校注》,人民文學出版社 1996 年版,第 30 頁注[三一];李孝中:《司馬相如集校注》,巴蜀書社 2000 年版,第 26 頁注[五六];張連科:《司馬相如集編年箋注》,遼海出版社 2003 年版,第 50 頁注[一八];費振剛、仇仲謙、劉南平:《全漢賦校注》,廣東教育出版社 2005 年版,第 94 頁注[一二]。

助我們更準確地理解賦的本意。

再次，《繫傳》在引録漢賦時還揭示通假，詮釋語詞，或者挖掘賦意，用語不多，甚覺可貴。如卷八"屛"字條引相如《子虛賦》"屛割輪淬"，然後指出："臣以爲當是借爲'臠'字。"卷十一"櫺"字條徐鍇曰："即今人闌楯下爲横櫺也，故班固《西都賦》曰'舍櫺檻而卻倚'（《四部叢刊》本作'伏櫺檻而俯聽'）。以版爲之曰軒，通名曰檻，今人言窗櫺亦是也。"釋詞極爲詳明。卷十五"伴"字條徐鍇云："《西京賦》曰'天馬半漢'，'伴'義同。此言強大自肆之意。"又揭示出該賦所蘊含的大漢臣民雄視一切、自以爲無所不能的豪邁胸襟。卷二十四"氏"字條許慎云："揚雄賦曰：'響若氏隤。'"徐鍇注："'響若氏隤'，《解嘲》之文，古皆通謂之賦。"此處指出，漢人將《解嘲》《答客難》一類的對問體散文也統稱爲賦，這十分符合當時的文體觀念，具有一定的文體學意義。

【研究】

蹤凡《古代語言文字學著作中的漢賦資料》（《文獻》2008 年第 1 期）一文對此書的賦學價值略有揭示。

《文苑英華》1000 卷，宋李昉等編

【編者】

李昉（925—996），字明遠，深州饒陽（今屬河北省）人，北宋著名學者。以蔭補齋郎，選授太子校書。後漢乾祐中（948）舉進士。後周時任集賢殿直學士、翰林學士。宋初爲中書舍人，宋太宗時任參知政事、平章事。官至右拾遺、集賢殿修撰。雍熙元年（984）加中書侍郎。至道二年（996）卒，謚文正。李昉雖居顯位，但性情和厚，好接賓客。爲文慕效白居易，文風淺近易曉。著有文集五十卷，又奉敕編撰《太平御覽》《文苑英華》《太平廣記》等書，並行於世。《宋史》有傳。

【著録】

宋王堯臣《崇文總目》卷十一："《文苑英華》一千卷。"

宋晁公武《郡齋讀書志》卷五下："《文苑英華》一千卷，右翰林學士中書舍人宋白等奉敕集。始太宗皇帝既得諸國圖籍，聚名士於朝，詔修三大書，其一曰《文苑英華》。蓋以諸家文集，其數實繁，雖各擅所長，亦榛蕪相間，乃命白等精加銓擇，以類編次，爲一千卷。時太平興國七年九月也。雍熙三年十二月壬寅上之。賦五十卷，詩一百八十卷，歌行二十卷，雜文二十九卷，中書制誥四十卷，翰林制誥五十三卷，策問四卷，策二十六卷，判五十卷，表七十四卷，牋一卷，狀十七卷，檄二卷，露布二卷，彈文一卷，移文一卷，啟十六卷，書二十七卷，疏五卷，序四十卷，論二十二卷，議十卷，連珠喻對一卷，頌八卷，讚五卷，銘六卷，箴一卷，傳五卷，記三十八卷，謚哀册五卷，謚議二卷，誄二卷，碑九十一卷，誌三十

五卷,墓表一卷,行狀十卷,祭文二十三卷,通一千卷。嘉泰改元周益公刻而記于前。”今按:《文苑英華·賦》凡150卷,此處誤作50卷。

宋陳振孫《直齋書録解題》卷十五:“《文苑英華》一千卷,太平興國七年命學士李昉、扈蒙、徐鉉、宋白等閲前代文學,撮其精要,以類分之。續又命蘇易簡、王祜等,至雍熙三年書成。”

《宋史》卷二百九《藝文志》:“宋白《文苑英華》一千卷,目五十卷。……李昉、扈蒙《文苑英華》一千卷。”今按:兩處著録,實爲一書,編者有李昉、宋白、扈蒙、徐鉉、蘇易簡等。

【版本】

1. 宋嘉泰元年至四年(1201—1204)周必大刻本。國家圖書館善本部藏,號:A01204。此本爲殘本,凡13册,存140卷。半葉13行,行22字,白口,左右雙邊。有《中華再造善本》本,北京圖書館出版社2006年影印本。

2. 明隆慶六年(1572)胡維新、戚繼光刻、萬曆六年(1578)、萬曆三十六年(1608)遞修本。國家圖書館善本部藏,號:20251。此本凡101册。半葉11行,行22字,白口,四周單邊。

3. 明鈔本。國家圖書館善本部藏,號:02146。此本凡95册。白口,藍魚尾,四周雙邊。半葉13行,行22字。據其版式估計,乃是據宋刻本過録之本。

4. 中華書局1966年影印本。此本精裝6册,16開本,是目前最爲通行的本子。此本將現存140卷宋嘉泰年間(1201—1204)周必大刻本和860卷明隆慶六年(1572)胡維新、戚繼光刻本合併影印,書前有新編總目,書後有《作者姓名索引》,並且附有南宋彭叔夏《文苑英華辨證》10卷和清勞格《文苑英華辨證拾遺》1卷。

【内容】

《文苑英華》1000卷,是北宋四大部書(《太平御覽》《册府元龜》《文苑英華》《太平廣記》)之一,由李昉奉宋太宗趙炅之命編纂。參加編纂者有扈蒙、徐鉉、宋白、蘇易簡、王祐等二十餘人。該書上繼《文選》,起自蕭梁,下訖晚唐五代,選録作家2200人,作品20300篇。其體例亦因襲《文選》,按文體分賦、詩、歌行、雜文、中書制誥、翰林制誥等39類(如把謚册和哀册合併,則爲38類)。每類之中又按題材分若干子目,分類門目更爲碎雜。書中約十分之一是南北朝作品,十分之九是唐人作品,多數是根據當時流傳不多的抄本詩文集收録的,十分珍貴。該書内容浩博,在保存唐代詩文方面貢獻尤其突出,被四庫館臣譽爲“著作之淵海”。

《文苑英華·賦》凡150卷(卷一至卷一百五十),收録梁陳及隋唐賦1370篇,除了13篇先唐賦,皆爲唐賦,尤以律賦爲大宗。又,宋姚鉉《唐文粹》亦收録唐賦,但皆爲古賦,這種重古輕律的思想觀念,使得該書不能反映在科舉試賦的文化背景下唐代律賦興盛的情況。《文苑英華·賦》古律兼收,不僅能全面反映唐賦創作的實際情況,而且在保存唐代律賦方面做出了特殊貢獻。

《文苑英華·賦》將賦劃分爲 41 個子目,每個子目收賦情況如下:

天象 187 篇,歲時 31 篇,地類 57 篇,水 84 篇,帝德 22 篇,京都 2 篇,邑居 19 篇,宫室 51 篇,苑囿 4 篇,朝會 4 篇,禋祀 34 篇,行幸 16 篇,諷諭 4 篇,儒學 29 篇,軍旅 32 篇,治道 29 篇,耕藉(田農附)9 篇,樂 87 篇,鐘鼓 10 篇,雜伎 17 篇,飲食 9 篇,符瑞 68 篇,人事 60 篇,志 13 篇,射博弈 12 篇,工藝 9 篇,器用 91 篇,服章 32 篇,圖畫 10 篇,寶 46 篇,絲帛 14 篇,舟車 19 篇,薪火 11 篇,畋漁 11 篇,道釋 10 篇,紀行 2 篇,遊覽 13 篇,哀傷 11 篇,鳥獸 82 篇,蟲魚 46 篇,草木 73 篇。總計 1370 篇。

其分目頗爲碎雜,收賦數量亦多寡不一。收賦最多者如天象(187 篇)、器用(91 篇)、樂(87 篇)、鳥獸(82 篇),最少者如京都(2 篇)、紀行(2 篇)、苑囿(4 篇)、朝會(4 篇)。其實,京都完全可以和邑居合併,立都邑目;鐘鼓爲樂器之宏大者,亦完全可以併入樂目;紀行亦可以與遊覽合併,立行覽目;朝會、耕藉、禋祀亦可以合併,立典禮目。該書類目瑣細,固然不利於考察每個賦家作賦的情況,也不利於梳理唐賦的發展軌迹,但這種按照題材加以分目的做法,無疑展示了唐賦創作内容的豐富性和多樣性,有利於讀者查閲和模擬。當然,這種分類方法亦頗受類書編纂的啟發。李昉等曾經編纂大型類書《太平御覽》,以天部、時序部、地部居首,以香部、藥部、百卉部收尾,恐怕對此書編類有影響。吴淑撰寫《事類賦》並爲之注,則體現了類書與賦的完美結合。

該書名爲"英華",當然是一部詩文選本,但編者顯然在刻意求全,努力保存唐代文學作品。正如周必大所云:"蓋所集止唐文章,如南北朝間存一二,是時印本絶少,雖韓柳元白之文,尚未甚傳,其他如陳子昂、張説、九齡、李翺等諸名士文集,世尤罕見,修書官於宗元、居易、權德輿、李商隱、顧雲、羅隱輩,或全卷收入。"①這也正是該書能够大量保存唐賦的原因所在。但是,在選録作品時也出現了明顯的遺漏。例如,韓愈、柳宗元是中唐時期傑出的文學家,也是著名的賦家,但是《文苑英華》選録二人賦的數量卻少得可憐,甚至連很多傳世名篇都没有選入。在《文苑英華》中,一共選取了柳宗元的 3 篇賦:《迎長日賦》《數里鼓賦》《披沙揀金賦》,而柳宗元的《懲咎賦》《閔生賦》《夢歸賦》《囚山賦》等名賦皆未選入;韓愈賦僅選 1 篇《明水賦》,而《感二鳥賦》《閔己賦》《送風伯》《進學解》均未選入。而對於一些成就不高的賦家如白行簡,卻選了《新月誤驚魚賦》《斗爲帝車賦》《五色露賦》《望夫化爲石賦》《文王葬枯骨賦》《振木鐸賦》

① 〔宋〕周必大:《纂修文苑英華事始》,李昉《文苑英華》卷首,中華書局 1966 年版,第 8~9 頁。

《舞中八卦賦》《車同軌賦》《沽美玉賦》《狐死正丘首賦》等共 15 篇。因此,有人批評該書"在作品的收録上,給人的一個突出的印象是又濫又缺","而另一方面,一些歷來的選家都不肯放棄的有名的詩篇,這部一千卷的大書卻摒而不録"①。當然,這或許也反映了編者重視唐代律賦、而忽視古賦的賦學觀。

【研究】

綜合研究該書,可以參考凌朝棟《文苑英華研究》(上海古籍出版社 2005 年版)。何新文《中國賦論史稿・歷代賦學要籍叙録》(開明出版社 1993 年版,第 237~238 頁)對此書的賦學價值有所介紹。此外尚有一篇研究《文苑英華》的短文:楊欣華《從〈文苑英華〉看宋人對唐賦的態度》(《文教資料》2012 年第 26 期)。

《唐文粹》100 卷,宋姚鉉輯

【作者】

姚鉉(968—1020),字寶之(一作寶臣),廬州合肥(今屬安徽省)人。宋太平興國八年(983)登進士第,解褐大理評事,知潭州湘鄉縣。三次任殿中丞職,通判簡州、宣州、升州三州。淳化五年,直史館。官至兩浙路轉運史。姚鉉文詞敏麗,善筆劄,藏書至多,頗有異本。著有文集 20 卷。真宗大中祥符四年(1011),編有《唐文粹》100 卷,宗古體詩文,不收律詩律賦,旨在挽救頹弊文風。尤崇尚韓愈、柳宗元,影響較大。與柳開、穆修等人開創了宋代古文運動之先聲。事迹見《宋史》卷四四一及《宋史新編》卷一七〇。

【著録】

王堯臣《崇文總目》卷十一:"《文粹》五十卷。"

鄭樵《通志》卷七十《藝文略・總集》:"《唐文粹》一百卷,宋朝姚鉉集。"

晁公武《郡齋讀書志》卷四下:"《唐文粹》一百卷。右皇朝姚鉉字寶臣編。鉉,廬州人,太平興國中進士,文辭敏麗,善書札,藏書至多,頗有異本。累遷兩浙漕使,課吏寫書,采唐世文章,分門編類,初爲五十卷,後復增廣之。爲薛映掎其事奪官,斥連州。卒後其子以其書上獻,詔藏内府,命以一官。"

陳振孫《直齋書録解題》卷十五:"《唐文粹》一百卷,兩浙轉運使合肥姚鉉寶臣撰。鉉,太平興國八年進士第三人,在杭州與知州薛映不協,映摭其罪狀數條,密以聞。當奪一官,特除名,貶連州文學。其自爲序,稱吴興姚鉉者,蓋本郡望也。"

《宋史》卷二百九《藝文志・總集》:"姚鉉《唐文粹》一百卷。"

---

① 中華書局影印組:《出版説明》,〔宋〕李昉等編《文苑英華》卷首,中華書局 1966 年版,第 4 頁。

【版本】

1. 北宋臨安孟琪刊本。

2. 宋仁宗寶元二年(1039),吴興施昌言刊本。

3. 明嘉靖三年甲申歲(1524)太學生姑蘇徐焴文明家塾刻本,題爲“重校正唐文粹”。14 行 25 字,白口,左右雙邊。

4. 明嘉靖間養得書院刻本,13 行 21 字白口四周單邊。

5. 清乾隆間文淵閣《四庫全書》本。

6. 清光緒九年(1883)江蘇書局刻本。

【内容】

《唐文粹》是一部著名的詩文總集,全書凡 100 卷,收録文、賦 1104 篇,詩 961 篇。正如《四庫全書總目》所言:“是編文賦惟取古體,而四六之文不録;詩歌亦惟取古體,而五七言近體不録。”①表現出鮮明的崇古傾向,因而爲後代復古者所標榜。其中卷一至卷九收録賦體,編者將唐代古賦分爲 18 類,依次選録其代表作品,如下:

[卷一古賦甲]聖德:含元殿賦(李華)、明堂賦(李白)

失道:阿房宫賦(杜牧)

[卷二古賦乙]京都:西都賦、東都賦(李庾)

[卷三古賦丙]郊廟:進三大禮賦表、朝獻太清宫賦、朝享太廟賦、有事于南郊賦(杜甫)

[卷四古賦丁]符寶:受命寶賦(梁肅)

象緯:渾天賦(楊炯)

閲武:大獵賦(李白)、裴將軍舞劍賦(喬覃)

誓師:濟河焚舟賦(高邁)

[卷五古賦戊]河海:海潮賦(盧肇)并序及進賦狀

[卷六古賦己]名山:華山賦(楊敬之)、霍山賦(皮日休)

華卉草木:牡丹賦(舒元輿)、長樂花賦(蘇頲)、桃花賦(皮日休)、秋蓮賦(宋之問)、荔枝賦(張九齡)、瑞橘賦(李德裕)、伐櫻桃樹賦(蕭穎士)、杞菊賦(陸龜蒙)

[卷七古賦庚]鳥獸昆虫:大鵬賦(李白)、鵰賦(杜甫)、白鷴賦(蕭穎士)、白鸚鵡賦(王維)、感二鳥賦(韓愈)、白羽扇賦(張九齡)、玄猿賦(吴筠)、麈尾賦(陳子昂)、由鹿賦(吕温)、蠶賦(陸龜蒙)、秋蟲賦(羅隱)、蝨賦(李商隱)、後蝨賦(陸龜蒙)、蝎賦(李商隱)

[卷八古賦辛]古器:霜鍾賦(喬潭)、欹器賦(李德裕)、砥石賦(劉禹錫)

① 〔清〕永瑢等:《四庫全書總目》卷一百八十六,中華書局 1965 年版,第 1692 頁。

物景:晚晴賦(杜牧)、秋聲賦(劉禹錫)

決疑:問大鈞賦(劉禹錫)、何卜賦(闕名)

[卷九古賦壬]修身:動静交相養賦(白居易)

哀樂愁思:懷忠賦(歐陽詹)、泛渭賦(白居易)、望賦(劉禹錫)、惜餘春賦(李白)、江上愁心賦(張説)、别知賦(韓愈)、愛而不見賦(蕭穎士)、傷往賦(劉禹錫)

夢:夢渴賦(何諷)

不難看出,該書的編纂宗旨與《文苑英華》不同。《英華》以律賦爲主,本書則全選古賦;《英華》録賦求全,收録梁陳及隋唐賦多達1370篇,具有十分寶貴的文獻價值,本書則録賦求精,精選唐代古賦55篇,篇數僅有《英華》的4.01%。正如馬端臨《文獻通考》卷二四八"文苑英華"條所云:"當真宗朝,姚鉉銓擇十一,號《唐文粹》,由簡故精,所以盛行。"書中所選,皆爲名篇,可見選家眼光之不凡。如李白《明堂賦》《大獵賦》《大鵬賦》,杜甫《三大禮賦》《鵰賦》,王維《白鸚鵡賦》,白居易《動静交相養賦》,杜牧《晚晴賦》,李商隱《蝨賦》《蝎賦》,等等,皆膾炙人口,千年傳誦。到底是這些古賦因爲有幸入選《唐文粹》而成爲名篇,還是姚鉉"銓擇十一",别具慧眼地選擇了當時最有影響力的作品?不管是哪種情況,《唐文粹》都是唐代古賦最重要的早期選本,爲這些名賦的傳播做出了重要貢獻。

《唐文粹·賦》的分類比較特殊,以聖德、失道、京都、郊廟居首,以哀樂愁思、夢收尾,凡18類,似乎與類書没有太大關係,亦與《文選·賦》有很大不同,值得研究。其選篇,以盛唐居多,初唐、中唐、晚唐較少,也説明編者對李白、杜甫等盛唐古賦作家的推崇。

【研究】

目前尚無專門研究《唐文粹·賦》的專著和論文。郭勉愈的博士論文《〈唐文粹〉研究》(北京師範大學2003年)較爲扎實。此外有張滌華《關於〈唐文粹〉》[《安慶師院學報》(社會科學版)1982年第1期]、郭勉愈《〈唐文粹〉"銓擇"〈文苑英華〉説辨析》[《北京師範大學學報》(人文社會科學版)2002年第6期]、于洋《從明鄧漢刻本考〈唐文粹〉版本源流》[《赤峰學院學報》(漢文哲學社會科學版)2013年第10期]也可參考。

《七賦》1卷,宋謝壁(?)編,佚

【編者】

謝壁,字號、生平均不詳。

【著録】

《宋史》卷二百九《藝文志》:"謝壁《七賦》一卷。"今按:蓋爲七體賦的總集,説明宋代仍然有人視七體(始於枚乘《七發》)爲賦之一種。今已不存。

《韻補》5卷,宋吴棫撰

【作者】

吴棫,字才老,建安(今福建建甌)人。宋宣和六年(1124)進士,紹興中官太常丞,以得罪秦檜,出爲泉州通判。著有《毛詩叶韻補音》《楚辭釋音》《韻補》等。現僅存《韻補》。

【版本】

現存最好的版本是元刻本,國圖善本部藏;又,《中華再造善本》(金元編)據此影印,北京圖書館出版社2004年版。又有中華書局1985年影印之《叢書集成初編》本,易得。

【内容】

《韻補》凡5卷,分古韻爲9部,認爲古人用韻較寬,立古韻通轉之説,爲後來研究古韻的先驅。此書就《廣韻》206部,注"古通某""古轉聲通某""古通某或轉入某",雖不無臆説,而篳路藍縷之功,究不可没。清梁章鉅《退庵隨筆》云:"講古韻者,自吾閩之吴才老棫始,惟《韻補》一書,頗多謬誤,連江陳季立第因之作《毛詩古音考》《屈宋古音義》,則條例貫通,考證精密。"肯定其草創之功。

《韻補》雖係韻書,但作者在每個字頭之下,都努力徵引古代典籍,以揭示該字之最早出處。據筆者統計,宋吴棫《韻補》徵引先秦至北宋賦多達682條,是徐鍇《説文解字繫傳》的三倍有餘;其中漢賦425條,占徵引總數的62.32%。與《繫傳》相比,《韻補》所引之賦不限於名篇,常常涉及一些不甚知名的作家作品,如孔臧《諫格虎賦》《蓼蟲賦》,漢武帝《李夫人賦》,班彪《冀州賦》,李尤《德陽殿賦》《東觀賦》,陳琳《大荒賦》《武庫賦》,等等。有些賦似乎僅見於《韻補》。如陳琳《悼龜賦》,《韻補》卷一"闡"字注徵引"探賾索隱,無幽不闡。下方太祭,上配青純",凡16字;"怨"字注徵引"參千鎰而不賈(一作賣)兮,豈十朋之所云。通生死以爲量兮,夫何人之足怨"凡26字;"韞"字注又徵引"山節藻梲,既櫝且韞。參千鎰而弗費(一作賣)兮,豈十朋之所云"凡21字①。三處拼合,去其重複,乃得54字。這54字後來又見於《康熙字典》,但《康熙字典》比《韻補》晚出五六百年,很可能鈔了《韻補》中的材料。程章燦《先唐賦輯補》(以下簡稱"程書")、費振剛等《全漢賦校注》(以下簡稱"費書")皆充分利用《韻

---

① 〔宋〕吴棫:《韻補》,元刻本,中國國家圖書館善本部藏;又,《中華再造善本》(金元編)據此影印,北京圖書館出版社2004年版。今以中華書局1985年影印之《叢書集成初編》本(第1235~1236册)參校。

補》進行輯佚工作,得漢賦佚文近百條,厥功甚偉①。但仍有遺漏或失當之處。如陳琳《武庫賦》(亦名《武軍賦》),《韻補》卷一"繩"字條徵引"陵九城而上躋,起齊軌乎玉繩。車軒轔于雷室,騎浮厲乎雲宫"共 24 字,費書漏輯;傅毅《洛都賦》,《韻補》卷一"鶴"字條有"屬蒲昱(一作且)以紅重(一作矰紅),命詹何使沉綸。維高冥之獨鵠,連軒翥之雙鶴"凡 24 字,費書漏輯前 12 字。費書漏輯的佚文還有:《韻補》卷二"饒"字條引崔駰《反都賦》"開酆鄗之富,散紫苑之饒。踐宜春之囿,轉胡亥之丘",凡 20 字;《韻補》卷四"司"字條引王粲《酒賦》"酒正膳夫,冢宰是司。處濯器用,敬滌蘊饎",凡 16 字;"漢"字條引繁欽《建章鳳闕賦》"長唐虎圈,迴望漫衍。槃旋岹嶢,上刺雲漢",凡 16 字;《韻補》卷五"宿"字條引班彪《冀州賦》"遵大路以北(一作北)逝兮,歷趙衰之采邑。醜柏人之惡名兮,聖高帝之不宿",凡 26 字。此外,《韻補》卷三"有"字條徵引徐幹《齊都賦》"主人盛饗,期盡所有。三酒既醇,五齊惟醹","鯉"字條又徵引該賦"三酒既醇,五齊惟醹。爛豕胹羔,包鱉鱠鯉",兩處拼合,再加以《北堂書鈔》卷一二四的徵引,共得《齊都賦》佚文 40 字:"主人盛饗,期盡所有。三酒既醇,五齊惟醹。爛豕胹羔,包鱉鱠鯉。嘉旨雜遝,豐實左右。前徹後著,惡可勝數?"費書雖然也輯到了這 40 字,但分成三條,原因即在於費書佚文主要來自《北堂書鈔》,忽略了對《韻補》的考察。又如,《韻補》卷三"耇"字條徵引崔駰《慰志賦》:"辟四門以博延兮,彼幽牧之我舉。分(一本無此字)畫定而計決兮,豈雲賁乎鄙耇。"凡 26 字,程書作爲崔駰賦佚文輯録。經核查,這 26 字實際上出自崔篆《慰志賦》,見載於《後漢書·崔駰列傳》②。崔篆是崔駰的祖父,臨終作《慰志賦》以自悼,《韻補》誤題爲崔駰。所以,我們既要充分重視韻書中的辭賦佚文,又不能過於輕信,而應該仔細辨析,去僞存真,避免錯誤。

【研究】

蹤凡撰有《賦學視閾下的〈韻補〉》(《古籍整理研究學刊》2011 年第 2 期),可參。

① 程章燦:《魏晉南北朝賦史》附録一,江蘇古籍出版社 2001 年版;費振剛、仇仲謙、劉南平:《全漢賦校注》,廣東教育出版社 2005 年版。

② 〔宋〕范曄撰,〔唐〕李賢等注:《後漢書》,中華書局 1965 年版,第 1706 頁。

第三章　賦别集正編

《李德裕雜賦》2 卷(《李文饒公文集》),唐李德裕撰,殘

【作者】

李德裕(787—850),字文饒,趙郡贊皇(今河北贊皇)人,唐代政治家、文學家。早年以門蔭入仕,歷任校書郎、監察御史、翰林學士、中書舍人、浙西觀察使、兵部侍郎、鄭滑節度使、西川節度使、兵部尚書、中書侍郎、鎮海節度使、淮南節度使等職。歷仕憲宗、穆宗、敬宗、文宗四朝,一度入朝爲相,但因黨争傾軋,多次被排擠出京。武宗繼位後,李德裕拜相,封衛國公。

【著録】

《新唐書》卷六十《藝文志》:"李德裕……《雜賦》二卷。"《宋史・藝文志》同。《崇文總目》卷十二、《通志・藝文略》作"李德裕賦二卷"。

【内容】

本書早已散佚。今存最早的李德裕文集,是明萬曆年間重修的《李文饒公文集》20 卷《别集》10 卷《外集》4 卷,國圖藏。又有明代袁州刊本《會昌一品集》10 卷《外集》4 卷。李德裕賦保存至今者較多,據陳元龍《歷代賦彙》所載,即有《白猿賦》《斑竹筆管賦》《大孤山賦》《畫桐華鳳扇賦》《懷鴞賦》《黄冶賦》《攲器賦》《積薪賦》《劍池賦》《金松賦》《靈泉賦》《柳柏賦》《牡丹賦》《蚍蜉賦》《瑞橘賦》《望匡廬賦》《項王亭賦》《振鷺賦》《知止賦》,凡 19 篇;《歷代辭賦總匯》又增至 32 篇。體製上古賦、律賦並重,内容上包括地理、人事、器物、詠古、草木、鳥獸等方面。其中《攲器賦》《秋聲賦》《牡丹賦》《大孤山賦》等較爲知名。

【研究】

傅璇琮、周建國撰有《李德裕文集校箋》(河北教育出版社 2000 年版),可參。對李德裕賦的研究,近幾年剛剛興起,但起點較高。主要論文有:曲景毅《李德裕賦與中晚唐賦的發展》[《安徽大學學報》(哲學社會科學版)2010 年第 6 期]、許東海《宰相辭賦與家族地圖——李德裕罷相時期辭賦之花木書寫及其文化解讀》(《文學與文化》2011 年第 1 期)、許東海《李德裕袁州辭賦的動物鋪陳與人生沉思》[《南京大學學報》(哲學・人文科學・社會科學版)2011 年第 3 期]、王思豪《身歷仕宦風波中　魂入山泉逸境來——李德裕"知天命"之年的山水賦書寫》(《古典文學知識》2014 年第 4 期)等。

《李商隱賦》1 卷(《樊南文集》),唐李商隱撰,佚

【作者】

李商隱(813? —858?),字義山,號玉谿生,又號樊南生。鄭州滎陽(今屬河南)人。唐文宗開成二年(837)進士。曾任校書郎、弘農尉、秘書省正字等職。宣宗時,牛黨執政,他一直受排斥,最後死於滎陽。著有《樊南甲乙集》等。

【著録】

《新唐書・藝文志》:“李商隐《樊南甲集》二十卷《乙集》二十卷,《玉溪生詩》三卷,又《賦》一卷,《文》一卷。”《宋史・藝文志》:“李商隱賦一卷。”

【内容】

《新唐書・藝文志》著録李商隱詩文集 5 種。《樊南甲乙集》又稱爲《樊南四六甲乙集》,全爲駢體文,甲集 433 篇,乙集 400 篇,共計 833 篇。宋以後兩種集子都失傳,賦和雜文也一併散佚。現有《樊南文集詳注》8 卷,清朱鶴齡、徐炯、馮浩等蒐輯,馮浩注。據《歷代辭賦總匯》的輯録,李商隱賦今存 5 篇:《虱賦》《蠍賦》《三怪物賦》《雪賦》《江之嫣賦》,《歷代賦辭典》稱“今僅存《虱賦》《蠍賦》兩篇”,不確。但二賦流傳甚廣,前者諷刺那些專吸窮人的血卻不敢觸碰豪貴的人,後者諷刺那些專搞陰謀詭計陷害他人的人,入木三分,歷來爲人傳誦。李商隱賦大都短小精悍,有的衹有八句。

【研究】

相關論文有:余恕誠《賦對李商隱詩歌創作的影響》(《文學遺産》2004 年第 5 期)、何世劍《試論李商隱對庾信詩賦的接受》[《河北師範大學學報》(哲學社會科學版)2012 年第 3 期]。

《陸龜蒙賦》6 卷(《甫里先生集》),唐陸龜蒙撰,佚

【作者】

陸龜蒙(? —881),字魯望,號天隨子、江湖散人、甫里先生,長洲(今江蘇蘇州)人。唐代農學家、文學家。曾任湖州、蘇州刺史幕僚,後隱居松江甫里(今角直鎮)。著有《甫里先生文集》等。其小品文成就較高,收在《笠澤叢書》中。

【著録】

《新唐書》卷六十《藝文志》:“陸龜蒙《笠澤叢書》三卷,又《詩編》十卷《賦》六卷。”

【内容】

《陸龜蒙賦》6 卷,唐宋時期與《笠澤叢書》3 卷《詩編》10 卷一併流傳,後散佚。宋寶祐年間,葉茵搜集諸書,得遺篇 171 首,合《笠澤叢書》《松陵集》二書所載 481 首,共計 652 首,編爲《甫里先生集》20 卷,最爲完備。現有明成化年間刻

本。其中卷十四、十五收賦16篇(《歷代辭賦總匯》輯録17篇),辭及賦體文7篇。其中《蠶賦》《後虱賦》《麈尾賦》《杞菊賦》《秋蟲賦》《幽居賦》《自憐賦》等,借物寄諷,筆鋒犀利,具有批判精神。

【研究】

李秀敏撰有《略論陸龜蒙的賦體小品》[《中國海洋大學學報》(社會科學版)2009年第5期],可參。

《薛逢賦集》14卷,唐薛逢撰,佚

【作者】

薛逢(一作薛逄),字陶臣,蒲州河東(今山西省永濟市)人。生卒年不詳,唐武宗會昌元年(841)進士,授秘書省校書郎,遷萬年縣尉、直弘文館,後歷任侍御史、尚書郎,以論議激切,常觸忤權貴,出任巴州刺史。入朝任太常少卿,給事中。官終秘書監。著有《薛逢詩集》10卷《賦集》14卷等,皆佚。《全唐詩》卷五四八存詩1卷,《全唐文》卷七六六存文15篇,《唐文拾遺》卷三十存文1篇。

【著録】

《新唐書·藝文志》:"《薛逢詩集》十卷,又《别紙》十三卷,《賦集》十四卷。"

【内容】

《新唐志》著録的《薛逢賦集》14卷,久已散佚。但可知薛逢是晚唐時期作賦最多的賦家之一,可惜大都失傳,今僅存《鑿混沌賦》《天上種白榆賦》兩篇,皆爲名篇。後者被清代王家相《賦則》卷一、吴坦《六朝唐賦英華·唐卷中》和邱先德、邱士超《唐人賦鈔》卷一等書收録。又,趙楫《國朝十二科同館詩賦解題序》稱:"薛逢《鑿混沌》,自鑄偉詞。"亦肯定了薛逢賦的價值。

《愍征賦》1卷,唐盧獻卿撰,唐司空圖注,佚

【作者】

盧獻卿,字著明,范陽(今河北涿州)人。唐大中年間進士,因剛直被黜,詞藻爲同流所推。司空圖(837—908),字表聖,自號知非子,又號耐辱居士,河中府虞鄉縣(今屬山西省永濟市)人。唐懿宗咸通十年(869)進士,召爲殿中侍御史。天復四年(904)召爲禮部尚書,佯裝老朽不任事,被放還。著有《二十四詩品》等。

【著録】

《新唐書·藝文志》:"盧獻卿《愍征賦》一卷。"《崇文總目》卷十二、《宋史·藝文志》《通志·藝文略》同。

【内容】

唐孟棨《本事詩》云:"范陽盧獻卿,大中中舉進士,詞藻爲同流所推。作

《愍征賦》數千言，時人以爲庾子山《哀江南》之亞。今諫議大夫司空圖爲注之。連不中第，薄遊衡湘，至郴而病，夢人贈詩曰：'卜築郊原古，青山唯四鄰。扶疏遶臺榭，寂寞獨歸人。'後旬日而歿。郴守爲葬之近郊，果以夏初窆，皆符所夢。"可知《愍征賦》篇帙較大，大略與庾信《哀江南賦》相當。唐末司空圖爲之注，並撰寫《注愍征賦後述》，云："盧君尚以讒擯，致憤於累千百言，亦猶虎之餌毒，蛟之飲鏃。其作也，雖震丘林，鼓溟漲，不能快其咆怒之氣。"又云："著明幸於弃黜，而能以《愍征》争勍於千載之下，吾知後之作者，有嘔血不能逮之者矣。"（《唐文粹》卷九十三）可知《愍征賦》乃是盧獻卿（著明）因讒言被黜之後，抒發其内心憤懑的著作。該賦感情激越，體製宏大，頗爲時人所重。但已經散佚不傳。

《謝觀賦》8卷《謝觀賦集》，唐謝觀撰，佚

【作者】

謝觀（？—865），字夢錫，壽春（今安徽壽縣）人。唐文宗開成二年（837）登進士第。歷官左神武兵曹參軍，遷大理評事，充黔中招討判官。歸拜洛陽丞。復以殿中侍御史充魏博節度判官。咸通三年授慈州刺史。有著作40卷，尤以律賦見稱於當世。事迹見《千唐志齋藏志》謝觀自撰《唐故朝請大夫慈州刺史柱國賜緋魚袋謝觀墓誌銘》。

【著録】

《新唐書・藝文志》："《謝觀賦》八卷。"《崇文總目・别集》《通志・藝文略》同，《宋史・藝文志》作"《謝觀賦集》八卷"。

【内容】

謝觀是唐代末年著名律賦作家，有賦8卷，惜已散佚。《全唐文》卷七五八輯録其賦1卷，共計23篇。其中較著名的有：《上陽宮望幸賦》《舜有羶行賦》《王言如絲賦》《得意忘言賦》《誤筆成蠅賦》《恍惚中有象賦》《太虚衍其一賦》《白賦》等，被視爲律賦範本，爲宋代、清代文人所倣習。其中被明清賦集選録最多的是《得意忘言賦》（《精鐫古今律賦》卷五）、《周公朝諸侯於明堂賦》（《律賦衡裁》卷三、《華國編賦選》卷上、《古律賦要》卷三）、《越裳獻白雉賦》（《精鐫古今律賦》卷九，評曰："以德化所感、遠夷致貢立意，便有頌不規之體"，《律賦衡裁》卷五，《律賦選青》卷二）3篇。

《海潮賦》1卷（存），《通屈賦》1卷（佚），唐盧肇撰

【作者】

盧肇，字子發，宜春（今屬江西）人。唐會昌三年（843）以狀元登進士第。大中元年，爲鄂岳節度使盧商辟爲從事。入爲秘書省著作郎，遷倉部員外郎、充集賢院直學士。咸通時出任歙、宣、池、吉四州刺史。肇有奇才,詩、文、賦皆精。著有《文標集》3 卷、《逸史》3 卷等,今多散佚。生平事迹見其《進海潮賦狀》,以及《雲溪友議》卷上、《唐摭言》卷二等。

【著録】

《新唐書》卷六十《藝文志》:"盧肇《海潮賦》一卷,又《通屈賦》一卷……字子發,袁州人,咸通歙州刺史。"《崇文總目·别集》《通志·藝文略》《宋史·藝文志》《國史經籍志·集類》略同。

【内容】

盧肇賦今僅存 5 篇:《湖南觀柘枝舞賦》《天河賦》《海潮賦》《如石投水賦》《鸜鵒舞賦》,見《全唐文》《歷代賦彙》。賦兼散駢二體,亦善律賦。《海潮賦》氣勢壯闊,凡四千余字,爲其代表作。盧肇《進海潮賦表》自稱:"臣爲此賦以二十餘年,前後詳參,實符象數,願以潢汙之水,輒赴溟渤之流。"(見《全唐文》),可見其用力之深。賦中探究海潮産生之緣由,雖荒謬不經,亦有才思。全賦議論宏闊,刻畫傳神,中設問答,波瀾起伏,頗見功力。

《通屈賦》已經散佚,内容不詳。

《高邁賦》1 卷,唐高邁撰,佚

【作者】

高邁,生卒年及籍貫均不詳。大約爲唐中宗初年人(據《全唐文》卷二七六)。

【著録】

《新唐書·藝文志》:"《高邁賦》一卷。"《通志·藝文略》《宋史·藝文志》《國史經籍志·集類》同。

【内容】

《新唐書·藝文志》著録《高邁賦》1 卷,不詳篇數。《全唐文》卷二七六録其《濟河焚舟賦》《度賦》《鯤化爲鵬賦》3 篇,《歷代辭賦總匯·唐代卷》同。其賦駢儷精工,爲人所稱,《駢字類編》《佩文韻府》多次徵引《濟河焚舟賦》中語句。

《大隱賦》1 卷,唐皇甫松撰

【作者】

皇甫松,字子奇,自稱檀欒子,睦州新安(浙江淳安)人。皇甫湜之子。舉進士不第,終身布衣。工詩詞,《全唐詩》卷三六九存其詩 4 首,詞 9 首,殘句 2 則;卷八九一存其詞 18 首。

【著録】

《新唐書》卷六十《藝文志》:"皇甫松《大隐賦》一卷。"《崇文總目》卷十二、

《通志·藝文略》《宋史·藝文志》《國史經籍志·集類》同。

【内容】

皇甫松《大隱賦》並序尚存,宋李昉《文苑英華》卷九十九、清陸棻《歷朝賦格·上集》卷四、陳元龍《歷代賦彙·外集》卷十一皆收録。大概是作者没有考中進士,心有不甘,故創作此賦,以寄託其隱逸情懷。該賦凡三千余字,體製閎大,對偶精工,《駢字類編》《佩文韻府》多徵引之。

《朱鄴賦》3卷,唐朱鄴撰,佚

【作者】

朱鄴,生卒年、里籍均不詳。大概是晚唐時人。

【著録】

《宋史》卷二百八《藝文志·集類》:"《朱鄴賦》三卷,又詩三卷。"《崇文總目》作"《朱鄴賦集》三卷",《通志·藝文略》《國史經籍志》作一卷。

【内容】

朱鄴賦今存2篇:《扶桑賦》《落葉賦》,見《文苑英華》卷一百四十五、《全唐文》卷九百一。二賦皆爲詠物題材,篇幅雖短,但描寫細膩,文采斐然。《歷代辭賦總匯》衹收第一篇。

《數賦》10卷,唐崔葆撰,王克昭注,佚

【作者】

崔葆,生卒年、里籍均不詳。據《新唐書·藝文志》,崔葆是乾寧年間(894—898)進士。王克昭,生平不詳。

【著録】

《新唐書·藝文志》:"崔葆《數賦》十卷。乾寧進士,王克昭注。"《通志·藝文略》《宋史·藝文志》《國史經籍志·集類》同。

【内容】

該賦已佚,内容不詳。據其卷數,或許是以賦筆撰寫的數術類著作。

《宋言賦》1卷,唐宋言撰,佚

【作者】

宋言,初名傑,後改名言,字表文。生卒年、籍貫均不詳。唐大中十二年(858)進士及第(《全唐文》卷七六二)。《新唐書》有傳。

【著録】

《新唐書·藝文志》:"《宋言賦》一卷,字表文。"《崇文總目》卷十二、《通志·藝文略》《宋史·藝文志》《國史經籍志·集類》所載略同。

【内容】

宋言賦集 1 卷,早已散佚。其賦僅存 2 篇,即《漁父辭劍賦》《敎雞鳴度關賦》,見載於《文苑英華》《全唐文》《歷代賦彙》諸書。宋言工於律賦,今存兩賦皆爲歷史題材,且文辭清麗,屬對尤工,乃是律賦創作之典範,在清代影響尤大。其中《漁父辭劍賦》一篇,清人顧蒓《律賦必以集》、鮑桂星《賦則》、周嘉猷等《律賦衡裁》、任聘三《律賦選青》、潘遵祁《唐律賦鈔》、邱先德等《唐人賦鈔》、箕石氏《六朝唐宋賦鈔》等皆編入書中;《敎雞鳴度關賦》一篇,亦被鮑桂星《賦則》、李元春《古律賦要》、徐斗光《賦學仙丹》、周嘉猷等《律賦衡裁》、任聘三《律賦選青》、潘遵祁《唐律賦鈔》、邱先德《唐人賦鈔》等多家賦集選録,有的還加以評點。浦銑《復小齋賦話》、李調元《賦話》、姜學漸《味竹軒賦話》等賦話著作亦有多處論及宋言賦。例如浦銑《復小齋賦話》卷下稱:“宋表文言《敎雞鳴度關賦》叙次整齊,造語工切,‘秦關’‘季路’兩聯,尤一篇之警策也。”李調元《賦話·新話四》稱譽他的《漁父辭劍賦》“清詞麗句,不減王輔文郎中,惜不多覯”,不難看出其律賦史地位。

此外,《全唐文》還收録宋言《鶴歸華表賦》一篇。今按:此賦最早見於《文苑英華》卷一三八,編在宋言《敎雞鳴度關賦》之後,未署名。其作者姓名待考。《全唐文》題爲“宋言”,《賦則》題爲“宋祁”。清人著述《律賦衡裁》《唐人賦鈔》《賦話》《駢字類編》《韻府拾遺》等書皆作“闕名”處理,《歷代辭賦總匯》亦捨棄未收。

《懷秦賦》1 卷,唐馮涓撰,佚

【作者】

馮涓,字信之,婺州東陽(今浙江東陽)人,一説信都(今河北冀州)人。唐宣宗大中十一年(857)進士,又登宏詞科,授京兆府參軍。以世亂隱居商山十年。昭宗景福時,王建辟爲西川節度判官,後拜前蜀御史大夫。生平散見《鑒誡録》卷四,《北夢瑣言》卷三、卷五,《唐詩紀事》卷六六及《十國春秋》本傳。著有《南冠集》《龍吟集》《長樂集》等,皆佚。

【著録】

《崇文總目》卷十二:“《懷秦賦》一卷。”不署名。《宋史·藝文志》《通志·藝文略》皆題爲馮涓作。

【内容】

宋計有功《唐詩紀事》卷六十六載:“(馮涓)分符眉州,不得之任,在西川重圍中,跼蹐於陳田之間。羈愁六年,徒步糊口,著《懷秦賦》。有《南冠》《龍吟》等集,皆傷蹭蹬也。”宋阮閱《詩話總龜》卷二十一同。可知《懷秦賦》是作者於唐僖宗中和元年(881)授眉州刺史,爲兵所阻不能赴任,自傷命運不濟的作品。

賦題之"秦",當指長安。該賦已佚。

《謝璧賦》1 卷,《沃山焦山賦》1 卷(《沃焦山賦》),唐謝璧撰,佚

【作者】

謝璧,生平不詳。《宋史·藝文志》著録其著述 6 種,凡 18 卷。明胡應麟《詩藪·雜編二》將《謝璧集》列入晚唐,而明胡震亨《唐音癸籤》卷三十"謝璧"名下注云:"詩四卷,詠高士詩一卷。鄭爽潦云:不詳何代人。"大概生活於唐末。

【著録】

《宋史》卷二百八《藝文志·集類》:"《謝璧賦》一卷,又《詩集》四卷,《策林》十卷,《詠高士詩》一卷,《沃山焦山賦》一卷。"《崇文總目》著録:"《沃焦山賦》一卷,《謝璧賦》一卷。"

【内容】

謝璧賦已經全部散佚。沃山,不詳何處。焦山,今江蘇省鎮江市、蘇州市皆有焦山,不知謝璧所詠。此外,《崇文總目》卷十二著録《沃焦山賦》一卷,不署作者。沃焦山爲古山名,即今四川省境内岷山。《華陽國志》:"岷山一名沃焦山,其跗曰羊膊。"録以備考。

《陳汀賦》1 卷,唐陳汀撰,佚

【作者】

陳汀,字用濟,籍貫不詳。唐大中十四年(860)登進士第,列於榜末。至咸通二年猶未入仕,尚稱"前進士"。著有《五源文集》3 卷(《宋史·藝文志》),賦 1 卷(《新唐書·藝文志》),今皆不傳。事迹略見《新唐書·藝文志》《登科記考》卷二二。

【著録】

《新唐書》卷六十《藝文志》:"《陳汀賦》一卷。字用濟,並大中進士第。"《通志·藝文略》《宋史·藝文志》《國史經籍志·集類》所載略同。

【内容】

陳汀賦已經全部散佚,不詳其題材、風格。

《倪曙賦》1 卷,《獲稿》3 卷,十國南漢倪曙撰,佚

【作者】

倪曙(? —約 921),字孟曦,福州侯官(今福建閩侯)人。唐僖宗中和五年(885)進士,官太學博士。後避亂歸鄉。南漢劉龑時,擢爲工部侍郎,進尚書左丞。乾亨五年(921)官同平章事,不久病卒。擅長辭賦,有賦集一卷。《唐摭言》卷二、《登科記考》卷二三略載其事,《十國春秋》卷六二有傳。

【著録】

宋王堯臣《崇文總目》卷十二:"《倪曙賦》一卷。"《國史經籍志》同。《宋史》卷二百八《藝文志·集類》著録:"倪曙《獲藁集》三卷,又賦一卷。"下文又著録:"《倪曉賦》一卷。"《通志·藝文略》稱:"《倪曉賦》一卷(僞唐人)。又《獲稿》三卷(倪曉既亡,得其遺稿二十一首賦)。"今按:倪曉,即倪曙,唐末五代時人。宋人爲避宋英宗趙曙名諱而改稱"倪曉"。《倪曙賦》篇數不詳,《獲稿》收賦 21 篇。已佚。

《楊夔賦》一卷,五代楊夔撰,佚

【作者】

楊夔,池洲(安徽貴池)人。生活於唐末五代時期。唐昭宗時,爲甯國軍節度使田頵上客,曾作《溺賦》以勸戒田頵。工詩文,與杜荀鶴、康駢、鄭谷、袁皓等爲詩友。著有《楊夔集》5 卷、《冗書》10 卷、《冗餘集》1 卷,均佚。現存詩 12 首(《全唐詩》卷 763),文 22 篇(《全唐文》卷 866 至 867)。

【著録】

《宋史》卷二百八《藝文志·集類》:"《楊夔集》五卷,又賦一卷。"今已散佚。

【内容】

《文苑英華》卷三十七載楊夔《溺賦》1 篇,《歷代賦彙》卷三十、《全唐文》卷八百六十七從之。清吴任臣《十國春秋》卷十一載:"楊夔有雋才,與殷文圭、杜荀鶴、康駢、夏侯淑、王希羽等同爲宣州田頵上客。夔知頵不足抗太祖,著《溺賦》數百言以戒之。頵不用,竟至于敗。"交代此賦寫作緣由。《歷代辭賦總匯·唐五代卷》輯録其《溺賦》《冰賦》,凡 2 篇。

《樂朋龜賦》1 卷,唐樂朋龜撰,佚

【作者】

樂朋龜,字兆吉,生卒年、籍貫不詳,或曰滑臺(今河南滑縣東)人。約於唐咸通末年登進士第。中和元年(881)自右拾遺充翰林學士,光啟元年(885)爲兵部尚書,後以太子少保致仕。卒葬單州成武縣。自稱著述八百卷,有《綸閣集》10 卷、《德門集》5 卷、賦 1 卷等,皆佚。事迹略見岑仲勉《補唐代翰林兩記》。

【著録】

《新唐書》卷六十《藝文志》:"樂朋龜《綸閣集》十卷,又《德門集》五卷《賦》一卷。字兆吉,僖宗翰林學士,太子少保致仕。"《崇文總目》卷十二、《通志·藝文略》《國史經籍志·集類》略同。

【内容】

樂朋龜賦皆佚,不詳其内容。《北夢瑣言》卷五載:"樂公舉進士,初陳啟事,

謁李昭侍郎，自媒云：'别於九經書史及老莊，洎《八都賦》外，著八百卷書，請垂比試。'誠有學問也。然於制誥不甚簡當，時人或未可之。"《全唐文》收録其制誥碑銘5篇，不及賦。

《**蔣凝賦**》3**卷，唐蔣凝撰，佚**

【作者】

蔣凝，字仲山，江東人。唐咸通元年（860）作《峴山懷古賦》一首，得到徐商、温庭筠的稱譽。咸通間登進士第。乾符中又應宏辭試，爲賦止及四韻，曳白而去。事迹略見《新唐書·藝文志》《唐摭言》卷五、卷七。

【著録】

《新唐書》卷六十《藝文志》："《蔣凝賦》三卷。字仲山，咸通進士第。"《崇文總目》卷十二、《宋史·藝文志》《通志·藝文略》《國史經籍志·集類》皆有著録。

【内容】

該書早已散佚。蔣凝賦現存2篇：《壞宅得書賦》《望思臺賦》，見於《文苑英華》《歷代賦彙》《全唐文》。前者爲律賦，歌詠魯恭王壞孔子壁得書事，以"壁中得之傳諸子孫"爲韻。

《**公乘億賦集**》12**卷，唐公乘億撰，佚**

【作者】

公乘億，字壽仙，一作壽山，魏（今河北大名）人。科考二十餘年而不中，於咸通十二年（871）纔登進士第。乾符四年（877）以萬年尉爲京兆府試官。昭宗朝官至侍御。善詩文，長於箋奏。著有《公乘億詩》《賦集》，皆佚。事迹略見《唐摭言》卷二、卷八，《北夢瑣言》卷二，《唐詩紀事》卷六八，《唐才子傳》卷九。

【著録】

《新唐書》卷六十《藝文志》："《公乘億賦集》十二卷。"《崇文總目》卷十二、《宋史·藝文志》《通志·藝文略》《國史經籍志·集類》皆有著録。

【内容】

《唐摭言》卷八載："公乘億，魏人也，以詞賦著名。咸通十三年，垂三十舉矣。嘗大病，鄉人誤傳已死。其妻自河北來迎喪，會億送客至坡下，遇其妻，始夫妻濶别積十餘歲。億時在馬上，見一婦人粗縗跨驢，依稀與妻類，因睨之不已。妻亦如是，乃令人詰之，果億也。億與之相持而泣，路人皆異之。後旬日登第矣。"可見其科舉之路的艱辛。又，《唐摭言》卷二載，乾符四年，萬年縣尉公乘億爲京兆府試官，試《火中寒暑退賦》《殘月如新月詩》。公乘億是唐代寫賦最多的作家之一，但大都散佚不傳，甚爲可惜。《全唐文》編録其賦1篇：《復河湟賦》,乃是一百餘字的短賦,不詳所出。《歷代賦彙》未收此賦。

《林嵩賦》1卷,唐林嵩撰,佚

【作者】

林嵩,字降臣,福州長溪(今福建霞浦)人。唐乾符二年(875)登進士第。官秘書正字。乾符末東歸,辟福建團練巡官、監察御史。後仕至毛詩博士、金州刺史。工詩賦,著有《林嵩賦》《林嵩詩》,均佚。事迹略見《新唐書》卷六〇、《唐才子傳》卷九。

【著録】

《新唐書》卷六十《藝文志》:"《林嵩賦》一卷。字降臣,乾符進士第。"《崇文總目》卷十二、《通志·藝文略》《國史經籍志·集類》皆有著録。

【内容】

林嵩作品,僅存詩1首,文2篇。其賦已經全部散佚,内容不詳。

《王翃賦》一卷,唐王翃撰,佚

【作者】

王翃,字雄飛,籍貫不詳。唐大順中登進士第。《全唐文》《全唐詩》皆未收其作品。

【著録】

《新唐書》卷六十:"《王翃賦》一卷。字雄飛,大順進士第。"《崇文總目》卷十二、《通志·藝文略》《國史經籍志·集類》同。《宋史·藝文志》作二卷,周祖譔《中國文學家大辭典·唐五代卷》(中華書局1992年版,第44頁)作三卷。已佚。

《賈嵩賦》三卷,唐賈嵩撰,佚

【作者】

賈嵩,里籍不詳,大約生活於唐會昌、大中年間。官至水部員外郎。著有《華陽陶隱居内傳》3卷(收入《正統道藏》),又有賦3卷。事迹略見《渭南詩集》《古刻叢抄》。

【著録】

《新唐書》卷六十:"《賈嵩賦》三卷。"《崇文總目》卷十二、《通志·藝文略》《國史經籍志·集類》同。《宋史·藝文志》作《賈嵩賦集》。

【内容】

賈嵩賦現存《夏日可畏賦》1篇,見載於《文苑英華》卷五、《全唐文》卷七六二、《歷代賦彙》卷三,是一篇律賦。此外,《全唐文》尚有其《華陽陶隱居傳序》

1篇。

《李山甫賦》二卷,唐李山甫撰,佚

【作者】

李山甫(?—888?),籍貫不詳。唐咸通(860—874)中累舉進士不第,歸隱河東。中和中爲樂彦禎魏博從事。宦途失意而有俊才,詩文激切,文筆雄健。著有《李山甫詩集》。事迹略見《南部新書》卷丁、《唐詩紀事》卷七〇、《唐才子傳》卷八。

【著録】

《新唐書》卷六十:"《李山甫賦》二卷。"《崇文總目》卷十二作"三卷",《通志·藝文略》作"一卷"。已全部散佚。

《顧氏賦》2卷(《顧雲賦》),唐顧雲撰,佚

【作者】

顧雲,生平不詳。《新唐書·藝文志》作"顧氏",今從《宋史·藝文志》。

【著録】

《新唐書》卷六十《藝文志》:"顧氏《編遺》十卷,《苕川總載》十卷,《纂新文苑》十卷,啟事一卷,賦二卷。"又,《宋史》卷二百八《藝文志·集類》著録:"顧雲《集遺》十卷,又賦二卷。"此處所謂顧雲《集遺》和《顧雲賦》的卷數,與《新唐書·藝文志》的顧氏《編遺》和《賦》正好相合,所指相同。故可知顧氏名雲,其賦2卷,在唐宋時期流傳,今已全部散佚。

《吴融賦集》5卷,唐吴融撰,佚

【作者】

吴融(?—903),字子華,越州山陰(今浙江紹興)人。唐昭宗龍紀元年(889)進士,旋爲韋昭度辟爲掌書記,隨軍討蜀。累遷侍御史。乾甯二年(895)因事貶官,次年召爲左補闕,以禮部郎中爲翰林學士,遷中書舍人。天復元年(901)擢爲户部侍郎,三年召爲翰林學士,遷翰林承旨學士。著有詩集4卷,賦集5卷,《唐英集》3卷。事迹略見《唐摭言》卷五、《北夢瑣言》卷四、《新唐書》卷二〇三本傳。

【著録】

《宋史》卷二百八《藝文志·集類》:"《吴融賦集》五卷。"《國史經籍志》同。

【内容】

吴融善爲詩賦,尤工律賦,名重一時。《吴融賦集》早已散佚,今存賦5篇:《沃焦山賦》其一、其二、《古瓦硯賦》《戴逵破琴賦》《覽誓光上人草書想賀監賦》,見載於《文苑英華》《歷代賦彙》和《全唐文》。《沃焦山賦》(其一)是一篇散體大賦,通過域中公子、方外先生的問答組織成篇,指出沃焦山"以遠而不見貴,以近而不見賤",比喻賢人君子不受獎賞,而當途得勢者沐猴而冠,對當時社會的貧富對立有所揭露和批判。該賦兩千餘字,結構宏大,立意高遠。

《弔江都賦》一卷,唐皮日休撰

【作者】

皮日休(約 838—約 883),字襲美,一字逸少,自號鹿門子,又號間氣布衣、醉吟先生等,復州竟陵(今湖北襄陽)人。唐咸通八年(867)進士,歷任蘇州軍事判官(《吴越備史》)、著作佐郎、太常博士、毗陵副使。後參加黄巢起義,或言"陷巢賊中"(《唐才子傳》),起義失敗後不知所蹤。著有《皮日休集》《皮子文藪》《皮氏鹿門家鈔》等。

【著録】

《宋史》卷二百八《藝文志・集類》:"皮日休《文藪》十卷,《胥臺集》一卷,《弔江都賦》一卷。"《國史經籍志・集類》:"皮日休《弔江都賦》一卷。"

【内容】

皮日休賦,今存 4 篇:《霍山賦》《憂賦》《河橋賦》《桃花賦》,見《皮日休文集》卷一、《唐文粹》《歷代賦彙》和《全唐文》。而單獨流行的《弔江都賦》一卷,卻已經散佚不傳。蓋爲詠史大賦。

《侯圭賦集》5 卷,《江都宫賦》1 卷(《江都賦》),唐侯圭撰,佚

【作者】

侯圭,唐僖宗時(874—888)人。曾任東蜀從事,官至散騎常侍。著有《江都宫賦》1 卷,《賦集》5 卷,已佚。《全唐文》卷八〇六收其賦、文各 1 篇。事迹略見《崇文總目》卷五、《宋史・藝文志》。

【著録】

《崇文總目》卷五:"《江都宫賦》一卷,侯圭。楊守業注。"《宋史》卷二百八《藝文志・集類》:"侯圭《江都賦》一卷。"

又,《宋史》卷二百八《藝文志・集類》:"《侯圭賦集》五卷。"

【内容】

侯圭有《賦集》5 卷,又有《江都宫賦》1 卷,是唐末作賦較多的作家。楊守業曾經爲其《江都宫賦》作注,可見其流傳甚廣。惜已全部失傳,今僅存《割鴻溝賦》1 篇。

霍有明主編《中國文學編年史・隋唐五代卷》(下)云:"公元 881 年正月,二十七日,侯圭作《東山觀音院記》,時圭仍爲東蜀從事。《東山觀音院記》云:

‘廣明初,梓州浮圖祠大小共十二。……辛丑歲正月二十七日。’侯圭另有《割鴻溝賦》。(均見《全唐文》卷八〇六)侯圭生平事迹未能考詳。官至散騎常侍,李洞有《戲贈侯常侍》《弔侯圭常侍》。(見《全唐詩》卷七二三、卷七二一)”[①]其《割鴻溝賦》歌詠楚漢戰争史事,有歷史興亡之慨歎,賦末云:“至今京索之原,古津空闊。”似有殘缺。

《竇永賦》1卷,唐竇永撰,佚

【作者】

竇永,生平不詳。

【著録】

《宋史》卷二百八《藝文志·集類》:“《竇永賦》一卷。”《國史經籍志·集類》同。又,《通志·藝文略》著録:“《述書賦》三卷,竇永撰,竇泉注。”此處“竇泉”當爲“竇臮”之訛。已佚。

《蔣防賦集》1卷,唐蔣防撰,殘

【作者】

蔣防(約792—?),字子徵(一作子微),又字如城,義興(今江蘇宜興)人。唐憲宗元和年間(806—820)至長安,與李紳相識。經李紳舉薦,朝廷任命蔣防爲司封郎中,知制誥,旋升爲翰林學士。長慶二年(822)出京師任汀州刺史,後又改任連州刺史。鬱鬱而終。善詩文,尤長於傳奇。有文集1卷,賦集1卷,傳奇《霍小玉傳》等。事迹散見《重修承旨學士壁記》、《唐詩紀事》卷四一、《咸淳毗陵志》卷一六。

【著録】

《宋史》卷二百八《藝文志·集類》:“《蔣防賦集》一卷。”《國史經籍志》同。

【内容】

蔣防18歲時,其父命作《秋河賦》,援筆立成,大受稱讚,可見賦才之高。《蔣防賦集》已佚,但尚有較多賦作流傳。《全唐詩》録其詩12首;《全唐文》收其賦20篇、雜文6篇,合爲1卷。蔣防擅長律賦,内容多歌功頌德,粉飾升平。藝術上講究律賦技巧和格律。宋陳振孫《直齋書録解題》卷二十二“文史類”載:“《賦門魚鑰》十五卷,進士馬偁撰。編集唐蔣防而下至本朝宋祁諸家律賦格訣。”(馬端臨《文獻通考》卷二四九同。)據此,蔣防應該還有賦格書傳世,並爲馬偁《賦門魚鑰》所收録,列爲第一,但《宋史·藝文志》未著録。蔣防是晚唐著

---

① 霍有明:《中國文學編年史·隋唐五代卷》(下),湖南人民出版社2006年版,第259頁。

名律賦作家之一,後人將其與王起、謝觀等並稱。例如清代乾隆年間,周雷《律賦衡裁序》云:"李程、王起最擅時名,蔣防、謝觀如驂之靳,大都以清新典雅爲宗。"其賦亦多爲明清選本所青睞。據不完全統計,其《姮娥奔月賦》一篇就爲12種大型賦集或律賦、唐賦選本所選録(不計《歷代賦彙》《賦海大觀》),並且施以圈點、評注,成爲清代文人學習寫賦的範本。蔣防賦爲明清時期"賦總集"收録情况如下:

1.《姮娥奔月賦》——王修玉《歷朝賦楷》卷四、馬傳庚《選注六朝唐賦》、王家相《賦則》上編卷一、鮑桂星《賦則》卷三、周嘉猷、湯聘《律賦衡裁》卷一、程祥棟《東湖草堂賦鈔》卷二、《律賦選青》卷一、李元春《古律賦要》卷三、顧莼《律賦必以集》卷二、吴坦《六朝唐賦英華》唐賦卷上、邱先德《唐人賦鈔》卷一、顧陶元《律賦彙鈔》卷二。

2.《雪影透書帷賦》——王修玉《歷朝賦楷》卷四、王家相《賦則》上編卷一、邱先德《唐人賦鈔》卷一。

3.《轉蓬賦》——邱先德《唐人賦鈔》卷五、顧陶元《律賦彙鈔》卷二。

4.《白兔賦》——明施重光《賦珍》卷八。

5.《聚米爲山賦》——魯琢《賦學正體》卷五。

6.《螢光照字賦》——周嘉猷、湯聘《律賦衡裁》卷四。

7.《獸炭賦》——孫濩孫《華國編賦選》卷上。

8.《隟塵賦》——邱先德《唐人賦鈔》卷一。

《俞巖賦集》1卷,唐(或宋)俞巖撰,佚

【作者】

俞巖,仁和(今浙江杭州)人。嵇曾筠《(雍正)浙江通志》卷一百二十七《選舉五·宋進士》嘉定十年丁丑(1217)吴潛榜:"俞巖,仁和人。"據此可知俞巖爲北宋嘉定十年進士。但《宋史·藝文志》將"俞巖賦集"編在蔣防之下、侯圭之上,而蔣防、侯圭皆爲唐代人,年代不合。存疑。

【著録】

《宋史》卷二百八《藝文志·集類》:"《俞巖賦集》一卷。"《國史經籍志》同。早已散佚。

《鄭瀆賦》二卷,唐鄭瀆撰,佚

【作者】

鄭瀆,滎陽(今屬河南省)人,通州刺史鄭羽客幼子。唐僖宗時以文章著名,然累舉不第。《全唐文》卷八一七存其賦一篇。事迹見《新唐書·宰相世系表》五上。

【著録】

《宋史》卷二百八《藝文志・集類》:"《鄭瀆賦》二卷。"《國史經籍志》同。

【内容】

鄭瀆賦,今僅存《吹笛樓賦》1 篇,以"時平故事有吹笛樓"爲韻,見《文苑英華》卷四十九,《歷代賦彙》《全唐文》收録。清人賦話多論之,如李調元《賦話》卷二:"開元遺事,已見于《津陽門詩》《連昌宫辭》,不意鄭瀆復有《吹笛樓賦》,叙次凄愴,堪與鼎足爲三。其句有云:'綺窗蕭索以將毁,繡嶺連延而若故。竟無六律,繼當時紫府之清音;空有一條,是往日翠華之來路。'又云:'三山迢遞在何處,萬姓凄凉無見時。'于天寶以前盛事,則詳叙之;于潼關陷殁,則置而不言。祇從弓劍星霜寄慨,尤不失温柔敦厚之旨。"認爲該賦詠歎開元遺事,叙述悽愴,而不失温柔敦厚之旨。又,浦銑《復小齋賦話》卷上云:"賦亦有十字或十二字爲一句法者,唐人鄭瀆《吹笛樓賦》云:'竟無六律繼當時紫府之清音,空有一條是往日翠華之去路。'"作爲 12 字長句的典型。又,吴錫麒《論律賦》云:"鄭瀆《吹笛樓賦》云:'既運指而有規,乃濡唇而是吹。'調最清鏗可愛。今雖不能盡遵,然斷不可用四六偶對。蓋移宫换羽,全在抑揚其聲,倘關捩不靈,唇吻有滯,是方輪之不轉也,是沓舌之不調也。"推崇該賦的格調聲韻。明袁宏道、王三餘《精鐫古今麗賦》卷三、清人所編《律賦衡裁》卷二、《東湖草堂賦鈔》卷二、《律賦選青》卷一、《唐人賦鈔》卷二等皆選録此賦,或施加評點,奉爲律賦創作的範本。

《桑維翰賦》2 卷,後晉桑維翰撰,佚

【作者】

桑維翰(898—947),字國僑,河南府洛陽人。後唐同光年間進士及第,後投奔河陽節度使石敬瑭爲幕僚。石敬瑭勾結契丹篡國,他極力贊成,並辦理具體事宜。936 年石敬瑭建立後晉,桑維翰兩度出任宰相,後被張彦澤縊殺。《新五代史》有傳。

【著録】

宋王堯臣《崇文總目》卷十二:"《桑維翰賦》二卷。"《宋史・藝文志》《國史經籍志・集類》《通志・藝文略》同。

【内容】

桑維翰賦今已不傳。《新五代史》卷二十九《晉臣傳第十七》載:"桑維翰,字國僑,河南人也。爲人醜怪,身短而面長。常臨鑑以自奇,曰:'七尺之身,不如一尺之面。'慨然有志於公輔。初舉進士,主司惡其姓,以爲桑喪同音。人有勸其不必舉進士,可以從他求仕者,維翰慨然,乃著《日出扶桑賦》以見志。又鑄鐵硯以示人,曰:'硯弊則改而他仕。'卒以進士及第。"可見桑維翰在參加科舉考試時,曾因貌醜姓惡而被主司嫌棄,於是寫作《日出扶桑賦》,以抒發科場蹭蹬之鬱悶。

《大統賦》2 卷,《大紀賦》3 卷,唐林絢撰,佚

【作者】

林絢,原名繕,閩(今福建省)人。唐咸通間,與秦韜玉等十人因交通宦官,被稱爲“芳林十哲”。光化間爲太常博士。事迹略見《唐摭言》卷九。

【著録】

《宋史》卷二百八《藝文志》:“林絢《大統賦》二卷,《大紀賦》三卷。”《崇文總目》卷十二既有《大統賦》二卷,又有《大統賦》六卷。《通志·藝文略》著録《大紀賦》一卷,注:“僞吴沈顔撰。”與此不同。

【内容】

二賦内容不詳,蓋爲頌德大賦。據其卷數,應該含有注釋。宋鄭樵《通志·藝文略》載:“《大統賦》二卷,林絢撰,盧肇注,安裕重箋。”盧肇與林絢大略同時或稍晚。參見“注林絢《大統賦》”條。

《兩京賦》1 卷,唐李希運撰,佚

【作者】

李希運,生平不詳,蓋爲唐末人。

【著録】

《宋史》卷二百八《藝文志》:“李希運《兩京賦》一卷。”《國史經籍志·集類》作二卷。已佚。蓋爲散體大賦,歌詠長安、洛陽二京。

《悲甘陵賦》1 卷,唐劉惲(一作劉暉)撰,宋張龍泉、章孝標注,佚

【作者】

劉惲,生平不詳。《舊唐書》卷一百八十六作“劉暉”。張龍泉,生平不詳。章孝標(791—873),字道正,唐元和十四年(819)與陳去疾、韋中立等三十一人同登進士第。有《早春初晴野宴》《八月》《送張使君趙越州》等。

【著録】

《宋史》卷二百八《藝文志》:“劉惲《悲甘陵賦》一卷,張龍泉、章孝標注。”《國史經籍志》:“劉惲《悲甘陵賦》一卷。”

【内容】

該賦已佚。甘陵是東漢清河王劉慶的陵墓,地址在今河北省清河縣。劉慶(78—107)是漢章帝之子,建初四年(79)被立爲皇太子,後因竇太后的誣陷而被廢爲清河王。爲人孝友恭謙,謹小慎微。漢和帝誅滅外戚竇憲時,立下大功,受到賞賜。該賦詠古,悲歎清河王劉慶的命運,早已散佚。《舊唐書》卷一百八十五《良吏傳·袁滋》載:"嘗讀劉暉《悲甘陵賦》,嘆其褒善懲惡,雖失《春秋》之旨,然其文不可廢,因著《甘陵賦後序》。"不僅袁滋愛讀,爲作後序,張龍泉、章孝標又爲之作注,可見該賦流傳較廣。

《弔梁郊賦》1 卷(《弔梁賦》),唐張瑩撰,佚

【作者】

張瑩,字昭文,連江(今屬福建)人。《通志·藝文略》《國史經籍志》卷五作"唐張策",《全唐詩》作張塋,皆非。唐昭宗大順元年(890)登進士第,官終禮部尚書知延州。善詩賦,《全唐詩》存其斷句一聯。事迹略見《淳熙三山志》卷二六、周祖譔《中國文學家大辭典·唐五代卷》。

【著録】

《崇文總目》卷十二:"《弔梁郊賦》一卷。"《宋史》卷二百八《藝文志》:"張瑩(一作策)《弔梁(梁下或有郊字)賦》一卷。"清顧櫰三《補五代史藝文志》亦著録。本賦借歌詠梁王苑囿,以抒發興亡之感。《漢書·文三王傳》載:"(梁)孝王築東苑,方三百餘里",枚乘曾撰有《梁王菟園賦》。該賦之"梁郊",或許與漢代梁孝王之菟園有關。

《樂賦》一卷,後周王朴撰,佚

【作者】

王朴(906—959),字文伯,五代東平(今山東東平)人。後漢乾祐(948—950)中進士,授校書郎。後周初鎮澶淵,署爲記室,累授右拾遺、開封府推官。周世宗顯德二年(955)獻《平邊策》,世宗閱後稱歎,日見親重,累拜左散騎常侍,充端明殿學士,知開封府事。周世宗征淮南,爲東京副留守。及還,改户部侍即兼樞密副使,遷樞密使、檢校太保。善屬文,精於曆法、音樂。曾奉詔考正曆法,撰《欽天曆》;又奉詔考正雅樂,得八十一調,並造"律準"。《舊五代史》卷一二八有傳。

【著録】

《宋史》卷二百八《藝文志》:"王朴《樂賦》一卷。"今按:王朴精於樂律,曾經奉詔考正雅樂,得八十一調,並造"律准",周世宗善之,詔有司依調製曲。此《樂賦》蓋爲闡述樂理的作品。

《禹別九州賦》3 卷,宋趙鄰幾撰,佚

【作者】

趙鄰幾(921—982),字亞之,鄆州須城(今屬山東)人。後周顯德二年(955)進士,初仕秘書省校書郎,歷任許州、宋州從事。北宋太平興國初召爲左贊善大夫、直史館,改宗正丞。遷左補闕、知制誥。曾補《會昌以來日曆》26 卷,著有文集 34 卷、《鯫子》1 卷、《六帝年略》1 卷、《史氏懋官志》5 卷,凡五十餘卷,均佚。事迹見《東都事略》卷一一五、《宋史》卷四百三十九本傳。

【著録】

《宋史》卷二百八《藝文志》著録:"趙鄰幾《禹别九州賦》三卷。"《國史經籍志》同。

【内容】

宋王稱《東都事略》卷一百十五《文藝傳》載:"趙鄰幾,字亞之,鄆州須城人也。少好學,能屬文,作《禹别九州賦》,凡萬餘言。周顯德初舉進士。"《宋史》卷四百三十九《文苑傳》略同,僅在"萬餘言"下補"人多傳誦"四字。可知趙隣幾《禹别九州賦》乃其少時(中進士之前)所作,時當後漢、後周年間。該賦體製龐大,凡一萬餘字,釐爲三卷。此處"别"爲分别、劃分之意。本賦旨在歌詠大禹劃分九州,奠定中國古代地理規劃之基礎。又據宋人黄震《古今紀要》卷十七,該賦"文尚屬對",長於對偶。

《邱旭賦》1 卷(《丘旭賦》),宋邱旭撰,佚

【作者】

邱旭(丘旭),字孟陽,宣城(今屬安徽省)人。弱冠始讀書,習爲辭章。南唐後主時試《德厚載物賦》,擢第一(狀元)。唐亡入宋,爲吕蒙正薦授令録,遷京秩,卒於衡州。以善賦知名,有賦集一卷。事迹略見宋王象之《輿地紀勝》卷第六十四、清吴任臣《十國春秋》卷三十一、戎毓明主編《安徽人物大辭典》(團結出版社 1992 年版)。

【著録】

宋王堯臣《崇文總目》卷十二:"邱旭賦一卷。"《宋史》卷二百八《藝文志》:"丘旭詩一卷,又賦一卷。"其姓作"丘",與"邱"同。

【内容】

清吴任臣《十國春秋》卷三十一《南唐》:"邱旭,字孟陽,宣城人。旭本農家子,弱冠始讀書,習爲辭章。俄隨計金陵,凡九舉而曳白者六七,旭自勵彌篤,不爲恥,由是學益進。後主時試《德厚載物賦》,擢第一人。國亡歸宋,吕蒙正判銓,久習旭名,問曰:'若非能爲賦者乎?'旭曰:'江南獻賦,適爲第一。'蒙正曰:'聞名舊矣,謂爲古人,乃並世邪?'薦授令録,遷京秩,卒於衡州。常纂古名賢遺言,爲《賓朋宴語》,行世。其詞賦得故唐程度體,時人取以爲法。"清陳鴻墀《全唐文紀事》卷五十九同。可見邱旭以賦聞名天下。因其賦符合唐代試律寫作之規範,故爲宋初文人所取法。賦集一卷,久已亡佚。

《徐鉉雜古文賦》1 卷,宋徐鉉著,宋許洞編,佚

【編者】

徐鉉(916—991),字鼎臣,廣陵(今江蘇揚州)人。初事南唐。入宋,爲率更令,累官至散騎常侍、吏部尚書。曾受詔校訂《説文解字》,世稱“大徐本”,至今通行。著有《騎省集》30 卷、《吴録》20 卷、《質疑論》若干卷、《稽神録》6 卷等,還曾與徐鍇匯集唐宋律賦爲《賦苑》200 卷,已佚。《宋史》卷四四一有傳。許洞,字淵天,一字洞天,蘇州吴縣(今屬江蘇)人。宋咸平三年(1000)進士及第,爲雄武軍推官,因倨傲不遜而被除名,歸鄉里。景德二年獻所著《虎鈐經》20 卷,除均州録事參軍。大中祥符四年,又獻《三盛禮賦》,召試中書,改烏江主簿。著有文集 100 卷、《春秋釋幽》5 卷、《演玄》10 卷等,均佚。事迹見《宋史》卷四四一本傳。

【著録】

《宋史》卷二百九《藝文志·集類》:“許洞《徐鉉雜古文賦》一卷。”

【内容】

《徐鉉雜古文賦》一卷已經亡佚,不詳其篇目。今考徐鉉辭賦,僅有 4 篇:《頌德賦》《木蘭賦》《新月賦》《劍池頌》,見董誥所編《全唐文》卷八百七十八。其賦大都爲駢賦,文辭華美,對仗精工。其中《頌德賦》體製巨大,雖爲頌德之作,而内藴深厚,氣勢恢宏;《木蘭賦》和《新月賦》篇幅短小,駢麗精工,感情纏綿悱惻,語言較爲清新。

《感山賦》1 卷(《太行山賦》),宋崔公度撰

【作者】

崔公度(? —1097),字伯易,自號曲轅先生,高郵(今屬江蘇)人。口吃不能劇談,而内絶敏,書一閲不忘。歐陽修得其所作《感山賦》,歎賞爲司馬遷之流,後韓琦上之英宗,授和州防禦推官,爲國子監直講。王安石推行新法,公度獻《熙甯稽古一法百利論》,召對延和殿,進光禄丞,擢御史。未幾,爲崇文校書,删定三司令式。元豐初加集賢校理,知太常理院。歷任兵、禮部郎中,國子司業,知潁、潤、宣、通四州,官終朝散大夫,直龍圖閣。所著有《曲轅集》40 篇、《詩賦百詠》等,均佚。事迹見《宋史》卷三五三本傳。

【著録】

《宋史》卷二百八《藝文志》:“崔公度《感山賦》一卷。”《國史經籍志》同。

【内容】

《感山賦》原名《太行山賦》,凡七千餘字,是一篇散體大賦。宋孫升《孫公談圃》卷上云:“崔公度伯易,自號曲轅先生,作《太行山賦》,以太行近時忌,改

作《感山賦》。裴煜得之,獻魏公,未及品藻,示永叔。永叔題其後曰:‘司馬子長之流也。’魏公因薦其文英廟,欲擢以館職。魏公言:‘未見其人之賢否,召與語,未爲晚也。’後數日,伯易與友人會話,坐上忽賫告身至,乃授伯易潁川防禦推官,國子監直講。荆公嘗云:‘《感山賦》不若《明珠賦》。’”其中“魏公”即韓琦,“永叔”即歐陽修。崔公度因此賦而得到歐陽修的賞識和魏國公韓琦的推薦,獲得潁州(《宋史》本傳作和州)防禦推官之職,傳爲佳話,堪與司馬相如《上林賦》媲美。

該賦見於《宋文鑒》卷六和《歷代賦彙》卷十七。賦前有小序云:“客有爲余言太行之富,其山一名皇母,一名女媧,或云於此煉石補天。今其上有女媧祠,因感其説爲之賦。其辭曰。”似有神異色彩。但該賦以曲轅先生(作者自己)與梁園公子、銅鞮處士的問答組織成篇,既有鋪張渲染的筆墨,也有深刻精警的議論,故馬積高先生認爲其“文辭發揚踔厲,有戰國策士談辯之風”[1]。其中對豪强兼併、民生凋敝等社會弊端的分析,鞭辟入里,尤爲可貴,絶非一般歌功頌德、粉飾太平的大賦可比。

《韋驤賦》20 卷,宋韋驤撰,佚

【作者】

韋驤(1033—1105),字子駿,錢塘(今浙江杭州)人。宋皇祐五年(1053)進士,任興國軍司理參軍,知武義縣,歷知萍鄉、海門縣,通判滁、楚二州。遷尚書屯田員外郎,改朝奉郎,爲少府監主簿。哲宗元祐初任利州路轉運判官,改福建路。召爲尚書主客郎中,出提點夔州路刑獄,知明州,提舉杭州洞霄宫。著有《錢塘韋先生集》20 卷、賦 20 卷。事迹見陳師錫《韋公墓誌銘》(《錢塘集》附録)、《咸淳臨安志》卷六六。

【著録】

《宋史》卷二百八《藝文志》:“《韋驤集》十八卷,又賦二十卷。”

【内容】

據陳師錫《韋公墓誌銘》,韋驤生前即有《賦集》20 卷,可見是位多産賦家,惜已散佚。宋陳振孫《直齋書録解題》卷十七云:“驤,皇祐五年進士,元祐中以近臣薦,爲監司數路知明州,以左朝議大夫致仕,崇寧中乃卒。少以辭賦有聲場屋,王荆公喜其《借箸賦》,頗稱道之。陳師錫誌其墓。”又,明徐象梅《兩浙名賢録》卷二十六《福建路運判韋子駿驤》云:“韋驤……年十七,以文謁王安石,大奇之,曰:‘吾行江南,入吴越見文士,惟子與董顧行耳。’由是名藉甚。每一賦成,學者傳誦。”看來韋驤在中進士之前即以賦知名,達到“每一賦成,學者傳誦”

① 馬積高:《賦史》,上海古籍出版社 1987 年版,第 422 頁。

的地步。王安石對他十分欣賞,尤其喜歡其《借箸賦》,可惜他的賦已經全部散佚。

《汴都賦》1卷(《廣汴賦》),宋李長民撰

【作者】

李長民,字元叔,廣陵(今江蘇省揚州市)人。宋徽宗宣和元年(1119)舉博學宏詞科。因不滿周邦彦《汴都賦》,遂作《廣汴都賦》獻于徽宗,由此進用。南宋建炎二年(1128)官秘書省正字,紹興間通判漳州,歷知泗州、建昌軍,遷兩浙撫諭使。二十年爲郢州刺史。官終江西提刑。事迹見《南宋館閣録》卷七、《玉照新志》卷二、《宋詩紀事小傳補正》卷二。

【著録】

《宋史》卷二百八《藝文志》:"李長民《汴都賦》一卷。"《國史經籍志》同。

【内容】

該賦尚存,見於宋王明清《玉照新志》卷三、清陳元龍《歷代賦彙》卷三十四,題爲《廣汴賦》。北宋元豐(1078—1085)年間,周邦彦曾經撰寫《汴都賦》一篇,凡七千餘字,頌美北宋都城汴京(今河南開封)之富庶繁華和朝廷文治武功之盛。北宋末年,李長民以爲周賦尚有缺略,於是作《廣汴賦》以進獻於徽宗。賦前有作者自序,詳述作賦之原委:"臣竊惟皇宋藝祖受命,奠都於大梁,於今垂二百載。列聖相承,增飾崇麗,煌煌乎天子之宅,棟宇以來,未之有也。昔在元豐中,太學生周邦彦嘗草《汴都賦》,奏御神考,遂託國勢之重,傳播士林。然其所紀述,大率略而未備。若乃比歲以來,宫室輪奂之美,禮樂聲容之華,則又有所未及。臣愚不才,出入都城,十年於兹矣,耳目所聞見,亦巃得梗槩,輒鼓舞陰陽,以鳴國家之盛,因改前賦而推廣焉。始則本制作之盛者,分方維而第之;中以帝室皇居之奥,任賢使能之效;而終之以持守,冀備一覽之末。爲賦曰。"該賦亦七千餘字,體製宏大,内容富贍,而文采略遜於周賦。宋王明清《揮麈餘話》卷二載:"宣和中,李元叔長民獻《廣汴都賦》,上亦甚喜,除祕書省正字。"看來該賦甚得宋徽宗喜歡,李長民因此得官。時當北宋末年,國家貧弱,矛盾叢生,李長民以該賦阿諛主上,謀取個人名利,實不可取。

《鄭屯田賦集》若干卷,宋鄭鍔撰,宋樓鑰編,佚

【作者】

鄭鍔,字剛中,三山(今福建省福清市)人。官至屯田郎。嘗爲主上小學教授,又特加贈官。淳熙中(1174—1189)進《周禮全解》,不存。

樓鑰(1137—1213),字大防,又字啟伯,號攻媿主人,明州鄞縣(今浙江寧波)人。歷官温州教授、樂清知縣、翰林學士、吏部尚書兼翰林侍講、資政殿學

士、知太平州,卒謚宣獻。有《攻媿集》。

【内容】

樓鑰《鄭屯田賦集序》云:“鑰服膺有素,既沾殘膏以竊名第,老猶不敢忘,命兒輩收纂先生舊作,僅得三十篇,兒輩又以鑰少作八篇綴于後。”可知該書爲樓鑰所輯,收録鄭鍔賦30篇,附録已作8篇於後。據此序所及,鄭鍔的賦有《孝文集書囊爲殿帷賦》《玉路建太常賦》《域中四大王居一賦》《太平無象賦》等,其風格是:“集古人所長而藻思絶人,興寄高邁,聞見層出,講明題意,立詞用韻,精切平妥,古語隨用,奔湊筆端,而一語不出程度之外。”樓鑰向其問學,頗受沾溉。鄭鍔(鄭剛中)之賦,今存《大易賦》《感雪竹賦》《秋雨賦》《山齋賦》4篇,見《歷代賦彙》《歷代辭賦總匯》。

[非文學賦文獻]

《天文大象賦》2卷(《大象賦》),隋李播撰,唐苗爲注

【著者】

李播,岐州雍縣(今陜西鳳翔)人,祖籍中山(一説太原)。李淳風之父。隋代曾任高唐縣尉,因官職低微,不得志,故棄官爲嵩陽觀道士。他對古代文獻典籍極爲熟悉,有説師承道教上清派鄭思遠,精通天文地理術數,晚年自號黄冠子。曾注釋《老子》,撰寫《方志圖》,有文集十卷,傳於世。事迹略見《舊唐書·李淳風傳》。

苗爲,唐代學者,生平不詳。

【著録】

《新唐書·藝文志三》:“黄冠子李播《天文大象賦》一卷(李台集解)。”《通志·藝文略第六》:“《天文大象賦》一卷(唐黄冠子李播撰)。”《崇文總目》卷四:“《天文大象賦》一卷,李播撰。”而《宋史·藝文志》誤作“張衡《大象賦》一卷”。

清瞿鏞《鐵琴銅劍樓藏書目録》卷十五稱:“《天文大象賦一卷》(舊鈔本),隋李播撰,苗爲注。舊題‘張衡撰’,《唐志》《崇文總目》《通志·藝文略》俱作李播。播仕隋,高祖時棄官爲道士。顧澗翁據賦末有‘少微之養寂’云云,定爲播撰,自不誣也。舊爲孫氏之騄鈔藏本,後有澗翁跋。邑人吴頊儒氏依之傳録。”

【版本】

1. 清嘉慶十七年(1812)傳經堂刻本

國圖藏,號:40481:18。叢書名不詳,此函7册(17—22)。本賦在第18册,與利馬竇《經天該》、凌堃《醫宋寶笈》合爲1册。書高25.3釐米,寬15.2釐米。左右雙邊,黑口,雙魚尾。版框高17.2釐米,寬13.4釐米。半葉10行,行20字,小字雙行同。卷端題:“天文大象賦,隋李播撰,苗爲注,凌堃校。”版心中部

刻“大象賦”和頁碼，下部刻小字“傳經堂藏版”。賦末附顧廣圻《跋》。鈐有“北京圖書館藏”印。

2. 清咸豐六年（1856）江陰六嚴校刻本

復旦藏，號：741014，1 函 2 册，不分卷，綫裝書，隋李播撰，清苗爲注，六嚴校。版本狀態不詳。

北大藏，號：X/520.1/4052.1/C2。1 函 2 册，書高 22 釐米。隋李播撰，六嚴校，清孫之騄補，摺裝，白口，單黑魚尾，左右雙邊，板框高 13.4 釐米，寬 10.7 釐米。

另外，北大藏另本，號爲：X/520.1/4052.1，前有“咸豐丙辰江陰六嚴校刊”字樣。版本狀態不詳。

3.《輯刊》第 152 册影印首圖藏清咸豐六年刻本

此本書名頁鎸有篆文書名“天文大象賦全圖”，下有《黄道北圖》《黄道南圖》兩幅。下有《困學紀聞》《唐書藝文志》《崇文總目》等歷代著録情況和相關考證，凡 2 葉，署名“咸豐丙辰秋江陰六嚴校刊”。下爲正文。左右雙邊，白口，單、黑魚尾。半葉 9 行，行 18 字。卷端題：“天文大象賦，隋李播撰，苗爲注，後學江陰六嚴校。”版心頂部刻“大象賦”，魚尾之下刻“上”、頁碼和小篇題。本書分上下卷。

【内容】

《天文大象賦》是一篇用賦體形式介紹天文學和星占學知識的作品，是中國古代著名的天文學入門讀物。《宋史·藝文志》《郡齋讀書志》誤題作漢張衡撰，張溥輯《張河間集》誤收，陳元龍《歷代賦彙》也誤題作張衡撰，實際上是隋代李播所作。《新唐書·藝文志》《崇文總目》皆有著録。本賦用較多筆墨講述各星官占驗所主之事，既有濃郁的神異色彩，也有天文學的合理成分。注文則詳述星官的相對位置、星數等，並作解釋，是對賦文的重要補充。本賦叙述全天星官的順序大體爲：紫微垣（中宫）—角亢氐房心尾箕；天市垣—斗牛女虚危室壁，奎婁胃昴畢觜參；太微垣—井鬼柳星張翼軫。共計三垣十三區，依次叙述。注釋頗爲詳盡，如首句“垂萬象乎列星，仰四覽乎中極”，苗爲注曰：“北極五星在紫微垣中，一名北辰。第一星爲太子，第二星最明大者爲帝星，第三星爲庶子，餘二星爲後宫屬也。紫微宫爲中宫，故謂之中極。其占，明大吉慶，或變芒動，有憂。觀象始於北極，由尊及卑，自中周於外也。”本書是重要的天文學和星占學文獻，亦有一定的賦學價值。

《渾天賦》1 卷，唐毛濤（一作毛鑄）撰，佚

【作者】

毛濤，爵里、生平不詳。唐康駢撰《劇談録》卷下“元相國謁李賀”條云：“自

大中、咸通之後，每歲試春官者千餘人，其間章句有聞，亹亹不絶，如何植、李玫、皇甫松、李孺犀、梁望、毛濤、貝庥、來鵠、賈隨，以文章著美。”可知其生活於唐懿宗、唐僖宗時。

【著録】

《宋史》卷二百八《藝文志》：“毛濤《渾天賦》一卷。”《國史經籍志》作“毛鑄”。已佚。此爲天文類題材。

《述書賦》2 卷，唐竇泉撰，唐竇蒙注

【作者】

竇臮，字靈長，扶風（今陝西麟遊）人。唐天寶年間，獻《大同賦》《三殿蹴踘賦》以諷諫，玄宗賞之。唐代宗大曆中，任范陽功曹參軍。唐德宗建中中，任汴宋節度參謀。以吏部侍郎徐浩薦，召入京。唐德宗時任浙江東西節度判官。後官至都官郎中。工書法，著有《述書賦》2 卷。

竇蒙，字子全，一作子泉，竇臮兄。唐代宗大曆中，任安南都護從事、檢校司議郎。唐德宗建中中，爲河東節度從事，檢校國子司業，兼太原令。以徐浩薦，與弟竇臮同召入京。工書通畫。著有《畫拾遺録》《述書賦語例字格》等。

【著録】

《通志・藝文略第二》：“《述書賦》三卷（竇臮撰，竇蒙注）。”

《四庫全書總目》卷一百十二《子部・藝術類》：“《述書賦》二卷（浙江鮑士恭家藏本），唐竇臮撰，竇蒙注。臮字靈長，扶風人。官至檢校户部員外郎，宋汴節度參謀。蒙字子全，臮之兄。官至試國子司業兼太原縣令。並見徐浩《古迹記》。案張彦遠《法書要録》，稱臮作《述書賦》，精窮旨要，詳辨秘義。今觀其賦，上篇所述，自上古至南北朝。下篇所述，自唐代高祖、太宗、武后、睿宗、明皇以下，而終於其兄蒙及劉秦之妹，蓋其文成於天寶中也。首尾凡一十三代，一百九十八人。篇末繫以徐僧權等署證八人，太平公主等印記十一家，徵求寶玩韋述等二十六人，利通貨易穆韋等八人。文與上篇相屬，蓋以卷帙稍重，故分而爲二耳。其品題敘述，皆極精核。其印記一章，兼畫印模於句下，遂爲朱存理《鐵網珊瑚》、張丑《清河書畫舫真迹日録》之祖。注文尤典要不支。舊以爲出其兄蒙，考賦中蒙條下注曰：‘家兄蒙，字子全，司議郎安南都護。’又似乎臮所自注。且所敘仕履與卷首結銜亦不同，均爲疑竇。然張彦遠《法書要録》所題已同今本。單文孤證，未敢遽易舊文，姑仍原本録之焉。”

【版本】

1. 文淵閣《四庫全書》本、張氏《榕園叢書》本、《美術叢書》本等

2.《輯刊》第 185 册影印文淵閣《四庫全書》本

首提要 2 葉，卷端題：“欽定四庫全書　子部八，述書賦　藝術類一（書畫之

屬),提要。"以下正文。四周雙邊,白口,單、黑魚尾。半葉8行,行21字,小字雙行同。卷端題:"欽定四庫全書,述書賦卷上　唐竇臮撰,竇蒙注。"版心頂部有"欽定四庫全書"6字,魚尾之下刻"述書賦"和頁碼。鈐有"文淵閣寶"大型紅色篆文章。書末鈐有"乾隆御覽之寶"章。

【内容】

本書凡2卷,7640餘字,是一部以賦體形式撰寫的書法理論著作。書中評論自周迄唐書法家和書法界人士270餘人,涉及書家、押署、印記、述作、藏弆、徵求寶玩、利通貨易等多個方面,儼然是一部中國書法藝術史。賦文簡明精當,辭藻雄贍,注文行文流暢,資料豐富。例如論歐陽詢一段:"歐陽在焉,不顧偏醜。翹翹縮爽,了臬黝糾。如地隔華戎,屋殊户牖。學有大小夏侯,書有大小歐陽。父掌邦禮,子居廟堂。隨運變化,爲龍爲光。"兼論歐陽詢父子,用詞精當,且注重押韻。竇蒙注云:"歐陽詢,長沙人,紇之子。幼孤,陳中書令江總收養。書出于北齊三公郎中劉珉,官至率更令,太常少卿。子通,亦能繼美。拜納言,封渤海公。"與正文珠聯璧合。近人余紹宋《書畫書録解題》卷三云:"自來名著,後人咸有續編,或事仿效。此篇之後,迄今一千餘年,書家之多,竟無嗣響。蓋搜集批評,兩難難並,文辭之不易工猶其餘事。此篇所爲千古獨傳之作也。"

【研究】

研究論文有:熊飛《〈述書賦〉作者注者考》(《文獻》2001年第3期)、趙華偉《〈述書賦〉成書及版本源流考》(《古籍整理研究學刊》2009年第2期)、[日]大野修作著、梁少膺譯《〈述書賦〉的性格——中唐時期的書論》(《東方藝術》2009年第24期)、趙華偉《唐竇臮〈述書賦〉所注書家史料考正——兼正歷代相關著録》(《古籍整理研究學刊》2015年第2期)等。

《雪心賦》1卷,唐卜應天撰

【作者】

卜應天,字則巍,號昆侖子,又稱濮都監。世居贛州(今屬江西省),薦太史不就,而進入道門,爲黄冠師。著有《雪心賦》1卷。

【著録】

明徐𤊹《徐氏紅雨樓書目》卷三:"《雪心賦》四卷。"明晁瑮《晁氏寶文堂書目》卷下:"《雪心賦》。"

清黄虞稷《千頃堂書目》卷十三:"熊宗立注《雪心賦》一卷,又注《天元賦》一卷。……又《雪心賦句解》一卷,三書皆程篁墩爲序。"

清瞿鏞《鐵琴銅劍樓藏書目録》卷十五:"《雪心賦》一卷(舊鈔本)。"

民國孫殿起《販書偶記》卷十:"《雪心賦正解》四卷(唐卜應天撰,宛陵孟浩注)。"

【版本】

清道光十九年(1839)豫章王氏刻《形家二十種》本

國圖藏,號21002:1。本書凡1卷,在《形家二十種》兩册之第一册中。書高24.3釐米,寬15.2釐米。第一册封面葉鎸"形家二十種,豫章王氏藏板"。首《形家二十種目録》2葉。本書爲第7種,僅有16葉。左右雙邊,白口,單、黑魚尾,無界行。版框高18.9釐米,寬13.4釐米,半葉9行,行20字。卷端題"雪心賦,唐卜應天則巍撰",版心頂部刻"雪心賦"3字,下端刻頁碼。有句讀。

【内容】

卜應天自許"心地雪亮,透徹地理",遂將其所寫的書名爲《雪心賦》。《雪心賦》是中國古代堪輿學名著。許慎《説文解字》云:"堪,天道","輿,地道"。堪輿之義,實爲天地之道。古代堪輿術,又稱地理、青烏、青囊、形法、卜宅、陰陽、相地術、風水術、山水之術等,是一種通過觀察宅舍、墳墓的地形和周圍環境,以測算吉凶禍福的實用技術。其中固然有天人合一思想和强調人與自然和諧相處的進步因素,但更多的是宣揚迷信思想,需要加以批判地繼承。

本書共分爲19章,如下:第一章論山水本源,第二章論氣脈分合,第三章論五星轉换,第四章論水法,第五章論龍脈行度,第六章論龍穴真假,第七章論龍虎,第八章論葬法,第九章論克擇,第十章論仙迹祖墳,第十一章論後龍,第十二章論水口,第十三章論高山平地羅域,第十四章論砂水不拘方位,第十五章論龍身貴氣,第十六章論形穴,第十七章通論山水,第十八章論陽宅,第十九章補論。内容很豐富。作者以賦的筆法來宣揚堪輿學思想,詞理明快,抑揚頓挫,朗朗上口,便於記誦。較之歌訣體,更能見出作者的學識修養,亦具有文學的韻味。例如第一章論山水本源的開頭幾句:"天開地闢,山峙川流。二氣妙運於其間,一理並行而不悖。氣當觀其融結,理必達於精微。"筆力精湛,對仗工穩,確實耐人咀嚼。首八字不僅前四、後四相對,而且句中自對,平仄相間,讀來十分上口。"二氣"指陰陽二氣,"清輕者爲天,重濁者爲地";"一理"謂陰中有陽,陽中有陰,陰陽互相協調、互相生發而不互相違背的規律。不難看出,《雪心賦》語言精粹,義理精微,具有一定的文學價值。

【研究】

明代學者徐試可爲本書作注並繪圖,圖文對照,頗爲直觀,題爲《繪圖雪心賦》,現有陳明、李非注譯本,華齡出版社2006年版。此外尚有明謝志道注本,題《重訂校正魁板句解消砂經節圖地理訣要雪心賦》四卷,明書林陳德宗刻本;吴一棣《雪心賦翼語》一卷,明萬曆三十三年(1605)程本初詹継祖刻本;清人孟浩《雪心賦正解》,清玉田齋刻本。以上注本皆研究其義理,較少關注其文學特色。

《注心賦》4 卷,宋釋延壽撰

【著者】

釋延壽(904—975),俗姓王,字仲玄(一作沖元、沖玄),號抱一子,浙江餘杭(今杭州)人。自幼習儒,30 歲依止令參禪師出家,後於國清寺修行法華懺。北宋建隆二年(961)駐錫永明寺,達 15 年。開寶八年(975)卒,賜號智覺禪師。净土宗第六代祖師,亦是法眼宗三祖。著有《宗鏡録》《萬善同歸集》《神棲安養賦》《唯心决》《受菩薩戒》《定慧相資歌》《警世》等。生平略見《景德傳燈録》卷二六、《宋高僧傳》卷二八、《禪林僧寶傳》卷九、《五燈會元》卷一〇等。

【版本】

1. 宋紹興三十年(1160)釋行拱等刻本

國圖善本部藏,號:08311。此本凡 1 册,半葉 8 行 14 或 15 字,小字雙行 21 字,白口,左右雙邊。

2. 元刻本

國圖善本部藏,號:08312。此本凡 2 册,半葉 9 行 14 或 15 字,小字雙行 21 字,細黑口,左右雙邊。

3. 清光緒三年(1877)金陵刻經處刻本

上圖藏有多部,號:綫普長 376104 – 107,綫普長 288524 – 27,綫普長 288825 – 28 等。此本無書名頁、序跋。左右雙邊,白口,無魚尾。半葉 10 行,行 20 字。卷端題:"註心賦卷第一,宋杭州慧日永明寺智覺禪師延壽述。"鈐有"王培孫紀念物""南洋中學圖書館章""上海圖書館藏"印。書末有《音釋》3 葉,並附捐資人籍貫、姓名和銀兩,計 10 人,稱:"共刻此集,全部連圈計字十萬零二千七百九十二箇。光緒三年春二月金陵刻經處識。"南圖、河南大學亦有藏本。

4.《輯刊》第 160 册影印上圖藏清光緒三年金陵刻經處刻本

【内容】

釋延壽在繼承禪宗"以心傳心,見性成佛"和"即心即佛"、自修自悟等思想的基礎上,廣泛吸收華嚴宗和其他宗派的心性思想,而形成著名的"一心"說,旨在以禪宗"一心"去融合佛教各個宗派。爲了進一步闡述"一心爲宗"的思想,釋延壽著《心賦》一書,並引用佛教經典自作注釋。正文用賦體寫成,重視押韻和對仗,便於記誦。開篇云:"覺王同稟,祖胤親傳。大開真俗之本,獨標天地之先。常爲諸佛之師,能含衆妙;恒作群賢之母,可謂幽玄。"運辭達意,頗見功力。該書注釋詳盡,引證豐富,僅"覺王同稟"4 字,注文就達 543 字。書中徵引的文獻有《楞嚴》《净名》《金剛》《圓覺》《涅槃》《法華》《華嚴》諸經,以及《大智度論》《肇論》《釋摩訶衍論》《起信論》《唯識論疏》《高僧傳》《祖師偈》《永嘉集》《信心銘》等各類佛教典籍,足見作者學識之淹博,思想之深湛。

《事類賦》30 卷(《一字賦》),宋吴淑撰并注

【編者】

吴淑(947—1002),字正儀,潤州丹陽(今江蘇省丹陽市)人。以屬文敏速、工於篆籀薦試學士院,授大理評事。預修《太平御覽》(1000 卷)、《太平廣記》(500 卷)、《文苑英華》(1000 卷)等。嘗獻《事類賦》百篇,詔命注釋,淑乃分注成 30 卷上之。遷水部員外郎。至道二年(996)兼掌起居舍人事,預修《太宗實録》。再遷職方員外郎。著有《文集》10 卷,《江淮異人録》3 卷,《秘閣閑談》5 卷,《説文五義》3 卷等。傳見《宋史》卷四四一。

【著録】

《宋史·藝文志》子部類事類:"吴淑《事類賦》三十卷。"

《通志·藝文略》類書類:"《事類賦》三十卷,吴淑撰。"

宋趙希弁《郡齋讀書志》卷五上附志:"《補註事類賦》三十卷。右吴淑所進也。始淑進《一字賦》百首,爲二十卷,奉旨令其注釋,遂廣爲三十卷云。淑,勃海人。"

《直齋書録解題》卷十四類書類:"《事類賦》三十卷,校理丹陽吴淑正儀撰進并注。"

《文獻通考·經籍考》子部類書類:"《事類賦》三十卷。陳氏曰:校理丹陽吴淑正儀撰進并注。"

《欽定天禄琳琅書目》卷九:"《事類賦》二函十六册,宋吴淑著,三十卷。前宋邊惇德序,次淑《進注事類賦狀》。考《宋史》,吴淑字正儀,丹陽人,預修《太平御覽》《太平廣記》《文苑英華》。作《事類賦》百篇以獻,詔令注釋,淑分注成三十卷,上之。官至職方員外郎,卒於咸平五年。此書卷三十後刊'宋紹興丙寅,右迪功郎特差監潭州南嶽廟邊惇德、左儒林郎紹興府觀察推官主管文字陳綬、右從政郎充浙東提舉茶鹽司幹辦公事李端民校梓'。觀此,則淑書成于咸平以前,上于太宗之朝。初無刊本,直至紹興末年,浙東官屬方爲付梓。而書中于每卷標題之下,吴淑銜名之次,標'都事錫山華麟祥校刊'。麟祥雖未詳其人,而版心上方刊'崇正書院'四字。考《常州府志》,宋寶祐中,無錫令袁從爲祠,以祀楊時、陸九淵、張栻、楊簡、袁燮、袁甫、喻樗、尤袤、蔣重珍,曰九先生祠。元教授虞薦發去陸九淵、張栻、楊簡、袁燮、袁甫,益以李祥,名五先生祠。嘉靖八年,邑人華雲益以李綱、邵寶,爲七賢祠,而榜曰崇正書院。夫崇正之名,始於嘉靖八年,則此書版行,蓋出於嘉靖以後也。邊惇德字公辨,楚邱人,才思敏給,以能詩名,見凌迪知《萬姓統譜》。李端民字平叔,見洪邁《容齋五筆》。陳綬無考。南康白鹿書院藏本,有印記'魯國世家',印無考。"

同卷:"《事類賦》二函十六册。篇目同前。此書係從前板翻刻。其版心之

‘崇正書院’改刊‘寧壽堂’,其吴淑、華麟祥標名處,改刊‘三吴徐守銘謦卿校梓,長洲杜大中子庸同梓’,卷末亦鑱去邊惇德等銜名。蓋故爲變其面目,以圖鬻市之本。刻手拙劣,遠遜前部。所稱徐守銘、杜大中,未必非書賈借名也。明焦竑藏本,有‘澹園焦氏’印。竑見前,餘印無考。其卷三、卷十二并有字畫糢糊之印,不可辨識也。”

同卷:“《事類賦》一函十四册。篇目同前。此書于每卷吴淑銜名之後留空一行,蓋本欲列校梓者之名,而未經刊入。其卷三十後所載邊惇德等銜名,雖與前第一部同,而版式各異。模刻特精,實出錫山華本之上。明仇英藏本,有‘十洲’印。按:王穉登《丹青志》載,英字實父,號十洲,太倉人。移家郡城,畫師周臣,而格力不逮。工于臨摹,往往亂真。”

《四庫全書總目・子部》:“《事類賦》三十卷(内府藏本),宋吴淑撰並自注。……是編乃所作類事之書。卷首結銜稱博士,蓋其進書時官也。前有淑進書狀,稱‘先進所著,一字題賦百首。退惟蕪累,方積兢憂,遽奉訓詞,俾加注釋’,又稱‘前所進二十卷,加以注解,卷帙差大,今廣爲三十卷,目之曰《事類賦》’云云,是淑初進此賦二十卷,尚無書名,及奉敕自注,乃增益卷數,定著今稱也。凡天部三卷,歲時部二卷,地部三卷,寶貨部二卷,樂部一卷,服用部三卷,什物部二卷,飲食部一卷,禽部二卷,獸部四卷,草木部、果部、鱗介部各二卷,蟲部一卷。分子目一百,與《進狀》數合。類書始於《皇覽》,六朝以前舊笈,據《隋書・經籍志》所載,有朱澹遠《語對》十卷,又有《對要》三卷,《群書事對》三卷,是爲偶句隸事之始。然今盡不傳,不能知其體例。高士奇所刻《編珠》,稱隋杜公瞻撰者,僞書也。今所見者,唐以來諸本,駢青妃白、排比對偶者,自徐堅《初學記》始。鎔鑄故實,諧以聲律者,自李嶠《單題詩》始。其聯而爲賦者,則自淑始。嶠詩一卷今尚存,然已佚其注。如《桂》詩中‘俠客條爲馬,仙人葉作舟’之類,古書散亡,今皆不知爲何語,故世不行用。……故賦既工雅,又注與賦出自一手,事無舛誤,故傳誦至今。觀其進書狀稱,‘凡讖緯之書,及謝承《後漢書》、張璠《漢記》、《續漢書》、《帝系譜》、徐整《長歷》、《元中記》、《物理論》,皆今所遺逸,而著述之家相承爲用,不忍棄去,亦復存之’云云,則自此逸書數種外,皆采自本書,非輾轉捋撦者比。其精審益爲可貴,不得以習見忽之矣。”

【版本】

1. 宋紹興十六年(1146)兩浙東路茶鹽司刻本

國圖善本部藏,號:11351(膠卷)。原書不可見,現據《中華再造善本》原大影印本著録如下:本書共 16 册,書高 28.8 釐米,寬 18.2 釐米,内襯 B 面鈐有“五福五代堂古稀天子寶”“八徵耄念之寶”“太上皇帝之寶”3 枚大方朱印,乃乾隆皇帝晚年之印。此書無目録,首邊惇德序 1 葉,鈐“天禄繼鑑”“乾隆御覽之寶”“秀野草堂顧氏藏書印”,以下即爲正文。左右雙邊,白口,單黑魚尾,版框高

22.2 釐米，寬 15.9 釐米。版心有刻工名：余竑、徐興、樓僅、顧忠、孫免、朱琰、阮于、陳明仲、徐高、徐皋、陳錫、薛茂、王寶、施蘊、毛諒、包正、梁濟等。半葉 8 行，行大 16 或 17 字，小字雙行每行 23—25 字不等。卷端題："事類賦卷第一，勃海吴淑撰奉敕注。"第三行刻"天部一"，四行"天，日，月"，五行低 3 字刻篇名"天賦"，六行頂格刻《天賦》正文，夾注爲雙行小字。此頁鈐有"趙禮用觀""趙""造玄道人""蔣氏珍藏""成之之印""項元汴印""子京父印""檇李""項篤壽印""項氏字長""北京圖書館藏"，凡 11 枚小篆朱印。卷一之末鈐有"乾隆御覽之寶""天禄琳琅""玄齋""天水郡""趙禮用觀""清如許""琴書自娱""趙彦和""趙生印""禮用""蕓西清思""清白傳家""天水郡圖書印""雲間趙禮用印彦和章""子子孫孫其永寶之"，凡 15 枚朱印。可知此本曾先後被元趙禮用、明項篤壽、項元汴、蔣成之、清天禄琳琅藏書樓（乾隆皇帝御覽）、北京圖書館等藏書家或藏書機構收藏。

2. 明刻本（元廣平王磐校勘）

北大藏，號：SB/031.85/2637。本書 1 函 12 册，書高 27.1 釐米，寬 17.7 釐米。書衣黄色，下方印"瞿氏藏書/第□號"章，空格處以墨筆書"壹"字。首邊惇德《事類賦序》1 葉，次吴淑《進注事類賦狀》1 葉；次目録 5 葉，以下爲正文。半葉 12 行，行 20 字，小字雙行同。左右雙邊，白口，單黑魚尾。版框高 19.9 釐米，寬15.4釐米。卷端題："事類賦卷之某，宋博士渤海吴淑譔註，元學士廣平王磐校勘。"版心刻"事類賦卷某"和頁碼。第 12 册書末餘紙有墨筆所書之銜名三行："宋紹興丙寅右迪功郎特差監潭州南嶽廟邊惇德，左儒林郎紹興府觀督推官主管文字陳綬，右從政郎充浙東提舉茶監司幹辦公事李端民校勘。"又有"甲午季冬購於淮浦，其值番錢三十。鬱秋華閣主記"一行。鈐印："國立北京大學藏書"。

按：王磐（1202—1293），字文炳，號鹿庵，金元間廣平永年（今河北邯鄲東北）人。金正大四年（1227）進士，不就官。入元，拜益都等路宣撫副使，病免。後又拜翰林直學士，遷太常少卿。卒謚文忠。《元史》有傳。

3. 明嘉靖間新安陸氏刻本（明新安巖鎮潘氏校刊）

北大藏，號：SB/031.5/2637.2。本書 1 函 6 册，書高 27.8 釐米，寬 17.2 釐米。首邊惇德《事類賦序》1 葉，版心下部有"黄璡刊"3 字；次吴淑《進注事類賦狀》1 葉；次《事類賦目録》5 葉，以下爲正文。版框高 20.1 釐米，寬 15.3 釐米。半葉 12 行，行 20 字。卷端題："事類賦卷之一，宋博士渤海吴淑撰注，皇明新安巖鎮潘仕、傑校刊。"鈐印："徐思曾印"（陰、篆、朱、方）、"孝則"（陽、篆、朱、方）、"北京大學藏書"（陽、篆、朱、方）。

按：潘仕、潘傑，明嘉靖年間新安巖鎮人，兄弟二人合刻《事類賦》30 卷。黄璡（1513—？），字廷用，明嘉靖間歙縣虬村人，刻字工人，參刻過《文心雕龍》《雙溪文集》等。可知此書由潘仕、潘傑校勘,黄璡參刻,時間在明嘉靖年間。北大圖書館以爲陸氏刻本,不詳所據,暫從之。

襯頁上貼一紙條,有向達墨筆識語8行,如下:"抗戰前,傅增湘先生從北大圖借去明刊本《事類賦》一部六册(尚未蓋館章),最近由其子傅晉生先生檢出,交還本館,請復函致謝。晉生先生現在團城社會文化事業管理局第四處任職,謝函可逕寄該處。《事類賦》可查城内舊賬。若查不出,另行登録。(致)童先生。向達廿七(1938)(未查出。)"承北大圖書館李雲先生告知,向達先生於1938年任北平圖書館館長。傅增湘先生之子傅晉生先生送還《事類賦》一部(經有關人員查檢,帳本無記録),誠信可嘉;向達先生特撰此箋,囑館内人員覆函致謝,亦恭謙有禮。堪稱一段佳話。傅晉生,文博專家傅熹年之父也。

4. 明嘉靖十一年(1532)錫山蔡弼刻本

國圖善本部藏,號:02670(膠卷)。本書凡6册。首邊惇德《事類賦序》1葉,鈐印"淮陽杜氏藏書""文素松印""北京圖書館藏";次吴淑《進注事類賦狀》1葉;次《事類賦目録》5葉,鈐印"臥園珍藏""龍彬眼福";以下爲正文。半葉12行,行20字,小字雙行同。左右雙邊,白口,單黑魚尾。卷端題:"事類賦卷之一,宋博士渤海吴淑撰註,皇明錫山後學蔡弼校刊。"鈐有"臥園所得善本"印。

5. 明嘉靖十一年壬辰(1532)崇正書院華麟祥校刻本

北大藏,號:LSB/1472。本書1函4册,書高25.7釐米,寬17.4釐米。首邊惇德《事類賦序》1葉,鈐印"□麓居士""錢氏家藏書印""北京大學藏"三枚小篆章;次吴淑《進注事類賦狀》1葉;次《事類賦目録》5葉,以下爲正文。半葉12行,行20字,小字雙行同。左右雙邊,白口,單黑魚尾。版框高19.8釐米,寬15.4釐米。卷端題:"事類賦卷之一,宋博士渤海吴淑撰註,皇明都事錫山華麟祥校刊。"版心上部刻"崇正書院"4字;魚尾下刻"事類賦卷某"和頁碼;最下刻有書家和刻工之名。例如卷一第1葉版心下部刻"王輝書,何瑞刊"6字。統觀全書,涉及的書家名有:王輝、周慈、明之、陸臣、葉臻(蓁)、莫拙、秦鋆,刻工名有:何瑞、何恩、何忠、何文、何子榮、何鳳、何表、何求(球)、何良、何鉦、何受、陸准、陸儒、顧銓、陸鏊、陸宣、章悦、章元、章守中、章亨、李清、李澤、潘祈、唐瓊、唐璃、顧遷、周永日(周允日)、方敖、方瑞。每個版面左上角皆有書耳,刻篇名和次第,如"天賦第一""日賦第二""蟻賦第一百"等。卷三十之末刻有銜名12行:"宋紹興丙寅右迪功郎特差監潭州南嶽廟邊惇德,左儒林郎紹興府觀察推官主管文字陳綬,右從政郎充浙東茶監司幹辨公事李端民校勘,皇明嘉靖壬辰常州府無錫縣學生倪奉、施漸、浦錦、陸子明、苗之寔、秦采、俞寰、華復初、安如石重校。"最後爲華雲《刻事類賦叙》2葉。

按:華麟祥,字時正,無錫人,嘉靖年間曾任浙江布政使。有崇正書院,所刻《事類賦》被後人屢次翻刻,影響十分深遠。

又,國圖藏本,號:142446。本書 1 函 12 册(缺第 8 册)。卷首有華雲《刻事類賦序》2 葉;邊惇德《事類賦序》1 葉;以下爲目録和正文。版式與北大藏本全同,蓋爲重印本。有書耳,刻"天賦第一"等字樣。鈐印"季忠(?)""大中臣""無求備齋藏書圖記""靈峰藏書""連嚴氏""北京圖書館藏"等。

又,國家圖書館善本部藏本,號:14565(膠卷),原書 4 册。

6. 明嘉靖十三年(1534)白玶刻本

國圖善本部藏,號:11934(膠卷)。此本共 8 册。首李濂《刻事類賦序》1 葉,次吴淑《進注事類賦狀》1 葉;次《事類賦目録》5 葉,以下爲正文。半葉 11 行,行 20 字,小字雙行同。四周單邊,大黑口,單黑魚尾。卷端題:"事類賦卷之一,宋博士渤海吴淑撰註。"第三行空白,不知何故。書末有陳全《刻事類賦後序》2 葉。鈐印"如蘭""五福堂""五福堂收藏明版善本書""黄紹齋家珍藏""謙牧堂藏書記""茂陵秋雨""沈國夏原名大來""玄圃堂""滌中氏""謙牧堂書畫記"。

按:白玶,河北南宫人,嘉靖十三年曾刊刻《事類賦》30 卷和王鑾《幼科類萃》28 卷。

國圖善本部又一本,號:16291(膠卷),亦 8 册。鈐有"馮雄""柏崖""南通馮氏景岫樓藏書""長樂鄭氏藏書之印""長樂鄭振鐸西諦藏書""北京圖書館藏"諸印。

7. 明錫山秦汴覆刻華麟祥校本

國圖藏,號:41049。本書 1 函 6 册(存 5 册,缺第 14—19 卷),原書高24.3 釐米(修復後高 32.5 釐米),寬 17.4 釐米。書衣鈐有一紫色楷書竪印"蘇州吴梅(字瞿安,别號霜崖,1884—1939)藏書",墨書:"缺十四之十九。"内書衣有題記 3 行:"事類賦六册,明嘉靖翻宋本,董文敏藏,乙酉六月程子和贈。"首邊惇德《事類賦序》1 葉,鈐印"董其昌印""太史氏",皆陰文方印;次吴淑《進注事類賦狀》1 葉;次《事類賦目録》5 葉,鈐印"芴盦";以下爲正文。半葉12 行,行20 字,小字雙行同。左右雙邊,白口,單黑魚尾。版框高 19.8 釐米,寬 15.4 釐米,與華麟祥校刻本全同。第 1 册卷端題:"事類賦卷之一,宋博士渤海吴淑撰註,明錫山後學秦汴校刊。"鈐印"潘志萬印長壽""北京圖書館藏"。版心簡括,僅在魚尾之下刻"事類賦卷某"和頁碼。後書衣鈐有楷書長印:"獻書人吴良士、見青、煉青、南青捐贈。"刻工有:易、贊、晉、定、介、王良魯、林三、劉六、余三、彦、周、鑾、昶、見、大可、元、尚顯(刊)、奇、蔡武、葉十、中、升、亮、福、何、葉、元四(刻)、相、國、賢、趙、舜、胡、式、葉華。此本第 2—5 册卷端仍題爲"皇明都事錫山華麟祥校刊",可見號 41049 者乃拼合之本也。

秦汴(1511—1581),字景寧,號次山,明嘉靖間無錫人,室號繡石書堂。著有《懷里齋集》,輯録《三才通考》3 卷並自刻之。此外尚刻過《錦繡萬花谷》150

卷、《事類賦》30 卷、《古今合璧事類備要》206 卷等。

8. 明覆刻華麟祥本

國圖藏,號:38019。本書 1 函 4 册,書高 24.4 釐米,寬 16.7 釐米。首邊惇德《事類賦序》1 葉;次華雲《刻事類賦敘》2 葉;次《事類賦目録》4 葉;以下爲正文。半葉 12 行,行 20 字,小字雙行同。左右雙邊,白口,單黑魚尾。版框高 18.7 釐米,寬 15.4 釐米。卷端題:"事類賦卷第一,宋博士渤海吴淑撰註,明後學無錫華麟祥校刊。"鈐印"松坡圖書館藏""北京圖書館藏"。顯然係覆刻華麟祥校本。版心刻"事類賦卷一(天)"和頁碼。刻工有:徐已先、諸心簡、諸心見、李業、吉山、柏秀、張公化(公化)、陶在方(在方)、徐遵王、汪云企、趙效文(效文)、邵可士、玉山、用良、茂元、畢敏來、宗玉、陳憲章、陳聖宗、穆圣傳、王子祥、子先、李王、諸帝簡、陳子云、邵子國、朱見心、元亦、趙效友、兆明、賢如、薛聖先、諸友忠、潘玉。

9. 明覆刻華麟祥校本

國圖藏,號:37045。本書 1 函 6 册,版式、文字與上本同,亦爲覆刻華麟祥校本。不同之處在於:此本版框高 19.4 釐米,寬 15.2 釐米,且無刻工名。

10. 明嘉靖十四年(1535)葉氏作德堂覆刻無錫華氏本

北大藏,號:LSB/4813(膠卷)。本書 1 函 6 册,有抄配。首邊惇德《事類賦序》2 葉;次《事類賦目録》6 葉,每葉右下方刻一陰文,分别爲"智、仁、聖、義、中、和";以下爲正文。卷端題署與華麟祥刻本相同:"事類賦卷之某,宋博士吴淑撰註,皇明都事錫山華麟祥校刊。"但版式不同。此本半葉 10 行,行 20 字。四周單邊,大黑口,雙魚尾(黑、順)。上魚尾上方有小象鼻,再上刻"事類賦注第一卷";上下魚尾之間刻"某某部";下魚尾之下刻頁碼,最下爲象鼻。書末有一長方形牌記:"皇明乙未孟冬葉氏作德堂刊"。此本顯然係明葉氏作德堂覆刻無錫華麟祥本,其刻印當然晚於華氏本。刊刻年乙未,應係嘉靖乙未(1535)。

按:作德堂,明嘉靖間人葉一蘭、葉天熹的書坊名。刻印過《事類賦》30 卷、《性理大全書》70 卷等。

11. 明萬曆間徐守銘寧壽堂刻本

國圖善本部藏,號:9836(膠卷)。本書已殘,僅存 1 册(卷十三、十四、二十二)。書衣上貼一書籤:"元版事類賦,第十九册"。内襯有墨書 6 行,移録《天禄琳琅書目》相關内容。内襯 B 面鈐有"五福五代堂古稀天子寶""八徵耄念之寶""太上皇帝之寶"3 枚大方朱印,皆乾隆皇帝晚年之印。卷端題:"事類賦卷之二十二,三吴徐守銘警卿校梓,長洲杜大中子庸同校。"半葉 12 行,行 20 字,小字雙行同。左右雙邊,白口,單黑魚尾。版心刻書名、卷次和頁碼,魚尾之上刻"寧壽堂"3 字。鈐印"天禄琳琅""天禄繼鑒""乾隆御覽之寶"。

按:徐守銘,字警卿,吴郡(今江蘇蘇州)人,室名寧壽堂,生活於明萬曆年間,刻印過《初學記》《元白長慶集》等。

12. 清康熙三十八年(1699)無錫華氏劍光閣刻本

北大藏,號:SB/031.85/2637.3。此本凡3册,與《廣事類賦》5册合函。書高24.4釐米,寬16.2釐米,内封鎸:"宋本校刻,事類賦,劍光閣藏版"字樣。首邊惇德《事類賦序》1葉,次吴淑《進注事類賦狀》1葉,次《事類賦目録》,以下爲正文。半葉12行,行20字,小字雙行同。左右雙邊,白口(或細黑口),單黑魚尾,版框高19.4釐米,寬15.4釐米。卷端題:"事類賦卷第一,宋博士渤海吴淑撰註,明後學無錫華麟祥校刊。"版心鎸"事類賦卷一"和頁碼。鈐有"北京大學圖書館藏印"章。刊刻時間據華希閔《廣事類賦序》所署。

13. 清乾隆二十九年(1764)劍光閣刻本

國圖藏,號:39176。本書1函6册,書高24.7釐米,寬16.1釐米。内封B面鎸:"乾隆甲申新鎸,重訂事類賦,劍光閣藏版"字樣。首邊惇德《事類賦序》1葉,華雲《刻事類賦叙》2葉,次吴淑《進注事類賦狀》1葉,次《事類賦目録》,以下爲正文。半葉12行,行20字,小字雙行同。左右雙邊,白口,單黑魚尾,版框高19.1釐米,寬15.4釐米。卷端題:"事類賦卷第一,宋博士渤海吴淑撰註,明後學無錫華麟祥校刊。"魚尾之下鎸"事類賦卷一(天)"和頁碼,版心下方刻"會成堂"3字。

又北大藏本,號:X/9297/2334。此本亦1函6册,書高25.5釐米,寬16.4釐米。内封B面亦鎸有"乾隆甲申新鎸,重訂事類賦,劍光閣藏版"字樣,並且鈐有"錫山華氏圖書囗"圓形章。但仔細核對,與上本版式顯然不同。此本半葉僅11行,行20字,版框高僅18.1釐米,寬13.8釐米,字體也有明顯差異。卷一"太初之始,玄黄混并"一句,"玄"此本作"元";注釋"列子曰"此本作"列子"加外圍。版心下方無"會成堂"3字。首頁鈐有"劍光閣""燕京大學圖書館"2印。很可能是後印本。至於此本與國圖本之關係,何者爲真正的乾隆甲申本,則有待進一步考證。

14. 清乾隆四十三年(1778)文淵閣四庫全書本(抄本)

此本不可見,據影印本介紹如下:共8册,第一册書衣題簽:"欽定四庫全書(事類賦,目録、卷一、二)"。首《事類賦目録》9葉(含提要),次吴淑《進注事類賦狀》1葉,次邊惇德《事類賦原序》1葉,以下爲正文。半葉8行,行21字,小字雙行同。四周雙邊,白口,單黑魚尾。卷端題:"欽定四庫全書,事類賦卷一,宋吴淑撰。"魚尾之下鎸"事類賦"3字。

15. 清乾隆五十八年(1793)繡谷周氏令德堂刻本

北大藏,號:LSB/5934(膠卷)。原書1函4册,封面頁鎸:"乾隆癸丑新鎸,重訂事類賦,令德堂藏板。"首華雲《刻事類賦叙》2葉(版心刻有"事類賦序"、頁碼,字數和"令德堂校刊"字樣);次邊惇德《事類賦序》1葉;次《事類賦目録》5

葉;以下爲正文。半葉 11 行,行 20 字,小字雙行同。四周單邊,白口,單黑魚尾。卷端題:“事類賦卷第一,宋博士渤海吴淑撰註,明後學無錫華麟祥校刊。”首行下方有“繡谷周令德堂校刊”字樣,似爲墨筆補書。版心中部刻有“事類賦卷一(天)”和頁碼,上部刻本版字數,下部刻“令德堂校刊”5 字。鈐印“北京大學藏”。

16. 清覆刻明華麟祥校本

國圖藏,號:38024。本書 1 函 4 册,書高 24.6 釐米,寬 16 釐米。首華雲《刻事類賦叙》2 葉,次邊惇德《事類賦序》1 葉,次《事類賦目録》5 葉;以下爲正文。半葉 11 行,行 20 字,小字雙行同。左右雙邊,白口,單黑魚尾。版框高 18.3 釐米,寬 13.8 釐米。卷端題:“事類賦卷第一,宋博士渤海吴淑撰註,明後學無錫華麟祥校刊。”鈐有“朱師轍觀”“飛青閣藏書印”“松坡圖書館藏”“北京圖書館藏”印。

17. 清嘉慶四年(1799)刻本

國圖藏,號:7154。本書 1 函 4 册,書高 24.8 釐米,寬 16 釐米。内封 B 面鎸:“嘉慶四年新鎸,重訂事類賦,劍光閣藏版。”首邊惇德《事類賦序》1 葉,次華雲《刻事類賦叙》2 葉,次《事類賦目録》5 葉,以下爲正文。半葉 11 行,行 20 字,小字雙行同。左右雙邊,白口,單黑魚尾,版框高 17.6 釐米,寬 13.9 釐米。卷端題:“事類賦卷第一,宋博士渤海吴淑撰註,明後學無錫華麟祥校刊。”版心上方刻有本版字數。鈐印“國立北平圖書館珍藏”。

18. 清嘉慶六年(1801)文盛堂刻本

北大藏,號:LSB/8480。本書 1 函 6 册,書高 16.4 釐米,寬 10.6 釐米,接近 32 開本。内封 B 面鎸:“嘉慶辛酉重鎸,宋本校刊,事類賦,文盛堂藏版。”首邊惇德《事類賦序》2 葉;次《進注事類賦狀》及校勘者銜名 2 葉;次華雲《刻事類賦叙》2 葉;次《事類賦目録》5 葉;以下爲正文。半葉 10 行,行 20 字,小字雙行同。左右雙邊,白口,單黑魚尾,版框高 10.7 釐米,寬 8.9 釐米。卷端題:“事類賦卷第一,宋博士渤海吴淑撰註,明後學無錫華麟祥校刊。”鈐印“北京大學藏”。

19. 清道光十七年(1837)善成堂刻本

國圖藏,號:39534。本書 1 函 6 册,書高 18.6 釐米,寬 12.5 釐米(相當於小 32 開)。内封 B 面鎸:“道光丁求年鎸,重訂事類賦,善成堂藏版。”首邊惇德《重訂事類賦序》1 葉,次華雲《重刻事類賦叙》2 葉,次《重訂事類賦目録》6 葉,以下爲正文。半葉 9 行,行 20 字,小字雙行同。首頁左右雙邊(正文大都是四周雙邊),白口(偶有黑口或細黑口),單黑魚尾。版框高 13.5 釐米,寬 10 釐米。卷端題:“重訂事類賦卷第一,宋博士渤海吴淑撰註,明後學無錫華麟祥校刊。”鈐印“北京圖書館藏”。

20. 清道光十七年(1837)務本堂刻本

國圖藏,號:39981。本書1函6册,書高僅17.2釐米,寬11.5釐米,比上本更小。内封B面鎸:"道光丁酉年鎸,重訂事類賦,務本堂藏版。"其版式、文字與善成堂刻本同,筆畫亦相似,看來同出一源。但此本四周雙邊,細黑口,單黑魚尾。版框高13.2釐米,寬10釐米。蓋與善成堂本同年刻印,各自發行,以應時需。

21.清同治三年(1864)刻本

國圖藏,號:39149。此本共6册,與《廣事類賦》10册合併成2函。書高17.5釐米,寬11.1釐米,書衣鈐有"大旱逢霖"陰文方章1枚。内封B面鎸:"宋本校刊,事類賦,本衙藏版。"首華雲《刻事類賦叙》2葉,鈐有"大興"章;次邊惇德《事類賦序》2葉,序末有銜名12行;次《事類賦目録》6葉,以下爲正文。半葉9行,行23字,小字雙行同。左右雙邊,大黑口,無魚尾。版框高12.7釐米,寬9.4釐米。卷端題:"事類賦卷第一,宋博士渤海吴淑撰註,明後學無錫華麟祥校刊。"校刻時間據《廣事類賦》所題。

22.《輯刊》第161—162册影印國圖藏宋紹興十六年(1146)兩浙東路茶鹽司刻本

【内容】

《事類賦》原名《一字題賦》,是以賦的形式寫成的類書。對於本書的編寫緣由,吴淑《進注事類賦狀》云:"伏以類書之作,相沿頗多,蓋無綱條,率難記誦。今綜而成賦,則焕焉可觀。"其使用賦體的形式鋪陳天地山川萬物,旨在幫助讀者記誦,解決一般類書枯燥乏味、難以記誦的缺點。全書分爲14個部類:天部、歲時部、地部、寶貨部、樂部、服用部、什物部、飲食部、禽部、獸部、草木部、果部、鱗介部、蟲部;每部之下又分若干子目,全書共計100個子目。這些都與類書略同。但每一子目皆用賦體寫成,實際上是100篇短賦。例如"天部"之下,依次有《天賦》《日賦》《月賦》《星賦》《風賦》《雲賦》《雨賦》《霧賦》《露賦》《霜賦》《雪賦》《雷賦》,凡12篇(原書無"賦"字),音韻鏗鏘,朗朗上口。因爲賦題皆使用一個字,故名《一字題賦》。

《事類賦》本爲賦體,用典甚多,"經史百家傳記,方外之説,靡所不有"(宋邊惇德《事類賦原序》),讀者必須熟悉古代相關歷史事件或者語詞出處,纔能讀懂賦文。爲幫助讀者理解賦意,宋太宗遂命吴淑爲其作注。《進注事類賦狀》又稱:"所徵既繁,必資箋注,仰聖謨之所及,在陋學以何稱?今並於逐句之下,以事解釋,隨所稱引,本於何書,庶令學者知其所自。"原書凡20卷,大約4萬字;後在每句之下加以注釋,篇幅增至25萬字,遂釐爲30卷,更名爲《事類賦注》。請看"天部"《天賦》之開篇(注文原爲雙行小字,現改爲括號):

> 太初之始,玄黄混併。(《列子》曰:"太易者,未見氣也;太初者,氣之始也。"陳思王植《魏德論》曰:"在昔太初,玄黄混併。")及一氣之肇判,生

有形於無形。（潘岳《西征賦》曰："化一氣而甄三才。"《列子》曰："夫有形者，生於無形。"）於是地居下而陰濁，（徐整《三五曆》曰："陽清爲天，陰濁爲地。"）天在上而輕清。（《易乾鑿度》曰："輕清者上爲天，重濁者下爲地。"）

一字一句，皆注出處，徵引内容涉及四部典籍和各類雜書，極爲詳贍。賦用駢體，句多四六，明人李濂以爲"其賦體皆俳，匪古之軌，蓋遵當時取士之制云爾"（《刻事類賦序》），差爲近之。但是以這種體裁編撰類書，實爲吴淑的首創。《四庫全書總目》卷一三五云："唐以來諸本，駢青妃白，排比對偶者，自徐堅《初學記》始；鎔鑄故實，諧以聲律者，自李嶠《單題詩》始；其聯而爲賦者，則自（吴）淑始。"①這種體例對後世影響頗大，續、仿、增補之作甚多。清朝有華希閔撰並自注的《廣事類賦》，吴世旃撰並自注的《廣廣事類賦》，王鳳喈撰並自注的《續廣事類賦》，張均撰並自注的《事類賦補遺》，黄葆真匯輯的《增補事類統編》，等等。

該書"賦既工雅，又注與賦出自一手，事無舛誤，故傳誦至今"（《四庫全書總目》卷一三五）。並且其所徵引的古籍，如謝承《後漢書》、張璠《漢紀》、徐整《長曆》等皆已失傳，因而具有珍貴的文獻價值，成爲清代以來學者輯佚、校勘古書的重要資料來源。

《事類賦》既具類書功能，亦有鮮明的文學特色。該書"在善於鎔鑄典故、妙於采擷文獻、章法錯綜繁複等以賦述類的特色外，同時也能在諸多篇章中表現出作爲賦文學的文彩與情韻"②。若從賦文學史和學術史的角度審視，那麽"《事類賦》的出現反映了宋初蹤武漢晉賦藝的風尚，標誌着宋初賦重學習尚的形成"③。

【研究】

研究《事類賦》，首先應該參考冀勤等校點的《事類賦注》（中華書局1989年版）。研究論文有：權儒學《宋刻本吴淑〈事類賦〉》（《文獻》1990年第2期）、周篤文、林岫《論吴淑〈事類賦〉》（《文史哲》1990年第5期）、王恩保《吴淑〈事類賦〉用韻研究》（《古漢語研究》1997年第3期）、劉培《〈事類賦〉簡論》［《濟南大學學報》（社會科學版）2001年第5期］、程章燦《〈事類賦注〉引漢魏六朝賦考》（《古籍整理研究學刊》2000年第2期）、魏小虎《〈事類賦注引漢魏六朝賦考〉疏誤考——與程章燦先生商榷》（《津圖學刊》2004年第1期）等。

① 〔清〕永瑢等：《四庫全書總目》，中華書局1965年版，第1145頁。

② 郭維森、許結：《中國辭賦發展史》，江蘇教育出版社1996年版，第636頁。

③ 劉培：《〈事類賦〉簡論》，《濟南大學學報》（社會科學版）2001年第5期。

《破窑賦》一册,舊題宋吕蒙正撰

【作者】

吕蒙正(944 或 946—1011),字聖功,洛陽(今屬河南)人,北宋名臣。太平興國二年(977)狀元及第,授將作監丞,通判升州。後任著作郎,入值史館。太平興國五年(980)拜左補闕,知制誥。後任參知政事。端拱元年(988)拜爲宰相。爲人質厚寬簡,素有重望,以正道自持,遇事敢言。與開國元老趙普同在相位,關係極爲融洽。淳化二年(991),貶爲吏部尚書。兩年後復以本官入相。至道元年(995)再度罷相。真宗即位,任命吕蒙正爲左僕射。咸平四年(1001),第三次登上相位。後封萊國公,授太子太師。不久,因病辭官,回歸故里。卒年六十八,贈中書令,謚曰文穆。著有《吕文穆集》十卷。《宋史》有傳。

【版本】

1. 清文元堂刻本

國圖藏,號:105959。本書 1 册,高 21 釐米,寬 12 釐米,内封 B 面鎸:"吕蒙正/新刻/破窯賦/文元堂發兑。"首頁第一行題名"破窯賦",次行即爲正文,共 8 頁。半頁 5 行,行 10 字,小字雙行同,白口,左右雙邊,單黑魚尾。版框高 14.3 釐米,寬 9.2 釐米。未見藏印。

【内容】

《破窑賦》,又稱《勸世章》,全賦七百餘字,語言質樸直白,讀來朗朗上口。吕蒙正幼年喪父,家貧,與母居身寒窯,嘗盡人間冷暖,繼而發奮讀書,官至宰相,爲萬人稱道。他深感世事無常,於是在賦中寫道:"文章蓋世,孔子厄於陳邦;武略超群,太公釣魚渭水。顔淵短命,非凶惡之徒;盗跖長年,豈是善良之輩。堯王雖聖,卻生不肖之兒;瞽叟雖頑,反生大孝之子。"本賦旨在宣揚貴賤無常、命由天定的思想,但主張"人生在世,富貴不可盡倚,貧賤不可盡欺",告誡人們要以坦然的態度面對坦途和坎坷,不可仗勢欺人,亦不必妄自菲薄,亦有積極的勸世意義。語言通俗詼諧,疑爲託名之作。《歷代賦彙》未收。

《破窑賦》篇幅不長,抄録如下:

蓋聞蜈蚣百足,行不如蛇;雉雞兩翼,飛不及鴉。馬有千里之程,非人力而不能自往;人有淩雲之志,非時運而不能自通。貧賤不能移,威武不能屈。文章蓋世,孔子厄於陳邦;武略超群,太公釣魚渭水。顔淵短命,非凶惡之徒;盗跖長年,豈是善良之輩。堯王雖聖,卻生不肖之兒;瞽叟雖頑,反生大孝之子。張良原是布衣,蕭何曾爲縣吏。晏子身不滿六尺,封爲齊國賢臣;諸葛手無縛雞之力,拜爲漢朝軍師。李廣有射虎之威,到老無封;馮唐有安邦之志,一生不遇。漢王柔弱,有萬里之山河;楚霸英雄,難免烏江自刎。伍員乞食於吴市,韓信受辱於跨下,及至腰懸三齊王印,而翦收趙,統百萬之雄兵,一旦時衰,死於陰人之手。有先貧而後富，有先富而後衰。青年美女，卻配愚蠢之夫；俊秀才郎，反配粗醜之婦。才疏學淺，少年及第登科；滿腹經綸，皓首仍屬深山。青樓妓女，時來配作夫人；深閨姣娥，運退反爲娼妓。蛟龍未遇，潛身於魚鱉之中；君子失時，拱於小人之下。衣服雖破，常存禮義之心；面帶愁容，常懷英才之量。時雖不足，衹宜守分安心；口若不欺，必有榮華之日。天不得時，日月不明；地不得時，草木不生。水不得時，風波不作；人不得時，運道不濟。人若不依根基八字，誰不欲爲富貴耶？吾昔日困於洛陽，日求僧食，夜宿破窑，思衣而不能遮其體，思食而不能充其饑。冬天避冷，費盡爐中之火；夏日求瓜，失手落于橋下。上人憎，下人厭。人道我之賤也，非賤也，此乃時也、運也、命也。今日官居極品，位登三台，躬身於一人之下，列職於萬人之上。思衣有綾錦千箱，思食有珍饈百味。出則有虎將相隨，入則有家人侍奉。出宅有壯士執鞭，入宅有佳人臨側。上人趨，下人羡。人道我貴也，非貴也，此乃時也、運也、命也。人生在世，富貴不可盡倚，貧賤不可盡欺。天理循環，盡而復始也，必也。破窯賦終。

《春秋分門屬類賦》3 卷（《魯史分門屬類賦》），唐崔昇撰，宋楊均注，佚

【作者】

崔昇，生卒年、籍貫均不詳。又，武則天時博陵郡王崔玄暐之弟名崔昇，官至尚書左丞，不知是否即此人。楊均，生平不可考，生活於唐末宋初。

【著録】

《宋史》卷二百二《藝文志・經類》："崔昇《春秋分門屬類賦》三卷，楊均注。"又《宋史》卷二百八《藝文志・集類》："崔昇《魯史分門屬類賦》一卷。"不詳其區別，蓋集類所載爲無注本 1 卷，而經類所載爲楊均注本 3 卷。又，《崇文總目》卷十二、《通志・藝文略》《國史經籍志》皆著録《魯史分門屬類賦》二卷。

【内容】

清錢大昕《廿二史考異》卷七十三《宋史七》云："（經部春秋類）崔昇《春秋分門屬類賦》三卷，注：楊均注。此書又見别集類，云《魯史分門屬類賦》；而類事類又有《魯史分門屬類賦》，注云'不知作者'。疑即一書也。晁氏《讀書志》：'《魯史分門屬類賦》三卷，皇朝楊筠撰。以左氏事類分十門，各爲律賦一篇，乾德四年上之。'此志云崔昇撰，而楊均注之，與晁志異。"①認爲三處所記，實爲一書，其説可從。蓋該書由崔昇撰，凡 10 篇，1 卷，皆爲律賦，分類歌詠《春秋》史事；宋初楊均爲之注，釐爲 3 卷，並於宋太祖乾德四年（966）進獻給朝廷，故晁公武《郡齋讀書志》誤作楊筠撰（《宋史・藝文志經類》作楊均）。該書早已散佚。

---

① 〔清〕錢大昕著，方詩銘等校點：《廿二史考異》卷七十三，上海古籍出版社 2004 年版，第 1023 頁。

《春秋類對賦》1卷(《春秋經傳類對賦》《春秋左傳類對賦》),宋徐晉卿撰

【作者】

徐晉卿,生平、籍貫不詳。大約生活於宋仁宗、英宗年間,官至仕郎、秘書省校書郎。著有《春秋經傳類對賦》1卷。宋胡宿(995—1067)《文恭集》卷二《送徐晉卿東歸》詩:"夜來龍具冷,有客厭長安。去國朝衣緇,還家楚葉丹。雪情欺酒薄,月思拂琴寒。祇待東風起,林鶯振美翰。"蓋爲送别徐晉卿所作。

【著録】

清王繩曾《春秋經傳類聯》自序曰:"宋徐晉卿《春秋類對賦》拘於聲韻,選詞難工,事弗類從,猶如野戰,乃猶列入經解,得與諸家炳如列星,並垂不朽。"

《文淵閣書目》卷一《經部·春秋類》:"《春秋》徐晉卿《對類賦》一部一册。"今按:"對類賦"當作"類對賦"。

《千頃堂書目》卷二:"徐晉卿《春秋經傳類對賦》一卷(晉卿皇祐中爲將仕郎,試秘書省校書郎)。"

《四庫全書總目》卷一三七《子部類書類存目》:"《春秋經傳類對賦》一卷,宋徐晉卿撰。(下略)"

《續通志》卷一百六十一:"《春秋經傳類對賦》一卷,宋徐晉卿撰。"

《續文獻通考》卷一百八十六:"宋徐晉卿《春秋經傳類對賦》一卷。晉卿自序稱'將仕郎、秘書省校書郎',里貫無考。臣等謹案:《左傳》文繁詞縟,學者往往緯以儷語,見於《宋·藝文志》者,有崔昇等十餘家,今並佚。惟此賦尚存,凡一百五十韻。"

《經義考》卷一百八十:"徐氏晉卿《春秋經傳類對賦》一卷,存。晉卿自序曰:(略)。區斗英曰:'是賦乃徐祕書所作,江陵路總管太原趙嘉山得其善本,授之郡庠,俾鋟梓以淑諸生。'按:是書,晁氏《讀書志》、趙氏《讀書附志》、鄭氏《通志略》、陳氏《書録解題》、朱氏《授經圖》、焦氏《國史經籍志》皆無之。晉卿,皇祐中爲將仕郎、試祕書省校書郎。區斗英者,元至中長沙教授也。"

清王士禛《居易録》卷十三:"《春秋左傳類對賦》一卷,似連珠體,宋將仕郎試祕書省校書郎徐晉卿撰,海昌重刊本。晉卿自序云:(略)。北宋人也。又有元至大戊申長沙教授區斗英跋云:'是賦乃徐祕書所作,江陵路總管太原趙嘉山得善本,授之郡庠,俾鋟梓以淑諸生。'予觀其比事屬辭,頗自斐然,然無關經傳要義。大抵宋人著述,如《事類賦》《蒙求》之類,皆類俳體,取便記誦云爾。"

清陳元龍《歷代賦彙》卷六十一"文學類"載有此賦全文(無注)。

【版本】

1. 元至大元年(1308)刻本(佚)

該書清康熙十九年通志堂刻本之末有區斗英跋3行:"是賦乃徐秘書所作。

江陵路總管太原趙嘉山得其善本,授之郡庠,俾鋟梓以淑諸生。至大戊申蠟月,教授長沙區斗英謹識。”可知該書最早的刻本是元至大元年刻本,今已佚。

2. 清康熙十五年(1676)通志堂刻本

國圖藏,號:68197。本書1函1册,書高:28.2釐米,寬17釐米,書衣墨筆題“駢文春秋類對”。首徐晉卿《春秋經傳類對賦序》1葉,次納蘭成德《春秋經傳類對賦題辭》1葉,以下正文。白口,左右雙邊,單、黑魚尾,板框高19.8釐米,寬15.3釐米。半葉11行,行20字,小字雙行每行40字。魚尾之下刻書名、頁碼、“通志堂”和刻工名,刻工有:陶冶、周文啟、楊中、劉大超、范震生、李立、陳元、王相臣、潘平侯、潘玉、蔣容。卷端題:“春秋類對賦,將仕郎試秘書省校書郎徐晉卿。”全書凡30葉。鈐有“陳垣同志遺書”“北京圖書館藏”印。

3. 清康熙十九年(1680)通志堂刻本(重印本)

國圖藏,號爲:t1549:347。提善中,不可見。其版本狀態爲:11行20字,白口,左右雙邊,單魚尾。收在納蘭成德《通志堂經解》中。北大圖書館有電子版。

又一本,藏於首都圖書館。現據四庫全書存目叢書影印本著録如下:首納蘭成德《春秋經傳類對賦題辭》1葉,次徐晉卿《春秋經傳類對賦序》1葉,次正文。左右雙邊,白口,單、黑魚尾,半葉11行,行20字,小字雙行字數不等。版式、内容、刻工名與康熙十五年刻本相同,蓋據舊板重印之本。凡30葉。賦末刻有區斗英跋3行:“是賦乃徐秘書所作。江陵路總管太原趙嘉山得其善本,授之郡庠,俾鋟梓以淑諸生。至大戊申蠟月,教授長沙區斗英謹識。”並有“後學成德校訂”字様。(影印本另附四庫館臣提要11行。)

4. 清乾隆五十年(1785)通志堂經解本

國圖藏,號:1401:349。本書凡1册,爲《通志堂經解》叢書之一種。與《春秋集傳詳説》等9册合爲1函。書高27.7釐米,寬18釐米。首徐晉卿《春秋類對賦序》1葉,鈐有“京師圖書館藏書記”印;次納蘭成德《春秋類對賦題辭》1葉,以下正文。版式、字體、刻工名、每版字數均與上本同,版框高19.8釐米,寬15.2釐米。蓋爲重印本。

5. 清同治十二年(1873)粵東書局刻本

國圖藏,號:63305:279。

6.《四庫全書存目叢書》影印本(子167)

此本據首圖藏乾隆十九年通志堂刻本影印,齊魯書社2001年版。詳見第3條。

7.《輯刊》第151册影印天圖藏清康熙十五年通志堂刻本

【内容】

徐晉卿《春秋經傳類對賦》成書于皇祐前,共一卷。《左傳》文繁詞縟,學者往往緯以儷語,便於記誦。編者自序謂此賦“欲包羅經傳,牢籠善惡,則引其辭以倡之;欲錯綜名迹,源統起末,則簡其句以包之;欲按其典實,故表其年以證之;欲循其格式,故比其韻以屬之。首尾貫穿,十得其九"。《四庫全書總目》以爲此書屬對雖工,而徵引多舛,故不入經部春秋類,而入子部類書類存目。

本賦是今傳宋人唯一完整的以《春秋左傳》爲賦的名篇,共 150 韻、1.5 萬字,以儷語對句這種便於記誦的形式,全面類聚《左傳》所載春秋史事與人物,既可供宋代士子"場屋采掇之用",也有利於《春秋左傳》更加廣泛而深入地傳播。徐賦以巨大的篇幅和豐富的内容,體現了以史爲賦、以賦爲學的特點,展現了作者對《春秋左傳》的諳熟精研和駕馭文史、融會貫通的能力,反映了宋代文人以賦展示才學的社會風尚。此賦在宋代以後也頗有影響,元明清三代皆有注本。清王繩曾、甘紱、夏大觀等受其影響,又分别撰有《春秋經傳類聯》《四書類典賦》《春秋左傳分類賦》。清人賦話如王芑孫《讀賦卮言》、魏謙升《賦品》均有所評價,今人沈玉成等《春秋左傳學史稿》、郭維森等《中國辭賦發展史》亦有所論述。

該賦開篇云:"運及姬世,天生仲尼。修魯國之史策,遵周公之典彝。莫不編年示法,繫日摛辭。左丘明傳之釋義,杜元凱注之質疑。十二公之事言,用傳後世;五十條之凡例,式據前規。有惠夫人,實生桓子。當平王遷都之末,是隱公即位之始。乃有伯樂獻麇(宣公十二年),郤至奉豕(成公十七年)。許絶太岳之禋(隱公十一年),鄭廢泰山之祀(隱公八年)。帥師入極,譏無駭克勝之由(隱公二年);求好於邾,貴儀父會盟之美(隱公元年)。"在概述《春秋》《左傳》之撰寫情況後,即對《春秋》十二公之史事展開鋪叙。不難看出其對仗工整、用韻規範的特點,這既符合賦體文學的要求,又能够幫助記誦,對《春秋》經傳的閲讀、理解和傳播有輔助作用。

【研究】

今人沈玉成等《春秋左傳學史稿》、郭維森等《中國辭賦發展史》有所論述。何新文撰有《〈春秋經傳類對賦〉與〈左傳〉的傳播》一文,載《春秋左傳研究:2008〈春秋〉〈左傳〉學術研討會論文集》,中華書局、中央廣播电視大學出版社 2009 年版。

《春秋左傳類對賦》1 卷,宋徐晉卿撰,清高士奇注

【作者】

徐晉卿,宋代人,官至仕郎、秘書省校書郎。生平詳見"春秋類對賦"條。

高士奇(1645—1703),字澹人,號江村,錢塘(今浙江杭州)人。諸生,康熙初供奉内庭,入值南書房,授詹事府録事,遷内閣中書。每日爲康熙帝講書釋疑,極得信任。官至詹事府少詹事兼翰林院侍讀學士。晚年又特授詹事府詹事、禮部侍郎。卒謚文恪。他學識淵博,能詩文,擅書法,精考證,善鑒賞,所藏

書畫甚富。著有《左傳紀事本末》《春秋地名考略》《清吟堂全集》《扈從日録》《松亭行紀》《江村銷夏録》《北墊抱甕録》等。事迹參見《清史稿》卷二七七、《清史列傳》卷十、《清代七百名人傳》等。

【著録】

《四庫全書總目》卷一百三十七《子部類書類存目》著録:"《春秋經傳類對賦》一卷(兩江總督采進本):宋徐晉卿撰。晉卿,里貫未詳,自署稱'將仕郎、秘書省校書郎',亦不知其始末也。《左傳》文繁詞縟,學者往往綽以儷語,取便記誦。見於《宋史·藝文志》者,有崔昇等十餘家,今並亡佚,惟此賦尚存。凡一百五十韻,一萬五千言。屬對雖工,而無當於義理,其徵引亦多舛漏。前有皇祐三年《自序》,云'首尾貫串,十得八九',殊未然也。國朝高士奇嘗爲之注,《通志堂經解》亦收之,末有元至大戊申長沙區斗英一跋,稱江陰路總管太原趙嘉山得善本,授郡庠,俾鋟梓云。"

【版本】

1. 清康熙三十年(1691)刻本

國圖藏,號:3017。本書1函1册,函套側背書"春秋左傳類對賦補注,凡一册,宋徐晉卿撰"字樣,書高25.4釐米,寬16.6釐米。首徐晉卿序1葉,鈐有"東山□史肖岩沈氏藏書之印""國立北平圖書館珍藏"2印;次高士奇序2葉;以下正文。左右雙邊(外邊甚粗),大黑口,雙、順魚尾,版框高20.5釐米,寬14.3釐米,半葉10行,行20字。卷端題:"春秋左傳類對賦,錢塘高士奇補注。"版心中部刻書名,底部刻頁碼。凡99葉。

2.《輯刊》第151册影印上圖藏清康熙三十年刻本

【内容】

原賦内容,參見上條。高士奇注釋,頗爲詳贍。例如開頭一段"脩魯國之史策"注:"《春秋》,魯史記之名也。"接下來"遵周公之典彝"注:"昭公二年,韓宣子適魯,見《易象》與《魯春秋》,曰:'周禮盡在魯矣,吾乃今知周公之德與周之所以王也。'"又"莫不編年示法,繫日摛辭"注:"編年之體,以事繫日,以時繫年。"又"左丘明傳之釋義,杜元凱注之質疑"注:"杜預脩丘明之傳以釋經,其有疑錯,則備論而闕之。"既補充介紹《左傳》中的相關史事,也介紹一些"春秋學"的知識,對讀者理解本賦、理解《春秋》和《左傳》都有幫助。

《左傳類對賦》6卷,宋毛友撰,佚

【作者】

毛友(1084—1165),字達可,衢州西安(今屬浙江衢州)人,毛開父。大觀三年(1109)進士,政和間爲翰林學士、禮部尚書,出守鄉郡。宣和二年(1120)知鎮江,靖康元年(1126)起知杭州。善詩文,著有《左傳類對賦》6卷、《毛友文集》40

卷(又名《爛柯集》),已佚。《全宋詩》卷一四〇五録其詩6首,《全宋文》卷三二〇一收有其文若干。事迹略見張嵲《毛達可尚書文集序》(《紫微集》卷三一)、《宋史翼》卷二〇。

【著録】

《宋史》卷二百七《藝文志》類事類、集類并載:"毛友《左傳類對賦》六卷。"已佚。該書將《左傳》中的歷史典故凝練成若干偶對,爲寫作駢賦、律賦者提供典故資料和現成的對偶句子。

《穴情賦》1卷,宋蔡發撰

【作者】

蔡發,字牧堂,宋代人,生平不詳。

【版本】

清道光十九年(1839)豫章王氏刻《形家二十種》本

國圖藏,號21002:2。本書凡1卷,在《形家二十種》兩册之第二册中。書高24.3釐米,寬15.2釐米。第一册封面葉鎸"形家二十種,豫章王氏藏板"。首《形家二十種目録》2葉。本書爲第14種,僅有3葉。左右雙邊,白口,單、黑魚尾,無界行。版框高18.9釐米,寬13.4釐米,半葉9行,行20字。卷端題:"穴情賦,宋蔡發牧堂撰。"版心頂部刻"穴情賦"3字,下端刻頁碼。有句讀。

【内容】

本文亦是以賦的語言宣揚堪輿學思想的作品。開頭云:"打的貴隱,曜龍以星。妙得中和之理,即無詭異之名。參二五之合凝,何辰攸屬;任千百之變化,此法最靈。原夫皇天開有極之文,而后土祕至珍之寶。富貴榮華,玄微深奥。不有指示,憑何取討。"前數句"星""名""靈"相諧,後數句"寶""奥""討"相諧,押韻自然。賦末則采用五言,類似歌訣。全賦聲韻自然,琅琅上口,且對偶精工,注重對語言的錘煉,是一篇比較耐讀的堪輿賦。

《脈賦》1卷,舊題晉王叔和撰

【作者】

王叔和(201—280),名熙,西晉高平(今山東鄒城)人。魏晉之際著名的醫學家、醫書編纂家。著有《脈經》,整理過《傷寒論》。《明文海》《山西通志》以爲曾撰《脈賦》,但《脈賦》不見於宋代之前典籍,疑爲宋人所撰,而託名王叔和。

【著録】

《宋史》卷二百七《藝文志六》著録:《通真子續注脈賦》一卷。

《明文海》卷四百十七《方技傳》:"(王)叔和又有《脈訣》四卷,《脈賦》一卷……行于世云。"

《山西通志》卷一百七十五《經籍志》著録:晉王叔和《脈經》十卷、《脈訣》四卷、《脈賦》三卷……

【版本】

1. 明刻《醫要集覽》八種本

本書1卷,國圖善本部藏,號:18643。《醫要集覽》凡8種8卷,1函6册,分别題"禮樂射御書數",以示區别。《脈賦》1卷,在《醫要集覽》禮集(第1册)。該書四周雙邊,大黑口,雙魚尾。半葉10行,行20字,有句讀。版心正中刻書名和頁碼。賦僅2葉,無注,賦下附有《潔古老人論入式歌》數行。下面還附有《王叔和脈訣》《診脈入式歌》《心臟歌》等,多爲五言或七言詩體。鈐有"北京圖書館"章。

此外,《醫要集覽》射集(第3册)爲《藥性賦》1卷;御集(第4册)有《傷寒活人指掌提綱》1卷,卷端題"活人指掌賦"。細讀之,二者皆爲賦體。

【内容】

《脈賦》是一篇重要的診脈學經典,主要以賦的形式介紹診脈的原理、技巧和方法。該賦開篇云:"欲測疾兮死生,須診脈兮有靈。左辨心肝之理,右察脾肺之情。此爲寸關所主,腎即兩尺分併。三部五臟易識,七診九候難明。晝夜循環榮衛,須有定數;男女長幼大小,各有殊形。"或四言,或六言,對仗大抵工整,易於朗誦記憶。

第四章　賦别集外編

《王子安集》16 卷(《王勃集》),唐王勃撰

【作者】

王勃(650? —676),字子安,古絳州龍門(今山西河津)人,與楊炯、盧照鄰、駱賓王並稱爲"初唐四傑"。14 歲撰寫《滕王閣序》,名動一時。16 歲時科試及第,授職朝散郎,因作《鬥雞檄》被趕出沛王府。後返回長安,求補得虢州參軍,因事被貶。上元三年(676)八月,自交趾探望父親返回,渡海溺水,惊悸而死。詩、駢文皆佳。

【版本】

王勃詩文在唐代就有兩個集子:1. 楊炯編纂並作序之《王子安集》20 卷本,收編勃文數百篇;2.《舊唐書·經籍志》著録之《王勃集》30 卷本。《宋史·藝文志》據《崇文總目》著録王勃文集 30 卷,雜序 1 卷,詩 8 卷,舟中纂序 5 卷。今存版本主要有:

1. 明嘉靖三十一年(1552)張遜業在浙江永嘉刻《王勃集》,但僅有詩賦 2 卷。

2. 明崇禎十三年(1640)張燮重新整理之《王子安集》16 卷本。分賦 1 卷,古詩 1 卷,律、絶 1 卷,序 3 卷,其他文體 10 卷。

3. 清乾隆間項家達刻《初唐四傑集》本。

4. 清同治間蔣清翊所撰《王子安集注》20 卷,是古代唯一的注本。

【内容】

張燮所輯《王子安集》,收録王勃賦 11 篇,《歷代辭賦總匯》收録 12 篇。其中《青苔》《馴鳶》《遊廟山》等賦雖未脱六朝藻飾風氣,但流麗婉轉中亦有渾厚氣象;《春思賦》《采蓮賦》《九成宫東台山池賦》《寒梧棲鳳賦》《澗底寒松賦》等尤爲著名。現有何林天校注《重訂新校王子安集》,山西人民出版社 1990 年版。

《李太白集》30 卷(《李翰林集》),唐李白撰

【作者】

李白(701—762),字太白,號青蓮居士,又號謫仙人,四川江油人。曾在玄宗朝任供奉翰林。李白是唐代偉大的浪漫主義詩人,被後人譽爲"詩仙",與杜

甫並稱“李杜”。其詩歌代表作有《静夜思》《望庐山瀑布》《行路难》《蜀道难》《将进酒》《越女词》《早发白帝城》等多首，家喻户曉。

【版本】

《新唐書·藝文志》著録：“李白《草堂集》20 卷，李陽冰録。”（樂史、宋敏求稱 10 卷）宋咸平中樂史別得李白歌詩 10 卷，合爲《李翰林集》20 卷，又纂雜著爲《别集》10 卷。今日所見之《李太白集》30 卷，是宋人樂史、宋敏求、曾鞏等次第編成的，有清康熙中吴縣繆曰芑重刊本，又有宋楊齊賢《分類補注李太白集》30 卷、清王琦《李太白詩集注》36 卷等。

【内容】

李白賦今存 8 篇：《明堂賦》《大獵賦》《大鵬賦》《劍閣賦》《擬恨賦》《惜餘春賦》《愁陽春賦》《悲清秋賦》，皆爲名篇。體制上以古賦和小賦居多，没有當時流行的律賦，可見李白豪放飄逸、無拘無束的性格。其中《大鵬賦》縱横闢闔，最能代表其浪漫主義的風格。

【研究】

研究李白賦的論文有：譚優學《讀李白賦札記五則》［《西南師範大學學報》（人文社會科學版）1990 年第 3 期］、曾競豔《淺析李白賦對前代賦作的繼承與創新》［《重慶師院學報》（哲學社會科學版）2000 年第 4 期］、何易展《李白辭賦篇目及分類》（《四川文理學院學報》2013 年第 3 期）、錢志熙《李杜賦合論》［《北京大學學報》（哲學社會科學版）2014 年第 1 期］等多篇，可以參考。

《杜工部集》20 卷（《杜少陵集》），唐杜甫撰，宋王洙編

【作者】

杜甫（712—770），字子美，自號少陵野老，祖籍襄陽（今屬湖北），遷居鞏縣（今屬河南）。曾客居長安近 10 年，居少陵。肅宗時曾官左拾遺，一度在劍南節度使嚴武幕中任檢校工部員外郎，故世稱杜少陵或杜工部。詩歌反映安史之亂的社會動盪和民生疾苦，人稱“詩史”。詩風沉鬱頓挫，後代推爲“詩聖”，與李白並稱“李杜”。

【版本】

杜甫集初爲樊晃編次，題作《小集》，凡 6 卷，僅收詩歌 3290 首，不傳。《新唐志》著録杜集 60 卷。宋寶元二年（1039）王洙編《杜工部集》20 卷，前 18 卷詩，後 2 卷文賦。此爲以後一切杜集之祖本。嘉祐四年（1059）王琪重編梓行，有毛氏汲古閣鈔配宋刻本。

宋人尊杜，廣泛整理杜集，有《分門集注杜工部詩》25 卷、《集千家注分類杜工部詩集》25 卷等。清人錢謙益《杜工部集箋注》20 卷（上海古籍出版社 1979 年重印 1958 年中華書局本）、仇兆鼇《杜詩詳注》25 卷（中華書局 1979 年根據

康熙五十二年刊本整理印行)最佳。

【内容】

仇兆鼇《杜詩詳注》25 卷,前 23 卷爲詩,凡 1439 首,卷 24 爲賦,凡 10 篇(含賦體文),卷 25 爲文,凡 18 篇。《歷代辭賦總匯》收其賦 6 篇:《天狗賦》《雕賦》《朝獻太清宫賦》《朝享太廟賦》《有事於南郊賦》《封西域賦》。其中《三大禮賦》(即《朝獻太清宫賦》《朝享太廟賦》《有事於南郊賦》)作於天寶九載,當時玄宗將於天寶十載舉行祭祀太清宫、太廟和天地的三大盛典,杜甫於是預獻《三大禮賦》,得到玄宗的賞識,命待制在集賢院。這是杜甫平生最爲得意的作品。

【研究】

相關論文有徐希平《〈全唐文〉補輯杜甫賦甄辨》(《杜甫研究學刊》1997 年第 2 期)、劉文剛《論杜甫的賦——兼及杜甫賦與詩的比較》(《杜甫研究學刊》2000 年第 4 期)、劉朝謙《杜甫賦文心迹與賦論、賦評》(《杜甫研究學刊》2002 年第 2 期)、張忠剛《杜甫獻〈三大禮賦〉時間考辨》(《文史哲》2006 年第 1 期)、沈文凡等《"詞感帝王尊"背後的辛酸——杜賦芻議》(《華夏文化論壇》2008 年)、林繼中《爲情造文——從〈雕賦〉看杜甫的文體創構》[《漳州師範學院學報》(哲學社會科學版)2010 年第 1 期]、陳尚平《杜甫〈雕賦〉與〈天狗賦〉的美學解讀》(《杜甫研究學刊》2011 年第 3 期)、錢志熙《李杜賦合論》[《北京大學學報》(哲學社會科學版)2014 年第 1 期]等多篇,可以參考。

《李程集》1 卷,唐李程撰

【作者】

李程(765? —841?),字表臣,隴西人。唐貞元十二年(796)進士,累辟使府,爲監察御史,充翰林學士。舉士入署,常視日影爲候,李程性懶,日過八磚乃至,時號"八磚學士"。元和中知制誥,拜禮部侍郎。敬宗即位,以吏部侍郎同平章事,後罷爲河東節度使。武宗立,爲東都留守。著有表狀一卷(《新唐書・藝文志》)。

【版本】

該書未見單行本,李程賦收在《全唐文》《歷代賦彙》《歷代辭賦總匯》諸書中。

【内容】

李程賦今存 25 篇:較著名的有《漢章帝白虎殿觀諸儒講五經賦》《鳳巢阿閣賦》《華清宫望幸賦》《石鏡賦》《金受礪賦》《日五色賦》《月照寒泉賦》等。其中《日五色賦》是其應進士科考試而作,雖然歌功頌德,但構思精巧,屬對精工,堪稱是律賦創作的典範之作。五代王定保《唐摭言》卷八"已落重收"條記載了一樁趣事:

貞元中,李繆公先牓落矣。先是出試,楊員外於陵省宿歸第,遇程於省司,詢之所試,程探鞹中,得賦藁示之。其破題曰:“德動天鑒,祥開日華。”於陵覽之,謂程曰:“公今年須作狀元。”翌日雜文無名,於陵深不平。乃於故策子末繕寫,而斥其名氏,攜之以詣主文,從容紿之曰:“侍郎今者所試賦,奈何用舊題?”主文辭以非也。於陵曰:“不止題目向有人賦,次韻脚亦同。”主文大驚,於陵乃出程賦示之,主文歎賞不已。於陵曰:“當今場中若有此賦,侍郎何以待之?”主文曰:“無則已,有則非狀元不可也。”於陵曰:“苟如此,侍郎已遺賢矣,乃李程所作。”亟命取程所納面對,不差一字。主文因而致謝於陵,於是請擢爲狀元,前牓不復收矣。或曰出牓重收。

李程(李繆公)本來已經落榜,楊於陵對此深感不公,便拿着他的賦稿去找主考官。李程《日五色賦》以“德動天鑒,祥開日華”破題,使主考官大爲驚訝,於是重新發榜,將李程擢爲狀元,一時傳爲佳話。李程高中狀元,實得益於破題八字,後人在談論律賦作法時,無不以此作爲破題成功的案例。如吴景旭《歷代詩話》、吴錫麒《論律賦》、侯心齋《律賦約言》、浦銑《復小齋賦話》卷下、李調元《賦話·新話二》、戴綸喆《漢魏六朝賦摘豔譜説》等,皆極盡讚譽。

《白氏長慶集》71卷(《白香山集》40卷),唐白居易撰

【作者】

白居易(772—846),字樂天,號香山居士,祖籍太原,生於河南新鄭。唐代三大詩人之一。官至翰林學士、左贊善大夫。白居易與元稹共同宣導新樂府運動,世稱“元白”,與劉禹錫並稱“劉白”。其詩題材廣泛,語言平易,以《長恨歌》《賣炭翁》《琵琶行》最爲知名。有《白氏長慶集》傳世。

【版本】

唐元稹匯集《白氏長慶集》50卷,《舊唐書·經籍志》作75卷,《宋史·藝文志》作71卷,該集僅收賦4篇。今傳《白香山集》凡40卷,收賦14篇,較爲完備。現有謝思炜《白居易文集校注》,中華書局2011年版。

【内容】

據《歷代辭賦總匯》,白居易現存辭賦15篇:《荷珠賦》《動静交相養賦》《泛渭賦》《傷遠行賦》《宣州試射中正鵠賦》《省試性習相近遠賦》《求元珠賦》《漢高祖斬白蛇賦》《大巧若拙賦》《雞距筆賦》《黑龍飲渭賦》《敢諫鼓賦》《君子不器賦》《賦賦》《叔孫通定朝儀賦》,大都是律賦,反映了唐代中後期律賦創作的興盛。

【研究】

臺灣政治大學許東海教授著有《諷諭、美麗、感傷:白居易之詩賦邊境及其文化風情》(萬卷樓圖書股份有限公司2005年版)。研究論文有:徐繼東《白居

易律賦創作的特色與影響》[《河南科技大學學報》(社會科學版)2007 年第 4 期]、付興林《論白居易律賦的精神特質及藝術成就》(《甘肅社會科學》2008 年第 3 期)、王士祥《筆精思密——論白居易〈性習相近遠賦〉的藝術特徵》(《名作欣賞》2009 年第 17 期)、陳才智《在似與不似之間——白居易賦的後世擬仿》(《中國文學研究》2015 年第 3 期)等。

《麟角集》1 卷附録 1 卷,唐王棨撰

【作者】

王棨(約 873 年前後在世),字輔之,福州福唐(今福建福清)人。唐咸通三年(862)進士,官至尚書省水部郎中。黄巢亂後,不知所終。著有《麟角集》1 卷。事迹略見黄璞《王郎中傳》(《麟角集》卷首)、《桂苑筆耕集》卷一三。

【版本】

現有清乾隆間《四庫全書》本、鮑廷博《知不足齋叢書》本(第十集第三種)、嘉慶間王遐春匯刻唐人集本、《天壤閣叢書》本、《叢書集成初編》本等,均增有附録一卷。又有《歷代賦學文獻輯刊》影印《知不足齋叢書》本(第 140 册)。

【内容】

唐代以明經科和進士科取士,而進士科尤受推重。其程試詩賦,《文苑英華》所收至夥。諸家應試詩賦,或本集不載(如李商隱《霓裳羽衣曲詩》不見於《玉谿生集》),或收在外集(如韓愈《明水賦》乃在外集)。其自爲一集行世者,惟有王棨《麟角集》。本書共收王棨律賦 45 篇,另附録王棨省試詩 21 篇,乃係其八代孫王蘋於館閣所得。題曰《麟角》者,蓋取《顔氏家訓》"學如牛毛,成如麟角"之義。集中佳作,已多載《文苑英華》中。雖係科舉之文,無關著述,而當時風氣,於此可見一斑。棨賦多程試之文,名篇如《江南春賦》《玄宗幸西涼府觀燈賦》《秋夜七里灘聞漁歌賦》《離人怨長夜賦》《夢爲魚賦》《涼風賦》《貧賦》《武關賦》《綴珠爲燭賦》等,雕章琢句,講究聲律,後人應試詩賦,多取資於此。清人所編賦集,選王棨賦尤多。

【研究】

陳鈴美著有《王棨律賦研究》(花木蘭文化出版社 2013 年版),譚澤寧著有《王棨研究》(華中科技大學 2012 年博士學位論文)。論文有:曾廣開、齊文榜《王棨考》[《湖北大學學報》(哲學社會科學版)1995 年第 6 期]、譚澤寧《王棨〈麟角集〉版本考述》(《河南機電高等專科學校學報》2011 年第 1 期)等。

《黄御史集》10 卷(《唐黄先生文集》),唐黄滔撰

【作者】

黄滔(840—911),字文江,泉州莆田(今屬福建省)人。屢試不第,唐乾寧二年(895)纔中進士,光化二年(899)被授予“四門博士”的閑職,一年後避亂歸閩。唐天復元年(901)起,黄滔應主持閩政的王審知徵聘並得到重用,官至監察御史里行、威武軍節度推官。《新唐書·藝文志》著録《黄滔集》15 卷、《泉山秀句集》30 卷,《宋史·藝文志》則記其《編略》10 卷、《莆陽黄御史集》2 卷。今存者唯《黄御史集》10 卷。生平事迹略見洪邁《唐黄御史集序》、《十國春秋》卷九五本傳。

【版本】

1.《莆陽黄御史集》2 卷,上卷賦詩雜文,下卷書啟祭文碑文,有明正德年間刻本和萬曆黄廷良等刻本。

2.《唐黄先生文集》8 卷附録 1 卷,明萬曆曹學佺等刻本,《四部叢刊》據以影印。

3.《唐黄御史集》8 卷附録 1 卷,明崇禎黄鳴喬等刻本,清嘉慶間麟後山房王氏匯刻唐人集本。

4.清《四庫全書》本,據崇禎本收録,但作 10 卷;後咸豐間閩中刻本亦 10 卷。

5.《莆陽黄御史集》1 卷,别録、附録各 1 卷,光緒間王懿榮參校諸本而成,收輯最爲齊備,輯入《天壤閣叢書》,《叢書集成初編》據以印行。

【内容】

黄滔賦作現存 22 篇,有《館娃宫賦》《明皇回駕經馬嵬賦》《送君南浦賦》等名篇,見《全唐文》《歷代辭賦總匯》等大型總集。其賦對偶精工,常借史實寄寓深意,藝術成就較高。《明皇回駕經馬嵬賦》語多淒切,諷諭時世,尤爲感人。清人評曰:“唐人咏馬嵬詩甚多,文江更演之爲賦耳。芊眠淒戾,不減《長恨歌》《連昌宫詞》。”

【研究】

研究晚唐律賦的論著,大都以黄滔爲主要依據,如何新文《論晚唐律賦的藝術變化》[《湖北大學學報》(哲學社會科學版)1995 年第 1 期]、趙俊波《晚唐律賦的散體化傾向》(《江海學刊》2004 年第 2 期)等。專門研究黄滔賦的論文有:陳良運《説晚唐黄滔的〈課虚責有賦〉》(《古典文學知識》1996 年第 1 期)、楊娟娟《黄滔賦論略》[《赤峰學院學報》(漢文哲學社會科學版)2012 年第 10 期]等。

《徐公釣磯文集》十卷(《徐正字集》),唐徐寅撰

【作者】

徐寅(也作徐夤),字昭夢,莆田(今福建省莆田市)人。博學多才,尤擅作賦,至唐末方得以“榜上有名”。後梁開平元年(907)再試進士,中第一名。但

因觸怒梁太祖而被削去名籍，東歸故里。閩王審知禮聘入幕，官秘書省正字。有《探龍集》等多種著作，《全唐詩》收録其詩 220 餘首。文集有《徐正字詩賦》2 卷，收賦 8 首，收詩 368 首。

【版本】

1. 明抄本(國圖藏本一種存九卷，另一種有清錢曾校)

2. 清康熙年間徐氏刻本

3. 清抄本(國圖藏本有劉喜海跋；南京藏本有清丁丙跋；中山大學藏本有清熙元校並跋)

4. 清同治間抄本(臺灣"中央圖書館"藏)

5. 寫本(日本静嘉堂文庫藏)

6. 清陳氏晚晴軒抄《唐人集四種》本

7.《四部叢刊三編》本(據也是園舊抄本影印，附校勘記一卷)

【内容】

徐寅嘗著有《探龍》《釣磯》二集，共 5 卷，自《新唐書・藝文志》已不著録，諸家書目亦不載，可見當時即已散佚。至宋時，其後裔從《唐音統籤》《文苑英華》諸書中搜集徐寅作品，編成《徐正字詩賦》2 卷。《四庫全書》收録此書，稱"此本僅存賦一卷，計八首"，其實並不完備。而今見《全唐文》有徐寅賦 28 首，《徐公釣磯文集》10 卷收賦 48 篇，《歷代辭賦總匯》又增至 49 篇，多爲律賦。徐寅是唐末五代時期律賦"三大家"(王棨、黄滔、徐寅)之一，《四庫全書總目》云："其賦句雕字琢，不出當時程試之格，而刻意鍛煉，時多秀句。"成爲宋代、清代文人寫作律賦的範本。其試場所作《止戈爲武賦》傳誦一時，《澗底松賦》《勾踐獻西施賦》《斬蛇劍賦》《御溝水賦》《人生幾何賦》《過驪山賦》亦甚知名。

【研究】

論文有：趙俊波《論晚唐律賦三大家的詠史懷古之作——兼論閩地律賦創作興盛的原因》(《蘭州大學學報》2004 年第 6 期)、林毓莎《徐寅律賦藝術管窺》(《東南傳播》2008 年第 9 期)、林毓莎《徐寅律賦創作論略》(《欽州學院學報》2013 年第 3 期)等。學位論文有張岑遠《徐寅律賦研究》(中國人民大學 2006 年碩士學位論文)。

《咸平集》30 卷(《田錫集》)，宋田錫撰

【作者】

田錫(940—1003)，字表聖，嘉州洪雅(今屬四川)人。宋太平興國三年(978)進士。擢右拾遺、直史館，累遷右諫議大夫，史館修撰。遇事敢言，不避權貴，宋真宗以汲黯目之。有《咸平集》50 卷(《宋史・藝文志》)，今存 30 卷。事迹見范仲淹《田公墓誌銘》(《范文正公集》卷一二)、《宋史》卷二九三本傳。

【著録】

《郡齋讀書志》著録《田表聖咸平集》50卷,《直齋書録解題》著録51卷,《宋史·藝文志》則著録《田錫集》50卷,又《别集》3卷,《奏議》2卷。原集至明已佚。

【版本】

現存版本有明澹生堂祁氏抄本、《四庫全書》本、李氏宜秋館刊本等。《全宋詩》卷四一至四六録其詩6卷。《全宋文》卷七六至九五收其文20卷。

【内容】

據羅國威先生校點之《咸平集》(巴蜀書社2008年版),該書第5—7卷收録古賦13篇,始《諸葛臥龍賦》,迄《楊花賦》;第8—9卷收録律賦11篇,始《西郊講武賦》,迄《曉鶯賦》。總數爲24篇。《歷代辭賦總匯》同。可知田錫作賦,古律並重。其中《曉鶯賦》《春色賦》《楊花賦》等不同凡響,尤受後人推崇。清人湯聘評其《雁陣賦》"興會淋漓,音節嘹亮,妍辭膩旨,不讓唐人"(《律賦衡裁》卷四)。

【研究】

研究論文有:何玉蘭《静臣"之賦卻平易——田錫賦芻議》(《樂山師範高等專科學校學報》1999年第4期)、劉培《論田錫辭賦的新變》(《文史哲》2001年第4期)。

《王黄州小畜集》30卷,宋王禹偁撰

【作者】

王禹偁(954—1001),字元之,濟州巨野(今屬山東)人。宋太平興國八年(983)進士,歷官右拾遺、左司諫、知制誥等。宋真宗時參與修纂《太祖實録》,因直書史事而獲罪,出知黄州、遷蘄州,病卒。著有《小畜集》《小畜外集》。《宋史》卷二九三有傳。

【著録】

《郡齋讀書志》卷一九著録《小畜集》30卷,《直齋書録解題》卷一七著録《小畜集》30卷《外集》20卷,《宋史·藝文志》著録20卷。

【版本】

據錢仲聯等《中國文學大辭典》,今傳《小畜集》主要有3個版本系統:

1. 宋刻補抄本。宋刊配吕無黨抄本,清道光元年(1821)黄丕烈購於書攤。《四部叢刊》初印時取經鉏堂抄本,二次印時即改用此本,爲現今通行善本。又,國家圖書館出版社2004年影印宋紹興十七年(1147)黄州刻遞修本(《中華再造善本》本),或許即爲此本。

2. 明野竹齋抄本。從宋刻摹寫,有岳西道人復初(其人姓氏不詳)手跋,今

藏日本静嘉堂文庫。

3. 清乾隆二十五年(1760)平陽趙熟典愛月堂刊本。此本與上明抄本缺文訛字大略相同,或即從之出,惟輾轉傳刊,訛字更多。《四庫全書》蓋亦源出此系。凡賦 2 卷,詩 11 卷,文 17 卷。卷首有王禹偁序,卷末有沈虞卿跋。

另外,《武英殿聚珍版書》所收除《小畜集》30 卷附劄記 1 卷,尚有《小畜外集》13 卷。①

【内容】

王禹偁曾經編次自己的詩文,以《易》筮之,遇《乾》之《小畜》,因以名集。其集北宋已有刊本,久已散佚。南宋高宗紹興十七年(1147)歷陽沈虞卿嘗刻之黄州,已殘。今傳《小畜集》30 卷,即宋刻遞修本。其中賦佔 2 卷。

王禹偁長於辭賦。據王禹偁《律賦序》,他在年少時曾經"秉筆爲賦,逮乎策名,不下數百首",但都没有保存下來。後來宋太宗御試進士,題目是《卮言日出賦》,王禹偁驚歎其怪異艱難,自作一首;於是搜集當年舊作,得賦 15 篇。王禹偁在自編别集時,將古賦列在卷一,凡 5 篇:《籍田賦》《園陵犬賦》《大閱賦》《三黜賦》《罔極賦》;律賦列在卷二,凡 10 篇:《卮言日出》《天道如張弓》《仲尼爲素王》《君者以百姓爲天》《復其見天地之心》《尺蠖》《聖人無名》《橐籥》《醴泉無源》《火星中而寒暑退》,卷前有小序。從創作實踐可以考見王禹偁古律並重的賦學思想。《全宋文》《歷代辭賦總匯》輯録王禹偁賦 26 篇,始《籍田賦》,迄《紅梅花賦》,包括古賦 8 篇、律賦 18 篇。其中《大閱賦》《籍田賦》《三黜賦》較爲著名。與王禹偁散文相似,其辭賦亦深受儒家思想影響,重視風雅傳統。王禹偁是宋初少有的以賦來揭露現實、抒發憤懣之情的作家,他主張辭賦的諷諭功能和平易流暢的語言風格,並且重視藝術上的創新。其賦題材較廣,或譏切政事,或關心民瘼,或抒發忠憤之情,或寄託諷世之思,表現出深摯的入世情懷。王氏將古文筆法引入賦中,收到流暢自然、雅素雋潔的藝術效果,並且將議論化傾向與賦境賦情巧妙融合。[參見劉培《論王禹偁辭賦對風雅傳統的發揚光大》,《山東大學學報》(哲學社會科學版)2005 年第 4 期]

【研究】

研究王禹偁生平,可以參考徐規《王禹偁事迹著作編年》(中國社會科學出版社 1982 年版);研究其賦,可以參考:王延梯、裴傳永《王禹偁論政賦略論》(《文史哲》1990 年第 5 期)、劉培《論王禹偁辭賦對風雅傳統的發揚光大》[《山東大學學報》(哲學社會科學版)2005 年第 4 期]、賈文豐《百謫不屈道　守直佩仁義——王禹偁〈三黜賦〉試析》(《學術交流》2006 年第 7 期)、王東晨《儒家思

① 錢仲聯、傅璿琮、王運熙等:《中國文學大辭典》,上海辭書出版社 1997 版,第 546 頁。

想對王禹偁辭賦的影響》[《遼東學院學報》(社會科學版)2011 年第 3 期]。學位論文有:許鳳《王禹偁律賦研究》(首都師範大學 2012 年碩士學位論文)。

《范文正公集》20 卷(《丹陽集》《范仲淹集》),宋范仲淹撰

【作者】

范仲淹(989—1052),字希文,蘇州吴縣(今江蘇蘇州)人,北宋政治家、文學家。事迹參見本卷第一章"《賦林衡鑒》若干卷"條。

【著録】

富弼《范文正公墓誌銘》稱其"有《文集》二十卷、《奏議》十七卷、《兩府論事》三卷"。

《直齋書録解題》卷一七著録:《范文正集》二十卷,《别集》四卷,《范文正尺牘》五卷;同書卷二二又著録:《范文正公奏議》二卷。

趙希弁《郡齋讀書志附志》卷下著録:《范文正公奏議》十五卷,並云:"别有《丹陽集》二十卷,東坡先生序之。"

【版本】

1. 北宋刻本,國圖藏凡 9 册。中華書局 1984 年據此本影印,收爲《古逸叢書》三編之五;又,《中華再造善本》2005 年據此影印。

2. 南宋乾道三年(1167)饒州刻本,後淳熙、嘉定兩度重修。今僅存嘉定重修本。

3. 元天曆至正間褒賢世家家塾歲寒堂刻本,國圖藏本,凡 16 册。《中華再造善本》2006 年據此影印。本書正集 20 卷,别集 4 卷,奏議 2 卷,尺牘 3 卷,附録 13 卷(附年譜及言行遺事録等)。

4. 清康熙四十六年(1707)范能濬等"園家藏諸本,細加校勘",於家塾歲寒堂刊成《范文正忠宣公全集》。此即《四庫全書》之底本。此本凡詩賦 5 卷,共 268 首;文 15 卷,165 篇。另有别集 4 卷,收詩文 27 篇,宋綦焕輯;補編 5 卷,則爲清范能濬所輯。

【内容】

查《四部叢刊》影印明代翻元天曆間刊刻之《范文正公集》,卷一收《明堂賦》《秋香亭賦》《靈烏賦》等 3 篇古賦;卷二十收《老人星賦》《老子猶龍賦》《蒙以養正賦》《禮義爲器賦》《今樂猶古樂賦》《省試自誠而明謂之性賦》《金在鎔賦》《臨川羨魚賦》《水車賦》《用天下心爲心賦》等 10 篇律賦。此外,《别集》卷二收《堯舜率天下以仁賦》《君以民爲體賦》《六官賦》《鑄劍戟爲農器賦》《任官惟賢材賦》《從諫如流賦》《聖人大寶曰位賦》《賢不家食賦》《窮神知化賦》《乾爲金賦》《王者無外賦》等 11 篇律賦;卷三收《易兼三材賦》《淡交若水賦》《養老乞言賦》《得地千里不如一賢賦》《體仁足以長人賦》《陽禮教讓賦》《天驥呈才

賦》《稼穡惟寶賦》《天道益謙賦》《聖人抱一爲天下式賦》《政在順民心賦》《水火不相入而相資賦》等 12 篇律賦。以上共計 36 篇。另外,《歷代賦彙》收有本集之外的《大禮與天地同節賦》《制器尚象賦》2 篇,和《薺賦》殘句 1 篇,缺收《淡交若水賦》。合在一處,范仲淹賦今存 39 篇,除了正集卷一所收 3 篇古賦,其餘皆爲律賦。《歷代辭賦總匯》將其全部收録。

范仲淹賦的題材較爲廣泛,但《歷代賦彙》編録范賦 38 篇,有 20 篇納入"治道"類,5 篇納入"性道"類,佔其大半,這或許是由於作者年輕時就胸懷治國安邦之志,故所作賦篇大都主題宏大,關乎國家政治。其實,作者曾經編有《賦林衡鑒》一書,他在自序中言:賦"或祖述王道,或褒贊國風,或研究物情,或規戒人事。焕然可警,鏘乎在聞。國家取士之科,緣於此道",認爲賦體文學有四大功能,而以"祖述王道"居首,尤其重視其反映王道政治、引導社會風氣的作用。其語言亦樸實直率,不事雕琢。此外,范氏 36 篇律賦,大都限八韻,以四平四仄居多,詹杭倫先生認爲"這説明范仲淹的律賦製作有著強烈的應對科舉考試意圖,而不單純是個人的詠物言志之作"①,甚有見地。其賦學理論和賦體創作,都對兩宋賦的發展有導夫先路之功。

後人對范仲淹賦評價較高。例如《翁注困學紀聞》卷一七評其《靈烏賦》:"寧鳴而死,不默而生,其言可以立懦。"清人湯稼堂《律賦衡裁·餘論》評其《臨川羨魚賦》"處處傳神,句句欲活,唐人無以過之"。浦銑《復小齋賦話》評其《老子猶龍賦》:"貫串五千言,而以'龍'字拍合,神工鬼斧,不可思議。"余丙照評其《金在鎔賦》:"躍冶求試,直自借題抒寫,詞成鏇鍔,義吐鋒芒,人爲國器,賦尤利器。"或論其品格才情,或評其風格筆法,皆極盡讚譽。

【研究】

臺灣學者洪顺隆撰有《范仲淹賦評注》(臺灣编译馆 1996 年版)。研究范仲淹賦的论文有:何沛雄《略论范仲淹的"治道"賦》(《范仲淹一千年誕辰國際學術研討會論文集》,久忠實業有限公司 1990 年版)、洪顺隆《范仲淹的賦与他的文學觀》(《范仲淹賦評注》卷首)、詹杭倫《范仲淹的賦論與賦作新探》[《濟南大學學報》(社會科學版)2006 年第 2 期]、周興濤《巧心浚發　妙句雲來——評范仲淹的律賦》[《西南交通大學學報》(社會科學版)2006 年第 4 期》]、曹頌今《以直爲先:范仲淹"治道賦"的創作思想發微》(《名作欣賞》2011 年第 11 期)、許瑶麗《范仲淹〈賦林衡鑒〉與宋體律賦的定調》[《四川師範大學學報》(社會科學版)2012 年第 6 期]等。學位論文有:孫德春《范仲淹律賦研究》(西北大學 2010 年碩士學位論文)。

---

① 詹杭倫:《范仲淹的賦論與賦作新探》,《濟南大學學報》(社會科學版)2006 年第 2 期。

《宋景文集》62卷補遺2卷附録1卷,宋宋祁撰

【作者】

宋祁(998—1061),字子京,小字選郎,雍丘(今河南民權)人。宋天聖二年(1024)進士,初任復州軍事推官,經皇帝召試,授直史館。歷官龍圖閣學士、史館修撰、知制誥。曾與歐陽修等合修《新唐書》,前後長達十餘年。書成,進工部尚書,拜翰林學士承旨。卒謚景文。著有《宋景文集》等。事迹見《宋史》卷二八四。

【著録】

其集在宋代就已出現多種版本。《宋史》本傳稱宋祁有集百卷,《直齋書録解題》亦著録《宋景文集》100卷,而《宋史·藝文志》《郡齋讀書志》《文獻通考》等著録其集爲150卷。又有《刀筆集》等。

【版本】

今日所見之《宋景文集》,乃是清四庫館臣從《永樂大典》中輯出者,凡62卷;又旁采諸書,成《補遺》2卷;輯録軼聞餘事等成《附録》1卷。今存本有宋刻本殘本,藏於日本;另有清《武英殿聚珍版叢書》本、《湖北先正遺書》本、《叢書集成初編》本。

【内容】

本書凡62卷。卷1至卷4爲賦,卷5至卷24爲各體詩歌,卷25至卷30爲奏狀,卷31至卷33爲制誥,卷34至卷35爲頌,卷36至卷41爲表,卷42至卷47爲議論序記贊,卷48爲各體雜文,卷49至卷51爲書,卷52至卷56爲啟,卷57至卷60爲碑誌墓銘,卷61、卷62爲行狀。宋祁文章,各體兼備,風格典雅,但好用典故和僻字,有晦澀難懂之弊。該集共收賦45篇;《歷代辭賦總匯》增至46篇,始《圓丘賦》,迄《零雨被秋草賦》。宋祁是宋代存賦最多的作家之一,律賦佔其大半。其中有一些頌美皇德的作品,如《陳州瑞麥賦》《上苑牡丹賦》《皇太后躬謁清廟賦》《圓丘賦》《龍杓賦》《王畿千里賦》等,但更多的則是借景抒懷、送别悼亡之作,如《歲云暮賦》《卧廬悲秋賦》《窮愁賦》《憫獨賦》《送將歸賦》《感交賦》《傷賢賦》等。與其兄宋庠相比,宋祁"賦中的情感也有雍容嫻雅的一面,但主要呈現出激越、衝動甚至偏執的特徵,他把仕途上的種種感受和不平以近乎誇張的情緒宣洩表達出來"①,形成了激越蒼涼、遒勁超拔的藝術風格。

【研究】

專門研究宋祁賦的論文有:劉培《雍容閑雅的治平心態的流露——論宋庠、宋祁的辭賦創作》(《江西師範大學學報》2005年第1期)、張秀苹《論宋祁的辭

① 劉培:《兩宋辭賦史》(上),山東人民出版社2012年版,第111頁。

賦創作》[《遼東學院學報》(社會科學版)2012 年第 4 期]。學位論文有:黄燕《宋祁研究》(華東師範大學 2009 年碩士學位論文)。

《歐陽文忠公集》153 卷(《歐陽永叔集》),宋歐陽修撰,宋周必大輯

【作者】

歐陽修(1007—1072),字永叔,號醉翁、六一居士,吉州永豐(今江西省吉安市永豐縣)人,北宋政治家、文學家。天聖八年(1030)進士,官至翰林學士、樞密副使、參知政事,謚號文忠,世稱歐陽文忠公。累贈太師、楚國公。詩、文、賦俱佳,宋仁宗時文壇領袖、進士考試主考官。曾編修《新唐書》《新五代史》,著有《歐陽文忠公集》。後人將其與韓愈、柳宗元、蘇洵、蘇軾、蘇轍、王安石、曾鞏並稱爲"唐宋散文八大家"。傳見《宋史》卷三一九。

【著録】

《宋史・藝文志》著録:《歐陽修集》50 卷,《别集》20 卷,《六一集》7 卷,《奏議》18 卷,《内外制集》11 卷,《從諫集》8 卷。諸集中唯《居士集》(即五十卷之《歐陽修集》)爲作者晚年所自編,其餘皆後人所輯,各自流傳。

【版本】

宋光宗紹熙至甯宗慶元間周必大編刊《歐陽文忠公集》後,歐集始有定本。是集凡 153 卷,包括:《居士集》50 卷,《外集》25 卷,《易童子問》3 卷,《外制集》3 卷,《内制集》8 卷,《表奏書啟四六集》7 卷,《奏議》18 卷,《雜著述》19 卷(包括《河東奉使奏草》2 卷、《河北奉使奏草》2 卷、《奏事録》1 卷、《濮議》4 卷、《崇文總目叙釋》1 卷、《於役志》1 卷、《歸田録》1 卷、《詩話》1 卷、《筆説》1 卷、《試筆》1 卷、《近體樂府》3 卷),《集古録跋尾》10 卷,《書簡》10 卷。前附年譜,後附行狀、墓誌、傳文等 5 卷。

今流行者,還有《四部叢刊》據明天順本影印本;《四部備要》據清乾隆十一年(1746)廬陵祠堂本校刊本。另有萬有文庫本《歐陽永叔集》。

【内容】

《歐陽文忠公集》之卷十五(《居士集》卷十五)、卷五十八(《外集》八)、卷七十四(《外集》卷二十四)載有歐陽修賦作 20 餘篇,及近於賦體的作品若干篇。《歷代辭賦總匯》輯録歐陽修賦 21 篇,始《黄楊樹子賦》,迄《魯秉周禮所以本賦》,另有賦體文 5 篇。其中律賦 11 篇,約佔一半。

首先,歐陽修十分强調文學的知古明道、政治教化作用,他常在賦中表達其政治思想或社會觀念,爲賦體文學注入新的内容。例如《進擬御試應天以時不以文賦》歷數往古變法之舉,力勸宋仁宗效法古代聖君先賢,實行變法;《大匠誨人以規矩賦》認爲人們立身行事,當以古道爲規矩;《斫雕爲樸賦》則表達其崇尚淳樸、貶斥浮華的主張。這正是其詩文革新觀念在賦題創作中的實踐,爲宋賦

發展開闢了新的路徑。其次,歐賦還擅長抒情言志,例如《黄楊樹子賦》以生長在懸崖的黄楊樹子自況,表達其固窮守志的信念;《憎蒼蠅賦》則以蒼蠅比喻黨爭中不擇手段的小人,譴責他們卑鄙惡劣的行徑。《秋聲賦》是歷代傳頌的文學名篇,也是宋代文賦的代表作品之一,該賦描寫了秋天蕭條肅殺的景象,表達了作者閑適自足、隨遇而安的情懷。另外,歐賦對花木鳥獸的描寫也曲盡其態,例如《荷花賦》如此描寫荷花凌波摇曳的姿態:"迫而視之,靚若星妃臨水而脈脈盈盈;遠而望之,杳如峽女行雲而朝朝暮暮。其妖麗也,其閑麗也,香荃橈兮木蘭舟,澹容與兮悵夷猶。東西隨葉隱,上下逐波浮。"以行雲流水般的筆調,描摹出荷花隨波起伏、綽約動人的情態,亦真亦幻,景象迷離。其他如《鳴蟬賦》《紅鸚鵡賦》《螟蛉賦》等,無不繪聲繪色,生動傳神。

與北宋中期的其他賦家一樣,歐陽修也常在賦中發表議論,但並不枯燥蒼白。他善於通過優美簡練的語言來表達豐富的理趣,給人以妙悟人生、拈花微笑的美感。例如《秋聲賦》"草木無情,有時凋零"一段,一改前人的悲秋主題,以静觀豁達的人生態度來揚棄因自然界春生秋殺而帶來的傷感情緒,創造出隨順自然、因理自適的境界。歐賦不論古律,皆能刊陳落腐,别出心裁,意境清新,流轉自然,善於"以淺近之文傳要妙之情、深刻之理,無艱難勞苦之狀,而變化開闔,風神獨妙",並且"善於以散馭駢,在流暢中見整齊。其駢賦整麗的對句也往往具有清麗自然的特點,毫無駢賦慣有的深蕪滯澀之感"[①]。歐賦亦使用典故,但都十分淺近,加之文詞清麗,語言通暢,使人陶醉其中,而不知其用典。

【研究】

較早研究歐陽修賦的著作是臺灣學者陳韻竹的《歐陽修蘇軾辭賦之比較研究》(文史哲出版社 1986 年版),此後又有鄧聲國《歐陽修賦評注》(江西人民出版社 2012 年版)和嚴妍《歐陽修辭賦的變革與創新》(東北師範大學 2013 年碩士學位論文)。期刊論文 20 餘篇,主要有:劉培《論歐陽修對賦境賦藝的開拓》[《南京師大學報》(社會科學版)2005 年第 3 期]、郭春林《論歐陽修的辭賦》(《欽州師範高等專科學校學報》2005 年第 2 期)、蔡業共《從歐陽修、蘇軾賦作看北宋辭賦的散化新變》(《九江學院學報》2007 年第 4 期)、許東海《蟬聲・諫諍・立言——論歐陽修〈鳴蟬賦〉之諍臣身影及其困境隱喻》[《安徽大學學報》(哲學社會科學版)2013 年第 1 期]等。另有十餘篇專門研究《秋聲賦》的論文,其中吴功正《狀秋聲蕭颯而砰湃 抒秋情深沉而豁達——讀歐陽修的〈秋聲賦〉》(《名作欣賞》1982 年第 3 期)、于雯霞《歐陽修易學與〈秋聲賦〉的天人建構》(《齊魯學刊》2014 年第 1 期)最見功力。

① 劉培:《兩宋辭賦史》(上),山東人民出版社 2012 年版,第 215 頁。

《蘇文忠公全集》110 卷(《東坡七集》《東坡先生全集》),宋蘇軾撰

【作者】

蘇軾(1037—1101),字子瞻,號東坡居士,眉州眉山(今屬四川省眉山市)人。宋仁宗嘉祐二年(1057)進士,身歷仁、英、神、哲、徽五朝,仕途坎坷,屢遭貶謫。但學識淵博,天資極高。其詩題材廣闊,清新豪健,與黄庭堅並稱“蘇黄”;詞開豪放一派,與辛棄疾並稱“蘇辛”;散文如行雲流水,與韓愈、柳宗元等並稱“八大家”。在書法、繪畫、醫藥、飲食等領域皆有建樹。著有《東坡七集》《東坡易傳》《東坡樂府》等。後人輯有《蘇文忠公全集》。傳見《宋史》卷三三八。

【版本】

宋代就有蘇軾詩文的合刊本,如《東坡集》《東坡後集》;有選集,如郎曄《經進東坡文集事略》;有某一時期作品的結集,如《應詔集》中的前 5 卷;等等。皆未完備。今存較完備的蘇軾别集有:

1.《蘇文忠公全集》110 卷,明成化四年(1468)程宗刊本,嘉靖十三年(1534)重刻,國圖藏。此本亦稱《東坡七集》,包括:《前集》40 卷,《後集》20 卷,《奏議》15 卷,《内制集》10 卷,《外制集》3 卷,《應詔集》19 卷,《續集》12 卷。如計入《内制集》所附《樂語》1 卷及書末《年譜》1 卷,則爲 112 卷。

2.《蘇文忠公集》114 卷,明刻本。這是按照文體分類合編的全集本,卷一、二爲賦,卷三至卷三一爲詩,卷三二起爲文,無序跋,紕繆甚多。

3. 明末茅維編《蘇文忠公全集》75 卷。此書問世後,明清兩代以《東坡先生全集》爲名,多次印行。

4. 清蔡士英刊《東坡全集》115 卷,卷一至卷三二爲詩,係沿《七集》中《前集》《後集》《續集》之舊;自卷三二起爲文,則據舊刻重訂,分類編排較明刻本合理。此本乾隆間收入《四庫全書》。

5. 孔凡禮點校的《蘇軾詩集》(中華書局 1982 年版)、《蘇軾文集》(中華書局 1986 年版),是目前最爲可靠的本子。其中《文集》以茅維編《蘇文忠公全集》75 卷爲底本,校以他本,附録序跋、佚文彙編,末有篇目索引。

【内容】

將《東坡集》《東坡後集》《東坡續集》所收賦篇合在一處,共得蘇軾賦 27 篇,篇目如下:《灩澦堆賦》《屈原廟賦》《昆陽城賦》《後杞菊賦》《服胡麻賦》《赤壁賦》《後赤壁賦》《黠鼠賦》《秋陽賦》《洞庭春色賦》《中山松醪賦》《沉香山子賦》《酒子賦》《天慶觀乳泉賦》《老饕賦》《菜羹賦》《颶風賦》《酒隱賦》《濁醪有妙理賦》《延和殿奏新樂賦》《明君可與爲忠言賦》《通其變使民不倦賦》《三法求民情賦》《六事廉爲本賦》《復改科賦》《快哉此風賦》《思子臺賦》。其中《颶風

賦》《思子臺賦》2 篇，經過曾棗莊先生考證，乃是蘇軾之子蘇過所作，此處誤收。① 另外，《歷代辭賦總匯》還收録《李氏山園潛珍賦》1 篇，其實是一篇賦體文，本名《惠州李氏潛珍閣銘》，蘇軾曾親自手書此銘，贈與山園主人李光道。《歷代賦彙》誤收此銘，題爲“賦”，《總匯》承其訛。所以，蘇軾賦今存 25 篇。

蘇軾之賦，古、俳、律、文四體兼具。其騷體賦數篇，皆能突破固有句式，而多用散文筆法。例如《屈原廟賦》：“自子之逝今千載兮，世愈狹而難存。賢者畏譏而改度兮，隨俗變化斫方以爲圓。黽勉於亂世而不能去兮，又或爲之臣佐。變丹青於玉瑩兮，彼乃謂子爲非智。惟高節之不可以企及兮，宜夫人之不吾與。違國去俗死而不顧兮，豈不足以免於後世？”長短隨心，不拘形式，頗能傳達出作者内心跌宕起伏的情感變化。駢賦講究對仗、用典，律賦還有用韻要求，拘束甚多，而東坡賦在“工麗絶倫”之餘，頗能以氣運之，因而獨闢異境，毫無斧琢之痕。例如《濁醪有妙理賦》以“神聖功用無捷於酒”爲韻，賦中云：“兀爾坐忘，浩然天縱。如如不動而體無礙，了了常知而心不用。座中客滿，惟憂百榼之空；身後名輕，但覺一盃之重。今夫明月之珠，不可以襦；夜光之璧，不可以餔。芻豢飽我而不我覺，布帛燠我而不我娱。惟此君獨遊萬物之表，蓋天下不可一日而無。在醉常醒，孰是狂人之藥；得意忘味，始知至道之腴。”信筆拈來，隨意揮灑，其迷狂癡醉之態，躍然紙上，讓人感覺不到其爲律賦。李調元《賦話・新話三》如此評價：“窮達皆宜，纔是妙理。通篇豪爽而有雋致，真率而能細入，前無古人，後無來者。”

最能代表東坡賦特色的，當屬前、後《赤壁》《秋陽》《黠鼠》《後杞菊》等文賦作品。蘇軾學習漢晉散體大賦主客問答的結構，借鑒杜牧《阿房宫賦》的散體創作手法，吸收歐陽修《秋聲賦》的清麗文風和理趣妙境，使文賦這一體制走向成熟。例如《秋陽賦》以越王之孫和東坡居士的問答組織成篇，而傳達出漢賦所缺乏的神韻況味；《後杞菊賦》模仿《答客難》《解嘲》，而具有更爲强烈的個人色彩。《前赤壁賦》更是賦史名篇，是文賦中的極品。該賦首先描寫赤壁夜景，静謐空曠；接着寫舟中飲酒放歌，聞洞簫而悽愴；以下感世事無常，抒思古幽情；最後以議論收束，參透自然和人事之關係，抒寫豁達超然的人生態度。全賦情景交融、理趣横生，意境優美，如詩如畫。結尾“客亦知夫水與月乎”一段，既有道家的自由灑脱，又有釋氏的空靈玄悟，還有胞與萬物的仁人之心②，達到了情景理境渾然一體的境界。

【研究】

臺灣學者起步較早，陳韻竹撰有《歐陽修蘇軾辭賦之比較研究》（文史哲出

---

① 曾棗莊：《蘇賦十題》，《清華大學學報》（哲學社會科學版）2006 年第 6 期。

② 郭維森、許結：《中國辭賦發展史》，江蘇教育出版社 1996 年版，第 573～575 頁。

版社 1986 年版),廖志超撰有《蘇軾辭賦理論及其創作之研究》(上、下册,花木蘭文化出版社 2007 年版)。大陸學者孫民撰有《東坡賦譯注》(巴蜀書社 1995 年版)。期刊論文有:周慧珍《略論蘇軾對賦體文學的發展》(《天津社會科學》1986 年第 5 期)、孫民《試論蘇軾賦的形象特徵》[《遼寧大學學報》(哲學社會科學版)1989 年第 3 期]、何國棟《蘇軾賦的散體特徵及其形成》(《蘭州大學學報》1998 年第 2 期》、何國棟《蘇軾賦的自然性特色》[《甘肅聯合大學學報》(社會科學版)2006 年第 1 期]、劉培《論蘇軾的辭賦創作》[《暨南學報》(哲學社會科學版)2006 年第 5 期]、龔克昌《評蘇軾賦》(《文史哲》2008 年第 2 期)、索明堂《淺論蘇軾賦中的佛老思想》(《昭通師範高等專科學校學報》2008 年第 6 期)、阮忠《蘇軾賦的莊子印痕及其人生境界》(《江漢論壇》2010 年第 11 期)、何新文《蘇軾與"蘇門四學士"的辭賦理論述議》(《黄岡師範學院學報》2010 年第 5 期)、李棟《蘇軾與宋代的樓臺室宇賦》(《山東青年政治學院學報》2012 年第 1 期)等。此外尚有專門研究《前赤壁賦》《後赤壁賦》《黠鼠賦》的論文 20 餘篇,不贅述。

《誠齋集》133 卷,宋楊萬里撰

【作者】

楊萬里(1127—1206),字廷秀,號誠齋,吉州吉水(今屬江西省)人。宋高宗紹興二十四年(1154)進士,官至寶謨閣直學士,封廬陵郡開國侯,卒贈光禄大夫,謚號文節。與陸游、尤袤、范成大並稱爲"南宋四大家""中興四大詩人"。著有《誠齋集》等。代表詩作有《曉出净慈寺送林子方》《小池》《宿新市徐公店》等。傳見《宋史》卷四三三。

【版本】

《直齋書録解題》和《文獻通考》著録《誠齋集》133 卷。《四庫全書》據汪如藻家藏本收録,亦爲 133 卷本。《四部叢刊》借江陰繆氏藝風堂藏宋抄本影印。

【内容】

本書凡 133 卷。前 42 卷爲詩集 9 種,依次爲《江湖集》《荆溪集》《西歸集》《南海集》《朝天集》《江西道院集》《朝天續集》《江東集》和《退休集》,爲楊萬里手自編定。自卷四三至卷一三三爲《文集》90 卷、《附録》1 卷,乃嘉定元年其子楊長孺所編。其中卷四十三、四十四收有《浯溪賦》《歸歟賦》等賦作 16 篇;卷四十五爲"辭",大抵爲騷體之作。

楊萬里的賦,常常關注社會政治,抒發報國之情。例如《浯溪賦》由浯溪周遭景色寫到元結《大唐中興碑》,對於唐玄宗的荒淫誤國進行了深刻的批判:"違人欲以圖功,犯衆怒以求濟。天下之士,果肯欣然爲明皇而致死哉? 蓋天厭不可以復祈,人潰不可以復支。"分析人心向背與時勢轉移,直擊要害,擲地有聲,其中似乎暗含着對徽宗誤國、高宗繼位問題的思考。《海鰌賦》則直抒胸臆,以飽滿的熱情歌頌紹興三十一年南宋軍隊彩石磯抗金戰役的勝利,賦風亦剛健豪邁。此外,楊賦還善於描摹物態,寄寓哲思。如《月暈賦》描寫月暈生消之景,寓人事盈虛之理;《雪巢賦》描繪自然雪景,抒寫作者的高潔情懷。其他如《嘲蜂賦》《嘲蜻蜓賦》《放促織賦》等,不僅刻畫逼真,更以詼諧幽默見長。

【研究】

研究楊萬里賦的論文主要有:劉培《深厚淳質,植意卓絶——論楊萬里的辭賦創作》[《中南民族大學學報》(人文社會科學版)2011 年第 4 期]、李美慧《論楊萬里的賦"趣"》(《成都紡織高等專科學校學報》2012 年第 1 期)。

《浪語集》35 卷(《艮齋先生薛常州浪語集》),宋薛季宣撰

【作者】

薛季宣(1134—1173),字士龍,號艮齋,人稱常州先生,永嘉(今浙江温州)人。歷仕鄂州武昌令、大理寺主簿、大理正,知湖州,改常州,未赴而卒。薛季宣是著名理學家,著有《浪語集》《書古文訓》等。傳見《宋史》卷四三四。

【版本】

1. 明祁氏澹生堂抄本,名《艮齋先生薛常州浪語集》。

2.《四庫全書》據抄本收録,名《浪語集》。

3. 清同治十一年(1872)孫衣言《永嘉叢書》據澹生堂抄本刊行。

【内容】

本書最早由薛季宣從孫薛師旦(一作薛旦)於宋理宗寶慶年間編纂刊行,凡 35 卷。初刻已不可見,今有明代抄本。此書前 3 卷收賦 20 篇;卷四至卷一四收録各體詩約 500 篇;卷一五至卷三四收各體文約 400 篇(其中包括《中庸解》《大學解》《風後握奇經》等各若干條);卷三五收祭文、挽詩、行狀、墓誌銘等 30 餘篇。《歷代辭賦總匯》亦收其賦 20 篇,始《靈芝賦》,迄《雁蕩山賦》;另有《七屆》《九奮》各 1 篇。其中《雁蕩山賦》規模宏大,筆力雄肆,最爲著名。其詠物抒情小賦如《靈芝賦》《唐風賦》《自釋賦》《金龜賦》《鳶賦》《蛆賦》等,或立意新穎,或感情充沛,内容充實,藝術水平也較高。

【研究】

研究論文有:段現成《論薛季宣辭賦的事功情懷》[《成都理工大學學報》(社會科學版)2006 年第 4 期]、劉培《情深文明的詩人之賦——論薛季宣的辭賦創作》[《遼東學院學報》(社會科學版)2012 年第 5 期》],可以參看。

《滏水集》30 卷存 20 卷,金趙秉文撰

【作者】

趙秉文,字周臣,自號閑閑居士,磁州滏陽(今河北磁縣)人,金代文學家。

金世宗大定二十五年(1185)進士,官至禮部尚書。趙秉文歷仕世宗、章宗、衛紹王、宣宗、哀宗五朝,官六卿,名聲聞於朝野。著有《滏水集》30 卷,分内、外集。外集已佚,内集曾收入《四庫全書》。另外著有《易叢説》10 卷、《資暇録》15 卷等,皆佚。傳見《金史》卷四八。

【版本】

該書有《四庫全書》本、《畿輔叢書》本,並有多種鈔本傳世。

【内容】

該書全名爲《閑閑老人滏水集》,原本 30 卷,以不乖儒理者爲内集 20 卷,以主張釋老者别爲外集 10 卷。今外集已佚,唯内集存。其中卷二收録古賦 13 篇、律賦 1 篇,篇目如下:《大椿賦》《棲霞賦》《叢臺賦》《解朝酲賦》《海青賦》《反小山賦》《琅山賦》《華山感古賦》《擬蓬賦》《遊懸泉賦》《無盡藏賦》《拙軒賦》《遊西園賦》《心静天地之鑑賦》。趙秉文爲金時賦作品最多的作家,以《海青賦》《遊西園賦》較具代表性。

【研究】

康金聲曾經對《棲霞賦》《海青賦》《遊懸泉賦》《遊西園賦》進行分析評介(見康金聲、李丹《金元辭賦論略》,學苑出版社 2004 年版,第 189 ~ 191 頁);武懷軍撰有《趙秉文對宋賦的繼承及其對金代賦風的影響》(載武懷軍《金元辭賦研究評注》,群言出版社 2006 年版,第 26 ~ 35 頁),牛海蓉撰有《趙秉文對金賦的變革及其賦作》(《社會科學戰綫》2010 年第 9 期)。

第五章 賦評正編、外編

《賦訣》1 卷,唐范傳正撰,佚

【作者】

范傳正,字西老,南陽順陽(今河南淅川)人。唐德宗貞元十年(794)甲戌科陳諷榜進士第二名,授集賢殿校書郎。歷任歙、湖、蘇三州刺史,有政績。累擢宣歙觀察使。憲宗朝(806—820)改光禄卿,因中風辭世。贈左散騎常侍。著有《西陲要略》3 卷。亦善辭賦,省試《風過簫賦》爲時人傳誦。兩《唐書》有傳。

【著録】

宋王堯臣《崇文總目》卷十二《别集三》:"《賦訣》一卷,闕。"

宋歐陽修等《新唐書》卷六十《藝文志》丁部集:"范傳正《賦訣》一卷。"鄭樵《通志》卷七十《藝文略》"文史類"、元脱脱等《宋史》卷二百九《藝文志》同。

【内容】

該書是研究律賦創作要領的專書,其内容與佚名《賦譜》相類。范傳正擅長創作律賦,今傳《風過簫賦》(以無爲斯化有感潛應爲韻)、《進善旌賦》(以設之通衢俾人進善爲韻)皆爲八韻律賦名篇,故其《賦譜》應爲方家之論。大概亡佚於元代。

《賦樞》3 卷,唐張仲素撰,佚

【作者】

張仲素(769? —819),字繪之,符離(今安徽宿州)人,郡望河間鄚縣(今河北任丘)。唐德宗貞元十四年(798)進士,又中博學宏詞科,爲武寧軍從事,元和間任司勛員外郎,又從禮部郎中充任翰林學士,遷中書舍人。張仲素是中唐著名律賦作家,與李程、王起、白居易等齊名。又擅長樂府詩,善寫思婦心情,刻畫細膩,委婉動人。著有文集 1 卷,《賦樞》3 卷。《唐才子傳》卷四有傳。

【著録】

《崇文總目》卷十二《别集三》:"《賦樞》三卷,闕。"

《新唐書》卷六十《藝文志》丁部集:"張仲素《賦樞》三卷。"《通志》卷七十《藝文略》"文史類"同。《宋秘書省四庫闕書目》、《宋史》卷二百九《藝文志》作"一卷"。

【内容】

對於《賦樞》的創作時間,史無記載,惟美國學者柏夷《賦譜略述》認爲"大約在798年"。今按:張仲素於798年中進士,此爲柏夷所據。目前衹能認定其作於貞元、元和間,難以坐實。

該書是指示律賦創作要領的專書,何新文稱:"作者以律賦著稱,内容大概是講律賦格訣或作法的。"①唐趙璘《因話録》卷三《商部下》云:"李相國程、王僕射起、白少傅居易兄弟、張舍人仲素爲埸中詞賦之最,言程式者宗此五人。"可見其律賦影響之大。其賦今存《管中窺天賦》《玉鉤賦》《窗中列遠岫賦》《山呼萬歲賦》《鑒止水賦》《漲昆明池賦》等,凡20篇(見《文苑英華》《歷代賦彙》《全唐文》),律賦居其半。正因作者係律賦大家,故《賦樞》在當時頗受歡迎。《册府元龜》卷六四二載後唐長興元年(930)學士院奏本曰:"伏乞下所司,依《詩格》《賦樞》考試進士。"元辛文房《唐才子傳》卷四云:"(張仲素)集一卷及《賦樞》三卷,今傳。"可知該書一直是衡量考生詩賦創作之準繩,其影響及於宋元。蓋亡於元代。

《賦要》1卷,唐白行簡撰,佚

【作者】

白行簡(776?—826),字知退,華州下邽(今陝西渭南)人,白居易之弟。唐代文學家。唐憲宗元和二年(807)進士,授秘書省校書郎,累遷司門員外郎,主客郎中。又曾任度支郎中、膳部郎中等職。著有文集10卷,已佚。白行簡是中唐著名的律賦和傳奇作家。唐趙璘《因話録》卷三《商部下》云:"李相國程、王僕射起、白少傅居易兄弟、張舍人仲素爲埸中詞賦之最,言程式者宗此五人。"(《唐語林》卷二同)《全唐文》輯録其賦18首。所作傳奇《李娃傳》《三夢記》流傳甚廣。

【著録】

《宋史》卷二百九《藝文志》"文史類":"白行簡《賦要》一卷。"

【内容】

該書是研究律賦創作要領的專書,故名《賦要》。其内容與佚名《賦譜》相類,惜已失傳。柏夷《賦譜略述》認爲"作於807年左右"。

《賦格》1卷,唐紇干俞撰,佚

【作者】

紇干俞,字號、籍貫均不詳。據鄭樵《通志》卷七十《藝文略》和董誥《全唐

① 何新文、蘇瑞隆、彭安湘:《中國賦論史》,人民出版社2012年版,第139頁。

文》卷七二三,紇干俞爲元和間(806—820)進士,曾任渭南尉。擅長律賦,今存律賦7篇,見《文苑英華》《歷代賦彙》和《全唐文》。

張伯偉引岑仲勉《元和姓纂四校記》云,"紇干俞"實當爲"紇干臮"。臮,字咸一,元和十年(815)進士,大中間爲江西觀察使。① 備考。

【著録】

宋王堯臣《崇文總目》卷十二《别集三》:"紇干俞《賦格》一卷。"《通志》卷七十"藝文略·文史類"、《宋史》卷二百九《藝文志》作"紇于俞"。今按:"紇干"當爲北朝胡姓,《崇文總目》是。

【内容】

本書旨在介紹律賦創作的技巧和方法,大概亡於元代。

《賦門》一卷,唐浩虚舟撰,佚

【作者】

浩虚舟,字號不詳。《山西通志》卷六十五"唐博學宏詞科"云:"浩虚舟,永濟人。"可見其籍貫爲山西永濟縣。他是隰州刺史浩聿之子,年代比李程略晚。《全唐詩》卷四七二云:"浩虚舟,隰州刺史聿之子,中宏詞科。"又,五代王定保《唐摭言》卷十三載:"李繆公(李程)貞元中試《日有五色賦》及第。(中略)後出鎮大梁,聞浩虚舟應宏辭復試此題,頗慮浩賦逾己,專馳一介取本。"其應博學宏詞科的時間,大概在貞元、元和年間。長慶二年(822),又以《木雞賦》進士及第。現存賦8篇(見《歷代賦彙》和《全唐文》),多爲律賦。佚名《賦譜》論及他的《舒姑泉賦》《木雞賦》《陶母截髮賦》《蘇武不拜單于賦》4篇,唐李匡乂《資暇集》卷上亦論及《蘇武不拜單于賦》1篇,在當時流傳較廣。

【著録】

《崇文總目》卷十二《别集三》:"浩虚舟《賦門》一卷。"《新唐書》卷六十《藝文志》丁部總集、《通志》卷七十《藝文略》"文史類"、《宋史》卷二百九《藝文志》同。

【内容】

對於《賦門》的撰寫時間,史無記載,惟美國學者柏夷《〈賦譜〉略述》認爲大約成於822年前後,"有可能《賦譜》就是《賦門》,祇是用了另外一個題目"。今按:柏夷對今存《賦譜》做了深入研究,發現該書所徵引的賦篇以浩虚舟4賦爲最晚,故推測爲浩虚舟所撰。其論據祇能證明,《賦譜》在撰寫時間的上限爲浩虚舟時代,並不能證明該書爲浩氏所撰,更不能證明《賦門》爲《賦譜》的别稱,故不從。

---

① 張伯偉:《全唐五代詩格彙考》,鳳凰出版社2002年版,第577頁。

《賦門》也是一部指示作賦門徑的賦格書,是應科舉考試之需而撰寫的。大概亡於元代。

《詩賦格》1 卷,唐佚名撰,佚

【著録】

日僧圓仁《入唐新求聖教目録》著録。

按:圓仁《目録》上於承和十四年(唐宣宗大中元年,847),可知此書完成於847年之前。已佚。

《賦譜》1 卷,唐佚名撰

【作者】

佚名,唐代中期人,主要活動於唐文宗太和、開成(827—840)年間。生平不詳。其所撰《賦譜》是現今唯一可見的唐代賦格著作。香港大學饒宗頤先生《選堂賦話》認爲:"其書或作於貞元、太和間。"(見何沛雄《賦話六種》,香港三聯書店1982年版);美國漢學家柏夷《賦譜略述》對該書所引38篇唐賦進行匯總和考證,認爲其中時間最晚者爲浩虚舟於長慶二年(822)創作的《木雞賦》,從而認定"《賦譜》當成於浩虚舟就進士試的822年以後不久","即便不是浩虚舟之作,撰成年代也不會晚於850年"。[①] 南京大學張伯偉教授則認爲"或在唐文宗太和、開成(827—840)年間"[②]。湖北大學何新文教授認爲:"可將《賦譜》的撰成時間推定在浩虚舟就進士試的穆宗長慶二年(822)至文宗開成末年(840)的中晚唐之際。這正是唐代律賦興盛、賦格著作流行的時候。"[③]今按:諸家所言,皆爲推測。成書之上限爲長慶二年(822),應該可以確定;但其下限,諸家皆無實據,衹能存疑。

【内容】

《赋谱》成書於中唐,在我國早已失傳,亦未見著録。所幸該書传入日本,1941年被發現,现藏日本東京五島慶太郎博物館。今據張伯偉校訂本移録如下(《全唐五代詩格彙考》本第555~569頁),並試做簡釋:

凡賦句有壯、緊、長、隔、漫、發、送合織成,不可偏捨。

壯　三字句也。若"水流濕,火就燥","悦禮樂,敦《詩》《書》","萬國會,百工休"之類,綴發語之下爲便,不要常用。

緊　四字句也。若"方以類聚,物以群分","四海會同,六府孔修",

① [美]柏夷:《〈賦譜〉略述》,《中華文史論叢》第四十九輯,上海古籍出版社1992年版,第149~164頁。

② 張伯偉:《全唐五代詩格考校》附録三《賦譜》,鳳凰出版社2002年版,第544頁。

③ 何新文、蘇瑞隆、彭安湘:《中國賦論史》,人民出版社2012年版,第141~142頁。

"銀車隆代,金鼎作國"之類,亦綴發語之下爲便,至今所用也。

長 上二字下三字句也,其類又多上三字下三字。若"石以表其貞,變以彰其異"之類,是五也。"感上仁於孝道,合中瑞於祥經",是六也。"因依而上下相遇,修分而貞剛失全",是七也。"當白日而長空四朗,披青天而平雲中斷",是八也。"笑我者謂量力而徒爾,見機者料成功之遠而",是九也。六、七者堪常用,八次之,九次之。其者時有之得。但有似緊,體勢不堪成緊,則不得已而施之。必也不須綴緊。承發下可也。

隔 隔句對者,其辭云。隔體有六:輕、重、踈、密、平、雜。輕隔者,如上有四字,下六字。若"器將道志,五色發以成文;化盡歡心,百獸舞而叶曲"之類也。重隔,上六下四。如"化輕裾於五色,猶認羅衣;變纖手於一拳,以迷紈質"之類是也。踈隔,上三,下不限多少。若"酒之先,必資於麴糵;室之用,終在乎户牖""倏而來,異緑虵之宛转;忽而往,同飛燕之輕盈""俯而察,焕乎呈科斗之文;静而觀,炯爾見雕蟲之藝"等是也。密隔,上五已上,下六已上字。若"徵老聃之説,柔弱勝於剛強;驗夫子之文,積善由乎馴致""詠《團扇》之見託,班姬恨起於長門;履堅冰以是階,袁安歎驚於陋巷"等是也。平隔者,上下或四或五字等。若"小山桂樹,權奇可比;丘林桃花,顔色相似""進寸而退尺,常一以贯之;日往而月來,則就其深矣"等是也。雜隔者,或上四,下五、七、八;或下四,上亦五、七、八字。若"悔不可追,空勞於駟馬;行而無迹,豈繫於九衢""孤煙不散,若襲香爐峰之前;圓月斜臨,似對鏡廬山之上""得用而行,將陳力於休明之世;自强不息,必苦節於少壯之年""及素秋之節,信謂逢時;當明德之年,何憂淹望""采大漢强幹之宜,裂地以爵;法有周維城之制,分土而王""虚矯者懷不材之疑,安能自持;賈勇者有攻堅之懼,豈敢争先"等是也。此六隔,皆爲文之要,堪常用,但務暈澹耳。就中輕、重爲最,雜次之,踈、密次之,平爲下。

漫 不對合,少則三四字,多則二三句。若"昔漢武""賢哉南容""我聖上之有國""甚哉言之出口也,電激風趨,過乎馳驅""守静勝之深誡,冀一鳴而在此""歷歷游游,宜乎凉秋""誠哉性習之説,我將爲教之先"等是也。漫之爲體,或奇或俗;當時好句,施之尾可也,施之頭亦得也。項、腹不必用焉。

發 發语有三種:原始、提引、起寓。若"原夫""若夫""觀夫""稽夫""伊昔""其始也"之類,是原始也。若"洎夫""且夫""然後""然則""豈徒""借如""則曰""僉曰""矧夫""於是""已而""故是""是故""故得""是以""爾乃""乃知""是從""觀夫"之類,是提引也。"觀其""稽其"等也,或通用之。如"士有""客有""儒有""我皇""國家""嗟乎""至矣哉""大矣哉"之類,是起寓也。原始發項,起寓發頭、尾,提引在中。

送　送语,"者也""而已""哉"之類也。

凡句字少者居上,多者居下。緊、長、隔以次相随。但長句有六、七字者,八、九字者,相連不要,以八、九字者似隔故也。自餘不須。且長、隔雖遥相望,要異體爲佳。其用字"之""於""而"等,暈澹爲綺矣。

凡賦以隔爲身體,緊爲耳目,長爲手足,發爲脣舌,壯爲粉黛,漫爲冠履。苟手足護其身,脣舌叶其度;身體在中而肥健,耳目在上而清明;粉黛待其時而必施,冠履得其美而即用,則賦之神妙也。

[簡釋]以上爲第一大段,討論律賦的句式特點和創作要領。首先總述,指出律賦的句式有"壯、緊、長、隔、漫、發、送"7 種,交織成篇,不可偏廢。對於"壯"(三字句)、"緊"(四字句)、"長"(五、六、七、八、九字句),作者皆舉例加以説明,並且提醒讀者:"壯"不可常用,"緊"可以常用,六言、七言亦可常用,八言次之,九言又次之。接下來又對"隔"(隔句對)進行了十分細緻的分析。《文心雕龍·麗辭》曾將對偶分爲言對、事對、反對、正對 4 種,較其優劣;本文則更進一步,深入探討唐代流行的隔句對的藝術特點。作者將隔句對劃分爲"輕隔"(上四下六)、"重隔"(上六下四)、"疏隔"(上三,下不限)、"密隔"(上五以上,下六以上)、"平隔"(上四下四,或上五下五)、"雜隔"(上四,下五、七、八;或下四,上五、七、八),凡 6 種。寫作律賦時,這 6 種句式都很重要,其中"輕隔""重隔"爲常式,其次"雜隔",再次"密隔",最次爲"平隔"。然後,作者又對"漫"(不對句)、"發"(發語詞)、"送"(句尾詞)3 種輔助性句式進行探討。作者以人的身體爲喻,認爲:"隔爲身體,緊爲耳目,長爲手足,發爲脣舌,壯爲粉黛,漫爲冠履。苟手足護其身,脣舌叶其度;身體在中而肥健,耳目在上而清明;粉黛待其時而必施,冠履得其美而即用,則賦之神妙也。"非常生動地闡述了各種句式在賦中所起的作用。將各種句式巧妙佈局,綜合使用,自然會形成一個完美的整體,創作出優秀的賦篇。

凡賦體分段,各有所歸。但古賦段或多或少,若《登楼》三段、《天台》四段之類是也。至今新體,分爲四段:初三、四對,約卅字爲頭;次三對,約卅字爲項;次二百餘字爲腹;最末約卌字爲尾。就腹中更分爲五:初約卌字爲胸,次約卌字爲上腹,次約卌字爲中腹,次約卌字爲下腹,次約卌字爲腰。都八段,段段轉韻發语爲常體。

其頭初緊、次長、次隔,即項原始、緊。若《大道不器》云:"道自心得,器因物成。將守死以爲善,豈随時而易名。率性而行,舉莫知其小大;以學而致,受無見於滿盈。稽夫廣狹異宜,施張殊類"之類是也。次長、次隔。即胸、發、緊、長、隔至腰。如此,或有一兩箇以壯代緊。若居緊上及兩長連續者,仇也。

夫體相變互,相暈澹,是爲清才。即尾起寓,若長、次隔、終漫一兩句。

若《蘇武不拜》云:"使乎使乎,信安危之所重"之類是也。得全經爲佳。

約略一賦内用六、七緊,八、九長,八隔,一壯,一漫,六、七發;或四、五、六緊,十二三長,五、六、七隔,三、四、五發,二、三漫、壯;或八、九緊,八、九長,七、八隔,四、五發,二、三漫、壯、長;或八、九隔,三漫、壯;或無壯;皆通。計首尾三百六十左右字。但官字有限,用意折衷耳。

[簡釋]以上爲第二大段,論律賦的段落結構。作者認爲,"今新體"(律賦)的分段與古賦(或三段,或四段,比較靈活)不同,一般分爲四段:"頭"(初三、四對,大約30字)、"項"(次三對,約40字)、"腹"(200餘字)、"尾"(約40字),這與律詩的首聯、頷聯、頸聯、尾聯何其相似!但律賦篇幅較長,規則更爲複雜,也更能考驗作賦者的才情和學識。其中"腹"部字數最多,又可以劃分爲"胸"(初約40字)、"上腹"(次約40字)、"中腹"(次約40字)、"下腹"(次約40字)、"腰"(次約40字)五部分。如此算來,一篇律賦實際上可以分爲八部分,大約360字。每一部分使用何種句式,忌用何種句式,都加以交代,可謂細緻入微。這些要求看似十分繁瑣,但在當年卻是考官們評判試卷的重要依據,衹有符合這些規範的試賦,纔可能通過。因而具有十分鮮明的現實針對性。

近來官韻多勒八字,而賦體八段,宜乎一韻管一段,則轉韻必待發语,遞相牽綴,實得其便,若《木鷄》是也。若韻有寬窄,詞有短長,則轉韻不必待發语。發语不必由轉韻,逐文理體制以綴屬耳。若"泉泛珠盤"韻是寬,故四對中含發;"用"韻窄,故二對而已,下不待發之類是也。又有連數句爲一對,即押官韻兩箇盡者。若《駟不及舌》云:"嗟乎,以騣騣之足,追言言之辱,豈能之而不欲。蓋窒喋喋之喧,喻駿駿之奔,在戒之而不言。"是則"言"與"欲"並官韻,而"欲"字故以"足""辱"協,即與"言"爲一對。如此之輩,賦之解證,時復有之,必巧乃可。若不然者,恐職爲亂階。

[簡釋]以上爲第三大段,專論律賦的用韻。文中稱:"近來官韻多勒八字",恰好與唐太和年間試賦始嚴格限用八字的情況相合,因而張伯偉、何新文推測該書撰寫於太和、開成(827—840)年間,頗有道理。文中指出:"而賦體八段,宜乎一韻管一段",將所限"八韻"與律賦的"八段"一一對應,可謂巧妙。在轉韻時使用"發"語,即"原夫""若夫""起始也""然則""於是""乃知"之類的連接詞,將"八段"連綴起來,自然成篇。南宋洪邁《容齋隨筆》卷十三云"自太和以後,始以八韻爲常",所舉例證亦與此段相似,或許受到《賦譜》之影響。

凡賦題有虚、實、古、今、比喻、雙關,當量其體勢,乃裁製之。

虚。無形像之事,先敍其事理,令可以發明。若《大道不器》云:"道自心得,器因物成。將守死以爲善,豈隨時而易名。"《性習相近遠》云:"噫!下自人,上達君。感德以慎立,而性由習分。習而生常,將俾乎善惡區別。慎之在始,必辨乎是非糾紛"之類也。

實。有形像之物，則究其物像，體其形勢。若《隟塵》云："惟隟有光，惟塵是依。"《土牛》云："服牛是比，合土成美。"《月中桂》云："月滿於東，桂芳其中"等是也。雖有形像，意在比喻，則引其物像，以證事理。《如石投水》云："石至堅兮水至清，堅者可投之必中，清者可受而不盈。"比"義兮如君臣之叶德，事兮因諫納而垂名"。《竹箭有筠》云："喻人守禮，如竹有筠。"《駟不及舌》云："甚哉言之出口也，電激風趨，過乎馳驅。"《木鷄》云："惟昔有人，心至術精，得鷄之情"等是。"水""石""鷄""駟"者實，而"納諫""慎言"者虛，故引實證虛也。

古昔之事，則發其事，舉其人。若《通天臺》云"諮漢武兮恭玄風，建曾臺兮冠靈宫"。《群玉山賦》云："穆王与偓佺之倫，爲玉山之會。"《舒姑化泉》云："漂水之上，蓋山之前，昔有處女"之類是也。而白行簡《望夫化爲石》無切類石事者，惜哉！

今事則舉所見，述所感。若《大史頒朔》云："國家法古之制，則天之理。"《泛渭賦》云："亭亭華山下有渭"之類是也。又有以古事如今事者，即須如賦今事，因引古事以證之。若《冬日可愛》引趙衰，《碎虎魄枕》引宋武之類。而《獸炭》未及羊琇，《鶴處雞群》如遺乎嵇紹，實可爲恨。

比喻有二：曰明，曰暗。若明比喻，即以被喻之事爲幹，以爲喻之物爲支。每幹支相含，至了爲佳，不以雙關。但頭中一對，敍比喻之由，切似雙關之體可也。至長三、四句不可用。若《秋露如珠》，"露"是被喻之物，"珠"是爲喻之物，故云："風入金而方勁，露如珠而正團。映蟾輝而迴列，疑蚌割而俱攢"，"磨南容之詩，可復千嗟；别江生之賦，斯吟是月"。月之與珪雙關，不可爲準。

若暗比喻，即以爲喻之事爲宗，而内含被喻之事。亦不用爲雙關，如《朱絲繩》《求玄珠》之類是。"絲"之與"繩"，"玄"之與"珠"，並得雙關。"絲繩"之與"真"，"玄珠"之與"道"，不可雙關。而《炙輠》云："惟輠以積膏而潤，惟人以積学而才。潤則浸之所致，才則厥修乃來。"《千金市駿骨》云："良金可聚，駿骨難遇。傳名豈限乎死生，賈價寧親乎金具。"或廣述物類，或遠徵事始，却似古賦頭。《望夫化爲石》云："至堅者石，最靈者人。"是破題也。"何精誠之所感，忽變化也如神。離思無窮，已極傷春之目；貞心彌固，俄成可轉之身。"是小賦也。"原夫念遠增懷，憑高流眄。心揺揺而有待，目眇眇而不见。"是事始也。又《陶母截髮賦》項云："原夫蘭客方來，蕙心斯至。顧巾橐而無取，俯杯盤而内愧。"是頭既盡截髮之义，項更徵截髮之由來。故曰新賦之體，項者，古賦之頭也。借如謝惠連《雪賦》云："歲將暮，時既昏。寒風積，愁雲繁。"是古賦頭，欲近雪，先敍時候物候也。《瑞雪賦》云："聖有作兮德動天，雪爲瑞而表豐年。匪君臣之合契，豈感應之昭

(室)[宣]。若乃玄律將暮,曾冰正堅。"是新賦先近瑞雪了,項敍物類也。入胸已後,緣情體物,縱横成綺。六義備於其間,至尾末舉一賦之大統而結之,具如上説。

自宋玉《登徒》、相如《子虛》之後,世相放傚,多假設之詞。貞元以來,不用假設。若今事必須,著述則任爲之,若元稹《郊天日祥雲五色賦》是也。

[簡釋]以上爲第四大段,專門研究"賦題"。作者認爲,賦題有"虛、實、古、今、比喻、雙關"6種,應該根據不同類型賦題的要求,因題制賦。以下便對6種賦題的審題要點和創作技巧分别進行研究。例如"虛"題,"無形像之事",即没有具體的物象,難以把握,那麽就要"先敍其事理,令可以發明",通過議論、説理來闡述題意,然後舉《大道不器賦》《性習相近遠賦》加以説明。至於"實"題,有具體可見的事物,則可以"究其物像,體其形勢",采用傳統的鋪陳手法進行描繪;倘若"雖有形像,意在比喻",則可以"引其物像,以證事理",由實入虛,虛實結合,如《如石投水賦》《竹箭有筠賦》《駟不及舌賦》《木鷄賦》等篇皆是。《賦譜》結尾,還對古賦、律賦在"破題"和結構層次上的方法進行比較,提出一些頗有指導性的意見。作者認爲律賦"破題"與古賦相似,但律賦之"項",往往即古賦之"頭"。例如謝惠連《雪賦》先叙"時候物候",然後轉入對"雪"的描繪;而律賦《瑞雪賦》先"破題"點明瑞雪,再宕開一筆叙述"物類"("先近瑞雪了,項叙物類"),其順序有所不同。最後指出律賦創作"貞元以來,不用假設",這與傳統的散體大賦完全不同。

《賦譜》以2500字的篇幅,對律賦創作中的句式、對仗、章段、用韻、審題等方面進行了系統而又細緻的闡述,提出了許多具體的具有可操作性的指導意見,這既是對初盛唐律賦創作實踐的理論總結,同時也爲中唐及以後的文人創作律賦、參加科舉考試提供了重要參考,具有鮮明的現實針對性和指導意義。文中多次提到"但務暈澹""暈澹爲綺""相暈澹是爲清才",反映了唐代律賦學界的美學追求。從賦學史上看,它是一部研究唐代律賦和古代律賦藝術的不可多得的重要文獻。

【研究】

《賦譜》於1941年發現於日本,最早對其進行研究的是1954年日本群馬大學中澤希南教授撰寫的《賦譜校箋》(發表於《群馬大學教育部紀要》第17卷,1976);1980年,美國加利福尼亞大學的柏夷完成了其研究《賦譜》的博士論文:The ledger on the Rhapsody:Studies in the art of the Tang Fu。1992年,柏夷《〈賦譜〉略述》(嚴壽澄譯)發表于《中華文史論叢》第四十九輯(第149~164頁),至此,《賦譜》方爲國人所知曉。此後的研究論文有:1. 張伯偉《全唐五代詩格校考》附録三《賦譜》校考(陝西人民教育出版社1996年版,鳳凰出版社2002年版);2. 詹杭倫《〈賦譜〉校注》,載氏撰《唐宋賦學研究》(中國社會科學出版社、華齡出版社 2004 年版）；3.（香港）陳萬成《〈賦譜〉與唐賦的演變》（《辭賦文學論集》，江蘇教育出版社 1999 年版，第 559 ~ 577 頁）；4. 李冰《〈賦譜〉探微》［《安徽文學》（下半月）2008 年第 11 期］；5. 何新文、蘇瑞隆、彭安湘《中國賦論史》第三章第四節《〈賦譜〉及其他唐五代的賦格書》（人民出版社 2012 年版，第 141 ~ 142 頁）等。

《賦格》1 卷，五代和凝撰，佚

【作者】

和凝（898—955），字成績，汶陽須昌（今山東東平）人，五代時文學家、法醫學家。好文學，長於短歌豔曲。後梁貞明二年（916）十九歲登進士第，後唐時官至中書舍人，工部侍郎。後晉天福五年（940）拜中書侍郎同中書門下平章事。入後漢，封魯國公。後周時，贈侍中。嘗取古今史傳所訟斷獄、辨雪冤枉等事，著爲《疑獄集》2 卷；子和（山蒙）又增訂 2 卷，合成 4 卷。現存詞 29 首。新、舊《五代史》有傳。

【著録】

《宋史》卷二百九《藝文志》著録："和凝《賦格》一卷。"

【内容】

本書主要介紹律賦創作的格律和技巧。《舊五代史》卷一二七《和凝傳》載："唐天成中，入拜殿中侍御史，歷禮部、刑部二員外，改主客員外郎，知制誥。尋詔入翰林，充學士，轉主客郎中充職，兼權知貢舉。貢院舊例：放牓之日，設棘於門，及閉院門，以防下第不逞者。凝令徹棘啟門，是日寂無喧者，所收多才名之士，時議以爲得人。"①爲朝廷選拔了一批傑出人才。該書或許作於此時，以指導士子創作律賦爲宗旨。大概亡於元代。

《賦門魚鑰》15 卷，宋馬偁編，佚

【作者】

馬偁，北宋文人，生平不詳。據陳振孫《直齋書録解題》，馬偁曾中進士。輯有《賦門魚鑰》15 卷。

【著録】

宋陳振孫《直齋書録解題》卷二十二文史類："《賦門魚鑰》十五卷，進士馬偁撰。編集唐蔣防而下至本朝宋祁諸家律賦格訣。"（馬端臨《文獻通考》卷二四九同。）《宋史》卷二百九《藝文志》："馬偁《賦門魚鑰》十五卷。"

【内容】

根據《直齋書録解題》的著録，該書實爲唐宋著名賦格書的彙編，始於唐蔣

---

① 〔宋〕薛居正等：《舊五代史》，中華書局 1976 年版，第 1672 頁。

防,迄於宋代宋祁。今按:蔣防(792—?)是唐代中晚期作家,擅長詩賦,傳奇《霍小玉傳》尤爲知名。《宋史·藝文志》著録蔣防《賦集》1卷,已佚。其賦至今尚存20篇,見《歷代賦彙》和《全唐文》,數量亦不少。但對於其"律賦格訣",則未見記載。宋祁(998—1061)爲北宋前期文學家、史學家,曾與歐陽修合撰《新唐書》,著有《宋景文公文集》62卷。其賦今存7篇,亦未見其與"律賦格訣"有關的記載。如此,則陳振孫所言頗爲可疑。唯一可以肯定的是,《賦門魚鑰》的編輯年代晚於宋祁,當爲北宋中後期。

又,清人李調元《賦話序》云:"古有詩話、詞話、四六話,而無賦話。徐(鉉)[鍇]之集唐宋律賦爲《賦苑》二百卷,李魯之《賦選》五卷,楊翱之《典麗賦》六十四卷,唐仲友之《後典麗賦》四十卷,馬偁之《賦門魚鑰》五卷,搜輯則該博矣,抉擇則精粹矣,然祇帖括之津梁,而非作賦之法門也。"稱該書"五卷",與《直齋書録解題》和《宋史》不合,或許脱"十"字;將此書與《賦苑》等合稱,似乎亦視之爲賦總集。今考《賦話》並未徵引《賦門魚鑰》中的文字,可證李調元亦並未見到此書。"五卷"云云,實爲疏忽。該書亡於元代。

《賦評》1卷,宋吴處厚撰,佚

【作者】

吴處厚,字伯固,北宋邵武(今屬福建省)人,宋仁宗皇祐五年(1053)進士。據《宋史》卷四七一,吴處厚曾任大理丞,因與蔡確不合,出知通利軍,又徙知漢陽。元祐中擢爲衛州知州,卒於任上。撰有《青箱雜記》10卷。

【著録】

《宋史》卷二百九《藝文志》:"吴處厚《賦評》一卷。"

【内容】

《宋史》卷四七一載:"始,蔡確嘗從處厚學賦。"蔡確年輕時曾經跟隨吴處厚學習作賦,後來於嘉祐四年(1059)高中進士,成爲北宋著名政治家。説明吴處厚擅長律賦的教學,負有盛名。其《賦評》已亡佚,内容難詳。不過,吴處厚的另一著述《青箱雜記》中亦有不少論賦之語。如該書卷十云:"王沂公《有物混成賦》云:'不縮不盈,賦象寧窮於廣狹;匪彫匪斲,流形罔滯於盈虚。'則宰相陶鈞運用之意,已見於此賦矣。"王曾(王沂公)在宋真宗時曾連中三元,後官至參知政事,故有此説。不難看出,吴處厚善於以意逆志,通過具體賦句以觀覘賦家的志向與才能。《賦評》之内容,當與此相類。這比單純研究章法技巧的賦格和詩格書,顯然更有内涵與深度。

又,宋樓昉《崇古文訣》卷五《兩都賦序》題解云:"讀〈兩都賦序〉,則知詞賦之作,亦可以觀世變,非一切鋪張誇大之謂也。本朝吴處厚《賦評》、唐説齋《中興賦序》亦得此意。"指出吴處厚《賦評》通過辭賦"以觀世變"的特點。

該書亦亡於元代。

《賦話》卷數不詳，宋王銍撰，佚

【作者】

王銍，字性之，汝陰（今安徽阜陽）人，自號汝陰老民。北宋學者。其父王莘（一作王萃）曾師事歐陽修。王銍少而博學，南渡後寓居剡中。紹興初年，官迪功郎，高宗建炎四年（1130），權樞密院編修官。紹興四年（1134）撰成《樞庭備檢》，爲右承事郎。晚年遭秦檜排擠，避居剡溪山，世稱雪溪先生。著有《雪溪集》《四六話》《默記》《雜纂續》《侍兒小名録》《國老談苑》《祖宗兵制》《七朝國史》《太玄經義解》等。《宋史翼》卷二七有傳。

【内容】

王銍《四六話》自序云："銍類次先子所謂詩賦法度，與前輩話言，附家集之末。又以銍所聞於交游間四六話事實，私自記焉。其詩話、文話、賦話，各别見云。"可知王銍除了《詩話》《文話》《四六話》，尚撰有《賦話》一書，惜已不傳，各種典籍亦未見著録。參考《四六話》的編纂體例和風格，尚可大致考見《賦話》的面貌。《四六話》亦有不少論賦之語，該書卷下云：

> 錢熙泉南，才雄之士，進《四夷來王賦》萬餘言，太宗愛其才，擢館職。嘗撰《三酌酸文》，世稱精絶。…… 鄉人李慶孫哭之曰："《四夷》妙賦無人誦，《三酌酸文》舉世傳。"
>
> 阮思道子昌齡，醜陋吃訥，聰敏絶人。年十七八，海州試《海不揚波賦》，即席一筆而成，文不加點。其警句云："收碣石之宿霧，斂蒼梧之夕雲。八月靈槎，泛寒光而静去；三山神闕，湛清影以遥連。"

這兩段話記載錢熙、阮昌齡二人作賦之軼事。前者氣高才雄，作賦萬言，並因此得官，惜曲高和寡，無人傳誦；後者相貌醜陋，口吃木訥，但才思敏捷，文不加點。作者徵引賦中的名言警句，以供讀者品賞。四庫館臣評價道："銍之所論，亦但較勝負于一聯一字之間。至周必大等承其餘波，轉加細密。終宋之世，惟以隸事切合爲工，組織繁碎，而文格日卑。皆銍等之論導之也。"①對其頗有不滿。《賦話》雖佚，其内容當亦與此近似，通過徵引名言佳句的方式評賞時賦，討論作賦的藝術技巧。

王銍很可能是第一位提出"賦話"之名並撰寫《賦話》的學者，比浦銑編寫《歷代賦話》的時間（1764）要早六百餘年，其賦學史價值是不容忽視的。

【研究】

何新文等《中國賦論史》第四章第三節《南宋王銍與王觀國的賦論》對其有

① 〔清〕永瑢等：《四庫全書總目》卷一百九十五，中華書局 1965 年版，第 1783 頁。

介紹。(人民出版社 2012 年版,第 184—186 頁。)

《賦文精義》卷數不詳,宋林坰撰,佚

【作者】

林坰(一作"駉"),字德頌。《四庫全書》本《古今源流至論》提要云:"駉字德頌,寧德(今福建省寧德市)人。清脩苦學,嘗以易魁鄉薦,著書授徒,鄰境争迎師之。其事迹見《閩書》中。"著有《古今源流至論》10 卷、《皇鑒前後集》等。何新文先生經過考證,認爲係宋寧宗嘉定(1208—1224)前後時人。①

【内容】

《賦文精義》一書,未見著録,早已亡佚。但宋孫奕(宋光宗時人)《示兒編》徵引了數段文字,尚可窺見其一鱗半爪。該書卷九《文説》"雙音字貴詳審"條云:

> 林德頌坰《賦文精義》云:如《車攻宣王復古賦》,"復"字本獨音扶又反,俗音伏。熊淳押舊字,云:"苟根本之謀,在我素講,則統緒之托,指期可復。"皆本音也。沈之萬押肅字,云:"所嗟古制之久泯,豈謂此詩之能復?"此用俗音也。理當從經釋文是。然恐主文用俗音,故須上請。予按,經釋文《車攻序》"復古""復文"皆無音,唯"復會"獨音扶又反,"復古"之"復"當音伏訓反也,"復會"之"復"訓又也。則此"復古",熊淳押去聲非是,沈之萬押入聲乃是。林德頌顧第弗深究也。
>
> 林又云:如"渾天儀",字本音胡本反。葉重開《天行健賦》云:"爰有稚圭,擬形容於轉轂,故令平子妙制,作於渾儀。"此誤作平音用也。如姚鳳《渾天羲和之舊器賦》云:"妙契洪造,器名渾天。"此是矣。予稽諸《揚雄傳》"大潭思渾天",顔師古音胡昆反;揚子《重黎篇》"或問渾天",温公音胡本切。則二音皆得通押,不可謂誤。
>
> 張教授炳在廬陵郡學,出《孟荀羽翼六經賦》,羽有兩音,上聲者五音之羽,去聲者羽翼之羽。有上請者許押上聲,乃是落韻。

以上三段,何新文先生皆視爲林坰《賦文精義》之佚文。② 今按:細繹文意,第一段"予按"之上爲林坰《賦文精義》之文字,認爲"復"字熊淳用本音,沈之萬用俗音;"予按"之下則爲徵引者(孫奕)的按語,認爲"熊淳押去聲非是,沈之萬押入聲乃是",並作評論:"林德頌顧第弗深究也。"顯然非林氏之語。第二段"予稽諸"之上爲林氏文字,認爲"渾"字葉重開誤作平音用,姚鳳作去聲是;"予稽諸"之下則爲徵引者(孫奕)的按語,舉《漢書·揚雄傳》和揚雄《法言·重黎

① 何新文、蘇瑞隆、彭安湘:《中國賦論史》,人民出版社 2012 年版,第 205 頁。

② 何新文、蘇瑞隆、彭安湘:《中國賦論史》,人民出版社 2012 年版,第 206 頁。

篇》的注音爲例,力證“二音皆得通押,不可謂誤”,以糾正林坰的觀點。至於第三段,開頭没有“林又曰”字樣,則顯然爲孫奕的文字。

總之,上文第一段、第二段的前半部分爲林坰《賦文精義》的内容,以探討賦的用韻爲主。作者以時人創作的賦篇爲例,分析其用韻的本俗或正誤,指出當科舉試賦所限之韻字有本、俗之别時,“恐主文用俗音,故須上請”,以免出現用韻之誤。不難看出其服務科舉考試的用意。林氏所云,或有訛誤;孫奕加以徵引,旨在糾正其訛誤。

《聲律關鍵》8 卷卷首 1 卷,宋鄭起潛撰

【作者】

鄭起潛,字子升,號立庵,平江府吴縣(今江蘇蘇州)人。宋嘉定十六年(1223)蔣重珍榜進士及第。曾任吉州州學教授,撰寫《聲律關鍵》8 卷,刻版梓行。淳祐間,累遷崇政殿説書,侍讀、侍講,爲大禮執綏官,除禮部侍郎,遷中書起居舍人,轉直學士,權兵部尚書。以事獲罪,貶贛州。[①] 擅長詩賦。時代與林坰同時,而略晚於洪邁、朱熹。《宋史》卷四零六《劉漢弼傳》、卷四一三《趙必愿傳》、卷四一五《程公許傳》,《宋季三朝政要目録》卷二等書有零星記載,明王鏊《姑蘇志》卷五十一有傳。

【著録】

黄虞稷《千頃堂書目》卷十五:“鄭起潛《聲律關鍵》八卷。”

《文淵閣書目》卷一《玄字號一厨書目·樂書》:“鄭起潛《聲律關鍵》一部(四册)。”

【版本】

1. 舊抄本(臺北“國家圖書館”善本部藏)

2.《宛委别藏》本(有上海商務印書館 1935 年影印本、臺灣商務印書館重印本)

3. 臺灣藝文印書館影印《叢書集成三編》本

今按:詹杭倫曰:“經過比對,三種抄本内容、形式無别,都出自同一底本。”[②]

4. 清嘉慶間《宛委别藏》抄本,國家圖書館藏,有北京圖書館出版社 2004 年

---

① 《姑蘇志》卷五十一載:“鄭起潛……遷中書起居舍人,轉直學士,權兵部尚書,貶贛州。”據此,鄭起潛於晚年貶任贛州。而《江西通志》卷四十六云:“鄭起潛,吴縣人,進士,累官權兵部尚書。嘉熙中誣爲史嵩之黨,貶任(贛州)。”謂嘉熙年間(1237—1240)貶任贛州,在淳祐元年(1241)任秘書著作郎、崇政殿説書之前。兩處記載矛盾,未審孰是。

② 詹杭倫、李立信、廖國棟:《唐宋賦學新探》,萬卷樓圖書股份有限公司 2005 年版,第 262 頁。

《賦話廣聚》影印本(第1册),《續修四庫全書》影印本(第1716册)

5.《輯刊》第186册影印上海圖書館藏商務印書館影印本

據影印本可知,該書的底本是清抄本。首鄭起潛《淳祐元年正月陸日尚書省札子》1葉,上方鈐有"嘉慶御覽之寶"大方印,右下方鈐有"王培孫紀念物""上海圖書館藏"章。次《五訣》1卷,四周單邊,白口,無魚尾,半葉8行,每行27字左右,小字雙行每行約38字。本卷有裝訂錯誤,第3、4葉當移至第6葉之後。"五訣"之下,附有《叙全篇》《第六七韻貫通》《叙末三韻》等3篇以及《句法》11則,半葉15行,每行28—30字。以下爲正文8卷。卷端題:"聲律關鍵,修職郎、吉州州學教授鄭起潛編。"四周單邊,白口,無魚尾。半葉8行,每行約20字,小字雙行,每行約30字。版心中部鈔篇名(破題、一韻、二韻、三韻等),下部寫頁碼。卷二、卷三首頁鈐有"嘉慶御覽之寶""鄭仲良先生八十仙壽紀念""上海圖書館藏"印。

6.詹杭倫校點本,載詹杭倫等《唐宋賦學新探》,萬卷樓圖書股份有限公司2005年版,第259~532頁。此本依據臺灣商務印書館重印之《宛委别藏》本點校。

【内容】

《聲律關鍵》是今日僅存的宋代賦格書,價值甚高。卷首有《淳祐元年正月陸日尚書省札子》,稱:"起潛初仕吉州教官,嘗刊賦格,自《三元衡鑒》、二李,及乾淳以來諸老之作,參以近體,古今奇正,萃爲一編,總以五訣,分爲八韻,至於一句,亦各有法,名曰《聲律關鍵》。"可知《聲律關鍵》一書,是鄭起潛任吉州教授時撰寫的,(與本書卷首署名"修職郎吉州州學教授鄭起潛編"相合。)當時在吉州、建寧(今屬福建省)等地刻板發行,已有一定影響。鄭起潛返京後,向尚書省遞上此札,希望"朝廷札下吉州,就學取上《聲律關鍵》印板,付國子監印造,分授諸齋誦習"。國子監是當時的最高學府,該書在此印行,成爲國子監諸生的誦習之作,也成爲天下文人士子的科舉考試教材,其地位和影響可以想見。宋代賦格書幾乎全部失傳,僅有此書倖存,就與其地位崇高、廣泛流傳有關。

正如《札子》所言,該書"總以五訣,分爲八韻,至於一句,亦各有法"。卷首1卷,主要對"五訣"進行解釋,兼論用韻和句法;正文8卷,則分别對八韻中每一韻的作法加以舉例説明。

開篇云:"五訣:一認題,二命意,三擇事,四琢句,五壓韻。"下面即對"五訣"分别進行解釋。比如"認題",先釋義:"何謂認題?凡見題目,先要識體。其體不一,各列於後,可以類推。"接着便將賦題分爲"體物、譬喻、過所喻、比方、鼎足、兩脚、獨脚、藏頭、叙事、方位、篇卦、數目、賓主、本末、體用、名義、脈絡、兩全、交相、大要、極至、庶幾、品藻、反説、輕虚、重實、頭輕脚重、頭重脚輕、歌詠"凡29類,分别舉例説明。其中"賓主"題下以小字注曰:"如《天下國家本在身》

《人主和德天地應》”,並在“國”旁注“賓”字,“身”旁注“主”字,在“德”旁注“主”字,在“應”旁注“賓”字。編者以極爲簡單明了的方式告訴讀者,遇到此類賦題,應該以何者爲主,何者爲賓,抓住重點,方可落筆。

“五訣”之下,有《叙全篇》《第六七韻貫通》《叙末三韻》等 3 篇關於用韻的短文。其中《叙全篇》云:“古賦多鋪叙出處本末,八韻貫通,雖不拘上下截體貼,而題字皆在其中,最見手段。但不善學者流爲疏闊,全不着體,未免畫虎不成之患,不可不戒。”接着便全文抄録《金城圖上方略》(願至金城圖上方略)一賦,以供讀者揣摩。篇題中省略“賦”字,下爲韻腳字,此爲通則。此篇之下,《第六七韻貫通》之前,疑有闕文,論前五韻之作法。

《句法》11 則,皆先標示類别,再舉例説明。這 11 類名稱是:人名故事、篇名卦象書語、物象、疊字、狀意、短句(四句)、繳句(四字)、五字、六字、七字、八字。舉例十分豐富,例如“人名故事”類,就列舉了“雖兵於強項,而有不息之弦誦;雖毒於狂嬴,而有不煨之禮樂。(《齊魯文學》)”等例句 23 條,涉及律賦 21 篇。如此豐富的資料,頗便於讀者誦讀、欣賞、倣習。

接下來,作者對八韻分别進行研究,每韻 1 卷,凡 8 卷。卷一爲“破題”(即第一韻),作者將破題之法分爲若干類:八字包題、八字體面、貼第一句、貼第二句、貼第三句、貼第四句、貼兩句、貼三句、四句分題、佈置難題、一字包意、兩字包意、第四句見本意、切對、假對、挑斡題字、不失重字、省重字、不失虚字、四句意貫、本出處意、本韻腳意、添外字對題字渾成、賦眼用虚字、下字移上、第二句壓韻見意、第四句壓韻見意、上實下虚、全題字作一句破、挑轉題字壓官韻、第一聯(體面、自在、叫應、實貼、虚貼、輕貼不著迹、全句貼、總貼貼句有意、貼句有來處、下兩句意貫、下截倒貼、鼎足題分兩腳在上、獨腳題分上下截、善貼虚字、反貼、虚字形容、乃對、過於所喻、雙字題用雙字貼、雙字題用單字貼)等。不難看出,作者在對大量八韻律賦進行深入研讀的基礎上,將各種“破題”方式進行歸納、分類,十分細緻,具有指導意義。例如“第四句壓韻見意”條,舉例爲:“星有著象,惟角次之居左;體均曰龍,爲天田而主農。(《龍左角爲天田》)”意思是到了第四句“爲天田而主農”句,纔點明了該賦應當宣揚“重農思想”的主題。

以下各韻,皆條分縷析,並舉例説明。闡述文字不多,但例句極爲豐富。這些精言妙語反映了宋代律賦創作的文學水平,在當時是文人士子的學習典範,而今日則可以用作研究宋代律賦和宋代科舉考試的有用資料。

詹杭倫先生曰:“《聲律關鍵》在今天的價值,首先是幫助我們閱讀和欣賞律賦。……根據《聲律關鍵》的指引,我們可以將一首律賦分句分韻解析開來,欣賞它細微末節的妙處,也可以將分韻編排的律賦按照八韻組合起來,總體觀察它的渾厚神韻。毫無疑問,它也是我們研究律賦和宋代科舉考試制度不可多得的資料和重要指南。《聲律關鍵》在賦學文獻的整理彙編方面也有一定的作用。"①誠哉斯言！本書在分析律賦的審題、句式、用韻方面可謂精細入微，毫髮無遺，固然可以指導士子作賦，同時也爲考官閱卷、衡量試賦之優劣提供了非常方便的標尺，這在一定程度上可能會給律賦創作帶上沉重的枷鎖，扼殺律賦的生機和活力。作者似乎對此也有認識，於是他在卷一論"五訣"時説："何謂命意？有一題之意，有一韻之意，有意方可措辭。"又云："何謂琢句？前輩一聯兩句，便見器識。如《有物混成賦》云：'得我之小者，散而爲草木；得我之大者，聚而爲山川。'知其有公輔器。……前輩云：'題常則意新，意常則語新'，不可苟也。"倡導作賦者要命意高遠，"有意方可措辭"，注重器識，"題常則意新，意常則語新"，以提升作賦的規格和層次。這些論述雖然不多，但的確是對於賦格書中大量碎片化内容的整合和點撥。

【研究】

《聲律關鍵》中有不少專業術語，頗爲費解，必須充分研究所舉之例句，並與詩格書加以比較，方可理解。因而頗有難度。目前研究《聲律關鍵》的成果主要有：1. 許結《鄭起潛〈聲律關鍵〉與宋代科舉八韻賦叙論》，載《中華文史論叢》第七十四輯，上海古籍出版社 2004 年版；2. 詹杭倫《聲律關鍵校理》，載詹杭倫等《唐宋賦學新探》，萬卷樓圖書股份有限公司 2005 年版，第 259 ~ 532 頁；又載詹杭倫等《歷代律賦校注》，武漢大學出版社 2009 年版，第 533 ~ 715 頁。3. 何新文等《中國賦論史》第四章第五節《鄭起潛〈聲律關鍵〉及宋代的賦格書》，人民出版社 2012 年版，第 204 ~ 209 頁。

［外編］

《唐摭言》15 卷，五代王定保撰

【作者】

王定保（870—940 或 954），字翊聖，吴融之婿，南昌（今屬江西）人。光化三年（900）進士。唐末避中原之亂入湖南，不見遇於馬殷，遂入嶺南，附於劉氏，無北歸意。任南漢寧遠軍節度使、中書侍郎同平章事等職。晚年著有《唐摭言》15 卷。

【著録】

陳振孫《直齋書録解題》卷十一："《摭言》十五卷，唐王定保撰。專記進士科名事。定保，光化三年進士，爲吴融子華壻，喪亂後入湖南，棄其妻弗顧，士論不齒。"

---

① 詹杭倫、李立信、廖國棟：《唐宋賦學新探》，萬卷樓圖書股份有限公司 2005 年版，第 261 ~ 262 頁。

晁公武《郡齋讀書志》卷三下“小説類”:“《摭言》十五卷。右唐王定保撰,分八十三門,記唐朝進士應舉登科雜事。”

王堯臣《崇文總目》卷五:“《摭言》十五卷。”

《宋史》卷二百六《藝文志》“小説類”:“王定保《摭言》十五卷。”《通志·藝文略》《文獻通考·經籍考》同。

《四庫全書總目》卷一百四十《子部·小説家類》:“《唐摭言》十五卷(副都御史黄登賢家藏本),五代王定保撰。舊本不題其里貫,其序稱王溥爲從翁,則溥之族也。陳振孫《書録解題》謂定保爲吴融之壻,光化三年進士,喪亂後入湖南。《五代史·南漢世家》稱定保爲邕管巡官,遭亂不得還,劉隱辟置幕府。至劉龑僭號之時尚在,其所終則不得而詳矣。考定保登第之歲,距朱温篡唐僅六年;又序中稱溥爲丞相,則是書成於周世宗顯德元年以後,故題唐國號,不復作内詞。然定保生於咸通庚寅,至是年八十五矣,是書蓋其暮年所作也。同時南唐鄉貢士何晦亦有《唐摭言》十五卷,與定保書同名。今晦書未見,而定保書刻於商氏《稗海》者,删削大半,殊失其真。此本爲松江宋賓王所録,末有跋語,稱以汪士鋐本校正,較《稗海》所載特爲完備。近日揚州新刻,即從此本録出。惟是晁公武《讀書志》稱是書分六十三門,而此本實一百有三門,數目差舛不應至是,豈商濬之前已先有删本耶?是書述有唐一代貢舉之制特詳,多史志所未及。其一切雜事,亦足以覘名場之風氣,驗士習之淳澆,法戒兼陳,可爲永鑑,不似他家雜録但記異聞已也。據定保自述,蓋聞之陸扆、吴融、李渥、顔蕘、王溥、王涣、盧延讓、楊贊圖、崔籍若等所談云。”

【版本】

1. 明鈔本,題“摭言十五卷”,國圖善本部藏。

2. 明萬曆間(1573—1620)會稽商氏半野堂刻本,稗海四十八種之一,國圖善本部藏。

3. 清代影宋鈔本,國圖善本部藏。

4. 清乾隆二十一年(756)德州盧見曽雅雨堂刻本(雅雨堂叢書之一),國圖藏。

5. 古典文學出版社 1957 年鉛字本;上海古籍出版社 1978 年重印本。

【内容】

《唐摭言》又名《摭言》,是一部專門記録唐代科舉考試軼事的筆記小説體著作,歷來被收入子部小説家類。《四庫全書總目》稱“是書述有唐一代貢舉之制特詳,多史志所未及。其一切雜事,亦足以覘名場之風氣,驗士習之淳澆,法戒兼陳,可爲永鑑,不似他家雜録但記異聞已也”。認爲該書提供了豐富的唐代科舉史料,可以彌補正史記載之不足,所言甚是。

《唐摭言》是作者從“陸扆、吴融、李渥、顔蕘、王溥、王涣、盧延讓、楊贊圖、崔籍若等”晚唐文人那裏聽聞的故事，具有較強的真實性。書中與賦有關的記載有近百條，内容很豐富，其中對唐代進士科考試的記述，爲後人研究唐代科舉考試、研究唐代律賦提供了彌足珍貴的資料。或介紹由科舉而産生的新詞彙，如卷一“述進士下篇”條曰：

> 元和中，中書舍人李肇撰《國史補》，其畧曰：進士爲時所尚久矣，是故俊乂實在其中，由此而出者終身爲文人，故争名常爲時所弊。其都會謂之舉場，通稱謂之秀才，投刺謂之鄉貢，得第謂之前進士，互相推敬謂之先輩，俱捷謂之同年，有司謂之座主，京兆府考而升者謂之等第，外府不試而貢者謂之拔解，將試各相保謂之合保，群居而賦謂之私試，造請權要謂之關節，激揚聲價謂之還往，既捷列名于慈恩寺塔謂之題名，大宴于曲江亭子謂之曲江會。

或介紹“行卷”之風，如卷三云：

> 白樂天一舉及第，詩曰：“慈恩塔下題名處，十七人中最少年。”樂天時年二十七，省試《性習相近遠賦》《玉水記方流詩》，攜之謁李涼公逢吉。公時爲校書郎，於時將他適，白遽造之，逢吉行攜行看，初不以爲意。及覽賦頭曰：“噫！下自人，上達君，咸德以慎立，而性由習分。”逢吉大奇之，遂寫二十餘本，其日十七本都出。

亦有介紹考試過程中出現的意外，如卷五“以其人不稱才試而後驚”條：

> 令狐文公鎮三峯，時及秋賦，特置五場試。第一場雜文，第二場試歌篇，第三場表檄。先是，盧弘正一人就試，來者皆慄縮而退。馬植以將家子弟求薦，文公與從事皆鄙之，專令人伺其詞句。既而試《登山采珠賦》，曰：“文豹且異於驪龍，采斯疎矣；白石又殊於老蚌，剖莫得之。”衆皆大驚，遂奪弘正解元矣。

馬植本爲將家子弟，衆人都不看好他的文采，没想到他卻以精妙的賦句折服考官，奪得解元。同樣的意外發生在李程身上，卷八“已落重收”條云：

> 貞元中，李繆公先牓落矣。先是出試，楊員外於陵省宿歸第，遇程於省司，詢之所試，程探鞹中，得賦藁示之。其破題曰：“德動天鑒，祥開日華。”於陵覽之，謂程曰：“公今年須作狀元。”翌日雜文無名，於陵深不平。乃於故策子末繕寫，而斥其名氏，攜之以詣主文，從容紿之曰：“侍郎今者所試賦，奈何用舊題？”主文辭以非也。於陵曰：“不止題目向有人賦，次韻脚亦同。”主文大驚，於陵乃出程賦示之，主文歎賞不已。於陵曰：“當今場中若有此賦，侍郎何以待之？”主文曰：“無則已，有則非狀元不可也。”於陵曰：“苟如此，侍郎已遺賢矣，乃李程所作。”亟命取程所納面對，不差一字。主文因而致謝於陵，於是請擢爲狀元，前牓不復收矣。或曰出牓重收。

李程（李繆公）本來已經落榜，楊於陵對此深感不公，便拿着他的賦稿去找主考官。李程《日五色賦》以"德動天鑒,祥開日華"破題,使主考官大爲驚訝,於是重新發榜,將李程擢爲狀元,一時傳爲佳話。當然,科考不僅考士子,對於主考官也是一次考驗。卷十三云:

趙隲試《被衮以象天賦》,更放韓衮爲狀元。或爲中貴語之曰:"侍郎既試《王者被衮以象天》,更放韓衮狀元,得無意乎?"隲由是求出華州。

趙騭作爲主考官,所試賦題與狀元名字中都有"衮"字,招致世人猜疑,他不得不自請去職了。當然,在更多情況下,作者津津樂道的是一些産生於科考的優秀賦作。卷十云:

乾符中,蔣凝應宏詞,爲賦止及四韻,遂曳白而去。試官不之信,逼請所試,凝以實告。既而比之諸公,凝有得色,試官歎息久之。頃刻之間,播於人口。或稱之曰:"白頭花鈿滿面,不若徐妃半粧。"

貞元中,樂天應宏詞試《漢高祖斬白蛇賦》,考落,蓋賦有"知我者謂我斬白帝,不知我者謂我斬白蛇也"。然登科之人,賦並無聞,白公之賦傳於天下也。

周繇者,湖南人也。咸通初以詞賦擅名。繇嘗爲《角觝賦》,略曰:"前衝後敵,無非有力之人;左攫右拏,盡是用拳之手。"或云繇善角觝。

中唐之後,科舉試賦例以八韻爲常格,而蔣凝僅完成四韻,就曳白而去,靠半篇律賦驚艷全場,成爲美談。白居易應宏詞科考試,由於賦中犯忌而被黜落,但登科者的賦湮没無聞,白賦卻廣爲傳誦。周繇《角觝賦》爲何寫得好?有人説他本人擅長角觝。這些記載,既有較高的賦學史料價值,也有一定的趣味性,給人留下深刻印象。

作者還有意記載唐代文人藉助"律賦"這一科舉文體而進行的交流,較爲生動地展示了當時的文人風尚,以及他們對賦藝的追求。例如:

羊紹素夏課有《畫狗馬難爲功賦》,其實取畫狗馬難於畫鬼神之意也。投表兄吴子華,子華覽之,謂紹素曰:"吾子此賦未嘉。賦題無鬼神而賦中言鬼神,子盍爲《畫狗馬難於畫鬼神賦》,即善矣。"紹素未及改易。子華一夕成於腹笥。有進士韋象,池州九華人,始以賦卷謁子華,子華聞之甚喜。象居數日,貢一篇於子華,其破題曰:"有丹青二人,一則矜能於狗馬,一則誇妙於鬼神。"子華大奇之,遂焚所著,而紹素竟不能以己下之。其年子華爲象取府解。(卷五"切磋"條)

李華著《含元殿賦》,蕭穎士見之曰:"《景福》之上,《靈光》之下。"(卷七)

羊紹素以《畫狗馬難爲功賦》向其表兄吴子華請教,吴子華糾正賦題,然後自作一篇。後讀到韋象同題之賦,甚爲驚奇,遂自焚所著。其間切磋琢磨的情況,頗爲生動。而蕭穎士對李華《含元殿賦》評價甚高,但又留有餘地。

《唐摭言》的記載雖然零碎,但其中有很多珍貴的唐代律賦和唐代賦論研究資料。

【研究】

何新文等《中國賦論史》(人民出版社 2012 年版,第 153 ~ 157 頁)第三章第五節《中晚唐詩論筆記與五代〈唐摭言〉中的賦論》對此書有初步研究。

《學林》10 卷,宋王觀國撰

【作者】

王觀國,字彦賓,潭州長沙人,北宋徽宗時進士,爲川陝節度判官。南宋高宗時知寧化縣,累遷祠部元外郎。紹興十四年(1144)遭到彈劾,出知邵州。《四庫全書總目》云:"長沙人,其事迹不見於《宋史》,《湖廣通志》亦未之載,惟賈昌朝《群經音辨》篇首載有觀國所作後序一篇,署曰'左承務郎知汀州寧化縣主管勸農公事兼兵馬監押王觀國',末題'紹興壬戌秋七月中澣',則南渡以後人也。"

【著録】

《四庫全書總目》卷一百十八云:"考晁公武、陳振孫兩家書目及《宋史·藝文志》,是書俱未著録。吴曾《能改齋漫録》、趙與旹《賓退録》引之,均稱曰《學林新編》,而今所傳本但題'學林',無'新編'二字,殆傳寫者又以省文去之矣。書中專以辨别字體、字義、字音爲主,自六經史漢,旁及諸書,凡註疏箋釋之家,莫不臚列異同,考求得失,多前人之所未發。……論其大致,則引據詳恰,辨析精核者十之八九。以視孫奕《示兒編》,殆爲過之。南宋諸儒,講考証者不過數家,若觀國者,亦可謂卓然特出矣。"①

【版本】

1. 清乾隆間武英殿聚珍本
2. 文淵閣《四庫全書》本
3. 清嘉慶十四年(1809)蕭山陳氏湖海樓叢書本
4.《叢書集成初編》本,民國二十八年(1939)商務印書館出版
5. 田瑞娟點校本,中華書局 1988 年版

【内容】

《學林》是一部以辨别字形、字義、字音爲主的著作。自群經、史書而旁及諸家著述,凡注釋箋釋之作,莫不臚列異同,考求得失,進而提出個人見解。《四庫全書總目》稱其"引據詳洽,辨析精核",在宋代諸考證家中可謂"卓然特出"。從該書對詩賦語詞的考釋,足可見此評不誣。但王氏的賦學研究並不局限於語

① 〔清〕永瑢等:《四庫全書總目》,中華書局 1965 年版,第 1019 頁。

詞考證,其創獲是多方面的。

《學林》卷七"古賦題"條,對司馬相如《子虛》《上林賦》的藝術結構有一段細緻的考辨:

司馬相如《子虛賦》中雖言上林之事,然首尾貫通一意,皆《子虛賦》也,未嘗有《上林賦》。而昭明太子編《文選》乃析其半,自"亡是公听然而笑"爲始以爲《上林賦》,誤矣。蓋相如以子虛,虛言也;烏有先生,烏有此事也;亡是公者,亡是人也。故空藉此三人爲[辭],因以諷諫。奏之,其賦曰:"楚使子虛使於齊,齊王悉發車騎,與使者出畋。畋罷,子虛過詫烏有先生,而亡是公存焉。"其末曰:"二子愀然改容,趨若自失,逡巡避席,曰:'乃今日見教,謹聞命矣。'"此《子虛賦》始終一意,不可析其半以爲《上林賦》,則意遂中絶,不可讀矣。①

認爲《子虛賦》本來假設子虛、烏有、亡是公三人問答而鋪陳成文,前後呼應,實爲一篇,《文選》卻將後半部分割開,取名爲《上林賦》,致使文意中斷,不可通讀。這種見解合乎作品實際,也與《史記》《漢書》的記載相合,因而是正確的。自《文選》之後,人們一直把《子虛》《上林》當成兩篇賦來對待,直到今天仍有人這樣認爲,可見《文選》影響之深。王觀國是第一位從作品内在結構出發來論證《子虛》《上林》本爲一篇的學者,識見卓越,令人嘆服。元人祝堯《古賦辯體》、今人高步瀛《文選李注義疏》、龔克昌師《漢賦研究》皆對這一觀點進行了更爲細緻深入的闡發②。在此基礎上,王觀國又對班固《兩都》、張衡《二京》、左思《三都》諸賦題做了詳細論證,認爲《兩都賦》《二京賦》的體制結構與《子虛賦》相似,文意前後連貫,不可分割。他之所以做這些辨析,原因在於賦題是一篇賦的綱領,"綱領正則文意通"。《文選》對賦作的分割,實際上傷害了原文一以貫之的文意和氣勢。當然,蕭統的劃分有一定的學術背景,也不可一味地加以批判。

此外,王觀國對於古賦的"賦序"也進行了一番研究,其中多有精當之論:

傅武仲《舞賦》、宋玉《高唐賦》《神女賦》《登徒子好色賦》,本皆無序,梁昭明太子編《文選》,各析其賦首一段爲序。此四賦皆託楚襄王答問之語,蓋借意也,故皆有"唯唯"之文。昭明誤認"唯唯"之文爲賦序,遂析其辭。觀國按:司馬長卿《子虛賦》託烏有先生、亡是公爲言,揚子雲《長楊賦》託翰林主人、子墨客卿爲言,二賦皆有"唯唯"之文。是以知傅武仲、宋

① 〔宋〕王觀國撰,田瑞娟點校:《學林》,中華書局1988年版,第219頁。

② 詳參元祝堯《古賦辯體·兩漢體》司馬相如《子虛賦》題解,《四庫全書》第1366册;高步瀛《文選李注義疏》第1623~1625頁,中華書局1985年版;龔克昌《漢賦研究》第86~91頁,山東文藝出版社1990年版。考查過這一問題的尚有金王若虛、明焦竑、清顧炎武、閻若璩、何焯、孫志祖等,以龔克昌説最爲完善。

玉四賦本皆無序,昭明太子因其賦皆有"唯唯"之文,遂誤析爲序也。揚子雲《羽獵賦》首有二序,五臣注《文選》曰:"賦有兩序,一者史臣,一者雄序。"詳其文,第一序乃雄序也,第二序非序,乃雄賦也。賦中用"頌曰"二字,不害於義。昭明析"頌曰"爲一段,乃見其有二序,蓋誤析之也。馬融《長笛賦》首尾兩處有"辭曰"字,潘安仁《籍田賦》末有"頌曰"字,潘安仁《笙賦》、張平子《思玄賦》、鮑明遠《蕪城賦》、謝希逸《月賦》,其末皆有"歌曰"字,王文考《魯靈光賦》、班孟堅《幽通賦》、王子淵《洞簫賦》、顔延年《赭白馬賦》,其末皆有"亂曰"字,謝惠連《雪賦》、嵇叔夜《琴賦》,既有"歌曰"字,又有"亂曰"字。由此觀之,則《羽獵賦》有"頌曰"字,乃賦也,非序也。亦豈有一賦而兩序耶?又《文選》載揚子雲《解嘲》有序,揚子雲《甘泉賦》有序,賈誼《鵩鳥賦》有序,禰正平《鸚鵡賦》有序,司馬長卿《長門賦》有序,漢武帝《秋風辭》有序,劉子駿《移書責太常博士》有序,以上皆非序也,乃史辭也。昭明摘史辭以爲序,誤也。①

典型的散體大賦常常以主客問答開篇,交待主客相見情況及詢問的問題,因而多用散句;中間回答之語大肆鋪陳,多用整齊的四言句;結尾説明問者疑團已解,結束全文,因而又用散句(若附以詩歌,則又用詩句)。對於賦體文學的這種結構,劉勰《文心雕龍·詮賦》説是"述客主以首引,極窮貌以窮文""既履端於倡序,亦歸餘於總亂。序以建言,首引情本;亂以理篇,寫送文勢"。可見所謂的賦首之"序"、賦後之"亂",都是賦的有機組成部分,並非是作者或他人勉強貼上去的標籤。《文選》所録賦多有賦序,但這些"序"的來源很複雜,不可一概而論。王觀國經過細密深入的考辨,發現傅毅《舞賦》、宋玉《高唐》《神女》《登徒子好色》三賦的"賦序"都是賦的開頭部分,與《子虛賦》《長楊賦》的開頭一樣,本來並没有什麽賦序,是昭明編《文選》時強行分離出來的。揚雄《羽獵賦》開頭的兩篇"賦序"中,第一篇爲揚雄之序,第二篇乃賦之正文,五臣注所謂"二序"之説也是錯誤的;至於《羽獵賦》中的"頌曰"部分也應是賦之正文,與其它賦作中的"辭曰""歌曰""亂曰"同類。此外,《文選》所録的賈誼《鵩鳥賦》、司馬相如《長門賦》、揚雄《解嘲》《甘泉賦》、禰衡《鸚鵡賦》皆有"序",其實皆非作者之序,而是"史辭",即史學家介紹該賦創作背景的文字。王觀國的這些論析,除了《羽獵賦序》是否作於揚雄一説尚有争議,其餘大都是精闢可信的。

賦中大量使用了誇張與虛構的藝術手法,以表達對帝都的頌揚,同時也增強了賦的氣勢和藝術感染力。王觀國《學林》卷七專列"三都賦序"條,對這種現象進行了十分透徹的分析:

觀國按:司馬相如賦言上林之盛,曰:"於是乎盧橘夏熟,黄甘橙榛,枇

① 〔宋〕王觀國撰,田瑞娟點校:《學林》,中華書局1988年版,第220頁。

杷橪柿，亭柰厚朴，梬棗楊梅，櫻桃蒲陶，隱夫薁棣，荅遝離支，羅乎後宫，列乎北園。”蓋橘、橙、枇杷、楊梅、荔枝，皆南方之物，非西北所産。然而上林者天子之宫苑，四海之嘉木珍果，皆能移植於其中，不但本土所生者而已。又賦之所言奇禽異獸、明珠香草、天臺仙樂、青琴虙妃之類，亦非上林之所産，有以見上林之富麗，四方之物畢致也。而左太沖責以“盧橘夏熟，生非其壤”，亦過矣。揚雄《甘泉賦》曰“翠玉木之青蔥”，顔師古注《前漢書》曰：“玉木者，武帝所作，集衆寶爲之，用供神也，非謂自然生之。”蓋玉木者，猶金蓮玉蘂之義，以金玉爲之，以象生物也。左太沖意謂真有玉木，玉木非秦中所産，則誤矣。《史記・封禪書》曰：“古之封禪，鄗上黍、北里禾，所以爲盛，江淮間一茅三脊，所以爲藉。東海致比目之魚，西海致比翼之鳥。”蓋王者登封告成，則四海珍異之物畢萃焉，以言其感格之所致也。班固《西都賦》曰：“招白鷴，下雙鵠，投文竿，出比目。”此言西都之盛，四海珍異之物畢萃，而魚鳥之飛潛，有不召而致者，皆可以弋釣而得之，所以甚言西都文物之富盛，無所不有，亦如封禪之致庶物也。左太沖意謂東海比目之魚，西都不應有焉。然班固之意，則有在也。張衡《西京賦》曰：“海若遊於玄渚，鯨魚失流而蹉跎。”五臣注《文選》曰：“海若，海神也。”按《前漢・郊祀志》曰：“武帝好神仙，李少君言海中蓬萊仙可見之。帝遣方士入海，求蓬萊安期生之屬。拜齊少翁爲文成將軍，拜欒大爲五利將軍，拜公孫卿爲郎。於是作飛廉桂館、益壽延壽館、通天臺，治太液池，有蓬萊、方丈、瀛洲、壺梁，象海中神僊之宅，龜魚之屬以俟神人。”而張衡《西京賦》亦言太液、漸臺、瀛洲、方丈、蓬萊神僊、靈芝仙掌，與夫少君、欒大之事，而曰“海若遊於玄渚”者，蓋述武帝好神僊，而於海上候神人不致，故即甘泉、建章，作臺池僊館，以象海上僊家之境，則必有海若來遊。實賦於玄渚，故雖鯨魚之大亦蹉跎而駭伏矣；賦言海若來遊，實賦之意當如此也。左太沖謂“校之神物則出非其所”，亦過矣。潘岳《閑居賦》曰：“長楊芳枳，游鱗菡萏，張公大谷之梨，梁侯烏椑之柿，周文弱枝之棗，房陵朱仲之李，三桃表櫻胡之別，二柰曜丹白之色，石榴蒲桃，梅杏郁棣，蔥韭蒜芋，青荀紫薑，堇薺蓼荽，蘘荷時藿，緑葵白薤。”蓋岳退居洛涘而作此賦，自言其臺池果茹之多如此，非皆洛中土産之物也，而況上林、甘泉、西都、東都，皆王者居處遊燕之地，四海九州珍異之物無不畢聚，是宜賦者之所誇美。而太沖獨責以“假稱珍怪，虚而無徵”，則誤矣。又王延壽《魯靈光殿賦》曰“玉女窺牕而下視”，嵇康《琴賦》曰“天吴踴躍於重淵”，張衡《思玄賦》曰“戴玉女而召虙妃”，馬融《長笛賦》曰“仰馹馬而舞玄鶴”，孫綽《遊天台山賦》曰“八桂森挺以淩霜”，司馬相如《長門賦》曰“桂樹交，孔雀集”，張華《鷦鷯賦》曰“海鳥爰鶋，避風而至”。苟如左太沖所責，則若此之類皆爲“假稱珍怪，虚而無徵”矣。蓋亦觀其意之所主如何耳，若但責其辭而遺其意，固不可也。①

在王觀國看來，上林作爲天子的宫苑，四方各地的嘉木珍果、名花香草皆能移植其中，未必皆長安所產；東西南北的珍禽異獸、明珠珍寶皆可運抵京都，未必皆本地所生，這正如北京動物園、植物園有全國各地甚至異域他國的動植物一樣，正見出首都的政治、經濟之發達以及物質交流之暢通，應是合情合理的。這些都應該是賦（乃至其他文學作品）所表現的内容，是無可厚非的。所以，《上林》《甘泉》《兩都》《兩京》的種種鋪陳誇飾，恰好表現了王者所居之地的"文物之富盛""四海九州珍異之物無不畢聚"，是大漢帝國蒸蒸日上的國勢的反映，並無不實之處。至於賦中的"假稱神怪，虚而無徵"，即大量出現傳説中的玄鶴、孔雀，乃至玉女、宓妃等仙界人物，實際上不獨四賦爲然，《長門》《思玄》《長笛》《魯靈光殿》諸賦皆有類似筆墨，這正是古人擁有豐富想象力的表現；而且這些描寫也並非虚設，而是爲賦家的創作主題服務。所以，研讀賦，應該重點考查"其意之所主如何"，亦即賦中所藴含的豐富思想内涵及文化觀念，而不能"責其辭而遺其意"，僅僅計較其文辭而忽略其深厚的意藴。可見，王觀國對賦中誇張、想象的浪漫主義手法是别有會心並高度讚賞的，同時也在閲讀方法上爲讀者指點迷津。

王觀國還長於文句的校勘。賦在傳鈔過程中，也難免會出現錯、訛、衍、脱等多種現象，影響閲讀和理解。王觀國在讀賦時，並不迷信文本，而是將不同版本加以對照，找出異文，再通過精湛的考證來確定取捨。例如揚雄《甘泉賦》有"翠玉樹之青葱兮，壁馬犀之瞵瑞"之句，後半句《漢書》作"壁"而《文選》作"璧"，意思絶不相同。古注隨文釋義，故顔師古釋作"殿壁"，李善則釋爲"璧玉"。究竟何者爲是？王觀國《學林》卷七云：

> 《前漢·藝文志》有揚雄賦十二篇。雄有文名，當時傳雄之賦者，帙不一，故其用字不能無訛。至班固作史，蕭統編《文選》，各以其所得雄賦而集録之，故其賦用字有不同。今讀其賦曰："仰撟首以高視兮，目冥眴而亡見。正瀏濫以宏敞兮，指東西之漫漫。徒回回以皇皇兮，魂魄渺渺而昏亂。據軨軒而周流兮，忽軮圠而亡垠。翠玉樹之青葱兮，璧馬犀之瞵瑞。金人仡仡其承鐘虡兮，嵌巖巖其龍鱗。"凡此賦句，皆以下句釋上句，則璧馬犀爲璧玉之璧，其上下文句通矣。其曰"據軨軒而周流兮，忽軮圠而亡垠"，然後言玉木金人者，蓋謂依欄檻而四顧，見廣大而無際畔，但見庭中玉木之青葱，金人之巖巖耳。玉木植于殿庭，金人捧露盤亦在殿庭，此皆言望見殿庭中物，不應反言殿壁也。賦句之義，于此判矣。②

① 〔宋〕王觀國撰，田瑞娟點校：《學林》，中華書局 1988 年版，第 221～223 頁。
② 〔宋〕王觀國撰，田瑞娟點校：《學林》，中華書局 1988 年版，第 223～224 頁。

經過研究發現,《甘泉賦》中的這段文字皆爲承接關係,即每兩句皆在文意上前後相承,以下句解釋上句。如"據軨軒而周流兮,忽軮圠而亡垠"句,是説依靠着有窗格的軒宇四處眺望,忽然感到視野開闊,無邊無際。(軨,同"欞",窗格。周流,周轉流觀。軮圠,廣大彌漫貌。亡垠,無邊。)顯然,"忽軮圠而亡垠"句是解釋"據軨軒而周流"句的,説的是四處觀望的結果或感覺。同樣道理,"翠玉樹之青葱兮,璧馬犀之瞵瑞"中亦前後相承或相關,是説以翠玉裝飾成的寶樹呈現葱蘢的緑色,用璧玉裝飾的馬和犀牛色彩斑斕。翠是一種青緑色的玉石,此處用作狀語,表示裝扮玉樹的材料;璧是一種環形的玉,也作狀語,表示裝飾馬和犀牛的材料。這樣理解纔能文從字順,"上下文句"通而無礙。然後,王氏又細品此一語段的含意,發現"翠玉"句、"金人"句皆爲"據軨軒而周流"的結果,即作者依靠軒宇張目遠眺所望見的庭中景物,中有玉樹、璧馬、璧犀、金人、鐘虡等物。如此,"璧馬犀"之"璧"絶不作"壁",因爲庭中絶無殿壁可言。總的看來,王觀國采用了對校、本校、理校三種校勘手法:先比較《漢書》《文選》二種版本,發現異文,是爲對校;從這段文字的句法("皆以下句釋上句")來推斷,"璧"與上句"翠"皆當爲美玉,而非"壁"字,是爲本校;又從句段意思考察,得出本句理當寫庭中之物,而"不應反言殿壁",是爲理校。顯然可見,王氏的考證縝密細緻,邏輯嚴明,令人不能不信服。

《學林》在語詞與名物考辨方面亦卓有成就。如:

> 司馬相如《子虛賦》曰:"勺藥之和具,而後御之。"服虔注曰:"勺藥以蘭桂調食。"文穎注曰:"五味之和也。"晉灼注曰:"《南都賦》云:歸雁鳴鵽,香稻鮮魚,以爲勺藥。酸甜滋味,百種千名。"顔師古注曰:"諸家之説皆未當也。勺藥,藥草名,其根主和五臟,又辟毒氣,故合之於蘭桂五味,以助諸食,因呼五味之和爲勺藥耳。今人食馬肝馬腸者,猶合勺藥而煮之,豈非遺法乎?"觀國按:《子虛》《南都》二賦言"勺藥"者,勺音酌,藥音略,乃以魚肉等物爲醢醬食物也,與《溱洧》詩所言"勺藥"異矣。《詩》之"勺藥",乃草類也,今勺藥花是已。《廣韻》曰:"勺,市若切,又張略切。""藥,以灼切,又良約切。"二字各有二音。《子虛賦》曰:"勺藥之和具,而後御之。"所謂御者,御食物也,未有御五味者也。《南都賦》曰:"歸雁鳴鵽,香稻鮮魚,以爲勺藥",蓋以雁鵽魚稻爲食也。又按枚乘《七發》曰:"於是使伊尹煎熬,易牙調和,熊蹯之臑,勺藥之醬,薄耆之炙,鮮鯉之鱠。"五臣注《文選》曰:"勺音酌,藥音略。"又按張景陽《七命》曰:"窮海之錯,極陸之毛,伊公爨鼎,庖子揮刀,味重九沸,和兼勺藥,晨鳧露鵠,霜鵽黄雀。"五臣注《文選》曰:"勺音酌,藥音略。"然則讀勺藥爲酌略者,是以魚肉等物爲醢醬食物,非《溱洧》之"勺藥"明矣。《子虛賦》諸家注説,皆誤以爲《溱洧》之"勺藥"也。韓退之《偃城夜會聯句》詩曰:"兩廂鋪氍毹,五鼎調勺藥。"又曰:"但擲顧笑金,仍

祈卻老藥。”蓋前句勺藥字音酌略,後句藥字音瀹,二藥字不同音也。①

對於《子虛賦》中提到的勺藥,歷來有不同看法,王觀國悉予羅列。服虔以爲是一種可用蘭桂調食的食品;顏師古則認爲是藥草之名,“其根主和五臟,又辟毒氣,故合之於蘭桂五味,以助諸食”。王觀國提出了第三種觀點,“乃以魚肉等物爲醢醬食物也”,即今天所説的魚醬或肉泥。其根據皆來自古賦:①《南都賦》稱“歸雁鳴鵽,香稻鮮魚,以爲勺藥”,乃是以雁、鵽、稻、魚做成的魚肉醬;②《七發》有“熊蹯之臑,勺藥之醬,薄耆之炙,鮮鯉之鱠”之句,既然熊蹯、薄耆(獸類裏脊肉切成的薄片)、鮮鯉(新鮮的鯉魚肉)皆爲動物肉,勺藥亦當爲魚肉醬而非藥草或調味品之名;③《七命》:“味重九沸,和兼勺藥,晨鳧露鵠,霜鵽黄雀”,此處勺藥當指各種野鳥做成的肉醬。王觀國從文學作品的實際内容出發,推斷出勺藥乃是“以魚肉等物爲醢醬食物”,與《詩經·溱洧》中的勺藥(香草名)完全不同。此外,王氏還認爲兩“勺藥”讀音不同,《子虛》《南都》《七發》中的勺藥當讀爲酌略。這一觀點未必能成定論,但取材豐富,足以自立一説。

又,《學林》卷九“雕”字條對“雕”“琱”“彫”“凋”諸字的異同進行了一番比較:

> 字書曰:“雕,都聊切,鶚屬也。籀文作鵰。”觀國按:字書偏旁從隹,與從鳥者多通用。故雞與鷄同,鴟與鵶同,雇與鳸同,翟與鸐同,雁與鴈同,然則雕與鵰同也。後世乃用雕字爲雕刻之字。蓋字書自有琱、彫、凋三字,琱者琱琢也,彫者彫鏤也,凋者凋落也。三字雖分三義,而與雕字並通用之。琱、彫二字皆刻鏤之義;而凋乃凋落也,雕乃雕鶚,此二字無刻鏤之義,乃假借用之。是故《前漢·郊祀志》曰:“賜爾旂鸞黼黻琱戈”,顏師古曰:“琱與凋同。”《王莽傳》曰:“起九廟,飾以金銀琱文。”顏師古曰:“琱與彫同。”《顧命》曰:“彫玉仍几。”《郊特牲》曰:“丹漆雕幾之美。”《明堂位》曰:“玉豆雕篹”,《少儀》曰:“車不雕幾。”《論語》曰:“松栢之後彫”,又曰“朽木不可雕”,《史記》優孟曰:“請以雕玉爲棺。”揚子曰:“童子雕蟲篆刻”,又曰“彫刻象形”,又曰“玉不雕,璵璠不作器”,《長楊賦》曰“除雕琢之巧”,張平子《西京賦》曰“彫楹玉碣”,又《東京賦》曰“彫弓斯張”,司馬相如《子虛賦》曰“乘雕玉之輿”,左太沖《蜀都賦》曰“雕鶚鴥其陰”,杜子美詩曰“雕鶚在秋天”,凡此正字與假借互用之,其來久矣。枚乘《七發》用“彫弓”,相如《子虛賦》用“雕弓”,其義一也。②

四字音同形異,而在意思上不盡相同,各字之義項如下:

雕:①猛禽;②雕琢(玉石);③雕鏤(圖案);④凋零。

---

① 〔宋〕王觀國撰,田瑞娟點校:《學林》,中華書局 1988 年版,第 12 ~ 13 頁。

② 〔宋〕王觀國撰,田瑞娟點校:《學林》,中華書局 1988 年版,第 300 頁。

鵰:①猛禽。

琱:①雕琢(玉石)。

彫:①雕鏤(圖案)。

凋:①凋零。

不難看出,其中“雕”字義項最多,包含了其他各字的功能。這組字在文字學上被稱爲包含式異體字①。造字之初,從隹者與從鳥者無别,故“雕”與“鵰”皆指猛禽,音義全同,是狹義異體字;後來,“雕”字又被假借以表示雕琢、雕鏤、凋零諸義。王觀國指出琱、雕、凋三字“雖分三義,而與雕字並通用之”;雕本指鵰鶚,另外三義乃“假借用之”,其基本觀點乃至所用術語都與今天的文字學家十分接近,可見其文字學素養之高。而其引證之博洽,論述之獨到,用語之精煉,皆令人欽佩。

王觀國並無治賦專書,其相關研究成果皆散見於《學林》一書對賦之字詞的考釋中,數量也不是很多。但每一條研究成果都非常精湛,以引證豐富、觀點獨到、思維縝密、語言精煉爲特色,並且見微知著,以小見大,涉及面較廣。

【研究】

蹤凡撰有《王觀國的漢賦研究》,《學術論壇》2007 年第 1 期;何新文等《中國賦論史》第四章第三節《南宋王銍與王觀國的賦論》對其有介紹(人民出版社 2012 年版,第 187 ~ 190 頁)。

《容齋隨筆》5 集,宋洪邁撰

【作者】

洪邁(1123—1202),字景盧,號容齋,又號野處,南宋饒州鄱陽(今屬江西省)人,著名文學家、學者。宋高宗紹興十五年(1145)進士,授兩浙轉運司,累遷吏部郎兼禮部。宋孝宗時先後知泉州、吉州、贛州、婺州,拜翰林學士。宋光宗紹熙元年(1190)進焕章閣學士,知紹興府,次年上章告老,進龍圖閣學士,尋以端明殿學士致仕。卒年八十,謚“文敏”。著有《容齋隨筆》5 集、《夷堅志》、《四朝國史記》、《欽宗紀》等,編有《萬首唐人絶句》。《宋史》有傳。

【版本】

1. 明弘治八年(1495)華燧會通館銅活字本
2. 明弘治十一年(1498)李瀚刻本
3. 明崇禎三年(1630)嘉定馬元調原刻、清康熙三十九年(1700)洪璟重修本
4. 清乾隆間文淵閣《四庫全書》本
5. 清乾隆五十九年(1794)掃葉山房刻本

---

① 裘錫圭:《文字學概要》,商務印書館 1988 年版,第 205 頁。

6. 清同治年间洪氏刊、光绪元年(1875)重校本

7. 上海古籍出版社1978年標點本

【内容】

《容齋隨筆》《續筆》《三筆》《四筆》各16卷,《五筆》10卷,共74卷,1220則,是一部卷帙浩大的學術筆記著作,與沈約《夢溪筆談》、王應麟《困學紀聞》並稱宋代三大筆記。書中有許多論賦之語,反映了洪邁較爲通達的賦學觀。約而言之,主要有以下幾個方面:

一、反對模擬,崇尚創新。史載揚雄作賦,嘗"擬相如以爲式",從此模擬之風大開,漢賦尤其是漢代散體大賦的創作漸漸走向僵化。洪邁對此痛下針砭,他説:

> 枚乘作《七發》,創意造端,麗旨腴詞,上薄騷些,蓋文章領袖,故爲可喜。其後繼之者,如傅毅《七激》、張衡《七辯》、崔駰《七依》、馬融《七廣》、曹植《七啟》、王粲《七釋》、張協《七命》之類,規仿太切,了無新意。……東方朔《答客難》,自是文中傑出,揚雄擬之爲《解嘲》,尚有馳騁自得之妙。至於崔駰《達旨》、班固《賓戲》、張衡《應間》,皆屋下架屋,章摹句寫,其病與《七林》同。①

洪氏對那些富有原創精神的賦作如《七發》《答客難》等評價甚高,譽爲"文章領袖""文中傑出";對於大量的仿製品,則斷爲"屋下架屋,章摹句寫""規仿太切,了無新意",基本上予以否定。在《容齋五筆》卷七中,他指出司馬相如、揚雄、班固、張衡、左思等作賦,皆效法屈原詞賦假設主客問答的結構,"改名换字,蹈袭一律,無復超然新意,稍出於法度規矩者",表示了同様的態度。元祝堯《古賦辯體·卜居題解》,曾對這段話予以引録。漢賦創作追求模擬的不良現象,在此得到了一次徹底的清算。這次清算對於矯正宋人追求字字有來歷的創作風尚,也有一定的積極意義。

二、論律賦考試及用韻情況。關於科舉考試考律賦之緣由、經過以及律賦用韻的情況,唐杜佑《通典》、李肇《唐國史補》、五代王定保《唐摭言》、宋歐陽修《新唐書》等典籍皆有相關記載。《容齋隨筆》五集的記述和評論,可與這些典籍相互印證或者補充。例如《容齋續筆》卷十三"試賦用韻"條云:

> 唐以賦取士,而韻數多寡,平側次叙,元無定格。故有三韻者,《花萼樓賦》以題爲韻是也;有四韻者,《蓂莢賦》以"呈瑞聖朝"、《舞馬賦》以"奏之天廷"、《丹甑賦》以"國有豐年"、《泰階六符賦》以"元亨利貞"爲韻是也;有五韻者,《金莖賦》以"日華川上動"爲韻是也;有六韻者,《止水》《魍魎》《人鏡》《三統指歸》《信及豚魚》《洪鐘待撞》《君子聽音》《東郊朝日》《蜡日

① 〔宋〕洪邁著,穆公校點:《容齋隨筆》,上海古籍出版社2015年版,第60頁。

祈天》《宗樂德》《訓胄子》諸篇是也；有七韻者，《日再中》《射己之鵠》《觀紫極舞》《五聲聽政》諸篇是也。八韻：有二平六側者，《六瑞賦》以“儉故能廣，被褐懷玉”、《日五色賦》以“日麗九華，聖符土德”、《徑寸珠賦》以“澤浸四荒，非寶遠物”爲韻是也；有三平五側者，《宣耀門觀試舉人》以“君聖臣肅，謹擇多士”、《懸法象魏》以“正月之吉，懸法象魏”、《玄酒》以“薦天明德，有古遺味”、《五色土》以“王子畢封，依以建社”、《通天臺》以“洪臺獨出，浮景在下”、《幽蘭》以“遠芳襲人，悠久不絶”、《日月合璧》以“兩曜相合，候之不差”、《金柅》以“直而能一，斯可制動”爲韻是也；有五平三側者，《金用礪》以“商高宗命傅説之官”爲韻是也；有六平二側者，《旗賦》以“風日雲舒，軍容清肅”爲韻是也。自大和以後，始以八韻爲常。唐莊宗時嘗覆試進士，翰林學士承旨盧質以《后從諫則聖》爲賦題，以“堯舜禹湯，傾心求過”爲韻。舊例，賦韻四平四側。質所出韻，乃五平三側，大爲識者所誚，豈非是時已有定格乎？國朝太平興國三年九月，始詔自今廣文館及諸州府、禮部試進士律賦，並以平側次用韻，其後又有不依次者，至今循之。①

這段話論述唐宋律賦用韻的情況，以爲早期律賦限韻不嚴，有三韻、四韻、五韻、六韻、七韻等情況，並無定格。至唐文宗大和之後，始以八韻爲常格。至於八韻賦，作者又分爲二平六側、三平五側、五平三側、六平二側、四平四側等形式，分别舉例説明。而宋代太平興國三年之後，不僅限八韻，而且要依照平仄次序依次使用，要求更爲嚴格。此處洪邁以十分簡練的語言，勾勒了試賦用韻由寬泛到嚴格的發展歷程。論述中列舉了大量實例，説明作者對律賦作品十分熟諳，在大量閲讀和分析的基礎上纔得出這些結論，因而有較高的賦學史料價值。又如《容齋隨筆》卷三“進士試題”條記載了唐穆宗長慶元年進士科考試初試與重試的情況，從中可知唐代夜試進士時可以攜帶書册和兩條木燭；《容齋五筆》卷八“《禮部韻略》非理”條以《鵩鳥賦》《甘泉賦》顔師古注爲依據，批評了《禮部韻略》所列韻字有“絶不近人情者”的情形；都是十分珍貴的賦學史料。

三、賦句品賞與語詞、名物考釋。

洪邁對賦中的名言佳句、字詞名物皆有研究，雖然零碎，但頗能見出洪氏學術研究的細緻與嚴謹。《容齋四筆》卷七“黄文江賦”條云：

晚唐士人作律賦，多以古事爲題，寓悲傷之旨，如吴融、徐寅諸人是也。黄滔，字文江，亦以此擅名。有《明皇回駕經馬嵬坡》，隔句云：“日慘風悲，到玉顔之死處；花愁露泣，認朱臉之啼痕。”“褒雲萬疊，斷腸新出於啼猿；秦樹千層，比翼不如於飛鳥。”“羽衛參差，擁翠華而不發；天顔愴恨，覺紅袖以難留。”“神仙表態，忽零落以無歸；雨露成波，已沾濡而不及。”“六馬歸秦，

① 〔宋〕洪邁著，穆公校點：《容齋隨筆》，上海古籍出版社2015年版，第248頁。

却經過於此地;九泉隔越,幾悽惻於平生。"《景陽井》云:"理昧納隍,處窮泉而詎得;誠乖馭朽,攀素綆以胡顔。""青銅有恨,也從零落於秋風;碧浪無情,寧鮮流傳於夜壑。""荒凉四面,花朝而不見朱顔;滴瀝千尋,雨夜而空啼碧溜。""莫可追尋,玉樹之歌聲邈矣;最堪惆悵,金瓶之咽處依然。"《館娃宫》云:"花顔縹緲,欺樹裏之春風;銀焰熒煌,却城頭之曉色。""恨留山鳥,啼百卉之春紅;愁寄壠雲,鎖四天之暮碧。""遺堵塵空,幾踐群遊之鹿;滄洲月在,寧銷怒觸之濤。"《陳皇后因賦復寵》云:"已爲無雨之期,空懸夢寐;終自凌雲之製,能致煙霄。"《秋色》云:"空三楚之暮天,樓中歷歷;滿六朝之故地,草際悠悠。"《白日上昇》云:"較美古今,列子之乘風固劣;論功晝夜,姮娥之奔月非優。"凡此數十聯,皆研確有情致。若夫格律之卑,則自當時體如此耳。①

黄滔是晚唐著名律賦作家,其作品頗能代表唐代律賦的藝術水平。洪氏徵引其《明皇回駕經馬嵬坡賦》《景陽井賦》《館娃宫賦》《陳皇后因賦復寵賦》《秋色賦》《白日上昇賦》等6篇律賦中的名句14聯,來説明晚唐律賦"多以古事爲題,寓悲傷之旨"的風格,讀之令人愴然。此外,這些名句對仗工巧,亦爲宋代文人錘煉賦句提供了範本。當然,洪氏所品賞的賦句,並不僅限於律賦。如《容齋五筆》卷七"唐賦造語相似"條云:

唐人作賦,多以造語爲奇。杜牧《阿房宫賦》云:"明星熒熒,開粧鏡也;緑雲擾擾,梳曉鬟也;渭流漲膩,棄脂水也;烟斜霧横,焚椒蘭也;雷霆乍驚,宫車過也;轆轆遠聽,杳不知其所之也。"其比興引喻,如是其侈。然楊敬之《華山賦》又在其前,叙述尤壯,曰:"見若咫尺,田千畝矣;見若環堵,城千雉矣;見若杯水,池百里矣;見若蟻蛭,臺九層矣;醯雞往來,周東西矣;蠛蠓紛紛,秦速亡矣;蜂窠聯聯,起阿房矣;俄而復然,立建章矣;小星奕奕,焚咸陽矣;纍纍繭栗,祖龍藏矣。"後又有李庚者,賦《西都》云:"秦址薪矣,漢址蕪矣,西去一舍,鞠爲墟矣;代遠時移,作新都矣。"其文與意皆不逮楊、杜遠甚。高彦休《闕史》云:"敬之賦五千字。唱在人口。"賦内之句,如上數語,杜司徒佑、李太尉德裕常所誦念。牧之乃佑孫,則《阿房賦》實摹倣楊作也。彦休者,昭宗時人。②

杜牧《阿房宫賦》不拘聲律,長於議論,被視爲文賦的創始之作。該賦"明星熒熒,開粧鏡也"一段,句式奇特,比喻生新,一氣貫通,很有感染力。但洪邁指出,這段文字實際上效法楊敬之《華山賦》筆法,而楊氏用語尤爲豪壯。楊賦五千言,家弦户誦,杜佑、李德裕常常吟誦之。而杜牧是杜佑之孫,自幼受到祖父

① 〔宋〕洪邁著,穆公校點:《容齋隨筆》,上海古籍出版社2015年版,第471~472頁。
② 〔宋〕洪邁著,穆公校點:《容齋隨筆》,上海古籍出版社2015年版,第601頁。

熏陶,其作賦效法楊敬之,是自然而然的事。洪邁的這段記載,爲我們揭示了杜牧《阿房宫賦》成功的奥秘,同時也指出:李庾《西都賦》亦曾效法楊、杜句式,但"其文與意皆不逮楊、杜遠甚",讓讀者自己體會模擬與創新的關係。此外,《容齋續筆》卷一"王孫賦"條云:"王延壽《王孫賦》載於《古文苑》,其辭有云:'顔狀類乎老翁,軀體似乎小兒。'謂猴也。乃知杜詩'顔狀老翁爲'蓋出諸此。"認爲王延壽狀猴之語十分形象,故爲杜甫詩所襲用,揭示了漢賦對後代的影響。又如《容齋續筆》卷三"秋興賦"條云:"宋玉《九辯》詞云:'憭慄兮若在遠行,登山臨水兮送將歸。'潘安仁《秋興賦》引其語,繼之曰:'送歸懷慕徒之戀,遠行有羇旅之憤。臨川感流以歎逝,登山懷遠而悼近。彼四慼之疚心,遭一塗而難忍。'蓋暢演厥旨,而下語之工拙較然不侔也。"既指出了宋玉《九辯》的文學影響,又對宋玉、潘安仁的高下有所評論。

洪邁對賦中的語詞、名物亦有考證。《容齋四筆》卷二"北人重甘蔗"條云:"甘蔗衹生於南方,北人嗜之而不可得。魏太武至彭城,遣人於武陵王處求酒及甘蔗。郭汾陽在汾上,代宗賜甘蔗二十條。《子虚賦》所云'諸柘巴且',諸柘者,甘蔗也。蓋相如指言楚雲夢之物。漢《郊祀歌》'泰尊柘漿',亦謂取甘蔗汁以爲飲。"徵引《子虚賦》和漢代《郊祀歌》,指出甘蔗衹生於南方,北方人"嗜之而不可得",但在漢代,就已經有了榨甘蔗汁的飲料。其他如《容齋隨筆》卷七"羌慶同音"條,認爲揚雄《反離騷》、班固《幽通賦》中"慶"爲發語詞,讀與"羌"同;《容齋四筆》卷五"馮夷姓字"條匯集前人對"馮夷"的不同解釋,或云河伯,或曰河伯之妻,或云御者,不一而足;《容齋五筆》卷九"委蛇字之變"條旁徵博引,得出"委蛇"在古代有十二種寫法;這些研究雖然瑣細,但對於讀賦者理解賦意亦有幫助。

【研究】

何新文等《中國賦論史》第四章第四節《洪邁、朱熹及高似孫的辭賦理論》,對洪邁《容齋隨筆》五集中的賦論有初步介紹和研究。

第六章 賦注正編、外編

《注顏之推〈稽聖賦〉》1卷,唐李淳風(一作顏師古)撰,佚

【作者】

李淳風(602—670),唐岐州雍(今陝西省岐山縣)人,精通天文、曆算、陰陽之説。相傳由李淳風、袁天罡所著之《推背圖》,推算國運興衰,流傳甚廣。

【著録】

《新唐書》卷六十《藝文志》:"李淳風注顏之推《稽聖賦》一卷。"《通志·藝文略》《國史經籍志·集類》略同。宋陳振孫《直齋書録解題》卷十六:"《稽聖賦》三卷,北齊黄門侍郎琅邪顏之推撰,其孫師古注。"

【内容】

顏之推(531—591?)是北齊至隋代著名文學家,教育家,所著《顏氏家訓》在我國教育史上有深遠影響。《北齊書》本傳載其《觀我生賦》,亦爲賦作名篇。《新唐書》著録"李淳風注顏之推《稽聖賦》一卷",《宋史·藝文志》亦著録"顏之推《稽聖賦》一卷"。但該賦早已散佚,清陳元龍《歷代賦彙》、嚴可均《全隋文》皆未收録。唐段公路《北户録》卷一"孔雀媒"條引《稽聖賦》:"豪豕自爲雌雄,決鼻生無牝牡。""水母"條引此賦云:"水母,東海謂之蛇正,白蒙蒙如沫生。"《埤雅》卷二引顏籀《稽聖賦》曰:"鼉鼊伏乎其陰,鸕鷀孕乎其口。"又卷七引:"雎鳩奚别,鴛鴦奚雙?"卷十引:"蛇曉方藥,鴆善禁呪。"卷十一引:"蝀旋於影,蜮射於光。"卷十五引:"竹布實而根枯,蕉舒花而株槁。"卷十六引:"瓜寒於曝,油冷於煎。"或直言,或發問,皆與動植物有關。該賦在唐宋時流傳較廣,後亡佚。又,宋陳振孫《直齋書録解題》卷十六云:"《稽聖賦》三卷……蓋擬《天問》而作。"據佚文,該書應爲博物學著作,與《天問》主旨不同。

諸家所引,皆不及李淳風注。或許李注已經完全散佚。

《注庾信〈哀江南賦〉》一卷,唐張庭芳撰,佚

【作者】

張庭芳,籍貫不詳。唐天寶六載(747),在登仕郎守信安郡博士任。嘗爲李嶠《雜詠詩》120首作注,今日本猶存張庭芳注李嶠《雜詠詩》抄本數種。又注庾信《哀江南賦》一卷,已佚。事迹略見《佚存叢書》本李嶠《雜詠詩》前張庭芳序。

【著録】

《新唐書》卷六十《藝文志》:"張庭芳《注庾信〈哀江南賦〉》一卷,崔令欽注一卷。"《崇文總目》卷十二略同。《通志·藝文略》:"庾信《哀江南賦》一卷,唐張庭芳注。又一卷,崔令欽注。又一卷,魏彦淵注。"《宋史·藝文志》:"王道珪《注哀江南賦》一卷,張庭芳《注哀江南賦》一卷。"

【内容】

唐代注釋庾信《哀江南賦》者,有張庭芳、崔令欽、魏彦淵、王道珪諸家,皆已散佚,不詳其具體内容、風格。不過,可以想見當時文人對《哀江南賦》的熱愛。

《注庾信〈哀江南賦〉》一卷,唐崔令欽撰,佚

【作者】

崔令欽,生卒年不詳,唐博陵(今河北定縣)人。開元年間爲左金吾倉曹參軍,後轉著作佐郎。嘗任丹徒令,天寶中遷禮部員外郎。肅宗時任倉部郎中,又轉主客郎中。大曆年間出任萬州刺史,返朝後遷國子司業。撰《教坊記》一卷,是研究唐代音樂、百戲之重要原始資料。《全唐文》卷二九六存其文二篇。事迹略見《教坊記自序》《新唐書·宰相世系表》。

【著録】

《新唐書》卷六十《藝文志》:"張庭芳《注庾信〈哀江南賦〉》一卷,崔令欽注一卷。"《通志·藝文略》同。已佚。

《注林絢〈大統賦〉》2卷,唐盧肇撰,安裕重箋,佚

【作者】

盧肇,字子發,宜春(今江西宜春)人。參見"盧肇《海潮賦》一卷"條。安裕,生平不詳。

【著録】

《新唐書》卷六十《藝文志》:"盧肇……《注林絢〈大統賦〉》二卷。字子發,袁州人,咸通歙州刺史。"《崇文總目·别集》《通志·藝文略》《宋史·藝文志》《國史經籍志·集類》略同。

【内容】

《大統賦》作者林絢,原名繙,閩(今福建省)人,與盧肇同時。曾撰《大統賦》,盧肇爲之作注。宋鄭樵《通志·藝文略》載:"《大統賦》二卷,林絢撰,盧肇注,安裕重箋。"流傳較廣,但今已不存。

《新雕注疏珞琭子三命消息賦》3卷,舊題□王喬撰,宋李仝注,宋東方明疏

【作者】

王喬,傳説中的仙人。一説爲周靈王太子晉,即王子喬,控鶴以沖天;一説

漢葉縣縣令王喬,有神術;一説漢代蜀郡武陽人,食肉芝登仙。賦中既有秦漢間人物,則非周太子晉明矣。然據其内容,亦非漢之王喬、南朝陶弘景。至唐李虚中《命書》始以年月日推算禄命。《四庫提要》以爲北宋人所作,近是。

李仝(一作李企,一作李全),字稚川,弘州(今河北陽原)人。李純甫(字之純,號屏山居士,金末著名文學家)之子。事迹不詳。金亡後,李仝依附真定(今河北正定)世侯史天澤,長期寓居真定,曾在真定路工匠都總管府任職。東方明,生平不詳。

【著録】

《郡齋讀書志·後志》卷二:"《珞琭子疏》五卷,右皇朝李仝、東方明撰。"同卷:"《珞琭子三命賦》一卷。右李獻臣云:'珞琭者,取珞珞如石、琭琭如玉之義,推人生吉凶否泰之法。"

《直齋書録解題》卷十二"陰陽家類":"《珞琭子》一卷。此書禄命家以爲本經,其言鄙俚,閭巷賣卜之所爲也。

《宋史》卷二百六《藝文志》"五行類"著録:"《珞琭子賦》一卷,不知姓名,宋李企注。"同卷:"《珞琭子三命消息賦》一卷。"

《文獻通考》卷二百二十《經籍考四十七》:"《珞琭子三命》一卷。"同卷:"《珞琭子疏》五卷,鼂氏曰:皇朝李仝、東方明撰。"

【版本】

1. 金刻本(版本年代據《中華再造善本》著録)

國圖善本部藏。原本不可見,今據《中華再造善本》原大彩色影印本(北京圖書館出版社 2004 年出版)著録如下:1 函 1 册,書高 32.9 釐米,寬 20.3 釐米,蝴蝶裝。四周雙邊,單黑魚尾,半葉 12 行,行大 20 字,小字雙行每行 29 字。版框高 19.7 釐米,寬 14 釐米(《中華再造善本》著録 14.3 釐米,非是)。

首李仝《新雕注疏珞琭子三命消息賦序》1 葉,共 20 行,行 23 字。此葉有殘缺,惜無從校補。序末署"嘉祐四年己亥十二月二十一日宜春李仝",下有雙行小字"宋神宗登極三十六年己亥歲刊"①。該葉鈐印:"徐健菴"(陰、篆、朱、方印)、"乾學"(陽)、"蕘夫"(陽)、"黄丕烈"(陰)、"無相自在室主人覺元印"(陽、篆、橢圓)、"歸安陸尌聲藏書之記"(陽)、"涵芬樓"(陽、長方印)、"海鹽張元濟經收"(陽)。

次《新雕注疏珞琭子三命消息賦目録》1 葉。該葉鈐印:"汪澂别號鏡汀圖

---

① 今按:"宋神宗"當爲"宋仁宗"之訛。因爲宋神宗在位僅 17 年(1068—1085),與此"登極三十六年"顯然不符。而宋仁宗在位達 41 年(1023—1063);並且李仝於序末署"嘉祐四年己亥"(1059),恰好宋仁宗登極已 36 年。估計此句爲後人妄補,而非宋本之舊也。事實上,北宋"嘉祐四年己亥"(1059)是李仝作序之年,未必是刊刻之年。黄丕烈、張元濟等皆定爲宋刻本,而《中華再造善本》著録爲金刻本,未知孰是。姑從後者,祈望賢達之教正。

章"(陰、篆、朱、方印)、"子清鑒藏"(陽,長方印)、"陸氏子孫其永保用"(陰、長方印)、"廱見亭讀一過"(陽)、"士禮居"(陽)、"歸安陸封聲叔桐父印"(陰)、"甫亭"(橢圓印)。右欄之外有"吴郡唐寅子畏桃花塢學圃堂藏書"墨筆題記一行。

以下爲《三命消息賦》正文。首葉第一行鐫有大字"新雕注疏珞琭子三命消息賦卷第上",次行刻"王喬子晉撰,宜春李仝注,東方明疏",第三行"先天一氣篇第一",第四行起爲賦文和注釋。卷上凡 9 葉,卷末有"士禮居"(陰文方印)、"無相自在室主人覺元印"(陽、篆、橢圓印)2 枚。

卷中凡 12 葉,版式與卷上同。卷端、卷末皆鐫大字"新雕注疏珞琭子三命消息賦卷中"。卷端鈐有朱印:"士禮居""無相自在室主人覺元印""平易"(橢圓小章),另有一枚方印模糊難辨。卷末鈐有"黄丕烈"(陰)、"復翁"(陰)、"士禮居"(陰)、"歸安陸封聲藏書之記"(陽)、"無相自在室主人覺元印"(陽、篆、橢圓)凡 5 枚。

卷下凡 5.5 葉,版式與卷上、卷中同。卷端、卷末皆鐫大字"新雕注疏珞琭子三命消息賦卷下"。卷端鈐有朱印:"士禮居""無相自在室主人覺元印""澂印"(陰文小章)、"鏡汀"(陽)。卷末鈐有"黄丕烈印"(陰)、"復翁"(陰)章凡 5 枚,空行處書篆文題記"吴郡唐寅子畏甫藏"一行。

以下爲《新雕李燕陰陽三命》上下卷,凡 4.5 葉。半葉 14 行,行 34 字。卷末鈐"士禮居""無相自在室主人覺元印""涵芬樓"(陰文小章)3 枚。

末有黄丕烈(蕘夫)跋語二葉,全文如下:

道光紀元歲在辛巳四月,王廢基書攤高姓携一書來,爲《新雕注疏珞琭子三命消息賦》。書僅三十三葉,索直餅金。亦好之,且不可留,但一展卷而已。估人既去,檢諸家藏書目,晁氏《讀書志》載《珞琭子疏》五卷,焦竑《經籍志》載東方明(原誤"朔")《珞琭子疏》十卷,徐氏《含經堂書目》載王廷光《珞琭子三命消息賦》二卷,方知此書雖星命之學,歷來著録若是,況宋刻豈易得之邪?爰復往迹之,幸以價昂,未有收者,遂勉購之。其爲卷三,可正錢氏"二卷"之誤;標題"李仝註、東方明疏",可補晁志脱注人姓名及"東方明"之失,并正焦《志》"朔"字之誤、"十"字之誤。至于復附《李燕推陰陽》二卷,此與晁《志》五卷之説合,而其書則從未有聞也。不意余年來群書散佚之後,而仍復見此祕册,雖欲罷不能矣。我生何幸,而於翰墨因緣,猶若是之深也邪!破涕爲笑,不覺書魔之故智復萌已。四月迄七月下旬,意興都無,無暇作跋記其顛末。入中秋月,神采稍旺,因書此數語誌之。至於儲藏家勝朝登學圃堂,國朝入傳是樓,墨迹圖章,尤足引重。至今日之出自誰何,吾不得而知之。八月哉生明蕘夫記。

《消息賦》載諸《三命通會》中,就行世本勘之,賦文大同而小異。即有一二可補之字,不敢據以寫入。雖云珞琭子《註》、育吾子《解》注解不分,無一語與此同者,想皆明人爲之耳。蕘夫。

可知黄丕烈得書始末,亦可考見該本價值之珍貴。跋語之前有“見獨”(陽文,無邊框)、“士禮居”(陽)章2枚,第2葉鈐有“黄丕烈”(陰)、“復翁”(陰)、“歸安陸封聲藏書之記”(陽)、“涵芬樓”(長方印)、“海鹽張元濟經收”(陽)、“北京圖書館藏”(陽)章6枚。後襯A面左下角有“君直叚讀”陰文墨色小章1枚。

2. 民國間涵芬樓影印《續古逸叢書》本

各大圖書館多有。筆者所見爲北大藏本,號:X/081.17/2706a:7。本書凡3卷,與《李燕陰陽三命》合爲1册[①]。書高33.4釐米,寬22.2釐米,開本闊大。書衣右上鈐“編訖”章。内封A面印“宋本注疏珞琭子三命消息賦三卷,李燕陰陽三命二卷,續古逸叢書之二十一”,B面印一牌記:“上海涵芬樓影印,遠近千里必究”。經核對,實爲據金刻本影印之本,與《中華再造善本》同,書末亦影印黄丕烈跋語2葉。惟此本影印較早,較之《中華再造善本》影印本少“歸安陸封聲藏書之記”“陸氏子孫其永保之”“涵芬樓”“海鹽張元濟經收”“北京圖書館藏”等印。此外,本書係黑白影印,故除了今之館藏地藏印“國立北京大學藏書”,其餘藏印均爲黑色。天頭“天德合例”“背向例”等朱筆批點亦盡删之,有損原貌。此本亦有優點,如在每葉B面左上方以小字印“珞琭子消息賦”和頁碼,以便查檢,彌補了原書版心無頁碼之缺憾。

3.《中華再造善本》本(北京圖書館出版社2004年影印本)

各大圖書館多有。該本1函1册,深藍色封面,書衣貼有書籤“新雕注疏珞琭子三命消息賦”。書高32.2釐米,寬22.2釐米,書前襯頁印有“中華再造善本”朱色篆文方章1枚(此爲本叢書統一形制)。經折裝。書前有牌記3行:“據中國國家圖書館藏金刻本影印,原書版框十九.七釐米,寬十四.三釐米”。原大彩色影印,形制高雅,朱墨燦然,既賞心悦目,亦便於研究。

4.《輯刊》第158册影印國圖藏金刻本

【内容】

《珞琭子賦》爲言禄命之書,撰者不知何人。或以爲周靈王太子晉,或云珞琭子乃陶弘景自稱,皆非。至唐《李虚中命書》始以年月日推算禄命。宋晁公武《郡齋讀書志》云此書始行于宣和、建炎間,則此書應該成於北宋。蓋非一人之作,至北宋宣和間始成定稿。所謂“珞琭”,蓋取《老子》“不欲琭琭如玉、珞珞如石”之意;所謂“三命”,本術數家語,指受命(一曰正命)、遭命、隨命,星命家則

① 本書係《續古逸叢書》第21種。據函脊所題“第三八至四六册”推算,當爲第38册,但書根包角處印“三十三”,兩處不符,未審何故。

以“三元”(天元干禄、地元支命、人元納音聲)爲三命,以推論命數。

本書是一部數術類著作,深得中國古代哲學“天人相應”“察變觀化”之奥妙,首開中國四柱命理學之先河。全書上中下 3 卷,20 篇,大約 1800 字。上卷《先天一氣篇第一》云:“元一氣兮先天,禀清濁兮自然。著三才以成家,播四氣以爲年。以干爲禄,向背定其貧富。”本篇共 34 字,極爲簡短。其實,本篇結尾“以干爲禄,向背定其貧富”句,與《逆順循環篇第二》的開頭“以支爲命,詳逆順以循環”句緊密相承,對仗亦工穩,並且“環”與第一篇“然”“年”爲韻。可見該賦本來是一氣呵成的,編者生硬地將其分割成 20 篇,造成對偶句上句與下句分屬兩篇的現象,殊覺未妥。

原賦含義深邃,行文簡約,有些專門術語,難以理解,給讀者理解造成困難。宋人李仝的注和東方明的疏,恰好解決了這一難題。例如開頭“元一氣兮先天”句,李仝注云:“元者,始也。一氣者,道生一,沖氣也,有物混成,天地也。”可見李仝以語詞解釋爲主,較爲簡練。接下有一陰文大字“疏”,“疏”字下雙行小字即東方明的疏解:“元者,道之宗也。一者,道之數也。一氣冥運,萬物化生。其道元一氣,兆成十干,其陽干從日精而化,陰干自月魄而生。其甲日月中見已……以上十干名,天德相合,陰陽交會。若人胎月日時干德相合,是名德也,更詳身財禄官印在何方位。”通過人出生時的年月日和生辰來推斷其一生命運,當然有唯心主義色彩。然其説在民間影響甚大。從“疏”文來看,東方明不僅解釋語詞,更對賦句的内在含義進行挖掘和闡發,可見他並不是一位普通的注釋家,而是一位命理學專家,通過注釋《三命消息賦》來闡發自己的思想。

《珞琭子三命消息賦註》2 卷,宋徐子平撰

【作者】

徐子平(907—960),名居易,北宋人。籍貫不詳。傳聞他在五代末年與陳摶、吕洞賓一起隱居華山,精於星學,後世術士宗之。《子平算命》《淵海子平》等皆以“子平”爲名,推八字者亦稱爲“子平命理”。或以爲此書實爲宋末徐彦升所撰,而假託徐子平,今已難明。

【版本】

1. 清乾隆間《四庫全書》本

2. 清道光二十四年(1844)金山錢氏刻《守山閣叢書》本

北大藏,號:X/081.17/8373b1:21。

3. 清光緒十五年(1889)上海鴻文書局刻《守山閣叢書》本

上圖藏,號:綫普長 333409 – 535。本書凡 2 卷,與《李虚中命書》合爲一册。書名頁中欄刻有楷書書名:“珞琭子賦註”。首《欽定四庫全書提要》2 葉,以下正文。左右雙邊,大黑口,無魚尾。半葉 11 行,行 23 字。卷端題:“珞琭子三命消息賦註卷上守山閣叢書子部,宋徐子平撰　金山錢熙祚錫之校”。版心中部刻“三命消息賦注卷上”和頁碼。

4.《輯刊》第158册影印清光緒十五年上海鴻文書局刻《守山閣叢書》本

【内容】

《珞琭子三命消息賦》是一部宣揚禄命的作品,託名王喬,實爲北宋人所撰。徐子平著有《珞子賦注》2卷,他發明四柱法(年、月、日、時推算法),即以四柱的干支爲八字,以八字中的生克制化關係推測人生命運,比唐代李虚中《命書》多出“一柱”。四柱法影響深遠,以致於八字法被稱爲子平法。徐氏注釋十分詳盡,一般皆直接訓釋,不做繁瑣徵引。例如“元一氣兮先天,禀清濁兮自然。著三才以成象,播四氣以爲年”一段,注釋達三百餘字,注釋者吸收周易老莊思想並加以引申,旨在宣揚人命天定的思想。今節録其對“元一氣兮先天”的注解:“元者,始也。一者,道生一,沖氣也。有物混成,先天地生。以看命法論之,如人之初受胎月,在母腹中,男女未分;以四柱言之,則知人本命也。尚未有生月、日、時,即貴賤壽夭未分,故云一氣。以大道言之,則混一氣而生育天地也,主祖宗之宫也。”其對“四柱”的闡釋,已經遠遠超出原賦,而形成自己的理論體系。

《珞琭子賦注》2卷,宋釋曇瑩撰

【作者】

釋曇瑩,號蘿月,嘉興(今屬浙江)人,大約生活於兩宋之際。住臨安退居庵,以談《易》名一時。洪邁《容齋隨筆》載之,稱曰“易僧”。有《珞碌子賦注》2卷傳世。

【著録】

《續通志》卷一百六十一:“《珞琭子三命消息賦註》二卷,宋釋曇瑩撰。”(以上見文淵閣著録。)

【版本】

1. 清道光二十四年(1844)金山錢氏刻《守山閣叢書》本

北大藏,號:X/081.17/8373b1:21。

2. 清光緒十五年(1889)上海鴻文書局刻《守山閣叢書》本

上圖藏。書名頁中欄刻有楷書:“珞琭子賦註”。首《欽定四庫全書提要》1葉,以下正文。左右雙邊,大黑口,無魚尾。半葉11行,行23字。卷端題:“珞琭子賦註卷上　守山閣叢書子部,宋釋曇瑩撰　金山錢熙祚錫之校”。版心中部刻“珞琭子賦注卷上”和頁碼。

3.《輯刊》第158册影印清光緒十五年上海鴻文書局刻《守山閣叢書》本

【内容】

《珞琭子賦》又名《珞琭子三命消息賦》,是一部以賦體形式撰寫的禄命之書。清錢曾《讀書敏求記》卷三云:"《註解珞琭子三命消息賦》二卷……此注解者,王廷光、李仝、釋曇瑩、徐子平四家也。"此本獨題釋曇瑩撰,而卷上兼有王廷光、李仝、釋曇瑩三家之注,卷下大都是釋曇瑩一人之注,徐子平注則未見。故四庫館臣稱:"抑此本爲曇瑩撮王、李之注,附以己説,故其文兼涉二家歟?"曇瑩自序撰於宋高宗建炎元年(1127),時當南宋之初。其説"往往以命理附合《易》理",思想玄妙,不及徐子平注明白清晰。

《會稽三賦》1 卷,宋王十朋撰,宋周世則注,史鑄補注

【作者】

王十朋(1112—1171),字龜齡,號梅溪,温州樂清(今浙江省樂清市)人,南宋著名政治家、文學家、教育家。初在梅溪鄉間講學,後入太學,主司異其文。紹興二十七年(1157)中進士第一,被擢爲狀元,歷任紹興府簽判、秘書郎、著作郎、起居舍人,知饒州、夔州、湖州、泉州等地,後除太子詹事,以龍圖閣學士致仕。王十朋以名節聞名於世,剛直不阿,批評朝政,直言不諱。卒年六十,謚曰忠文。一生著述頗豐,有《梅溪前後集》54 卷。事見本集附録《龍圖閣學士王公墓誌銘》,《宋史》卷三八七有傳。

周世則,南宋紹興府嵊縣人,生平不詳。史鑄,字顔甫,號愚齋,南宋紹興府山陰縣人,著有《百菊集譜》7 卷,另外存詩 122 首。據史鑄《會稽三賦序》,其完成補注的時間當爲嘉定丁丑(1217),在王十朋卒後約四十年間。

【著録】

清紀昀等《四庫全書總目》卷七十:"《會稽三賦》三卷,宋王十朋撰。十朋字龜齡,樂清人,紹興二十七年進士第一,官龍圖閣學士,謚忠文。事迹具《宋史》本傳。所著有《梅溪集》。此賦三篇,又於集外别行。一曰《會稽風俗賦》,仿《三都賦》之體,歷叙其地山川、物産、人物、古迹。一曰《民事堂賦》,民事堂者,紹興中添差簽判廳之公堂也,元借寓小能仁寺,歲久圮廢,十朋始重建於車水城。一曰《蓬萊閣賦》,其閣以元稹詩"謫居猶得住蓬萊"句得名。皆在會稽,故統名曰《會稽三賦》。初,嵊縣周世則嘗爲注《會稽風俗賦》,郡人史鑄病其不詳,又爲增注,併注後二賦,末有嘉定丁丑鑄自跋。十朋文章典雅,足以標舉兹邦之勝;鑄以當時之人,註當時之作,耳聞目見,言必有徵,視後人想像考索者,亦特爲詳贍。且所引無非宋以前書,尤非近時地志杜撰故實、牽合名勝者可比,與十朋之賦相輔而行,亦劉逵、張載分注《三都》之亞也。乾隆四十六年十一月恭校上。"

清瞿鏞《鐵琴銅劍樓藏書目録》卷十一史部四:"《會稽三賦》三卷,宋刊本。宋王十朋撰。其《會稽風俗賦》題'剡溪周世則注,郡人史鑄增注',有序;其《民事堂》《蓬萊閣》二賦題'愚齋處士注',即鑄也。案此三賦不載《忠文集》中,乃官越簽幕時作,即廷試第一之年冬月也。卷首有'嚴充私章'朱記。"

清丁丙《善本書室藏書志》卷十二:"《會稽三賦》一卷,影宋本。東嘉王十朋撰,剡谿周世則注,郡人史鑄增注。前有鑄序,於撰人下注云:'公字龜齡,從游者稱梅谿先生。紹興丁丑,廷對第一。是年冬到越爲簽幕,仕至太子詹事。有《梅谿前後集》凡五十卷行於世。'增注俱黑質白文,每葉十八行,行大字十八小字三十,注中有注。版心'三賦'二字,並分注大小字數。舊爲朱卧菴之赤所藏,此從而摹之者也。有'許氏行素軒收藏書畫記'印。"

【版本】

1. 宋刻元修本(一卷本,但四庫本三卷)

國圖善本部藏。原書不可見,亦未見膠卷,現據《中華再造善本》原大影印本著録如下:本書不分卷,凡 2 册,書高 28.5 釐米,寬 20 釐米,襯頁鈐有"海源樓"章。首史鑄序 3 葉,序首鈐有"汪士鐘印"(陰文)、"閬源真賞"、"北京圖書館藏"章,序末鈐有"紹和協卿"(陰陽章)、"聊攝楊氏宋存書室珍藏"、"晴佳吟館"、"澂印"(陰文)、"鏡汀"章。以下爲正文。左右雙邊,白口,無魚尾,半葉 9 行,行 18 字,小字雙行每行 30 字。版框高 24.7 釐米,寬 17.1 釐米。首行刻"會稽三賦"4 字;第二行刻"東嘉王十朋撰",下爲雙行小字,以陰文"增註"2 字領之;鈐有"百宋一廛"、"關西節度系關西"(陰文)、"黄丕烈印"(陰文)、"復翁"(陰文)、"以增私印"(陰文)、"季寓庸珍藏書畫印"、"振宜家藏"、"滄葦"諸印。第五行刻"會稽風俗賦(并叙)",下有陰文小字"增註",以下皆雙行小字。再下刻"剡溪周世則註,郡人史鑄增註(并撰釋音附入)"。版心刻"三賦"和頁碼,版心上方刻本版字數。

《會稽風俗賦》凡 37 葉,基本完整,賦末鈐有"楊紹和讀過"(陰文)、"東郡楊氏宋存書室珍藏"(陰文)、"協德雀環子孫潔白"諸印。《民事堂賦》署爲"愚齋處士注",首葉鈐有"宋存書室"(陰文)、"協卿珍賞"(陰文)2 印;本賦共 5 葉(第 38—42 葉),賦末鈐有"楊紹和讀過"(陰文)印。《蓬萊閣賦》亦署"愚齋處士注",首葉鈐有"宋存書室珍藏""楊紹和審定"(陰陽)2 印;本賦共 8 葉(第 42—50 葉),賦末鈐有"汪士鐘印"(陰文)、"閬源真賞"、"士禮居"、"蕘圃卅年精心所聚"(陰文)、"東郡楊紹和字彦合藏書之印"、"東郡楊氏宋存書室珍藏"(陰文)。據以上藏印,可考定此書收藏源流如下:

明季振宜(號滄葦)—清汪士鐘(字閬源)—黄丕烈(號蕘圃,又號復翁)—聊城楊以增(字益之)、楊紹和(字彦合)父子—民國吴熙曾(字鏡汀)—北京圖書館

書末附頁尚有黄丕烈題跋,全文如下:"宋刻《會稽三賦》,余所見有三本。此本得諸東城顧八愚家,首尾皆有殘闕,每以無從補録爲恨。後於五柳居書肆見一本,印已糊塗,紙多裱托,因未購之,卒歸余友顧抱冲。既訪得八愚之兄五

癡亦有是書,遂假以對勘,其中闕葉俱可補録。爰取舊紙,倩館師顧澗蘋手影足之。其弟四十九葉係五癡本所重,丐主人贈余,頓成完璧。命工裝池,俟他日有更好于五癡本者,俾書中缺字一一補録,不亦快乎!嘉慶元年冬至前四日,棘人黄丕烈識。”

2.《中華再造善本》彩色影印國圖藏宋刻元修本

3.《輯刊》第153册影印國圖藏宋刻元修本

【内容】

《會稽三賦》是賦史名篇,也是中國方志史上的名作,具有不可忽視的文學價值和地方文獻價值。《四庫全書總目》卷七十云:“一曰《會稽風俗賦》,仿《三都賦》之體,歷敘其地山川、物産、人物、古迹。一曰《民事堂賦》,民事堂者,紹興中添差判官廳之公堂也。元借寓小能仁寺,歲久圮廢,十朋始重建於車水城。一曰《蓬萊閣賦》,其閣以元稹詩‘謫居猶得小蓬萊’句得名。皆在會稽,故統名曰《會稽三賦》。”三賦乃王十朋擔任紹興府簽判時所作,寫於紹興二十八年(1158)冬。紹興古名會稽,秦代始設會稽郡,兩漢、三國、兩晉、南北朝因之;隋大業中改爲越州,唐、五代、北宋因之;南宋紹興元年(1131)升越州爲紹興府,治山陰、會稽兩縣。《宋史・地理志》云:“紹興府,本越州,大都督府,會稽郡,鎮東軍節度,大觀元年升爲帥府。舊領兩浙東路兵馬鈐轄,紹興元年升爲府。……縣八:會稽、山陰、嵊、諸暨、餘姚、上虞、蕭山、新昌。”其中《會稽風俗賦》作於紹興戊寅(1158),賦中假設子真、無妄先生、有君三人之問答,歷敘會稽郡的山巒、水脈、物産、人物、古迹,上溯舜、禹、勾踐,下及當代名賢,充溢着對會稽優秀文化傳統的頌揚,賦末還表達了對南宋王朝“復侵疆而旋京闕”的期盼。該賦内容豐富,體制恢宏,縱横辟闔,最爲膾炙,是古代散體大賦的傑作。《民事堂賦》亦作於戊寅(1158)冬季,表達了作者心繫百姓、關心民瘼的情懷。《蓬萊閣賦》稍晚於前二賦,記叙登臨蓬萊閣的所見所感,對歷史人物進行懷思與評議,抒發了深沉的感慨,賦末則表達了對一代賢相范仲淹的傾慕。

《會稽三賦》在宋代就有很大影響,出現了周世則注、史鑄補注本,明代又有南逢吉注、尹壇補注本,後者在明清時期十分流行,翻刻不衰。

周世則僅僅注釋了《會稽三賦》的第一篇《會稽風俗賦》,但襤褸開疆,功不可没。明代的南逢吉注,即對周世則注的合併與改造,詳見第五卷。周注效法《文選》李善注的體式,以徵引代替詮釋,因而保留了大量的第一手文獻資料。比如《會稽風俗賦》“越於九域,分曰揚州。仰瞻天文,度當斗牛。在辰爲丑,自夏而侯”一段,周注就徵引了《尚書・禹貢》《周禮》《圖經》《史記・越王勾踐世家》《漢書・地理志》《晉書・天文志》、白居易詩等7種文獻,大約200字的篇幅,内容十分豐富,並且備載出處,體例完善,有重要史料價值。當然,也有直接解釋的文字。例如“郡於秦漢”句,周注便撮述《史記》《漢書》的相關記載,略作介紹:"秦始皇滅荆,置會稽郡。漢以地屬吴國。景帝誅吴王,復爲會稽郡。"寥寥數語,會稽置郡的情況便一目了然。不過,這類文字相對較少。此外,周注亦有辨字、注音,如"灢天門兮墜户"注:"墜,籀文'地'。"此處揭示異體字。"號天下之無厹"注:"厹,渠尤切,匹也。"先以反切法注音,再簡釋詞意。

史鑄對《會稽風俗賦》的周世則注進行了增注,又注釋《民事堂賦》《蓬萊閣賦》2 篇,三賦合併刊刻,遂成完璧,其於三賦之功,當不亞於周氏矣。史鑄序云:"竊惟《風俗》一賦,雖有剡溪周君之注,惟以表出山川事物爲意,而公之文章,以經史百家之言盤屈於筆下者,殊未究其根柢。"又云:"凡讀之者,嘗患乎奇字之爲梗,從而爲釋音,區布於句讀之下,庶幾不俟討論,可以助眼過電,而口傾河也。"可知其對《風俗賦》的增注,主要在兩個方面:一,"究其根柢",揭示語源;二,辨字注音,"區布於句讀之下"。例如"分曰揚州"句,史鑄增注引李巡《爾雅》曰:"江南之氣躁勁,厥性輕揚,故曰揚州。""仰瞻天文"句增注引《易·繫辭》曰:"仰以觀於天文。"前者指出揚州得名由來,後者揭示語源,皆有爲而發,有助於閱讀。又"其山則鬱鬱蒼蒼,岩岩嵬嵬,磅礴蜿蟺"諸句,增注曰:"韓文《送廖道士序》:'郴之爲州,在嶺之上,又當中州清淑之氣,蜿蟺扶輿,磅礴鬱積。'注云:'皆氣積之貌。'又引《選》云:'蚪龍騰驤以蜿蟺。'沈佺期《西嶽詩》云:'磅礴壓洪源。'磅礴,上音滂,又披庚切,下音薄。磅礴,猶混同也。蜿蟺,上於元、於阮二切,下市衍切。五臣注《靈光殿賦》:'蜿蟺,盤屈皃。'"徵引韓愈散文、沈佺期詩歌、《文選》賦及相關注釋,資料豐富,便於研究,但對於初學者而言,未免顯得冗長。至於後二賦之注釋,亦大致如此。因《民事堂賦》與《蓬萊閣賦》由史鑄單獨注釋,一空依傍,更可顯見其開拓之功。

周、史注本最早刻於宋代,當時即廣泛流傳,至今猶有宋刻元修本傳世,可見其被珍愛的程度。明代有大黑口本,刻印時間不詳,但清《四庫全書》本即據此本抄録,又鞏固了該本的地位。至於清嘉慶湖海樓重刻,道光杜春生摹刻,近年《中華再造善本》又彩色影印,更促進了周、史注本的流傳。

【研究】

研究論文有:鄭利鋒《論王十朋〈會稽三賦〉的産生與特徵》[《金陵科技學院學報》(社會科學版)2013 年第 1 期]、蹤凡等《〈會稽三賦〉的注本和版本》[《紹興文理學院學報》(哲學社會科學)2014 年第 4 期]。

[外編]

《文選音義》卷數不詳,唐曹憲撰,佚

【作者】

曹憲,字號不詳,陳隋唐之際譙國(今安徽省亳州市)人。晚年長期定居江都(今屬江蘇省),故史書誤稱其爲江都人。新、舊《唐書·儒學列傳》皆言:"曹

憲,揚州江都人也。"《明一統志》《清一統志》《江南通志》等皆沿襲此說。日本廣島大學陳翀博士從隋唐之際釋道宣(596—667)所撰之《續高僧傳·智琚傳》中,找到了曹憲爲智琚所撰之碑文,署名爲"陳西陽王記室譙國曹憲爲文",可知曹憲本南朝陳譙國人,曾爲西陽王陳叔穆的記室。陳叔穆任西陽王七年(583—589),譙國恰好在其管轄之内,故曹憲被遴選爲記室。陳滅后,陳叔穆被俘,其幕僚也被押解至長安,曹憲、虞世南等轉仕隋廷,虞世南任秘書郎、起居舍人,曹憲任秘書學士。後曹憲從隋煬帝幸江都,煬帝死後,曹憲留在江都,設帳講學,直至去世,在江都生活三十餘年。[①]《舊唐書》卷一百八十九上《儒學列傳上·曹憲傳》云:"(曹憲)仕隋,爲秘書學士。每聚徒教授,諸生數百人。當時公卿已下,亦多從之受業。憲又精諸家文字之書,自漢代杜林、衛宏之後,古文泯絶,由憲此學復興。大業中,煬帝令與諸學者撰《桂苑珠叢》一百卷,時人稱其該博。憲又訓注張揖所撰《博雅》,分爲十卷,煬帝令藏于秘閣。貞觀中,揚州長史李襲譽表薦之,太宗徵爲弘文館學士,以年老不仕。乃遣使就家拜朝散大夫,學者榮之。太宗又嘗讀書有難字,字書所闕者,録以問憲,憲皆爲之音訓,及引證明白,太宗甚奇之。年一百五歲,卒。所撰《文選音義》,甚爲當時所重。初,江淮間爲《文選》學者,本之於憲。又有許淹、李善、公孫羅復相繼以《文選》教授,由是其學大興於代。"[②]曹憲是繼蕭該之後,又一位致力於"文選學"研究的學者,影響於唐代學人甚鉅。除了《文選音義》,尚著有《桂苑珠叢》100卷、《博雅音》10卷、《爾雅音義》2卷、《文字指歸》4卷、《古今字圖雜録》1卷、《曹憲集》30卷等。今僅存《博雅音》10卷。

【著録】

《舊唐書·儒學列傳·曹憲》:"所撰《文選音義》,甚爲當時所重。"不詳卷數。

《新唐書·藝文志》丁部集録:"曹憲《文選音義》,卷亡。"

《日本國見在書目録》:"《文選音義》十三,曹憲。"

【内容】

《舊唐書·儒學列傳·曹憲》云:"每聚徒教授,諸生數百人。當時公卿已下,亦多從之受業。……初,江淮間爲《文選》學者,本之於憲。又有許淹、李善、公孫羅復相繼以《文選》教授,由是其學大興於代。"《新唐書·儒學列傳·曹憲》所載略同:"憲始以梁昭明太子《文選》授諸生,而同郡魏模、公孫羅、江夏李善相繼傳授,於是其學大興。"[③]不難看出,生活于隋唐之際的曹憲,在培養人

---

① 陳翀:《曹憲籍貫行歷新證及其〈文選〉佚注考》,見程章燦、徐興無主編《〈文選〉與中國文學傳統》,中華書局2014年版,第374~385頁。

② 〔後晉〕劉昫等:《舊唐書》,中華書局1975年版,第4945~4946頁。

③ 〔宋〕歐陽修、宋祁:《新唐書》,中華書局1975年版,第5640頁。

才、普及《文選》方面有重大貢獻。唐初"文選學"名家許淹、李善、公孫羅、魏模等，無不出其門下。所以，儘管其《文選音義》已佚，但尚可從其學生李善的《文選注》中考其大略。

宋恪震先生《選學最早幾部撰著試述》（鄭州大學文學院編《選學論萃》，第64頁）一文，從日本金澤文庫藏《古寫本文選集註殘卷》中鈎稽出曹憲《文選音義》佚文3條，如下：

1. 聚，在東反，曹音鄹。（卷66宋玉《招魂》注引《音決》）

2. 姐，曹子預反。（卷79繁欽《與魏文帝箋》注引《音決》）

3. 淬，曹七對反。（卷93王褒《聖主得賢臣頌》注引《音決》）

以上3條皆爲注音，内容較爲單薄。可喜的是，日本廣島大學陳翀博士又從釋中算（平安中期）《妙法蓮華經釋文》鈎稽出曹憲佚注58條，從釋信瑞（？—1279）《净土三部經音義集》所引菅原是善（812—880）《東宫切韻》中鈎稽出曹憲佚注26條，又從釋杲寶（1306—1362）《大日經疏演奥鈔》中鈎稽1則，合計爲85條，十分豐富。從這些佚文來看，曹憲不僅音義兼釋，而且有辨字、徵引和按語，體例較爲嚴謹。現擇取數條如下：

1. 万，曹憲云：十千之數也。或作"萬"。

2. 數，曹憲云：自一至兆皆名數。又，所距反。

3. 邑，曹憲云：民之所居也。《尚書傳》云："五里爲邑也。"

4. 疏，曹憲云：議也。案，識、券、疏，記識之也。

5. 盜竊，曹憲云：利他物也。案，利他人物而竊之曰盜。今案，《春秋傳》"賤者窮諸盜"是也。

6. 仁慈，曹憲云：慈，愛也。案，慈，愛下；孝者，下所以事上。《禮記》"父慈子孝"是也。《老子》曰："我有三寶，持而保之。一曰慈，二曰儉，三曰不敢爲天下先。"注云："慈愛百姓，若赤字也。以慈仁，故能勇於忠孝。夫慈仁者，百姓親附，并心一意。"

陳翀先生認爲："考現存之（曹憲）《文字指歸》《桂苑珠叢》《博雅音》等佚文來看，均未見加有按語。根據這一特徵，再參照《日本國見在書目録》中'文選音義十三曹憲'的記録，我們基本可以推斷，這些引文應該就是現已散佚了的曹憲《文選音義》。"這一發現着實令人振奮。倘若這85條皆爲曹憲《文選音義》之佚文，其中必有不少賦注，反映了曹憲對《文選・賦》傳播的重大貢獻，意義不容低估。但仔細考察，有兩點十分可疑：1. 所謂"案"語，恐怕並非出自曹憲，而是徵引者（釋中算、菅原是善）對曹憲的糾正或補充。例如陳翀文第72條："慈惠，曹憲云：疾也，愛也。案，慈，愛下之情。"第74條："開避，曹憲云：迴也。案，迴轉而去謂之避也。"曹憲所言籠統，"案語"顯然更爲準確，是對曹注的補充。若"案語"出自曹憲，自己糾正、補充自己，顯然不合情理。2. 其中不少詞條顯然並不出自《文選》,當然也不可能是曹憲《文選音義》的釋文。例如陳翀文第60—64條,分别是:菩薩、算計、文藝、得攀、導御。今查《文選》所收詩文,並未使用過這5個詞語,那麽曹憲對這些詞語的解釋,當然亦不可能出自其《文選音義》,而可能是其他著述。由此可見,陳翀先生所鈎稽的85條曹憲佚注,可能有相當一部分並不是《文選音義》之佚文,尚需要逐條進行分析、考辨。

綜上,宋悋震先生所鈎稽出來的3條曹憲《文選音義》佚文是可靠的,而陳翀先生所鈎稽出來的85條佚文則真假難辨,需要逐條進行考證、確認後,方可使用。

《文選音義》10卷、《文選音》10卷,唐許淹(一作釋道淹)撰,佚

【作者】

許淹,潤州句容(今江蘇省句容市)人。《舊唐書・儒學列傳・曹憲》附許淹小傳云:"許淹者,潤州句容人也。少出家爲僧,後又還俗。博物洽聞,尤精詁訓,撰《文選音》十卷。"《新唐書・儒學列傳上・曹憲》亦云:"句容許淹者,自浮屠還爲儒,多識廣聞,精故訓,與羅等並名家。"可知其年少時曾出家爲僧,後還俗爲儒。

【著録】

《舊唐書・儒學列傳》:"許淹者……撰《文選音》十卷。"《經籍志》:"《文選音義》十卷,釋道淹撰。"今按:釋道淹當即許淹。因其少時出家,故稱釋道淹,或僧道淹。

《新唐書・藝文志》:"許淹《文選音》十卷",又"僧道淹《文選音義》十卷"。

【内容】

據駱鴻凱《文選學》考證,釋道淹、許淹當即一人。[①] 但兩《唐書》在提到《文選音》十卷時,皆署名許淹;在著録《文選音義》十卷時,皆署名"釋道淹"(或僧道淹)。可知《文選音》與《文選音義》,實爲兩部不同的著作。宋悋震先生認爲:

> 《文選音義》當爲淹"少出家爲僧"時所著,署名僧道淹者,以此;至於書中内容,循名責實,自必釋音釋義,二者兼及。而《文選音》則當爲淹"自浮屠還爲儒"之後所著,署名許淹撰者,以此;至於書中内容,循名責實,亦當主釋音而捨釋義了。[②]

儘管二書皆已失傳,無從考實,但此説合情合理,可從。宋先生還徵引余蕭

① 駱鴻凱:《文選學》,知識産權出版社2013年版,第40頁。

② 宋悋震:《選學最早幾部撰著試述》,見鄭州大學文學院《選學論萃》,2014年,第65~66頁。

客《文選音義·自序》,以爲早期治“選學”者各有側重:《音》則有蕭該、許淹;《音義》則有公孫羅、曹憲、釋道淹;《注》則有公孫羅、李善、吕延濟、劉良、吕向、張銑、李周翰。其中許淹(釋道淹)本來音義兼釋,後來略去釋義,專門釋音,書名也由《文選音義》改爲《文選音》,可謂“選學”先驅蕭該的忠實傳人。

周祖譔《論文選音殘卷之作者及其方音》一文認爲:“今諸家音均已散佚不存,無以案覈殘篇。但榷而爲論,此卷非蕭、曹、公孫、李善之書,則顯然易見。……今從其體例斷之,篇中有音無義,其許淹之書歟?”①今按:《唐寫本文選音殘卷》現藏法國巴黎國家圖書館,北師大圖書館有照片6張。其體例與許淹之書相近,但亦不能遽然判斷爲許氏所撰。今録以備考。

駱鴻凱《文選學》云:“《華嚴經音義》六十六引淹師《文選音義》云:‘猗,美也。’此淹師即許淹,此條即《文選音》之佚文。”②此説甚是,惟《文選音》當改爲《文選音義》。許淹出家時所撰,音義兼釋,故名《文選音義》;佛家後學徵引此書,尊稱“淹師”,理所當然。許注佚文,今僅存“猗,美也”3字,令人惋惜!

《文選注》60卷(《文選李善注》《李善注文選》),南朝梁蕭統編,唐李善注

【作者】

李善(630? —689),江都(今江蘇揚州)人,一説爲江夏(今湖北武昌)人。唐代知名學者。史書上稱他清正廉潔、剛直不阿,有士君子之風。淹貫古今,不能屬辭,號爲“書簏”。明慶中,累補太子内率府録事參軍、秘書郎;顯慶三年(658),擢爲崇賢館直學士,兼沛王侍讀。本年前後,李善將修改完善後的60卷《文選注》上呈給唐高宗李治。高宗大加讚賞,賜絹綢120匹,並下詔將該書藏於秘閣,《文選注》也因此大行於當時。除潞王府記室參軍,轉秘書郎。乾封中,出任涇城(今安徽涇縣)令,坐與賀蘭敏之周密,配流姚州,後遇赦得還。寓居在今河南開封、鄭州一帶,以講授《文選》爲業,號“文選學”,諸生多自遠方而至。載初元年卒。子邕亦知名。又撰《漢書辯惑》30卷,並行於世。事迹略見《新唐書·李邕傳》。

【版本】

1. 唐寫本多種

李善上表本已佚,定本亦不可見。今日所見,皆爲後人學習本,幸有敦煌文獻殘卷和日藏抄本。包括永隆本《西京賦》(P.2527、P.2528)、東方朔《答客難》(P.2527)、日藏《文選集註》等。由於是學習本,卷中增、删、改動、訛誤之處甚

---

① 周祖譔:《論〈文選音〉殘卷之作者及其方音》,見俞紹初、許逸民主編《中外學者文選學論集》(上册),中華書局1998年版,第45~47頁。

② 駱鴻凱:《文選學》,知識産權出版社2013年版,第40頁。

多。但部分保留了李善注原貌,彌足珍貴。參見傅剛《〈文選〉版本研究》,北京大學出版社2000年版,第114~141頁。

2. 北宋天聖明道間(1023—1033)國子監刻本

國圖善本部藏,號:08575。該本已殘,存23卷。據《中華再造善本》影印本,該書凡14册,半葉10行,行17字,小字雙行25或26字,白口,左右雙邊。原爲周叔弢舊藏,後捐給北圖。據傅剛先生所查,該書始於卷十五《思玄賦》(殘存3葉)、卷十六《嘆逝賦》(殘2葉)、卷十七《文賦》(5葉)、《洞簫賦》(1葉)等,以下爲卷十八、十九,卷三十、三十一、卷三十六至三十八、卷四十六、四十七、卷四十九至卷五十八、卷六十。其中十九之末(《中華再造善本》置於卷三十之首)有羅振玉以篆書題寫的書名:"北宋本文選李善注殘卷",落款爲"叔弢三兄屬,上虞羅振玉題",有羅振玉印一枚。以下有勞健跋文一葉,記述收藏始末。鈐有"周暹""北京圖書館藏"印。

又,臺北故宫博物院也藏有11卷,據張月雲《宋刊本〈文選〉李善單注本考》(臺北《故宫學術季刊》第二卷第四期,1985),該本包括:卷一《西都賦》(2葉)、《東都賦》(4葉),卷二《西京賦》(25葉),卷三《東京賦》(29葉),卷四《蜀都賦》(22葉),卷五《吴都賦》全(26葉),卷六《魏都賦》(20葉),卷八《上林賦》(3葉)、《羽獵賦》(10葉),卷九《長楊賦》(2葉),卷十《西征賦》(11葉),卷十一《景福殿賦》(11葉),卷十六《閑居賦》(2葉)。

儘管爲殘卷,但此本是現存最早的刻本《文選》李善注,價值極高。

3. 南宋淳熙八年(1181)池陽郡齋(今江西貴池)尤袤刻本

國圖善本部藏,號:07132。該本凡60册。10行21字,小字雙行同,白口,左右雙邊。這是現存最完整的《文選》李善注刻本。據考察,該本文字與北宋天聖明道間國子監刻本差異較大,顯然不是以監本爲底本翻刻的,當另有底本。乾隆年間,四庫館臣曾經以明汲古閣刻本爲據,發現其中參雜着少量五臣注,認爲尤袤刻本"殆因六臣之本削去五臣,獨留善注,故刊除不盡,未必真見單行本也"。此後胡克家《文選考異》、日本斯波六郎《文選諸本之研究》皆作如是觀,影響甚大。其實,尤袤《遂初堂書目》中即著録有《李善注文選》一種,此外他還撰寫了《李善與五臣同異》一文,顯然在他的手中握有單獨的李善注底本,衹是這個底本與北宋監本頗有差異罷了。此外,尤刻本有一些文字不同於監本,也不同於敦煌殘卷或《文選集註》本,而與五臣相同,説明他在校勘時參照了五臣本,並吸收了五臣本的長處。因此,傅剛先生認爲,"尤刻本(或可説是其底本)是一個以李善本爲主要依據,又旁參五臣、六臣而合成的本子"①。

4. 明汲古閣刻本(有何焯手批),上海師範大學圖書館藏

---

① 傅剛:《〈文選〉版本研究》,北京大學出版社2000年版,第165頁。

5. 清乾隆年間文淵閣《四庫全書》本,現有臺灣商務印書館影印本

6. 清嘉慶十年(1805)胡克家覆刻尤袤本,附《文選考異》10 卷

7. 中華書局 1974 年影印宋尤袤刻本(綫裝,4 函,20 册)

8. 中華書局 1977 年影印清胡克家刻本(縮印,16 開精裝 1 册)

9. 上海古籍出版社 1986 年據清胡克家刻本標點重排本(32 開簡裝 6 册)

10. 國家圖書館出版社 2017 年影印南宋淳熙八年池陽郡齋尤袤刻本(32 開簡裝 12 册),書名爲《宋尤袤刻本文選》

【内容】

李善爲《文選》所作注釋,内容豐富,觀點精湛,語言凝練,並且保存了大量先唐文獻,是古代文獻注釋的典範之作。由於内容太多,李善將《文選》30 卷分割成 60 卷,前 19 卷皆爲賦注。下面從六個方面着手,具體討論李善《文選注》在賦注方面的特點及其貢獻。

(一)賦作解題及賦家小傳言簡意賅。比如對於班固《兩都賦》,李善在標題"兩都賦二首"下注曰:"自光武至和帝都洛陽,西京父老有怨。班固恐帝去洛陽,故上此詞以諫。和帝大悦也。"交代創作背景、作賦動機及其所産生的社會效果,簡明扼要,準確恰當。在作者"班孟堅"下又注云:"范曄《後漢書》曰:班固,字孟堅,北地人也。年九歲,能屬文,長遂博貫載籍。顯宗時,除蘭臺令史,遷爲郎,乃上《兩都賦》。大將軍竇憲出征匈奴,以固爲中護軍。憲敗,固坐免官,遂死獄中。"這裏的班固小傳及上引解題,多據《後漢書·班彪列傳》附班固傳及《兩都賦序》的記載,撮要而成。賦作解題也十分靈活,是否設置、是簡是略以及設置的具體位置,皆視具體情况而定。比如對於張衡《西京賦》的創作背景,作者小傳中已經涉及,就不再另擬解題;又如賈誼《弔屈原文並序》(今按:實爲賦),將解題置於賦序與正文之間,揚雄《羽獵賦》的解題也出現於序末,而《長楊賦》的解題則置於序文第一句之下。這些精核凝煉的小傳與解題,爲讀者正確理解賦作提供了參考。但也有失誤,如揚雄《甘泉賦》,李善解題引桓譚《新論》曰:"雄作《甘泉賦》一首,始成,夢腸出,收而内之,明日遂卒。"今按:《甘泉賦》作於漢成帝時,揚雄卒卻在莽新時代,其間經歷哀、平兩世,相距甚遠,"明日遂卒"之説明顯失考。李善徵引,尤覺失當。

(二)校勘精審。李善校《文選》,對校、他校、本校、理校諸法皆用①,故能多有創獲,精見時出。其校勘成果大略有以下幾端:1. 揭示他本之非。如司馬相如《子虛賦》:"衡蘭芷若。"善注:"芷若下或有射干,非也。"又本賦:"必若所言,固非楚國之美也。無而言之,是害足下之信也。"善注:"本或云'有而言之,是彰君之惡者',非也。"這裏指出或本文字於文意不通。2. 校正選文之誤。如司馬

① 參見孫欽善著《中國古文獻學史》,中華書局 1994 年版,第 425 頁。

相如《子虛賦》:“右以湯谷爲界。”注:“司馬彪曰:湯谷,日所出也,以爲東界也。善曰:言爲東界,則右當爲左字之誤也。”這裏使用理校法,先引舊注以明湯谷爲東界,古人慣稱東方爲左,所以《文選》中“右”字當爲“左”字之形訛。3. 不作判斷,兩説並存以備參考。如班固《西都賦》:“度宏規而大起。”善注:“《小爾雅》曰:羌,發聲也。度與羌古字通,度或爲慶也。”又《東都賦》:“天子景從,寖威盛容。”善注:“寖或爲侵。”又班彪《北征賦》:“登鄣隧而遥望兮。”善注:“隧或爲墜。”對於這些異文,李善不能遽斷是非,便姑且存疑,讓讀者自作取捨。這種態度是很審慎的。

(三)長於辨字、注音

辨字。賦中有一些通假字、古今字、異體字、聯綿字等,對這些字的辨識直接關涉到對詞義乃至句意的理解。李善繼承了徐廣、晉灼等六朝賦注家的傳統,也在辨字方面做出了努力。1. 辨異體字與古今字。司馬相如《子虛賦》:“弓不虛發,中必決眦。”善注曰:“《説文》曰:眦,目匡也。眦、眥,俱同。”這裏揭示異體字。揚雄《羽獵賦》:“亶觀夫剽禽之紲踰。”注:“韋昭曰:亶,音但。善曰:古但字。”馬融《長笛賦》:“壄雉晁雊。”李善注:“壄,古野字。”又揭示古今字。2. 辨通假字。班固《西都賦》:“桑麻鋪菜。”李善注:“王逸《楚辭注》曰:紛,盛貌也。菜與紛古字通。”又張衡《西京賦》:“慘則尠於驩。”善注曰:“尠,少也,與鮮通也。”又揚雄《羽獵賦》:“履般首。”善注:“般音班。般首,虎之頭也。”以上用“古字通”“與某通”“音某”等術語來揭示通假字。李善能够因聲求義,破假借,使許多糾纏不清的語詞疑竇涣然冰釋,確實有功於賦的訓釋與解讀,這是六朝賦注家所未能做到的。3. 李善還能注意對疊字及聯綿字的分辨。如司馬相如《長門賦》:“夜曼曼其若歲兮。”李善注:“曼曼,長也。一作漫漫。”以上注疊字。揚雄《羽獵賦》:“於是玄冬季月,天地隆烈。”善注:“隆烈,陰氣盛。”同賦:“儲與乎大浦,聊浪乎宇内。”善注:“聊浪,放蕩也。”又張衡《西京賦》:“曾髣髴其若夢,未一隅之能睹。”善曰:“《甘泉賦》曰:猶髣髴其若夢。《説文》曰:彷佛,相似,見不諦也。”今按:隆、烈、聊、浪四字在上古同屬來母;髣在滂母,髴在並母,旁紐雙聲,隆烈、聊浪與髣髴(彷佛)都是雙聲字。又張衡《西京賦》:“巨獸百尋,是爲蔓延。”李善注:“《漢書》曰:武帝作漫衍之戲也。”又《子虛賦》:“蟃蜒貙豻。”李善注:“郭璞曰:蟃蜒,大獸,似狸,長百尋。”這裏蔓延、漫衍、蟃蜒音義全同,一詞異形,皆指百尋之大獸。《上林賦》:“的皪江靡。”李善注曰:“《説文》曰:玓瓅,明珠光也。玓瓅與的皪音義同。”以上又詮釋疊韻字。李善重視辨析聯綿字,是非常可貴的。需要指出,在揭示古今字、異體字與通假字時,李善所使用的術語並不十分嚴格,有些判斷也有偏差。例如,班固《東都賦》:“龢鑾玲瓏。”李善注:“龢與和音義通。”視爲通假字。王褒《洞簫賦》:“與謳謡乎相龢。”李善注:“龢,古和字。”班固《答賓戲》“稟仰太龢”注同。又視爲古今字。今按:

“龢”字從龠禾聲，本義爲“音樂和調”之意（《一切經音義》卷六引《説文》）；“和”字從口禾聲，本爲以聲應答之意（《説文・口部》：“和，相譍也。”）。二字本義並不相同，後來僅在某些義項上通用，實爲通假字。

注音。李善爲賦注音，主要采用直音法與反切法。如司馬相如《上林賦》：“長眉連娟，微睇綿藐。”李善注：“娟，一全切。睇，大計切。藐，音邈。”注音主要是爲了幫助讀者讀對字音，有時候還兼有釋義的功能。如張衡《思玄賦》：“將往走乎八荒。”注：“走，音奏。”今按：走爲侯韻精母上聲，奏爲屋韻精母入聲，這裏將“走”讀如奏，謂“走”爲趨向之義。

（四）釋義精湛。1. 釋語詞。對於難解之語詞，李善或直接訓釋，如張衡《南都賦》：“其寶麗珍怪，則金彩玉璞。”注：“彩，金之彩也。璞，玉之未理者。”或徵引字書與舊注，如同賦：“乃有櫻梅山柿，侯桃梨栗。”注：“《漢書音義》曰：櫻桃，含桃也。郭璞《爾雅注》曰：梅似杏，實酸。《説文》曰：柿，赤實果也。曹毗《魏都賦注》曰：侯桃，山桃，子如麻子。”分别對櫻（櫻桃）、梅、柿、侯桃（獼猴桃）進行解釋。有時還對舊注進行修正和補充。如王延壽《魯靈光殿賦》：“汨硙硙以璀璨，赫燡燡而燭坤。”李善先引張載注曰：“皆其形貌光輝也。”然後自注云：“汨，净貌。硙硙，高貌。璀璨，衆材飾貌。燡，光明貌。燭坤，光照下土。”明顯比張載舊注要確切得多，也形象得多。2. 解句。有時直接串解句意，如司馬相如《子虛賦》：“下靡蘭蕙，上拂羽蓋。”李注：“垂髾飛襳，飄揚上下，故或摩蘭蕙，或拂羽蓋。”又張衡《歸田賦》：“遊都邑以永久，無明略以佐時。”注：“言久淹滯於京都，而無知略以佐其時君也。”在對句意的説解中也掃清了字詞障礙。有時通過徵引來解讀賦句，如王粲《登樓賦》：“惟日月之逾邁兮，俟河清其未極。”李善注：“《尚書》云：日月逾邁，若弗云來。《左氏傳》鄭子駟曰：周詩有之，俟河之清，人壽幾何？”通過對《尚書》和《左氏傳》的徵引，來揭示作者深感日月不居、河清難俟的感慨和悲涼。3. 揭示全篇旨意及寫作手法。如揚雄《甘泉賦》：“想西王母欣然而上壽兮，屏玉女而卻宓妃。”李善注：“言既臻西極，故想王母而上壽，乃悟好色之敗德，故屏除玉女而及宓妃，亦以此微諫也。”這裏點明揚雄創作此賦的良苦用心。又《上林賦》：“前皮軒，後道遊。”注：“此爲前後相對，爲偶辭耳，非謂道遊在乘輿之後。”又揭示對偶的修辭手法。這種隨文揭示藝術手法的例子，在《文選注》中還有一些。

（五）徵引富贍。在古注中，李善《文選注》的這一特色十分突出。其實在李善之前，漢曹大家（班昭）爲班固《幽通賦》作注，蔡邕爲班固《典引》作注，晉張載、劉逵爲左思《三都賦》作注，已對不少文獻有所徵引。① 李善注《文選》，將

① 參見第一卷第六章“曹大家注班固《幽通賦》”條，第二卷第六章“《魏都賦注》1 卷”“《蜀都賦注》1 卷”條。

徵引的範圍擴大到經、史、子、集各部,並且徵引數量巨大,體例嚴謹,從而開創了徵引這一訓詁體式。[1] 在注解賦時,李善注的徵引有兩個方面:一是徵引前人對賦的注釋,二是徵引其他文獻典籍以助理解。據不完全統計,李善注徵引漢魏六朝時期的賦注有 30 餘家,遠遠超過《史記》三家注與《漢書》顔師古注的徵引,保存了大量的先唐賦注資料。[2] 對於品質較高或者影響較大的賦注,李善甚至大量采用,並在篇首注明,態度嚴謹,堪稱典範。例如,他在注釋張衡《西京賦》時標明“薛綜注”的字樣,下接“善曰”以揭示體例:“舊注是者,因而留之,並於篇首題其姓名。其有乖繆,臣乃具釋,並稱臣善以别之。他皆類此。”類似的徵引還有張衡《東京賦》薛綜注,司馬相如《子虛賦》《上林賦》郭璞注,王延壽《魯靈光殿賦》張載注,張衡《思玄賦》舊注等。李善一方面廣泛采納、吸收前人的賦注成果,甄别取捨(據《藉田賦注》,舊注釋文膚淺者一概捨而不取),融會貫通,另一方面兼下己意,以“善曰”的形式申述個人見解,這使得他的賦注能够集前人之大成,達到了古人難以企及的高度。全部采納舊注者,如司馬相如《上林賦》:“華榱璧珰,輦道纚屬。”注:“韋昭曰:裁金爲璧,以當榱頭也。如淳曰:輦道,閣道也。司馬彪曰:纚屬,連屬也。張揖曰:纚,力爾切。屬,之欲切。”此處徵引了四家舊注,悉予采納,未下任何按斷。還有考辨舊説,擇善而從者,如揚雄《羽獵賦》:“三軍芒然,窮冘閼與。”注:“孟康曰:冘,行也。閼,止也。言三軍之盛,窮閼禽獸,使不得逸漏也。善曰:孟康之意,言窮其行止,皆無逸漏。如淳曰:窮,音穹。冗者,懈倦也。晉灼曰:閼與,容貌也。如、晉之意,言三軍芒然懈倦,容貌閼與而舒緩也。今依如、晉之説也。”這裹具列孟康、如淳、晉灼三家舊注,對其詳加考辨,比較得失,而有所取捨也。

李善在注賦時還從經、史、子、集等各類典籍中廣泛徵引,或揭示史實典故,或探討語詞源流,或涉及字音詞義,或詮釋地理名物,皆以幫助讀者理解爲指歸。據清人汪師韓《文選理學權輿 · 注引群書目録》所録,李善注釋《文選》時所徵引的書目和篇目總數多達 1607 種(駱鴻凱《文選學》謂有 1689 種),十分豐富。比如班彪《北征賦》:“朝發軔於長都兮,夕宿瓠谷之玄宫。”李善注:“《楚辭》曰:朝發軔於天津兮,夕余至乎西極。長都,長安也。晉灼《漢書注》曰:有宫觀故稱都。《楚辭》曰:夕宿兮帝郊。《爾雅》曰:周有焦穫。郭璞曰:音護。今扶風池陽縣瓠中是也。按瓠谷、玄宫皆地名,在長安西。《羽獵賦》曰:處於玄宫。”這裹凡六次徵引,使用了《楚辭》、晉灼《漢書注》、《爾雅》及郭璞注、《羽獵賦》等數種文獻,間以自注,以揭示語源及詮釋詞義、介紹地名爲主。這種博贍

[1] 王寧、李國英:《李善的〈昭明文選注〉與徵引的訓詁體式》,見俞紹初、許逸民主編《中外學者文選學論集》,中華書局 1998 年版,第 464 ~ 467 頁。

[2] 駱鴻凱:《文選學》,中華書局 1989 年版,第 62 頁。

的徵引在李善賦注中比比皆是，它們不僅有助於讀者對原賦意旨的領會，還頗能擴大視野，增長見聞，展現出注釋者淵深博洽的學識和貫通古今的目光。因李善所徵引的古籍有不少已經佚失，故李注又一向爲後世輯佚家所重，成爲他們鈎稽佚文的重要資料來源。

李善的賦注態度嚴謹，體例純净，爲後人樹立了良好的典範。凡有所徵引與借鑒，皆注明出處，有時還交代徵引的角度或理由。例如：班固《兩都賦序》："以興廢繼絶，潤色鴻業。"李善注："言能發起遺文，以光贊大業也。《論語》子曰：'興滅國，繼絶世。'然文雖出彼而意微殊，不可以文害意。他皆類此。"李善在這裏發凡起例，指出"興廢繼絶"一句源出《論語》，但意思有所不同；他在這裏衹揭示語源，我們應聯繫具體的語言環境來理解語意，而不可以文害意。又班固《西都賦》"金釭銜璧"李善注曰："引《漢書》注云'音義'者，皆失其姓名，故云'音義'而已。"因《漢書音義》係集注之作，其中不少注語的作者已失考，李善無法標出注釋者姓名，便衹好徑稱"音義"。這裏解釋不標作者的原因，十分嚴謹。

（六）對事典、語典的揭示十分詳悉。李善注賦，對史實、典故的解釋甚爲詳備。1. 交代史實。班固《東都賦》："龔行天罰，應天順人，斯乃湯、武之所以昭王業也。"李注："《尚書》武王曰：今予惟龔行天之罰。《周易》曰：湯、武革命，應乎天而順乎人。《禮・含文嘉》曰：湯、武順人心應於天。《史記》曰：天乙立，是爲成湯。湯伐夏桀，桀奔於鳴條，湯踐天子位。又曰：文王太子發之立，是爲武王。伐殷紂，紂走，自燔死。武王革殷，受天明命。"先引《書》《易》《禮》以揭示語源，兼釋語意；再徵引《史記》的記載，詳述商湯、周武革命的歷史功績，而班固對東漢帝王的頌美阿諛之意已自在不言之中。

2. 揭示事典。如馬融《長笛賦》："於是乃使魯般宋翟，構雲梯，抗浮柱。"李善注："魯、宋，二國名也。《淮南子》曰：魯般，古之巧人。注：公輸班也。爲木鳶而飛。《論衡》曰：魯班刻木爲鳶，飛三日不下。爲母作木車，木人爲御，機關一發，遂去不還，人謂班母亡。翟，墨子之名也。《墨子》曰：公輸般爲雲梯，垂成，大山四起，所謂善攻具也，必取宋。於是墨子見公輸般而止之。張湛《列子注》曰：雲梯可以淩虚。《甘泉賦》曰：抗浮柱之飛榱。按墨子削竹以爲鵲，鵲三日不行。《韓子》云：爲木鳶三年不飛，一日而敗。《抱朴子》曰：墨子名翟，宋人。或云孔子時人，或云在後。今案：其人在七十弟子後也。"在此，李善徵引了《淮南子》及高誘注、王充《論衡》《墨子》《韓子》等典籍中關於公輸般、墨翟生平事迹的記載，可謂詳贍博洽，令人歎絶。李善在最後還下按語進行個人判斷，可謂"述而兼作"，讓讀者對墨翟的時代有更清楚的認識。

3. 詳釋語典。如賈誼《鵩鳥賦》："至人遺物兮，獨與道俱。"李注："《莊子》曰：不離於真謂之至人。又孔子謂老聃曰：形體若槁木，似遺物而立於獨也。

《鶡冠子》曰:聖人捐物。又曰:至人不遺,動與道俱。”以徵引古籍的方式來揭示語源,探討賈誼的思想根源;同時寓釋義於徵引之中。又張衡《思玄賦》:“不抑操而苟容兮,譬臨河而無航。”李善注:“賈逵曰:抑,止也。《孫卿子》曰:偷合苟容以持禄。《周書陰符》曰:四輔不存,若濟河無舟矣。《楚辭》曰:昔余夢登天兮,魂中道而無航。”李善釋語典,努力求其原始出處,務戒數典忘祖,因而具有較高的語言學價值。

孫欽善先生指出:“李善《文選注》在釋義方面成就卓然,不亞於唐代的經疏、史注。”①賦在《文選》中佔有三分之一的比重,李善對賦的詮釋用力甚勤,成績斐然。其内容包括賦作解題,賦家小傳,文字校勘,辨識通假字、異體字和聯綿字,標注音讀,語詞和章句訓釋,揭示主旨及藝術手法等諸多方面,内容豐富,觀點穩妥,爲時人及後人閲讀、理解、欣賞與研究賦掃清了障礙。尤其是李善徵引先唐時期的賦注30餘家,又旁采經、史、子、集各類文獻約一千種,融鑄成規模空前宏大、見解極其精湛的賦注。其對語典、事典的揭示,引證詳贍,資料豐富,更展現出注釋者淵深博洽的學識和貫通古今的眼光。注釋中徵引的大量先唐文獻今已佚失,爲後人輯佚工作提供了重要綫索。但由於受時代限制,也難免産生一些失誤。清人胡紹瑛曾在《文選箋證序》中説:“(《文選》)李氏注則援引賅博,經史傳注,靡不兼綜,又旁通《倉》《雅》訓故及梵釋諸書,史家稱其淹貫古今。……然擇焉不精,往往望文生訓,轉失本旨。如《西都賦》‘横被六合’,横被用今文《尚書·堯典》篇,古文作光被,横光古通。而注引《漢書音義》‘關西爲横讀縱横之横’(按:“爲横讀”應作“讀横爲”,此處誤倒)。‘紱冕所興’,紱與黻通,祭服也,而注引《倉頡篇》以紱爲綬。……又書中多連語,非疊韻即雙聲,皆無兩義。……《洞簫賦》‘乃使夫性昧之宕冥’,宕冥猶混沌,而注謂天性過於幽冥,引《説文》以宕爲過。‘躊躇稽詣’,蓋稽遲之意,猶躊躇也,而注謂聲稽留如有所詣,以詣爲至。《長笛賦》‘搏拊雷抃’,雷與礧通,皆擊也,而注謂抃聲如雷。……若斯之類,既背正文,復乖古訓。”②其實李善已經使用了因聲求義、即義準音的方法來揭示假借字與聯綿字,但他對此法貫徹不力,出現了不少失誤。至於其注釋時“釋事而忘義”,使讀者淹没在大量的資料之中,而不能領會詩文之本旨,這對於一般文化層次的讀者來講,更是致命的缺陷。而後來出現的五臣注,恰恰彌補了這一缺陷,因而曾經一度取代李善注,而風靡一時。但總的看來,畢竟瑕不掩瑜,李善的賦注仍堪稱中國賦注史上的高峰與典範,不僅唐宋文人趨之若鶩,明清學者注釋《文選》時也常常從中取資,而難以超越。經過了一千餘年的洗禮,尤可見出其價值之不凡。

① 參見孫欽善著《中國古文獻學史》,中華書局1994年版,第423頁。

② 〔清〕胡紹煐:《文選箋證》卷首,清光緒中刊刻聚學軒叢書本。

【研究】

研究《文選》李善注的成果甚多,以陳延嘉先生《〈文選〉李善注與五臣注比較研究》(吉林文史出版社 2009 年版)最見功力。而趙昌智、顧農曾經編有《李善文選學研究》一書(廣陵書社 2009 年版),收録現當代研究李善注的論文 18 篇,可以參看。此外尚有博士論文 2 篇:郭蓉《〈文選〉李善注徵引式訓詁研究》(山東大學 2007 年博士學位論文)、賀菊玲《〈文選〉李善注語言學研究》(四川大學 2009 年博士學位論文);碩士論文多篇,不列目。專門研究《文選・賦》李善注的論文有:蹤凡《李善〈文選注〉對漢賦的注釋》[《貴州大學學報》(社會科學版)2007 年第 3 期]、何凱《李善〈文選注〉基於經史的漢賦認同》(《中國韻文學刊》2014 年第 2 期)、劉志偉《李善注〈文選〉底本與舊注本關係試探》[《河南師範大學學報》(哲學社會科學版)2016 年第 4 期]、闞鵬飛《李善注"引後明前"現象及成因——兼論事、義兼釋的問題》(《古籍整理研究學刊》2017 年第 1 期)、力之《〈文選・賦〉題注與作者注引文辨證四題——李善注與"五臣注"引文研究之一》[《廣西師範大學學報》(哲學社會科學版)2017 年第 6 期]等。

《文選注》60 卷、《文選音義》10 卷,唐公孫羅撰,佚

【作者】

公孫羅,江都(今江蘇省揚州市)人,曾任沛王府參軍,無錫縣丞。《舊唐書・儒學傳》云:"公孫羅,江都人也,歷沛王府參軍,無錫縣丞。撰《文選音義》十卷,行於代。"又云:"初,江淮間爲《文選》學者,本之於憲。又有許淹、李善、公孫羅,復相繼以《文選》教授。由是其學大興於代。"可見他與李善同爲江都人,又同時繼承曹憲的學問事業而成爲"文選學"大家,是"選學"走向興盛的重要推動者。又,公孫羅曾任沛王府參軍,則應在唐高宗龍朔元年(661)李賢徙封沛王之後,他和李善又同爲李賢王府的幕僚。二人志趣相近,學問相通,往來頻繁,於此可見。著有《文選注》60 卷、《文選音》10 卷。

【著録】

《舊唐書・經籍志》:"《文選》六十卷,公孫羅撰。……《文選音》十卷,公孫羅撰。"今按:此處《文選音》十卷,當即《舊唐書・儒學列傳》所謂《文選音義》十卷。

《新唐書・藝文志》四:"公孫羅注《文選》六十卷,又《音義》十卷。"今按:屈守元先生云:"十卷者當爲《音》,六十卷者當爲注。……《新唐書・藝文志》及兩《唐書・儒學傳》所稱《音義》十卷,皆宜作《音》。"①

【内容】

二書皆已散佚。《唐語林》卷二《文學》云:"《南都賦》言'春茆夏韭',子夘

① 屈守元:《文選導讀》,巴蜀書社 1993 年版,第 64 頁。

之夘也。而公孫羅云:'茆,鳥卵',非也。且皆言菜也,何夘忽無言?"其中"茆,鳥卵"3字當爲公孫羅爲《文選·南都賦》所作的注釋,應該是其《文選注》的佚文。向宗魯先生云:"此公孫羅《南都賦》注之猶存者。從《唐語林》上下諸條推之,此當出《劉賓客嘉話録》。"①《宋史·藝文志》未著録公孫羅《文選注》,可知該書亡於宋代。

又,日本藤原佐世《日本國見在書目》著録:"《文選音決》十卷,《文選鈔》六十卷,公孫羅撰。"學術界大都認爲:《文選音決》即公孫羅《文選音》;而所謂《文選鈔》六十卷,即新、舊《唐志》所著録之公孫羅《文選注》六十卷,選鈔若干而已。詳見下條。

《文選音決》10卷、《文選鈔》60卷,唐公孫羅(?)撰,佚

【著録】

日本藤原佐世《日本國見在書目》著録:"《文選鈔》六十九,公孫羅撰……《文選音決》十,公孫羅撰。"今按:狩野直喜《唐鈔本文選殘卷跋》稱"《文選鈔》六十九卷",衍一"卷"字;駱鴻凱《文選學》稱"公孫羅撰《文選鈔》五十九卷","五"爲"六"之訛。邱棨鐊已正之。屈守元先生引向宗魯説:《鈔》即兩《唐志》的六十卷本,《音決》即兩《唐書》的十卷本。《見在書目》稱《文選鈔》六十九卷,所多九卷,或爲後人附益,或"九"字誤衍。② 今按:"九"字或爲"卷"字之形訛。傅剛先生云:"《日本國見在書目》作於日本寬平年間(889—897),相當於晚唐昭宗時期,此書所記不應有假,因此一般均認爲《文選集注》所録《音決》和《鈔》就是公孫羅之書。"③

【内容】

國内各種文獻均未提及《文選音決》與《文選鈔》這兩部唐代"文選學"著作。日本寬平年間目録學著作《日本國見在書目》著録二書(皆署名公孫羅),已屬幸運;而日本金澤文庫所藏之古抄本《文選集注》殘卷中又大量徵引它們,讓我們在千載之下仍能窺見二書之面目,更爲難得。

(一)關於《鈔》與《音決》作者的討論

駱鴻凱先生説,"《鈔》與《音決》或本公孫羅書原名"④。但考《文選集注》所徵引之《音決》與《鈔》,多有歧異,似乎並不出自一人之手。日本學者斯波六郎先生率先提出質疑,大意如下:1.《音決》與《鈔》所涉及的正文文字不同,如《音決》"望"字《鈔》作"忘"(《魏都賦》),《音決》"屬"字《鈔》作"屏"(《吴都

① 屈守元:《文選導讀》,巴蜀書社1993年版,第64頁。
② 屈守元:《文選導讀》,巴蜀書社1993年版,第64頁。
③ 傅剛:《〈文選〉版本研究》,北京大學出版社2000年版,第138頁。
④ 駱鴻凱:《文選學》,知識産權出版社2013年版,第40頁。

賦》),《音決》"寒"字《鈔》作"搴"(《七啟》),辨析甚明,絶非誤字;2.二書所注篇目有參差,如江淹《雜體詩》下按語:"以後十三首《鈔》脱",而《音決》有之;3.《鈔》引"羅云",説明該書並非公孫羅所撰。① 臺灣學者邱棨鐊先生又繼續舉證,以大量實例説明二書並非一人所爲。這一觀點,已得到不少學者認可。

不過,二書中何者爲公孫羅所撰,卻又意見不一。狩野君山認爲"《文選音》與《文選音決》疑是一書"。周祖謨先生曰:"《音決》即公孫羅之《文選音義》。謂之《音決》者,蓋采摭諸家舊音而審決之也。"②邱棨鐊先生認爲,隋代之後爲《文選》音注者凡5家:蕭該、曹憲、許淹、李善、公孫羅。而《集注》所引《音決》之撰者,采摭蕭、曹、騫公等諸家音,彙而定其然否,無一引及公孫羅與李善。李善音已經在《音決》之前引録,則《音決》之撰者"爲較蕭、曹、許、騫稍晚之公孫羅,殆無可疑矣"③。邱先生以堅實的證據排除了蕭該、曹憲、許淹、騫公、李善等人的著作權,似已無可辯駁,但認爲該書作者應無疑就是公孫羅,仍然缺乏讓人信服的鐵證。所以,王書才先生説:"對於《音決》是否爲公孫羅所作,尚有一些疑問難以決斷。"④

至於《文選鈔》的作者,學術界也有異議。邱棨鐊先生認爲《音決》與《鈔》當不可能同爲公孫羅撰,理由是:《鈔》的注釋内容與《音決》多有歧異,觀點不一;《鈔》之中引有羅、孫、李等人之説,尤其是卷七十一《策秀才文》注:"《鈔》曰:《音決》,牘大禄反。"《鈔》竟然徵引了《音決》!"若此引文之間,寫者無誤脱文字,則可謂《音決》與《鈔》之作者非同一人之力證。"⑤邱先生又從《鈔》引"李生"之例,推知:"唐人稱生者,先生之謂。則此《鈔》撰者蓋即李先生(或逕曰李善先生亦無不可。以《鈔》之成書年代及當時"選學"之足以稱爲先生者,恐非李善莫屬)之弟子歟?"⑥將《文選鈔》的作者定爲"選學"大師李善的弟子,姓名不詳。但王書才先生意見不同,他説:"可以斷定《文選鈔》的撰者爲公孫羅。《文選鈔》可能原來就不是對《文選》全書皆注的著作,其中多有漏脱不加注的卷章……由此可知《文選集注》所録《文選鈔》並非六十卷,衹有五十八卷。"其

---

① 斯波六郎:《文選諸本之研究》,見《文選索引》,上海古籍出版社1997年版。

② 周祖謨:《論〈文選音〉殘卷之作者及其方音》,見俞紹初、許逸民主編《中外學者文選學論集》,中華書局1998年版,第45頁。

③ 邱棨鐊:《〈文選集注〉所引〈文選鈔〉研究》,見俞紹初、許逸民主編《中外學者文選學論集》,中華書局1998年版,第718頁。

④ 王書才:《論公孫羅〈文選鈔〉的價值與闕失》,《中州學刊》2005年第3期。

⑤ 邱棨鐊:《〈文選集注〉所引〈文選鈔〉研究》,見俞紹初、許逸民主編《中外學者文選學論集》,中華書局1998年版,第720頁。

⑥ 邱棨鐊:《〈文選集注〉所引〈文選鈔〉研究》,見俞紹初、許逸民主編《中外學者文選學論集》,中華書局1998年版,第720頁。

實王書才衹是針對斯波六郎先生的第二條懷疑(兩書所注篇目不一)進行了辯駁,至於第三條《鈔》引"羅云",則棄而未論,故其觀點仍缺乏説服力。

縱觀中國大陸、臺灣,以及日本學者對於《鈔》與《音决》作者的討論,其實都有一個預設的前提,即倘若《鈔》與《音决》皆爲公孫羅所作,那麼二者篇目應該一致,文字應該統一,觀點應該相同。殊不知,任何學者的學術研究都不是静止的,而是前後期有差異,甚至有巨大的不同。當代"文選學"專家在研究《文選》李善注時,已經充分認識到善注"上表本"和講學本、流傳本的差異,并成功應用於敦煌《文選注》殘卷的研究。但是對於公孫羅,大都仍然采用静止的觀點。其實,正如傅剛先生所言,日本寬平年間相當於中國唐代昭宗時期,《日本國見在書目》的記録不應有假。最大的可能是,唐代傳到日本的公孫羅著作有2種,《文選音决》則是其早年以《文選》甲本爲底本所作的釋音,而《文選鈔》則是其晚年以《文選》乙本爲底本所作的釋音。兩部書反映了公孫羅在不同時期的學術成就,所據底本不同,篇目、用字、觀點有所差異也在所難免。總之,在目前證據不足的情况下,我們尚不能輕易否定《日本國見在書目》的記録,應該將《文選音决》和《文選鈔》都視爲公孫羅的"文選學"著作。由於《鈔》曾經徵引過《音决》,故《音决》的撰寫年代應該早於《鈔》。至於唐代人是否可以徵引自己的著作,則尚可進一步研究。

與其在作者問題上糾纏不清,倒不如切實考察一下兩部書的内容、特點和學術貢獻。

(二)《文選音决》的内容和價值

正如周祖謨先生所云:"謂之《音决》者,蓋采摭諸家舊音而審决之也。"《文選音决》是一部"采摭諸家舊音而審决之"的著作,因而對前人著述多有徵引,有匯音、正音的性質。比如:

《音决》:吭,曹何郎反。(《蜀都賦》)

《音决》:校,蕭胡孝反。(《蜀都賦》)

《音决》:琵,曹步兮反,又音毗。(《吴都賦》)

《音决》:喇,蕭音所劣反,曹音子六反。(《吴都賦》)

《音决》:岐,騫音奇,又巨支反。(《吴都賦》)

《音决》:嚴,騫上人魚檢反。(《離騷》)

其中"曹"指初唐曹憲,撰有《文選音義》;"蕭"指隋代蕭該,撰有《文選音》十卷;"騫"所指不詳,尊稱"騫上人",應該是公孫羅的長輩。以上徵引,皆未加按語,當係對前人觀點的認可。亦有糾正前説者,如《招隱士》注引《音决》:"蘋音頻。案,此即《字林》謂青蘋草者。蕭、騫等諸音咸以爲蘋音煩,非。"先直接注音,接着又糾正前人之失,體現了《音决》實事求是、不盲從權威的態度。

《音决》不僅注音,有時也兼而釋義。例如《蜀都賦》"擢修幹,竦長條,扇飛雲,拂輕霄。羲和假道於峻岐,陽烏廻翼而高標"集注引《音決》云:"擢,直角反。標,高拔也。羲和,日御。日至此,礙於高樹,故假道而行。陽烏,日中烏,至此亦迴羽翼於高拔而進也。"這裏不僅有釋詞,還有對句意的疏解,十分詳悉。大概傳入日本者,以釋音爲主,偶爾釋義,故名《文選音決》;後來公孫羅又增加了釋義成分,成爲定稿,遂更名爲《文選音義》。故《舊唐書·儒學列傳》云:"撰《文選音義》十卷,行於代。"《新唐書·藝文志》亦著録:"公孫羅《音義》十卷。"

(三)《文選鈔》的内容和價值

與李善《文選注》相比,《文選鈔》有着十分突出的特點:

1. 注重對語詞、句段的解釋。例如陸機《答賈長淵詩》:"念昔良遊,兹焉詠歎。"李善注:"劉楨《黎陽山賦》:'良遊未厭,白日潛輝。'《毛詩》曰:'兹之詠歎。'"僅僅揭示語典出處,未作任何詮釋。而《集注》引《鈔》曰:"良,善也。兹,此也。永,長也。言我憶念昔日與君爲良遊戲謔,今日乃使長歎息也。"既有釋詞,又有解句,很好地詮解了詩句的含義。李善之《文選注》固然徵引富贍,淹貫古今,但是常常"釋事而忘義"(《新唐書·李邕傳》),"止引經史,不釋述作意義"(晁公武《郡齋讀書志》),頗令初學者困擾。而《文選鈔》注重釋詞解句,語言亦通俗曉暢,恰好可以彌補李善注的缺陷,爲初學《文選》者提供方便。有時《鈔》還會對章段或全篇進行分析。例如潘岳《爲賈謐作贈陸機詩一首》:"肇自初創,二儀氤氳。"《鈔》云:"此詩大意,論自天地初開闢以來,歷代之君,至於晉平吴也,吴國既平,乃得陸生來歸也。然後乃陳與共同官之意,又述離别相思之情,并爲勸諫之事。"儘管衹是撮述全詩大意,但亦對讀者有所幫助。由於《文選集注》衹是選録,未能完整地保存《文選鈔》内容,不知這一舉措是偶或爲之還是貫穿始終。

2. 亦有徵引,但大都是對李善《文選注》的補充、引申和糾正。例如干寶《晉紀總論》"據秦川西南乃得其朋"句,善注無解,《鈔》則引《易·坤卦》"西南得朋,東北喪朋"及王弼注以釋之。又,左思《三都賦序》:"見緑竹猗猗,則知衛地淇澳之産。"李善曰:"《毛詩·衛風》曰:'瞻彼淇澳,緑竹猗猗。'"而《集注》引《鈔》云:"《詩傳》曰:奥,深隈也。緑,王芻。竹,扁蓄也。猗猗,美盛也。"此處《鈔》引《毛詩故訓傳》以釋詞,旨在幫助讀者理解《毛詩》原文,進而理解《三都賦序》的内容。是爲補充。又如,《晉紀總論》:"民相遇者如親,其匱乏者取資於道路。"李善注引《禮記》孔子曰:"昔者大道之行也,人不獨親其親,不獨子其子。"而《集注》引《鈔》云:"此謂天下太平,人無相害,不足則有餘濟之也。"很顯然,《鈔》之所云,是對善注的引申,但比善注更能貼合《選》文原意。又,同篇"顛倒衣裳",善注曰:"《毛詩》曰:'緑兮衣兮,緑衣黄裳。'"而《集注》引《鈔》曰:"《詩》云:'東方未明,顛倒衣裳。'"此處李善誤注,以爲典出《詩·邶風·緑衣》,《鈔》則引用《詩·齊風·東方未明》,以糾正善注之誤。

邱棨鐊先生曾專門研究《文選鈔》的注釋義例，分爲"李善未注、《鈔》注之例""李善注詳者、《鈔》從略之例""善注簡略、《鈔》增詳之例""訂正善注之誤或别爲一解之例"，凡4大類10個子目，條分縷析，可以參看。

總之，《文選鈔》在釋詞、解句、詮篇乃至徵引等方面都可以彌補李善注之不足。但是《鈔》也有嚴重缺點，郭寶軍先生從"注文繁冗""旁支過多""注解謬誤"等三個方面進行過分析。最關鍵的是，《文選鈔》的以上長處皆爲後來的《文選》五臣注所吸收，再加之五臣注獲得了官方的肯定和推廣，於是導致了《文選鈔》在中土的消亡。

【研究】

邱棨鐊撰有《〈文選集注〉所引〈文選鈔〉研究》(見俞紹初、許逸民主編《中外學者文選學論集》，中華書局1998年版，第708～727頁)一文，對《文選鈔》與《文選音決》的關係、《文選鈔》的撰者、撰作年代、注釋義例等方面都提出了獨到的看法。王書才《論公孫羅〈文選鈔〉的價值與闕失》(《中州學刊》2005年第3期)從"釋詞通俗淺易""解説文句意思更加詳明""闡釋題目中的地名""對全篇旨意進行歸結""詳細介紹作者寫作背景""引證出典和詞語詮釋並用"等六個方面探討《文選鈔》的價值，並對其缺點有所揭示，認爲該書在《文選》研究發展史上有較高的地位。

此外尚有胡大雷《讀〈唐鈔文選集注匯存〉中之〈文選鈔〉》(《中國典籍與文化》2007年第2期)、長谷川滋成、章琦《〈文選鈔〉的引書》(《古典文獻研究》2011年)、丁紅旗《〈唐鈔文選集注〉中〈文選鈔〉撰作年代考》(《四川圖書館學報》2012年第4期)、范志鵬、丁紅旗《〈唐鈔文選集注〉中〈文選鈔〉作者及性質考》(《圖書館理論與實踐》2012年第10期)、孫志波《重紐音切在〈文選音決〉中的讀音分析》(《天中學刊》2015年第4期)、王翠紅《〈文選鈔〉訂誤義例和校勘義例探微》(《天中學刊》2016年第2期)等。

《集注文選》30卷(《文選五臣注》)，南朝梁蕭統編，唐吕延濟、劉良、張銑、吕向、李周翰注

【作者】

五臣，注釋《文選》的五位學者，大約生活於唐代開元年間。他們是：1. 吕延濟，時任衢州常山縣尉，蓋爲吕延祚(曾任太仆卿、紫薇舍人、工部侍郎)之弟。2. 劉良，生平不詳，都水使者劉承祖之子。都水使者是掌管陂池灌溉、保護河渠的官員，唐代官品正五品上。3. 張銑，生平不詳。4. 吕向，字子回，鄆州東平(今屬山東省)人。少孤，托外祖母隱陸渾山。開元十年(722)被召入翰林，在集賢院校理書籍並教皇子學業。曾奏《美人賦》以諷玄宗，玄宗善之，擢爲左拾遺。以起居舍人從玄宗東巡，多有進諫，升爲主客郎中，專侍皇太子。官至中書舍人、工部侍郎。卒,獲贈華陰太守。曾參與注釋《文選》。又有《嚴從集》3 卷,已佚。5. 李周翰,生平不詳。

五臣中除了吕向聲名較顯、吕延濟任過小官,多爲處士。據吕延祚於開元六年(718)撰寫的《進五臣集註〈文選〉表》,進表時吕向亦爲"處士",但四年後"召入翰林,兼集賢院校理"(《新唐書·吕向傳》),他的升遷與注釋《文選》有莫大關係。《新唐書》本傳稱吕向"亡其世貫,或曰涇州人",經傅璇琮、劉群棟諸先生考證,涇州之説有誤,吕向實爲東平人。①

【版本】

1. 宋紹興三十一年(1161)建陽陳八郎刻本

臺灣"中央圖書館"藏。此本 30 卷完整,2 函 16 册。竹紙,色黄。半葉 12 或 13 行,行 23 字,注文小字雙行,行 28 字。白口,雙黑魚尾,上象鼻有大小字數。卷首有栩緣老人桃鐙(王同愈)序,又有吴湖帆小記。書前有兩塊木記,其一云:"凡物久則弊,弊則新。《文選》之行尚矣,轉相摹刻,不知幾家,字經三寫,誤謬滋多,所謂久則弊也。琪謹將監本與古本參校考正,的無舛錯,其亦弊則新與? 收書君子,請將見行版本比對,便可概見。紹興辛巳龜山江琪咨聞。"其二爲:"建陽崇化書坊陳八郎宅善本。"此本是現存唯一的宋刻五臣注全本,十分珍貴。

2. 清長洲(蘇州)蔣鳳藻影鈔宋紹興三十一年(1161)陳八郎刻本,北京大學圖書館藏。

3. 宋杭州開箋紙馬鋪鍾家刻本(殘,僅存第 28、30 卷),北京大學圖書館、國家圖書館藏。

【内容】

唐顯慶三年(658),李善上表進呈《文選注》60 卷,得到唐高宗的讚許。60 年後,五臣又完成了新的《文選》注本,當時稱爲《集注文選》,凡 30 卷。在得到唐玄宗"卿此書甚好"的肯定和"賜絹及綵一百段"的賞賜後,五臣注十分風靡,文人門大都棄李善而學五臣,達數百年之久。五臣注爲何受到這麽多文人士子的青睐? 當然絶不僅僅是藉助了唐玄宗的威力。我們將其與李善《文選注》相比較,發現它確實有一些新的特點:

(一)更加重視解題。吕延祚在《進五臣集注〈文選〉表》中曾經以激烈的口吻批評李善注:"忽發章句,是徵載籍,述作之由,何嘗措翰?"這一觀點顯然是偏激的,因爲李善注亦有解題,對於作者生平、思想、創作緣由有所交代。但是,五臣注確實加強了這一方面的内容。陳延嘉先生曾以《文選》六臣本爲據做過統

① 參見傅璿琮《中國最早兩位翰林學士考——吕向、尹愔傳論》,《文獻》2002 年第 4 期;劉群棟:《吕向生平著述考》,《中州學刊》2013 年第 11 期。

計,《文選》共收録詩文714篇,李善注做過解題的有289篇,五臣注做過解題的有528篇,數量幾乎是李善注的兩倍。[①] 五臣注比李善注簡略得多,但絲毫没有放鬆解題工作,尤其是對作者的"述作之由",更是着力加以交代。例如班固《兩都賦序》,李善與五臣都有解題,如下:

[李善注]善曰:班孟堅,范曄《後漢書》曰:班固,字孟堅,北地人也。年九歲,能屬文,長遂博貫載籍。顯宗時除蘭臺令史,遷爲郎。乃上《兩都賦》。大將軍竇憲出征匈奴,以固爲中護軍。憲敗,固坐免官,遂死獄中。

[五臣注]銑曰:《漢書》:班固,字孟堅,扶風安陵人。九歲能屬文,至明帝時爲蘭臺令史,遷爲郎。後竇憲出征匈奴,以固爲中護軍。憲敗,坐免官,死獄中。明帝修洛陽,西土父老怨帝不都長安,固作《兩都賦》以諷之。

李善和五臣都征引范曄《後漢書》的記載,(五臣誤作《漢書》)簡介班固生平,但略有差異。1. 李善稱班固爲"北地人",雖然不誤,但此語並不出自《後漢書》。《後漢書》作"扶風安陵人",而據班彪《北征賦》,其祖籍爲泥陽,屬北地郡。2. 李善"顯宗時"3字顯誤,漢代無"顯宗"。班固爲蘭臺令史,當在漢明帝時。3. 五臣注多出"明帝修洛陽,西土父老怨帝不都長安,固作《兩都賦》以諷之"一段,是對《兩都賦》創作背景的揭示,頗有助於讀者理解該賦所表達的思想。這正是李善注所忽略的。儘管在"兩都賦二首"之下有"善曰:自光武至和帝都洛陽,西京父老有怨。班固恐帝去洛陽,故上此詞以諫。和帝大悦也"一段,但"和帝"明顯爲"明帝"之誤,且胡克家認爲"此一節非善注也","決是後來竄入"。

又如王粲《登樓賦》,李善與五臣皆有解題:

[李善注]《魏志》曰:王粲,字仲宣,山陽人。獻帝西遷,粲從至長安。以西京擾亂,乃之荆州,依劉表。後太祖辟爲右丞相掾。魏國建,爲侍中,卒。

[五臣注]良曰:《魏志》云:王粲,字仲宣,山陽高平人也。少而聰惠,有大才,仕爲侍中。時董卓作亂,仲宣避難荆州,依劉表。遂登江陵城樓,因懷歸而有此作,述其進退危懼之情。

二者皆徵引《三國志·魏志·王粲傳》以介紹作者生平,但五臣注多出"遂登江陵城樓,因懷歸而有此作,述其進退危懼之情",凡21字,揭示王粲所登之樓以及創作此賦的緣由,給人以身臨其境之感,較之李善注更勝一籌。

對於五臣注重視解題、揭示作者"述作之由"的特點,當代學者給予很高的評價。王立群先生云:"五臣的重解題是文學作品由注音釋詞走向文學批評的

① 陳延嘉:《論〈文選〉五臣注的重大貢獻》,見《文選學論集》,時代文藝出版社1992年版,第82頁。

開始。對文學作品的注音釋詞，最終的目的是要使讀者能够順利地欣賞作品。而其揭示‘述作之由’，正是這種飛躍的表現。”①

（二）釋詞簡明扼要，不做徵引。李善注的特點是徵引富贍，甚至是以徵引代替釋詞，其優點是言必有據，作風嚴謹，保存大量古注，缺點是内容繁瑣，卷帙龐大，不能揭示要害。五臣注恰恰相反，往往直接釋詞，不做繁瑣徵引，語言亦通俗易懂，明白如話。例如《西都賦》“左據函谷、二崤之阻，表以太華、終南之山”句李善與五臣注：

［李善注］善曰：《戰國策》蘇秦曰：“秦，東有殽、函之固。”《鹽鐵論》曰：“秦左殽、函。”《漢書音義》韋昭曰：“函谷關。”《左氏傳》曰：“崤有二陵，其南陵，夏后皋之墓，其北陵，文王所避風雨也。”表，標也。《山海經》曰：“華首之山西六十里，曰太華之山。”《毛詩》曰：“終南何有？有條有枚。”毛萇曰：“終南，周之名山中南也。”

［五臣注］良曰：函谷，谷名。其谷似函，故曰函谷。二崤，兩山名，在秦東，故曰左。濟曰：表，儀表也。太華山在秦東，終南山在前，瞻望以爲標表。

顯然，李善注的徵引十分豐富。先徵引《戰國策》《鹽鐵論》《漢書音義》《左傳》凡4種文獻以解釋函谷、二崤，接着又徵引《山海經》《毛詩·秦風·終南》和毛傳釋文以解釋太華、終南，直接的解釋衹有“表，標也”3字。劉良、吕延濟的風格完全不同，没有一處徵引，都是直接解釋，篇幅衹有李善注的一半，語言亦極其曉暢。其中李善徵引《戰國策》蘇秦語和《鹽鐵論》語以解釋“左”爲東方，而劉良僅用“在秦東，故曰左”6字爲釋，語言何其簡潔！五臣注之所以受到文人士子的歡迎，其主要原因就在這裏。當然，五臣注除了簡明，内容上也有可取之處，它有時候還能够糾正李善注的錯誤，或者彌補李善注的不足。例如《西都賦》：“圖皇基於億載，度宏規而大起。”兩家注不同：

［李善注］《長楊賦》曰：“規億載。”孔安國《尚書傳》曰：“十萬曰億。”《爾雅》曰：“載，年也。”《小雅》曰：“羌，發聲也。”“度”與“羌”古字通。“度”或爲“慶”也。

［五臣注］銑曰：圖，謀也。億載，久遠也。宏，大也。言謀久遠之道，度大規矩而起都邑。

其中李善注引孔安國《尚書傳》：“十萬曰億。”可商。三國吴韋昭《國語·楚語下》注曰：“十萬曰億，古數也。今以萬萬爲億。”考辨甚明，是；今天仍然以萬萬爲億。其實賦中“億載”並非確指，張銑注爲“久遠”，甚爲恰當。其次，李

① 王立群：《從釋詞走向批評——〈文選五臣注〉研究評析》，《中州學刊》1998年第2期。

善釋“度”爲“羌”,發語詞,亦不確;“度”與“圖”互文,故五臣釋爲“謀”(解句中暗含釋詞),甚好。又如郭璞《江賦》“倏忽數百。千里俄頃。”李善注曰:“何休《公羊傳注》曰:‘俄者,須臾之間。’司馬彪《莊子注》曰:‘頃,久也。’王肅《家語注》:‘俄,有頃也。’”徵引3條古注以解釋“俄頃”,但司馬彪“久也”與何休“須臾之間”、王肅“有頃也”相矛盾,令讀者莫衷一是。而五臣注:“向曰:倏忽、俄頃,並須臾之間,行數百里,以及千里。”將“倏忽”與“俄頃”合併作解,糾正了李善注的含混與錯誤。

又如司馬相如《上林賦》“捐國踰限,越海而田,其於義固未可也”句,李善無注,五臣注曰:“捐,棄;踰,越也。言齊棄國越限,田於海外,是失禮也。固,語辭;未可,言不可也。”既有釋詞,又有解句,釋疑解惑,十分明白,但“未可,言不可也”6字似乎多餘。又如鮑照《蕪城賦》:“饑鷹厲吻,寒鴟嚇雛。”李善無注,而五臣注云:“翰曰:鵷鶵非梧桐不棲,非竹實不食,非醴泉不飲。而鴟得腐鼠,鵷鶵過其上,鴟仰而嚇之。”將典故注釋得清楚明了,勝過李善。但五臣没有交代出處《莊子·秋水》,是其體例上的缺陷。這説明五臣並没有完全依賴李善注,亦有不少自己的觀點。

當然,有時候五臣過於求簡,該解釋的没有解釋,頗有粗疏之嫌。例如司馬相如《上林賦》“踰絶梁,騰殊榛,捷垂條,掉希間,牢落陸離,爛漫遠遷”句,兩家解釋風格迥異:

[李善注]郭璞曰:“梁,石絶水也。”張揖曰:“殊榛,異栫也。”善曰:踰,字與踰同。榛,仕人切。栫,五曷切。張揖曰:“捷持懸垂之條,掉往著稀疏無支之間也。”郭璞曰:“掉,懸擿也,託釣切。”(牢落陸離,)郭璞曰:“群奔走也。”善曰:牢落,猶遼落也。《廣雅》曰:“陸離,參差也。”(爛漫遠遷,)郭璞曰:“崩騰群走貌也。”

[五臣注]向曰:皆獸騰躍奔散之貌。

顯然,五臣在此處的解釋過於粗疏,對讀者没有多大幫助。這也正是後人批評五臣“荒陋”的主要原因。

(三)重視解句和對作品意旨的挖掘。

李善注亦有解句、揭示手法和詮解文意的内容,但五臣注在這方面尤爲突出。通過上引諸例,已可見出五臣對解句的重視,又如司馬相如《上林賦》“箭不苟害,解脰陷腦。弓不虚發,應聲而倒”句:

[李善注]張揖曰:“脰,項也。”脰,音豆。《史記》:陷,苦念切。

[五臣注]張铣曰:言不苟且而害,必中頭頸,應弓聲倒斃。

李善注僅有注音、釋詞,而五臣注衹有解句。五臣注應該更能够幫助讀者理解賦意。又如本賦“擇肉而後發,先中而命處,弦矢分,藝殪仆”句:

[李善注]郭璞曰:“言必如所志也。”善曰:《廣雅》曰:“命,名也。”文穎

曰:“所射準的爲藝,壹發死爲殪。”《説文》曰:“仆,頓也。”殪,音翳。仆,音赴。

[五臣注]濟曰:擇肉,選其可射之所也。先中命處,謂所著皆先言其處,然後依言而中之。弦矢,謂放箭也。藝,準的也。殪仆,斃也。以有準的,故能斃禽獸也。”

其中李善注亦徵引郭璞語以解句,但“必如所志”云云,顯然過於含糊;而吕延濟“所著皆先言其處,然後依言而中之”的解釋,極爲清楚明白,生動形象,堪與生活中的射獵活動相印證,因而獲得好評。這種通俗化的疏通,當然比大段的徵引更能贏得讀者的喜愛。又如枚乘《七發》:“孤子之鈎以爲隱,九寡之珥以爲約。”李善無注,五臣注曰:“銑曰:取孤子、寡婦之寶而用之,欲其聲多悲聲。”爲何要用孤子之鈎、九寡之珥?這涉及古代的審美觀念。自漢代以來,盛行以悲爲美的音樂審美觀。比如王褒《洞簫賦》,簫的取材需要“孤雌寡鶴娱優乎其下兮,春禽群嬉翱翔乎其顛。秋蜩不食,抱樸而長吟兮;玄猿悲嘯,搜索乎其間。”周圍環境,以悲爲主。嵇康《琴賦》更云:“稱其材幹,則以危苦爲上;賦其聲音,則以悲哀爲主;美其感化,則以垂涕爲貴。”五臣注雖然十分簡練,但“欲其聲多悲聲”6字卻觸及了問題的本質。這也是李善注所忽略的。

五臣注産生之後,迅速在社會上走紅,在相當長的一段時間内其影響都超過了李善注。唐代末年李匡乂《資暇録》云:“世人多謂李氏(善)立意注《文選》,過爲迂繁,徒自騁學,且不解文意,遂相尚習五臣。”五代丘光庭《兼明書》亦云五臣注“盛行于代”。其實,現存最早的“文選學”著作——宋代蘇易簡的《文選雙字類要》和劉攽的《文選類林》,都是以五臣注《文選》爲底本撰寫的,説明五臣注在宋代的影響仍然超過李善注。但是,由於五臣注確實有一些粗疏之處,因而一直受到批評。李匡乂《資暇録》、丘光庭《兼明書》皆列舉大量例證,批評五臣注之“乖疏”;宋人蘇東坡云:“所謂五臣者,真俚儒之荒陋者也,而世以爲勝善,亦謬矣。”(《東坡題跋》卷二《題文選》)此後,洪邁《容齋隨筆》、姚寬《西溪叢話》等皆對五臣口誅筆伐。降至清代,伴隨着四庫館臣和胡克家對五臣的清算,學者們已經相沿學習李善,而棄五臣如敝屣了。近人黄侃先生、屈守元先生亦認爲五臣注十分荒陋,不可爲訓。屈守元《文選導讀》中設有專節,認爲:“五臣注把《文選》學庸俗化了,使《文選》學在李善前進的征程上倒退了!”亦可謂聲色俱厲。但是,近二十年來,更多的學者撰文,認爲李善注與五臣注各有所長,不能厚此薄彼。例如,顧農先生認爲:“李善注的長處在於徵引浩博,言必有據;而五臣注的長處則在於簡明扼要,直截了當。兩種注釋風格不同,各有千秋。”①陳

---

① 顧農:《關於〈文選〉五臣注》,見《文選學新論》,中州古籍出版社1997年版,第392頁。

延嘉先生甚至還撰有《〈文選〉李善注與五臣注比較研究》一書,選取《文選》賦3篇、詩52篇、文12篇,對李善注與五臣注進行逐條研究,分析其優劣得失,最見功力。當代學者對李善注與五臣注的評價與研究,已經走上了科學的軌道。

【研究】

鄭州大學古籍研究所編的《文選學新論》,選録了5篇研究五臣注的論文:顧農《關於〈文選〉五臣注》、甲斐勝二《論五臣注〈文選〉的注釋態度》、游志誠《五臣注原貌》、陳延嘉《〈文選〉五臣注的綱領和實踐——兼與屈守元先生商榷》、王立群《從釋詞走向批評——試論〈文選〉五臣注的歷史地位》。陳延嘉先生撰有《〈文選〉李善注與五臣注比較研究》一書(吉林文史出版社2009年版),可以參看。此外,劉躍進先生所著《文選舊注輯存》(全20册,鳳凰出版社2017年版),對《文選》漢唐古注進行了窮盡式搜羅,排比對勘,並加案語,堪稱集大成之作。最新論文有:徐華《日三條家藏鈔本〈五臣注文選〉卷第二十考辨》(《文獻》2014年第4期)、朱曉海《從〈唐鈔文選集注匯存〉詩的部分略窺〈文選〉五臣注的問題》上、下(《學術交流》2015年第8期、第9期)、丁紅旗《日藏三條家本五臣注〈文選〉價值考論》(《圖書館雜誌》2017年第6期)、劉鋒《五代兩宋五臣注〈文選〉的刊刻與校讎》(《河南科技學院學報》2017年第9期)、趙蕾《〈五臣注文選〉的流傳與版本考略》[《河南大學學報》(社會科學版)2018年第6期]等。

國家社科基金重大項目“歷代賦論整理研究”
（19ZDA249）階段性成果
國家社科基金一般項目“歷代賦學文獻考”
（10BZW061）成果

第四卷　元明賦學文獻

今存元賦 226 家，662 篇（據《歷代辭賦總匯・前言》），主要見於《青雲梯》《歷代賦彙》和元人别集之中，其數量遠遠超過了今存漢賦的篇數。漢代有騷體和散體賦，六朝有駢賦，唐有律賦，宋有文賦，降至元代，在賦之各體皆已充分發展的情況下，元人已無法另闢蹊徑，再創新體。但律賦過於強調韻數與駢偶，缺乏真情實感；文賦追求散文化的語言和内藴的哲理，亦少陽剛之氣和精美的文辭。元人充分認識到律、文二體的弊端，遂以變革賦體、恢復風雅相標榜，試圖紹繼先秦兩漢古賦（主要是騷體和散體大賦）的優良傳統。尤其是在延祐二年（1315）恢復科舉之後，由於停試律賦，將古賦與經義並重，律賦遂受到沉重打擊，取而代之的是剛健質樸的古賦。在此風浸染下，産生了不少研究古賦、指導古賦寫作的賦學專著，如郝經《皇朝古賦》、虞廷碩《古賦準繩》、吴萊《楚漢正聲》、陳繹曾《文筌・楚漢賦譜》、祝堯《古賦辯體》等。這種復古之風一直延續到明代，成爲元明兩代辭賦創作與批評的主流。

從創作實績看，元前期的賦如郝經《怒雨賦》、劉因《渡江賦》《苦寒賦》等，大多境界開闊，饒有風骨，郝經賦尤富豪情壯采。中期賦家則多寄意山水，追求個人精神的完善與超越，反映了儒家文人在異族歧視政策下的無奈與自適自全的心態，袁桷《桐柏觀賦》、趙孟頫《吴興賦》、劉詵《蘭亭賦》、馬祖常《傷亡賦》等堪稱代表。至元代末年，由於社會矛盾的激化，遂産生了吴萊《狙賦》、朱德潤《幽懷賦》、楊維楨《憂釋賦》《罵虱賦》之類金剛怒目的作品。元代存賦最多、成就最高的作家是楊維楨（1296—1370），作賦多達 90 餘篇，爲前此所罕有。他的賦較爲深刻地反映了元代末年的社會現實。其中《些馬賦》雖爲哀馬，實爲傷己，反映了元末文人彷徨瞻顧找不到出處的苦悶和憂鬱；《憂世賦》描繪世途的艱難險惡；《懷延陵賦》以季札讓國之不當來影射元英宗以後朝政的混亂；而《罵虱賦》對現實的批判尤爲強烈，作者借“虱”之口，指出那些貪贓枉法、殘害百姓的貪官暴吏，纔是應該“窮南山之竹”痛加詈罵的“大毒大臭”，嘻笑怒罵，暢快淋漓。以楊維楨爲代表的元末賦家，並未在動盪蕭條的衰世中沉淪，而是在悲憤中自醒,在苦悶中探索。其森然入骨的批判鋒芒和剛健蒼涼的審美風格,確實使人有頹風一振之感。

明代科舉考試主要考八股文,偶爾考古賦,所以明代賦亦以古賦爲主。據馬積高先生《歷代辭賦總匯·前言》,今存明代辭賦作家1019人,作品達5107篇(這個數據包括楚辭體和一些賦體文)①,主要見於黄宗羲《明文海》、陳元龍《歷代賦彙》、周履靖《賦海補遺》和大量的明人别集之中,其數量超過了現存元以前各代賦的總和。

表現在題材上,明代産生了不少描寫都邑山川的宏篇大賦。明前期有金幼孜《皇朝大一統賦》、陳敬宗《北京賦》、莫旦《大明一統賦》、桑悦《北都賦》《南都賦》、董越《朝鮮賦》等,明後期有黄佐《北京賦》《粤會賦》、顧起元《帝京賦》、錢幹《北京賦》等。這些賦繼承了漢晉散體大賦的傳統,在描寫都城風光物産的同時,頌揚了明皇朝的功德和聲威。此外,尚有盛恩的《金山》《焦山》《北固山》三賦、謝肇淛《東方三大賦》、祝允明《大遊賦》之類摹山繪水之作,無不境界闊大,氣象恢宏。

明賦最突出的内容就是對時事的反映和對現實社會的批判。如王廷相《悼時賦》、何景明《東門賦》、吴應箕《憫亂賦》、夏完淳《大哀賦》等,或揭露時局危殆,或反映人民苦難,表現了明代文人憂時傷世的政治情懷,也在一定程度上揭示了明皇朝走向衰亡的歷史原因。另外還有一些諷刺小賦,筆法新穎,入木三分。有些賦類聚某種社會現象以諷時世,如李夢陽《鈍賦》、王廷陳《左賦》、孫宣《巧賦》等;或刻畫某類人物以警世人,如徐禎卿《醜女賦》、王世貞《老婦賦》、陳子龍《妒婦賦》等;更多的則是詠物托諷,通過對蚊、蠅、虱、蚤之類的描繪來鞭撻陰賊小人,如靳學顔《莽草賦》、楊慎《蚊賦》、王立道《憐蒼蠅賦》、顧大韶《又後虱賦》等。這些賦作表達了正直士大夫對奸佞小人的憎恨,大都篇幅短小,精警深刻。

明代還出現了一些故事賦和小品賦。如唐寅有《嬌女賦》《金粉富地賦》,祝允明有《煙花洞天賦》和《風流遁賦》,皆以小説筆法寫豔情,輕佻華豔,自娱爲樂。戲劇家王驥德撰有《千秋絶豔賦》,該賦敷衍《西廂記》故事,無論是思想情趣還是語言風格,都與傳奇、戲劇文學相仿佛。明清小説家常常使用賦筆鋪叙或抒情,使小説張弛相濟,摇曳生姿;而以小説筆法作賦者,則很少見。王氏《千秋絶豔賦》,正是賦文學與明清戲曲、小説文學互相滲透的典型範例。明代還有人以小品文的筆法寫賦,如徐渭的前、後《破械賦》《十白賦》,王思的《倒撑船賦》《大爺賦》《糟賦》《大頭和尚賦》等,信筆揮灑,饒有情趣,是古代小品賦中的傑作。

① 馬積高:《歷代辭賦總匯》,湖南文藝出版社2014年版,第6~7頁。

明代産生了一些表現各類或者某一類題材的賦體專書。例如《賦海補遺》的編者周履靖,在編選前人賦作的基礎上,試圖就 615 個題目各寫一篇(其中 345 題爲作者首創),儘管篇幅短小,成就不高,但反映了作者對天地萬物人事的全面關照,他也因此成爲明代存賦最多的賦家。又如譚貞默《譚子雕蟲》(又名《小蟲賦》)一書,以 31 段的篇幅連續描寫 65 種小蟲,具有較高的昆蟲學價值。明代賦家,當以劉基、祝允明、李夢陽、夏完淳爲代表。

從體制上看,元明時期駢賦甚少,律賦幾乎絶迹,主要形式是騷體賦、散體大賦、抒情或者詠物小賦。這與此期復古思想的流行不無關係。

元明賦的研究較爲薄弱。基本文獻方面,可參考:韓格平主編《全元賦校注》(吉林文史出版社 2016 年版)和馬積高主編《歷代辭賦總匯・金元卷》《明代卷》(湖南文藝出版社 2014 年版)。研究著作有:馬積高《賦史》(上海古籍出版社 1987 年版)、郭維森、許結《中國辭賦發展史》(江蘇教育出版社 1996 年版)的相關章節,康金聲、李丹《金元辭賦論略》(學苑出版社 2004 年版)、武懷軍《金元辭賦研究評注》(群言出版社 2006 年版)、李新宇《元代辭賦研究》(中國社會科學出版社 2008 年版)、牛海蓉《金元賦史》(人民出版社 2015 年版)、孫海洋《明代辭賦述略》(中華書局 2007 年版)、李新宇《元明辭賦專題研究》(中國社會科學出版社 2011 年版)等。今存明代賦有五千篇之多,而專門的研究著作衹有孫、李兩家,且係草創之作,生地甚多,亟待開墾,呼籲學界同仁重視對這一時期賦體文學的研究。

元代所編之賦集,今僅存《青雲梯》《古賦辯體》兩種,後者同時也是著名的賦學理論著作,影響極爲深遠。明代前期吴訥《文章辨體》、徐師曾《文體明辨》皆效法《古賦辯體》,選有不少賦篇,並施以評論。降至明末,則出現了一批"專門性"賦總集,大都通選古今,具有賦史眼光。例如李鴻《賦苑》8 卷,專門輯録先秦漢魏晉南北朝賦,以時代先後爲序,篇目求全,卷帙較大,開啟清代賦總集輯佚、編纂之先河。而袁宏道、王三餘之《精鐫古今麗賦》8 卷,則通選各代,古律兼收,並且幾乎對每一篇賦都綴以評點,兼有選家與評點家之長。其餘如陳山毓《賦略》正外集、施重光《賦珍》、俞王言《辭賦標義》、周履靖《賦海補遺》等,所選作品皆以古賦(包括騷體賦、散體賦、四言賦等)爲主,並且將選賦與評賦相結合,彰顯時代特色。明代的賦評、賦注,大都散見於賦總集、賦别集以及詩文評著作中,多以楚騷、漢賦爲宗,注重真情實感,表現出鮮明的復古傾向。一些"文選學"著作中也有賦評、賦注材料。

本編體例,仍然按照賦總集、賦别集、賦評、賦注的順序(各分正外編)編排。

第一章　賦總集正編

《皇朝古賦》1卷,元郝經編,佚

【編者】

郝經(1223—1275),字伯常,陵川(今屬山西)人。家境貧寒,酷愛讀書。忽必烈即位後,以郝經爲翰林侍讀學士,充國信使出使南宋,被扣留16年。至元十一年(1274)伯顔南伐,終於獲釋,返回大都。卒謚文忠。著有《春秋外傳》《易外傳》《太極演原》《續後漢書》及《陵川集》等。生平事迹見元閻復《静軒集》卷五《元故翰林侍讀學士國信使郝公墓誌銘》、《元史》卷一五七。

【著録】

明朱睦㮮《萬卷堂書目》卷四《雜文類》:《皇朝古賦》一卷,郝經。

清黄虞稷《千頃堂書目》卷三十一《别集・元代》:郝經《皇朝古賦》一卷。

清倪燦《補遼金元藝文志・騷賦類》:元郝經《皇朝古賦》一卷。

清錢大昕《元史・藝文志》卷四《騷賦類》:郝經《皇朝古賦》一卷。

清張之洞《(光緒)順天府志》卷一百二十四藝文志三:《皇朝古賦選》一卷,佚,見錢大昕《元史・藝文志・騷賦》。

【内容】

郝經《皇朝古賦》凡1卷,明清各家目録多有著録。除《千頃堂書目》將其編入别集,其餘或入雜文類,或入騷賦類。而張之洞《順天府志》著録爲《皇朝古賦選》,並説明該書於光緒年間已經亡佚。今據其書名推測,應該是郝經從元代古賦中選録若干,匯爲一集,故編入總集類。

又,郝經《陵川集》卷一有賦15篇,可以參看本卷第二章“陵川集”條。

《楚漢正聲》2卷,元吴萊編,佚

【編者】

吴萊(1297—1340),字立夫,本名來鳳,門人私謚淵穎先生,浦陽(今浙江浦江)人。元朝集賢殿大學士吴直方長子。延祐間舉進士不第,在禮部謀職。後退而歸里,隱居松山,研治經史,宋濂曾從其學。詩文賦俱佳,著有《淵穎吴先生集》。事迹略見《元史・黄溍傳》附《吴萊傳》。

【著録】

《元史・黄溍傳》附《吴萊傳》:(著)《楚漢正聲》二卷。

明王圻《續文獻通考》卷一百七十六《經籍考・樂律類》:《樂府類編》《楚漢正聲》,浦陽吴萊著。

清黄虞稷《千頃堂書目》卷三十一:吴萊《楚漢正聲》二卷。

清倪燦《補遼金元藝文志・集部總集類》:吴萊《楚漢正聲》二卷。

清錢大昕《元史・藝文志卷四・騷賦類》:吴萊《楚漢正聲》二卷。集宋玉、司馬相如、揚雄、柳宗元四家賦。

【内容】

明陸深《儼山外集》卷二三云:"吴淵穎立夫,所著有《樂府類編》,辨次其時代。又有《楚漢正聲》,專取宋玉、司馬相如、揚雄、柳宗元四家之作,惜未見其全書。"明茅元儀《暇老齋雜記》卷三二亦云:"元儒淵穎先生吴萊者,謂古之賦學,專尚音律,必欲宫商相宣,徵羽迭變。自宋玉而下,唯司馬相如、柳宗元能調協之。因集四家所著,名《楚漢正聲》。此説亦賦家前次所未有也。"可知所謂《楚漢正聲》,乃是匯集賦體文學大家宋玉、司馬相如、揚雄、柳宗元 4 人之賦作,當屬總集類。編者以爲,古代賦學重視音律,"必欲宫商相宣,徵羽迭變"。而縱觀各代,衹有四家賦能够協調聲韻,因而專選者四家,以爲作賦之範本。惜當時流傳不廣,明代陸深已難以獲觀。該書雖佚,但四家賦流傳較廣,尚有多篇存世:

宋玉:《高唐賦》《神女賦》《登徒子好色賦》《風賦》《諷賦》《笛賦》《釣賦》《大言賦》《小言賦》,凡 9 篇(其中或有僞作)。此外尚有楚辭體《九辯》《招魂》,對問體《對楚王問》。

司馬相如:《子虛賦》《上林賦》《哀二世賦》《大人賦》《長門賦》《美人賦》《梨賦》(殘句)、《梓桐山賦》(殘句)、《玉如意賦》(佚),凡 9 篇。此外尚有對問體《難蜀父老》。

揚雄:《蜀都賦》《甘泉賦》《羽獵賦》《河東賦》《長楊賦》《逐貧賦》《太玄賦》《酒賦》《覈靈賦》,凡 9 篇。此外尚有楚辭體《反離騷》,對問體《解嘲》《解難》。

柳宗元:《記里鼓賦》《披沙揀金賦》《迎長日賦》《牛賦》《佩韋賦》《瓶賦》《解祟賦》《懲咎賦》《閔生賦》《夢歸賦》《囚山賦》《愈膏肓疾賦》,凡 12 篇。此外尚有楚辭體《天對》,對問、雜文《晉問》《答問》《乞巧文》《罵尸蟲文》《弔萇弘文》等。

吴萊所選,大致不出以上範圍,應該在 20 篇左右。元代尚有陳繹曾《文筌》一書,首列《楚漢賦譜》一篇,亦大力標榜楚漢辭賦,可見元代賦壇流行着"祖騷宗漢"的風尚。柳宗元雖爲唐代作家,因其辭賦甚得楚騷情韻,因而也被選入。

《古賦準繩》10 卷,元虞廷碩編,佚

【編者】

虞廷碩,字君輔,建安(今福建省建甌市)人,生平不詳。據清鄭方坤《全閩詩話》卷五,他與同邑劉邊、虞韶、毛直方四人齊名,皆勤於著述。

【著録】

明陳道《(弘治)八閩通志》卷六十五《人物》、明王圻《續文獻通考》卷一百八十三《經籍考》、明謝純《(嘉靖)建寧府志》卷十八、清黄虞稷《千頃堂書目》卷三十一、清倪燦《補遼金元藝文志》、清錢大昕《元史·藝文志卷四·騷賦類》、清魏源《元史新編》卷九十四志十之四、清曾廉《元書》卷二十三皆著録此書。

【内容】

此書已經亡佚,不知其具體選篇情況。據其書名《古賦準繩》,編者崇尚楚漢古賦,不選駢賦、律賦,殆無可疑。若每卷 10 篇,選賦殆有百篇之數。

《古賦辯體》8 卷外集 2 卷(《古賦辨體》),元祝堯編

【編者】

祝堯,字君澤,號佐谿子,元代信州路上饒縣(今江西上饒)人①,延祐五年(1318)進士。《(嘉靖)廣信府志》卷十四《選舉志·進士》"元延祐五年戊午霍希賢榜"下"上饒縣"有"祝堯"之名,注曰:"[君]澤,傳見《文苑》。"②卷十六《文苑傳》記載較詳:

> 祝堯,字君澤,號佐谿子,上饒人。博學能文,登延祐進士,授南城丞,存心撫字,涖政維勤,興學校,課農桑,清獄訟,革奸回,吏畏民懷,號稱良吏。改江山令,陞萍鄉州同。所著有《大易演義》《四書明辨》《策學提綱》《古賦辨體》。③

乾隆間《廣信府志》《上饒縣志》,同治間《廣信府志》《上饒縣志》大致同此,而更爲簡略。查《(嘉靖)江西通志》卷十一《人物》,卻明言祝堯"陞無錫州同知"④,明李賢等《明一統志》卷五十一同,這與《廣信府志》稍異。很可能祝堯曾先後在萍鄉、無錫兩地任職,但具體時間不詳⑤。綜合諸書所記,可知祝堯曾任

---

① 明錢溥《古賦辯體序》稱祝堯爲"信之佐谿人","信"即信州路(明代改稱廣信府)。據《元史·地理志》,元代信州路下領上饒、玉山、弋陽、貴溪、永豐五縣。明吴與《上饒祝氏族譜序》云:"祝氏世居上饒,其鄉靈峯佐溪之鳳凰墩。"(《康齋集》卷九)則"佐谿(溪)"位於上饒縣境内,爲祝氏家族的聚居地,故取以爲號焉。

② 〔明〕張士鎬、江汝璧等:《(嘉靖)廣信府志》,《四庫全書存目叢書》影印天一閣藏明嘉靖刻本,史部第 186 册,第 100 頁。

③ 〔明〕張士鎬、江汝璧等:《(嘉靖)廣信府志》,《四庫全書存目叢書》影印天一閣藏明嘉靖刻本,史部第 186 册,第 153 頁。

④ 〔明〕林庭㭿、周廣等:《(嘉靖)江西通志》,《四庫全書存目叢書》影印明嘉靖刻本,史部第 182 册,第 502 頁。

⑤ 《(乾隆)上饒縣志》兩説並存,該書卷九《選舉》稱祝堯任"無錫州同",卷十《人物·宦迹》又説是"萍鄉州同"。見〔清〕連柱、程肇豐等《(乾隆)上饒縣志》,臺灣成文出版社 1983 年影印清乾隆四十九年刻本,第 417、578 頁。

南城縣（今屬江西）縣丞，他勤於政事，愛護百姓，法律嚴明，有“良吏”之譽；後改任江山縣（今屬浙江）縣尹①，陞任萍鄉州（今江西省萍鄉市）同知，又改任無錫州（今江蘇省無錫市）同知。從明代兩任無錫守顧與新、吴子貞相繼刊刻《古賦辯體》的事實（詳見康河本《跋》）和《金匱縣志》卷十五的相關記載，祝堯任無錫州同知的時間比較長。其著述四種，今僅存《古賦辯體》一種。該書明刻諸本皆誤作“宋祝堯”，文淵閣本正之，題“元祝堯撰”，甚是。

【著録】

《千頃堂書目》卷三十一《騷賦類》：“祝君澤《古賦辨體》十卷。”按：此本誤作宋代。

《欽定續通志》卷一百六十三《藝文略・文類・總集》：“《古賦辨體》八卷外集二卷，元祝堯編。”

《欽定續文獻通考》卷一百九十七《經籍考・集・總集》：“祝堯《古賦辨體》八卷外集二卷。堯，上饒人，延祐進士，官無錫州同知。”

《欽定四庫全書總目》卷一百八十八《集部・總集類》：“《古賦辨體》八卷外集二卷（江蘇巡撫采進本），元祝堯編。《江西通志》載：堯，上饒人，延祐五年進士，爲江山尹，後遷無錫州同知。《廣信府志》載：堯，字君澤，與此本所題同。惟云官萍鄉州同知，與《江西通志》異。其書自楚詞以下，凡兩漢三國六朝唐宋諸賦，每朝録取數篇，以辨其體格，凡八卷。其外集二卷，則擬騷、琴操歌等篇，爲賦家流別者也，采摭頗爲賅備。其論司馬相如《子虚》《上林賦》，謂問答之體，其源出自《卜居》《漁父》，宋玉輩述之，至漢而盛。首尾是文，中間是賦，世傳既久，變而又變。其中間之賦，以鋪張爲靡，而專於詞者，則流爲齊梁唐初之俳體；其首尾之文，以議論爲便，而專於理者，則流爲唐末及宋之文體。於正變源流，亦言之最確。何焯《義門讀書記》嘗譏其論潘岳《藉田賦》分别賦、頌之非，引馬融《廣成頌》爲證，謂古人賦頌通爲一名。然文體屢變，支派遂分，猶之姓出一源，而氏殊百族。既云辨體，勢不得合而一之。焯之所言，雖有典據，但追溯本始，知其同出異名可矣。必謂堯强主分别，即爲杜撰，是亦非通方之論也。（録自《四庫全書總目》，中華書局 1965 年影印本。今按：文淵閣《四庫全書》本《古賦辯體》十卷目録之末亦有此段文字，署爲“乾隆四十三年九月恭校上”。）

《欽定四庫全書簡明目録》卷十九《集部・總集類》：“《古賦辨體》八卷外集二卷，元祝堯編。於兩漢至宋諸賦，每朝録取數篇，辨其體格。其外集，則擬騷

① 查《元史・地理志》，元代諸縣設縣尹，不設縣令，故《（嘉靖）廣信府志》“江山令”當係“江山尹”之誤。《四庫全書總目》卷一八八“古賦辯體”條恰作“江山尹”，是。按：據《元史・地理志》和《食貨志》，元代南城縣屬建昌路，是上縣，縣丞秩從七品，俸一十五貫；江山縣屬衢州路，是下縣，縣尹秩亦從七品，俸一十七貫。萍鄉州、無錫州皆爲中州，同知秩從六品，俸二十貫。

及琴操之類,爲賦家支流者也。於正變源委,頗爲明晰。”

【版本】

1. 明成化二年(1466)淮陽金宗潤刻本

北大、南圖、臺灣“中央圖書館”藏。這是目前所見《古賦辯體》之最早版本。筆者所見爲北京大學圖書館古籍善本特藏部之藏本,索書號:NC/5235/3141,2函10册,6眼裝訂,書高29.5釐米,書衣(藍色)正中鈐有“燕京大學圖書館章”陽文小篆朱色方章。首錢溥《古賦辯體序》,次《古賦辯體篇目》(含祝堯小序),以下爲正文。半葉9行,行17字,白口,左右雙邊,單白魚尾,版框高19.0釐米,寬13.8釐米。各卷卷端題“古賦辯體卷之某”,版心刻有“古賦辯體卷某”字様。卷端鈐有“焕樞危印”陰文小篆朱色方章和“燕京大學圖書館”陽文小篆朱色方章各一枚,全書之末還鈐有“萬石”陰文小篆朱色方章一枚。《古賦辯體》在元代頗有影響,惜元刻本早已佚失,難窺其貌。明成化二年金宗潤刻本乃是今日可見之最早版本,也是此後諸版本之祖本,具有不可替代的校勘價值。明錢溥《古賦辯體序》云:“淮陽金君宗潤守信,得是原集於君澤家而喜之,命工復刻以傳。”可見金氏本據祝堯(字君澤)原稿加以刊刻,應該是最接近原書的本子。

2. 明嘉靖十一年(1532)熊氏西川刻本

國圖善本部、古籍館藏。筆者曾於古籍館查閱該本原件(索書號79537),1函8册,書高27.4釐米,首張鯤《叙古賦辯體刻》,次《古賦辯體篇目》(含祝堯小序),次正文,書末附有錢溥《古賦辯體序》(殘)。正文半葉9行,行20字,小字雙行字數不等,白口,無界行,四周雙邊,單黑魚尾,版框高20.4釐米,寬14.9釐米。卷端題“古賦辯體卷之某,宋祝堯君澤編”,版心刻“古賦卷之某”。

古籍館還藏有西諦本一部(索書號XD7023)。原書1函4册,存3册,缺第1册(叙、篇目、卷一、卷二),始於卷三;又缺書末錢溥序。卷端鈐有“家在元瀘之上”小篆朱色長形章一枚。

善本部藏有李一氓跋本,索書號18662。原書4册,攝爲1卷。每册書簽處皆題有書名,書名下分别題以小字“元、亨、利、貞”,以示區别。襯頁有李一氓跋7行,全文如下:“祝堯,字君澤,江西上饒人,延祐進士,仕至無錫同知。元人錢序、張序皆已爲宋人,大誤。輯《大易演義》及《古賦辯體》。是編元鐫不可見,成化二年上饒守金宗閏以元刻覆刊,嘉靖十一年張鯤又依成化本再覆校,鐫於四川,即此本也。余得之哈爾濱市上,多處墨圈塗抹。留京之日,重整裝之,因爲識。成都李一氓。”指出祝堯本爲元代人,此書卻誤題作宋人,所言極是。惟稱“元人錢序、張序”,亦不妥,因爲錢序作於“成化二年丙戌秋八月既望”,張序作於“明嘉靖壬辰春二月望”,兩人皆爲明人,李先生有筆誤耳。書末尚有佚名題跋和雲松巢主人作於光緒年間書寫的題跋,價值不高,不論。此外,本書有少量墨筆圈點和眉批,如卷四禰正平《鸚鵡賦》眉批云:“有才如此,竟以殞身,所謂才勝德也。可爲後人炯鑒。”(卷四,21b)。書中鈐有“無晟樓藏書”“成都李氏收藏故籍”“無所住齋”等藏印。

3. 明嘉靖十六年(1537)江西贛州康河刻本

人大、北師大、首師大、臺灣“中央”圖書館藏[①]。筆者所見爲人大圖書館藏本,索書號4172/180。原書1函4册,書高27.5釐米。書衣上有題簽:“古賦辯體/第一册”,右側貼一紙條:“覆校許　共簽四十七處”。首錢溥《古賦辯體序》,次《古賦辯體篇目》(含祝堯小序),次正文。半葉10行,行18字,小字雙行字數不等,白口,四周單邊,單黑魚尾,版框高17.5釐米,寬13.5釐米。卷端題“古賦辯體卷之某”,版心刻“古賦卷某”和頁碼。此書顯然爲《四庫全書》之底本,理由如下:1. 卷首錢溥序上方鈐有“翰林院”朱色大方章,後書衣左下角印有“江蘇巡撫采購□□□□”楷書章,這與《四庫全書總目》卷一八八“古賦辯體”條題注“江蘇巡撫采進本”[②]一語恰好相合。2. 每册書前襯頁B面皆有格式模本(惟第1册闕),以墨筆書之。如第三册書前襯頁上有(改横排):

欽定
○古賦辯體卷六
宋○祝堯○撰○○
○三國六朝體下
○○孫興公
○興公爲云云
○○天台山賦
○○○賦也云云

其中“欽定”下省“四庫全書”4字,“○”表示空格,這與文淵閣《四庫全書》本該卷卷首的格式完全相同[③],顯然是爲抄寫者提供的格式樣本。3. 書中有墨筆批校百餘處,大都與文淵閣《四庫全書》本相合。這些批校或者以浮籤的形式出現,如卷三第12葉《子虛賦》天頭貼有浮籤:“拽,應從木作栧。陽雲,别作雲陽。大訛太。誇訛芋。覆校許烺(章)。”但更多的情況則是在原字上直接校改,如卷八第7—8葉《秋聲賦》“故其爲色也,淒淒切切,呼號奮發”句,“色”字訛,

① 遊適宏先生所謂“明刊白口十行本”,即此。見遊適宏著《祝堯〈古賦辯體〉研究》,花木蘭文化出版社2008年版,第12頁注24。

② 〔清〕永瑢等:《四庫全書總目》,中華書局1965年版,第1708頁。

③ 參見祝堯《古賦辯體》卷六,文淵閣《四庫全書》本,第1366册,第789頁。

墨筆改作"聲";"夫秋,刑官也,於是爲金"句,"是"字訛,墨筆改作"時";等等。這些校勘成果十之八九被抄寫者采納,但也偶有被摒棄者。如格式樣本中有"宋〇祝堯〇撰"字樣,編者朝代有誤,而文淵閣《四庫全書》本改"宋"作"元",甚是。此書覆校官爲許烺,分校官有李荃、葉蘭等數人。書末有康河《刻古賦辯體跋》,全文如下:

《古賦辯體》凡十卷,前守無錫顧君與新嘗命工刻之,未及告完,尋陞廣東臬司憲副。是時吉安節推金城吴君子貞來署府事,踵而成之。然中多遺闕譌誤,觀者病焉。偶得侍御大梁熊君子脩按蜀時所刻全本,乃今方伯潁川、張公南溟所校者,因取而補正焉,庶幾闕譌之病得少免於斯云。嘉靖丁酉六月甲戌,贛州府知府關中康河跋。

可知此本由顧與新、吴子貞兩任無錫守相繼刊刻,最後經康河校定。文淵閣本、文津閣本照録此跋。康河(1490—1534),字德清,號漳川居士,明陝西武功人,嘉靖二年進士,官至贛州知府。有《漳川集》傳世。

又北師大藏本,索書號:832/106 善。該本 1 函 6 册,書高 25 釐米,行款同人大本,惟書末佚康河跋,甚憾。鈐有"北山書籍"印。

又首師大藏本,索書號:SG/832.2/106。本書 1 函 10 册,絳底龍紋函套,外以木匣貯之,品相極爲完好。書高 25.2 釐米,無序跋。目録頁鈐有"讓谿汪氏家塾""巢鳩書屋""北京師範學院藏書之章"等藏印。

4. 明嘉靖二十一年(1542)蘇祐刻本

國圖、南圖、中大圖書館藏。筆者所見爲國圖古籍館藏本,索書號:79538。此本 1 函 4 册,書高 27.5 釐米。每册書簽處皆有書名,書名下分别以小字刻"元、亨、利、貞",以示區别。首錢溥《古賦辯體序》,次蘇祐《重刻古賦辯體序》,次《古賦辯體篇目》(含祝堯小序),次正文。正文半葉 9 行,行 17 字,小字雙行同,白口,左右雙邊,單白魚尾,版框高 18.9 釐米,寬 13.9 釐米。卷端題"古賦辯體卷之某",版心刻"古賦卷某"和頁碼。書中鈐有"延古堂李氏珍藏"陰文小篆朱色長形章、"琅邪王士禎貽上氏一字曰阮亭"陰文小篆朱色方章、"濰郭申堂架藏"陽文小篆朱色方章、"王士禎印"陰文小篆朱色方章、"北京圖書館"陽文小篆朱色長方形章等。筆者曾比對蘇祐本與金氏本書影,發現二者不惟文字、行款相同,幾處斷版的位置也完全相合。由此可以初步斷定:所謂蘇祐本並非新刻,而是據金氏刻本重印之本,衹是增加了蘇祐《重刻古賦辯體序》而已。

5. 清乾隆四十三年(1778)文淵閣《四庫全書》本(鈔本)

臺北故宫博物院藏。原書不可見,但有臺灣商務印書館 1986 年景印文淵閣《四庫全書》本(第 1366 册)、上海古籍出版社 1987 年據臺灣商務印書館本影印本(1366 册)、北京圖書館出版社 2007 年匯輯之《賦話廣聚》本(第 2 册),十分易得,是目前最爲通行的本子。此本半葉 8 行,行 21 字,白口,四周雙邊,單黑魚尾。卷首爲《古賦辯體目録》(目録前有祝堯小序,目録後有紀昀等《提要》),接下爲正文。正文卷端題"欽定四庫全書,古賦辯體卷某,元祝堯撰",版心魚尾上刻大字"欽定四庫全書",魚尾下刻雙行小字"古賦辯體卷一"和頁碼。鈐有"文淵閣寶"陰文小篆朱色大方章。需要説明的是,文淵閣本之文字大都同於康河本,可見其乃是以康河本爲底本,參照他本校理而成。該本雖有幾處錯誤,但它糾正了金氏本、熊氏本、康河本的不少缺點,文字可靠,版式亦佳,可資參考。

6. 清乾隆年間文津閣《四庫全書》本(鈔本)

國圖藏。此本亦不可見,但有北京商務印書館 2005 年影印本(第 457 册),可窺其大概。此本亦半葉 8 行,行 21 字。值得注意的是,此本"辯"一概作"辨",並且卷首無目録。首紀昀等《古賦辯體提要》,次錢溥《古賦辯體序》,接下爲正文。正文卷端題"欽定四庫全書,古賦辯體卷某,元祝堯編"。鈐有"文津閣寶"陰文小篆朱色大方章。文津閣本雖然比文淵閣本多出錢溥序一篇,但文字錯誤較多。如《離騷》解題:"不以文害辭,不以辭害意",文津閣本"意"訛作"志";卷三兩漢體總序"間如《子虛》《上林》",文津閣本"間"訛作"問";《弔屈原賦》解題"有投文弔屈之語",文津閣本脱"屈"字;《藉田賦》解題"奠都藉田,國家大事"句,文津閣本"奠"訛作"三";等等。所有這些,均需提醒學界同仁加以留意。

7.《賦話廣聚》第 2 册影印清文淵閣《四庫全書》本

8.《歷代賦學文獻輯刊》第 1 册影印天圖藏明嘉靖十六年江西贛州康河刻本

今按:《輯刊》本書卷首誤標爲明成化二年刻本,據其版式,應更正爲康河刻本。

【内容】

據《元史·選舉志》,元仁宗皇慶二年(1313)下詔復行科舉,考試分爲三場,首場考經書,二場試古賦和詔誥章表,三場試策。祝堯之《四書明辨》《古賦辯體》與《策學提綱》三書(後二书已佚),顯然與這三場科舉考試一一對應,具有很強的現實意義。《古賦辯體》中屢次談論作賦之法,正是出於指導士子作賦、指導科舉考試的需要。時代的際遇造就了《古賦辯體》,但《古賦辯體》本身的價值卻遠遠超越了那個時代。該書把賦文學按其歷史發展而劃分爲楚辭體、兩漢體、三國六朝體、唐體和宋體凡五種體式,分體選録若干賦作,書中"史、論、評相結合,回溯《文章流别集》的端緒,全面總結元以前的辭賦發展"①,成爲繼劉勰《文心雕龍》之後又一重要的賦學理論專著,其包含的内容是非常豐富的。

---

① 鄧國光:《祝堯古賦辯體的賦論》,《新亞學術集刊》1994 年第十三期。

《古賦辯體》凡 10 卷,分爲兩部分。前 8 卷爲“正録”,選録自先秦以迄宋代的辭賦作品凡 35 家,70 篇。篇目如下:

卷一(楚辭體上):屈原《離騷》、《九歌》(東皇太乙、雲中君、湘君、湘夫人、大司命、少司命、東君、河伯、山鬼,凡 9 篇)、《九章》(惜誦、涉江、哀郢、抽思、懷沙,凡 5 篇)。

卷二(楚辭體下):《九章》(思美人、惜往日、橘頌、悲囬風,凡 4 篇)、《遠遊》《卜居》《漁父》;宋玉《九辯》;荀卿《禮賦》《知賦》《雲賦》《蠶賦》《箴賦》。

卷三(兩漢體上):賈生《弔屈原賦》《鵩賦》,司馬長卿《子虛賦》《上林賦》《長門賦》,班婕妤《自悼賦》《擣素賦》。

卷四(兩漢體下):楊子雲《甘泉賦》《河東賦》《羽獵賦》《長楊賦》,班孟堅《西都賦》《東都賦》,禰正平《鸚鵡賦》。

卷五(三國六朝體上):王仲宣《登樓賦》,陸士衡《文賦》《嘆逝賦》,張茂先《鷦鷯賦》,潘安仁《籍田賦》《秋興賦》,成公子安《嘯賦》。

卷六(三國六朝體下):孫興公《天台山賦》,謝惠連《雪賦》,謝希逸《月賦》,鮑明遠《蕪城賦》《舞鶴賦》《野鵝賦》,江文通《别賦》,庾子山《枯樹賦》。

卷七(唐體):駱賓王《螢火賦》,李太白《大鵬賦》《明堂賦》《大獵賦》《惜餘春賦》《愁陽春賦》《悲清秋賦》《劍閣賦》,韓退之《閔己賦》《别知賦》,柳子厚《閔生賦》《夢歸賦》,杜牧之《阿房宫賦》。

卷八(宋體):宋子京《圜丘賦》,歐陽永叔《秋聲賦》,蘇子瞻《屈原廟賦》《前赤壁賦》《後赤壁賦》,蘇子由《屈原廟賦》《黄樓賦》《超然臺賦》,蘇叔黨《颶風賦》,黄魯直《悼往賦》,秦少游《黄樓賦》,張文潛《病暑賦》《大禮慶成賦》《老圃賦》。

除楚辭外,皆爲以“賦”名篇的作品,選録的標準是非常明確的。後二卷爲“外録”,編選了後騷、辭、文、操、歌等五類韻文凡 31 家 47 篇,如賈誼《惜誓》、漢武帝《秋風辭》、韓愈《弔田横文》等,又可看出辭賦文學對其他文學體類的旁衍與滲透。祝堯以“正録”與“外録”相配合的方法選録賦作,這樣既明確了賦文體本身的體制及範圍,又兼顧了對其他近似賦體的文學作品的選録和研究,避免了一些不必要的争論,這在賦學批評史上還是第一次,具有較强的開創性和啟發性。

不過,祝堯此法明顯受到宋人晁補之《楚辭》三書、朱熹《楚辭》二書的暗示和啟發。晁補之在《楚辭》之外編録《續楚辭》和《變離騷》,朱熹删定《楚辭集注》後又另編《楚辭後語》,都旁及一些近似楚騷的文學作品,有利於讀者考察楚辭文學之形成、旁衍、流變及影響。祝氏的借鑒並不局限於操作方法方面,在選録篇目及具體評價上也多有承襲之處。比如對於漢賦,祝氏所選 15 篇作品,其中的騷體賦與抒情小賦如賈誼《弔屈原賦》《鵩鳥賦》、司馬相如《長門賦》、班婕好《自悼賦》、王粲《登樓賦》等,幾乎全因晁、朱之選;至於馬、揚、班的騁辭大賦,晁、朱未選而祝氏增補之,這應歸因於編選角度的差異,因爲晁、朱立足於楚辭體而祝堯則擴大爲騷、賦二體。至於"外録"所選9篇漢代作品,竟然有8篇已見於晁録,亦見於朱選,所做題解又屢引朱熹之語,借鑒之處斑斑可考。

賦對其他文體有旁衍、滲透及改造的現象,十分豐富複雜,遠非一部選集所能辨析清楚。祝堯對此有所認識,他在《外録序》中對24種有韻之文略做辨析與歸納。這是十分可取的。但他在選録作品時持騷、賦同體論,將楚辭體視爲賦體文學的正宗,首選屈原《離騷》,卻將頌、七、對問諸體摒棄於賦外。清人何焯《義門讀書記》曾批評他不該分賦、頌爲二體,而紀昀等《四庫全書總目》又贊同他的這種區分。其實,頌近乎詩歌,賦則非詩非文,别爲一體。不過,若從文體之間互相影響、彼此滲透的角度觀之,其實已不止賦、頌爲"同出異名"(紀昀語),所謂的銘、贊、箴、誄諸種文體,都有與賦相近的篇章,而《文心雕龍·雜文》所述及的對問(答難)、七、連珠諸體,更多爲有賦之實而無賦之名的作品。祝堯若從以上諸體中各選數篇以編入外録,恐怕更接近賦文學發展的實際。

至於賦文學之淵源,祝堯接受了漢代以來衆口一詞的詩源説。《古賦辯體》卷一《楚辭體序》認爲,楚騷(祝堯視爲賦)既具風雅頌之旨,又有賦比興之義,實爲《詩經》之流變。在卷三中,又援引《漢書·藝文志》的記載,指出春秋時的賦詩言志活動乃是詩賦轉變的樞機。值得一提的是,祝堯論賦之淵源,已不同於漢人的簡單比附,也與六朝人僅從賦義考察有所不同,他將詩與賦之關聯擴大到六義,從風、雅、頌、賦、比、興等多種角度來分析所選各賦,全面討論了《詩經》對楚辭與賦(漢賦)的影響。其中難免有牽強偏頗之處,但以爲賦中亦含比、興諸義,確爲真知灼見;僅從研究方法而言,也是對前人的一次重大突破。

《古賦辯體》首列楚辭體的編排方式就已體現了尊屈騷爲辭賦之祖的觀點。在卷一《楚辭體序》中,祝堯有着更爲明確的説明:

> 宋景文公曰:"《離騷》爲詞賦祖。後人爲之,如至方不能加矩,至圓不能過規,則賦家可不祖楚騷乎?"……自漢以來,賦家體制大抵皆祖原意。

騷爲賦祖,這是自班固以來陳陳相因的舊説。祝堯在此引宋祁之語,無疑將《離騷》之地位抬到了無以復加的地步。他以爲荀卿時代早於屈原,因其賦作之意味"終不如騷章之淵永",所以不能成爲辭賦之祖。① 在荀卿《禮賦》的題解中,祝氏還對屈、荀有更爲具體的比較:"純用賦體,無别義,後諸篇同。……然其辭既不先本於情之所發,又不盡本於理之所存,若視風騷所賦,則有間矣。吁!此楚騷所以爲百代詞賦之祖也歟。"以爲荀賦全用賦體,體物雖工而不本於

① 祝氏以爲荀在屈前,有失細考。據吴文治《中國文學史大事年表》,屈原(前340? —前278?)生卒年均早於荀子(前313? —前238?)。

真情實感,又缺乏深刻的思想,所以不及《詩經》、楚辭。重視感情、義理而忽視辭藻、技法,這是貫穿《古賦辯體》的根本思想,也是祝氏先屈後荀、奉屈騷爲詞賦之典範的關鍵所在。

詩爲賦源,騷爲賦祖,詩、騷之於漢賦,自然已成爲不可動摇的兩大根脈。《古賦辯體》卷三"兩漢體"云:"漢興,賦家專取詩中賦之一義以爲賦,又取騷中贍麗之辭以爲辭,所賦之賦爲辭賦,所賦之人爲辭人,……而則之與淫遂判矣。"不獨"詩人之賦"本於詩、騷,所謂的"辭人之賦"也是在詩、騷的沃土上成長起來的。在此,祝堯對於劉勰以來的漢賦二源論,做出了至爲周密嚴謹的論證。在具體賦作的題解中,祝氏又爲此説提供了雄辯有力的依據:

《遠遊》題解:……其詞皆與莊周寓言同,有非復詩人寄託之義,大抵用賦體也。後來賦家爲闡衍鉅麗之辭者,莫不祖此,司馬相如《大人賦》尤多襲之。然原之情,非相如所可窺也,《大人賦》因不復録。(按:此論相如《大人賦》原於《遠遊》。)

《卜居》題解:賦也,中用比義。……洪景盧云:"自屈原詞賦假爲漁父、日者問答之後,後人[之]作者,悉相規倣。司馬相如《子虛》《上林》以子虛、烏有先生、亡是公,楊子雲《長楊賦》以翰林主人、子墨客卿,班孟堅《兩都賦》以西都賓、東都主人,張平子《兩[二]京賦》以馮虛公子、安處先生,左太沖《三都賦》以西蜀公子、東吴王孫、魏國先生,皆改名换字,蹈襲一律,無復超然新意,稍出於規矩法度者。"愚觀此言,則知詞賦之作,莫不祖於屈原之騷矣。(按:此處引洪邁語,論相如、揚雄等問答體賦本於屈原《卜居》《漁父》諸作。)

《子虛賦》題解:此賦(當指《子虛》《上林》二賦)雖兩篇,實則一篇。賦之問答體,其原自《卜居》《漁父》篇來,厥後宋玉輩述之,至漢,此體遂盛。(按:義同上。)

揚子雲小傳:愚謂,自楚騷已多用連綿字及雙字,長卿賦用之尤多。至子雲好奇字,人每載酒從問焉。(按:此論相如、揚雄賦中的連綿字及疊字原本楚騷)

《甘泉賦》題解:賦也。……蓋自長卿諸人,就騷中分出侈麗之一體以爲辭賦,至於子雲,此體遂盛。(按:此論誇張侈靡之賦出自屈騷)

祝堯或援引舊説,或别出新意,以大量的實例説明:賦中假設主客問答的結構,靡麗宏衍的文辭,誇張想像的手法,無不導源於楚辭。一書之中,反復申説,騷爲辭賦之祖,似乎已成爲不容質疑的結論。祝氏將楚辭對漢賦的多方面的影響闡發得如此深刻細微,確實已達到了在當時所能達到的最高的理論水準,是梁代的劉勰、宋代的洪邁都無法比擬的。

祝堯崇尚"古詩之義"與真情實感,高估漢代抒情詩賦的價值。祝堯評論賦有兩個標準,一是"古詩之義",二是真情實感。漢代人以賦爲"古詩之流",是因爲賦有"諷諭之義",表現出很强的政治功利性;六朝人認爲賦源於《詩經》,是將"六義"之一的賦與文體之賦進行了繫聯,更多地着眼於創作方法;祝堯不僅從"六義"中的每一義出發來考察詩與賦之關係,還把"古詩之義"當成了研究、評論歷代賦的重要標準。

所謂"古詩之義",指的是《詩經》"六義":風、雅、頌、賦、比、興。因爲真情實感是文學創作的不竭源泉,也是"六義"賴以産生的根基,所以"古詩之義"與真情實感是密切關聯着的,有時舉前者而兼含後者。祝堯認爲,《詩經》與《楚辭》最具"古詩之義"與真情實感,是一切文學作品的最高典範。他以這兩部書爲標準,批判了"遠於性情""害於義理"的賈馬揚班之賦;不過,也指出了漢賦作品中的若干可取之處:

> 間如《上林》《甘泉》,極其鋪張,終歸於諷諫,而風之義未泯;《兩都》等賦,極其眩曜,終折以法度,而雅頌之義未泯;《長門》《自悼》等賦,緣情發義,託物興辭,咸有和平從容之意,而比興之義未泯。一代所見,其與幾何?誠以其時經焚坑之秦,故古詩之義未免没而或多淫;近風雅之周,故古詩之義猶有存而或可則。古今言賦,自騷之外咸以兩漢爲古,已非魏晉以還所及。心乎古賦者,誠當祖騷而宗漢,去其所以淫而取其所以則可也。

祝氏以爲《上林》《甘泉》《長門》《兩都》等賦,雖有鋪張眩曜之處,但仍具有風、雅、頌、比、興等"古詩之義",所以值得肯定,這也正是祝氏"祖騷宗漢"、以漢賦爲古賦的根本原因。這樣,祝氏以"古詩之義"爲最高原則,以"去其所以淫而取其所以則"爲基本思路,對漢賦的價值從宏觀上持肯定態度。在對具體賦作的評論或題解中,祝氏又效仿朱熹《詩集傳》的做法,揭示"六義"在漢賦中的種種表現,以此來斷定賦作價值的高下與優劣:

> 賈誼小傳:愚觀二賦,實奇偉卓絶。然《弔屈原賦》用比義,《鵩賦》全用賦體,無他義……若較之《弔屈》,於比義中發詠歌嗟歎之情,反復抑揚,殊覺有味。
>
> 《弔屈原賦》題解:比也。雖曰賦而比,比義實多。
>
> 《鵩賦》題解:賦也。其辭汗漫恍惚,皆遺世忘形之語。

在肯定賈誼二賦皆"奇偉卓絶"的大前提下,又指出《弔屈原賦》能用比義,藉以抒發詠歌嗟歎的感情,比全用賦體的《鵩賦》更覺"有味"。其實,祝堯最崇尚的不是比義,而是風、興二義。他爲司馬相如《長門賦》所作題解云:

> 以賦體而雜出於風、比、興之義。其情思纏綿,敢言而不敢怨者,風之義;篇中如"天飄飄而疾風",及"孤雌跱於枯楊"之類者,比之義;"上下蘭臺,遥望周步,援琴變調,視月精光"等語,興之義。蓋六藝中惟風、興二義每發於情,最爲動人,而能發人之才思。長卿之賦甚多,而此篇最傑出者,

有風、興之義也。故晦翁(即朱熹)稱此文古妙,歸來子(即晁補之)亦曰:此諷也,非《高唐》《洛神》之比。

以爲"風、興二義每發於情,最爲動人,而能發人之才思",確實頗有會心;對於《長門賦》中風、比、興藝術手法的分析,也非常細緻。可是,把《長門賦》奉爲相如諸賦中最傑出的代表,顯然低估了《子虛》《上林》諸賦的價值與地位,又非公允之論。祝堯認識到漢賦兼有風、比、興諸義,將《詩經》學的研究方法移植到漢賦研究中來,所以能發前人所未發,得出許多新穎獨到的見解,其功自不可没。但正如漢人執着於以諷諫論賦一樣,祝堯一味以"六義"論賦,以《詩經》爲最高標準來衡量漢賦,未免抹煞了詩學與賦學、經學與文學的界限,看不見漢賦在特定歷史條件下對《詩經》的發展與超越,又有其機械盲目的地方。

因爲偏執於"六義"的標準和情感的抒發,祝堯在《古賦辯體》中非常重視對抒情詩賦的選録,並給它們以很高的評價。除了將《長門》淩駕於《子虛》《上林》之上,他還讚揚班婕妤《擣素賦》"此雖賦也,而末後一段辭旨縝密,意思纏綿,真有發乎情、止乎禮義之風也",肯定禰衡《鸚鵡賦》"比而賦也,其中兼含風、興之義。蓋以物爲比,而寓其羈棲流落無聊不平之情,讀之可爲哀欷",並將此賦奉爲詠物賦的最高楷模。對於王粲《登樓賦》,祝堯以爲"賦也。末段自'步棲遲以徙倚'之下,則兼風、比、興義,故猶有古味。以此知詩人所賦之六義,其妙處皆從情上來,情之不可已也如是夫!"反復強調真情實感的重要性,認爲漢代的抒情詩賦能够"發乎情,止乎禮義",能够感動人心,令人哀歎,因而最有高古氣味,最得《詩經》之餘韻。自漢代以來,人們皆以爲詩緣情而賦體物,彼此相因,積之莫改。也有人認識到賦有"寫志"功能,但還是以騁辭體物之賦爲賦文學之正宗。祝氏第一次高舉情感與"六義"兩面大旗,把抒發真情實感的小賦置於散體大賦之上,既具有不囿成見、勇於創新的精神,又開闢了認識、評價漢賦的新角度、新途徑,對於元賦之創作也有正確的導向作用。

在標舉"六義"與情感的同時,祝氏對於缺乏真情實感的漢代散體大賦,以及這些賦作中的誇張虛構與麗靡之辭自然持否定與批判的態度。他在卷三"兩漢體"序言中,就指出相如賦"長於叙事,則於辭也長而於情或昧",揚雄、班固賦"衹填得腔子滿,則辭尚未長而況於理",將它們視爲缺乏情感與義理的"辭人之賦"。這些賦作中"漁獵捃摭,誇多門靡""哀荒褻慢,希合苟容"的創作方法與風格,也因"遠於性情""害於義理"而失去了存在的價值。祝堯指出:"古人之賦,固未可以鋪張侈大之辭爲佳,而又不可以刻畫斧鑿之辭爲工,亦當就情與理上求之。"(《上林賦》題解)古賦之所以古,在於它的"情與理","其情不自知而形於辭,其辭不自知而合於理"(《兩漢體》序言),有情有理,其辭自工;若一味雕章琢句,刻意求工,反倒妨礙了情與理的表達。祝堯又以揚雄諸人爲例,批判了漢賦創作中"刻畫斧鑿"的不良風氣:

愚謂：自楚騷已多用連綿字及雙字，長卿賦用之尤多。至子雲好奇字，人每載酒從問焉。故賦中全喜用奇字，十句而八九矣。厥後《靈光》《江》《海》等賦，旁搜遍索，皆以用此等字爲賦體，讀者苦之。然賦之爲古，亦觀六義所發何如爾。若夫霧穀組麗，雕蟲篆刻，以從事於侈靡之辭，而不本於情，其體固已非古，況乎專尚奇難之字以爲古，吾恐其益趨於辭之末，而益遠於辭之本也。（揚子雲小傳）

祝堯並不反對文辭，他反對的是"專尚奇難之字以爲古"，旁搜窮索、故作高深古雅的不良創作風尚，這是卓有見地的。

需要指出，祝堯並未將所有的漢代散體大賦都打入冷宫，他在批判漢大賦"務矜誇而非詠歌""涉奇狂而非博雅""近諛佞而非柔婉""多文飾而非正大"的同時，又指出這些賦作"風比興雅頌之義雖變，而風比興雅頌之義終未泯"，因而仍具有古詩的遺風餘韻，較之三國、六朝以降的賦作爲高（《甘泉賦》題解）。尤其令人注意的是，他選録了班固的《兩都賦》並給予較高的評價：

前篇極其眩曜，賦中之賦也；後篇折以法度，賦中之雅也；篇末五詩，則又賦中之頌也。……此賦涉雅頌，猶有正與則之餘風，愚故於此意言之。（《西都賦》題解）

祝堯還援引韓愈、揚雄之語，以爲詩先正而後葩，賦先麗而後則，如果"以詩中之賦而爲賦，先以情而見乎辭，則有正與則之意爲骨；後以辭而達於理，則有葩與麗之辭爲肉"，就能像《兩都賦》一樣達到"葩麗而不淫，正則而可尚，發乎情，止乎禮義"的藝術境界。將《兩都賦》奉爲"詩人之賦"的重要代表，是他以《詩經》風、雅、頌諸義來比附該賦所得出的結論。其實，《兩都賦》不過是爲東漢皇帝定都洛陽所做的政治宣傳，前半部的渲染已缺乏《子虛》《上林賦》的恢宏闊大的氣勢，後半部的説理更覺板滯枯燥，味同嚼蠟；篇末五詩皆歌功頌德之作，充滿靈異神秘的氣氛。總之，該賦並不是優秀的文學作品，既缺乏真實的感情，又有祝堯所批判的"鋪張侈大"之辭，説它"發乎情，止乎禮義"，尤其覺得牽强。祝氏對《兩都賦》的過高評價，當是受到《文選》首列該賦的影響。當然，《兩都賦》包含有反對奢侈、崇尚節儉、宣揚禮義法規等純正的儒家思想，這也許是它受到歷代正統文人尊崇的一個重要原因。

細考賦的内在結構，辨析賦體淵源流變。辨析賦之體制，指導辭賦創作，是祝堯創作《古賦辯體》的根本宗旨。祝堯並不孤立地探討賦之結構，而是上溯其淵源，下理其流變，脈絡清晰，流别判然，頗具史家的眼光。如對於司馬相如《子虛》《上林》二賦，祝堯以爲"此賦雖兩篇，實則一篇"（《子虛賦》題解），就很有見地。《子虛》《上林》本爲一篇，初名《天子遊獵賦》，但蕭統編《文選》時將其割裂爲兩篇，後人皆從之。祝堯此言，足以還歷史的本來面目。又爲班固《西都賦》作題解云："此賦兩篇，亦一篇也。"寥寥數語，即可看出《天子遊獵賦》自然分成兩大部分的結構,對班固等人的賦作起了範式作用。

最突出的就是對於問答體賦作之源流的考辨。在《卜居》題解中,祝氏引洪邁《容齋詩話》卷二的論述,已指出屈原假設漁父、日者問答的結構,對司馬相如、揚雄、班固、張衡、左思等漢晉大賦的啟迪。在司馬相如《子虛賦》題解中,祝氏對問答體漢賦的内在結構及其淵源流變更有精當的剖析:

賦之問答體,其原自《卜居》《漁父》篇來,厥後宋玉輩述之,至漢,此體遂盛。此兩賦及《兩都》《二京》《三都》等作皆然。蓋又别爲一體,首尾是文,中間乃賦,世傳既久,變而又變。其中間之賦,以鋪張爲靡,而專於辭者,則流爲齊、梁、唐初之俳體;其首尾之文,以議論爲駛(一作便),而專於理者,則流爲唐末及宋之文體。

漢代散體大賦的正文多用整齊的四言句式,誇張鋪排,言辭靡麗,用韻也較爲規範;首尾或叙述事件,或議論説理,多用散句,句式長短不一。祝堯不僅細微地體察到了這種區别,還敏鋭地發現這兩類文字分别成長爲後來的俳賦及文賦,這就又爲三國六朝賦及唐宋賦在形式結構與語言風格上找到了源頭。當然,賦在後世的流變十分複雜,並不像祝堯所描述的這麽簡單;但從宏觀上來講,祝氏的論斷是有一定道理的。因而《四庫全書總目》稱讚祝堯此語“於正變源流,亦言之最確”[①],可謂推崇備至。其他如:

《長楊賦》題解:問答賦如《子虛》《上林》,首尾同是文,而其中猶是賦。至子雲此賦,則自首至尾純是文,賦之體鮮矣。厥後,唐末宋時諸公以文爲賦,豈非濫觴於此? ……此等之作,雖名曰賦,乃是有韻之文,並與賦之本義失之噫!

《三國六朝體》序:觀士衡輩《文賦》等作,全用俳體,蓋自楚騷……及相如“左烏號之雕弓,右夏服之勁箭”等語,始分兩句作對,其俳益甚。故吕與叔曰:“文似相如殆類俳。”流至潘岳,首尾絶俳。

以爲揚雄大變賦體,開後代“以文爲賦”之先聲;相如俳句頗工,對後代之俳賦影響甚鉅。皆從體制上着眼,具體論證了漢賦已包含有文賦與俳賦的基本要素,其在賦史上的經典地位及其對後代賦體的影響已在不言之中。

品評賦家賦作,兼綜舊説而能見微知著。《古賦辯體》對所選各賦,都不作訓詁章句,僅在個别地方辨字標音。如在賈誼《弔屈原賦》“遠濁世而自臧”句以下以小字標注“古藏字”,在《鵩賦》“何足以疑”下以小字標注“叶牛”二字。辨字與注音都有助於理解賦句的含意,而叶音則是由於不懂古音而強行改讀,因而是不科學的。需要指出的是,據明成化本以及嘉靖年間 3 種刻本之《古賦辯體》,祝堯曾在各賦正文之側施以旁注。例如卷三《子虛賦》“其石則赤玉玫

① 〔清〕永瑢等:《四庫全書總目》,中華書局 1965 年版,第 1708 頁。

瑰，琳瑉琨珸，瑊玏玄厲，碝石碔砆”一段，“玫瑰”之右以小字注曰：“火齊珠也。”“琳瑉”旁注：“玉也。”“瑊玏”旁注：“石次玉者。”“玄厲”旁注：“黑石可磨。”雖僅釋語詞，亦對讀者有所幫助。有些旁注價值較高，例如卷一《離騷》“帝高陽之苗裔兮，朕皇考曰伯庸”句，“高陽”之右批曰：“楚祖也。”“伯庸”之右批曰：“原父之字。”“皇覽揆余於初度兮”旁注：“父伯庸觀我始生年時，度其日月皆合。”又卷三《弔屈原賦》“誶曰”旁注：“告也，即亂辭。”“歷九州而相其君兮，何必懷此都也。鳳凰翔於千仞兮，覽德輝而下之”諸句旁注：“原之自沉，正以不忍忘君去國。誼言雖是，豈原之心哉?”或揭櫫作家身世，或提示作品結構，或挖掘内在情感。四庫館臣爲照顧叢書體例，將這些旁注悉予删削，不僅有損原書之風貌，亦大大降低了《古賦辯體》固有的價值。

祝堯對於每位賦家都有作者小傳，對所選每篇賦都作解題（《河東賦》《東都賦》之解題已見於他處，略去）。例如在“司馬長卿”下作簡介云：

> 長卿，蜀人，少遊梁，著《子虚賦》。後歸成都。久之，楊得意爲狗監，侍武帝。帝嘗讀《子虚賦》而善之，曰：“朕獨不得與此人同時哉!”得意曰：“臣邑人司馬相如自言爲此賦。”上驚，乃召問長卿。長卿曰：“此乃諸侯之事，未足觀，請爲天子遊獵之賦。”上令尚書給筆劄，乃爲《上林賦》以諷諫焉。

這裏簡介相如生平及《子虚》《上林賦》的創作經過，全依《史記》《漢書》的記載，祇是《上林賦》之名不見於兩部史書，而見於《西京雜記》。接下，祝堯又對《長門賦》之創作提出質疑：

> 又《文選·長門賦序》云：“武帝陳后得幸，頗妬，别在長門宫。聞相如工文，奉黄金百斤爲文君取酒，因求解悲愁之辭，以悟主上。后復得幸。”然《漢書》陳后及長卿傳無奉金求賦復幸事，不知序者何從實此云。

這裏指出《長門賦序》與史實不符，與賈誼小傳比較《弔屈原賦》與《鵩賦》之高下一樣，都是有的放矢，針對所選之賦提出個人見解。

《古賦辯體》的題解很有特點。題解一開始，往往揭示該賦是否具有詩之“六義”，然後纔展開論述。論述中或考辨賦題正誤，或揭示“六義”表現，或分析賦之結構，或梳理體制源流，内容豐富，不拘一格，然多能在援引舊説的同時而兼下己意。賈誼《弔屈原賦》題解云：

> 比也。雖曰賦而比，比義實多。《文選》因史傳有投文弔屈之語，故以爲《弔屈原文》，而諸家則以爲賦。要之篇中，實皆比賦之義，宜從諸家。迂齋云：議譏時人太分明，其才甚高，其志甚大，而量則狹矣。

先指出該賦有比義，再考辨《文選》賦題之誤，最後引用迂齋（宋人樓昉）之説，點評賈子的才能、志向與度量。至於此賦之藝術境界，已見於賈生小傳，故此處從略。

不管是賦家小傳還是賦作解題,祝堯都不拘泥於既有體例,往往能够以小見大,見微知著,宏觀與微觀相結合,在深入淺出的論述中把讀者引入勝境。比如在揚雄小傳中,祝堯先撮述《漢書》大意,簡介賦家生平、揚雄創作四賦的經過,以及"子雲好奇字,人每載酒問焉"的軼事,然後討論相如、子雲好用連綿字、雙字、奇字的創作手法對後人的影響,接着品評此法之得失,最後又引晦翁(朱熹)之語,得出"作者何必要用奇難字哉"的結論。這實際上已超出揚雄小傳的範圍,而成爲一篇專論奇字難字的專文。又如司馬相如《長門賦》題解,先指出該賦"以賦體而雜出於風比興之義",又舉例説明"六義"在該賦中的具體表現,然後得出相如賦中"此篇最傑出"的結論,還引用晁補之、朱熹的語言來支持自己的觀點,解題工作似已完成。然而祝堯又宕開一筆:

> 愚嘗以長卿之《子虛》《上林》,較之《長門》如出二手。二賦尚辭,極其靡麗,而不本於情,終無深意遠味;《長門》尚意,感動人心,所謂"情動於中而形於言",雖不尚辭,而辭亦在意之中。由此觀之,賦家果可徒尚辭而不尚意乎?尚意,則古之六義可兼,是所謂詩人之賦,而非後世詞人之賦矣。

這裏指出《子虛》《上林賦》與《長門賦》風格迥異,如出二手,並具體剖析二賦與《長門》的不同之處。其中尚辭、尚意之比較,真情、意味之品鑒,無不見解精湛,足以發千古之省。由此而得出的賦家必須"尚意"的結論,其指導元賦創作的良苦用心已豁然顯現。其他如《子虛賦》題解在辨析漢賦問答體之源流的基礎上,又以大段文字來指導作賦如何"一掃山林草野之氣習,全仿冠冕佩玉之步驟",以達到詞(辭)人之賦與詩人之賦兼備的境界;《甘泉賦》題解中詳細剖析漢代辭人之賦中風比興雅頌之義"變甚"而終究"未泯"的表現,感歎三國、六朝以後"六義變盡而情失,六義泯盡而理失","於此可以觀世變"的情形;《鸚鵡賦》題解在感受、品味該賦的寥落不平之情的同時,又得出創作詠物賦不可衹追求"字句之巧"與"體貼之切",必須"就物理上推出人情來,直教從肺腑中流出,方有高古氣味"的結論……如此等等,皆能在品評具體賦作的同時自然而然地梳理賦史之流程,或評騭具體之現象,或指點作賦之方法,無不縱横開闔,運筆自如,見解甚精,語言甚美,而文意自然流動,實在是一篇篇優美精粹的賦論短文。

總之,祝堯以選賦爲立論基礎,以辭賦體制的辨析爲主要内容,以"古詩之義"與真情實感爲評價標準,以指導辭賦創作爲最終目的,從而建構了一個體例嚴密、結構完整、觀點鮮明、思辯性強、富於理論色彩和實用價值的闡釋體系。其對於情、辭、理辯證關係的闡發,對於辭賦作品中風、賦、比、興、雅、頌諸義的揭示,對於真情實感尤其是纏綿哀怨之情的傾慕,對於辭賦體制及其源流的辨析,對於缺乏情理、徒騁麗辭的不良創作傾向的批判,對於具體作賦手法的點撥,都貫穿於該書的序論以及對於具體賦家賦作的品評之中,論述時各有側重而又互相呼應,從而形成了一個既零散又集中、既微觀又宏觀、既各自獨立又彼此呼應的整體。就連抬高《長門》而貶抑《子虛》《上林》的明顯失誤,尊崇古賦之體而輕視後代辭賦的偏激之見,也讓人覺得持之有故,很有説服力與感召力。請看下面一段:

> 是故古人所歌,情至而辭不至,則嗟歎而不自勝;辭盡而情不盡,則舞蹈而不自覺。……漢以前之賦,出於情;漢以後之賦,出於辭;其不歌而誦,全取賦名,無怪也。蓋西漢之賦,其辭工於楚騷;東漢之賦,其辭又工於西漢;以至三國、六朝之賦,一代工於一代。辭愈工則情愈短,情愈短則味愈淺,味愈淺則體愈下。(《三國六朝體》序論)

一個以"情"爲基點的文學退化論,竟被祝堯闡發得如此聲情並茂、淋漓盡致,極富思辯色彩與邏輯力量。讓人覺得祝堯辭賦研究中的一些偏頗與失誤,是一位思想縝密的文學評論家的偏頗與失誤,是由特定的研究標準或者客觀的現實因素造成的,其咎責不應由個人承擔。祝堯辭賦觀的理論性和系統性,衹有梁代的劉勰與清代的劉熙載堪與相提並論。所以《古賦辯體》是"劉勰之後、清代之前最爲重要的賦學專著"①,它標誌着古代賦學已從長期的低落萎靡走向了復興的階段。明代前七子大倡復古之風,也是以情感爲基點來建構理論體系;而吴訥撰《文章辨體》,徐師曾撰《文體明辨》,其中關於賦的部分有十之七八采録祝氏之語。直至今天,《古賦辯體》仍然是每位賦學研究者乃至文學研究者的必讀之書。

【研究】

研究專著有:臺灣學者遊適宏《祝堯〈古賦辯體〉研究》,花木蘭文化出版社2008年版。按,此爲遊適宏先生之碩士論文。研究論文有:鄧國光《祝堯〈古賦辯體〉的賦論》(《新亞學術集刊》第13期,1994年)、蹤凡《祝堯〈古賦辨體〉的漢賦觀》[《首都師範大學學報》(社會科學版)2003年第2期],楊賽的系列論文《以情爲本——祝堯的古賦本質論》(《中國文學研究》2002年第2期)、《祝堯的古賦流變論》(《安徽教育學院學報》2005年第2期)、《祝堯的古賦藝術論》(《湛江師範學院學報》2005年第5期)、《祝堯的古賦論》[《上海師範大學學報》(哲學社會科學版)2005年第3期],李新宇《論〈古賦辨體〉出現的原因》[《山西大學學報》(哲學社會科學版)2005年第4期]、《論〈古賦辨體〉的"情統觀"》(《晉陽學刊》2008年第1期),于景祥《從〈古賦辨體〉看祝堯的駢文觀》(《社會科學輯刊》2008年第6期)、牛海蓉《〈古賦辯體〉之後的元朝賦論》[《遼東學院學報》(社會科學版)2011年第1期]、蹤凡《〈古賦辯體〉版本研究》[《南京大學學報》(哲學·人文科學·社會科學版)2012年第5期]、何詩海《〈古賦

① 何新文:《中國賦論史稿》,開明書店1993年版,第112頁。

辯體〉與明代辨體批評》(《文藝理論研究》2013 年第 1 期)、蔣旅佳《祝堯〈古賦辯體〉賦體辨析與分類》(《文藝評論》2013 年第 8 期)、任競澤《祝堯〈古賦辨體〉的辨體理論體系》[《安徽大學學報》(哲學社會科學版)2014 年第 5 期]、曹栓姐等《祝堯〈古賦辯體〉的文賦觀及其現代啟示》(《殷都學刊》2016 年第 3 期)等。學位論文有:楊賽《祝堯〈古賦辯體〉研究》(湖南師範大學 2003 年碩士學位論文)、李汶璟《〈古賦辯體〉與〈詩源辯體〉之"辨體論"比較》(中國社會科學院 2008 年碩士學位論文)等。

《青雲梯》3 卷(《元賦青雲梯》),元佚名輯

【著録】

清黄虞稷《千頃堂書目》卷三十七:《元賦青雲梯》三卷。

清阮元《研經室外集》卷四:《元賦青雲梯》三卷,無編纂姓氏,從元人墨迹影寫。上卷録賦三十六篇,中卷録賦三十九篇,下卷録賦三十六篇,凡一百十一篇,蓋當時應試之士,選録以作程式者。其中黄溍《太極圖賦》,羅曾《石鼓賦》,孟泌《淩煙閣賦》,鄒選《金馬門賦》,蒲紹簡《登瀛州賦》,莊文昭《蒲輪車賦》,高明《大成樂賦》,謝一魯、孔澮、范琮《荆山璞賦》,尹貫道《靈臺賦》,祝堯《手植檜賦》,歐陽玄、陳泰《天馬賦》,邵公任《暘穀賦》,彭士奇《泰階六符賦》,周鏜《大别山賦》,沈幹《浙江賦》,曾煒《玉燭賦》,方回孫《無逸圖賦》,方君玉《龍虎榜賦》,劉性《石渠閣賦》,王沂《辟雍賦》等二十三篇,已載欽定《賦彙》中。其未采者尚八十餘篇,又《賦彙》載曹師孔《靈臺賦》逸句,此有全文,皆可補其闕也。

繆荃孫、吴昌綬、董康《嘉業堂藏書志・集》引黄丕烈跋:朱子新亦元末人而至明初者,喜手録前人製作。向曾獲其手書《青雲梯》三册,皆録元人賦稿,惜已流轉他所,香嚴書屋中尚有其副。

【版本】

1. 清嘉慶間《宛委别藏》影鈔元人寫本,民國二十四年(1935)上海商務印書館影印本

國圖藏,號:10807:141。本書凡 1 册,與《運使復齋郭公敏行録》1 册、《元風雅》5 册合爲一函。書高 20 釐米,寬 13.1 釐米。内封 A 面正中印有書名"青雲梯",左側印小字"宛委别藏影鈔元人寫本",右下鈐有"故宫博物院敬贈"章;内封 B 面印有牌記 4 行:"故宫博物院委託商務印書館景印,原書葉心高廿二公分,寬十三公分",鈐有"國立北平故宫博物院版權章"。無序跋,首《青雲梯目録》6 葉;次正文。左右雙邊,白口,無魚尾。半葉 11 行,行 28 字。版框高 14.1 釐米,寬 8 釐米。版心中部刻"青雲梯上",底部刻頁碼。鈐有"北京圖書館藏"印。

2.《輯刊》第 2 册影印清嘉慶間《宛委别藏》本

【内容】

本書爲元代文人所輯,姓名失考。目前所見,乃是商務印書館以宛委別藏影鈔元人寫本爲底本,影印而成。原書藏北京故宫博物院,抗戰期間轉移到四川,現藏臺北故宫博物院。據影印本,此書乃是元代賦之選編,分三卷。卷上收録《太極圖賦》(黄溍)至《玉佩賦》(陳異),凡 36 篇;卷中收録《暘谷賦》(召公任)至《象車賦》(王允文),凡 39 篇;卷下收録《岱宗賦》(梁思立)至《九鼎賦》(羅振文),凡 36 篇。全書收録元代賦 111 篇,大都是騷體賦或小賦,反映了元人作賦以古賦爲宗的傾向,但不選散體大賦。排序原則也不清楚。各賦皆無圈點、評注,保留古風。

【研究】

研究論文有:李新宇《元代科考賦集〈青雲梯〉及其文化内涵》[《江西師範大學學報》(哲學社會科學版)2007 年第 1 期]、杜春雷《〈元賦青雲梯〉成書初探》(《新世紀圖書館》2013 年第 8 期)。

《祝允明手抄賦文》不分卷,明祝允明編

【編者】

祝允明(1461—1527),字希哲,號枝山、枝指生、枝山老樵等,長洲(今江蘇蘇州)人。明弘治五年(1492)中舉,後七次參加會試不第。正德九年(1514)授廣東興甯縣知縣,嘉靖元年(1522)遷應天府(今南京)通判,旋辭歸。"吴中四才子"之一,精書法。著有《懷星堂集》(即《祝氏集略》)、《祝氏文集》《前聞記》《讀書筆記》《九朝野記》《江海殲渠記》《蘇材小纂》等。事迹參見錢謙益《列朝詩人小傳》丙集《京兆祝允明》、《明史》卷二八六本傳。

【版本】

1. 明祝允明手抄本

北師大藏,號:830/106 善。凡 2 册。該書無目録,卷首襯葉有翁綬祺跋語四行,鑒定該書文字確爲祝允明所書。卷端無題署,首篇爲枚乘《忘憂館柳賦》,右下角鈐有"祝允明印"陽文小篆方章。半葉 9 行,行 20 字。卷尾鈐有"西溟""姜宸英印""行樂堂藏書記""易生讀過"小篆方章 4 枚。今按:姜宸英(1628—1699)是明末諸生,康熙三十六年 70 歲始中進士,他是明末清初著名書法家、史學家。

2.《輯刊》第 2 册影印北師大藏明祝允明手抄本

【内容】

本書未見著録,書中抄録漢至宋代賦文若干篇,皆爲名篇。書前有清光緒二十六年(1900)翁綬祺跋語四行:"此册首頁有祝允明印章,末頁有姜西溟兩印,審其字迹雅勁,與余所藏枝山小楷卷毫髮無異,的是枝山手抄本也。片紙隻

字,古董家不惜巨資購之。此數十篇,洵可寶也。庚子六月翁綬祺記。”翁綬祺是清末書法家、收藏家,故所言可信。所抄之賦,有漢賦 8 篇:枚乘《忘憂館柳賦》、路喬如《鶴賦》、公孫乘《月賦》、羊勝《屏風賦》、司馬相如《美人賦》、班婕妤《擣素賦》、曹昭《鍼縷賦》、楊子雲《太玄賦》;六朝賦 5 篇:曹子建《洛神賦》、左芬《松柏賦》、謝惠連《雪賦》、江淹《別賦》《恨賦》;唐賦 4 篇:江采蘋《樓東賦》、宋璟《梅花賦》、駱賓王《螢火賦》、杜牧《阿房宫賦》;宋賦 3 篇:歐陽脩《秋聲賦》、蘇軾《前赤壁賦》《後赤壁賦》。共計 20 篇,古賦(以小賦、騷體賦爲主)、駢賦、文賦皆具,但大都是膾炙人口的短篇,不選大賦和律賦。各賦皆無句讀、批點,但書法勁健,賞心悦目。此外還抄有莊子《養生主》等散文 15 篇。

《賦海補遺》28 卷附録 2 卷,明周履靖編

【編者】

周履靖(1542—1632)①,字逸之,檇李(今浙江省嘉興市)人。生活於明末嘉靖至萬曆年間。少時讀書刻苦,不僅博涉經史諸子百家言,而且“旁及書畫、鼎彝諸譜,以至草木禽魚,天星地術,異域方言,無不涉入”(《螺冠子自叙》,載《賦海補遺》卷三十)。性嗜梅,曾於房前屋後種梅三百株,因號梅墟、梅居士、梅癲道人,又號茹草生。遊海上獲大螺以爲冠,遂號螺冠子。又因羨戰國時代魏國隱士侯生,故又號夷門。據《嘉興縣志》《嘉禾徵獻録》等典籍記載,周履靖一生不屑仕進,雖“郡縣交辟,不應”,常年幽棲於鬱秀觀。但與劉鳳、茅坤、王世貞、屠隆、鄭琰、陳繼儒、陳懿典、文嘉、董其昌、王稚登、周天球、張鳳翼、項元汴等藝苑名流交好。晚年更是遠離塵世,傾心於修道養生、煉丹成仙的生活。周履靖一生讀書廣博,興趣廣泛,潛心著述,成果豐碩。他能詩善詠,著有詩詞集《閑雲稿》4 卷、《泛柳吟》1 卷、《騷壇秘語》2 卷、《青蓮觴詠》2 卷、《詠物詩》10 卷、《梅顛稿選》20 卷(陳繼儒選)等,傳奇《錦箋記》2 卷、《鶴月瑶生》4 卷、《山家語》1 卷等。此外還鑽研書法、篆刻、繪畫、醫學、養生、氣功、美食、茶道、遊冶、園藝、博物等,皆有著述。晚年匯爲《夷門廣牘》120 卷,收書 106 種。事迹略見《賦海補遺》所附《螺冠子自叙》《螺冠子傳》《(萬曆)秀水縣志》卷六。

今按:《賦海補遺》題“沛國子威劉鳳、嘉禾逸之周履靖、四明緯真屠隆同輯”,根據對該書卷首陳懿典序、卷一周履靖自序、卷末《螺冠子自叙》、劉鳳與屠隆生平著述、本書收賦情況、命名和編纂旨趣等方面的考察,可以認定《賦海補遺》實爲周履靖一人所輯,劉鳳、屠隆僅僅掛名而已。參見蹤凡等《〈賦海補遺〉

---

① 對於周履靖的生卒年,學術界説法不一。徐朔方先生認爲他生於嘉靖二十一年(1542),卒於崇禎五年(1632),享年九十一歲,大致可信,今從之。見徐朔方著《晚明曲家年譜》第二卷,浙江古籍出版社 1993 年版,第 293 ~ 308 頁。

編者考》(《中國典籍與文化》2011 年第 1 期)。又,李時人《中國文學家大辭典·明代卷》考述周履靖生平著述尤詳,(中華書局 2018 年版,第 968 ~ 970 頁),唯獨不及《賦海補遺》,可知有失於眉睫者。

【著録】

清嵇曾筠《(雍正)浙江通志》卷二百五十二:"《賦海補遺》三十卷(《梅墟別録》:周履靖著)。"

古代書目未見。《北京圖書館古籍善本書目·集部總集類》著録:"《賦海補遺》三十卷。明周履靖、劉鳳、屠隆輯。明書林葉如春刻本。二十册。八行十八字。白口四周單邊。"

【版本】

1. 明萬曆年間金陵書林葉如春刻本

國圖藏,號:9211(膠卷)。首陳懿典《賦海補遺叙》7 葉,鈐有"陽湖陶氏涉園所有圖書之記""四明張氏約園藏書之印""北京圖書館藏"印;次《賦海補遺總目》;次《賦海補遺目録》;下爲正文。四周單邊,白口,單、黑魚尾。版框高 18.4 ~18.8 釐米,寬 11.7 ~12.5 釐米。半葉 8 行,行 18 字。卷端題:"賦海補遺卷之一,沛國子威劉鳳、嘉禾逸之周履靖、四明緯真屠隆同輯,金陵書林葉如春繡梓。"版心上端刻"賦海補遺"4 字,魚尾之下刻"卷之一"和頁碼。書末附有《銘》156 首、《螺冠子自叙》1 首、《螺冠子傳》1 首和《螺冠子贊》1 首。蓋編者晚年所輯也。

又,北師大藏本,號:832:814 善。全 2 函 11 册。與上本基本相同。個別賦篇國圖藏本脱作者名"周履靖"3 字,此本補之。看來是修訂後印本。卷一、卷二、卷二八有眉批和旁批。鈐有"北京師範大學圖書館"章。

2.《輯刊》第 2—3 册影印北師大藏明萬曆年間金陵書林葉如春刻本

【内容】

《賦海補遺》是明代末年很有特色的一部賦總集。周履靖除收録唐以前賦作 272 篇(此數字據孫晨碩士論文《周履靖及其〈賦海補遺〉研究》,下同)外,另有周氏自己創作的 615 篇,總數凡 887 篇,按其内容分爲 23 部編排。其中天文部 36 篇,時令部 34 篇,節序部 9 篇,地理部 31 篇(總目誤作 33 篇),宫室部 39 篇,人品部 33 篇,身體部 4 篇,人事部 50 篇,文史部 8 篇,珍寶部 12 篇,冠裳部 11 篇,器皿部 47 篇,伎藝部 15 篇,音樂部 16 篇,樹木部 22 篇,花卉部 65 篇,菓實部 31 篇,芝草部 11 篇,飲饌部 18 篇,飛禽部 58 篇,走獸部 29 篇,鱗介部 16 篇,昆蟲部 22 篇(總目誤作 18 篇)。其類别及排序均近似《藝文類聚》《太平御覽》等類書。但不見京都、苑囿、祭祀、行幸、諷諭、軍旅諸類,草木鳥獸卻析爲 8 類,看來比前人更重視生活題材及詠物題材的内容,有淡化社會政治的傾向。以飲饌類插入草木 4 類與鳥獸 4 類之間,頗覺不倫不類。

從選目來看,大都爲先秦至唐代賦,並且以詠物抒情小賦爲主。對於各賦出處,周氏一般不做交代,但在《梁王兔園賦》及《故栗賦》下以小字注明"載《藝文》"的字樣。所選各賦概不加注,祇是偶有解題,亦僅僅引述史書,交代創作背景而已。周氏選録蔡邕(5 篇)、曹大家(4 篇)之賦最多,且有簡要評論,可見其稱賞之意。如評曹大家《鍼縷賦》云:"大家作《鍼縷賦》,寓拾遺補闕之意。彼婦人者流,尚懷輔君澤國之意,慙余襪綫,無補於時。獨以含羞以和之。"(卷一五)評價得體,且表達羞愧之意。又評蔡邕《檢逸賦》云:"儷情鎔出,豈非風人作賦之體乎?"(卷一〇)評蔡邕《彈琴賦》云:"前述宫商徵羽,後載聖賢譜章,復叙聲音相感之妙。斯賦一成,恐嗣響者難乎其繼也。"(卷一七)評蔡邕《協初賦》云:"中郎既賦《檢逸》,復賦《協初》,始乍見而情馳,此思極而神定,少《遂初》心矣。余感和之。"(卷一〇)賞之不足,不覺感而和之,自作一篇,以追摩古人,韻脚悉依原賦。本書選録前人賦 272 篇,除 2 篇外,其餘 270 篇皆有周履靖次韻之作,即陳序所謂"載賡前韻"。清林聯桂《見星廬賦話》卷一云:"古人詩有和韻、次韻者,詞有和韻、次韻者,賦之和韻、次韻則罕見也。"[①]殊不知周履靖一人的次韻之作就有 270 篇。此外,《賦海補遺》還收有 345 題周履靖自作之賦,即陳序所謂"獨創新裁",這些賦題大都没有前人涉足(亦有前人已作,但周氏未收),體現了周履靖對賦學題材的開拓。這批"載賡前韻"(270 篇)和"獨創新裁"(345 篇)的 615 篇賦,構成了《賦海補遺》的主體内容,乃是周履靖補"賦海"之遺的真意所在。既然他以一己之賦來補茫茫"賦海"之遺,對前人創作題材進行大規模的增補,從中不難看出周履靖睥睨古今的自信和氣魄。

《賦海補遺》三十卷是中國賦集編纂史上的一部奇書。該書不僅選録先秦至唐代抒情詠物小賦 272 篇,還有周履靖個人賦作 615 篇(葉幼明、馬積高説是 606 篇,不確),總數爲 887 篇(自序稱七百餘篇,不確)。總集而兼有别集的性質,可謂前無古人。更重要的是,該書所録周履靖自作賦 615 篇,清人編纂的大型總集《明文海》《歷代賦彙》《賦海大觀》等皆未收録,其文獻價值是不言而喻的。周履靖也因此成爲中國歷史上存賦最多的作家。在保存周履靖個人賦作的同時,《賦海補遺》還能在一定程度上展現明賦創作的情況,進而反映出明末文人遠離政治、嘯傲自適的生活狀態。

【研究】

葉幼明《辭賦通論》(湖南教育出版社 1991 年版,158 頁)、馬積高《歷代辭賦研究史料概述》(中華書局 2001 年版,第 195 ~ 196 頁)、蹤凡《漢賦研究史論》(北京大學出版社 2007 年版,第 449 ~ 452 頁)皆有簡要介紹。研究論文有蹤

① 〔清〕林聯桂撰,何新文等校證:《見星廬賦話校證》,上海古籍出版社 2013 年版,第 10 頁。

凡、孫晨《〈賦海補遺〉編者考》(《中國典籍與文化》2011 年第 1 期)、孫晨《周履靖及其〈賦海補遺〉研究》(首都師範大學 2010 年碩士學位論文)。而臺灣學者王欣慧《作賦津梁——明代萬曆年間辭賦選本研究》第五章《周履靖〈賦海補遺〉及其賦作探析》的研究最爲深入、細緻(五南圖書出版股份有限公司 2015 年版,第 193～246 頁)。

《選賦》6 卷《名人世次爵里》1 卷,梁蕭統輯,明郭正域批點

【編者】

蕭統(501—531),南朝梁代學者,曾爲太子,謚號昭明。生平參見第二編第二章"《文選》30 卷"條。

郭正域(1554—1612),字美命,湖廣江夏人,明萬曆十一年(1583)進士。正域博通典籍,曾爲光宗講官,累遷至禮部侍郎。後以妖書事被免官,卒於家。《明史》卷二六有傳。

【著録】

《海源閣書目補遺・集部》、《國家珍貴古籍第一批名録》第 2182—2185 條著録。

【版本】

1. 明末烏程淩氏鳳笙閣刻(1621—1644)朱墨套印本

北師大藏,號:830/514－84 善。本書 1 函 6 册,書高 27 釐米。卷首有凌氏序、《梁昭明傳》《梁昭明序》《唐李學士行略》《李善上註表》。半葉 8 行 18 字,小字雙行同,白口,四周單邊,眉上鎸刻朱筆評注;框高 20.3 釐米,寬 11.1 釐米。末附《名人世次爵里》1 卷。

2. 明末朱墨套印本

北大藏,號:SB811.3/4420。原書 6 卷,存卷三、卷五,凡 2 册。書高 27.3 釐米,寬 18.4 釐米。卷三之首爲《選賦卷三目》2 葉,下爲正文。四周單邊,白口,無魚尾,無界行。半葉 8 行,行 18 字,小字雙行每行 36 字。版框高 20.4 釐米,寬 14.6 釐米。卷端題"選賦卷三,梁昭明太子蕭統選",版心刻"選賦""卷三"和頁碼。卷三共 59 葉,卷四存 43 葉。天頭有眉批,正文有旁批和圈點,皆印爲朱色;亦有墨色補批,大都取自《文選》李善注,小楷手書。鈐有"北京大學藏"印。據其版式,很可能與北師大藏本爲同一刻本。

3.《輯刊》第 5 册影印明末烏程淩氏鳳笙閣刻朱墨套印本

【内容】

本書將《文選》所收賦 56 篇别裁出來,單獨刻印,以備時需,可謂别出心裁。書後附《名人世次爵里》1 卷,簡介 32 位賦家生平,每條字數在 20—50 字之間。如班昭簡介云:"字惠姬,彪之女,扶風曹世叔妻。帝召入宫,令皇后貴人師事

焉,號曰大家。子穀爲陳留長,垣縣長。"(3 頁下)讀此,則對班昭一生有個大概瞭解。最有特色的是郭正域批點,鎸於天頭,朱色。本書無注,但在必要時也加以注音或校勘,或書頁眉,或插行間,並無定式。如《兩都賦》眉批云:"汧音牽""隈音煨""鋪棻五臣本作敷紛";賦間夾批則以小字書於正文之旁,如"犖"旁書"音洛","綺分"旁書"五臣作紛"等。(以上見卷一,3 頁下—5 頁上)釋義極少,但卷一第 7 頁下眉批云:"掍,同也,與混通,五臣本作混。"實際上是在校勘的同時附帶釋義。

郭氏作批,徵引甚多,且集中於楊用修(楊慎字用修)一家,自論之語僅占十之二三。如《子虛賦》就徵引楊用修語達 10 處,自己的話很少。至於《上林賦》,除了題注,其餘 10 處全引楊用修之語,且多爲大段引録。這些徵引大多據楊氏《丹鉛雜録》撮要而成。亦有批點較精者,如司馬相如《子虛賦》眉批:"逞奇鬥麗,遂爲賦家濫觴。然譬之徒牢,自有神力。諸家費盡氣力,終難湊泊到。"(卷三,1 頁上)楊雄《羽獵賦》眉批:"子雲之賦,在孟堅之上,相如之下。"(卷三,24 頁上)張衡《西京賦》眉批:"用修云:平子《二京》,時作奇語,其自然處固遜孟堅。《西京》之遊獵、角抵,鋪叙獨多;《東京》漫及大儺,無關巨典。末復竭而復揚,令人意先盡矣。"(卷一,20 頁上)在郭氏眼中,相如—楊雄—班固—張衡,一家不如一家。不過,對於東漢的王延壽及禰衡,郭氏卻頗爲稱賞。王延壽《魯靈光殿賦》眉批:"瑰瑋龐鴻,可敵《甘泉》之作,宜中郎卻步也。"(卷四,9 頁上)禰衡《鸚鵡賦》眉批:"賦家小致,須有寄興,文乃不朽。此篇縱恣壘砢,托喻自異,絶無伎巧,信是異才。"(卷四,45 頁上)郭氏在評點之中,指出相如賦"自有神力",張衡賦"時作奇語",禰衡賦"縱恣壘砢",别有寄託,則扣住了各家賦的特點,很有參考價值。郭氏批點,以語詞考辨爲重。如《子虛賦》"臣聞楚有七澤"一段,郭正域僅僅在"其山""其土""其東""其南"等詞的右側用朱筆畫一豎綫,然後考辨"薜莎""雕菰""荷""鼉"等語詞的含義。

【研究】

蹤凡《漢賦研究史論》(北京大學出版社 2007 年版)第四章第四節《明代的漢賦註釋和評點》對該書有簡略介紹,並且認爲郭正域對漢賦的評點"徵引多而自論少","泛論多而的論少","考辨多而章句少",價值在孫鑛之下。

《賦苑》8 卷,明李鴻編

【編者】

李鴻(1558—1607),字漸卿,一字儀羽,别號爲谿,蘇州府長洲縣(今江蘇蘇州)人。明萬曆十六年(1588)順天府鄉試舉人,二十年(1592)貢士,至二十三年(1595)方考中進士。萬曆二十四年(1596),李鴻任上饒知縣,他整頓吏治、打擊豪強、智取賊盜、興辦教育,可謂政績斐然。爲保護當地百姓利益,而與朝廷税監諸貂璫對抗，杖殺其黨十餘輩，結果遭受誣陷，削職爲民。返鄉不久，抑鬱而死。著有《實笏堂集》《病中間間語》《禹貢互釋》《尺牘》《九章筭法》《勾股書》《脉法指要》《子平玄理》《書經講義會編》《賦苑》《本草纂要》《嗜蔗編》《國憲識略》等。事迹略見明黄汝亨《寓林集》卷十四《上饒令李君墓誌銘》。

【著録】

清黄虞稷《千頃堂書目》卷三十一著録：李鴻《賦苑》八卷。

清沈復粲《鳴野山房書目・集之五》：《賦苑》八卷，吴郡李漸卿著。

《四庫全書總目》卷一百九十三：《賦苑》八卷，兵部侍郎紀昀家藏本。不著編輯者名氏。前有蔡紹襄序，但稱曰李君，不著歲月。《凡例》稱甲午歲始輯，亦不署年號。相其板式，是萬曆以後書也。所録諸賦，始於周荀況，終於隋蕭皇后，以時代爲編次，大抵多取之《藝文類聚》諸書，故往往殘缺。又次序顛倒殊甚，黄香《九宫賦》已見於漢，又見於南北朝中，題其字曰黄文疆；張超《誚青衣賦》已見於漢，改其題曰《譏青衣賦》，改其名曰張安超，又見於南北朝中，仍其故題，而題其字曰張子並。至公孫乘《月賦》則一見漢，一見南北朝，顯然複出，亦全不檢。蓋明季選本，大抵如斯也。

清倪思寬《二初齋讀書記》卷五：李漸卿所輯《賦苑》，載先秦迄於隋末，得賦八百七十五首。其間或録之諸集，或搜之藝文，或止載片詞，或僅存小序，務存成目，不計闕文，亦古賦之大觀也。此書每葉二十行，每行二十字。今將篇幅大者録識於下，以四葉爲率，三葉半有餘即從四葉算，其未及三葉半者，即不録識。卷之一先秦，無大篇；卷之二西漢，司馬相如《上林賦》六葉，揚雄《甘泉賦》四葉，《羽獵賦》四葉餘；卷之三東漢，馮衍《顯志賦》四葉餘，杜篤《論都賦》四葉餘，班固《西都賦》六葉，《東都賦》並詩五葉餘，張衡《西京賦》十葉，《東京賦》十葉，《南都賦》四葉餘，《思玄賦》七葉，馬融《長笛賦》四葉，王延壽《魯靈光殿賦》四葉；卷之四三國，何晏《景福殿賦》五葉餘；卷之五兩晉，左思《蜀都賦》五葉，《吴都賦》十葉，《魏都賦》十葉，嵇康《琴賦》五葉；卷之六，陸機《文賦》四葉餘，潘岳《西征賦》十一葉，《思游賦》四葉，郭璞《江賦》四葉餘；卷之七南北朝，謝靈運《山居賦》十葉，《征賦》十葉餘；卷之八梁，孝元帝《玄覽賦》九葉餘，沈約《郊居賦》七葉，沈炯《歸魂賦》四葉，庾信《哀江南賦》九葉。由此觀之，乃知自古以來，大賦字數俱在五千以内，無有至於一萬言者也。

【版本】

1. 明萬曆中期（1598—1602）上饒刻本

首師大藏。號：SG/832.2/916。本書凡 4 函 20 册。書高 27.7 釐米，寬 17.6 釐米。首蔡紹襄《賦苑序》5 葉，鈐有“孝感秦伯子鴻唐珍藏”“東虚李文駒印”“御堂家藏”“蒲邨氏珍藏圖書印”“北京師範學院藏書之章”等藏印；次《賦苑凡例》2 葉（有殘缺）；次《賦苑目録》45 葉，末葉左下有“練廷彬寫”4 字；次正文。四周單邊,白口,無魚尾。版框高 21.7 釐米,寬 14.2 釐米。半葉 10 行,行 20 字。卷端題“賦苑卷之某”,版心頂部亦刻“賦苑卷之某”,下部刻頁碼,底部則以小字刻有刻工名,有桂伯宗(宗)、桂德化刻(化)、桂子通(通)、桂子龍(桂龍)、桂明刊(明)、桂伯安刊(桂安、安)等。卷一、卷三之末葉左下角有“童希聖”3 字,卷二之末葉左下角有“魏勝”2 字,蓋爲校勘者姓名;該葉版心底部有“練廷彬寫”4 字,乃是書者姓名。各賦皆無句讀、圈點。此本書根印有“歷代賦苑”4 字,書脊同,皆衍“歷代”2 字。

又,北師大藏,索書號:832/477 善,凡 2 函 12 册。未見藏印。

2.《四庫全書存目叢書・集部》(384 册)影印山東省圖書館藏明萬曆刻本

3.《輯刊》第 6 册影印北師大藏明萬曆中期上饒刻本

【内容】

關於《賦苑》的編纂時間,《凡例》明言:“是書自甲午歲始輯,其次第厥後,漸以增益,積久遂至捌百柒拾五首。”此處“甲午”指萬曆二十二年(1594),李鴻參加萬曆二十年(1592)會試中式之後,但尚未成爲進士,亦未入職爲官之時。故其編纂的最初目的,似乎衹是展示才學,欲借著書以揚名而已。由於卷帙較大,匯纂費時費力,需經歷數年乃成。至於其刊印時間,《凡例》亦透露了若干資訊:“是書既輯成帙,出入輒以自隨,然恐久而散失,故亟以壽梓。……亦以吏事鞅掌,未得詳於校閱。”蔡紹襄序亦云:“君棲神大業,游刃饒封”,“乃以劓劇理棼之罅,廣拾名山秘府之遺”。既然“游刃饒封”(“饒封”即上饒縣),既然“吏事鞅掌”“劓劇理棼”,無疑應在李鴻中進士(1595)之後,任上饒知縣期間,不會晚于萬曆三十年(1602)李鴻落職爲民之時。故其刊刻時間應在 1596—1602 之間。由於李鴻初至上饒時職務繁忙,以打擊豪強、寇匪爲急務,尚無暇顧及文教事業,故該書很可能刊刻於 1598—1602 的數年間。距離“始輯”之年(1594),已有五六年的時間,可謂“漸以增益,積久”而成。各圖書館所藏之《賦苑》版式相同,應該係同一刻本,馬積高《歷代辭賦研究史料概述》著録爲“明萬曆刻本”①,學者皆從之。今考該書版心底部皆有刻工名字:桂伯宗(宗)、桂德化刻(化)、桂子通(通)、桂子龍(桂龍)、桂明刊(明)、桂伯安刊(桂安、安)等,大都屬於桂氏家族。經查檢,桂德化係“明萬曆間江西廣信(今上饒縣)人,刻字工人。參加刻過《紀録彙編》”②,與李鴻任職上饒的時間相吻合。可見《賦苑》的確刻於上饒,由桂氏族人擔任刻梓工作。所以,現存《賦苑》乃係明萬曆中期(1598—1602)上饒刻本。

書前有其同鄉蔡紹襄之序,稱“蓋自先秦兩漢,迨於魏晉六朝,其間高有皇

---

① 馬積高:《歷代辭賦研究史料概述》,中華書局 2001 年版,第 296 頁。

② 瞿冕良:《中國古籍版刻辭典》,蘇州大學出版社 2009 年版,第 669 頁。

墳,險破鬼膽,操旗鼓以登壇,嗽潤芳而標勝。若荀宋之起家,前茅衆傑;班揚之入室,左袒群雄;《三都》之構思十年,一時紙貴;《鸚鵡》之掇筆俄頃,百代名高……盡能咳唾成璣,灑揮就玉。山珍海錯,美萃乎筦城;鳳舞龍翔,態生乎洛誦"。對早期賦作給予高度評價。《賦苑凡例》亦稱,此書斷自陳、隋以上,後來之賦雖代有所作,但"氣象萎薾",故"率置不載",具有明顯的貴古賤今的傾向。該書收先秦至隋代賦 875 篇,其規模大大超過《賦海補遺》諸書。大抵以時代先後爲序,按照先秦、西漢、東漢、三國等順序依次排列。每一時代皆以賦家爲單位,力求盡録其賦,即所謂"人因世次,文沿人集"也。

各卷收賦情況如下:

卷一:先秦,2 家 15 篇。按:僅輯録荀卿 5 篇、宋玉 10 篇,不及屈原。可見編者編纂此書時,已經將楚辭體排除在賦外。始荀卿《禮賦》,迄宋玉《小言賦》。

卷二:西漢,17 家,40 篇。始賈誼《鵩鳥賦》,迄揚雄《酒賦》。其中司馬遷《悲士不遇賦》,誤爲司馬相如作。

卷三:東漢,26 家,74 篇。始班彪《北征賦》,迄張紘《瓌材枕賦》。

卷四:三國,32 家,166 篇。始魏文帝《滄海賦》,迄蘇彦英《芙蕖賦》。

卷五:兩晉上,14 家,107 篇。始羊祜《雁賦》,迄棗據《登樓賦》。

卷六:兩晉下,74 家,239 篇。始摯虞《鴳鶄賦》,迄劉海母孫氏《悼歎賦》。

卷七:南北朝上,31 家,90 篇。始宋孝武帝《華林清暑殿賦》,迄陸倕《大暑賦》。

卷八:南北朝下,41 家,144 篇。始梁武帝《孝思賦》,迄隋蕭皇后《述志賦》。

總計 237 家,875 篇。《賦苑》是中國古代卷帙最大的賦學總集之一,也是清代之前收録先唐賦最爲完備的一部巨著。在此之前,僅有宋李昉等《文苑英華・賦》(該書輯賦 1374 篇)堪與比肩,但《文苑英華》係多人合作完成,且非專門賦集。李鴻在《賦苑凡例》中稱:"兹編或録之諸集,或搜之藝文,或止載片詞,或僅摘小序,務存成目,不計闕文。……蓋碎錦片玉,世所共珍,亦千金狐白,不遺一腋之意也。"廣稽各類典籍,吉光片羽悉予匯納,其匯集、搜羅之功,實堪稱道。本書編纂旨趣與張溥《漢魏六朝百三家集》略同,細加比勘,則知二書各有所長。《賦苑》録文之精不及《百三家集》,而選賦規模則勝而過之。今以兩漢賦爲例加以比較:張書輯録兩漢賦凡 20 家,131 篇,李書則有 51 家,176 篇,超過張氏。比較兩書同選的 19 家,西漢賦大致相同;東漢及三國賦中《百三家集》所選張衡賦多出 3 篇,蔡邕賦多出 3 篇,陳琳賦多出 4 篇,劉楨賦多出 1 篇,凡 11 篇。這是因爲《賦苑》刊刻於萬曆年間,《百三家集》則爲崇禎以後所輯,有可能對《賦苑》進行過借鑒。但《賦苑》爲專門的賦選,其多出的 31 家爲張書所未備,故其在漢賦編録史上的貢獻絲毫不遜於張書。明代其他各書所選,《廣文選》輯録漢賦50篇,《七十二家集》有95篇,都遠遠少於《賦苑》。清人陳元龍曾輯《歷代賦彙》,此書以"全"著稱於古代,而其所録漢賦凡186篇,僅比《賦苑》增加10篇而已。後出轉精,此爲通則;《賦苑》對漢賦的搜羅之勤,輯録之全,在明代萬曆年間的歷史條件下,的確是相當驚人的。

其次,《賦苑》的編纂體例比較純净。該書嚴格辭、賦之别,不録楚辭體,衹録以"賦"名篇的作品,所以不含屈、宋楚辭及漢代擬騷之作,這是很可貴的。但他將七體、答難體賦也擯而不録,則表現出重名輕實的傾向。其實早在元代,陳繹曾就在《文筌》中把枚乘《七發》視爲漢賦之"大體"的代表性作品,可惜這種合理認識並未被李鴻及清代的陳元龍采納。《賦苑》以時代先後編賦,亦不失爲一種可取的方法。李鴻《賦苑凡例》云:"是編人因世次,文沿人集,故不足分門别類,以滋翻閱之煩。……且觀氣格厚薄,亦足驗世代之升降云。"所謂"觀氣格厚薄""驗世代升降",正是此種因世次輯文之法的長處。在編録作品時,李氏偶有差失,但基本上實踐了這一原則,讓讀者從中可見先唐賦文學之演變軌迹。此外,有些賦作標注了出處,頗便檢核。如劉安《屏風賦》下注以"載《藝文》",鄒陽《酒賦》下注以"載《西京雜記》"。還有辨别賦題以明取捨者,如《弔屈原賦》下注云:"《文選》作'文',今從《史記》。"可惜這種標注並未貫徹始終,是其遺憾。

當然,《賦苑》作爲較早輯録的大型賦集,亦難免有其不盡完善之處。首先,輯録作品尚有遺漏。比如西漢賦作,漏收的有司馬相如《梨賦》、王褒《甘泉宫賦》、揚雄《蜀都賦》《核靈賦》、劉向《請雨華山賦》《雅琴賦》共6篇,此外尚有七體與答難體賦作。其次,個别賦家賦作排序不當。《史記》載賈誼二賦,本來是《弔屈原賦》在先,《鵩鳥賦》在後,《賦苑》卻反之,不知何故;漢武帝(前156—前87)生卒年皆後於司馬相如(前172—前118),該書卻排在相如之前;桓譚本在東漢初年,該書卻附於東漢之末;閔鴻本爲由東吴入晉的賦家,該書卻標爲東漢,均係明顯錯誤。再次,個别賦作張冠李戴或重複出現。司馬遷撰有《悲士不遇賦》,載《藝文類聚》卷三〇,卻誤入司馬相如賦中;班固《竹扇賦》載《古文苑》卷五,卻誤標爲載"《文選》";黄香《九宫賦》已見於東漢,又見於南北朝,題其名曰黄文疆;張超有《誚青衣賦》,既出現於東漢,又出現於南北朝,改其題曰《譏青衣賦》,改作者名爲張子並(今按:張超,字子並)。最後,賦作文字亦有訛誤。賈誼《鵩鳥賦》有"與道翱翔"之語,《賦苑》奪"道"字;孔臧《楊柳賦》"或拳局以逮下土"句,《賦苑》奪"土"字,"兕觥並揚"又訛作"兕光並揚";等等。《四庫全書總目》批評道:"蓋明季選本,大抵如斯也。"

瑕不掩瑜,《賦苑》儘管有如上種種缺點,仍堪稱是賦集編纂史上一部卓有貢獻的著作,對清代的賦集編纂有較大影響。

【研究】

饒福婷《明代〈賦苑〉及其編者考》(《語文建設》2015年第6期)對李鴻生

平有所考論,但錯誤較多。蹤凡撰有《〈賦苑〉編者李鴻生平考略》(《文獻》2018年第4期),對前人多有糾正、補充。臺灣學者王欣慧《作賦津梁——明代萬曆年間辭賦選本研究》第四章《李鴻〈賦苑〉考評》(五南圖書出版股份有限公司2015年版,第167～191頁)有詳細研究。

《賦紀》100卷,明劉世教編,佚

【編者】

劉世教,字少彝,海鹽(今屬浙江嘉興)人。萬曆二十八年庚子(1600)舉人,授閩清縣令。《千頃堂書目》卷二十五稱其任廣乘知縣。爲詩渢渢唐音,文仿六朝儷體,兼工行草尺牘,小文更雋永,多寶藏者。著有《研寶齋遺稿》12卷、《荒箸畧》1卷等。事迹略見《海鹽圖經》、《嘉禾徵獻録》、黄錫蕃《閩中書畫録》卷十六《游宦》。

【著録】

《千頃堂書目》卷三十一:劉世教《賦紀》一百卷(字少彝,海鹽人,舉人)。

清張廷玉《明史》卷九十九《藝文志》:劉世教《賦紀》一百卷(清萬斯同《明史》卷一百三十六《藝文志》同)。

【内容】

該書已經散佚。在諸家著録的明代賦總集中,該書卷帙較大,可能是收賦最多的一部,但不詳其編纂體例。《歷代賦彙》補遺卷二十一收録劉世教《讒賦》1篇。

《賦紀》3卷,明佚名編,佚

【著録】

明祁承爜《澹生堂書目》:《賦紀》三卷,二册。

清黄虞稷《千頃堂書目》卷三十一:《賦紀》三卷。

【内容】

該書已經散佚,内容不詳。今按:《千頃堂書目》將其置於“李鴻賦苑八卷”與“王志守賦藻缺卷”之間,亦爲明末賦集。

《賦藻》若干卷,明王志守編,佚

【編者】

王志守,字元允,號秋濤,崑山(今屬江蘇省蘇州市)人,明崇禎十二年(1639)己卯科舉人。曾任巢縣教諭。事迹略見清馮桂芬《(同治)蘇州府志》卷六十一《選舉志》。

【著録】

清黄虞稷《千頃堂書目》卷三十一:王志守《賦藻》缺卷。

清徐乾學《傳是樓書目》:"《賦藻》,清王志守,二本一套。"今按:王志守爲明末舉人,後入清代,故此處標注清代。

【内容】

《千頃堂書目》將其編在《賦紀》與《辭賦標義》之間,故視爲總集。康熙年間,昆山人徐乾學(1631—1694)曾收藏此書,其《傳是樓書目》著録爲"二本一套"。亡於清代。不詳其編纂體例。

《賦珍》8 卷,明施重光編

【編者】

施重光,字慶徵,山西振武衛(今山西代縣)人,祖籍應天府溧陽縣。讀書雙寨屯,師從王家屏。萬曆七年(1579)舉人,萬曆二十九年(1601)進士。廷對時直陳時政,不避權貴。後官至刑部郎中,以剛直罷歸。其著述 4 種:《主臣言》《代州志》已佚,《賦略》8 卷、《唐詩近體集韻》30 卷尚存。事迹略見清吴重光《代州志》卷四。

《四庫全書》集部存目書中有其《唐詩近體集韻》一種,《提要》云:"施重光字慶徵,里籍不詳",《續文獻通考》卷一百九十八同。考《山西通志》卷二十九:"施重光,代州人,參將相子。"同卷萬曆二十九年辛丑榜進士名録又有:"施重光,代州人,郎中。"查朱保炯等《明清進士題名碑録索引》,施重光的户籍爲山西振武衛(今山西代縣)。但《賦珍》題"芝山施重光慶徵甫輯撰",似與此矛盾。其實施重光祖籍爲應天府溧陽縣,溧陽縣東南十七里有芝山,此處自題鄉貫,不忘本也。施重光曾師事王文端(王家屏謚號文端)。萬曆二十九年中進士後,廷對時直言敢諫,頗受萬曆皇帝賞識,吴宗達序稱其"首對大廷數千言,爛盡不肯出,一時聲稱,藉甚中外",即言此事。

【著録】

清黄虞稷《千頃堂書目》卷三十一:"施重光《賦珍》八卷。"

馬積高《概述》:"《賦珍》八卷,(明)施重光輯,明刻本,北京、北大、西北大學圖書館藏。"

【版本】

1. 明萬曆二十九至三十二年(1601—1604)間住邢(刑)部街韓鋪刻本

國圖藏,號:5744。原件 8 册,共攝 2 卷。卷首有吴宗達《賦珍序》5 葉,首葉版心下方刻有"住邢部街韓鋪刊"7 字;次正文。四周雙邊,白口,單黑魚尾,版框高 22.9 釐米,寬 15.7 釐米(此據北大本)。半葉 10 行,行 20 字,小字雙行同。卷端題"賦珍卷之一,芝山施重光慶徵甫輯撰",版心上端刻"賦珍卷之一",魚尾之下刻頁碼。卷一、卷二、卷五、卷六、卷八的版心底部皆有刻工名和字數,例如在卷一第 5 葉版心下方刻有"夏/三百一十八"字樣,卷六第 47 葉版心下方刻有“靳應林/四百廿八”字樣。今按:《賦珍序》首葉鈐有“明善堂珍藏書畫印記”“安樂堂藏書記”“北京圖書館藏”章。明善堂又名安樂堂,清代藏書樓,位於今北京市二條胡同,其主人爲第二代怡親王愛新覺羅·弘曉。弘曉(1722—1778),號秀亭,又號冰玉道人,清代藏書家,詩人,著有《明善堂全集》。明善堂藏書於同治年間散失,今國圖有收藏,《賦珍》乃其中之一。吴序首葉之天頭尚有“崇禎丁丑仲冬行人吴泰來查”和“崇禎丙戌秋日行人司楊掄查”兩枚長形楷書章,可知此本之印行年代必然在崇禎丁丑(1637)之前。

又,美國哈佛大學燕京圖書館藏本。據程章燦《〈賦珍〉考論》,此書2函24册,索書號:T5240.07/0129。哈佛本書末闕盧柟《幽鞠賦》1篇。鈐有“清儀閣”“嘉興張廷濟、字叔未、行二、居履仁鄉張林里、藏經籍金石書畫印”和“哈佛大學漢和圖書館珍藏印”3枚印章。張廷濟(1768—1835),字叔未,浙江嘉興人,齋號清儀閣,清代著名藏書家、金石學家。此《賦珍》原爲張廷濟舊藏,大概於民國年間流入美國。

又,北京大學圖書館古籍部藏本,此書4函20册,索書號:SB/811.308/0829。此本闕吴宗達序。每卷卷首、卷末鈐有“北京大學藏書”章。

又,西北大學圖書館藏本,原書不可見,有複製品2函8册,尚未編號。西大藏本在吴宗達序之下、正文之前刻有《賦珍總目》,列舉書中各賦之篇名與作者,但訛誤較多。此本在《賦珍序》首頁有3枚印章:“晝荻堂藏書”“西北大學圖書館藏書”“真州吾氏有福讀書堂藏書”。晝荻堂本爲歐陽氏堂號,鈐印時間不詳;吴有福原名吴福茨,清末光緒、宣統年間人,儒雅好學。據藏印不足以考證該本之印行年代,祗能推測其爲明末清初印本。

四家圖書館所藏之《賦珍》版式相同,實爲同一版本,但印行時間有先後之别。首先,據程章燦《〈賦珍〉考論》,哈佛本中“卷五《機賦》,作者爲漢代王逸而誤爲漢王起”,而國内三本皆刻作“漢王逸”,不誤,北大本、國圖本尤爲清晰。其次,哈佛本、國圖本皆無目録,使用頗爲不便,所以程先生整理出《賦珍目録》附在《考論》之後。但是,西大藏本在吴宗達序之下刻有《賦珍總目》,儘管其中有不少失誤,但還是爲讀者使用該書提供了便利。根據圖書纂修過程中“前修未密,後出轉精”的規律,可以初步斷定哈佛藏本爲初印本;國圖本、北大本次之,糾正了哈佛本的一些錯誤,並且在書末多出了盧柟《幽鞠賦》1篇。盧柟是王世貞十分激賞的作家,《賦珍》吴宗達序曾將其與何景明、李夢陽、王世貞並稱爲何李王盧,施重光也在卷八的按語中對其加以稱揚。因而《賦珍》不能不選録盧柟之賦。程章燦先生以爲施重光編書之時身在旅途,手頭乏書,故有此憾。但筆者認爲,更大的可能是:施重光原本已經選入此篇,刊刻發行,但由於編在全書之末,易於毁損;而哈佛本數易其主,輾轉流散到海外,因保存不善而佚失此篇,也不足爲奇。可以肯定的是,西大本印行時間最晚,因爲其增加了《賦珍總目》,

並且正文字迹模糊，偶有脱文，這正是反復印刷、印版磨損所造成的現象。

2.《輯刊》第10—12册影印國圖藏明萬曆間住邢部街韓鋪刻本

【内容】

《賦珍》的編纂時間，據吴宗達序當在施重光萬曆二十九年（1601）中進士之後任職刑部的數年間，其刊刻亦應在此時或者稍後。程章燦先生《〈賦珍〉考論》指出，吴宗達於萬曆三十二年（1604）探花及第，隨後授翰林院編修，而序中卻無絲毫反映，這説明吴序當作於萬曆二十九年至三十二年之間，其刊刻也不會太遲。[①] 其説甚是。

《賦珍》選録歷代賦437篇（含節選之篇），皆爲賦史名篇，按其内容和題材分類編集，依次排列。編者没有編制目録，但與《歷代賦彙》比較，可以大致考見其分類及其具體分布情況：卷一（天象、歲時），卷二（地理、山川），卷三（朝會、禮儀），卷四（音樂、伎藝），卷五（京殿、苑囿）、卷六（草木）、卷七（鳥獸、蟲魚），卷八（補遺）。

《賦珍》没有凡例，若仔細揣摩，可以發現編者獨到的編纂體例。最突出的有以下三點：

（一）薈萃名篇，分級編録。所選346篇名賦，皆以大字刻印。其中頂格刻印者，皆爲必讀篇目，是有開創性和典型性的賦篇；凡低一格排印者，則爲參考篇目。例如卷一前10篇賦，衹有3篇賦的正文是低一格排印的，分别是第2篇《太極賦》（元黄晉卿）、第4篇《碧落賦》（唐翟楚賢）、第6篇《日五色賦》（唐李程）。其中李程《日五色賦》乃律賦名篇，影響極大，編者卻將其降格處理，或許是由於它同上篇賦《日賦》（唐李邕）内容接近的緣故。這些低一格排印的賦作，又可以劃分爲兩類：凡是全篇録入者，皆題寫完整賦名，如前面提到的《太極賦》《碧落賦》《日五色賦》等篇；凡節録之賦，一般賦題中省去"賦"字，如趙壹《迅風賦》、蘇軾《快哉此風賦》、潘尼《火賦》、王起《鑽燧改火賦》、范仲淹《金在鎔賦》等。編者有時還將作者名以小字刻在正文之下，如王起《協風賦》、李淑《熏風賦》、劉楨《黎陽山賦》、應瑒《河水賦》等。這些不同的處理方式，恰好反映了編者對不同賦作之文學意義和應用價值的理性思考。

檢視書中賦作，我們發現編者對賦的文體範圍有着較爲通達的看法。例如，卷四收録宋陳希夷的《龍圖序》，卷五收録唐王勃的《乾元殿頌》，卷六收録唐梁肅的《三如來贊》、梁簡文帝的《大法頌》《菩提樹頌》，卷八還收録了當代作家何景明的《九詠》。這些近似賦體的作品入選《賦珍》，説明編者注意到賦與其他文體之間有交叉滲透的關係，故擇取數篇，以揭示其旁衍情況。

（二）資料豐富，不拘一格。編者在選賦之餘，還輯録了一些與本題相關的

---

① 程章燦：《〈賦珍〉考論》，見《賦學論叢》，中華書局2005年版，第111～128頁。

歷史資料和詩文作品,全部刻成雙行小字,爲讀者聚材徵事、錘煉辭藻提供參考。這是《賦珍》與其他賦集迥異之處。例如在卷二《地賦》《土風賦》之下,編者以十五葉的篇幅排列相關的歷史地理文獻,包括"顓頊始制""尚制""周職方""秦郡縣""漢置州""隋地志""唐十道"等條目,甚至還附有《元命苞十二州》、《十二州牧箴》(揚雄)、《閔廣刺帥序縣令箴》等相關作品,内容十分豐富,既可以幫助讀者理解所選各賦,也可供進一步創作之參考。(卷二,3—17)這種處理當然是有意義的,但有時資料過於蕪雜,漫無統緒,使人不得要領。而且,所録資料多爲節録,不載出處,處理方式也頗不統一。例如在元趙子昂《吴興賦》之下,編者輯録了《長沙土風碑》(唐張謂)、《楚州修城南門記》(唐佚名)、《信州修造記》(宋王安石)、《測景臺記》(唐佚名)、《翛然臺記》(佚名)、《朝陽樓記》(唐皇甫湜)、《道山亭記》(宋曾鞏)凡 7 篇作品(卷五,39—43),顯然貪多務得,失於銓選。除了《測景臺記》以大字排印,其餘 6 篇作品皆以小字雙行排印,亦不知其中區别何在。在資料的編選和處理上,顯然有粗疏和隨意之處。

(三)批注靈活,頗有文采。對於所選名賦,編者概不加注,但對不少賦作進行了批點,或眉批,或尾批,方式十分靈活。如全書首篇《天地賦》(晉成公綏)下以小字注云:"《文苑英華》載唐賦幾千首,求其矯矯若子安言,少雙矣。余謂《選》後更無賦,是耶非耶?"(卷一,3a)既可見出施重光對成公綏(字子安)賦的高度推崇,也可藉以考察施氏編纂此書的資料來源。書中眉批異於他書,一般不分析章句,也不評點雋語,衹是抒發個人感受。如晉庾闡《揚都賦》眉批云:"黄旗紫蓋,揚都之王氣長久;虎踞龍蟠,金陵之地體貞固。"(卷五,33a)元趙子昂《吴興賦》眉批:"溪上玉樓樓上月,清光合作水晶宫。"(卷五,38a)。梁昭明太子《博山賦》眉批如下:"下實上虚,外圓内郎[朗]。玉鉉金耳之飾,巽木離火之象。法三臺之位,均九州之壤。鏤厥奇狀,文有鸞鳳蛟龍;禦其不若,怪無魑魅魍魎。"(卷五,66a)據王欣慧教授研究,以上三條眉批,分别出自徐陵《太極殿銘》、楊漢公《九月十五日夜絶句》、梁德裕《寶鼎賦》。① 這樣的眉批比比皆是,可見編者乃是藉用前人詩句或賦句,以抒寫閲讀感受,與正文相得益彰,輝映成趣。當然,也有些批點頗能啟人思考。如趙壹《迅風賦》眉批:"永叔《秋聲賦》,出於此。"(卷一,41a)蘇軾《快哉此風賦》眉批:"王融烈士英風,謝朓幽人之風,沈約羽客仙風。〇君子風見《藝文類聚》引《風俗通》,小人風見《北史》芒山之役。"(同上)或者將同類賦加以對比,指出其因襲遞嬗之迹;或者把近似或相異的意象拈來列舉,並揭示其出處,藉以拓展讀者的視野與境界。

有些眉批還涉及文字校勘,如梁元帝《玄覽賦》"祖三條於宰邑"句眉批:

① 詳參王欣慧著《作賦津梁——明代萬曆年間辭賦選本研究》,五南圖書出版股份有限公司 2015 年版,第 149 頁。

"一作班六條於宰邑。"(卷五,49b)唐舒元輿《牡丹賦》"淡者如赫"句眉批:"赫,無謂。作赭是。"(卷六,64a)"或亭亭露奇"句眉批:"前有露,此或作雨。"(64a)此類批點雖不多,但皆卓有見地,令人信服。

《賦珍》是明代末年一部很有特色的賦集,它在選録經典賦作、提供相關資料、拓展讀者閲讀視野等方面進行了可貴的探索。至於該書卷八選録當代之賦,也可見出編者的魄力與識見。同時代的賦集中,李鴻《賦苑》、俞王言《辭賦標義》僅輯録先秦至六朝之賦;周履靖《賦海補遺》有點意思,但該書選録周氏個人賦615篇,顯然欲藉編書以求不朽;袁宏道、王三餘《古今麗賦》、陳山毓《賦略》通選各代之賦,袁選有系統的批點,陳選將選賦、評賦與輯録賦學資料相結合,價值甚高,但仍局限於賦學之内。衹有《賦珍》立足於賦而又不局限於賦,所録資料從賦拓展到頌、贊、七等賦體文,進而延伸到詩歌以及與此相關的文史資料。施重光試圖以自己的編選實踐來爲讀賦、作賦者提供盡可能豐富完備的參考資料,進而證明"功夫在賦外"這樣一個再淺顯不過的道理。不過,《賦珍》有體例不純、分類不明、前後失照等缺點,在賦作篇名、作者、時代等方面也存在一些失誤,使用時需要留意。

【研究】

對於《賦珍》的研究,可以參考程章燦《〈賦珍〉考論》(載程氏《賦學論叢》,中華書局2005年版,第111~128頁)、蹤凡《〈賦珍〉補論》[《遼東學院學報》(社會科學版)2012年第6期]、饒福婷《施重光〈賦珍〉考述》(《語文建設》2015年第15期)、王欣慧《作賦津梁——明代萬曆年間辭賦選本研究》第三章《施重光〈賦珍〉再論》(五南圖書出版股份有限公司2015年版,第93~166頁)。

《辭賦標義》18卷,明俞王言編

【編者】

俞王言,字皋如,明徽州府休寧縣(今屬安徽)人。徽州府晉代稱新安郡,故其《刻楞嚴經標指》自序署"新安俞王言皋如";休寧縣三國時稱海陽縣,故其《辭賦標義》自序又署"海陽俞王言皋如"(有學者以爲係廣東省海陽縣,非是;又有人以爲係安徽歙縣,亦不確。歙縣在休寧縣東30公里,徽州府治);徽州有黄山,黄山西南有天都峰,故《楞嚴經證疏廣解》又稱他是"天都居士俞王言"。幾處所署,並不矛盾。俞王言生平不詳,主要以教授爲業。大約出生於明末嘉靖年間,主要活動於萬曆年間。

俞王言是明代著名評點家,除編集並批點《辭賦標義》外,還曾評點汪道昆所輯之《秦漢六朝文》十卷,現藏於清華大學圖書館與浙江圖書館(參《中國古籍善本書目》),國圖藏有膠卷。又據《明史·藝文志》和《千頃堂書目》,他還評點了《佛經標指》四種——《金剛標指》1卷、《心經標指》1卷、《楞嚴標指》12

卷、《圓覺標指》1 卷(國圖普通古籍閱覽室藏,索書號 19706:4)。

【著録】

《千頃堂書目》卷三十一騷賦類、萬斯同《明史》卷一百三十六、張廷玉《明史》卷九十九、《中國古籍善本書目·集部》皆著録:"俞王言《辭賦標義》十八卷。"

【版本】

1. 金溥參訂本,明萬曆二十九年(1601)休寧金氏渾樸居刻本

北大藏,號:SB/811.3/8010。此本 1 函 8 册,書高 28.4 釐米。首海陽俞王言《刻辭賦標義序》5 葉,次《辭賦標義凡例》1 葉凡 4 條,次《辭賦標義目録》6 葉。自序後有"新安剞劂氏黄鋑"7 字。卷端自右向左題:"辭賦標義卷之一海陽俞王言皋如標義,金溥次公參訂。"四行刻"離騷經第一　屈原"。每篇之下有題注,皆雙行小字,低三格;以下爲正文,大字,頂格。書末有海陽金溥次公跋 4 葉,跋尾有"黄一桂刻"4 字。此本四周雙邊,白口,單白魚尾,版心刻卷數和頁碼。每半葉大字 6 行,行 17 字,衹刻正文;大行之間有小行,刻雙行小字。文中偶有注音、析字,小字夾注;眉欄鎸有評語,論析章句結構。版框高 24.3 釐米(其中正文欄高 20.4 釐米,眉批欄高 3.9 釐米),寬 14.8 釐米。書中有朱筆圈點。鈐有"誦芬書屋""曹焚黼印""雲樵""北京大學文學院圖書室藏書印"等。

又清華大學藏本,2 函 10 册。此本完整,版式同北大本。但第 6 册第 11 卷(揚雄《羽獵賦》)的第 21、22 頁次序顛倒。

又浙圖藏本。國圖善本部有該本之縮微膠卷,簡介如下:"原件收藏浙江圖書館,原件書號 3738。原件有部分蟲蛀,原件有部分有污迹。《辭賦標義》十八卷,明俞王言撰,金溥參訂。明萬曆二十九年休甯金氏渾樸居刻本。清梅一枝校跋。十六册。……原件短缺第 1 頁—第 6 頁(按:即缺序言、凡例及部分目録)。"書末附有金溥跋,跋尾有"黄一桂刻"4 字。卷端"辭賦標義卷之一"之上以墨筆書寫:"光緒十年歲次甲申六月之下浣,慈溪梅一枝自修重讀。"此即所謂"清梅一枝校跋",點明了梅一枝校讀該書的時間、地點。

參訂者金溥,新安休寧人,休寧金氏第二十五世。據《休寧金氏族譜》,其父金章,妻吴氏,妾朱氏,子金桂、金楊、金椿。金溥在《辭賦標義跋》中稱"溥自束髮,嘗從皋如先生游",可知其與俞王言爲師徒關係。金溥深受其師俞王言的影響,雅好古文辭,同時對佛教典籍也十分偏愛,正如其在《辭賦標義跋》中所説"竊以爲域中有三奇,則《南華》《楞嚴》《楚詞》是也"。與此同時,俞王言評點家的身份對金溥也有很深的影響。金溥認爲"善解者,片語而星迴,半偈而輪轉",也就是説訓解要言簡意赅,用最精煉的語言傳達出最豐富的内涵,語言風格酷似俞王言。

《辭賦標義》的兩位刻工黄鋑、黄一桂皆爲歙縣人,是明代有名的黄氏刻書

的第二十五、二十七世傳人。黄鋑（1553—1620），字君佩，號秀野，瑄子，嘉靖間歙縣虯村人，刻字兼版刻工人。參與刊刻過《徽州府志》《大佛頂如來密因修證了義諸菩薩萬行首楞嚴經》《辭賦標義》《秦漢六朝文》等書，同時還參刻了《剪燈新話》《仙佛奇蹤》等書的圖繪。黄一桂（1570—?），字子芳，號樵夫，明萬曆間歙縣人，刻字工人兼刻書家。參刻過《醫説》《海岳山房存稿》等書。

2. 鄭之棨參訂本，明萬曆崇禎間刻本

人大藏，號：417/415。此本 1 函 10 册，書高 27.5 釐米，寬 17.4 釐米，書衣貼有蛋清色書簽，刻"辭賦標義"4 字，鈐"中國人民大學圖書館藏書"章。首俞王言《刻辭賦標義序》5 葉，次《辭賦標義凡例》2 葉，次《辭賦標義目録》（第 3—8 葉），以下爲正文。半葉 6 大行，每大行 17 字，小字雙行同；大行之側又别有小行，行内鎸雙行小字注釋，每行約 50 字。版框高 23.9 釐米（其中正文欄高 20 釐米，眉批欄高 3.9 釐米），寬 14.8 釐米。四周單邊，白口，單白魚尾，版心刻卷數和頁碼。卷端題："辭賦標義卷之一，海陽俞王言皋如標義，鄭之棨逸少參訂。"書末亦附有"海陽金溥次公跋"，可見該本是對金溥本的再次修訂。其版框高度與休寧金氏渾樸居刻本異，估計爲明末萬曆崇禎間重刻之本。

又浙大西溪校區（原杭州大學）藏本。姜亮夫先生《楚辭書目五種》（雲南人民出版社 2002 年版，第 562 頁）著録，不贅。

又加拿大多倫多大學東亞圖書館藏本。《加拿大多倫多大學東亞圖書館藏中文古籍善本提要》（廣西師範大學出版社 2009 年版，第 434 頁）稱："《辭賦標義》十八卷，明俞王言輯，明萬曆二十九年刻本。十册。半葉六行十七字，行間有夾注，眉欄鎸評。四周單邊，白口，無魚尾。版心中鎸卷次。匡高 24 釐米，寬 14.3 釐米，前有萬曆二十九年俞王言序，凡例，目録。"據該書插圖，實爲鄭之棨逸少參訂本。但人大藏本版框寬 14.8 釐米，似與此異，蓋此本著録者未計版心之故也。

又美國普林斯頓大學葛思德東方學院圖書館藏本。屈萬里《普林斯頓大學葛思德東方學院圖書館中文善本書志》（見於《圖書館中文善本書志》，聯經出版事業公司 1984 年版，第 534 頁）著録此書，稱："《辭賦標義》十八卷，十四册，二函，明俞王言撰。明萬曆二十九年（1601）刊本。六行十七字。板匡高 20.2 公分，寬 14.2 公分，上欄高 3.9 公分。是編取《文選》中辭賦，更增益三十餘篇，而爲之訓解。字句之義，標注於正文之旁；章段之義，標注於書眉：爲便初學也。其訓解，以取於張鳳翼纂注者爲多。《四庫全書總目》未著録。有萬曆二十九年王言自序；序後有題識云：'新安剞劂氏黄鋑。'卷内鈐'環山樓藏書印'等印記。"估計爲鄭之棨參訂本，其版框高度不含眉批欄，且以自序或目録爲據。

據《中國古籍善本書目·集部》，國内尚有中共中央黨校圖書館、陝西歷史博物館、甘肅師範大學圖書館、天一閣文物保管所、四川大學圖書館藏有此書，皆著録爲明萬曆辛丑(二十九年,1601)休寧金氏渾樸居刻本。對於天一閣本,崔富章先生《楚辭書録解題》(高等教育出版社 2010 年版,第 117 頁)有著録:"天一閣藏本,六册。每半葉六行,行十七字。白口,四周單邊。上設增格,刻有眉批。行間有小直格,刻夾註。鈐有'沈邦基''萊山''趣園伏老'等明印。"不知係何人參訂本。

3.《輯刊》第 13—14 册影印上圖藏明萬曆二十九年休寧金氏渾樸居刻本

【内容】

《辭賦標義》共 18 卷,卷一至卷六爲楚辭部分,卷七至卷十七爲所收唐之前的賦作,卷十八别加"附"字以收録七體、符命等類賦之作。《凡例》云:"是編所選,恢拓昭明,收其逸也;旁及《七發》《封禪》等篇,聚其類也。"可見是對《文選》加以增補而成的。

楚辭部分共 6 卷。這是相對於《文選》增幅最大的一部分,共增收 21 篇,其編排順序大體按照王逸的《楚辭章句》。前 4 卷爲屈原的作品,以《離騷》居首,而後是《九歌》《天問》《九章》《遠遊》《卜居》《漁父》。卷五爲屈原之後宋玉、景差的作品:《九辯》《招魂》《大招》。卷六爲仿《離騷》並感傷屈原之作,有賈誼《惜誓》《弔屈原》、淮南小山《招隱士》、嚴忌《哀時命》、揚雄《反離騷》。

卷七至卷十七收的是漢魏六朝賦,都是以"賦"名篇的作品。這十一卷的排列順序和《文選》大略相同,是按題材來劃分的,但不像《文選》那樣標注類目。其順序依次爲京都、宫殿、郊祀、耕藉、仙、畋獵、紀行、遊覽、江海、物色、鳥獸、志、哀傷、論文、音樂、草木、情。大致和《文選》一致,稍有不同的是,《文選》把宫殿賦放在遊覽一類的後面,而《辭賦標義》則提到了第二位,放在了京都賦的後面。而且,由於《辭賦標義》增收了 18 篇賦作,所以在《文選》原有分類的基礎上又增加了 2 個分類,那就是仙賦和草木賦。雖然仙賦衹收了司馬相如的《大人賦》,而草木賦也衹有 3 篇,但這體現了俞王言收賦視野的開闊。具體到每個分類裏,俞王言則摒棄了《文選》"以時代相次"的順序排列,還是大體按着題材再進行劃分。例如在哀傷類,先是司馬相如和班婕妤描寫宫怨題材的《長門賦》《自悼賦》《擣素賦》,而後是抒發個人情懷的《恨賦》《别賦》,哀悼題材的《哀二世賦》《悼李夫人賦》,懷舊題材的《思舊賦》《歎逝賦》《懷舊賦》,最後是潘岳的《寡婦賦》。在這些子目中,纔是"以時代相次",而具體到子目的順序則又是以作者相連。如《恨賦》《别賦》同爲江淹所作,而之所以把《寡婦賦》放在最後而不是放在題材相近的宫怨賦的後面就是因爲它和《懷舊賦》同爲潘岳所作。可見,《辭賦標義》的編著條理清晰、順序井然。

卷十八别一"附"字,收録七體和符命這些類賦的作品,正如《凡例》所説"旁及《七發》《封禪》等篇,聚其類也"。卷十八共收録七體三篇,符命三篇,作品及順序一如《文選》,爲《七發》《七啟》《七命》《封禪》《劇秦美新》《典引》。

由此可見,俞王言在編纂之時就有着清晰而嚴謹的原則,先是按照體裁劃分——楚辭、賦、類賦之作,而後對賦作再按題材進行分類。在明代編輯而成的賦集,主要采取的是"以時代相次"的順序排列法和以題材來進行分類的分類排列法這兩種方法。就目前大家熟知的明代賦集,其中《賦苑》《賦略》采取的是時代順序排列法,而《賦珍》《賦海補遺》及本書則采取的是分類排列法。縱觀各個時期的賦集編録情況,以題材來進行分類的排序法是大家采用更多的排列方法,就如中國古代最大的兩部賦集《歷代賦彙》和《賦海大觀》都是采取的分類排序法。到了明代,由於賦文學創作題材的拓展及創作數量的增加,明人對於賦作分類的類目也不斷增加,從最初《文選》的15類而增加到《賦海補遺》的23類。雖然《辭賦標義》的編撰完全是基於《文選》,但由於明人對於賦作分類時視野的不斷拓寬,《辭賦標義》對於賦作的分類相對於《文選》來説還是增加了2個分類。儘管這2個分類説明不了什麽問題,但它的類目之下又有子目的排列方式的嘗試還是有一定的價值和影響的。

對於所收各賦,編者皆施以評點、注釋。該書形制較爲特殊,大行衹刻正文,讀之暢通無礙;大行之間又别有小行,刻小字注釋,輔助理解之用。正文與注釋隨處可以參照,設計頗爲巧妙。文中偶有注音、析字,小字夾注;眉欄鎸有評語,或論析章句結構,或賞析佳句雋語。正如《凡例》所云:"將字句之義標訓在旁,章段之義標訓在上。其有事多,旁不能盡者,亦間標列上方,取低一字爲别。仍分句讀、斷截,庶令讀者一覽,如指諸掌然。"

所作批點,以梳理賦篇層次爲主。例如《西都賦》眉批云:"賦西都形勢之重……賦漢初西都之由……賦西都城市之盛……賦西都郊邑之盛……賦西都土産之盛……賦西京宫室之盛……賦西京游娱之盛。"將該賦分爲七大段,脈絡井然;對於其中"賦西京宫室之盛"一段,編者又細分若干語段,在評語之前加"○"以示區别:"正殿……别殿……後殿……因後宫而及美人……因前殿而及僚佐……宰輔之臣……文藝之臣……侍衛之臣……總前正殿、别殿、後宫之盛……殿之盛……臺之盛……池之盛……金莖之盛",心思十分細膩。此外,編者還着力挖掘賦意賦旨,品賞佳句雋語。例如《上林賦》眉批云:"歡極,乃解酒罷獵,游于道德,此獵之所以可貴也。若樂而忘反,則非仁者所爲。"旨在揭示該賦的諷諫之意。又如《鵩鳥賦》評點:"此賦言言自寓,有才如此而漂泊不偶,豈不善藏其用耶? 三復心惻。"此處既揭示了該賦"借物以寫心"的創作手法,又對作者的命運表達了深深的同情。還有對作品品格高下的評論,如《高唐賦》尾評:"此賦意亦支離,惟序有致,故依昭明録之。"又《神女賦》尾評:"此賦亦難具品,姑録之以識其所始耳。"認爲二賦"意支離""難具品",大膽指出名賦的缺點,十分難得。又如《長笛賦》"澡雪垢滓矣"句眉批:"自'聆曲引'以下至此,語覺氾濫。"認爲這段鋪陳過於冗長,有失凝練。

【研究】

蹤凡《漢賦研究史論》(北京大學出版社 2007 年版,第 479 ~ 482 頁)、楊清琴《〈辭賦標義〉研究》(首都師範大學 2010 年碩士學位論文)有初步研究。專題論文有蹤凡《〈辭賦標義〉的編者、版本及其賦學觀》(《社會科學》2015 年第 5 期)、禹明蓮《俞王言編選評點〈辭賦標義〉與明代賦學批評》(《中國文學研究》2016 年第 4 期)、王欣慧《作賦津梁——明代萬曆年間辭賦選本研究》第二章《俞王言〈辭賦標義〉選賦及其評註析論》(五南圖書出版股份有限公司 2015 年版,第 25 ~ 92 頁)等。

《精鎸古今麗賦》8 卷,明袁宏道輯,明王三餘補

【編者】

袁宏道(1568—1610),字中郎,號石公,荊州府公安縣(今屬湖北)人。明萬曆二十年(1592)進士,官至吏部郎中。與其兄袁宗道、其弟袁中道並稱"公安三袁"。文學上反對復古,主張抒寫性靈,號爲"公安體"。著有《瓶花齋雜録》《破研齋集》《袁中郎集》。《明史》卷二八八有傳。王三餘,字學慎,固陵(今杭州市蕭山區西興鎮)人,生平不詳,大約活動於明末萬曆、崇禎年間。

【版本】

1. 明崇禎四年(1631)固陵王氏瑞桂軒刻本

陝西省圖書館珍藏善本,無索書號。筆者於 2010 年仲夏前往查閱,得古籍部主任楊居讓先生幫助,特此致謝！本書凡 8 册,綫裝,書高 27.2 釐米,寬 16.7 釐米。目録葉鎸"崇禎辛未開雕,袁選古今麗賦,固陵王氏瑞桂軒藏板"。首王三餘《古今麗賦叙》7 葉,首葉鈐有"丹徒趙氏精微室藏書印""存吾直用吾拙率吾真守吾默"2 枚朱篆陰文方印;次《精鎸古今麗賦目録》若干葉,鈐有"有待天然""掬月留雲擁翠釣雪"2 枚朱篆陰文方印;下爲正文。四周單邊,白口,單、白魚尾。版框高 22.4 釐米,寬 14.2 釐米。半葉 9 行,行 22 字。卷端題:"精鎸古今麗賦卷之一,公安袁宏道中郎甫原選,固陵王三餘學慎甫增補,李毓禧穉鴻甫校訂。"版心頂部刻"古今麗賦"4 字,魚尾之下刻"卷一(捧日賦)"和頁碼。賦題之上或加"○",1—3 個不等,以示品鑒等級;賦中有墨筆、朱筆圈點,天頭或有眉批,蓋藏書者爲之。鈐有"雲唱軒圖書記"朱篆陽文長方形章、"徐邨"朱篆陰文方章、"徐浩之印"朱篆陽文方章等。

2. 明崇禎年間鯨飛閣刻本

西北大學藏。原件不可查,但查閱其膠卷可知,此本内容、版式與上本全同,蓋爲後印本,更换其書名葉而已。書名葉鎸:"翻刻千里必究,古今麗賦,鯨飛閣藏板。"鈐有"□囿藏書""西北大學圖書館藏書"印。

3. 三秦出版社 2015 年影印陝圖藏明崇禎四年固陵王氏瑞桂軒刻本

4.《輯刊》第15—16册影印陝圖藏明崇禎四年固陵王氏瑞桂軒刻本

【内容】

《精鎸古今律賦》收録先秦至明代賦147家,231篇,按其内容劃分爲17類,依次編排。其中天象類29篇,地理類20篇,歲時類16篇,宮殿類5篇,遊覽類13篇,畋獵類9篇,物色類10篇,紀行類3篇,器用類8篇,志類9篇,情類17篇,文學類5篇,哀傷類16篇,禮樂類16篇,蟲魚類7篇,鳥獸類23篇,花木類25篇。收賦上起先秦,下迄明代,諸體兼收,題材完備。

《精鎸古今麗賦》具有重要的文獻價值。經核查,本書共收明代賦29篇,其中至少有17篇爲《歷代賦彙》所未收,篇目如下:《大復山賦》(李夢陽)、《觀瀑布賦》(李夢陽)、《銅馬湖賦》(湯顯祖)、《酬心賦》(湯顯祖)、《愁霖賦》(湯顯祖)、飛峰賦(來日升)、《夜聲賦》(陸文星)、《霞爽閣賦》(屠隆)、《陋仆賦》(袁宏道)、《憎蚊賦》(闕名)、《鶯囀賦》(闕名)、《瑞鹿賦》(蔡昂)、《紅倒掛鳥賦》(王世貞)、《摘花賦》(吴寧野)、《絳桃賦》(來汝賢)、《荷賦》(徐渭)、《梧影賦》(來鎔)。這些作品,可以補《歷代賦彙》之遺。這17篇作品中,有4篇作品未見於各種文獻之收録,可視爲明代佚賦:《飛峰賦》(來日升)、《憎蚊賦》(闕名)、《鶯囀賦》(闕名)、《梧影賦》(來鎔)。其中《飛峰賦》的作者來日升,字子旦,蕭山人。嘉靖十三年(1534)舉人。曾任福建省興化府通判,後升師宗知州。著有《三峰集》6卷,《三峰餘集》4卷,未知存佚。又有《奏雅世業》2卷,國圖善本部藏。來日升作品大都已經散佚,本書存其賦1篇,甚爲珍貴。又,來鎔(1604—1682)初名偉才,又名鎔,又改名集之,字元成,號倘湖、元成子,來日升之孫,來繼韶之子。明崇禎十三年(1640)進士。官安慶府推官。遷兵部主事,南明福王時官至太常寺少卿。南明弘光政權覆滅後,隱居倘湖之濱,課耕讀以自給。著有《倘湖樵書》《博學匯書》《讀易偶通》《易圖親見》《卦義一得》《春秋志在》《四傳權衡》《倘湖文集》《南行偶筆》《南行載筆》《倘湖近刻》《倘湖詩餘》及《樵書初編》《樵書二編》等著作,並傳於世。來集之還是著名戲劇家,撰有《藍采和長安鬧劇》《阮步兵陵廨啼紅》《鐵氏女花院全貞》(上三劇總名《秋風廚三疊》),《挑燈劇》《碧紗籠》及《女紅紗》各一本。《梧影賦》乃是來集之早年作品,不見於其他典籍,署名來鎔。袁宏道去世時,來鎔纔6歲,不可能作爲此賦,可知《梧影賦》是王三餘補録之賦。至於佚名《憎蚊賦》1篇,亦載於明人赤心子所編《繡谷春容·游翰摭粹》一書,這是一本俗賦集,賦作者大都佚名。但此賦開篇曰:"孫子頤吾暑月無枕簟方床,夜移書几,連接而卧。有蚊群集而至,不得安寢。"據此,其作者當爲孫頤吾,生平不詳,蓋爲民間落魄文人。

該書最大的特色是,編者對所選之賦大都進行批點,鎸於各賦之末。這些批點未必全部出自袁宏道之手(可能有王三餘的補充),品質也並不整齊,但除了韋充《東風解凍賦》等12篇,篇篇有批,總數達219篇,時間涵蓋各個朝代。

這種對歷代賦作進行系統評論與研究的做法,在明代賦集中似乎僅此一家。其批點内容可以歸納爲以下幾點:

(一)梳理層次。揚雄《羽獵賦》末批云:"先以帝王儉德,形出武帝之侈;既又盛陳營建之侈,其奪民意自見;中間極言羽獵之盛;末以文士修其典頌,而旃裘胡貉,遂來享稱臣,見柔服四夷之道,不專以武勝。"(卷四,16b)又王褒《洞簫賦》末批云:"始序簫之所生,並其所感;繼以制簫人之精妙;後形容其聲之所似,稱其應化之廣;末言其感化之異;而於亂中歸於聖化,可爲曲自無遺。"(卷八,14b)通過對賦作内在層次的梳理,起到了引導閱讀、幫助理解賦意的作用。

(二)挖掘賦境。讀者不僅需要理解賦的内容和層次,更需要理解賦中内蘊的思想以及獨特的境界。如李程《黄雲捧日賦》末批:"唐以詩賦取士,此即今之墨卷也。故其體莊嚴容與,以期合式。似少艷色,然而寫出一段泰交氣象,便非淺學所到。"(卷一,2a)揭示此賦風格及其成因。又如杜牧《阿房宫賦》末批:"言奢言弊,宏壯巨麗,文字之奇崛者。如峻峰激流,恍出象外,不可擬議。"(卷三,6a)盛讚該賦品格之高,令人歎爲觀止。又如王延壽《魯靈光殿賦》末批云:"先叙漢,次叙魯之封於漢,而次及靈光,甚中條理。中間鋪張偉麗,宛如在目。而星宿、坤靈等語,的是帝王家氣象,不則一紈綺麗靡之居而已。識高筆偉。"(卷三,4a)這段話在梳理層次的基礎上,進一步指出魯靈光殿區别於一般華麗宫殿的關鍵,就在於它的高貴典雅和皇家氣派。所謂"星宿",指的是賦中"乃立靈光之秘殿,配紫微而爲輔。承明堂於少陽,昭列顯於奎之分野"一段;所謂"坤靈",指的是賦中"據坤靈之寶勢,承蒼昊之純殷。包陰陽之變化,含元氣之煙熅"一段。陪伴紫微,上應奎星,含天地之氣,與陰陽協和,這些描寫給魯靈光殿籠罩上一種神秘的氣氛和神聖的光環,也照應了賦序中"豈非神明依憑支持,以保漢室者也"的推測。此賦之所以受到歷代文人推崇,不僅在於其描寫精工,更在於其蘊含的這種神秘思想。

(三)舊説評議。品賦評賦,難免要參考前人評論。該書不僅徵引了不少前人或者時人的點評(引用明人評語尤多),還有一些分析和判斷。司馬相如《上林賦》末批:"長卿之賦雖多虚辭濫説,然其歸引之節儉,此與《詩》之諷諫何異?楊子雲乃曰:'靡麗之賦,勸百風一,猶騁鄭衛之聲,曲終而奏雅,不已戲乎!'林艾軒又云:'相如賦之聖者。子雲、孟堅,如何得似他自然流出?'愚謂子雲以爲戲者,則以其駕辭多尚虚,而理或至於不實;艾軒以爲聖者,則以其運意猶自然,而辭未失於太過也。"(卷四,10b—11a)此處徵引揚雄、林艾軒兩種截然相反的觀點,分析其觀點形成的原因,讓讀者自作取捨,觀點比較通達。揚雄《長楊賦》末批:"絶有規諷之旨,非徒盛陳侈汰者也。……冤哉,晦翁'莽大夫'之書也!"(卷四,20a)朱熹,號晦翁,其《楚辭集注》稱揚雄爲"新莽諸吏中散大夫",對其人格加以撻伐。評者在分析《長楊賦》旨意的基礎上,爲揚雄鳴冤叫屈。

(四)抒發感慨。在品評古代賦作的同時,評者也間以抒發個人對賦家命運的同情和感慨。司馬遷《悲士不遇賦》末批:"卞和之泣,良有以也;子美之厄,豈無才哉!"(卷七,15b)在此,評者以悲惋哀傷的語氣,將司馬遷的不幸命運與卞和、杜甫的遭遇聯繫起來,所謂"不平則鳴"的道理,自然蘊含其中。馬融《長笛賦》末批:"洛陽客不遇季長,雖有氣出精列,必不見知。蓋惟精於音,而後能審音。世之抱絶技而獨立無知者,可勝悼哉!"(卷八,18b)從洛陽客生發開去,對於世上諸多懷才不遇者寄予深切的同情。

(五)保存賦論資料。賦末評點大量引用明代文學家、文論家,諸如王鏊、唐寅、何景明、楊慎、唐順之、王世貞、王衡、陳仁錫、陶望齡等人的言論,是研究明代賦學思想的重要資料。比如陸機《文賦》末批:"王世貞曰:文章之體雖多,而意能稱物,文能逮意,則天下之至文矣。此必究心六藝者能之,惟胸中牢籠天地萬物者能爲。嗟乎! 雖淵、雲之墨妙,嚴、樂之筆精,豈可易言之哉!"(卷七,14a)韋充《餘霞散成綺賦》末批:"唐伯虎曰:落筆不假鋪叙,而機調格局,若夫絲綿裳,是淩雲賦手。"(卷四,34b)有些批點不僅能够輔助讀者理解賦意,還提供了研究賦家的重要資料。例如朱静菴《雙鶴賦》末批:"楊升菴曰:朱静菴,尚寶卿朱祚之女,教諭周濟之妻也。幼穎悟,以詩名于時,爲名流所賞。嘗讀李易安詞云:'一代才華真可惜,錯將閑恨寄新詞。'能朱亦以所匹非偶,每形諸吟詠。故其《離落見梅有感》云:'可憐不遇知音賞,零落殘香對野人。'三復斯言,情見乎詞矣。"(49b)可知女賦家朱静菴曾經對李清照的詞句産生共鳴,並且結合個人身世,寫出了"可憐不遇知音賞,零落殘香對野人"的名句。

此外,陜西省圖書館特藏文獻部所藏之《精鐫古今麗賦》一書,還有許多墨筆眉批、末批,與袁宏道、王三餘的批點相呼應,其中頗有精彩的點評。因爲不詳評點者的姓氏和時代(或係清末民初藏書家所爲),就不再贅述了。

本書亦有不足之處。卷六收録江采蘋《樓東賦》,經查唐玄宗妃子並無江采蘋其人,此賦亦爲後代小説家所僞託,不宜收録;卷七收録盧照鄰《悲道窮賦》,查《盧升之集》卷四,此文原題《悲道窮》,屬於楚辭體,亦不宜收録。又如卷八有杜甫《天寶十三載進三大禮賦表》一文,此文不是賦體;卷六收録張文潛(即張耒)《病暑賦》,據楊居讓先生校核,該賦實爲歐陽修所撰,張賦是另外一篇,見《柯山集》卷二、《古賦辯體》卷八和《歷代賦彙》卷十一;卷八收録王勃《采蓮賦》,賦末脱 59 字,全文見《王子安集》卷二和《歷代賦彙》卷一二二。

【研究】

楊居讓、姜妮撰有《袁選〈精鐫古今麗賦〉價值初探》(《圖書館理論與實踐》2010 年第 1 期),可參。

《賦略》34 卷緒言 1 卷列傳 1 卷外篇 20 卷，明陳山毓編

【編者】

陳山毓（1584—1621），字賁聞，私謚靖質，明浙江嘉善人。萬曆四十六年（1618）戊午科舉人。爲人敦倫好善，好藏書，善辭賦。《光緒嘉善縣志》言陳山毓"年三十八，卒"。高攀龍《明孝廉賁聞公墓志銘》既稱陳山毓"年三十有八"，又稱陳氏"生萬曆二年三月二十日，卒天啟元年十一月八日"，即生於 1574 年，卒於 1621 年，當爲 48 歲，前後相差 10 年時間。高攀龍爲陳山毓之弟陳龍正的業師，似乎不應該出現以上矛盾之處。又陳山毓《自祭文》行間陳龍正注"兄年三十有八"，《嘉禾徵獻録》亦言"三十有八卒"，可知陳山毓享年爲 38 歲，其生年應爲 1584 年，即萬曆十二年。今人霍松林主編《辭賦大辭典》從之。著有《文集》6 卷、《賦略》56 卷、《詩略》60 卷、《文略》80 卷、《周詩記事》4 卷、《詩摭》10 卷、《詩説訂誤》4 卷、《廉憲公年譜》3 卷、《制義》百餘篇（高攀龍《明孝廉賁聞公墓志銘》），今僅存《賦略》和《靖質居士文集》2 種。

【著録】

《千頃堂書目》卷三十一騷賦類："陳山毓《賦畧》五十卷，又《賦畧外篇》十五卷。"不確。《賦略》正外篇凡 56 卷。

清萬斯同《明史》卷一百三十六："陳山毓《賦略》五十卷，又《賦略外篇》十五卷。（嘉善人，天啟丁卯解元。）"

清張廷玉《明史》卷九十九："陳山毓《賦略》五十卷。"

《中國古籍善本書目・集部》："《賦畧》三十四卷緒言一卷列傳一卷外篇二十卷，明陳山毓輯，明崇禎七年陳舒、陳皋等刻本。"

【版本】

1. 明崇禎七年（1634）陳臨、陳舒、陳皋、陳龐較刻本

國圖藏，號：16941。本書共 10 册，書高 27.1 釐米，寬 16.9 釐米。第 1 册内容如下：首陳山毓《賦略序》9 葉，序首鈐"長樂鄭振鐸西諦藏書""北京圖書館藏"印；次《賦略目録》15 葉；次陳山毓《賦略緒言》1 卷，凡 55 葉；次《賦略列傳》1 卷，凡 32 葉，卷末鈐"長樂鄭氏藏書之印"一枚。第 2—7 册爲正文。四周單邊，白口，單白魚尾，魚尾上方刻"賦略"2 字，下刻"卷某"和頁碼。半葉 9 行，行 18 字，小字雙行同。卷端題"賦略卷一　楚一之一，賁聞陳山毓輯録"。第三行以下依次刻作者名、作者著述、賦名、題注（雙行小字）、賦作正文（大字頂格）。天頭有眉批，行間有旁批。第 8—10 册爲外篇，其中第 8 册有《外篇目録》12 葉。外篇版式與正篇同。

2.《輯刊》第 17—19 册影印國圖藏明崇禎七年陳臨等較刻本

【内容】

《賦略》正篇凡 34 卷，卷 1—4 録楚賦（屈原、宋玉、荀卿），卷 5—8 録漢賦，

卷9—13録東漢賦,卷14爲魏賦,卷15—20爲晉賦,卷21、22宋賦,卷23、24梁賦,卷25北魏、北周、隋賦,卷26、27唐賦,卷28—34爲國朝(明代)賦,共198篇。[其中《子虚賦(含〈上林賦〉》《兩都賦》《二京賦》依照傳統習慣各計2篇,《三都賦》計3篇。]《賦略》外篇凡20卷,卷1爲楚賦,卷2、卷3兩漢賦,卷4—10爲魏晉南北朝賦,卷11—14爲唐宋賦,卷15—20爲明賦,總共134篇。全書共收先秦至明代辭賦332篇。其選目有以下特點:

(一)陳山毓持廣義的賦體觀,所收作品並不限於以"賦"名篇者,而是擴大到楚辭體、頌、七、九、對問、弔文諸體,如枚乘《七發》、馬融《廣成頌》、陸機《弔魏武帝》、柳宗元《晉問》《乞巧》、劉鳳《九命》等,甚至陶弘景《尋山志》等都在收録之列。編者在《賦略緒言》中設"《離騷》諸篇皆稱賦""頌者賦之通稱"等條目,專門探討這一問題。

(二)濃厚的復古傾向。元代祝堯等人的"祖騷宗漢"論,在明代得以繼承和延續;明代前後七子的復古理論影響到賦壇,使明賦創作繼續沿着復古的軌道發展。基於讀者的閲讀需要,明代末年的賦集亦大都以楚漢爲宗。俞王言《辭賦標義》專收先唐賦,而以楚騷爲尚;陳山毓《賦略》輯録歷代辭賦,但仍以屈、宋爲宗,其自序稱:"凝情屈、宋,不數張、左,下則枚、馬,無取潘、陸",旗幟十分鮮明。在選賦方面,編者將屈原的25篇作品、題名宋玉的19篇作品(正篇録13篇,外篇録6篇)、荀卿的9篇作品(正篇録6篇,外篇録《成相》3篇)悉加收録,多有眉批、旁批,可見其推崇之意。對於漢賦,陳山毓也是儘量求全。正篇收兩漢賦53篇,外篇又增補30篇,凡83篇(含七、九、騷、頌),約占全書總篇數(332篇)的四分之一。這正是"祖騷宗漢"論的具體實踐。至於唐宋金元四朝賦,全書收録甚少。正篇衹收録唐賦8篇(僅限李白、柳宗元2家),不收宋金元三代賦;外篇補收唐賦18篇,宋賦1篇(蘇軾),仍然不收金元賦。不難看出其對唐宋律賦以及金元賦的忽視。編者在《賦略緒言》中説:"唐之俳,宋之俚,元之稚,無賦矣。"這種觀點顯然是偏激的,不切實際的。

(三)貴古而不賤今。陳山毓雖然旗幟鮮明地"祖騷宗漢",貶唐抑宋,但對於當朝賦卻傾注了極大熱情。該書正篇選録明賦46篇,外篇又增補38篇,總數達84篇,與兩漢賦數量相當,亦占全書篇數的四分之一。這對於引導當朝下層文人的辭賦創作,當然是有積極意義的。其所選録者,集中於李夢陽(17篇)、盧柟(18篇)、王世貞(21篇)、劉鳳(14篇)諸家,可見其對復古派的服膺。

此外,該書還通過《緒言》《列傳》等方式來提供賦學資料,或表達賦學思想。卷首陳山毓《賦略序》是一篇精粹的賦學論文,從裁、軸、氣、情、神凡五個方面來探討賦學的基本理論問題,反映了編者廣義的賦體觀以及反對模擬、崇尚創新、强調行文氣勢、重視真情實感和藝術想象等賦學觀念。《緒言》1卷輯録歷代賦論資料,並將這些資料分成源流、歷代、品藻、志遺、統論凡5個部分來加以編排,内容豐富,體例嚴明,反映了陳氏對諸多賦學問題的思考。《列傳》1 卷專門輯録歷代賦家的傳記資料,爲讀者提供方便。而散見於正文中的眉批與旁批,也具有較高的參考價值。因而,《賦略》不是普通的賦選,而是一部將選賦、論賦與輯録賦學資料相結合的賦學專著,體現了編者深刻的賦學思想,其價值是不言而喻的。

【研究】

何新文《中國賦論史稿》第四章《金元明賦論》有簡要介紹。(見該書第 104 頁,開明出版社 1993 年版)蹤凡《漢賦研究史論》第四章第二節《明代的漢賦整理與編録》有初步研究。(見該書第 457 ~ 463 頁,北京大學出版社 2007 年版)臺灣學者王欣慧《作賦津梁——明代萬曆年間辭賦選本研究》第六章、第七章《陳山毓〈賦略〉析論》的研究十分深入、細緻(五南圖書出版股份有限公司 2015 年版,第 247 ~ 396 頁)。禹明蓮《陳山毓〈賦略〉古賦選評及其賦學意義》(《中國韻文學刊》2018 年第 2 期)亦可參考。

第二章　賦總集外編(詩文總集)

《文章辨體》55 卷,明吴訥編

【編者】

吴訥(1372—1457),字敏德,號思庵,蘇州府常熟(今屬江蘇省)人。明永樂年間,因諳熟醫學而被舉薦至京。洪熙元年(1425),任監察御史。宣德間出按浙江、貴州,後任南京左副都御史。英宗正統四年(1439)告老返里。卒謚文恪。著有《思庵集》《小學集解》《文章辨體》等。《明史》卷一五八有傳。

【版本】

有明天順八年(1464)刻本,嘉靖三十四年(1555)刻本。《四部叢刊》本據嘉靖本影印;《四庫全書存目叢書・集部》第 291 册據吉林圖書館藏天順八年刻本影印。

【内容】

《文章辨體》凡 55 卷,分文章爲 59 體,首古歌謡辭 1 卷,次賦(古賦)4 卷,次樂府 4 卷,次詩 5 卷,以下爲各體散文。其中賦(正文作"古賦")一體,分爲楚、兩漢、三國六朝、唐、宋、元、國朝(指明代)凡 7 個時期,每期都有序論,分類與序論大多因襲元代祝堯之《古賦辯體》,毫無創意。例如,《古賦辯體》將歷代賦按其時代和體制分爲楚辭體、兩漢體、三國六朝體、唐體、宋體凡 5 類;《文章辨體・古賦》則分爲 7 類,前 5 類基本上照搬《古賦辯體》,然後增加元、國朝(明代)2 類。又如,《古賦辯體》爲每一類皆撰寫序題,描述其體制特徵;《文章辨體・古賦》前 5 類每一類皆引録祝堯論述,幾乎照抄,因循之迹昭昭在焉。其實,《文章辨體・古賦》的選篇也大都來自《古賦辯體》。《文章辨體・古賦》(卷二至卷五)選賦情況如下:

[第二卷古賦一]楚:屈原《離騷》《九歌》(9 篇)、《九章》(9 篇)、《遠遊》《卜居》《漁父》,宋玉《九辯》(9 篇)、《招魂》。凡 32 篇。

[第三卷古賦二]兩漢:賈生《弔屈原賦》《鵩賦》《惜誓》,司馬長卿《子虚賦》《上林賦》《長門賦》,班婕妤《自悼賦》《擣素賦》,楊子雲《甘泉賦》,班孟堅《兩都賦》(2 篇),禰正平《鸚鵡賦》(附録:高帝《鴻鵠歌》、武帝《秋風辭》、淮南小山《招隱士》)。凡 15 篇。

[第四卷古賦三]三國六朝:魏王仲宣《登樓賦》,晉陸士衡《文賦》,潘安仁

《藉田賦》《秋興賦》，宋謝惠連《雪賦》，謝希逸《月賦》，鮑明遠《舞鶴賦》（附録：晉陶淵明《歸去來辭》、孔德璋《北山移文》）。凡 9 篇。

唐：駱賓王《螢火賦》，李太白《大鵬賦》《劍閣賦》，韓退之《閔己賦》《别知賦》，柳子厚《閔生賦》，杜牧之《阿房宫賦》（附録：韓退之《弔田横文》《訟風伯》、柳子厚《弔屈原文》）。凡 10 篇。

［第五卷古賦四］宋：歐陽永叔《秋聲賦》，蘇子瞻《服胡麻賦》《屈原廟賦》《前赤壁賦》《後赤壁賦》，蘇子由《屈原廟賦》，秦少游《黄樓賦》，張文潛《大禮慶成賦》，朱晦庵《感春賦》《空同賦》（附録：邢居實《秋風三疊》、朱晦庵《虞帝廟樂歌詞》、楊萬里《延陵懷古辭》）。凡 13 篇。

元：黄晉卿《太極賦》，吴立夫《索居賦》《貧女賦》，虞伯生《木齋賦》，楊廉夫《哀三良賦》《八陣圖賦》（附録：袁伯長《垂綸亭辭》）。凡 7 篇。

國朝（明）：胡仲申《少梅賦》，宋景濂《蟠桃核賦》（附録：胡仲申《弔董生文》、王子充《招游子辭》）。凡 4 篇。

《文章辨體》收歷代辭賦 90 篇（含附録 14 篇），比《古賦辯體》增補了元、明兩代作品。其中先秦至宋代辭賦凡 79 篇，竟有 74 篇取自《古賦辯體》，占總數的 94%，具體篇目與順序皆依從祝氏。所增補者，不外漢高祖《鴻鵠歌》、蘇軾《服胡麻賦》、朱熹《感春賦》《空同賦》《虞帝廟樂歌詞》數篇而已。選賦最多者，有屈原（22 篇）、韓愈（4 篇）、蘇軾（4 篇），凡 3 人。《文章辨體》所删去的賦篇有：先秦時期，删荀卿 5 賦，其餘全部照抄；兩漢時期，楊子雲 4 賦取其 3，其餘照抄；三國六朝，删去張茂先、潘安仁、成公子安、江文通、庾子山賦各 1 篇，鮑照 3 賦取其 1；唐宋，删去宋子京、蘇叔黨、黄魯直賦各 1 篇，李太白 7 賦取其 2，蘇子由、張文潛二人都是 3 賦取其 1，其餘照録。其選賦篇目少於《古賦辯體》，選篇也更具代表性。

需要説明的是，吴訥將《古賦辯體・外集》中所收"賦家流别"之作也收入正集，標明"附録"；此外，他還在《文章辨體・正集》卷四十四"七體"之下收録漢枚叔《七發》、唐柳子厚《晉問》、袁伯長《七觀》、洪武宋景濂《志釋》、王子充《文訓》5 篇，"對問"之下收楚宋玉《對楚王問》、漢東方曼倩《答客難》、司馬長卿《難蜀父老》、唐韓退之《進學解》、柳子厚《設漁者對智伯》、宋王介甫《推命》《問養生》、洪武宋景濂《三問對》、蘇平仲《問刑》9 篇，皆爲接近賦體的名篇。再者，吴氏在《外集》卷一"律賦"體下選録唐韓退之《明水賦》、宋范景仁（范鎮）《長嘯卻胡騎賦》、范希文（范仲淹）《金在鎔賦》凡 3 篇律賦作品，説明他雖然接受了祝堯以來的復古觀念，但也没有完全排斥律賦，觀點比祝堯更爲通達。

《廣文選》60 卷，明劉節編，明陳蕙删定

【編者】

劉節（1476—1555），字介夫，號梅國，江西南昌人。明弘治十八年（1505）進

士,官至刑部侍郎致仕。著有《春秋列傳》《梅國集》等。陳蕙,字邦馨,福建晋江人。嘉靖八年(1529)進士,曾任餘甘縣令。生平略見黄佐《雪臺劉公節神道碑》(《國朝獻徵録》卷四六)。

【版本】

《四庫全書存目叢書·集部》第297—298册影印明嘉靖十六年(1537)陳蕙刻本

【内容】

該書之選,旨在補《昭明文選》之遺。劉節在《廣文選序》中稱:"《廣文選》何?廣蕭子之《選》也。何廣乎蕭子之《選》也?蕭子之選文也,爲賦,賦之目十有四;爲詩,詩之目二十有三;爲騷爲七……爲弔文爲祭文,爲類三十有七,可謂選矣,然或遺焉。是故廣之以備遺也。"所選詩文,均從《文選》之外甄别篩録,以避重複。但據該書之末所附明陳蕙之《重刻廣文選序》,原書本録詩文1796篇,陳氏删去274篇,增入30篇,所以今見之《廣文選》已非劉節原書,而是陳蕙的删改本。究竟何增何删,該書《校正廣文選凡例》(應爲陳蕙撰)第三條云:"賦如司馬相如《美人賦》、張敏《神女賦》、謝靈運《江妃賦》之類,雖含諷諭,然多媟誕,不可爲訓。至如張衡《髑髏賦》,殊類曹子建之説。其《浮淮》《覽海》《芙蓉》《菊花》《琴》《几》等賦,文皆短淺,無大意義,俱删去。"①第七條又云:"七類如傅毅等《七激》三篇,區區模仿前人,且甚膚淺;連珠如楊雄等二十首,比偶之詞,僅止數句;……今盡删之。雖不多立篇目,固無害其爲廣也。"可見劉節原書尚有司馬相如《美人》、張衡《髑髏》、傅毅《七激》等賦,陳蕙以爲淫靡淺薄,無大意義,而予以删除,反不如原書見解之高。今見《廣文選·賦》分類與選篇情況如下:

天地類1篇:晉成公綏《天地賦》;

京都類3篇:漢楊雄《蜀都賦》、杜篤《論都賦》、晉阮籍《東平賦》;

郊祀類1篇:漢楊雄《河東賦》;

畋獵類1篇:漢孔臧《諫格虎賦》;

紀行類4篇:漢蔡邕《述行賦》、魏[漢]王粲《浮淮賦》等;

遊覽類3篇:漢班彪《游居賦》、魏曹子建《節游賦》等;

宫殿類3篇:漢枚乘《菟園賦》、漢邊讓《章華賦》等;

江山類9篇:漢杜篤《首陽山賦》、漢班固《終南山賦》、魏[漢]張衡《温泉賦》、蔡邕《漢津賦》、魏應瑒《靈河賦》等;

① 《浮淮》諸賦皆非張衡作。王粲有《浮淮賦》,班彪(一説班固)有《覽海賦》,皇甫規有《芙蓉賦》,傅毅、馬融、蔡邕均有《琴賦》,鄒陽有《幾賦》,皆漢人作品;魏鍾會、晉孫楚俱有《菊花賦》。未知陳氏所指。

物色類 10 篇:趙荀況《雲賦》、漢賈誼《旱雲賦》、漢公孫乘《月賦》等;

鳥獸類 13 篇:漢王延壽《王孫賦》、應瑒《慜驥賦》、曹植《蟬賦》等;

草木類 13 篇:枚乘《忘憂館柳賦》、孔臧《楊柳賦》、漢中山王文《木賦》等;

志類 15 篇:漢董仲舒《士不遇賦》、漢司馬相如《大人賦》、漢司馬遷《悲士不遇賦》、楊雄《逐貧賦》、漢崔篆《慰志賦》、漢馮衍《顯志賦》等;

哀傷類 7 篇:漢武帝《悼李夫人賦》、漢劉歆《遂初賦》、漢梁竦《悼騷賦》等;

論文類 3 篇:荀況《禮賦》《知賦》、漢楊雄《太玄賦》;

音樂類 3 篇:宋玉《笛賦》、張衡《觀舞賦》、江淹《横吹賦》;

情類 6 篇:漢班婕妤《擣素賦》《自悼賦》、漢張超《誚青衣賦》、晉阮籍《清思賦》等;

雜賦類 32 篇:荀況《蠶賦》《箴賦》、宋玉《大言賦》《小言賦》《釣賦》、漢劉安《屏風賦》、漢黄香《九宫賦》、漢馬融《圍碁賦》、王延壽《夢賦》、漢李尤《函谷關賦》、漢趙壹《疾邪賦》、張衡《冢賦》等。

共計 127 篇。與《文選・賦》(56 篇)相比較,《廣文選・賦》不僅篇數更多,而且新增天地、草木、雜賦三類,減耕藉一類,江海改爲江山,凡 17 類。劉節《廣文選序》云:"孔子曰:有天地然後萬物生焉,是故始之天地。天地廣也,鳥獸草木皆物也。鳥獸選矣,草木遺焉,是故次之草木以廣遺也。夫賦諸目具矣。弗目者遺,是故次之雜賦以廣遺也。"增加天地門,並列之於首,顯然受到唐宋類書編纂次序的影響。增設草木門,將其與鳥獸並列;改江海爲江山,使山嶽賦與江海賦能同時入選;效法《漢書・藝文志》而增設雜賦一門,又使不宜歸入以上各門的賦作都有了歸宿。這些安排都是很有見地的。可惜雜賦中篇目繁多,過於龐雜,所選各賦也有得有失。例如編者没有設置"器用"類,致使《鏡賦》《船賦》《燈賦》《箴賦》《觀漏賦》祇能劃入"雜賦"類;没有設置"蟲豸"或"昆蟲"類,結果《蟬賦》《螢賦》《螢火賦》《蠶賦》等或入"鳥獸"類,或入"雜賦"類。大概編者囿於蕭統《文選》的分類,不敢有太多突破,故造成一些賦體名篇無類可歸,或者歸類牽強的情況,説明編者思想保守,不能與時俱進。就所分各類來看,某些作品的歸類也有可商之處。例如"雜賦"中的陸雲《南征賦》、謝朓《遊後園賦》,似乎應該歸入"紀行"或"遊覽"類,晉江統《函谷關賦》似應歸入"宫殿"類,晉江淹《泣賦》似應歸入"情"類,等等。此外,有些作品的作者或朝代有誤,如《温泉賦》作者是東漢張衡,卻標爲魏張衡;晉楊乂有《雲賦》,卻誤標漢楊乂;西漢中山靖王劉勝有《文木賦》,見載於《西京雜記》和《古文苑》,序稱魯恭王"得文木一枚",中山王爲之作賦,而《廣文選》誤標中山王文《木賦》,似乎中山爲地名,王文爲人名,賦家名與賦作名兩誤。

《文體明辨》84 卷，明徐師曾編

【編者】

徐師曾（1517—1580），字伯魯，號魯庵，南直隸蘇州府吴江（今屬江蘇省）人。明嘉靖三十二年（1553）進士。歷任兵科、吏科、刑科給事中，隆慶五年（1571）因病去職。學識廣博，兼通醫卜、陰陽等。撰有《醫家大法》《周易演義》《文體明辨》《大明文鈔》《宦學見聞》《吴江縣志》《湖上集》等，共數百卷行於世。事迹略見王世懋《徐魯庵先生墓表》(《王奉常集》文部卷二十）。

【版本】

明萬曆壽檜堂刊本；清乾隆間《四庫全書》本。《四庫全書存目叢書・集部》第 310—312 册據北京大學藏明萬曆建陽游榕銅活字本影印。

【内容】

《文體明辨》凡 84 卷，分文體爲 127 類，超出吴訥《文章辨體》一倍多。該書體例略仿吴氏，每體之前有序説，爾後選録若干作品。其編排順序，首列古歌謡詞，真假難辨；次列四言詩；次列楚辭，賈誼《惜誓》《弔屈原》、莊忌《哀時命》、淮南小山《招隱士》、荆軻《易水歌》等入之；次列賦，分古賦、俳賦、文賦、律賦四類；次列樂府，全竊郭茂倩書而稍增以《宋史・樂志》；次列詩，取《文選》門類而稍增之，所録止于晚唐；次列詔誥諸文，皆分古體、俗體二類；次列書表碑誌，則于古體之外，添唐體、宋體。分類十分碎雜。

在賦學領域，徐氏最大的貢獻在於他將歷代賦劃分爲古賦、俳賦、律賦、文賦四體，分别編選賦作。儘管是在祝堯“楚辭體”“兩漢體”等諸類名目的啟發下歸納而成，但因其更切合實際而得到古今學者的普遍認同。徐氏以爲，古賦之流或“長於叙事”，或“極其鋪張”，或“極其眩曜”，但終究風雅頌比興之義未泯，“故雖詞人之賦，而君子猶有取焉”。古賦之後，俳賦“無興起之妙趣”，文賦“無詠歌之遺音”，律賦則“其變愈下”，“而情與辭皆置弗論”，表現出鮮明的推崇古賦、貶抑六朝以後辭賦的傾向。這種貴古賤今的意識乃至所使用的詞語都明顯受到祝堯的影響。

與吴訥《文章辨體》相比，徐氏該書在繼承舊説時有所創新。其各體序論仍然撮述前人大意，但抛棄徵引的模式，往往融會群言，自成系統。如論兩漢賦云：“兩漢而下，作者繼起，獨賈生（名誼）以命世之才，俯就騷律，非一時諸人所及。他如相如（姓司馬）長於叙事，而或昧於情；揚雄長於説理，而或略於辭。至於班固，辭理俱失。若是者何？凡以不發乎情耳。……”其中論賈誼之語實出自朱熹《楚辭辯證・晁録》，論馬、揚、班之語則襲用祝堯《古賦辨體・兩漢體序言》而稍有變化。他將舊説歸納融合，間出己意，成爲一篇很有思辯性、邏輯性的文章，而毫無斧鑿牽強之處，也頗能見出一番剪裁融鑄的功夫。

選録歷代賦方面,該書亦有取資《古賦辯體》《文體明辨》處,但不再以時代爲序,而是以賦體類型分類編排。選篇如下:

[卷之三古賦上]:漢司馬相如《長門賦》、漢班婕妤《自悼賦》《擣素賦》、漢張衡《思玄賦》、晉陸機《歎逝賦》、晉潘岳《秋興賦》並序,唐韓愈《閔己賦》《别知賦》、唐柳宗元《閔生賦》《夢歸賦》、宋張耒《病暑賦》、漢賈誼《服賦》、禰衡《鸚鵡賦》、晉張華《鷦鷯賦》、魏王粲《登樓賦》、晉孫綽《遊天台山賦》並序、漢揚雄《甘泉賦》、宋秦觀《黄樓賦》、宋蘇轍《超然臺賦》、宋蘇軾《屈原廟賦》、宋蘇轍《屈原廟賦》。凡 21 篇。——以上正體而非體間出於其中。

[卷之四古賦下]:漢司馬相如《子虚賦》《上林賦》、漢班固《兩都賦》有序(拆成 8 篇)、晉潘岳《藉田賦》、宋張耒《大禮慶成賦》,宋蘇轍《黄樓賦》。凡 13 篇。——以上變體而流於文賦之漸。

[卷之五俳賦]:晉陸機《文賦》並序,宋鮑照《蕪城賦》、宋謝惠連《雪賦》、宋謝莊《月賦》、晉成公綏《嘯賦》、宋鮑照《野鵝賦》、宋顔延之《赭白馬賦》、宋鮑照《舞鶴賦》、唐駱賓王《螢火賦》。凡 9 篇。

[文賦]:漢揚雄《長揚賦》、唐杜牧《阿房宫賦》、宋歐陽修《秋聲賦》、宋蘇軾《前赤壁賦》《後赤壁賦》、宋蘇過《颶風賦》。凡 6 篇。

[律賦]唐王勃《寒梧棲鳳賦》、唐韓愈《明水賦》、唐柳宗元《披沙揀金賦》、宋王曾《有物混成賦》、宋范仲淹《金在熔賦》、宋范鎮《長嘯卻胡騎賦》、宋秦觀《郭子儀單騎見虜賦》。凡 7 篇。

不難看出,徐師曾雖然將賦體文學分爲四體,但以古賦居首,並且在選賦篇目上,古賦佔兩卷,選賦 34 篇,還分爲"正體而非體間出於其中"者、"變體而流於文賦之漸"兩部分加以編排;而俳賦、文賦、律賦三體加在一起纔佔一卷,選賦衹有 22 篇。可見其對古賦體的重視,遠遠超過其他三體。這或許是受到元明時期復古風氣的影響。既然按體分類,時序就顯得混亂,具體分類也頗有可商之處。例如將司馬相如《長門賦》、班婕妤《自悼賦》《擣素賦》視爲古賦之"正體",而將奠定漢大賦格局的《子虚賦》《上林賦》視爲古賦之"變體",就顯然不符合賦體文學發展的實際,起相如於地下,必不能同意。徐氏將楚辭與賦分别,這一點優於祝氏和吴氏;但同時又過分推重騷體賦,視騷體賦爲正體,散體大賦爲變體,似乎還是受到了朱熹《楚辭集註》、祝堯《古賦辯體》的束縛。

不過,徐師曾第一次將賦體文學分爲古、俳、律、文四體,基本上符合賦體文學的實際,並且言簡意賅,極有概括性,因而影響很大。直到今天,賦學研究者仍然遵從這一分類方法。例如褚斌傑先生《中國古代文體概論》,就標舉賦文學之四體説。

《七十二家集》346 卷附録 72 卷,明末張燮編

【編者】

張燮(1574—?),字紹和,别號海濱逸史(一説字理陽,號汏沃,又號石户主人),福建龍溪人,明萬曆二十二年(1594)舉人。性聰敏,博極群書。結社芝山之麓,與蔣孟育、高克正、林茂桂等稱七才子。萬曆四十五年(1617)完成《東西洋考》12 卷,是著名的地理學著作。又有《霏雲居集》。生平見《(康熙)龍溪縣志》卷八。

【版本】

《續修四庫全書》第 1583 册影印明崇禎四年(1631)刻本

【内容】

據《七十二家集·孫廷尉集引》和《顔光禄集引》所署日期,該書當刻於明崇禎四年(1631)。《七十二家集》編録先秦至南北朝 72 位著名作家的詩文,按時代先後順序排列。各家集中均先録其賦、騷與詩歌,再編録其它文體。輯録先唐賦情况如下:

1.《宋大夫集》10 篇:《風》《高唐》《神女》《登徒子好色》《諷》《舞》《釣》《大言》《小言》《笛》(騷:《九辯》《招魂》;對問:《對楚王問》)。

2.《賈長沙集》4 篇:《弔屈原》《旱雲》《虡》2 段、《服》(騷:《惜誓》)。

3.《司馬文園集》6 篇:《子虚》《上林》《大人》《長門》《美人》《哀二世》(檄:《喻巴蜀檄》;難:《難蜀父老文》;符命:《封禪文》)。

4.《董膠西集》1 篇:《士不遇賦》(頌:《山川頌》)。

5.《東方大中集》0 篇:(騷:《七諫》;難:《答客難》)。

6.《王諫議集》1 篇:《洞簫》(騷:《七懷》,頌:《甘泉宫頌》《聖主得賢臣頌》,約:《僮約》,文:《責鬚髯奴文》)。

7.《揚侍郎集》7 篇:《蜀都》《河東》《甘泉》《羽獵》《長楊》《太玄》《逐貧》(騷:《反離騷》,設難:《解嘲》《解難》,箴:《酒箴》,連珠:《連珠》2 首)。

8.《馮曲陽集》1 篇:《顯志賦》。

9.《班蘭臺集》7 篇:《兩都賦》(西都、東都)、《幽通》《終南山》《覽海》《游居》《竹扇》(符命:《典引》,設難:《答賓戲》)。

10.《張河間集》12 篇:《西京》《東京》《南都》《周天大象》《温泉》《羽獵》《思玄》《歸田》《觀舞》《定情》《扇》《冢》《髑髏》(七:《七辯》,設難:《應間》)。

11.《蔡中郎集》14 篇:《述行》《漢津》《協和婚》《檢逸》《協初》《青衣》《短人》《瞽師》《筆》《琴》《彈棊》《團扇》《胡栗》《蟬》(設難:《釋誨》,連珠:《廣連珠》2 首)。

12.《孔少府集》:0 篇。13.《諸葛丞相集》:0 篇。

14.《魏武帝集》:0 篇。15.《魏文帝集》:26 篇。

16.《陳思王集》:45 篇。

17.《王侍中集》22 篇:《登樓》《遊海》《浮淮》《初征》《羽獵》《思友》《傷夭》《出婦》《寡婦》《神女》《閑邪》《大暑》《酒》《瑪瑙勒》《車渠椀》《迷迭》《柳》《槐》《白鶴》《鸚鵡》《鶡》《鶯》(七:《七釋》)。

18.《陳記室集》9 篇:《武軍》《神武》《止欲》《神女》《大暑》《瑪瑙勒》《迷迭》《柳》《鸚鵡》(設難:《應譏》)。

19.《阮步兵集》:6 篇。20.《嵇中散集》:2 篇。

21.《傅鶉觚集》:39 篇。22.《孫馮翊集》:16 篇。

23.《夏侯常侍集》:23 篇。24.《潘黄門集》:19 篇。

25.《傅中丞集》:34 篇。26.《潘太常集》:15 篇。

27.《陸平原集》:28 篇。28.《陸清河集》:8 篇。

29.《郭弘農集》:9 篇。30.《孫廷尉集》:3 篇。

31.《陶彭澤集》:2 篇(辭:1 篇)。32.《謝康樂集》:13 篇。

33.《顔光禄集》:4 篇。34.《鮑參軍集》:10 篇。

35.《謝法曹集》:5 篇。36.《謝光禄集》:4 篇。

37.《謝宣城集》:9 篇。38.《王寧朔集》:2 篇。

39.《梁武帝集》:4 篇。40.《梁昭明太子集》:5 篇。

41.《梁簡文帝集》:20 篇。42.《梁元帝集》:9 篇。

43.《江醴陵集》:28 篇。44.《沈隱侯集》:11 篇。

45.《陶隱居集》:2 篇。46.《任中丞集》:3 篇。

47.《王左丞集》:1 篇。48.《陸太常集》:3 篇。

49.《劉户曹集》:0 篇。50.《王詹事集》:1 篇。

51.《劉秘書集》:0 篇。52.《劉豫章集》:1 篇。

53.《劉庶子集》:0 篇。54.《庾度支集》:0 篇。

55.《何記事集》:1 篇。56.《吴朝請集》:5 篇。

57.《陳後主集》:2 篇。58.《徐僕射集》:1 篇。

59.《沈侍中集》:2 篇。60.《江令君集》:9 篇。

61.《張散騎集》:3 篇。62.《高令公集》:1 篇。

63.《温侍讀集》:0 篇。64.《邢特進集》:1 篇。

65.《魏特進集》:0 篇。66.《庾開府集》:15 篇。

67.《王司空集》:0 篇。68.《隋煬帝集》:0 篇。

69.《盧武陽集》:2 篇。70.《李懷州集》:0 篇。

71.《牛奇章集》:0 篇。72.《薛司隸集》:1 篇。

除了 14 家無賦,該書實際輯録先唐賦共計 58 家 547 篇(不計騷、頌、七、設難、連珠等賦體詩文),其選賦數量遠遠超過以前各家。不僅如此,在明代末年的賦體文學總集中,張燮此書還具有劃時代的典範意義,對張溥《漢魏六朝百三家集》、李鴻《賦苑》、陳山毓《賦略》等書影響頗大。比如賈誼賦,張燮《七十二家集》輯録 4 篇(包括一篇殘賦),張溥、李鴻與此全同,陳氏《賦略》增至 2 篇(此爲賦選,不以"全"爲宗旨);又如對於班固賦,李賓的《八代文鈔》祇録 4 篇,張燮《七十二家集》增至 8 篇(含殘賦 2 篇),此後的張溥、李鴻亦 8 篇,篇目與此全同,借鑒之迹顯而創拓之意無。甚至連錯誤也互相因襲,如張燮誤將班彪《游居賦》(又名《冀州賦》)録入班固集中,張溥、李鴻皆因襲不改;張燮誤將李播《周天大象賦》輯入張衡集中,張溥亦照樣抄録。張燮在揚雄集中輯入《蜀都賦》一篇,而張溥、李鴻未加收録,反不如燮書之全。

此外,張燮的編纂體例也頗有新意。在各家集開端,張燮皆撰《小引》或《題辭》,綜論作家的一生行事及其文學創作,頗能見出編者的文藝觀以及知人論世的批評原則。張溥爲各家撰寫《題辭》,即受其影響。張燮對各家詩文的編排次序也有典範作用。比如《楊侍郎集》,張燮按賦、騷、書、設難、頌、箴、符命、連珠、誄、序傳的順序編排,張溥的次序亦大致同此。但張燮還搜羅了不少研究資料,以附録的形式排印在各家集末,爲讀者提供了重要的參考。如在《司馬文園集》之末,除附有《司馬相如傳略》(漢司馬遷)、《司馬相如傳》(魏嵇康)兩篇傳記材料外,還附有《長卿誄》(漢卓文君)、《祭司馬相如文》(唐陳子良)等歷代題詠凡 13 篇,然後又從《漢武故事》《西京雜記》等典籍中輯録相如軼事 11 條,從《法言》《桓子》《文心雕龍》等書中輯録歷代評論 13 條。這些資料都是非常珍貴的,對讀者的閲讀、欣賞、研究很有幫助。這種體例似乎是張燮獨創,可惜未被張溥《百三家集》所借鑒、吸收。

《續古文奇賞》34 卷《三續古文奇賞廣文苑英華》26 卷,明陳仁錫編

【作者】

陳仁錫(1581—1636),字明卿,蘇州府長洲(今江蘇蘇州)人。明萬曆二十五年(1597)舉人。後屢試不第,遂究心經世之學。崇禎時官至南京國子祭酒。著述甚豐,有《無夢園集》40 卷及正、續《古文奇賞》等。《明史》卷二八八有傳。

【版本】

《四庫全書存目叢書·集部》第 355 册影印萬曆四十六年至天啟間刻本

【内容】

陳仁錫編有《古文奇賞》22 卷,録先秦至南宋帝王將相及文士的經世之文,不選賦。《續古文奇賞》34 卷,始以《武經》,終於《文苑英華》,其中卷十六、卷十七題爲"文苑英華",收録南朝梁代至唐五代賦,其類别、篇數如下:

卷十六:

天象賦(全録)6 篇,(節録)24 篇;歲時(全録)4 篇,(節録)4 篇;

地理(全録)9 篇,(節録)26 篇;帝德(節録)4 篇;邑居(節録)4 篇;

宫室(節録)5 篇;苑囿(全録)2 篇;朝會(節録)1 篇;禋祀(節録)4 篇;

行幸(節録)4 篇;軍旅(全録)1 篇,(節録)3 篇。

卷十七:

樂賦(全録)2 篇,(節録)3 篇;雜技(全録)2 篇;飲食(全録)2 篇;

符瑞(全録)1 篇,(節録)6 篇;人事(全録)5 篇,(節録)7 篇;

述志(全録)2 篇,(節録)6 篇;射(節録)1 篇;器用(全録)6 篇,(節録)7 篇;

章服(節録)2 篇;圖(節録)1 篇;寶(節録)2 篇;帛(節録)3 篇;

舟車(節録)3 篇;薪火(節録)6 篇;紀行(全録)1 篇,(節録)1 篇;

遊覽(全録)3 篇,(節録)5 篇;哀傷(全録)3 篇,(節録)1 篇;

鳥獸(全録)2 篇,(節録)8 篇;蟲魚(全録)2 篇,(節録)3 篇;

草木(全録)5 篇,(節録)8 篇。

總共 210 篇。這些賦篇皆出自李昉《文苑英華》而加以節選,或全篇抄録,或摘録選段。例如《文苑英華・賦》天象類共計收賦 187 篇,本書卷十六從中選鈔 30 篇。其中康僚《日中烏賦》、歐陽玭《野人獻日賦》、鄭遥《初月賦》、盧照鄰《秋霖賦》、田沉《明賦》、崔損《北斗賦》6 篇全文抄録,而可頻瑜《查客至牛斗賦》、李邕《日賦》等 24 篇則節録其中部分内容。或許由於卷帙有限(原書 1370 篇,選其六分之一),纔不得不加以節選。分類大致沿襲《文苑英華》,但也有調整,例如水、京都、諷諭、儒學、治道、耕藉、鐘鼓、工藝、畋漁、道釋諸類,因賦作較少而被删去。此外,志類改爲述志類,圖畫改爲圖,絲帛改爲帛,名稱小異。

由於《續古文奇賞》僅從《文苑英華》一書中選録,致使先秦至南朝梁代許多著名賦作不能入選。因此編者又編纂了《三續古文奇賞廣文苑英華》,其中卷一至卷四選録先秦至唐代的賦作 141 篇,分爲 25 類,各類選賦篇數如下:

天類 18 篇,歲時類 3 篇,地類 14 篇,都類 19 篇(《兩都賦》計 8 篇),宫殿類 2 篇,苑囿類 2 篇,禮類 14 篇,樂類 9 篇,符瑞類 1 篇,治理類 1 篇,仙類 1 篇,文學類 2 篇,志類 3 篇,閑適類 2 篇,遊覽類 2 篇,紀行類 5 篇,哀傷類 13 篇,情類 9 篇,器用類 6 篇,茶類 2 篇,寶類 2 篇,絲帛類 2 篇,蟲魚類 3 篇,鳥獸類 7 篇,草木類 8 篇。

其類别乃是對宋人李昉等《文苑英華・賦》的 42 類加以歸併調整而成。如將地、水合併爲地類,將朝會、禋祀、行幸合併爲禮類,將樂類前提至禮類之後,都可見出調整之迹。這種努力是可取的。該書將班固《兩都賦》並序分割成《兩都賦序》《西都賦》《東都賦》《明堂詩》等 8 篇,乃是效法宋陳鑒《東漢文鑒》的做法，殊覺無謂。所選賦作一概無注，偶有眉批，亦甚簡略。蓋陳氏貪多求全，使經史子集盡納選中，自然無力對所選各篇都作批注；“奇賞”云云，也衹能流於虚名。如評司馬相如《子虚賦》云：“賦至此矣。子雲而外宜盡閣筆。末段以《國策》爲騷賦，大奇。”評揚雄《蜀都賦》云：“人以爲真神奇，吾以爲真平淡；人以爲難字險句，吾以爲嬌歌妙舞。”又評班固《幽通賦》云：“卓語可經。”或偶有可取之處，而總的看來頗爲空洞粗疏。

《漢魏六朝百三名家集》118 卷（《漢魏六朝百三家集》），明張溥編

【編者】

張溥（1602—1641），字乾度，一字天如，號西銘，南直隸太倉（今屬江蘇）人。明崇禎四年（1631）進士，選庶吉士。與同鄉張采齊名，合稱“婁東二張”。曾與郡中名士結爲復社，評議時政，是東林黨與閹黨鬥争的繼續。文學方面，推崇前後七子的理論，主張復古，又以“務爲有用”相號召。一生著作宏富，編述三千餘卷，涉及文、史、經學各個學科，精通詩詞，尤擅散文、時論。代表作《七録齋集》《五人墓碑記》。《明史》卷二八八有傳。

【版本】

主要有：明末婁東張氏刻本，國圖藏：20458（善本）、104214（普古）；清乾隆間文淵閣《四庫全書》本（影印本第 1412 册）；清光緒五年（1879）信述堂刻本，國圖：102240；江蘇古籍出版社 2001 年影印光緒年間信述堂刻本。

【内容】

《漢魏六朝百三名家集》凡 118 卷。據《四庫全書總目》，該書以張燮《七十二家集》爲根柢，又取馮惟訥《詩紀》、梅鼎祚《文紀》中“其人著作稍多者”排比附益而成。該書充分吸收了前人輯佚成果，尤其是張燮《七十二家集》的成果。不收先秦，故删去張燮所輯《宋大夫集》，而從《賈長沙集》開始。體例與張燮本略同，各家皆先列賦，再列騷、七、頌、文等文體。各集收賦情況如下（不計騷、七、頌、連珠等）：

1.《賈長沙集》4 篇；2.《司馬文園集》6 篇；

3.《董膠西集》1 篇；4.《東方大中集》0 篇；

5.《褚先生集》0 篇；6.《王諫議集》1 篇；

7.《劉子政集》1 篇；8.《揚侍郎集》6 篇（删去《蜀都賦》1 篇）；

9.《劉子駿集》3 篇；10.《馮曲陽集》1 篇；

11.《班蘭臺集》7 篇；12.《崔亭伯集》3 篇；

13.《張河間集》12 篇（《週天大象賦》誤收）；14.《李蘭臺集》5 篇；

15.《馬季長集》4 篇；16.《荀侍中集》0 篇；

17.《蔡中郎集》14 篇；18.《王叔師集》2 篇；

19.《孔少府集》0 篇;20.《諸葛丞相集》0 篇;
21.《魏武帝集》0 篇;22.《魏文帝集》27 篇(增加 1 篇);
23.《陳思王集》46 篇(增加 1 篇);24.《陳記室集》9 篇;
25.《王侍中集》22 篇;26.《阮元瑜集》4 篇(删去 2 篇)。
27.《劉公幹集》6 篇;28.《應德璉集》11 篇;
29.《應休璉集》0 篇;30.《阮步兵集》6 篇;
31.《嵇中散集》2 篇;32.《鍾司徒集》3 篇;
33.《杜征南集》0 篇;34.《荀公曾集》1 篇;
35.《傅鶉觚集》46 篇(增補 7 篇);36.《張茂先集》8 篇;
37.《孫馮翊集》16 篇(減少 1 篇);38.《摯太常集》5 篇;
39.《束廣微集》5 篇;40.《夏侯常侍集》23 篇;
41.《潘黄門集》19 篇;42.《傅中丞集》38 篇(增補 4 篇);
43.《潘太常集》15 篇;44.《陸平原集》28 篇;
45.《陸清河集》8 篇;46.《成公子安集》20 篇;
47.《張孟陽集》5 篇;48.《張景陽集》5 篇;
49.《劉越石集》0 篇;50.《郭弘農集》9 篇;
51.《王右軍集》0 篇;52.《王大令集》0 篇;
53.《孫廷尉集》3 篇;54.《陶彭澤集》2 篇;
55.《何衡陽集》1 篇;56.《傅光禄集》6 篇;
57.《謝康樂集》14 篇(增補 1 篇);58.《顔光禄集》4 篇;
59.《鮑參軍集》10 篇;60.《袁陽源集》2 篇;
61.《謝法曹集》5 篇;62.《謝光禄集》4 篇;
63.《竟陵王集》0 篇;64.《王文憲集》2 篇;
65.《王寧朔集》2 篇;66.《謝宣城集》9 篇;
67.《張長史集》1 篇;68.《孔詹事集》0 篇;
69.《梁武帝集》4 篇;70.《梁昭明太子集》5 篇;
71.《梁簡文帝集》20 篇;72.《梁元帝集》9 篇;
73.《江醴陵集》28 篇;74.《沈隱侯集》11 篇;
75.《陶隱居集》2 篇;76.《邱司空集》2 篇;
77.《任中丞集》3 篇;78.《王左丞集》1 篇;
79.《陸太常集》3 篇;80.《劉户曹集》0 篇;
81.《王詹事集》1 篇;82.《劉秘書集》0 篇;
83.《劉豫章集》1 篇;84.《劉庶子集》0 篇;
85.《庾度支集》0 篇;86.《何記事集》1 篇;
87.《吴朝請集》5 篇;88.《陳後主集》2 篇;

89.《徐僕射集》1 篇;90.《沈侍中集》2 篇;
91.《江令君集》9 篇;92.《張散騎集》3 篇;
93.《高令公集》1 篇;94.《温侍讀集》0 篇;
95.《邢特進集》1 篇;96.《魏特進集》0 篇;
97.《庾開府集》15 篇;98.《王司空集》0 篇;
99.《隋煬帝集》0 篇;100.《盧武陽集》2 篇;
101.《李懷州集》0 篇;102.《牛奇章集》0 篇;
103.《薛司隸集》1 篇。

其中 23 家無賦。該書實際上輯録漢魏六朝賦 80 家,655 篇,規模空前。張燮《七十二家集》所收,除了《宋大夫集》,71 家皆爲張溥所抄録,篇目、排序乃至正文文字皆大致相同,因襲之迹十分明顯。但也略有調整。例如,《揚侍郎集》删去 1 篇,《阮元瑜集》删去 2 篇,《魏文帝集》《陳思王集》《謝康樂集》各增補 1 篇,《傅中丞集》增補 4 篇,《傅鶉觚集》增補 7 篇,其餘各家基本上没有變化。張溥最大的功勞,在於其增加了 31 家别集,其中 23 家含有賦作,共計 102 篇。這些賦作皆爲《七十二家集》所未備。據張溥原叙,"斷篇逸句,雖少亦貴,期於畢收"。則以上所列 655 篇賦作,實包含斷簡殘篇。例如,賈誼《簴賦》僅爲殘句,從兩處撿來;劉向《請雨華山賦》,錯訛不可通讀,亦悉加彙集,以備參考。張溥從當時所見之各類典籍中廣泛搜集佚文,其用功之勤,實堪稱道。且態度謹慎,不加删改,一洗明人妄改古籍之惡習,因而其學術價值頗高。後人輯録先唐賦,亦頗多取資於此,或以此書作重要校本,如費振剛等《全漢賦校注》、韓格平等《全魏晉賦校注》等。今將其與《全漢賦》相比較可知,西漢賦家中賈誼、董仲舒、東方朔、劉歆賦已全收,司馬相如僅缺《梨賦》(殘),劉向僅缺《雅琴賦》(該賦殘;又《全漢賦》誤收《圍棊賦》,本應爲馬融所作),揚雄僅缺《蜀都賦》《核靈賦》(殘)二篇。在當時的歷史條件下,張溥力圖集張燮、馮惟訥、梅鼎祚之大成,編纂出空前完備的早期作家之别集,難能可貴。

對於所録各賦,張溥概未作注,但有時施以圈點,提示佳句。此外,他爲每位賦家撰寫的題辭頗爲精湛,大有超過《七十二家集》之處。如《司馬文園集題辭》稱:"《子虚》《上林》非徒極博,實發於天材,揚子雲鋭精揣煉,僅能合轍,猶《漢書》之於《史記》也。"《賈長沙集題辭》論賈誼"騷賦詞清而理哀,其宋玉、景差之徒乎",《揚侍郎集題辭》論揚雄《甘泉》等"四賦絶倫,自比諷諫,相如不死",《逐貧賦》"長於解嘲,文士調脱,多原於此",《班蘭臺集題辭》以爲"相如無史,子長無賦,孟堅兼而有之,豈後來者欲居上乎?"都在比較中對賦家賦作進行準確定位,觀點之精湛、語言之簡煉委實令人嘆服。

當然,《百三家集》絶非盡善盡美。《四庫全書總目》指出,有本係經説、史類、子類等而誤入集中者;而"枚乘《七發》《忘憂館柳賦》《諫吴王書》及《玉台新詠》所載古詩可成一卷”,張溥卻未加收録,實爲憾事。所以又有了嚴可均《全上古三代秦漢三國六朝文》、逯欽立《先秦漢魏晉南北朝詩》之類的補苴擴充之作。另外,張燮在各家别集之末,皆有附録1卷,輯録作家傳記、歷代題詠和相關研究資料,對讀者閱讀、欣賞、研究很有幫助。可惜這一體例未被張溥繼承。

《繡谷春容·游翰摭粹》1卷,明赤心子彙輯

【編者】

赤心子,名不詳,蓋爲民間文人。卷端題“羊洛勑里起北赤心子彙集”,“羊洛勑里”爲地名,今地不詳;“起北”爲齋號。

世德堂主人校鍥。“世德堂主人”爲吴敬所,生平不詳,建業(南京)人,似爲書坊主人。

【版本】

明萬曆間(1573—1620)金陵世德堂刻本

國圖藏,號:XD7692:1-2。原書共2函12册(分别題禮樂射御書數智仁圣義中和),《游翰摭粹》在第三册(射集)。每頁分上下兩欄,上欄版框高8.8釐米,寬13.1釐米;下欄版框高5釐米,寬13.1釐米。四周三邊,白口,無魚尾,(下欄)半葉12行,行17字。第三册上欄爲話本小説《刘熙寰覓蓮記》;下欄爲《游翰摭粹》,實爲賦集。卷端題:“選鍥騷壇摭粹嚼麝譚苑射集卷之一,羊洛勑里起北赤心子彙集,建業大中世德堂主人校鍥,游翰摭粹賦。”版心刻:“〇繡谷春容射集三卷第一　賦類〇　起北齋輯。”版心下方有刻“起北齋輯”的,也有不刻的。

【内容】

《繡谷春容》的版式設計獨具匠心。書分上下兩層,上層爲《芸窗清翫》,實爲中篇小説集,收録《吴生尋芳雅集》《龍會蘭池全録》《聯芳樓記》《劉熙寰覓蓮記》《柳耆卿玩江樓記》《申厚卿嬌紅記》等;下層爲《選鍥騷壇摭粹嚼麝譚苑》,實爲詩詞曲賦雜文之彙編,包括《瓊章摭粹(名家詩)》《璣囊摭粹(名媛詩)》《詩餘摭粹(名家詞)》《彤管摭粹(名媛詞)》《擊築摭粹(名士歌)》《彤管摭粹(名媛歌)》《游翰摭粹(賦)》《新話摭粹》《嘉言摭粹》《垂世教言》《寓言摭粹(傳)》《稗編摭粹(傳)》《怡耳摭粹》《微言摭粹》《瑣言摭粹》《文苑英華》等内容。詳參鄭振鐸《中國文學史》(上册)對該書目録之整理。

該書内容十分龐雜,且具通俗娱樂性質。書中收録詩、詞、曲、賦、話本小説等各類通俗文藝作品,其中第三册下欄爲賦集,名爲《游翰摭粹》,共收賦26篇,篇目如下:《思慎賦》有序(劉知幾)、《知止賦》有序、《知非賦》《謙受益賦》《釋夢賦》《昂藏賦》《蠢子賦》有序、《逐貧賦》《屈原賦》《釋惭賦》《唆訟賦》《賭博賦》《禮貧賦》《憎蒼蠅賦》《憎蚊賦》《病狗賦》《白髮賦》《鬍鬚賦》《歪頭賦》《鬍

髾賦》《禿指賦》《毛裏眼賦》《廁賦》《丫鬟賦》《順風船賦》。無凡例，亦無序，大都爲詠物賦。所詠對象大都是病、殘、髒、怪的人或事物，與正統的文人之作大異其趣。這些賦文辭詼諧幽默，通俗易懂，接近口語，如《順風船賦》："爰命榜人停橈，送杞人登岸，遂開帆而駕洪濤，縱棹而隨烈風。"《病狗賦》："嗚呼，世上人情不如狗，人情不似狗情久。"在嬉笑怒罵中啟人深思，表達作者諷世、刺世、警世的情懷。又如《歪頭賦》："偶倦而奮臂欠伸，依依稀稀，縮頭鱉之扒岸；乘閑而竦肩徐步，彷彷佛佛，無頭鬼之現形"，活靈活現，讓人忍俊不禁。有些句子對仗工整，但仍不失通俗，如《思慎賦》："徒惡其死，而不知救死之有方；但惜其生，而未識衛生之有術。"書中諸賦大都具有消遣娛樂性質，具有濃郁的民間文學色彩，是一部很有特色的俗賦集。

【研究】

《繡谷春容》研究者寥寥，主要局限於幾個方面：一是在討論明朝通俗類書上下兩層的編纂體例的時候有隻言片語的提及，比如劉天振先生的《明代通俗類書研究》（齊魯書社 2006 年版）；二是該書保存了一些稀見的話本小説資料，作爲資料庫而被人所涉及，例如南開大學梁曉萍《艳遇西施故事的流变及其深层文化心理》、臺灣成功大學傅想容《〈金瓶梅詞話〉之詩詞研究》兩篇文章都用到該書。但是辭賦部分，目前尚無人研究。

第三章 賦別集正編

《新刊麗則遺音古賦程式》4 卷(《麗則遺音》),元楊維楨著,元陳存禮編,元黄清老評

【作者】

楊維楨(1296—1370),字廉夫,號鐵崖、鐵笛道人,又號鐵心道人、鐵冠道人、鐵龍道人、梅花道人等,晚年自號老鐵、抱遺老人、東維子,會稽(今浙江諸暨)人。元泰定四年(1327)進士,歷天臺縣尹、杭州四務提舉、建德路總管推官。元末農民起義爆發,楊維楨避寓富春江一帶,張士誠屢召不赴,後隱居江湖,在松江築園圃蓬臺。元末明初著名文學家、書畫家。與陸居仁、錢惟善合稱爲"元末三高士"。有《東維子文集》《鐵崖先生古樂府》《麗則遺音》等。《明史》卷二八五、《新元史》卷二三八有傳。

黄清老(1290—1348),字子肅,人稱樵水先生,福建邵武人,爲黄峭第十六世孫。元泰定四年(1327)進士,累官至翰林編修。學行爲時人所重。爲文馴雅,詩有盛唐風。著有《樵水集》《春秋經旨》《四書一貫》等。

【著録】

《千頃堂書目》卷三十一《騷賦類》:"楊維楨《麗則遺音》四卷。"

《四庫全書總目》卷一百六十八:"《麗則遺音》四卷,江蘇巡撫采進本,元楊維楨撰。維楨《東維子集》不載所作古賦,《鐵崖文集》中亦僅有《土圭》《蓮花漏》《記里鼓車》三作,而他賦概未之及。是集爲賦三十有二首,皆其應舉時私擬程試之作,乃維楨門人陳存禮所編,而刊板於錢塘者。至正二年,維楨自爲之序。其後漸佚不傳。《明史・藝文志》中備録維楨著述書目,亦無是集之名。明末常熟毛晉偶得元乙亥科湖廣鄉試《荆山璞賦》一册,而是集實附卷末,始爲重刻以行。其《荆山璞賦》五首,并綴録於後,以存其舊。

【版本】

1. 元刻配黄丕烈鈔補本

國圖藏,凡 1 函 1 册。書衣有黄色書籤,上題:"麗則遺音,鐵笛道人撰。竹語手摹。"鈐有"陶復菴"印。首楊維楨自叙 1 葉,鈐有"元本""鐵琴銅劍樓""北京圖書館藏"印。次《麗則遺音目録》1 葉,第 2—5 行印有長方形牌記,内有小字 5 行,中有殘缺,末署"至正癸未正月三日",蓋爲刻印時間。鈐有"毛晉""汲

古閣”“毛扆之印”“斧季”“曾藏汪閬源家”“汪振勛印”等印。次正文。版框高16.6釐米，寬10.4釐米。半葉13行，行23字。左右雙邊，黑口，順魚尾。版心正中刻“古付一”（今按：“付”通“賦”）和頁碼。卷端題：“新刊麗則遺音古賦程式卷之一，丁卯進士紹興楊維楨廉夫著，丁卯同年邵武黄清老子肅評。”卷一凡8葉，係鈔補；卷二凡10葉，亦爲鈔補；卷三凡10葉，爲元刊，卷端鈐有“黄淳耀”“藴生”“鐵琴銅劍樓”“季氏珍藏”“汪振勛印”“梅泉”等朱印；卷四凡9葉（含鈔補2葉）。卷末刻有錢塘陳存禮跋1葉（鈔補）。又有黄丕烈墨筆題跋1葉，鈐有“丕烈”“士禮居”“鐵琴銅劍樓”朱印。通共原刊17葉，鈔補23葉。

2. 明末毛氏汲古閣刻本

國圖善本部藏，索書號：19077。凡1册。8行19字，白口，左右雙邊。内容同上。作者自叙仍列卷首，但黄子肅評語移至各卷目録所列篇名之下，卷四末附録《荆山璞賦》五篇，各列考官評語。書末還有胡助跋、毛晉識、陳存禮跋。毛晉識曰：“既得元乙亥（1335）科湖廣鄉試《荆山璞賦》一册，末載廉夫擬賦三十有二篇，標其首曰《麗則遺音古賦程式》，其同年進士黄子肅評焉。”

3. 文淵閣《四庫全書》本

内容同上。版式爲半葉8行，行21字。書末附有《荆山璞賦》5篇，分别爲謝一魯、孔滄、文逢原、范琮、陳孟賓撰。另有胡助跋、毛晉跋各一篇。

4.《歷代賦學文獻輯刊》第140册影印國圖藏元刻配黄丕烈鈔補本

【内容】

楊維楨是元代著名作家，文、賦均佳。其賦遠紹秦漢，效法屈原、宋玉、枚乘、司馬相如之古賦。該書自序云：“余蚤年學賦，嘗私擬數十百題，不過應場屋一日之敵爾，敢望古詩人之則哉？既而誤爲有司所采，則筐篋所有，悉爲好事者持去。近至錢塘，又有以舊所製梓於書坊，卒然見之，蓋不異房桐廬之見故物於破甕中也，且過以‘則’名。”據陳存禮跋，楊維楨曾經訓導諸生爲賦，認爲“不難於填布事實，而難於豁達氣韻”，又稱“先生之賦多英氣，實得於天資，而充之以問學，蔚爲詞宗，誠非一時儕輩之所可及也”。可知楊維楨作賦頗有古風，超卓有英氣，因而爲有司所采，刻印成書，不脛而走，流布四方矣。

《新刊麗則遺音古賦程式》4卷，其門生陳存禮所輯也。該書陳跋云：“存禮生江浙，承先生教學，賦期與古準。……其《太常》《無逸圖》二賦，程文已見；兹得先生私擬，又凡三十有二篇，不敢私有，遂命之梓，以廣其傳。庶斯文未覩之秘，得以一日覩也，豈非後學之快哉！”看來此書所録32篇，乃楊維楨“蚤年學賦，嘗私擬數十百題”之僅存者，曾“爲好事者持去”，流布天下。雖是楊氏早年之作，但因其“叶律鏗鏘，立格古雅，而陳意正大，誠有可則者”（胡助跋），爲場屋之士提供了寫作範本，且附有同年進士黄清老評語，故頗受讀者歡迎。其目録如下：

卷之一:《哀三良》《懷延陵》《弔伍君》《弔望諸君》《悲舒王》《弔陳了翁》《憂釋》《乞巧》;

卷之二:《禹穴》《鎬京》《黄金臺》《秦畤》《麒麟閣》《鳳凰池》《曹娥碑》《摩崖碑》;

卷之三:《太公璜》《正考父鼎》《孔子履》《斬蛇劍》《成露柈》《銅雀瓦》《八陣圖》《吴越王鐵箭》;

卷之四:《狩獵》《神羊》《些馬》《罵蝨》《秬鬯》《蓍草》《琴》《杖》。

每卷 8 篇,共計 32 篇。前三卷皆爲詠古之作,且多爲騷體,感情充沛,風格古雅;第四卷雖爲詠物小賦,亦借物抒懷,饒有古味。元代科舉考試以古賦爲題,此書堪爲範本。正如《四庫全書總目》卷一六八所云:"元代設科,例用古賦,行之既久,亦復剽竊相仍,末年尤甚。如劉基《龍虎臺賦》以塌屋之作,爲世傳誦者,百中不一二也。維楨才力富健,回飈馳霆激之氣,以就有司之繩尺,格律不更,而神采迥異,遽擬諸詩人之賦,雖未易言,然在科舉之文,亦可云卷舒風雲、吐納珠玉者矣。"

所録各賦,黄清老大都做了品評,總評刻於題下,夾批刻於文中。例如卷一《哀三良》賦題之左刻有評語四行:"評云:此題與《延陵》《望諸》,皆騷人題也。自韓子作《田横文》後,難於下手。此作音節既高,議論兼至,讀之使人淒然不自勝,足以繼秦人《黄鳥》之哀,其感慨悲歌之士也。"認爲此賦感動人心,足以繼《詩經·秦風·黄鳥》和韓愈《弔田横文》之後,甚有見地。賦中夾批有"此四句,騷詞中法語也""見得其死,傷於勇矣""亂命不足責,從亂命者可責也""黄鳥用得自活""淒然餘韻"等,有輔助閱讀之效。偶有將總評刻於賦末者,如卷三《承露柈》賦題下有解題六行,則將總評置於賦末:"評云:此題本諷諫題也。稚筆爲之,不失於空疏,則傷於窒塞。是作辭氣浩然,可畏也。"從這些評語,可知元代賦壇崇尚古賦、騷賦,追求"寓史斷於騷人之詞"(《弔魏了翁》評語)的"麗則"境界。賦中還刻有圈點、塗抹,例如卷三《八陣圖》,"非王業之所基兮,徒抗喻乎中都"13 字右側有抹,"帝中山之苗裔兮,廼獨厄此中隅"13 字右側有圈。各賦還多有朱筆點讀,不贅。

【研究】

黄仁生撰有《鐵崖賦考論》(《中國韻文學刊》1993 年第 2 期)、《鐵崖賦篇目及其版本源流考》(《文獻》1994 年第 1 期),學位論文有馬洪花《楊維楨辭賦研究》(湖南師範大學 2010 年碩士學位論文),可參。根據黄仁生的研究,《麗則遺音》四卷共收賦 32 篇,《鐵崖賦稿》二卷共 50 篇,《青雲梯》三册收鐵崖賦 69 篇,明弘治刻本《鐵崖文集》五卷收賦 3 篇,明萬曆刻本《楊鐵崖先生文集十一卷》收賦 35 篇,清初印溪草堂抄本(金俊明校)《東維子集十六卷》收賦 33 篇,明刻本《史義拾遺》收賦 1 篇,清陳元龍《歷代賦彙》收鐵崖賦 32 篇,清抄本《楊鐵崖先生文集全録四卷》收賦 3 篇。去其重複，楊維楨賦現存 87 篇。

《鐵崖賦稿》2 卷（《楊鐵崖先生藳》），元楊維楨撰

【版本】

1. 清仁和勞氏據何元錫編定本影抄本（《續四庫》1325 册）

上圖藏。勞權校，勞格校並跋，二册。又有朱子新跋、黄丕烈跋。

2. 清仁和勞氏抄校本

南圖藏。《楊鐵崖賦稿》二卷，一册。

3.《輯刊》第 140 册影印國圖藏抄本

此本卷首有明弘治甲子春（1504）孫舉人吕肅序 2 葉（後人過録，非原稿）；次正文。半葉 11 行，行 21 字，地腳小字注每行 7 字。卷端題："楊鐵崖先生藳集卷"，而版心中部書"鐵崖賦稿（上）"和頁碼。書名以版心爲準。鈐有"景葵所的善本""合衆圖書館印"。卷上 40 葉，卷下 37 葉（41—76）。書末有明洪武三十一年（1398）朱燧子新跋、嘉慶二十年（1815）季夏復翁（黄丕烈）跋和《青雲梯第二册鐵笛諸賦目》，凡 4 葉。

【内容】

本書收賦 50 篇，俱爲《麗則遺音》所未載者。其中《八陣圖賦》二書題同而文異，《姑蘇臺賦》也爲同題二文，僅《五雲書屋賦》一篇另見於《東維子集十六卷》。《四庫未收書目提要》曰："此則未刻稿也……書爲洪武三十一年（1398）海虞朱隧子新氏手録。《文瑞樓書目》有《鐵崖賦》一卷，即此本也。"

《大明一統賦》（《皇輿要覽》）3 卷，明莫旦撰

【作者】

莫旦（1429—?），字景周，號鱸鄉，吴江（今屬江蘇）人。明成化元年（1465）中舉，卒業太學，作《大明一統賦》，名動京師。後授新昌訓導。成化九年（1473）遷南京國子監學正，乞歸。年八十餘卒。著有《鱸鄉集》《吴江志》《新昌縣志》《松陵志》等。生平略見《（乾隆）吴江縣志》卷三二、潘檉章《松陵文獻》卷九。

【版本】

1. 明嘉靖十五年（1536）鄭普刻本

北大藏，號：SB/981.5/4460。本書 1 函 3 册。半葉 10 行，行 20 字，小字雙行同，左右雙邊，白口，單黑魚尾。卷端頂格鎸"大明一統賦上"，次行即爲賦序。書末署"巡撫山東閩人蔡經校定，門人南安鄭普刊行，嘉靖丙申菊月識"3 行。鈐有"潘有錫印""九如""北京大學藏書"章。按：《四庫禁毀書叢刊》據此影印，在史部第 21 册。

2. 明嘉靖間(1522—1566)刻本

國圖藏,號:87804。本書1函3册,書高26.5釐米,寬17.5釐米,卷首鈐"雲皋""星湖晚漁""錫鬯""朱彝尊印""□□□□施振成五十歲後所印""張壽鏞印""四明張氏約園藏書之印""北京圖書館藏"共8枚印章。首頁第一行鎸"大明一統賦卷之一",次行"賦上",三行開始正文。半頁9行,行19字,小字雙行同,白口,四周單邊,無魚尾。版框高21.4釐米,寬15釐米。筆畫模糊,蓋爲後印之本。

3. 明嘉靖三十年(1551)刻本

國圖藏,號:12537。未查。

4.《輯刊》第153册影印上圖藏明刻本(此本4卷删附1卷,别名《皇輿要覽》)

本書卷首有明胡文焕《皇輿要覽序》3葉,鈐有"莆亭封氏貴進州藏書印""德陽陶氏藏書畫之章";次胡先盛《皇輿要覽跋》1葉;次《删附》19葉,卷端題:"大明一統賦删附,國子監學正臣莫旦謹撰,國子監監生臣胡文焕謹校。"鈐有"金吴封漣藏經籍金石印""上海圖書館藏"印。以下正文。左右雙邊,白口,對、白魚尾,上魚尾下有〇。半葉10行,行20字。卷端題:"大明一統賦卷之一,國子監學正臣莫旦謹撰,國子監監生臣胡文焕謹校。"版心頂部刻"一統賦卷一",底部刻頁碼。

【内容】

本書又名《皇輿要覽》,内容與《大明官制》《一統志》《廣輿圖》相近,而使用賦體寫成。莫旦自序言:"竊觀古人於國家德業之盛,必托諸賦,以鋪張之,以昭映于無窮。"故賦中假託不虚先生與瀛洲真人問答以立言,詳細描述明代疆域地形、建置沿革,郡邑山川,以至民風土俗、人物吟詠,概撮其要,靡不畢具,最後附論外夷,具有重要的地理學價值。全書分賦上、賦中、賦下三段,包括21小節。作者仿效左思《三都賦》、王十朋《會稽三賦》的結構和筆法,歌頌明代大一統盛況,其鴻才博識,令人驚歎。正文膾炙人口,注文資料豐富。《歷代賦彙》卷三十五收録此賦全文,但删去注釋。卷前有《删附》並注19葉,介紹周邊小國,亦使用賦體寫成,朗朗上口。

《大明一統賦補》4卷,明莫旦撰

【著録】

《千頃堂書目》卷三十一《騷賦類》著録:莫旦《明一統賦補》四卷(字景周,吴江人,成化乙酉舉人,南京國子監學正。别有《鱸鄉集》)。

清徐乾學《傳是樓書目》:《大明一統賦》四卷,明莫旦,四本。

【版本】

1. 明弘治間(1488—1505)刻本

北大藏,索書號:NC/3020.7/4361。本書凡2卷,1函2册,藍色書衣,上鈐“燕京大學圖書館珍藏”印。書高28.8釐米,寬18.4釐米。無目録,卷端頂格鎸“大明一統賦補一卷”,下即爲莫旦賦序和正文。左右雙邊,白口,單黑魚尾。版框高19.6釐米,寬15.1釐米,半葉10行,行19字,小字雙行同。版心刻“大明一統賦卷之某”和頁碼。卷一凡33葉,卷二亦33葉。北大圖書館定爲“明弘治間刻本”,不詳所據。

2. 明刻本

國圖善本部藏,索書號:05227。本書凡4卷,1函2册。無目録,卷端頂格鎸“大明一統賦補一卷”,下即爲莫旦賦序和正文。左右雙邊,白口,單黑魚尾。半葉10行,行19字,小字雙行同。版心刻“大明一統賦卷之某”和頁碼。卷一凡33葉,卷二亦33葉,卷三共37葉,卷四共35葉。鈐有“于昌進珍藏”“于氏小謨觴館”“善本”“北京圖書館藏”等印。今按:于昌進,山東文登人,清代道光、咸豐年間藏書家,齋號小謨觴館。

【内容】

與《大明一統賦》(明嘉靖十五年鄭普刻本,以下簡稱“原賦”)相比,《大明一統賦補》(以下簡稱《補》)有以下變化:1. 文字改動。例如原賦卷一“駕風鞭霆,仗劍而起”句,《補》改作“兆應瑞雲,符乘王氣”。原賦卷二“錫圭僭爵,建國封王,則秦晉周楚,齊魯韓唐,遼岷代肅,慶谷安湘,潭伊瀋郢,附以靖江”一段,《補》改作“錫圭僭爵,建國封王,則秦周楚郢,潭吴齊晉,代肅寧岷,朝安魯慶,黄趙唐伊,遼湘蜀瀋”,文字、韻腳都有了變化。2. 格式變動。原賦在一大段正文之後,集中刻印注釋,例如在開頭至“肉腐敗而多蠅”一段之下,列出“紅巾賊”“白蓮會”“僞漢”等6個詞條(大字),每個詞條下刻有雙行小字注釋。而《補》卻把每條注釋直接刻印在正文中相應詞句之下。3. 增補釋文。例如前引“秦晉周楚,齊魯韓唐,遼岷代肅,慶谷安湘”一段,原賦無注,《補》在“秦”字下注“在陜西西安府”,“晉”字下注“在山西太原府”,“周”字下注“在河南開封府”,“楚”字下注“在湖廣武昌府”。“谷”“安”“湘”諸字下無注,蓋不詳何地,故從缺。

《明一統賦》3卷,明廖世昭撰,未知存佚

【作者】

廖世昭,字師賢,明福建懷安人,正德十二年(1517)進士,任海州知州,以病改國子監博士。好讀書,有文名。著有《越坡稿》《明一統志略》。

【著録】

清黄虞稷《千頃堂書目》卷三十一:廖世昭《明一統賦》三卷。(清萬斯同《明史》卷一百三十六《藝文志·集部》、清張廷玉《明史》卷九十九《藝文志·集類》同。)

《幽憤三賦集》一卷,明佚名撰,佚

【著録】

明祁承㸁《澹生堂藏書目》:《幽憤三賦集》一卷,一册。

清黄虞稷《千頃堂書目》卷三十一:《幽憤三賦集》一卷,不知撰人。

【内容】

本書收録3篇抒憤之作,原爲1册,不知何人所作(編)。亡於清代。

《玉茗堂賦》6卷,明湯顯祖著

【作者】

湯顯祖(1550—1616),字義仍,號海若、若士、清遠道人,江西臨川人。明代著名戲曲家、文學家。萬曆十一年(1583)進士,在南京先後任太常寺博士、詹事府主簿和禮部祠祭司主事。萬曆十九年(1591)因觸怒萬曆皇帝而被貶爲徐聞典史,後調任浙江遂昌縣知縣。萬曆二十六年(1598)棄官歸里,潛心於詩詞和戲劇創作。其戲劇作品《牡丹亭》《紫釵記》《南柯記》《邯鄲記》合稱"臨川四夢"(或玉茗堂四夢),影響甚巨。詩作有《玉茗堂全集》四卷、《紅泉逸草》1卷、《問棘郵草》2卷。《明史》卷二三〇有傳。

【版本】

1. 明天啟年間《玉茗堂全集》本

北大藏,索書號:SB/810.09/3663。本書凡2册,在《玉茗堂全集》第2函(第十一、十二册)。書高26.2釐米,寬16.3釐米。四周單邊,白口,無魚尾,半葉7行,行18字。版框高21.7釐米,寬13.2釐米。字體碩大,版式疏朗。首目録2葉,鈐"國立北京大學藏書"章。正文首行頂格刻"玉茗堂全集",次行署"臨川義仍湯顯祖著",三行"賦",四行賦題,五行以下爲正文。版心刻"賦,一卷"和頁碼。

按:《玉茗堂全集》共42卷,2函20册。首《玉茗堂全集序》(韓敬)6葉,次《玉茗堂詩集》20卷(10册);次《玉茗堂賦集》6卷(2册),次《玉茗堂尺牘》6卷(1册),次《玉茗堂文集》13卷(7册)。

2.《輯刊》140册影印天圖藏明天啟刻《玉茗堂全集》本

【内容】

《玉茗堂賦集》共6卷,輯録湯顯祖賦26篇。其中卷一收11篇:《和尊言賦》《庭中有異竹賦》《療鶴賦》《百仙圖賦壽郭年伯相奎父》《池上四時圖賦》《匡山館賦爲友人豫章胡孟弢作》《銅馬湖賦爲友人金壇鄧伯羔作》《愁霖賦》《懷人賦》《吏部棲鳳亭賦》《哀黄生賦》;卷二收5篇:《遊羅浮山賦》《秦淮可遊賦》《青雪樓賦》《西音賦》《嗤彪賦》;卷三有3篇:《大司馬新稱王公祖德賦》《感宦籍賦》《奇喜賦》;卷四有3篇:《四靈山賦》《霞美山賦》《浮梁縣新作講堂賦》;卷五有4篇:《懷恩念賦》《高致賦》《西爲心賦》《哀偉朋賦》;卷六有1篇長賦《豫章攬秀樓賦》。《歷代賦彙》全部收録。孫海洋認爲"其爲辭賦,精於章法,長於議論,筆力豪贍而體式多變"①。

《賦草》1卷,明余紹祉撰

【作者】

余紹祉,字子疇,自號疑庵居士,婺源(今屬江西省)人。《賦草》卷端署"新安余紹祉子疇甫著",今考新安爲古代郡名,所轄地域包括今安徽黄山市、績溪縣及江西婺源縣、浙江建德市、淳安縣。明萬曆間諸生。善古文,工行草。四試科場不第,遂托迹蕭寺,不應有司禮召。著有《詩草》《賦草》《山居瑣談》《山中吟草》《元丘素話》《訪道日録》《晚聞堂集》等。事迹略見《(道光)徽州府志》卷一五。

【版本】

1. 明崇禎間《余子疇先生雜著》本

國圖藏,號:13022。本書爲《余子疇先生雜著》六種之一,上接《訪道日録》。無封面頁。左右雙邊,白口,單、白魚尾。半葉9行,行18字。卷端題:"賦草,新安余紹祉子疇甫著。"版心頂部刻"賦草",底部刻頁碼。墨色淺淡,似爲後印本。

2.《輯刊》第141册影印國圖藏明崇禎間《余子疇先生雜著》本

【内容】

本書收録余紹祉賦6篇:《思遊賦》《白雲窩賦》《坐賦》《煎茶賦》《墨賦》《墨賦(其二)》。由於作者屢試不第,沉淪下僚,生活困頓,但又懷有隱逸之志,因而賦中或描寫淒苦生活,或抒發高蹈之情,當然也有反映文人雅趣的作品。例如《白雲窩賦》賦序云:"余子結廬於天子鄣深谷中,雲白山青,樹深泉洌,鳥道崎嶇,人迹罕至,修白業而養聖胎,莫宜於此。余子樂焉,爲之賦曰。"就反映了他晚年隱居山林、遠離塵世、追求内心至樂的人生境界。

《青錦園賦草》1卷,明葉憲祖撰

【作者】

葉憲祖(1566—1641),字美度、相攸,號六桐、桐柏、槲園外史、槲園居士,又稱紫金道人,餘姚(今屬浙江省)人。明萬曆四十七年(1619)進士,知新會縣,

---

① 孫海洋:《明代辭賦述略》,中華書局2007年版,第242頁。

遷大理寺評事,轉工部主事。因譏諷魏忠賢而被免職,歸里講學。崇禎三年(1630)起補南京刑部主事,出守順慶(今四川南充),又擢辰沅(今湖南沅陵)備兵副使,改廣西按察使,因疾未赴。著有傳奇、雜劇三十餘種,行於世。此外尚有《白雲初稿》《青錦園集》《蜀遊草》《大易玉匙》等。生平事迹見《(康熙)紹興府志》卷五〇、《(康熙)浙江通志》卷三七等。

【版本】

1. 民國二十四年(1935)鄞縣林氏木活字《藜照廬叢書》本

國圖藏,號:41456:3。本書是《藜照廬叢書》之一種。無書名頁,首葉憲祖《青錦園賦草序》2 葉,次目録 1 葉,次正文。左右雙邊,黑口,雙、黑魚尾。半葉 9 行,行 20 字,小字雙行同。卷端題:"青錦園賦草(附廣連珠),姚江葉憲祖美度父著。"版心中部刻"青錦園賦草",底部刻"藜照廬叢書"。無鈐印。

2.《輯刊》第 141 册影印民國二十四年鄞縣林氏木活字《藜照廬叢書》本

【内容】

本書收録葉憲祖古體賦 9 篇,附録《廣連珠》30 首,由作者手自編定,以時代爲序。卷首有葉憲祖自序,詳細交代每篇賦的創作緣由和主旨。例如首篇《祥鵲堂賦》,自序云:"乙丑歲從輯瑞之後,怒干禁椓,夢斷清華,抑授廷評,實有卜兆,作《祥鵲賦》第一。"可知該賦作於天啟五年乙丑(1625)。其餘諸篇,大都作於 1625 到 1632 的八年間。編定、初刻時間,爲崇禎五年壬申(1632)作者"拜安漢之命",出守順慶(今四川南充)之時。葉憲祖寫賦,皆有爲而發,絶非風月花草、賣弄辭藻之輩。例如《相思鳥賦》《後相思鳥賦》,作於"投里閑居",即罷官返鄉之時,借歌詠相思鳥,來表達"永脱樊籠之外,自保室家之樂"的情懷。各賦皆無圈點、評騭。

[非文學賦]

《朝鮮賦》1 卷,明董越撰

【作者】

董越(1437—1502),字尚矩,號圭峰,寧都(今屬江西)人。明成化五年(1469)進士,授翰林院編修。九年,進侍讀,任東宫講讀、經筵講官。弘治初年遷右庶子,出使朝鮮。與修《憲宗實録》,升任太常寺少卿兼侍讀學士,後歷任南京禮部右侍郎、南京工部尚書。謚文僖。著有《董文僖集》《使東日録》等。生平事迹見《國朝獻徵録》卷五二、《殿閣詞林記》卷五。

【版本】

1. 明抄《國朝典故》本

國圖藏,號:18131。《國朝典故》是一部叢書,包括《懸笥瑣探》《瑯琊漫鈔》《日詢手鏡》《朝鮮記》《朝鮮賦》《平彝賦》,凡 6 種。《朝鮮賦》爲第五種。使用固定紙型抄寫。首《朝鮮賦引》20 行,下爲正文。四周雙邊,白口,無魚尾。半葉 9 行,行 22 字。首行題:“朝鮮賦,寧都董鉞撰。”董鉞,即董越。正文凡 18 葉。末有王政《朝鮮賦後序》18 行。下接《平夷賦》(封面作“平彝賦”,當以正文爲是)。

2. 清康熙六十一年(1722)朱琦抄本

北大藏,號:LSB/5067。1 函 1 册。

3. 民國四年(1915)南昌豫章叢書編刻局《豫章叢書》本

北大(X/081.475/4764:5)、山大(086.24/236B)、鄭大(Z73/1703)藏。

4.《輯刊》第 135 册影印國圖藏明抄《國朝典故》本

【内容】

明孝宗弘治初年,董越以右春坊右庶子兼翰林院侍講,同刑科給事中王敞一同出使朝鮮,因述所見所聞,寫作此賦。又倣謝靈運《山居賦》例,自爲之注。賦中所言,皆能與《明史·朝鮮傳》相合,知其信而有徵,非鑿空也。大凡朝鮮“土地之沿革,風俗之變易,以及山川、亭館、人物、畜産”,無不詳録。今考董越出使朝鮮,逗留僅一月有餘,見聞未必周洽。賦中所記,乃是將典籍記載和耳目所及相合,故内容詳贍,資料豐富。

《藥性賦》1 卷,舊題元李杲撰

【作者】

李杲(1180—1251),字明之,晚年自號東垣老人,真定(今河北正定)人。少時好醫藥,通《易》《書》《春秋》,博聞強記,嘗援例任濟源監税官。殫心研究《内經》《傷寒》諸醫典,於醫理多有發明,首倡“内傷脾胃,百病由生”之論,著《脾胃論》以闡其説,自成“補土”一派。著有《脾胃論》《蘭室秘藏》《内外傷辨惑論》《珍珠囊指掌補遺藥性賦》等。《元史》卷二〇三有傳。

【著録】

《四庫全書總目》卷一百五《子部·醫家類存目》稱:“《珍珠囊指掌補遺藥性賦》四卷(侍郎金簡購進本),舊本題金李杲撰。考《珍珠囊》爲潔古老人張元素著,其書久已散佚,世傳東垣《珍珠囊》乃後人所僞托,李時珍《本草綱目》辨之甚詳。是編首載寒熱温平四賦,次及用藥歌訣,俱淺俚不足觀。蓋庸醫至陋之本,而亦托名於杲,妄矣。”

《續通志》卷一百六十一《藝文畧·醫書》著録:“《珍珠囊指掌補遺藥性賦》四卷(舊本題金李杲撰)。”

今按:《藥性賦》分爲寒、熱、温、平 4 篇,約三千字。同《珍珠囊》等醫書或者藥性歌訣合併刊行,故或作 1 卷,或作 4 卷,或作 6 卷,或作 8 卷;書名或作《藥性賦》,或作《珍珠囊補遺藥性賦》,或作《雷公藥性賦》,不一而足。凡以《藥性賦》爲核心或者總綱領者，皆著録於此。

又，明李時珍《本草綱目》卷一上著録劉克用《藥性賦》，明末清初黄虞稷《千頃堂書目》卷十四著録熊宗立《原醫圖葯性賦》八卷和馮鸞《葯性賦》一卷，而李杲《藥性賦》則未見著録。所以，四庫館臣懷疑此書"蓋庸醫至陋之本，而亦托名於杲"。

【版本】

1. 明刻《醫要集覽》本

本書1卷，國圖善本部藏，索書號：18643。《醫要集覽》凡8種8卷，1函6册，分别題"禮樂射御書數"，以示區别。《藥性賦》1卷，在《醫要集覽》射集（第3册），與《珍珠囊》合爲一册。四周雙邊，大黑口，雙魚尾。半葉10行，行20字，有句讀。卷端題："醫要集覽卷之一，藥性賦，寒。"版心頂部刻"醫要集覽"，魚尾之下刻"卷一（藥性賦）"和頁碼。賦僅7頁。

此外，《醫要集覽》禮集（第1册）爲《脈賦》1卷；御集（第4册）有《傷寒活人指掌提綱》1卷，卷端題"活人指掌賦"。細讀之，二者皆爲賦體。

附：《醫要集覽》6册收書情況（8種8卷）：

禮集（第一册）：《脈賦》1卷附《王叔和脈訣》等

樂集（第二册）：《用藥歌訣》1卷

射集（第三册）：《藥性賦》1卷、《珍珠囊》1卷

御集（第四册）：《傷寒活人指掌提綱》1卷、《復真劉三點先生脈訣》1卷

書集（第五册）：《諸病論》1卷

數集（第六册）：《難經》1卷

2. 明弘治六年（1493）桂堂刊本

《珍珠囊補遺藥性賦》4卷，參丁福保、周雲青《四部總録醫藥編》（中册）。

3. 明天啟二年（1622）吴郡錢允治校訂本

4. 明嘉靖丁未（1547）宋之翰重刊本

《珍珠囊補遺藥性賦》4卷，參丁福保、周雲青《四部總録醫藥編》（中册）。

5. 明書林黄燦宇刻本

本書3卷，題"鼎刻京板太醫院校正分類青囊藥性賦"，國圖善本部藏，索書號：16382。原書2册，攝爲一卷。此本左右雙邊，白口，無魚尾，無界行。分上下兩欄，半葉10行，每行上欄8字，下欄18字。卷端題："鼎刻京板太醫院校正分類青囊藥性賦卷之上，太醫院羅必煒校正，閩藝林黄燦宇刊行。"首葉上欄爲《用藥法象》，下欄爲《諸品藥性陰陽論》。鈐有"長樂鄭振鐸藏書""北京圖書館藏"印。書末有一牌記"閩建書林黄燦宇刊"，鈐有"長樂鄭氏藏書之印"。

按：此書各篇名皆以雙欄框起，十分醒目。如下欄卷上有《諸品藥性陰陽論》《用藥凡例》《寒性類》《熱性類》《温性類》《平性類》《諸品藥性主治指掌》

等,卷中有《玉石部》《草部上》《草部中》,卷下有《草部下》《人部類》《蟲魚部類》。這些題目上皆有雙行邊框。此書的版式設計分上下兩欄,以《藥性賦》爲核心、輔以大量相關資料加以對照和説明的方式,對清代的《藥性賦》刊刻甚有影響。

6. 清康熙三十八年(1699)刻《醫要集覽》八種本

國圖藏,號:t2865:1。此書在提善過程中,不可見。據著録,該書四周單邊,白口,單魚尾。半葉10行,行20字。

7. 清經綸堂刻《重訂醫方藥性合編》本

本書2卷,題"太醫院增補青囊藥性賦直解",國圖藏,索書號:21916:1。本書凡1册。書高18釐米,寬11.3釐米。書衣右側以墨筆書寫"乙巳仲春中旬一日重訂,逸性散人",左上題寫書名"醫方藥性合編";扉頁寫有"醫宗金鑒、本草剛目、食物本草"等醫書名共26種。内封B面鎸:"太醫院原本,重訂醫方藥性合編,經綸堂梓。"上下雙欄,上欄12行10字,下欄12行18字。版框高14釐米(其中上欄高5.2釐米,下欄高8.8釐米),寬9.9釐米。白口,四周單邊,單魚尾,版心有書名、卷數和頁數。卷端題:"大醫院增補青囊藥性賦直解卷之上,大醫院羅必煒參訂,閩書林楊能儒梓行。"無目録。有"北京圖書館藏"章。

8. 清彰府聚盛堂刻本

本書4卷,題"太醫院增補珍珠囊藥性賦直解",國圖藏,號:132592。本書凡1册,書高19.4釐米,寬11.8釐米。内封B面鎸:"壬寅年孟冬鎸,繡像珍珠囊,藥性賦,(十八年)彰府聚盛堂梓。"首《目録》1葉,次《歷代名醫圖贊》9葉,次正文。四周單邊,白口,無魚尾,版框高16釐米(上欄5.7釐米,下欄10.3釐米),寬10.4釐米。每半葉12行,上欄每行10字,下欄每行18字。卷一上截有《用藥法象》《諸臟五欲》《諸臟五苦》《五氣湊五臟例》等内容,下截有《諸品藥性陰陽論》《寒性類》(共六十二種)、《熱性類》(共六十種)、《温性類》(共五十四種)、《平性類》(共六十八種)、《諸品藥性主治指南》等内容。卷端題:"太醫院增補珍珠囊藥性賦直解卷一,太醫院羅必煒參訂。"

9. 清刻王晉三重訂本

本書2卷,題"珍珠囊指掌補遺藥性賦",又名"雷公藥性賦"(版心),國圖藏,號:131992。本書1函4册。書高23.9釐米,寬15釐米。内封B面鎸:"李東垣先生輯,增補雷公炮製藥性賦解。"四周單邊,白口,單、黑魚尾,半葉11行,行24字。欄高21釐米,寬13.7釐米。版心上方刻"雷公藥性賦",下方刻卷數、篇名和頁碼。首《藥性賦原叙》1頁,次《目録》若干頁(各藥名之下有性能介紹,小字雙行),次正文。卷端題:"珍珠囊指掌補遺藥性賦卷之一,東垣李杲編輯,吴門王晉三重訂。"

10. 清懷初堂鈔本

本書4卷,題"珍珠囊指掌補遺藥性賦",國圖藏,號:129896。本書1函4册。書高23釐米,寬14.2釐米。每半葉9行,行20字。烏絲欄,欄高17.3釐米,寬12.2釐米。使用懷初堂固定紙型鈔寫:四周雙邊,白口,單魚尾,版心鈔有書名、卷名、篇名、頁碼和"懷初堂"字樣。首《珍珠囊指掌補遺藥性賦總目》1葉,次《珍珠囊指掌補遺藥性賦目録》8葉,次正文。卷端題:"珍珠囊指掌補遺藥性賦卷之一,元東垣李杲編輯,明吴郡錢允治校訂。"無印章。

11. 清嘉慶十九年(1814)黎照樓刻本

本書4卷,題"重訂藥性賦解",國圖藏,號:131552。本書1函2册,封面頁鐫:"雷公炮製,重訂藥性賦解,黎照樓藏板。"首《藥性賦原叙》2葉,次《雷公炮製藥性賦總目》1葉,次《珍珠囊指掌補遺藥性賦卷之一目次》和卷二、卷三、卷四目次13葉(第2—14葉),次正文。四周單邊,白口,單黑魚尾,版框高20.3釐米,寬13.4釐米。半葉10行,行24字。無界行。藥名框起,醒人眼目。刻有句讀。卷端題:"珍珠囊指掌補遺藥性賦卷之一,東垣李杲編輯,吴門王晉三重訂。"

12. 清光緒二十三年(1897)光明莊刻本

本書4卷,山東省圖書館藏。據《四庫全書存目叢書》子部41册,該書卷首有《雷公藥性賦原叙》1葉,次《珍珠囊指掌補遺藥性賦卷之一目次》和卷二、卷三、卷四目次14葉,次正文。左右雙邊,白口,單黑魚尾,半葉11行,行22字。無界行。卷端題:"珍珠囊指掌補遺藥性賦卷之一,東垣李杲編輯,金陵鳳笙濮禮儀重校。"版心刻有"雷公藥性賦,卷一(總賦)"、頁碼和"李光明莊"字樣。

13. 清光緒三十二年(1906)蘇州埽葉山房刻本

本書4卷,題"雷公炮製藥性賦",國圖藏,號:21822。本書1函4册,前兩册爲《雷公藥性賦》4卷,後兩册爲《雷公藥性解》6卷。内封B面鐫:"光緒丙午孟春重刊,雷公炮製藥性賦,蘇州埽葉山房藏板。"鈐有"埽葉山房督造書籍"印。首《藥性賦原叙》2葉,次《珍珠囊指掌補遺藥性賦卷之一目次》和卷二、卷三、卷四目次凡9葉(各藥名之下有性能介紹,小字雙行),次正文。四周單邊,白口,單黑魚尾,版框高17.7釐米,寬13.1釐米。半葉12行,行24字。卷端題:"珍珠囊指掌補遺藥性賦卷之一,東垣李杲明之編輯,吴門王子接晉三重訂。"行間有朱筆圈點,天頭有墨筆評注。版心刻"雷公藥性賦　卷一總賦"、頁碼和"埽葉山房"字樣。鈐"北京圖書館藏"印。

按:據丁福保、周雲青主編《四部總録醫藥編》(中册)可知,《珍珠囊補遺藥性賦》4卷,有明弘治癸丑桂堂刊本、嘉靖丁未宋之翰重刊本、四庫存目中國醫學大成本和朝鮮刊本四個版本。

14.《輯刊》第185册影印國圖藏明刻《醫要集覽》本

此本《藥性賦》之後尚有《藥象陰陽補瀉之圖》《諸品藥性陰陽論》等,版心亦刻"藥性賦"3字,可以視爲《藥性賦》的目録。

【内容】

《藥性賦》舊題元李杲撰,蓋爲明代人僞託。本賦將常見中藥分爲寒、熱、温、平四性,以賦的形式介紹其性能功效,以便於人們口誦記憶。全賦分4篇,約三千字。由於同《珍珠囊》等醫書或者藥性歌訣合併刊行,故或作1卷,或作4卷,或作6卷、8卷;書名或作《藥性賦》,或作《珍珠囊補遺藥性賦》,或作《雷公藥性賦》,不一而足。開篇云:"諸藥賦性,此類最寒。犀角解乎心熱;羚羊清乎肺肝。澤瀉利水通淋,而補陰不足;海藻散癭破氣,而治疝何難。"其中"寒""肝""難"爲韻,確實能幫助背誦。但由於賦體語言的精煉,以及押韻、對仗的要求,其對藥性的揭示也衹能是寥寥數語,簡練準確,但無法做到詳細和全面。因此,刻書者往往將《藥性賦》與《珍珠囊》《用藥法象》《諸臟五欲》《諸臟五苦》《五氣湊五臟例》《五行五色五味走五臟主禁例》《五臟補瀉主治例》《諸品藥性陰陽論》等介紹臟腑和藥性的資料合併刊行,前者供記誦,後者供查閲。作者充分利用賦體長於鋪陳、句式靈活的長處,對不同中藥的品性、功效、特點進行較爲簡練而準確的概括,講究押韻,讀起來十分順口。與卷帙浩繁的《本草綱目》不同,本賦因篇幅短小,易於抄録、背誦而成爲明清時期下層從醫人士的速成讀本,也可供普通百姓使用,流傳甚廣。

補遺部分也是賦體。例如《玉石部》:"藥能治病,醫乃傳方。當明藥品貴賤良毒之異,須嘗氣味酸鹹苦辣辛甘。功力有急緩,性癥有温涼。本草之作,肇始炎皇。未言草木之品彙,且提玉石之紀綱。……生銀屑鎮驚安五臟,鍾乳粉補虚而助陽。代赭石能墮胎而可攻崩漏,伏龍肝治産難而吐血尤良。"很顯然,這些句子或四言,或五言,或六言,或七言,或八言,甚至有十一言、十二言者,但大都符合賦體文學的基本特徵。

【研究】

整理本甚多,主要有:北京中醫學院中藥教研組《藥性賦白話解》(人民衛生出版社1960年版)、南通市中醫院《藥性賦增注》(江蘇人民出版社1961年版)、謝錫亮《〈藥性賦〉注解》(山西人民出版社1982年版)、盧丙辰等《增補藥性賦白話解》(中國中醫藥出版社1993年版)、徐峰等《〈藥性賦〉評注》(人民軍醫出版社2011年版)等十餘種。

論文有王以文《藥性賦補遺》(《浙江中醫學院學報》1984年第3期)、章汝耿《〈珍珠囊補遺藥性賦〉質疑》(《浙江中醫學院學報》1988年第6期)、王今覺《〈藥性賦〉著者探析》(《中國醫藥學報》1999年第1期)、王今覺《〈珍珠囊補遺藥性賦〉書名研析》(《中國中藥雜誌》2000年第11期)、馮保華、周潔《〈珍珠囊補遺藥性賦〉作者辯》(《中醫研究》2002年第2期)、黄志輝等《〈藥性賦〉與〈中國藥典〉2010版藥性對比分析》(《亞太傳統醫藥》2014年第14期)、李柳驥等

《〈淑景堂藥性賦〉與〈珍珠囊藥性賦〉比較研究》(《吉林中醫藥》2012 年第 12 期)等。但皆研其内容,而無探其賦藝者。

【附録】

《大醫院增補青囊藥性賦直解》上下兩截内容一覽表

分卷		上截	下截
卷之上	卷一	用藥法象 諸臟五欲 諸臟五苦 五氣湊五臟例 五行五色五味走五臟主禁例 五臟補瀉主治例 諸藥相反 四時用藥法 用藥丸散 用藥身稍根法 用藥心法 諸藥主病	諸品藥性陰陽論 寒性類　共六十六種 熱性類　共六十種 温性類　共五十四種 平性類　共六十八種 諸品藥性主治指掌
	卷二	初學萬金一統要訣	玉石部
卷之下	卷三	每部各有浮中沉起至傷風身熱有汗	草部上　草部中　草部下
	卷四	果品部　米穀部 蔬菜部　禽獸部	木部類　人部類　蟲魚部類 附製方君臣佐使法 用藥各定分兩　湯液煎造 古人服藥活法　古人服藥法

《劉克用藥性賦》不分卷,明劉克用撰,未知存佚

【作者】

劉克用,生平不詳,蓋爲明代前期醫藥學家。

【著録】

明李時珍(1518—1593)《本草綱目》卷一上《序例上 · 歷代諸家本草》著録:"劉克用《藥性賦》。"

《原醫圖葯性賦》8 卷,明熊宗立撰,未知存佚

【作者】

熊宗立,字道軒,明代建陽人,劉剡之門人,好講陰陽醫卜之術。著有《洪範九疇數解》三卷、《素問運氣圖括定局立成》一卷、《金精鰲極》六卷、《通書大全》

三十卷、《傷寒運氣全書》十卷、《傷寒活人指掌圖論》十卷、《山居便宜方》十六卷、《丹溪治痘要法》一卷,注解《太玄賦》《雪心賦》《難經》《脉訣》諸書、《藥性賦補遺》、《婦食方》等。

【著録】

清初黄虞稷(1629—1691)《千頃堂書目》卷十四《醫家類》著録:"熊宗立《原醫圖葯性賦》八卷(别字道軒,建陽人,從劉剡學,通陰陽醫卜之術)。"

《馮鸞葯性賦》1 卷,明馮鸞撰,未知存佚

【作者】

馮鸞,明通州(今屬北京)歲貢生,精岐黄術,爲郞西知縣,民有疾,具呈求方,輒效,上官及同寮遠近延之。後歸,解所得藥金遺諸子,曰:"此從一部本草中來,非官資也。"著有《醫學大成》七卷、《傷寒統會》七卷、《醫説補遺》一卷等。

【著録】

清初黄虞稷《千頃堂書目》卷十四《醫家類》著録:"馮鸞《葯性賦》一卷。"

《江南通志》卷一百九十二《藝文志・子部醫家》著録:"《藥性賦》一卷(通州馮鸞)。"

《嚴萃藥性賦》4 篇,明嚴萃撰,未知存佚

【作者】

嚴萃,字蓄之,明浙江嘉興人。嘉靖年間監生。

【著録】

《浙江通志》卷二百四十七《經籍・子部醫家》著録:"《藥性賦》四篇(《嘉禾徵獻録》:嚴萃著,字蓄之)。"

今按:估計此賦亦分爲寒、熱、温、平四部分,與李杲《藥性賦》同。或疑舊題李杲之《藥性賦》,實爲嚴萃所撰,而託名於杲。

《藥性賦》1 卷,明佚名撰

【作者】

作者不詳。參訂者羅必煒,字右源,生平不詳。據明萬曆年間禮部尚書李廷機《李文節集・謝恩疏》,羅必煒曾於萬曆間(1573—1620)任太醫院堂上官。

【版本】

1. 清宏興堂刻本

國圖藏。號:21917。本書凡 1 函 1 册,封面頁鎸:"太醫院較正,增補醫方捷徑(藏板)。"四周單邊,白口,單黑魚尾,版框高 16.4 釐米,寬 10.3 釐米。半葉 10 行,行 24 字。卷端題:"大醫院增補青囊藥性賦直解,大醫院羅必煒參訂,黄溪周文光堂校正。”序言部分有《諸品藥性陰陽論》,次《寒性類》《熱性類》《温性類》《平性類》(今按,以上四類實爲李杲《藥性賦》全文)。以下爲正文。正文包括《醫方捷徑》1 卷、宏興堂《藥性賦》1 卷,皆爲上下兩截。

宏興堂《藥性賦》1 卷,接在《醫方捷徑》之後。上下兩截,上截半葉 13 行,行 8 字,内容近似藥方。下截半葉 10 行,行 20 字,卷端首頁下方刻“宏興堂”,次行空兩格刻“藥性賦”,第三行爲正文。賦有小序,序下另行刻“諸品藥性賦”5 字,再下爲賦文,凡 22 葉。細讀之,實爲七言歌訣。賦後附有《引經藥報使歌》《十八反歌》《十九畏歌》等。

2.《輯刊》第 185 册影印國圖藏清宏興堂刻本

【内容】

宏興堂《藥性賦》乃是 203 首七言歌訣,每首 4 句 28 字,對 203 味中藥的藥性分别進行介紹。如“甘草甘甜性本温,調和諸藥首爲尊。通經暖胃除紅腫,下氣通關又壯筋”“人參甘美有微寒,止渴生津亦利痰。明目開心通血脈,安魂補氣解虚煩”等,皆爲七言四句,與一般賦體文學形式不同。今考最早的七言賦當是班固《竹扇賦》,六朝時此體興盛,至唐代而漸漸流入民間(如敦煌寫本《月賦》《秦將賦》《子靈賦》等),成爲民間俗賦之一脈。宏興堂《藥性賦》乃其流亞。

《天文精義賦》1 卷《天文祥異賦》1 卷,題元岳熙載撰

【著者】

岳熙載,字壽之,湯陰(今屬河南)人,一説燕人。金哀宗正大年間(1224—1231)登進士第,授司玄大夫。金亡還鄉。後入覲元太宗,授天文管勾,秩從九品。著有《天文占書類要注》4 卷、《天文精義賦》1 卷。

【著録】

《四庫全書總目》卷一百七《子部・天文算法類存目》著録:“《天文精義賦》四卷(浙江范懋柱家天一閣藏本)。舊題管勾天文岳熙載撰并集注,而不著其時代。案,注中多引《宋史・天文志》,當爲元末人。考元太史院有管勾二員,秩從九品,而《歷志》載,郭守敬會南北日官,考論歷法有岳鉉之名,或即其家子孫也。其書皆論推測占驗之術,而以韻語儷之。首天體,次分野,次太陽太陰,次槩舉七政及於恒星,而以凌抵鬬食之説附於其末。大都摭拾史傳,不能有所發明。錢曾《讀書敏求記》載熙載尚有《天文占書類要注》四卷,今未見。”

《續通志》卷一百六十一《藝文畧・天文類》著録:“《天文精義賦》四卷(舊本題岳熙載撰,不著時代)。”

【版本】

1. 明鈔本

國圖善本部藏,索書號:12957。原書2册,第一册包括《天文精義賦》1卷和《天文祥異賦》1卷,第二册爲《天文主管》1卷。第一册書衣以墨筆題寫:“天文精義賦乙卷,晚香老人珍藏。”卷首有目録,卷端題:“天文精義賦,分野五星雜論題目開具于後。”鈐有“世恩”“陸怡”“秘閣紬書”“黎州萬成公二十五世孫”“善本”“樂鐸之印”“鏡宇長壽”“汲古閣收藏”“方氏茗衡曾觀”“琴川張氏小琅環福地藏書”“平生減産爲收書,三十季來萬卷餘。寄語兒孫勤雒誦,莫教棄擲飽蟫魚。蕘友氏識”諸印。以下正文。左右雙邊,紅格,大紅口,對魚尾。半葉鈔12行,行24字。卷端題:“天文精義賦”,鈐有“王一鶴”“穀”“陸怡”“蓉鏡私印”“張氏圖籍”“小琅嬛福地秘笈”“周天球印”等。本書不題撰人,今據《四庫總目》,暫定爲元人岳熙載撰。

《天文祥異賦》1卷,在《天文精義賦》之下,抄寫字體、版式相同。無書名葉。首目録1葉,以下正文。四周單邊,大黑口,對魚尾,半葉鈔12行,行24字。正文共計55題,21葉。鈐有“善本”“世恩”“陸怡”“汲古閣收藏”等印。

2. 此外尚有《四庫全書存目叢書》本(子55,天文算法類)、《續修四庫全書》本(此本5卷,第1031册)、《叢書集成續編》本(第77册483頁)、《輯刊》第155册影印明抄本等。

【内容】

如《四庫全書總目》所言,《天文精義賦》主要“論推測占驗之術,而以韻語儷之”。全賦共16段,包括:論天體、論渾天、論渾儀、論地中、論分野、論太陽、論太陰、論歲星、論熒惑、論填星、論太白、論辰星、論天漢起没、論氣之遠近、論風之遠近、論占例篇,可以視爲16篇短賦。本書通過對天象的觀察和分析來占驗人事。如首段《論天體》云:“太虚之内,大哉天體。既高遠而無極,故談論而不一。蓋天則云天如蓋笠,宣夜則曰天了無質。渾天而形圓裹黄爲喻,方天以火方轉遠爲比。聽天謂天如人形,而北則偏高;安天言天形常安,而星辰不麗。穹天之説,天不正圓;四天之書,史官不記。覩天者制器以占,夫惟渾天,既親而且密。”總共110字,句式整飭,注意對仗和押韻,顯然是以賦的形式宣揚占驗之術的作品。本賦凡7葉,没有標點、注釋。

《天文祥異賦》作者不詳,亦爲據天象以推斷人世吉凶的作品。全書分爲“天地雨霜篇”“太陽瑞應篇”“太陽凶變篇”“日旁異氣篇”等55題,分别加以敷衍。開端《天文祥異賦·天地雨霜篇》云:“惟天爲大,惟君最尊。政教兆於人理,祥變見於天文。行有玷缺,則日象顯示;天有妖孽,則德宜日新。確乎在上而晶明者,天之體也;魄乎在下而安静者,地之形也。地土忽陷,萬民離散;天色忽變,四夷來侵。天裂是謂陽不足,君弱政亂而土裂;地震是謂陰有餘,臣專民擾而兵興。”或四言,或六言,或雜言,整齊中有變化;韻腳雖較遠,但仍然比較規範。這是典型的賦體。白文無注。

《天文精義賦》5 卷，元岳熙載撰，佚名注

【作者】

岳熙載，字壽之。生平參見"天文精義賦 1 卷"條。注釋者生平不詳。

【版本】

1. 清光緒十年（1884）巴陵方氏刻《碧琳瑯館叢書》本

上圖藏。書名葉鎸"天文精義五卷"楷書大字。無序言、目録。左右雙邊，黑口，無魚尾。半葉 9 行，行 21 字。卷端題："天文精義賦卷之一，管句天文岳熙載撰。"版心中部刻"天文精義賦卷一"和頁碼，底部刻有小字"碧琳瑯館叢書"。鈐有"王培孫紀念物""上海圖書館藏"印。

2.《輯刊》第 155 册影印上圖藏清光緒十年巴陵方氏刻本

【内容】

本書是對岳熙載《天文精義賦》的注釋。《四庫全書存目叢書》本《天文精義賦》凡 1 卷 16 段，分别鋪叙天體、渾天、渾儀、地中、分野、太陽、太陰、歲星、熒惑、填星、太白、辰星、天漢起没論、氣之遠近、風之遠近、占例篇。《金文最》卷六〇同。本書凡 5 卷，亦分爲 16 段，分别鋪叙太陽、太陰、歲星、熒惑、填星、太白、辰星、紫微垣、太微垣、天市垣、列舍、附官、東方雜座、北方雜座、西方雜座、占例，内容與 1 卷本不盡相同，或爲後人删改之本。該書注釋較爲詳盡，一般直接訓釋，亦有徵引古書者。如《太陽》篇"日爲太陽之至精，光明盛實而常盈"句，注云："《宋志》曰：日爲太陽之精，積而成象，光明盛實，布照四方。出則天下明，入則天下晦。萬物莫能視其體，猶至尊之不可窺逾，有人君之象焉。若明王踐位，群賢履職，天下太平，民庶豐樂，則日抱珥重光而揚景輝。人君有瑕，必露其匿歷以告示焉耳。"除了《宋志》（應爲《靈臺秘苑》），本書還徵引了《紀元歷議》《唐歷志》《帝占》《景祐占》等典籍，反映了古人對天人關係的認識。

《天元玉曆祥異賦》10 卷，舊題明仁宗朱高熾撰

【作者】

朱高熾（1378—1425），明成祖朱棣長子。永樂二年（1404）立爲皇太子。成祖數北征，受命監國，恪盡職守。永樂二十二年（1424）即帝位，次年改元洪熙，此年五月因病去世。在位僅 10 個月，享年 47 歲，謚孝昭皇帝，廟號仁宗。爲人寬厚，爲政開明，平反冤獄，廢除苛政，文化得以復興。著有《御製集》。《明史》卷八有傳。

【著録】

《千頃堂書目》卷十三《子部・天文類》："《天元玉曆祥異賦》七卷（洪熙元年正月，仁宗初行是書，以示侍臣曰：'天道人事，未有判爲二道，有動于此，即應

于彼。此書言簡理當,左右輔臣亦宜知之。'因親製序,頒賜諸公卿。)"又,卷十五:"《御製天元玉律祥異賦》。"

《明史》卷九十八《藝文志·子類》著録:"《天元玉曆祥異賦》七卷(仁宗製序)。"

《續通志》卷一百六十一《藝文畧·天文類》著録:"《天元玉曆祥異賦》無卷數(明洪熙中官撰本)。"

《續文獻通考》卷一百八十二《經籍考·子》著録:"《天元玉曆祥異賦》(無卷數),洪熙中官撰,前有仁宗自製序。"

【版本】

1. 清彩繪精鈔本

國圖藏,號:20715。本書2函10册,書高29.4釐米,寬17.4釐米。書衣題簽:"天元玉曆祥異賦,洪熙元年御製卷四。"首《御製天元玉曆祥異賦序》1葉,鈐印"學部圖書之印""京師圖書館收藏之印"2枚;次《天元玉曆祥異賦目録》2葉;以下爲正文。彩圖,緑絲欄,四周單邊,白口,單魚尾。每頁自上而下分爲標題、彩圖、文字三部分。板框總高21.8釐米,寬13釐米。其中標題在上,居中,高2.7釐米,寬9.3釐米;圖文同寬,皆爲13釐米,圖高8.7釐米,字高10.4釐米。文字欄半葉11行,行14字。該書字迹工整,圖文並茂,令人賞心悦目。

2.《輯刊》第156—157册影印國圖藏清彩繪精鈔本

【内容】

該書屬星占類異書,其主要哲學基礎是"天人感應",以天上日月星辰等變化推知人世間吉凶禍福。薄树人有《〈天元玉曆祥異賦〉提要》(《中國科學技術典籍通彙·天文卷》(第四分册,河南教育出版社1993年版)一文,介紹了此書的内容與體例。

第一,根據《明史·藝文志》、晚清丁氏《善本書室藏書志》和范氏《天一閣》,本書七卷。而國圖所藏彩繪精鈔本爲十卷,不詳其具體差異。

第二,其文爲賦體。《善本書室藏書志》記載:"自卷一天地雨霜篇,至卷七旋風占篇,凡五十有五,以天象之示現,衍賦體爲占驗。"今傳各本不能看出賦體,是因爲賦文被分拆開來,一種天象往往衹有一二句賦文,且常被冠以"朱文公曰"的字樣;此外,在賦句之下引録相關文獻,亦使賦句割裂。

另外,據《註解祥異賦》:"占天地者曰玄黄賦,占日者曰炎光賦,占月者曰玄精賦,占五緯者曰躔經賦,占彗孛飛流者曰瑞妖賦,占宫室城郭營壘氣象者曰雰零賦,占風角者曰飆颶賦。"此書確爲賦體無疑。

第三,版式設計爲上圖下文。例如"地土忽陷占"最上爲題目,中間爲山崩地裂、房屋倒塌圖,下部爲文字:先託名朱文公曰:"地土忽陷,萬民離散",再引《宋志》曰:"地土忽陷,臣下專政,萬民離散,亦爲失地。"又引京房曰:"山無故自下陷,天下兵作。”又引范曄《漢書》曰:“地陷者王室亂,大臣專政。”這樣圖文並茂,資料十分豐富,但使得賦句無法連貫閱讀。

【研究】

該書曾爲禁書,《纂修四庫全書檔案》記載:“伏查《天元玉曆祥異賦》暨《乾坤寶典》二種,原係妄言禍福之書,自不應在外存留,致滋淆惑。”毋庸置言,此書包含迷信思想,應當摒棄。然而,其中提到日珥、流星等物象,對於古代科技史有研究價值。且以賦體記述,更加值得關注。學界對其研究不多,僅數篇論文,也衹是片語提及,唯一重要的是上文提到的薄树人先生《〈天元玉曆祥異賦〉提要》一文,是初學者瞭解該書的門徑。

《註解祥異賦》7 卷,明佚名撰,佚

【著者】

佚名,明代人。

【著録】

明吕毖撰《明宫史》卷五:“《祥異賦》,計一本,四十九頁。”或即此書。

《四庫全書總目》卷一百十《子部・術數類存目》著録:“《註解祥異賦》七卷(浙江范懋柱家天一閣藏本),不著撰人名氏,專言天象祥異。凡賦七篇,占天地者曰《玄黄賦》,占日者曰《炎光賦》,占月者曰《玄精賦》,占五緯者曰《躔經賦》,占彗孛飛流者曰《瑞妖賦》,占宫室城郭營壘氣象者曰《雰零賦》,占風角者曰《�院飀賦》,各爲之註,大致與明仁宗所製《天元玉曆祥異賦》相類。”今按:據館臣所言,當時應該有 2 種《祥異賦》,一種爲佚名撰,一種爲明仁宗朱高熾撰。

《續通志》卷一百六十一《藝文畧・天文類》著録:“《註解祥異賦》七卷(不著撰人名氏)。”

《續文獻通考》卷一百八十二《經籍考・子》著録:“《註解祥異賦》七卷,不著撰人名氏。”

《圖注天文祥異賦》10 卷,明佚名撰,佚

【著者】

佚名,明代人。

【著録】

《千頃堂書目》卷十三《子部・天文類》著録:“《圖注天文祥異賦》十卷(不知撰人)。”

《明史》卷九十八《藝文志・子類》著録:“《圖注天文祥異賦》十卷。”

《譚子雕蟲》2 卷（《小蟲賦》《小化書》），明譚貞默撰

【作者】

譚貞默（1590—1665），字梁生，號埽庵，嘉興（今屬浙江）人。明崇禎元年（1628）進士。曾任工部虞衡司主事、大理寺寺副、太僕寺少卿、國子監司業兼祭酒。博覽群書，與錢謙益、陳子龍、憨山大師等有交往。著述甚豐，清初遭到文禁，傳世者僅有《譚子雕蟲》《埽庵集》《三經見聖編》等。傳見盛楓《嘉禾徵獻録》卷一八。

【著録】

《四庫全書總目》卷一百二十八曾著録此書，列入存目，並作提要云："《譚子雕蟲》二卷（浙江巡撫采進本），明譚貞默撰。貞默有《三經見聖編》，已著録。此書作於崇禎壬午，乃其《著作堂集》之一種，所録衹《小蟲賦》一篇，又名《小化書》。其命意蓋取莊子'惟蟲能蟲，惟蟲能天'，及《家語》'倮蟲三百有六十，而人爲之長'二語，因即蟲喻人。分爲三十七段，每段自爲之註，亦《和香方》《禽獸決録》之支流也。"

【版本】

1. 明崇禎間刻本（未見，或已亡佚）

2.《輯刊》第 186 册影印民國二十五年（1936）嘉興譚新嘉刻本

本書題爲《譚子雕蟲》。封面葉鎸："譚子雕蟲（楷書大字），黄巖葉志翔署。"首《嘉興譚埽庵祭酒（貞默）著述目録》2 葉（含爨汝僖目録序 10 行）；次目録 3 葉，卷端題："譚子雕蟲卷之上（一名小化書）著作堂集之一，檇李譚貞默埽庵著　婿高佑釲念祖原校。"次陳子龍《譚子雕蟲序》2 葉；次譚貞默《自序》2 葉；以下正文。左右雙邊，黑口，單、黑魚尾。半葉 9 行，行 20 字，小字雙行同。卷端題："譚子雕蟲卷之上（一名小化書）嘉興譚氏遺書之一，檇李譚貞默埽庵著　婿高佑釲念祖原校。"版心魚尾之下刻"譚子雕蟲卷之一"和頁碼。書末有《譚子雕蟲附録》2 葉，譚新嘉《譚子雕蟲跋》3 葉，《譚子雕蟲校補闕文》5 葉，王起隆《小蟲賦後序》3 葉，錢應金《髯先生雕蟲跋》并譚新嘉附記共 2 葉。

今按：《輯刊》定爲民國八年（1919）刻本，誤。今考書末譚新嘉附記，署爲"民國二十五年雙十節新嘉又識"，可知爲民國二十五年（1936）刻本。

【内容】

據《四庫全書總目》卷一百二十八，該書作於崇禎十五年壬午（1642），是譚貞默《著作堂集》之一種。清沈叔埏《頤綵堂文集》卷十一《書雕蟲賦後》云："吾鄉譚埽菴司成，年五十三作此賦，一名《小蟲賦》，一名《小化書》，載本集《𦈏渚草》。別有註疏本專行，分三十七段，百七十牒，即此册是也。彭城氏謂亦荀卿'請陳佹詩'之意，作《蟲詩》十二章以詒之。今併司成自題詩及王昆翁次韻抄

附於後。案：蟲賦始漢孔臧《蓼蟲賦》，魏曹植、晉傅玄、陸雲均有《蟬賦》，傅咸蟲賦最多，甚至及《叩頭蟲》，郭璞《蜜蜂》《蚍蜉》二賦，成公綏《蜘蛛賦》，傅選《螽賦》，宋王素、南齊卞彬、魏子和（任城王名順）俱有所作。唐元、白蟲豸七篇，禽蟲十二章。李義山作《蝨賦》，陸魯望有《後蝨賦》。又拾遺孟匡朝貶賀州，作《竊蟲賦》，見封氏《聞見記俗》，人以有此者不祥。宋則歐陽公之《鳴蟬》《憎蠅》《螟蛉賦》，張文潛有《鳴蛙賦》，明楊升菴《螽賦》倣荀卿體，《後螽賦》倣《橘頌》體，又有《石砝賦》，楊廉作《夢蛙賦》，又甬上李孝謙本有《蟲言》二首，一《蜂》起云：'翁翁復翁翁，汝儔誰與同'；一《蟬》起云：'遮了遮子（今譚《蟬賦》中亦有是名），主人破屋忙不補，祇愁秋來長苦雨。'嘗聞閩人林朝儀撰《蟲異賦》，則兼鳥獸鱗介之屬，共三百餘種；東坡有《二蟲詩》，詠水馬兒及鷃濫堆，又題雍秀才畫草蟲八物，而爲南禪長老作《六蟲篇》，則鳳凰、鵁鶄與井蛙、蠹魚、老牛並列，此即《蟲異》所本也。又聞其賦句法學《禽經》，余未之見，他日當購以並存。"這段文字對古今蟲賦進行梳理，旁徵博引，頗具卓識。但作者未見原賦，所論並不具體。

今考該書凡 37 段：前有《賦序》《賦總起》，末有《賦總》3 篇和《賦總末》1 篇，中間以 31 段的篇幅依次描寫 65 種小蟲：

第 1 段：蜘蛛、壁蟢、螳蟷、蠨蛸、壁虎；第 2 段：蠶、蛾、蠋；第 3 段：蟋蟀、莎雞；第 4 段：蝗、螽、螻蛄、蚯蚓；第 5 段：地鱉、燈蛾、蜉蝣、鼠負；第 6 段：蟬；第 7 段：蛲螂；第 8 段：蜾蠃；第 9 段：胡蜂、蜜蜂；第 10 段：蛺蝶；第 11 段：蜻蜓；第 12 段：螳螂；第 13 段：竈雞、贓郎、撒氣、叩頭；第 14 段：螢爝；第 15 段：蝤蠐、尺蠖、天牛、螃蠬；第 16 段：蛷螋、蛉蛩；第 17 段：刺毛、毛蟲；第 18 段：蠅；第 19 段：蚊、烏蚊、蠛蠓；第 20 段：蝨、臭蟲；第 21 段：蛔蛲、蠐虰、第 22 段：蟻；第 23 段：米蟲；第 24 段：蝸牛、蜒蚰；第 25 段：螺、蚌蜆、蛤蜾；第 26 段：蟛蜞、蝦；第 27 段：黿、蝦蟆、蟾蜍；第 28 段：蝌蚪、寫字蟲、孑孓、水蛭；第 29 段：蜥蜴；第 30 段：蟫；第 31 段：竹蟲。

每段介紹一種或者數種小蟲。先以"賦"的語言對小蟲的特點進行鋪陳，筆墨生動形象；然後再以"傳"的形式介紹小蟲的取名、形狀、顔色、動作、習性、食物、利害、分類等方面的常識，十分細緻。其中不乏精彩的文字，如《蜘蛛賦》云："相蜘蛛兮羅織，儼經緯兮若思。邈結繩兮上古，作網罟兮是規。身自繅而自績，足爲杼而爲機。"不僅摹狀生動，對仗亦十分巧妙。"傳"的部分内容豐富，娓娓道來，並且旁徵博引，提供了很多資料，傳末還説："晉成公綏、張望俱有《蜘蛛賦》。"由於這些賦鮮有寄託，因而《賦史》《明代辭賦述略》等皆不加介紹。其價值主要在昆蟲學方面。正如羅桂環所云："《譚子雕蟲》是我國明朝末年譚貞默記述家鄉常見蟲類的一部著作。全書以賦結合'傳'的形式記述了近百種這類動物，既在一定程度上總結了明代以前人們對蟲的認識成就，同時記載了不少前人較少注意的昆蟲行爲和繁殖等方面的新知識,是我國古代第一本記蟲的專門著作。"①當然,其中有些小動物並不屬於昆蟲,如蜘蛛、壁虎、蜥蜴等,所以其價值超出了昆蟲學的範圍。

【研究】

羅桂環撰有《譚貞默與他的〈譚子雕蟲〉》(《中國科技史料》2004 年第 1 期),可以參考。

---

① 羅桂環:《譚貞默與他的〈譚子雕蟲〉》,《中國科技史料》2004 年第 1 期。

第四章 賦別集外編

《陵川集》39卷(《郝文忠公集》),元郝經撰

【作者】

郝經(1223—1275),字伯常,陵川(今屬山西)人。家境貧寒,酷愛讀書。忽必烈即位後,以郝經爲翰林侍讀學士,充國信使出使南宋,被扣留16年。至元十一年(1274)伯顔南伐,終於獲釋,返回大都。卒謚文忠。著有《春秋外傳》《易外傳》《太極演原》《續後漢書》及《陵川集》等。生平事迹見元閻復《静軒集》卷五《元故翰林侍讀學士國信使郝公墓誌銘》、《元史》卷一五七。

【版本】

現存《陵川集》39卷,最早是由郝經的學生、集賢學士郭貫呈請朝廷批准,與《續後漢書》一併梓行於江西行省,此爲元延祐五年(1318)江西刊本,後散佚。現有明正德年間李淑淵鄂州重刊本、清《四庫全書》本、清姚瑩等輯《乾坤正氣集》本(此本題爲《郝文忠公集》)。

【内容】

本書收録郝經的賦、詩(古詩、和陶詩、歌詩、律詩、七言絶句、五言絶句)、圖説、論、雜著、文、哀辭、祭文、箴、銘、贊、説、書、記等作品。卷一爲賦,收賦15篇:《擊蛇笏賦》《哀三都賦》《混沌硯賦》《銅雀臺賦》《龍蟠若木山子賦》《静華君墨竹賦》《怒雨賦》《瓊華島賦》《泰山賦》《虎文龍馬賦》《冠軍樓賦》《瓊花賦》《秋風賦》《牡丹菊賦》《幽憩賦》。郝經賦感情充沛,風格豪邁剛健。其中《幽憩賦》是一篇騷體賦,乃係作者被囚禁於儀真(今江蘇儀徵)時所作,痛斥了破壞兩國交好的奸佞之徒,抒發了報國無門的憤懣,最後還表露了作者高潔的志向和不辱使命的決心,是一篇頗有風骨的作品。《怒雨賦》細緻而生動地描繪了暴風雨來臨之前風雲變幻的氣勢,來臨之後雷鳴電閃、大雨傾盆的情狀,以及暴風雨之後天地之間混茫一片的景象,筆法誇張,扣人心弦。最後表達了作者在暴風雨面前鎮定自若、不驚不懼的胸襟氣度,反映其在歷經政治風雨和人生磨難之後視險如夷、泰然自若的心態。

【研究】

武懷軍撰有《郝經的文學思想與辭賦創作》,見氏著《金元辭賦研究評注》第四章,群言出版社2006年版,第62~76頁。

《雙溪醉隱集》6 卷,元耶律鑄撰

【作者】

耶律鑄(1221—1285),契丹人,字成仲,號雙溪,耶律楚材之子。元中統二年(1261)爲中書左丞相,至元四年(1267)改平章政事,次年復任中書左丞相,至元十年遷平章軍國重事,至元二十年免官。謚文忠。今存《雙溪醉隱集》6 卷。生平事迹見《元史》卷一四六《耶律楚材傳》附、《新元史》卷一二七。

【版本】

有清《四庫全書》本、《知服齋叢書》本、《遼海叢書》本。

【内容】

耶律鑄文集有前集、新集、續集、别集、外集諸名,少年所作又爲《雙溪小稿》,均久佚不傳。明錢溥《内閣書目》著録有耶律丞相《雙溪集》十九册。清乾隆年間,四庫館臣從《永樂大典》中輯出,編爲《雙溪醉隱集》6 卷。卷一有賦 15 篇;卷二爲樂府及五、七言古詩;卷三至卷四爲律詩;卷五爲絶句;卷六爲絶句、詞及雜著、贊、銘、頌。

馬積高《歷代辭賦總匯》以《雙溪醉隱集》爲據,輯録耶律鑄賦 15 篇,篇目如下:《天香臺賦》《天香亭賦》《瓊林園賦》《龍和宫賦》《獨醉園三臺賦》《獨醉道者賦》《獨醉園賦》《獨醉亭賦》《方湖别業賦》《四癡子賦》《雪賦》《聽琵琶賦》《大尾羊賦》《毁假山賦》《永歌賦》。此外,欒貴明《四庫輯本别集拾遺》又從今存《永樂大典》中輯出《寄生樹賦》1 篇,《總匯》漏收。據耶律鑄《花史序釋》,他還曾撰寫《天香園賦》,今已不傳。如此,則耶律鑄今存賦作凡 16 篇,大都是長篇,並有箋注。其中的宫殿苑囿之賦,如《瓊林園賦》《龍和宫賦》描寫金代興亡,多有批判眼光。賦中叙述金代海陵、章宗軼事及宫室制度,多爲《金史》所未及,可補正史之缺漏。武懷軍將其辭賦創作以五十歲爲界分爲前後兩期,認爲其前期作品儒家思想比較濃厚,後期則以釋道思想爲主。耶律鑄賦作中的三教混雜交錯是元初社會文化風氣的産物,也有一定的家學淵源。

【研究】

武懷軍撰有《耶律鑄的辭賦創作與元初的三教思想》(《中州學刊》2001 年第 2 期)。此外,牛海蓉《金元賦史》第二章《元前期辭賦(上)——北方賦家》亦有論及。

《松鄉集》10 卷(《松鄉先生文集》),元任士林撰

【作者】

任士林(1253—1309),字叔實,號松鄉,奉化(今屬浙江)人。元大德間籌建文公書院,又任上虞縣教諭。此後講學會稽,授徒錢塘。至大元年(1308),中書

左丞郝天挺舉薦其爲湖州安定書院山長，未赴職而卒。著有《松鄉文集》10 卷，今存。另著《中易》上下篇，是闡釋《易經》的著作。事迹略見趙孟頫撰墓誌銘(《松雪齋集》卷六)、《宋元學案》卷六四等。

【版本】

本書爲《四庫全書》所收，另有元刊本、永樂三年刊本、泰昌元年重刊本、舊鈔本流傳。清光緒十九年(1893)刻本較爲通行。

【内容】

《松鄉集》收録任士林詩文 240 餘篇。卷 1—2 爲記，卷 3 爲墓誌，卷 4 爲傳、序，卷 5 爲説、引，卷 6 爲賦，卷 7 爲書後(指題跋)，卷 8—9 爲詩，卷 10 爲表疏雜述。"此集所録，碑誌居多，大抵刻意摹韓愈，而其力不足以及愈。"(《四庫全書總目》卷一六六)詩追步唐人，試圖振衰起廢，衝破宋末陳腐之氣，但功底尚淺，未脱江湖派纖佻之窠。該集收賦 18 篇:《復志賦》《閔己賦》《瑞粟賦》《賓月堂賦》《老婆牙賦》《翰音賦》《感雞鳴賦》《鳳花賦》《水仙花賦》《吉祥賦》《庭椿賦》《蟠松賦》《石假山賦》《不礙雲山堂賦》《遊越天門賦》《寶麓賦》《燈花賦》《蚯蚓賦》。任士林是元代存賦最多的作家之一，其賦多平實典雅之風，但亦有豪放曠達、慷慨激越之什。以《遊越天門賦》《賓月堂賦》《翰音賦》較爲知名。康金聲曾評析其《蚯蚓賦》，見其《金元辭賦論略》，學苑出版社 2004 年版，第 210 ~ 211 頁。

《剡源文集》30 卷(《剡源戴先生文集》)，元戴表元撰

【作者】

戴表元(1244—1310)，字帥初，一字曾伯，號剡源先生，慶元奉化(今屬浙江)人。幼習詩文，宋咸淳七年(1271)進士，任建康府教授。德祐元年(1275)告歸故里，改授臨安教授，辭不赴職。元兵南下攻臨安，戴表元避兵鄞郡，兩年後纔回到奉元。元成宗大德八年(1304)，授信州教授，再調婺州教授，以病辭不就。所教學生甚多，以袁桷最爲知名。有《剡源集》30 卷。《元史》卷一九〇有傳。

【版本】

入明之後，戴表元文集很難得見，宋濂以修《元史》之需，派專人到四明搜求到《剡源文集》28 卷，洪武四年由鄉人夏君與戴表元後人刻于國子監。明中期以後，此本失傳。嘉靖年間，周儀得搜求戴表元全集，校訂補輯爲今之 30 卷本。《四庫全書》曾據兩淮鹽政采進本編入别集類。光緒年間孫鏘校刊本附有佚詩 6 卷、佚文 2 卷。《四部叢刊》影印萬曆戴洵刻本，名爲《剡源戴先生文集》。《叢書集成》本附有郁松年劄記一卷。

【内容】

今存《剡源文集》凡 30 卷。卷 1—6 爲記，卷 7—14 爲序，卷 15—16 爲墓表,卷17爲墓表、墓碣,卷18—19爲題辭,卷20爲跋、銘、箴、贊、述、碑,卷21爲賦,卷22爲史論,卷23爲雜著、祭文,卷24爲書啟、疏、傳等,卷25—26爲講義,卷27—卷30爲詩。其卷二十一收賦14篇:《喜友堂賦》《碧桃花賦》《縮軒賦》《可竹軒賦》《耕寬堂賦》《寄安齋賦》《一大菴賦》《竹坡圖賦》《息齋賦》《静軒賦》《容容齋賦》《胡麻賦》《繩虎賦》《觀漁賦》。不難看出,戴表元的賦大都以齋堂亭閣爲題材,注重闡發軒齋命名的深意,借以表達自己的澹泊之志和隱逸情懷,反映了宋元易代之際文人士子爲保全個人名節而做出的選擇。賦中多有議論、説理,充滿思辨色彩。康金聲對其《觀漁賦》《蠅虎賦》有分析,見《金元辭賦論略》,學苑出版社2004年版,第205~206頁。

【研究】

武懷軍撰有《戴表元、袁桷與元代的齋堂亭閣賦》,見氏著《金元辭賦研究評注》第七章,群言出版社2006年版,第107~122頁。此外,楊亮《戴表元辭賦創作論——以哲理世界的深化與拓展爲中心》[《江西師範大學學報》(哲學社會科學版)2009年第1期]、牛海蓉《金元賦史》第三章《元前期辭賦(中)——南方賦家》(人民出版社2015年版)亦可參看。

《清容居士集》50卷,元袁桷撰

【作者】

袁桷(1267—1327),字伯長,號清容居士。慶元鄞縣(今浙江寧波)人。元成宗大德(1297—1307)初被薦爲翰林國史院檢閲官,升應奉翰林文字、同知制誥,兼國史院編修官,遷待制;又拜集賢直學士。後授翰林直學士、知制誥同修國史。至治元年(1321)遷侍講學士。泰定(1324—1327)初辭歸。卒謚文清。少從戴表元、王應麟、舒岳祥諸遺老學習,學有淵源,長於考據。值元代興文之際,朝廷制册、勛臣碑銘多出其手。著有《清容居士集》等。《元史》卷一七二有傳。

【版本】

本集常見的善本爲元刊本(國圖藏),現有《四部叢刊》影印本。清道光年間,郁松年曾將《清容居士集》刊入《宜稼堂叢書》;這個本子又被收入《叢書集成初編》。

【内容】

《清容居士集》50卷,其中辭賦2卷,詩14卷,文34卷。《四庫全書總目》卷一六七評曰:"蓋桷本舊家文獻之遺,又當大德、延祐間,爲元治極盛之際,故其著作宏富,氣象光昌,蔚爲承平雅頌之聲。"現存賦22篇、七體1篇、騷3篇、辭14篇。袁桷不僅是元代存賦最多的作家之一,而且是元代初年古賦理論的重要倡導者和積極實踐者,對一代賦風的形成有重要作用。他主張"屈原爲騷,漢儒爲賦”,認爲作賦要有古意,當以屈原、賈誼之作爲標的(《答高舜元十問》)。所作賦22篇,全部是古賦,如《隱居園賦》《仁壽堂賦》《素軒賦》《雲霖賦》《紅梅賦》《七觀》等,風格醇厚古樸,語言清俊流暢,頗有漢魏遺風。康金聲對其《導遊賦》《隱居園賦》《桐柏觀賦》有分析(見《金元辭賦論略》,學苑出版社2004年版,第212~214頁)。牛海蓉對袁桷賦評價甚高,認爲“在辭賦藝術上,如果説趙孟頫以宋室王孫北上,已經顯示了南北賦風融合的端倪,那麽至袁桷,融合南北的一代賦風已經正式形成,袁桷的辭賦真正顯示了‘清麗’的江南之音與以‘風骨’見稱的北方之學的交融互滲”①。

【研究】

研究論文有:武懷軍《戴表元、袁桷與元代的齋堂亭閣賦》(見氏著《金元辭賦研究評注》第七章,群言出版社2006年版,第107~122頁)、李新宇《論袁桷的文——以其辭賦作品爲重點》(見氏著《元明辭賦專題研究·元代編》第八章,中國社會科學出版社2011年版,第97~114頁)、易永姣《袁桷室宇賦道教思想探析》(《湖南城市學院學報》2012年第6期)、牛海蓉《大力倡導與創作古賦的文章鉅公——袁桷》(《金元賦史》,人民出版社2015年版,第167頁)。

《誠意伯文集》20卷,明劉基撰

【作者】

劉基(1311—1375),字伯温,青田(今浙江文成縣)人。元元統元年(1333)進士。曾任高安縣丞,江浙儒學副提舉,浙東行省元帥府都事等職。後棄官回鄉,隱居于青田山中。至正二十年朱元璋起兵,劉基爲謀士,協助朱元璋平定天下,是明朝開國元勛。明初任御史中丞兼太史令,洪武三年(1370)封誠意伯,洪武四年辭官回鄉。卒謚文成。劉基通經史、曉天文、精兵法、多謀略,被後人比作諸葛亮。在文學史上,劉基與宋濂、高啟並稱“明初詩文三大家”。著有《郁離子》《春秋明經》《覆甌集》《寫情集》《犁眉公集》《劉文成全集》等。《明史》卷一二八有傳。

【版本】

劉基的著作,明初曾由其子劉仲璟、孫劉廌分别梓行,有《覆瓿集》24卷、《寫情集》4卷、《犁眉公集》5卷、《郁離子》5卷、《春秋明經》4卷。成化六年(1470)戴用、張僖始合爲一帙,共20卷。正德十四年(1519),林温依據成化本重編刻,仍爲20卷。嘉靖七年(1528),方遠宜據林本增修,亦爲20卷。嘉靖三十五年(1556),樊獻科根據文章體裁,重新編次爲《太師誠意伯劉文成公集》18卷。清乾隆年間,《四庫全書》依據成化本收録,衹是將劉廌等所撰《翊運録》移

① 牛海蓉:《金元賦史》,人民出版社2015年版,第167頁。

後。现在最爲流行的是《四部叢刊》影印烏程許氏所藏明刻本。

【内容】

劉基是元末明初著名賦家，其辭賦作品主要見於《誠意伯文集》卷一、卷十（文淵閣《四庫全書》本）。據馬積高《歷代辭賦總匯》的輯録，劉基賦現存 8 篇，篇目如下：《述志賦》《弔諸葛武侯賦》《弔祖豫州賦》《弔岳將軍賦》《弔台布哈元帥賦》《伐寄生賦》《通天臺賦》《至順癸酉會試龍虎臺賦》，皆爲古賦，以弔古、述志、諷諭爲主。此外尚有楚辭體 6 篇，楚歌 13 篇。李新宇認爲，劉基辭賦大都創作於元代末年，記録了他對元代統治者由竭忠盡智，到産生懷疑，最終徹底決裂的痛苦歷程，有裨正史。此外，劉基辭賦在藝術上也取得了較高成就，多用騷體形式抒發其政治情懷。其回歸楚辭的賦學思想、寓言入賦的修辭手法、歷史典故的靈活運用都豐富了辭賦創作的表現形式。“劉氏辭賦關注現實、敢於批判的精神是對元代中期以來歌功頌德、闡揚理學的科舉考賦之反駁，並引領元末賦壇的振起之風，使其成爲賦史上具有扭轉風氣作用的重要辭賦作家。”①

【研究】

孫海洋《明代辭賦述略》第一章《明朝初年的辭賦》對劉基賦有較爲全面的介紹（中華書局 2007 年版，第 6 ~ 11 頁）。研究論文有：滕新才《朱元璋、劉基賦所見之明夏戰争》（《重慶三峽學院學報》2005 年第 4 期）、詹杭倫《劉基賦論析》（載何向榮編著《劉基與劉基文化研究》，人民出版社 2008 年版）、李新宇《劉基的辭賦》（載氏著《元明辭賦專題研究・明代編》第六章，中國社會科學出版社 2011 年版）。

《金文靖集》10 卷（《金文靖公集》），明金幼孜撰

【作者】

金幼孜（1368—1431），名善，以字行，號退庵，新淦（今江西新幹）人。明建文二年（1400）進士，授户科給事中。明成祖永樂年間，改翰林檢討。永樂八年（1410）、二十二年兩次扈從北征阿魯台、瓦剌，先後撰從征日記《北征録》《後北征録》。又與胡廣、楊榮等纂修《五經四書性理大全》。宣德時任總裁官，監修惠帝、成祖兩朝實録。官至禮部尚書兼武英殿大學士，卒謚文靖。著有《金文靖集》。《明史》卷一四七有傳。

【版本】

《千頃堂書目》著録《幼孜集》10 卷外集 1 卷，外集未見。《金文靖集》10 卷爲金幼孜之子金昭伯所輯，現有明成化四年（1468）刻本，國圖藏。又有明弘治六年（1493）新淦知縣盧淵補録本，清文淵閣《四庫全書》本。

① 李新宇：《元明辭賦專題研究》，中國社會科學出版社 2011 年版，第 220 頁。

【内容】

《金文靖集》凡10卷,詩文各5卷。卷一至卷五爲詩,卷六爲賦讚頌等,卷七至卷一〇爲文。前後《北征録》未在集中。該集卷六收賦10篇,可以分爲四類:1. 都邑賦1篇:《皇都大一統賦》;2. 祥瑞賦5篇:《聖德瑞應賦》2篇,《瑞應甘露賦》《瑞應麒麟賦》《瑞相賦》;3. 鳥獸賦3篇:《師子賦》《騶雞賦》《黄鸚鵡賦》;4. 山水賦1篇:《玉笥山賦》。

其中《皇都大一統賦》是金幼孜賦的代表作,也是明代前期都邑賦的傑作。明成祖朱棣登基後,就有人提議遷都北平,得到朱棣的認可,北平的建設工程隨即展開。同時,明成祖還發兵80萬征討安南(今越南),又親自率領50萬大軍征伐韃靼、瓦剌,鞏固了明王朝的統治。永樂十八年,北京的宫殿苑囿相繼竣工,於是正式遷都。在此之際,一大批歌頌明代統一、描寫京都苑囿的大賦應運而生。這就是《皇都大一統賦》的寫作背景。本賦以閎大的體製,1700餘字的篇幅,盡情鋪寫了北京城的雄偉壯麗,歌頌了明代皇帝平定四海的功績和明王朝的繁榮強盛。開篇云:"維太祖之受命,膺上天之貞符。奮布衣於淮右,提一劍而長驅。乃翦夷於群醜,悉蕩滌於寰區。既渡大江,金陵是都。虎踞龍蟠,興王之居。爰啟鴻業,肇開皇圖。振光華於曠古,恢萬世於宏模。"語言整飭,氣勢宏大。金幼孜的5篇祥瑞賦,一味歌功頌德,成就不高。其《騶雞賦》描寫異國所獻之珍禽(鴕鳥),風格雍容典雅,亦有歌頌聖德的文字。

【研究】

孫海洋《明代辭賦述略》第二章《永樂至天順時期的辭賦》對金幼孜賦的介紹較爲全面(中華書局2007年版,第67~71頁)。

《懷麓堂集》100卷(《李東陽集》),明李東陽撰

【作者】

李東陽(1447—1516),字賓之,號西涯,湖廣茶陵(今湖南茶陵縣)人。明天順八年(1464)進士,選翰林庶吉士,授翰林院編修,遷侍講學士、東宫講讀官。弘治時升太常寺少卿,禮部右侍郎、文淵閣大學士,入直内閣,參與機務,被譽爲賢相。正德時,宦官劉瑾專權,李東陽委曲周旋,以保護朝臣爲務。後以老病辭歸。其詩宗法杜甫,引領一代風氣,號稱茶陵詩派;爲文典雅渾穆,仍未擺脱臺閣氣息。有《懷麓堂集》100卷。《明史》卷一八一有傳。

【版本】

李東陽祖籍在湖廣茶陵的嶽麓山,曾建居室曰"懷麓堂",含有思念家鄉之意。本集係其生前親自編定,題爲《懷麓堂稿》,後由其門生熊桂付刻時改爲今名。刻本較多,或又題爲《懷麓堂全集》,較常見的有清康熙二十一年(1682)茶陵州學正廖方達校刊本,《四庫全書》據此本收入;又有清嘉慶八年(1803)學易

堂刊本等。嶽麓書社1984年起出版周寅賓點校本,將《懷麓堂詩話》編入,改題《李東陽集》。

【内容】

《懷麓堂集》凡100卷,包括:《詩前稿》20卷,《文前稿》30卷,《詩後稿》10卷,《文後稿》30卷,《雜記》10卷,集李東陽詩文創作之大成。集中收録李東陽賦10篇,騷辭6篇。但是馬積高先生《歷代辭賦總匯》輯録其賦達17篇,内容較爲廣泛。其中有山水地理賦,如《篁墩賦》《蒙嵒賦》《石淙賦》《南溪賦》;有室宇樓閣賦,如《對鷗閣賦》《忠愛祠賦》《東山草堂賦》《後東山草堂賦》《奎文閣賦》;有禽鳥蟲魚賦,如《鵲賦》《鳴蛙賦》;有抒情言志賦,如《擬恨賦》《後登舟賦》;還有宗教賦1篇:《燒丹竈賦》;文化教育賦1篇:《奉詔育才賦》。其賦沿承楚騷、漢賦體制,以騷體、散體賦爲主,又吸收了宋代文賦的理趣。其中《擬恨賦》《忠愛祠賦》鋪陳忠臣孝子之恨,贊美忠廉惠民之吏,感情充沛。《篁墩賦》對"篁墩"地名變化的來龍去脈做了十分細緻的考證和叙寫,雖係騷體,但以學爲賦,具有厚重的歷史感。《見南軒賦》亦爲騷體,描寫隱士的生活環境、瀟灑態度和人生感悟,既有楚辭的幽深清遠,又有魏晉小賦的自然流利,同時還以議論入賦,具有文賦的理趣和境界,十分難得。而《奉詔育才賦》作於成化十四年作者校試庶吉士之時,表達了他對明王朝科舉取材制度的頌揚,是較早的文化教育賦,有題材開拓之功。李秋新認爲:"李東陽辭賦詠物賦形,體物言志;描摹景致,意藴豐富;抒發情感,真摯樸實。其賦作抒寫政治情懷,表達建立功業願望,反映人生體驗與志趣。托物寓情,借景抒情,題材多樣。他以這樣的創作在努力糾正三楊後期文壇的萎靡之風,引領文學創作回歸本位,體現本性。這正是他的辭賦的價值和意義所在。"①

【研究】

孫海洋《明代辭賦述略》第三章《成化、弘治時期的辭賦》對李東陽賦有介紹與評析(中華書局2007年版,第103～109頁)。研究論文有:顧易生、孫克強《試談李東陽的辭賦》(《文史哲》1990年第5期)、李秋新《論李東陽辭賦創作》(《名作欣賞》2012年第29期)。

《懷星堂集》30卷,明祝允明撰

【作者】

祝允明(1460—1527),字希哲,自號枝山,又號枝指生、枝山老樵等,長洲(今江蘇蘇州)人。明弘治五年(1492)舉人。正德十年(1515)授廣東興甯知縣,遷應天(今南京)通判。正德十四年(1519)謝病歸里。善書法,工詩文,爲

① 李秋新:《論李東陽辭賦創作》,《名作欣賞》2012年第29期。

"吴中四才子"之一。著有《懷星堂集》(即《祝氏集略》)、《祝氏文集》、《前聞記》、《讀書筆記》、《九朝野記》等。傳見《明史》卷二八六。

【版本】

《明史・藝文志》著録《祝氏集略》30 卷,本傳稱其詩文集 60 卷。現存《懷星堂集》30 卷,有明嘉靖間刊本、明萬曆三十九年(1611)陳以聞刻本、清乾隆間《四庫全書》本等。據萬曆三十九年陳以聞刻本,該集共 30 卷。卷一、卷二爲賦和騷體辭,卷三爲樂府,卷四爲古調,卷五爲歌行,卷六至卷八爲近體詩,卷九爲古體詩、箴銘,卷十至卷三十爲各體散文。其詩文瀟灑自如,語言華美,自成一家。

【内容】

《懷星堂集》卷一、卷二收賦 19 篇,另有騷體辭 7 篇。其賦篇目如下:《大游賦》《咎往賦》《罪賦》《傷賦》《懷遇賦》《蘇臺春望賦》《余侍御游靈巖賦》《石林賦》《哀孝賦》《秋聽賦》《蕭齋求志賦》《知秋賦》《一目羅賦》《飯苓賦》《棲清賦》《南園賦》《一江賦》《擬齊梁内人送别贈拭巾賦》《顧司封傷寵賦》。表現題材十分廣泛,議論、抒情、寫志、遊覽,不一而足;而在形式上以騷體賦和大賦爲主。其中《大游賦》是明代賦壇的傑作,作者以一萬餘字的宏大篇幅來議論歷史和時政,從政治、食貨、水利、刑法、兵役到科舉制度、學術思想,無不涉及。比如賦中論田畝制度,指出豪強兼併是導致農民失去土地、四處流亡的重要原因,切中肯綮;又説"籍民品以有定兮,括肥壤而制限。定永業於口授兮,分授新以購羡。縣百級以酌授兮,人無食而不佃",認爲應該按照人口來分配土地,限制豪強地主侵佔土地的數量,並且根據土地肥瘠制定田賦多寡,保證人民基本的衣食需要。言之成理,甚有識見。抒情賦如《咎往賦》《罪賦》《傷賦》,寫景賦如《南園賦》《石林賦》等,皆文詞清麗,明快自然。而《一江賦》效法漢大賦寫法,羅列名物,堆砌辭藻,體現了另一種風格。據説祝允明尚有《煙花洞天賦》和《風流遁賦》,以小説筆法寫豔情,輕佻華豔,自娱爲樂。① 沈德符《萬曆野獲編》曾引其斷句,但集中没有這兩篇賦。

【研究】

孫海洋《明代辭賦述略》第三章《成化、弘治時期的辭賦》對祝允明賦有介紹(中華書局 2007 年版,第 124 ~ 128 頁)。

《空同集》66 卷,明李夢陽撰,明曹嘉、朱睦㮮輯

【作者】

李夢陽(1472—1529),字獻吉,號空同子,陝西慶陽(今屬甘肅省)人,後徙

---

① 馬積高:《歷代辭賦研究史料概述》,中華書局 2001 年版,第 147 頁。

河南開封。明弘治七年(1494)進士,授户部主事,旋被誣下獄。弘治十八年(1505)應詔上書,極論朝政得失,下錦衣獄,後獲釋。正德(1506—1521)初,因彈劾閹佞劉瑾等"八虎",論罪罷歸。正德十四年(1519)因甯王朱宸濠叛亂事,牽連入獄。免職歸里,閉居近20年而卒。善詩文,主張"文必秦漢,詩必盛唐",力倡復古,反對台閣體。與何景明等人互相呼應,號稱"前七子"。著有《空同集》66卷。《明史》卷二八六有傳。

【著録】

明曹金纂《(萬曆)開封府志》卷二十七:"李夢陽《空同子》八篇,《空同集》六十卷。"明萬曆間焦竑《國史經籍志》卷五集類:"李夢陽《空同集》六十三卷。"明朱睦㮮《萬卷堂書目》卷四、清徐乾學《傳是樓書目》同。清丁仁《八千卷樓書目》卷十六集部:"《空同集》六十六卷,明李夢陽撰,明刊本。"《續通志》《續文獻通考》《書目答問》同。

【版本】

李夢陽所著詩文,在其生前被編爲《李氏弘德集》32卷,於嘉靖四年(1525)梓行。李夢陽卒後,其外甥曹嘉編成《空同集》63卷,於嘉靖十一年(1532)刊刻。嘉靖三十一年(1552)朱睦㮮又對曹嘉刻本進行增補,編爲66卷,於萬曆三十年(1602)由鄧雲霄刻印發行,較爲完善。另有康熙年間視古堂刻《明十一大家集》本、康熙二十一年(1682)郢雪書林刻《明六家集》本、乾隆間《四庫全書》本、光緒間刻本等。

【内容】

據明嘉靖三十一年朱睦㮮增補之《空同集》66卷,該書卷一至卷三爲賦,卷四至卷三十七爲古今詩,卷三十八至卷六十六爲文類。

李夢陽是明代中期復古運動的領袖,倡言"文必秦漢,詩必盛唐",與何景明、徐禎卿等號稱"七才子"。其賦今存34篇,皆爲古賦。題材上包括述懷、詠史、詠物三類:"述懷"敢於抨擊官場與詭異之徒的醜惡、虚僞、貪婪,"詠史"則弔古傷今,抒發"冤抑内憤"之情。這兩類是其賦作之主體。"詠物"之作善於摹景狀物,簡勁可誦。因其屢經困厄,故其賦風沉鬱悲慨,於人生艱窘感憤彌深。文辭精美,氣魄宏放,情景交會,時見鋒芒。體制上以騷體賦爲主,如《疑賦》:"下乾上坤,高卑易矣。星辰在下,江河逆矣。""直何以仇?佞何以親?彧何以顛?操何以振?"連續發問,對比强烈,氣勢逼人,顯然效法《橘頌》《天問》和賈誼《弔屈原賦》的句式;而《鈍賦》:"余竊悲機巧之競進兮,性靈利而激昂。衆倜儻而鑽刺兮,務捷徑以求成。"《述征》:"仲夏赫炎兮,草木畢揭。饑緤赴徵兮,夜發梁國。"則又使用《九歌》《離騷》句式,將"兮"字置於上句之末。也有一些賦有意仿古,摹擬漢賦體制,辭繁氣滯,略乏情韻。王世貞稱其賦"上擬屈宋,下及六朝,根委有餘,精思未極"(《藝苑卮言》卷六)。在明賦中佔有重要地位。

【研究】

孫海洋《明代辭賦述略》第五章對其賦有介紹（中華書局2007年版，第203～211頁）。論文有：郝潤華、謝琰《模擬與新變：李夢陽騷體賦的創作特點及成就》[《首都師範大學學報》（社會科學版）2010年第5期]、王海燕《李夢陽的辭賦創作和賦學思想》（《樂山師範學院學報）》2011年第2期）、郝潤華《李夢陽〈述征賦〉寫作時間考辨》（《古籍整理研究學刊》2014年第6期）等。學位論文有朱怡菁《李夢陽辭賦研究》（臺灣政治大學2004年碩士學位論文）。

《何大復集》38卷（《何仲默集》），明何景明撰

【作者】

何景明（1483—1521），字仲默，號大復，信陽（今屬河南）人。明弘治十五年（1502）進士，授中書舍人。正德初年，因觸犯閹宦劉瑾而被免官。劉瑾伏誅，除中書，正德十一年（1516）升吏部員外郎，後出任陝西提學副使。病歸而卒。爲人耿介，尚節義。詩文俱佳，與李夢陽同爲“前七子”首領。著有《何大復集》。《明史》卷二八六有傳。

【版本】

何景明卒後3年，康海、張治道等彙其詩文，編爲26卷，題曰《何仲默集》，刻于明世宗嘉靖三年（1524）。其中辭賦3卷，詩18卷。另有10卷本《何仲默集》，乃張治道、康海據何氏全集選編而成。此後又有魏良貴增補本，凡37卷，嘉靖三十四年（1555）付梓。又有南海陳堂刻本，萬曆五年（1577）梓行，凡38卷。陳堂刻本流傳最廣，乾隆間有重刻本，《四庫全書》亦據此本收入。

【内容】

《何大復集》第1—3卷收何景明賦22首，《山西通志》卷220載有何景明《石樓賦》1首，總數爲23首。内容上或言志，或抒情，或行旅，或體物，感情充沛，饒有風骨。其中《述歸賦》作於正德二年（1507），作者遭受閹宦打擊而辭官歸田之時，賦中指斥朝綱混亂，哀歎賢良凋毀，所經之處，浮想聯翩，反映了深沉的歷史悲慨和對王朝傾覆的憂慮。較之李夢陽，何景明賦對下層人民有更爲深切的關懷和同情。例如，《憂旱賦》内容、句式皆仿效賈誼《旱雲賦》，描寫了大旱之年顆粒無收、哀鴻遍野的慘狀；《東門賦》模仿漢樂府《東門行》而出之以四言，描寫敝冢旁命不保夕的丈夫逼迫妻子改嫁他人，以求活命，境遇悲慘，沉痛感人。《渡瀘賦》和《進舟賦》皆作於出使雲南之時，前者寫作者西渡瀘水，目睹蜀漢舊迹，哀歎諸葛亮壯志未酬，包含着作者生不逢時的慨歎。《白菊賦》《荷花賦》詠物寄懷，文筆清新，可讀性強。其賦在體式上以騷體爲主，亦有四言、雜言，不拘一格。而《石樓賦》通過對石樓山風光景物的描寫，讚揚了恩師李瀚的品質、人格與修養，形式上采用主客問答體，駢散相間，用韻自由，是一篇典型的文賦。這説明何景明雖爲“前七子”之一，提出過明晰的復古理論，但他在創作中並没有排斥六朝以後産生的新的文學體式，是一位觀念較爲通達的文學思想家和賦家。①

【研究】

研究何景明生平的著述有：姚學賢等《何景明評傳》（河南大學出版社 1993 年版）、白潤德《何景明叢考》（臺灣學生書局 1997 年版）。專門研究何景明辭賦的論文有：王海燕《何景明辭賦研究》（首都師範大學 2011 年碩士學位論文），蹤凡、王海燕《何景明的一篇集外賦》（《中州學刊》2011 年第 4 期），王真《試論何景明賦的思想内容》（《才智》2011 年第 22 期）。

《孫文簡集》58 卷（《孫文簡公瀼溪草堂稿》），明孫承恩撰

【作者】

孫承恩（1481—1561），字貞父，號毅齋，江蘇華亭（今上海市松江區）人，一説蒲州（今山西永濟縣）人。明正德六年（1511）進士，改庶吉士。歷任禮部尚書，兼掌詹事府。因事辭官，卒謚文簡。著有《孫文簡集》（别題《瀼溪草堂稿》）、《鑒古韻語》等。生平事迹見《國朝獻徵録》卷一八。

【版本】

《孫文簡集》又稱《瀼溪草堂稿》，爲孫承恩門人楊豫孫、董宜陽等編，凡 58 卷，41 萬字，萬曆十一年（1583）刊本。卷首有陸樹聲序，正文含疏、表、講章 7 卷，賦、詩、詞、曲 19 卷，雜文等 32 卷。又有《四庫全書》本。

【内容】

孫承恩爲人耿直不苟，文章醇正恬雅，與“七子”相異。其賦今存 26 篇，是明代存賦較多的賦家之一，惜因名氣不彰，研究者寥寥。孫賦題材廣泛，文辭簡潔，氣韻貫通，通俗流暢，不務難字僻典，藝術水平較高。例如其《感蟋蟀賦》如此描寫蟋蟀的叫聲：“却慮屏思，側耳静聽。如窶人貧女之出其無聊，如放臣去婦之吐其不平，如感風木者極終天之恨，如羈逆旅者切懷土之情，如鼓盆者强歌而終悲，如慰别者當喜而翻歎，如過故都者興黍離之欷嘘，如念行役者極中宵之凄惋。如抱沉痾，如懷隠憂，如登山臨水送將歸者，意戀戀而莫釋；如辭家遠役顧娟子者，語刺刺而弗休。虞姬請劍而吞聲，韓娥當筵而斂態，懷湘靈之凄清，動雍門之感慨。腸斷山陽之笛，魂銷薤露之聲，寄慟哭於絶塞，寓哀怨於胡庭。”連用十幾個比喻，來摹狀蟋蟀鳴聲之凄楚，實際上傳達了作者寂静孤獨、百無聊賴的内心感受，以及仕途落拓、事業無成的憤懣和悲涼，具有較强的感染力。賦中偶然用典，自然妥帖，毫無斧鑿之痕。其他如《一統地理圖賦》描寫地理，而體

① 參見蹤凡、王海燕《何景明的一篇集外賦》，《中州學刊》2011 年第 4 期。

製宏大,局勢開張,語言流動,是一篇以騷體寫成的大賦;《南征賦》《北征賦》《風雨阻歸舟賦》紀行遊覽,《弔岳武穆賦》《弔屈原賦》弔古傷今,《東石賦》《嘉嶺賦》模山範水,《貪鼠賦》《憫己賦》諷諭抒情;還有描寫宫室廟宇者如《春崗書院賦》《冬庵賦》,贈答友朋者如《月明千里故人來賦》《龍洲介壽賦》《别知賦》等,内容十分豐富。"其賦實與賈誼、江淹、柳宗元諸家賦風一脈相通,在明賦中别具風采,佔有重要地位"①,但目前衹有孫海洋《明代辭賦述略》對其有簡單介紹(中華書局 2007 年版,第 161 ~ 167 頁),實爲憾事。

《劉子威集》52 卷,明劉鳳撰

【作者】

劉鳳(1517—1600),字子威,長洲(今江蘇省蘇州市)人。明嘉靖二十三年(1544)甲辰科進士,授中書舍人,擢監察御史。後左遷興化府推官,升河南按察使僉事。罷歸,以老壽卒於家。家富藏書,有厞載閣、清舉樓。其文多僻字奥句,尤喜生澀之體,在吴中影響甚大。著有《劉子威集》《劉子威續集》《劉子威雜著》《劉子威雜俎》《續吴中先賢贊》等。生平事迹略見明王世貞《弇州山人續稿》卷四〇《劉侍御集序》、過廷訓《本朝分省人物考》卷二四。

【版本】

《劉子威集》初刻 32 卷,續刻 20 卷。現有明萬曆間刻本《劉子威集》52 卷。錢謙益《列朝詩集小傳》指出劉鳳文的特點:"子威博覽群籍,苦心鈎索,著騷賦古文數十萬言,觀者驚其繁富,憚其奥僻,相與駭掉栗眩,望洋而歎,以爲古之振奇人也。……飽飣堆積,晦昧詰屈,求如近代之江亶爰、李滄溟且不可得,而況於古人乎?"

【内容】

據馬積高《歷代辭賦總匯》,劉鳳賦今存 22 篇,題材上以歲時、登覽、述志、詠物爲主。其中歲時賦有《清暑賦》《凌秋賦》《秋霽賦》,登覽有《登樓賦》《齊雲山賦》《小山賦》《眺後園賦》,述志有《優笑賦》《拙賦》《有所遇賦》,詠物有《荷花賦》《修竹賦》《菊花賦》《蟋蟀賦》。與劉鳳的散文類似,其賦亦喜用生字僻句,生澀難懂,但亦有清新流暢的篇什。例如《清暑賦》描寫朗麗之景,《登樓賦》抒寫暢達之情,情景交融,意境優美。《優笑賦》是一篇散體賦,通過漢武帝與郭舍人、東方朔等人的問答,以表達對統治者縱慾享樂、奢華淫靡生活的諷諭和批判,具有一定的現實意義。

① 霍松林、徐宗文:《辭賦大辭典》,江蘇古籍出版社 1996 年版,第 223 頁。

《弇州山人四部稿》174 卷續稿 207 卷,明王世貞撰

【作者】

王世貞(1526—1590),字元美,號鳳洲,又號弇州山人,明代南直隸蘇州府太倉州人。嘉靖二十六年(1547)進士,先後任職大理寺左寺、刑部員外郎和郎中、山東按察副使青州兵備使、浙江左參政、山西按察使,萬曆時期出任過湖廣按察使、廣西右布政使,鄖陽巡撫,一度罷官歸里。後復爲應天府尹、南京兵部侍郎,累官至南京刑部尚書,卒贈太子少保。世貞才學富贍,好爲詩古文,與李攀龍、徐中行、梁有譽、宗臣、謝榛、吴國倫合稱"後七子",獨領文壇 20 年。主張"文必秦漢,詩必盛唐",晚年主張稍有改變。著有《弇州山人四部稿》《續稿》《弇山堂別集》《嘉靖以來首輔傳》《觚不觚録》等。《明史》卷二八七有傳。

【版本】

《弇州山人四部稿》174 卷目録 12 卷,初刻于明萬曆五年(1577),由王氏世經堂刊刻。"四部"包括賦部、詩部、文部、説部。後增至 180 卷。集前有汪道昆序。又有《弇州山人續稿》207 卷目録 10 卷,係王世貞致仕後親手所輯,至崇禎年間由其孫刊刻行世。《續稿》實是三部:賦部、詩部、文部,並無説部。二書皆有清乾隆間《四庫全書》本。

【内容】

據孫海洋《明代辭賦述略》,王世貞有賦 20 篇(《歷代辭賦總匯》收録 18 篇),騷體 15 篇,是一位辭賦大家。其實他作爲"後七子"之領袖,還是一位著名的辭賦理論家,其《藝苑卮言》對楚騷、漢賦有十分精彩的討論,著名的"騷聖""賦聖"説即出自此書。落實到辭賦創作方面,王世貞的賦内容充實,立意高遠,具有深刻的現實針對性和剛健古奥的風格。《土木賦》《玄嶽太和賦》反映時事政治,尤見特色。前者總結土木堡之敗的歷史教訓,指斥宦官干預朝政,禍害國家,並且具有諷諫之意,孫海洋以爲此文"復古太甚,其語言之古奥、辭藻之堆垜甚至超過司馬相如、揚雄之輩。文詞極其艱澀,用語極其奥僻"①。《玄嶽太和賦》旨在諷諫明世宗迷信道教,但以大量筆墨鋪寫太和山的高聳險峻,語言堆砌,腴辭害骨,反而湮没了該賦的諷諫意圖。其他如《愁賦》《沉騷賦》等抒情言志,《静姬賦》《登釣臺賦》《竹林七賢賦》等弔古傷今,《金魚賦》《二鳥賦》《紅鸚鵡賦》等詠物寄情,無不感情充沛,風格剛健。

【研究】

對於王世貞賦,郭維森、許結《中國辭賦發展史》(江蘇教育出版社 1996 年版,第 719 ~ 721 頁)、孫海洋《明代辭賦述略》(中華書局 2007 年版,第 228 ~ 238

---

① 孫海洋:《明代辭賦述略》,中華書局 2007 年版,第 229 頁。

頁)有介紹。此外尚有一篇研究王世貞賦學理論的論文:程維《從王世貞對揚雄賦論的"誤"引看明中期的賦學復古》,《中南大學學報》(社會科學版)2014 年第 6 期。

《蠛蠓集》5 卷,明盧柟撰

【作者】

盧柟(1507—1560)[1],字次楩,又字子木,號浮丘山人,大名府浚縣(今屬河南省)人。國子監生。年少才高,博聞強記,但狂傲不羈,好使酒罵座。工古文,落筆數千言,而不喜八股,屢試未中,於是放浪形骸,寄情山水。曾因忤逆知縣而被誣殺人,幾死,繫獄十年方獲釋。後落拓而終。著有《蠛蠓集》5 卷。《明史》卷二八七有傳。

【版本】

《蠛蠓集》5 卷,爲盧柟所自編。其中雜文二卷,賦一卷,詩二卷。最初由馮清、梁相刊刻,時在嘉靖二十二年(1543)。後有萬曆三年(1575)竇寶泉翻刻本、萬曆三十年(1602)張自忠重刻本、清乾隆間《四庫全書》本等。

【内容】

《蠛蠓集》自序云:"蠛蠓者,醯雞也,取其潔於自奉、介以自守,不如蚊蚋之侵穢強嗽。又以事繫獄,類蠛蠓之厄燕吭、罹蛛網,振其音而喑喑者,故以名集。"四庫館臣評其集説:"史稱其騷賦最爲王世貞所稱,詩亦豪放,如其爲人。今觀其集,雖生當嘉、隆之間,王、李之焰方熾,而一意往還,真氣坌湧,絶不染鉤棘塗飾之習。蓋其人光明磊落,藐視一時,不與七子爭聲名,故亦不隨七子學步趨。然而榛救之,世貞稱之,柟反以是重於世,亦可謂毅然自立、無所依附者矣。"(《四庫全書總目》卷一百七十二)

集中收賦 30 篇:《幽鞫賦》《放招賦》《惜毀賦》《秋賦》《酬德賦》《水亭賦》《天目山賦》《龍池賦》《夢洲賦》等。内容上或描繪時令山水,或抒寫個人遭際,反映其睥睨塵世、高傲曠達的情懷。形式上以騷體賦、散體大賦和詠物小賦爲主。例如《幽鞫賦》是一篇自傳體賦,仿屈原《離騷》而作。開頭即敘述自己高貴的身世、神異的出生,以及汲汲自修、對美好品德才能的追求:"帝顓頊之嬋媛兮,皇波湼乎姬姜。……謇余降於衛滸兮,幼好姱而岐嶷。岌青雲之偉冠兮,挾長劍之陸離。朝晞余髮於崑崙兮,暮濯足於咸池。擥招摇以爲袪兮,履彗星以爲綦。余長喟其歷之未瑰兮,勔修余之菲芳。裁薜荔以爲衣兮,衷芙蓉之翠裳。

① 其生卒年據李時人《中國文學家大辭典 · 明代卷》(中華書局 2018 年版,第 216 頁)。《明代辭賦述略》定爲 1427—1558(第 174 頁),則享年 131 歲,與其"酒酣罵座……偏游吴會無所遇。還益落魄,嗜酒病,三日卒"(《明史》本傳)的生平不符,故不取。

集若莔以爲藉兮,糅杜蘅以爲粻。揭旌於蘭皋兮,稅駕乎芳之塘。”取象和語言都與《離騷》並無二致。以下又寫自己横遭誣陷,被捕入獄,在獄中受到種種非人的折磨,讀之令人悽愴。《雲濱賦》是一篇古賦,賦前有自序云:“鬻熊之墟,雲濱父居焉。棲身巖户,放志滄浪,超曠之度,方之瞿硎、子真之流,莫能尚已。近時諸大夫各有篇什,僕辱在草莽,承風操翰,聊爲古賦,以紹公孫嘉遁之製云。”全賦描寫楚山清幽静寂的景色,以表達自己對隱逸生活的嚮往。王世貞對盧柟賦評價甚高,其《藝苑卮言》云:“賦至何李,差足吐氣,然亦未是當家。近見盧次楩繁麗濃至,是伊門第一手也。惜應酬爲累,未盡陶洗之力耳。余與李于鱗言:‘盧是一富賈胡,群寶悉聚,所乏陶朱公通融出入之妙。’李大笑以爲知言。然李材高,不肯作賦,不知何也。”①盧柟賦具有楚騷、漢賦情韻,故爲主張復古的王世貞所器重,而成爲明末賦壇的重要作家。

《復出集》36 卷,明方承訓撰

【作者】

方承訓,號郛邺,安徽徽州(今歙縣一帶)人,主要活動於明隆慶(1567—1572)、萬曆(1573—1620)之際。出生於商賈世家,年輕時自視甚高,以韓柳歐蘇相標榜。但名列諸生 36 年,屢試不第,遂棄儒從商。與許國、游震、汪道昆等有交往。著有《復出集》36 卷。

【版本】

《復出集》爲方承訓自編,現有戴震家藏明萬曆間刻本。收入《四庫全書存目叢書・集部》187—188 册。

【内容】

方承訓《復出集》卷二十爲賦,共計 43 篇。是明代存賦較多的賦家之一。其賦内容較爲豐富,言志有《哀稺賦》《省躬賦》《閑賦》,懷古有《弔屈原賦》《弔褒忠祠賦》,地理有《翠屏山賦》《紫陽山賦》,行旅有《南征賦》《游西湖賦》《登齊雲山賦》《過金江山賦》,草木有《梅林賦》《碧松賦》,鳥獸有《雅鵲賦》《異鳥賦》等。尤以山水、行旅、言志賦爲大宗。但因其地位卑微,故文學影響十分有限。

【研究】

對於方承訓之賦,《明代辭賦述略》没有討論。謝欣《方承訓及〈復出集〉研究》(安徽大學 2004 年碩士學位論文)對其生平、交游、經商情况、詩歌成就、文學思想有探討,但對其賦作没有專門研究。

---

① 〔明〕王世貞:《藝苑卮言》卷六,丁福保輯《歷代詩話續編》(中),中華書局 1983 年版,第 1048 頁。

《徐渭集》30卷,明徐渭撰

【作者】

徐渭(1521—1593),字文清,後改字文長,號青藤老人、天池山人等,紹興府山陰(今浙江紹興)人。生員,鄉試屢敗。曾擔任胡宗憲幕僚,後因殺繼妻被下獄論死,7年後獲釋。此後遊歷南北,售賣書畫詩文度日,最終貧苦而死。多才多藝,在詩文、戲劇、書畫等各方面皆有建樹,與解縉、楊慎並稱"明代三才子"。著有《南詞叙録》、雜劇《四聲猿》《歌代嘯》、詩文集《青藤書屋文集》《徐文長佚草》《徐文長逸稿》等。今人合輯其詩文戲曲之作爲《徐渭集》60卷。明陶望齡、袁宏道各有《徐文長傳》,《明史》卷二八八、《列朝詩集小傳》丁卷亦有傳。

【版本】

現有中華書局1983年標點本,凡4册。此本收録《徐文長三集》《徐文長逸稿》《徐文長佚草》,以及《四聲猿》《歌代嘯》2種雜劇,書後附有"補編"和"附録"。該書共收賦19首,樂府13首,詩4800餘首,詞26首,文500餘篇。

【内容】

徐渭賦現存28篇,題材較爲廣泛。其中《涉江賦》抒情言志,《牡丹賦》《荷賦》《鸚鵡賦》描寫草木鳥獸,《世學樓賦》《女芙蓉館賦》摹狀樓臺館閣,《畫賦》《畫鶴賦》題於畫端,等等。《十白賦》是一組詠物小賦,連續歌詠鹿、兔、鵲、猴、鸜鵒、鸚鵡、龜、麂、鼠、黄頭,凡10篇。據作者小序,當年徐渭在胡宗憲幕中,見有人獻白鹿而獲得嘉賞,於是連續獻異物10品,心欲諷諫而未能。後來胡宗憲下獄死,徐渭寄居在馬家,思往事而爲賦,"燭蝕一寸,而成十章。諷固無由,且悲之矣"。名爲詠物,實際上寄寓着作者的諷諫之意和身世之悲。例如第一首《鹿二隻》云:"爰有二鹿,雪皓霜瑩。後先互呈,以雌以雄。合八蹄而兩角,蹲並璧以交穹。桓桓撫臣,敢告世宗:謝山海之苹食,仰芻豢於上宫。諒遭遇之有時,胡人與物而匪同。"賦中言二鹿毛色純美,一旦失去了在山海之間自由覓食的生活,衹能在高堂上依附人類而生存,暗喻人事遭遇有幸與不幸之分别。第二首《兔》云:"謝彼月輪,來此人間。朗晴珀赤,妙毳雪寒。豈韓盧之可獵,與魄蜍而共跚。曩者食客之謀,匪爲營於三窟。今也走狗之獲,潸垂涕以雙潺。"此賦寫玉兔告别月宫,來到人間,衹爲謀取生存,不求榮華富貴,不料卻爲"走狗"所擒獲,神傷落淚。在同情玉兔的同時,似乎也蕴含着自己受到胡宗憲事牽連而險遭迫害的憂慮和感傷。至於《前破械賦》《後破械賦》兩首,皆是通過對破械"昨日何重,今日何輕"的感慨,表達作者"其在今日也,栩栩然莊生之爲蝴蝶;其在昨日也,蘧蘧然蝴蝶之爲莊生"的曠達情懷。

【研究】

孫海洋《明代辭賦述略》第四章對徐渭賦有專門評述(中華書局2007年版,

第 167 ~170 頁),葉根華、李淑蘭撰有《徐渭“四花賦”創作時間考》[《紹興文理學院學報》(哲學社會科學)2012 年第 6 期],可以參看。

《陳忠裕公全集》30 卷,明陳子龍撰

【作者】

陳子龍(1608—1647),字人中,又字臥子,號大樽,松江華亭(今上海市松江區)人。崇禎初參加張溥、張采之復社,又與夏允彝等人結幾社。崇禎十年(1637)中進士,選紹興推官,擢兵科給事中。南京淪陷後遁爲僧,謀畫舉兵抗清,事敗被擒,赴水而死。長於詩詞古文,著有《陳忠裕公集》。《明史》卷二七七有傳。

【版本】

《陳忠裕公全集》凡 30 卷,爲王昶所編,清嘉慶八年(1803)刊刻行世,但《安雅堂文稿》18 卷、《兵垣奏議》2 卷未能收入。現有上海文獻叢書編委會編《陳子龍文集》(上、下,華東師範大學出版社 1988 年版)、施蟄存、馬祖熙標校的《陳子龍詩集》(上海古籍出版社 2006 年版)和王英志輯校的《陳子龍全集》(人民文學出版社 2011 年版)。

【内容】

陳子龍在文學上主張繼承“前七子”傳統,提倡復古,其詩、賦、古文皆取法秦漢魏晉,雄渾高古,具有風力。存賦 20 篇,騷辭 3 篇,賦體文 4 篇。早年賦作多規摹魏晉六朝,注重藻飾,文詞清麗優雅,以《幽草賦》《垂絲海棠賦》爲代表;明末時事劇變,山河破碎,賦風轉而悲壯蒼涼,言辭激切,頗見鋒芒,以《擬恨賦》《擬别賦》《妒婦賦》等諷世傷時、刺佞悲賢的作品爲代表。其中《擬别賦》的情感、構思、語言完全效法江淹《别賦》,而更爲細緻綿密,淒婉動人。該賦先一般性描述别離時的依依難捨和悲傷淒涼,然後分别描述各類人物、各種原因的分别場景。其中寫男女别離,就有“廬江少婦,文園小姬,恩方膠固,義當乖離”式的男女如膠似漆但迫於種種壓力而不得不分手的情況,也有如“漢武好武,絶域稱藩,賜美人於朔漠,嫁公主於烏孫”的因政治原因而遠嫁異域的分别,還有“妾居北里,君戍交河,夜飛白羽,朝負琱戈”的女子在家守候而征夫遠赴沙場、生死未卜的離别,還有“銅臺尚食之伎,茂陵薦寢之女,宫車晚駕,曠然獨處”的一夜情式的悵然離别,更有“上宫麗質,邯鄲名倡,皎皎牕牖,盈盈道傍”的一見鍾情、但轉眼間天各一方的浪漫分手。該賦最後總結道:“嗟夫! 别何地而不愁,愁何年而能散。陋群遊於麋鹿,壯遐征於羽翰。苟兩心之不移,雖萬里而如貫。又何必共衾幬以展歡,當河梁而長歎哉!”表達了對“兩心不移,萬里如貫”的真摯情感的肯定和嚮往,認爲衹要情感始終如一,就不必介意是否朝朝暮暮,共衾展歡。該賦不僅在内容上比江淹原作更爲充實、豐富,在情感境界上也更高一籌。

【研究】

王巧飛撰有《情以獨至爲真，文以範古爲美——論陳子龍〈湘真閣稿〉賦》(《哈爾濱學院學報》2006 年第 4 期)，認爲《湘真閣稿》中的賦“一方面表現出濃重的摹古特色，另一方面又有異於前人賦的特點，具有時代精神，這不但浸透着濃重的歷史原因，又恰與其所倡‘情以獨至爲真，文以範古爲美’的追求相合”。

《夏完淳集》14 卷，明夏完淳撰

【作者】

夏完淳(1631—1647)，原名復，字存古，號小隱，又號靈胥，華亭(今上海市松江區)人。聰明早慧，拜陳子龍爲師，與朋友組織西南得朋會，以繼幾社。清兵南下，追隨父親夏允彝、老師陳子龍起兵抵抗。其父兵敗自殺，又與陳子龍等繼續抗清，被魯王封爲中書舍人。順治四年(1647)被清兵捕獲，在南京從容就義，時年 16 歲。著有《玉樊堂集》《内史集》《南冠草》《續倖存録》，後人編爲《夏完淳集》14 卷。生平見清屈大均《皇明四朝成仁録》卷六、《(嘉慶)松江府志》卷五五。

【版本】

夏完淳犧牲後，後人輯其遺作，有多種版本傳世。主要有清嘉慶年間王昶輯刊《夏節愍公全集》10 卷補遺 2 卷卷首卷末各 1 卷，《藝海珠塵叢書》所收《夏内史集》9 卷附録 1 卷。中華書局 1959 年出版《夏完淳集》點校本，即以前者爲底本。上海古籍出版社 1991 年出版《夏完淳集箋校》，今人白堅撰，較爲完備。

【内容】

夏完淳衹活了 16 歲，卻成爲明代賦壇的重要作家。他的賦今存 12 篇，見《夏完淳集》卷一。與其師陳子龍相似，夏完淳賦亦可分爲前後兩期：14 歲之前爲其少年時期，作賦效法魏晉六朝，内容清新，詞采華艷，以《冰池如月賦》《怨曉月賦》爲代表；14 歲時崇禎自縊，清兵入關，夏完淳跟隨父、師抗清，賦風轉而風骨蒼勁，沉鬱悲涼，以《寒城聞角賦》《大哀賦》爲代表。

夏完淳是明末抗清英雄，其《大哀賦》仿庾信《哀江南賦》的規模和筆法，但該賦撫今追昔，總結明亡之教訓，抒寫亡國之沉痛，悲鬱壯烈，實遠勝之。本賦共分四部分：先寫明朝腐敗混亂，由盛而衰；次寫清兵入關，戰火燎原；再寫群雄奮起，砥礪抗清；最後寫追慕先烈，誓死復仇。全賦猶如一首明亡史詩，體制宏偉，感情悲壯。賦中云：“推本先朝，追原禍始，神祖之垂拱不朝，熹廟之委裘而理，罪莫甚於趙高，害莫深夫褒姒。”將最高統治者的荒淫無道視爲禍亂之根，歎息傷惋。但賦末又以韓信、荆柯自喻，希望能糾集同志，共赴疆場，表達了誓死衛國、捨生取義的英雄氣概：“韓王孫之城下，知己誰人？宋如意之堂前，傷心何極！下江但見夫緑林，圯橋未逢夫黄石。此孤臣所以輟食而拊心，枕戈而於邑

者也。”《大哀賦》是中國賦史上不可多得的愛國主義名作,清初朱彝尊爲之題辭云:“束髮從軍,死爲毅魄。其《大哀》一賦,足敵蘭成(按:庾信,字蘭成)。昔終童未聞善賦,汪踦不見能文,方之古人,殆難其匹。”良非過譽。

【研究】

王學曾撰有《大哀賦注釋》(上海古籍出版社 1997 年版)。研究論文有:劉勇剛《論夏完淳的〈大哀賦〉——以庾信的〈哀江南賦〉爲比較對象》[《南陽師範學院學報》(社會科學版)2003 年第 11 期]、張麗傑《從“賦”“賦政”本義看〈大哀賦〉的創作價值》[《内蒙古師範大學學報》(哲學社會科學版)2008 年第 2 期]、趙金平《賦爲“詩史”:論夏完淳〈大哀賦〉的叙事性》[《遼寧工業大學學報》(社會科學版)2017 年第 6 期]。

第五章　賦評正外編

明代幾乎没有專門性賦論、賦話，衹有楊慎《論騷賦》2 卷，差可充數。故本章的重點爲“外編”，擬介紹元劉壎《隱居通議》、陳繹曾《文筌》，明謝榛《四溟詩話》、王世貞《藝苑卮言》、胡應麟《詩藪》、許學夷《詩源辨體》等含有較多賦論的詩文評著作。

《論騷賦》2 卷，明楊慎撰

【作者】

楊慎(1488—1559)，字用修，初號月溪、升庵，又號逸史氏、博南山人、洞天真逸等，四川新都(今成都市新都區)人，祖籍廬陵(今江西省吉安市)。明正德六年(1511)狀元及第，官翰林院修撰，與修《武宗實録》。明世宗時任經筵講官。嘉靖三年(1524)因“大禮議”謫戍於雲南永昌衛。卒後追贈光禄寺少卿，謚文憲。著作達四百餘種，後人輯爲《升庵集》。傳見《明史》卷一九二、陳文燭《楊升庵年譜》(《國朝獻徵録》卷二一)、簡紹芳《楊文憲公年譜》(清道光間刻《古棠書屋叢書》本)等。

【版本】

1. 清光緒八年(1882)新都刻《總纂升菴合集》本

2.《輯刊》第 186 册影印國圖藏清光緒八年(1882)新都刻本

據影印本可知，該書居於《總纂升菴合集》之卷一二八。凡 2 册。第一册版式是四周雙邊，白口，單、黑魚尾。半葉 8 行，行 20 字。卷端題：“總纂升菴合集卷之一百二十八，新都楊慎著，同里鄭寶琛纂輯，同里王文林編次，天彭李守福、繁江郭宗儀仝校。”版心頂部刻“升菴合集”，魚尾之下刻“卷一百二十八(論騷賦)”和頁碼，底部刻“第五十二册”。第二册版式同此，版心底部刻“第五十三册”。

【内容】

本書以札記形式，對古代辭賦的語詞、名物、結構、寫法等進行探討。分爲兩卷，第一卷主要討論楚辭，包括“蔣之翰稱離騷”“大招”“先路”“軫石”“浴蘭兮沐芳”等，凡 24 條；第二卷主要研究歷代賦，以先唐賦爲主，包括“辨華”“眳藐流眄”“薛綜注西京賦”“古賦形容麗情”等，凡 39 條。全書共計 63 條，内容較爲豐富。但大抵徵引舊籍，沿襲成説，如第一卷“悼騷賦”條全文抄録梁竦《悼騷賦》（見《後漢書·梁竦傳》李賢注）；“古今賦麗則不同”條抄録晉葛洪《抱朴子外篇·鈞世》；第二卷“上林賦”條又全文抄録宋程大昌《雍録》卷九的文字；等等。其中亦有可資參考者，如“上林賦”條按語拈出賦中三句關鍵之語，對《子虚》《上林賦》的内在結構和創作意圖進行分析，頗爲中的；書末“秦少游《單騎見虜賦》”條，認爲“此即一篇史斷，今人程試之文，能幾有此者乎？”也是十分卓異的見解。

［外編］

《隱居通議》31 卷，元劉壎撰

【作者】

劉壎（1240—1319），字起潛，號水雲村（或作水村），南豐（今屬江西省）人。生活於宋末元初，曾隱居鄉里近 20 年。入元後曾任建昌路學正、延平路儒學教授。長於駢文，是元初四六體名家。所著有《隱居通議》31 卷，《水雲村稿》15 卷，《水雲村吟稿》12 卷。事迹略見元吴澄《故延平路儒學教授南豐劉君墓表》（《吴文正集》卷七一）、清龔望曾《水邨先生年譜》。

【版本】

1. 清乾隆間《文淵閣四庫全書》本

2. 清嘉慶四年（1799）桐川顧氏《讀畫齋叢書》本

3. 清道光二十九年（1849）《海山仙館叢書》本

4. 民國間《叢書集成初編》本

【内容】

《四庫全書》將此書歸入子部雜家類，而霍松林等《辭賦大辭典》則視爲選集，各有所據。今按：該書共 11 門 31 卷，其中理學 3 卷、古賦 2 卷、詩歌 7 卷、文章 8 卷、駢儷 3 卷、經史 3 卷、禮樂 1 卷、造化 1 卷、地理 1 卷、鬼神 1 卷、雜録 1 卷。門下分條記事，各立標題，近乎雜談，故列入雜家類更妥。

本書卷四、卷五爲“古賦”，將選賦與論賦相結合。卷四之首有“總評”，發表對古賦的看法；以下選録唐、宋、元三代賦 10 家 16 篇，各賦之前有解題，賦後有評論（亦有略去者），篇目如下：

卷四：元傅幼安《秋花草蟲賦》《味書閣賦》《麗譙賦》《訓畬賦》；宋陳宗禮《懷皋賦》、楊萬里《浯溪賦》、黄庭堅《毁璧》、蘇軾《山中松醪賦》（僅有評點）；

卷五：唐宋璟《梅花賦》2 篇；宋諶佑《落月賦》、歐陽修《述夢賦》《哭女師》、蘇轍《御風詞》，蘇軾《昆陽城賦》，吴鎰《義陵釣古賦》、邢居實《秋風三疊》；三賦（僅有評點）、江淹《别賦》（僅有評點）。

首選元賦，且僅選傅幼安一人之作，反映其對傅幼安古賦的推崇。卷四總序稱:"以古賦名者,幼安一人而已。今其年八十有三,苦末疾,多蹇步,亂離間阻,文會闊疏,因思此老疇昔談詞如雲,山鳴谷應,今則無復此奇士矣。景定壬戌歲,郡太守錢侯應孫招予,與幼安客郡齋,同游平遠臺。幼安雄辨傾坐,聽者爲竦。其後交游諸公貴人間,與幼安聚會之日常多,而議論常合。乃今思其人而不得見,因追尋其所作古賦一二,姑載於此,以備遺忘,且以示諸兒,使知吾盱有此前輩,又知古賦之精工者不得多云。"原來傅幼安爲盱眙人,亦爲由宋入元的作家,劉壎的前輩。今考卷中歐陽修、黄庭堅、吴鎰、楊萬里、諶佑等大都是江西籍或者寓居盱眙的作家,可見劉壎鮮明的個人傾向和鄉邦觀念。

劉氏將《毁璧》《哭女師》《秋風三疊》等選入集中,反映了其對賦體認識的寬泛,或許對朱熹《楚辭後語》有所吸收。所選諸賦,推崇"風骨蒼勁,義理深長"之作,而不取堆砌辭藻或者綺靡華麗的賦篇。其中《山中松醪賦》、三賦、《别賦》僅有評點,也頗能反映編者的賦學觀念。所謂"三賦",指的是先唐名篇《魯靈光殿賦》《游天台山賦》《蕪城賦》,作者云:"後漢王文考作《魯靈光殿賦》,晉孫興公作《游天台山賦》,宋鮑明遠作《蕪城賦》,皆見推當時。至謂孫賦擲地作金聲,貴重可知。由今觀三賦,雖不脱當時組織之習,然孫賦則總之以老氏清净之説,鮑賦則惟感慨興廢,王賦則惟頌美本朝,各極其趣者也。文考最爲英妙俊敏,溺水死時,二十餘耳。"對三賦主旨和風格的品評,皆中要害。又評江淹《别賦》云:"江文通作《别賦》,首句云:'黯然而銷魂者,别而已矣。'詞高潔而意悠遠,卓冠篇首,屹然如山,後有作者,不能及也。惜其通篇止是齊梁光景,殊欠古氣。此習流傳至唐李太白諸賦,不能變其體,宋朝國初猶然。直至李泰伯《長江賦》、黄山谷《江西道院賦》出,而後以高古之文,變艶麗之格,六朝賦體,風斯下矣。然文通此賦,首句雖千載之下,不害其爲老。"在推重《别賦》首句高潔悠遠的同時,也批評了齊梁以至唐代萎靡鮮麗的賦風,肯定李覯、黄庭堅以來的高古之賦。這與總序中的論調一致,鮮明地表達了編者對義理和風骨的追求。劉壎主張高古、蒼勁、峻潔、清麗,認爲"好的辭賦作品,應該既有真實深切的情感内容,尤其是對國運、人生的關懷,也具有蒼勁剛健的藝術風格"①。這一觀點對元代辭賦的創作和批評有一定的引導作用。

【研究】

何新文等《中國賦論史》對該書有介紹(人民出版社 2012 年版,第 216 ~ 223 頁),研究論文有:鄧國光《劉壎〈隱居通義〉的賦論》(《文學遺産》1997 年第 5 期),何新文、胡武生《論劉壎〈隱居通議〉"古賦"選評的賦學意義》[《南京大學學報》(哲學·人文科學·社會科學版)2012 年第 5 期]。其中鄧文"議"誤作"義"。

---

① 何新文、蘇瑞隆、彭安湘:《中國賦論史》,人民出版社 2012 年版,第 223 頁。

《文筌》不分卷，元陳繹曾撰

【作者】

陳繹曾（1329 年前後在世），字伯敷，一作伯孚，元處州（今浙江麗水）人，徙居吴興（今浙江湖州）。爲人口吃，而精敏異常。舉進士，至順二年（1331）官國子監助教；至正三年（1343）任國史院編修，分撰《遼史》。諸經注疏，多能成誦，文辭亦汪洋浩博，其氣煒如。嘗從學於戴表元，而與陳旅齊名。善真、草、篆書，小楷精雅有致。著有《古今文矜式》《文説》《文筌》《科舉文階》《行文小譜》《書法本象翰林要訣》等。事迹附載《元史》卷一九〇《陳旅傳》。

【版本】

1.《四庫全書存目叢書》影印清抄本

2.《續修四庫全書》影印清抄本

今按：二者所用底本完全相同。

【内容】

本書是一部專門討論作文之法的理論著作。不分卷，《四庫全書總目・集部詩文評存目》著録此書，作八卷。全書分爲《古文小譜》《四六附説》《楚賦小譜》《漢賦小譜》《唐賦附説》凡 5 篇，論賦文字約佔其半。作者將賦體文學劃分爲楚賦、漢賦、唐賦三大類，每一類之下又從賦法、賦體、賦制、賦式、賦格凡 5 個方面加以討論。“賦法”即賦的創作方法，作者認爲楚賦之法“以情爲本，以理輔之”，漢賦之法“以事爲本，以理輔之”，唐賦之法“以唐爲本，以辭附之”，指出楚辭體、騷體賦注重抒情，散體大賦注重體物，駢賦、律賦側重聲律和辭藻的特色，頗有見地。“賦體”即賦的體式，作者以屈原《離騷》爲楚賦祖，認爲“衹熟觀屈原諸作，自然精古”；稱“宋玉、景差、司馬相如、枚乘、揚雄、班固之作爲漢賦祖”，建議士子多讀《文選》；又説“鮑照、陳子昂、宋之問、蕭穎士爲唐古賦祖，江淹、庾信、王勃、盧照鄰、楊炯、駱賓王爲唐排賦之祖”，分别見於《唐文粹》和《文苑英華》。作者研究漢賦時上溯宋玉《高唐賦》《神女賦》，下及嵇康《琴賦》、謝莊《月賦》、謝惠連《雪賦》、成公綏《嘯賦》等，可見其所謂“漢賦”乃是賦體之一種，並不局限於漢代。唐賦亦然。“賦制”指賦的結構章法。陳繹曾認爲“漢賦制”可以劃分爲起端、鋪叙、引類、議論、結尾凡 5 層，分别解説，娓娓道來，旨在指導士子的賦體創作。“賦式”指賦的句式，例如將“漢賦式”歸納爲設問、設事、六言、四六言、四言、散韻語、兮字凡 6 種，可惜没有展開討論。“賦格”指賦的風格高下。其中“漢賦格”的上格爲壯麗，中格爲典雅，下格爲佈置；“唐賦格”的上格爲壯麗、清麗，中格爲立意、佈置，下格爲體貼（結構古語、體貼題字）。其三格（三品）論賦的思想乃至術語，顯然借鑒並發展了劉勰《文心雕龍》、司空圖《詩品》以來的文學風格論。

本書提出了較爲系統的賦學理論，但疏於論證，語言也過於簡練，故衹可視爲作賦提綱。在教導生徒時，自然會有舉例和闡發。《四庫全書總目》卷一百九十七批評它"體例繁碎，大抵妄生分别，強立名目，殊無精理"，似乎過於苛刻。金元時期的賦論文字，大都散佚不傳，本書雖簡，亦可考證元代賦學之大略，不可謂之無功也。

【研究】

研究《文筌》，可以參考高洪巖《論元代〈文筌〉的古文鑒賞觀》(《鞍山師範學院學報》2006年第5期)、朱迎平《〈文筌〉：構建科舉背景下的文體學體系》[《中山大學學報》(社會科學版)2016年第6期]二文。何新文等《中國賦論史》第五章《元明賦論的賡續》對此書有專門介紹(人民出版社2012年版，第223～226頁)。

《丹鉛雜録》10卷，明楊慎撰

【作者】

楊慎(1488—1559)，字用修，四川新都(今成都市新都區)人。事迹參見本章"《論騷賦》2卷"條。

【版本】

1.《叢書集成初編》本，商務印書館1936年版。

2.《叢書集成新編》本，臺灣新文豐出版公司2008年版。

【内容】

《丹鉛雜録》10卷，乃後人雜抄《升庵文集》《外集》中子説、史説、字學、文論而成，内容廣博而龎雜。《四庫全書總目》稱該書"漁獵既富，根柢終深。故疏舛雖多，而精華亦復不少。求之於古，可以位置鄭樵、羅泌之間；其在有明，固鐵中錚錚者矣"①。《丹鉛雜録》論賦之語較爲豐富，然散見於各卷之中，其中第八卷、第十卷相對集中。雖多餖飣小言，亦頗具賦史眼光。例如"古賦形容麗情"條，徵引《少司命》《招魂》《上林賦》《梁王菟園賦》《閑情賦》中關於目送秋波、心摇神蕩的描寫，稱其"曲盡麗情，深入冶態"，並且對裴硎《傳奇》、元稹《會真記》有深遠影響。楊慎還長於文字聲韻之學，該書卷十指出，賈誼《服賦》(即《鵩鳥賦》)"擠"句，《漢書》作"擠"而《史記》作"攌"，二書所見異辭，認爲"當各從本文解之，所謂離之則雙美，合之則傷也"，極有見地；接着又探討蘇林《漢書音》爲"擠"字注音"欺全反"，是以《史記》"攌"字之音移入《漢書》"擠"字之下，宜其扞格難通。其學識之淹博、思維之縝密、目光之敏鋭、觀點之新穎，皆能令人歎服。此外，該書卷八徵引程泰之(宋程大昌)論《上林賦》三段，以近千字的

① 〔清〕永瑢等:《四庫全書總目》，中華書局1965年版，第1026頁。

篇幅肯定《上林賦》欲抑先揚、巧妙諷諫的藝術,指出古惟揚雄《校獵》得其旨意。楊氏對此加以引申,認爲《上林賦》"推而隆之"的諷諫方式與《莊子》中的華子諫魏罃語、歷史上的淳于髡諫楚王語十分相似,這既爲漢賦"勸百諷一"的現象找到了根源,也否定了後人對其"喪失諷諭之義"的指責與批判。楊慎是較早把漢賦與先秦時的倡優、諸子、縱橫策士相比較,並探討其源流承繼關係的學者,其對於清人章學誠的賦出戰國諸子説,想必是有所啟發的。① 除了《丹鉛雜録》,楊慎《丹鉛詩話》中也有一些論賦文字。

【研究】

蹤凡《漢賦研究史論》第四章第一節《明代學者對漢賦的評論》對楊慎賦論有介紹。

《四溟詩話》4 卷,明謝榛撰

【作者】

謝榛(1495—1575),字茂秦,號四溟山人、脱屣老人,臨清(今屬山東)人。眇一目,任俠重義。年十六作《樂府商調》,少年争歌之。入京師,脱盧柟於獄,又與李攀龍、王世貞等人結詩社,謝榛爲長。及李攀龍名聲日熾,王世貞等人也左袒李攀龍,力排謝榛,削其名於七子之列。但其詩名已傳,遊道亦廣,秦、晉、燕、趙諸王争賓禮之。至大名,客請賦壽詩百章,成八十餘首,投筆而逝。著有《四溟集》24 卷。《明史》卷二八七有傳。

【版本】

1. 丁福保輯《歷代詩話續編》本,中華書局 1983 年版。

2. 宛平校點本,人民文學出版社 1961 年版。

【内容】

《四溟詩話》又名《詩家直説》,附於《四溟集》之末(亦有單行本),是一部明代詩歌理論著作。書中間有論賦之語,頗可稱道。較之前人,謝榛很注意辨析詩、賦二體的異同。該書卷四云:"詩、賦各有體制。兩漢賦多使難字,堆垛聯綿,意思重疊,不害於大義也。詩自蘇、李五言暨《十九首》,格古調高,句平意遠,不尚難字,而自然過人矣。"認爲詩與賦兩種文體有不同的要求,兩漢賦多使用難字僻字,但不傷大雅,仍可視爲賦;詩歌卻不用難字僻字,它要有高古的格調和深遠的意境。謝榛指出詩、賦雖異,但亦有相通之處。該書卷一云:"若《子虚》《上林》,可誦不可歌也。然亦有可歌者,若《長門賦》曰:'夫何一佳人兮,步逍遥以自虞。魂逾佚而不返兮,形枯槁而獨居。'《悼李夫人賦》曰:'美連娟以修嫮兮,命樔絶而不長。飾新宫以延佇兮,泯不歸乎故鄉。'二賦情詞悲壯,韻調

① 參見蹤凡著《漢賦研究史論》,北京大學出版社 2007 年版,第 406 ~ 411 頁。

鏗鏘,與詩歌何異?"以爲《長門》與《李夫人》二賦具有詩歌的情調與聲韻,言之甚確。作爲"後七子"的早期領袖,謝榛也有貴古賤今、强調模擬的傾向,但他反對模擬太甚,主張要有自得與變化。《四溟詩話》卷一云:"枚乘始作《七發》,後有傅毅《七激》、張衡《七辯》、崔駰《七依》、馬融《七廣》……諸公馳騁文詞,而欲齊驅枚乘,大抵機括相同,而優劣判矣。"看來謝榛也是更欣賞原創性的作品,而對於"機括相同"、亦步亦趨的模擬之作表示了批判的態度。品評賦家賦作,是謝榛賦論的又一内容。《四溟詩話》卷一檢討賈誼《惜誓》,以爲賈生年三十而曰"衰老",遭際漢文帝而曰"亂世",可見其"氣量狹小",所云不無道理。卷二云:"荀卿六賦,自創機軸,不可例論;相如善學《楚詞》,而馳騁太過;子建骨氣漸弱,體制猶存;庾信《春賦》,間多詩語,賦體始大變矣。"對於荀子、司馬相如、曹植、庾信的評點,頗中肯綮,同時又指出六朝時期賦體詩化的傾向,具有賦史眼光。卷三又稱讚禰衡《鸚鵡賦》"走筆立成,膾炙千古,譬如丹柰有色有味,到口即佳,不假于剥皮也",再次對原創作品表示激賞。謝榛並不反對模擬,但他認爲"凡襲古人句,不能翻意新奇,造語簡妙,乃有愧古人矣",批評謝莊《月賦》、王勃《七夕賦》等化用屈原"洞庭波兮木葉下"句,但風格纖巧,短於點化。

【研究】

蹤凡《漢賦研究史論》第四章第一節《明代學者對漢賦的評論》對謝榛賦論有介紹。何新文等《中國賦論史》第五章第五節《謝榛、王世貞以及胡應麟的賦論》亦有考述。

《藝苑卮言》8卷,明王世貞撰

【作者】

王世貞(1526—1590),字元美,號鳳洲。事迹參見本卷第四章"《弇州山人四部稿》174卷"條。

【版本】

1.《歷代詩話續編》本,中華書局1983年版。

2.羅仲鼎《藝苑卮言校注》,齊魯書社1992年版。

【内容】

《藝苑卮言》是明代後期一部十分重要的文學批評著作。全書爲語録體,凡470則,以詩歌爲主,兼及賦和散文。作爲明代"後七子"的領袖,王世貞堅持"文必西漢,詩必盛唐"的觀點,具有鮮明的復古色彩。《藝苑卮言》對於賦的文體特點、創作方法、先秦至明代的賦家賦作皆有論述,提出了一系列深刻而獨到的觀點。該書卷一論析賦的文體特點,認爲:"騷賦雖有韻之言,其與詩文,自是竹之與草木,魚之與鳥獸,别爲一類,不可偏屬。"王世貞在此用了個非常形象的比喻,指出了騷賦在詩與文之間似乎兩屬、實際上又兩不屬的中間性質,可謂石破天驚之論。清人王之績、今人郭紹虞、曹道衡、褚斌傑諸先生認爲賦"非詩非文,亦詩亦文",是一種"介於詩與散文之間"的文體,所見與此略同,爲當代學者普遍接受。王世貞首先認爲詩、騷、賦、文是四種不同的文體,接着又考察了騷、賦二體的差異:"騷,覽之須令人裴回循咀,且感且疑;再反之,沉吟歔欷;又三復之,涕淚俱下,情事欲絶。賦,覽之初如張樂洞庭,褰帷錦官,耳目揺眩;已徐閲之,如文錦千尺,絲理秩然,歌亂甫畢,肅然斂容;掩卷之餘,彷徨追賞。"(卷一)這段話用比喻手法摹狀讀者在閲讀騷體、賦體過程中的不同感受,而騷的抒情性質與賦的鋪陳特徵,騷的回環往復與賦的條理秩然,騷的催人淚下與賦的啟人深思,在此均形成了極其鮮明的對比,對明胡應麟、許伯清、清程廷祚的騷、賦二體論有一定影響。對於賦的創作手法,王世貞認同司馬相如的"賦迹""賦心"説,指出:"(作賦)大抵須包蓄千古之材,牢籠宇宙之態。其變幻之極,如滄溟開晦,絢爛之至,如霞錦照灼,然後徐而約之,使指有所在。……賦家不患無意,患在無蓄;不患無蓄,患在無以運之。"表現出對賦家知識修養和創作思維、藝術想象力的高度重視,其對"意"的强調,尤有見地。

卷二以下,王世貞對楚騷、漢賦、魏晉南北朝、唐宋以至明代的著名賦家賦作進行評説,内容豐富,精彩紛呈。討論最爲詳盡的還是先秦兩漢辭賦。他説:"屈氏之騷,騷之聖也;長卿之賦,賦之聖也。一以風,一以頌,造體極玄,故自作者,毋輕優劣。"此處將屈原尊爲"騷聖",將司馬相如尊爲"賦聖",認爲二家或諷或頌,各有所長,他們分别代表了騷體(楚辭體)和賦體的最高成就,都具有開創意義,不必强分優劣,這是十分獨到的觀點。宋代的林艾軒雖然稱"司馬相如,賦之聖者",但没有論及屈原的文學史地位,故響應者寥寥。王世貞的騷、賦二體論和相如"賦聖"説,對屈、馬進行文體學的區分和恰當的文學史定位,這在賦學批評史上極具理論價值與啟發意義,爲明清以來的學者所廣泛接受。

在品評歷代賦家賦作時,王世貞用語極有針對性、概括性,最大的特點是善於比較。該書卷二稱宋玉:"深至不如屈,宏麗不如司馬,而兼撮二家之勝";稱枚乘:"枚乘《七發》,其原、玉之變乎? 措意垂竭,忽發觀潮,遂成滑稽,且辭氣跌盪,怪麗不恒";稱司馬相如:"《子虚》《上林》材極富,辭極麗,而運筆極古雅,精神極流動,意極高,所以不可及也。長沙有其意而無其材,班、張、潘有其材而無其筆,子雲有其筆而不得其精神流動處","長卿以賦爲文,故《難蜀》《封禪》,綿麗而少骨;賈傅以文爲賦,故《弔屈》《鵩鳥》,率直而少致",稱班固:"孟堅《兩都》,似不如張平子。平子雖有衍辭,而多佳境壯語",等等。賈誼之率直少致,枚乘之跌盪怪麗,相如之辭富才高,揚雄之生澀板滯,張衡之衍中有壯,無不在比較中凸顯出各自的風格特色。這些精彩論斷,爲明清時期的評點家和文學批評家所廣泛徵引,而成爲賦論史上的經典。王世貞還重視對當代賦的評點,尤爲可貴。該書卷六云:"賦至何、李,差足吐氣,然亦未是當家。近見盧次楩繁麗濃至，是伊門第一手也。"認爲盧柟（字次楩）賦的藝術成就超過文壇泰斗何景明、李夢陽，亦有眼光。但也有評鑒失當者，如批評司馬遷"千秋軼才而不曉作賦"，其《士不遇賦》"絶不成文理"（卷二），批評庾信賦"事實嚴重，而寡深致"（卷三），就顯然褒貶失實了。

王世貞的賦學觀在明代很有代表性，是成就最高的賦論家之一。但作爲"後七子"之首，王世貞又具有明顯的厚古薄今傾向，他以爲"西京之文實，東京之文弱""六朝之文浮""唐庸宋陋，元則無文"（卷三），觀點有些偏激。

【研究】

李燕青著有《〈藝苑卮言〉研究》（中國文史出版社 2013 年版）。蹤凡《漢賦研究史論》第四章第一節《明代學者對漢賦的評論》對王世貞賦論有專門介紹。何新文等《中國賦論史》第五章第五節《謝榛、王世貞以及胡應麟的賦論》亦有考述。

《詩藪》20 卷，明胡應麟撰

【作者】

胡應麟（1551—1602），字元瑞，一字明瑞，號少室山人，别號石羊生，浙江蘭溪人。明萬曆四年（1576）鄉試中舉。會試不第。曾隨父北上南下，沿途吟詠，見者激賞。時王世貞執詞壇牛耳，對其推崇備至。繼汪道昆之後主持白榆社，大江以南皆翕然宗之。性孤介，自負甚高。晚年築室"二酉山房"，藏書 4 萬餘卷，專事著述。在文獻學、史學、詩學、小説及戲劇學等方面皆有成就，著有《詩藪》《少室山房集》《少室山房筆叢》等。撰述、編輯未行世者，尚有《六經疑義》《諸子折衷》《皇明詩統》等 20 餘種。事迹參見王世貞《石羊生傳》、《明史》卷二八七本傳。

【版本】

上海古籍出版社 1979 年標點本

【内容】

胡應麟《詩藪》是明代一部著名的詩歌理論著作，凡 20 卷。全書共分 4 個部分：内編 6 卷，以體裁論詩；外編 6 卷，以時代論詩；雜編 6 卷，介紹遺逸、閏餘；續編 2 卷，專論明朝詩作。該書在建構詩歌理論時兼涉辭賦，發表了一些有價值的觀點。胡應麟以依附王世貞而得名，故其論詩、論賦頗以王氏爲準的。王世貞曾辨别騷、賦二體之異，《詩藪・内編卷一》亦云："騷與賦句語無甚相遠，體裁則大不同：騷複雜無倫，賦整蔚有序；騷以含蓄深婉爲尚，賦以誇張宏鉅爲工。"這種概括顯然比王氏僅描述讀者之感受要更爲準確。王世貞很推崇兩漢文章，胡氏《詩藪・内編卷一》亦稱："騷盛於，衰於漢，而亡於魏；賦盛于於漢，衰於魏，而亡於唐。"此前，李夢陽曾聲稱"唐無賦"，要究詩賦於漢唐以上。不難看出,李、王、胡諸人大同小異,互相呼應,皆有貴古賤今的傾向。

胡應麟對宋玉以降歷代賦家賦作多有評論,對歷代賦篇(尤其是漢賦)的存佚、真僞情況也多有考證和辨析。《雜編卷一》認爲宋玉《高唐》《神女》《登徒子好色》《風賦》"皆妙絶今古",《古文苑》所載六賦"已大半可疑","皆當是漢魏間淺陋者擬作,唐人誤收",接着又考證《文選補遺》《廣文選》所載《微詠賦》並非宋玉所作,其説言之成理,對後世影響極大。對於漢賦,他説:"漢人賦冠絶古今。今所共稱,司馬、揚、班十餘曹而已。余讀《漢志》,西京以賦傳者六十餘家,而東漢不與焉。總之當不下百家。范史不志《藝文》,東漢諸人製作,遂概湮没無稽,《志》之所係如此。然班氏本《七略》而芟之者也,《志》之於《略》僅三之一,則西漢諸詞賦家,亦僅半存而已。如司馬相如友盛覽,梁孝王客路喬如、公孫詭、乘、鄒陽、羊勝、韓安國,又慶虯之有《清思賦》,中山王《文木賦》,並載稚川《雜記》,《志》皆不收。則知西京之賦,已不啻百家,不必東漢也。"這段話考論兩漢賦的創作盛況,以爲"西京之賦,已不啻百家",基本符合事實。今查《漢志》,得漢賦 73 家,933 篇(含雜賦),與班固《兩都賦序》所稱成帝時"進御之賦千有餘首"大致相符。加上《漢志》漏收之賦,"不啻百家"之説是可信的。胡應麟還將《漢書·藝文志》所著録的西漢賦家全部抄録下來,逐一考證,發現有姓名可考的賦家 46 家 410 篇。儘管中間衍一魏内史賦和長沙王群臣賦,缺臣昌市賦 6 篇、臣義賦 6 篇,篇數也有誤差,但他試圖通過數字來展示漢賦創作盛況,研究方法是科學的。胡氏以爲《漢志》雜賦 12 家 234 篇,"蓋當時類輯者,後世總集所自始也",爲總集編纂尋找源頭,可謂石破天驚之論。此説爲清人章學誠、近人劉師培所繼承,皆將 12 家"雜賦"視爲最早的賦總集。

胡應麟對明代所能見到的漢賦作品進行了清點、列目。除了《漢志》著録的賦作 7 家 30 篇,胡氏又從《文選》《古文苑》《文苑英華》《文選補遺》《廣文選》等書中加以鈎稽,統計出中山王、鄒陽、羊勝等 27 家 57 篇賦作,皆羅列篇名。在此基礎上,胡應麟發現了一些爲前人所忽略的文學史現象:"漢宗室向、歆最著,諸王則淮南、河間。然《藝文》詞賦類,有陽丘侯劉隁賦十九篇,陽成侯劉德賦九篇,淮陽憲王賦二篇,廣川惠王越賦五篇,趙幽王賦一篇,宗正劉辟疆賦八篇,皆宗室也……唐詩千餘家,宗室與列者不能屈全指。先秦、漢賦六十餘家,而劉氏占籍者十數人,東漢不與焉。是唐宗室能詩者,不過百之一,而漢宗室能賦者,幾得十之三,何其盛也!"漢宗室多能作賦,《漢書·藝文志》有明確記載,但歷代學者習焉不察。胡氏目光如炬,發現"漢宗室能賦者幾得十之三",令人驚歎。漢賦能够成爲一代之文學,帝王的提倡及宗室的喜愛無疑具有導向、示範作用。《詩藪·外編卷一》還對漢賦中同姓齊名甚至父子相繼的現象進行考論,頗有新意。

當然,《詩藪》對賦的關注和研究並不僅限於先秦兩漢,作者稽查歷代史志目録、私家目録和相關史料，對六朝唐宋乃至明代的著名作家進行全面梳理，或考證生平事迹，或臚列别集卷數，或介紹文學掌故，儘管以論詩爲主，但有補賦學者亦復不少。例如《雜編卷三》載："楊用修記王無功云：吾往見薛收《白牛溪賦》，韻趣高奇，詞義曠遠，嵯峨蕭瑟，真不可言。壯哉邈乎，楊、班之儔也！高人姚義嘗語吾曰：'薛生此文，不可多得，登太行，俯滄海，高深極矣！'吾近作《河渚獨居賦》，爲仲長先生所見，以爲可與《白牛》連類，因寫爲一本。"標注："今此二賦俱不傳。"此段文字保存姚義、王無功對薛收《白牛溪賦》的評點，以及王無功創作《河渚獨居賦》的情況，並説明作品存佚，爲賦體傳播和賦學理論研究提供重要資料。

儘管胡應麟的賦學觀有貴古賤今的傾向，某些觀點亦可商榷，但他花費較多精力去稽查歷代目録學著作，對賦學文獻進行全面梳理和考證，從中發現一些前人所忽略的賦學現象，這不僅在賦學批評史上獨樹一幟，也開啟了明末清初文獻輯佚、整理的方向。

【研究】

蹤凡《漢賦研究史論》第四章第一節《明代學者對漢賦的評論》對胡應麟賦論有專門介紹。何新文等《中國賦論史》第五章第五節《謝榛、王世貞以及胡應麟的賦論》亦有考述。

《通雅》55 卷，明方以智撰

【作者】

方以智（1611—1671），字密之，號鹿起，安慶府桐城縣（今安徽桐城）人。明崇禎十三年（1640）進士，選庶吉士。後任工部觀政、翰林院檢討、皇子定王和永王的講官。崇禎十七年（1644），李自成農民軍攻入北京，方以智被俘，遭受嚴刑拷打，不肯投降。後僥倖逃脱，投奔南明弘光政權。輾轉至西南，參與擁立永曆政權的活動，後被免職。順治七年，披緇爲僧，改名弘智，字無可，别號大智、藥地、愚者大師等。晚年定居江西廬陵青原山净居寺，自稱極丸老人。一生著述四百餘萬言，内容涉及文、史、哲、地、醫藥、物理，主要有《通雅》《切韻聲原》《東西均》《物理小識》《醫學會通》《删補本草》《浮山全集》等。《清史稿》卷五百有傳。

【版本】

1. 清康熙五年（1666）姚氏浮山此藏軒刻本

2. 清乾隆間《四庫全書》本

【内容】

《通雅》是一部學術筆記，全書分 24 門：音義、讀書、小學大略、詩説、文章、天文、地理、身體、稱謂、姓名、官制、禮儀、樂曲、樂舞、器用、宫室、飲食、金石、算數、動植物、脈考等，内容十分廣博。雖然並非嚴格意義上的雅學著作，但該書長於釋詞、考證，徵引古書的範圍從經籍、史書擴大到諸子、志書、小説、方言俗語等諸多方面，也包括辭賦。經粗略統計，《通雅》僅援引司馬相如賦的語詞就多達 76 條，有些條目甚至專門研究賦的語詞，如卷七“蚴蟉”條、卷八“彭湃”條等。其中最突出的是對於賦中聯綿字的窮源溯委式的探討。《通雅》卷六云：“林離，一作淋灕、淋漓，通爲滲灕、流離，轉爲流麗、蔛菈、飂戾，又轉飃戾、嘹唳，重其聲則爲勞利。相如賦‘麗以林離’，後人用淋灕，省作淋漓。《河東賦》‘滲漓而下降’，即淋漓之聲也。轉作流離，陸機賦‘流離濡翰’，注曰：林離、流離通用。《詩》曰：‘流離之子’，則有流落之意。或以指鳥，亦謂鳥流離也。黄離、留此，轉聲也。又轉爲流麗。《上林賦》‘蔛菈㵥歙’，即‘流麗歙吸’。唐詩‘流麗鳴春鳥’，馬融‘heading汩飂戾’，即留戾。鮑照詩‘飃戾江上謳’。亦作嘹唳，通作勞利。樂府有《雀勞利》。”這組聯綿字多達 11 個，本義是水流的樣子，後又引申爲流暢、流浪諸義。方以智將這些詞進行集中研究，使古籍中可以通用的聯綿字都在此得到準確解釋，自然也能幫助讀者正確理解賦中相關的語詞。而方氏徵引之繁富，方法之科學，學術視野之開闊，確實令人嘆服。此外，方以智對賦中名物的考釋也很有成績。比如《子虚賦》：“丹青赭堊，雌黄白坿，錫碧金銀。”李善注：“張揖曰：堊，白墡也。白坿，白石英也。赭，代赭石也。錫，青金也。碧，玉之青白色。”前人多從之，而《通雅》卷四十八云：“按，一句俱説金錫，内入一玉，不倫。碧乃自然鉛銅，在土中色碧。《淮南》曰：‘偏土生曾青’，是其類也。堊古音惡，嫌其音改爲白善，而又和土耳。陸廣微曰：‘吴縣陸宛墳有白土。’充貢曰：‘白墡即白堊也。’《山海經》青雘音臒，殆碧堊乎？”指出《子虚賦》中“錫碧金銀”四字皆應指金屬，“碧”不當指青玉，而是“自然鉛銅，在土中色碧”；又考證堊即白善，又稱白堊、白土。方氏不迷信前人，以認真的態度和科學的方法考釋詞義，並有大量的文獻資料作證，所以能有所創獲，所得結論也往往比較可靠。

【研究】

蹤凡《漢賦研究史論》第四章第一節《明代學者對漢賦的評論》對方以智的賦學貢獻有粗略介紹。

《史記評林》130 卷，明凌稚隆編

【編者】

凌稚隆（生卒年不詳），字以棟，號磊泉，烏程（今浙江湖州）人。明萬曆時貢生，著名學者、出版家。其父凌約言，著名學者；其兄凌迪知，嘉靖間進士，官至大名府通判；其侄凌濛初，亦爲出版家。他篤志好學，著作等身，著有《春秋左傳評注測義》70 卷、《五車韻瑞》160 卷、《名公翰藻》52 卷，編刻的書籍有《萬姓

類苑》(傳記)46 卷、《史記評林》130 卷、《漢書評林》100 卷、《史記纂》24 卷等。晚年輯《三才統志》,未竟而卒。生平見《(崇禎)烏程縣志》《(同治)湖州府志》。

【版本】

凌稚隆輯、李光縉補《史記評林》,天津古籍出版社 1998 年影印明萬曆年間刻本

【内容】

本書在評點《史記》正文時,對《史記》所載録的賈誼、司馬相如兩家 6 篇賦也進行評點,包括《弔屈原賦》《鵩鳥賦》《子虛賦》《上林賦》《哀二世賦》《大人賦》。編者在評點中徵引倪思、尤瑛、王鏊、高儀、余有丁、楊慎、馬汝驥、董份等十餘人言論,偶有個人按斷,内容十分豐富。李光縉對此書有增補,增補本刻於萬曆中葉。

評點方式以眉批爲主,間有旁批。如《史記評林》卷一一七《司馬相如列傳》眉批引茅坤曰:"太史公序次相如,特愛其文賦而已。予覽之,多爲魄磥奇崛,然騷之再變矣。特《檄蜀父老》與《諫獵書》絶佳。"又引余有丁曰:"既云'讀《子虛賦》善之'矣,又云'未足觀',豈所讀者止齊事耶? 今《文選》中分《子虛上林》爲二篇,則帝先見《子虛》,而《上林》其續奏也。"又引倪思曰:"賦無異,直誇多鬭靡,如魚龍曼衍,欲不可極,使人動心駭目,然又不若參差形似、若有若無之爲得也。"其中茅坤重視散文而輕視辭賦,余有丁論《子虛》《上林》之關係,倪思論賦的文體特徵,這些珍貴的賦論資料通過凌稚隆的徵引而保存至今,其功至偉。當然,編者用墨最多處,乃是對於字句、章段的分析。例如《子虛賦》"王車駕千乘"一段旁批:"子虛述齊之獵。"乃係撮述段意。"罷池陂陀"句眉批:"王鏊曰:罷與擺同,池與迆同,謂山勢擺撥迆靡耳。陂陁,即坡陀。"此爲釋詞。又,《上林賦》"左蒼梧,右西極"一段眉批:"余有丁曰:按,無是公雖言上林,而所叙輿圖品物,乃網羅四海。蓋天子以天下爲家,故侈言之若此。後人乃以盧橘等訾議之,拘矣。○楊慎曰:'左蒼梧,右西極',其誕著矣。丹水紫淵,若有若無,雜以霸滻涇渭酆鄗其間,使虛實相半,聽者眩耳。○按:此言上林之大。"對於賦中的虛構、誇張等藝術手法,許多學者不能理解,司馬遷、揚雄、王充、班固、左思等都曾提出過批評。凌稚隆徵引余有丁、楊慎的評論,指出《上林賦》"網羅四海""虛實相半"的藝術構思以及"若有若無""聽者眩耳"的審美效果,並且認爲"天子以四海爲家"乃是這一藝術手法産生的根源,頗有説服力。李光縉增補的評點,則冠以"增"字,以示區别。

《漢書評林》100 卷,明凌稚隆編

【編者】

凌穉隆,字以棟,號磊泉,烏程(今浙江湖州)人。詳參本章"史記評林"條。

【版本】

凌稚隆輯《漢書評林》,《漢書文獻研究輯刊》影印明萬曆十一年(1583)刻本

【内容】

《漢書評林》評點賈誼、司馬相如、劉徹、東方朔、班婕妤、揚雄、班固等7家賦凡18篇,篇目如下:賈誼《弔屈原賦》《鵩鳥賦》,司馬相如《子虛賦》《上林賦》《哀二世賦》《大人賦》,漢武帝劉徹《李夫人賦》,東方朔《答客難》,揚雄《甘泉賦》《羽獵賦》《河東賦》《長楊賦》《解嘲》《解難》《酒賦》,班婕妤《自悼賦》,班固《幽通賦》《答賓戲》。其體例與《史記評林》略同,而"隆按"明顯增多。例如《漢書評林》卷八十七上《揚雄傳》,編者在評點《甘泉賦》時,除了徵引吴訥、祝堯的兩大段文字以揭示揚雄賦的特點及其辭賦史地位,還有6處眉批:

隆按:"於是乘輿"以下,言至甘泉之景象。

隆按:"於是大夏"以下,極狀甘泉宫之壯麗。

隆按:"於是事變"以下,即下文所謂"車騎之衆,參麗之駕,非所以感動天地,逆釐三神"。

宋祁曰:三神,天地神也。

隆按:"想西王母"以下,即下文所謂"屏玉女,卻虙妃,以微戒齋肅之事"。

王慎中曰:亂總前意而約之,歸以後裔之繁昌云。

以分析章段、揭示賦旨爲主,間有釋詞、解句,雖然不及《史記評林》内容豐富,但亦保存部分賦論資料,有助於讀者鑒賞。

《文選尤》14卷,明鄒思明删評

【編者】

鄒思明,字汝誠,號見吾,歸安(今浙江湖州)人。明嘉靖四十三年(1564)舉人,曾任霍山、彭澤兩縣縣令。據朱國禎《鐫文選尤叙》,在本書刊刻之年(1622)鄒思明已"逾八十",則其生年當在1541年左右,卒年當在1630年左右。其著述僅存《文選尤》一種。

【版本】

《四庫全書存目叢書·集部》影印明天啟二年(1622)三色套印本

【内容】

《文選尤》選取《文選》中"意致委婉,詞氣淵含,才情奇宕"的篇章,分别施以圈點和批評。《文選·賦》收録先唐經典名賦56篇(其中《兩都賦》並序計2篇,《三都賦》並序計3篇),鄒氏選取其中的28篇,僅存半數。其取捨標準,雖重視作品的抒情性和感人效果,但大凡長篇巨製如張衡《二京賦》、左思《三都

賦》、潘岳《西征賦》、木華《海賦》、郭璞《江賦》等，悉數删去，顯然有節約篇幅的考慮。賦的卷帙，也由原來的19卷而鋭減至3卷，佔比由原書的三分之一而減少至五分之一。各賦不標門類，順序也有調整，絶無道理可言。對於入選的作品，刻印時又擅自删減，損壞作品原貌，殊不足取。明代人删改古書之惡習，在本書中有明顯體現。

本書評點最具特色，或眉批，或尾評，内容十分豐富。眉批以朱、绿、墨三色爲之，所謂"總評分脈則用朱，細評探意則用绿，釋音義、解文辭、考古典則用墨"(《凡例》)，色澤鮮豔，眉目清晰，頗見設計之妙。釋詞之語，大都取自《文選》李善注、五臣注而大肆删減，很少個人觀點，價值不高。而绿評、朱評，頗具卓見。或交代作賦背景和緣由，例如卷一王延壽《魯靈光殿賦》天頭绿批云："延壽父逸，欲作《靈光殿賦》，命延壽往圖其狀。延壽因韻之以獻。逸曰：'吾無以加也。'時蔡邕亦有此作，十年不成，見此賦，遂隱而不出。"雖係傳説，但已烘托出該賦的卓異成就。或進行文字校勘與語詞考釋，如卷二司馬相如《子虚賦》"其上則有鵷雛孔鸞，騰遠射干"諸句眉批云："此射干與前不同，前乃藥草，此與騰遠皆猿類善緣木者。"原來《子虚賦》中"射干"凡兩見，鄒氏指出：前面"芷若射干"的"射干"爲藥草，此處"騰遠射干"的"射干"爲緣木之獸，所言甚當。或品賞佳句雋語，如《子虚賦》"儵眒倩浰，雷動猋至，星流霆擊"一段加圈，眉批云："形容疾馳獲獸光景，雄矯古健。"又，"乃欲戮力致獲，以娱左右"一段加圈，眉批云："得此一段，便覺優裕正大，又覺通篇語脈皆靈。"評語極簡，但可見稱賞之意。或分析作品脈絡層次與創作手法，如司馬相如《上林賦》眉批有"此言八川鱗類之盛""此言珍奇之産于水者""此言水中羽族之自樂""此言群山注壑，見水中山勢之奇"一類的批語，實際上是撮述各個語段的大意，對讀者閲讀理解有重要提示作用。又如本書卷六枚乘《七發》眉批云："此發之以鼓琴""此發之以美味""此發之以車馬""此發之以燕樂""此發之以田獵""此發之以觀濤""此發之以大道"，以簡潔的語言提示吴客啟發楚太子的七種方式，而全賦脈絡層次，井然可見。鄒氏評語，善用比喻，如孫綽《游天台山賦》總評："此賦擲天上云錦之章，疑懷連城而佩明月；離人間煙火之氣，若飲墜露而餐流霞。異姿、異想、異色、異聲，藝海詞壇，英英楚楚。"稱讚該賦文辭華麗，内容清新脱俗，比喻生動，且以駢句寫成，精煉優美。而"異姿、異想、異色、異聲"，則反映出評點者"尚奇"的審美趣味。又如揚雄《甘泉賦》文首眉批引楊慎語："賦家往往鋪張數段，以示宏麗，一氣寫就，奇字警語，層見疊出，獨相如、子雲耳。孟堅輩不免填塞。"此處以《甘泉賦》爲例，肯定"奇字警語"的作用。又《子虚賦》"於是鄭女曼姬"一段評語："插入美人一段，此文之奇幻變化處。復入游清池，而歌謳齊發，水石皆鳴，誠爲信手拈來，頭頭是道，愈出愈奇，愈靈愈怪。"前段極力描寫雲夢澤畋獵場面之宏大熱烈，扣人心弦，此處忽然插入美女一段，文筆舒緩，可謂張弛有致,巧於構思。鄒思明評語中屢次出現"奇""異""怪""靈"之類的字眼,顯示出他獨特的文藝思想和審美趣味。

【研究】

趙俊玲《鄒思明〈文選〉評點著作——〈文選尤〉略論》[《湖南大學學報》(社會科學版)2007年第5期]有專門研究,王書才《文選評點述略》第九章《明代鄒思明〈文選尤〉評點特色與得失》(上海古籍出版社2012年版,第257～271頁)亦有詳細討論。

《孫月峰先生評文選》30卷(《文選瀹注》),明孫鑛評,明閔齊華瀹注

【編者】

孫鑛(1543—1613),字文融,號月峰、湖上散人,浙江餘姚人。明萬曆二年(1574)會試第一,殿試中二甲第四名進士。歷仕文選郎中、兵部侍郎、加右都御史,遷南兵部尚書,加封太子少保,參贊機務。萬曆十三年(1585)退居鄉里,以讀書評點爲務。其文章事業,卓然一時,識力過人,崇尚忠孝大節。著有《孫月峰先生全集》《今文選》等。事迹參見明過庭訓《本朝分省人物考》卷五十二、清徐乾學《明史列傳》卷八十五。閔齊華,字赤如,號東庵,浙江烏程人。明天啟年間貢士,崇禎三年(1630)授江蘇常熟訓導,崇禎八年(1635)陞北直隸沙河縣令,無一塵之染,有三代之風。卒於官,士民哀之。與其弟閔齊伋皆爲著名出版家,其多色套印技術聞名全國,號稱"閔刻本"。曾編注《文選瀹注》30卷、《會元集》9卷等。事迹略見《(康熙)沙河縣志》。

【版本】

《〈文選〉研究文獻輯刊》(第14—18册)影印明天啟二年(1622)烏程閔氏刻本,國家圖書館出版社2013年版。今按:此本爲初刻本,内容完備。目前常見的版本是《四庫全書存目叢書・集部》287册影印明崇禎七年(1634)朱墨套印本,此本雖然也叫《孫月峰先生評文選》,但事實上衹有瀹注,没有孫批,不可憑據。

【内容】

孫鑛是明代著名評點家。《孫月峰先生批評禮記》卷首載有《孫月峰先生評書》目録,臚列孫鑛評點著作43種,遍及經史子集四部,《文選》即其中之一。可惜的是,孫鑛評點《文選》的底稿早已不傳。烏程閔齊華在刊刻其所著《文選瀹注》30卷時,將前輩學者孫鑛的批點鎸於上方,較爲全面地保存了孫鑛的《文選》評點成果,也促進了《文選瀹注》的流傳。

孫鑛對《文選・賦》所録56篇經典作品進行全面評點,外加七、弔文、對問諸類中的賦體文,總數達六十多篇,内容涉及每篇作品的字、詞、句、段、篇和思想内涵、藝術成就、價值缺陷等等,極爲豐富。例如卷七司馬相如《長門賦》眉批

云:"善焕爛句作爛耀,耀以成光","五臣若歲下無兮字。五臣自悲下有傷字"。揭示底本與李善本、五臣本的文字差異,讓讀者自做取捨。又如司馬相如《子虚賦》"且齊東陼巨海,南有琅邪"一段孫鑛眉批:"稱齊無多語,然宏壯無不盡,煞有吞雲夢之勢。"準確地概括出烏有先生之言以少總多、氣勢逼人的特點。又張衡《東京賦》開頭"安處先生於是似不能言"一段孫鑛眉批:"此等詰折議論處,態極濃,語絶腴,力最勁,打成一片,可謂百煉精鋼,玩之久,意趣愈長。古來文字,惟《檀弓》《左氏》有此境,但彼簡此繁。"將安處先生與憑虚公子的這段争論與《禮記·檀弓》和《春秋左氏傳》相比較,不難看出其視野之開闊,體味之深刻,以及以經學視角審視、研究漢賦的努力。又如《子虚賦》"臣聞楚有七澤"一段孫批:"中、東、西、南、北,分五大綱,内又分細目。○此段内有山,内又有土,有石,佈置法亦略似從《七發》來。○東:此段内有圃,圃有香草。○南:此段内有原澤,又分高燥、卑濕,生諸草蓮藕等。○西:此段内有泉池,池有蓮菱、石沙、水族。○北:此段内有水果,果上下有鳥獸。"梳理賦文脈絡層次,極爲細緻詳悉。至於王粲《登樓賦》眉批:"旨在懷歸。"孫綽《游天台山賦》眉批:"旨在求仙。"又是對賦作思想内涵的揭示。其他如左思《魏都賦》眉批:"摹仿《東京賦》,主在讚揚德業。平子以臣頌君,無嫌過美。太沖非臣,魏多涼德,何爲作此觀場語?律以三長,當是乏識。"認爲張衡撰寫《東京賦》乃係"以臣頌君",可以理解;而左思作爲晉朝人,與曹魏並無君臣關係,卻生搬硬套《東都賦》的寫法去讚揚魏都,缺乏見識。這一批評,甚有道理。當然,魏蜀吴三國鼎立,本來未可軒輊,左思奉曹魏爲正統,而明代人大都奉蜀漢爲正統,這段批語客觀反映了不同朝代文人觀念、立場的差異。

孫鑛批點具有濃厚的貴古賤今傾向,他將李東陽、前後七子的復古思想推向了極致。這在《文選》賦的批點中觸目皆是。例如班固《東都賦》總評:"骨法遒緊,猶有古朴風氣,局段自高。"張衡《西京賦》"曾髣髴其若夢"一段眉批:"此段收束,甚古峭有態。"《東京賦》"既蕴崇之,又行火焉"一段眉批:"古勁中,絶頓挫有勢,全是《左氏》變出。"行文中充滿了"古""古朴""古峭""古勁"之類的詞語,反映了他對先秦兩漢質樸文風的推崇。孫鑛所謂"古",主要指風格古樸,結構雄渾,筆力遒勁,不假雕琢,拒絶一切技巧與雕飾。反之,他就批評爲"今",或者"近今"。例如馬融《長笛賦》"夫固危殆險巇之所迫也,衆哀集悲之所集也"句眉批:"如此接下,亦是節奏。然卻嫌近今。"認爲這段話節奏分明,但講究對仗,有人工雕琢的痕迹。又如郭璞《江賦》總評:"典麗有之,不及《海賦》之壯,畦徑太分明,便覺近今。"所謂"畦徑太分明",意思是《江賦》脈絡清晰,有條不紊,非常講究章法,本來是優點,孫氏卻批評它不像古賦那樣渾然一體,自然天成。在江淹《恨賦》的總評中,孫鑛直言其"古意全失",儘管"曲有狀物之妙",但過分講究技巧,缺乏蒼勁古樸的氣概。

與孫鑛崇古尊古、激賞渾厚蒼勁文風的思想相關,孫氏在評點中還引進了奇、勁、骨、雅、快、腴等文學批評範疇,構建起較爲系統嚴密的賦論體系。例如《西京賦》:"昔者大帝説秦繆公而覲之,饗以鈞天廣樂。帝有醉焉,乃爲金策,錫用此土,而翦諸鶉首。"孫鑛評曰:"此意尤奇絶,而語更復腴勁,咀嚼之,甘味滿齒頰。"事實上衹是一件神奇怪異的傳説,使用散句叙説,便可得到"奇絶""腴勁"的評價。又,賈誼《鵩鳥賦》總批:"宏闊雄肆,讀之快然。第微乏精奥之致。"認爲《鵩鳥賦》筆力雄肆,感染力強,但思想不够深刻。

孫鑛評點,善於對不同時代的同類作品進行比較,進而分析各自的風格特色、藝術高下和賦學史意義。例如宋玉《高唐賦》總批:"古雅精腴,是《子虚》《上林》所祖。"枚乘《七發》總批:"亦是楚騷流派。分條侈説,全祖《招魂》,然筆力卻蒼勁,自是西京格調。其馳騁處,真有捕龍蛇、搏虎豹之勢,允爲千古佳作。"司馬相如《子虚賦》總批:"規模亦自《高唐》《七發》諸篇來。然彼乃造端,此則極思,馳騁錘煉,窮狀物之妙,盡摛詞之致,既宏富又精刻,卓爲千古絶技。"孫氏對《高唐》《七發》《子虚》評價甚高,但這種評價的基礎是對於三賦之藝術風格的準確把握。如稱《高唐賦》"古雅精腴",《七發》"分條侈説"、氣勢奔湧,《子虚賦》"窮狀物之妙,盡摛詞之致",都切合三賦自身的特色。此外,孫氏還考察它們之間的承繼淵源關係,凸顯三賦的藝術貢獻,並進行辭賦史的定位,尤爲可貴。在《上林賦》的眉批中,孫氏又稱:"《子虚》已不遺餘力,此篇復欲出其上,……然宏肆有之,精工終讓《子虚》",又將相如二賦進行比照,體察其中的細微差别。大抵文貴首創而弊於模擬,同題創作之賦,即便擬作之内容更充實,文筆更精美,技法更純熟,也往往在情韻氣勢上較之原創作品稍遜一籌。相如之《上林》難以超越《子虚》,張衡之《兩京》亦難以逾越班固《兩都》。孫鑛稱:"孟堅(班固)《兩都》正行,平子(張衡)復構此,明是欲出其上。逐句琢磨,逐節鍛煉,比孟堅較深沉,是子雲(揚雄)一派格調。中間佳處甚多,第微傷煩,便覺神氣不貫。"顯然,辭藻的堆砌、篇幅的擴張與文化含量的增加,往往是以文氣的削弱與藝術感染力的降低爲代價的,這正是孫鑛貴古賤今、崇尚首創之作的根本原因。

【研究】

王書才《文選評點述略》第八章《孫鑛與〈孫月峰先生評文選〉》(上海古籍出版社 2012 年版,第 230 ~ 256 頁)、趙俊玲《〈文選〉評點研究》第三章第三節《孫鑛〈孫月峰先生評文選〉》(上海古籍出版社 2013 年版,第 124 ~ 144 頁)都對孫鑛評點有專門討論。

第六章 賦注正外編

《刑統賦疏》不分卷，宋傅霖撰，元沈仲緯疏

【作者】

傅霖，青州（今山東益都）人。北宋時律學博士，歷官翰林學士、婺州太守等。宋太祖（趙匡胤）於建隆四年（963）頒佈《宋刑統》。爲帮助读者記誦，傅霖用韻文寫成《刑統賦》並加上注解，共2卷（一說4卷）。

沈仲緯，元代吴中（今江蘇蘇州）人。曾任某郡府掾。撰有《刑統賦疏》。

【著録】

宋王應麟《玉海》卷第六十六《詔令》："傅霖《刑統賦》二卷（或人爲注）。"

元脱脱《宋史》卷二百四《藝文志》："《刑統賦解》一卷，並不知作者。"

清張金吾《愛日精廬藏書志》卷二十一《子部》："《刑統賦疏》一卷，元人抄本。元沈仲緯撰。是書取傅賦而爲之疏，章分句析，訓釋綦詳。疏文後每條有直解、通例兩門。直解者，檃括疏文，以一二語該之也。通例者，則取有元一代斷罪條例，以爲之證，可與《大元典章》及《元史・刑法志》相參。考明洪武時江西蕭岐字尚仁，嘗取《刑統賦》，引律令爲之解，體例與是書合。今蕭氏之書已佚，而前乎蕭氏者，乃巍然獨存，謂非沈氏之厚幸歟？是書傳本絶稀，自來儲藏家無著録者。此本尚是元人舊抄，宜珍秘之。第四韻'矜其稍遠，則不舉輕乎不糾'下脱正文十句，從郄氏本補。沈疏則無從考矣。"

清瞿鏞《鐵琴銅劍樓藏書目録》卷十四《子部二》："《刑統賦疏》一卷，舊鈔本。題沈仲緯氏撰，有俞淖、楊維楨序。案：仲緯未詳其名，據鐵崖序，謂爲郡府掾。其書取傅氏賦文而爲之疏，引据詳析。疏後有直解，檃括易曉；解後有通例，則取當時罪案斷例，以爲左驗。意主戒儆，非泛作刑書也。中有朱筆校改處，間据元鈔本，不詳何人所校。是書諸家書目皆不載，嚮藏郡中黄氏、邑中張氏。"

【版本】

1. 元福建建安余氏勤有堂刻本（不含沈仲緯疏）

首圖藏。此書一卷，版框高19.3釐米，寬12.9釐米，每半葉12行，行24字，黑口，四周雙邊，有界行。此爲元代福建建安余氏勤有堂刊印，書首有趙孟頫手書上版序，書末有"建安余氏勤有堂刊"牌記。此書紙墨俱佳，保存完好，體

現出典型的元代版刻風格。書後鈐明代嘉靖年間藏書家“毘陵周氏九松迂叟藏書記”“周良金印”兩枚朱印。《中華再造善本》曾以此爲底本原貌影印。此書已入選“第一批國家珍貴古籍名録”。

2. 清光緒三十四年（1908）江陰繆氏刻本

北大（Y/9100/4215/26）、北師大（982.874/929）、浙師大（X050128.025.1）藏。本書凡1函1册，題爲《宋刑統賦》1卷。

3. 民國二年（1913）刻《枕碧樓叢書》本

首師大藏，索書號：PG/084/746：6。《枕碧樓叢書》收書凡12種，入2函。本書在第2函。内封A面鎸：“江陰繆氏鈔本，刑統賦疏（楷書大字）”，右下角鈐有“北京師範學院藏書之章”。首《鐵琴銅劍樓藏書目録》1葉；次楊維楨《沈氏刑統疏序》2葉；次俞淖《刑統賦疏序》2葉；以下正文。左右雙邊，黑口，無魚尾。半葉9行，行21字，小字雙行同。卷端題：“刑統賦　刑者，正萬邦之令，用革百姓之非心；統者，合古今大小之隸於法也。”版心中部刻“賦疏”和頁碼。

4.《輯刊》第155册影印首師大藏民國二年刻《枕碧樓叢書》本

【内容】

《刑統賦》是一部法律文獻，隸屬史部。它以賦的筆法宣傳宋代法律要義和具體法律條文，朗朗上口，便於記誦。全賦凡8韻，開篇云：“律義雖遠，人情可推。能舉綱而不紊，用斷獄以何疑。立萬世之準繩，便民易避；撮諸條之機要，觸類周知。”其中“推”“擬”“知”爲韻，且使用四六句式，幫助下層司法人員背誦，甚爲獨特。元代某郡府掾（基層司法官員）沈仲緯對《刑統賦》進行疏解。《鐵琴銅劍樓藏書目録》稱：“其書取傅氏賦文而爲之疏，引據詳析；疏後有直解，檃栝易曉；解後有通例，則取當時罪案斷例，以爲左驗。”例如開頭“律義雖遠，人情可推”8字，沈氏首先解釋“律”字，旁徵博引，接着以二百餘字的篇幅介紹隋唐律十二章，内容翔實；此下有直解，疏通賦意：“律意雖是深遠，人情可以推詳。”最後是“通例”，介紹太定二年十一月發生的案件及其斷案經過，以佐證“人情可推”四字。疏注文字已達正文的數十倍甚至上百倍，既透徹詳析，又便於司法人員效法。

【研究】

研究論文有：劉乃英《宋代〈刑統賦〉作者與版本考略》（《圖書館工作與研究》2011年第4期），岳純之《論〈刑統賦疏〉及其法學價值》（《政法論叢》2014年第2期）。

《會稽三賦注》1卷，宋王十朋撰，明南逢吉注

【作者】

王十朋（1112—1171），字龜齡，號梅溪，宋温州樂清（今屬浙江省）人。事迹

參見第三卷第六章“《會稽三賦》1 卷”條。

南逢吉(1494—1574),字元真,一字元命,號薑泉,陝西渭南人,曾師事王守仁。明嘉靖十七年(1538)進士,授禮部主事,歷保寧、歸德知府,官至山西按察副使,觸忌罷歸。著有《薑泉集》《越中紀傳》等。據其兄南大吉《刻會稽三賦序》,南大吉於嘉靖二年(1523)以户部郎中出任紹興府知府,讀《會稽三賦》,以爲“其事該而核,義嚴而正,慮深而遠,皆爲政者之所當知”,但舊注“牽合紕繆,而弗可盡據”,於是命其弟南逢吉重注三賦,注成刻之①。時逢吉年僅 27 歲。

【著録】

明晁瑮《晁氏寶文堂書目·文集》:“《會稽三賦》。”

明祁承㸁《澹生堂藏書目·辭賦》:“《會稽三賦》四卷,二册,宋王十朋著,明南逢吉註。”

明朱睦㮮《萬卷堂書目》卷四:“《會稽三賦》一卷,王十朋。”

清黄虞稷《千頃堂書目》卷七:“南逢吉注釋《會稽三賦》三卷。”清萬斯同《明史》卷一百三十四同。

清丁丙《善本書室藏書志》卷十二:“《會稽三賦》一卷,明刊本。王宗炎藏書。宋東嘉王十朋撰,明渭南南逢吉校注。”

清瞿鏞《鐵琴銅劍樓藏書目録》卷十一《史部四》:“《會稽三賦》一卷,明刊本。是書爲明渭南南逢吉注。前列《紹興府圖》并説,後有明人跋云:‘崇禎丁丑閏四月,收自吴閶。舟過婁東,止旅舍閱此,稽舟五日,以備兵使者對簿也。子牧識。’别藏補註三卷,明上虞尹壇所撰,以補逢吉之未備。前有朱啟元序,亦明時刊本也。”

清丁仁《八千卷樓書目》卷八史部:“《會稽三賦》三卷,宋王十朋撰。明刊本,杜氏刊本,湖海樓本。《會稽三賦註》四卷,明南逢吉撰,惜陰軒本。”

清范邦甸《天一閣書目》卷二之二史部:“《會稽三賦》一卷,刊本。宋王十朋撰,明南逢吉注,嘉靖二年南大吉序。”

【版本】

1. 明嘉靖二年(1523)南大吉刻本

北大藏,號:16686(膠卷)。原書凡 2 册,書衣有墨筆題記:“會稽三賦,宋王十朋撰,明南逢吉校注,明嘉靖二年紹興刊本。茮微藏。”並鈐有“李盛鐸印”一枚。今按:李盛鐸(1859—1934),字義樵,又字椒微,號木齋,别號師子庵舊主人、師庵居士等,晚號麃嘉居士。德化縣(今江西九江)人。清光緒十五年(1889)己丑科榜眼,晚清、民國政要,著名藏書家。其藏書多被北京大學收藏。

首南大吉《刻會稽三賦序》2 葉,嘉靖二年(1523)冬十月十有九日。刻印時

① 〔宋〕王十朋撰,〔明〕南逢吉校注:《會稽三賦》卷首,明嘉靖二年南大吉刻本。

間據該序所署。次《宋史王龜齡傳略》3 葉,次南宋紹興府圖、圖説 3 葉,下爲正文。半葉 10 行,行 21 字,小字雙行同,白口,四周單邊,無魚尾。版心刻書名和頁碼。卷端題:"會稽三賦,宋東嘉王十朋撰　明渭南南逢吉校注。"正文大字頂格,分段刻印;注音爲雙行小字,緊接在正文之下;釋義另起一行,大字,低一格刻印。凡 69 葉。書末附南逢吉《叙注會稽三賦》1 葉。另外附南大吉《遠期篇》3 葉,乃七言詩也。《遠期篇》篇末署:"嘉靖□年春三月丙寅吉書,後學張士佩刻附。"此語乃是交代《遠期篇》一文的書者(南大吉)、書寫時間(嘉靖□年春三月丙寅)和刻工(張士佩),加一"附"字,顯然並非針對全書。而北京大學圖書館編目員據此認定《會稽三賦》爲張士佩刻本,不妥;其中"□"僅存末筆,可能是"二",編目員定爲"三",認爲是嘉靖三年刻本,亦不妥。鈐有"麐嘉館印""木犀書藏書""北京大學藏"等印。

又,國圖善本部藏本,原書一册,攝爲一卷,索書號:16686。版式與北大本同,惟闕《宋史王龜齡傳略》3 葉、南宋紹興府圖(含圖説)3 葉,正文闕第 8 葉,書末闕南逢吉《叙注會稽三賦》1 葉。鈐印:"祝炳燦印""北京圖書館藏"。

2. 明末刻本

國圖善本部藏,原書一册,攝爲一卷,號:03757。首《本史王龜齡傳略》(有抄配)、南宋紹興府圖、《圖説》凡 6 葉,下爲正文。半葉 9 行,行 20 字,小字雙行同,白口,左右雙邊,無魚尾。卷端題:"會稽三賦,宋東嘉王十朋撰　明渭南南逢吉註。"正文大字頂格,分段刻印;注音、釋義皆爲雙行小字,緊接在正文之下,中間用"○"隔開。凡 45 葉。書末有墨筆題跋 2 行:"崇禎丁丑閏四月,收自吴閶,舟過婁東,止旅社閲此。盛暑,稽舟五日,以備□使者對簿也。子牧識。"可知該書爲明崇禎丁丑(1637)以前刻本。

3.《輯刊》第 154 册影印上圖藏明末刻本

此本半葉 9 行,行 20 字,正文凡 45 葉,與國圖藏明末刻本(號:03757)同。《輯刊》誤題爲明嘉靖二年(1523)南大吉刻本。

【内容】

《會稽三賦》南逢吉注,乃是將周、史二家注合併删改而成,但在體例上有較大調整。周、史注本釋義詳盡,資料豐富,但常常每兩句一注,有時甚至句句加注,注文緊接在正文之下,以小字排印。(詳參第三卷第六章"《會稽三賦》1 卷"條)這當然便於比較,但由於注文穿插在正文之中,讀起來頗病割裂。南注本爲了讀者閲讀的方便,將正文大段刻印,而將注釋集中在正文之後。例如《會稽風俗賦》,將"越於九域……號天下之無厺"一段凡 94 字正文集中刻印,讀起來十分順暢。對於注釋文字,南注本也進行了歸併與修改。首先,南逢吉將分散在各句之下的辨字注音集中在一起,以小字刻印,並且有所增補。例如,上引"越於九域"一段下以小字排印:"矦,古文侯。使去聲。鏐音留。種,章勇反。蠡音禮。峙音豸。瀍省作法。墬,籀文地。厹音仇。"(原注僅注矦、墬、厹 3 字,其餘 6 字爲南氏增補。)其次,對於注釋文字也加以合併,低一格以大字刻印,以便與正文相區别。爲了與正文相對應,釋文前往往加上提示語,如"越於九域屬揚者,《禹貢》曰……天文當牛斗之度,在丑辰者,……侯於夏者,……郡於秦漢者,……霸於春秋者,……"這些調整頗有利於一般讀者的閲讀與思考,體例上也往往略去出處,直接撮述大意,因而語言簡明,流暢自然。南注本在明清時期廣爲流傳,幾乎取代了周、史注本。

對於周、史二家注,南逢吉有删、有增,亦有潤色、修改。以"越於九域……號天下之無厹"一段爲例,南注删除周注 3 條(白樂天詩、元微之詩、《春秋經》各 1 條)、史鑄注 3 條(《周禮》《爾雅》《易》各 1 條),使得注文更爲精煉、純粹。增加的内容有 3 處:1."廓蠡城而外周"南注:"廓,開也,故《釋名》曰:'郭,廓也,廓落在城外也。'蠡城,范蠡所築之城也。"2."龍樓翼而乾峙,石竇伏而巽流"南注:"乾,西北方也;巽,東南方也。侔,等也。"3."瀍天門兮墬户"南注:"不敢壅塞内以取吴,故缺西北而吴不知也。"無不準確、簡潔,堪補周、史注之遺漏。當然,還有一些注釋來自周、史注,但文字上有一些改動。例如"自夏而矦"句,周世則注曰:"《史記·越王句踐》:'其先禹之苗裔,夏少康之庶子也,封於會稽,以奉禹祀。'《圖經》:'封少子無餘於越,是爲越侯。'"而南注云:"侯於夏者,夏少康封少子無餘於越,是爲越侯也。"在此,南注將周注中的兩條材料融會一處,凝練爲 19 字,語言簡潔,不枝不蔓。正因爲南注有這麽多優點,所以纔得到後人青睞,出現了評點本、增注本等多種形態。①

【研究】

研究論文有:鄭利鋒《論王十朋〈會稽三賦〉的産生與特徵》[《金陵科技學院學報》(社會科學版)2013 年第 1 期]、蹤凡等《〈會稽三賦〉的注本和版本》[《紹興文理學院學報》(哲學社會科學)2014 年第 4 期]。

《會稽三賦注》4 卷,宋王十朋撰,明南逢吉注,明尹壇補注,明陶望齡評

【作者】

尹壇,字时敬,上虞(今屬浙江)人。初習舉業,不售,由掾吏入銓籍。明萬曆年間任騰驤左衛經歷,遷鍾祥縣丞,未幾乞歸。不失儒風,好古多聞。生平略見(《(萬曆)上虞縣志》、《(光緒)上虞縣志校續》卷十。陶望齡(1562—1609),字周望,號石簣,明會稽人。萬曆十七年(1589)會試第一、廷試第三(探花),授官翰林院編修,參與編纂國史;曾升侍講,主管考試,後爲國子監祭酒。爲官剛

① 蹤凡、方利俠:《〈會稽三賦〉的注本和版本》,《紹興文理學院學報》(哲學社會科學)2014 年第 4 期。

直廉潔,不受滋垢。一生清真恬淡,以治學爲最大樂事。以“歇庵”二字名其居室,故學人稱其爲歇庵先生。卒謚文簡。著有《天水閣集》13 卷、《歇庵集》20 卷、《制草》若干卷、《解莊》12 卷等。《明史》卷二一六有傳。

【版本】

1. 明天啟元年(1621)凌弘憲刻朱墨套印本(有陶望齡批點)

此本凡 4 卷,國圖善本部藏。原書 4 册,攝爲一卷,索書號:19282。首凌弘憲《陶石簣評會稽三賦叙》5 葉(行書,5 行 12 字);次陶望齡《會稽三賦叙》3 葉,鈐有“會稽周氏”楷書章;次《本史王龜齡傳略》、南宋紹興府圖、《圖説》8 葉(有朱色眉批、末批),下爲正文。四周單邊,白口,無魚尾,無界行。半葉 8 行,行 18 字,小字雙行同。卷端題:“會稽三賦卷之一,宋東嘉王十朋撰,明渭南南逄吉註,上虞尹壇補注,會稽陶望齡評。”正文大字頂格,分段刻印;注音緊接在正文之下,爲雙行小字;釋義另起一行,大字,低一格刻印。版心刻“會稽三賦卷一”、篇名簡稱(風俗)和頁碼。書末有南逄吉《叙注會稽三賦後》3 葉。鈐有“苦雨齋藏書印”“北京圖書館藏”等印。

此外,國圖善本部藏有另一本,原書 2 册,號:4894(膠卷)。此本卷首多出《守令懿範跋》1 葉(有殘缺),講爲官之道,價值不高;而删去凌弘憲《陶石簣評會稽三賦叙》。此外,各賦總批移至賦前。正文和批點皆同。鈐有“雲居□業”“金傳桂印”“五如”“澡雪廬馮氏印”“鼎采圖章”等。

又,北大藏本,號:SB/811.35/1047.1。此本 1 函 4 册,書高 26.6 釐米,寬 17.3 釐米。卷首無凌弘憲叙和陶望齡序,始於《本史王龜齡傳略》。版式與國圖本同,實爲同一版本。據此本可知,原書版框高 20.6 釐米,寬 14.4 釐米。鈐有“北平孫氏”“北京大學藏書”印。

2. 明彭富刻本(1 卷)

此本凡 1 卷,國圖善本部藏。原書 2 册,攝爲一卷,號:01387。首南逄吉《叙注會稽三賦》1 葉,鈐有“毛子晉印”“汲古閣”“吴先毛氏珍藏圖書”“國立北平圖書館收藏”印;次南宋紹興府圖 1 葉,下爲正文。半葉 10 行,行 20 字,小字雙行同。四周單邊,白口,無魚尾。版心刻書名和頁碼,或有刻工名:“羅文”“王槐刊”“魯福刊”“馬忠刊”“朱□刊”等。卷端題:“會稽三賦,宋東嘉王十朋撰、明渭南南逄吉校注,明滇南彭富梓、上虞尹壇補注。”正文大字頂格,分段刻印;注音爲雙行小字,緊接在正文之下;釋義另起一行,大字,低一格刻印。不分卷,共 80 葉,基本完整。

又,北大藏本,號:LSB/55(膠卷)。原書 1 册,書衣有墨書:“道光丙申三月上浣,蕭山韓爲川藏,會稽三賦全。”版式與國圖本略同,但未見刻工名。有多處鈔補。鈐印“麐嘉館印”“木犀書藏書”“北京大學藏”等。

3. 明丁氏致遠堂刻本

國圖善本部藏,號:19281(膠卷)。原書 1 册,凡 4 卷。襯頁有題記 2 行:"此書别無可取,惟因其爲山陰丁氏刻本故耳。民國三十年十二月在北京所得,廿八日知堂記。"鈐有"知堂書記"楷書章。按:周作人(1885—1967),自號知堂,浙江紹興人,現代重要散文家,文化學者。

首陶望齡《重刻會稽三賦序》5 葉(字體碩大,半葉 6 行,行 12 字),鈐印:"□三閲目""北京圖書館藏";次《本史王鼂齡傳略》《會稽三賦目》、南宋紹興府圖、《圖説》8 葉,下爲正文。半葉 8 行,行 18 字,小字雙行同,白口,四周單邊,單、黑魚尾。板框高 20.5 釐米,寬 14 釐米。卷端題:"會稽三賦卷之一,宋東嘉王十朋撰,明渭南南逢吉註,上虞尹壇補注,會稽胡大臣訂正。"卷一至卷三爲《會稽風俗賦》(卷二題"誌物",卷三題"誌人"),卷四爲《民事堂賦》和《蓬萊閣賦》。鈐有"苦雨齋藏書印"等。

4. 明朱啟元刻本(題"重刻會稽三賦")

國圖善本部藏,號:15032(膠卷)。原書 4 册,凡 4 卷。首朱啟元《刻會稽三賦序》4 葉(軟體字),墨印:"啟元之印""樵風仙子""萬青車";次《重刻會稽三賦目録》1 葉;次《本史王鼂齡傳略》、南宋紹興府圖、《圖説》7 葉,下爲正文。半頁 8 行,行 18 字,小字雙行同,四周雙邊,白口,單、黑魚尾。版心刻書名、卷數、篇名簡稱和頁碼。版心下方或刻有字數。卷端題:"重刻會稽三賦卷之一,宋東嘉王十朋撰,明渭南南逢吉註,上虞尹壇補注,山陰朱啟元訂正"。正文大字頂格,分段刻印;注音爲雙行小字,緊接在正文之下;釋義另起一行,大字,低一格刻印。鈐有"北京圖書館藏"章。

5. 明文焕堂刻本

首師大藏,號:SG/685.023/113。本書 1 函 4 册,金鑲玉式修復。書高 26.8 釐米。内封 A 面鎸:"會稽三賦,文焕堂藏板。"右下鈐有"文焕堂印"篆文朱色方章。首陶望齡《重刻會稽三賦序》5 葉;次《本史王鼂齡傳略》、南宋紹興府圖、《圖説》8 葉,下爲正文。四周單邊,白口,單、黑魚尾。版框高 20.5 釐米,寬 14.3 釐米。半頁 8 行,行 18 字,小字雙行同。卷端題:"會稽三賦卷之一,宋東嘉王十朋撰,明渭南南逢吉註,上虞尹壇補注,會稽胡大臣訂正。"正文大字頂格,分段刻印;辨字、注音爲雙行小字,緊接在正文之下;釋義另起一行,大字,低一格刻之。版心上部刻"會稽三賦",中部刻"卷一(風俗)"和頁碼,底部有本版字數。鈐有"北京師範學院藏書之章"。今按:此本與丁氏致遠堂刻本皆署爲"會稽胡大臣訂正",當同出一源。

6. 清康熙五十九年(1720)刻本(署名"山陰周炳曾增註")

國圖藏,號:94693。本書 1 函 4 册,書高 21.5 釐米,寬 15.3 釐米。首周炳曾序 2 葉,序末有墨筆題記 2 行:"書中胤、弘、丘皆不避諱,所云'庚子'當是康熙五十九年,即西曆一六六〇年也。知堂記。"今按:康熙五十九年庚子,當係

1720 年,此處知堂誤記。次《王梅溪先生會稽三賦目録》1 葉;次《本史王黽齡傳略》3 葉;次南宋紹興府圖(圖後有説明文字,版心刻"圖説")3 葉;以下爲正文。正文半葉 9 行,行 20 字,白口,四周雙邊,單黑魚尾。版框高 18.1 釐米,寬 13.5 釐米。卷端題:"王梅溪先生會稽三賦卷之一,渭南南逢吉註,山陰周炳曾增註,會稽王佺齡訂定。"正文頂格,注釋低一格,皆爲大字;注音爲雙行小字。鈐有"苦雨齋藏書印""北京圖書館藏"印。

又,北大藏本,號:SB/811.35/1047.2。此本 1 函 2 册,書高 25.4 釐米,寬 15.2 釐米。書衣淺灰色綴有白色碎花,墨書"會稽三賦三卷,宋本難得,此亦少見,大方"數字。内封 B 面鎸:"王梅溪先生,會稽三賦,尺木堂梓行。"版式與國圖藏本同。鈐有"藝云藏書""北京大學圖書館藏印"等。

按,周作人《知堂書話》云:"明南逢吉所注,……有上虞尹壇、山陰周炳曾兩增注本,實無所異,疑南注本來如是也。"經核對,所謂周炳曾補注本與尹壇補注本未見差别,實際上以尹氏舊本重刻。但稱"南注本來如是",則未免武斷。查南逢吉註原本,再與尹壇補注本比較,發現尹氏對南注略有增補,但其所增文字與南注渾然一體,并未標明"增注"二字,故難以發現也。

7. 清乾隆五十二年(1713)刻本(4 卷本,附《廣會稽三賦》1 卷)

國圖藏,號:108942。本書 1 函 1 册,凡 4 卷。書高 24.4 釐米,寬 15.4 釐米,書衣右側墨書"王梅溪會稽三賦(陶烏亭廣會稽三賦附)"1 行。内封 B 面鎸:"王黽齡撰,會稽三賦,山陰致遠堂丁氏藏版。"版式與明丁氏致遠堂刻本同。鈐有"雙鑒樓""國立北平圖書館藏"等印。

今按:此書正文 4 卷,版式與明版同,蓋據舊版重印;所附陶元藻《廣會稽風俗賦》1 卷版式有異,當爲重刻。

8. 清道光至光緒間《惜陰軒叢書》本

(1)清道光二十六年(1846)宏道書院《惜陰軒叢書》本(原刻本)

北大藏,號:X/9100/9675/22-23。本書共 2 册,凡 4 卷。爲"惜陰軒叢書"之一種,與《授經圖》《京畿金石考》合函。書高 25.6 釐米,寬 14.7 釐米,内封 B 面鎸"會稽三賦註"5 字。首陶望齡《會稽三賦註序》2 葉(版心底部刻有小字"惜陰軒叢書");次《本史王黽齡傳略》3 葉;次《會稽三賦圖》3 葉;以下爲正文。半葉 10 行,行 22 字,小字雙行同。四周單邊,黑口,單、黑魚尾。版框高 17.6 釐米,寬 13 釐米。卷端題:"會稽三賦註卷一,三原李錫齡孟熙校刊,宋東嘉王十朋撰,明渭南南逢吉註,上虞尹壇補註。"版心刻"會稽三賦註(風俗)"、頁碼和小字"惜陰軒叢書"。卷一至卷三爲《會稽風俗賦》(卷二題"誌物",卷三題"誌人"),卷四爲《民事堂賦》和《蓬萊閣賦》。書末附有南逢吉《叙注會稽三賦後》1 葉。

今按:宏道書院,陝西省明清四大書院之一,明弘治七年(1494)由户部尚書、陝西省三原縣人王承裕創辦，地址在三原縣城北。道光年間曾刊刻《惜陰軒叢書》，風靡於世。清光緒二十六年（1900）改名爲宏道高等學堂。

又一本，國圖藏，號：7930：22－23。本書2册，凡4卷，爲《惜陰軒叢書》之一種。封面内頁題有大字"會稽三賦注"。内容、版式與上本同，疑爲重印本。鈐有"國立北平圖書館珍藏"印。

又，首師大藏本，號：PG/082.6/294，第四函，凡1册，4卷，與《雲南機務鈔黄》《東西洋考》合函。版式同上，版心中部刻"會稽三賦註卷一（風俗）"、頁碼和小字"惜陰軒叢書"。鈐有"滇生乃晉"章。

（2）據清道光十四至二十六年（1834—1846）、咸豐八年（1858）刻板後印《惜陰軒叢書》本

國圖藏，號：7930：22－23。本書2册，凡4卷，爲《惜陰軒叢書》中一種。書高26釐米，寬15釐米，封面内頁大字題"會稽三賦注"，首陶望齡《會稽三賦註序》，次《本史王龜齡傳略》，再次《會稽三賦圖》，下爲正文。版式與上本同。鈐有"國立北平圖書館珍藏"印。

（3）光緒十四年（1888）長沙重刊惜陰軒書局本

北大藏，號：X/081.17/4082a/c2。該書亦2册，内容、版式與上本同。但版框高17.4釐米，寬12.9釐米。内封A面鎸"會稽三賦註"，B面鎸"光緒十四年秋月長沙惜陰軒書局重刊，長沙袁繼韓校"。字迹模糊，蓋爲重印之本。

（4）光緒二十二年（1896）長沙重刊惜陰軒叢書本

國圖藏，號：40698：16。本書1册，與《戰國策註》《東西洋考》合函。内封A面鎸有小篆書名："會稽三賦註"，墨印"胡元常印"；内封B面印有長形牌記："光緒丙申七月重刊於長沙"。首陶望齡《會稽三賦註序》，次《會稽三賦目》、南宋紹興府圖、《圖説》，下爲正文。版式與道光二十六年刻本同。鈐有"飲冰室""北京圖書館藏"印。

9.清同治十二年（1873）會稽章氏刻本

國圖藏，號：113656。本書1函2册，凡4卷，書高26.3釐米，寬16.6釐米，内封A面題："會稽三賦四卷"，B面印："同治十二年秋會稽章氏重刊"。首《本史王龜齡傳略》4頁，次《會稽三賦目》，再次爲南宋紹興府圖，配《圖説》1頁，下爲正文。半頁8行，行18字，小字雙行同，白口，左右雙邊，單魚尾。板框高20釐米，寬13.9釐米。卷端題："會稽三賦卷之一，宋東嘉王十朋撰，明渭南南逢吉註，上虞尹壇補注，會稽胡大臣訂正。"下爲正文。鈐有"北京圖書館藏"印。①

10.《輯刊》第154册影印明天啟元年凌弘憲刻朱墨套印本

① 以上内容參見蹤凡、方利俠《〈會稽三賦〉的注本和版本》，《紹興文理學院學報》（哲學社會科學）2014年第4期。

【内容】

宋人史鑄爲周世則注作增補,皆附於周注之後,前標"增注"二字,以示區分。而尹壇爲南注本作補注,則將補注的内容直接嵌入南注之中,不加任何標記,倘若不逐字逐句地進行核對,就很難發現哪些是南逢吉注,哪些是尹壇的補注。周作人先生甚至誤以爲南注"本來如此",而忽略了尹壇的補苴之功。例如"因種山而中宅,廓蠡城而外周"句,南、尹注云:

> 種山,一名重山,即今臥龍山也。越王葬文種於此山之西,故名。(《望海亭記》云:"山周連數里,盤屈於江湖上,狀臥龍也。龍之腹,府宅也;龍之口,府東門也;龍之尾,西園也;龍之脊有望海亭也。"《吴越春秋》:"葬文種於山西,一年,伍子胥從海潮穿山脅而持種去,與之俱浮於海,今西山有缺處是也。")廓,開也,故《釋名》曰:"郭,廓也,廓落。"(括號爲引者所加)

括號里的文字爲尹壇補注,其餘爲南逢吉原注,南注、尹注已經渾然一體,不可區分。仔細考察,尹壇補注的内容主要有兩個方面:1. 恢復被南逢吉摒棄的周、史注内容。例如:"分曰揚州"句尹壇補注:"《爾雅》曰:'江南之氣躁勁,厥性輕揚,故曰揚州。'"此條材料出自史鑄增注,本爲南逢吉摒棄,尹壇予以恢復,旨在交代揚州之所以得名。又"舒爲屏障,峙爲樓臺"句尹壇補注:"元稹《州宅》詩曰:'四面無時不屏障,一家終日在樓臺。'"這條材料亦出自史鑄增注(惟將"對"改爲"不",當另有所據),可以揭示"舒爲屏障,峙爲樓臺"句的語源,故予以恢復。2. 新增内容,主要介紹古地名在後來的沿革與變化。例如:"州于隋而使于唐"句尹壇補注:"故治所稱州宅。至高宗時,方升爲府。"又"龍樓翼而乾峙,石竇伏而巽流。瀍天門兮墜户,惟昆侖兮是侔"句尹壇補注:"此句踐時制也。今城隋越國公楊素建,周遭四十五里。"將會稽郡由越州到紹興府的沿革、會稽城的建造年代及其規模進行了必要的交代,便於讀者在理解賦句内涵的基礎上進行古今對比,更深刻地認識古越文化的源遠流長。當然,亦有將恢復舊注與新增内容拼合一處者。如上引"因種山而中宅,廓蠡城而外周"句尹壇補注部分,《吴越春秋》云云取自周世則原注,而《望海亭記》云云爲尹壇新補,古注新注,前後輝映,並且爲下文"龍樓翼而乾峙"句做鋪墊。總之,尹壇的補注雖然内容有限,並且淹没在南注之中,很難辨識,但大都有所取資,也有助理解,故長期以來與南注合併刊行,風靡於明清兩代,而單純的南注本則罕見流傳。

天啟元年刻本的最大特色,在於各賦皆有陶望齡眉批和總批。例如《會稽風俗賦》卷首眉批云:"何土無風俗? 而賦會稽,便可想見禹迹。"指出了該賦的特殊性。又賦序眉批:"援虚證寔,發議委婉。""盧橘、黄甘,亦不忝於入上林,上林亦未必無此。""似不取相如之譎,而於相如卻有深理會。"理解頗爲深刻。正文"越於九域,分曰揚州"眉批:"首段精核,金石初宣。"又"其山則鬱鬱蒼蒼,巖巖嵬嵬"一段眉批:"居此間者習而不察,察而不能言,自非超世襟期,曠世才逸,多負此山。”這是抒發個人感想。但眉批並不限於正文,對於南逢吉註也加以批點。例如“廓蠡城而外周”句南注徵引《吴越春秋》伍子胥事,陶氏眉批云:“陰風擊浪,白馬東來,千載而下,令人毛髮都竪。嘻,壯哉!”

此外,書中多處施以圈點。如“鬱鬱蒼蒼”一段,加點;“若騫若犇”一段,加圈。注釋文字也在圈點之列。例如尹壇補注引元稹《州宅》詩,右側加圈,又在天頭作批云:“描寫應接不暇,許多光景。千秋騷雅,采在志中者,尚不十之一,夫豈寸紙之所能亶哉?”

今録三賦總批(朱色末批)如下:(1)總批風俗賦:“首賦典雅精嚴,莊整駢麗,真稱傑作。末二賦寄慨抒懷,亦復宛轉流利,蕩然可觀。其不能方漢魏諸名士,則所謂時代壓之,不能高古,具眼者自知之矣,過督也。”(2)總批民事賦:“此賦第見黽齡憂國與民,往往溢於言表。遣詞布悃,忠誠愷切,悠然可會。至於文章之不能漢魏,則所爲時代壓之,不能高古,非其咎也,具眼者須原之。”(3)總批蓬萊賦:“覽高弔遠,穆然咨嗟,上下數千載間,宛然在目。黽齡生不逢時,回視偏安孱主,胷中於治亂興亡之故,蓋已了然。援筆摛詞,意可言表。”

《脈賦訓解》1卷,宋劉元賓撰,明劉浴德注

【作者】

劉元賓(1022—1086),字子儀,安福(今屬江西)人。鄉試中舉。曾任潭州司理參軍。通陰陽術數,精醫藥、脈術。宋真宗賜名通真子,調至翰林醫局,官至殿丞。著有《通真子補注王叔和脈訣》《通真子續注脈賦》《脈訣機要》《脈要新括》《診脈須知》《通真子傷寒訣》《傷寒括要》等。

劉浴德,字肖齋、子新,號壺隱子,江蘇淮陰人,明代醫學家。著有《脈學三書》(《脈賦訓解》《脈訣正僞》《壺隱子應手録》)和《壺隱子醫潭一得》,又與朱練共同訂正宋代駱龍吉《内經拾遺方論》一書,刊刻行世。

【版本】

1. 鈔本

國圖藏,號:21525:1。原書1函4册,書高27.3釐米,書寬17.5釐米。無邊欄,每半葉8行,每行大字20個,小字雙行同。卷端題:“脈賦訓解,宋通真子劉元賓撰,明壺隱子劉裕德解。”版心無字。凡9葉。有朱筆圈點。鈐有“宜童姚氏幼庵父珍藏書畫圖籍碑版之記”“國立北京圖書館珍藏”印。

另據《中國叢書廣録》(上册),中國科學院圖書館藏有明萬曆三十一年(1603)刻本。

2.《輯刊》第185册影印國圖藏鈔本

【内容】

此書注解《脈賦》,多摘引《内經》《難經》之論。於脈象辨析多宗戴同父之

見,又間附己意。如謂“既知平脈,又知病脈,又知死脈,斯得心有應手之妙,豈尚復有胸中易了,指下難明之患也哉?”道明脈診並非玄妙之極。明太醫劉浴德作注解,取夾注形式,詳加訓釋、注解或發揮,文從理順,力求原書主旨明暢。例如首句“欲測疾兮死生,須詳脈兮有靈”,小字注云:“脈之在人身,順則治,逆則病,而絶則死矣。是故醫者欲推測衆疾之死生,須參詳六脈之善惡,而有靈驗。”注文與賦文相配合,將診脈的重要性闡述得十分透徹。

《新刊地理捷要釐正雪心賦》不分卷(《地理雪心賦評注》《雪心賦句解》),唐卜應天撰,明謝昌注

【著者】

卜應天,字則巍(一説卜則巍,字應天),又稱濮都監,唐朝堪輿學家。居贛州(今屬江西省),薦太史不就而入道門,爲黄冠師。因自許“心地雪亮,透徹地理”,遂而將其堪輿學著作取名爲《雪心賦》。

謝昌(謝壽昌),字子期,號樂壽,明代弘治年間歙縣(今屬安徽省)人。洞曉陰陽五行天文筮卜,尤精於堪輿之學。爲人口訥少言,而諦山尋水,定穴扦葬,往往臻於精妙。凡官府學校之修建,賜葬元老之兆域,無不請其擇地。著有《地理四書》(包括《郭璞葬書注》《地理發微注》《劉氏地理金注》《雪心賦解注》各 1 卷),傳於世。事迹參見明屠勛《屠康僖公文集》卷六《謝子期傳》。

【著録】

明祁承㸁《澹生堂藏書目》:“《雪心賦》一,唐卜則巍著。”

清萬斯同《明史》卷一三五:“謝昌《地理四書》四卷。”同卷還有:“熊宗立注《雪心賦》一卷。又注《天元賦》一卷。”

清張廷玉《明史》卷九八《藝文志・子部五行類》著録謝昌《地理四書》4 卷,包括此書。

【版本】

1. 明萬曆四十二年(1614)書林張東溪刻本

國圖藏,號:XD10627。本書 1 函 1 册,書高 23.5 釐米,寬 13.5 釐米。首程敏政《地理雪心賦評注序》3 葉,次周經《新刊地理雪心賦跋》1 葉,以下正文。四周單邊,白口(或大黑口),單、黑魚尾。上下兩截,版框高 18.6 釐米(上截 7.5 釐米,下截 11.1 釐米),寬 11.9 釐米。半葉 12 行,上截每行 12 字,下截每行 18 字,小字雙行同。卷端題:“新刊地理捷要釐正雪心賦,章貢卜則巍應天著,書林楊鳴鳳梧岡校。”版心刻“風水”和頁碼。共 57 葉。第 57 葉 B 面上欄刻大字 4 行:“萬曆甲寅歲仲春月,書林張東溪梓行,雪心賦風水息終。”書中有插圖若干。鈐有“長樂鄭振鐸西諦藏書”“長樂鄭氏藏書之印”“北京圖書館藏”印。

今按:國圖編目員據明程敏政序、周經跋的撰寫時間,將此本定爲成化間(1465—1487)刊本,非是。當據書末牌記,定爲“萬曆甲寅歲(1614)仲春月書林張東溪梓行”本。

2.《輯刊》第158册影印國圖藏明萬曆四十二年書林張東溪刻本

【内容】

《雪心賦》是中國古代堪輿學名著,是形勢法(巒頭法)風水的經典作品,也是一篇内容特殊的賦作。堪輿術亦稱相地術,俗稱風水術,是一種觀察宅舍、墳墓的地形、環境以測斷吉凶禍福的實用技術。唐宋時期的堪輿術發展爲“形勢法”“理氣法”兩大流派,其中形勢法注重在空間形象上達到天地人合一,注重形巒,所以又稱巒頭、巒體、形法、三合等。堪輿術在本質上是人們按照一定的原則對於居住環境進行選擇和處理,追求一種讓自己内心感到安慰與和諧的環境。其中難免有一些迷信甚至荒誕的思想,但同時也包含有現代地理學、氣象學、生態學、景觀學、規劃學和建築學的合理因素。明代地理家徐試可(字之鏌)曾説:“地理諸書,世傳充棟,求其術臻神妙者,而《葬書》爲最;理極深悉者,而《發微》爲優;欲知作法之詳活,無如楊公之《倒杖》;欲識星形之異態,無如廖氏之《九變》。至若星垣貴賤,妙在《催官》;理氣生克,妙在《玉尺》,數者備而巒頭、天星盡是矣!《雪心賦》詞理明快,便後學之觀覽,引人漸入佳境。”認爲本書的特點是“詞理明快”,引人入勝,頗便初學,可謂中肯之論。明清以來,本書流傳甚廣,注釋者多,現存有謝昌、吴一棣、孟浩、江之淮等人注本。

《雪心賦》全文4955字,爲一卷小書。後人注釋本或爲1卷,或爲4卷,皆無目録。根據清人孟浩注,大致可以分爲“論山川理氣”“論地理要略”“論五星”“論水法”“論龍脈”“論龍虎”“論氣脈分合、山川形勢”“論穴法”“論克釋”“論吉格宜看不宜添”“論羅城水口”“論砂水吉凶”“論真龍貴氣之應驗”“論穴形異同及砂水凶形應驗”“統論山水吉凶”“論陽宅”“勉學勸善”等内容。

本書題爲“新刊地理捷要釐正雪心賦”,實際上是以明謝昌《地理雪心賦句解》爲主(下欄),附録《地仙尋龍圖》《尋龍經》《尋龍砂法論》等内容(上欄)而成。雜湊多種文獻,恰是明代書賈作風,旨在用各種參考資料來吸引讀者,促進銷售。在語言形式上,《雪心賦》不使用常見的散文加歌訣的方式,而使用了賦體文學的體裁,比興兼用,文辭優美,讀者既可從中學習堪輿術,又可以欣賞優美精粹的文字,提高審美水平。若從賦體文學角度而言,本賦雖然注重錘詞煉句,講究語言的對仗,但是押韻並不嚴格,例如開頭:“蓋聞天開地闢,山川流峙。二氣妙運於其間,一理並行而不悖。氣當觀其融結,理必達於精微。由智士之講求,豈愚夫之臆度。氣賦於人者,有百形九竅;形著於地者,有萬水千山。自本自根,或隱或顯。胎息孕育,神變化之無窮;生旺休囚,機運行而不息。地靈人傑,氣化形生。孰云微妙而難明,誰謂茫昧而不信。”其中“山川流峙”4字,儘管"峙"與下文"悖""微"押韻,但讀起來拗口,且與"天開地闢"不能形成對仗。一本作"山峙川流",對偶甚好,但又傷害了韻腳。下文"二氣妙運於其間,一理並行而不悖""氣當觀其融結,理必達於精微"二聯對仗甚工,"悖""微"與下文"度"字不能相諧。可見作者並未嚴格遵照賦體文學的規範,衹是在追求語言的凝練與匀稱方面下了一番功夫。

明人注釋,大都十分詳盡。例如"自本自根"4字,謝昌注云:"山皆祖崑崙,乃中國山昧之祖也。由其所來,而後有山谷平地之分,莫可勝紀。以其大勢而論之,則山起於西北,自一而生萬也;水聚於東南,自萬而歸一也。"注文中包含有博大深邃的山水地理觀念,值得研究。有時還配有插圖,直觀生動,有助理解。

【研究】

今人整理本有:林國雄《圖解〈雪心賦〉》(太白文藝出版社2000年版),陳明、李非《繪圖雪心賦》(華齡出版社2006年版)等。但今注不如古注内涵豐富。

[外編]

《文選章句》28卷,明陳與郊撰

【作者】

陳與郊(1544—1611),原姓高,字廣野,號禺陽、玉陽仙史,亦署高漫卿、任誕軒,海寧鹽官(今浙江海寧)人。明萬曆二年(1574)進士,累官至太常寺少卿。二十四年乞歸鄉里,隱居鹽官隅園,埋頭著述。工樂府,雅好戲曲,著有傳奇《寶靈刀》《麒麟罽》《鸚鵡洲》《櫻桃夢》4種,合稱《詅癡符》。又有雜劇5種,今存《昭君出塞》《文姬入塞》《袁氏義犬》3種。輯有《古名家雜劇》《古今樂考》等10餘種,對整理、發展我國戲曲頗有貢獻。另有《黄門集》《考工記輯注》《檀弓輯注》《蘋川集》《隅園集》《文選章句》等。

【版本】

《四庫全書存目叢書》(集285—286册)影印明萬曆二十五年(1597)刻本。《〈文選〉研究文獻輯刊》本同。

【内容】

明代學者對《文選》的注釋,如張鳳翼《文選纂注》、閔齊華《文選瀹注》、王象乾《文選删注》、鄒思明《文選尤》等,大都剪裁李善注、五臣注而成,而紕繆百出,價值不高。陳與郊《文選章句》則不同。作者頗有歷史眼光,他將古今注釋按照其年代先後分爲三類:"舊注"(即先唐古注)、"李注"(即唐代李善注)、"陳與郊曰",層次分明,不相雜錯。例如《上林賦》"於是乎玄猨素雌,蜼玃飛蠝,蛭蜩蠼猱,獑胡豰蛫,棲息乎其間。長嘯哀鳴,翩幡互經,夭蟜枝格,偃蹇杪顛"一段,陳與郊首先鉤稽先唐古注,進行合併、整合:

【舊注】張揖曰：蜼似母猴，卬鼻而長尾。玃似獼猴而大。飛蠝，鼠也，其狀如兔而鼠首，以其髯飛。郭璞曰：蠝，鼯鼠也，毛紫赤色，飛且生，一名飛生。《山海經》曰：不咸之山，飛蛭四翼。張揖曰：蛭，蟣也。蜩，蟬也。玃猱，獼猴也。郭璞曰：蛭蜩，未聞。張揖曰：獑胡，似獼猴，頭上有髦，腰以後黑。郭璞曰：豰似鼬而大，腰以後黄，一名要黄，食獼猴。蛫，未聞。互經，互相經過。夭蟜、偃蹇，皆獼猴在樹暴戲姿態也。梁，石絶水也。張揖曰：殊榛，異栫也。捷持懸垂之條，掉往著稀疏無支之間。郭璞曰：掉，懸擿也。牢落、陸離，群奔走也。爛漫遠遷，崩騰群走貌。

接着照録李善注：

【李注】玄猨，言猨之雄者玄色也。素雌，猨之雌者素色也。《埤蒼》曰：格，木長貌。《説文》曰：杪，末也。《廣雅》曰：顛，末也。隃與踰同。牢落，猶遼落也。陸離，參差也。

最後是個人按語：

【陳與郊曰】《爾雅翼》云：蜼，狖也，似獼猴而大，黄黑色。尾長數尺，末有歧，鼻露向上，雨則自掛於樹，以尾塞鼻。古者畫龍以表雲，畫雉以表雷，畫虎以表風，畫蜼以表雨，皆形著於此而義表於彼。《爾雅》云：玃父善顧。郭氏注曰：貑，玃也，能玃持人。《博物志》云：蜀南高山，有物如獼猴，長七尺，能人行。伺行道婦女有好者，輒盗之去，爲室家生子，皆如人，以楊爲姓。蜀西界中多楊，皆玃種，時時猶有玃爪者也。《抱朴子》云：猿五百歲變爲玃。顔師古云：方稱獸屬，而引蛭蟣水蟲，又及蜩蟬，乖於事類，張説非也。但未詳何獸耳。《廣雅》云：豰，貑也。《字林》云：蛫似龜，白身赤首。《説文》云：蟹也。

陳氏按語徵引宋羅願《爾雅翼》和《爾雅》郭璞注、《博物志》《抱朴子》等典籍，對先唐舊注和李善注進行補充，頗能廣人見聞。陳氏以引代釋，但其中包含有個人之見。例如“蛭蜩”一詞，舊注張揖曰：“蛭，蟣也。蜩，蟬也。”李善不注，令人生疑。陳氏則徵引《漢書》顔師古注，指出“蛭蜩”與“玄猨素雌，蜼玃飛蠝”一樣，皆應該是野獸，甚有見地。其價值顯然超過同時代的《文選纂注》《文選瀹注》諸書。

第五卷　清代賦學文獻

清代是中國古代學術文化全面總結的歷史時期，表現在賦文學創作上，便是古賦、駢賦、律賦、文賦各體的全面繁榮。今存清代辭賦作家凡 4180 人，作品達 19499 首[①]，主要見於法式善《同館賦鈔》、王家相等《同館賦鈔二集》、鴻寶齋主人《賦海大觀》等賦學總集和大量的清代作家别集中，其數量超過了明以前各代賦的總和。很顯然，清賦是一座巨大的尚待開發的富礦。清代科舉試賦一改元明兩朝以古賦爲宗的慣例，遠紹唐宋，崇尚律賦[②]。加之清人態度平和，兼容並包，所以不僅律賦再興，其它賦體也得到了長足發展。但清賦的輝煌並不能挽救它衰亡的命運，隨着清帝退位、科舉考試的廢除，賦體文學的創作也就漸漸沉寂下來。

清代的思想家如黄宗羲、王夫之，考據家如孫星衍、錢大昕、江藩，古文家如李光地、全祖望、方苞，駢文家如陳維崧、吴兆騫、洪亮吉，詩人如袁枚、龔自珍，詞人如朱彝尊、張惠言，小説家如蒲松齡、曹雪芹，賦論家如李調元、張惠言、王芑孫等，皆有不少賦作傳世。他們的賦風格不同，寫法各異，但也有人諸體兼擅。

若從賦的流變來考察，清初 30 年是清賦的肇始期。此期的賦家多爲明代遺民，他們經歷了國家和民族的巨大變革，對明代的腐敗亡國和清初的民族壓迫政策有著切膚之痛，因而他們的賦中往往蘊含着深刻的亡國之痛和難以抑制的悲憤情緒，其中黄宗羲《避地賦》、王夫之《惜餘鬒賦》《孤雁賦》堪稱代表。康熙帝繼位至 1840 年是清賦的興盛時期。此期出現了一些歌功頌德的大賦，如紀昀《平定西域賦》、朱筠《哨鹿賦》等；同時也産生了不少揭露社會現實、反映

① 馬積高：《〈歷代辭賦總匯〉前言》，《中國文學研究》2002 年第 1 期。

② 清代科舉之鄉試、會試、殿試皆不考賦，但初級考試如縣試、府試、院試大都考律賦，而翰林院月課、散館、詹事府考試等亦考律賦，因而律賦創作成爲每個生童乃至翰林院學士的基本訓練。

世態人情的作品，如方苞《七夕賦》、蒲松齡《屋漏賦》等。但最能代表此期特色的，是那些反映文人學士博識雅趣的作品，如朱筠《筆賦》《金魚池賦》、阮元《薔薇賦》、張惠言《秋霖賦》《愛石圖賦》等，或詠物，或抒情，或説理，或論藝，無不指事類情，幽微精妙，雅致峻潔，涉筆成趣。其中李調元《雪浪石賦》云："勢詰崛以成奇，質晶瑩而表潔。中含水德之精，外露山靈之節。……看千峰之鑿出，似結陽冰；乍萬壑以浮來，疑團古雪。"錦心繡口，丰韻嫣然，頗得自然之妙趣。而袁枚的《秋蘭賦》《不繫舟賦》等作品，借物詠懷，抒發性靈，詞旨清峻，尤爲可喜。這時期律賦最爲興盛，出現了吴錫麒、顧元熙、鮑桂星、陳沆等代表性賦家，號稱"律賦四大家"（詳參本卷第一章"四家賦鈔"條），爲此後的律賦創作和應試樹立了標杆。自鴉片戰争以迄清帝退位的70年，是清賦的衰微期。此期的賦主要有兩類：一類是守舊文人的仿古之作，如李鴻章《天台仙子賦》、李慈銘《西陵賦》、王闓運《哀江南賦》等；另一類是進步文人反映社會鬥争和先進思想的作品，如章炳麟《哀山東賦》、喻長霖《鴨緑江賦》、歐陽鼎《七痛》等。

清代學者對賦體文學的編纂和評論蔚然成風，其成果之豐碩，觀點之精湛，體例之多樣，皆遠逾前人，是一批極爲重要的文學遺産。比如賦總集的編纂，元代僅存《古賦辯體》《青雲梯》兩種，明代稍好，今日可見者有《賦苑》《賦海補遺》《辭賦標義》《精鐫古今麗賦》等七八種。而清代的賦總集（含全集和選集），據筆者目力所及，就有156種，是明代的20倍之多。這其中既有通選各代賦的大型賦體文學總集，如趙維烈《歷代賦鈔》、陳元龍《歷代賦彙》、鴻寶齋主人《賦海大觀》等；也有精選歷代優秀賦篇的選集，如李元春《古律賦要》、盧文弨等《四賦體裁箋註》、任聘三《律賦選青》；還有編選某幾個朝代賦體名篇的選集，如潛兆穀《賦苑類選》、汪憲《宋金元明賦選》、張惠言《七十家賦鈔》、馬傳庚《六朝唐賦讀本》；專選古賦者如王芑孫《古賦識小録》、胡希周《唐古賦選》；專選律賦者如周嘉猷《律賦衡裁》、潘遵祁《唐律賦鈔》、楊泗孫《唐律賦鈔》；還有專選某一朝代某一地域的賦選，如楊浚《閩南唐賦》。當然，數量最多的當屬清代學者對當代賦的匯集與編選，數量大約有一百種。其中專選清代古賦者，僅見姚椿《國朝文録・賦類》一種，而且是依附文集而存在，其餘皆爲律賦總集。翰林院庶常館之賦，皆出自名公大家之手，尤爲世人所重，於是有了葉方宣等《本朝館閣賦前集》、程洵等《本朝館閣賦後集》、法式善《同館賦鈔》、王家相等《同館賦鈔二集》、翁心存等《館課賦鈔》之類的彙編之作，但這些賦集皆爲原始資料的匯總，追求齊備，不加揀選，雖然卷帙較大，資料價值頗高，但不便於一般文人閱讀。準此，注評結合的律賦選本遂應運而生。較著名的有顧蒓《律賦必以集》、顧鶒《律賦鳴盛箋註》、徐斗光《賦學仙丹》、葉祺昌《律賦標準》等。這些選本不僅能够反映編者的旨趣和眼光，而且附有作者簡介、眉批、夾批、旁批、尾評、注釋等資料，價值較高。專選清代館閣賦者如朱其鎮《同館賦鈔》（又名《試賦彙選新編》)、蔣攸銛《同館律賦精萃》、陳道南《選抄館賦》,專選學院課賦者如劉源灝《關中課士律賦箋註》,專選地方賦者如李恩綬《潤州賦鈔》、楊景曾《澄江賦約》、歐陽厚均《岳麓賦鈔》,專選科考賦者如佚名《湖北試讀賦》,專選小賦者如陳希恕《小賦寸錦三編》,專選特殊體類賦者如謝崧岱《回文賦彙》,選録數家賦者如景其濬《四家賦鈔》,按照内容分類者如張維城《賦學雞跖集》、廣百宋齋主人《分類賦鵠》,按照風格分類者如李元度《賦學正鵠》,按照教學次序編選者如胡敬《敬修堂詞賦課鈔》:品種豐富,體例多樣,反映了清代賦集編纂的繁榮。大型詩文總集亦輯録賦作,例如嚴可均所編之《全上古三代秦漢三國六朝文》746卷,董誥等所編之《全唐文》1000卷,皆輯録賦體作品數千篇,在保存賦體文獻方面功不可没。

清代的賦論賦話亦十分興盛。最早以"賦話"命名的著作可能是南宋王銍的《賦話》,但久已亡佚。今存最早也最爲系統的賦話著作當屬清代乾隆年間浦銑的《歷代賦話》正續集、《復小齋賦話》和李調元的《雨村賦話》(亦名《賦話》)。浦氏和李氏不約而同地輯撰賦話,浦氏書完成較早,但李氏書刻印在先,且流傳較浦氏書更爲廣泛,二人皆爲清代賦話之開創者。其實,二人的編纂體例亦十分相似,一方面大量輯録歷代賦論資料(《歷代賦話》正續集、《雨村賦話・舊話》),另一方面也"述而兼作",直接對歷代賦家賦作進行評論(《復小齋賦話》《雨村賦話・新話》)。據學者研究,李調元《賦話・新話》大量抄襲湯聘《律賦衡裁》中的文字,看來仍然以"述"爲主,但他將《律賦衡裁》中散見的賦論文字按照一定的體例和順序編纂成書,單獨流傳,無疑也是有貢獻的。賦話是清代興起的一種新的文學批評樣式,今存賦話還有王芑孫《讀賦卮言》、余丙照《賦學指南》、林聯桂《見星廬賦話》等數種。除了賦話,不少賦集的序跋以及眉批、夾批、尾評中也有精彩的賦論文字,但皆附在總集、别集之中,此處不再單列。清代的賦注成果也不少,最著名的是三種針對《歷代賦彙》的解題之作,即吴光昭《賦彙録要箋略》、倪一擎《賦彙題解》和王曉巖《賦彙題注》,對讀者研讀《歷代賦彙》頗有幫助。此外尚有魏茂林《國朝三十五科同館詩賦解題》《國朝十二科同館詩賦解題》,以及成性根《賦學正鵠集釋》、馮李驊《楊雄蜀都賦讀》、徐樹穀《庾開府哀江南賦注》等。當然,不少賦總集、賦别集中亦兼有賦注,可以參看。

本章仍然按照賦總集、賦别集、賦評賦注的順序編録。其中賦别集一類,主要收録專門的賦别集,兼收賦體作品的作家别集一般不收,這一點與前代稍有不同。

第一章　賦總集正編

《歷代賦鈔》32 卷,清趙維烈編

【編者】

趙維烈,字承哉,清江蘇上海(今上海市)人。生平不詳,主要活動於康熙年間。曾輯評董其昌《論文宗旨》《舉業蓓蕾》。工詞,著有《蘭舫詞》一卷。

【著録】

《清史稿・藝文志》未著録。《中國古籍善本書目・集部》《清史稿藝文志拾遺・集部・總集類》著録。

【版本】

1. 清康熙二十四年(1685)玉尺樓刻本

北大藏,號:X/5235/4821。本書 1 函 6 册,書高 26.8 釐米,寬 16.5 釐米,書衣鈐"北平燕京大學圖書館"紫色橢圓章一枚。内封 B 面鎸:"上海趙承哉編次歷代賦鈔(賦家選本,從未有合梓。兹自秦漢六朝唐宋以至元明,彙爲一編,計三十二卷,使便於博覽,識者鑒之),玉尺樓藏版。"右上鈐"鬱雲起于翰林"章一枚,左下鈐"本衙藏板翻刻必究"大方印一枚。首趙維烈《歷代賦鈔序》4 葉;次《歷代賦鈔凡例》4 葉;次《歷代賦鈔目録》;以下爲正文。半葉 9 行,行 22 字,小字雙行同。左右雙邊,白口,無魚尾,版心鎸"歷代賦鈔""卷之某"、賦名(小字)和頁碼。版框高 19 釐米,寬 13.4 釐米。卷端題:"歷代賦鈔卷之一,上海趙維烈承哉編。"鈐有"燕京大學圖書館"章。

2. 清康熙二十五年(1686)立敬堂印本

北大藏,號:SB/811.308/4921。此本 1 函 6 册,書高 25.9 釐米,寬 16.6 釐米。書根包角處分别書以"杏花春雨江南"6 字,以示區别。内封 B 面鎸:"繆念齋先生鑒定、上海趙承哉編輯,歷代賦鈔,立敬堂藏版。"首繆彤序 11 葉(半葉 5 行,行 10 字,字體碩大),次《歷代賦鈔凡例》4 葉,次《歷代賦鈔目録》28 葉(作者名下皆有簡介),以下爲正文。半葉 9 行,行 22 字,版式與玉尺樓刻本同。版框高 18.9 釐米,寬 13.4 釐米。鈐有"北大藏印"。北大圖書館網上數據稱其爲"後印本",當據其版式而言,印行時間據繆彤跋。該本修正了玉尺樓刻本中的一些錯字,如目録中有宋玉《高唐賦》,玉尺樓本"唐"訛作"堂",此本正之。

3. 清一經樓印本

此本未見，馬積高《歷代辭賦研究史料概述》第197—198頁著録。

4.《輯刊》第20—21册影印天圖藏清康熙二十五年立敬堂印本

【内容】

《歷代賦鈔》凡32卷，按時代先後順序選録歷代賦作。經查檢，本書收録先秦賦4篇，漢賦27篇（其中《兩都賦》計2篇），三國兩晉南北朝賦42篇，唐賦73篇，宋賦24篇，元賦8篇，明賦67篇。總計爲245篇（馬積高先生統計爲248篇），數量在王修玉《歷朝賦楷》（172篇）、陸棻《歷朝賦格》（375）之間。選賦始於宋玉，不收屈原、荀況的作品；止於明代，不選當朝之作。而以唐、明兩代入選最多，可見編者雖然"伏處海隅，未及廣搜博采"（見《凡例》），仍然力求古今兼收，各體並重，對明代賦關注尤多。除了名家名作，一些不甚知名的賦家賦作也在入選之列，如明陳鎏《鬥蟋蟀賦》、張泰階《琵琶賦》、袁定《布衣賦》、朱灝《蝶賦》等。選賦最多者，有潘岳（7篇）、張衡（5篇）、蘇軾（5篇）、宋玉（4篇）、揚雄（4篇）、楊維楨（4篇），凡6家，其餘大都選賦1篇。即使是頗負盛名的司馬相如、歐陽修、何景明等，亦僅有3篇。而對於唐代律賦名家王棨、黄滔，則竟然一篇未選，很顯然有輕視律賦的傾向，這跟乾隆之後的賦集編纂者大量編選律賦作品，顯得迥然不同。馬積高先生説："趙氏選賦頗能不拘一格，各種體式、題材、主題和藝術風格的作品都有所采擇，名家之作雖入選較多，非名家的佳作亦注意收入，雖遺珠與魚目皆在所不免，失於考證之處也間出現，大體上選擇是較精的。特别是其中所收明賦，有不見於他書的，尤有一定的文獻價值。"[①]這一評價是十分允當的。該書《凡例》稱："兹集始於辛酉首春，成于乙丑冬杪，凡三歷寒暑。"自康熙辛酉（1681）迄康熙乙丑（1685），該書之編纂歷時5年。其中"三"當爲"五"之字訛。

對於所收各家，都有作者簡介，刻於《目録》中相應人名之下。如卷之一目録，于"先秦"之下有"宋玉"，"宋玉"之下以雙行小字簡介之，再列《風賦》《高唐賦》《神女賦》《釣賦》四篇賦名。正文無注，但有旁批。如《風賦》"快哉此風"諸句旁鐫有小字："一風耳，分出大王、庶人。特玉借以托諷，欲王因辭而繹其旨耳。要之，風豈有雌雄哉？"（卷之一，1a）連接語則施以圈點，如《子虛賦》在"其山""其土""其石""其東""其南""其高燥""其埤濕""其西""其北""其上""其下"諸字右側施以尖圈。（卷之一，13b—14a）

【研究】

尚無專文研討。何新文《中國賦論史稿》（開明出版社1993年版）第241—242頁，馬積高《歷代辭賦研究史料概述》（中華書局2001年版）第197—198頁有介紹。孫福軒《康雍年間賦選賦學思想論》[《濟南大學學報》（社會科學版）

---

① 馬積高：《歷代辭賦研究史料概述》，中華書局2001年版，第198頁。

2008 年第 4 期]有涉及。

《文苑英華律賦選》4 卷,清錢陸燦選,清劉士弘校訂

【編者】

錢陸燦(1612—1698),字爾弢,號湘靈,又號圓沙,常熟(今屬江蘇)人。清順治十四年(1657)舉人,榜姓陸,考授府僉事。未幾,以糧案詿誤,教授於長洲、揚州、金陵間,從遊者甚衆。詩歌骨力雄厚,古文磊落自喜。晚年與王日藻、秦松齡、尤侗、徐乾學輩爲耆年會,諸人皆兄事之。年幾九十,猶馳騁文筆間,不少衰。著有《調韻齋詩文隨刻》《鐵牛語録》《(康熙)常熟縣志》等。生平略見《(光緒)常昭合志》、王應奎《海虞詩苑》。劉士弘,字静夫,錢陸燦弟子,生平不詳。

【著録】

《清史稿·藝文志》未著録。陳揆《稽瑞樓書目》、丁祖蔭等《(民國)重修常昭合志藝文志》、王紹曾《清史稿藝文志拾遺·集部》著録。

【版本】

1. 清康熙二十五年(1686)吹藜閣刻本

北大藏,號:LSB/707。此本 1 函 4 册,書高 26.5 釐米,寬 17.5 釐米。首錢陸燦《序》4 葉,左下角殘;次蔣伊《序》3 葉;次《文苑英華律賦選目録》,首行下方有"吹藜閣同板"5 字;以下爲正文。半葉 10 行,行 18 字,活字印刷,界行墨淺,在有無之間。四周單邊,黑口,雙黑魚尾,版框高 20.7 釐米,寬 14.6 釐米。卷端題:"文苑英華卷第某,虞山錢陸燦選,門人劉士弘訂。"版心刻"英華律賦選卷某"和頁碼。有墨筆圈斷。鈐有"麐嘉館印""北京大學藏"印。

2.《輯刊》第 22 册影印天圖藏清康熙二十五年吹藜閣刻本

【内容】

《文苑英華》是宋人李昉等編纂的一部重要的文學總集,該書卷 1 至卷 150 專門收録梁陳隋唐時期的 1371 篇賦體文學作品(删去重出 1、存目 1 和杜甫《上三大禮賦表》,共 3 篇。馬積高統計 1362 篇,不確),按其内容分爲 40 類(褚斌傑《中國古代文體概論》云 39 類,乃是將紀行、遊覽併爲一類)。除了先唐賦 11 篇,實際收録唐代賦 1360 篇,堪稱唐賦之淵藪。蔣伊《文苑英華律賦選序》云:"《文苑英華》繼《昭明》也,有唐一代之文爛焉。……賦居三之一,律賦七之。"賦的分量占全書的三分之一,而律賦又占賦總數的七成,可見其數量之多。清錢陸燦《文苑英華律賦選》一書,便從《文苑英華》所收的大約一千篇律賦中精選出 255 篇,以供清代士人閱讀、倣習之用。該書對賦的分類和排序均依《英華》之舊,但京都、諷諭、志、紀行、哀傷 5 類隻篇未選,實際上衹有 35 類,具體情況如下:天象 55 篇,歲時 9 篇,地理 11 篇,水 14 篇,帝德 4 篇,邑居 2 篇,宫室 6

篇,苑囿/朝會1篇,禋祀7篇,行幸3篇,儒學12篇,軍旅2篇,治道1篇,耕藉/田農2篇,樂17篇,鐘鼓2篇,雜技1篇,飲食1篇,符瑞11篇,人事11篇,射/博奕2篇,工藝3篇,器用14篇,服章10篇,圖畫2篇,寶4篇,絲帛2篇,舟車4篇,薪火5篇,畋漁3篇,道釋3篇,遊覽2篇,鳥獸14篇,蟲魚6篇,草木9篇。選賦最多者,當然還是天象、樂、器用、水諸類,這與原書收賦數量的多寡有關。但天象、儒學、工藝、服章諸類,選賦數量大約是原書的三分之一;而邑居、軍旅、治道、雜技諸類,選賦數量卻衹有原書的十分之一;亦可見出編者的傾向性。當然,有些種類原本即律賦少古賦多,自然會影響到選賦的數量。

至於本書的編纂背景,蔣伊序中也有交代:"聖天子右文致治,兩試之外,大招天下博學宏詞之士而廷試之,合於律者,擢而置之史館。《璇璣賦》《春雨詩》流傳海内,士皆喁喁向風,習爲詩賦,以待輶軒之采。"皇帝廷試群臣,以聲律定其高下,加以拔擢,天下士子自然會趨之若鶩。錢陸燦自序還談到了個人的親身經歷:"曩者世祖先皇帝戊戌、己亥覆試丁酉科舉子,臣陸燦兩試皆十名内。戊戌春,兩詩限二十韻,僅及格。而己亥《瀛臺賦》幾數千言,然求其言之中于律,不可得矣。"儘管他在順治皇帝主持的覆試中名列前茅,但仍然爲自己的《瀛臺賦》不合聲律而感到羞愧。不難看出,順治、康熙皇帝對詩賦聲律的喜好和要求,乃是扭轉元明以來賦壇復古傾向的關鍵,也是錢陸燦編選《文苑英華律賦選》的主要動因。

《歷朝賦楷》8卷卷首1卷,清王修玉選

【編者】

王修玉(1626—1699),字倩修,號松壑,自號恬翁,錢塘(今屬浙江杭州)人。少時曾與"金陵十子相倡合",還與當時名士毛先舒、吴任臣、虞黄昊、徐旭齡輩訂詩文交,是"鷲山十六子"之一。康熙年間拔貢生。據《錢塘王氏宗譜》,王修玉"生天啟丙寅三月廿九月戌時……卒己卯七月七日子時,年七十有四。葬黄鶴山"。著有《蕭遠堂文集》《叢遠堂詩集》(一名《松壑詩選》)。事迹略見《蕭遠堂文集·王文節年譜》。

【著録】

《清史稿·藝文志·集部》:"《历朝賦楷》九卷,王修玉編。"

《四庫全書總目》卷一百九十四《總集類存目》著録:"《歷朝賦楷》八卷(内府藏本),國朝王修玉編。修玉字倩修,錢塘人。是編成於康熙丙寅。卷首恭録聖祖仁皇帝《御製闕里檜賦》《竹賦》二篇,次爲御試葉方藹、彭孫遹、汪霦、徐乾學四賦,均不入卷數。其集中所録則由周末至國朝康熙中,凡一百六十七篇,各爲之註,修玉所自作七賦亦附焉。末又有李興祖《梅》《竹》二賦,則刻成以後所續入,故題曰增選,意其欲作補遺而未成也。"

【版本】

1. 清康熙二十五年(1686)刻本

北大藏,號:X/5235/1121.64。本書凡1函4册,書高22.6釐米,寬15.3釐米,書衣中下方鈐有"燕京大學圖書館"章一枚。内封B面鎸:"西陵顧且菴先生鑒定、王倩修先生選閲,歷朝賦楷,本衙藏版。"左下角鈐有"體尚正宗風歸麗則"大方章一枚,右下角鈐有"翻刻千里必究"六字。内封D面鎸"御製檜竹二賦"六個紅字,四周飾以雙龍戲珠圖案。首顧豹文《序》2葉;次王修玉《序》3葉;次《選例九則》;次《論賦十二則》;次《御製闕里檜賦》《御製竹賦》2篇;次《歷朝賦楷目録》,以下爲正文。半葉9行,行21字,小字雙行同,四周雙邊,白口,單黑魚尾,版心刻"歷朝賦楷卷某"、朝代名和頁碼,偶在頁碼下刻賦名簡稱。版框高18.3釐米,寬13.8釐米。卷端題:"歷朝賦楷卷一,西陵顧豹文且菴鑒定,王修玉松壑選輯,兄鳳翼來阿參閲,男儒旦滄升、儒曾孝升較訂。"鈐有"燕京大學圖書館"章,版心下方刻"天鑒樓選"4字。此本刻印精美,紙墨俱佳,遠勝《四庫全書存目叢書》影印之福建藏本。

北大又一本,號:SB/811.3/1021。此本在修復中,不得見,憾甚。

《四庫全書存目叢書》影印之福建省圖書館藏本。與北大藏本比較,可知此本缺顧豹文序、御製二賦。王修玉《選例》云:"御製《檜》《竹》二賦,冠古邁今,天下咸思誦讀。但以至尊之文,不敢入集,特成一編,流布宇内。"據王氏此語,所謂"御製二賦"最初是另册單行,並未入集。福建省圖書館藏本恰好未收二賦,應該是初印之本。北大藏本將二賦闌入,估計是後人重印時所爲。

2. 清尚德堂刻本

北大藏,號:LX/2919。本書1函4册,書高24.3釐米,寬15.2釐米。内封B面鎸:"西陵王松壑先生選注,歷朝賦楷,尚德堂新梓"。正文左右雙邊(目録、選例、論賦十二則四周單邊),白口,單黑魚尾,版心刻"歷朝賦楷卷某"、朝代名和頁碼,無界行(卷首國朝4賦有界行)。半葉10行,行21字,小字雙行同,版框高17.2釐米,寬13.8釐米。與康熙二十五年(1686)刻本比較,此本缺顧豹文《序》、御製2賦,且正文首頁題"男元斌滄升、元稡孝升較訂"。與康熙二十五年刻本比較,此書顯然爲重刻本,但刻印時間不詳。該本紙質低劣,印製粗糙,可以不看。

又人大藏本,號:4172/5。此書1函2册(原爲8册,合訂爲2册),書高24.6釐米,寬15.5釐米,書衣有題簽:"歷朝賦楷全",下鈐小字楷書章:"書業堂自在江浙蘇閔揀選古今書籍發兑印"。首王修玉《序》3葉;次《歷朝賦楷目録》11葉;次《選例九則》4葉;次御試諸賦目録和正文;次《論賦十二則》6葉;以下爲正文。版式同上。書末有御製賦2篇(卷八,59—63葉)。被王修玉頂禮膜拜、必欲單册發行的御製二賦反而在全書之末,其印裝時間顯然遠在康熙朝之後。

3.《輯刊》第23—24册影印天圖藏清康熙二十五年刻本,底本較差。

【内容】

據《蕭遠堂文集·王文節年譜》和《歷朝賦楷》王修玉自序,《賦楷》一書完成於康熙二十五年(1686)。同時出現的賦總集有康熙二十四年(1685)趙維烈的《歷代賦鈔》,康熙二十五年(1686)陸棻的《歷朝賦格》和錢陸燦的《文苑英華律賦選》。四部賦集幾乎是同時出現,實有着制度上的原因。康熙十七年(1678),清廷設置博學鴻詞科,次年廷試,考試内容有一詩一賦,排律詩題爲《山雞舞鏡》,律賦題爲《五六天地之中和》。王修玉曾參加這次考試,敏鋭地感覺到康熙帝的愛好和科舉考試的新趨勢。王修玉在《歷朝賦楷》自序中言:"歲己未,有司舉廷試入都,時天子方詔臣工,徵博學宏詞之士,親試詩賦,命典石渠。玉雖不獲躬預,而竊快覩其隆。既處京師,久聞朝廷之紀綱,瞻宫闕之壯麗,周視百司城隍府庫兵甲苑囿之繁且富,誠有如《兩都》《二京》之頌揚詠歎者。已而滇蜀蕩平,閩粤底定,九州内外,繩行沙度之鄉,梯巖航海之國,罔不貢琛獻贐,讋慄來臣。天子告成功于郊廟,賜宴賚於瀛臺,上倡《卷阿》之詩,下進平淮之雅,麟麟炳炳,已與三代同風。迨夫翠華東狩,宸藻覃敷,翰苑掄文,經史應制,天下益知天子以搒興古學爲心,中外翕然,競以文辭相應。"王修玉還在《歷朝賦楷》卷首抄録康熙帝所作的《御製闕里檜賦》《御製竹賦》兩篇,極力頌揚。在結尾處又稱:"聖天子旁求俊乂,既以五經四子之書,擢士於兩闈,復以聲律鴻麗之章,拔才於宲署……惟是上承天子作人之心,下本先人過庭之訓,則庶幾有託焉爾。"明確表達其編纂此書的目的,即順應"天子作人之心",讓天下讀書人有所效仿。

本書共收歷代賦167篇,按照時代先後編録。其中周1篇,漢7篇,三國4篇,晉5篇,六朝13篇,唐60篇,宋8篇,元3篇,明26篇,清40篇。本書"諸體咸收",古賦、騷賦、律賦、駢賦、文賦均有選録。《選例九則》第一則云:"賦雖本於六義,體制則有代更,楚辭源自《離騷》,漢魏同符古體,此爲賦家正格,允宜奉爲典型。"可見編者承襲了明代學者"祖騷宗漢"的賦學主張。但王修玉在編選此書時,周漢辭賦衹有8篇,而唐(60篇)、清(40篇)、明(26篇)三代卻佔全書之大半。潘務正先生曾對這一現象進行分析,認爲"《歷朝賦楷》理論上祖騷宗漢,收録賦作卻截然相反,多收唐代律賦,而於應制、應試之類的賦作情有獨鍾",並認爲"這種現象的出現,與清初的文化政策有關"。指出其編纂實踐與康熙年間文教政策之關係,可謂卓見。

在同時出現的4部大型賦總集中,《文苑英華律賦選》衹選唐代律賦,趙維烈《歷代賦鈔》、陸棻《歷朝賦格》選録先秦至明代賦,衹有王修玉《歷朝賦楷》延伸到清代,編選清代賦40篇(僅次於唐代)。這説明王修玉雖以古賦爲正格,以俳、律爲變格,但崇古而不賤今,更有融通古今的意識。嘉慶年間鮑桂星在其《賦則・凡例》中云:"賦選不乏佳本,以王氏《賦楷》爲最,以其各體賅備也。此編仿其體例,更以己意參之。"可見其"各體賅備"的編纂宗旨對後世所産生的巨大影響。

【研究】

研究論文有:潘務正《王修玉〈歷朝賦楷〉與清初文教政策》[《浙江師範大學學報》(社會科學版)2010 年第 1 期]。學位論文有:宋秋霜《王修玉辭賦及〈歷朝賦楷〉研究》(首都師範大學 2012 年碩士學位論文)。

《歷朝賦格》15 卷,清陸棻評選

【編者】

陸棻(1630—1699),原名世枋,字次友,一字義山,號雅坪,清浙江平湖人。康熙六年(1667)進士,官至内閣學士、禮部侍郎。《浙江通志》卷一百七十九《人物六・文苑二》載:"陸棻公……平湖諸生,入國學。以高等授内弘文院中書舍人,復舉順天鄉試。康熙丁未進士,爲原官,尋管典籍。十七年舉鴻博試一等,改翰林院編修,充《明史》纂修官。庚午,主鄉試福建;癸酉,爲順天武鄉試副考官。僳直南書房,出《五臺金蓮花》限韵賦詩,立奏稱旨。三十三年召翰詹八十九人,試以《豐澤園賦》《理學真僞論》,上親閲卷,取第一,遂由宫贊陞内閣學士,兼禮部侍郎,一年乞休。《嘉興府志》:棻所著《雅坪文稿》十卷,《詩稿》四十卷,《詞譜》三卷,《應試進呈詩文合刻》一卷,雜著若干卷。"今僅存《雅坪山房集》1 卷,《雅坪詞譜》3 卷,《歷朝賦格》15 卷。事迹可參《清史稿》卷四八四本傳、《碑傳集》卷四〇。

【著録】

《皇朝文獻通考》卷二百三十八著録:"《歷朝賦格》十五卷,陸棻編。棻字義山,平湖人,康熙丁未進士,授内閣典籍。己未召試博學鴻詞,改翰林院編修。官至内閣學士,兼禮部侍郎。"

《四庫全書總目》卷一百九十四《集部存目》著録:"《歷朝賦格》十五卷(内府藏本),國朝陸棻編。棻,字義山,平湖人。康熙丁未進士,授内閣典籍,己未召試博學宏詞,改翰林院編修,官至内閣學士,兼禮部侍郎。是編彙選歷代文賦,分爲三格:曰文賦,曰騒賦,曰駢賦。於三格之中,又各分五類:曰天文,曰地理,曰人事,曰帝治,曰物類。起自荀卿、宋玉,下迄元明。每格前有小引,皆其壻沈季友所作。騒賦之引則爲騒賦一篇,駢賦之引即爲駢賦一篇,殊爲纖仄,古無是例也。"

《清史稿・藝文志・集部》著録:"《历朝賦格》十五卷,陆棻編。"

【版本】

1. 清康熙二十五年(1686)敦雅堂刻本

北大藏,號:X/5235/7149.32。本書凡3函12册,書函内壁鈐有“悦古齋印”一枚。書高25.4釐米,寬15.6釐米,書衣中部鈐有“北平燕京大學圖書館”紫色楷書橢圓章一枚。内封B面上欄鎸:“陸義山太史選定”,框内三欄鎸:“檇李曹希文、沈客子、戴貢九仝輯,歷朝賦格,國朝嗣出敦雅堂藏版”,右下角鈐有“敦雅堂”方印一枚。首陸棻《序》9葉,次戴彦鎔《叙》4葉,次《文賦小引》《騷賦小引》《駢賦小引》,次曹三才《序》5葉,次《賦格凡例十三則》,次《上集目次》《中集目次》《下集目次》,以下爲正文。卷端題:“當湖陸棻雅坪氏評選,同學曹三才希文氏、沈季友客子氏、戴彦鎔貢九氏校輯。”正文半葉9行,行19字,四周單邊,白口,單黑魚尾,版心刻“歷朝賦格”“卷之某”、朝代(或者賦名)、作者及本賦頁碼。每篇賦皆單獨標示頁碼。

2.清學古堂刻本

北大藏,號:X/811.308/7444。本書凡2函12册,書高26.1釐米,寬16.8釐米,書衣有凹凸網紋,右上鈐“不出借齋/民國十二年”紫色楷書橢圓章一枚,還印有“第十一書庫”五個紅字。襯頁橘紅色。内封B面鎸:“陸義山太史選定,檇李曹希文、沈客子、戴貢九仝輯,歷朝賦格,國朝嗣出學古堂藏版”,右下角鈐有“學古堂”印章一枚。首陸棻《序》9葉,鈐有“大學堂藏書樓之章”“國立北京大學藏書”大方章;次《文賦小引》《騷賦小引》《駢賦小引》;次曹三才《序》5葉;次《賦格凡例十三則》;以下爲目次和正文。鈐有“巴陵方氏碧琳琅館藏書”“功曹珍藏”等印。版式與敦雅堂刻本相同,幾處斷版的位置也相同,可見二者是同一版本。但也稍有區别:1.該本没有戴彦鎔《叙》。2.敦雅堂本將全書上中下三集十五卷目録集中印裝,置於正文之前;而該本則將十五卷目録拆開,分置於各卷之首。3.《歷朝賦格》上集卷一以宋玉《風賦》居首,宋玉爲戰國時楚國人,敦雅堂本首頁版心卻訛作“秦”,學古堂本改作“周”,甚是。書名頁印有“向有舛訛,今悉訂正”楷書8字,亦可證學古堂本實爲後印之本。由於本書所選之賦在刻印時各自獨立,並不連接,這就爲調整選篇提供了方便,衹需將書版前後調换或者添加、撤换即可。

3.清光緒十七年(1891)經綸書局本,未見,何新文《中國賦論史稿》著録。

4.清光绪十八年(1892)上海焕文書局印本,未見,何新文《中國賦論史稿》著録。

5.《四庫全書存目叢書》(集部399册)影印清華大學圖書館藏清康熙年間刻本。經比對,此本與北大藏清康熙年間學古堂刻本的版式、順序相同,應該是同一刻本,或者屬於同一系統。

6.《輯刊》第25—27册影印天圖藏康熙二十五年敦雅堂刻本。此本刻印時間早,品相較好,與北大藏敦雅堂刻本相同,衹是缺少戴彦鎔《叙》一篇。

【内容】

《歷朝賦格》選録先秦至明代的賦作。該書先按照體製,將歷代賦劃分爲文賦、騷賦、駢賦(含律賦)3格,每格之内又從内容出發劃分爲天文、地理、帝治、人事、物類5類,分别選録賦作。每類之下,則依時代先後編次。根據《歷代賦學文獻輯刊》第25册影印之康熙二十五年刻本《歷朝賦格》,具體收賦情況如下:

分格	分類					總計篇數
	天文	地理	帝治	人事	物類	
文賦格	7篇(周1,唐3,宋3)	28篇(漢4,晉4,唐3,宋10,元2,明5)	25篇(漢4,魏1,晉1,唐7,宋9,明3)	12篇(周2,梁2,唐5,宋1,元1,明1)	21篇(漢2,魏3,晉4,梁1,唐2,宋2,元2,明5)	93
騷賦格	10篇(漢2,晉1,梁1,唐2,宋1,元1,明2)	15篇(漢1,晉3,唐1,宋3,元1,明6)	3篇(漢2,元1)	37篇(漢4,魏4,晉7,宋2,齊2,梁3,北魏2,唐4,宋2,元1,明6)	25篇(漢4,晉10,唐2,宋1,元2,明6)	90
駢賦格	45篇(宋2,梁1,北魏1,唐30,宋3,明8)	34篇(梁1,北周1,唐19,宋2,明11)	22篇(北周1,唐19,宋2)	31篇(漢1,魏1,晉4,宋5,唐13,五代1,宋1,明5)	71篇(漢1,晉3,宋6,齊2,梁5,北周3,北魏1,隋1,唐33,宋1,金1,元4,明10)	203
總計篇數	62篇	77篇	50篇	80篇	117篇	386篇

共計收賦386篇。但是《四庫全書存目叢書》集部399册影印之康熙年間刻本,版式與此本全同,但所收之賦篇略有不同:文賦格116篇(9+44+18+15+30);騷賦格85篇(11+16+2+34+22);駢賦格174篇(37+34+18+27+58)。共計375篇。

今以《輯刊》本爲據加以考察,發現該書比同時編纂的《歷朝賦楷》(172篇)、《歷代賦鈔》(145篇)、《文苑英華律賦選》(255篇)篇帙稍大。不難看出,駢賦格物類選賦最多(71 篇),其次駢賦格天文類(45 篇),以下爲騷賦格人事類(37 篇)、駢賦格地理類(34 篇)、駢賦格人事類(31 篇),最少的是騷賦格帝治類(2 篇)。其間雖不免有個人偏好,但大致反映了三種賦體的創作情況:文賦(包括漢魏散體大賦和宋代以後的新文賦)長於鋪陳和描繪,篇幅不受限制,故適於表現地理、物象等題材;騷賦長於抒發哀怨之情,故多用來表現人世間的喜怒哀樂,而很少用於歌功頌德;駢賦(包括唐以後的律賦)則可以用於各種題材,由於科舉試賦的導向作用而風格趨於典雅,尤其長於借物寫志,表達個人雅趣。倘若忽略賦體,各類所選數量如下:天文 62 篇,地理 77 篇,帝治 50 篇,人事 80 篇,物類 117 篇。物賦高居榜首,但以短篇小賦爲多;人事類次之,也是賦文學的大宗。

當然,將歷代賦的内容分爲 5 大類,難免會出現遺漏,甚至有削足適履之憾。首先,該書天文、地理、帝治 3 類比重過大,致使文學史上的許多名賦没有機會入選。有的雖然入選,但歸類可商。如傅毅《舞賦》與馬融《長笛賦》、嵇康《琴賦》都是藝術賦,而前者入人事類,後者入物類。陸機《文賦》、白居易《賦賦》、竇臮《述書賦》無處可歸,衹好進入人事類。這是分類過於粗糙必然帶來的問題。

從各代賦的編選看,該書略前而詳後。《凡例》稱:"由唐以前,選本既多,不憂復滅。唐後作者如林,流傳已少,精力有限,難于泛觀。若不亟爲收録,恐遂佚而無聞,故略于前詳于後。"各代篇數如下:周 3 篇,漢 25 篇,魏 9 篇,晉 37 篇,南北朝 43 篇(宋 15 篇、齊 4 篇、梁 14 篇、北魏 4 篇、北周 5 篇、隋 1 篇),唐 143 篇,五代 1 篇,宋 40 篇,金 1 篇,元 15 篇,明 69 篇。收賦最多者爲唐代(143 篇),竟然占全書的 37.02%。但編者努力保存宋元明三代之賦,并試圖關注不同朝代、賦體、風格的作品,顯然頗具匠心。需要説明的是,編者在該書出版之後,還對某些作品的取捨、歸屬問題進行思考和調整。例如,在康熙二十五年敦雅堂刻本中,文賦格天文類收賦 7 篇;而稍後的學古堂本,此類卻增至 9 篇,增加的篇目有:夏(按,當爲北魏)張淵《觀象賦》、明王家屏《日方升賦》、屠隆《五色雲賦》3 篇,同時删去了林景熙《賓月堂賦》1 篇。另外,此類以宋玉《風賦》居首,宋玉爲戰國時楚國人,敦雅堂本首頁版心卻訛作"秦",學古堂本改作"周",甚是。又如司馬相如《長門賦》抒寫宫女怨情,敦雅堂本置於騷賦格帝治類,基本恰當,而學古堂本卻入地理類,頗感不倫。這種現象説明,編者一直没有停止對該書選篇、分類、歸屬等問題的思考;對於駢賦、文賦之區别以及具體賦篇的處理,有時候還拿捏不准。此外駢賦格物類先有北周庾信(513—581)的《枯樹賦》《燈賦》,再有北魏元順(496—528)的《蠅賦》,次序顯然顛倒。

本書收賦止於明代,不收清賦(北京大學兩種藏本之書名頁左側,皆有"國朝嗣出"字樣,顯然有續編之念,但稽查各種書目,均不見蹤影,似乎没有兑現)。

本書所收各賦,概未加注,編者曾有意於此,但“工人亟于告竣,不能少俟,殊有遺憾”。不过多有評點,足資參考。例如文賦格天文類宋玉《風賦》,篇末總批云:“風何有雄雌,所不同者,大王庶人苦樂不均耳。此善於風諫者。然楚王曰:‘快哉,此風寡人所與庶人共者耶!’大哉王言,得君民一體之意。”認爲該賦“善於風諫”,極有見地,但又稱美楚王之言“得君民一體之意”,顯然有拔高之嫌,暴露其阿諛逢迎之意。

【研究】

何新文《中國賦論史稿》(241 頁)、馬積高《歷代辭賦研究史料概述》(198—199 頁)著録。潘務正撰有《陸棻〈歷朝賦格〉編纂宗旨與賦學思想》(《清代文學研究集刊》第一輯,人民文學出版社 2008 年版)一文,對此書的編纂原則、編選旨趣、賦作評點以及學術影響等皆有討論。孫福軒《康雍年間賦選賦學思想論》[《濟南大學學報》(社會科學版)2008 年第 4 期]亦有涉及。

《歷代賦彙》140 卷外集 20 卷逸句 2 卷補遺 22 卷目録 2 卷(《御定歷代賦彙》),清陳元龍編

【編者】

陳元龍(1652—1736),字廣陵,號乾齋,浙江海寧人。清康熙二十四年(1685)一甲第二名進士,授翰林院編修,入直南書房。長期任日講起居注官、侍講、侍讀、侍講學士、少詹士、詹士等職,深得康熙皇帝信任。康熙四十三年以父病祈求回家侍養,父喪畢,於康熙四十九年還朝。授掌院學士,尋補吏部侍郎,出爲廣州巡撫,入爲禮部尚書。雍正時入文淵閣。卒謚文簡。著有《愛日堂詩》27 卷、《格致鏡原》100 卷、《歷代賦彙》184 卷、《海寧陳氏家譜》20 卷等。《清史稿》卷二八九有傳。

【著録】

1. 清紀昀等《四庫全書總目》卷一百九十《集部 · 總集類》:《御定歷代賦彙》一百四十卷、外集二十卷、逸句二卷、補遺二十二卷,康熙四十五年聖祖仁皇帝御定。賦雖古詩之流,然自屈宋以來,即與詩别體。自漢迄宋,文質遞變,格律日新。元祝堯作《古賦辨體》,於源流正變,言之詳矣,至於歷代鴻篇,則不能備載。明人作《賦苑》,近人作《賦格》,均千百之中録存十一,未能賅備無遺也。是編所録,上起周末,下訖明季,以有關於經濟學問者爲《正集》,分三十類,計三千四十二篇;其勞人思婦哀怨窮愁、畸士幽人放言任達者,别爲《外集》,分八類,計四百二十三篇;旁及佚文墜簡、片語单詞,見於諸書所引者,碎璧零璣,亦多資考證,哀爲《逸句》二卷,計一百一十七篇;又書成之後,《補遺》三百六十九篇,散附逸句五十篇。二千餘年體物之作,散在藝林者,耳目所及,亦約畧備焉。揚雄有言:“能讀千賦則善賦”,是編且四倍之。學者沿波得奇,於以黼黻太平,潤

色鴻業，亦足和聲鳴盛矣。（録自《四庫全書總目》，中華書局 1965 年影印本。今按：文淵閣《四庫全書》本《御定歷代賦彙》卷首目録下亦有此序，序末署"乾隆四十六年三月恭校上"。可知該序之撰寫時間，在摛藻堂本之後。）

2. 紀昀等《欽定四庫全書簡明目録》卷十九《集部總集類》：《御定歷代賦彙》一百四十卷、外集二十卷、逸句二卷、補遺二十二卷，康熙四十五年詹事陳元龍奉勑編。《正集》分三十類，凡有關于經濟學問者，悉以次登載；《外集》分八類，則緣情抒慨之作，並別見焉。至于殘章墜簡無完篇者，別輯爲《逸句》；雜書僻典偶挂漏者，又續爲《補遺》。正變兼陳，洪纖畢具，信爲賦家之大觀。"

3.《皇朝文獻通考》卷二百三十七《經籍考・集部・總集》、《皇朝通志》卷一百四《藝文畧・文類・總集》、《國朝宫史》卷三十三《書籍・總集》、《清史稿・藝文志・集部總集類》著録。

4.《中國古籍善本書目・集部總集類》："《御定歷代賦彙》一百四十卷、外集二十卷、逸句二卷、補遺二十二卷、目録三卷（當作二卷），清陳元龍編，清康熙四十五年内府刻本，十一行二十一字，黑口，左右雙邊。"

5. 當代學者葉幼明《辭賦通論》、曹明綱《賦學概論》、何新文《中國賦論史稿》、馬積高《歷代辭賦研究史料概述》、許結《賦學講演録》等皆對此有著録和簡介。

【版本】

1. 清康熙四十五年（1706）内府刻本

國圖藏，號：79542。本書共 10 函 76 册，洋洋大觀。書高 26.4 釐米，寬 16.2 釐米。首玄燁《御定歷代賦彙序》8 葉，大字刻印，半葉 5 行 8 字；次《凡例》2 葉；次陳元龍《御定歷代賦彙告成進呈表》4 葉；次《御定歷代賦彙總目》4 葉，鈐有"國立北平圖書館珍藏"（篆文）、"一九四九年武強賀孔才捐贈北平圖書館之圖書"（楷書）2 枚長方形章；以下爲《御定歷代賦彙目録上》57 葉。本册完。第二册爲《御定歷代賦彙目録下》，共 65 葉。第三册爲正文卷一、卷二。左右雙邊，黑口，單、黑魚尾。版框高 19 釐米，寬 14.4 釐米。半葉 11 行，行 21 字，小字雙行，每行 31 字。卷端題："御定歷代賦彙卷第一，經筵日講官、起居注詹事府詹事、兼翰林院侍讀學士、加三級，臣陳元龍奉旨編輯。"版心中部刻"歷代賦彙卷一（天象・天地賦）"和頁碼。卷一共 30 葉，卷二共 31 葉。第三册完。前 3 册首頁與末葉都鈐有"國立北平圖書館珍藏""一九四九年武強賀孔才捐贈北平圖書館之圖書"章。有朱筆圈點。

今按：此書常見，各大圖書館多有。國家圖書館尚有 3 部，號：t3351（此本無補遺 22 卷，估計爲初刻本，惜在提善中，不可見）、111669、79540。北大藏有 7 部，號：SB/811.308/7510.3 等。

2. 清康熙後期（1707—1722）内府刻本

國圖藏,號:85031。本書共8函64册。書高24釐米,寬15.7釐米。書名葉鎸"御定歷代賦彙"6字。版式、内容均與上本同,裝訂順序小有差别。首玄燁序8葉,次陳元龍進呈表4葉,次《凡例》2葉,下爲總目、詳目。核其内容、字體、版式,與上本同,斷版處亦能相合,惟版框内綫已不清晰,故知爲重印之本。

國圖尚有2部,號:885548、79541。今按:此本爲後印本,但没有增加内容,所以一般藏書機構仍視爲康熙四十五年刻本。

3.清乾隆四十二年(1777)《摛藻堂四庫全書薈要》本(抄本)

臺北故宫博物院藏。不可見,今據臺灣世界書局影印本著録如下:册數不詳,書簽上題"欽定四庫全書薈要(集部/欽定歷代賦彙,目録、卷上)",署"臣紀昀詳校,詳校官候補通政司經歷臣郭祚熾"。首玄燁《御製歷代賦彙序》2葉,首葉上端鈐"摛藻堂"朱篆陽文橢圓章;次《凡例》2葉;次陳元龍《進呈賦彙表》5葉;次《御製歷代賦彙總目》附提要共7葉;次《歷代賦彙目録卷上》79葉,附葉墨書"總校官庶吉士臣張能照、校對官編修臣莫瞻菉、謄録監生臣范從理",鈐"摛藻堂全書薈要寶"朱篆陽文大方印;次《歷代賦彙目録下》89葉,附葉同上;以下正文。四周雙邊,白口,單、黑魚尾,半葉8行,行21字,卷端題:"欽定四庫全書薈要卷一萬七千二百二十(集部),御定歷代賦彙卷一,天象。"下行爲"天地賦,晉成公綏",下爲賦文。版心上端書"欽定四庫全書";魚尾之下有雙行小字,正面"御定歷代賦彙",背面"卷一",再下爲頁碼。

今按:在四庫全書館開館之初,乾隆皇帝爲了儘快看到一部比較系統而完備的大型叢書,曾命于敏中、王際華等人從應鈔諸書中,擷其精華,以較快速度,編纂一部《四庫全書薈要》。乾隆四十三年,《四庫全書薈要》完成,藏於紫禁城坤寧宫御花園的"摛藻堂",故稱《摛藻堂四庫全書薈要》。《薈要》收書463種,約占《全書》的七分之一,因其校勘精審,繕寫精良,紙白墨潤,裝潢考究,而爲學術界所重。此本與文淵閣本版式、内容相同,惟於卷端"欽定四庫全書"下加"薈要卷一萬七千二百二十(集部)"數字。此外,此本將提要前置於《歷代賦彙總目》之下,署爲"乾隆四十二年八月恭校上"。

4.清乾隆四十六年(1781)《文淵閣四庫全書》本(鈔本)

臺北故宫博物院藏,不可見。但有臺灣商務印書館影印本,十分易得。現據影印本著録如下:全套書共16函(册數不詳),在集部第24架第三、四層。封面葉有書簽:"欽定四庫全書(集部,御定歷代賦彙:御製序、目録上",墨書:"詳校官檢討臣劉炘,主事銜臣徐以坤覆勘;總校官編修臣王燕緒,校對官中書臣陸湘,謄録監生臣王天禄。"首《御製歷代賦彙序》2葉,次《御定歷代賦彙告成進呈表》5葉;次《御定歷代賦彙總目》6葉;以下爲《御定歷代賦彙目録上》79葉,鈐有"乾隆御覽之寶"朱篆陽文大方章;《御定歷代賦彙目録下》89葉提要2葉;再下正文。白口,四周雙邊,單、黑魚尾。半葉8行,行21字,小字雙行同。卷端題:"欽定四庫全書,御定歷代賦彙卷一,天象。"版心頂部書大字"欽定四庫全書",魚尾下書寫雙行小字"御定歷代賦彙卷一"和頁碼。與康熙年間刻本和《摛藻堂四庫全書薈要》本相比,此本删去《凡例》2 葉。

今按:此本將提要置於《目録下》之末,署"乾隆四十六年三月恭校上",可知其抄寫時間晚於摛藻堂本 4 年。

另有《文津閣四庫全書》本,國家圖書館藏。此本不可查閱,但有北京商務印書館 2005 年縮印本。其版本形態與文淵閣本相同,不贅。

5. 清光緒十二年(1886)雙梧書屋石印本(俞樾校本)

北大藏,號:X/811. 308/7510. 1/C2。本書凡 2 函 16 册。此爲石印袖珍本,書高 17. 6 釐米,寬 10. 2 釐米,書衣左上貼一書簽,上面印有篆文書名"歷代賦彙",下有小字"吴下共之氏沈錦垣署簽,第一册",鈐有"銕春主人"章。護封(襯葉)鈐有"點石齋"印;内封 A 面刻篆文書名"歷代賦彙",左下鈐有"謝氏家藏"印;内封 B 面鎸有長方形篆文牌記 3 行"光緒十弍年歲在丙戌孟秋之月曲園居士俞樾署檢"。首玄燁《御製歷代賦彙序》1 葉,鈐有"汝"、"梅"印和"北京大學藏"印;次《凡例》1 葉;次陳元龍進呈表 2 葉,鈐有"虚白齋"朱篆陰文章;次《御定歷代賦彙總目》2 葉;次《歷代賦彙目録上》17 葉;次《歷代賦彙目録下》19 葉;以下爲正文。左右單邊,白口,單、黑魚尾,版框高 12. 7 釐米,寬 8. 8 釐米。半葉 20 行,行 41 字。卷端題:"御定歷代賦彙卷第一,經筵日講官、起居注詹事府詹事、兼翰林院侍讀學士、加三級,臣陳元龍奉旨編輯。"鈐有"臣汝梅印"章。版心上端刻"歷代賦彙",魚尾之下刻"卷一(天象)"和頁碼,底部 A 面刻有小字"雙梧書屋校本"。以下爲卷二至卷七。第一册完。第二册收卷八至卷十八,首葉、末葉均鈐有"北大藏印"。其餘不贅。

按:本書爲石印袖珍本,型制小,内容多,便於攜帶。與一般石印本不同,此本紙墨較好,墨迹清晰,故江蘇古籍出版社曾據以影印。

6. 清光緒二十年(1894)上海點石齋重印本

北大藏本,號:X/811. 308/7510. 2。本書 2 函 16 册,書高 17. 3 釐米。内封 A 面印"歷代賦彙"。内封 B 面牌記印"光緒十弍秊歲在丙戌孟秋之月,曲園居士俞樾署檢",書牌左下小字印"光緒二十年春上海點石齋重印"。版心下 A 面印"雙梧書屋校本"。半葉 20 行,行 41 字,小字雙行同。内容、版式與上本全同,顯然係重印之本。

7. 東京中文出版社 1974 年影印清康熙四十五年内府刻本

按:此本共 4 册,有日本學者吉川幸次郎解説。此外,日本稻畑耕一郎編有《歷代賦彙作者、作品索引》,早稻田大學文學會 1979 年版。

8. 臺灣商務印書館 1969 年影印《四庫全書珍本九集》本

本書在《四庫全書珍本九集》第 272—323 册,凡 52 册,未見。據《文淵閣四庫全書》本影印。

9. 臺灣世界書局 1985 年影印《摛藻堂四庫全書薈要》本

此本 16 開精裝,全 6 册。在叢書第 425—430 册。版本形態參見第 3 條。

10. 臺灣商務印書館 1986 年影印《文淵閣四庫全書》本

此本係 16 開本,精裝 4 册,在叢書第 1419—1422 册。版本形態參見第 3 條。

11. 上海古籍出版社 1987 年影印《文淵閣四庫全書》本

此本據臺灣商務版縮印,32 開精裝,凡 4 册。

12. 江蘇古籍出版社、上海書店 1987 年影印清光緒十二年雙梧書屋刻本

此本係縮印本,每面納原書兩葉。書名"歷代賦彙",16 開精裝 1 册。版本形態參見第 5 條。

13. 北京圖書館出版社 1999 年影印清康熙四十五年内府刻本

此本據陝西省圖書館所藏康熙内府刻本影印,書名"歷代賦彙",16 開精裝,凡 12 册。書前有出版社編寫的《出版説明》《總目》《賦名索引》和《作者索引》,頗便讀者。版本價值較高,但價格較爲昂貴。

14. 鳳凰出版社 2004 年影印清光緒十二年雙梧書屋刻本

此本據江蘇古籍出版社、上海書店影印本再次影印,書名"歷代賦彙",16 開精裝 1 册。與舊本相比,書前增加了程章燦《賦學文獻總論》,約 5 萬字;書後附有王琳、孫之梅《辭賦研究論著索引》和王華寶編製的《〈歷代賦彙〉作者與篇名索引》,方便研究者查閲、使用。此本資料豐富,價格低廉,便於普通讀者購置,但係縮印本,字體較小。

15. 北京商務印書館 2005 年影印文津閣《四庫全書》本

此本據國家圖書館所藏文津閣《四庫全書》縮印,16 開精裝,凡 10 册,在叢書第 473—482 册。爲了節約成本,影印者剜去版心,進行拼接,因而損傷了古籍原貌。

16. 吉林出版集團 2005 年影印《摛藻堂四庫全書薈要》本

此本 16 開平裝,全 6 册,據臺灣世界書局影印本再次影印。

17. 鳳凰出版社 2018 年出版許結等校點本

此本 32 開精裝,凡 12 册。以康熙間内府刻本爲底本,以乾隆間文淵閣《四庫全書》本、光緒間雙梧書屋本爲校本,撰爲校勘記。末附陳元龍傳記資料和本書作者索引、篇名索引等,足資參考。

【内容】

《歷代賦彙》(以下簡稱《賦彙》)正集凡 140 卷,收先秦至明代的叙事詠物之賦,共 3134 篇;外集 20 卷,收歷代抒情言志之作 424 篇。此外有逸句 2 卷,計 177 篇;補遺 20 卷,計 370 篇,並附逸句 50 篇。全書共收先秦至明代賦 4161 篇

（含殘篇，有個别重出誤收之作）。該書體制宏大，收賦完備，體例嚴密，價值極高。作爲一部分類輯録的大型賦集，《賦彙》在歷代賦的編録與分類方面有突出貢獻。

（一）輯録作品空前完備

對於《賦彙》的輯賦數量，各家説法很不一致：馬積高先生説是 3834 篇①，鳳凰出版社説是 3951 篇②，而北京圖書館出版社説是 4155 篇③。我們根據《賦彙》編者在目録中列出的原始數據，將篇數定爲 4161 篇。在陳元龍之前，輯録辭賦最有成就者要數明代末年張燮的《七十二家集》、張溥《漢魏六朝百三家集》和李鴻《賦苑》，但三書衹輯録先唐賦。同明人相比，《賦彙》更大的貢獻在於其對唐宋元明四代賦的彙集。但對於漢魏六朝賦的鈎稽與彙編，亦大有超過前人之處。前人賦集以《賦苑》輯賦爲最多，已達 875 篇，且僅録以"賦"名篇的作品。這種甄取標準爲陳氏《賦彙》直接繼承，具體篇目也爲陳氏所采用。如張衡有《觀舞賦》，《賦苑》與《賦彙》並作《舞賦》；王逸有《機婦賦》和《荔枝賦》，二書並作《機賦》和《荔支賦》；趙壹有《刺世疾邪賦》，二書並作《疾邪賦》；邊讓有《章華臺賦》，二書並作《章華賦》；應瑒有《竦迷迭賦》和《西征賦》，二書並作《迷迭賦》和《征賦》；等等。這充分證明，《賦彙》在收賦方面充分吸收了《賦苑》的成果，甚至在賦題標目上也多有因襲之處。但《賦彙》並没有全部照抄《賦苑》，它也增補了不少篇目，並糾正了《賦苑》中的一些訛誤。僅僅兩漢賦，《賦彙》就增補了以下數篇：揚雄《蜀都賦》、崔篆《慰志賦》、傅毅《扇賦》、張衡《定情賦》《扇賦》、朱穆（公叔）《鬱金賦》、蔡邕《瞽師賦》《檢逸賦》《團扇賦》、徐幹《團扇賦》《車渠椀賦》、陳琳《神女賦》《大暑賦》《馬瑙勒賦》、劉楨《清慮賦》、崔琰《述初賦》。這 16 篇賦爲《賦苑》所未備，而《賦彙》增補之，可見陳氏搜討之功。其吸納《賦苑》，實欲勝而過之。對於《賦苑》中的一些失誤，陳氏也有意予以糾正。如司馬遷《悲士不遇賦》，《賦苑》誤入司馬相如賦中；班彪《遊居賦》（又名《冀州賦》），《賦苑》誤入班固賦中，陳氏皆加以分辨。蔡邕《胡栗賦》，《賦苑》誤作《故栗賦》，陳氏也加以改正。這些努力都是可取的。《歷代賦彙》在選賦篇目及編録品質上，都遠遠超過了李鴻《賦苑》，其成就是空前的。

（二）分類編録，别具鑒裁

《七十二家集》《漢魏六朝百三家集》及《賦苑》三書，都是按時代先後輯録作家作品，即所謂"人因世次，文沿人集"式編排。《歷代賦彙》則不同，它將先秦至明代的賦文學作品按其題材及内容劃分爲 38 類，把同類賦作編排在一起。

① 馬積高：《歷代辭賦研究史料概述》，中華書局 2001 年版，第 201 頁。
② 據該社《歷代賦彙·出版説明》提供數字相加，鳳凰出版社 2004 年版。
③ 據該社《歷代賦彙·出版説明》，北京圖書館出版社 1999 年版。

正如《賦彙·凡例》所云:"分類編輯,所以便披覽也。"此法頗有助於讀者考察同類題材的古今演變情況。同類之中,又按不同的賦題編排;同題之賦,則依時代先後排列。例如天象類之下,按天、氣象、日、月、星辰、雲、虹、風、雷、雨、露、霜、雪、雹的順序編次;其中題爲《月賦》者5篇,則以時代爲序,先漢公孫乘,次(南朝)宋謝莊,次宋汪莘,次宋楊簡,次明馮時可。此種次賦之法,眉目清晰,條理井然,頗便於作賦者查閱和取材,更便於研究者考察和比較。

《歷代賦彙》常因其分類瑣細而受到後人批評。倘若用今天的思想和眼光去要求它,這些批評當然有一定的道理。但是作爲古代賦分類史上的集大成之作,《賦彙》的分類思想又是很值得研究的。倘若把該書置於特定的時代,用歷史主義的眼光去考察它,我們就會發現一些有趣的現象。比如該書外編有美麗類,選録《神女賦》(陳琳、王粲、楊修)、《長門賦》(司馬相如)、《李夫人賦》(漢武帝)、《協和婚賦》《青衣賦》(蔡邕)、《閑邪賦》(王粲)等作品,其實大多寫男女之情;又有人事類,選有《逐貧賦》(揚雄)、《短人賦》(蔡邕)、《髑髏賦》《冢賦》(張衡)、《傷夭賦》《思友賦》(王粲)、《寡婦賦》(王粲、丁廙)等作品,其實大多講述貧窮、殘疾、死亡、分離等話題。這種類屬與賦作不能完全相符的情況,恐怕主要還是緣於對於同一語詞古今有著不同的理解,我們不能把古人心目中"美麗""人事"的概念與今人的觀念相等同。

(三)對前人分類觀的吸收與調整

賦的分類始於西漢的劉向、揚雄,但其分類標準不詳。南朝梁蕭統編輯《文選》,將此前的賦作劃分爲京都、郊祀、耕藉、畋獵、紀行、遊覽、宫殿、江海、物色、鳥獸、志、哀傷、論文、音樂、情,共15類,顯然是題材上的分類(兼顧了作品的主題),對後世影響極大。《賦彙》中許多類别的名稱,比如都邑、宫殿、音樂、鳥獸、言志、行旅等,皆直接或間接地來自《文選》。不過,對《賦彙》影響更大者,應是唐代的兩部類書:歐陽詢《藝文類聚》和徐堅《初學記》。前者將歷史上與生活中的資料和知識信息劃分爲46類(即46部),分類加以編排;後者則分爲24部。二書皆摘引賦作以壯軍壘,客觀上對辭賦作品進行了分類編輯的工作,而其分類思想對後代各種文學總集影響甚大。此外,宋人李昉編纂的大型文學總集《文苑英華》,其中賦類匯輯了魏晉南北朝隋唐五代的賦作,也是按不同的題材分成39類進行編輯,其分類觀多爲《賦彙》所繼承。

我們將四部書的分類情況進行比較,就可明顯看出:《藝文類聚》《初學記》以天、歲時、地理居首,以草木、鳥獸、鱗蟲收尾的次序已爲《賦彙》充分吸收。但《賦彙》作爲專門的賦文學總集,又根據賦體創作的實際情況而對兩書的分部進行了一番調整。1. 拆分。《藝文類聚》有人部,共21卷,篇幅龐大,内容龐雜;《初學記》人部精簡爲3卷,仍嫌臃腫。《賦彙》將其拆分爲覽古、寓言、言志、懷思、行旅、曠達、美麗、諷諭、情感、人事凡10類,顯然更符合賦文學創作的實際情况。除覽古、寓言之類外，陳氏還將餘下 8 類列爲外集，實際上對這些抒情言志賦做了特殊處理。2. 歸併。《藝文類聚》中的地部、州部、郡部内容很少，合起來僅占 1 卷（選賦亦少），《賦彙》將其與山部、水部併在一起，成爲地理類，克服了原書分類過於瑣細的弊端。3. 調整。《藝文類聚》有藥香草部、木部、果部，《賦彙》將其調整爲草木與花果 2 類。兩種分類各有所長，毋庸軒輊，但《賦彙》顯然有精簡類别的傾向。4. 糾謬。《藝文類聚》將司馬相如《子虚賦》《上林賦》、揚雄《羽獵賦》、張衡《羽獵賦》等作品歸入産業部，顯然不符合這些賦作誇飾天子狩獵場面的基本内容。《賦彙》另設搜狩類，並輯入這些賦作，比《藝文類聚》更爲合理。5. 删除。《藝文類聚》《初學記》二書皆有帝王、后妃、儲宫、職官、封爵等部類，但很少選賦。《賦彙》根據賦文學創作的情况將這些部類删除。

《文苑英華》作爲專門的文學總集，其對中古賦的分類更符合賦文學本身的實際，所以也更多地爲《賦彙》所吸收。仔細比較一下，《賦彙》的 38 類中，有 28 類的名稱與《文苑英華・賦》完全或基本相同。如天象、歲時、治道、器用等類毫釐不爽；地—地理，京都—都邑，符瑞—禎祥，行幸—臨幸，等等，亦僅僅名稱小變，並無本質區别。此外，《文苑英華・賦》將兩部類書的地、州、郡三部合併爲地類，將其鳥、獸二部併爲鳥獸部，鱗介部與蟲豸部（蟲部）併爲蟲魚部，將其人部拆分爲遊覽、志、哀傷、諷諭、人事諸部，具體處理方法皆爲《賦彙》所吸收和發展。

（四）缺失與謬誤

《賦彙》輯録賦作空前完備，超過此前的所有著述，這是值得肯定的。但由於卷帙浩繁，該書仍有不少遺漏和錯誤之處。

首先，由於《賦彙》僅録以賦名篇的作品，不録七體、答難體賦作，致使不少無賦之名而有賦之實的作品如枚乘《七發》、東方朔《答客難》、揚雄《解嘲》等不能登選。

其次，《賦彙》務求全帙，"單辭剩句"皆不棄捐，但在編録中難免會有散金碎玉之遺。如司馬相如有《梨賦》，《文選・魏都賦》劉逵注引其四字；王褒有《甘泉賦》，見載於《藝文類聚》卷六二和《文選注》；劉向有《請雨華山賦》及《雅琴賦》，分别見載於《古文苑》卷二一和《文選注》；馮衍有《楊節賦》，見載於《文選注》和《初學記》；梁竦有《悼騷賦》，見録於《漢書》李賢注；等等；《賦彙》皆未收録。更讓人吃驚的是，孔臧有《諫格虎賦》和《楊柳賦》，見《孔叢子・連叢上》；張紘有《瓌材枕賦》，見《藝文類聚》卷七十和《太平御覽》卷七百七，三賦皆已被明末李鴻《賦苑》收録，陳元龍《歷代賦彙》都遺失不載，實爲憾事。這些疏略未録的賦作很多，爲嚴可均《全上古三代秦漢三國六朝文》、費振剛等《全漢賦》留下了較大的輯佚空間。宋代之後賦缺略尤甚。例如宋歐陽修《歐陽文忠公集》收賦 21 篇，陳氏衹收 15 篇；蘇軾《東坡内外集》有賦 23 篇，陳氏衹收 17

篇;明劉基《誠意伯文集》有賦8篇,陳氏衹收4篇;李夢陽《空同集》有賦35篇,陳氏衹收6篇;何景明《大復集》有賦22篇,另外《山西通志》載其《石樓賦》1篇,陳氏衹收12篇。(詳參馬積高《歷代辭賦研究史料概述》第206頁)明末周履靖有賦615篇,見其所編《賦海補遺》30卷,《歷代賦彙》竟然一篇未收。看來編者並未見到《賦海補遺》一書,故有如此重大疏漏。

第三,書中還有一些誤收、重出或張冠李戴的現象。如嚴忌有《哀時命》,爲楚辭體作品(見劉向所編之《楚辭》),《賦彙》誤收,題爲《哀時命賦》;閔鴻爲由吴入晉的作家,撰有《羽扇賦》《芙蓉賦》和《親蠶賦》,《賦彙》皆誤題作漢閔鴻;隋李播有《周天大象賦》,《賦彙》誤題作漢張衡《天象賦》;晉袁宏有《夜酣賦》和《東征賦》,《賦彙》題爲漢袁宏《夜酣附》,朝代與賦題兩誤;漢張超有《誚青衣賦》,《賦彙》卻題作晉張子並(按:張超字子並);唐王棨有《武關賦》,《賦彙》誤作王啟;宋蘇過有《颶風賦》,《賦彙》誤題作其父蘇軾;元吴萊有《羅浮鳳賦》,《賦彙》誤作歐陽玄;明涂幾有《雞子賦》,《賦彙》誤爲元人;清吴綺有《鬥蟋蟀賦》,《賦彙》誤爲明人。此外,逸句卷歲時類有繁欽《秋思賦》,與外集卷七懷思類繁欽《愁思賦》實爲一篇;逸句卷一都邑類班彪《冀州賦》,與外集卷十行旅類班彪《遊居賦》實爲一篇,皆異名同實,《賦彙》未加詳考,各視爲兩篇而歸入不同的類屬。補遺卷八臨幸類有揚雄《幸河東賦》,與正集卷四八典禮類揚雄《河東賦》亦爲一篇,文字有詳略之異,乃係來源不同所致,但陳氏未能分辨。至於《賦彙》外集卷十五所收唐江采蘋《樓東賦》,實出自宋人小説《梅妃傳》,經查唐玄宗時並無梅妃,其賦亦爲宋人所僞託,陳氏誤收誤題。

第四,《賦彙》輯賦概不注明出處,爲讀者覆核帶來很大困難。如外集卷十行旅類有梁鴻《適吴賦》,正文156字,不注所出。經核查,纔知該賦實即梁鴻《適吴詩》,見載於南朝宋范曄《後漢書》卷一百十三《逸民列傳》。宋鄭樵《通志》卷一百七十七、明馮惟納《古詩紀》卷十三、賀復徵《文章辨體匯選》卷五百二十二、清吴玉搢《别雅》卷二載之,今人逯欽立《先秦漢魏晉南北朝詩》中《漢詩卷五》亦加收録,皆題名爲"詩",未有作"賦"者,此處陳氏妄改題目,不足爲訓。當然,《適吴詩》屬於騷體詩,句式上與賦體相近,但我們在判定其歸屬時,還是應以《後漢書》的原始記載爲據。另外,《賦彙》補遺卷十四收有漢王褒《弔萇弘賦》,正文425字,亦未注所出,經查實爲唐柳宗元作。《柳河東集》卷十九題作《弔萇叔文》,宋李昉《文苑英華》卷一千、朱熹《楚辭後語》、元祝堯《古賦辨體》卷十、賀復徵《文章辨體匯選》卷七百四十五等十部書徵引該文,皆題作《弔萇弘文》。也許因爲曾被《古賦辯體》收録,《賦彙》遂改"文"爲"賦",失其本真;又誤題作者,貽誤後人。後來嚴可均輯《全漢文》《全後漢文》,所有作品均注明所出,便於讀者查驗,當然比《賦彙》更加科學。

總的看來,陳元龍《歷代賦彙》雖有一些失誤,但仍然是我國古代最爲完備的一部賦文學總集。該書輯歷代賦4161篇,遠遠超過以前和同時的各種賦集。清末鴻寶齋主人編輯《賦海大觀》,收賦又多達12000篇,幾乎是《歷代賦彙》的3倍,但編製粗糙,錯誤頻出,令人不能卒讀,因而影響不大。陳元龍將4161篇賦分爲38類加以編録,展示了古代賦創作題材的多樣性,這比此前的各種賦集或文學總集都更加科學、恰當,堪稱是古代賦分類的殿軍之作,至今仍没有哪部書可取而代之。今人費振剛等之《全漢賦》、韓格平等之《全魏晉賦校注》《全元賦校注》、簡宗梧之《全唐賦》,輯賦甚爲完備,但皆按時代先後編録賦作。所以,當代學者在研究古代賦文學的創作題材時,《歷代賦彙》仍是最重要也是最方便的參考著作。

《歷代賦彙》體制龐大,分類細密,内容精確,寫刻完美,學術價值頗高;且當時"皇上召試詞臣,間以是書命題"(錢陳群《賦彙録要箋略序》),文人詞客遂趨之若鶩。但因卷帙繁多,"非有力者不能購,亦非強記者不能讀",於是出現了《賦彙題解》《賦彙録要箋略》《賦彙題注》之類的導讀之作。葉幼明《辭賦通論》稱:"秀水莊仲方又有《賦彙續補》,惜此書未刊行,手抄本存否亦不得知。"(湖南教育出版社1991年版,第159頁。)備考。

【研究】

較早的研究論文是馬積高先生《〈歷代賦彙〉評議》(《學術研究》1990年第1期)、《讀〈歷代賦彙〉明代都邑賦》(《中國文學研究》1999年第1期)。此外尚有蹤凡《〈歷代賦彙〉的漢賦編録與分類》(《天津社會科學》2004年第6期)、葉永勝《陳元龍與〈歷代賦彙〉考述》(《金陵科技學院學報》2004年第4期)、劉偉生《〈歷代賦彙〉賦序指誤》(《株洲師範高等專科學校學報》2007年第6期)、侯倩《〈歷代賦彙〉所見〈全宋文〉失收賦作考》(《圖書情報研究》2019年第1期)等。葉幼明《辭賦通論》、曹明綱《賦學概論》、何新文《中國賦論史稿》、許結《賦學講演録》等書亦有專門介紹。馬積高《歷代辭賦研究史料概述》(中華書局2001年版)和蹤凡《漢賦研究史論》(北京大學出版社2007年版)對《歷代賦彙》有詳細介紹與評論。

學位論文有:韓中惠《〈御定歷代賦彙〉諷喻類賦篇之研究》(臺灣政治大學1984年碩士學位論文)、王京華《〈歷代賦彙〉唐賦文獻研究》(河北師範大學2009年碩士學位論文)、劉偉生《〈歷代賦彙〉賦序研究》(湖南大學2006年碩士學位論文,湘潭大學出版社2016年版)、鄭立新《〈御定歷代賦彙〉曠達類賦篇之研究》(臺灣成功大學2005年碩士學位論文)等。

《歷代賦彙》是一處富礦,許多相關課題有待進一步研究。作爲文獻基礎工作,本書的校點與整理尤爲重要。由中國賦學會會長、南京大學許結教授主編、44位賦學研究者共同點校的《歷代賦彙(校訂本)》已經出版(全12册,鳳凰出版社2018年版),爲研究者提供了極大便利。

《華國編賦選》4 卷存 2 卷,清孫濩孫編

【編者】

孫濩孫(1668—1738),字邃人,號沛村,高郵(今屬江蘇)人。清雍正元年(1723)舉人,官至刑部浙江司主事。(《四庫全書總目·〈檀弓論文〉提要》稱:雍正庚戌進士,官至監察御史。)著有《檀弓論文》《華國編賦選》《是正堂文鈔》等。

【版本】

1. 清雍正十一年(1733)高郵王氏刻本

國圖藏,號:79556。本書1函2册,書衣墨書"華國編唐賦選"6字,比正文所題多一"唐"字。書高25.9釐米,寬16.7釐米。鈐有"鳳池"章。首孫濩孫《華國編賦選序》3葉,署"雍正十一年歲次癸丑",當爲初刻時間;次《華國編賦選凡例十則》凡6葉,署"沛村濩孫再述,男穀、中、釁、喬年仝校";次《華國編唐賦選目録》4葉;次正文。左右雙邊,白口,單、黑魚尾,魚尾上方刻"華國編賦選"5字,魚尾之下刻"卷上"和"唐"字,版心底部刻頁碼。版框高18.9釐米,寬14.2c釐米。半葉9行,行22字,小字雙行同。正文之側刻有圈點,天頭有眉批,賦末有總批。鈐有"國立北平圖書館珍藏"印。

2.《輯刊》第29册影印上圖藏清雍正十一年高郵王氏刻本

【内容】

據孫濩孫《華國編賦選凡例十則》,編者擬編賦選4卷,其中《古賦選》2卷選録先唐賦,以漢魏以上爲上卷,以晉宋以下爲下卷;《唐賦選》2卷專選唐賦,以應制試帖爲上卷,以自出機杼者爲下卷。國圖所藏,僅有《唐賦選》2卷。① 作者以唐賦爲律賦經典,不選宋賦。自序云:"今時應制之作,律賦居多,尤當取法乎唐。宋人文賦,未免矯枉過正,於律不合。"表現出古、律並重,而輕視文賦的賦學觀。

《唐賦選》2卷,選録唐賦60篇,卷之上皆爲應制之作,是唐代律賦,如李程《日五色賦》、王起《庭燎賦》等;卷之下選唐代古賦、小賦,如李白《大獵賦》、杜甫《鵰賦》等。可見編者兼顧賦的不同體制。所選各賦,皆取自《文苑英華》《唐文粹》等書,編者施以圈點、評析,並標明韻腳。如卷之上首篇爲劉允濟《天賦》,首句"臣聞混成發粹,大道含元"句下雙行小字標注"元韻"二字;"臣聞"二字右加圈,眉批云:"二字領取通篇",與之呼應。該賦的眉批還有"天之理""天之

---

① 據《輯刊》影印上圖藏本,此本書名葉鎸:"雍正癸丑新鎸,高郵孫邃人評訂,華國編賦選,本衙藏板、翻刻必究。"雍正癸丑即雍正十一年,與國圖所載爲同一刻本。書名頁左上空白處鈐有"唐賦先刊、古賦嗣刻"8字,故知《古賦選》爲後刻,抑或未刻,亦難知曉。

象”“天之位”“天之運會”“天之功化”“分虛實兩層賦天命,以頌美有唐,乃一篇正意”“以無能名之意總結,頌天即頌聖,又與‘臣聞’二字照應完密”。這些眉批,皆與正文中的連圈、連點、横勒相照應,使讀者豁然心目。賦末又有大段總評:“天之大,從何處賦起?觀開口用‘臣聞’二字,便知其意乃對揚休命也。前幅賦天,層次分晰而語意簡括;後幅乃極鋪張揚厲之致。然所云‘察文明而降祥瑞,載光道德’諸句,已暗爲後半伏脈,真有草蛇灰綫之妙。至於‘人事之理亂昏明’,與‘天命之成敗興亡’相感應處,俱在泛論處並説。及歸功有唐,則專就休祥上敷陳,又得對君之體。巨識宏裁,冠冕今古。”評析賦之脈絡與立意,頗多中肯之處。其對習賦者之指點,亦暗含其中。

《國朝賦楷》6 卷(又名《國朝賦選同聲集》4 卷),清胡浚輯

【編者】

胡浚(1687—1758),字希張,號竹巖,會稽(今浙江紹興)人。清康熙五十九年(1720)舉人。乾隆時舉博學鴻詞科。官洧川知縣,以事落職。精於詩古文,尤工駢體。著有《緑籮山房文集》24 卷,《詩集》33 卷,傳於世。事迹略見杭世駿《詞科掌録》、阮元《兩浙輶軒録》。

【版本】

1. 清乾隆二十三年(1758)杭州敷文書院刻本

此本書名爲《國朝賦選同聲集》,爲初刻本。南圖藏。該書筆者未見,據潘務正等《〈國朝賦楷〉編者及選目考》,可知該本凡 4 卷。書名頁上方有“兩浙竇大宗師鑒定”字樣,鈐有“禮部頒行”朱色大方章。卷首有齊召南於乾隆丁丑(1757)所作之序和胡浚於乾隆戊寅(1758)所作之序 2 篇。半葉 9 行,行 19 字,左右雙邊,白口,單、黑魚尾。版式、字體、選賦篇目皆與下本並無二致。惟卷數有異。該本卷一爲 10 篇,卷二爲 31 篇(下本分爲 2 卷),卷三爲 33 篇(下本分爲 2 卷),卷四爲 29 篇。除了卷一篇數較少,其餘各卷大致均衡。魚尾上方標注“同聲集”,下方標注卷數與“賦選”2 字。① 該書乃是與胡浚《歷朝制帖詩選同聲集》同時刊刻,故皆於魚尾上方刻“同聲集”3 字,魚尾之下分刻“制帖詩選”或“賦選”以别之。據齊序、胡序之撰寫時間,將此本定爲乾隆二十三年戊寅(1758)刻本。

2. 清乾隆三十年(1765)懷德堂刻本

國圖藏,號:93187。本書 1 函 6 册,書高 23.9 釐米,寬 14.9 釐米。書名頁鐫:“乾隆三十年鐫,長洲沈確士鑒定,國朝賦楷(楷書大字),懷德堂梓行。”首胡浚《國朝賦楷叙》3 葉,鈐有“蘭嵎藏書”印;次《國朝賦楷目録》15 葉,賦題之

① 潘務正、桂梟:《〈國朝賦楷〉編者及選目考》,《文獻》2013 年第 6 期。

下有作者，另行以雙行小字注明賦題出處。如卷一《正大光明殿賦》（余楝），下行低一格鐫："《琳琅集》：圓明園四十景，一曰正大光明殿。"以下正文。左右雙邊，白口，單、黑魚尾。版框高17.8釐米，寬12.6釐米。半葉9行，行19字。卷端無題署，首行即爲賦題、作者。版心頂部刻"國朝賦楷"，魚尾之下刻"卷某"和頁碼。正文之旁刻有圈點、旁批。

此本將4卷本《國朝賦選同聲集》釐爲6卷，書名亦改爲《國朝賦楷》，單獨印行。但僅有卷數和書名之異，内容不變：

原書卷一凡10篇，從余楝《正大光明殿賦》到葉觀國《秋狩獲白鹿賦》，此本因之。

原書卷二凡31篇，從齊召南《竹泉春雨賦》到汪由敦《瑞雪賦》。該書分爲2卷，從齊召南《竹泉春雨賦》到竇光鼐《納涼賦》爲卷二，14篇；從沈志祖《九月授衣賦》到汪由敦《瑞雪賦》爲卷三，凡17篇。

原書卷三凡33篇，從韓彦曾《躬耕藉田賦》到邵嗣宗《以樂爲御賦》。該書亦分爲2卷，從韓彦曾《躬耕藉田賦》到饒學曙《三豳吹籥賦》爲卷四，凡19篇；從戈濤《吹竹象鳳鳴賦》到邵嗣宗《以樂爲御賦》爲卷五，凡14篇。

原書卷四凡29篇，從楊嗣璟《青藜照讀賦》到孫漢《損先難而後易賦》，此書改爲第6卷。

如此一改，則前5卷之篇數大致均勻（衹有第6卷篇數較多），比原本更爲協調。

3. 清嘉慶七年（1802）二南堂刻本

國圖藏，號：150830。本書1函4册，内封B面鐫："長洲沈確士鑒定，國朝賦楷，二南堂梓行"，框上刻"嘉慶七年新鐫"6字。版框高16.8釐米，寬12.7釐米。半葉9行，行19字。内容、版式與上本同，不贅。

又一本，南圖藏。據潘務正文，此本前有缺頁，賦序起於"迦陵之綺繡"，序末署"乾隆戊寅春修禊後五日，長洲沈確士題於山莊之酬隱堂"，該館據此題爲沈德潛（字確士）編。經比對，此書所謂沈德潛序與國圖藏《國朝賦楷》之胡浚序文字完全相同，衹是將"竹岩胡浚"改爲"長洲沈確士"而已。今考沈德潛《歸愚文鈔》《歸愚文鈔餘集》皆未録此序，而《沈歸愚自訂年譜》中對此書也無記載。可以斷言，此書本爲胡浚編集，書商假託當時名重位高的翰林院大學士、《古詩源》和三朝詩《别裁集》的編者沈德潛所爲，以促進銷售而已。由"兩浙竇大宗師鑒定"到"長洲沈確士鑒定"再到"長洲沈確士題於山莊之酬隱堂"，正可以看出書商作僞時層層加碼的過程。

4.《輯刊》第29—30册影印國圖藏清乾隆三十年懷德堂刻本

【内容】

《國朝賦楷》凡6卷，共收清代雍正初年至乾隆中期應制賦（迎鑾進呈、詞臣獻賦)與應試賦(翰林院館課、散館、大考等考試)凡103篇。全書大致依題材分類編排。先帝治,收録帝王典禮之賦;次天象、四時,次農桑,次音樂,次文藝,次器物,次鳥獸,次草木。選題偏重莊嚴盛大,風格雍容典雅,頗能反映康熙、雍正朝賦壇風尚。據潘務正研究,本書所收之賦以"國朝儒臣應制館課"(齊召南序)爲主,這在賦題下有所標注。如沈德潛《大狩禮成賦》、葉觀國《秋狩獲白鹿賦》、蔣麟昌《中和節進農書賦》、沈志祖《九月授衣賦》、儲麟趾《九日登高賦》、王錦《十月納禾稼賦》、陳桂州《黄鐘養九德賦》、饒學曙《三豳吹籥賦》、陸秩《砥礪廉隅賦》、江聲《恭觀御刻三希堂石渠寶笈法帖賦》、徐瑋《握金鏡賦》、邵嗣宗《以樂爲御賦》、儲麟趾《黄目上尊賦》、葉觀國《壺中九華賦》、宋弼《鶯囀皇州賦》、邵嗣宗《春蠶作繭賦》、杜若拙《白受采賦》、孫漢《損先難而後易賦》等,皆注明爲館閣賦。有些没有注明,據考亦爲館閣之賦。例如卷三陳大化《斗爲帝車賦》,查法式善《同館賦鈔》卷四,實爲乾隆戊辰科館課之賦;卷五謝墉《清篆賦》,查法式善《同館賦鈔》卷六,實爲乾隆壬辰科館閣之賦;卷六錢維城《鳳鳴朝陽賦》、福明安《木雞賦》,查法式善《同館賦鈔》卷三、卷四,分别爲乾隆乙丑科、乾隆戊辰科館閣之賦。卷一有宋弼《詩禮堂進講賦》,未標注,查法式善《同館賦鈔》卷三,收録王際華乾隆乙丑科同名賦,宋弼亦爲乾隆乙丑科進士,可證爲同時所作。卷六有邵祖節《書三昧賦》,未標注,查法式善《同館賦鈔》卷四,收録乾隆戊辰科汪廷璵同題之作,而邵祖節亦爲此科進士,可證二人之賦皆作於翰林院中。至於書中所收的散館、大考、進呈乃至會課之賦,亦大都在賦題之下明確標注。但通觀全書,還是以館閣之賦居多。本書收録賦家79位,賦作105篇,其中72位皆爲翰林院庶吉士,可見其對翰院詞臣之賦的重視。

書中所收各賦,皆有圈點、旁批。例如首篇爲余棟《正大光明殿賦》,"或望遠於旦暮,或書雲於春秋,或避暑以祈年,或齋祓而燕休"一段右側有圈,刻有"以援引作頌美"六字。賦末總評云:"祗從殿旁四字,抑揚反覆而出,遂爾圓如珠貫,燦若錦攢,在律賦中是爲特剏之格。"卷四官獻瑶《五聲聽政賦》尾評云:"堪爲應制楷模。"既可證明此書乃作者應制之作,亦可證明編者編輯此書,旨在爲文人應試、應制提供一些可供師法的範本。該書不選唐賦,而專選清代賦,尤其是翰林院詞臣之賦。它的編纂説明清代中期的賦壇已經完成了從"尊唐"向"尚時"的轉變。

【研究】

潘務正撰有《〈國朝賦楷〉編者及選目考》(《文獻》2013年第6期)一文,認爲《國朝賦楷》的編者應該是胡浚,而不是大多數學者所認可的沈德潛。作者對該書作僞緣由、選賦情况、賦論意義等進行了考證和研究,提出了一些有價值的觀點。

《國朝律賦偶箋》4 卷,清沈豐岐箋

【作者】

沈豐岐,字大宗,室名易齋,歸安(今浙江湖州)人。生平不詳。

【版本】

1. 清乾隆二十五年(1760)養素齋刻本

陝圖藏,號:X11265。本書1函6册,封面脱落。書高26釐米,寬16.1釐米。首沈豐岐《弁言》2葉(殘1a),次卷一目録2葉,題:"國朝律賦偶箋目,歸安沈豐岐大宗箋,吴浩然涵之、弟升嶠方李參訂。"次正文。四周單邊,白口,單、黑魚尾。版框高18.6釐米,寬13.4釐米。半葉9行,行19字,小字雙行同。版心上端刻"律賦偶箋"4字,魚尾之下刻卷某和頁碼。

2.《輯刊》第31册影印上圖藏清乾隆二十五年養素齋刻本

此本書名葉鎸:"干隆庚辰秋鋟,國朝律賦偶箋,養素齋藏板。"首《弁言》2葉不殘,可補陝圖本之缺。

【内容】

本書是一部較早的清代律賦選集,編成於乾隆年間。卷一選賦21篇,卷二選賦22篇,卷三選25篇,卷四選28篇,凡96篇。始潘耒《璿璣玉衡賦》,迄江聲《蟻穿九曲珠賦》。其中卷二目録署"吴昆閬風、弟師嵋次蘇參訂",卷三署"徐筠竹亭、弟益崍臨川參訂",卷四署"徐德業廣勤、紀湘浦蘭舟參訂",與卷一有異。對於所選各賦,編者皆施以圈點、旁批和尾評。如首篇《璿璣玉衡賦》,"既欹斜而旁紐,亦出入之互經"旁批云:"先賦天象難窺,是前一層。"又,"璣匝布以利轉,衡横設以鈎連"加圈,旁批云:"璣衡剖析分明。"賦末有釋詞18條,詞條大字,注釋雙行小字。最後爲總評:"研覈精確,幾於萬象森羅,雖揚子談玄,洛下握算,無以過之。"該書字大行疏,十分美觀。其評注方式對乾嘉以後的賦集頗有垂範作用。

《律賦衡裁》6 卷(《歷代賦衡裁》),清周嘉猷、周鈐輯,清湯聘評騭

【編者】

周嘉猷(? —1781),字辰告,號兩塍,錢塘(今浙江杭州)人。清乾隆二十二年(1757)進士,歷官青城、益都等縣知縣。權知膠州,卒於任上。著有《兩塍集》《南北史表》《南北史捃華》等。事迹見楊峒《周兩塍先生狀略》。周鈐,生平不詳。評點者湯聘(? —1769),字莘來,號稼堂,浙江諸暨人,乾隆年間官員、學者。因"曾祖輝兹僑寓杭州,遂隸籍仁和",故史志多署籍"仁和"。清雍正乙卯科鄉試舉人,乾隆元年(1736)進士,曾任陝西道監察御史、提督江西學政、西安布政使、湖北巡撫、雲南巡撫等職。著有《稼堂漫存稿》。生平參見《國朝耆獻類

徵》卷一七七、《國史列傳》卷五五。

【版本】

1. 清乾隆二十五年(1760)瀛經堂刻本

國圖藏,號:79545。本書 1 函 2 厚册,書高 24.6 釐米,寬 16 釐米。書名頁上方鎸"太史湯稼堂先生鑒定"9 字,板框内鎸有隸書書名 2 行"歷朝賦衡裁/註釋",書名右側刻小字"仁和周辰吉、生山編次,杭州蔣佩朝考典",左下方刻小字"瀛經堂藏版"。襯頁 B 面以墨筆書寫律賦書名 35 種。首周雷《序》2 葉,次《例言》4 葉,次《律賦衡裁目録》7 葉,以下正文。白口,左右雙邊,單魚尾,無界行。版框高 18.9 釐米,寬 14.3 釐米。半葉 10 行,行 21 字,小字雙行同。卷端題:"律賦衡裁卷一,仁和湯聘評騭,錢塘周嘉猷、鈔蒐輯,仁和湯三省覆審。"卷二、卷四改爲"仁和湯三友覆審",卷五題爲"仁和湯聘論列,錢塘周嘉猷、鈔蒐輯,會稽謝肇澐覆審"。魚尾上方刻書名,下方刻卷次和頁碼。鈐有"北京圖書館藏"印。

2. 清乾隆年間石渠閣刻本

北大藏,號:SB/811.37/7748。本書 1 函 4 册。與上本相比,版式相同,但也有變化:一、封面頁書名改爲楷書,版框上方無"太史湯稼堂先生鑒定"9 字,書名左下方無出版者名稱;二、《例言》開頭多出 5 條,内容較爲簡略,署名"佩朝氏識",乃係蔣鳴珂(字佩朝)所撰;三、目録頁卷端題"加注律賦衡裁目録",賦名之下有詳細題注。

浙江大學圖書館藏本。號:832.4/7748。1 函 4 册,未見。

3. 清乾隆五十三年(1788)世德堂刻本

此本未見。據楊廣嶽《湯稼堂〈律賦衡裁〉與〈雨村賦話・新話〉之文本對比研究》(中國人民大學 2010 年碩士學位論文),此本於 2009—2011 年曾在網上拍賣,獲拍者爲"北辰居士"。據網上書影及介紹文字,可知此書 1 函 4 册,竹紙綫裝,書名頁鎸:"乾隆戊申重鎸,仁和湯稼堂先生評定,律賦衡裁,世德堂藏板。"半框 18.2 釐米 ×14 釐米。半葉 10 行,行 21 字,小字雙行同。本書不含蔣鳴珂新增例言 5 條,内容、版式似與瀛經堂本相同。

4.《輯刊》第 32 册影印國圖藏清乾隆二十五年瀛經堂刻本

【内容】

湯稼堂指導編纂並審定的《律賦衡裁》一書,是清代重要的律賦選本。該書凡 6 卷。卷一"天時"類收賦 17 篇,卷二"地理"類 14 篇,卷三"人事"類 31 篇,卷四"物類"35 篇,以上 4 卷主要選録唐代經典律賦,輔以宋代賦數篇。卷五"别録"選賦 26 篇,乃是梁陳至元代不甚合乎律賦韻律的作品。全書收賦 123 篇,每篇賦都有圈點、旁批和尾評,足資參考。比如卷一賈餗《日月如合璧賦》中,"麗萬室兮瑶臺共美……又如返於虞泉"一段右側加圈;"瑞至德於堯年,契昌期於漢日”兩句右側加點;“是以靈符必集,休祐可包。不縮不盈,自契於三年之閏;無偏無黨,何憂乎十月之交”旁注:“押‘交’字,十分穩愜。”賦末刻有解題和評騭:“《宋書·符瑞志》:‘堯時日月如合璧。’《漢書·律曆志》:‘鄧平太初曆,晦朔弦望最密,日月如合璧,五星如連珠。’篇中兩事雙點,極爲周匝。○《文苑英華》所載律賦,至多者莫如王起,其次則李程、謝觀,大約私試所作而播於行卷者,命題皆冠冕正大。逮乎晚季,好尚新奇,始有《館娃宫》《景陽井》,及《駕經馬嵬坡》《觀燈西涼府》之類,争妍鬥巧,章句益工。而《英華》所收,顧從其略。取捨自有定則,固以雅正爲宗也。元和、長慶以後,工麗密緻而又不詭於大雅,無逾賈相者矣。”這段話不僅評論了賈餗《日月如合璧賦》,而且指出了唐代律賦風格的發展變化,觀點十分精湛。李調元《賦話·新話》卷二對此有兩處徵引,但未注明出處。據楊廣嶽統計,《律賦衡裁》卷一至卷五對各賦之旁批共計126條,李調元《賦話·新話》采録47條;卷一至卷五對各賦之尾評123則,李調元《賦話·新話》采録竟達115則。可見該書對李調元賦話的影響。此外,編者還另起一頁,對於賦中“立圭”“陰魄”“陽精”“懸異象”“榮光”等18個詞語進行詮釋,頗有助於讀者對賦之内容的理解。(該葉與上葉同一頁碼,標爲“又二”。以下各賦亦類此。)

國圖藏本於襯頁B面墨書賦集凡35種,藏書者曾將本書與35種賦集進行校核。例如該書目録卷一有李程《日五色賦》,天頭墨書“律賦彙鈔。考古必要。賦鈔箋略。唐賦英華”,篇名之下空白處又書“唐賦選青、歷朝賦楷”,可知此6種賦集亦曾選録《日五色賦》,從中可以看出該賦在當時廣受歡迎的情況。有些賦名上方還有加圈的“李”字“潘”字,不詳所指。

本書卷首“例言”8則和卷六“餘論”48則爲湯聘所撰,是清代學者頻頻引録的律賦批評文字。考察湯氏《律賦衡裁》的理論貢獻,首先在於他選擇前人較少正面論述的律賦這一重要賦體,概述了律賦從梁陳駢賦演變而來、至唐宋而盛、元明衰微、清代又大盛的發展軌迹,體現了較爲清晰而完整的律賦史觀;其次,湯氏對歷代著名律賦作家作品進行了系統研究和全面評點,尤其注重對唐代經典律賦的研究,其律賦尊唐的觀念成爲當時和後世律賦創作和研究領域的基本觀點;再次,注重對律賦藝術風格和創作技法的探尋,對律賦的結構佈局、破題、押韻、對偶、詞法、句法等皆有論述,觀點十分精湛,這既是對賦史、賦藝、賦法的全面總結,也體現了指導律賦創作的用心。至於其在《餘論》中集中論賦,又開清代賦話之先聲。

《律賦衡裁》之例言、旁批、尾評、餘論皆對清代賦學影響甚巨。李調元《賦話·新話》大量采用書中論述(其中《餘論》部分被全部采用),形成自己的理論體系,進而對現當代賦學研究有深遠影響。在清代,顧蒓《律賦必以集》、潘遵祁《唐律賦鈔》、潘世恩《律賦正宗》、程祥棟《東湖草堂賦鈔》、楊泗孫《唐律賦鈔》

等皆曾大量徵引該書的内容,可見其在乾隆至光緒一百餘年間傳播十分廣泛。但在20世紀,賦學研究十分寥落,治賦者大都將湯稼堂遺忘,而誤將李調元《賦話》視爲清代賦學的傑出代表,長期徵引不衰。直至2004年,詹杭倫先生纔揭示李調元《雨村賦話·新話》曾對《律賦衡裁》大量抄襲的真相,認爲"《雨村賦話·新話》一至六卷共計215條,衹有區區20餘條可能由李調元自撰,其餘全都采録自《律賦衡裁》!"此後,楊廣嶽的碩士論文又對二書進行了更爲詳細、全面的比較。至此,《律賦衡裁》的賦論價值又重新得到學術界的關注和重視。

【研究】

目前對其進行研究的成果主要有許結《湯稼堂〈律賦衡裁〉與清代律賦學考述》(《浙江學刊》2003年第6期)、詹杭倫《李調元〈雨村賦話〉對湯聘〈律賦衡裁〉的沿襲與創新》(臺灣中山大學《清代學術研討會論文集》,2004年)、孫福軒《清代賦學研究》(浙江大學出版社2008年版)、楊廣嶽《湯稼堂〈律賦衡裁〉與〈雨村賦話·新話〉之文本對比研究》(中國人民大學2010年碩士學位論文)、何新文等《中國賦論史》(人民出版社2012年版)。

《四賦體裁箋註》12卷,清盧文弨重輯,清何秀毓、王鴻緒箋註

【編者】

盧文弨(1717—1795),字召弓,一作紹弓,號磯漁,又號檠齋、抱經,晚年更號弓父,人稱抱經先生,原籍餘姚,遷居仁和(今浙江杭州)。清乾隆十七年(1752)一甲三名進士(探花),授翰林院編修、上書房行走。歷官左春坊左允、翰林院侍讀學士、廣東鄉試正考官、提督湖南學政等職。乾隆三十四年(1769)乞養歸里。曾主講江浙地區崇文、鐘山、龍城等書院20餘年,以經術導士。藏書萬卷,擅長校勘。著有《抱經堂文集》《儀禮注疏詳校》《鐘山劄記》《廣雅注》《龍城劄記》等。事迹見《清史稿》卷四八一、《清史列傳》卷六八。注釋者何秀毓,字芝田,上元(今南京市江寧區)人;王鴻緒,字五峰,金谿(今屬江西省撫州市)人。二人皆爲盧文弨弟子。

【版本】

1. 清乾隆間衣德堂刻本

南圖藏,號:GJ/7498。本書凡6册,書高25.8釐米,寬16.1釐米。内封B面鎸:"太史盧抱經先生鑒定(上欄),四賦體裁箋註。"並印有朱色文字"類分古賦、排賦、文賦、律賦,衣德堂發兑"。交代主要内容和出版機構。首曹秀先《叙》3葉;次何秀毓序4葉;次《目録》7葉,卷端題:"四賦體裁箋註目録,餘姚盧抱經先生重輯,受業上元何秀毓芝田、金谿王鴻緒五峰箋註,後學新建曹鏞臮汀參校。"以下正文。四周單邊,白口,單、黑魚尾。半葉10行,行22字,小字雙行同。版框高19.1釐米,寬13.3釐米。卷端題署與《目録》同。版心頂部刻書名

“四賦體裁箋註”6字，魚尾之下刻“卷一，古賦”和頁碼。

2.《輯刊》第33册影印首圖藏清乾隆間衣德堂刻本

【内容】

明人徐師曾（伯魯）編有《文體明辨》一書，（今按：曹秀先叙誤作《文章辨體》，《辨體》爲明人吴訥所編。）將歷代賦分爲古、排、律、文四體，影響甚巨。清代初年，大庾戴侍郎曾以徐書爲據，增入清代律賦數十篇而付梓，傳播藝林。（曹秀先《叙》）但此書詳於源流之辨，不含語詞訓詁，讀者苦其難讀。因此，大學士盧文弨乃對戴氏書略加增損，又命其門下士何秀毓、王鴻緒加以箋註，名爲《四賦體裁箋註》，以方便初學者研讀。

本書嚴格遵照徐師曾的“賦分四體”的理論，將歷代賦分爲古賦、排賦、文賦、律賦四種體裁，分别加以編選。其中“古賦”體選賦31篇（《兩都賦》并序計2篇），始漢司馬相如《長門賦》，迄清程隆基《掛劍臺賦》；“排賦”（俳賦、駢賦）體選賦11篇，起晉陸機《文賦》，迄清詹鍾玉《秋懷賦》；“文賦”體選賦7篇，始漢揚雄《長揚賦》，迄清尤侗《蘇臺覽古賦》；“律賦”體選賦46篇，始唐李程《日五色賦》，迄清王鴻緒《上德不德下德不失德賦》。全書共選歷代賦95篇，而律賦略占其半，尤可見出乾隆年間重視律賦的風氣。

四體之首，皆有總論，大都徵引徐師曾語，概述本體之性質特點。所選各賦，皆有句讀、夾注，夾注以注音、辨字、揭示異文爲主，極爲簡明。例如卷一《長門賦》（司馬相如），“奉黄金百斤”句“黄”字下注：“一無黄字。”又“復得幸”句“得”下注：“一有親字。”此係校勘。“夫何一佳人兮”句“佳人”下注：“謂后。”又“飲食樂而忘人”句“人”下注：“后自謂。”這是簡注。此外，“天飄飄而疾風”下注：“叶方愔反。”“象積石之將將”下注：“鏘。”這是注音。賦後有集評，匯集徐伯魯、張伯起、何焯三家評論。又有題解和釋詞，大都以揭示語典出處爲主。如“佳人”條注：“《楚詞》：聞佳人兮召予。”“玉音”條注：“《詩》：無金玉爾音。”詞條大字，注釋爲雙行小字。

《宋金元明賦選》八卷，清汪憲編

【編者】

汪憲（1721—1771），字千陂（一作千波），號魚亭，錢塘（今浙江杭州）人。先世居上江黟縣雷岡（今安徽省黄山市），七世祖遷至杭州錢塘。清乾隆十年（1745）進士，官刑部尚書，遷陝西司員外郎。秉性淳厚，恪守孝道，在任僅一年，便以父母年邁爲由，乞養歸里，從此更無出山之意。家境殷實，多救助鄉鄰。其父朝議公遘疾，憲侍疾過勞，及疾革，哭踊過毁，逾期不變制。次年，其母施太恭人病危，憲悸甚，多方療治，病少痊，而憲遂嬰疾不起。三十六年（1771）八月卒，年僅五十一。憲博雅好古，尤長於經，收藏大量書籍，築“振綺堂”以存之，爲乾隆年間著名藏書樓之一。著有《振綺堂詩存》1 卷及《苔譜》6 卷、《易説存悔》2 卷、《説文繫傳考異》4 卷。事迹見《清史列傳》卷七二、丁申《武林藏書録》卷下《振綺堂》、《振綺堂詩存》序跋。

【版本】

1. 清乾隆間抄本

國圖善本部藏,號:12043(膠卷)。原書凡 8 册。内封 B 面有王鴻朗墨筆題跋數行,鈐有"笈甫""鴻朗私印"章。首卷一目録,卷端頂格題"宋賦一",第二行以下列賦家名,每行 4 人,鈐有"汪魚亭藏閲書""贊盦""振綺堂兵燹後收藏書""王笈甫圖書記""北京圖書館藏"諸印。下爲卷一正文,以固定紙型抄寫。卷端無題署,第一行即爲賦題和作者。左右雙邊,白口,單黑魚尾,版心無字。半葉 11 行,行 26 字。鈐有"汪魚亭藏閲書""王笈甫圖書記"二印。

2.《輯刊》第 34—36 册影印國圖藏清乾隆間抄本

【内容】

《宋金元明賦選》是一本選集,共兩册八卷,其中宋賦四卷,金元合爲一卷,明賦三卷。本書上起宋代徐鉉,下迄明代夏完淳,共輯録了宋金元明四朝 260 位賦作家的 523 篇賦作。是書每卷之首均有本卷所收作家之目録,比較方便檢索。具體分配如下:

朝代	卷數	内容	作家人數	收賦篇數	總計
宋代	第一卷	宋賦一	58 人	84 篇	共 110 人,319 篇
	第二卷	宋賦二	8 人	124 篇	
	第三卷	宋賦三	11 人	17 篇	
	第四卷	宋賦四	33 人	94 篇	
金代	第五卷	金賦	2 人	4 篇	共 2 人,4 篇
元代		元賦	41 人	64 篇	共 41 人,64 篇
明代	第六卷	明賦一	37 人	48 篇	共 107 人,136 篇
	第七卷	明賦二	54 人	66 篇	
	第八卷	明賦三	16 人	22 篇	

需要説明的是,國家圖書館的縮微製品《宋金元明賦選》一書,在卷二的目録中出現了王禹偁、秦觀、張耒、李綱五人的名字且在其上畫圈,但本卷正文未見此五人之作,其中王禹偁的作品收録在卷四,其餘四人之作未見。到底是原書有目有文,但正文在傳抄中散失;還是原書就有目無文,抄寫者特地在目録中

人名上加以標記,皆已難明。此表格的統計嚴格以正文爲據,上述 5 人中,王禹偁歸入宋賦四,其餘四人不計。

從上表統計不難看出,本書雖然係宋金元明四朝賦的選集,但朝代之間並不均衡,其中宋賦與明賦所占比重較大,人數上佔了整部書作家總數的 83% 多,篇數上佔據了整部書作品的近 87% 。

從賦的體裁選取上看,本書古、律兼收,體現了比較開明的收賦理念。對《宋金元明賦選》與清代的其他賦集做對比研究,得知本書所收篇目除去《憫獨賦》(宋賦一宋祁)、《石室賦》(宋賦一狄尊度)、《蠹書蟲賦》(宋賦一魯幼度)、《續杞菊賦》(宋賦一張栻)、《戒河豚賦》(宋賦四陳傅良)、《離憂賦》(宋賦四劉敞)、《黃樓賦》(宋賦四秦觀)、《燔薪賦》(宋賦四張耒)這 8 篇賦作,其他各篇在《歷代賦彙》中均有收録,它與《歷代賦彙》之間的關係可見一斑。但由於它的編撰在人物與物力上遠遠不及《歷代賦彙》,所以此書在篇目的選取、編排等方面存在一些疏漏。

【研究】

蹤凡撰有《〈宋金元明賦選〉王鴻朗跋語考辨》(《文獻》2014 年第 6 期)。郝豔娜的碩士論文《汪憲及〈宋金元明賦選〉考證》(首都師範大學 2010 年碩士學位論文)亦可參考。

《古今賦略》不分卷續編補編不分卷,清沈業富編

【編者】

沈業富(1732—1807),字既堂,號方穀(一説字方穀,號既堂),高郵州(今江蘇揚州)人。清乾隆十八年(1753)中舉,次年中進士。官翰林院編修,因公正清廉、不徇私情,而與張曾敞、翁方綱、朱筠一起被稱爲"四金剛"。曾任江西、山西鄉試副考官。出任安徽太平府知府、河東鹽運使。工行書。著有《味燈書屋詩集》。事迹略見《清史列傳》卷七二、阮元《揅經室集二集》卷五《翰林編修河東鹽運使司沈公既堂墓誌銘》。

【版本】

1. 清乾隆四十八年(1783)書院刻本

南圖藏,號:GJ/807778。本書凡 2 册,書高 26. 8 釐米,寬 15. 4 釐米。書簽上印有"古今賦略(上卷)"字樣。内封 B 面鎸:"乾隆癸卯鎸,古今賦略,書院藏板。"首沈業富序 2 葉;次目録 7 葉,卷端題:"古今賦略目録,珠湖沈業富既堂手定,受業魯芳參校。"次正文。四周單邊,白口,無魚尾。半葉 9 行,行 25 字,小字雙行同。版框高 19. 5 釐米,寬 11. 8 釐米。卷端題"古今賦略"4 字。版心頂部刻書名,底部刻頁碼。本書紙白墨潤,刻工精良。有朱筆圈點。鈐有"南京圖書館藏"印。

2.《輯刊》第37册影印南圖藏清乾隆四十八年刻本

【内容】

據沈業富自序,該書之編纂,當沈氏任河東轉運使時。其緣起是:劉存子按解州(今屬山西),告訴沈氏皇帝將駕幸,"五臺多士,例得獻賦",勸沈氏教導當地士子,提前做好準備。沈氏先重鎸秦端崖《詩韻辨字》,接着"略復檢向時篋中藏本,益以同館諸先生先後名作,屬當塗魯生芳持擇付梓"。所選之賦,上起晉陸機《文賦》,下迄國朝(清代)張時風《小春賦》,凡70篇,不分卷;書後又有《補編》,選清賦10篇;又有《續編》,選清賦7篇。合在一處,全書共選歷代賦87篇。其中六朝至明代賦34篇,皆以小賦、律賦爲主,不選宏篇巨製;而清代賦53篇,居其大半,大抵爲"同館諸先生"即翰林院庶吉士的作品,質量較高,堪引導賦壇潮流。選賦最多者,乃是北周庾信(4篇)、宋田錫(4篇)、清鄒一桂(3篇)、齊召南(3篇)、項家達(3篇)諸人,可以看出編者對聲律的重視。但該書僅選唐賦16篇(古律各半),這與一般清代賦選重視唐律的情况有所不同。

所選各賦,皆有句讀、圈點,但没有眉批、旁批和尾評。如首篇爲陸機《文賦》,"聊宣之乎斯文"下加截畫,"傾群言之瀝液,漱六藝之芳潤"一段加連圈,等等,既梳理脈絡,又提示佳句。

《本朝館閣賦前集》12卷,清葉抱崧、程琰等編

【編者】

葉抱崧,字方宣,號書農,别署壺嶺山人,江蘇南匯(今屬上海)人。諸生。乾隆三十年(1765)南巡,召試二等,無何病卒。曾師從阮澄園(學濬)。撰有《説叩》《葉抱崧詩選》。

程琰,字奂若,長洲(今江蘇蘇州)人。曾師從淮南阮太史澂園(學濬)先生(據本書齊召南序)和阮薑邨先生(《本朝同館賦後集》程琰序),與南匯葉方宣"俱工詞賦"(阮學濬序)。

程洵,字邵泉,安東(今江蘇漣水)人。

阮芝生(1734—?),字秀儲,號紫坪,山陽(今江蘇省淮安市淮安區)人。事迹略見《清代官員檔案履歷全編》卷一九。

朱邦楷,字獻葵,長洲(今江蘇蘇州)人。

鄭邦柱,字孝儀,桐鄉(今屬浙江省嘉興市)人。

楊增,字益能,山陽(今江蘇省淮安市淮安區)人。

王陸禔,字介祉,昭文(今江蘇省常熟市)人。

貝模,字聖陶,吴縣(今江蘇省蘇州市吴中區、相城區)人。

諸葛誥,字鳳銜,蘭溪(今屬浙江省)人。

貝琪,字憲揆,吴縣(今江蘇省蘇州市吴中區、相城區)人。

常循,字箴傅,山陽(今江蘇省淮安市淮安區)人。

吴省蘭,字泉之,南匯(今上海市浦東新區)人。

潘元振,吴縣(今江蘇省蘇州市吴中區、相城區)人。

蔣涵海,字致渠,元和(今蘇州市吴中區、昆山縣)人。

金琛,字儒珍,長洲(今江蘇蘇州)人。

高焯,字穎章,山陽(今江蘇省淮安市淮安區)人。

劉希摯,字玉田,山陽(今江蘇省淮安市淮安區)人。

劉體義,字正萬,山陽(今江蘇省淮安市淮安區)人。

鑒定者齊召南(1703—1768),字次風,號瓊臺,晚號息園,天台(今屬浙江)人。清雍正十一年(1733)舉博學鴻詞,以副榜貢生被薦。乾隆元年(1736)召試於保和殿,欽定二等第八名,爲翰林院庶吉士,授檢討。次年參修《大清一統志》。乾隆十二年(1747)充《續文獻通考》副總裁。著有《寶綸堂集古録》《寶綸堂文鈔詩鈔》《齊太史移居集》《瓊臺集》《歷代帝王年表》《後漢公卿表》等。另有《水道提綱》28 卷,是古代地理學名著。生平見《清史稿》卷三〇五、《清史列傳》卷七三。

鑒定者阮薀邨,山陽(今江蘇省淮安市淮安區)人。生平不詳。

【版本】

1. 清乾隆二十九年(1764)困學齋刻本

南圖藏,號:GJ/15436。本書與《本朝館閣賦後集》合刊,凡 10 册。書高 25.9 釐米,寬 16.6 釐米。内封 B 面鎸:"乾隆甲申冬新鎸,天台齊息園、山陽阮薀邨兩先生鑒定,本朝館閣賦(楷書大字),南匯葉方宣、長洲程奂若仝編　困學齋藏版。"首齊召南序 2 葉;次阮學濬序 3 葉;次葉抱崧序 3 葉;次程洵序 3 葉;次朱邦楷序 3 葉;次《凡例》5 條凡 2 葉;次卷一目録 2 葉,卷端題:"本朝館閣賦前集卷一目録,天台齊息園、山陽阮薀邨兩先生鑒定,山陽阮芝生紫坪、安陽程洵邵泉、南匯葉抱崧方宣編録。"以下正文。左右雙邊,黑口,單、黑魚尾。半葉 10 行,行 21 字,小字雙行同。版框高 15.7 釐米,寬 11.7 釐米。版心中部刻"本朝館閣賦卷某"和頁碼。鈐有"瑞軒"印。

2.《輯刊》第 37—39 册影印天圖藏清乾隆二十九年困學齋刻本

【内容】

《本朝館閣賦》是清代現存最早的一部專門編選館閣賦的總集,比法式善《同館賦鈔》(嘉慶元年刻本,1796)還要早 32 年。編者葉抱崧自序云:"往者淮南兩阮太史有館閣詩之選,導忠愛之情,明温柔敦厚之指,以溯詩教之本原,而顯國家文治之盛。天下既誦習焉,而愜於心,而嗜古者猶以未得賦選爲歉。于是裴園先生令子紫坪偕程君奂若復從事於兹,澂園先生辱委崧以參校之役。"其中"淮南兩阮太史"指的是翰林學士阮學浩(裴園)、阮學濬(澂園)兄弟,他們曾經編選《本朝館閣詩》20卷,風行天下。由於科舉試賦之需,士人呼喚《館閣賦》之編纂,於是阮學濬讓其弟子葉抱崧、程琰和侄子阮芝生共同編纂此書。據各卷目録所題,參與編選者多達19人。其中浙江籍2人,河南籍1人,上海籍2人,其餘14人皆爲江蘇人。但在清代,南匯亦屬於江蘇省,故江蘇籍編者多達16人,主要分佈在山陽(今江蘇省淮安市淮安區)、南匯(今上海市浦東新區)和蘇州三地。編者大都没有功名,而是翰林學士阮學浩、阮學濬的弟子、子侄、同鄉和友人,在阮氏兄弟的指導下編成此書。這與法式善之後皆由翰林學士(甚至是狀元)領銜編纂的情況大不相同。

本書的編選體例,主要參考阮學浩、阮學濬《本朝館閣詩》和鍾岱峰的《同館賦選》,對後者吸納尤多。程洵序云:"往者鍾岱峰先輩有《同館賦選》,搜羅頗富。廼約同學二三君子,因鍾氏舊本而參訂焉;更益以壬戌後諸名家,得十二卷,爲賦如干篇。"《凡例》又云:"長興鍾岱峰先生有《同館課藝》四集,自順治丙戌至乾隆壬戌而止,蒐羅極富,體格悉備。兹集義例稍嚴,指歸有定,故止録其十之三四,要以薈其菁英,傾其瀝液矣。"可知書中所收,爲順治三年丙戌(1646)至乾隆七年(壬戌,1742)近百年間的館閣賦,大都以鍾岱峰《同館賦選》爲據,選其十之三四删定而成。所增補的作品,大都産生於乾隆七年至乾隆二十九年(1764)的23年間。不難看出,該書對館閣賦並非全部收録,而是有所選擇。其編選原則,正如《凡例》云:"海昌陳文簡公奉敕編纂《賦彙》,自漢迄明,篇帙極盛,而唐賦居其半,蓋爲操觚家立之範。兹選竊稟斯意,以定取捨,所録賦皆文質相宜,穠纖合度者。其有儲材繁富,稍垂雅飭之音,標韻鮮新,未協導揚之體,難以遵循,概從割愛。"認爲陳元龍《歷代賦彙》編録唐代律賦尤多,旨在爲作賦者提供範本;本集所選,亦仿照《歷代賦彙》,以"文質相宜,穠纖合度"爲準則,違背頌揚精神的一概不録。編選範圍,亦不限於館閣創作,《凡例》又云:"自鴻詞應試之篇,南巡召試之作,以及侍從之賡颺,館閣之課誦,人握隋珠,家懷和璧,洋洋乎成大觀矣。顧以集隘,未能備録,凡一題數篇者,衹采其尤者二三首,以示軌範。"取徑較廣,選録從嚴,這也與法式善之後專録館閣之賦,不加選擇簡汰的宗旨頗不相同。

本書選録清代順治、康熙、乾隆三朝之賦252篇,釐爲12卷,始施閏章《南郊賦》,迄祥慶《鶯囀皇州賦》。大致按照科次先後排列,同一賦家的作品則集中編排。對於所選各賦,皆施以圈點、評論。如卷一《南郊賦》(施閏章),"偉哉父天而母地"一段有連圈,"因祈穀於來歲"下有截畫;賦末總評云:"玉版金鏤之寔,丹文緑牒之華,唐哉皇哉,宏我漢京,其在斯乎!"又如卷三《瀛臺賦》(潘耒)賦末總評:"浸潤六籍,貫穿百家,標文峰之晴翠,揚墨海之春濤。故應方駕淵雲,齊驅班張。"大都是溢美之辭。

《本朝館閣賦後集》7卷補遺1卷附録1卷,清周日漣、程琰等編

【編者】

周日漣,字漪塘,錢塘(今浙江杭州)人。生平不詳。

程琰,字奂若,長洲(今江蘇蘇州)人。生平參見上條。

潘元振,字聲谷,吴縣(今蘇州市吴中區)人。

王鳴韶,字鶴溪,嘉定(今上海市嘉定區)人。

金琛,字儒珍,長洲(今江蘇省蘇州市)人。

費奎勛,字尚莘,震澤(今蘇州市吴江區)人。

薛鼎銘,字貫中,吴縣(今蘇州市吴中區)人。

鑒定者彭芝庭,即彭啟豐(1701—1784),字翰文,號芝庭,别署香山老人,長洲(今江蘇蘇州)人。清雍正五年(1727)狀元,授修撰,官至兵部尚書。著有《芝庭詩文集》。事迹見《清史稿》卷三〇四、《清史列傳》卷一九。阮薀邨,山陽(今江蘇淮安)人,生平不詳。

【版本】

1. 清乾隆三十三年(1768)困學齋刻本

南圖藏,號:GJ/15436。本書與《本朝館閣賦前集》合刊,凡10册。書高25.9釐米,寬16.6釐米。左右雙邊,黑口,單、黑魚尾。半葉10行,行21字,小字雙行同。版框高15.7釐米,寬11.7釐米。版心中部刻"本朝館閣賦卷某"和頁碼。

2.《輯刊》第40—41册影印天圖藏清乾隆三十三年困學齋刻本

【内容】

清乾隆二十九年甲申(1764),葉抱崧(方宣)、程琰(奂若)等編成《本朝館閣賦》12卷,由困學齋梓行。此後,葉抱崧又"蒐輯時賢試帖塾課佳作",可惜没有完成,就抱憾離世。書稿庋閣數年,程琰與周日漣踵而成之。《本朝館閣賦後集》程琰序與周日漣序皆作於乾隆三十三年戊子(1768),故將該書之刻印時間定爲此年。需要説明的是,由於《後集》與《前集》合在一處裝函,故國家圖書館、南圖、北大、蘇大、華師大、港中大圖書館皆以《前集》編刻信息爲依據,將《後集》也定爲乾隆二十九年(1764)刻本,這是錯誤的。

至於本書的取材範圍,阮學濬序稱"葉君方宣復蒐輯時賢試帖塾課佳作",程琰序也説:"邇來人文蔚起,日異月新,名公卿手筆,不專一體,無美不備。爰即郵筒所寄,續編如左。至若試帖塾課之作,諸賢雖隔玉堂,而凫藻之忱則一,異日鵷鴻得路,趨步青雲,取則不遠耳。"可知《後集》的編選,比《前集》更爲寬泛,既不局限於館閣之賦,將"時賢試帖塾課佳作"(歲試、科試和日常學院考課之優秀賦作)也納入其中,同時又"不專一體",選録一些律賦之外的篇什。全書凡7卷,編選賦壇佳作145篇。書末又有《補遺》1卷,收賦7篇;《附録》1卷,收

賦10篇。則該書共收賦162篇。

《律賦清華》不分卷，清吴錫麒評輯

【編者】

吴錫麒（1746—1818），字聖徵，號穀人，錢塘（今浙江杭州）人。清乾隆四十年（1775）進士，選翰林院庶吉士，授編修，入直上書房。嘉慶六年（1801）官至國子監祭酒。工書法，善行、楷。擅寫詩詞，精於駢文，與邵齊燾、洪亮吉、劉星煒、袁枚、孫星衍、孔廣森、曾燠合稱"駢文八大家"。晚年於揚州安定書院講學至終。著有《有正味齋集》73卷、《有正味齋文續集》《有正味齋尺牘》《有正味齋曲》《有正味齋南北曲》等。傳見《清史稿》卷四八五、《清史列傳》卷七二、《（民國）杭州府志》卷一四六。

【版本】

1. 清嘉慶二十二年（1817）一經堂刻本

國圖藏，號：150203。本書凡4册，書高16.9釐米。木板串裝。内封B面鎸："嘉慶丁丑新鎸，錢塘吴錫麒評輯，律賦清華，一經堂藏板。"首吴錫麒《律賦清華叙》2葉，鈐有"真州吴氏有福讀書堂藏書"章；次《賦譜》5葉；次《律賦清華目録》5葉，卷端題："律賦清華目録，錢塘吴錫麒聖徵氏評輯。"次《虚字韻典》10葉，卷端題："虚字韻典，錫山侯鳳苞心齋輯，小門人華文杏簪一校"；次正文。四周單邊，白口，單、黑魚尾。魚尾上方刻"律賦清華"4字，下方刻頁碼。版框高13.1釐米，寬8.9釐米。半葉9行，行25字，小字雙行同。無界行。正文凡192葉。鈐有"北京圖書館藏"印。

2.《輯刊》第41册影印國圖藏清嘉慶二十二年一經堂刻本

【内容】

本書所收，皆爲"近日科、歲試超等及儒童入泮之作，韻語工穩、辭藻清新者"，因而具有鮮明的"當代性"，既"新穎"又"時尚"，反映了嘉慶年間律賦創作的面貌與水平。經查檢，共收賦82篇，首徐兆庠《韓蘄王湖上騎驢賦》，終顧元熙《吴季子掛劍賦》。所選各賦，皆有解題、批點、總評和註釋。如卷一首篇徐兆庠《韓蘄王湖上騎驢賦》，解題爲雙行小字，徵引《宋史·韓世忠傳》以揭示典故出處。首句"渡神泥馬，都建金牛。劃地書册，格天起樓"右側加圈，旁批："黯然神喪。"賦末總批："商音更流涕，羽奏壯士驚。縟采英思極，才人之能事。"略顯空洞。最後是"註釋"，對"蹇驢""尾秃""風雪灞橋"等5個詞語進行詮釋，詞條大字，註釋雙行小字。第2篇爲孫克佐《吐鳳賦》，以"雄文好爲沉博絶麗"爲韻，先有雙行小字題注，低4格刻之："《前漢書》：楊雄，字子雲。孝成帝時有薦雄文似相如者。上方郊祠甘泉泰畤汾陰后土，民求繼嗣，雄待詔承明之庭。正月，從上甘泉，還奏《甘泉賦》。賦成，夢吐白鳳。"又《西京雜記》："楊雄著太玄，夢吐白鳳。"這里交代了賦題出處,頗爲明晰。但今本《漢書·揚雄傳》並無揚雄作《甘泉》而夢吐白鳳事,疑爲俗本或誤記。賦内有旁批、圈點。如"賦奏凌雲,早播聲於石渠金馬"右側旁批:"原題無一泛語";"藻耀高翔,原是鳳鸞之匹;奇徵幻迹,遂來夢寐之中"右側有圈,旁批:"題照,透合"。賦末總批云:"氣清詞切,華寔相扶。説子雲處不作文人泛語,尤爲有識。"又有"註釋"5 條,詞條大字,釋語雙行小字。

《賦海類編》20 卷存 14 卷,清關槐編

【編者】

關槐(1749—1806),字柱生,又字晉卿、晉軒,號雲岩,又號曙笙、青城山人,仁和(今浙江杭州)人。清乾隆四十五年(1780)進士,授翰林院編修,官至禮部侍郎、内閣學士。嘉慶二年(1797)乞歸。富藏書,工書畫。著有《青城山人集》《事物異名録》,傳世畫作有《群峰積玉圖》《上塞錦林圖》等。傳見《詞林輯略》卷四、《國朝書畫家筆録》卷二等。參見沈學厚等《青城山人年譜》。

【版本】

1. 清乾隆嘉慶間朱絲欄抄本(20 卷存 14 卷)

上圖藏,號:綫善 849092 – 101。本書凡 10 册。卷首有金三俊《賦海類編序》1 葉,鈐有"愚齋圖書館藏"篆文大方印,以及"武陵人""戴熙""醇士""墨緣""上海圖書館藏"等篆文小印;次《賦海類編目録》3 葉;以下正文。朱絲欄,四周雙邊,白口,單魚尾。半葉 8 行,行 22 字。卷端題:"賦海類編卷一,仁和關槐纂輯。"鈐有"半窗明月""瘦碧閣所得金石書畫記""讀書談道""丁丑翰林""吴郁生印""古吴徐鼎""慶三手作"等印,可知曾經爲戴熙、盛宣懷、吴郁生、徐鼎等人收藏。

2. 清乾隆嘉慶間朱絲欄抄本(4 卷)

美國哈佛大學圖書館藏,典藏號:5240/RAREB/T。本書殘存 4 卷,裝訂爲 2 册。半葉 8 行,行 22 字,朱絲欄。孫福軒稱:該書"分蟲部二卷,城闕部一卷,橋樑部一卷。'玄'字已諱,'寧'字未諱。"①道光皇帝名爲旻寧,可知該書抄寫於道光繼位之前,亦爲乾隆嘉慶間抄本。又,所抄三部(蟲、城闕、橋樑)皆爲上圖本所無,恰好可以互補。

3. 清抄本(不分卷)

臺灣"國家圖書館"、臺灣"中央研究院"圖書館藏。孫福軒稱:臺灣圖書館藏本與上圖藏本同,分爲 12 册。有"廉生過目"朱文方印、"世臣私印"白文方印、"包氏慎伯"朱文方印、"射子"朱文長方印等。

---

① 孫福軒:《清代稀見大型賦集叙録》,《遼東學院學報》(社會科學版)2018 年第 3 期。

4.《輯刊》第64—65册影印上圖藏清乾隆嘉慶間抄本

【内容】

本書卷首有金三俊《賦海類編序》,署"乾隆壬子孟秋月",即乾隆五十七年(1792),蓋爲該書編纂完成時間。金序稱"分爲十二卷",而上圖藏本作二十卷,已非原本之舊。據上圖本目次,本書收録歷代賦431篇,按其内容分爲14部。其中律歷部(含天文、歲時)12篇,地土部23篇,山部24篇,河部30篇,室宇部39篇,遊覽部84篇,紀行部35篇,草部10篇,竹部31篇,木部42篇,禽部33篇,獸部30篇,雜伎部31篇,仙釋部7篇,可惜此本殘去卷四河部、卷九遊覽部、卷十紀行部、卷十八卷十九雜伎部、卷二十仙釋部。所收賦作,以唐宋元明四朝賦爲主,間采兩漢魏晉,不收清代。例如卷三山部,選録唐賦2篇,金1篇,元7篇,明14篇。重視對元代賦的編選,尤爲可貴。各賦皆無句讀、評注,所選律賦也不標限韻,顯然有點粗疏。

《賦鈔箋略》15卷,清王鏗輯,清雷琳、張杏濱箋注

【編者】

王鏗,字冶堂,華亭(今屬上海市)人。清乾隆間孝廉,主要以教授爲業。編有《賦鈔箋略》15卷等。

箋注者雷琳,字曉峰;張杏濱,字香圃,皆爲雲間(今屬上海市)人。生平不詳,二人同爲王鏗的門徒。有學者以爲係沈德潛弟子,誤。

【版本】

1.清乾隆三十一年(1766)刻本

北大藏,號:LSB/6201。一函八册,書高26釐米,寬15.9釐米。内封B面鎸:"長洲沈歸愚先生鑒定,賦鈔箋略,丙戌秋鎸、翻刻必究。"左右雙邊,白口,單黑魚尾,魚尾下刻"賦鈔箋略卷某"、賦名和頁碼。版框高15.2釐米,寬11.1釐米。正文半葉9行,行19字,小字雙行,每行29—31字不等。軟體字印刷。首沈德潛序6葉,次《凡例》8條凡2葉,次目録8葉,再次爲正文。卷端題:"賦鈔箋略卷一,雲間雷琳曉峰、張杏濱香圃仝箋。"

又國圖藏本,號:104732,二函四册。版式與北大本同,衹是在沈德潛序之下又有沈大成序和王鏗自序,沈德潛序下有"聞人聲遠鎸"一行。鈐有"燕山劉氏鑒藏書畫印""北京圖書館藏"等印。

2.清嘉慶二十年(1815)刻本

北大藏,號:X/811.308/1014。一函八册,書高24.2釐米,寬15釐米。書函藍色,書衣灰黄色,第一册書衣書籤下方鈐有一枚朱色楷書方形章:"書業堂自在江浙蘇閩揀選古今書籍發兑印"。内封鎸:"長洲沈歸愚先生鑒定,賦鈔箋略,乙亥秋重鎸、翻刻必究。"版式與乾隆刻本同。首沈大成《序》4葉,次沈德潛

序 4 葉,次《凡例》,次目録,再次爲正文。

3. 清嘉慶二十二年(1817)張士林刻本

北師大藏,號:832/334。此書一函八册,書高 24.1 釐米。内封 B 面鎸:“長洲沈歸愚先生鑒定,賦鈔箋略,上海蘇紹柄署。”版式亦與乾隆刻本同。首沈德潛序,次《凡例》八條,次目録,再次爲正文。署“雲間雷琳曉峰、張杏濱香圃箋,張士林克諧重校刊”。書末有許朝俊跋二葉。

按:乾隆、嘉慶間三種刻本版式全同,衹是序跋有所增減和調整,疑爲同一刻本,嘉慶本以乾隆舊版重印耳。

4. 清道光五年(1825)刻本

國圖藏,號:93541。

5. 清同治二年(1863)刻本

國圖藏,號:142570。

6.《輯刊》第 42—43 册影印天圖藏清乾隆三十一年(1766)刻本

【内容】

本書是王鑾在私塾授課時編寫的歷代賦選本,旨在指導士子讀賦、作賦。王氏自序云:“往余授徒家塾,制舉之餘,旁及詞賦。歷歲既久,略成卷帙。”沈德潛序也説:“孝廉王子治堂,以青緗世業,教授里黨。邇者有《歷朝賦鈔》一册,自周秦以迄本朝,去取詳慎,體製賅備,所以便來者之拾取,不啻求柴胡、桔梗於鄒嶧間,可却車載矣。”可知該書是編者在教授門徒的過程中編成的,可作私塾課本。原書已不傳,今日所見,乃是其及門弟子雷琳(曉峰)、張杏濱(香圃)的注釋本。此本凡 15 卷,共收録歷代賦 129 篇,始周宋玉《風賦》,迄清張映斗《律吕相生賦》。各賦先解題作者(作者名大字,簡介爲雙行小字),再作題解(賦題大字,解題雙行小字),然後是正文。賦文大字,箋注雙行小字,夾在賦文之中。徵引文獻較爲豐富,“自經傳子史,洎乎叢稗所記載,罔不蒐羅徧觀,根據確當,而辭尚體要”(沈德潛序)。例如宋玉《風賦》題解,就徵引了《莊子》《河圖》《元命苞》、劉熙《釋名》、“張横渠曰”凡五種文獻,以釋“風”字,足資參考。

《國朝律賦麗則》6 卷,清鄒玉喦纂輯

【編者】

鄒玉喦,字余白,號秬畬,奉新(今屬江西)人。乾隆间廪貢生,官南安府訓導。

【版本】

1. 清乾隆三十二年(1767)刻本

國圖藏,號 93425。一函八册,書高 24.5 釐米,寬 13.9 釐米。首鄒玉喦《叙》3 葉,次《例言》8 條凡 2 葉,次《國朝律賦麗則目録》11 葉,以下正文。四周

雙邊,大黑口,單、黑魚尾。半葉 9 行,行 21 字。板框高 17.7 釐米,寬 12.7 釐米。卷端題:"國朝律賦麗則卷一,奉新鄒玉卺秬畲纂輯,弟玉田崑圃考注,新建洪鐘兩山、清江關璜渭亭參訂。"版心頂部刻大字"國朝律賦麗則",魚尾下刻卷數、篇名和頁碼。無藏印。

2.《輯刊》第 44—45 册影印國圖藏清乾隆三十二年刻本

【内容】

本書收録清代前期"濃而不縟,麗而非淫"的律賦作品 185 篇,是一部較早編成的當代賦集。鄒玉卺在自叙中言,乾隆三十一年(1766)臘月,他阻雪山中,遂與二三知己,晨夕過從,"因出向所彙諸名作,互相較讀,自館閣以及試牘,得賦二百首,付諸剞劂",於次年年初完工。其選賦範圍,自然以館閣之賦爲主,但《例言》又稱:"《玉堂》《琳琅》諸集,皆選館閣而不及考卷,以體裁小異,未能範我馳驅。兹擇其言尤雅者,不加分别,合爲一集,可知風簷中未嘗無天閑上駟,讀者不必存歧視之見。"説明此集除館賦之外,亦選入一些地方性考課之賦,不加區分,穿插編輯。雖采律賦,但對於"相題行文頗近古奥者",亦間采一二,頗具選家眼光。選賦始於汪履基《橐籥賦》,迄於邵玘《蟋蟀賦》,大致按照天地人物的順序編排,但不標門類。所選各賦,除句讀之外,亦施以圈點。如卷一《冬日可愛賦》(孫楚),"花飛青女之霜,平林赤羽;絮減謝家之雪,倏挂銅鉦"加連圈,以揭示佳句妙語;"懿夫""爾其""想其"等連接語加點,以提示賦篇層次。賦末有"附註"若干條,徵引《家語》《蘇軾詩》《莊子》《韓偓詩》《鶴林玉露》《列子》等古籍,以解釋賦中典故。但是没有舉列詞條,有眉目不清之弊。儘管注語簡略,但將主要典故解釋清楚,亦對讀者有所幫助。

《本朝試賦麗則》4 卷,清李光理等輯評,清許士發等箋註

【編者】

李光理,字舉條,號蘭岑,廬江(今安徽合肥)人。拔貢生。清乾隆十六年辛未(1751)、二十二年丁丑(1757)召試二等,任南隸固安縣知縣,以疾卒於任上。著有《漱芳集》《方城課藝》等。曾經刻印《恭迎聖駕南巡詩賦》4 册、《本朝試賦新硎》4 卷、《本朝試賦麗則》4 卷等。傳見光緒《廬江縣志》卷八。參與編纂者有李光理之弟光瓊、光玖。李光瓊,字瑜華,一字槼阿,廬江監貢生,著有《物名匯雅》《湖上園詩鈔》等;李光玖,字敦誼,一字芝泉,廪生,著有《漱芳集》。二人均工楷書。乾隆三十年乙酉(1765)、四十二年丁酉(1777),乾隆帝南巡,二人先後獻賦,皆與召試。箋註者許士發,字涵中;吴繼瑞,字德符;高世欽,字静研:皆爲廬江人,李光理弟子,生平不詳。

【版本】

1. 清乾隆三十四年(1769)金陵三多齋刻本

北大藏,號:LSB/5212。本書1函4册,書高25.2釐米,寬15.3釐米。内封B面鎸:"宜興湯學士鑒定(欄上),廬江李蘭岑輯評(翻刻千里必究),新賦麗則(中欄大字),(箋註詳明已刻不載)金陵三多齋梓。"首湯先甲序2葉(本爲3葉,佚去第3葉),鈐"北京大學藏"章;次李光理《序》3葉;次《本朝試賦麗則目次》6葉;以下正文。四周單邊,白口,單、黑魚尾。版框高19釐米,寬12.7釐米。半葉9行,行22字,小字雙行同。卷端題:"本朝試賦麗則卷一,廬江李光理蘭岑、弟光瓊槩阿、光玖芝泉氏同輯評,及門吴繼瑞德符、許士發涵中、高世欽静研氏箋註。"版心頂部刻"試賦麗則"4字,魚尾之下刻卷數和頁碼。鈐有"北京大學藏"印。

2.《輯刊》第46册影印上圖藏清乾隆三十四年金陵三多齋刻本

按:此本李光理序在先,湯先甲序在後。不缺。

【内容】

本書之編纂,遵從揚雄"詩人之賦麗以則"之旨。編者認爲,"惟麗以則,則雖言之餘,而不失乎屈子美人香草之遺意;亦惟麗以則,則雖賦之流,而仍合乎詩人温柔敦厚之本旨"(李光理自序)。於是以"麗以則"爲準繩,衡量近科試賦,彙爲斯集。

本書凡4卷,編選雍正、乾隆前期科試之賦94篇,大致按照天、地、人、物的順序編排。編者不厭其煩,爲讀者提供了每篇賦作者的籍貫、字號以及該賦産生的考場、所獲名次等詳細信息。例如《本朝試賦麗則目次》,卷一《妙空巖觀日賦》,賦題之下以小字標注:"紫陽書院沈院長會課一名",作者名"顧宗泰"之下注"元和"2字,可知該賦出自安徽省紫陽書院會課,由沈院長主持,榮獲第一名成績,其作者顧宗泰爲元和(今江蘇蘇州)人。查閱正文,"顧宗泰"下又注"景嶽"二字,乃係其字。綜合考察目次所提供的信息,可知編者取徑較廣,既有國子監考課(如沈自申《早朝賦》,乃係國子監陸大司成季考第一名),更多的則是各省學政主持的歲試、科試、會考,如甘榮《月中桂賦》,係"江西謝學院歲試南安府一名";戴嗣琦《青雲干吕賦》,係"江蘇李學院科試江寧府一名";金璋《鑿雕爲樸賦》,係"安徽梁學院會考安徽一名";等等。還有不少是學院内部會課之作,如吴模《臨風舒錦賦》,係"鐘山書院夏院長會課一名",上引顧宗泰《妙空巖觀日賦》亦屬此類。編者爲我們提供的這些信息,是研究清代各級考試試賦的重要資料,具有一定的賦學價值和科舉史料價值。

書中所選之賦,涵蓋安徽、浙江、江蘇、福建、江西、山東、山西、河南、湖南、湖北、廣西、陝甘等省,顯然係編者有意爲之,試圖使該書更具有廣泛性和代表性,而以安徽、江蘇入選最多。選賦數量較多者,有沈自申(3篇)、李光理(3篇)、吴純(3篇)、顧宗泰(2篇)、李光瓊(2篇)、金廷訢(2篇)諸人,亦多爲安徽、浙江、江蘇人士。

所選各賦,皆有題注,正文之側有圈點、旁批,賦末有總評和釋詞。如顧宗泰《妙空巖觀日賦》,賦末有總評兩條:"律賦中兼帶古意,映切朱方,詞無泛設。至寫日出有光有芒,具踆烏矯翼、赤龍擁駕之勢,可謂筆爍雲濤也。非此手筆,那得稱題。(沈歸愚院長)精氣旁魄,藻耀高翔。(李蘭岑)"比較而言,李氏評語顯得空泛,不及沈德潛(歸愚)所論細緻準確,具有針對性。

《賦苑類選》8 卷,清濳兆穀輯

【編者】

濳兆穀,字元山,奉新(今屬江西省)人。生平不詳。

【版本】

1. 清乾隆三十五年(1770)刻本

上圖藏。書衣有簽,墨書:"賦苑拾殘(天時類,第一卷)"首濳兆穀叙 3 葉(闕第一葉);次《例言十則》凡 3 葉;次《賦苑類選卷之一目録》5 葉;次正文。四周雙邊,白口,單、黑魚尾。半葉 9 行,行 20 字,小字雙行同。卷端題:"賦苑類選卷之一,奉新濳兆穀君詒編次,同學甘立德純齋、帥家駿松田參訂。"版心上部刻"賦苑類選"4 字,魚尾之下刻"卷某"、篇名(小字)和頁碼。

2. 清嘉慶元年(1796)濳霽東重刻本

國圖藏,號:88463。本書凡 8 册,木板串裝,有蟲蛀。書高 20 釐米,寬 11.5 釐米,内封 B 面鎸:"奉新濳元山先生輯,賦苑類選,男文曜霽東、文曙椒門重雕。"首鄒玉藻序 3 葉,有殘缺,鈐有"飛青閣藏書印""松坡圖書館藏書"印。次濳兆穀《原叙》2 葉;次《例言十則》,凡 3 葉;次《原校姓氏》1 葉,列 17 人姓名字號;次《賦苑類選總目》1 葉;次《賦苑類選卷之一目録》5 葉;次正文。四周雙邊,白口,單、黑魚尾。版框高 14.1 釐米,寬 9.7 釐米。半葉 9 行,行 20 字,小字雙行同。卷端題:"賦苑類選卷之一,奉新濳兆穀元山先生輯,男文曜、文曙重訂,廖世熺曙窻、羅允叔效修仝校。"版心上部刻"賦苑類選"4 字,魚尾之下刻"卷某"、篇名(小字)和頁碼。

3.《輯刊》第 47 册影印上海圖書館藏清乾隆三十五年刻本

【内容】

明末李鴻所編之《賦苑》8 卷,是清以前收録先秦至隋代賦最爲完備的一部巨著,共輯賦 875 篇。編者按照年代順序,依次編纂,"人因世次,文沿人集"。這一體例,便於考察每一朝代或者每一位賦家的創作情況,便於梳理賦體文學的歷史發展,但不利於考察賦的題材與内容。濳兆穀《賦苑類選・例言》稱:"《賦苑》但次朝代,不分部屬。……天文與鳥獸雜出,人事偕草木同科。悉心比擬,殊覺不倫。今分次六門,而作者姓名,仍列朝代。"他有感於《賦苑》賦題雜錯,不便觀覽,於是將書中數百篇賦作分爲六大類,同題相聚,以便讀者查閱、做習,仍然編爲 8 卷。

其中卷一天時門收賦 85 篇,卷二地理門 87 篇,卷三人事門上 87 篇,卷四人事門下 67 篇,卷五器物門 108 篇,卷六植物門 108 篇,卷七動物門 123 篇,卷八人事門(補遺及飲食類附)66 篇。全書共 731 篇,較之《賦苑》原書減少了 164 篇。《賦苑》所收之賦,十之八九皆已編入此書,可見其對原書的輯佚成果是充分尊重的。在分類方面,編者將先唐賦分爲天文、地理、人事、器物、植物、動物凡六大類,顯然過於粗糙。雖然從邏輯上看,天、地、人、物的分類和排序似乎十分嚴密,但這並不符合賦體文學創作的實際。尤其是人事類,篇數過多,編者將其分爲兩卷(卷三、卷四)加以編録,仍然遺漏甚多,衹好另外編録卷八以補遺,但還是没有完全補救。之所以如此混亂,皆由於分類過於粗放所致。編者也意識到這一缺憾,他衹好在《例言》中向讀者致歉:"故於天時、地理、器物、植物、動物五門,頗加博采;獨於人事門内,長篇短製,題賦浩繁,雖録補遺,不無遺憾。要之治道典禮,文學武功,言志懷思,諷諭情感,未備其題,固完其體。其間或存或逸,多所割愛,不得已也,識者諒之。"既然"物"類已經劃分爲器物、植物、動物三類,則"人事"類亦完全可以再細分爲若干類,以求各卷之間的平衡。

在具體編纂過程中,編者將同題之賦匯聚一處,"或一題而同登數賦,或數賦而止録一人",頗有利於讀者考察賦之題材的變遷。例如卷一天時門《風賦》,就輯録了宋玉、湛方生、王凝之、李充的 4 篇賦;《雪賦》,輯録了謝惠連、李顒、劉璠之賦 3 篇;《月賦》則有謝莊、周祇、公孫乘 3 篇,《大暑賦》則有王粲、劉楨、夏侯湛 3 篇。如此集中編排,不同時代賦家對於同一賦題的創作發展,可以一目了然。但其中將公孫乘《月賦》置於謝莊、周祇《月賦》之下,顯然有時代錯亂之嫌,需要加以訂正。《例言》云:"兹於《賦苑》,除一二長賦外,雖有遺賦,實鮮遺題,間有缺略,復從聖祖仁皇帝《欽定賦彙》采輯補入,以昭大備。"可知編者對賦題的豐富性和多樣性有充分研究,寧願捨棄一些賦作,但絶不遺漏賦題,若有缺漏,則從《歷代賦彙》中采集補入,以求賦題的全面和完備。其總數達六百餘題。《例言》云:"計賦七百有奇,計題六百以外。大之如天地河嶽,無所不包;小之如卉木蟲魚,無所不覽。……則體物之宗,即以是爲傳心之道也可。"故本書乃是研究先唐賦之創作題材及其發展演變的重要著作。

《賦苑》中有一些斷簡殘篇,編者云:"《賦彙》於正、外集外,别爲《逸句》二卷,允宜程式。兹以卷帙狹隘,錯入其内。蓋珠霏玉屑,皆屬寶光,斷楬殘碑,總非近玩,珍之什襲,敢曰捨旃。"不同於《賦彙》單列《逸句》二卷,將這些殘賦散入各卷之中,更利於考察賦的同題創作情況,所以比《歷代賦彙》的編録體例更勝一籌。

由於卷帙較大,所輯各賦皆無注釋、評論,但有句讀、圈點(此爲《賦苑》所未備),頗爲醒目。例如卷一宋玉《風賦》,編者於"此獨大王之風耳,庶人安得而共之”“徘徊於桂椒之間，翱翔於激水之上”等各句之右加圈，以示欽賞之意。生僻字之下注以音讀(雙行小字)，以利讀者。如宋玉《風賦》“眩”下注：“音横”，“楗”字下注：“音件”，“邸”字下注：“古通抵，觸也”，“精”字下注：“古通菁，華也”，“堁”字下注：“音窟課”，等等。可知編者多以直音法或者反切標音法注音，偶有揭示通假字或簡單釋詞者。

《賦學正體》6 卷，清魯琢編

【編者】

魯琢，字研山，號南莊，懷寧(今屬安徽)人。清乾隆二十一年(1756)舉人，授雲南浪穹知縣，以病歸。改任鳳陽府訓導。詩文俱佳，著有《南莊文鈔》《南莊詩鈔》《執經記》《強識録》《格致邇言》《如圃詩話》《林下清談》等。傳見《(光緒)懷寧縣志》卷一九。

【版本】

1. 清乾隆四十一年(1776)養園刻本

北師大藏，號:2813。該書 1 函 6 册，書高 25 釐米。書衣以墨筆題寫書名“賦學正體”，並鈐有“北平輔仁大學圖書室藏書”橢圓形印章。内封 B 面鎸：“乾隆四十一年冬鎸，懷寧魯研山先生評定，賦學正體，養園藏板。”首洪性理《序》4 葉，草書；次魯琢《原序》4 葉，草書；次《賦學正體總目》9 葉，卷端題：“賦學正體總目，懷寧魯琢研山評定，門人洪士澍雨和、洪士楷敬思，埳張元弼蘇人，男海文沙、源鄉澍、淳華伯仝校。”鈐有“繼補齋珍藏”章。以下爲卷一。每一卷都有封面頁，卷一封面頁鎸：“第一册，賦源”，首《賦源論》1 葉，次《賦源目録》1 葉，有題署；以下正文。四周雙邊，白口，單、黑魚尾，無界行。半葉 10 行，行 20 字。板框高 18.2 釐米，寬 13.2 釐米。魚尾上刻大字“賦學正體”，魚尾下刻“卷一”和頁碼。鈐有“北平輔仁大學圖藏書”章。

2.《輯刊》第 48—49 册影印北師大藏本

【内容】

本書是一部很有特色的賦集，同時也是一部十分重要的賦學理論專著。本書凡 6 卷，實際上將賦體文學分爲 4 體(騷賦、古賦、文賦、律賦)，上溯其源(楚辭)，下理其流(韻語雜體)，分别選録賦作，觀點十分通達。卷一爲“賦源”，收録《離騷》《湘夫人》(屈平)等 7 篇楚辭體作品；卷二爲“騷賦”，收録《高唐賦》(宋玉)、《鵩鳥賦》(賈誼)等 6 篇騷體作品；卷三爲“古賦”，收録《遊獵賦》(即《子虚》《上林賦》，司馬相如)、《羽獵賦》(揚雄)等 18 篇作品；卷四爲“文賦”，收録《風賦》(宋玉)、《阿房宫賦》(杜牧之)等 9 篇作品；卷五爲“律賦”，收録《擣素賦》(班婕妤)、《雪賦》(謝惠連)等 57 篇作品；卷六爲“韻語雜體”，收録《悲秋》(宋玉)、《女史箴》(張華)、《座右銘》(崔瑗)等 36 篇近似賦體的韻語作品。全書共收録辭賦和賦體文133篇。每一體都有總論,體現了編者對賦體文學性質源流、文體分類、文體旁衍等問題的基本觀點,具有重要的賦學理論價值和文體學意義。這在歷代賦選中獨樹一幟,祇有元代祝堯《古賦辯體》與之類似。而祝堯將楚辭視爲賦體之一種,此書則視爲賦源,顯然持有狹義的賦體觀。魯氏體悟到辭、賦之别,比祝氏更具有合理性。

【研究】

筆者於2011年赴北京師範大學圖書館訪書,查到《賦學正體》,甚喜,即建議北師大博士生利用查書之便,研究此書。此後,馬曉舟發表《魯琢〈賦學正體〉及其賦學觀》(《古籍整理研究學刊》2015年第6期),認爲:"魯琢所編《賦學正體》從文體特點入手,將賦分爲四體(騷賦、古賦、文賦、律賦),並追本溯源,爲它們找到了共同的根源——屈騷,四體之賦分别繼承了屈騷中不同的特點,從而蔚成大國。《賦學正體》産生于古、律各體賦之創作及具有新創的賦學理論皆十分興盛的乾隆朝,其將四體之賦淵源歸於一處的做法,實質上是對'因時代高下'與'祖騷宗漢'的賦學批評觀的反撥,將各體之賦置於平等的地位,更爲客觀地考察並揭示其文體特點。而他在'韻語雜體'一卷中將十四種韻文文體與賦畫境,顯示出其所持的狹義的賦體觀,僅有導源于屈騷,以賦命名,文體特點合於其所分四體之賦的韻文才能被稱作是賦。而從他'間采名篇'的選賦標準及賦後之論中可見他于古厚醇雅的賦作的推崇。"所言甚是。

《國朝註釋律賦雕龍》4卷(《律賦雕龍》),清蔡霞舉、陳翊霄輯註

【編者】

蔡霞舉,字曙堂,蚶江蓮塘(今福建省石獅市北部)人,清吏部郎中蔡賓興子。乾隆二十七年(1762)舉人,以臺灣學中式(見《選舉志》)。陳翊霄,字雲程,晉江(今屬福建)人。舉孝廉。曾撰《桐城雜詩》50首,自注並刊刻之。事迹略見《(道光)晉江縣志》。

【版本】

1.清乾隆四十三年(1778)刻本

國圖藏,號:150202。本書凡4册,書高16.7釐米,木板串裝。内封B面爲書名葉,四周刻以寶劍、金鼎、玉簫、書籍,以飄帶、青煙爲邊欄,内中鎸有"蓮湖蔡曙堂選輯,註釋律賦雕龍,南溟陳翊霄釋(本衙藏板)",有"翊霄""圖章"墨色陰陽印。首蔡霞舉《序》3葉,隸書,鈐有"從城""春元""真州吴氏有福讀書堂藏書"印;次目録5葉,卷端題:"國朝註釋律賦雕龍目録(虚題不載),曙堂蔡霞舉選輯,南溟陳翊霄註釋。"次正文。四周單邊,白口,單、黑魚尾。魚尾上方刻"律賦雕龍"4字,下方刻"某部"和頁碼。版框高14.1釐米,寬9.5釐米。半葉9行,行25字,小字雙行同。無界行。鈐有"北京圖書館藏"印。又,蔡霞舉序作於乾隆戊戌(1778),但考察該書之紙張、印墨和版式風格,似爲清末刻本。

2.《輯刊》第49册影印國圖藏乾隆刻本

【内容】

全書共分天部、地部、人部、物部,每部1卷,凡4卷。其中天部、地部、人部各收賦20篇,物部22篇,總計82篇,大多爲清代早期的律賦。對於所選各賦,皆有題解、圈點、"評"和"附注"。例如首篇爲李旦華《一生二賦》,題解爲雙行小字,徵引《老子》中言,以揭示賦題之出處。賦中"其未生以前也"云云加圈,是提示佳句;賦末有總評:"[評]賦題風雲物色,不難揮霍才華,組織錦字。至性理典制,往往束手,不樸遬而少文,即顢頇而失旨。能若此疏義明白,如犀分水,敷詞精卓,如金就冶,非胸羅卷軸,未易辦也。"最後是"附注",對"從無入有""成陰成陽""有門""亭毒"等詞語進行釋義,仍以揭示語源爲主。本書是清代前期帶有批點注釋的律賦選本,對嘉慶以後的賦集編選有一定影響。

《味蘭軒百篇賦鈔》4卷,清張世燾、彭克惠編輯

【編者】

張世燾,字木父,一字福先,號馥仙,江浦(今屬江蘇南京)人。清乾隆三十六年(1771)順天舉人。善鼓琴,工詩賦,善刻印鈕。事迹略見《皇清書史》卷一五、光緒《江浦稗乘》卷二七。彭克惠,字迪庵,六合(今屬江蘇南京)人。清乾隆三十六年(1771)舉人。四十六年(1781)署建德知縣,五十年(1785)署山陰知縣。餘不詳。

【版本】

1.清乾隆四十四年(1779)刻本

國圖藏,號:148886。本書共4册,無函。書高23.1釐米,寬15.4釐米。内封B面鎸:"味蘭軒試賦新鈔(註釋備覽)。"首張世燾序3葉,草書,天頭鈐"真州吴氏有福讀書堂藏書";次《味蘭軒百篇賦鈔目録》7葉,卷端題:"味蘭軒百篇賦鈔目録,江浦張世燾木父、六合彭克惠迪盦編輯。"以下正文。四周單邊,白口,單、黑魚尾,無界行。版框高18釐米,寬12.5釐米。半葉9行,行25字,小字雙行同。卷端無題署,首賦爲于振《日月合璧五星聯珠賦》(脱作者名),篇名、正文皆低二格刻之。正文之旁刻有圈點、旁批,賦末有題解、釋詞,爲雙行小字。鈐有"北京圖書館藏"印。

2.清乾隆五十九年(1794)刻本

國圖藏,號:111953。本書1函4册,藍色書衣,書高25.1釐米,寬15.8釐米。内封B面鎸:"味蘭軒百篇賦鈔(註釋備覽)。"版框上方刻有"乾隆丙寅新鎸"6字。首彭克惠序3葉,有"彭克惠印""迪盦"墨印;次目録5葉,卷端題:"味蘭軒百篇賦鈔目録,江浦張世燾木父、六合彭克惠迪盦編輯。"以下正文。左右雙邊,白口,單、黑魚尾,版框高 18.9 釐米,寬 13.5 釐米。半葉 11 行,行 27 字,小字雙行同。卷端無題署。首篇爲于振《日月合璧五星聯珠賦》,作者名不缺。版心上方刻"百篇賦鈔",下方刻"卷一(日月合璧五星聯珠)"和頁碼。正文刻有圈點、旁批。内容與上本同。鈐有"北京圖書館藏"印。

3. 清道光二十年(1840)刻本

國圖藏,號:93690。本書 1 函 4 册,書高 24.4 釐米,寬 14.9 釐米。首張世燾序 3 葉,次彭克惠序 3 葉,次《味蘭軒百篇賦鈔目録》2 葉(此爲卷一目録。各卷卷首皆有目録),以下正文。四周單邊,白口,無魚尾,無界行。版框高 17.5 釐米,寬 12.4 釐米,黄紙本。半葉 10 行,行 25 字,小字雙行同。卷端無題署,版心上端刻"百篇賦鈔",中、下方刻"卷一(日月合璧五星聯珠)"和頁碼。各賦題解、釋詞皆另起一葉刻之,與上本小異。有朱筆圈點,鈐有"北京圖書館藏"印。

4.《輯刊》第 50 册影印天津圖書館藏清嘉慶三年(1798)刻本

此本有書名葉,鎸:"戊午新鎸,百篇賦,崇義書院藏板。"其餘與道光本同。崇義書院刻書,主要在康熙至嘉慶年間,故其刊刻時間當在嘉慶三年戊午(1798),比國圖藏道光本早 42 年。影印者著録爲"清乾隆刻本",非是。張世燾序首頁書眉鈐有"天津市人民圖書館"章,故知爲天圖藏本。

【内容】

據張世燾序,本書編於乾隆三十年乙酉(1765)冬,刻於乾隆三十五年庚寅(1770)初春,但初刻本不見,今見最早的版本爲乾隆四十四年刻本。本書凡 4 卷,選録清代前期名家名作,大致按照題材排列,但不標類目。卷一選録天象、地理、德治、文學類 26 篇,卷二選録四時、春色、花木、夏景類 24 篇,卷三選録秋色、冬景類 25 篇,卷四選録音樂、詠古、鳥獸、鱗蟲類 29 篇。全書選賦 104 篇(乾隆五十九年刻本删去《蜃樓賦》1 篇,爲 103 篇),以詠物賦爲主,可見編者之旨趣。所選各賦,皆有圈點、旁批和注釋,旨在幫助讀者欣賞。例如《日月如合璧賦》開頭"人能宏道,造化無私"句旁批:"概就天人感應之理説起。"又"覩鈎鈐之明潤,知爲大孝之徵,察斗斛之平量,識是屢豐之慶"一段加圈,旁批云:"用頌體,仍概就星辰上説。"又"俄聞太史用奏"6 字加尖點,旁批:"漸引入題。"又"如璧斯聯,如珠斯貫"8 字加尖點,旁批:"點題。"又"纔離海嶠,儼雙鏡以晶熒;漸拂扶桑,比列碁之璀璨"加圈,旁批:"合璧""聯珠。"此賦旁批共 18 處。賦末有題解:"《易坤靈圖》:'至德之萌,日月若連璧。'《鈎命訣》:'星纍纍如貫珠。'"爲雙行小字。以下是對"勾陳""華蓋""鈎鈐""斗斛""文昌""帝座"等 26 個詞語的解釋,詞條大字,釋文雙行小字。

《同館賦鈔》32 卷,清法式善編

【編者】

法式善(1753—1813),姓蒙烏吉氏,原名運昌,字開文,别號時帆、梧門,蒙古正黄旗人。清乾隆四十五年(1780)進士,改庶吉士。五十年升左庶子,乾隆帝盛讚其才,賜名"法式善",滿語"奮勉有爲"之意。曾參與編纂武英殿分校《四庫全書》。官侍講學士,改侍讀學士。乾隆五十六年翰林院大考,名列末等,被降級。五十九年升國子監祭酒,嘉慶四年因直言上書而獲賞翰林院編修,並於次年升侍講,七年升侍講學士。嘉慶八年翰林院大考中再度折翼,降贊善。十年官侍講學士,十二年因"纂修《宫史》篇葉訛脱",降爲庶子,不久乞病歸家,嘉慶十八年卒。著有《存素堂集》《梧門詩話》《陶廬雜録》《清秘述聞》等。事迹見阮元編《梧門先生年譜》、《清史稿》卷四八五、《清史列傳》卷七二。

【版本】

1. 清嘉慶元年(1796)詩龕刻本(24 卷本)

國圖藏,號:79563。本書凡 2 函 12 册。書高 26 釐米,寬 16.4 釐米。書衣貼有書簽:"同館賦鈔"(篆文),墨筆書本卷所録賦名。内封 B 面鎸:"同館賦鈔(篆文大字),嘉慶元年冬十月鎸於詩龕(隸書)。"首吴省蘭《同館賦鈔序》2 葉,鈐有"詠春所收"印;次吴錫麒《同館賦鈔序》2 葉;次《同館賦鈔凡例六則》2 葉;次《同館賦鈔總目》1 葉;下爲正文。四周單邊,黑口,對魚尾。版框高 19.1 釐米,寬 14 釐米。半葉 12 行,行 24 字,小字雙行同。卷端題:"同館賦鈔卷一(大考卷),國子監祭酒法式善編。"版心中部刻"同館賦鈔卷一"和頁碼。首篇爲《竹泉春雨賦》,賦題之下有雙行小字"以有斐君子終不可諼兮爲韻",標明所限之韻;作者名"齊召南"之上注明考課時間、種類"戊辰年大考",之下注明所獲等級、名次"一等一名"。下同。卷二十四之末有法式善跋語 1 葉。鈐有"北京圖書館藏"印。

2. 清嘉慶十七年(1812)刻本(32 卷本)

首圖藏,號:丙四 994。内封 A 面鎸:"柏山法式善編 後學王家相校,三十科同館賦鈔,(部首另列全目,一篇不闕試律,如無目録,即係不全之書)本衙藏板。"内封 B 面鎸:"柏山法式善編 後學王家相校,同館試律三鈔,本衙藏板。"首吴省蘭《同館賦鈔序》2 葉,次吴錫麒《同館賦鈔序》2 葉;次《同館賦鈔凡例六則》2 葉(以上三項,與嘉慶元年刻本同);次《同館賦鈔總目》1 葉(擴充至 32 卷);次《三十科同館賦鈔全目》45 葉,全目之末有王家相識語 8 行。下爲正文。四周單邊,黑口,對魚尾。半葉 12 行,行 24 字,小字雙行同。卷端題:"同館賦鈔卷一(大考卷),國子監祭酒法式善編。"版心中部刻"同館賦鈔卷一"和頁碼。此本除了續補 6 科館賦,還在《全目》之末增加了王家相識語,而删去卷二十四之末法式善跋。

另有北大藏本,號:X/811.37/3448。

3.《輯刊》第 51—57 册影印首圖藏清嘉慶十七年刻本

【内容】

本書(32 卷本)收録自乾隆十年(1745)乙丑科至嘉慶十四年(1809)己巳科

凡30科館課之賦，每科編爲1卷，加上大考1卷、散館1卷，共32卷，收賦1033首（據《全目》王家相識語）。清代翰林院是文人嚮往的神聖之地，有文才的士人都以進入翰林院爲榮。其中有關掌故，爲士人所津津樂道；而翰院詩賦更是天下士人争相模擬的典範。法式善同館前輩鍾衡編有《同館課藝》一書，出版後立即産生了"風行寰宇，人編摩而户弦誦"（鍾衡《同館賦選序》，載朱珪《皇朝詞林典故》卷四十二）的轟動效應，可見社會上對這類書籍的需要。法式善編纂的《同館賦鈔》一書，即效法鍾衡《同館課藝》，但是"曰《賦鈔》而不曰《課藝》，言專乎賦也；曰《同館賦鈔》而不曰《續同館賦鈔》，體例微有異也"（《凡例》）。鍾氏《課藝》輯録自順治四年（1647）至乾隆七年（1742）之間的館閣詩賦，《賦鈔》則始於乾隆十年（1745），時間上恰好與鍾本銜接。但本書專門輯録賦體，體例也有變化。

在編排順序上，《同館賦鈔》卷一爲大考卷，卷二爲散館卷，卷三至卷三十二爲館課卷。今按：清代科舉會試、朝考之後，選擇年貌合格者入庶常館再教習三年，期間他們被稱爲庶吉士。庶吉士每月都要完成一定篇數的古文、律詩、律賦，三年期滿後舉行散館考試。散館評卷分三等，上等授予編修、檢討；中等或留館任職，或委以部屬、知縣；名列三等者或被除名，或留館再教習三年。散館考試，雍正元年以後考詩、賦、時文、論四題，乾隆元年之後衹考詩、賦二題。任職翰林，還要參加大考。所謂大考，就是通過考試的方式甄别翰林官的才品，進行奬罰黜陟。考試由皇帝親自主持，故文獻記載每每冠以"御試"二字。大考是翰林院中最重要的考試，因爲名列一、二等的，就有機會升遷。例如乾隆戊辰科（十三年）大考一等一名的侍講學士齊召南升爲内閣學士，壬申科（十七年）大考二等二名的編修朱珪升爲侍讀學士，其升遷之速是普通京官難以相比的。而一旦考試成績爲末等，則面臨着降級的厄運，法式善兩度落職便是爲此。這是翰林官重視大考的根本原因。本書將大考卷列於卷首，原因也在於此。

本書的收録原則是：歷屆一等一名的試賦全部收録，一等二名、三名以及二等諸人之賦則擇優選録。例如卷一大考卷，第1—2篇是《竹泉春雨賦》，戊辰年大考卷，作者是齊召南（一等一名）、李因培（一等二名）；第3—5篇是《納涼賦》，壬申年大考卷，收録汪廷璵（一等一名）、竇光鼐（一等二名）、朱珪（二等二名）之作凡3篇。卷一將7次大考的一等一名考卷全部收録，凡7篇，另有一等二名、三名等的考卷9篇，總數爲16篇。卷二專收散館卷，共有21次散館考試，編者將其中20次的一等一名的試賦全部收録，衹有辛未科散館卷《孟冬時令賦》，收録了一等二名湯世昌、三名戈濤的賦各1篇，而一等一名未收，是個例外（這或許有政治原因，待考）。卷二共收賦35篇。以下22卷分别收録22科館課試卷中的賦，標準同此。

本書不僅内容典雅，而且紙厚墨佳，印刷精美。各卷收賦情況，可以查閲卷首《三十科同館賦鈔全目》。各卷收賦並不均衡，收賦較多者如卷十六乙未館課、卷二十四癸丑館課，各收賦 42 篇，而卷二十九壬戌科館課，竟然多達 93 篇；最少者如卷九庚辰館課，僅收賦 7 篇，卷二十五乙卯科館課，收録 8 篇，這可能取決於編者搜羅賦篇的多寡情況。有些賦家收賦較多，如卷四戊辰科館課，收録梁國治賦 3 篇、汪廷璵賦 4 篇、張裕犖賦 6 篇，也許是因爲這些賦所獲等級較高（卷三以下不再標注等級，難以考知確切情況），但也有可能是出於編者的偏好。從賦題可以看出，館閣試賦有兩大特點：一是取自經典，二是來自現實。取自經典者甚爲普遍，如辛巳科散館卷《甯戚飯牛賦》、乙丑科館課《九月授衣賦》等；來自現實者亦有所見，如己酉科館課《緬甸進奇異花象賦》等。此外，賦題亦不避重複。如卷四戊辰科館課有汪廷璵《書三味賦》，卷十九辛丑科館課有寇賚言《書三味賦》，賦題重複；卷四戊辰科館課有汪廷璵《蟻穿九曲珠賦》，卷二十四癸丑科館課有英和、吴貽詠《蟻穿九曲珠賦》各一篇，賦題亦重複。

據潘務正的研究，《同館賦鈔》所收之賦反映出館閣賦的學術化傾向、濃重的頌德意識以及典雅清秀的藝術風格。翰林院學士大都有深厚的小學（語言文字學）功底，這在賦中也有體現。例如卷十二姚頤《磁石引針賦》"石者核也，氣凝精而爲核；磁者慈也，母召子以惟慈。"卷二十三王宗誠《帶經而鋤賦》"經者常也，共書田而灌溉；鋤者助也，向藝苑以耕耘。"卷二十七花傑《黄鐘爲萬事根本賦》："宫爲中也，探一元之本始；鐘者種也，立萬事之維綱。"皆采用聲訓手法詮釋賦題，别出心裁。有時還反映學術動態，如康熙曾命舒蘭攜侍衛拉錫往探河源（見王嵩儒《掌故拾零》），並令徐乾學等詞臣作《河源考》，於是庶常館課就有《河源賦》之作，可見律賦與考據學發生了密切的聯繫。

漢賦崇尚諷諫，清賦則一味歌功頌德。黼黻太平、潤色鴻業成爲清代作家寫賦時的自覺意識。衆多的賦集序、賦選序都反映了這種意識。本書所收律賦，大都將最後一整段騰出來，以"我皇上"之套語領起，把主題昇華到對於現實政治以及皇帝聖明的歌頌。例如卷十二查瑩《染人甚於丹青賦》的結尾："聖天子垂大文於黌宇，選良匠於明廷，故絢道德者争磨丹而漬墨，而抒華藻者自抱紫而紆青也。士際昌期，欣兹隆遇，共矜華衮之榮，盡改緇衣之素。"這種模式成爲清代中後期律賦創作的金科玉律。錢大昕《潛研堂集》卷四十二載："（乾隆十七年）御試翰詹諸臣於正大光明殿，以《納涼賦》爲題，作者多規模《上林》《子虚》，鋪陳宫殿苑囿。公（汪廷璵）獨以宵旰憂勤民事立言，特擢一等一名，超授侍講學士，充日講起居注官，又充會試同考官，又充武會試副總裁官。"可見皇帝對頌聖之風的鼓勵。

翰院之賦，除擬古之作外，大都"以清醒流利、輕靈典切爲宗"（李元度《賦學正鵠序目》）。如卷一齊召南《竹泉春雨賦》以豐富的想象和秀麗的文筆將清秀之風發揮到極致："時則令秉青陽，人歌渌水，瞻彼菁菁，環臨瀰瀰。欣膏雨之霏微,洗春山之塵滓。碧蘚含潤,既垂露以珠聯;玉筍排頭,更驚雷而雲起。似七賢之沉醉,把臂相扶;如六逸之初醒,哦詩徙倚。”這種“清音嫋嫋”“辭氣清新”的風格,主要來自唐代律賦的啟示。

【研究】

潘務正有《法式善〈同館賦鈔〉與清代翰林院律賦考試》[《南京大學學報》(哲學·人文科學·社會科學)2006 年第 4 期]一文,認爲:“清代翰林院館課、散館、大考均考試律賦,於是繼唐代之後,律賦在清代又一次呈現興盛的面貌。大批館閣賦集紛紛湧現,其中彙集乾嘉時期翰苑考賦之作的法式善《同館賦鈔》最具有代表性。《賦鈔》中賦作體現了賦與學術的結合、諷諭的消解以及頌聖之風的昌熾、清秀的賦風等特色。館閣賦在當時社會上産生了巨大影響。”

《唐人賦鈔》6 卷,清邱先德選,清邱士超箋

【編者】

邱先德,字滋畬,番禺(今屬廣州市)人。清乾隆五十二年(1787)進士,授刑部主事,升直隸司員外郎,充律例館纂修官,又升浙江司郎中。出補江西撫州府知府,有政聲。晚年主粤秀書院講席,續又主講惠州、韶陽、鳳山、龍溪、禺山諸書院。年八十二,卒。著有《學殖草堂未定稿》《滋畬制義》《賡颺集》《粤秀課藝文徵》等。《(光緒)廣州府志》卷一三〇有傳。邱士超,字與凡,廣東順德人,邱先德之姪,諸生。著有《倫常模楷》《唐人賦鈔》《歷朝詩鈔》《嶺南鼓吹》《稽古質疑》等。

【版本】

1. 清嘉慶十八年(1813)刊本

華師大藏,號:愚/集/1701。未見。

2. 清同治七年(1868)粤東翰寶樓刻本

中大藏,號:17288。湖北省圖書館亦有。未見。

3. 清光緒二十三年(1897)粤東學院前麟書閣朱墨套印本

上圖藏,號:綫普 499405－10。本書 1 函 6 册。書高 18.4 釐米,寬 11.3 釐米。書衣以墨筆題寫書名“唐人賦鈔,一”。封面葉爲紅色,其 A 面刻:“光緒丁酉歲校刊,增註硃批唐人賦鈔。”B 面鎸:“粤東學院前麟書閣藏板。”首邱先德《唐人賦鈔序》2 葉,鈐有“廷士”印;次《唐人賦鈔目録》10 葉;次邱士超《唐人賦鈔總論(凡例附)》8 葉;以下正文。左右雙邊,白口,單、黑魚尾。半葉 9 行,行 25 字,小字雙行同,無界行。版框高 13 釐米,寬 10.1 釐米。卷端題:“唐人賦鈔卷一,江南程國仁鶴樵、汀洲伊秉綬墨卿鑒定,番禺邱先德滋畬選,受業姪士超與凡箋。”版心頂部刻“唐人賦鈔”4 字,魚尾之下刻“卷一”“一之一”和頁碼。印有硃批,包括眉批、旁批、圈點、截畫等方式,色澤燦然。

4.《輯刊》第58册影印上圖藏清光緒二十三年粤東學院前麟書閣刻本

【内容】

據邱先德《唐人賦鈔序》,本書乃是其學生、姪子邱士超(與凡)所選。編選目的在於糾正時人衹尊奉唐人律賦,卻忽略唐代古賦、騷賦、小賦的偏頗,試圖展現唐賦"無體不備"的面貌,頗具卓識。士超所選,初有三百餘篇,其師邱先德删汰其半而歸之。士超遂"加以箋註,于批評所遺者補之"。可見該書之成,主要出自邱士超之手,但亦貫徹了邱先德的賦學思想:"人第知律詩惟唐爲盛,而不知律賦亦惟唐爲盛也;人知宫商經緯、穠緻精麗之爲唐賦,而不知動盪變化、渾灝流行之爲唐賦也。"認爲唐代是律賦的鼎盛時代,並對其風格的多樣化有較爲通達的認識。書成,邱先德請粤秀書院中"好古士"對此書加以校讎,又請程國仁、伊秉綬兩先生進行審讀,於嘉慶十八年癸酉(1813)付梓。此後又有同治七年(1868)粤東翰寶樓刻本、光緒二十三年(1897)粤東學院前麟書閣朱墨套印本等,可見其行銷之廣。

本書凡6卷。卷一收唐闕名《天行健賦》《煉石補天賦》、李程《日五色賦》,至皇甫湜《履薄冰賦》,共25篇;卷二收闕圖《巨靈擘太華賦》,至李遠《題橋賦》,共28篇;卷三收陸贄《登春台賦》,至李程《金受礪賦》,共23篇;卷四收韓愈《明水賦》,至王棨《貧賦》,共30篇;卷五收元稹《觀兵部馬射賦》,至王起《薄輪賦》,共28篇;卷六收張仲素《回文錦賦》至賈餗《蜘蛛賦》,共28篇。總數爲156篇。大致按照天象、地理、人事、詠古、器具、草木、鳥獸、鱗蟲的順序編排。所選各賦,皆有圈點、評論,印爲朱色。如卷一李程《日五色賦》,首句"德動天鑒,祥開日華"8字右側有朱圈,旁批:"典重高華,四書冠冕",眉批:"原題直起,最得體製。"下文"秉以陽精,體乾爻於君位;昭夫上德,表王氣於皇家"亦有朱圈,旁批:"質樸渾堅,西京法物。"眉批:"陽精句四字,一篇骨子。"此下又有眉批云:"此段全從旁面寫出,所以避正面實寫一段","此段以物點染","此段以人點染","結段歸本則天,極爲得體,古人推爲唐賦壓卷者,非無故也"。梳理全賦脈絡,清晰明瞭。賦末總評云:"此三唐賦中名作也。起既冠場,結亦得體。微特浩虚舟不能繼美,其筆之莊凝,句之典重,雖王起、謝觀,尚或遜之。王棨、王滔,以詞華擅美者,不可同日語矣。"將李程此賦與唐賦名家王起、謝觀、王棨、王滔作比,肯定其莊凝典重的藝術風格,甚有見地。

《古小賦鈔》2卷,清郟掄才、蔣承志編

【編者】

郟掄才,字汝恆,一字去嘐,長洲(今江蘇蘇州)人。據《明清進士題名碑索引》,清嘉慶十六年(1811)辛未科蔣立鏞榜進士。曾任兵部主事。蔣承志,字約人,吴縣(今江蘇蘇州)人。生平不詳。

【版本】

1. 清嘉慶十七年(1812)姑蘇衛前汪耀明刻本

國圖藏,號:108592。本書1函2册,函套帖有書簽,上書:"古小賦鈔二卷,廿八年二月知堂所得",可知爲周作人先生舊藏。書高23.21釐米,寬14.9釐米。書衣墨筆題寫:"古小賦鈔(卷上)",右側有題記一行:"共二卷,戊辰初夏購於大梁,子駿誌。"内封B面鎸有隸書書名:"古小賦鈔"。首施源序3葉,鈐"臣良""淮西田氏珍賞之章"印;次吴慈鶴序2葉;次李福序2葉(書内夾有便箋一葉,介紹李福生平,格紙,印有"恐致福齋主人造牋");次卷上目録4葉,卷端題:"古小賦鈔卷上目録,長洲郟掄才去嘐、吴縣蔣承志約人同鈔。"鈐有"會稽周氏""震元閒齋珍藏"章,目録之末署"姑蘇衛前汪耀明刻";次正文。四周單邊,白口,單、黑魚尾。版框高17.2釐米,寬12.9釐米。半葉9行,行21字。卷端題:"古小賦鈔卷上,長洲郟掄才去嘐、吴縣蔣承志約人同鈔。"版心上端刻書名,魚尾之下刻"卷上"和頁碼。該書紙墨俱佳,鈐有"古折""田良之印""子駿""苦雨齋藏書印""國立北京圖書館珍藏"諸印。

2.《輯刊》第59册影印國圖藏清嘉慶十七年刻本

【内容】

本書分上、下兩卷,專門選録先唐賦,按時代先後排列。卷上收録作品情況:周2篇,漢6篇,魏4篇,晉4篇,宋11篇,齊4篇,梁17篇;卷下收録作品情況:梁33篇,陳5篇,北齊1篇,北周12篇,隋1篇。全書共收先唐賦100篇,而以梁代(50篇)爲最多,數量占全書之半。而江淹一人之賦,即有24篇,幾乎占四分之一。這正如吴慈鶴序所云:"枚皋百篇,不如賈生一賦;婕妤《擣素》,敏於孟堅鍊《都》。與其繁而費辭,不如約而有當。必欲騁《山海》之紀,衒《凡將》之字,此特志乘之才,非必風雅之旨也。齊梁之代,首數文通;周隋以還,必稱庾信。"編者視江淹(江文通)、庾信(庾子山)爲小賦高手,故將其作品悉數選入。千年之賦僅録百篇,江淹一人即有24篇,此外有庾信10篇、梁簡文帝7篇、梁元帝6篇、鮑照6篇,都遠遠多於司馬相如(2篇)、揚雄(0篇)、班固(0篇)、張衡(0篇)、蔡邕(0篇)等著名漢賦作家。編者的喜好取捨,十分明顯。至於高文大册,則以爲係"志乘之才,非必風雅之旨","徒曰文富,猶之夷光鄭旦,神去僅爲尸居;密迹大雅,像設出于摶土。刻木爲鷲,寧搏高風;穿石得鯨,詎成洪韻。雖多奚爲?"於是棄而不録。這一原則,也反映在對一些著名賦家賦作的取捨上,如司馬相如賦,選其《長門》《美人》,而不選《子虛》《上林》;庾信賦,選其《小園》《枯樹》,而不選其《哀江南賦》;等等。可以看出,編者嚴格遵循"小賦"之義,並不膜拜名章大篇,也不考慮朝代的均衡(梁代50篇,占一半之多)。這都彰顯出編者的個性和旨趣。

《古賦識小録》8卷，清王芑孫編

【編者】

王芑孫(1755—1818)，字念豐，號惕甫，一號鐵夫，晚號楞隱老人、老鐵等，清蘇州府長洲縣(今江蘇蘇州)人。乾隆五十三年(1788)召試舉人，官華亭縣教諭，候補國子監典簿。擅長辭賦，於乾隆四十七年五月撰《讀賦卮言》一卷，爲清代論賦的重要著作。中年以後專治古文，對辭賦方面不再深入。晚年輯有《古賦識小録》一書，録賦324篇。著有《淵雅堂全集》56卷。其生平大略，見秦瀛所撰墓誌銘及王鎏所作小傳，《清史列傳》卷七二有傳。

【版本】

1. 清嘉慶二十二年(1817)姑蘇彭藴章鈔本(清稿本)

北師大藏，號:832/115善。本書凡2册，原書用紙捻固定，然後綫裝；修復時外加藍灰色書衣，做成包背裝。新書衣左上書"古賦識小録上"6字。書高25.2釐米，寬16.2釐米。本書用固定紙型抄寫。首王芑孫自序2葉，次《古賦識小録目次》21葉，以下正文。半葉10行，行21字，小字雙行同，白口，單緑魚尾，四周單邊，版框高16.1釐米，寬10.1釐米。抄寫時間據卷前嘉慶二十二年王芑孫自序。卷端題:"古賦識小録卷一，長洲王芑孫惕甫輯録，同縣彭藴章詠莪校刊。"全書之末有雙行小字"姑蘇南倉橋愛蓮室刊刻"10字。版心無書名、頁碼。

今按:北師大圖書館編目員稱"疑爲刊刻底稿"，甚是。該本之版式、篇目、内容都與刊刻本無異。此外，舊書衣有題記7行:"王芑孫《古賦識小録》:淵雅堂有《賦話》一卷，應録出坿後。讀元人《古賦辨體》，後覽張皋文《七十家賦》、盧抱經《四賦體裁》、王松鶴《歷朝賦楷》及此，於賦學源流，差可辨識。鮑覺生《賦則》所收太少，於初學亦甚便也。"所謂"淵雅堂有《賦話》一卷"，當指王芑孫所著《讀賦卮言》一書；"應録出坿後"云云，似爲專家審讀後所提之建議，但此語並未被刊刻者采納。題記中還對《古賦辯體》和清人4種賦集進行比較，持論亦甚中肯。顯然，此書爲刊刻之底本，題記乃係專家審讀意見。

2. 清嘉慶二十二年(1817)長洲彭氏衣言堂刻本

國圖藏，號:84435。本書1函2册，書高24.7釐米，寬15.6釐米，内封B面鎸:"嘉慶丙子冬鎸，古賦識小録，衣言堂彭氏藏版。"首王芑孫自序2葉，次《古賦識小録目次》21葉，以下正文。半葉10行，行21字，小字雙行同，左右雙邊，白口，單、黑魚尾，版框高19釐米，寬13.4釐米。卷端題:"古賦識小録卷一，長洲王芑孫惕甫輯録，同縣彭藴章詠莪校刊。"卷末刻"王嘉禄井叔參校"，全書末葉之左下角刻有雙行小字"姑蘇南倉橋愛蓮室刊刻"10字。魚尾上方刻"古賦識小録"，下刻卷次和頁碼。無藏印。

此外,北大亦有藏本,號:X/5235/1141。此本1函4册,品相完好,鈐有"寶辰私印""薛寶辰收藏書畫圖籍印"和"燕京大學圖書館"印。

3.《輯刊》第60册影印北師大藏嘉慶二十二年鈔本

【内容】

此書編定於嘉慶二十二年(1817),時王芑孫已62歲,不久即辭世。乃是臨終前所編。全書凡8卷,選録周荀況《禮賦》至明夏完淳《怨曉月賦》凡324篇,皆爲小賦。編者在自序中説:"識小,即小以見其大也。賦者,鴻通之業,不窮其變,將無以大之。大之,必自初學始。"認爲初學者必從小賦起,甚有識見。就漢代而言,不選賈誼諸賦,司馬相如賦衹選《美人賦》而不選《子虛》《上林》《長門》諸賦(此三賦皆見載於《文選》,爲歷代選家所重),亦可見其個性。此外,自明末以來,賦選多輔以注釋、評點,而本書卻"異同參錯,不綴一辭,誦所聞而使自執焉之義也",讓讀者自己去思考、體悟,亦有特點。本書按照年代排列賦家賦作,但也偶有失誤,比如將司馬相如置於枚乘之前,將東漢張衡置於西漢劉歆之前,將東漢末蔡邕置於曹大家(班昭)之前,等等。

《賦法》1卷,清姚文田輯

【編者】

姚文田(1758—1827),字秋農,號梅漪,歸安(今浙江吴興)人。清嘉慶四年(1799)己未科進士第一名(狀元),授翰林院修撰。出任廣東鄉試正考官、福建鄉試正考官,後任廣東學政。嘉慶十一年(1806)充任日講起居注官,後升任國子監祭酒,入值南書房。道光七年(1827)擢任禮部尚書。著有《説文聲系》《古音諧》《四聲易知録》《易言》《廣陵事略》《邃雅堂學古録》《邃雅堂文集》及《春秋經傳塑閏表》等。生平事迹見《清史稿》卷三七四、《清史列傳》卷三四。

【版本】

1.清嘉慶六年(1801)刻本

陝圖藏,號:18952。本書凡1册,書高24.1釐米,寬15.7釐米。内封A面刻"賦法"2字。首姚文田序1葉;次《賦法目録》1葉;次正文。四周雙邊,白口,單、黑魚尾。版框高17.5釐米,寬12.9釐米。半葉9行,行20字。無界行。版心頂部刻"賦法",底部刻頁碼。紙張污損嚴重。

2.《輯刊》第60册影印上圖藏清嘉慶六年雲間研緣齋刻本

此本品相較好,内封B面鎸:"吴興姚秋農先生批註,賦法(隸書大字),雲間研緣齋藏板。"鈐有"寫經廬藏書""上海市歷史文獻圖書館藏印"。凡48葉。書末有《附論試帖平仄法》2葉。

【内容】

本書收録漢魏六朝賦16篇,全部取自《文選》,並且以《文選》之序排列,如下:班固《兩都賦》,潘岳《藉田賦》《射雉賦》,王粲《登樓賦》,孫綽《遊天台山賦》,鮑照《蕪城賦》,謝惠連《雪賦》,謝希逸《月賦》,張華《鷦鷯賦》,鮑照《舞鶴賦》,張衡《歸田賦》,潘岳《閑居賦》,江淹《恨賦》《别賦》,傅毅《舞賦》。《文選》本來收賦56篇,這裏僅僅選録其中最著名的十餘篇。對於所選各賦,編者皆施以圈點、旁批、尾評。例如班固《西都賦》"嘗有意乎河洛矣"右側加點,旁批:"便伏東都。"又"漢之西都,在於雍州,實曰長安"右側加圈,旁批:"先叙西都形勢,是第一節。"以下又以旁批的形式,將此賦分爲九大節,理清其脈絡層次。《東都賦》亦然。《東都賦》之末,有總批云:"此大賦式也。《西都》全首是開,《東都》逐層作合。《西都》'窮泰極侈'一句,是通篇之骨。首二節尚是叙漢定都,下乃論次城郭郊邑、山川物産,以及宫室田獵,窮極鋪張,全是爲東都作勢,故無一字滯相。《東都》言舉其大,有典有則,煌煌大文。至其大綱細目,一絲不亂,則文章規矩備矣,不獨爲學賦之津梁也。"將兩賦比較,指出其各自特色,以及呼應之妙,用語不多,而十分中肯。此書批點較有價值,編者意在"章分句析,聊示一隅",希望"學者能由此類求,則雖施之各體,法度皆備"。進而起到"得其一,萬事畢"的效果。書名"賦法",正反映其揭示名賦創作手法、以資讀者借鑒的意圖。

《律賦揀金録》4卷(《國朝律賦揀金録註釋》),清朱一飛(朱履中)編

【編者】

朱一飛(1760—?),後改名朱履中,字玉堂,海鹽縣(今屬浙江嘉興)人。貢生,曾任福建平和、龍溪知縣。清嘉慶二十二年(1817),被貶黑龍江、吉林,道光元年(1821)赦歸。今考南圖藏《律賦錦標集》朱履中序云:"歲丙申,余與同里蕭君湘浦暨當湖劉君藻漁有《揀金録》之選",序末有"朱履中印""原名一飛"兩枚墨印;而本書卷一亦題"海鹽朱一飛玉堂編輯",彼此恰好相合,則可知朱履中即朱一飛,一飛是其原名。著有《玉堂詩稿》《淡巴菰百詠》《龍江雜詠》《叶韻考證》等。

【版本】

1. 清乾隆年間刻本(4卷)

國圖藏。號:149988。本書凡4册,木板串裝。書高24.6釐米,寬15.5釐米。内封B面鎸:"館閣原選,海鹽朱一飛輯,律賦揀金録注釋。"左下鈐有"弎餘堂藏書"小篆陰文方印。首朱琰《序》1葉,鈐有"真州吴氏有福讀書堂藏書"印;次《賦譜》3葉;次《例言》2葉;次《目次》4葉,卷端題:"律賦揀金録目次,海鹽朱一飛玉堂編輯,同里蕭誠湘浦參訂,當湖劉暄漢漁校閲。"次正文。左右雙邊,分上下兩欄:上欄爲眉批欄,白口,無魚尾;下欄爲正文欄,黑口,單、黑魚尾,版心中部刻"揀金録卷某"和頁碼。版框高21釐米(其中上欄高5.8釐米,下欄

高15.2釐米),寬13釐米。半葉上欄18行11字,下欄9行每行21字,小字雙行同。各賦皆有圈點、旁批、眉批和尾批。

2.清乾隆年間博古堂刻本(24卷)

本書題爲"國朝律賦揀金録:初刻十二卷,二刻十二卷",凡24卷,河南大學圖書館藏,號:811.6088/C771。待查。另有吉林大學圖書館(善3197)、厦門大學圖書館(811.8/251)藏本。

3.乾隆末刻本(4卷)

此本題爲"國朝律賦揀金録注釋",凡4卷,復旦大學圖書館藏,號:942005。

4.《輯刊》第61册影印上圖藏清乾隆四十一年(1776)小西山房刻本(不分卷)

版式與國圖藏本略有差異。目録葉鎸:"乾隆丙申年輯,律賦揀金録(隸書大字),小西山房藏板。"右下方鈐有"小西山房"篆文章,左上方鈐有楷書小字"賦譜附録,二集即出"。首朱琰《序》2葉;次《例言》6條凡2葉;次《賦譜》4葉;次《律賦揀金録目次》8葉;次正文。不分上下欄,但書眉空間較大,所鎸眉批亦十分豐富,與上本基本一致。版心刻"揀金録"3字,没有頁碼,但在下方標記"天二""天三"字樣,意思是《天行健賦》第二葉、第三葉。按:此本不分卷,或許是初版。

【内容】

本書没有明確分類。上圖藏本不分卷,今據國圖藏本簡介如下:卷一大致爲天文、歲時類,凡23篇;卷二地理類,27篇;卷三藝文、器用類,30篇;卷四爲草木、鳥獸、鱗蟲類,30篇;補遺3篇。共計113篇。(上圖本129篇)《例言》云:"我朝重熙累洽,久道化成,皇上優禮詞臣,振興儒雅,所以鼓舞之者誠至。此海内名公鉅卿,與一切操奇觚、弄柔翰者,莫不雲蒸霞蔚。自鴻詞應制之篇,南巡召試之作,以及螢窗之精藴,芸閣之華腴,洋洋乎成大觀矣。"可知該書所選,主要來自博學宏詞科應制之作、皇帝南巡時臨時召試之作、翰林院館閣之作,以及文人個人創作的作品,範圍較爲廣泛。又云:"顧以集隘,未能全録。凡一題本有數篇,衹録其合時藝者一首,以示軌範。"對於同題之作,衹選其一,取捨之間,亦表現出選家的匠心。版式分上下兩欄,下欄正文,上欄眉批。各賦均有圈點、眉批與尾評。如卷一楊開鼎《天行健賦》,首句"本一清以成位,御六氣以周方"右側加點,旁批"直起"二字,眉批云:"一清。○《老子》:'天得一以清,地得一以寧。'"看來上欄文字,並非嚴格意義上的批點,而是以揭示語典出處爲主。賦後未見注釋,《例言》中所云"集中箋釋,凡警要而典奥者,務博稽詳審;習見習聞者,概從簡略。其有注明前篇互見題釋者,亦不復贅,以省繁冗",當指眉批。統觀全書,眉批内容較多,一般先撮引被釋詞,下面加一個○,然後揭示出處,並無分析或評點。本賦總批云:"扼住'健'字,重發'行'字,自爾周詳縝密,不至遊騎無歸。”可見該書最有價值者,乃在於旁批和總批。

《應試新賦備要初集》6 卷二集 6 卷,清謝稼思編

【編者】

謝稼思,字我同,江寧(今南京市江寧區)人。廩生,清乾隆五十年(1785)歲貢。其餘不詳。

【版本】

1. 清乾隆四十八年(1783)味經堂刻本

國圖藏,號:93102。本書凡 1 函 6 册,書高 23.9 釐米,寬 15.5 釐米。内封 B 面鎸:“乾隆癸卯年鋟,江寧謝我同評選,應試新賦備要,二集合編附 味經堂梓行。”首謝稼思《新賦備要初集叙》3 葉;次目録 10 葉,卷端題:“應試新賦備要初集目録,江寧謝稼思我同氏評選,受業姪豫度諺南校字。”《初集目録》併《二集合編目録》共 10 葉。下爲正文。四周單邊(或四周雙邊),白口,單、黑魚尾。半葉 8 行,行 22 字(敬避則凸起,23 字),小字雙行同。無界行。版框高 18.8 釐米(敬避行 19.7 釐米),寬 11.6 釐米。卷端題:“應試新賦備要初集卷之一,江寧謝稼思我同氏評選,受業姪豫度諺南校字。”版心頂部刻“新賦備要”4 字,魚尾之下刻“卷之一(初集)”和頁碼。《二集》卷首有謝稼思《新賦備要二集序》3 葉”,其版式與《初集》同,敬避不凸起。

2. 清嘉慶七年(1802)聚文堂刻本

人大藏。本書 1 函 6 册,號:PG4172/75。

3.《輯刊》第 62—63 册影印國圖藏清乾隆四十八年味經堂刻本

【内容】

據自叙,編者謝稼思認可賦爲“古詩之流”的觀點,認爲“四始書在,六義無遺,是謂藝文之儆策,述作之秘鑰也”,但他又説:“然溯其歸宿,必中乎律以作賦,始能行遠而無弊”,表現出推重聲律的傾向。這也反映了乾隆年間律賦創作漸趨興盛的態勢。故本書所選,雖古律並重,但尤重律賦,旨在爲讀者提供習賦之範本。其編纂緣起,自叙稱緣於“坊友周君之囑”。《初集》《二集》自叙皆作於乾隆三十一年丙戌(1766),蓋於此年初刻。此本爲乾隆四十八年癸卯(1783)味經堂梓行,應爲後刻或後印本。

本書初集凡 6 卷,卷一收賦 10 篇,始竇光鼐《聖駕東巡盛京恭謁祖陵大禮慶成賦》,迄濮琨《春水緑波賦》;卷二收 14 篇,始曹麟開《華峰賦》,迄聞益《緑牡丹賦》;卷三收 14 篇,始夏之蓉《黄鐘賦》,迄周龍官《月華賦》;卷四亦 14 篇,始盧明楷《喜雨賦》,迄宋洙《牛首天闕賦》;卷五收 14 篇,始張光燕《螢光照字賦》,迄王青雲《江城如畫賦》;卷六亦 14 篇,始方苞《中秋月賦》,迄周捷英《寒松賦》。初集共收賦 80 篇。二集亦 6 卷,卷一收賦 10 篇,始高士奇《駕幸闕里

賦》,迄吴士珣《瑞芝賦》;卷二收賦 14 篇,始朱楷《桃花潭賦》,迄吴延熙《牡丹賦》;卷三收賦 14 篇,始梁國治《荷露烹茶賦》,迄錢惟城《鳳鳴朝陽賦》;卷四收賦 14 篇,始儲元賁《虎邱山賦》,迄姚孔鋠《太液池蓮賦》;卷五收賦 14 篇,始唐孫華《閏月賦》,迄王紱《仁壽鏡賦》;卷六亦 14 篇,始張大麟《冰壺秋月賦》,迄汪由敦《瑞雪賦》。二集亦收賦 80 篇。全書凡 160 篇。

所選各賦,皆施以批點。如初集首篇竇光鼐《聖駕東巡盛京恭謁祖陵大禮慶成賦》,"綿瓜瓞於東土,陶復穴而靡寧。荷帝耆以啟運,規方輿而作京"一段,右側加圈,旁批:"起,先入盛京,得主腦",又批:"醒'京'字。"揭示佳句及點題之處。賦中連接語"於是"等加點,以提示段落層次。賦末有謝氏評語兩行:"透發本題,敷詞古雅,用筆沉雄。《甘泉》《上林》諸賦,不得專美於前。(謝我同)"最後又有"註釋"3 葉,釋詞七十餘條,以揭示典故出處爲主。如"纘舊服"注:"《書》:纘禹舊服。""瓜瓞"注:"《詩·綿》二瓜瓞。"等等,極爲簡要。

《會稽名勝賦》不分卷,清葉簡裁輯

【編者】

葉簡裁,字伯蓀,生平不詳,會稽(今浙江紹興)人。主要活動於清雍正、乾隆年間。

【版本】

1. 清乾隆五十三年(1788)菑耕堂刻本

國圖藏,號:XD3271。本書 1 函 2 册,書高 23.5 釐米,寬 12.8 釐米。函内卡片上以鉛筆書寫:"會稽名勝賦/〔清〕葉簡裁輯,清乾隆五十三年(戊申 1788)刻本,菑耕堂藏板。"首《會稽名勝賦目録》2 葉。卷端題:"會稽名勝賦目録,會稽葉簡裁伯蓀選輯。"鈐"長樂鄭振鐸西諦藏書"章;以下正文。四周單邊,白口,無魚尾,無界行。版框高 18.3 釐米,寬 10.7 釐米。半葉 9 行,行 25 字,小字雙行同。卷端無題署,首賦爲高大爵《聖駕臨幸蘭亭賦》,版心上端刻"會稽名勝賦"5 字,無頁碼。正文刻有句讀、圈點、旁批、尾評。書末鈐有"長樂鄭氏藏書之印"和"北京圖書館藏"印。

2.《輯刊》第 63 册影印上圖藏清乾隆五十三年菑耕堂刻本

此本品相較好,内封 A 面鎸:"乾隆戊申春鎸,會稽葉簡裁伯蓀評輯,會稽名勝賦(居中大字),菑耕堂藏板。"鈐有"上海圖書館藏"印。

【内容】

據目録,本書選録清人歌詠會稽名勝的賦作 33 篇,其中上册凡 14 篇,下册凡 19 篇(正文衹有 15 篇),是一部地方賦的彙集。從賦題看,既有對會稽山川風景、名物古迹的描繪,例如吴壽昌《曹娥碑賦》、丁鶴《鑒湖賦》、徐元基《鏡湖賦》、李壽朋《半月泉賦》、高大爵《薔薇洞賦》、葉簡裁《蓬萊閣賦》等,亦有對歷史典故、人物故事的歌詠，如姚大源《稽山懷古賦》、胡浚《東齋贈墨賦》、陶廷珍《黄金鑄范蠡賦》、沈錫蕃《剡溪訪戴賦》等，具有較爲濃郁的地方文化特色。賦中有句讀、圈點和旁批，賦末有評語。如《聖駕臨幸蘭亭賦》"五載時巡，聿溯《虞書》之令典；百靈擁護，爰來越地之翠華。始則覽蓬島之仙都，駕臨越望；既而訪蘭亭之舊迹，舟渡若耶"一段，右側刻以尖點，旁批"入題"2字；"千萬重巖壑之中，子焉孤峙；八百里湖山之内，惟此尤佳"一段，右側刻有小圈，旁批："清圓瀏亮，一片宫商。"該賦賦末有批點一行："冕旒秀發，旌旆飛揚，蔚然而鸞鳳躍，鏗然而韶鈞鳴。（葉伯森）"尾評的作者除葉伯森外，還有葉伯蓀、杭堇浦先生、余湘華、陳蒲雲、王本滋、周藕船、朱大宗師、沈賡堯、宗芥帆等，而葉伯蓀最多。

《七十家賦鈔》六卷，清張惠言輯

【編者】

張惠言（1761—1802），原名一鳴，字皋文，武進（今屬江蘇常州）人。清嘉慶四年（1799）進士，改庶吉士，授翰林院編修。詩、賦、文俱佳，尤工詞，爲常州詞派創始人，編有《詞選》一書，頗受讚譽。著有《茗柯文》9卷、《茗柯詞》1卷、《七十家賦鈔》6卷等。《清史稿》卷四二八、《清史列傳》卷六九有傳。

【版本】

1. 清乾隆五十七年（1792）稿本

北大藏，號：LSB/1856。手稿本，凡3册。1996年陳秉才、張玉范《北京大學圖書館藏稿本叢書》影印之。可參王思豪《手稿本〈七十家賦鈔〉的學術價值》（《中國典籍與文化》2010年第4期）。

2. 清道光元年（1821）合河康氏家塾刻本

北大藏，號：X/811.308/1150.1/C2。此本1函8册，書高24.7釐米。内封A面鎸"七十家賦鈔六卷"篆文7字，B面鎸"道光元年五月合河康氏刊"楷書一行。左右雙邊，黑口，雙、黑魚尾，半葉13行，行22字。版框高18.2釐米，寬13.5釐米。首康紹鏞《七十家賦鈔序》1葉；次《七十家賦鈔録目》（包含全書目次和張氏目録序）6葉；以下爲正文。每卷之首又有分卷目次，接連排印，不分行。如卷一目録：首行頂格鎸"賦鈔卷一"，次行爲"楚辭十二家八十二篇"，三行爲"屈平二十五篇 宋玉一篇 景差一篇 賈誼一篇"……第六行頂格刻"屈原離騷"4字，下有3個圈；第七行爲《離騷》正文。《續四庫》1611册影印之。

3. 清光緒四年（1878）宏達堂重刻本

天津圖書館藏。内封A面鎸"七十家賦鈔六卷"7個篆文大字，B面鎸"光緒四年孟冬月宏達堂開刊"隸書2行。首康紹鏞《七十家賦鈔序》1葉；次《七十家賦鈔録目》（包含全書目次和張氏目録序）6葉；以下爲正文。左右雙邊，黑

值》(《中國典籍與文化》2010 年第 4 期)、陳曙雯《〈七十家賦鈔〉與張惠言的比興視野》[《内蒙古大學學報》(哲學社會科學版)2010 年第 6 期]、李倩倩《張惠言學術傳承與賦學思想——以〈七十家賦鈔目録序〉爲中心》[《河北北方學院學報》(社會科學版)2013 年第 6 期]、馮乾《常州詞派之創發與形成新論——〈七十家賦鈔〉與張惠言的詞學》[《南京大學學報》(哲學·人文科學·社會科學)2014 年第 4 期]、潘務正《張惠言〈七十家賦鈔〉與常州學風》[《江蘇師範大學學報》(哲學社會科學版)2015 年第 1 期]等。

《律賦崇雅》不分卷,清吴琥繡輯

【編者】

吴琥繡,字永之,錢塘(今浙江杭州)人。生平不詳。

【版本】

1. 清嘉慶六年(1801)知止草堂刻本

國圖藏,號:150208。本書凡 4 册,書高 24.2 釐米,木板串裝。内封 B 面鎸:"錢塘吴永之手輯,律賦崇雅,知止草堂藏板。"首吴琥繡《序》2 葉,首葉有殘缺,鈐有"真州吴氏有福讀書堂藏書"章;次目録 7 葉,卷端題:"律賦崇雅目録,錢塘吴琥繡永之輯選,甥陳汝楨峙木、姪輪光重暉、子吉光周士仝校。"次正文。左右雙邊,白口,無魚尾,版心上方刻"律賦崇雅"4 字,下方無卷數、頁碼。版框高 19.2 釐米,寬 11 釐米。半葉 9 行,行 25 字。無界行。本書開本闊大,紙墨皆好。

2.《輯刊》第 72 册影印國圖藏清嘉慶六年知止草堂刻本

【内容】

本書不分卷,共收律賦 120 篇,首曹仁虎《江漢朝宗賦》,末吴錫麒《石鼓山賦》。不分類,不明其排序之由。每賦有圈點、末批。如首篇《江漢朝宗賦》(曹仁虎),"爾其江也"右側加點,乃是提示行文轉折之處。"趨吴楚而雲濤滾滾,直走三山;混水天而雪浪滔滔,平分兩戒"右側加圈,乃是品賞佳句雋語。"戒"下加一横,似爲分段。賦末總批云:"吐納珠玉,捲舒風雲,非率爾操觚者可比。"仔細研讀,發現這些總批雖語言簡練,但多爲溢美之辭,而且不乏重複之處。如王昶《九峰三泖賦》總批:"輕圓朗潤,秀色可餐。"王昶《麥浪賦》總批:"氣清詞雅,秀色可餐。"用語空洞而又重復。亦有可資參考者,如蔣雍植《微雨宿花房賦》總批:"用古入化,下筆有神。"又,吴省欽《二月春風似剪刀賦》總批:"白詩就柳説,然本題當博徵之,以還全體,將春風、剪刀打成一片,'似'字便躍然紙上。"本賦以賀知章《詠柳》詩句爲題,但原詩寥寥 28 字,純粹歌詠柳樹、柳枝;評點者認爲賦與詩不同,當以"博徵"爲特色,貴在以旁徵博引的方式,對"春風""剪刀"逐層加以鋪寫。這爲同類賦的寫作提供了方法論上的指導。本書僅見國圖藏本,目録員著録爲"清嘉慶六年(1801)"刻本,不詳所據。

《律賦必以集》2 卷,清顧蒓編

【編者】

顧蒓(1765—1832),字希翰,一字吴羹,號南雅,晚號息廬,江蘇吴縣(今蘇州)人。清嘉慶七年(1802)進士,選翰林院庶吉士。散館授編修。累官至通政司副使。爲人正直不阿,晚年名益盛,有文壇耆宿之譽。工書法、繪畫。詩文師大蘇,音格高雅,賦、駢體皆師唐宋。居詞館三十餘年,文名動天下。著有《南雅詩文鈔》《思無邪室遺集》《顧吴羹先生尺牘》《和珅傳》《滇南采風録》等。事迹見《清史列傳》卷七三。

【版本】

1. 清嘉慶二十五年(1820)菊坡精舍刊本

陝圖藏,號:X07994。本書 1 函 12 册,書高 26 釐米,寬 15.4 釐米,書衣鈐有"晚霄軒"篆文章。插葉紅色。内封 B 面鎸:"律賦必以集,菊坡精舍重刊。"鈐有"粤東居稽書舍督造書籍"楷書印。首顧蒓序 2 葉,鈐有"陝西省圖書館"等 2 枚朱印;次繼昌序 1 葉;次《例言》22 條 5 葉;次《律賦必以集目録》5 葉;次《摘録〈律賦衡裁餘編〉四十一則》,凡 17 葉;次正文。四周雙邊,白口,單黑魚尾。版框高 17.3 釐米,寬 12.4 釐米。半葉 9 行,行 20 字。無界行。版心魚尾之下刻"律賦必以集卷某"和頁碼。鈐有"晚霞軒員氏梧岡印"。

2.《輯刊》第 69 册影印上圖藏清光緒十五年(1889)蓉城尊經書院重刊本

此本品相較好。書名頁鎸:"光緒己丑孟夏重刊,律賦必以集,版存蓉城尊經書院。"首顧蒓《序》2 葉,鈐有"上海圖書館藏"印;次黄琮《序》1 葉;次《例言》22 條,凡 5 葉;次《摘録〈律賦衡裁餘編〉四十一則》凡 17 葉;次《律賦必以集目録》5 葉,卷端題:"律賦必以集目録,顧南雅先生評選。"次正文。四周單邊(偶有雙邊),黑口,單、黑魚尾。半葉 9 行,行 22 字。無界行。版心魚尾之下刻"律賦必以集卷某"和頁碼。

【内容】

本書收録律賦經典作品,始於班倢伃《擣素賦》,迄於秦觀《郭子儀單騎見虜賦》,凡 73 篇,分爲兩卷。其中漢魏六朝賦 10 篇,宋賦 6 篇,其餘 57 篇皆爲唐賦。據《例言》所論,兹編上卷爲律賦溯源,斟選部分古賦、俳賦,"而俳賦倍於古賦者,以其與律賦尤近也"。選賦始於班倢伃《擣素賦》,原因即在於該賦有駢儷特色,開後世律體先聲。本書所選,以唐賦爲大宗,正如《例言》所云:"唐人以律賦取士,故作者特盛,李程、王起最擅時名,而尚存古意。其餘諸公,鬬奇争巧,各有所長。其不受拘束,而能放筆爲直幹者,則元、白及裴相也。"評價甚爲中肯,説明編者並不汲汲於聲律,而頗欣賞那些"放筆爲直幹"的風骨之作,對元稹、白居易、裴度之律賦尤爲激賞。對於所選各賦,編者皆施以句讀、圈點、旁批和尾評。如首篇《擣素賦》"桂露朝滿,涼襟夕輕"一段有圈,旁批云:"三仄三平,開六朝琢句之漸。點出擣素之人,題前作襯。"指出該賦對後世的影響,甚有見地。賦末總批云:"婕妤以幽閑之質,見讒於趙飛燕,故有此賦,與《紈扇詩》同旨。怨而不怒,合於風人騷人之旨。較相如《長門賦》意尤真摯。篇中三叶'音'字,兩用'若乃'接,今不可學。"對於該賦的抒情特色和藝術手法,都極爲推崇。本書顧莼自序作於"嘉慶十八年(1813)臘月",當爲編纂完成、初刻之年。之後又有嘉慶二十五年(1820)、道光二年(1822)、光緒六年(1880)、光緒十五年(1889)重刻本,可見流播之廣。道光二十八年(1848)潘遵祁《唐律賦鈔》卷首有《律賦必以集論賦十則》,光緒二十二年(1896)劉嶽雲《律賦選讀·序》亦稱:"顧南雅選《律賦必以集》……謂律賦非揣摩有素不能爲,則甚是。其分層次,押限韻,用意虛實淺深,運典取材,聲韻、議論、音節之説,均律賦正宗。"胡希周《唐古賦選》亦大量采用該書評點,并標注"必以集評"。不難看出,該書對清代律賦創作的影響達百年之久。

《同館賦鈔》16 卷,清王家相輯

【編者】

王家相(1762—1838),字宗旦,號藝齋,江蘇常熟人。始以拔貢生,官徐州蕭縣教諭。清嘉慶十四年(1809)中進士,官編修,遷山西道監察御史。擢户科給事中,晉吏科掌印給事中。出授河南南汝光道,屢署按察使事,以引疾歸於里。爲官有嘉名,其《議加米疏》稱頌於時。著有《茗香堂集》16 卷。事迹見李兆洛《養頤齋文集》卷一一《墓志銘》(收入《續碑傳集》卷三四)、梅曾亮《柏梘山房文集》卷九《家傳》(收入《國朝耆獻類徵初編》卷二一四)。

【版本】

1. 清道光初年刻本

南圖藏,號:GJ/91793。本書凡 4 厚册。書高 19.8 釐米,寬 12.5 釐米。内封 B 面鎸:"常熟王家相編輯,同館賦鈔,翻刻必究。"首王家相《賦序》2 葉,鈐有"江蘇省立第一圖書館藏書"印;次《凡例》10 條凡 2 葉;次目録 1 葉,卷端題:"同館賦鈔卷一目録,常熟王家相藝齋編輯。"以下正文。四周雙邊,白口,單、黑魚尾。半葉 10 行,行 20 字,小字雙行同。版框高 13.1 釐米,寬 10.1 釐米。卷端無題署。版心頂部刻"同館賦鈔"4 字,魚尾之下刻卷某、篇名和頁碼。

2.《輯刊》第 67—68 册影印南圖藏清道光初年刻本

【内容】

本書是法式善(時帆)《同館賦鈔》的續編。據王家相序,家相入翰林院庶常館,曾就學於法式善前輩。法囑託其續編同館賦,不久即辭世,家相遂編纂此書,以完成先師遺囑。南圖藏有王家相所編《同館賦鈔二集》2 卷補鈔 1 卷(嘉慶十九年刻本),較爲真實地反映了王氏編纂嘉慶辛未科館賦,刻成後又得多篇,遂加以補遺的情況。此書凡 16 卷,其中卷二至卷四乃是從《同館賦鈔二集》中選録若干篇,加以評點而成。嘉慶刻本《同館賦鈔二集》輯録辛未科館賦 110 篇補遺 27 篇,本書則從中選録 57 篇,不及原書的半數。可見編者在編纂此書時,還是下了一番斟酌取捨的功夫。但本書所編館賦的時間下延至道光壬午科,則大大超出嘉慶刻本的範圍。

其編纂方法是:卷一選録大考、散館賦,其中大考卷 2 題 4 篇:《澄海樓賦》(嘉慶戊寅,潘錫恩、許邦光)、《八月其穫賦》(道光甲申,朱方增、戚人鏡);散館卷 5 題 7 篇:《槼圓盂方賦》(嘉慶甲戌,吴慈鶴)、《三階平則風雨時賦》(嘉慶丁丑,馬步蟾)、《雲無心以出岫賦》(嘉慶己卯,吴其濬、龍元任)、《星宿海賦》(嘉慶庚辰,周祖培、蔡如衡)、《瓊島春陰賦》(道光癸未,翁心存),凡 11 篇。從第二卷起選録日常館課之賦,以科次先後爲序:

嘉慶辛未科(1811)館課賦 32 家 57 篇(卷二至卷四);

嘉慶甲戌科(1814)館課賦 23 家 35 篇(卷五、卷六);

嘉慶丁丑科(1817)館課賦 24 家 37 篇(卷七、卷八);

嘉慶己卯科(1819)館課賦 23 家 35 篇(卷九、卷十);

嘉慶庚辰科(1820)館課賦 33 家 57 篇(卷十一至卷十三);

道光壬午科(1822)館課賦 20 家 57 篇(卷十四至卷十六)。

共計編選六科館閣賦凡 155 家 278 篇。加上卷一所選大考、散館賦 11 篇,全書共選賦 289 篇,較爲忠實地反映了嘉道間館賦創作的盛況。需要説明的是,該書卷二至卷十六編選各科館賦,其體例與大考、散館賦"先列賦題、以題帶人"的方式不同,而是以賦家爲序,將同一賦家的賦作集中排列,即《凡例》所謂"以某名提綱,賦目逐一分列"。

書中所選,皆爲律賦,題下標出所限之韻。或有擬賦以題爲韻,或用原韻者,亦加以注明。至於"古賦不拘韻,與非古賦而未限韻者,皆所不載"。各賦皆注明考試類型、名次。如首篇潘錫恩《澄海樓賦》,卷一目録"大考卷"之下列此篇名,作者名之上又有"嘉慶戊寅"四字,而正文的作者名之下又有"一等一名"字樣,可知該賦是戊寅科大考卷,榮獲一等第一名。對於各賦,編者皆施以圈點。如《澄海樓賦》開頭"於廓乎大哉!靈壑無垠,環同亥步。吸百谷而兼吞,納千川而畢赴"一段加圈;"盈縮千年而若故"之下加截畫。但没有評論。正文中於賦題之上,或有"選"字,或加圓圈,乃係藏家墨書。

《賦則》4 卷,清鮑桂星撰

【作者】

鮑桂星(1764—1826),字雙五,一字覺生,安徽歙縣人。清嘉慶四年(1799)

進士,授編修,歷官工部侍郎、翰林學士,因事革職,官終詹事府詹事。性質直,敢任事。其詩能合唐宋之長;其賦風格"遒逸"(李元度),爲清賦四大家之一。著有《覺生古文》4卷、《覺生詩鈔》10卷、《覺生詩續鈔》4卷、《詠物詩鈔》4卷、《詠史詩鈔》3卷等。另輯有《唐詩品》85卷、《賦則》4卷。《清史稿》卷三七七有傳,生平又見陳用光《太乙舟文集》卷八《墓志銘》、夏寶晉《東生草堂文録》卷三《行狀》等。

【版本】

1. 清道光二年(1822)歙縣鮑氏刻本

北大藏,號:X/811.308/2246。本書1函2册。内封B面鎸有隸書"賦則"2字。首鮑桂星《序》1葉,次《凡例》3葉,次《目録》4葉,以下正文。四周雙邊,白口,單、黑魚尾,無界行。半葉9行,行24字。版框高17.6釐米,寬13.2釐米。卷端題:"賦則卷一,歙鮑桂星雙五評選,德化余炳堃葵甫、德化李儒郊東原、錢唐陳憲曾鐵橋仝校刊。"版心頂部刻"賦則",魚尾之下刻卷次和頁碼。天頭刻有眉批,半葉18行,行6字;正文之旁有圈、點、三角等符號,以示賞鑒。賦末鎸有總評。鈐有"崇禮堂""巴陵方氏碧琳琅館藏書""國立北京大學藏書"等印。

2. 清道光十四年(1834)來鹿堂刻本

國圖藏,號:79551。本書1函2册,書高25.1釐米,寬15.5釐米,書衣題簽上刻有"賦則(卷一、卷二),上冊"字樣,内封B面鎸:"道光甲午重鎸(校正無訛,飜刻必究),賦則,來鹿堂藏板。"内容、版式與道光二年刻本全同,疑爲據舊版重印之本,惟卷端題署"錢唐陳憲曾鐵橋"下增加"安康張鵬翂補山重校刊"一行。有朱筆、墨筆圈點。内夾書衣殘片,上有題記一行:"庚申春季望前一日,祐之孔慶元訂於常惺惺書屋之南窗下。"鈐有"北京圖書館藏"印。

3.《賦話廣聚》影印國圖藏清道光十四年來鹿堂刻本

4.《輯刊》第69册影印天圖藏清道光二年歙縣鮑氏刻本

【内容】

本書凡4卷,卷一收録先秦至魏晉賦9篇,卷二收録南北朝賦10篇,卷三收録唐宋元明賦23篇,卷四收録清代賦16篇。總共58篇(班固《兩都賦》計2篇)。據鮑桂星自序,編者曾經編纂《賦選》一書,得先秦至明代賦700篇,但由於卷帙浩繁,難於繕寫,於是從中選取具有代表性的作品,編爲《賦則》。由少而轉精,且加以圈點評騭,撰寫序言、凡例,體例上亦十分完善,所以在清代較受歡迎,當時就有"簡而有法"之譽。批點大都言簡意賅,例如卷一宋玉《風賦》末批云:"高古,是先秦文字。"從藝術風格角度,否定了學者對該賦的懷疑。卷二鮑照《蕪城賦》眉批云:"從城之形勢起","翻'蕪'字,先反後正,一定之法","入'城'字","筆力勁絶。以下寫'蕪'字,盡致","草木鳥獸,錯綜入妙,古人貴變化如此","調變,不變則調不長",等等,分析入微,盡得章法之妙。賦末總評云:

"筆雄勁而調遒莊,難在出以簡嚴,非文通莫與頡頏也。"將鮑照與江淹並列,極盡讚譽。該書選篇情況和自序、《凡例》均反映了編者古律並重的賦學觀。

【研究】

孫福軒《清代賦學研究》第三章《乾嘉道時期的賦學理論》認爲:"古律兼容(以古爲主)是鮑桂星的理想境界。"①何新文等《中國賦論史》第六章第六節《嘉慶、道光年間的賦論與賦話著作》認爲,鮑桂星《賦則》中的賦論意見有兩點:1. 在《序》及《凡例》中,以古律兼重的觀念,概述賦體的特點及歷代賦的發展;2. 在賦篇的評點、尾評中,以"情韻、音節"爲主,評論各體賦作的藝術價值、特點。② 此外,許結撰有《鮑桂星〈賦則〉考論》一文,載《南京大學學報》(哲學·人文科學·社會科學)2010 年第 5 期,可參。

《同館律賦精萃》6 卷,清蔣攸銛輯

【編者】

蔣攸銛(1766—1830),字穎芳,號礪堂,遼東襄平(今遼寧遼陽)人,隸漢軍鑲紅旗。清乾隆四十九年(1784)進士。曾任江西按察使、雲南布政使、江蘇巡撫、江南河道總督、兩廣總督等職。調任四川總督,加太子太保。授刑部尚書,尋授直隸總督。拜體仁閣大學士,充軍機大臣,管理刑部。授兩江總督,晉太子太傅。有《繩枻齋集》《黔軺紀行集》和自編《繩枻齋年譜》等。《清史稿》卷三六六有傳。

【版本】

1. 清道光七年(1827)襄平蔣氏刻本

國圖藏,號:36026。本書 1 函 6 册,書高 28. 5 釐米。内封 B 面鎸:"道光七年七月鎸,同館律賦精萃,襄平蔣氏藏版。"首曹振鏞《序》2 葉,鈐"惟適齋"印;次蔣攸銛《叙》2 葉;次目録 13 葉,卷端題:"同館律賦精萃目録,襄平蔣攸銛礪堂輯,受業汪懷、李恩繼、鄂恒編校。"次正文。左右雙邊,白口,單、黑魚尾。版框高 18. 9 釐米,寬 14. 3 釐米。半葉 10 行,每行 22 字。卷端題:"同館律賦精萃卷一。"版心上方刻"同館律賦精萃"6 字,魚尾之下刻"卷某"、篇名(小字)和頁碼。鈐有"北京圖書館藏"朱色方印。此書開本闊大,紙墨俱佳。

2.《輯刊》第 70—71 册影印首圖藏清道光七年襄平蔣氏刻本

【内容】

本書凡 6 卷,卷一收賦 30 篇,卷二爲 33 篇,卷三爲 34 篇,卷四爲 34 篇,卷五爲 38 卷,卷六爲 30 篇,附刻賦 8 篇(皆爲闕名),另外附《同館七言長律鈔》30

① 孫福軒:《清代賦論研究》,浙江大學出版社 2008 年版,第 193 頁。

② 何新文、蘇瑞隆、彭安湘:《中國賦論史》,人民出版社 2012 年版,第 317 頁。

篇。全書共收賦207篇,皆爲館閣律賦。始於雍正乙卯(1735),迄於嘉慶甲戌(1814),凡79年之賦作,以作家爲單位,依次收録。其選録標準,蔣攸銛在自序中説:“是編之選,不欲誇多鬥靡,務在歛才就範,所謂律也。”不以行文氣勢、作家才華爲標準,而專取合乎律賦規範的作品,爲天下文人士子樹立學賦之標杆。録賦最多者爲紀昀、彭元瑞、祝德麟三家,各9篇;其次爲曹仁虎(6篇)、曹振鏞(5篇)。所選各賦,皆無評論、注釋,但在佳句之旁加圈。如卷一齊召南《壁中聞絲竹賦》,於“睹禮器於兩楹,豈有羹牆之慕;留儒風於四壁,俄來絲竹之聲”右側加圈,以示讚賞之意。此外,於“之聲”“鼓吹”“微傳”“衛風”“之墟”之下施以截畫,以揭示段落層次。

《關中兩朝賦鈔》2卷,清李元春輯

【編者】

李元春(1769—1854),字仲仁,一字又育,號時齋,别署桐閣主人,陝西朝邑(今陝西大荔)人。清嘉慶三年(1798)舉人,任大理寺評事,加州同銜。晚年主講潼川、華原各書院。著述頗多,主要有《諸經緒説》《經傳摭餘》《春秋三傳注疏》《諸史閑論》《臺灣志略》《學薈性理》《桐閣文鈔》《時齋詩文集》等百餘卷。另輯《關中詩文鈔》《青照樓叢書》等。傳見《清史列傳》卷六七。

【版本】

1. 清道光十二年(1832)守樸堂刻本

國圖藏,號:81031(第四函)。本書與《關中兩朝文鈔》《關中兩朝詩鈔》合刊,凡47卷,裝訂爲44册,清道光十二至十六年(1832—1836)刻本。本書凡2册,在第四函。内封A面鎸:“道光壬辰鎸,關中兩朝賦鈔,守樸堂藏板。”首李元春《關中兩朝賦鈔序》1葉;次《關中兩朝賦鈔目録》1葉;以下正文。左右雙邊(或四周單邊),白口,單、黑魚尾。半葉9行,行20字。卷端題:“關中兩朝賦鈔卷一(明),朝邑李元春時齋彙選、男來南薰屏輯録、蒙天庥蔭堂校梓、男省三次曾參訂。”版心頂部刻“關中兩朝賦鈔”6字,魚尾之下刻“卷某”和頁碼。

2.《輯刊》第74册影印首圖藏清道光十二年守樸堂刻本

【内容】

《關中兩朝賦鈔》是李元春所編《關中詩文鈔》47卷之一種。編者自序言:“予選關中古文詩既就,乃搜諸家賦,得若干篇,並付諸梓”,可見其編纂時間後於《關中詩鈔》和《關中文鈔》。該書編選明清兩代關中地區名家賦35篇,分爲兩卷。上卷明代,凡21篇;下卷清代,凡14篇。選賦最多者,爲明文翔鳳(6篇)、李夢陽(5篇)、清李楷(3篇)、康乃心(3篇)諸家,其餘或1篇,或2篇。李元春序云:“明獻吉(即李夢陽)諸人力追古賦,幾不讓揚馬;文氏父子(文翔鳳、文龍軒)益加恣肆奥倔,直欲駕漢人而上。”對李、文兩家賦推崇備至,亦可見編者雖生活在清代嘉慶、道光年間,律賦創作興盛之時,但仍然標榜漢魏古賦。李夢陽(1473—1530),字獻吉,號空同,祖籍河南扶溝,但出生於慶陽府安化縣(今甘肅省慶城縣),故被視爲關中人。他是明代中期文學家,復古派“前七子”的領袖人物,提倡“文必秦漢,詩必盛唐”,影響甚巨。著有《樂府古詩》36 卷、《疏書碑誌序集文》27 卷、《空同集》8 卷等。文翔鳳,字天瑞,號太青,陝西三水(旬邑)人。明萬曆三十八年(1610)進士。官至太僕寺少卿。著有《伊川集》《海日集》《雲門集》《太微經》《東極篇》等。李楷(1603—1670),字叔則,號河濱、岸翁,陝西朝邑人。明天啟四年(1624)舉人,曾任江蘇寶應知縣。康乃心(1643—1707),字孟謀,又字太乙,號恥齋,郃陽(今陝西合陽縣)人。清康熙三十八年(1699)舉人,隱居不仕。著有《莘野詩集》《五臺山記》《毛詩箋》等。所選各賦,皆施以句讀,偶見尾評。例如卷一明康海《止酒賦》尾評:“閱廷對策見對山,非惟才士,乃豪傑也;閱數賦見對山,非惟豪傑,乃道學也。(時齋)”今按:康海(1475—1540),字德涵,號對山,明代“前七子”之一。李元春對其才華、爲人、文賦皆嘖嘖稱讚,並認爲他的賦具有“道學”(道家思想)色彩。觀其所收《止酒賦》《夢遊太白山賦》,信然。

《古律賦要》4 卷,清李元春評選

【編者】

李元春(1769—1854),字仲仁,生平參見“關中兩朝賦鈔”條。

【版本】

1. 清道光三十年(1850)刻本

陝圖藏,號:Ⅹ08166。本書 1 函 4 册,書高 24.1 釐米,寬 15.5 釐米,書簽上刻有“桐閣古律賦要(元)”字樣(第二、三、四册分别爲亨、利、貞),鈐有“思過齋藏書印”。内封 B 面鎸:“道光庚戌新鎸,古律賦要。”首楊鄂《古律賦要序》5 葉,鈐有“思過齋藏書印”;次正文。無目録。左右雙邊,白口,單、黑魚尾。版框高 14.6 釐米,寬 12.2 釐米。半葉 9 行,行 20 字。無界行。卷端題:“古律賦要卷一,朝邑李元春時齋評選,男來南薰屏、來瀚海觀録,小門生張同曾蓮生校梓、上官迪簡惠吉校訂。”版心上端刻“古律賦要”4 字,魚尾之下刻卷某、頁碼。正文刻有圈點,眉欄鎸有評語。書末有跋 1 篇(殘)。

2.《輯刊》第 73 册影印陝圖藏清道光三十年刻本

【内容】

本書收録先秦至清初的賦作,兼收古賦、駢賦、律賦和小賦。没有目録。共中卷一收録先秦兩漢三國賦,有楚宋玉《風賦》《高唐賦》《神女賦》等,共 19 篇,凡 75 葉;卷二收録兩晉南北朝賦,有晉嵇康《琴賦》、向秀《思舊賦》等,共 19 篇,58 葉;卷三收録唐宋元賦,有唐王勃《九成宫東臺山池賦》(律)、楊炯《臥讀書架賦》(律)等,共35篇,80葉;卷四收録明清賦,有明薛瑄《黄河賦》(古)、《自修賦》(古)等,共31篇,59葉。

全書共收歷代賦104篇。其中唐賦28篇,清賦23篇,數量佔全書之半,可見其對律賦的重視。但律賦多短篇,該書對漢魏古賦收録亦多,批點亦十分詳盡。例如卷一司馬相如《子虚賦》,"楚使子虚使於齊"句旁批云:"立名妙。"又"子虚過奼烏有先生,亡是公存焉"右側加點,眉批云:"入手紆徐,不肯一直説下。"此下又有眉批云:"山是綱,下分目,中又有細目,寫來極見錯綜變化。""鋪排田獵,諷諭全在問答節關。"賦末總批云:"設爲幻境問答,以諫遊獵,亦本宋玉而立局,益務展放疏古,敷詞益加瑰麗參差。"所評甚是。眉批、尾評與圈點、旁批(甚豐)相呼應,起到了很好的導讀作用。《上林賦》眉批6條,徵引孫月峯兩條、何義門一條,賦末總批云:"較前篇更爲閎博。言天子事,自不得不爾。然鋪叙愈侈,益爲後路轉地,須知起結俱與中間相稱。末歸於正,亦頗見其大,足徵長卿之學。"在比較中見出《上林賦》"閎博"和"徵學"的特色,甚當。又《長門賦》眉批云:"顧徵君、何義門皆以起稱孝武,疑此賦非相如作。然安知序非後人所增?"對作者問題提出個人見解,極有見地。賦中又有眉批:"歷寫離宫、登臺、下臺、步宫、視殿,視臺外,無非愁景。望其來,疑其來,其寔景物皆空,意切情深,風人之遺,非長卿不能爲。"梳理脉絡,分析細膩,認爲該賦有風人之致,進而肯定了司馬相如的著作權。

唐宋清三代之賦,也是本書着力評點的對象。例如卷三范仲淹《金在鎔賦》,開篇"天生至寶,時貴良金。在鎔之姿可覩,從革之用將臨"一段旁批:"起即點清,亦一法。"此下尚有旁批:"言金必待鎔,亦原題","在鎔,正面","十分精警,是説金,是説人","直接申上意","上就金説,此就鎔説","説明本旨","上揭過題面,遂推開,以申己説",等等,既梳理文章層次,亦點明起承轉合之妙。賦末徵引顧蒓《律賦必以集》的評説,對全賦進行概括:"顧南雅曰:董子此言,即《老子》金在爐之意,謂下惟視上所化耳。此作以官韻'求鑄成器'云云,遂專著金説,寓躍冶求試之意。斷章取義,原可不拘。古人論詩,須有人在,讀三四段及結,如見文正一生相業。"今按:賦題出自《莊子·大宗師》:"今大冶鑄金,金踴躍曰:'我且必爲鏌鋣。'大冶必以爲不祥之金。"後人常常以"金躍"來比喻順應教化。顧南雅誤記爲《老子》,但他指出該賦以"金在良冶,求鑄成器"爲韻,所限之韻即規定了創作主題,不再是"順應教化",而是"躍冶求試",即主動要求接受陶冶,成爲有用之才。這對於律賦創作,亦有提醒和指導意義。

總之,該書古律兼收,觀點通達,每賦皆有圈點、眉批、旁批、尾評,自戰國至清代,展示了古代賦體文學的演變進程。

《律賦雅正》不分卷，清吕善報編

【編者】

吕善報（1772—？），字玖芸，一字珊音，號詩憨，晚號鹿虹，又作六紅，山陰（今浙江紹興）人。乾隆、嘉慶間曾八應浙江鄉試而不第，以候銓刑部司理，佐其中表何慎齋河南道幕府。著述等身，有《九芸詩略》《國朝涵今集》《窺斑集》《六紅詩話》《吉祥止止軒詩話》等，大半已散失。事迹略見《六紅詩話》諸序跋。

【版本】

1. 清嘉慶道光間抄本

北師大藏，號不詳。書衣右側墨書"律賦雅正"4 字。左側有題記兩條，其一云："此書道光癸未春得於城中舊書肆，不著書目。"道光癸未，指道光三年（1823），則此書當編纂於嘉慶年間。其二云："此書宣統庚戌冬十一月，得於城中珠寶巷文苑樓，魯氏貴讀樓物也。"又鈐有"北平輔仁大學圖書室藏書"紫色橢圓章，可知該書曾經數易其主。首目録 3 葉（配補），卷端題："律賦雅正，山陰吕善報理常選讀。"以下正文。卷端無題署，半葉 9 行，行 20 字（敬避行 22 字），小字雙行同。無界行。

2.《輯刊》第 74 册影印北師大藏清嘉慶道光間抄本

【内容】

本書編選清代律賦 40 篇，大致按照天地人物的順序編排，首潘璋《天形如車蓋賦》，迄夏明鑾《脈望賦》。儘管數量不多，但天文、歲時、文學、治道、性理、農桑、詠古、音樂、花草、樹木、鳥獸、鱗蟲等皆具，説明編者兼顧賦的不同題材和主題。此外，還兼顧不同作家，除了陶廷珍（2 篇）、江南金（2 篇）、吴寧（2 篇），一般衹收一篇。各賦皆有圈點、截畫，提示閲讀，但没有評語。

《國朝試體賦約》2 卷存 1 卷，清錢世簪編

【編者】

錢世簪，號榮堂，上虞（今屬浙江）人。生平不詳。所編《國朝試體賦約》被清錢玫（道光元年舉孝廉方正）《上虞錢氏叢書》收録，則其年代當爲嘉慶、道光年間，或略早於錢玫。

【版本】

1. 清錢玫輯《上虞錢氏叢書》本

國圖善本部藏，號：13732。本書是錢玫所輯《上虞錢氏叢書》之一種鈔本。錢玫，字元傑，號漢村，浙江上虞人，廩貢生。歷署西安教諭、長興訓導，頗得人心。清道光元年（1821）徵舉孝廉方正，獲六品頂戴。錢玫博學廣識，潛心著述，尤其重視對地方文獻的搜輯、整理。著有《上虞金石略》1 卷，《歷朝上虞詩集》

16 卷,又有《家山鄉春録》《韓詩注》《三世五王傳》《長者山房詩文集》《上虞書目三編》等。卒年 66 歲。可見錢世簪《國朝試體賦約》一書,最遲成書于嘉慶道光年間。

書衣深藍色,左側書籤上書有"國朝試體賦約(上)"字樣。首目録 3 葉,卷端題:"國朝試體賦約目録,上虞錢世簪榮堂編。"以下正文。左右雙邊,白口,單、黑魚尾。半葉 9 行,行 21 字,小字雙行同。卷端無題署,版心無字。

2.《輯刊》第 74 册影印國圖藏清錢玫輯《上虞錢氏叢書》本

【内容】

本書編選清順治、康熙、雍正、乾隆、嘉慶五朝賦若干篇,釐爲兩卷,以年代先後爲次。今僅存上卷。上卷編選四朝賦,其中順治朝 2 篇,康熙朝 3 篇,雍正朝 6 篇,乾隆朝 25 篇,附録(實爲補遺)6 篇,凡 42 篇。頗能看出編者對清代賦史的把握。由於篇幅限制,每位賦家僅選賦 1 篇,兼顧不同賦家、不同風格和不同體製,尤爲可貴。但順治朝選吴綺《燕子賦》,康熙朝選尤侗《春柳賦》、黄之雋《萬寶告成賦》,附録又有吴綺《焚香賦》、尤侗《雁聲賦》、黄之雋《白燕賦》,屬於例外。所選各賦,皆有朱筆圈點,未見評騭。

《館賦初箋》2 卷續箋 2 卷,清陳士楨、丁鹿壽輯

【編者】

陳士楨(1784—?),字仲翰,號雲櫺,一號秋竹,崇川(今江蘇南通)人。清嘉慶十九年甲戌科(1814)第三甲進士,任南陵、碾伯、皋蘭等縣知縣,擢蘭州知府。著有《蘭州府志》12 卷、《館賦宛虹集箋注》4 卷等。丁鹿壽(1789—1856),字頌良,號苹野,江蘇海門人。清嘉慶二十四年(1819)舉人。道光年間官湖北省廣濟縣知縣(一説知咸寧),有政聲。撰有《海門縣志》《静海鄉志》《學吟集》等。生平見《江蘇藝文志·南通卷》。

【版本】

1. 清嘉慶十七年(1812)刻本

國圖藏,號:149713。國圖數據作乾隆二十二年刻本,誤。本書凡 4 册,木板串裝。書高 22.8 釐米,寬 12.3 釐米。《初箋》2 册,内封 B 面鎸:"崇川胡印渚先生鑒定,館賦初箋,乾隆丁丑起乙卯止。"首陳士楨《館賦初箋序》1 葉,鈐"真州吴氏有福讀書堂藏書";次丁鹿壽《館賦初箋例言十則》2 葉;次《館賦初箋目録》6 葉,卷端題:"館賦初箋目録,崇川陳士楨雲櫺、丁鹿壽苹埜仝輯,胡印渚先生鑒定。"次正文。左右雙邊,白口,單、黑魚尾。版框高 17.5 釐米,寬 11 釐米。半葉 9 行,行 25 字,小字雙行同。無界行。版心頂部刻"館賦初箋",魚尾之下刻"集上(下)"和頁碼。鈐有"北京圖書館藏"印。《續箋》2 册,版式同此,而内封 B 面鎸:"崇川胡印渚先生鑒定,館賦續箋,嘉慶丙辰起戊辰止。"無序跋。

亦鈐有“真州吴氏有福讀書堂藏書”和“北京圖書館藏”印。

2.《輯刊》第75册影印國圖藏清嘉慶十七年刻本

【内容】

據陳士楨《館賦初箋序》,本書實爲丁鹿壽所輯,無論選目還是評點、注釋,皆出自丁氏之手。書成之後,曾寄給陳士楨一讀,陳氏予以肯定,“復益以行笥所藏若干篇,互相質正”,並爲之作序。此外,陳氏還將此書轉呈同鄉名流胡印渚前輩,亦得許可。丁氏獲準在書前署“胡印渚先生鑒定”一語,藉同鄉先賢以自重,大喜過望。今按:胡印渚,本名胡長齡(1758—1814),字西庚,號印渚,江南通州(今江蘇南通)人,清乾隆五十四年(1789)狀元,授翰林院修撰。乾隆六十年(1795)任國子監祭酒,爲文壇泰斗。嘉慶時官至禮部尚書。故陳士楨以同鄉身份請其鑒定此書,欲藉此以抬高身價。

本書《初箋》上下卷,選録自乾隆二十二年丁丑至乾隆六十年乙卯(1757—1795)凡38年館閣之賦,共86篇(含補選6篇),始於彭元瑞《登瀛洲賦》,迄於陳琪《汙卮賦》。《續箋》上下卷,選録自嘉慶元年丙辰至嘉慶十三年戊辰(1796—1808)凡12年館閣之賦,共58篇,始於趙文楷《擬大言賦》,迄於李恩繹《焦尾琴賦》。全書共計144篇。編者在《凡例》中稱:“是編從《同館賦鈔》之例,依科第先後爲次”,可見其編纂體例頗受法式善《同館賦鈔》之影響。本書按館臣入館時間先後編排,每位館臣之賦集中排列,無疑保存了較爲豐富的館閣賦史料。選賦最多者爲吴錫麒,凡8篇;其次爲陳希曾(6篇)、汪學金(5篇)、胡長齡(5篇)、蔣祥墀(5篇)。其實並非每科皆録。首篇爲《登瀛洲賦》,署丁丑彭元瑞撰,查彭元瑞(1731—1803)爲乾隆二十二年(丁丑,1757)進士,改庶吉士,入翰林院。本賦即爲彭元瑞入翰院第一年所作。但第二篇賦乃是丙戌(1766)陳昌圖《藺相如完璧賦》,與彭元瑞之賦有9年間隔,應該有兩科館賦未選。

丁鹿壽《館賦初箋例言》云:“賦中精深華妙處,讚揚不盡,旁批、總評,聊爲初學舉隅,率多淺近。有好學深思、心知其意者,以是爲鑒蹄可也。”態度十分謙虚。考之各賦,皆有圈點、評注。如彭元瑞《登瀛洲賦》,“朝大將之旌旄,暮文人之樽俎”右側加圈,旁批“飛騰而入”四字;賦末總評云:“賦心百錬,史筆三長,不可無一,不能有二。(小門生陳士楨)”認爲其兼有文學家的賦心和史學家的史筆,爲獨一無二、登峰造極之作,可謂推崇備至。尾評之下爲題解和注釋。題解揭示出處,注釋先臚列被釋詞,大字,再以雙行小字注之,以揭示語典、事典爲主。習見之詞,概不加注,以省篇幅;衹注釋稍微偏僻的語詞。同題之賦,注釋可以互見;不同題之賦而詞條相同者,則兩出之,以便讀者。

《初箋》有《例言》十則;《續箋》無《例言》,而體例實與《初箋》無異。

《館賦宛虹集箋注》4 卷，清陳士楨、徐會曾、丁鹿壽輯

【編者】

陳士楨（1784—?），字仲翰；丁鹿壽（1789—1856），字頌良，事迹參見"館賦初箋"條。徐會曾（1787—?），字沂舫，一字景新，崇川（今江蘇南通）人。清嘉慶二十一年（1816）優貢。聲名藉甚，顧壽不豐，時論惜焉。著有《沂舫遺稿》。事迹略見《（民國）南通縣圖誌》卷一九《列傳》、《江蘇省通志稿·選舉志》卷二二。

【版本】

1. 清嘉慶二十三年（1818）緑滿山房刻本

國圖藏，號：149712。本書凡 2 册，木板串裝。書高 23.1 釐米，寬 12.8 釐米。内封 B 面鎸："館賦宛虹集箋註，緑滿山房藏板。"框上有"嘉慶戊寅秋鎸"6 字。首沈岐《序》3 葉，鈐"真州吴氏有福讀書堂藏書"印；次陳士楨《序》3 葉；次《館賦宛虹集例言》6 則凡 2 葉；次目録 6 葉，卷端題："館賦宛虹集目録，崇川陳士楨雲檽、徐會曾沂舫、丁鹿壽苹野同輯。"次正文。左右雙邊，白口，單、黑魚尾。版框高 17.8 釐米，寬 10.6 釐米。半葉 9 行，行 25 字，小字雙行同。無界行。版心上端刻書名，魚尾之下刻卷數和頁碼。筆畫纖細，質量較差。鈐有"北京圖書館藏"印。

2.《輯刊》第 76 册影印國圖藏清嘉慶二十三年緑滿山房刻本

【内容】

本書目録葉署"崇川陳士楨雲檽、陳會曾沂舫、丁鹿壽苹野同輯"，其實是陳會曾、丁鹿壽等纂註，陳士楨並未參與。士楨序云："同里陳君仲榦，余姻戚也，偕其友徐君景新、丁君頌良纂註《館賦宛虹集》郵示，屬余弁言。余觀其研味淄澠，審音簫勺。讀沈約《郊居》之賦，霓不爲霓；推張融問律之篇，體當有體。左右供其采獲，前後合爲輝光。而且解《錦瑟》而作鄭箋，榷大旨，期以先後卒業。因弁言簡端，而并及之。"交代了該書的編者隊伍，還對其内容進行褒揚。可知該書署名"陳士楨"，除了年齡較長，主要是爲了藉助名人聲望以抬高身價而已。

陳士楨、丁鹿壽曾刻有《館賦初箋》2 卷續箋 2 卷，其體例乃是以"作者科分爲次"，同一館臣之賦則集中編排。例如乾隆壬辰科館賦，編者選録李堯棟賦 4 篇，平恕賦 3 篇，閔惇大賦 1 篇。如此排列，次序井然，爲後人保存了較爲豐富的館賦文獻。此書所録，亦取自館閣之賦，但編排體例有别，不再以科次爲序，而是以"天地人物之類爲次"，這樣更便於考察館賦内容、題材的多樣性，研究其風格特色，缺點是科次不明，同一賦家之賦往往分散編録。該書不標類目。瀏覽目録，可知卷一編選天文、歲時、地理類作品，凡 24 篇，包括王以銜《五六天地

之中和賦》、陳蘭疇《友風子雨賦》、聶銑敏《寒江獨釣賦》、吴榮光《積書巖賦》等。卷二編選地理(續)、耕藉、農桑、賢德類作品 26 篇,包括王以銜《藉田賦》、邵鳳依《耕織圖賦》、余文銓《所寶惟賢賦》、李象鵾《林木似名節賦》等。卷三編選治道、詠史、文學、器用類作品,凡 24 篇,包括許亨超《五聲聽政賦》、顧元熙《沛父老留漢高祖賦》、顧元熙《八月枚乘筆賦》、朱玠《圭璋特達賦》、顧皋《鑄劍戟爲農器賦》等。卷四收録樹木、花草、鳥獸、蟲魚類賦作,凡 26 篇,包括許亨超《海棠賦》、李振庸《木筆花賦》、陶澍《鴻毛遇順風賦》、葉紹本《天驥呈材賦》、孫以長《結網求魚賦》等。共計 100 篇。編者還有意與《初箋》區别,與坊刻賦集區别,"《初箋》所采,僅存十之一二;坊刻屢見者,概不複出"。説明其有意追求選賦的新穎性、獨創性。

所選各賦,皆加圈點批注。如卷一《閏月定四時賦》,題下注"以題爲韻",署"乾隆四十年乙未,吴錫麒",可知爲乾隆四十年乙未科進士吴錫麒的作品。正文中"正降斜升之有算,漸增衍于隋唐;迎日推策之難稽,因斷始于堯舜"右側加圈,以提示警句。上聯旁批:"開",下聯旁批:"合",言簡意賅,啟人眼目。賦末總評云:"精覈象緯,貫穿古今。鴻筆之人,稱心而構。苹埜。"出自丁鹿壽(號苹野)之手。此下爲注釋,對"迎日推策""粤宛""天九地十"等詞語進行詮釋,大都以揭示出處爲主,較少個人按斷。

《律賦選青》4 卷(《律賦選青註釋》),清任聘三纂註,清方汝帶評點

【編者】

任聘三,古桐汭濮陽(今河南省濮陽市)人,生平不詳。方汝帶,字子懷,生平不詳。二人皆生活於乾隆、嘉慶年間。

【版本】

1. 清嘉慶十七年(1812)賁堂刻本

國圖藏,號:150201。本書 1 函 2 册,木板串裝。書高 17.2 釐米,寬 11.3 釐米。内封 B 面鎸:"(附詩、畫、書品,)律賦選青註釋,賁堂藏板。"首楊景曾序 2 葉,鈐"真州吴氏有福讀書堂藏書";次鄒家燮序 2 葉;次《唐二十四詩品》(司空圖)、《二十四畫品》(黄鉞)、《二十四書品》(楊景曾),凡 18 葉;次《律賦選青目次》5 葉,卷端題:"律賦選青目次,古桐汭濮陽任聘三纂註,方汝帶子懷評點。"次正文。左右雙邊,白口,單、黑魚尾。版框高 12.8 釐米,寬 9.5 釐米,半葉 9 行,行 20 字,正文無界行。魚尾上方刻"律賦選青"4 字,下方刻"卷某"和頁碼。行間刻有圈點、旁批。鈐有"北京圖書館藏"印。

2. 清同治八年(1869)刻本

蘇大藏,號:704859。本書凡 2 册,未查。

3.《輯刊》77 册影印國圖藏清嘉慶十七年賁堂刻本

按：《輯刊》在影印時删去了卷首的《詩品》《畫品》《書品》各一卷，甚是。

【内容】

《律賦選青》凡4卷。卷首附有《詩品》《畫品》《書品》各一卷，有蛇足之嫌。卷一、卷二選唐賦30篇，分爲天時、地理、人事、物類凡4類加以編録；卷三、卷四選"國朝"賦37篇，亦分爲天時、地理、人事、物類凡4類。全書共收律賦67篇，既選録唐代律賦經典篇目，使讀者知其軌範，又選録當代名賦，以應科考之需，用心良苦。各賦皆有評點。如卷一首篇爲李程《日五色賦》，"德動天鑒，祥開日華"句旁批云："原題直起，最得體制，故當時以爲名破。"適時爲作賦者提供指導。又如"稟以陽精，體乾爻於君位；昭夫土德，表王氣於皇家"右側加圈，以揭示佳句。賦末有總評，低一格刻之："句句精神，字字莊雅，勝人處尤在一起一結。李繆公（李程）後爲河南尹，聞浩虚舟應宏詞，復試此題，頗慮浩賦（喻）［逾］己，專馳一介取本。既至啟緘，尚有憂色。及睹浩破題云：'麗日焜煌，中含瑞光'，喜曰：'李程在裏。'至末韻'侵晚水以芒動，俯寒山而秀發'，大咍曰：'李程賦且在瑞日，何爲到夜秀發？'虚舟亦八韻中作手，起結數語，不逮李公遠甚，固應擅美一時。"這段文字通過對李、浩賦的對比，來説明破題的重要性，揭示律賦成功的秘訣。下一段是註釋，先解題，再對"黄人""嗣九""咸池"等14個詞語進行解釋，詞目用大字，釋文用雙行小字。以下各篇體例同此。楊景曾序云："原刻註釋，已極詳明，稍有未及，或爲增之。"據此，可知此書乃是修訂本，其原刻時間已難以考知。

《律賦錦標集》不分卷（殘），清蕭應櫆、鄭伯壎編

【編者】

蕭應櫆，字子衡，號雨香（一作雨薌），浙江海鹽人。恩貢生，曾爲候選通判。著有《蕭齋集》《律賦錦標集》《律賦蕊珠新編》《青雲集分韻試帖詳註》《雨香小稿》等。鄭伯壎，字雲帆，浙江海鹽人。清嘉慶二十一年（1816）舉人，道光六年（1826）大挑，任於潛訓導，補鎮海教諭。年六十，卒於官。著有《北遊》《寒氊》《甬東》詩稿。傳見《（光緒）海鹽縣志》卷一七。

【版本】

1. 清嘉慶十七年（1812）刻本

南圖藏，號：GJ/18346。本書應爲2册，殘存第一册，書高24.6釐米，寬13.8釐米。首章光曾序2葉（序首殘去半葉）；次朱履中序2葉；次目録5葉，卷端題："律賦錦標集目録，海鹽蕭應櫆雨香、鄭伯壎雲帆同編次，張維城紅樵校。"下爲正文。左右雙邊，白口，無魚尾。半葉9行，行25字，小字雙行同。版框高18.2釐米，寬10.7釐米，無界行。版心刻有書名"律賦錦標集"5字，無卷數、頁碼。

2.《輯刊》第 77 册影印南圖藏清嘉慶十七年刻本

【内容】

據朱履中序,朱氏曾與蕭湘浦合編《律賦揀金録》一書(署名朱一飛,清乾隆四十一年丙申小西山房刻本,1776 年,已著録),流行頗廣。湘浦歿後,其子蕭應櫆又有《律賦錦標集》之選。編者"每歲取歷科試牘及四方流傳之什,裒集若干篇,詮次評點,以授其黨"(章光曾序),"大半館閣巨公之製,參以試卷房行"(朱履中序)。可知入選作品以翰林院館閣之賦爲主,酌收房卷行稿和文人間廣爲流傳的律賦作品。出版之前,該書還曾在海鹽親友間流傳,並且用於師塾教育,效果顯著,"塾弟子之因是以獲雋者,往往有驗"。張維城獨任鐫資,以付剞劂。

本書收録清代律賦凡 81 篇。始《斗爲帝車賦》(平湖陳嗣龍),迄《蟹斷賦》(徐學琴),大致按照天地人物的順序編排。但南圖藏本末篇爲《范大夫移家船賦》(江蘇沈清瑞),殘去 38 篇(大約爲一册)。所收各賦皆有圈點、評論。例如首篇《斗爲帝車賦》(陳嗣龍),開篇"分野惟星,象天曰帝"8 字有連圈,旁批:"開爽";"惟魁宿之晶明,象鑾輿之壯麗"12 字有連點,旁批:"雙按",意謂上句按"斗"字,下句按"車"字,有提示、點醒之妙。賦末總批云:"運用典麗,鋪敘精詳,皇皇乎文林之盛軌。"極盡讚譽。

《律賦蕊珠新編》4 卷,清蕭應櫆、顧德馨編

【編者】

蕭應櫆,字子衡,生平參見"律賦錦標集"條。顧德馨,字茉圃;顧嘉瑞,字小野,亦爲海鹽人。

【版本】

1. 清道光十七年(1837)天籟堂刊本

陝圖藏,號:Z08102。本書凡 1 函 4 册。内封 B 面鐫:"道光十七年新鐫,律賦蕊珠,天籟堂藏板。"首周兆基《叙》3 葉;次目録 6 葉,卷端題:"律賦蕊珠新編目録,海鹽蕭應櫆雨薌、顧德馨茉圃編次,顧嘉瑞小野校纂。"次正文。左右雙邊,白口,單、黑魚尾。版框高 12. 4 釐米,寬 9. 5 釐米。半葉 9 行,行 25 字,小字雙行同。正文無界行(目録有之)。版心頂部刻"律賦蕊珠新編",魚尾之下刻"卷某"和頁碼。

2.《輯刊》第 78 册影印陝圖藏清道光十七年天籟堂刊本

【内容】

《律賦蕊珠新編》4 卷,裝訂成 4 册,收賦 100 篇。始王世鈖《媧皇煉石補天賦》,迄何同治《桑葚賦》。據周兆基《叙》,該書應編成於嘉慶十九年甲戌(1814)之秋。初刻本不可見,今有清道光十七年(1837)天籟堂刊本。不分類,大致按照天、地、人、物的順序編次。陝西省圖書館目録卡片定爲"周兆基"所選,非是;據目録頁所署,當爲蕭應櫆等編次。所選各賦,皆有圈點、旁批,賦末有總批。例如卷一首篇爲《媧皇煉石補天賦》,以題爲韻,吴江王世鈐實庭撰。(按:以小字標注用韻、作者籍貫、字號,較細緻。)首句"莫高匪天,體寧有缺。至頑者石,拳亦無多"右側加圈,旁批云:"入手即撇去常解,開門見山。"賦末録評語兩條:"將常解盡力掃除,詞鋒警闢,筆陣縱橫,斯爲獨開生面。(雨薌)題本幻説,一經翻空,真有石破天驚之勢,洵非鉅手不辦。(茉圃)"評論雖較簡略,但皆注明評者之字號,保存了較爲可靠的賦論資料。

《律賦蕊珠二編》4 卷,清蕭應櫆、鄭伯壎、徐振族編

【編者】

蕭應櫆、鄭伯壎,生平見"律賦錦標集"條。徐振族,字鷺洲,浙江海鹽人。生平未詳。編有《吟月樓分題詩選》。

【版本】

1. 清道光三年(1823)芸生堂刊本

陝圖藏,號:Z08103。《二編》亦 4 册,書高與《律賦蕊珠新編》同。内封 B 面鎸:"道光癸未新鎸,律賦蕊珠二編,芸生堂藏板。"首目録 6 葉,卷端題:"律賦蕊珠二編目録,海鹽蕭應櫆雨香、鄭伯壎雲帆、徐振族鷺洲編次,青浦邵堂芷衫、婁縣張遇文漁莊、嘉善周樽元華農同參。"以下正文,左右雙邊,白口,單、黑魚尾。版框高 12.5 釐米,寬 9.6 釐米。半葉 9 行,行 25 字,小字雙行同。正文無界行(目録有之)。版心上部刻"律賦蕊珠二編",魚尾之下刻"卷之某"和頁碼。版式、行款皆與《新編》同。

2.《輯刊》第 77 册影印陝圖藏清道光三年芸生堂刊本

【内容】

《律賦蕊珠二編》4 卷,是《律賦蕊珠新編》的續編,亦裝訂成 4 册。目録之末有小序云:"近承列郡諸公,瓊章彙寄,除刻二編外,俱登三集,俟梓人刊齊即出。倘有新製,郵寄須至海鹽西關外三元廟轉交,亟當補刻。或遇冒名收稿取貲,切勿轉託。是編揀選紙料,專發書塾揣摩,概不存坊。如坊中所售者,定係狡獪。書賈射利翻刻,魯魚亥豕,反誤初學。凡諸公購賦,認明雨香圖章,可辨其贋。己卯仲冬,蕭應櫆。"此己卯爲嘉慶二十四年(1819),蓋爲初刻之年。全書收賦 96 篇,始章雷《三十六天賦》,迄沈丹槐《蒲劍賦》。亦大致以天、地、人、物爲序。其編纂體例與《新編》同。書中批點,亦可參考。如首篇《三十六天賦》(嘉善章雷迅齊),第二行"子亦知天之有三十六乎"句旁批:"先揭清題句。"賦末有總批三條:"力排閶闔,秘洩嫏嬛,實合研都鍊京爲一手。鄒衍善談,當亦望而咋舌矣。雨香","盤礴元化,分門别户,掞天之才,鑿天之筆。茉圃","不屑屑以數目配合中星,劈分五段,層層暢發,前後鍼鋒相對。第七段連點三十六

字,光怪陸離,亦奇亦縱,具此才者方許作是題。漁莊”。其中蕭應櫆(號雨香)、顧德馨(茉圃)的評語顯然流於空泛,用詞誇張,唯有漁莊(張遇文,字漁莊)的分析較爲細緻,能够與旁批配合,梳理層次,對鑒賞有指導意義。據目録末小序,編者曾有意編刻《三集》,不知刻成否。

《小賦寸錦三編》不分卷,清陳希恕編

【編者】

陳希恕(1790—1850),字養吾,號夢琴,江蘇吴江(今屬蘇州)人。諸生,文藝清新,尤工詩賦。著有《吟琴讀畫樓詩鈔》《靈蘭精舍詩録》《吾有大拙賦鈔》等。曾於嘉慶二十五年(1820)抄録、校閲《分湖志》,又於道光年間校勘《分湖小識》。世代業醫,以瘍醫聞名,著有《陳希恕醫案》222卷,行於世。生平見姚椿《晚學齋文集》卷九《墓志銘》等。

【版本】

1. 清嘉慶二十二年(1817)吟琴讀畫樓刻本

上圖藏,號:綫普長009271。本書凡1函1册,書高26.6釐米,寬15.4釐米。書簽上刻有隸書書名“小賦寸錦三編,夢琹書簽”。内封B面鎸:“嘉慶丁丑秋日印行,小賦寸錦三編(大字隸書),唫琹讀畫廔栞版。”首申瑶《序》1葉;次目録2葉,卷端題:“小賦寸錦三編目次,吴江陳希恕夢琹校刊。”次正文。左右雙邊,白口,無魚尾。半葉8行,行20字,版框高18.3釐米,寬10.9釐米。卷端無題署。版心上部刻書名,下部刻頁碼。紙墨俱佳,未見藏印。

2.《輯刊》第80册影印上圖藏清嘉慶二十二年吟琴讀畫樓刻本

按:《輯刊》本書卷首題“清嘉慶二十二年(1817)衣言堂刻本”,不知所據。

【内容】

本書選録清人小賦凡30篇。據申瑶序,《小賦寸錦》初編、二編“遴擇近科同館之作,益以試卷、行卷”,而三編則“獨采行卷之僅見者”。將三編合觀,方可見清代前期小賦(主要是律賦)創作的面貌,亦可見編選者的選賦旨趣。可惜初編、二編皆不可見,僅見三編。三編選賦30篇,大致按照天、地、人、物的順序編排。始沈清瑞《春風賦》,迄嚴繼光《紅豆賦》。其中沈清瑞賦入選10篇,史善長5篇,吴錫麒4篇,可見編者對三家賦的推崇。所選各賦,皆無句讀、評點。

《律賦鳳芝箋釋》2卷,清陳鶴年輯

【編者】

陳鶴年,字雪巢,邗江(今江蘇省揚州市邗江區)人。生平不詳,大概生活於清代嘉慶年間。

【版本】

1. 清嘉慶二十三年(1818)芸生堂刻本

陝圖藏,號:X08104。本書1函4册,袖珍本。書高17釐米,寬11.5釐米。書衣鈐有“致和堂藏書”印一枚。内封B面鎸:“吴穀人先生鑒定,律賦鳳芝箋釋(宋体大字),芸生堂藏板。”首吴錫麒《序》2葉;次目録5葉,卷端題:“律賦鳳芝箋釋目録,吴穀人先生鑒定,邗江陳鶴年雪巢氏編輯。”鈐有“陝西省圖書館”印;次《例言》6條,凡1葉;次正文。四周單邊,白口,單、黑魚尾。版框高12.6釐米,寬9.5釐米。半葉9行,行25字,小字雙行同。無界行。版心上方刻“律賦鳳芝箋釋”6字,魚尾之下刻頁碼。

2.《輯刊》第84册影印陝圖藏清嘉慶二十三年芸生堂刻本

【内容】

本書是一部清代律賦選集。上下卷,卷上收律賦32篇,始於伍長華《貫月槎賦》,終於周星彩《心如槃水賦》,凡68葉;卷下收賦37篇,始於汪道存《經訓乃菑畬賦》,終於徐宗幹《月餅賦》(第69—146葉),末有《補編》,凡4篇(第147—154葉)。全書共收律賦73篇。據《例言》,皆爲“近時科、歲試録取優等,及觀風、月課之作”,可知其有所憑據,所選作品皆出自考場優等之作,並且皆爲“輕圓妙麗,易於取法”的作品。《例言》又云:“其題解註語,俱係原本所有,如古人詩文集自註之例。”可知清代賦家亦有自作注釋的習慣。總評多標注评点者名字,亦有出自考官者。

對於所選各賦,皆有解題、圈點、旁批、總批和釋詞。如卷上第一篇爲伍長華《貫月查賦》(目録作“槎”),以“浮於西海查上有光”爲韻。先徵引《拾遺記》以解題,旨在揭示出處。正文首句“江流聲楫,天際歸舟,不聞桂棹,果繫瓊樓”諸句有圈,旁批:“起勢飄忽。”賦末總評云:“鍊局鍊句,饒有六朝風格。(文遠皋先生)”今按:文幹,初名文甯,字遠皋、蔚艾,清滿洲正紅旗人。乾隆甲辰進士,官至刑部侍郎。文幹才思超邁,頃刻千言,詩賦多膾炙入口。著有《精勤堂遺稿》。該書的評點者還有王勿庵、湯敦甫、唐陶川、江漪塘等。最後是釋詞,對“攝提”“天船”“星宿”等8個詞條進行解釋,亦以揭示語詞出處爲主。

《韻蘭集賦鈔》6卷(《韻蘭賦集》《律賦韻蘭集註釋》),清陸雲槎輯選

【編者】

陸雲槎,平湖(今屬浙江嘉興)人。諸生。大致生活於嘉慶、道光年間。

【版本】

1.清嘉慶二十四年(1819)賦槑書屋刻本

山東大學藏,號:832.7/387*。本書1函6册,未查。

2.清道光元年(1821)明經堂刻本(6卷本)

陝圖藏,號:X08092。本書1函6册,書高17.4釐米,寬12.1釐米。書簽上印有“(英秀堂)韻蘭賦集”字樣。内封B面鎸:“平湖陸雲槎輯選、甬上宋淮

三考典，律賦韻蘭集註釋，明經堂梓行。”首王家相《序》2葉；次徐錫垚序2葉；次目録5葉，卷端題：“韻蘭集賦鈔目録”，鈐有“陝西省圖書館藏”印；次正文。四周單邊，白口，單、黑魚尾。版框高14釐米，寬10.6釐米。半葉9行，行21字，小字雙行同。版心上方刻“韻蘭集賦鈔”5字，魚尾之下刻頁碼。有硃批。

3. 清道光七年（1827）西山堂刻本

山東大學藏，號：832.7/387。本書1函4册，未查。又首圖藏，有影印本。

4.《輯刊》第85册影印首圖藏清道光七年西山堂刻本（不分卷）

此本不分卷。書衣左上有簽，上刻“註釋韻蘭賦鈔”6字。内封B面鎸：“道光七年春鎸（框上），平湖陸雲槎輯選、甬上宋淮三考典，律賦韻蘭集註釋，西山堂藏板。”首徐錫垚序2葉；次王家相《序》2葉；次目録5葉。版式與陝圖藏本同，而墨迹漫漶，多有難以辨認處。正文有墨筆點逗，天頭墨書“一先”“十三元”“四寘”“十三職”等，係標註用韻。

【内容】

據王家相序，此書當初刻於清嘉慶二十四年己卯（1819），現有山東大學藏本。據陝圖藏道光元年重刻（或重印）本，本書共選清代律賦80篇，釐爲6卷。不分類，首郭高第《天孫雲錦賦》，末屈家蘅《廄馬賦》。對於所選各賦，皆刻有圈點、旁批，賦末有總批、題注和語詞註釋。如卷一首篇爲《天孫雲錦賦》，以“天孫爲織雲錦裳”爲韻，郭高第（越泉）。首句“緬太虚之經緯，溯兜率之神仙”諸句加點，“自從貫月槎來，名早通於海客”諸句加圈，並有旁批：“思致綿邈。”賦末總評云：“負聲有力，振采欲飛。”再下是題解，徵引蘇軾《潮州韓文公廟碑》詩“天孫爲織雲錦裳”等。再下對“兜率”“緒風”“絲雨”等30個詞條進行解釋，以揭示語源爲主。本書最突出的特色，便是語詞注釋極爲詳盡，有時一個詞條的註釋長達數百字，這在清代賦集中是極爲少見的。

《琴臺正續合刻》10種，清厲鶚、吴錫麒、黄模、黄士珣、姚思勤、姚伊憲撰，清佚名編

【作者】

厲鶚（1692—1752），字太鴻，又字雄飛，號樊榭、南湖花隱等，浙江錢塘人，清代文學家，浙西詞派中堅人物。康熙五十九年（1720）舉人，屢試進士不第。家貧，性孤峭。乾隆初舉鴻博，報罷。性沉静，愛山水，尤工詩餘，擅南宋諸家之勝。著有《宋詩紀事》《樊榭山房集》等。

吴錫麒（1746—1818），字聖徵，號穀人，錢塘（今浙江杭州）人。清代文學家。乾隆四十年（1775）進士，選翰林院庶吉士，散館授編修，入直上書房。嘉慶六年官至國子監祭酒。工書法，善行、楷。擅寫詩詞，精於駢文，與邵齊燾、洪亮吉、劉星煒、袁枚、孫星衍、孔廣森、曾燠合稱“駢文八大家”。晚年於揚州安定書院講學至終。著有《有正味齋集》《有正味齋文續集》《有正味齋尺牘》《有正味齋曲》《有正味齋南北曲》等。

黄士珣(1771—?),字薌泉,號扣翁,浙江錢塘人,著有《北隅掌録》2 卷、《翠雲館律賦》2 卷。

黄模,字相圃,號書崖,浙江錢塘人。潛心經史,肆力時文,年七十餘歿。著有《國語補韋》4 卷等。

姚思勤,字汝修,號春漪,浙江仁和(今杭州市餘杭區)人。清乾隆五十四年(1789)舉人。廣交遊,勤著述。有《東河棹歌》1 卷、《續東河棹歌》1 卷等。

姚伊憲(1789—1828),字尹爲,號古芬,浙江仁和人。著有《古芬書屋律賦》2 卷。據《清人诗文集总目提要》(中册):此集輯入《琴臺合刻》,光緒間浙江書局重刊,國家圖書館藏。吴振棫《國朝杭郡詩續輯》云:"生平撰著不自收拾,黄薌泉録存遺稿一小册。"

【版本】

1. 清刻本

國圖藏,號:93590。本書 1 函 4 册,書高 23.6 釐米,寬 15.1 釐米。内封 B 面有兩欄文字,右欄刻"琴臺正續合刻"6 字,左欄刻所收書名"樊榭山房賦,有正味齋賦,壽花堂賦,翠雲館賦,翠雲館詩,貽經堂詩,澄鑒堂賦,古芬書屋賦,醖藉堂詩,書畫舫詩",可知本叢書包括 6 名作家 10 種著作,實爲詩賦合集。全集無序,各集均無序跋,僅在首頁揭示書名、卷次和作者,如"樊榭山房賦,錢唐厲鶚太鴻"、"正味齋律賦,錢唐吴錫麟穀人"(第 1 册)、"壽花堂律賦,錢唐黄模書厓"(第 2 册)、"翠雲館律賦,錢唐黄士珣薌泉"、"古芬書屋律賦卷上,仁和姚伊憲尹爲"等。此書左右雙邊,白口,單魚尾,半葉 9 行,行 19 字。板框高 15.7 釐米,寬 11.7 釐米。版心上方刻書名,下方刻卷次和頁數。有圈點、旁批、末批。鈐有"董醇字歆之號醖卿行弌"印。今按:國圖藏本誤將《樊榭山房賦》和《古芬書屋律賦》顛倒,今據上圖藏本正之。

2.《輯刊》第 106 册影印上圖藏清嘉慶刻本

今按:上圖確定爲嘉慶刻本,不詳所據。蓋據所收各書作者之年代推測而得。

【内容】

本書是合刻本,收有《樊榭山房賦》《有正味齋賦》《壽花堂賦》《翠雲館律賦》《翠雲館試體詩》《貽經堂試體詩》《澄鑒堂賦》《古芬書屋賦》《醖藉堂試體詩》《書畫舫試體詩》共 10 種詩文集。其中賦集有:

(1)厲鶚《樊榭山房賦》1 卷(第 4 册,共 8 頁),收賦 4 篇。

(2)吴錫麒《有正味齋賦》1 卷(第 1 册,共 12 頁),收賦 6 篇。

(3)黄模《壽花堂賦》1 卷(第 2 册,共 22 頁),收賦 9 篇,附黄基賦 2 篇。

（4）黄士珣《翠雲館賦》1 卷（共 20 頁），收賦 8 篇，附黄士藻賦 2 篇。

（5）姚思勤《澄鑒堂賦》1 卷（第 3 册，共 28 頁），收賦 13 篇。

（6）姚伊憲《古芬書屋賦》2 卷（第 1 册，上卷 27 頁，下卷 23 頁），共收賦 22 篇。

6 部賦集總共收賦 66 篇（含附録 4 篇），皆爲律賦。賦中有圈點、旁批，賦末有評點。如厲鶚《春陰賦》，"迢迢似夢，黯黯疑酲。燕歸無影，絲墮難輕"一段右側加圈，旁批云："字字精刻，不可移作秋蔭。"賦末有總評："此先生寓都下所作也，即景抒懷，政爾洋洋清綺。（黄書崖）"今按：黄模，字相圃，號書崖，亦爲浙江錢塘人。又姚伊憲《黄河清賦》末批云："典麗雄渾，非此不足以鋪鴻藻，信景爍，洵應制之極則也。結尾作頌，亦因題制宜。（朱子鴻）"可資參考。

【研究】

此書保存了乾嘉時期浙江杭州人的律賦作品，有鮮明的時代特色和地域特色，因而引起了律賦研究者的注意。如詹杭倫《歷代律賦校注》，選注了姚伊憲《簾波賦》、王士珣《高漸離擊筑賦》等作品，認爲姚伊憲"賦作題材廣泛，清麗與雄壯兼具"。尹占華《律賦論稿》《乾嘉時期的律賦》一节對吴錫麒、黄模、姚思勤等人的生平、律賦的題材、藝術成就等有詳細論述，認爲"概而言之……吴錫麒以博麗見長"，且"他們都是浙江人，律賦風格與吴錫麒一致，爲清前期律賦創作的一個重要流派，不妨名之曰'浙派'"。

《六朝唐賦英華》4 卷，清吴坦編

【編者】

吴坦，字履吉，號天衢，江寧（今江蘇南京）人。清嘉慶二十二年（1817）進士，授翰林院編修。道光元年（1821），任山西副主試。後自回籍，尋卒於家。傳見《金陵文徵小傳彙刊》。

【版本】

1. 清道光元年（1821）抱青閣刻本

上圖藏，號：綫普 461778。本書凡 2 册，合訂爲一册，無函。書高 16.4 釐米，寬 11 釐米。内封 B 面鎸："道光元年鎸，六朝唐賦英華，抱青閣藏版。"首吴坦《叙》3 葉；次目録 4 葉，卷端題："六朝唐賦英華目録"，其中六朝部分不分卷，題"六朝卷全"；唐賦分三卷，分别題"唐卷上""唐卷中""唐卷下"。以下正文。左右雙邊，白口，單、黑魚尾。半葉 10 行，行 21 字，小字雙行同。版框高 12.4 釐米，寬 9,4 釐米。卷端無題署，版心魚尾之下刻"六朝賦"或"唐賦（上）"，再下刻頁碼。有朱筆、墨筆圈點。

2.《輯刊》第 88 册影印天圖藏清道光元年抱青閣刻本

與上圖藏本同。鈐有"天津市人民圖書館藏書之章"。

【内容】

吴坦自叙稱,坊間賦選不下數十種,但先秦漢魏賦,篇卷浩瀚,宋元明賦,數量繁多。惟六朝徐庾和有唐諸家賦,“音節恬雅,體制清新,其詞壯而不佻,其氣流而不滯,洵爲初學之矩矱也”。因此專選六朝和唐代賦,以便初學。本書所選,大都取自《文苑英華》。其中六朝賦13篇,始謝朓《高松賦》,迄庾信《枯樹賦》,皆爲駢賦名篇,而不選《哀江南賦》之類長篇;唐賦60篇,以律賦爲主,兼及古駢,按時代先後編次,始唐太宗《小山賦》,迄失名《觀農賦》。選賦最多者爲江淹(4篇)、李白(3篇)、王損之(3篇)三人,而不選杜甫、王棨諸賦。著名律賦作家李程、王起、黄滔等,亦每人祇有1篇,不受重視。正文刻有圈點、夾批和注釋。例如《唐賦》卷中李程《日五色賦》,以“日麗九華,聖符土德”爲韻。開頭“德動天鑒,祥開日華”,右側加圈;“稟以陽精,體乾爻於君位;昭夫上德,表王氣於皇家”亦加圈,夾注:“以上叶華”,標注限韻。賦後有作者簡介,詳細記述此賦之寫作場合及其使李程獲得狀元的經過。又對賦中語詞進行訓釋,以雙行小字排印,不贅。

《賦學仙丹》不分卷,清徐斗光編

【編者】

徐斗光,字北城,生平不詳,主要生活於清嘉慶、道光年間,以教授爲業。涂一經《仙丹賦序言》稱其爲“楚中之翹秀也,鍵户著書,陶然自適”。

【版本】

1. 清道光四年(1824)柳深處草堂家塾刻本

上圖藏,號:綫普507662-63。本書凡2册,書高26.3釐米,寬15.7釐米。内封B面鎸:“柳深處草堂選,(洛下)涂雲衢先生鑒定,賦學仙丹,(部名即雲衢師所肇錫也)板藏家塾。”首涂一經《仙丹賦序言》1葉;次《賦學僊丹目次》1葉;次《賦學秘訣》9條,凡4葉(第3-6葉);次徐斗光《仙丹賦弁語》1葉(第7葉);下爲正文。四周雙邊,細黑口,單、黑魚尾。正文分上下兩欄,版框總高18.4釐米(其中上欄5.1釐米,下欄13.3釐米),寬12.9釐米,無界行。下欄爲正文和旁批,正文大字6行,行16字;旁有小字亦6行,行36字。上欄爲眉批,半葉24行,行12字。魚尾之上刻“賦學仙丹”4字,之下刻頁碼。

2.《輯刊》第88册影印上圖藏清道光四年柳深處草堂家塾刻本

【内容】

《賦學仙丹》一書,甄選唐賦2篇、清賦8篇,總數爲10篇。因少故精,編者對每篇賦都有極爲詳細的疏解。例如首篇《柿葉肄書賦》,以題爲韻,作者李宗翰。上欄眉批云:“柿上聲,肄,習也。題有或可泛就時景寫者,即不做來歷,猶可寬也。若不可不就來歷做者,此等題是。”這是解題,認爲有些題目可以“泛就時景寫”,“不做來歷”也可;但此類題目,則“不可不就來歷做”。以柿葉練習書法,異於日常習慣,所以要求作賦者介紹賦題典故出處,指出其來歷。首句“箋製碧苔,帖傳青李;練不題裙,棐寧書几”,句旁有點逗,旁批云:“二句言以紙臨帖則好,以碧苔青李,烘染柿葉”,“二句言有紙可書,無用此種,反托肄書不必柿”。眉批又云:“大抵所製碧苔之箋,乃可以臨摹;所傳青李之帖,將不必寫以練裙,豈必寫之以棐几?蓋欲其事之善,必求其器之利,一定之理也。”旁批、眉批互相配合,既詮釋句意,又疏通文理,用語極爲詳盡,其篇幅是正文的四五倍之多。賦末總批云:“鄭虔草書,如風送雲收,霞摧月上。斯賦結構之妙,正足當此。”嘆賞其結構與風格。下有“註典”,又對賦中所涉典故一一揭示,篇幅近兩千字,可見其詳贍。

《埽紅僊館彙刻賦鈔初集》不分卷(《埽紅仙館彙刻賦鈔初集》),清胡金瑞、席振起編

【編者】

胡金瑞,字庚生,號雲卿,昭文(今江蘇常熟)人。廩貢生,例授訓導。生平見光緒《常昭合志稿》卷三十。席振起,字震也,江蘇常熟人。當爲咸豐元年辛亥(1851)舉人席振逵兄弟行。有《守歲》《簪花》詩流傳。史椿齡序云:“則有席生,其人者,馳珠樹之譽,一門綽有英才;森玉筍之班,三吴皆知名士。”書中歸令瑜、歸令符、王振聲、趙允懷等,皆爲常熟作家。

【版本】

1. 清道光五年(1825)常熟刻本

北大藏,號:X/811. 37/4781。本書凡 2 册,與《埽紅僊館彙刻賦鈔二集》2 册合爲 1 函。書簽上鈐有 1 枚朱篆陽文方印,似爲“萬卷樓圖書”。書高 22. 5 釐米,寬 12. 3 釐米。内封 B 面鎸:“埽紅僊館彙刻賦鈔初集(隸書大字),道光乙酉孟冬月刊。”首史椿齡《序》4 葉,次《埽紅僊館彙刻賦鈔目録》5 葉,署:“胡金瑞雲卿、席振起震也編次,李杜才裛柳、席振逵梅生參訂。”以下正文。左右雙邊,白口,無魚尾,無界行。版框高 17. 3 釐米,寬 10. 7 釐米。半葉 9 行,行 25 字。卷端題:“埽紅僊館彙刻賦鈔,胡金瑞雲卿、席振起震也編次,沈爍泰溦禾、席郎奎小阮校刊”,版心上端刻“埽紅僊館彙刻”,下方刻頁碼。正文之側刻有句讀、圈點、旁批,賦末有尾評。本書凡 2 册,不分卷,上册有序、目録、正文 1—67 葉,下册是正文 68—142 葉。鈐有“北大藏印”。

又有國圖藏本,1 函 2 册,號:148213。又蘇大藏本,號:704842。

2. 清道光十九年(1839)刻本

國圖藏,號:148213。本書凡 2 册,木板串裝。書高 24 釐米,寬 12. 6 釐米。藏書人將其分爲夕、陽、流、水 4 卷。内封 B 面鎸:“埽紅僊館彙刻賦鈔初集(隸書大字),道光己亥仲春重刊。”左上角印有朱色楷書“三集即出,翻刻必究”8字,帶有廣告性質。首史椿齡《序》4葉,行書,鈐有“真州吴氏有福讀書堂藏書”印;次目録5葉,卷端題:“埽紅仙館彙刻賦鈔目録,胡金瑞雲卿、席振起震也編次,李杜才裒柳、席振逵梅生參訂。”次正文。版式與道光五年刻本同。版心上端刻“埽紅仙館彙刻”6字,下部無頁碼。鈐有“北京圖書館藏”印。

3.《輯刊》第89册影印南圖藏清道光十九年刻本

此本封面頁有墨書書名,題爲“掃紅仙館賦鈔初集”。鈐有“凌波仙子”“桂香水苑”印。今按,“埽”“掃”異體,“僊”“仙”異體。

【内容】

《埽紅僊館彙刻賦鈔初集》不分卷。全書共收賦72首,始歸令符《五風十雨賦》,終席朗奎《擬王子安采蓮賦》,多爲清代律賦。不標門類,大致按照天象、歲時、詠古、珍寶、鳥蟲、花木、模擬的順序排列,而以詠古賦爲最多。所選諸賦,或來自縣試,或來自科試、歲取,或來自書院考課,目録中有注明,而以歸令瑜(7篇)、席振起(5篇)、席振逵(5篇)、歸令符(5篇)、李杜才(5篇)之賦爲多。所選各賦,皆加批點。如首篇歸令符《五風十雨賦》,開篇有旁批:“頌起,領題有俊瑋之色。”又“其爲五風也,聲遞花間,光浮草際”一段加圈,旁批云:“兩段分按題面,五色十光。”賦末有尾評:“摛華結響,源導王楊。臺閣規模,如是如是。”清代賦集大多以指導律賦創作爲宗旨,本集亦不例外。

《埽紅僊館彙刻賦鈔二集》不分卷(《掃紅仙館彙刻賦鈔二集》),清席振起、席振逵編

【編者】

席振起,字震也,參見“埽紅僊館彙刻賦鈔初集”條。席振逵,字梅生(枚生),江蘇常熟人,清咸豐元年(1851)舉人,編有《考卷雋快六編》等。

【版本】

1.清道光九年(1829)常熟靖文學齋刻本

北大藏,號:X/811.37/4781。本書凡2册,與《埽紅僊館彙刻賦鈔初集》2册合爲1函。内封B面鎸:“埽紅僊館彙刻賦鈔弍集,道光己丑孟春月刊。”首翁心存序5葉,次《埽紅僊館彙刻賦鈔二集目録》5葉,署:“席振起震也、席振逵梅生編次,王振聲寶之、席朗奎小阮參訂。”第5葉左下方刻“常熟靖文學齋刊”5字。下爲正文。左右雙邊,白口,無魚尾,無界行。版框高17.3釐米,寬10.6釐米。半葉9行,行25字。卷端題:“埽紅仙館彙刻賦鈔二集,席振起震也、席振逵梅生編次,沈爍泰湀禾、席振遹季虎校刊。”版心頂部刻“埽紅仙館彙刻二集”,下部無頁碼。鈐有“北京大學藏印”。

2.《輯刊》第89册影印南圖藏清道光年間常熟靖文學齋刻本

此本封面頁有墨書書名,題爲"掃紅仙館賦鈔二集"。鈐有"凌波仙子""桂香水苑"印。版式與道光九年刻本同。

【内容】

本書收賦與《埽紅僊館彙刻賦鈔初集》十分相似,仍以律賦爲主,且具地方特色。全書收賦凡 72 首,始繆芝《煉五色石補天賦》,終錢湄《擬庾子山三月三日華林園馬射賦》,仍大致以天文、歲時居首,以花木、模擬收尾,但不標類目。目録中作者名之前標明籍貫,可知本書所收賦家大多爲江蘇溧陽、吴縣、太倉、高郵、泰州、鎮江、崑山和浙江錢塘人士,具有鮮明的地域性。收賦較多者有歸令符(5 篇)、歸令瑜(4 篇)、席振逵(4 篇)諸人,亦與初集略同。對於所收各賦,皆加圈點、批評。如繆芝《煉五色石補天賦》開頭"客有咤於翰林主人曰:於鑠哉,女希氏之受禪也"一段右側加點;"天將假手少男,叶斡蠱之占"一段右側加圈,旁批:"警闢語,得未曾有。"尾批云:"斑斑古色,桀桀大才,可以探天根而躡月窟。"這些評點,大多爲溢美之辭,針對性不强。

《掃紅仙館賦選》2 卷(《埽紅僊館賦選》),清胡金瑞、席振起、席振逵編

【編者】

胡金瑞、席振起,生平參見"埽紅僊館彙刻賦鈔初集"條。席振逵,字梅生(枚生),參見"埽紅僊館彙刻賦鈔二集"條。

【版本】

1. 清光緒二年(1876)上海印書局鉛印本

上圖藏,號:綫普 475534 - 35。凡兩册,書衣左上墨書:"掃紅僊館賦選(卷上)"8 字。内封 B 面鎸:"埽紅僊館賦選"(丙子孟冬上海印書局印)",可知係光緒二年丙子(1876)印行。首《掃紅仙館賦選目録》4 葉,墨印"雲卿"。今按:胡金瑞,字庚生,號雲卿,爲此書初集之編者。上圖數據署爲"歸令瑜等",誤。下爲正文。四周雙邊,白口,單、黑魚尾。卷端無題署。版心頂部刻書名"掃紅仙館賦選",魚尾之下刻"卷上"和頁碼。

2.《輯刊》第 88 册影印上圖藏清光緒二年上海印書局鉛印本

【内容】

清道光五年(1825),常熟胡金瑞、席振起編刻《埽紅僊館彙刻賦鈔初集》一書,編選清代律賦 72 篇,始歸令符《五風十雨賦》,終席朗奎《擬王子安采蓮賦》。道光九年(1829),常熟席振起、席振逵兄弟又編刻《埽紅僊館彙刻賦鈔二集》,亦收賦 72 篇,始繆芝《煉五色石補天賦》,迄錢湄《擬庾子山三月三日華林園馬射賦》。初集、二集共收賦 144 篇。降至光緒年間,上海印書局將兩部書合併,删去其半,編成《掃紅仙館賦選》一書。《賦選》共計收賦 79 篇,始歸令瑜《日含王字賦》,迄沈爍泰《擬庾子山枯樹賦》,分爲上下兩卷。仍大致以天文、歲時居

首,以花木、模擬收尾,但不標類目。所收賦家大多爲江蘇溧陽、吴縣、太倉、高郵、泰州、鎮江、崑山和浙江錢塘人士,具有鮮明的地域性。收賦最多者有席振起、席振逵、歸令瑜、歸令符、沈爍泰等人。各賦皆有圈點、尾評。與《初集》《二集》比較,可知該書增加了圈點,而删去旁批,僅僅保留原書的尾評。故其賦學價值不及原書。惟使用鉛印,降低了成本,便於該書銷售、流傳。

《關中書院課士賦》4 卷(《關中課士律賦箋註》《關中書院賦》),清路德選註

【編者】

路德(1784—1851),字閏生(一作潤生),號鷺洲,陝西周至人。清嘉慶十四年(1809)進士,選庶吉士,改任户部湖廣司主事,擢軍機章京。官至户部郎中。道光二年(1822)告假還鄉。歷主關中、宏道、象峰、對峰各書院。著有《仁在堂文集》《關中課士詩賦》《蒲編堂訓蒙》《檉華館文集》《檉華館詩集》《檉華館試帖彙鈔集注》等。生平見《清史列傳》卷六七、《碑傳集三編》卷三七、《國朝先正事略》卷四三。

【版本】

1. 清道光二十三年(1843)聚錦堂刻本

國圖藏,號:31178。本書凡 1 函 2 册,與《關中書院課士詩》(亦 1 函 2 册)合刊發兑。書高 18 釐米,寬 12 釐米,書簽上刻有書名:"(聚錦堂)註釋關中書院課士賦"。内封 B 面鎸:"道光癸卯冬鎸,盩厔路潤生先生選,註釋關中書院課士賦,仁在堂藏本、聚錦堂梓。"首路德序 4 葉;次劉源灝序 1 葉;次《關中書院課士賦目録》2 葉;以下正文。四周單邊,白口,單、黑魚尾。半葉 9 行,行 22 字,小字雙行同。版框高 14.4 釐米,寬 10.5 釐米。卷端題"關中書院課士賦卷一",版心頂部刻"關中書院課士賦",魚尾之下刻"卷某"和頁碼。

2. 清光緒十年(1884)上海江左書林刻本(此本不分卷)①

上圖藏,號:604995 - 99。本書爲《關中課士詩賦詳注》之一種。原書 1 函 5 册,書高 21.8 釐米,寬 12.3 釐米。前三册爲《關中課士試帖詳注》,後兩册爲《關中課士律賦箋註》。内封 A 面鎸書名"關中課士律賦箋註",B 面鎸"光緒甲申上海江左書林校刊"。首《關中書院賦目録》2 葉;次正文。四周單邊,白口,單、黑魚尾。半葉 9 行,行 22 字,小字雙行同。版框高 16.7 釐米,寬 10,5 釐米。魚尾之下刻"賦"和頁碼。

3.《輯刊》第 79 册影印國圖藏清道光二十三年聚錦堂刻本

【内容】

本書與《關中書院課士詩》(《關中課士試帖詳注》)合刊,前爲試帖,後爲律

---

① 今按:此本没有路德序,衹有劉源灝爲《關中課士詩賦録》所作總序,故上圖誤作劉源灝編,當是正。

賦,各有書名頁和牌記。路德自序言其編纂原委云:"前督糧道尹公,始創立詩賦課,課關中書院士子,數年以來,漸有起色,而能者仍鮮。今觀察永清劉公,知士子之少切劘也,謀所以訓迪之,而患其不能周徧。時余已自關中移講宏道,因郵寄課卷,致書于余,令宏道士子偕作;合兩書院詩賦,擇其佳者,改而梓之,以爲多士勸。余不敢辭,爰汰其疵累,補其空疏,各繫以評論,量加註釋,詞取典贍而杜其鈔襲,意取清新而禁其纖靡,音取寥亮而斥其鼃咬,以確當爲真,以浮泛爲僞。"可知此書之編,實緣於陝西督糧道劉源灝(永清人,故稱劉永清)的關心和督促。編纂時間爲道光十八年戊戌(1838)三月至十一月,歷時凡八個月。

本書選録關中、宏道書院課士之賦凡 10 題,20 篇。每題選賦或 1 篇,或 2 篇,或 3 篇。其中閻敬銘、胡葆鍔二人選賦較多,每人 3 篇。每個賦題之下,皆有解題;賦中佳句,施以圈點,賦末批點與注釋甚詳。例如首篇《焦尾琴賦》(谷逢鈞),正文右側刻有序號:一、二、三、四……,賦末則分别進行批點:"一、入題醒而用筆甚輕。二、有神。三、此二段部位,俱在題前,'琴'字、'焦尾'字最易冷落,卻萬萬冷落不得。四、不急搶焦尾,卻不拋卻焦尾,此處須有此法,否則空而泛矣。五、作勢。六、接法。七、天然。八、此二句最難作。九、轉法。……"凡 28 條批點,十分細膩。此下又有 450 字的總評。最後還有極爲詳盡的釋詞,篇幅達一千餘字。不難看出路德對年輕士子的褒揚與獎掖之情。

《唐古賦選》不分卷,清胡希周編纂

【編者】

胡希周(1789—1853),字碩膚,號實甫,江蘇元和(今屬蘇州)人。清嘉庆二十五年(1820)進士,授工部主事。歷官河南歸德知府,加道銜。緣事降調,流寓安徽休寧,曾任安徽碧陽書院山長,河南歸德府知府。咸豐三年鎮壓太平天國運動時,殉難于安徽休寧。著有《崇辨堂文稿》。傳見《(民國)吴縣志》卷六九。

【版本】

1. 清道光二十六年(1846)刻本

國圖藏,號:110823。本書一函二册,木板串裝。書高 22 釐米,寬 13 釐米。内封 A 面刻有篆文"欲解維舫"4 字,B 面刻有"唐古賦選,丙午秋刊"8 字。(今按:A、B 兩面似已顛倒。)首胡希周《序》1 葉;次目録 4 葉,卷端題:"唐古賦選目録,元和胡希周實甫編輯。"以下正文。左右雙邊,白口,無魚尾,無界行,板框高 16.9 釐米,寬 11 釐米,半葉 9 行,行 25 字,版心頂部刻書名,下部刻頁碼。該書紙墨俱佳,品相較好。鈐有"真州吴氏有福讀書堂藏書""北京圖書館藏"印。

2.《輯刊》第 79 册影印國圖藏清道光二十六年刻本

【内容】

本書收録唐朝古賦凡 61 篇,大都是名人名賦,如李白《大獵賦》《明堂賦》、杜甫《三大禮賦》等。其中,以王勃爲首的"初唐四傑"之賦近六分之一,李白賦亦有5篇。雖命之曰"古賦選",然所收賦并不僅限於古體,如杜牧《阿房宫賦》爲文賦,李白《擬恨賦》爲騈賦,皆予收録。自序稱"既編唐律賦訖,又彙古賦而采之,得六十一首",可見編者編《唐律賦選》在先,《古賦選》在後,惜未見前者,或許已經散佚。體例上是按照作家時間順序而排,以唐太宗居首。正文圈點亦是"分其段落,梳其意旨",宗旨即"欲讀者可尋途徑,不致望而生畏"。例如王勃《春思賦》,旁批有"提明春來之早""思及帝都""此就宫闈説""極寫春遊之盛""此就貴遊説""説到塞外""緊接臨幸""説到江南""總説情緒纏綿"等等,這些批語與圈點、截畫相配合,有效地起到了"分其段落,梳其意旨"的作用。賦末總評云:"極濃麗文,卻有清氣灌輸其間。(實甫)"是對該賦整體風格的概括。賦末總評大多出自"實甫"(胡希周號實甫),亦有標注"必以集評"或"衡裁評"者,則分别録自顧莼《律賦必以集》和湯聘(湯稼堂)批點的《律賦衡裁》。

《國朝試賦匯海》前集10卷後集2卷補遺1卷,清黄爵滋編

【作者】

黄爵滋(1793—1853),字德成,號樹齋,宜黄縣(今屬江西省)人。清道光三年(1823)進士,選庶吉士,散館授編修,旋充國史館協修、武英殿纂修、總纂官。道光十二年至十四年爲福建、陝西、江西、山東等道監察御史,兵、工、户部掌印給事中。十五年提爲鴻臚寺卿、大理寺少卿、通政使。後升禮部、刑部右侍郎、左侍郎兼左副都御史,署倉場侍郎。道光十九年(1839)後任大理寺少卿、通政使司通政使、禮部右侍郎、刑部右侍郎、左侍郎等職。他是積極宣導禁煙的先驅之一,與林則徐、鄧廷楨等均爲禁煙名臣。咸豐三年(1853)卒於北京。著有《黄少司寇奏疏》30卷,《海防圖》2卷附表1卷,《仙屏書屋文録初集、二集》26卷,《仙屏書屋詩録、詩集、後録、二集》34卷,《戊申楚遊草》1卷等,並刊行於世。傳見《清史稿》卷三七八、《清史列傳》卷四一、《清代七百名人傳》等。生平見孫衣言《遜學齋文鈔》卷六《行狀》。

【版本】

1. 清道光十年(1830)仙屏書屋刻本

上圖藏,號:綫普長321273-78。本書筆者未見,現據《輯刊》第86—87册影印本著録如下:本書封面葉鎸:"試賦匯海,仙屏書屋藏版。"首黄爵滋《叙》1葉;次《凡例》3條凡1葉;次《前集目録》15葉(2—17葉);次《後集目録》3頁(18—20a葉);次《補遺目録》1葉(第20a葉)。以上《叙》《凡例》《目録》共計20葉,連排不分葉。下爲正文。四周雙邊,白口,單、黑魚尾,無界行。半葉12行,行24字。卷端題:"國朝試賦匯海前集卷之一,宜黄黄爵滋樹齋編輯。"版心中部魚尾之下刻"賦匯海前集一"和頁碼。鈐有"王培孫紀念物""上海圖書館藏”篆文朱印。

2.《輯刊》第86—87册影印上圖藏清道光十年仙屏書屋刻本

今按:本書的書前提要是針對《國朝試賦匯海續編》前集6卷後集2卷補遺1卷寫的,與正文不符。請使用者留意。

【内容】

本書編選自乾隆乙丑科(十年,1745)以迄嘉慶庚辰科(二十五年,1820),凡75年館閣諸公的律賦作品,凡402篇。其中前集10卷,收賦351篇,皆爲翰林院庶吉士在館中考課的作品。卷一專門編選大考、散館的優等之作,例如首篇爲《竹泉春雨賦》,作者齊召南,標注“乾隆戊辰大考”“一等一名”,可知爲乾隆十三年(1748)大考時榮獲第一等第一名的作品;第二篇爲《納涼賦》,作者竇光鼐,標注“乾隆壬申大考”“一等二名”,可知爲乾隆十七年(1752)大考第一等第二名的作品。卷二至卷十,收録自乾隆乙丑科以降凡35科館賦作品。各科選賦多少不一,例如乾隆乙丑科(十年,1745入館)選録2篇:王際華《詩禮堂進講賦》、孫漢《損先難後易賦》,乾隆辛未科(十六年,1751入館)祇有1篇:李綬《課虚責有賦》,而嘉慶己巳科(十四年,1809入館)卻收賦24篇,包括廖金城、齊彦槐、王家相、佘文銓、路德等13家的作品。之所以多寡不一,可能取決於各科考賦的保存情況,若保存較多,則從中選優;若保存較少,或者祇有一兩篇,則祇能全部録入,别無選擇。後集2卷,僅僅收賦46篇。黄爵滋自叙稱:“其采自各家耑集中,及坊間流傳,耳目所及者,都爲後集”,看來都是館閣之外的作品,但“後集内作者均係同館中人”,乃是館閣諸公在館外或者自行創作的作品。至於補遺5篇,乃是補前集、後集之遺漏,篇數不多,無足重輕。總之,該書收録75年、35科館閣考課、散館、大考中産生的優等之作,以及館閣諸公在考課之外創作的優秀作品,堪稱當時最能代表時代風尚和水平的律賦之結集。由於選賦較多,編者無暇施以評騭、注釋,甚至都没有句讀,不便閱讀。不過還是在句旁施以圈點,以醒眉目。

《館課賦鈔》20卷,清翁心存、林召棠、龍瑛等輯

【編者】

翁心存(1791—1862),字二銘,號邃庵,别署千日醉道人,江蘇常熟人。清道光二年(1822)進士,改庶吉士,散館授編修,督廣東學政。咸豐元年(1851)擢工部尚書,四年起授吏部侍郎,調户部,擢兵部尚書,遷協辦大學士,八年充上書房總師傅,官至體仁閣大學士。贈太子太保,謚文端,入祀賢良祠。著有《知止齋詩集》《知止齋文稿》等。傳見《清史稿》卷三八五、《清史列傳》卷四五。生平見孫衣言《遜學齋文鈔》卷五《墓志銘》、陳澧《東塾集》卷五《神道碑》、《國朝先正事略》卷二五等。

林召棠(1786—1872),字愛封,號芾南,謚文恭,吴陽(今廣東吴川)人。清道光三年(1823)癸未科狀元及第,授翰林院修撰,充國史館纂修官。道光十一年(1831)爲陜甘正主考,道光十三年(1833)受制軍盧厚生之聘,主講于肇慶端溪書院,長達15年。著有《心亭亭居詩存》《文存》《筆記》等。傳見《廣東歷史人物辭典》。

龍瑛(1779—1852),字白華,號雲東,又號玉圃,湖南湘潭人。清嘉慶二十二年(1817)進士,選庶吉士,後升翰林院編修,道光二十九年(1849)以翰林院編修充山西鄉試正考官,官至贊善。辭歸,歷主城南、嶽麓、朗江、昭潭諸書院。著有《白華詩草》等,輯《近科館課分韻詩選》《玉堂清課賦鈔》等。傳見《湖南歷代人名詞典》。

許邦光(1781—1833),字汝韜,號萊山,晉江(今屬福建省泉州市)人。清嘉慶十六年(1811)進士,選翰林院庶吉士,散館授編修。長期在翰林院供職,先後任庶吉士教司、會試主考官、湖南學政,官至光禄寺卿。善書法,内廷絹帖多出其手。編修《大清一統志》,著有《二思堂史論》《詩文稿》《使湘小草》《榕軒詩賦鈔》《國史擬稿》等。生平見郭伯蔭《天開圖書樓文稿》卷二《墓志銘》、《續碑傳集》卷一六等。

朱昌頤(1784—1855),字吉求,號正甫,又號朵山,海鹽(今屬浙江)人。清道光六年丙戌一甲一名進士(狀元),授編修。曾任吏科給事中,後主講敷文書院。有《鶴天鯨海焚餘稿》。傳見《詞林輯略》卷六、《(光緒)海鹽縣志》卷十六、《碑傳集補》卷十等。

徐經(1788—1856),原名榮,後更名述虔,再改名經,字桓生,號拜庚,嘉定(今屬上海市)人。清嘉慶二十四年(1819)進士,改翰林院庶吉士,散館授編修,充國史館纂修。道光十四年(1834)奉命到南書房,賜筆劄,令賦詩。後歷任左春坊左贊善、山東濟東泰武臨道道員,又曾署理山東運河道道員、山東按察使、鹽運使等。傳見《(光緒)嘉定縣志》卷十六。

李振鈞(1794—1839),字仲衡,號海初,安徽安慶府太湖縣人。清道光九年(1829)進士,同年殿試一甲一名(即狀元)。先後任翰林院修撰、文淵閣校理、國史館和功臣館纂修、順天鄉試同考官等。著有《味燈聽葉廬詩鈔》2卷。

吴鍾駿(1798—1853),字崧甫,又字吹聲,號晴舫,一作狂訪,江蘇吴縣(今蘇州)人。清道光十二年(1832)壬辰科恩科狀元,授翰林院修撰,累遷至禮部左侍郎。道光十四年(1834)出任福建典試官,次年任湖南典試官,後又赴福建視學。卒於官。傳見《(民國)吴縣志》卷六六。

汪鳴相(1794—1840),字佩珩,號朗渠,江西彭澤縣人。清道光十三年(1833)狀元。歷任翰林院修撰、順天鄉試同考官、廣西鄉試正考官等職。著有《雲帆霜鐸聯吟草》,編有《新安汪氏宗祠通譜》。傳見《(同治)九江府志》卷三六。

陶慶增,字吟筠,江蘇吴縣(今蘇州市吴中區)人。清道光十五年(1835)乙未科殿試金榜二甲第三名進士,選庶吉士,散館授編修。道光十九年(1839)任浙江副考官,歷官山東武定府知府、濟南知府等職。

劉繹(1796—1878),字瞻巖,一字景芳,號嶽雲,江西永豐人。清道光十五年(1835)狀元,歷任翰林院修撰,入值南書房。道光十七年(1837)以三品京堂銜任山東學政,督學時刻"勸課條規"。後乞歸故里,主講鷺洲書院及青原書院。著有《存吾春齋文抄》《詩抄》《崇正黜邪論》。傳見《清史列傳》卷六七。

博迪蘇,字露庵(禄庵),蒙古正白旗人。清道光十三年(1833)癸巳科進士。道光二十年由翰林院侍讀學士充河南省鄉試正考官,後調任詹事府詹事,改授大理寺卿。二十三年充福建省鄉試正考官,升都察院左都御史,改任禮部右侍郎。二十四年調任盛京工部侍郎,同年因病免職。著有《朔漠紀程詩》。

朱鳳標(1799—1873),字桐軒,號建霞,蕭山(今屬浙江省)人。清道光十二年(1832)殿試一甲二名及第(榜眼),授編修,歷任工部、刑部、户部、兵部、吏部尚書,拜體仁閣大學士,時稱"蕭山相國"。卒後追贈太子太保,謚號文端。第二次鴉片戰爭期間,多次上奏,積極主張抗英。傳見《(民國)蕭山志稿》卷一九。

林鴻年(1804—1886),字勿邨,侯官(今福州市)人,清道光十六年(1836)狀元及第。被册封琉球國之正使,出使琉球。後歷任廣東瓊州府知府、雲南臨安府知府、雲南巡撫等職。同治五年(1866)被革職,返鄉後擔任正誼書院山長。有《松風仙館詩抄》傳世。傳見《(民國)閩侯縣志》卷六九。

郭沛霖(1809—1859),字仲霽,號雨三,湖北蘄水人。清道光十六年(1836)進士,改翰林,授編修,官至江蘇淮揚道兼鹽運使。咸豐九年(1859)捻軍破城時戰死。追贈光禄寺卿。著有《日知堂集》《遊寶藏寺記》。

鈕福保(1805—1854),字右申,號松泉,榜名福保,浙江烏程(今浙江吴興)人。清道光十八年(1838)狀元,授翰林院修撰,掌修國史。歷任江南、江西鄉試副主考官,轉任廣西學政,會試同考官,官至詹事府少詹事。工書法繪畫,擅詩文。傳見《(光緒)烏程縣志》卷一八。

李承霖(1808—1891),字雨人,號果亭,丹徒(今江蘇鎮江)人。清道光二十年(1840)狀元,曾任廣西學政。咸豐元年(1851)丁母憂歸里,六年父喪,遂不復出。自輯其詩文、制藝爲《劫餘僅存》。

龍啟瑞(1814—1858),字輯五,號翰臣(一説是字),廣西臨桂(今桂林市)人。清道光二十一年(1841)狀元,授翰林院修撰。歷任順天鄉試同考官、廣東鄉試副考官、侍講學士、湖北學政等職。官至江西布政使。治古文辭宗桐城,工書能篆、籀,善畫山水。著有《經德堂詩文集》《小學高注補正》《經籍舉要》等。傳見《清史稿》卷四八二、《清史列传》卷六九、《碑傳集補》卷四一等。

【版本】

1. 清道光二十一年(1841)小蓬萊山館重刻本

南圖藏,號:GJ/807503。本書凡20册。書高17.6釐米,寬12.3釐米.内封B面鎸:"道光戊戌迄辛丑三科,館課賦鈔(大字宋體),翰林院原本、小蓬萊山館重刊。"(今按:道光戊戌科在1838年,而正文始於道光癸未科,1823年,故知此封面葉有誤,當置於第十五卷戊戌科之前。)無序跋,首卷一目次3葉,卷端題:"館課賦鈔卷一目次,常熟翁心存二銘、吴川林召棠芾南、湘潭龍瑛白華同輯。"以下爲卷一正文。四周雙邊,白口,單、黑魚尾。半葉10行,行20字,小字雙行同。版框高13.2釐米,寬10.1釐米。卷端題:"館課賦鈔卷一,常熟翁心存二銘、吴川林召棠芾南、湘潭龍瑛白華同輯。道光癸未科。"版心頂部刻"館課賦鈔",魚尾之下刻"卷一,道光癸未科"、頁碼和篇名。各科編者不同。鈐有"南京圖書館藏"印。

又,湖南藏,號:413/381。本書凡20册。

2.《輯刊》第80—84册影印南圖藏清道光二十一年小蓬萊山館重刻本

【内容】

本書輯録道光癸未科(1823)至辛丑科(1841)凡十科館閣之賦,是一部大型的館閣賦彙集。本書是翁心存、林召棠、龍瑛等編纂人員歷時十餘年不斷積累、增益而成的,參與其事者多達18人,大多是進士出身,不少人還高中狀元。林召棠(道光三年癸未科,1823)、朱昌頤(道光六年丙戌科,1826)、李振鈞(道光九年己丑科,1829)、吴鍾駿(道光十二年壬辰科,1832)、劉繹(道光十五年乙未科,1835)、林鴻年(道光十六年丙申科,1836)、鈕福保(道光十八年戊戌科,1838)、李承霖(道光二十年庚子科,1840)、龍啟瑞(道光二十一年辛丑科,1841)等9人皆狀元及第,恰好佔編輯總人數的一半。道光三年以來的各科狀元,全部被列入名單,新進狀元龍啟瑞也馬上被列入。當然,這些狀元未必皆親自參加編輯之役,很多是掛名的。但如此強大的編輯隊伍,卻頗可以壯大聲勢,提升此書的質量和可信度,進而促進其銷售和傳播。這一署名原則,被後來的大型館閣詩賦集《同館詩賦二集》(91卷本)所借鑒、因襲。

值得注意的是,本書收録了道光辛丑科館賦88篇,這些賦作應該是翰林院庶吉士在道光二十一年(1841)入館之後創作的,故該書實際上收賦年代應該下延至道光二十二年或者二十三年。並且本科館賦遺漏較多,後來出版的《同館詩賦二集》中此科館賦增加至169篇。故可以推斷,此書面世時,辛丑科庶吉士仍在翰林院内,尚未散館(散館時間在道光二十四年),所以,本書最終出版面世的時間應該在道光二十四年之前。

本書各卷編纂人員、輯賦篇數如下:

卷一、卷二癸未科(1823):常熟翁心存二銘、吴川林召棠芾南、湘潭龍瑛白

華同輯,72 篇;

卷三、卷四丙戌科(1826):晉江許邦光萊山、海鹽朱昌頤朵山、湘潭龍瑛白華同輯,75 篇;

卷五、卷六己丑科(1829):嘉定徐經拜庚、太湖李振鈞海初、湘潭龍瑛同輯,83 篇;

卷七、卷八壬辰科(1832):嘉定徐經拜庚、吴縣吴鍾駿姓舫、湘潭龍瑛同輯,81 篇;

卷九、卷十癸巳科(1833):嘉定徐經拜庚、彭澤汪鳴相朗渠、湘潭龍瑛同輯,84 篇;

卷十一、卷十二乙未科(1835):吴縣陶慶增吟筠、永豐劉繹詹巖、湘潭龍瑛同輯,68 篇;

卷十三、卷十四丙申科(1836):渤海博迪蘇露庵、侯官林鴻年勿邨、蕭山朱鳳標桐軒、湘潭龍瑛同輯,78 篇;

卷十五、卷十六戊戌科(1838):蘄水郭沛霖雨三、烏程鈕福保右申、湘潭龍瑛同輯,77 篇;

卷十七、卷十八庚子科(1840):蕭山朱鳳標桐軒、丹徒李承霖雨人、湘潭龍瑛同輯,83 篇;

卷十九、卷二十辛丑科(1841):蕭山朱鳳標桐軒、臨桂龍啟瑞翰臣、湘潭龍瑛同輯,88 篇。

全書共收録館閣之賦 789 篇。各科的第三主編均爲湘潭龍瑛,可知龍瑛對該書的編纂貢獻最多,應該是此書的最後編定者。由於係原始資料彙編,故各賦皆無句讀、圈點,亦無評論。本書對保存館賦作品甚有意義,具有較高的文獻價值。大型館閣詩賦集《同館詩賦鈔二集》91 卷(其中賦鈔 45 卷),就是在該書和王家相《同館詩賦鈔二集》(6 卷)的基礎上編成的,幾乎照抄了此書的七百餘篇館賦。

《同館賦鈔》不分卷(《試賦彙選新編》),清朱其鎮輯

【編者】

朱其鎮,字又青,號九山,浙江嘉興人。清道光九年(1829)進士,授翰林院編修,轉諫院。道光十五年(1835),典試滇南。兩充會試同考官。出授甘肅鞏秦階道,權按察使。因公掛誤,逮入京獄,未竟而卒。書法出入晉唐,晚年尤嗜顔柳。著有《滇南紀程録》等。事迹見《(光緒)嘉興縣志》卷二 。

【版本】

1. 清道光十七年(1837)京都郁郁堂刻本

南圖藏,號:GJ/91794。本書凡 4 册,書高 19.3 釐米,寬 12 釐米。内封 B

面鎸:"嘉興朱九山輯,同館賦鈔(楷書大字),道光丁酉夏鎸、京都郁郁堂藏板。"鈐"開卷""有益"章。首朱其鎮《賦序》1 葉,鈐有"江蘇省立第一圖書館藏書"印;次目録 4 葉,卷端有"同館賦鈔"4 字;下爲正文。四周單邊,白口,單、黑魚尾。半葉 9 行,行 25 字,小字雙行同,無界行。版框高 14.9 釐米,寬 11 釐米。卷端無題署,第一行即爲篇名和作者名,但於篇名下注明類别,如"天文類""時令類"等。魚尾之下刻篇名、頁碼,底部刻類名。

2.《輯刊》第 91 册影印南圖藏清道光十七年京都郁郁堂刻本

【内容】

本書又名"試賦彙選新編"或"分類賦選",是翰林院編修朱其鎮編輯的一部館閣賦選集。編者從乾隆、嘉慶、道光年間的庶常館試賦中,精選 75 篇,分爲 27 類加以編録,以見館閣賦創作題材之豐富。類别如下:天文、時令、方輿、山水、宫室、君臣、任進(疑爲仕進)、人品、人事、閨閣、性理、文學、武藝、仙釋、遊眺、珍玩、服飾、飲食、器用、音樂、書畫、花草、穀果、竹木、禽獸、昆蟲、鱗介。編者在自序中稱:"余昨入都,見館閣鉅製,風華典贍,古雅絶倫,雖其體不一,而春菊秋蘭,各極一時之秀,視從前詞垣諸作,花様又新。因擇其尤者,分類彙成一帙,俾學賦者知所取法焉。"選賦略古而詳今,反映最新賦壇風尚,旨在爲天下士子提供習賦之範本。本書分類繁細,但每類選賦均甚少,多在二三篇之數,如天文、方輿、宫室、君臣、任進等類,各選賦 2 篇;選賦最多者爲文學類(7 篇)、花草類(6 篇)。若從作者角度考察,吴錫麒(4 篇)、馮嘉縠(2 篇)、張公璠(2 篇)三家賦入選最多,其餘大都爲 1 篇。不難看出,編者之意不在於保存館賦作品,而是展示館賦創作題材與主題的多様性,並且限制各家的入選篇數,盡可能選録更多賦家的作品。所以,儘管此書卷帙不大,卻盡可能選録不同賦家、風格、題材的館賦作品,避免因個人好惡而産生的偏頗,因而頗能代表嘉道間館賦創作的特色。

所選各賦,大都施以圈點、評論。如首篇王祖武《天道猶張弓賦》,開頭"溯名言於老氏,明至道於維天"右側加圈,"豈惟冶鑄洪鑪"一段亦加圈,意在揭示佳句。賦末總評云:"正喻相形,如膠粘木,如豆合黄。其氣機圓暢,非弓燥手柔之候,不能如此縱送隨心。"認爲該賦巧於揭示本體與喻體之關係,且以比喻手法作評,亦甚巧妙。

《竹笑軒賦鈔》初集不分卷二集不分卷,清孫清達輯

【編者】

孫清達,字又舫,丹陽(今屬江蘇省)人。道光十四年(1834)舉人。生平不詳,主要以教授爲業。

【版本】

1. 清道光二十五年(1845)聚錦旭刻本

吉大藏,4 册,號:吕 785K。未見。

2. 清同治六年(1867)緯文堂刻本

吉大藏,4 册,號:集 5593。又,山東大學藏,1 函 4 册,號:832.7/364。未見。

3. 清同治十三年(1874)文盛堂刻本

廣西師大藏,號:廿 811.13/1233。本書 1 函 4 册,書高 16.9 釐米。初集内封 B 面(藍紙)鎸:"同治甲戌春鎸,竹笑軒賦鈔,文盛堂藏板。"(二集封面頁將"賦鈔"改爲"二集"。)首趙光《序》3 葉,次《凡例》4 條 1 葉;次目録 4 葉,題:"竹笑軒賦鈔初集,丹陽孫清達又舫編次。"次正文,首行即爲賦題、作者。四周單邊,白口,單、黑魚尾。魚尾之上刻書名,下刻頁碼。版框高 12.8 釐米,寬 9.4 釐米。半葉 9 行,行 25 字,小字雙行同。未見藏印。

另有北大藏本,號:LX/5653。

4.《輯刊》第 90 册影印首圖藏清道光年間聚錦旭刻本

此本書名頁有署簽,印有"(聚珍旭)竹笑軒賦鈔",并墨書"香孫珍藏"4 字。道光 B 面刻:"道光□□春鎸,竹笑軒賦鈔(楷書大字),聚錦旭藏板。"首趙光《序》3 葉,鈐有"天津特别市市立第二圖書館藏書之章";次《凡例》4 條 1 葉;次目録 4 葉,題:"竹笑軒賦鈔初集,丹陽孫清達又舫編次";次正文。四周單邊,白口,單、黑魚尾。魚尾之上刻書名,下刻頁碼。半葉 9 行,行 25 字,小字雙行同。

【内容】

本書爲清代律賦選集。據趙光序,其初刻時間當爲清道光十九年己亥(1839)。後有道光二十五年(1845)聚錦旭刻本,吉林大學圖書館藏;又有同治六年(1867)緯文堂刻本,吉林大學、山東大學圖書館藏。筆者所見爲《輯刊》影印首圖藏清道光年間聚錦旭刻本、廣西師範大學圖書館藏清同治十三年(1874)文盛堂刻本。可見該書頗受歡迎,流傳較廣。但《輯刊》本和廣西師大本皆墨迹糊塗,質量較差。

據文盛堂本,本書初集選賦 66 篇,二集 66 篇,共計 132 篇,並非《凡例》所云 128 首。或許是刻書人增補 4 篇,亦未可知。趙光《序》云:"初集輕圓鬆秀,層次井然,濬發性靈於初學;最近二集,則縱横變化,博麗雄奇,能使讀者開拓心胸,增長筆力,殆所謂'醇而後肆'者乎!"可見初集所選,皆爲正大光明、風格典雅之作,行文規範,便於初學;而二集則選録雄奇豪放、行文恣肆之作,可以開拓心胸,綻放才情。實際上迎合了律賦學習兩個階段的需要,因而受到歡迎。作爲一部"家塾課本",編者自云"手録成帙,爲自課計,兼以課徒,非敢云選也"。出於教學的需要,對所選各賦皆撰寫解題、圈點、旁批、末批。例如首篇駱重恒《天猶慈父賦》,首先解題,徵引《後漢書·鄭興傳》:"天于賢聖之君,猶慈父之于孝子也。"這是揭示命題出處,反映了古人推孝及忠的思想。賦中"嘗見赤子求依，孩提待哺”右側加圈，旁批：“空中駕馭，絶好排場。”賦末總批云：“開合動盪，一氣流轉，得機得勢，開人無限法門。”這些處理方式，對於生童的學習是非常便利的。賦後没有釋詞，似爲缺憾。

《律賦新編箋註》不分卷，清趙楫、趙霖輯，清夏彦葆注釋

【編者】

趙楫（1795—1852？），字子舟，一字秋艤，號楞庵，又號查客，江蘇丹徒（今鎮江）人。清道光十六年（1836）進士，改庶吉士，授編修，充武英殿協修。轉山東道監察御史，升户科給事中，授直隸天津河間兵備道，未半載，引疾歸。咸豐初，卒於江北。事迹見《（光緒）丹徒縣志》卷二八、《江蘇藝文志》。

趙霖，字雨林，號笠農，趙楫弟。清道光元年（1821）舉人，十二年（1832）進士，授吏部主事。升員外郎、郎中，出授福建興泉永兵備道，司按察使。咸豐三年（1853）尚在世。著有《東行雜詠》。事迹見《（光緒）丹徒縣志》卷二八。

夏勤邦（1844—1914 或 1917），字彦葆，江蘇江陰人。通經學、小學，善抄書，曾抄録、整理文獻近千卷。與繆荃孫過從甚密。編有《江陰夏氏宗譜》等。生平見夏孫桐《觀所尚齋文存》卷七《家傳》。

【版本】

1. 清道光十年（1830）毘陵宏文堂刻本

蘇大藏，號：704865。本書凡 2 册，未查。

2. 清同治九年（1870）金閶小西山房刻本

南圖藏，號：GJ/91786。本書凡 4 册，書高 22.2 釐米，寬 11.9 釐米。内封 B 面鎸：“同治庚午新刊，丹徒趙子舟、趙笠農仝輯，江陰夏彦葆注釋，律賦新編箋註（中欄，隸書大字），金閶小西山房藏板。”首馮調鼎序 2 葉，鈐有“江蘇省立第一圖書館藏”章；次《例言》4 條凡 1 葉；次目録 6 葉，卷端題：“律賦新編目録，丹徒趙（楫子舟、霖笠農）同輯，江陰彦葆夏勤邦注，少逸金湛恩校”；以下正文。左右雙邊，白口，單、黑魚尾。半葉 9 行，行 25 字，小字雙行同。版框高 17.7 釐米，寬 11.7 釐米。版心頂部刻“律賦新編”，底部刻頁碼。

3.《輯刊》第 96 册影印南圖藏清同治九年金閶小西山房刻本

【内容】

據馮調鼎序和《凡例》，本書編選清代律賦，地域上以錢鶴山、楊羨門等鎮江作家爲主，兼及“坊友所寄，及同好中習見者”；體製風格上“不必一律”，衹有“詞旨雅潔、骨節靈通、不失唐人榘矱者”，方可入選；此外還有意“詳於新而略於舊”，凡選本中屢見的膾炙人口之作概從割愛，有一定的求新意識。選賦凡 102 篇，始高賜禮《皇都大一統賦》，迄劉輝《擬陸魯望苔賦》。所選各賦，皆施以評點。如《皇都大一統賦》（高賜禮），“蓋天儲其瑞，地閟其祥”旁批：“用筆亦有蜿

蜒磅礴之致。"又,"則日本東賓,月支西怵"旁批:"一段極力恢張,如淮陰將兵,伏波聚米。"賦末總評云:"研京鍊都,成此傑構,文章冠冕,述作規模。(子舟)"極盡贊譽之能事。此下又有釋詞數十條,甚爲詳盡,這與《例言》中所謂"兹因坊友促成,未及詳注"句不符。今按:馮序作於"道光己丑仲秋上浣",即道光九年(1826)年八月上旬,蓋爲本書編纂之年,初刻時未有注釋,故《例言》稱"未及詳注"。同治初年夏勤邦爲本書作注(時趙楫已歿),重新刊行,但《凡例》一仍其舊。查其餘賦篇,在總評之下、釋詞之前,尚有"題解"一項,此賦闕如。此外,國家圖書館藏《律賦從新初集》4卷,序、例言、選篇皆與此書雷同,而署名"寶應陸小巖、小南同輯"。該書有評無注,經考證實爲趙楫《律賦新編》的盜版,書商射利,品相低劣,不足道也。

《律賦萃新集》不分卷(《律賦萃新箋註》),清顧鵷輯

【編者】

顧鵷,字巢民,崇川(今江蘇省南通市崇川區)人。生平不詳,大約活動於清末道光年間。編有《律賦鳴盛集》《律賦萃新集》《律賦行遠集》等。

【版本】

1. 清道光九年(1829)同文堂刻本

國圖藏,號:150207。本書1函2册,木板串裝。書高18.7釐米。内封B面鐫:"道光己丑冬鐫,律賦萃新箋註(楷書大字),同文堂梓。"鈐"張印""脩竹"兩枚朱色小方印。首顧鵷《叙》1葉,鈐有"真州吴氏有福讀書堂藏書"章;次《律賦萃新集目録》5葉,卷端題:"律賦萃新集目録,崇川顧鵷巢氏編輯。"次正文。四周單邊,白口,單黑魚尾。版框高13.9釐米,寬10.2釐米。無界行。半葉9行,行25字,小字雙行同。版心上方刻"律賦萃新箋註",底部刻頁碼。

2.《輯刊》第91册影印國圖藏清道光九年同文堂刻本

【内容】

本書不分卷,共收賦82篇。據顧鵷《叙》,其資料來源主要是"館課考卷房稿","擇其新穎者,得若干首,爲初學津梁"。以翰林院館課之賦及鄉試、會試、殿試之優秀考卷作爲範本,對文人士子習賦、練賦,迎接各種考試無疑具有較好的指導作用。編者對這些入選賦作皆施以評點,從中可見其指導律賦創作的用心。例如,首篇爲《友風子雨賦》,題下注明"以廣大精神請歸之雲爲韻",作者"李汝梅"。賦中"快借風伯,取爲朋而其德不孤;幻出雨師,象以子而所生彌廣"兩句右側加圈,並作旁批:"籠題圓穩。"認爲上聯點"友風",下聯點"子雨",十分允當。賦末有總批兩條:"語語是寫雲,組織傅會,俱有雋意(原評)","清機徐引,妙藴環生(巢氏)"。此下爲題解與註釋。"題解"注明賦題出處爲荀子《雲賦》;註釋以揭示典故爲主,爲理解賦意掃清障礙。本篇註釋有7條,詞目用大字，釋語用雙行小字。以下各篇體例同此。本書没有分類，但其編排大致按照天文、歲時、地理、人事、草木、鳥獸、蟲魚的次序進行。

《律賦行遠集》2 卷（《律賦行遠箋註》），清顧鷁輯

【編者】

顧鷁，字巢民，崇川（今江蘇南通）人。生平參見“律賦荸新集”條。

【版本】

1. 清道光二十四年（1844）書有堂刻本

國圖藏，號：150206。本書 1 函 4 册，書高 18 釐米，木板串裝。内封 B 面鎸：“律賦行遠集箋註（隸書大字），道光甲辰孟夏書有堂開雕。”首顧鷁《律賦行遠集序》2 葉，鈐“真州吴氏有福讀書堂藏書”章；次目録 5 葉，卷端題：“律賦行遠集目録，崇川顧鷁巢民編輯。”次正文。四周單邊，白口，單、黑魚尾。版框高 13.7 釐米，寬 10.2 釐米，無界行。半葉 9 行，行 21 字，小字雙行同。版心上方刻“律賦行遠箋註”，下方刻“卷上”和頁碼。鈐有“北京圖書館藏”印。

2.《輯刊》第 92 册影印國圖藏清道光二十四年書有堂刻本

【内容】

本書上、下兩卷，共收清代律賦 84 篇。其中卷上 39 篇，卷下 45 篇。顧鷁自序云：“庚子冬，吴氏珠舫、鑑湖昆仲采輯同郡試稿窗課，囑余評閲而梓之。余因卷隘，又蒐通屬泰如海友人之作，益以家塾所存若干篇，然後付梓。”所選作品以通州（今江蘇南通）地區府試、縣試及私塾考課之賦爲主，具有濃厚的地方特色。編者善於取名，“名之曰行遠，以此可得諸近邑，即可質諸遠方云爾。如謂此選必流播廣遠，海内争購之，則吾豈敢”。既表達了謙虚求教之意，又巧妙地流露出遠銷四方、流播海内的希望。不分類，不詳其編纂體例。每賦皆有評點。如卷上首篇爲《黄帝以雲紀官賦》，題下註“以題爲韻”，作者名“汪炳文（硯香）”；首句“考名言於盲左”旁批：“叙來歷”；“六相分曹，薄海切爲霖之望；五官叙事，大廷成捧日之光”右側加圈；“此所以因郯子之朝，與火師水師而同述；承昭子之問，偕龍紀鳥紀而並彰也”右側加點；賦末有總評：“逸情雲上，妙論風生。（巢民）”略顯空洞。下有題解注明賦題出處：“《左傳·昭公十七年》。”以下對賦中語詞“榆罔”“斗樞”“寶甕”“風后”等分别進行解釋，以揭示典故出處爲主。如“寶甕”下註云：“《封禪紀》：黄帝得寶露甕。”每篇體例大致如此。

《瀛奎玉律賦鈔》4 卷，清高敏輯

【編者】

高敏，字鐵珊，清代江陰（今屬江蘇省）人，主要生活於道光年間。編有《紫雲偎琯試帖詩》3 集 24 卷、《瀛奎玉律賦鈔》4 卷，國家圖書館皆有收藏。

【版本】

1. 清道光十年(1830)刻本

國圖藏,號:36007。本書1函4册,書高22.6釐米。書衣左上方有書簽,墨書:"瀛奎玉律,丙寅三月初七日書簽。"鈐有"萬山梅藏書"印。内封B面鎸:"瀛奎玉律賦鈔,道光庚寅孟春開雕。"首潘世恩《序》3葉,隸書;次高敏自序1葉;次卷一目録2葉,卷端題:"瀛奎玉律賦鈔卷之一,江陰高敏鐵珊編次,蘇州朱綬酉生、杭州沈兆霖朗亭參訂。"(以下三卷,參訂者有變化。)次正文。左右雙邊,白口,單、黑魚尾。半葉9行,行25字。版框高17.4釐米,寬10.7釐米。無界行。版心上方刻"瀛奎玉律賦鈔"6字,下方刻卷數和頁碼,每篇賦最後一葉於版心底部刻篇名簡稱和作者姓氏(小字),以便翻檢。如首篇爲《神者妙萬物而爲言賦》(杜受田),凡2葉;第2葉版心底部刻"神者妙萬,杜"5字。鈐有"國立北平圖書館珍藏""一九四九年武強賀孔才捐贈北平圖書館之藏書"章。

2.《輯刊》第93册影印南圖藏清道光十年刻本

版式與國圖藏本同。鈐有"桐陰書屋""江蘇省立第一圖書館藏書"章。天頭偶有墨筆"題解",揭示賦題出處,可參。

【内容】

本書凡4卷,每卷收賦30篇,凡120篇,大都是律賦。據潘世恩序,編者於"近時館閣以及直省試牘、書院課藝中拔其尤者,彙爲一編",旨在爲年輕學子習賦提供範本,具有鮮明的當代性和針對性。其選録標準,高敏自序云:"題取其生新,賦取其鬆利,平奇濃淡,各體具備,皆有合於漢魏風裁、六朝神韻、三唐格律,而不敢數墨尋行,拘守一轍。"兼顧賦的不同題材與風格,十分可取。所選各賦,皆有圈點,賦末有總批。例如首篇《神者妙萬物而爲言賦》(以題爲韻),作者杜受田。篇首"鴻濛既闢,元化斯甄,絪緼有象,坱圠無垠"右側有圈,旁批云:"混沌書眉。"又,"易有太極,其爲窈窈冥冥乎;帝宰元模,是乃形形色色者"右側亦加圈,旁批:"清言娓娓,妙手空空。"本賦之末有總批,低三格刻之:"天地爲鑪,陰陽爲炭,其氣渾灝流轉,其詞挈净精微。讀楊子《太玄》、老子《道德》,猶覺罣一漏萬。(高鐵珊)"其評點質量,明顯高於一般坊刻。

《瀛奎玉律二集》4卷,清高敏輯

【編者】

高敏,字鐵珊,江蘇江陰人。生平參見《瀛奎玉律賦鈔》提要。

【版本】

1. 清道光十八年(1838)刻本

南圖藏,號:GJ/EB/91775。本書凡8册。封面頁鈐有"桐陰書屋"印。内封B面鎸:"瀛奎玉律二集(篆文),戊戌重九亦舟題。"首高敏序1葉,鈐有"江蘇省立第一圖書館藏書"章;次卷一目録2葉,卷端題:"瀛奎玉律二集卷之一,江陰高敏鐵珊編次,江陰夏子齡百初、錦屏徐之銘新齋參訂。"(以下三卷,參訂者有變化。)次正文。正文版式、行款與《瀛奎玉律賦鈔》同。

又,蘇大藏本,號:704845。本書凡2册,未查。

2.《輯刊》第94册影印南圖藏清道光十八年刻本

【内容】

本書是高敏《瀛奎玉律賦鈔》的續編。《賦鈔》刊於清道光十年(1830),編選近時律賦120篇,因其選篇適中、評點精當,而頗受讀者歡迎,"海内書賈購者畢集,遂至遐邇趨風,奉爲圭臬"(《二集》自序)。受到同仁慫恿,高敏又從所藏"同館賦十餘科、試牘數十種"以及"四方名宿行卷"中精選120篇,編爲《二集》。其規模和體例均沿襲原編,每卷30篇,每篇賦皆有圈點、旁批、尾評。例如首篇《斗爲帝車賦》(穆馨阿),於"披遷史而占星,肅隆儀於禮斗"句右側刻有尖點,旁批:"揭清來歷,破題堅卓。"尾評云:"昭章雲漢,暉麗日月,按切帝車,關合斗字,其運意用筆,遣辭布局,如太阿出匣,光燄逼人。收精熟天官,口誦千賦,焉能一片宫商,作此□□承平雅頌?(高鐵珊)"雖係溢美之辭,但亦能切合原賦,給讀者以啟發。

《律賦先春》4卷,清程廷獻選

【編者】

程廷獻(?—1835),字書城,號擁岩,浙江嘉善人,居住楓溪涇(今屬上海)。中舉業不就,輯佚古書十餘種,有《帝王世紀》《三輔決録》《倉頡》《字林》等。積書甚富,建"瓶廬"以藏之。

【版本】

1.清道光十五年(1835)中元堂刻本

國圖藏,號:150204。本書共4小册,木板夾裝,書高16.2釐米,寬10.5釐米,内封B面鐫:"道光十五年鐫,律賦先春,(校勘無譌)中元堂藏板(缺字據文意補)。"首仝紹鉉《律賦先春序》1葉,鈐有"真州吴氏有福讀書堂藏書"章;次目録5葉,卷端題:"律賦先春目録,涇上程廷獻修士甫選。"下爲正文。左右雙邊,黑口,單、黑魚尾,無界行。半葉10行,行20字,小字雙行同。版框高11.6釐米,寬9.6釐米。卷端題:"律賦先春(卷一),涇上程廷獻修士甫選。"版心中部刻卷某和頁碼。鈐有"北京圖書館藏"印。

2.《輯刊》第95册影印國圖藏清道光十五年中元堂刻本

【内容】

《律賦先春》凡四卷,共收録清代律賦86篇。各卷收賦數量如下:13篇、29篇、20篇、24篇。其編選宗旨,恰如仝紹鉉序所云:"其選詞也麗,其斂才也則,而其風神之諧暢，又復圓美如流丸。初學藉爲介紹，不但免疥槖之譏笑，即儉腹亦堪藏拙。"書中諸賦皆詞采華麗，合乎規範，士子研習，可以"施之院場"，應付各類考試。正文旁側刻有圈點，各賦之末刻有簡評。例如李克開《雨絲賦》賦末鐫："風光細膩，骨肉停勻。修士。"程廷獻《杏花春雨江南賦》賦末鐫："布局寬展，層次井然，洵是律賦上乘。周伯臨老師評。"可供參考。

《註釋韻蘭賦鈔二集》2 卷，屈塵菴評選

【編者】

屈塵菴，名不詳，"塵菴"當爲其字或號。書名頁"塵"訛作"塵"。該書朱方增序云："塵菴固余戚黨"，又云："憶自束髮，即遊東湖，嘗與塵菴及二三同學拈題角韻"，可知其早年與朱方增（？—1830，字虹舫，浙江海鹽人，嘉慶六年進士）關係密切，曾一同創作詩賦，或許亦爲海鹽人。大約生活於嘉慶、道光年間，主要以教授爲業。郭英德先生認爲："屈塵菴，吴縣（今江蘇省蘇州市）人。與吴鍾駿（1798—1853，吴縣人，道光年間狀元）的門生蔡廷甫友善，可知其大約生活於道光年間，與吴鍾駿同時或略晚。"待考。

【版本】

1. 清道光十六年（1836）忠信堂刻本

湖南師大藏，號：4535/0468。本書凡 2 册，書高 17 釐米。書名頁鐫："屈塵菴先生評選，註釋韻蘭賦鈔二集，忠信堂藏板。"首朱方增序 3 葉，鈐有"湖南師範學院圖書館藏書"楷書章；次《韻蘭賦鈔二集目録》5 葉；次正文。四周單邊，細黑口，單、黑魚尾。版框高 12 釐米，寬 9.6 釐米。無界行，半葉 10 行，行 20 字，小字雙行同。版心頂部空白，魚尾之下刻"卷上"和頁碼。

2. 清道光二十五年（1845）六吉堂刻本

山東大學藏，號：832.76/320。本書 1 函 3 册，待查。

【内容】

《註釋韻蘭賦鈔二集》一書，當編成於道光八年戊子（1828），朱方增序云："道光戊子冬，余自江蘇學政任旋京，門下士張生良甫以其同邑屈君塵菴先生所選《註釋韻蘭賦鈔二集》示余，乞言爲序"，便是明證。但該書之梓行，卻在 8 年後的道光十六年丙申（1836），朱序即作於此年。序中又云："集中諸子，亦半余通家之年少也"，則所選之賦，大都出自朱氏故里——浙江省嘉興府，乃其通家（故舊世交）之後，具有鮮明的地域色彩。考本書目録，顧廷熊《鷹窠頂觀日出賦》下注曰："李宗師科試加心府三名"，屈家蓀《浣雲池賦》下注曰："兩浙汪宗師觀風第三名"，屈家蘅《秧馬賦》下注曰："朱宗師歲試加心府一名"，可見集中賦作，不少是在歲試、科試、書院月課，或者學政觀風時所作，取其名次較高者選入，堪作後生習賦之範本。又，其中"加心府"當爲"嘉興府"的俗寫，編者調皮

了一下。

本書編選浙東賦84篇,多爲年輕士子應試所作。所選各賦,皆有圈點、評論。如首篇《太極生兩儀賦》,以"易有太極,是生兩儀"爲韻,作者徐軏(蕓),開頭"氣轉鴻蒙,羲探龜策"一段右側加圈,旁批:"氣象萬千";又,"苞符特啟夫馬圖,精理肇開夫犧畫"一段右側加點;又,"類兼綜夫樞紐,洩太清太虛之秘"一段又加點,旁批:"安頓題字,如金在熔。"賦末總批云:"宏深肅括,包孕靡遺,具此才力,方許作是題。"不難看出,除了風格評論,圈點和旁批主要提示寫作方法、技巧,旨在爲讀者寫賦提供參照。

該書有兩個疑點:1. 該書與陸雲槎《韻蘭集賦鈔》(又稱《律賦韻蘭集》,有清嘉慶二十四年賦槑書屋刻本、道光元年刻本等)行款、版式、内容均不同,也没有接續關係,爲何叫《二集》? 序跋中毫無交代,百思不得其解。2. 該書與《律賦玉犀箋注》選賦篇目相同,是何關係? 參見"律賦玉犀箋注"條。

《律賦玉犀箋注》不分卷,清屈塵菴選注

【編者】

屈塵菴,參見"註釋韻蘭賦鈔二集"條。

【版本】

1. 清道光十八年(1838)刻本

國圖藏,號:150205。本書凡2册,木板串裝。書高18.4釐米,寬12.4釐米。首吴鍾駿序3葉,鈐有"真州吴氏有福讀書堂藏書"印,序後墨書小詩一首,草書;次《律賦玉犀箋注目録》5葉;次正文。左右雙邊,白口,單、黑魚尾,無界行。版框高13.8釐米,寬9.1釐米。半葉9行,行25字,小字雙行同。版心頂部刻"律賦玉犀箋注",下部刻頁碼。

2.《輯刊》第95册影印國圖藏清道光十八年刻本

【内容】

據吴鍾駿序,本書當編成於道光十七年(1837),吴序作於道光十八年(1838),暫將刊刻時間定於此年。本書共收律賦84篇(國圖藏本闕19篇,自屈家蘅《經神賦》至俞嗣勛《龍虎榜賦》)。不分類,大致按照天地、詠史、器物、草木、鳥獸的順序編排,而以詠史賦數量最多,可見道光年間文人以學爲賦的趣尚。如陸潤章《范蠡汎五湖賦》《吴采鸞寫唐賦》、張敦瞿《祖逖聞雞起舞賦》《李長吉古錦囊賦》《賈島祭詩賦》等,都反映了作者較高的文史素養。但一味從古書中取題,似亦反映出清代文人的作賦之路越走越窄。賦末評點,或係編者所爲,或取自考官或塾師原評。如卜葆鈖《運方穿賦》賦末總評兩條:"鋪取精詳,裔皇典麗。(原評)","莊重題寫得如許清麗,絶無陳腐氣攪其筆端,尤推傑構"。第一條之下以小字注"原評"二字,可見非編者所加。最後爲釋詞,詞條大

字,釋文雙行小字,而以“題注”居首。例如首篇徐軝《太極生兩儀賦》,賦末有注釋18條,“題注”下注云:“《易·繫辭上》第十二:是故易有丨丨,是丨丨丨。兩儀生四象,四象生八卦。”“鴻蒙”條下注云:“《莊子·在宥》:雲將東遊,適遭丨丨。”可見註釋極爲簡略,以揭示語典爲主。以“丨”代替詞條用字的做法,亦醒目。

今按:該書選賦篇目、順序皆與屈塵菴《註釋韻蘭賦鈔二集》2卷相同,而卷首吴鍾駿序,也與《韻蘭賦鈔二集》朱方增序在内容上雷同。因《韻蘭賦鈔二集》有道光十六年刻本(湖南師大圖書館藏),該書較晚,而更改書名,篡改原序,似有作僞之嫌。但在核對書影時發現,《韻蘭賦鈔二集》版框高12釐米,寬9.6釐米,半葉10行,行20字,而該書版框高13.8釐米,寬9.1釐米,半葉9行,行25字。版式不同,顯然爲重刻本。此外,《註釋韻蘭賦鈔二集》其實並無注釋,而該書對所收各賦增加了題解和注釋,亦能方便讀者。

《律賦經畬集》4卷,清錢文佐、蔣繼伯、黄宗沂、阮縈編

【編者】

錢文佐,字茗仙,江蘇儀徵(今屬揚州市)人,生平不詳。

蔣繼伯(?—1857),字曉瀛(一作小寅),江蘇江都(今屬揚州市)人。清咸豐四年(1854),遷居甘泉。諸生。著有《曉瀛遺稿》,收入同治三年(1864)刻本《通齋全集》。生平見《江蘇藝文志·揚州卷》。

黄宗沂(?—1856),字魯泉,號同甫,江蘇江都人。附貢生。幼受業於黄承吉(1771—1842)、李周南之門,潛心經史。及長,研究醫學。著有《讀史紀要》《將就園雜記》《本草綱目補遺》《碧梧軒詩集》。生平見《(光緒)江都縣續志》《江蘇藝文志·揚州卷》。

阮縈,字少梅,江蘇儀徵人。生平不詳。

【版本】

1. 清道光十九年(1839)揚州二酉堂巾箱本

南圖藏,號:GJ/91782。本書凡4小册。書高17.2釐米,寬10.8釐米。内封B面鎸:“道光己亥秋月新鎸,律賦經畬集(隸書大字),揚州二酉堂藏板。”首阮亨序2葉,鈐有“江蘇省立第一圖書館藏書”章;次《律賦經畬集卷一·凡例》5條凡2葉;次目録8葉,卷端題:“律賦經畬集目録,揚州阮縈少梅、錢文佐茗仙、黄宗沂魯泉、蔣繼伯曉瀛、沈濚小波、阮袢華甫參校。”以下正文。左右雙邊,白口,單、黑魚尾。半葉9行,行25字,小字雙行同。版框高12.9釐米,寬9.4釐米,無界行。卷端題:“律賦經畬集卷一,揚州錢文佐茗仙、蔣繼伯曉瀛、黄宗沂魯泉、阮縈少梅參校。”版心頂部刻“律賦經畬集”,魚尾之下刻“卷某”和頁碼。

2.《輯刊》第97册影印南圖藏清道光揚州二酉堂刻本

【内容】

據卷首阮亨序,本書乃是錢文佐、黄宗沂、蔣繼伯等人,以儀徵文人會課之作爲基礎,益以館閣之賦若干篇而成。全書共收清代律賦 116 篇,另有補遺 7 篇,共計 123 篇。賦題皆出自儒家經典,故取韓愈"文章豈不貴,經訓乃菑畬"之意,名爲《經畬集》。《凡例》云:"應制之賦以經命題,昉自有唐。如裴晉公《歲寒知松柏後凋賦》、韓文公《明水賦》、李供奉《明堂賦》……其他不可枚舉。我朝經學昌明,星使掄材,悉取經語以覘古學。故是編專采五經,若《論》《孟》《學》《庸》《周官》《爾雅》,凡在十三經之目者,間亦采焉。至於子史諸題,概不登載。"自從唐代試賦以經書命題,此後漸成定制。倘若不熟讀經書,則無法理解賦題之意,更無從下筆。本書編者看穿了清代試賦命題的規律和要害,專門編選以經書命題的賦作,可謂獨具慧眼。由於篇幅限制,主要選録來自"五經"的賦題,至於取自《論語》《孟子》《大學》《中庸》《周禮》《爾雅》的賦題,也略有采録;但不選子史類賦題。編選範圍則"上至館閣鴻裁,下至歲、科試牘,以及四方大雅惠我璵璠",併爲一集,壽諸梨棗。所收各賦,大致按照《周易》《尚書》《詩經》《禮記》《左傳》、"四書"、其他經書的順序編排。各賦皆施以圈點、評註。例如卷一《體仁足以長人賦》(吴其濬),"含生負性,人原爲物之靈;抱德履仁,君則以民爲體"一段有連圈,提示讀者欣賞;"原夫仁也""是以君子之體仁也"等領起語加連點,以醒眉目;賦中還有截晝,梳理脈絡,揭示限韻之字。賦末總批云:"全借古語,用申今情。自破拘牽,倍饒精采。(邵吟泉)"采録前人評語,保存了一些賦論資料。此下又有題解 4 行,指出本賦題出自《易・乾卦》。没有釋詞。

《東皋四傑賦集》4 卷,清宗金樹、胡連耀、張金誥編

【編者】

宗金樹(1792—?),字友石,如皋(今屬江蘇省)人,清道光三十年(1850)拔貢(《江蘇藝文志》作道光二十八年),選新陽縣訓導。著有《三禮條貫》《枕縫山房詞稿》等。事迹略見《江蘇通志稿・選舉志》。

胡連耀(1812? —1856?),字佛生,江蘇如皋人,清道光二十四年(1844)甲辰科進士,選翰林院庶吉士,二十五年(1845)改吏部主事。善書法。著有《雪牕寒碧》詩詞各一卷。事迹略見《江蘇通志稿・選舉志》。

張金誥,號拙齋,江蘇如皋人。初仕山西汾州府參軍,後爲安徽寧國府參軍,調江西袁州府參軍,升甘肅崇信知縣,有治聲。歷署寧鄉、汾陽、文水、石樓及安徽祁門、寧國、建平等縣,官至寧夏府鹽捕通判。曾輯刻其舅父范駒《染月山房全集》。

【版本】

1. 清道光二十二年(1842)刻本

南圖藏,號:GJ/82140。本書凡1册,書高24.8釐米,寬15.7釐米。書簽上印有隸書書名"東皋四傑賦集"。内封B面鎸:"道光壬寅秋鎸,東皋四傑賦集(隸書大字),本衙藏板。"首沈兆溶序4業,鈐有"南京圖書館藏"章;次張金誥《序》3葉;次目録4葉,卷端題:"東皋四傑賦集總目,同里後學宗金樹、胡連耀蒐輯,張金誥編次。"以下正文。四周雙邊,白口,單、黑魚尾。半葉9行,行18字,小字雙行同。版框高15.9釐米,寬13釐米。卷端無題署。版心頂部刻書名,魚尾之下刻"卷某"和頁碼。

2.《輯刊》第98册影印南圖藏清道光二十二年刻本

【内容】

本書輯録清代乾隆年間江蘇如皋縣文人吴廷燮、吴之芬、范駒、顧履厚之賦凡49篇。其中吴廷燮11篇,吴之芬12篇,范駒20篇,顧履厚(字偶樵)6篇,人各一卷,凡四卷。但該書《總目》第四、五兩葉《杏子賦》之下有明顯的剗挖(或塗抹)痕迹,説明顧履厚賦遠遠不止6篇,應該是24篇,但因爲正文殘缺,故在目録葉剗去所缺賦篇,冒充完帙。今按:吴廷燮(1738?—?),字調玉,號梅原。入國子監,應順天鄉試不售。與同里江幹、徐麟趾、冒國柱等人結香山吟社。乾隆四十六年(1781)高宗南巡時,迎鑾獻賦。著有《楓香閣詩詞》六卷。吴之芬,字(號)蘭谷,歲貢生,生平不詳。范駒(1768—1789),字昂千,號藿田。嘗師從顧理根先生學習摹印,得其正宗。乾隆五十四年(1789)拔貢,方二十一歲,未期年而殁。著有《藿田集》十三卷,又著雜劇《送窮》及散曲一卷。顧履厚,字以寧,一字蔗鄉,號偶樵。十歲能屬文,十三歲補弟子員,旋食餼。以例貢成均,乾隆五十四年(1789)順天鄉試舉人。屢試春官未售。謁選人,得霍山教諭。會疾作未赴,不二載而卒。著有《啖蔗軒詩集》。生平略見《(嘉慶)如皋縣志》卷十七。以上四家,皆身份低微,未有功名,但"或以明經老,或以一第終,莫不聲稱庠序,卓然名家"(沈兆溶序)。據張金誥序,他曾於道光年間刊刻其外父范駒之《染月山房全集》,故范賦保存較全,本書亦收録較多。又,"四君子生則同方,學則同志,故所拈之題皆彼此互見,而一一可傳也",由於四人爲同鄉關係,志趣又十分相投,故其作賦之題材、風格多有相似相通之處。"東皋四傑"皆身份低微,或懷才不遇,或英年早逝,但莫不聲稱庠序,卓然名家。合爲一集,可見東皋文學之盛。本書具有鮮明的地域色彩,對研究地方文學與文化具有一定價值。各賦皆無圈點評騭,但施以截畫,以示章段。

《澄江賦約》4卷,清楊景曾編,湯士愷、湯奎註

【編者】

楊景曾,字儁凡,江蘇江陰人。曾就學於王蘇(字儕嶠)。清嘉慶二十四年(1819)進士,授内閣中書,官至四川石砫同知。生平見《(光緒)江陰縣志》卷一七。

湯士愷,字虞卿,玉浦(今地不詳,蓋爲江陰一地名)人;湯奎,字星垣,湯士愷之姪。

【版本】

1. 清道光二十一年(1841)無錫錢氏致和堂刻本(2卷本)

北大藏,號:X/811. 37/4668。本書凡2卷,1函2册。未查。

2. 清道光二十五年(1845)金陵寶仁堂刻本

南圖藏,號:GJ/56673。本書凡4册,書高17. 4釐米,寬11. 4釐米。内封B面鎸:"道光乙巳新鎸,安徽督學使者季□鑒定,註釋澄江賦約(楷書大字),寶仁堂梓行。"首季芝昌《叙》2葉,鈐有"江蘇省立第一圖書館藏"章;次《澄江賦約目録》4葉;以下正文。左右雙邊,白口,單、黑魚尾,半葉9行,行25字,小字雙行同。版框高13. 3釐米,寬10. 1釐米。卷端題:"澄江賦約卷一,江陰楊景曾僞凡父編輯,玉浦湯士愷虞卿率姪奎星垣詳注,無錫錢維楨榕初氏校閲,金陵寶仁堂延師細加較對選工梓。"對編、注、校、刊行者的姓名皆有明確交代。版心頂部刻"澄江賦約"4字,魚尾之下刻"卷某"和頁碼。

3.《輯刊》第98册影印南圖藏清道光二十五年金陵寶仁堂刻本

【内容】

澄江是今江蘇省江陰市的别稱。古長江東流至此,江面驟寬,流緩沙停,江水也因此澄澈,故有此稱。宋施邁《江陰志》俞巨源序:"大江自京口(今江蘇鎮江市)來,委折而南,浩漾澎湃,勢益壯越,數百里聚爲澄江之區。"據清道光二十五年(1845)金陵寶仁堂刻本,本書專門編選江陰文人之律賦70篇,釐爲4卷,具有鮮明的當代性和地域性。所選之賦,以季芝昌(12篇)、王蘇(8篇)、夏柔嘉(8篇)數家作品最多,並且還收録楊景曾自己的賦9篇,大致按照天地人物的順序編排。各賦皆有圈點、評註。如《天道猶張弓賦》(王蘇儕嶠),句讀皆用大圈。"懸桑蓬而示志,穿雲之射誰工"一段右側有連圈,旁批:"白雲穿破碧玲瓏";"以道承天""可觀夫蒼昊"之下有截畫;等等。賦末總評云:"大用外腓,深渾透露。先生學博才雄,《試畯堂賦》大都以淹洽宏肆擅場。是編所登,皆典贍而兼大雅之作,庶使誦習者易拾其香草焉。(受業楊景曾注)"對王蘇《試畯堂賦》略作介紹,從中亦可知曉編者楊景曾曾經受業於王蘇的信息,故對王賦選録較多,且頗多讚美之辭。下面有題解,指出此賦題出自《老子》;又有"典釋"24條,大都以揭示語典出處爲主,内容比一般注本詳贍。例如"九重"條注釋云:"《淮南子》:禹乃以息土填洪水,以爲名山,掘崑崙墟以下地中。有增城九重,其高萬一千里,百一十四步二尺六寸。"等等。

《近科館賦鴛鍼》4卷,清蔣圻編

【編者】

蔣圻(1804—?),字勺農(芍農),丹陽(今屬江蘇省)人。陶澍《進呈乙酉科鄉試題名録題本》中式副榜有:"第三名,蔣圻,二十二歲,丹陽縣學生。"當指本書編者。故可知蔣圻爲道光五年(1825)乙酉科鄉試副貢生,上推22年,其出生時間當爲嘉慶九年(1804)。主要以教授爲業。

【版本】

1. 清道光二十七年(1847)古心書屋刻本

國圖藏,號:152417。本書凡4册,無函。書高18.2釐米,寬11.8釐米。内封B面鎸:"道光丁未仲秋新鎸,近科館賦鴛鍼(楷書大字),試帖嗣出、古心書屋藏板。"首蔣圻序1葉,鈐有"臣圻""芍農""真州吴氏有福讀書堂藏書"印;(按,蔣圻,字芍農。)次《凡例》5條凡1葉;次《館賦鴛鍼目録》(第一卷),卷端題:"館賦鴛鍼目録,丹陽蔣圻芍農編次,受業魏景仁静岩、賀芳石友參校。"本書凡4卷,每卷之前皆有本卷目録。以下正文。左右雙邊,白口,單、黑魚尾,無界行。版框高13.2釐米,寬10.4釐米。半葉9行,行23字,小字雙行同。版心頂部刻"館賦鴛鍼"4字,魚尾之下刻卷數和頁碼。

2.《輯刊》第99册影印國圖藏清道光二十七年古心書屋刻本

【内容】

《近科館賦鴛鍼》凡4卷。其中卷一收賦32首,卷二收34首,卷三收41首,卷四收43首,全書共收律賦150首,皆爲館閣考試之賦。據該書《凡例》,全書按照天、地、人、物的順序排列,不拘科場先後,但在目録中亦對科場有所標注。如卷一目録,首篇爲殷兆鏞《無極太極賦》,在"殷兆鏞"之上注"庚子"二字,是爲庚子科考賦(道光二十年,1840);下注"譜經"二字,是爲作者之號。正文中每賦皆有解題,大抵出自魏景仁、賀芳之手。例如卷一《無極太極賦》,題下注:"以造化樞紐品彙根柢爲韻",另起一行、低一格以雙行小字注曰:"《易學啟蒙》:太極者,象數未形,而其理已具之稱;形器已具,而其理無朕之目。在《河圖》《洛書》,皆虚中之象也。周子曰:無極而太極。邵子曰:道爲太極。又曰:心爲太極。此之謂也。"賦中有旁批,有圈點,有截畫(分段用),賦後有總批。本賦總批云:"綜括精蕴,高挹群言,怡然涣然,與道大適。"這些圈點與批評,顯然是爲指導生童作賦而設,是作爲教材或範文的一個特點。

《賦法梯程》4卷,清徐承埰編

【編者】

徐承埰(1804—1889),字右卿,號漳賓,又號拙學老人,泰州(今屬江蘇)人。諸生,清光緒十一年(1885)中副榜。淡於仕進,以詩自娱。曾師從吴曉嵐。著有《寂感吟》《唱和詩鈔》。傳見《(民國)續纂泰州志》《江蘇藝文志·揚州卷》。

【版本】

1. 清末春暉草堂費氏抄本

上圖藏，號：綫普 519108－13。本書凡 6 册，書高 23.4 釐米，寬 12.9 釐米。書衣墨書“賦瀘梯程（卷之某）”，鈐有“菩暉艸堂藏書”印。内封 B 面有篆文書名“賦瀘梯程”。首徐承埰《弁言》2 葉；次《論賦十四則》（吴曉嵐先生著）6 葉；次卷一目録 1 葉，卷端題：“賦瀘梯程卷一目次，春暉草堂費氏鈔藏。”次正文。字心高 21.6 釐米（其中正文 18 釐米，眉批 3.6 釐米），寬 11.4 釐米。正文部分半葉 8 行，行 17 字，小字雙行同；眉批半葉 16 行，行 6 字。版心上部有“賦瀘梯程卷之某”7 字，中間爲篇名簡稱，下部爲頁碼。書末有巽齋氏跋 1 葉，跋尾鈐有“次公所見”章。巽齋當爲春暉草堂主人，姓費氏。

2.《輯刊》第 136 册影印上圖藏清末春暉草堂費氏抄本

【内容】

《賦法梯程》4 卷，選評清代律賦 163 首。徐承埰之所以編纂此書，緣自其師費焱夫之教誨：“詩文許多善本，而選讀時賦苦無善本。非無善本也，凡選家各矜好尚，兼之隨風氣爲轉移，所以體裁不一，大抵以臺閣瑰麗之作居多，其淺近者又復以雕鏤纖巧爲事。明敏之天資，自能領取此中三昧，而遲鈍之輩，幾若望洋而歎，無從入門。欲求一選本，由小以至大，猶之由近及遠，由卑升高，可奉爲階梯，層纍而上，無論智愚，均有裨於初學者獨少。此賦瀘之所以無善本也。”後又受業於朱槐里、王心蘭、吴香墅諸師，所言略同。十數年間，得諸師所授讀之賦，不過數十首，徐氏反復揣摩，已隱隱領會師意，發現其中有層梯之可循。遂於咸豐同治年間，以此數十篇爲基礎，益以時藝名篇，館閣之賦，諸師及個人所撰之賦，凡 163 首，釐爲 4 卷。名之曰《賦法梯程》，期待能够“有裨於初學，當不待口講指畫，而了然於心目間”；亦用作家塾課本，以代講授。

該書排序原則不詳，大概是按照由易到難的順序，始於詠物，終於擬古。卷四之末附有“詩序二，記、啟各一”，略微超出賦體文學之範圍。對於所選諸賦，編者皆施以批點，而尾評、注釋尤詳。例如首篇團維墉《杏花賦》，開頭“粉粧烘日，紅態描春。斜門小巷，暖塢閑鄰”一段加點，旁批：“二句先點杏花，作起。此是位置杏花之處。”眉批云：“起段不點杏花，神氣間卻切當不移。”極力稱贊其開篇之妙。此下又有眉批云：“首段總領”，“次段描寫”，“此段賦園亭中杏花，就居人目中看出”，“此段賦野外杏花，就遊人目中看出”，“此段推開寫”，“此段贊賞”，“此段用襯”。主要梳理賦篇層次，娓娓叙來，甚爲明晰。賦末總評云：“此等題，若用典呆做，便似《事類賦》矣。惟以輕鬆秀倩之筆行之，不著而著，使題在神味間傳出，乃爲妙品。此作全學羅隱之《詠杏花》、杜牧之《詠早雁》，無一重濁癡肥膩路之筆。”評論極詳，體現編者指導生童作賦之用心。此下尚有釋詞若干，以揭示典故出處爲主，不贅。

《館賦精選》4 卷，清綺葱樓主人（龐度）編

【編者】

綺葱樓主人，姓名不具，大約生活於清道光、咸豐年間。廣州圖書館編《廣東歷代著者要録·廣州之部》云："龐度，號星群，南海人。年四十始補弟子員。清咸豐間(1851—1861)辦鄉團，協助官府抵禦太平軍，以訓導用。後官至梧州府同知，因病卒於桂林，年七十七。著有《館賦精選注》《綺葱樓稿》《邊地栽花録》《星群家教》等。［《(宣統)南海縣誌》卷十九］"著有《綺葱樓稿》的龐度，應當就是綺葱樓主人。《館賦精選注》當即此書。

【版本】

1. 清道光二十七年(1847)綺葱樓刻本

上圖藏，號：綫普 501927－30。本書凡 4 册，書衣上題寫墨筆書名"館賦精選"，並以元、亨、利、貞別之。書高 17.3 釐米，寬 11.3 釐米。内封 A 面鎸："道光丁未春鎸，館賦精選（隸書大字），綺葱樓藏板。"首綺葱樓主人自序 1 葉；次《凡例》4 條凡 1 葉；次目録 5 葉，卷端題："館賦精選，綺葱樓主人評註。"次正文。四周單邊，白口，單、黑魚尾。半葉 9 行，行 19 字（敬避處提格，21 字）。版框高 11.7 釐米，寬 9.8 釐米。版心頂部空白，魚尾之下刻卷數和頁碼。鈐有"龔""景虞"印。

2.《輯刊》第 100 册影印上圖藏清道光二十七年刻本

【内容】

編者自序云："乙巳之冬，余註館賦數十首。屬草稾未定，坊友攜去，漫足成而刻之。丙午書出，檢閱之次，謬略綦多，暇輒爲訂補，復加評焉。俾再入梓，而坊友憚煩也。友人見而悦之，慫恿集金，以付梨棗。"可見該書於道光二十五年乙巳(1845)編註完成，於次年（丙午，1846）出版，但書中"謬略綦多"，編者深爲不滿。於是"暇輒爲訂補，復加評焉"，於道光二十七年丁未(1847)重刊，乃成此書。與一般賦選不同，編者有意避開前代名篇，而尤重當代科試之賦，以反映時代風尚，所謂"科愈近者録愈多，且註明作者科分，俾知時尚焉"（《凡例》）。例如卷一目録，《衆星環北極賦》下註"戊戌鈕福保"，《日下五色雲見賦》下註"丙戌辛聯璋"，可知二賦分別爲道光十八年(1838)戊戌科、道光六年(1826)丙戌科館試之作。這爲研究翰院館課考賦的情況提供了資料。經核查，本書選賦 81 篇，皆見於翁心存、龍瑛等《館課賦鈔》20 卷。但翁書衹鈔不評，該書編者則對所選各賦皆詳加評註。例如：《衆星環北極賦》（鈕福保）首句："羲和仲叔，欽天有齊政之司焉；馮相保章，掌歲有叙時之職焉"右側有連圈，旁批："綏綏引入，開局堂皇。"賦末總批云："大處着墨，不落纖小一家，斯爲能與題稱。"評賞其風格特點，可參。此下著一"註"字，有釋詞若干，對"馮相""保章""紫極""四維"

等數十條詞語進行詮釋,凡 2 葉有餘,十分詳盡。

《唐律賦鈔》不分卷《論賦集鈔》不分卷,清潘遵祁編

【編者】

潘遵祁(1808—1892),字覺夫,一字順之,號西圃,吴縣(今江蘇蘇州)人。清道光二十五年(1845)進士,二十七年(1847)授翰林學士。旋乞歸,隱蘇州城南鄧尉山,築香雪草堂,閑居四十餘年。工畫花卉。著有《西圃集》等。生平見俞樾《春在堂雜文六編》卷三《家傳》。

【版本】

1. 清道光二十八年(1848)三松堂刻本

人大藏,號:PG4172/79 -1,本書凡 1 函 1 册。又有蘇大藏本,號:704854,凡 1 册。待查。

2. 清光緒二年(1876)樨香室刻本(未見)

3. 清光緒十一年(1885)三松堂刊本

國圖藏,號:107458。本書 1 函 2 册,書高 24. 4 釐米,寬 15. 5 釐米。書衣墨書"唐律賦鈔"4 字,鈐有"嚴启豐印""迪莊"二枚方章。内封 B 面鎸:"光緒乙酉年刊、潘順之加選,唐律賦鈔(楷書大字),三松堂藏板。"首潘遵祁序 1 葉,署"道光二十八年歲在戊申",當係初刻之年;次《唐律賦鈔目録》2 葉,鈐有"慕陶"小印一枚;次正文。左右雙邊,黑口,無魚尾。版框高 17. 2 釐米,寬 11. 8 釐米。半葉 9 行,行 25 字,小字雙行同。無界行。版心中部刻"唐律賦鈔"和頁碼。正文凡 57 葉。書末附有《論賦集鈔》,包括湯稼堂(湯聘)《律賦衡裁餘論十則》、顧南雅(顧蒓)《必以集論賦十則》、吴穀人(吴錫麒)《論律賦》、王藝齋(王家相)《論律賦》凡 4 篇,12 葉,可供讀者參考。版心刻"論賦集鈔"和頁碼。鈐有"北京圖書館藏"印。

4. 清末抄本

天圖藏。本書 1 函 1 册,25. 7 ×15 釐米。首目録 2 葉,卷端題有書名"唐律賦鈔"4 字,鈐有"聞妙香室"朱色陰文小篆章一枚。下爲正文。卷端無題署,半葉 6 行,行 18 字。版心無字。鈐有"天津市人民圖書館藏書之章"。書後鈐有"徐世昌印""太傅""陳氏敦禮"(陳敦禮係徐世昌妾室)諸印。又有民國庚辰(1940)徐世章草書跋語一葉,鈐有"徐世章印""長春居士"章。跋語稱"先大兄官詞林時猶尚以習",可知此鈔本爲徐世昌舊藏。世昌於光緒十二年(1886)中進士,選翰林院庶吉士,光緒十五年(1889)授編修。其在翰林院期間曾研習此書,顯然係舊抄本。此本衹抄録正文,包括唐代律賦 24 篇,不抄序跋。但書末附有道光甲申翰林大考翰林詩 6 首。書法娟秀,可供雅賞。

5.《輯刊》第 101 册影印國圖藏清光緒十一年三松堂刊本

【内容】

這是一部小型的斷代律賦選集,共收録唐代律賦16家24篇,皆爲名家名作,大致以年代先後爲序。選賦最多者爲王棨,凡6篇;其次是李遠、黄滔、宋言,各2篇。編者對每篇賦都有深入研究,施以圈點、旁批、總批和註釋。例如首篇爲裴度《鑄劍戟爲農器賦》,以"天下無事務農息兵"爲韻。開頭"皇帝嗣位之十三載,寰海鏡清,方隅砥平。驅域中盡歸力穡,示天下不復用兵"一段右側有圈,刻有旁批:"昌黎《平淮西碑》,同一氣息。"賦、碑比較,頗有新意。接下一段,在"於是""既而""觀乎""若夫""則知""由是""此乃"等連接語右側加點,且在每一段後加大劃截畫。旁批有"先説息兵""此段鑄""是題後形容,亦用雙管齊下法""推原題意""此種用韻,今不可學""回合題旨,亦用重發,欲與首段相配,可見古人謀篇不苟""收束古雅"等,這些旁批皆與圈點相呼應,頗便於讀者賞鑒、揣摩。賦末有總評云:"一氣渾成,是何力量,豈復可以字句求之!"指導讀者不能斤斤於該賦之美言佳句,更應該體會賦的脈絡和一氣渾成的氣勢。"題解"引《家語》顔回曰:"願得明王聖主輔相之,敷其五教,導之以禮樂,使民城郭不修,溝池不越,鑄劍戟以爲農器,放牛馬於原藪。"指出賦題出處,有助於理解賦旨。最後是釋詞,與"題解"接續刻印,解釋"銷鋒鏑""降嘉生""清天步""獷俗""在鎔""三時""分地用天""如雲""金狄""無射"等詞語,詞條大字,釋語雙行小字。以下各賦大致如此。

《分類賦學雞跖集》30卷附録1卷(《分類賦學大觀》),清張維城輯

【編者】

張維城,字虹巢,生平不詳。大約生活于道光年間。

【版本】

1. 清道光十二年(1832)粲花吟館刻本

上圖藏,號:綫普長009054,綫普長110440–47,綫普499397–404。《輯刊》第101册據上圖藏本影印。影印本情況如下:封面頁鐫:"道光壬辰新選(内分門類,精工校刊),賦學雞跖集,粲花吟館珍藏。"首張維城叙半葉(1a),書眉鈐有"上海圖書館藏"章;次《凡例》4條半葉(1b);次目録34葉,卷端題:"分類賦學雞跖集目録,金閶門外張氏校刊。"以下正文。四周雙邊,白口,無魚尾,無界行。半葉15行,行38字,小字雙行同。版心中部不密封,刻有"分類賦學"、卷數、部名、類名和頁碼。

2. 清道光三十年(1850)粲花吟館刻本

南圖藏,號:GJ/807894。本書凡4册(原爲8册,合訂爲4册),書高16.7釐米,寬11.4釐米,書衣鈐有"進德堂"印。内封B面鐫:"道光庚戌新鐫(内分門類,精工校刊),賦學雞跖集,粲花吟館珍藏。"版式與上本同,蓋爲重印本,而號稱“新鐫”。版框高14.3釐米,寬10釐米(含版心寬度)。

按:南圖藏本之正文凡30卷,附録1卷。但在裝訂時卻將“附録”(擬古賦)置於卷首。考卷一首葉,版框高13.9釐米,寬10釐米。卷端題“天文部”3字。版心自上而下刻“分類賦學,卷一,天文部,天文總”和頁碼。鈐有“南京圖書館藏”印。

3.清光緒八年(1882)上海淞隱閣聚珍本

北大藏,號:SB/8880。本書爲活字袖珍本,1函8册。書高17.4釐米,寬10釐米。封面葉鎸隸書書名“賦學雞跖集”,B面刻有牌記2行:“光緒八年十月淞隱閣校本。”首張維城叙、《凡例》1葉;次目録34葉,卷端題:“分類賦學雞跖集目録,上海淞隱閣校印。”以下正文。四周雙邊,白口,單魚尾,無界行。版框高13.9釐米,寬8.9釐米,半葉16行,行36字,小字雙行同。魚尾上方刻“分類賦學”,下方刻卷數、部名、類名、頁碼,最下印“上洋淞隱閣聚珍板”。有圈點。鈐有“北京大學藏”印。

4.光緒十七年(1891)重印上海淞隱閣聚珍本

國圖藏,號:88209。原書8册,合訂爲2厚册,外加包背紙殼。書高17.4釐米,寬10釐米,書衣貼一書籤,上印紅色楷書“分類賦學大觀”6字;B面貼一小簽,上書“高志操先生(墨書)惠贈”。内容、版式與上本全同,當係據光緒八年活字本重印之本。國圖編目員據書衣所題,定名爲“分類賦學大觀三十卷”,不妥。此爲書商兜售技巧,冒充新書,不可憑據。今據目録頁所鎸,仍將書名定爲“分類賦學雞跖集”。鈐有“北京圖書館”印。

【内容】

本書張維城自叙云:“古稱善學,若齊王食鷄,必求其跖,數千乃足。讀賦者何獨不然?爰集近時名作,得二千餘首。”因此將書名定爲“賦學雞跖集”。本書張維城自叙作於道光十一年辛卯(1831),而於道光十二年(1832)初刻,上海圖書館收藏3部。此本字小模糊,紙墨俱差。此外尚有南圖藏清道光三十年(1850)槩花吟館刻本(似爲重印本)、北大藏光緒八年(1882)上海淞隱閣聚珍本,以及國家圖書館藏光緒十七年(1891)上海淞隱閣重印本。

本書輯賦,有三大特點:一、求全求多。既然齊王食雞跖數千,文人讀賦,亦不嫌其多。本書收賦多達2033首,各體皆收,無美不備,可謂“極賦苑之大觀”,是一部繼《歷代賦彙》之後的又一大型賦集。二、不録前代作品,祇選“近時名作合於時趨者”,旨在爲當代讀者提供豐富而實用的律賦資料。三,效法《歷代賦彙》,將2033篇清代賦分爲30部加以編録,以天文、歲時、地理居首,以鳥獸、水族、蟲豸收尾。但在每部之下,又細分若干小類。比如在天文部之下,又細分爲天文總、天、日、月、星、風、雨、雲霞、霜、雪、露霧、雷虹電、河漢等13小類,每類録賦若干。這是張維城的獨創,是以前各種賦集所未能做到的。現將每部篇數統計如下：

天文部 13 類 164 篇，歲時部 5 類 121 篇，地理部 7 類 136 篇，宫室部 4 類 66 篇，帝治部 4 類 87 篇，仕宦部 5 類 71 篇，性道部 4 類 51 篇，人品部 4 類 69 篇，文學部 8 類 176 篇，文具部 4 類 47 篇，武備部 3 類 49 篇，禮制部 4 類 34 篇，樂制部 6 類 75 篇，農桑部 4 類 46 篇，技藝部 4 類 41 篇，人事部 10 類 91 篇，釋道部 2 類 22 篇，服用部 4 類 35 篇，器用部 9 類 81 篇，珍寶部 3 類 28 篇，飲饌部 6 類 70 篇，草部 4 類 33 篇，木部 4 類 46 篇，花木部 5 類 55 篇，花草部 5 類 68 篇，果部 3 類 42 篇，鳥部 7 類 77 篇，獸部 3 類 35 篇，水族部 4 類 55 篇，蟲豸部 5 類 36 篇，共 2007 篇；另附擬古類 37 篇。共計 154 類 2044 篇。

每一賦題，或選賦一篇，或選賦二篇三篇四篇。比如卷一《復見天心賦》（吴傳鈔），《太虛衍其一賦》（石葆元），各録賦 1 篇；《五六天地之中和賦》（王以銜、程厚），則録 2 篇；《秋月賦》（王濤、王沆、楊昌光、汪世樽、汪如蘭），則録賦 5 篇。所録之賦，或全篇收録，或摘録佳句名段。如《五六天地之中合賦》2 篇，第一篇（王以銜作）爲全篇，第二篇（程厚撰）則爲摘句。所録各賦皆無評論、注釋，但於“眉目處用連點，警策處用連圈”。如《五六天地之中合賦》（王以銜），“卦爻成象，羲易既闡幽微；甲子調元，班書更明參伍”一段有連圈，是爲警策之句；“蓋宇宙”“爰考扶風”“因以致”“或謂天五”等處用連點，點醒眉目，梳理脈絡。

本書在編選、分類、體例、裝訂等方面，都别具特色。因其資料豐富，價格低廉，而頗受下層文人歡迎，多次重印，暢銷不衰。此後還有《雞跖賦續刻》《類賦玉盆珠》《分類賦鵠》等續補之作，其規模、宗旨、體例對《賦海大觀》的編纂亦有顯著影響。

《吴顧賦鈔》2 卷，景其濬輯

【編者】

景其濬（1829—?），字哲生，號劍泉，貴州興義人。清咸豐二年（1852）進士，歷任陜甘學政、河南學政、安徽學政等，官至内閣學士。光緒二年（1876）罷官。工書法，精鑒賞，收藏元、明、清名人書畫甚夥。編有《四家賦鈔》《吴顧賦鈔》等。事迹略見《皇清書史》卷二六、《清代館選分韻彙編》。

【版本】

1. 清咸豐三年（1853）六月刻本（未見）

2. 清光緒十三年（1887）蒲圻但氏刻本

上圖藏，號：462700－01。本書凡 2 册。書高 23.2 釐米，寬 15.5 釐米。書衣墨書 2 行：“吴顧賦鈔，有正味齋。”内封 A 面刻有書名“吴顧賦鈔”，B 面鎸有牌記兩行：“光緒丁亥仲秋，蒲圻但氏校刊。”左下印有紅字“（永甯）匯文堂發兑”。首殷壽彭序 2 葉,書眉鈐有“上海圖書館藏”印;次吴賦目録 2 葉,卷端題:“有正味齋賦稿目録,錢塘吴錫麒穀人。”次正文,凡 52 葉,闕第 1—8 葉。上册完。下册爲顧元熙賦集,書衣墨書 2 行:“吴顧賦鈔,蘭脩館。”首目録 3 葉,卷端題:“蘭脩館賦稿目録,長洲顧元熙耕石。”鈐有“上海圖書館藏”印;以下正文,凡 68 葉。四周雙邊,白口,單、黑魚尾。版框高 17.7 釐米,寬 12.5 釐米。半葉 10 行,行 21 字,小字雙行同。版心上部刻“有正味齋賦稿”(或“蘭脩館賦稿”),下部刻頁碼,底部刻“蒲圻但氏校刊”6 字。

3.《輯刊》第 126 册影印上圖藏清光緒十三年蒲圻但氏刻本

【内容】

考清同治九年(1870)刊刻之《四家賦鈔》,景其濬序云:“癸丑歲,予既合刻吴、顧賦稿,每科同館諸君,莫不人置一編。”本書殷壽彭序署“咸豐三年六月既望”,《有正味齋賦稿》和《蘭脩館賦稿》的目録序皆署“癸丑六月中浣”,可知該書的最早編刻時間,正是咸豐三年癸丑(1853)六月。筆者所見,爲光緒間刻本。本書共分兩部分。第一部分是《有正味齋賦稿》,共輯録吴錫麒律賦 26 篇,主要從《有正味齋集》《外集》及《玉堂鳴盛集》等書中録出(景其濬《目録序》);第二部分是《蘭脩館賦稿》,輯録顧元熙律賦 35 篇,乃是從《紫陽書院課藝》《蘭脩館稿叢稿》《玉堂鳴盛集》和《粤東試牘録》等書中録出(景其濬《目録序》)。這是一部蒐羅吴、顧兩家律賦頗爲完備的集子,共計收賦 61 篇,有重要的資料價值。吴錫麒、顧元熙同爲清代律賦大家。吴錫麒(1746—1818),字聖徵,號穀人,錢塘(今浙江杭州)人。清乾隆四十年(1775)進士。曾爲翰林院庶吉士,授編修,入直上書房,嘉慶六年官至國子監祭酒。晚年於揚州安定書院講學至終。著有《有正味齋集》《有正味齋文續集》《有正味齋尺牘》《有正味齋曲》《有正味齋南北曲》等。顧元熙(1781—1821?),字麗丙,號耕石,長洲(今江蘇蘇州)人。清嘉慶十三年戊辰(1808)鄉試第一,十四年(1809)進士,改庶吉士。以溼病假歸,主講浙江紫陽書院。二十三年(1818)五月充四川正考官,二十四年(1819)九月提督廣東學政。未滿任,以疾卒於羊城試院。著有《蘭修館詩文集》及賦稿制藝。殷壽彭序稱:“《有正味齋正集》《外集》諸賦,清而不浮,麗而不縟,其幽雋之思,雄邁之概,實爲賦律中獨闢之境;《蘭脩館》視《有正味齋》,氣象之廣狹固不相侔,然一種冷秀遒爽之致,亦時出穀翁之右。二家皆深得力於六代三唐者。故詞氣深穩,筆意跳脱,所謂看似尋常實奇崛,成如容易卻艱辛者,在時賢中,固當爲上乘禪也。”所録諸賦,皆有批點。如顧元熙《鍊雲生水賦》,“縹緲方横,升熠熠之金丹;流金尚艷,鑄溶溶之石液”加圈,賦末總批云:“驚才絶豔,横錦散銖。”又《廣寒宫賦》尾評:“風骨高騫,詞華豔發,是從苦心烹鍊得來者。”大都是溢美之詞。

《四家賦鈔》4 卷，清景其濬編

【編者】

景其濬，字劍泉，貴州興義人。生平參見"吴顧賦鈔"條。

【版本】

1. 清同治九年(1870)誦芬堂刻本

國圖藏，號：101590。全書 1 函 4 册，函套貼有李鴻藻題簽"吴顧鮑陳四家賦鈔"。書高 24.6 釐米，寬 14.9 釐米，書衣貼有長形書簽，上刻隸書"四家賦鈔(卷某)"。第一册内封 B 面鎸："四家賦鈔，誦芬堂藏板。"首殷壽彭序 2 葉；次景其濬序 1 葉；下爲四家賦。各家賦集皆先目録，後正文。四周雙邊，白口，單、黑魚尾，無界行。版框高 18 釐米，寬 12.8 釐米。半葉 10 行，行 23 字。版心上方刻各家賦集名，下方刻頁碼。鈐有"飲冰室"印。

第一種爲吴錫麒《有正味齋賦稿》。首目録 2 葉，卷端題："有正味齋賦稿，錢唐吴錫麒穀人。"目録後有景其濬識語 5 行："右賦二十六篇，從《有正味齋集》及《外集》録出。其《陸羽爲茶神賦》，則從《玉堂鳴盛集》録出者也。集中尚有《星象廣陵寫愁》等賦，以古體故不登入。若《觀漁》《采菱》等賦胎息六朝，雋詞秀句，足爲詠物題模楷，故并録入，非敢有去取其間也。癸丑(1853)六月中浣，黔南景其濬識。"首賦鈐"飲冰室"印。

第二種爲顧元熙《蘭脩館賦稿》。目録 3 葉，題"蘭脩館賦稿，長洲顧元熙耕石。"末附景其濬識語 9 行："右賦三十五篇，從《紫陽書院課藝》及《蘭脩館稿叢稿》録出。其《澄海樓賦》則從《玉堂鳴盛集》録出，《樵斧賦》則從《粤東試牘》録出者也。《澄海樓賦》雖用古體，而氣味仍與律賦相近，且係大考卷，故特登入，非與《有正味齋賦》不收古體之意有歧出也。至《蜣螂》等賦，則亦以古體置之。又按，穀翁賦雖寥寥不多，而《有正味齋集》則幾家有其書。若《蘭脩館叢稿》及《紫陽院課》等書，流傳頗尠。是編所集，尤足珍也。癸丑(1853)六月中浣，黔南景其濬識。"鈐"飲冰室"印。

第三種爲《覺生賦鈔》。首目録 2 葉，署"歙鮑桂星雙五"，末附景其濬識語 5 行："覺生先生賦十八篇，初刻於秦中，版久漫漶。常熟龐寶生前輩今年曾重梓於京都，余又從其從子子年太守處得其未刊稿十二篇附於後，重付手民，俾讀者得窺全豹，豈非藝林快事乎？同治庚午(1870)仲冬，黔南景其濬識。"鈐"飲冰室"印。

第四種爲《簡學齋賦鈔》。目録 2 葉，署"蘄水陳沆秋舫"。目録之末附景其濬識語 4 行："簡學齋賦宏富極矣，而氣息深厚，卓然漢唐人筆意。至其説理諸作，於開合動盪之中，尤見筆力，洵與宋四六爲近。爰擇其尤雅者二十九篇，以爲學賦者圭臬，庶舉一斑可以窺全豹云爾。黔南景其濬識。"刻有圈點、尾評，或有朱筆圈點。

2. 光緒二十二年(1896)思賢書局刻本

國圖藏,號:85999。題爲“四家賦鈔註釋”,凡 4 册。

3.《輯刊》第 125 册影印天圖藏清同治九年誦芬堂刻本

【内容】

本書輯録清代後期辭賦四大家的律賦作品:第一種爲吴錫麒《有正味齋賦稿》,收賦 26 篇;第二種爲顧元熙《蘭脩館賦稿》,收賦 35 篇;第三種爲鮑桂星《覺生賦鈔》,收賦 30 篇;第四種爲陳沆《簡學齋賦鈔》,收賦 29 篇。四家賦共 120 篇。原則上衹收各家律賦,不收其古賦。例如吴錫麒《星象廣陵寫愁》等賦,顧元熙《蜣螂》等賦,皆爲古賦,故不予登選。但也有例外,如吴錫麒《觀漁賦》《采菱賦》等“胎息六朝,雋詞秀句,足爲詠物題模楷”,顧元熙《澄海樓賦》“雖用古體,而氣味仍與律賦相近,且係大考卷”,故特登入。此集之選,旨在爲學者提供習賦範本,因而賦中多有圈點、截畫,賦末有評論。如陳沆《陶侃運甓賦》,“強宗横而大將孤,列士閑而雄心在”右側加圈,賦末總評云:“龍跳天門,虎臥鳳闕,筆力固自不凡。(程雲芬前輩)”

《資中賦鈔》2 卷,清姜學漸輯

【編者】

姜學漸,字瀨雲,資中(今四川内江)人。清道光十六年丙申(1836),與曾璧光、張石薌等就讀於錦江書院,師從李西漚。晚年設帳講學。著有《味竹軒賦話》。按:本書姜學漸《弁言》云“吾蜀向稱人文淵藪”,又云“吾資自聶學院試時”,可知其爲四川資中人;但《弁言》之末署“珠江瀨雲氏”,或許姜學漸祖籍廣東,遷居四川資中。待考。

【版本】

1. 清同治六年(1867)成都刻本

南圖藏,號:GJ/91801。本書凡 4 册,書高 24. 7 釐米,寬 16 釐米。内封 B 面鎸:“同治丁卯新鎸,曾樞垣先生鑒定,資中賦鈔(楷書大字),版藏省城康公廟。”此處“省城”,當指成都。首曾璧光《資中賦鈔序言》2 葉,鈐有“江蘇省立第一圖書館藏書”章;次姜學漸《弁言》1 葉;次目録 3 葉,卷端題:“資中賦鈔目録,守虚姜學誠校字,渭溪姜兆熊參訂,嘉樹姜廷樾校字。”次姜學漸《味竹軒賦學一則》《味竹軒初學律賦一則》《味竹軒賦話數則》和江含春《江海平律賦説》,凡 8 葉;以下正文。四周雙邊,白口,單、黑魚尾。半葉 9 行,行 25 字,小字雙行同。版框高 16. 8 釐米,寬 12,8 釐米。版心頂部刻“資中賦鈔”4 字,魚尾之下刻卷數、頁碼。

2.《輯刊》第 106 册影印南圖藏清同治六年刻本

【内容】

本書收録資中人顧焕(采臣)、尹國冕(縉目)、蔣忠恕(茗嵐)、何裒(補之)、蕭海鵬(榮吾)、姜學漸(澥雲)6家之賦,凡87篇。其中卷一收録5家賦37篇,分别是:顧焕8篇、尹國冕8篇、蔣忠恕15篇、何裒4篇、蕭海鵬2篇,而卷二專門收録姜學漸個人之賦,多達50篇。所選他人之賦,皆無句讀,但施以截畫、總評。如顧焕《平原君相士賦》,“都緣趙國無人,將才難得”下加截,賦末總評云:“叙次明晰,而於毛遂當日自薦情事,寫得聲情宛肖。(澥雲識)”提示賦中妙處,有引導閲讀之效。接下又有一段文字:“采臣先生素工詩古,道光元年科試,學使聶蓉峰先生曾録上取,旋於乙酉科中式。其留京會試,與李西漚先生會課詩賦,西漚先生亟爲賞識。後補慶符教職,與曾樞垣太史同篆。其有品有學,又爲曾太史推服,乃竟在任病歿,以廣文終,惜哉!”介紹作者顧焕(采臣)參加科舉考試(科試、鄉試、會試)的經歷以及爲官情況,實爲一篇作者小傳,可供讀者參考。

姜氏個人之賦,則附有作者“自記”以及他人評點。如卷二姜學漸《聖立而將之以敬賦》凡2葉,賦後云:“此道光己丑郭蘭石學院科試考古題也。前半布局命意,場屋原作,蒙批‘得機得勢,清圓如意’;後幅遺忘,後足成之,以誌知己之感。(自記)”交代此賦寫作時間、所獲評語,以及補作後半幅的情況。此下又輯録他人評點:“分段有層次,排句有變化,數典靈通,選詞雅飭,彪外弸中,實稱合作。(輯五弟曾和瑞拜讀)”雖係溢美之詞,亦可參考。

《同館賦鈔二集》40卷卷首2卷補鈔3卷,清王家相、邱家煒、蔣立鏞、朱鳳標等編

【編者】

王家相(1762—1838),字宗思,號藝齋,江蘇常熟人。事迹參見“《同館賦鈔》16卷”條。

蔣立鏞(1786—1847),字序東,號芝山,又號笙陔,竟陵(今湖北天門)人。清嘉慶十六年(1811)辛未科狀元。授翰林院修撰、國史館纂修、協修,後歷任翰林院學士、朝考閲卷大臣,官至内閣學士兼禮部侍郎。曾出任廣西鄉試主考官、順天鄉試同考官等。善書法,收藏前人墨迹頗多。著有《香案集》《近科館閣詩鈔》。

邱家煒,字彤伯,號蓮舫,順天府宛平縣(今北京豐臺)人。清嘉慶五年(1800)順天鄉試舉人,十六年(1811)進士,授編修,升御史。官至湖南沅州府知府。著有《經字辨體》。生平見《詞林輯略》卷五。

龍汝言(1778—1829),原名澄,字子嘉,一字錦珊,號錦齋,一號濟堂,安徽桐城人。清嘉慶十九年(1814)狀元,道光年間曾任内閣中書、會試同考官。官至兵部員外郎。著有《賜硯齋集》。生平見《廣清碑傳集》卷十、《詞林輯略》卷九。

敏惠,字禹民,生平不詳。

吴其濬(1789—1847),字哲甫,一字季深,號瀹齋,别號吉蘭、雩婁農,固始(今屬河南)人。清嘉慶二十二年(1817)狀元,官至雲南總督。著有《植物名實圖考》《滇南礦廠圖略》《滇行紀程集》《滇程紀行詩》等。傳見《清史稿》卷三八一、《清史列傳》卷三八、《國朝耆獻類徵初編》卷二零四。

陳沆(1785—1826),原名學濂,字太初,號秋舫,室名簡學齋、白石山館,蘄水(今湖北浠水)人。清嘉慶十八年(1813)舉人,二十四年(1819)中進士一甲一名(狀元),授翰林院修撰。道光年間曾任廣東學政、禮部會試同考官,官至四川道監察御史。著有《近思録補注》14 卷、《簡學齋詩存》4 卷、《簡學齋詩删》4 卷、《簡學齋館課賦存》1 卷、《館課試律存》1 卷、《館課賦續鈔》1 卷、《詩比興箋》4 卷、《白石山館遺稿》等。傳見《清史列傳》卷七三、《碑傳集補》卷八等。

陳繼昌(1791—1849),原名守睿,字遵史,改名繼昌,字哲臣,號蓮史,桂林臨桂人。清嘉慶二十五年(1820)狀元,授職翰林院修撰。因抱病參加殿試連中"三元"(解元、會元、狀元)而聲名大振。歷任陜西、甘肅、順天等鄉試典試官。道光六年(1826)任會試同考官。道光十年後,歷任山東兖州知府、直隸保定知府、通水河道巡察、江西按察使等職。曾任山西、直隸、甘肅、江寧布政使。官至江蘇巡撫。著有《如話齋詩存》《蓮史詩鈔》等。傳見《國朝先正事略》卷十六。

戴蘭芬(1782—1834),字畹香,號湘圃,安徽天長人。清嘉慶十三年(1808)舉人,道光二年(1822)狀元。曾任殿試收掌官,陜甘學政。五十歲被提升爲翰林院侍講,仍在陜甘視學。後轉任侍讀,遷翰林院侍讀學士,充文淵閣校理、教習庶吉士。著有《望湖軒詩賦》《香祖詩集》。傳見同治《天長縣纂輯志稿》、《國朝詩人徵略初編》卷六一、金望秋《清惠堂集·文》卷二《墓志銘》。

翁心存、林召棠、龍瑛、朱昌頤、許邦光、李振鈞、徐經、吴鍾駿、汪鳴相、劉繹、朱鳳標、林鴻年、博迪蘇、鈕福保、李承霖、龍啟瑞等 16 人生平仕履,參見本章"《館課賦鈔》20 卷"條。

孫毓溎(? —1867),字犀源,號梧江,山東濟寧人。清道光二十四年(1844)殿試第一甲第一名(狀元),授翰林院修撰。道光二十六年出任雲南學政,後任山西按察使,調浙江按察使,署浙江布政使。積勞成疾,遂乞假歸。同治六年(1867)卒于京邸。傳見《(宣統)山東通志》卷一七二。

蕭錦忠(1803—1854),初名衡,字黼平,號史樓,湖南茶陵人。清道光十二年(1832)举人,二十五年(1845)狀元,官授翰林院修撰。及第之後,歸鄉省親。因兩個胞弟相繼身亡,上疏辭官,回家侍奉父母。蕭錦忠閉門著書,意欲成一家之言,可惜於咸豐四年(1854)冬因炭火中毒而身亡。著有《輿地會參》《自然齋時文詩賦》《孺廬集》等。

張之萬(1811—1897),字子青,號鑾坡、重侯,直隸南皮(今屬河北省)人。張之洞從兄。清道光二十七年(1847)進士。同治間署河南巡撫,移督漕運,歷任江蘇巡撫、閩浙總督。光緒八年爲兵部尚書,後調刑部。十年入值軍機處,兼署吏部尚書。後爲協辦大學士、體仁閣大學士、東閣大學士。光緒二十二年(1896)以年老致仕。卒贈太保,謚文達,入祀賢良祠。畫承家學,書精小楷。著有《張文達公遺集》。傳見《清史稿》卷四三八、《清史列傳》卷五七、《碑傳集補》卷一、《大清畿輔先哲傳》卷六等。

【版本】

1. 清咸豐間文琳堂書坊刻本

南圖藏,號:GJ/92800。本書與《同館試律續鈔二集》合刊,原書 91 卷,分裝成 22 函,133 册。每函 6 小册,唯有第 4 函 7 册。内封 B 面鎸:"同館詩賦鈔(隸書大字),文琳堂書坊藏板。"首王家相《序》2 葉,鈐有"江蘇省立第一圖書館藏書"章;次《凡例》8 條凡 2 葉;次卷一目録 3 葉,卷端題(自右至左):"同館賦鈔二集卷一目録,宛平邱家煒蓮舫、天門蔣立鏞笙陔、常熟王家相藝齋同輯。"次正文。四周雙邊,大黑口,雙、黑魚尾。半葉 12 行,行 24 字,小字雙行同。版框高 17.9 釐米,寬 13.5 釐米。版心中部刻"同館賦鈔二集卷一"和頁碼。(筆者現場抄録的卷端題署爲:"宛平邱家煒蓮舫、桐城龍汝言子嘉、敏惠禹民、王家相藝齋同輯"。今以影印本爲據。)

今按:本書第 1 函凡 6 册,與嘉慶十九年所刻 6 卷本《同館詩賦鈔二集》(王家相編,南圖藏,號 92801,凡 8 册)之前 6 册相同。經過比對可知,該書序言、凡例之文字,第一函正文之篇目、版式皆與六卷本同,甚至斷版處亦相合,惟該本字迹稍微模糊,可知爲後印本。不同之處在於,此本删去卷首(散館)賦凡 5 篇,將其轉移至卷四十之後。第二函以下,則爲六卷本所未備。現將前 8 函情況介紹如下:

第一函:《同館賦鈔二集》卷 1—2(1—4 册);《同館試律續鈔二集》卷 1—2(5—6 册);

第二函:《同館賦鈔二集》卷 3—4(1—2 册、4—5 册),《同館試律續鈔二集》卷 3—4(第 3、6 册);

第三函:賦卷 5—6(1—4 册),詩卷 5—6(5—6 册);

第四函:賦卷 7(1—2 册)、詩卷 7—8(3—4 册)、賦卷 8(5—6 册)、賦卷 9 上(第 7 册);

第五函:賦卷 9 下(第 1 册)、賦卷 10(2—3 册)、詩卷 9(第 4 册)、詩卷 10(第 5 册)、賦卷 11 上(第 6 册);

第六函:賦卷 11 下(第 1 册)、賦卷 12(2—3 册)、詩卷 11—12(4—5 册)、賦

卷 13 上（第 6 册）；

第七函：賦卷 13 下（第 1 册）、詩卷 13（第 2 册）、賦卷 14（3—4 册）、詩卷 14（第 5 册）、賦卷 15 上（第 6 册）；

第八函：賦卷 15 下（第 1 册）、詩卷 15（第 2 册）、賦卷 16（3—4 册）、詩卷 16（第 5 册）、賦卷 17 上（第 6 册）……

不難看出，第一函與第三函先賦後詩，較爲清楚；但第二函、第四函皆采用賦—詩—賦—詩的順序，已見錯亂之迹。尤其是《同館賦鈔二集》卷 9 被分裝成兩册，分别置於第四函之末和第五函之首，使得以下各函都出現了同一卷賦被割裂而分置兩處的情況，殊覺混亂。

本書收賦止於咸豐壬子科（1852），故將其出版時間暫定爲咸豐年間。

2.《輯刊》第 107—122 册影印南圖藏清咸豐間文琳堂書坊刻本

【内容】

本書是一部大型的同館詩賦彙鈔，始於嘉慶十六年辛未科（1811），迄于咸豐二年壬子科（1852），爲 41 年館閣詩賦之總匯。本書是王家相等編纂人員歷時四十餘年不斷積累、增益而成的，參與其事者多達 27 人，大多是進士出身，不少人還高中狀元。例如蔣立鏞（清嘉慶十六年辛未科狀元，1811）、陳沆（嘉慶二十四年己卯科，1819）、陳繼昌（嘉慶二十五年庚辰科，1820）、戴蘭芬（道光二年壬午科，1822）、林召棠（道光三年癸未科，1823）、朱昌頤（道光六年丙戌科，1826）、李振鈞（道光九年己丑科，1829）、吴鍾駿（道光十二年壬辰科，1832）、劉繹（道光十五年乙未科，1835）、林鴻年（道光十六年丙申科，1836）、鈕福保（道光十八年戊戌科，1838）、李承霖（道光二十年庚子科，1840）、孫毓溎（道光二十四年甲辰科，1844）、蕭錦忠（道光二十五年乙巳科，1845）等 14 人皆狀元及第，佔編輯總數（28 人）的一半。嘉慶十六年以來的各科狀元，幾乎全部被列入名單。當然，這些狀元未必皆親自參加編輯之役，很多是掛名的。但如此強大的編輯隊伍，卻頗可以壯大聲勢，提升此書的質量和可信度，進而促進其銷售和傳播。這一舉措，顯然借鑒了翁心存、林召棠、龍瑛等《館課賦鈔》的編纂模式。編輯中的 16 人，與《館課賦鈔》是重疊的，不難考知二者的關係。

全書凡 91 卷，其中《同館賦鈔二集》45 卷，《同館試律續鈔二集》46 卷。卷數基本相當，但賦鈔的實際分量（册數）兩倍於試律。南圖藏本裝訂爲 133 册，賦鈔有 89 册，詩鈔僅有 44 册，而且册頁較薄。由於本書按照科次編排，每一科次的詩、賦集中在一起，先賦後詩；下一科次體例同此。自然會出現賦與詩交替編纂的情況，且貫穿始終，這給專門查閱賦集的讀者帶來不便。或有篇數較多者，則分裝兩册，其間造成不少錯亂，需要仔細核查、清點。

本書是在王家相等《同館詩賦鈔二集》6 卷、翁心存等《館課賦鈔》20 卷的基礎上不斷增益而成的。由於卷帙浩大，作品繁多，本書借鑒乃至抄録了前人的不少成果。大凡館閣詩賦的彙編和各種抄本,無不加以利用。其中第一函,就是照搬了王家相的6卷本《同館詩賦鈔二集》(嘉慶十九年刻本),行款、版式完全相同,序言、凡例也一致,頗懷疑是用舊版重印的。本函凡6册,《賦鈔》佔4册,共收賦43家137篇,皆爲嘉慶辛未科(1811)庶吉士館課之賦。此外,該書卷十三至卷三十二,幾乎照抄翁心存、林召棠等人編纂的《館課賦鈔》20卷,數量達七百餘篇,加以增補而成。例如本書卷十三、卷十四,輯録道光癸未科館賦111篇,其中72篇取自《館課賦鈔》卷一、卷二。本書卷三十一、卷三十二,輯録道光辛丑科館賦169篇,其中有88篇取自《館課賦鈔》卷十九、卷二十。亦有少數幾篇曾經被《館課賦鈔》收録的作品,該書卻没有收録,不知何故。總的來講,該書大量抄録了《館課賦鈔》一書的内容。但是與王家相、翁心存的原編相比,本書紙墨不佳,字迹模糊,印刷質量較差。書的後半部分漏洞尤多,或者目録中羅列的賦篇正文闕如,或者目録中没有的賦篇在正文中出現。故基本可以斷定,該書乃是書商好大求全之作,有粗製濫造的嫌疑。但其保存大量館賦作品,反映清代中期律賦創作風尚,則自有貢獻。現將該書《賦鈔》部分各卷的編者姓名和收賦情況統計如下:

同館賦鈔二集卷一,宛平邱家煒蓮舫、天門蔣立鏞笙陔、常熟王家相藝齋同輯(一本作"宛平邱家煒蓮舫、桐城龍汝言子嘉、敏惠禹民、王家相藝齋同輯"),嘉慶辛未科館課賦47篇;

同館賦鈔二集卷二,宛平邱家煒蓮舫、天門蔣立鏞笙陔、常熟王家相藝齋同輯(一本作"宛平邱家煒蓮舫、桐城龍汝言子嘉、敏惠禹民、王家相藝齋同輯"),嘉慶辛未科館課賦65篇;

同館賦鈔二集卷三,蓮舫、子嘉、禹民、藝齋同輯,嘉慶甲戌科館課賦52篇;

同館賦鈔二集卷四,蓮舫、子嘉、禹民、藝齋同輯,嘉慶甲戌科館課賦51篇;

同館賦鈔二集卷五,固始吴其濬瀹齋、常熟王家相藝齋同輯,嘉慶丁丑科館課賦63篇;

同館賦鈔二集卷六,固始吴其濬瀹齋、常熟王家相藝齋同輯,嘉慶丁丑科館課賦50篇;

同館賦鈔二集卷七,蘄水陳沆太初、常熟王家相藝齋同輯,嘉慶己卯科館課賦39篇;

同館賦鈔二集卷八,蘄水陳沆太初、常熟王家相藝齋同輯,嘉慶己卯科館課賦40篇;

同館賦鈔二集卷九,臨桂陳繼昌蓮史、常熟王家相藝齋同輯,嘉慶庚辰科館課賦51篇;

同館賦鈔二集卷十,臨桂陳繼昌蓮史、常熟王家相藝齋同輯,嘉慶庚辰科館課賦67篇;

同館賦鈔二集卷十一，天長戴蘭芬畹香、常熟王家相藝齋同輯，道光壬午科館課賦 34 篇；

同館賦鈔二集卷十二，天長戴蘭芬畹香、常熟王家相藝齋同輯，道光壬午科館課賦 40 篇；

同館賦鈔二集卷十三，常熟翁心存二銘、吳川林召棠芾南、常熟王家相藝齋、晉江許邦光萊山同輯，道光癸未科館課賦 60 篇；

同館賦鈔二集卷十四，常熟翁心存二銘、吳川林召棠芾南、常熟王家相藝齋、晉江許邦光萊山同輯，道光癸未科館課賦 51 篇；

同館賦鈔二集卷十五，海鹽朱昌頤朵山、晉江許邦光萊山同輯，道光丙戌科館課賦 50 篇；

同館賦鈔二集卷十六，海鹽朱昌頤朵山、晉江許邦光萊山同輯，道光丙戌科館課賦 81 篇；

同館賦鈔二集卷十七，晉江許邦光萊山、太湖李振鈞海初、嘉定徐經拜庚同輯，道光己丑科館課賦 75 篇；

同館賦鈔二集卷十八，晉江許邦光萊山、太湖李振鈞海初、嘉定徐經拜庚同輯，道光己丑科館課賦 89 篇；

同館賦鈔二集卷十九，嘉定徐經拜庚、吳縣吳鍾駿晴舫、湘潭龍瑛白華同輯，道光壬辰科館課賦 58 篇；

同館賦鈔二集卷二十，嘉定徐經拜庚、吳縣吳鍾駿晴舫、湘潭龍瑛白華同輯，道光壬辰科館課賦 57 篇；

同館賦鈔二集卷二十一，嘉定徐經拜庚、彭澤汪鳴相朗渠、湘潭龍瑛白華同輯，道光癸巳科館課賦 56 篇；

同館賦鈔二集卷二十二，嘉定徐經拜庚、彭澤汪鳴相朗渠、湘潭龍瑛白華同輯，道光癸巳科館課賦 44 篇；

同館賦鈔二集卷二十三，永豐劉繹詹巖、湘潭龍瑛白華同輯（《館課賦鈔》第一編者爲吳縣陶慶增吟筠），道光乙未科館課賦 37 篇（含散館賦 5 篇）；

同館賦鈔二集卷二十四，永豐劉繹詹巖、湘潭龍瑛白華同輯（《館課賦鈔》第一編者爲吳縣陶慶增吟筠），道光乙未科館課賦 41 篇；

同館賦鈔二集卷二十五，蕭山朱鳳標桐軒、侯官林鴻年勿邨、湘潭龍瑛白華、渤海博迪蘇露庵同輯，道光丙申科館課賦 44 篇（含散館賦 4 篇）；

同館賦鈔二集卷二十六，蕭山朱鳳標桐軒、侯官林鴻年勿邨、湘潭龍瑛白華、渤海博迪蘇露庵同輯，道光丙申科館課賦 45 篇；

同館賦鈔二集卷二十七，蕭山朱鳳標桐軒、烏程鈕福保右申、渤海博迪蘇露庵同輯（《館課賦鈔》作：蘄水郭沛霖雨三、烏程鈕福保右申、湘潭龍瑛白華同輯），道光戊戌科館課賦 46 篇（含散館賦 3 篇）；

同館賦鈔二集卷二十八，蕭山朱鳳標桐軒、烏程鈕福保右申、渤海博迪蘇露庵同輯(《館課賦鈔》作：蘄水郭沛霖雨三、烏程鈕福保右申、湘潭龍瑛白華同輯)，道光戊戌科館課賦 61 篇；

同館賦鈔二集卷二十九，蕭山朱鳳標桐軒、丹徒李承霖雨人、渤海博迪蘇露庵(《館課賦鈔》作湘潭龍瑛白華)同輯，道光庚子科館課賦 55 篇(含散館賦 3 篇)；

同館賦鈔二集卷三十，蕭山朱鳳標桐軒、丹徒李承霖雨人、渤海博迪蘇露庵(《館課賦鈔》作湘潭龍瑛白華)同輯，道光庚子科館課賦 55 篇；

同館賦鈔二集卷三十一，臨桂龍啟瑞翰臣、蕭山朱鳳標桐軒(《館課賦鈔》尚有龍瑛)同輯，道光辛丑科館課賦 90 篇；

同館賦鈔二集卷三十二，臨桂龍啟瑞翰臣、蕭山朱鳳標桐軒(《館課賦鈔》尚有龍瑛)同輯，道光辛丑科館課賦 79 篇；

同館賦鈔二集卷三十三，濟甯孫毓溎梧江、蕭山朱鳳標桐軒同輯，道光甲辰科館課賦 45 篇(含散館賦 4 篇)；

同館賦鈔二集卷三十四，濟甯孫毓溎梧江、蕭山朱鳳標桐軒同輯，道光甲辰科館課賦 60 篇；

同館賦鈔二集卷三十五，茶陵蕭錦忠史樓、蕭山朱鳳標桐軒同輯，道光乙巳科館課賦 44 篇(含散館賦 4 篇)；

同館賦鈔二集卷三十六，茶陵蕭錦忠史樓、蕭山朱鳳標桐軒同輯，道光乙巳科館課賦 44 篇；

同館賦鈔二集卷三十七，南皮張之萬子清、蕭山朱鳳標桐軒同輯，道光丁未科館課賦 69 篇(含散館賦 3 篇)；

同館賦鈔二集卷三十八，南皮張之萬子清、蕭山朱鳳標桐軒同輯，道光丁未科館課賦 60 篇；

同館賦鈔二集卷三十九，蕭山朱鳳標桐軒輯，道光庚戌科館課賦 27 篇；

同館賦鈔二集卷四十，蕭山朱鳳標桐軒輯，咸豐壬子科館課賦 34 篇(含散館賦 2 篇)；

同館賦鈔二集卷首上，常熟王家相藝齋編輯，嘉慶戊寅至咸豐壬子科大考賦 43 篇；

同館賦鈔二集卷首下，宛平邱家煒蓮舫、常熟王家相藝齋同輯，嘉慶甲戌至咸豐壬辰散館賦 70 篇；

同館賦補鈔卷一，常熟王家相藝齋編輯，館閣賦 54 篇(卷首稱 49 首。清華本無顧皋賦 5 首，恰好 49 首)；

同館賦補鈔卷二，常熟王家相藝齋編輯，館閣賦 39 篇；

同館賦補鈔卷三，常熟王家相藝齋編輯，館閣賦 34 篇。

合在一起,《賦鈔》部分共 45 卷,輯賦 2393 篇,洋洋大觀,極爲富贍。輯賦最多者爲道光辛丑科館課賦(卷三十一、卷三十二),共輯得 169 篇;輯賦最少者爲道光庚戌科館課賦(卷三十九),衹輯得 27 篇。這恐怕取決於編者手頭資料的多寡,衹有掌握了大量的館閣賦文本,纔能編出内容富贍的集子。

今按:南圖藏有 4 部王家相《同館賦鈔》,皆爲法式善《同館賦鈔》的續編本,但差别極大。4 部書的關係如下:一部爲《同館賦鈔二集》2 卷補鈔 1 卷(號:GJ/92801),清嘉慶十九年甲戌(1814)刻本,專門收録嘉慶辛未科(1811)館賦 137 篇,以續補法式善《同館賦鈔》。另一部名爲《同館賦鈔》16 卷(號:GJ/91793),道光初年刻本,收録嘉慶辛未科(1811)至道光壬午科(1822)館賦 289 篇,該書是精選本,不求完備。第三部是本書,仍然叫作《同館賦鈔二集》,凡 45 卷,囊括以上兩部書之全部内容,又有大量增補和續編,收録嘉慶辛未科(1811)至咸豐壬子科(1852)館賦 2393 篇,資料完備,價值極高。第四部是 45 卷本《同館賦鈔二集》的殘本(號:GJ/92802),殘存卷 37、卷 38,凡兩卷,價值不高。

《唐賦選讀》不分卷,清葉蘭編

【編者】

葉蘭,一作葉蘭笙,字佩之,號湘秋,江蘇婁縣(今上海松江)人。諸生。客揚州,兩淮鹽運使曾燠甚器之。晚從同邑姚椿學,學問精進。清咸豐八年(1858)中順天鄉試,年六十二卒。著有《紅林檎館詩鈔》。《賦海大觀》收録其賦 68 篇。事迹略見《(光緒)婁縣續志》卷十七《人物志下》、《松江府續志》卷二十四《古今人傳》。

【版本】

1. 清道光咸豐間葉蘭清稿本

上圖藏,號:綫普 409284,凡 1 册。首目録 3 葉,卷端題:"律賦選讀目録,紅林檎館主葉蘭湘秋氏手鈔。"鈐有"臣蘭私印""湘秋""上海圖書館藏"章。次正文。卷端無題署,半葉 8 行,行 22 字,小字雙行同。眉批半葉 16 行,行 10 字。書末鈐有"蘭笙""佩之""餘清閣主人""延年益壽"章 4 枚。

2.《輯刊》第 127 册影印清道光咸豐間葉蘭清稿本

【内容】

本書選鈔唐代經典律賦 46 篇,始李程《日五色賦》,迄李遠《蟬蜕賦》,大致以天地人物爲序。選賦最多者爲王棨(11 篇)、黄滔(7 篇),其次爲王起、宋言、李遠(各 2 篇),可以見出清代文人對格律和技巧的重視。各賦皆有朱筆圈點,書眉有評騭,以梳理層次和品賞佳句爲主,賦末有總批和釋詞。該書保存了一些賦論資料,例如《日五色賦》之末輯録兩條評語:"句句精神,字字莊雅,勝人處尤在一起一結。(湯稼堂)","造語警拔,不落纖巧,一破尤爲三唐之冠。(《唐律賦選》評)”。湯聘(湯稼堂)評點《律賦衡裁》,人所共知;而《唐律賦選》卻鮮有人知。今按:胡希周(1789—1855)《唐古賦選》自序云:“既編唐律賦訖,又彙古賦而采之,得六十一首”,可見胡氏曾經編過《唐律賦選》,今已散佚。本書保留其若干評點,彌足珍貴。除了《律賦衡裁》《唐律賦選》《律賦選青》《賦學搜程》,本書還徵引了陳念吾、盧蓀塘、江少牧等賦學家的評論,彌足珍貴。

《賦選續鈔》2 卷,清葉蘭編

【編者】

葉蘭,字佩之,號湘秋,江蘇婁縣(今上海松江)人。詳見“唐賦選讀”條。

【版本】

1. 清道光咸豐間葉蘭清稿本

上圖藏,號:綫普 409285－86。首目録 5 葉,卷端題:“賦選續鈔目録,絳芸書舫課本。”鈐有“臣蘭”“湘秋”“上海圖書館藏”印。下爲正文。卷端無題署,半葉 9 行,行 23 字,小字雙行同。版心無字。書末鈐有“餘清閣主人”“冰壺秋月”小篆章。從鈐印和字體推測,該書亦爲葉蘭所選。

2.《輯刊》第 127 册影印清道光咸豐間葉蘭清稿本

【内容】

本書選鈔清代律賦 80 篇,大都是嘉慶、道光年間賦作。始黄鼎衡《黜陟幽明賦》,迄符燦《賦賦》。排序原則不詳。選賦最多者爲楊棨(9 篇)、吴慈鶴(4 篇)、劉福疇(4 篇),其次是王家相、汪學金、祁寯藻(各 2 篇)。今按:楊棨(1787—1862),字羨門,别號甦庵道人,江蘇鎮江人。長於辭賦,著有《京口山水志》《出圍城記》《蝶庵詩鈔》《蝶庵賦鈔》等。吴慈鶴(1778—1826),字韻皋,號巢松,江蘇吴縣(今蘇州)人。清嘉慶十四年(1809)進士,官至翰林院侍講。著有《蘭鯨録》《鳳巢山樵求是録》《岑華居士外集》等。劉福疇,字小春,江蘇婁縣(今上海松江)人。清道光十四年(1834)優貢生。家貧力學,詩賦駢體文清麗有則。葉蘭亦爲江蘇婁縣人,選録楊棨、吴慈鶴、劉福疇三家賦尤多,反映其對鄉邦文化的熱愛。所選各賦,皆有朱筆圈點,或有眉批、總評。例如黄鼎衡《黜陟幽明賦》有尾評一條,葉輪《藥洲賦》有眉批三條,洪亮吉《三寶賦》有尾評一條(係徵引少初語),可資參考。

《新注得月樓賦鈔》4 卷(《得月樓讀賦》),張元灝選評,耿覲文、茅謙箋註

【編者】

張元灝(1812—?),字月槎,一字柳齋,祖籍江陰(今屬江蘇),生於宛平(今北京豐臺)人。清道光二十六年(1846)舉人,三十年(1850)進士。擅長書畫詞賦。事迹略見《道光二十六年丙午科順天鄉試硃卷》。

耿覲文,字紹成,丹徒(今江蘇鎮江)人。生活于清光緒年間,生平不詳。

茅謙(1848—1917),原名茅戊年,字子貞,號肺山,學名茅謙,鎮江(今屬江蘇)人。著名橋樑專家茅以升祖父。近代報人、水利專家。清光緒二十年(1894)舉人,曾任高淳縣學訓導、湖南學使張燮鈞幕僚。光緒三十年(1904),在江寧創辦《南洋官報》,擔任主筆。著有《水利芻議》《肺山文存》《肺山詩存》等。事迹略見《江蘇藝文志・鎮江卷》。

【版本】

1. 清光緒十五年(1889)上洋積學書局石印袖珍本

北大藏,號:Y/5235. 8/1313. 14。本書1函4小册。書高10. 5釐米,寬6. 7釐米,如掌中玩物。書衣鈐有"臣""愗官""燕京大學圖書館章"印。書根鈐"張""煜"章。内封A面印有篆文書名"新注得月樓賦鈔",内封B面有一長方牌記,内有"光緒十五年仲春,上洋積學書局印"字樣。首張元灝《序》1葉,鈐有"榮九"印;次耿覲文序3葉;次《例言》1葉;次《得月樓賦甲編目録》2葉,前4行如下:"得月樓甲編目録,江陰張元灝月槎選評,丹徒耿覲文紹成、茅謙子貞箋註,郭開勛芷園、郭炳虎文、何國熙也雍、何郗泌鄴鄉校對。"以下正文。四周雙邊,白口,單、黑魚尾,無界行。上下兩欄,上欄鎸評點,下欄鎸正文。版框高8. 1釐米(下欄6. 9釐米,上欄1. 2釐米),寬5. 9釐米。下欄半葉14行,行31字,小字雙行同;上欄半葉28行,行4字。卷端無題署。版心上端印"得月樓賦"4字,魚尾之下印"甲編"和頁碼。鈐有"燕京大學圖書館"印。

2.《輯刊》第133—134册影印首圖藏清咸豐十年(1860)刻本

此本無注,不分欄,各卷卷首有書名葉,刻宋體書名:"得月樓讀賦甲編(乙編、丙編、丁編)。"版心頂部刻"得月樓賦鈔"5字,版心底部刻頁碼和"甲編(乙編、丙編、丁編)"。卷首有張元灝《叙》3葉,無耿覲文序和《例言》。甲編收賦49篇,佚去末篇楊棨《擬黄文江秋色賦》。本書没有耿覲文、茅謙注,據《叙》所署,當爲咸豐十年(1860)刻本,《輯刊》誤題作光緒七年刻本。

【内容】

據北大藏本張元灝自序,該書初編於清道光二十四年(1844)。張氏年少時即好駢儷之學,壯遊京師,"獲聆名公卿緒論,更讀從來館作",眼界大開。後旋歸鄉里,"海珊崑玉,幾滿歸篋中"。其在京師數年所積累的資料,乃是其編選此書之基礎。原本計劃是:"博搜嚴采,約以大衍之數,次以天干之目,釐分十集,遞付乎民。"每集50篇,十集編完,則有500篇之數。但今日所見,僅有甲、乙、丙、丁四編,凡200篇,似乎並未完工。考其甲編50篇,皆爲清代賦,除了第一篇《册封琉球賦》歌詠時事,其餘諸篇,大致按照天文(日月星辰四時)、地理(山水樓臺)、人事(政治、道德、詠古、文學、藝術)、器物(硯、琴)、動植(花木鳥獸蟲魚)的順序編排。其餘各集同此。綜合四集所收,則以顧元熙、吴錫麒、陳沆、夏柔嘉等人之賦入選最多。各賦之眉批和總評，當出自張元灝之手。40年後，同治、光緒之間，耿覲文欲注此書而未成，後得茅謙襄助，二人合作，三易其稿，最終於光緒六年庚辰（1880）完工，次年出版。則書中題解、注釋，皆出自耿覲文、茅謙之手。

北大藏本采用西洋縮印技術出版，爲袖珍小册，攜帶十分方便。每個版面分爲上、下兩欄，下欄爲正文，上欄爲眉批。如甲編《月中桂賦》（程恩澤），以“月裏仙人親手植”爲韻，賦中施以句讀，敬避處用圓圈1—2個，以省篇幅。上欄眉批云：“有句如金，有字如珠，神似古樂府”（首圖本改爲旁批，“珠”訛作“耳”，“古”訛作“者”），“題意圓足”，“俗語都成古彩”。賦末有總評，低一行刻之：“秀不難，難在秀而古；古不難，難在古而蒼。極陳熟題，有此妙境，令人不厭百回讀。（張月槎）”肯定該賦“秀而古”“古而蒼”的藝術風格和推陳出新、意境優美的特色。此下又有題解：“虞喜《安天論》：俗傳仙人桂樹在月中，今視其初生，見仙人之足漸成形，樹後生。”揭示賦題出處。題解之下，又對“珊瑚入月”“宛虹”“不死”“白肪”等16個詞語進行解釋，詞條大字，注釋雙行小字，亦以揭示典實出處爲主。今按：首圖本（無注本）僅有圈點、旁批、尾評，北大本則增加了眉批、賦後解題和注釋，更爲完備。

本書小巧玲瓏，易於攜帶。但字小傷目，也有些地方模糊不清。

《律賦選讀》不分卷，清祝春氏編

【編者】

編者不詳。書衣右下墨書“祝春氏”三字，蓋爲編者之號，而姓名失考。書名“律賦選讀”下有小字注：“乙丑秋季鈔。”考書中所選賦家，最晚者如楊棨（1787—1862）、俞長贊（1816—1852）、許壽彭、易曰廉等大都生活於道光、咸豐年間，則此處“乙丑”應在咸豐之後，爲清同治四年（1865）。

【版本】

1. 清同治四年（1865）祝氏抄本

南圖藏，號：南京：GJ/806166。此本凡1册，書高26.5釐米，紙撚裝訂。書衣墨書“律賦選讀（乙丑秋季鈔）”，右下有“祝春氏”三字，蓋爲抄寫者之號。内頁鈐有“東亞同文書院14.5.28圖書館”紫色橢圓章。首目録3葉，卷端無題署，天頭鈐有“上海東亞同文書院圖書館印”隸書方章。以下正文。半葉9行，行26字，小字雙行同。正文有墨筆圈點，朱筆旁批。天頭抄有釋詞，半葉18行，行14字。賦末亦有釋詞。鈐有“南京圖書館藏”印。

2.《輯刊》第131册影印南圖藏清同治四年祝氏抄本

【内容】

本書分爲三部分：第一部分編選清乾隆、嘉慶、道光間律賦25篇，施以圈點、評註,眉批(實爲釋詞)尤其詳細;第二部分是對吴錫麒《有正味齋賦集》的摘抄,凡 22 篇,已佚;第三部分是對顧元熙《蘭修館賦集》的摘抄,凡 14 篇,存 13 篇,衹有圈點,没有眉批。全書選鈔清代律賦 61 篇,今存 38 篇。

吴錫麒(1746—1818),字聖徵,號穀人,錢塘(今浙江杭州)人。清乾隆四十年(1775)進士。官至國子監祭酒。著有《有正味齋集》。顧元熙(1781—1821),字麗丙,號耕石,長洲(今江蘇蘇州)人。清嘉慶十四年(1809)進士,授編修。吴、顧二人是清代中期著名律賦作家,被尊爲律賦創作的典範。景其濬曾於咸豐三年(1853)編刻《吴顧賦鈔》,將二家賦合刊;又於清同治九年(1870)刻《四家賦鈔》,内涵吴、顧二家賦,風靡海内。(詳參本章"吴顧賦鈔"條、"四家賦钞"條。)此後各種賦集、賦選,大都選有吴錫麒、顧元熙賦,並施以評點。吴、顧二家律賦的經典化,在清代就已經基本完成。

《古賦首選》1 卷,清梁夔譜編

【作者】

梁夔譜,順德(今廣東佛山)人。生平不詳。編有《古賦首選》《約選墨中》。或曰即梁有成,字夔譜,清同治三年(1864)舉人,次年掌教韓山書院。事迹略見《廣東歷代著者要録(廣州府部)》。

【版本】

1. 清同治八年(1869)梁鏡古堂家刻本

國圖藏,號:88942。本書 1 函 1 册,書高 34 釐米,寬 15.6 釐米。封面頁:"同治八年夏五月,古賦首選(隸書大字),梁鏡古堂家藏板。"首爲《凡例》8 條,無目録。正文四周雙邊,白口,單、黑魚尾。版心衹刻頁碼。半葉 9 行,行 25 字;小字雙行,每行 50 字。版框高 16.2 釐米,寬 11.8 釐米。天頭闊大,鎸有眉批。正文凡 38 葉。第 1—7 葉爲《離騷》,下附王孝伯等 4 人評論,語詞典故註釋和司馬遷的《屈原列傳》;第 14—33 葉爲《哀江南賦》,下附浦二田評論、諸家註釋異同辨、南北朝列表和語詞典故的補注。

2.《輯刊》第 123 册影印上圖藏清同治八年梁鏡古堂家刻本

【内容】

本書僅收辭賦 2 篇:屈原《離騷》和庾信《哀江南賦》。《凡例》第一條云:"于惺介曰:'《離騷》爲詞賦之祖,《哀江南賦》爲《文選》後鉅觀,俱千古絶調。講聲韻之學者,宜首讀兹焉。'兹本其意,將兩篇合刻,以便觀覽。"因而全書衹收屈原《離騷》和庾信《哀江南賦》2 篇,精校精注,以爲作賦之圭臬。賦作正文有旁批、夾注,或注音釋詞,或解句簡評。如《離騷》首句"帝高陽之苗裔兮"之右以小字刻"世系"二字(解句),"皇"右以小字刻"美也"二字(釋詞),"吾以降"下以小字刻"生"字(釋詞),右側刻"叶洪"二字(注音),等等。天頭鎸有眉批,或輯録前人之語，或自作分析。如《哀江南賦》就有眉批 80 條，少則五六字，多則百餘字，内容十分豐富。《哀江南賦》之末鎸有浦二田評語一條，見解甚精，也頗能印證編者的選録宗旨，兹照録於下："浦二田曰：詩人之賦麗以則，辭人之賦麗以淫。彼惟研揣爲工，聲律爲協者，辭焉而已。如此篇，國難家屯，夾發雙行，叙經議緯，抑揚縱扼，上可副史館，下可具譜牒，賦未有功用若斯之盛者，尚何媿於詩人之旨乎？即以辭論，亦所謂麗而能典，焕乎五色之成章，紛乎八音之繁會者也。"認爲該賦不僅具有重要的歷史文獻價值，"上可副史館，下可具譜牒"，而且感情飽滿，無愧於"詩人之旨"，語言上也是"麗而能典"，華實相扶，故尊爲歷代辭賦之首。

《律賦又新初集》2 卷，清趙瑜編

【編者】

趙瑜，字漁亭，晚號漁叟，江蘇泰州人。歲貢生，大約生活於咸豐、同治年間。工詩善畫，晚年絶意場屋。著有《晉磚室詩存》《爨餘集》《漁亭詩文集》《律賦最新集》《律賦又新集》等。事迹略見《（民國）續纂泰州志》《江蘇藝文志》。

【版本】

1. 清同治九年（1870）墨稼山房刻本

上圖藏，號：綫普長 639268－29。本書 1 函 2 册，書高 22.7 釐米，寬 12.2 釐米。書衣以墨筆題寫書名"律賦又新（卷一）"。内封 B 面鎸："同治九年新鎸，律賦又新初集（隸書大字），墨稼山房藏板。"首趙瑜《叙》3 葉；次目次 5 葉，卷端題："律賦又新初集目次，泰州趙瑜漁亭原選，同里宫麗生淦泉、歙縣洪文翰筱圖、徽州洪祖詒梅孫參訂，儀徵何錢述庭、同里袁錦子文校字。"目録之末刻有"右賦六十九篇，二集嗣出"1 行；下爲正文。左右雙邊，白口，單、黑魚尾。半葉 9 行，行 26 字，小字雙行同。版框高 17.1 釐米，寬 10.3 釐米，無界行。版心上部刻"律賦又新初集"6 字，下部刻頁碼。該書共 142 頁，原本不分卷，藏書者分兩册裝訂：以第 1—69 葉爲第一卷，以第 70—142 葉爲第二卷。今從之。有朱筆圈點。

2.《輯刊》第 126 册影印上圖藏清同治九年墨稼山房刻本

【内容】

本書名爲"又新"，乃是《律賦最新集》的續編。據趙瑜自叙，他曾與大興楊杏農、江都錢子奇共同編纂《律賦最新集》一書，但"兵燹以來，原版灰燼"。此處"兵燹"，當指咸豐年間的太平天國運動。坊友屢次敦促其續編，趙瑜遂又與歙縣洪文翰（筱圖）、儀徵何錢（述庭）、泰州袁錦（子文）等合作，編成此書，名爲《律賦又新初集》，意在繼《最新集》之餘脈，亦彰顯出此書的當代色彩。本書的資料來源，主要是幾位參編者平時披覽、搜羅之賦，益以"時賢庭試之作"，凡 69

首。趙瑜稱其"或以典博擅長,或以空靈取勝,大題則彪炳陸離,小題則清新俊逸,童試之格律,館閣之規權,備於此矣"。可以反映出咸豐、同治年間科舉試賦的情況。對於所選各賦,編者皆有簡要評點。例如首篇季芝昌《日長如小年賦》,"若夫""夫以""豈知"等領起語加點,以醒眉目;"天開不夜之城,人到恒春之室"等佳句加圈,提示讀者品賞;賦末總評云:"層折分明,巧思濬發,其筆意清遒,尤爲文入妙來。(李艾衫)"稍顯空泛。

又,《律賦最新集》一書,未知存佚。

《律賦標準》4 卷(《詳批律賦標準》),清葉祺昌編

【編者】

葉祺昌,字吟舫,聊城(今屬山東省)人。清道光二十六年(1846)副貢,授直隸易州州判。因家學淵源,祺昌長於文學,多有著述。其編選、評注的著作有《詳批初學正本集》《詳批律賦標準》初集二集、《詳批律賦精腋》《分韻試帖青雲集合註》《四勿齋訓蒙草》初集二集等,頗爲暢銷。事迹略見孟凡蕭《清代舊書牽出水城教育史話》。

【版本】

1. 清同治十二年(1873)書業德刻本

國圖藏,號:85968:1－2。本書凡 2 册,與《律賦標準二集》2 册合爲 1 函。書高 18.3 釐米,書簽上刻有"(書業德)詳批律賦標準"字樣。内封 B 面鎸:"同治癸酉新鋟,武水葉吟舫評選(翻刻必究),詳批律賦標準(書業德記梓)。"首葉祺昌《序》2 葉;次目録 3 葉,卷端題:"律賦標準,聊攝葉祺昌吟舫編次。"次正文。四周單邊,白口,單、黑魚尾。版框高 12.4 釐米,寬 10.5 釐米。半葉 8 行,行 22 字,小字雙行同。版心頂部刻"律賦標準"4 字,魚尾之下刻"卷某"和頁碼,底部刻"書業德"3 字。未見藏印。

又有北京大學藏本,1 函 2 册,號:X/811.37/4436。

2.《輯刊》第 123 册影印國圖藏清同治十二年書業德刻本

【内容】

本書的編選宗旨,在於"爲幼學發蒙",因而割捨了清初"鉅製鴻裁,超今越古"而又不合軌範、難以效法的作品,專門選取"典顯輕靈,合於時尚"的律賦 40 篇,釐爲 4 卷。對於所選各賦,編者不厭其煩,詳加點評。如卷一盛觀潮《隔千里兮共明月賦》(以題爲韻),先"題解",指出:"此情景題。'明月'易詮,'隔千里'易詮,惟'共'字不易詮。如單作'明月',抛卻'千里',則失之寬泛;單作'隔千里',而不能切定'共'字,仍非切題文字。必從'共'字生情,將兩地之别緒離悰,寫得纏綿有味,方覺愜心貴當。"分析賦題含義和寫作要求,娓娓而談,十分恰切。首句"兩地相思,一天皓魄"下有雙行小字:"從離情直起,不用虚字,不用

繞彎,最爲爽捷。此二句已將全神攝起,開門見山。"編者幾乎對每句話都詳細評點,目光細膩,分析具體,頗便初學。賦末有"疏義"12 行,乃是對各段大意的概括,讀者可以借此瞭解全賦的基本内容和脈絡層次;又有"總評"8 行,是對全賦的藝術分析,揭示作者的藝術構思、遣詞造句之妙。最後是"註釋"16 行,與前人體例不同,詞目用小字,而註解用大字。總之,編者對每篇入選之賦都花費了大量心血,評釋文字已達原文的數倍之多,因而頗便初學,大受歡迎。本書在光緒年間又被翻刻,即可證明這一點。

《律賦標準二集》4 卷(《詳批律賦標準二集》),清葉祺昌編

【編者】

葉祺昌,字吟舫,聊城人。生平見"律賦標準"條。

【版本】

1. 清同治十三年(1874)書業德刻本。

國圖藏,號:85968:3－4。本書凡 2 册,與《律賦標準》2 册合爲 1 函。書高 18.3 釐米。内封 B 面鐫:"同治甲戌新鐫,武水葉吟舫評選、同邑傅祝山鑒定,詳批律賦標準二集,書業德梓。"首葉祺昌《弁言》1 葉;次目録 3 葉,卷端題:"律賦標準二集,聊城葉祺昌吟舫評選,受業金榮綬蘿溪、高承基福亭、楊紹閔諧庭、劉子經拜庚校字。"次正文。四周單邊,白口,單、黑魚尾。版框高 12.4 釐米,寬 10.3 釐米。半葉 8 行,行 22 字,小字雙行同。版心頂部刻"律賦標準二集"6 字,魚尾之下刻"卷某"和頁碼,版心底部刻"書業德"3 字。未見藏印。此本《弁言》有殘損。

又一本,號:113120。本書凡 3 册,書衣有簽:"(書業德)詳批律賦標準二集",鈐有"書業德記發兑"章一枚。《弁言》完整。本書存卷一、卷二、卷四,缺第三卷。

2.《輯刊》第 124 册影印國圖藏清同治十三年書業德刻本

【内容】

本書是《律賦標準》的續編。或許是由於《律賦標準》銷量甚好,書商又約請編者續爲此書。本書凡 4 卷,每卷 10 篇,凡 40 篇。選賦較多的作家爲張集馨(7 篇)、盛觀潮(5 篇)、張椒雲(3 篇)等,皆爲律賦名家。本書之編纂旨趣和内容、格式皆與初編相似。首篇爲張友仁《櫓摇背指菊花開賦》,"題解"云:"此少陵送别詩。舟行則櫓摇,櫓摇則離岸。當其離岸未遠,則舟向前行,菊在背後,於是回身背指岸上之菊,相視脈脈,有留戀無計之忐。作此題者,宜將分袂揚舲,回首故園,不但人難離,即菊亦覺意緒纏綿,有依戀莫慰之情。此等景況,非善於言情者不能曲曲傳出。"這段話先指出賦題的典故出處——杜甫之送别詩《送李八秘書赴杜相公幕》,然後對詩句進行賞析,十分透徹;接下又對作賦者指點迷津:須從人、菊兩方面着筆,重點反映依戀纏綿、難捨難離之情。如此分析,切中賦題要求,於初學作賦者極有助益。首句“人去空江,秋深老圃”句右側加圈,夾批云:“人去扣櫓摇,老圃扣菊花。一起不即不離,高挹群言。”雖有溢美之辭,然分析入微,並非空言。賦末有“義疏”15 行,“總評”2 行,“註釋”22 行,内容十分豐富,體例與《律賦標準》同,不贅。

《律賦精腋》4 卷,清葉祺昌選

【編者】

葉祺昌,字吟舫,聊城人。生平見上“律賦標準”條。

【版本】

1. 清光緒五年(1879)好友堂刊本

陝圖藏,號:X11363。本書 1 函 4 册,書高 22.3 釐米,寬 12.4 釐米。書衣上墨筆題有“律賦精腋,星庵讀本”字樣。原書衣上貼有書簽,上刻“(新刻)詳批律賦精腋”,鈐有“取書日取樂”印一枚。内封 B 面鎸:“光緒己卯冬鎸,武水葉吟舫先生輯,詳批律賦精腋(中欄大字),好友堂記藏板。”首葉祺昌《詳批律賦精腋序》1 葉;次目録 3 葉,卷端題:“詳批律賦精腋,聊城葉祺昌吟舫評選,受業金榮綬蘿溪、高承基福亭、楊紹閔諧庭、劉子經拜庚、弟祐昌可亭校字。”次正文。四周雙邊,白口,單、黑魚尾。版框高 16 釐米,寬 10.6 釐米。半葉 9 行,行 25 字,小字雙行同。無界行。賦中刻有圈點,又有朱筆圈點。版心頂部刻“律賦精腋”4 字,魚尾之下刻有“卷某”和頁碼。

2.《輯刊》第 124—125 册影印國圖藏清光緒五年(1879)書業德刻本

此本版式、内容與好友堂刊本全同,惟於書名葉左下刻有“書業德記藏板”6 字,版心底部刻“書業德”3 字。此本品相甚好。

【内容】

本書選輯清代律賦 40 篇,是一種小型的律賦選本。凡 4 卷,每卷 10 篇。其規模、體例皆與《律賦標準》《律賦標準二集》相同。本書選賦、評賦、注賦皆較精審,取名“精腋”,名實相稱。各賦皆有解題、圈點、夾批,賦後有疏義、總評、註釋 3 項。例如卷一第 3 篇爲王家相《春陰賦》,以“輕陰閣雨二月春光”爲韻。解題爲雙行小字,云:“此題宜切定‘春’字,以寫‘陰’字,自不爲‘秋陰’題移去。二段先從‘春’字説入,以坐實其時,是先扼題要法。凡作時令題,皆當以此作爲則。”一般的解題常常揭示賦題出處,而此處卻指導審題和寫作,並作舉一反三之論,其對下層士子的倣作更有幫助。首句“爾其遥天霧重,高閣寒輕,樹蒼蒼兮煙罨,村杳杳兮雲平”,“爾其”下夾注:“起處。用此二字,漫漫引起,必直入方可。”又“霧重”下夾注:“直從‘陰’字説入,此句就遠處寫。”又“寒輕”下夾注:“此句就近處寫。”又“雲平”下夾注:“此二句就物景寫。以上四句,摹‘陰’

字景象,寫來入畫。”不難看出,編者對賦作的評析十分細膩,幾乎是字字落實,心細如髮。賦末“義疏”云:“首段直從‘陰’字説入,倒找‘春’字。二段從‘春’字順入,先將‘春’字坐實。所押‘陰’字,是言花中之陰,並非雲陰之陰,故爲借押。三段就天晴説,是‘陰’字反面,故謂開筆亦足以。以下三韻,極力反頓‘陰’字。所押‘閣’字,作樓閣之閣講,係實字。限韻‘閣’字,作擱起之閣講,係虚字,故爲借押。四韻轉到‘陰’字正面,故爲合筆。五段實寫春陰正面,首韻對點,挑醒題眼。以下三韻,皆跟此二句來。六段寫春陰,更進一層,是‘陰’字餘意。七段就人一面寫來,末段作歌,以詠賞春陰。”將賦中八韻(八段)的每一韻都作具體分析,精細入微;對賦中起承轉合之法的揭示,頗有啟發意義。下又有總評:“此作通篇得力,全在二段,從時説入,以坐實‘春’字。三段反頓‘陰’字,以展局勢,故下轉到‘陰’字,自然迎刃而解。四、五段雖皆是正寫‘陰’字,而自有虚實渾明之别。六段寫‘陰’字餘意。七段就人一面寫,更是餘意矣。先反後正,先虚後實,由此而悟,可以知賦中布局之法矣。人人所有之意,人人所有之詞,要以鬆秀之筆出之,便如一片輕陰,海棠欲笑。學者從此入手,不獨免冗俗之病,并儉腹者亦可藏拙。”評論反正虚實的布局之法,切中肯綮,可見其指導作賦的用心。某些詞句與“義疏”有重複,但角度不同。最後是註釋,首先以大字釋題:“陸游詩:緑章夜奏通明殿,乞借春陰護海棠。”以揭示賦題出處。接着以雙行小字解釋“春社”“高閣”“養花”等賦中詞語15條,亦以揭示語詞出處爲主。不難看出,《律賦精腋》是一部將選賦、評賦、論賦與指導律賦創作相結合的賦選,具有較高的賦學理論價值和現實指導意義。

《賦學正鵠》10卷,清李元度編

【編者】

李元度(1821—1887),字次青,又字笏庭,自號天嶽山樵,晚號超然老人,湖南平江人。清道光二十三年(1843)舉人,歷任黔陽縣教諭、浙江鹽運使、按察使、雲南按察使,官至貴州布政使。著有《國朝先正事略》60卷、《天嶽山館文鈔》40卷、《天嶽山館詩集》12卷,編纂《賦學正鵠》《平江縣志》等。傳見《清史稿》卷四三三、《清史列傳》卷七六,生平略見王先謙《虚受堂文集》卷八《神道碑》。

【版本】

1. 清同治十年(1871)爽谿書院刻本

國圖藏,號:96642。本書1函4册,書高24.7釐米,寬15.5釐米。封面頁鐫有“古賦附後,賦學正鵠(小篆大字),翻刻必究”字樣;内封B面刻一長方牌記:“同治十年季秋月,爽谿書院校栞。”首李元度《賦學正鵠序目》16葉,末有“善化姚學瀅裔雲、湘陰蔣恭鎰東觀校字”2行;以下正文。卷端無題署,首篇爲

《吴季劄掛劍賦》(我心許之始終不渝),顧元熙(耕石)。左右雙邊,白口,單、黑魚尾,無界行。版面分上下兩欄,上欄鎸批點,下欄鎸正文。版框高 19.3 釐米(其中上欄 2.8 釐米,下欄 16.5 釐米),寬 12.4 釐米。正文欄半葉 9 行,行 21 字,小字雙行同;眉批欄半葉 18 行,行 5 字。魚尾上方刻"賦學正鵠",下方刻卷數、類名和頁碼。鈐有"北京圖書館藏"印。

2. 清光緒七年(1881)賀州林肇元刻本

北大藏,號:X/811.308/4010。本書 1 函 4 册,淺藍色書衣,書高 26 釐米,寬 14.6 釐米。封面頁鎸有篆文書名"賦學正鵠",右上有"古賦附後"4 字;内封 B 面刻有楷書 6 行,記鎸刻始末:"是集黎中丞在黔刊行,學者争先睹爲快。後移漕節取板去,學者仍日踵求,無以應。爰捐廉翻刻以餉之。光緒辛巳小陽月,賀州林肇元識於黔南節署之拄笏軒。肇元(墨印)"首黎培《重刊賦學正鵠序》1 葉;次李元度《賦學正鵠序目》16 葉;以下正文。卷端無題署。左右雙邊,白口,單、黑魚尾,無界行。版面分上下兩欄,上欄鎸批點,下欄鎸正文。版框高 19.7 釐米(其中上欄 3 釐米,下欄 12.1 釐米),寬 12.1 釐米。版式與同治十年本同。鈐有"大學堂藏書之章""國立北京大學藏書"印。

3. 清光緒十六年(1890)經綸書局刻本

南師大藏,號:413.4-09。本書 1 夾 8 册,未查。

此外尚有光緒二十二年京都琉璃廠刻本、光緒二十五年上海富文書局石印本、清宏道堂梓行本等,館藏地不詳。

【内容】

《賦學正鵠》是清代一部重要的賦選,也是重要的賦學批評著作。該書根據學習的先後順序,將所選賦分爲十大類:"曰層次,曰氣機,入門第一義也;曰風景,曰細切,曰莊雅,曰沉雄,曰博大,皆應區之品目也;曰遒鍊,曰神韻,則駸駸乎近於古賦矣;曰高古,則精擇古賦,以爲極則。用六朝以上希兩漢,其道一以貫之,此循流溯源之術也。"由近及遠,由律及古,按其風格異同,分門别類編選賦作。前 9 類選律賦 129 篇,高古類選漢唐古賦 18 篇,總共 147 篇。編者對每篇賦都進行批點、導讀,進而指導寫作,體現了他循序漸進、由淺入深,由技法而漸漸追求高古神韻的指導思想。清人戴綸喆《漢魏六朝賦摘艷譜説》稱:"近時選本以程祥棟《東湖賦鈔》、李元度《賦學正鵠》爲正宗,程選固更宏博,而初學津梁,又當以李選之批點爲足以引人入勝。"因而頗受初學者歡迎,甚至還出現了《續集》《三集》《四集》之類的續補之作。從賦學研究角度而言,該書"以選賦、評賦與《序目》論賦相結合的體例,既指示作賦,品評賦篇,又論賦的體制源流、藝術風格,在繼承前人的同時,也體現了編選者較爲豐富的賦論思想"(何新文等《中國賦論史》,第 337 頁)。

【研究】

許結《賦學講演録》、孫福軒《清代賦學研究》對此書有徵引和討論。何新文等《中國賦論史》第六章第七節《晚清近代的賦論》對此書有專門研究。

《賦學正鵠集釋》10卷(或作11卷、4卷),清李元度編,清成性根注

【編注者】

李元度(1821—1887),字次青,又字笏庭。生平參見"賦學正鵠"條。成性根,生平不詳。

【版本】

1. 清同治十年(1871)善成堂刻本(11卷)

人大藏,號:PG4172/73。本書1函4册,未查。

2. 清同治十年(1871)文光堂刻本(10卷)

鄭大藏,號:44.381/285。本書1函4册,未查。

3. 清光緒七年(1881)文光堂刻本(11卷)

國圖藏,號:103499。本書1函4册,書高20.3釐米,寬12.1釐米,每册書衣内面皆有墨書:"李文垣民國卅二年二月購於虎溪場上大街。"封面頁鎸:"增注賦學正鵠集釋,文光堂梓刊。"首《賦學正鵠序目》2葉(實爲李元度《序目》之節録),次爲序6葉(包括陳鋭序和氣機類、風景類目録。陳序與李序交叉,有錯亂之嫌);以下正文。卷端無題署。四周單邊(或左右雙邊,不統一),白口,單、黑魚尾,無界行。版面分上下兩欄,上欄鎸批點,半葉18行,行5字;下欄鎸正文,半葉9行,行21字。版框高16釐米(其中上欄2.4釐米,下欄13.6釐米),寬10釐米。魚尾上方刻"賦學正鵠",下方刻卷數、類名和頁碼。該書紙、墨均較差。鈐有"北京圖書館藏"印。

4. 清光緒七年(1881)長沙奎光樓刻本(11卷)

陝圖藏,號:Ⅹ11362。本書1函5册。書高21釐米,寬11.9釐米。内封A面鎸有隸書書名:"賦學正鵠纂釋十一卷。"B面鎸一長方牌記:"光緒七年夏月,長沙奎光樓刊。"首佚名序2葉(考其文字,似乎與本書無關,估計是誤入此書者);次《賦學正鵠序目》16葉,以下正文。四周單邊,版式與光緒七年文光堂刻本同。版框高16.3釐米(其中上欄2.3釐米,下欄14釐米),寬10釐米。無藏印。裝訂十分混亂,第一册裝訂卷一至卷六,卷十至卷十一;第四册裝訂卷十一、卷六、卷七、卷一的内容。第四册書衣有墨書"蔭臣讀本"四字。

5. 清光緒七年(1881)通志堂刻本(11卷)

中大藏,號:17286。本書凡6册,合訂爲1册。

6. 清光緒八年(1882)文星堂刻本(11卷)

蘇大藏,號:700357。本書凡8册。

7. 清光緒十一年(1885)石渠山房刻本(10卷)

陝圖藏,號:Ⅹ08145。本書1函3册。書高25.3釐米,寬15.4釐米。首册

書衣墨筆題寫“賦學正鵠(層次,卷一)”。内封 A 面鐫有隸書書名:“賦學正鵠集釋,校對無訛。”B 面鐫一長方牌記:“光緒十一年夏春月,石渠山房校栞。”首李元度《賦學正鵠序目》16 葉,以下正文。左右雙邊,版式與光緒七年文光堂刻本同。版框高 19.7 釐米(其中上欄 3 釐米,下欄 16.7 釐米),寬 12.2 釐米。有墨筆圈點和眉批。存 8 卷。

8. 清光緒十一年(1885)文昌書局刻本(10 卷)

國圖藏,號:90823。本書 1 函 8 册,書高 24.1 釐米,寬 15.2 釐米。封面頁鐫:“賦學正鵠集釋(隸書大字),校對無訛。”B 面有一長方牌記,鐫有隸書:“光緒十一季旹月,文昌書局校栞。”首《賦學正鵠序目》16 葉,以下正文。行款與光緒七年文光堂刻本同,版式疏朗,印刷亦較好。版框高 19.8 釐米(其中上欄 3 釐米,下欄 16.8 釐米),寬 12.3 釐米。鈐有“北京圖書館藏”印。

9. 清光緒十三年(1887)榕垣崇文堂刻本(4 卷)

國圖藏,號:103978。此本 1 函 4 册,書高 15.8 釐米,寬 11.5 釐米。内封紅色,A 面鐫:“平江李方伯鑒定,賦學正鵠集釋(校對無訛),榕垣崇文堂藏板。”B 面有一長方形牌記,内鐫:“光緒丁亥孟冬重刊。”首李元度《賦學正鵠序目》16 葉,下爲正文。四周雙邊(衹有上欄爲單邊),白口,單、黑魚尾,無界行。版框高 13.7 釐米(上欄 2 釐米,下欄 11.7 釐米),寬 9.5 釐米。下欄鐫正文,半葉 9 行,行 21 字;上欄鐫批點,半葉 18 行,行 4 字。魚尾上方刻“賦學正鵠”,下方刻卷數和頁碼。此本又有墨筆圈點。鈐有“北京圖書館藏”印。

10. 清光緒十六年(1890)珍蓺書局石印本(11 卷)

澳門大學藏,號:R39。凡 1 册,未查。

11. 清光緒十七年(1891)長沙益元書局刻本(10 卷)

國圖藏,號:95311。本書 1 函 6 册,書高 23.4 釐米,寬 14 釐米。書衣左上方鈐有“鑲白旗官學”朱篆陽文長方形大印,右側印有朱色楷書“第二館”3 字。内封 A 面鐫:“賦學正鵠集釋(隸書),校對無訛”字樣,B 面鐫有長方形牌記,内刻“光緒辛卯益元書局校栞”。首《賦學正鵠序目》16 葉,題目之下刻“安定堂校對無訛”7 字,第 16 葉 B 面左下方刻有“金谿胡祥光子吉、湘陰蔣恭鎰東觀校字”2 行。下爲正文。四周單邊,白口,單魚尾,無界行。版框高 19.3 釐米(上欄 2.7 釐米,下欄 16.6 釐米),寬 12.3 釐米。版式與光緒七年文光堂刻本同。此本印刷質量不佳。鈐有“北京圖書館藏”印。

12. 清光緒十八年(1892)上海凌雲閣石印本(11 卷)

中國海洋大學藏,號:零 076—832.9/285 =2。本書凡 1 册,未查。

13. 清光緒十八年(1892)上海煥文書局石印袖珍本(11 卷)

國圖藏,號:103976。本書 1 函 2 册,書高 16.9 釐米,寬 10.1 釐米,書衣左上貼有書簽:“賦學正鵠集釋,廣川氏題。楊、廣川(墨印)。”内封 A 面印有“賦學正鵠集釋,花南舊隱署簽",B 面有長方形牌記,内有"光緒壬辰年季春,上海焕文書局石印"。首《賦學正鵠序目》4 葉,下爲正文。四周雙邊,白口,單、黑魚尾,無界行。版框高 12 釐米,寬 9 釐米。半葉 19 行,行 48 字,小字雙行同。眉批半葉 38 行,每行 7 字。卷端無題署。版心上端刻"賦學正鵠集釋"6 字,魚尾之下刻卷數和頁碼。正文之側有圈點。鈐有"北京圖書館藏"方印。

今按:此書爲縮印本,字小而密,但便於攜帶;不使用上下兩截方式,但眉批仍然保留,並未删除。此外,此書分爲 11 卷,比上本多出一卷,但内容並未增多,仍以《吴季札掛劍賦》開篇,以班固《兩都賦》收尾。解題前置於賦題之下,另起一行以雙行小字刻之;或無解題,疑已删之。尾評、釋詞皆保留。

14. 清光緒二十年(1894)上海文瑞樓石印本(4 卷)

國圖藏,號:86095。本書 1 函 4 册,書高 19.7 釐米,寬 12.9 釐米。内封 A 面印:"李氏家塾讀本,賦學正鵠集釋,江標書。"B 面牌記中印"光緒二十年上海文瑞樓石印"。首《賦學正鵠序目》6 葉,下爲正文。四周單邊,白口,對魚尾,無界行。版框高 15.6 釐米,寬 11.7 釐米,半葉 13 行,行 40 字,小字雙行同。眉批半葉 26 行,行 4 字。版心頂部刻書名,中部刻卷次,下魚尾之下刻頁碼。未見藏印。

按:此本内容同上本,但合併爲 4 卷。雖係縮印,但開本適中,墨迹清晰。張傑老師説是據刻本縮小影印,故有鉛印效果。

15. 清光緒二十年(1894)澹雅書局刻本(10 卷)

中大藏,號:17285。本書凡 6 册,未查。

16. 清文餘堂刻本(10 卷)

河南大學藏,號:811.608/L347/1。本書 1 函 4 册,未查。

17. 清光緒二十五年(1899)上海富文書局刻本(10 卷)

南開藏,號:832.7/477。本書 1 函 4 册,未查。

18. 清光緒二十五年(1899)上海慎記書莊石印本(集釋 4 卷,續集 8 卷,三集 2 卷,四集 4 卷)

蘇大藏,號:704841。本書凡 8 册,未查。

19.《輯刊》第 128—129 册影印天圖藏清光緒十一年文昌書局刻本

【内容】

本書爲注釋本,與原書(同治十年刻本《賦學正鵠》)相比,在選篇上没有變化,仍爲 147 篇(前 9 類選律賦 129 篇,高古類選漢唐古賦 18 篇),眉批、旁批亦因循原書。各賦之末有 3 項内容:1. 題解:"題解"二字爲大字,釋文雙行小字;2. 末批,大字;3. 釋詞,詞條大字,註釋雙行小字。其中第二項與原書相同,第一項較原書有所增補,第三項爲新增内容。例如卷一首篇爲顧元熙《吴季札掛劍賦》,開篇"繄古之君子"5 字加圈,眉批:"單句領起,筆力清老。"賦末"題解"

云:"《史記》:吴季子聘晉,帶劍遇徐,徐君心欲之。季子爲有上國之使,未之獻也,然心許之矣。使還,徐君死,遂脱劍掛其墓樹而去。"(此解題原書即有),接下便是大字評點7行:"作賦以層次爲第一義,層次不清,而望升堂入室,猶航斷港絶潢,而蘄至於海也。凡題皆有前路後路,逐層洗發,自有天然次第。其寫本面者,不過一段耳。此作前路源委分明,曲而能達;將入正面處,矯變生動,頓挫淋漓;後路亦復酣足。首尾直如一筆書,每段不過四五韻,洗鍊而不冗長,則眉目清而打磨亦易。彼堆砌者,皆笨伯也。初學者宜早辨塗。次青。"這裏仍是李元度(字次青)之語,不僅梳理該賦之層次,更對士子作賦提出具體要求,表現出服務文學創作的宗旨。最後是對"蓮鍔""鐔""吴鈎"等15個詞語的註釋,這是註釋者新增的内容,篇帙較大,内容亦甚豐富。又如《八月枚乘筆》,賦末題解云:"枚乘《七發》'八月觀濤廣陵',詳見《文選》。太白《送友人尋越中山水詩》:'八月枚乘筆,三吴張翰杯。'"接下有評點6行,最後是對"孝王""枚乘""十八"等20個詞語的註釋。由於增加了釋詞一項,對於讀者理解賦文甚有幫助,所以在光緒年間多次翻刻,可見其受歡迎的情况。

《雞跖賦續刻》28卷擬古2卷,清應心香、錢其瑛、應泰泉等編

【編者】

應心香,字清軒,慈谿(今屬浙江寧波)人,清光緒五年(1879)浙江鄉試舉人。錢其瑛,字荷卿,慈谿人,清同治十二年(1873)舉人,曾任常山縣(今屬浙江省)訓導。應泰泉(字醴東)、馮鏡清(字馥珊)、錢其襄(字性禾)、錢家楨(字逸真),皆爲慈谿人,生平不詳。

【版本】

1. 清同治十三年(1874)蘭言室刻本

南圖藏,號:GJ/803518。本書凡4册,書高20.8釐米,寬11.7釐米,書衣色澤灰暗陳舊,以墨筆書寫類目。内封A面中欄鎸"雞跖賦續刻"5字,鈐有"梦齋主人之印若合符節"章;B面刻有牌記2行:"同治甲戌歲季冬蘭言室鎸版。"首馮一梅《序》5葉;次《雞跖賦續刻凡例》6條凡1葉;次目録33葉,卷端題:"雞跖賦續刻,鄞陸漁生先生鑒定,慈谿應心香清軒、錢其瑛荷卿、應泰泉醴東、馮鏡清馥珊、錢其襄性禾、錢家楨逸真編輯。"鈐有"曾藏毗陵胡氏豹隱廬""梦齋寶藏"二印;以下正文。四周雙邊,白口,無魚尾。半葉14行,行34字,小字雙行同。版框高14釐米,寬10釐米。卷端題"天文部",版心不封閉,頂部刻"雞跖賦續刻,卷一,天文部,天地總"(書名、卷次、部名、類名),下部刻頁碼。鈐有"夢齋寶藏""南京圖書館藏"印。

2. 清光緒十年(1884)王惕齋刻本

北大藏,號:X/811.308/0052。1函6册。

3.《輯刊》第103—105册影印天圖藏清同治十三年蘭言室刻本

【内容】

清道光十一年辛卯(1831),虹巢張維城編選《賦學雞跖集》一書,收録"近時名作合於時趨者"共計2044篇,分爲31部153類加以編輯(含附録擬古類)。該書蒐羅富贍,卷帙浩繁,采用西洋技術縮印出版,以降低成本,方便攜帶。該書除道光十一年初印本外,尚有道光三十年(1850)檠花吟館修訂重印本,光緒八年(1882)、光緒十七年(1891)上海淞隱閣聚珍本等,可見其行銷之廣。

《賦學雞跖集》頗受讀者歡迎,亦令書局獲益。受此鼓舞,應心香、應泰泉等於同治十三年(1874)又編纂了《雞跖賦續刻》28卷,以應時人之需。其體例大致沿襲原編,將所收之賦分爲28部,末附擬古2卷。但仔細比較,仍發現有一些調整。例如將原編的"宫室部第四"調整到"第十六",與"珍寶部第十七"相鄰;將"文學部第九"與"文具部第十"合併,成爲新的"文學部第七";將"花木部第二十四"與"花草部第二十五"合併,成爲"花部第二十三",等等,都比張維城的分類和排序更爲科學、合理。至於小類中的調整,更爲細緻,不贅。

張氏原編,收賦2044篇,"中有録其全篇者,所以備鑄局分段之法;有摘其佳句者,所以示揣聲設色之工",因其有大量摘句,故爲不少文人所詬病,認爲此舉損壞了原賦的完整性。但其編纂目的在於服務下層士子,爲其提供數量可觀的妙對佳聯,因而很受歡迎。本書繼承這一傳統,"整篇之作,十居其四;餘俱摘選佳聯"。可見該書大半爲摘録,並非完整的賦篇。清末鴻寶齋主人編纂《賦海大觀》,便充分利用了《賦學雞跖集》和《雞跖集續刻》的材料,分類與篇目皆大量因襲,摘句形式亦被吸收、利用,而成爲坊刻賦集的集大成之作。

本書共輯録道光、同治年間律賦1464篇,是《賦學雞跖集》的補遺和賡續之作。各部輯賦情況如下:天文部97篇,歲時部59篇,地理部114篇,帝治部67篇,仕進部45篇,德性部53篇,文學部123篇,武備部55篇,禮制部34篇,樂律部63篇,農桑部39篇,技藝部49篇,人品部45篇,人事部79篇,釋道部37篇,宫室部53篇,服用部34篇,器用部52篇,珍寶部18篇,飲食部43篇,草部15篇,木部35篇,花部65篇,果部17篇,鳥部45篇,獸部24篇,水族部30篇,蟲豸部34篇,擬古上(天地類)20篇,擬古下(人物類)20篇。確實如《凡例》所云,"增題一千四百有奇"。所録各賦,大都保留題注,以揭示賦題出處,便於讀者審明題意,但皆無眉批、總評。惟於警策處多用連圈,以提示讀者欣賞、玩味。

《六朝唐賦讀本》2卷(《選注六朝唐賦》),清馬傳庚輯

【編者】

馬傳庚,字虞颺,浙江會稽(今紹興)人。主要生活於清同治、光緒年間。爲學贍洽,常與人排比群籍,詳核冥搜。喜刻書,室名玉燕書巢。宣統元年

(1909),刊石印本《唐陸宣公奏議讀本》。

【版本】

1. 清同治十三年(1874)馬氏玉燕書巢刻本(不分卷)

國圖藏,號:92815。本書 1 函 2 册,不分卷,書高 31 釐米,寬 17.9 釐米,内封 A 面大字題:"選注六朝唐賦",左下小字印"楊能格署檢",内封 B 面鎸"甲戌春王月,京都玉燕書巢馬氏開雕"。首董恂《選注六朝唐賦序》2 葉(隸書);次《選注六朝唐賦凡例》2 葉;次《選注六朝唐賦目録》3 頁;以下爲正文。白口,左右雙邊,單、黑魚尾。半頁 8 行,行 20 字,小字雙行同。版框高 21.7 釐米,寬 15.2 釐米。卷端題:"六朝唐賦讀本,會稽馬傳庚虞颺選註。"版心頂部刻"選注六朝唐賦",底部刻頁碼和"上"字。鈐有"北京圖書館藏"章。全書以軟體字刻印,寫刻甚精,版式疏朗,令人賞心悦目。另,北大、北師大、華東師大圖書館亦有收藏。

2. 清光緒二年(1876)京都松竹齋刻本

北師大藏,號:832.34/418 – 08。本書 1 函 2 册,書高 30 釐米,寬 17.7 釐米。書衣米黄色。書函題簽上印:"選注六朝唐賦,董恂署檢。"第一册封面題簽上印:"選注六朝唐賦(上册),簡侯署檢。"内封 A 面鎸:"光緒丙子初春,選注六朝唐賦,王維珍署檢。"鈐有"蓮西""北京師範大學圖書館"2 枚朱色方章。内封 B 面印有朱色篆文牌記:"光緒丙子歲春王月京都松竹齋開雕。"框高 22 釐米,寬 15.4 釐米。版式與同治本同。每賦之末皆署有書家籍貫、姓名,并印有一或兩枚墨色方印。

3. 清光緒十三年(1887)蜚英館刻本

北大藏,號:X/811.3/7120。綫裝,存 1 册(1 函),19.2 釐米。封面葉印:"光緒丁亥冬日,選註六朝唐賦,蜚英館石印。"鈐有"左氏中子""德秀堂""璜印"朱印。

4. 清光緒十八年(1892)刻本

國圖藏,號:142541。此本 2 册,爲黄紙本,有朱筆眉注,版式爲半頁 10 行,行 20 字,黑口,左右雙邊。

5. 民國七年(1918)掃葉山房石印本(4 卷本)

國圖藏,號:79553。此本 4 册,凡 4 卷。

6. 民國十五年(1926)上海會文堂書局影印本

南大藏,號:08323。此本 2 册。

7.《輯刊》第 130 册影印天圖藏清同治十三年馬氏玉燕書巢刻本

此本内封 A 面鎸:"選注六朝唐賦,楊能格署檢",與國圖藏本同;而右下角刻:"板存京都聚星堂書鋪",且有挖改痕迹,可知爲後印本。B 面與國圖藏本同。首董恂《選注六朝唐賦序》2 葉(隸書),鈐有"天津市人民圖書館藏書之章”;次李品芳《原敘》1 葉;章鏡清序 2 葉;次杜聯《原序》1 葉;以下凡例、目録、正文,與國圖藏本同。

【内容】

本書又名《選注六朝唐賦》,共編選六朝至唐代賦 40 篇,始南朝齊謝朓《高松賦》,迄唐鄭韜《指佞草賦》,皆爲賦史名篇,以時代先後爲次。馬傳庚稱:“昭明選賦,固已家絃户誦。至六朝唐賦,選本極多,卷帙紛繁,才力有限者,豈能徧讀?鄉僻寒素,又以力不能購是憾。惟錫山華氏選本最約,而苦於無註。兹復删去數十篇,另增入數篇,勉加註釋,以爲家塾讀本。”可知本書是在無錫華氏《六朝唐賦》的基礎上,略加增删,益以注釋而成,意在教育生徒。所選作品以駢賦、律賦爲主,不選宏篇鉅製,如庾信選其《小園賦》而不選其《哀江南賦》,李白選其《惜餘春賦》而不選其《明堂賦》。入選最多者爲庾信(8 篇),其次爲王起、賈餗、王棨(各 2 篇),其餘諸家各 1 篇而已。本書因卷帙較小,選賦精當,注釋詳盡,並且有李品芳、杜聯、章鏡清、董恂、萬青藜等作序推薦,又有“同館諸君精楷分書之”,紙白墨潤,賞心悦目,頗受士子歡迎。現存清同治十三年(1874)馬氏玉燕書巢刻本(不分卷)、光緒二年(1876)京都松竹齋刻本、光緒十三年(1887)蜚英館刻本、光緒十八年(1892)刻本等。

《近九科同館賦鈔》4 卷,清孫欽昂編

【編者】

孫欽昂(1825—1896),字子定,號師竹,河南滎陽人。清咸豐六年(1856)丙辰科進士,欽點翰林院庶吉士,散館授編修。同治三年(1864)簡放廣西學政,十三年(1874)任翰林院教習,協辦院事。光緒元年(1875)任武英殿協修、纂修,國史館協修、纂修,功臣館提調,實録館提調,京察一等引見。五年(1879)任福建鄉試提調。實録館全書告成,賞换花翎,欽加二品銜,簡放福建興泉永道,署理福建督糧道。十一年(1885)告病歸。著有《映雪齋集》4 卷。生平略見《(民國)續滎陽縣志》。

【版本】

1. 清光緒十一年(1885)寶珍堂刻本

北大藏,號:LX/2834。本書 1 函 8 册,書高 19.4 釐米。黄色書衣,左上印有書名。内封 B 面鎸:“光緒丙子新鎸,近九科同館賦鈔(篆書),二集嗣出寶珍堂藏板”,並以小字標註科次:“丙辰、己未、庚申、壬戌、癸亥、乙丑、戊辰、辛未、甲戌。”首寶鋆序 1 葉,鈐“北京大學藏”印;次毛昶熙敘 2 葉;次孫欽昂《例言》6 條凡 2 葉;次目録 12 葉,卷端題:“近九科同館賦鈔・目録卷一,滎陽孫欽昂編輯。”以下正文。四周單邊,白口,單、白魚尾。版框高 14.4 釐米,寬 10.6 釐米。半葉 8 行,行 20 字,小字雙行同。卷端無題署,首行爲賦題及限韻,次行爲作者。版心頂部刻“館賦卷某”,下部刻頁碼。

2.《輯刊》第130册影印上圖藏清光緒十一年上海著易堂校印本

此本内封A面鎸:“近九科同館賦鈔(丙辰、己未、庚申、壬戌、癸亥、乙丑、戊辰、辛未、甲戌)。”B面有牌記兩行:“光緒十一年季夏,上海著易堂校印。”卷首有寶鋆、毛昶熙《序》1葉,《例言》1葉,《目録》6葉。四周雙邊,白口,單、黑魚尾。半葉15行,行30字。卷端題:“近九科同館賦鈔卷一,滎陽孫欽昂編輯。”版心頂部刻“九科館賦”4字,魚尾之下刻卷某和頁碼。

【内容】

據北大藏本書名葉和寶鋆序、毛昶熙叙所署日期,該書當初刻於光緒二年(1876)丙子,光緒十一年(1885)爲重印(重刻)時間。

清代翰林院館閣之賦,代表了當時律賦創作的最高成就。乾隆年間鍾岱峰編《同館課藝》四集,法式善編《同館賦鈔》22卷(嘉慶年間增補至32卷),按科次輯録館賦,以引導天下賦風。此後漸次形成傳統,不斷續補。但在咸豐、同治年間,由於太平天國運動、英法聯軍入侵等政治事件,戰争連年,編輯工作中止。降至光緒年間,戰事平息,毛昶熙、孫欽昂遂商議續編事宜。

本書實由翰林院編修孫欽昂所輯,編録咸豐六年(1856)丙辰科、咸豐九年(1859)己未科、咸豐十年(1860)庚申科、同治元年(1862)壬戌科、同治二年(1863)癸亥科、同治四年(1865)乙丑科、同治七年(1868)戊辰科、同治十年(1871)辛未科、同治十三年(1874)甲戌科,凡18年九科的翰林院館課之賦,共計160篇,始楊際春《賦賦》,迄吴鴻恩《擬宋歐陽修應天以實不以人賦》,釐爲4卷。按照賦題字數多寡排列,由少到多。體例與此前的《同館賦鈔》《同館賦鈔二集》不同,《凡例》如此解釋:“館賦編輯,向按科分,坊間或區門類。兹集搜羅未廣,序科分類,數各懸殊,因仿段氏(疑爲顧氏)《律賦鳴盛》編次,以字之多寡爲題之後先,並非自創體例。”究其原因,還是在於社會動蕩,館賦大多散佚,所輯之賦無多,且各科懸殊過甚;若依法式善《同館賦鈔》例,勢必各卷多寡不一。遂棄舊規,改用新法。

同題之賦,以科次爲序;彼此同科,則以甲第爲序。每篇賦皆註明某科大考、散館或大課之作,並標註名次,保存翰林院試賦的史料。因係彙鈔,故不加評論、注釋,衹對美言佳句略施圈點,提示讀者欣賞。

《賦海大觀》32卷,清鴻寶齋主人編

【編者】

編者姓名不詳。沈祖燕《賦海大觀序》稱,本書編者是春江鴻寶齋書局的主人“廬江太守公”,但姓名不具。據臧勵龢等《中國古今地名大辭典》和譚其驤《中國歷史地圖集》,清代廬州府下有廬江縣,其長官應爲縣令。此處尊稱“太

守",乃虚稱也。北京圖書館出版社《賦海大觀·出版説明》中指出:"查《上海書業公會史》,得知清光緒十六年(1890)鴻寶齋經理爲沈静安,不知其人是否即爲本書編者。"[①]態度極爲審慎。今按:《上海書業公會史》原名《上海書業的團體》,由陳乃乾撰寫,發表在1946年5月上海《大晚報》上。據此文及宋原放注,鴻寶齋經理沈静安熱衷於書業公會的組建工作,曾於光緒十六年(1890)同葛直卿、朱槐廬、黄熙庭等租用上海三馬路鼎新里房屋爲同業辦事處;光緒二十六年(1900),四人又組建書業崇德堂公所[②]。又據《上海書業公所職員名單》,沈静安於光緒三十一年(1905)被選爲公會議董[③]。可見,沈静安至少在1890至1905的16年間擔任鴻寶齋經理[④]。1890年上距光緒十四年(1888)鴻寶齋書局初印《大觀》僅2年,而且該書在1888至1894年的7年間曾經印製4次,這表明沈静安與此書關係十分密切,即使不是該書的主編,起碼也曾多次主持過此書的印行。另外,沈静安在該書編成之際邀請同宗名流沈祖燕作序以抬高身價,促進銷售,也是情理中事。我們至少可以得出以下結論:《大觀》的編纂與印行皆與沈氏家族有着直接關係,沈静安很有可能就是此書的主編。

沈静安,籍貫不詳。許静波著《石頭記:上海近代石印書業研究(1843—1956)》稱:"此沈静安的籍貫,史籍失載,不過可推測而得。局主何瑞棠爲定海人,沈静安的繼任掌櫃烏仁甫爲鎮海人,鴻寶齋學徒出身,按照當時掌櫃多選擇同鄉之孩童爲學徒的習慣,沈的籍貫應不出浙東一帶。"作序者沈祖燕,字翼孫,蕭山(今浙江省杭州市蕭山區)人,清光緒年間進士,後官費留學日本,曾做過湖南候補道等官。編有《策學備纂》《憂盛編》《案事編》《廣湖南考古略》等書。

【版本】

1. 清光緒十四年(1888)上海鴻寶齋書局石印袖珍本

---

① 清鴻寶齋主人:《賦海大觀》(全八册),北京圖書館出版社2007年影印清光緒十四年鴻寶齋書局石印袖珍本。本書所引《大觀》之内容及頁碼皆以此版本爲據。

② 陳乃乾:《上海書業公會史》(宋原放輯注),宋原放主編《中國出版史料》(近代部分)第三卷,湖北教育出版社2004年版,第525、529頁。

③ 《上海書業公所職員名單》,宋原放主編《中國出版史料》(近代部分)第三卷,湖北教育出版社2004年版,第507頁。

④ 關於鴻寶齋書局成立的時間以及沈静安擔任經理的時間,許静波《石頭記:上海近代石印書業研究(1843—1956)》稱:鴻寶齋書局,"光緒十三年九月(1887.11)浙江定海人何瑞棠開設鴻寶齋石印局于上海英租界大馬路拋球場旁。浙東人沈静安,任鴻寶齋經理"。又稱:"沈静安任鴻寶齋經理的時候或在該局創設之初,至遲不過清光緒二十一年(1895)。"又稱:繼沈静安之後,烏仁甫至遲在宣統二年(1910)任鴻寶齋經理。(蘇州大學出版社2014年版,第230—234頁)如此,鴻寶齋書局由何瑞棠創辦,沈静安擔任首位經理。沈静安擔任經理的時間大致在光緒十三年(1887)至宣統二年(1910)之間,至多爲23年;可以考實的爲16年(1890—1905)。

未見,不知存佚。

2. 清光緒十六年(1890)上海鴻寶齋書局重印本

陝圖藏,號:X04768。本書凡4函28册,每函7册。書高僅15.1釐米,寬僅8.9釐米,大略有巴掌般大小。書衣貼有書籤"賦海大觀(目録,一册)",鈐有"陝西圖書館藏書"篆文方章。内封A面印:"賦海大觀,古越守園居士沈祖燕題。"B面有牌記兩行:"光緒庚寅仲冬月,鴻寶齋二次重印。"首沈祖燕《賦海大觀序》1葉;次《賦海大觀凡例》1葉;次《賦海大觀總目》2葉;次《賦海大觀目録》72葉。本册完。(按:此本《目録》無闕葉,且印刷清楚,其質量遠遠超過北京圖書館出版社影印本之底本。)第二册起爲正文。四周雙邊,白口,單、黑魚尾。版框高12.2釐米,寬7.6釐米。半葉排印25行,行60字,密密麻麻,小於蠅頭。無界行。魚尾之上印"賦海大觀"4字,魚尾之下印本頁所收賦之篇名和頁碼。

3. 清光緒二十年(1894)上海鴻寶齋書局重印本

國圖藏。號:119709。本書凡4函28册,書高僅15.1釐米,寬僅8.8釐米,大略有巴掌般大小。内封A面印:"賦海大觀,古越守園居士沈祖燕題。"B面有牌記兩行:"光緒甲午秋八月,鴻寶齋四次重印。"版式與上本同。《大觀》係石印袖珍本,攜帶十分方便,用西洋技術縮印出版。據有關考證,石印技術早在1832年就已經傳入中國,但直到1876年以後纔興盛起來,所印書籍大多是通俗小説和科考應試之書,因其形制小、容量大、價格低廉(同一書籍價格往往不及木刻本的1/5)而頗受下層民衆歡迎。但"所印之書,大都字小如蠅頭,無人校訂,錯誤百出,而裝幀亦差,讀者既傷目力,又受毒害"①。查國家圖書館古籍館所藏之《大觀》原件,此書在7年間曾4次印行,可見其行銷之廣。

此外尚有復旦(號:941011,存30卷)、蘇大(號:700354、700355,完整)、河南大學(號:811.608/Y323,似爲殘帙)藏本。

4. 北京圖書館出版社2007年據國圖藏清光緒二十年(1894)上海鴻寶齋書局石印袖珍本放大影印,16開精裝8册。

【内容】

《賦海大觀》卷首有古越守園居士沈祖燕於光緒十四年(1888)撰寫的序言,《序》中"印既竣"一語恰好説明該書的初印之年就是光緒十四年,其編纂當在此前數年間。

《賦海大觀》雖僅32卷,但幾乎囊括了《歷代賦彙》中的全部作品,並且益以有清一代賦作,總數達一萬二千餘篇。下面擬以《賦彙》爲參照,具體探討《大觀》在輯録歷代賦(尤其是清賦)方面所取得的成就。

---

① 秋翁:《六十年前上海出版界怪現象》,見宋原放主編《中國出版史料》(近代部分)第三卷,湖北教育出版社2004年版,第269頁。

（一）搜羅宏富，規模空前

《賦彙》是迄今爲止輯録清以前賦最爲完備的大型文學總集。全書正集140卷，收敘事體物之作，計3142篇；外集20卷，收抒情言志之作，計423篇；另有逸句2卷，177篇；補遺22卷，419篇。共計184卷，收賦4161篇（含殘篇）。由於該書編成於清代前期，由康熙皇帝御定並且親爲之序，所以對有清一代賦的創作、批評和研究有着深遠影響。《大觀》比《賦彙》晚出108年，並且以囊括古今爲己任，自然會吸收、借鑒《賦彙》的學術成果。例如《賦彙》卷五十八、五十九“蒐狩”類輯録自漢司馬相如《子虛賦》以迄元朱德潤《雪獵賦》凡21篇作品（243—249）[①]。《大觀》没有“蒐狩”類，但在卷八“典禮”類“田獵”目下也輯録了這21篇作品，並且次序完全相同（3冊481—505）[②]。又如《賦彙》補遺卷十三“書畫”類收有12篇描寫圖畫的賦作，始于宋楊簡《心畫賦》，終於明李日華《五牛圖賦》（705—707）。《大觀》卷十“文學”類“畫”目之首也收有這12篇賦作（4冊320—325），篇目、次序皆與《賦彙》無毫釐之差。很顯然，《大觀》轉録了《賦彙》的相關内容。但《大觀》對《賦彙》也頗有超越，這表現爲以下幾點：

1. 合併《賦彙》“正集”“外集”與“補遺”的内容，集中輯録賦作。陳元龍《賦彙》分爲正集、外集、逸句、補遺凡四個部分，同類或同題的賦作散在各處，查檢十分不便。《大觀》編者爲了便於文人士子查檢與仿習，將價值不大的“逸句”删去，而將“正集”“外集”與“補遺”中的賦作合併在一起，這是件很有意義的工作。例如，《賦彙》正集卷二“天象”類收有以“日”爲題材的賦49篇（中間有4篇並詠日、月者，不計），始于唐王捧珪《日賦》，終於元郤公任《暘谷賦》；補遺卷一又收有明張位《日方升賦》，明張一桂、田一儁、韓世能《擬日方升賦》各1篇，明唐文獻《秋日懸清光賦》、唐闕名《驕陽賦》，共6篇。合在一起，《賦彙》共收“日”題賦55篇。《大觀》卷一“天文”類“日”目下將這55篇賦集中在一起進行編録，免去了讀者的翻檢之勞。又如《賦彙》正集卷七十“農桑”類輯賦39篇，始于晉束皙《勸農賦》，終於明陳獻忠《布賦》；補遺卷九又輯録元任士林《瑞粟賦》和明陳經邦《嘉禾賦》凡2篇，共計41篇。《大觀》卷十九亦爲“農桑”類，則將這41篇賦全部收入囊中，編在一處，儘管次序與《賦彙》小異，但確實便於文人士子查檢與閲讀。又如《賦彙》正集卷一百二十“花果”類收有3篇歌詠牡丹的賦作，依次是：唐舒元輿《牡丹賦》、明徐渭《牡丹賦》和宋蔡襄《季秋牡丹賦》；補遺卷十五又增補了唐李德裕《牡丹賦》和明薛應旂《牡丹賦》凡2篇。共計5篇。《大觀》卷三十“花卉”類“牡丹”目將這5篇賦全部收録，順序調整爲：《牡

① 〔清〕陳元龍：《歷代賦彙》，鳳凰出版社2004年版，第243～249頁。以下所用版本及標注方式同此，不再出注。

② 〔清〕鴻寶齋主人：《賦海大觀》第3冊，北京圖書館出版社2007年版，第481～505頁。以下標注方式同此，不再出注。

丹賦》（唐舒元輿、唐李德裕、明徐渭、明薛應旂）、《季秋牡丹賦》（宋蔡襄），既集中編録賦作，又實現了同題相聚的編纂宗旨。4 篇同題的《牡丹賦》以年代爲序編排，亦頗恰當。

2. 增補了大量的清代賦作。《大觀》編成於清光緒十四年（1888），上距皇太極改國號爲清（1636）已 252 年，而下距宣統皇帝退位（1911）僅有 23 年。處在大清帝國日薄西山、行將退出歷史舞臺的時代，編者能够讀到清代二百餘年産生的大部分賦作，這爲他輯録清賦提供了客觀條件；加之當時科舉考試尚未廢除，下層文人對仿習律賦、求取功名尚有熱切期待，於是輯録一部集大成式的賦體文學總集不僅成爲時代的呼唤，也有不可小覷的市場需求（該書出版後至少重印過 4 次，便印證了這種需求）。而當時的光緒皇帝一心想着變法圖強，無暇顧及國故整理與文化拯救事業，於是這一重任便落在了民間文人和有識見的出版家身上。鴻寶齋書局以非凡的魄力和雄厚的經濟實力承擔了這一歷史使命，並且較好地完成了任務。《賦海大觀·凡例》稱："是編得賦二萬餘首。"仔細核查，實有一萬二千餘首；號稱"二萬餘"，不過是促銷手段而已。但即便是一萬二千篇，也已達到了《賦彙》的 3 倍之鉅，稱爲"賦海"實不爲過。在《賦彙》之外，《大觀》增補了大量的清代賦作。比如，上文所言之《大觀》卷八"典禮"類"田獵"目，既全部收録《賦彙》正集卷五十八、五十九"蒐狩"類所輯之賦 21 篇，又輯得清人賦 26 篇，總數爲 47 篇。編者將 26 篇清賦穿插至 21 篇前代賦之中，使得同題之賦得以類聚，同題賦之創始、發展、模擬、極盛、衰敗之迹昭然可見。其意義已經遠遠超出了編者的估計，爲後人研究文學題材的發展流變提供了重要參考。又如上文提到的歌詠牡丹之賦，《賦彙》正集卷一百二十收 3 篇，補遺卷十五收 2 篇，《大觀》首先將這 5 篇賦悉數收録，然後增補了清人作品 20 篇，總數爲 25 篇，已達到《賦彙》的 5 倍之多。《賦彙》原僅"牡丹賦""季秋牡丹賦"2 題，《大觀》增加了"牡丹爲花王賦""花王賦""獨佔人間第一香賦""富貴花賦""紅牡丹賦""緑牡丹賦""黄牡丹賦""白牡丹賦""雙頭牡丹賦""荷色牡丹賦""盆水牡丹賦""鼠姑賦"凡 12 題，既反映了清代牡丹栽培的興盛和牡丹種類的繁多，也彰顯出清代文人對各色牡丹的高度關注與精細描繪。

《大觀》究竟比《賦彙》增補了多少作品，我們很難給出一個準確的數據。首先，對於《賦彙》所收賦的數量，各家説法就很不一致：馬積高先生説是 3834 篇①，鳳凰出版社説是 3951 篇②，而北京圖書館出版社説是 4155 篇③。我們依據陳元龍在《歷代賦彙總目》中所提供的原始資料，將總數定爲 4161 篇。其中

① 馬積高：《歷代辭賦研究史料概述》，中華書局 2001 年版，第 201 頁。
② 據該社《歷代賦彙·出版説明》提供數字相加，鳳凰出版社 2004 年版。
③ 據該社《歷代賦彙·出版説明》，北京圖書館出版社 1999 年版。

完整或基本完整者 3984 篇,逸句 177 篇。筆者和 4 名研究生以《大觀》正文中所收賦作爲據,編制了《賦海大觀總目録》(原書目録闕訛較多,不可憑信),進而統計出《大觀》收賦的實際數量。具體情況如下:

天文類,851 篇;天象類,46 篇;地理類,1088 篇;時令類 569 篇;君德類,485 篇;仕進類,281 篇;舉賢類,162 篇;典禮類,318 篇;樂律類,502 篇;文學類,1013 篇;武備類,349 篇;人品類,330 篇;性道類,342 篇;仙釋類,192 篇;人事類,521 篇;婦女類,150 篇;身體類,105 篇;技藝類,125 篇;農桑類,294 篇;珍寶類,177 篇;宫室類,670 篇;器用類,573 篇;服飾類,168 篇;飲食類,297 篇;飛禽類,480 篇;走獸類,242 篇;水族類,222 篇;蟲豸類,258 篇;草類,164 篇;花卉類,710 篇;樹木類,398 篇;果實類,183 篇。

共計 12265 篇。其中包括“×總”“前題”“摘句”和某些有意無意的重出之作。倘若剔除這些“×總”和重出之作,實際收賦約 12000 篇。即便如此,亦可謂前無古人,洋洋大觀了。因爲《大觀》對《賦彙》中的逸句摒棄不取(偶有收録,亦僅數篇而已),所以,該書除收録《賦彙》完篇之外(本有 3984 篇,《大觀》有少數遺漏,詳下文),實際增補的清代賦數量應是 8300 篇。全書規模大約是《賦彙》的 3 倍,《七十家賦鈔》的 60 倍,《歷朝賦楷》的 77 倍,《賦學正鵠》的 83 倍。如此宏偉的體制,豐富的内容,使其成爲中國古代收録賦體文學作品最爲該備的一部巨著,盛況空前,其文獻價值是不言而喻的。

(二)類目繁細,查找便捷

《大觀》分類編輯歷代賦作。該書《凡例》云:“内分部目,與各選家大略相同,而細編小類,較爲詳明。計分三十二類,其中零目五百有奇。”其分類標準及編排次序,皆與《賦彙》諸書大同小異,仍以天文地理居首,以飛禽走獸、花草樹木收尾。《賦彙》分正、外集編録,正集收録“有裨於經濟學問”的賦作,分 30 類;外集收録“勞人思婦、觸景寄懷、哀怨窮愁、放言任達”之作,分 8 類。全書凡 38 類。(見《賦彙·凡例》)這種以社會作用之大小判定文學作品之高下的做法並不足取,並且其外集分類過於瑣細,類名也有不當之處。《大觀》不分正、外集,總體思路優於《賦彙》;合併爲 32 類,顯然有精簡類目的傾向。例如該書將《賦彙》的地理、都邑 2 類合併爲地理類,將其典禮、臨幸、蒐狩 3 類合併爲典禮類,又將文學、書畫 2 類合併爲文學類,將宫殿、屋宇 2 類合併爲宫殿類,將器用、舟車 2 類合併爲舟車類,甚至將《賦彙》正集中的覽古、寓言 2 類和外集中的言志、懷思、行旅、曠達、美麗、諷諭、情感、人事 8 類的内容加以綜合,歸併爲人事、人品、婦女、身體 4 大類,尤有識見。這些努力都是可取的。

《大觀》最大的特色在於,它在 32 大類之下又細分小目,爲讀者查檢提供了極大方便。《凡例》稱“零目五百有奇”,仔細核查,實爲 468 目。例如卷二十八在“蟲豸”類下又分蟲總、蛩、蜂、蝶、蟬、螢、蚊、蟋蟀、促織、蠅、蟢、蜘蛛、蝸、蟻、蛾、虱、蠹、蜻蜓、雜載凡19目,各種常見昆蟲皆有歌詠,分類編排,頗便查詢。其實,"雜載"目中有《尺蠖賦》和《擬尺蠖賦》凡4篇,《蒲盧賦》和《案頭筠管長蒲盧賦》3篇,亦可單獨列目。所以,如果再進一步細分的話,《大觀》零目是完全可以達到"五百有奇"的。需要指出的是,《大觀》對類目的劃分頗有優於《賦彙》之處。例如《賦彙》外集卷十四是"美麗"類,收録宋玉《高唐賦》《神女賦》、司馬相如《長門賦》《美人賦》、江淹《倡婦自悲賦》、唐寅《嬌女賦》等與女性有關的作品,其實這些作品並不專詠女子美貌,所以類名"美麗"並不恰當。《大觀》卷十六改爲"婦女"類,已是名實相副;又從《賦彙》外集卷十九"人事"類中抽出描寫妒婦、寡婦、節婦的作品併入此類,集中編排;然後將所有這些賦作細分爲美色、神女、思婦、才女、烈女、閨閣、貞節凡7目,輯録作品更爲完備,並且州分部居,有條不紊。又如《賦彙》外集卷十九爲"人事"類,實際上收録貧窮、疾病、夭亡、悲哀之類的賦作,内容有些狹窄。《大觀》將《賦彙》卷七、卷八"懷思"類、卷九、卷十"行旅"類併入,既精簡了分類,又充實了"人事"類的内容,使得類名與實際基本相稱;然後又將這些作品細分爲聰慧、壽、未遇、貧、壯志總、交際、愛才、友誼、送别總、遠行、遊覽、歸思、感憤總、愁恨、喜、思慕、幽思、感懷凡18目,儘管分目尚有可商之處,但類目精細,次序井然。《大觀》的這些努力,爲文人士子的查檢與仿習提供了很大方便。

(三)或"總"或"摘",指導作賦

《大觀》還開創了"×總"和"摘句"兩種體例,旨在爲文人士子提供更爲豐富的資料。例如《大觀》卷二十四"飲食"類"酒"目,開篇便是《酒總》,輯録"美勝黄封,香逾白墮""人醉我醒,以茶當酒""李供奉狂飲千觴,劉伯倫醉醒一斗""睹旗亭而畫壁,消步月之寬閑;引曲水以流觴,助煙霞之笑傲"等12條美言佳句,每條之間空一格書寫,爲文人士子作賦提供參考。這些佳句綜合咏酒,適用於"酒"目各題,並且大多對仗工穩,用典精當,祇需稍作調整,便可寫入賦中,爲作品增色。這種討好下層士子的做法,確實使《大觀》銷量大增,贏利不少。"摘句"也提供美言佳句,不過引録較長的段落。例如卷一"天文"類"天文總"目輯有李錫恭《天衢賦》摘句,摘録該賦"莫逞高談,侈陳夫青道赤道黄道;疇能穩步,俛視乎大千中千小千"等3段文字;又有闕名《煉石補天賦》摘句,摘有"陰陽烈炭,造化爲爐。風姨司扇,霜女捧盂。燭龍運火,屏翳戒塗"等7段文字。每段文字之間有一空格。《大觀·凡例》云:"所載摘句,其題雖同,惟賞其選辭典麗,押韻精工,故亦未忍割愛。"所謂"摘句"有兩種情況:一是原賦過於冗長,但其中有些典雅凝練、屬對精工的片段,不忍割捨,便加以摘引;二是已經收録了全賦,編者對其中有些片斷特别激賞,於是又重加摘録。如卷一"天文"類收有李錫恭《天衢賦》1篇,接下便是《天衢賦(摘句)》,亦署名李錫恭,而"摘句"中的幾句話都是從上篇賦中摘出來的;又如卷五"君德"類"治化"目收有花沙納的《體仁足以長人賦》共有 10 行(3 册 37),中間隔了 2 篇賦,又收録這篇賦的摘句(3 册 38。今按:缺"摘句"二字),僅有兩行半而已;卷九"樂律"類"樂律總"目收録 2 篇洪鼎的《壁中金石絲竹聲賦》(並見 3 册 537),前篇題注曰:"以題爲韻",後篇爲前篇之摘句,題注曰:"注見前篇",這顯然係編者有意爲之。這些有意重複抄録的片斷雖然爲數不多,但體現了編者對這些賦的偏愛以及指導作賦的用心。

披覽《大觀》,我們不難發現大量的同題之作,尤以清代爲甚。例如《大觀》卷三十"花卉"類"梅花"目輯有 4 篇《擬宋廣平梅花賦》,分别爲清人闕名、章沅、陳榜年、鮑桂星所作;此外還有朱雯、歸令符、楊棨等人的 4 篇《自鋤明月種梅花賦》,王頌蔚、書英、朱霖的 3 篇《十月先開嶺上梅賦》,葉蘭筌、李溥霖、朱祖綬、孫丙榮、馮晉昌、吴韻鏗的 6 篇《寒梅著花未賦》,孫翔林、孫士貞、張慶同的 3 篇《數點梅花天地心賦》,等等。這些同題之作主要有兩個來源:一是古代文人雅士聚會時的彼此唱和,一是生徒日常習作或科舉考試的考場作文。而第二種數量尤多。沈祖燕《賦海大觀序》云:"國家功令,除歲、科兩試,未嘗定制以取士。而詞苑名臣之養望木天者,館閣小課月一再試之。"可見清代館閣試賦之頻繁。其實,不僅館閣試賦,制科、召試、翰詹大考、學政考文童生員,以及書院考課,皆有考賦之事。[①] 王雅南《賦學指南·叙》云:"國朝稽古右文,無體不備。故自膠庠及村塾,莫不以賦學課生徒。"[②]余丙照《賦學指南·原叙》亦云:"我朝作人雅化,文運光昌。欽試翰院既用之,而歲、科兩試及諸季考,亦藉以拔録生童,預儲館閣之選。"[③]可見在清代,從皇帝命題的翰詹大考到鄉間私塾的日常訓練,無不以律賦爲主要内容,進而産生了大量的同題之作。《大觀·凡例》明言:"並近今各直省課藝試牘,無論已選未選,概行采入,以期美備。"這種追求"美備"的編纂宗旨使《大觀》保存了數以千計的"課藝試牘"之賦,成爲清代律賦的寶藏。其實《大觀》並非真的貪多務得,細大不捐,而是下過一番删汰、選擇的功夫。比如律賦作家姚伊憲,其《古芬書屋律賦》載賦 22 篇[④],《大觀》衹選録其中 13 篇;黄模《壽花堂律賦》載賦 11 篇[⑤],《大觀》衹選録其中的 4 篇。《大觀》的銓選與抉擇,在當時有效促進了這些律賦名篇的保存與傳播,也爲下層文士提供了一大批滿足應試之需的範文。

(四)清賦寶藏,律賦淵藪

① 詹杭倫:《清代律賦新論》,北京燕山出版社 2002 年版,第 20 頁。

② 〔清〕余丙照:《增注賦學指南》,王冠輯《賦話廣聚》,北京圖書館出版社 2006 年影印清光緒十九年(1893)書業堂刻本,第 1 頁。

③ 〔清〕余丙照:《增注賦學指南》,王冠輯《賦話廣聚》,北京圖書館出版社 2006 年影印清光緒十九年(1893)書業堂刻本,第 5 頁。

④ 姚伊憲:《古芬書屋律賦》二卷,《琴臺正續合刻》本,清刻本。

⑤ 黄模:《壽花堂律賦》一卷,《琴臺正續合刻》本,清刻本。

《大觀》爲我們保存了8300餘篇清代賦作，堪稱清賦之淵藪，對我們研究清賦、清代文學、科舉考試乃至清人文化觀念皆有重要參考價值。

從《大觀》收賦不難看出，清代賦家把目光投向社會生活的每個角落，因而創作了繽紛多彩、内容豐富的賦作。《大觀》32類483子目，除了"地理"類"灣"目、"土"目，"歲時"類"漏"目，"人事"類"貧"目、"遠行"目、"歸思"目等少數子目，幾乎每一目都收録了大量的清賦。如卷一"天文"類共18目，收賦達851篇，其中清代賦就有571篇，18個子目都有分佈；卷二"天象"類共3個子目，收賦46篇，其中清賦26篇，3個子目都有分佈；卷三"地理"類共31目，收賦達1088篇，其中清賦有621篇，分佈在29個子目之中；卷四"歲時"類共23個子目，收賦569篇，其中清賦有400篇，分佈在22個子目之中。不難看出，清賦的表現題材十分豐富，遠逾前人。有些子目甚至僅收清人賦作，如"天文"類"電"目、"煙"目，"地理"類"村"目、"郊"目，"歲時"類"花朝"目、"社日"目、"浴佛日"目、"臘日"目，等等。而卷六"仕進"類收賦281篇，分爲"仕進總""盡職""輔治""清節""科第""試士"6目，竟然全是清人作品，可見清代文人對仕進的熱衷遠遠超過前人，這是一個非常值得研究的現象。《大觀》不僅彰顯了清代文人對賦體文學表現題材的開拓之功，也爲我們研究清人的社會生活和文化心理提供了十分寶貴的資料。

不少清代賦家的作品藉《大觀》得以保存。例如，《大觀》收録包棟成賦多達72篇，葉蘭笙賦多達68篇，連瑞瀛賦28篇，馮晉昌賦31篇，劉源匯賦32篇，等等，但檢索國家圖書館藏書信息，這些作家皆無賦集傳世，他們的作品主要依靠《大觀》纔得以流傳至今。又如前面所提到的姚伊憲，雖有賦集傳世，但仍有遺漏，《大觀》收録其賦集之外的作品尚有《河源賦》《二卵棄干城賦》《賈秋壑鬭蟋蟀賦》《擬張燕公奉和聖制喜雨賦》4篇。看來《大觀》還有輯佚學方面的價值。

清人作賦以律賦爲多，這是《大觀》向我們昭示的一種重要文學現象。如卷一"天文"類"日月"目收有2篇《合璧連珠賦》，"月"目收有2篇《漣漪濯明月賦》，2篇《海上生明月賦》，2篇《清風明月不用一錢買賦》，2篇《行春橋串月賦》，2篇《雞聲茅店月賦》，2篇《停琴佇涼月賦》，皆爲清人所作，且皆爲律賦；"日"目收有9篇清人的《日長添綫賦》，除1篇"摘句"外，其餘全爲律賦；5篇清人的《黄棉襖賦》，除1篇"摘句"外，其餘亦全爲律賦。而據全書體例，"摘句"亦大多從律賦中摘引，但因並非完帙，故未標所限之韻。"日"目收有5篇《擬李程日五色賦》，其中4篇標明限韻；"月"目收有9篇《擬謝莊（希夷）月賦》，其中7篇標明限韻；同目收有6篇《月中桂賦》，其中5篇標明限韻。未標明限韻者，細讀之亦與律賦相類，可能是編者或抄録者工作粗疏所致。披閲《大觀》，就彷彿進入了律賦的海洋。沈祖燕《序》論賦云："或以詞勝；或以氣勝；或則鈎心鬥角,以工致勝;或則彈徵歌商,以輕倩勝。雖體格意趣不無異致,而絳樹黄華,凡有流露,工力悉敵,選聲選色,美矣備矣!”其對律賦對仗工穩、聲韻鏗鏘所達到的藝術效果,可謂推崇備至!《大觀》選録了八千餘篇清人律賦作品,不僅是出於各種考試課賦的需求,也有編者的審美情趣在焉。

需要指出的是,由於經濟條件和學術水平的限制,以及編者編印倉促,急於佔領圖書市場,《大觀》在對歷代賦進行彙集和編録時出現了分類失當、次序錯亂、篇目闕漏、作品重出、篇名錯訛、體例混亂、作者和内容闕誤等問題,使用時需要加以校核、辨析,以免以訛傳訛。限於篇幅,不再贅述。

【研究】

可以參考:蹤凡《〈賦海大觀〉價值初探》(《文獻》2011 年第 3 期)、《〈賦海大觀〉之闕誤》[《中南民族大學學報》(人文社會科學版)2014 年第 5 期]。

《清賦選》不分卷,清謝輔瀌編

【編者】

不題編者姓名。采用固定紙型抄寫,版心底部印有“青雷山館藏本”字樣,其鈔校者當爲謝輔瀌。今按:謝輔瀌(1828—1892?),字蓮史,室名青雷山館,浙江鎮海人。清咸豐十一年(1861)拔貢,同治六年丁卯(1867)舉人,光緒九年(1883)56 歲時成進士。官吏部主事,乞假南歸。喜購書收藏,逾萬卷,多善本。亦精賞鑒,凡書畫古玩,能辨别真贋。年六十餘,卒。爲文清絶,有《青雷山館詩文稿》。事迹參見洪錫範、王榮商等《浙江省鎮海縣誌》(五)第 1854 頁。

【版本】

1. 清末青雷山館抄本

南圖藏,號:GJ/85724。本書凡 1 册,書高 28.2 釐米,寬 18.5 釐米,紙捻裝訂。無書名頁、序跋、目録,使用固定紙型抄寫。左右雙邊,白口,無魚尾。半葉 10 行,行 30 字,小字雙行同。版框高 21.9 釐米,寬 14.4 釐米。版心無題署,底部印有“青雷山館藏本”字樣。鈐有“南京圖書館藏”印。

2.《輯刊》第 139 册影印南圖藏清末青雷山館抄本

【内容】

本書無書名頁、序跋和目録,選賦始於《秋霖賦》(胡天游),迄於《南園答問》(李紘),凡 18 篇。其中胡天游 3 篇,程廷祚、邊連寶各 2 篇。值得注意的是,該書除了賦,還抄録了啟 3 篇,頌 2 篇,問對 1 篇,可知編者持廣義的賦體觀念。所選各賦,皆無句讀、評點,惟於作者名之上、下分别揭示籍貫和字號。如《躬耕耤田賦》爲程廷祚撰,“程廷祚”之上小字書“上元”,之下又小字書“啟生”,可知程氏爲上元(今江蘇南京)人,字啟生。各賦皆無圈點、評註,而書法娟秀,令人稱奇。

《近科同館賦》不分卷,清佚名編

【編者】

編者不詳,大約生活于清末同治、光緒年間。顔宗儀序交代係"坊友"所輯,當即好古齋主人。

【版本】

1. 清光緒二年(1876)好古齋刻本

國圖藏,號:142140。本書1函6册,書小而薄。書高16.6釐米,寬11.3釐米。内封A面鎸:"翻刻必究,近科同館賦(楷書大字),李鴻逵題。"内封B面有一長方形牌記,内鎸:"光緒丙子春,好古齋開雕。"首顔宗儀序3葉,行書;次《近科同館賦目録》6葉;以下正文。四周單邊,白口,無魚尾,無界行。版框高12.9釐米,寬8.9釐米。半葉7行,行22字,小字雙行同。版心頂部刻"近科同館賦"5字,下部刻頁碼。6册頁碼相連,共224葉。鈐有"北京圖書館藏"印。

2.《輯刊》第131册影印國圖藏清光緒二年好古齋刻本

【内容】

本書收録自咸豐三年癸丑(1853)迄同治七年戊辰(1868)的館閣之賦80篇,模仿法式善《同館賦鈔》及其續編而編寫,但體例有所不同。法式善原書按照館課年代先後依次排列,而此書則打亂時間順序,以作家爲單位編輯,每位作家的賦篇皆集中排列,這樣就更容易考察單個賦家的作賦情況。本書選賦最多的是孫欽昂(7篇)、吴鴻恩(7篇)兩家,其次是徐祥麟(4篇),可以看出編者的傾向性。各賦皆刻有句讀、圈點、截畫,以助閱讀。

《閩南唐賦》6卷,清楊浚輯

【編者】

楊浚(1830—1890),字雪滄、健公、昭銘,晚號冠悔道人,由晉江遷居福州。清咸豐二年(1852)舉人,例授内閣中書,充國史、方略兩館校對官,辭歸。同治間在塔巷辦正誼書局,重刻其家藏《正誼堂全書》。又設群玉齋書肆於總督府後,廣搜善本,亦刻書。聚書7萬卷,建冠悔堂以藏之。晚年致力講學,歷主漳州丹霞、紫陽、浯江書院。勤於著述,有《島居隨録》《金石題跋》《金筴颺言》《冠悔堂詩鈔》《冠悔堂駢體文鈔》《冠悔堂賦鈔》等,編有《閩南唐賦》6卷等。事迹參見《(民國)閩侯縣志》卷七二、《近代詞人考録》、《皇清書史》卷一四、《文獻家通考》。

【版本】

1. 清光緒二年(1876)群玉齋書坊刻本

國圖藏,號:79559。本書1函4册,書高27.8釐米,寬14.9釐米。内封A

面鎸有隸書書名“閩南唐賦”,B面刻有牌記“群玉齋書坊印售”。首胡鳳丹《序》2葉;次《閩南唐賦目録》6葉;次《唐十二家小傳》6葉;以下正文。四周雙邊,大黑口,雙、黑魚尾。版框高16.6釐米,寬11.8釐米。半葉11行,行21字,小字雙行同。卷端題“閩南唐賦卷一”,第二行即爲篇名、限韻和作者。版心上端刻“閩南唐賦”4字,雙魚尾之間刻“卷某”和頁碼。下魚尾之下有象鼻。鈐有“北京圖書館藏”印。

2.《輯刊》第132册影印天圖藏清光緒二年重刻本

此本内封A面鎸“閩南唐賦”,B面鎸“光緒丙子孟秋月重鎸”,其餘與國圖本同。鈐有“天津市人民圖書館藏書之章”。

【内容】

《閩南唐賦》6卷是一部地方賦總集。該書輯録唐代閩南地區賦12家146篇。其中卷一收陳詡1篇,林藻2篇,歐陽詹13篇,潘存實1篇,陳去疾1篇,陳嘏2篇,林滋4篇;卷二收王棨23篇;卷三收王棨23篇;卷四收徐寅28篇;卷五收徐寅21篇;卷六收黄滔22篇,韓偓2篇,江妃1篇。其中王棨賦(46篇)、徐寅賦(49篇)最多。蓋清人作賦,率以唐律爲標的,而唐代律賦,又以王棨、徐寅、黄滔爲大家。編者集12家之賦,而3家賦已居大半。要之,本書不僅具有鮮明的閩南特色,足以展示閩南律賦之盛,更具有引導天下人作賦的普遍意義,因而頗受歡迎和好評。所選各賦,皆無圈點評騭,饒有古風。

《古今賦楷》不分卷,清佚名編

【編者】

本書係鈔本,不詳編者姓名。書衣署“乙亥年重輯”,今考書中選鈔了華長忠(1805—1858,道光庚子舉人)、章炳蘭(曾於同治二年即1863年爲《昭文邵氏聯珠集》作序)、潘修祚(邑廩生,曾於光緒十二年即1886年獻其父潘震乙《南皮縣志》遺稿)諸人之賦,而三人主要生活於咸豐、同治、光緒年間,則此處“乙亥”應該指光緒元年乙亥(1875)。

【版本】

1.清光緒元年(1875)袖海山房鈔本

天津藏。凡2册,紙撚裝訂。書衣以墨筆題寫書名“古今賦楷(袖海山房讀本,乙亥年重輯)。”鈐有“袖海山房”“會心不在遠”印。今按:袖海山房是清代光緒年間上海書坊,曾經石印《采風記》《百寶箱》《時務論》《李太白集》《小題二萬選》等書。該書無目録、序跋,卷端無題署。半葉7到9行不等,每行24字,小字雙行同。字體不一,可見非一人所抄。眉批欄半葉十餘行,每行5到9字不等。版心無字。鈐有“天津市人民圖書館藏書之章”。

2.《輯刊》第132册影印天圖藏清光緒元年鈔本

【内容】

本書首先抄録漢唐賦6篇,分别是:漢王粲《登樓賦》、南朝宋江淹《别賦》、周庾信《三月三日華林園馬射賦》,唐宋言《㲉雞鳴度關賦》、王棨《一賦》、宋言《漁父辭劍賦》,皆爲賦史名篇。接下又抄録清代律賦22篇,首夏思沺《瓶笙賦》,迄潘修祚《貢雲賦》。全書共計選賦28篇,大都是律賦。各賦皆有墨筆或朱筆圈點、截畫、眉批、尾評,有的還有旁批和注釋。例如王棨《一賦》,以"爲文首出,得數之先"爲韻。正文有朱筆圈點,天頭有朱筆評騭"《老子》:道生一""從畫卦作字叙起,元元本本,統歸涵蓋""就人事説一段,正托出一字分際""就人事之常者説""就人事之變者説""就比較者推勘""就鄭重處疏解""再足一段,筆有斷制,意歸頌禱""結出作賦本旨"等,除了首條,八條眉批與八韻正好對應,旨在梳理賦篇層次。賦末總批云:"句句暗藏'一'字,説來仍有片段。良工鑲嵌,巧不可階。"認爲該賦技法巧妙,難以企及。有些賦硃批、墨批兼具,筆迹或端或草,如吴錫麒《春水緑波賦》、章炳蘭《李廣射石賦》等,顯然非一人所爲。

《選抄館賦》不分卷(《選録館賦》),清陳道南輯

【編者】

陳道南(1832—1901),字樹之,一作澍之,又作澍芝,號懦夫,江寧(今江蘇南京)人。以郡優廪生考光緒元年(1875)恩貢,授直隸州判,改就教諭。後在家授徒。能詩善文,而不自珍惜,大多遺佚。其子爲編集,僅得殘稿若干。著有《陳道南手稿》(一名《江寧陳樹之先生遺著》)、《香月樓殘稿》,今存。事迹略見《江蘇藝文志》。

【版本】

1. 清鈔本

上圖藏,號:綫普487039-40。本書凡1册,書高20.4釐米,寬10釐米,紙捻固定。内封A面左上部墨書"選録館賦"4字,右側鈐有"樹之""陳道南印"2枚朱色小篆方章。首《選抄館賦目次》2葉,次正文。字心高16.2釐米,寬6.9釐米。半葉6行,行25字,小字雙行同。卷端、版心無題署。凡67葉,但不標頁碼。

2.《輯刊》第137册影印上圖藏清鈔本(此本題爲《選鈔館賦》)

【内容】

本書爲一部小型賦集,不署名。上圖據封面葉鈐印,定爲陳道南輯,差爲近之。本書共選録館閣之賦20篇,每篇皆有句讀、圈點。例如首篇《玉燭賦》(萬青藜),開頭"藻火揚休,璇璣紀瑞"一段加點,"映玉繩而絢采,界徹三千"一段加圈。賦末總評云:"切定題字,無一時和年豐泛語,精實不浮。"此下又有題解

和釋詞數行,雙行小字,没有句讀。

《惜陰賦鈔》不分卷(《選録惜陰書舍賦鈔》),清陳道南輯

【編者】

陳道南(1832—1901),字樹之,生平參見“選抄館賦”條。

【版本】

1. 清抄本

上圖藏,號:綫普 487039 - 40。本書凡 1 册,書高 20 釐米,寬 9. 7 釐米,紙捻固定。内封 A 面左上有墨書“惜陰賦鈔“4 字,右側鈐有“樹之”“陳道南印”2 枚朱色篆文方章。首《選録惜陰書舍賦鈔目次》2 葉,次正文。字心高 14. 5 釐米,寬 7. 1 釐米。半葉 6 行,行 23 字。卷端、版心皆無題署。正文凡 41 葉,不標頁碼。紙張大小、版式、筆迹等皆與《選抄館賦》同。

2.《輯刊》第 137 册影印上圖藏清鈔本

【内容】

本書爲一部小型賦集,共選録清賦 20 篇。據書名頁鈐印,可定爲陳道南輯。選録金和(7 篇)、蔡琳(4 篇)賦最多。今按:金和(1818—1885),字弓叔,號亞匏,江蘇上元人,著有《秋螅吟館詩鈔》《來雲閣詞鈔》《文鈔》。與陳道南有同鄉之誼,故選録最多。對於所選各賦,編者皆施以圈點。如首篇《七夕賦》(蔡琳),賦序“自大東託諷,襄錦以報章言情”一段加點,正文“當涼天以散步,見銀河兮如晝”一段加圈。賦末總評云:“華嚴樓閣,靈境獨開。末段似奪胎昌黎,三星行而語尤沉著。”既欣賞此賦風格,又指出其對韓愈詩賦的繼承。與《選抄館賦》相比,本書無題解、注釋。兩部小書用紙、版式、大小相同,至於爲何不合併爲一書,不得其解。

《潤州賦鈔》不分卷,清李恩綬輯

【編者】

李恩綬(1835—1911),字丹叔,號亞白,晚號訥庵,鎮江(今屬江蘇)人。清末附貢生。科舉不利,以教館、作幕和賣文自給。光緒初曾參加修纂《丹徒縣誌》,並編纂《丹徒縣誌摭餘》10 卷(其子李麗榮擴充成 20 卷)。著有《讀騷閣賦存》《訥庵駢體文存》《縫月軒詞》《冬心草堂詩選》《巢湖志》《香花墩志》《紫逢山志》《采石志》《廬陽名勝輯要》《潤州賦鈔》《歷代詩人祠堂記》等。《訥庵類稿》爲其作品選集。事迹略見《(民國)丹徒縣志摭餘》卷八、《(民國)續丹徒縣志》卷十三。

【版本】

1. 清光緒二十三年(1897)冬心書屋刻本

北大藏,號:Y/5235.8/4462.23。本書1函6册,書高24.5釐米,寬15.2釐米,書衣鈐有“北平燕京大學圖書館”章。内封A面鎸:“戊戌夏五月,潤州賦鈔,吴毓庭署。”右下鈐有“燕京大學圖書館”方印,左上鈐有“二集嗣出”朱色楷書4字;内封B面有一長方形牌記:“光緒丁酉開雕,板藏冬心書屋。”左下鈐有“每部壹元”朱色楷書。首李恩綬《醵刻潤州賦鈔小啟》2葉,次馮煦《潤州賦鈔序》1葉,下爲正文。左右雙邊,黑口,無魚尾,版框高16.7釐米,寬12.4釐米,半葉12行,行25字,小字雙行同。卷端題:“潤州賦鈔卷一,丹徒李恩綬亞白編輯。”版心中部刻“潤州賦鈔卷一”和頁碼。但自第5葉起,刻於版心的卷數和頁碼皆被黑色塗去,故不知本書實際卷數和頁數。書末有蔣萼《跋》。

又,國圖藏本,1函6册,號:81058。版式同上。

2.《輯刊》第132册影印上圖藏清光緒二十三年(1897)冬心書屋刻本

此本殘去書名葉和序言,書末無跋。首尤淦賦2篇:《荀吴闔鼓賦》《長驅捲白波賦》。末殷松年賦2篇:《海仙鶴賦》《民以辛壬癸甲之日嫁娶賦》。經比對,該書實際上僅僅相當於北大藏本(凡6册)的第4册,佚五存一。鈐有“上海圖書館藏”印。

【内容】

本書專門輯録鎮江地區(古稱潤州)之賦家賦作,是一部地方賦的彙集。據蔣萼跋,編者隨集隨刻,已得三百餘家。而據北大藏本,《潤州賦鈔》凡6册,方纔131家251篇。可知其因財力精力所限,未能將所輯作品全部付梓。作爲地方賦集,本書輯録了不少歌詠鎮江地區山川風物的作品。如冷士嵋《登金山賦》、賀鑑《練湖賦》、孔慶甲《北固山多景樓賦》、馮煦《新修金山寺賦》等。但仔細統計,此類作品所占比重並不高。因爲本地作家寫賦,未必局限於本地風物。相反,他們也描寫外地風光景物,尤其注重對古代人物和史事的歌詠。如沈宗奭《李太白脱裘换酒賦》《西門豹佩韋以自緩賦》,丁傳靖《馬融爲大將軍作西第頌賦》《辛幼安京口北固亭懷古作永遇樂詞賦》《岳少保奉詔班師賦》等,都可見出清代文人對詠古題材的熱衷。此外,還出現了一些同題賦,如趙楫、張錫庚各有一篇《册封琉球賦》,楊正鈞和丁傳靖各有一首《辛幼安京口北固亭懷古作永遇樂詞賦》,張負圖和周櫘各有一篇《田鼠化爲鴽賦》,可以想見文人雅會、同題競作的情景。

對於每位賦家,編者都作一簡介。如第一册開篇“冷士嵋”下注云:“字又嵋,號秋江,丹徒人,諸生。著《江泠閣詩文集》。先生明遺民也。(邑志《文苑傳》)國朝以先生居首,因以先生兩作爲兹集之冠。”賦末常常施以評點,如冷士嵋《登金山賦》之末以小字注云:“曾青藜氏曰:昔人云,文人詠事賦物,必有興寄,方足不朽。此以才人奇崛之筆,寫金鰲難狀之景,立意甚高,況懷特遠。既似讀太白《蜀道難》,又似誦酈道元《水經注》,總令人惶惑怪變,顧視錯愕不定。"將其與《蜀道難》《水經注》比較,雖有誇張之嫌,然亦有助於讀者理解本賦。有時在賦末刻作者自注,如第五册張崇蘭《焦山讀書賦》之末小字注:"自紀云:賦衰於唐,八韻興而馬楊之情思絶響矣。贋古者於形模求似,去之轉遠。"可以管窺作者張崇蘭的賦學思想。而本册徐錫麟《清明無客不思家賦》之末則爲編者附注:"天石先生此外尚有《齊姜醉遣晉公子》一篇,允推傑作,載入《竹笑軒賦鈔》。玆以集隘,不能備登。"又可幫助我們瞭解徐錫麟辭賦創作的總體狀況。可見賦末小注十分靈活。

總之,《潤州賦鈔》資料豐富,尤其是對鎮江地區大量賦家的介紹和賦作的點評,頗有文獻資料價值。不足之處是分卷不明,且不標頁碼,書前亦無目録,讀者查閱、引用都十分不便。

《元尚居彙刻三賦》3 卷,清王秉恩編

【編者】

王秉恩(1845—1928),字息存,一作雪岑,號茶龕,華陽(今四川雙流)人。清同治十二年(1873)舉人,光緒初任廣東提法使、廣東按察使。清末藏書家、出版家、書法家,著有《養雲館詩存》。事迹略見《中國藏書家通典·近現代》。

【版本】

1. 清光緒九年(1883)華陽王秉恩元尚居刻本

北大藏,號:X/981.39/1026。1 函 2 册。包括英和《卜魁城賦》、徐松《新疆賦》、和寧《西藏賦》3 種。書根處刻有"元尚居彙刻三賦"和本册賦名。書高 26.5 釐米,寬 17.7 釐米。封面頁鎸有篆文"卜魁城賦"4 字,B 面有一方形牌記,鎸:"光緒癸未正月斠刊,道宗署檢。"凡 12 字。每半葉 10 行,行 21 字,小字雙行同,黑口,四周單邊,單魚尾。版框高 17 釐米,寬 12.2 釐米,左欄邊上方有書耳,刻本版字數。卷端題:"卜魁城賦(并序),吉林英和撰。"版心中部刻"卜魁城賦"和頁碼,下部刻有小字"元尚居校刊"。鈐有"國立北京大學藏書"印。以下二賦版式同此。和寧《西藏賦》牌記:"光緒壬午八月斠刊,華陽徐道宗署檢",比《卜魁城賦》早一年。玆定爲光緒九年癸未(1883)刻本。

2.《輯刊》第 135 册影印上圖藏清光緒九年刻本

【内容】

本書匯集三篇邊疆賦,總名"元尚居彙刻三賦"(見書根)。現存清光緒九年(1883)元尚居刻本。首篇爲英和《卜魁城賦》。英和(1771—1840),原名石桐,字樹琴,號煦齋,滿族正白旗人。清乾隆五十八年(1793)進士,授編修。歷任内務府大臣、户部及工部尚書、軍機大臣、協力大學士兼翰林院掌院學士。道光八年(1828)獲罪,被革職,發配卜魁(今齊齊哈爾)。道光九年(1829)撰《卜魁城賦》一卷。該賦記述鄂倫春、達斡爾等民族的漁獵、遊獵等生産方式,于該

地古今居民的民族源流亦有所涉及，又記漢族遷入該地後的農業墾殖和學堂興辦等事，氣勢宏大，文采斐然，被譽爲塞外之鴻文。李軍、田峰、佟穎有研究。

其次爲徐松《新疆賦》。徐松（1781—1848），字星伯，原籍浙江上虞，後入籍順天大興（今屬北京）。清嘉慶十年（1805）進士，授編修。嘉慶十七年（1812）在湖南學政任上，因案謫戍伊犁，遂撰《新疆志略》《〈漢書・西域傳〉補注》《新疆賦》等。《新疆賦》前有賦序，正文分《新疆南路賦》《新疆北路賦》二章，分詠天山南北二路地理形勢、清代開闢邊疆的宏大事業，對於當地風光物産、民俗民風也有介紹，是一部著名的史地著作。正文之外，作者還自作注解，極爲詳贍。朱玉麒、李軍、佟穎有研究。

再次爲和寧《西藏賦》。和寧（1741—1821），後改名和瑛，字潤平，號太庵，蒙古鑲黄旗人。清乾隆三十六年（1771）進士，官至禮部尚書。本賦完成於清嘉慶二年（1797），結銜稱衛藏使者，則係其任駐藏大臣時所作。此篇總賦西藏，"凡佛教寺廟、官制風俗、物産地界，無一不詳，而山水尤晰"（李光廷跋）。不仿京都之賦，而文采爛如，足供諷誦。注釋尤爲詳悉。現有池萬興、嚴寅春《〈西藏賦〉校注》（齊魯書社 2013 年版）、孫文傑《〈西藏賦〉箋證》（人民日報出版社 2018 年版）。趙逵夫、池萬興、嚴寅春、孫福海、烏日罕、伏俊璉、李軍、那順烏力吉等有研究。

《同館經進賦鈔》不分卷，清翰林院編

【編者】

編者不詳，蓋爲翰院中人。

【版本】

1. 清光緒十五年（1889）京都琉璃廠秀文齋刻本

首圖藏。該書凡 1 册，封面頁鎸："光緒己丑仲春開雕，同館經進賦鈔，板存京都琉璃廠秀文齋紙店。"無序跋、目録。左右雙邊，白口，單、黑魚尾。半葉 7 行，行 20 字，小字雙行同。版心頂部刻"光緒"（或"嘉慶""道光""咸豐"），魚尾之下刻考試類型（如"甲戌散館""丙寅大考"等）和頁碼，版心底部刻書家姓名（如"湯子坤書""吴樹梅書"等）。該書開本闊大，紙白墨潤，軟體印刷，十分精美。鈐有"首都圖書館藏書之章"。

按：湖南圖書館藏有清光緒十二年丙戌（1886）京都琉璃廠松竹齋刻本《同館經進賦鈔》不分卷，清翰林院編（號：413/105），與此書書名相同，版式、體例、風格相同，而選篇不同。二者當爲姊妹編的關係。

2.《輯刊》第 135 册影印首圖藏清光緒十五年京都琉璃廠刻本

【内容】

本書精選清代翰林院館閣之賦 18 篇，始邵松年《王者之道如龍首賦》，迄潘承恩《澄海樓賦》,按照光緒、同治、咸豐、道光、嘉慶,由近及遠的順序進行裝訂。每一篇賦都重新編頁,故可以隨時調整順序,重新裝訂。首圖藏本首篇爲《王者之道如龍首賦》,題下刻"以題爲韻,邵松年(一等一名)",版心頂部刻"光緒",魚尾之下刻"丙戌散館,一",底部刻"湯子坤書",可知此賦乃是翰林院庶吉士邵松年(1848—1924),於光緒十二年丙戌(1886)散館時所作,名次爲一等第一名,由湯子坤書寫上板。所收作品,皆爲嘉慶、道光、咸豐、同治、光緒五朝翰林院散館、大考之賦,大多本書一等佳作,首二篇附有律詩。各賦皆無句讀、評點、注釋,十分雅潔。該書是研究清代中後期館閣賦的重要資料。

《律賦選讀》不分卷,清劉嶽雲編

【編者】

劉嶽雲(1849—1917),字佛青,一字佛卿,號震庵,室名食舊德齋,寶應(今屬江蘇)人。清光緒十二年(1826)進士,歷任户部主事、員外郎、紹興府知府。著有《群經地理今釋》《光緒會計表》《礦政輯略》《微積分述》《測圓海鏡通釋》《五經算術疏義》《格物中法》《食舊德齋雜著》等五十餘部,二百餘卷。事迹略見《碑傳集補》卷五三、《清儒學案》卷一〇六。

【版本】

1. 清光緒二十二年(1896)四川尊經書院刻本

南圖藏,號:GJ/91788。本書凡 2 册,書高 25 釐米,寬 16.1 釐米。内封 A 面刻有楷書書名"律賦選讀",B 面鎸有牌記兩行:"光緒丙申秋四川尊經書院刊。"首劉嶽雲序 1 葉,鈐有"江蘇省立第一圖書館藏書"印;次目録 4 葉,卷端題:"律賦選讀,山長劉佛卿先生選。"末署"受業成都方守道、新繁楊楨、中江汪茂元、新津胡念祖、資州郭炘同校"。以下正文。左右雙邊,白口,單、黑魚尾。半葉 10 行,行 22 字,小字雙行同。版框高 18.5 釐米,寬 12.6 釐米。版心頂部刻書名,魚尾之下刻頁碼。該書爲軟體字印刷,版心底部刻書者姓名,有張智遠、徐從周、徐冕、張德炳、曾先魯、劉泰階、李社、黄清亮等數十人。

2.《輯刊》第 134 册影印南圖藏清光緒二十二年四川尊經書院刻本

【内容】

據劉嶽雲自序,本書之選,原因有二:一,顧鶚《律賦必以集》甚佳,但不及本朝;二,程曉崧《東湖草堂賦》初集、二集、三集均選當代律賦,但篇數較多,難以盡讀。劉嶽雲遂將程氏選本加以删汰,僅存 60 篇,授予學院諸生,讓他們將本書與《必以集》合讀。所選之賦,大抵爲清代名家名作,久炙人口。其中顧元熙(11 篇)、吴錫麒(11 篇)、程祥棟(8 篇)、鮑桂星(4 篇)四家入選最多,超過全書篇數之半。所選各賦,編者皆施以圈點、評論。如首篇《月中伐桂賦》(顧元熙),"響落九天之珠玉"一段有連圈,"持斧曾非修月"下有截,"且也枝開仍合"

二句有連點,表示轉折,等等。賦末總評云:“襯托烘染,都成異彩,更能以遒潔勝人。(原評)”亦有評論稍詳者,如《查客至牛斗賦》(鮑桂星)賦末總評云:“層次清醒,猶人所能。高在起數語,英爽峭拔,語經百鍊而成。得此發端,便已驪珠在握。第二段收調,脱胎漢魏,非常出色。此二端是作家拔出流俗處。餘皆水到渠成,面面圓足。(次青)”評點者以此賦爲例,指出賦作家之所以“拔出流俗”,實在於“起數語英爽峭拔”“收調脱胎漢魏”兩端,見解精到,其口吻顯然有課堂講授的痕迹和特色。

《静娱軒賦鈔》不分卷(《静娱室課牘·賦》),清佚名編

【編者】

姓名不詳,蓋爲清末咸豐、同治間文人。

【版本】

1. 清同治、光緒間鈔本

國圖藏,號:110825。全書 1 函 2 册,書高 24 釐米,寬 12.8 釐米。上册書衣以鋼筆題“静娱軒賦鈔”,下册書衣題“静娱軒詩選”,蓋爲編目員所擬。上册襯頁左上方鈐有“可園珍藏”“行所無事”2 枚陰文方章。首爲目録 2 葉,卷端題:“静娱室課牘/目録,光緒三年歲在彊圉赤奮若春王二月重裝。”(彊圉赤奮若,即丁丑)可知其鈔纂時間當在光緒三年(1877)之前。此葉鈐有“復古生”“越不聰明越快活”2 印。下爲正文,行書,半葉 9 行,行 23—26 字不等,小字雙行約 40 字,無版框,半葉所鈔高約 16.8 釐米,寬約 11 釐米。書口無字。鈐有“北京圖書館藏”印。

按,下册《静娱軒詩選》,使用“芸香閣藏”固定紙型抄寫,朱絲欄,與本册不同。

2.《輯刊》第 135 册影印國圖藏清同治、光緒間鈔本

【内容】

本書主要選録盛觀潮、夏思沺、何栻三人賦作共 24 篇。其中盛觀潮賦 11 篇,夏思沺賦 11 篇,何栻賦 2 篇,皆爲律賦。是一部小型的律賦集。本書可以與《賦海大觀》互補,例如本書收盛觀潮賦 11 篇,有 8 篇見於《賦海大觀》,2 篇《大觀》未收,1 篇存疑。將這 11 篇賦與《大觀》所收 27 篇賦合在一處,去其重複,可得盛觀潮賦 30 篇。所以本書對於盛觀潮、夏思沺賦的研究有一定的參考價值。賦中有朱筆句讀、截畫,賦末有評點、釋詞。比如夏思沺《吴季子掛劍賦》末批:“纏綿悱惻,令人黯然銷魂。其尤妙處在虚字,摶弄得圓活,層次分明。”以下是對“蓮鍔”一詞的解釋。書法亦清秀優美,可供珍賞。

《選刻賦二十一篇稿本》不分卷,清佚名輯

【編者】

編者姓名不詳,蓋爲清末學者。

【版本】

1. 清末稿本

國圖藏,號:36148。本書1函1册,紙捻裝訂,書高26釐米,寬14.1釐米,書衣以墨筆題寫書名“選刻賦二十一篇槀本”。無序跋、目録,以王坤麟《萬壽無疆賦》居首。各賦字體不盡相同,所用紙型也多有差異,版心底部印有“清緗樓”“黄恒泰”“浣雪齋”“文合造”“六合造”“廣興造”“翰雲齋”等字樣,並且高下不一,亦有鈔在空白紙上者。可見編者乃是依賴現成資料,將所搜集到的課藝試牘之文直接裝訂成册,以待日後整理或刊印。其中《萬壽無疆賦》使用“清緗樓”固定紙型,紅色方格,四周花邊,白口,紅魚尾,版心底部印有“清緗樓”3字。版框高19.2釐米,寬11.2釐米,半葉鈔9行,行25字。全書共45葉,鈔賦21篇,夾雜詩詞十餘篇。鈐有“國立北平圖書館珍藏”印。

2.《輯刊》第135册影印清末稿本

【内容】

本書輯録清末課藝試牘之賦,多爲考場佳作。偶見同名賦作,限韻相同,仍可見考場痕迹。首篇爲《萬壽無疆賦》并序,題下注云:“歲覆韶屬經古正取第四名”;黄恩幬《擬石岑海水不揚波賦》,原署“嘉應附生”,後改爲“歲試嘉應州學”;而梁步雲《瓊枝以璆琳瑯玕爲寶賦》,版框之外則有小字一行:“壬辰歲試詞章正取,順德縣學優增生梁步雲謹呈。”不僅交代了該賦乃是光緒十八年(1892)壬辰歲試時的甲等之作,而且提供了作者梁步雲的籍貫、身份信息,更透露出該賦實由作者本人提供,其可靠性不容置疑。有些賦作還有考官的評語,例如《萬壽無疆賦》賦末云:“太宗師原評:‘侍臣欲獻唐堯壽,遥指南山對衮龍。’讀是賦,令人憶右丞句矣。”該書當編於清末十餘年間(1892—1905),編者廣羅各類試賦,意欲結集付梓,但由於科舉考試廢除,此事遂寢。其原始資料猶在,可藉以瞭解清末試賦情況。

《六朝賦鈔》1卷(《游天台山賦》),清徐光濟編

【編者】

不題編者姓名。今按:陳心蓉《嘉興刻書史》載:“徐光濟(1866—1935),徐志摩伯父,字蓉初,一字申如,號寅庵、徐五,海甯硤石人。清末民初藏書家。世代經商,家道富裕……藏書多達數千册,藏書逾萬卷,分裝八箱二櫃。書室名曰汲脩齋、紫來閣、用拙齋等。”(黄山書社2013年版,第422頁)徐光濟編有《汲脩

齋叢書》十六種十八卷,國家圖書館收藏,《中國古籍善本書目》著録。今查國圖網站,《汲脩齋叢書》係抄本,版心下題"汲脩齋校本"5 字,與此本恰好一致,並且鈐有"光濟讀"小篆陰文章。可見本書編者無疑就是清末民初的徐光濟。

【版本】

1. 清汲脩齋鈔校本

國圖藏,號:79555。本書 1 函 1 册,書高 24.7 釐米,寬 15.2 釐米。以汲脩齋固定紙型抄寫:緑絲欄,四周單邊,白口,無魚尾,板框高 17.1 釐米,寬 12 釐米,每半葉鈔 9 行,每行 21 字,版心下方印有緑色楷書"汲脩齋校本"。無序跋、目録,卷端題"游天台山賦并序,晉孫興公",鈐有"光濟讀""北京圖書館藏"印。全書凡 16 葉,鈔賦 7 篇。書名據套脊所題。

2.《輯刊》第 136 册影印國圖藏清末汲脩齋鈔校本

今按:《輯刊》題"(清)佚名編",當改爲"(清)徐光濟編"。

【内容】

本書抄録六朝時期 7 篇賦作,實爲短篇小賦集。國圖編目員定名爲《游天台山賦》,非是,此爲首賦之篇名;增名爲"六朝賦鈔",甚是。所收 7 篇賦,皆爲名家名篇。如下:《游天台山賦》(晉孫興公)、《月賦》(宋謝希逸)、《恨賦》(梁江文通)、《别賦》(梁江文通)、《枯樹賦》[北周庾信]、《小園賦》[北周庾信]、《雪賦》([南朝宋]謝惠連)。所抄各賦,皆無評點、注釋。

《湖北試牘賦》不分卷,清佚名編

【版本】

1. 清刻本

南圖藏,號:GJ/91796。本書凡 4 册,書高 21 釐米,寬 12.8 釐米。無書名頁、序跋、目録,殘去正文 1—2 葉,從第 3 葉起。四周雙邊(或單邊),白口,單、黑魚尾,半葉 9 行,行 25 字(偶有 22 字者),小字雙行同。版框高 19.2 釐米,寬 11.7 釐米。版心頂部刻"湖北試牘"(或"湖北試卷"或"湖北試讀初編"或"江漢書院課藝"或"試草"或"湖北試草"),版心魚尾之下刻頁碼(有時没有頁碼),版心底部或空白,或刻"歲試武昌府屬",或刻"歲試漢陽府屬""歲試安陸數古學""歲試黄州府屬""歲試荊州府屬""歲試襄陽府屬""科試襄陽童生""觀風江夏縣學""課取晴川學院"等。鈐有"江蘇省立圖書館藏書"章。

2.《輯刊》第 138 册影印南圖藏清刻本

【内容】

本書是湖北省試賦之選編,凡 164 篇。版心頂部刻有"湖北試牘",或"湖北試讀初編",或"湖北試卷",或"湖北試草",或"試草",或"江漢書院課藝";版心底部或刻"歲試武昌府屬",或刻"歲試漢陽府屬""歲試安陸屬古學""歲試黄州府屬”“歲試荊州府屬”“歲試襄陽府屬”“科試襄陽童生”“觀風江夏縣學”“課取晴川學院”等,交代作賦的場合,説明該集所收,大抵以歲試、科試、觀風和書院課藝爲主,級别不高。行款基本相同,但是字體或有差異,頁碼也没有連貫性,估計係不同書坊或不同刻工分工合作,最後合並在一起,故思慮不周,略顯粗糙。因係考場之作,優勝者不止一篇,因而常常有多篇入選,有時甚至會出現十幾篇同題賦入選的情況。入選之賦,大都註明考試種類、地點。例如《擬歐陽永叔秋聲賦》(以題爲韻),收録同題之作 2 篇,作者名“朱應楫”之上刻“歲試荊州府學”6 字;作者名“王名沂”之上刻“歲試監利縣學”6 字,可知雖係同題,卻是在不同的考場上所作。賦中有旁批,賦末有總評。例如朱應楫《擬歐陽永叔秋聲賦》開篇“古秋半空,商聲萬里”8 字加圈,旁批:“便覺秋聲起於紙上。”尾評云:“通體駢儷,於體裁未合,而繪水繪聲,空空妙手,自是逸才。”本書保存了清代科舉考試在基礎考試(科試、歲試、觀風、書院課藝)中考賦的相關信息,爲研究清代律賦、清代科舉考試提供了珍貴而生動的第一手資料。

《律賦約編》不分卷,清葉曲鏞編

【編者】

葉曲鏞,生平不詳。集中所選,較晚者爲王先謙(1842—1917),主要生活於光緒年間。則葉曲鏞應與之同時或稍晚。

【版本】

清末抄本

上圖藏,號:綫普 453958。本書凡 1 册,書高 24.4 釐米,寬 13.4 釐米。書衣左側墨書“律賦約編(附作法)”,鈐有“葉曲鏞印”小篆陰文方章,或許即編者所鈐。無序跋、目録。字心高 22.2 釐米(其中正文 18.2 釐米,眉批 4 釐米),寬 11 釐米。正文半葉 9 行,行 25 字,小字雙行同。眉批 18 行,每行 11 字。凡 23 葉,無頁碼。鈐有“上海圖書館藏”印。

【内容】

該書爲清鈔本,不分卷。其内容可以分爲兩部分。上半部輯録 3 家賦論,包括:《律賦衡裁餘論十則》(湯稼堂先生著)、《必以集論賦十則》(顧南雅先生著)、《論律賦》(王藝齋先生著)、《論音調》(闕名)。下半部分選賦 8 篇,如下:陳裴之《送春賦》、王家相《春陰賦》、佚名《蘆中人賦》、戴衢亨《太阿如秋水賦》、宋璟《梅花賦》、王先謙《秋懷賦》、吴鍾駿《秋色賦》、王先謙《擬潘安仁射雉賦》。無論是賦論、賦篇,編者都施以評註。例如:《律賦衡裁餘論十則》第一則云:“《小池賦》云:牽狹鏡兮數尋,泛芥舟而已沉。”眉批:“《莊子》:覆杯水於坳堂之上,則芥爲之舟。置杯焉則膠,水淺而舟大也。”顯然以揭示典故出處爲主,而不評論其内容;“渲染小字工妙”右側有連點,提示閲讀。又如,陳裴之《送春賦》

開頭:“蓬蓬流水,渺渺離人。河梁欲别,芳草成塵”右側有連圈,眉批云:“河梁,李陵《與蘇武别詩》:攜手上河梁。”亦以揭示語詞典故爲主。眉批“皴”下注云:“音逡,皮細起也。”又施以注音、釋義。賦末總批云:“妍麗而出以自然,其韻在神,其秀在骨。(許淞漁)”此書將賦論與賦選相結合,篇幅各佔一半,頗有特色。

《古賦抄》不分卷,清佚名抄

【版本】

1. 清末民初抄本

南圖藏,號:GJ/85529。本書凡1册,無書名、序跋、目録頁。首《東都賦一首》,不題作者,這不合常理,估計已經佚去首篇《西都賦》。半葉7行,行20字,小字雙行同。各賦皆無圈點、評註,但於作者名之下有簡介,雙行小字。鈐有“國立中央圖書館收藏”印。

2.《輯刊》第139册影印清末民初抄本

【内容】

本書抄寫者不詳,共選抄先唐賦13篇:《東都賦》《西京賦》《東京賦》《藉田賦》《子虚賦》《上林賦》《長楊賦》《赭白馬賦》《歸田賦》《長門賦》《恨賦》《别賦》《神女賦》。篇目來自《文選》,順序亦與《文選》全同。今按:《文選·賦》選録先秦至梁代賦56篇,皆爲名篇。該書從中選抄13篇,尤爲精品。本書體例,每位作者皆有簡介,惟班固無;可以推知原本抄有班固《西都賦》一篇,並有作者簡介,置於卷首,可惜此篇佚去,遂以《東都賦》爲首篇,而闕作者簡介。則本書原鈔14篇,今存13篇。本書文字大都與《文選》李善本同,而與六臣本、六家本、《史記》《漢書》異,可知抄寫者乃是以《文選》李善注本爲底本,參照他書而成。各賦皆無圈點、評註,僅簡介作者生平,大都取自李善注而略有變化。

第二章　賦總集外編

《詩賦備體》14 卷外集 5 卷(賦 4 卷),清祝文彦編

【編者】

祝文彦,字方文,號珵美,海寧(今屬浙江省)人。曾在明天啟、崇禎年間編纂《古學備體》《詩賦備體》諸書,因時重帖括,未能印行。後來屢舉不售,則專門從事於身心性命之學,自稱受學於劉宗周。清代初年,主講浙西傳貽書院。著有《慶符堂集》《理學就正言》《聞見卮言》等。

【版本】

清康熙二十四年(1685)武林文芸館刻本

【内容】

本書是一部辨體著作,編於明末天啟、崇禎年間,"因時重帖括,未及印行"。降至清初,康熙帝右文好學,留心詞賦,天下文人嚮風而化,翕然相從。祝文彦乃取出舊編,付之剞劂,以作士人習詩作賦之範本。編者將歷代詩詞歌賦劃分爲古歌謡、古賦、樂府、歌行等 23 體,分别編選作品。每體之前皆有總論,每篇之前皆作解題。例如第二卷古賦一,先有古賦總論 12 行,再有楚賦總論 14 行,接下是本卷目録 3 行(8 篇),再下是屈原《離騷》;本篇先有解題 8 行,再録作品。第三卷古賦二,先是兩漢賦總論 18 行,下接目録 4 行(11 篇);附録簡論 6 行,目録 1 行(3 篇);再下是賈誼(弔屈原賦),本賦先有作者生平和作品簡評 2 行,以下爲賦之正文。本書的賦體部分,無論是總論還是解題,大都徵引祝堯《古賦辯體》,或撮述祝氏之意。至於分類、選篇,亦多與祝氏同。例如,《古賦辯體》將歷代賦劃分爲楚辭體、兩漢體、三國六朝體、唐體、宋體凡 4 大類,分别編選名家名作;該書第 2—5 卷編選古賦,分别選録楚、兩漢、三國六朝唐、宋元,將時代與辨體相結合,大致沿襲了《古賦辯體》的順序。該書第二卷編選楚辭作品 32 篇,其中屈原 22 篇完全照抄《古賦辯體》,僅僅增補了宋玉《招魂》,删去了荀卿 5 賦;第三卷編選兩漢賦,賈生(3 篇)、司馬長卿(3 篇)、班婕妤(2 篇)、楊子雲(1 篇)、班孟堅(2 篇)、禰正平(1 篇),篇目與順序完全與《古賦辯體》同,衹是將賈誼《惜誓》從"附録"轉入"正編",將揚雄 4 賦删去其三,僅保留《甘泉賦》而已。以下數卷,亦大略同此。稍異之處是:其一,本書將祝氏《古賦辨體・外集》2 卷所選篇目,精選若干,雜入各朝代之後,以附録形式出現,並且不再分類;其二,祝氏選篇止於宋代,而本書則延至元代,編選元賦6篇附録5篇。外集第一卷附録中有律賦,僅選唐韓退之《省試明水賦》、宋范景仁《長嘯卻胡騎賦》、范希文《金在鎔賦》3篇,且無解題。其重古輕律之傾向,亦與祝氏同。所選各賦,皆無句讀、圈點,保留明人古風。

這部明代末年編成而且具有復古傾向的辨體著作,之所以能够在清代初年刊行,除了康熙帝稽古右文,主要還在於當時康熙帝雖喜好辭賦,招天下博學宏詞之士而廷試之,但對於賦體没有具體要求,應試者可以作律賦,也可以作古賦。後來由於閲卷的方便,科試、歲試,翰林院庶吉士的考課皆要求寫作律賦。乾隆之後,關於古賦的總集和賦論著作便漸漸式微。

《明文海》482卷(賦46卷),清黄宗羲編

【編者】

黄宗羲(1610—1695),字太沖,一字德冰,號南雷,别號梨洲老人等,學者稱梨洲先生。浙江紹興府餘姚縣人。明末清初經學家、史學家、思想家。曾參加抗清鬥争,兵敗隱居。入清不仕,著述以終。撰有《明儒學案》《宋元學案》《孟子師説》《破邪論》《思舊録》《易學象數論》《明文海》《大統曆推法》《四明山志》等。事迹見《清史列傳·儒林》本傳、清全祖望《梨洲先生神道碑文》、錢賓甫《黄宗羲傳》等。

【版本】

《明文海》無刻本,祇有少數抄本流傳。主要傳本有:涵芬樓藏本、《四庫全書》本、浙江圖書館藏本。1987年,中華書局以涵芬樓藏本爲底本加以影印,又據《四庫》本增補佚文12篇,據浙圖藏本增補侯方域、錢謙益等人文章159篇,最爲完備。

【内容】

《明文海》共收録作者近千人,選文4300餘篇,按文體分成28大類(賦、奏疏、詔表、碑、議、論、説、辨、考、頌、贊、銘、箴、戒、解、原、述、讀、問答、文、諸體文、書、序、記、傳、墓文、哀文、稗)。有些文體如賦、碑、論、銘等,各類之下又分若干小類。編者意欲保存有明一代政治、經濟、文化各方面文獻,並上繼《文選》《唐文粹》《宋文鑒》《元文類》諸書。編者曾以七年之力(1668—1675)完成《明文案》217卷。《明文海》乃是以《明文案》爲基礎加以增補擴充而成。《明文案》以作者生卒年先後爲序列,《明文海》則改爲分體編纂。

該書首列賦體,凡46卷,收明賦作者175人,作品292首。賦體之下,又按照内容進行二級分類,共分爲國事、時令、山川、弔古、哀傷、述懷、人事、居處、感别、閑情、賞鑒、音樂、仙隱、禽蟲、花木、器物16類。例如"國事"類5卷,編者選録桑悦《南都賦》《北都賦》、李時勉《北京賦》、楊榮《皇都大一統賦》、金幼孜

《皇都大一統賦》、劉球《至日早朝賦》、劉伯燮《朝鐘賦》、魏學禮《大祀山陵賦》、陳沂《大禮慶成賦》、皇甫汸《禱雪南郊賦》、顧清《文淵閣賦》、胡廣《河清賦》、周是修《放皋賦》、湯顯祖《感宦籍賦》《秋夜繩牀賦》、沈鏈《籌邊賦》、李承箕《平陽武賦》、邱雲霄《升平賦》,凡 18 篇,皆爲散體大賦,莫不關乎國家政治,體製龐大,氣勢恢宏。編者列於卷首,似乎在表達其對舊朝的讚美和懷念。本書所收,大都是散體賦、騷體賦,反映了明賦創作的旨趣和傾向。

選賦較多的作家有:桑悦(8 篇)、黄卿(6 篇)、李濂(6 篇)、郭棐(5 篇)、孫宜(5 篇)、王樂善(4 篇)、魏學禮(4 篇)、俞安期(4 篇)等。據馬積高先生統計,該書所選賦家,有 81 人 179 篇爲《歷代賦彙》所未收(馬先生的數據包括賦體文)[1],有重要的文獻價值。

【研究】

相關論文有:駱兆平《〈明文海〉黄宗羲評語匯録》(《文獻》1987 年第 2 期)、郭英德《黄宗羲明文總集的編纂與流傳——兼論清前期編選明代詩文總集的文化意義》[《鄭州大學學報》(社會科學版)2000 年第 4 期]、崔霞《黄宗羲明文選本研究》(福建師範大學 2016 年博士學位論文)等。

《古文辭類纂》94 卷(辭賦 11 卷),清姚鼐編

【編者】

姚鼐(1731—1815),字姬傳,又字夢穀,齋名惜抱軒,安徽桐城人。清乾隆二十八年(1763)進士,授翰林院庶吉士,散館改主事。曾任山東、湖南副主考,會試同考官,《四庫全書》館纂修官。乾隆三十九年辭官歸里,以授徒爲生,先後主講揚州梅花書院、安慶敬敷書院、歙縣紫陽書院、南京鐘山書院。他是清代著名學者、古文家,桐城派代表人物,撰有《惜抱軒詩文集》《筆記》《尺牘》《三傳補注》《九經説》《老子章義》《古文辭類纂》等。

【版本】

1. 清嘉慶(1796—1820)年間康紹庸刻本(74 卷)
2. 清道光五年(1825)吴啟昌刻本(75 卷)
3. 清光緒三十二年(1906)滁州李承淵求要堂刻本(94 卷)
4.《古文辭類纂評注》,吴孟複、蔣立甫主編,安徽教育出版社 1995 年版
5. 胡士明、李祚唐標校,上海古籍出版社 1998 年版

【内容】

《古文辭類纂》初纂於乾隆四十四年(1779),後又多次修訂,至姚氏晚年纔定稿。最初以抄本形式流傳,至嘉慶(1796—1820)末年始有康紹庸刻本。此係

① 馬積高:《歷代辭賦研究史料概述》,中華書局 2001 年版,第 229 頁。

乾隆間訂本,凡74卷,並非晚年訂本。此外尚有道光五年(1825)吴啟昌刻本(晚年本,75卷),光緒三十二年(1906)滁州李承淵求要堂刻本(亦晚年本,且據康、吴二本讎校,凡94卷),而以蕭縣徐氏標注本爲最佳(該本有姚鼐、歸有光、方苞等多家評語)。目前最流行者爲上海古籍出版社1998年標點本,但因其删除所有評注,故有利於流傳而不便於研究。

姚鼐將自古以來的各種散文,按其體制與用途劃分爲13類:論辨、序跋、奏議、書説、贈序、詔令、傳狀、碑誌、雜記、箴銘、頌贊、辭賦、哀祭,依次編選名家名作。因其改變了自《文選》以來以賦居首的慣例,故馬積高先生稱該書反映了"古文家重視立言和重散文輕韻文的趨向"①。但姚鼐"輕"韻文而並未"棄"韻文,他在"箴銘類""頌贊類""辭賦類""哀祭類"中選録了不少韻文。且該書宗旨在於選録古文名篇而非韻文,故將辭賦附後,亦甚合理。該書"辭賦類"凡11卷,選篇如下:

【卷六十二】淳於髡諷齊威王;屈原:離騷、九章;

【卷六十三】屈原:遠遊、卜居、漁父

【卷六十四】宋玉:九辯、招魂、風賦、高唐賦、神女賦、登徒子好色賦、對楚王問;景差:大招;《戰國策》:楚人以弋説頃襄王、莊辛説襄王;

【卷六十五】賈生:惜誓、鵩鳥賦;枚叔:七發;漢武帝:秋風辭、瓠子歌;淮南小山:招隱士;東方曼倩客難、非有先生論;

【卷六十六】司馬長卿子虛賦、上林賦;

【卷六十七】司馬長卿哀二世賦、大人賦、長門賦、難蜀父老、封禪文;

【卷六十八】揚子雲甘泉賦、河東賦、羽獵賦、長楊賦、解嘲、解難、反離騷;

【卷六十九】班孟堅兩都賦;傅武仲武賦;

【卷七十】張平子二京賦、思玄賦;

【卷七十一】王子山魯靈光殿賦;王仲宣登樓賦;張茂先鷦鷯賦;潘安仁秋興賦、笙賦、射雉賦、劉伯倫酒德頌、陶淵明歸去來辭、鮑明遠蕪城賦;

【卷七十二】韓退之訟風伯、進學解、送窮文、釋言;蘇子瞻前赤壁賦、後赤壁賦。②

共計24家67篇。依照慣例,《九章》計爲9篇,《九辯》《七發》各計1篇,《兩都賦》《二京賦》各計2篇。胡士明、李祚唐標校本没有《招魂》《大招》2篇,實爲23家65篇。

姚鼐在散文集中選録辭賦,並單立一門,明顯視辭賦爲散文之一體。但該

① 馬積高:《歷代辭賦研究史料概述》,中華書局2001年版,第230頁。

② 以上篇目,據吴孟複,蔣立甫主編《古文辭類纂評注》下卷目録,安徽教育出版社1995年版。

書辭賦類《目録序》又稱“辭賦類者,風雅之變體也”,指出辭賦源於詩歌,是詩歌的特殊形態。這種認識在明清時期並非獨唱。明人王世貞《藝苑卮言》卷一即稱:“騷賦雖有韻之言,其於詩文,自是竹之與草木,魚之與鳥獸,别爲一類,不可偏屬。”從此以後,不少文人都認識到辭賦非詩非文、亦詩亦文的特點。而姚鼐對辭賦的編選更能透露出他的辭賦文體觀與淵源觀。如辭賦類第一篇即爲《淳於髠諷齊威王》,此文出自《史記·滑稽列傳》,司馬遷根據傳説記録。歷來無人視爲辭賦,而姚氏首選此篇,似有爲辭賦文體溯源的意味。對於先秦辭賦,除了《離騷》《九章》《九辯》,他還選有屈原《漁父》、宋玉《對楚王問》與《戰國策》中的《楚人以弋説頃襄王》《莊辛説襄王》,並在《目録序》中稱:“余嘗謂,《漁父》及《楚人以弋説襄王》《宋玉對王問遺行》皆設辭,無事實,皆辭賦類耳。太史公、劉子政不辨,而以事載之,蓋非是。辭賦故當有韻,然古人亦有無韻者,以義在托諷,亦謂之賦耳。”將無韻之作亦納入辭賦類,未免有氾濫無歸之弊,但姚鼐確實揭示了賦的兩個本質特點:義在托諷和誇張虚構。歷代學者往往過分强調前者而忽略後者,有人甚至以前者爲據而否定後者,立論多偏。他繼而又以此爲準的,選録散文中長於誇飾、義在規諷的作品進入辭賦類,更從一個側面揭示了不同文體之間互相影響、彼此滲透的事實。例如東方朔《非有先生論》、劉伶《酒德頌》、韓愈《訟風伯》《進學解》等不以“賦”名而采用辭賦句式寫成的作品,皆得以選入。可見其辭賦文體觀是寬泛的,與劉歆《詩賦略》接近。這對馬積高《賦史》的撰寫甚有影響,亦多爲當今賦學界所接受。

除了以上作品,姚鼐在“頌讚類”之下編選了揚雄《趙充國頌》、袁宏《三國名臣序贊》等 6 篇作品,在“哀祭類”之下選録屈原《九歌》、賈誼《弔屈原賦》、漢武帝《悼李夫人賦》等 48 篇作品(《九歌》計 11 篇),不難看出其對各體散文、韻文之間的界限,並非是涇渭分明的劃分,甚至將兩篇以“賦”命名的作品直接置入哀祭類,而不是辭賦類,更能看出其對作品内容的深刻體察,並不拘泥於作品的題目,亦頗能突破前人“文體分類觀”的限制,顯示出自己對文體劃分和各體文交互關係的獨特思考。

【研究】

對於《古文辭類纂》一書,清末民初學者非常重視,仿續、評點者甚多。清王先謙編有《續古文辭類纂》34 卷(光緒八年王氏虚受堂刻本),黎庶昌有《續古文辭類纂》28 卷(光緒二十一年金陵狀元閣刻本)、民國徐樹錚輯有《諸家評點古文辭類纂》74 卷(民國五年都門印書局鉛印本)。當代校點、譯註、評論者亦多,不贅。汪祚民發表《〈古文辭類纂〉評選辭賦發微》[《安慶師範學院學報》(社會科學版)2005 年第 5 期]、《〈古文辭類纂〉重視辭賦選録的理論指歸》[《安慶師範學院學報》(社會科學版)2006 年第 6 期]二文,可以參看。

《全唐文》1000卷目録3卷(《欽定全唐文》),清董誥等編

【編者】

董誥(1740—1818),字雅倫,一字西京,號蔗林,一號柘林,浙江富陽人。清乾隆二十九年(1764)進士,授翰林院庶吉士,充國史三通館協修,武英殿纂修。散館後,改任編修。以善畫受高宗知。歷任内閣學士,擢工、户、吏、刑部侍郎,充四庫館副總裁,奉命輯《滿洲源流考》,充武英殿總裁,至文華殿大學士,主編《全唐文》。累官至東閣大學士、太子太傅,直軍機先後40年。爲官正直,亦擅繪畫,作有《西湖十景圖》等。《清史稿》卷三四〇有傳。

【版本】

1. 清嘉慶十九年(1814)武英殿刻本(内府刊本)。國圖藏,凡322册。

2. 清光緒二十七年(1901)廣州廣雅書局重刻本。國圖藏,凡162册。

3. 中華書局1983年影印清嘉慶間武英殿刊本,附《唐文拾遺》《續拾》,一併斷句,凡12册。

【内容】

《全唐文》的編纂始于清嘉慶十三年(1808)。此年朝廷下令開設"全唐文館",由文華殿大學士董誥領銜,廷臣學者共107人入館編校。董氏曾任《四庫全書》副總裁,有主編巨書的經驗,負責具體規劃。《全唐文》以《唐文》(已佚)爲基礎,取《四庫全書》内的唐人别集,以及《文苑英華》《唐文粹》《唐大詔令集》《古文苑》《崇古文訣》《文章辨體匯選》等總集,並搜羅《永樂大典》所載之殘篇,"散見於史子雜家記載、志乘金石碑版者",匯纂而成。全書凡六易寒暑,至嘉慶十九年(1814)閏二月完工,御製序文後即交由内府刊刻,嘉慶二十四年(1819)刊成,即所謂揚州官本。光緒年間又有廣州重刻本。和《全唐詩》相比,《全唐文》的編者陣容更爲強大,先後參與其事者近百人,其中既有法式善、周之琦、秦恩復等詞章之士,又有阮元、徐松、胡承珙等著名學者,對本書的品質起到了一定的保障作用。

《全唐文》是一部大型文章總集,搜采十分浩博。該書共輯録唐五代散文20025篇,作者3035人,"有唐一代文苑之美,畢萃於兹,讀唐文者嘆觀止矣"(俞樾《全唐文拾遺序》)。據馬積高先生統計,《全唐文》中包含唐五代賦家544人,作品1622首(含賦體文),數量空前。除了敦煌賦,唐五代賦基本上已囊括書中。在簡宗梧《全唐賦》(2011)和馬積高《歷代辭賦總匯》(2013)出版之前,該書是研究唐五代賦最爲完備的文獻。但該書主要匯集散文,賦則散在各位作家名下,與散文合編。編者在輯佚方面用力頗多,如李商隱文集久已失傳,清代前期流傳的《樊南文集》都是從《文苑英華》中抄出的本子,而《全唐文》則從《永樂大典》中輯出多篇,更爲完備。

《全唐文》對所收文章進行了一些考辨。在小傳的撰寫上,編者下了很多功夫,糾正了《全唐詩》的不少錯誤。在文章辨僞方面,《全唐文》對於作者有異説的,大都能通過考辨以定去取,並非不負責任地有見必録。但所輯文章大都不註明出處,亦没有校勘記,反不如嚴可均《全上古三代秦漢三國六朝文》體例完善。

【研究】

未見專門研究《全唐文》收賦情況的專著。相關論文有:徐希平《〈全唐文〉補輯杜甫賦甄辨》(《杜甫研究學刊》1997 年第 2 期)、劉辰《〈全唐文〉宋璟〈梅花賦〉爲僞説補證》(《文學遺産》2008 年第 4 期)、林平、何易展《〈全唐文〉中〈慶雲抱日賦〉誤録辨疑》(《中華文化論壇》2014 年第 5 期)等。

《全上古三代秦漢三國六朝文》746 卷,清嚴可均編

【編者】

嚴可均(1762—1843),字景文,號鐵橋,浙江烏程(今湖州市吴興區)人。清嘉慶五年(1800)舉人,曾官建德縣教諭。輯有《周處風土記》《山謙之吴興記》《沈懷遠南越志》《抱朴子佚文》《全上古三代秦漢三國六朝文》等,撰有(道光)《建德縣誌》《説文校議》《説文聲類》《鐵橋漫稿》等。傳見《清史列傳》卷六十九。

【版本】

1. 稿本,現藏上圖。

2. 清光緒十八年(1892)王毓藻校理、廣州廣雅書局刻本。國圖藏,100 册。

3. 中華書局 1958 年據廣雅書局本影印出版(共 4 册),並編《全上古三代秦漢三國六朝文篇名目録及作者索引》爲其附册。

【内容】

《全上古三代秦漢三國六朝文》(以下簡稱《全文》)是我國歷史上規模最大的一部先唐文章總匯。據嚴可均《全文總叙》,清嘉慶十三年(1808)清政府開館纂修《全唐文》,著名學者多被徵召,而可均卻"越在艸茅",遭受冷落,於是慨然以纂修唐以前文章總集自任。他歷時 27 年,終於編成了這部多達 746 卷的大型文章總集,但未及繕寫。直至光緒年間,王毓藻纔集合 28 個文人,校讎 8 載,並將其付梓。編者傾盡一生精力,廣搜各類書籍,"鴻裁鉅製,片語單辭,罔弗綜録",使上古至隋代 3496 人的文章匯爲一集,真可謂"極學海之大觀,爲藝林之寶笈"(王毓藻序),是研究唐以前學術文化的必備書籍。

《全文》按時代先後爲序,編爲 15 集:《全上古三代文》《全秦文》《全漢文》《全後漢文》《全三國文》《全晉文》《全宋文》《全齊文》《全梁文》《全陳文》《全後魏文》《全北齊文》《全後周文》《全隋文》《先唐文》。每集作者又分帝、后、宗

室諸王、群雄、諸臣、宦官、列女、闕名、外國、釋氏、仙道、鬼神等。絶大多數作者前有小傳,正文中有簡要的校勘記。

《全文》輯賦數量,遠超前賢。據馬積高先生統計,該書輯録先唐賦作家342人,1211首(此數據含有賦體文),比張溥《漢魏六朝百三名家集》、李鴻《賦苑》、陳元龍《歷代賦彙》等都更爲完備。現以漢賦爲例:明李鴻《賦苑》輯録漢賦51家,176篇;清代陳元龍《歷代賦彙》含漢賦53家,190篇。而嚴可均輯録《全漢文》《全後漢文》,搜集漢賦作品多達75家,257篇(其中劉向《圍棋賦》、袁安《夜酣賦》屬於誤收,不計),超出李鴻81篇,超出陳元龍67篇。這是我國古代規模最大的一次先唐賦搜集與整理工作,其功自不可没。現將其在陳元龍《歷代賦彙》之外輯得的漢賦作品羅列如下:

枚乘七發,司馬相如棃賦,孔臧諫格虎賦、楊柳賦,東方朔答客難,王褒甘泉賦,劉向請雨華山賦、雅琴賦,揚雄覈靈賦、解嘲、解難,班彪覽海賦,馮衍楊節賦,杜篤衆瑞賦,梁竦悼騷賦,傅毅反都賦、七激,劉廣世七興,崔駰武賦、達旨、七依,王充果賦,班固耿恭守疏勒城賦、答賓戲,李尤七款,蘇順歎懷賦,葛龔遂初賦、劉騊駼玄根賦,張衡鴻賦、應間、七辯,崔瑗七蘇,馬融龍虎賦,鄧耽郊祀賦,崔琦七蠲,崔寔答譏,張奂芙蕖賦,劉梁七舉,廉品大儺賦,桓麟七説,趙壹解擯,劉琬神龍賦、馬賦,桓彬七設,蔡邕霖雨賦、玄表賦、釋誨,張紘瑰材枕賦,潘勖玄達賦,徐幹冠賦、嘉夢賦、七喻,繁欽三胡賦、明□賦、述征賦、述行賦、避地賦,王粲彈碁賦、投壺賦、圍碁賦、七釋,陳琳大荒賦、柳賦、應譏,應瑒撰征賦、校獵賦、神女賦。

這67篇賦,包含了一些殘篇,有些賦甚至衹留下片言隻語,如司馬相如《棃賦》,僅存"唰嗽其漿"四字,見載于《文選·魏都賦》劉逵注的徵引,嚴氏將其悉予網羅彙集,可見其搜討之細,用功之勤。這無疑爲我們全面認識漢賦、研究漢賦提供了極爲珍貴的材料。當然,《歷代賦彙》不收七體與答難體,輯賦的數量自然會受到限制。不過,僅就以賦名篇者論,嚴可均亦超出《賦彙》43篇。比較而言,陳元龍《歷代賦彙》僅超出李鴻《賦苑》14篇,嚴可均在鈎稽漢賦文獻上所做的貢獻遠遠超過了陳元龍。

此外,嚴氏還對於已經佚失的漢賦略作交代,有助於我們瞭解漢賦的全貌,並爲以後的輯佚工作提供了重要綫索。如司馬相如有《魚葅賦》已佚,《北堂書鈔》卷一百四十六提及,嚴可均將其附在司馬相如賦之末,並注明出處;其他如:枚乘有《臨灞池遠訣賦》(《文選》謝朓《休沐重還道中詩》注引),班固有《白綺扇賦》(《初學記》卷二十五),崔琦有《白鵠賦》(《後漢書·崔琦傳》),皆已佚失,嚴氏皆作存目處理,爲後人的研究提供了綫索。

《全文》校勘質量很高。嚴可均在輯賦内容的完備以及校勘整理的品質上取得重大突破。如東漢王逸撰有《荔支賦》,陳元龍《歷代賦彙》卷一二六僅輯録自"曖若朝雲之興"至"超衆果而獨貴"一段,此段文字應出自《藝文類聚》卷八七,但陳元龍未加標注,有失嚴謹。嚴可均《全後漢文》卷五十七也輯録了這一段,他在段末注明"藝文類聚八十七,御覽九百七十一"的字樣,便於讀者核查,明顯優於陳氏。此外,嚴可均還做了一些校勘工作,如在"緑葉臻臻"下標注"文選蜀都賦注作蓁蓁",在"大火中而朱實繁"下標注"文選蜀都賦注作繁生",爲讀者提供了很有價值的異文資料,實屬可貴。尤其令人欽佩的是,嚴氏又從《初學記》《太平御覽》等書中輯得不少佚文資料,作爲這段文字的前接部分:"大哉聖皇,處乎中州。東野貢落疏之文瓜,南浦上黄甘之華橘(初學記二十),西旅獻昆山之蒲桃(初學記二十八,御覽九百七十二),北燕薦朔濱之巨栗(藝文類聚八十七,初學記二十八,御覽九百六十四),魏土送西山之杏(藝文類聚八十七,御覽九百六十八),宛中朱柿(御覽九百七十一),房陵縹李(文選潘岳閑居賦注,御覽九百六十八),酒泉白柰(文選蜀都賦注),乃覩荔支之樹,其形也,曖若朝雲之興……"這幾句先稱讚漢帝聖明,接受四面八方進貢的各種奇異果品,爾後引出荔枝,進入本題。嚴氏將其置於"曖若朝雲之興"之前,作爲該賦的開頭,使前後銜接自然,順理成章,這顯然經過了一番細心揣摩。此外,嚴氏又輯得一段文字,卻將其置於"超衆果而獨貴"之後:"宛洛少年,邯鄲游士(文選曹植名都篇注,袁淑效曹植白馬篇注),裝不及解(文選赭白馬賦注),飛匡上下,電往景還(文選江賦注)。"這段話講衆人急不可待地采摘荔枝,其繁忙景象,歷歷如現。嚴氏將其安置在賦末,顯然也經過了一番斟酌。嚴氏的以上編排,在一定程度上恢復了《荔枝賦》的本來面目,層次井然,順暢可讀,頗有輯佚家的眼光,這對我們理解該賦的内容與結構大有幫助。對於每一篇賦的輯録,嚴可均都儘可能廣搜資料,並將所得佚文進行比勘,去其重複,審定次序,盡力展示賦的原貌,這是很可取的。

《全文》體例明確,資料豐富。在《全文》之首,嚴氏撰有《凡例》14 則,對編纂此書的方法、體例有詳細説明。最可注意的有以下三點:

(1)備載出處。《凡例》云:"各篇之末,皆注明見某書某卷。或再見、數十見,亦備細注明,以待覆檢。"上引對王逸《荔枝賦》佚文的輯録,都可清楚地看到嚴氏不避繁瑣、備載各條資料之來源的特點。其優點是便於讀者覆核原書,對其進行更深一層的研究。前此,明人張溥《漢魏六朝百三家集》、李鴻《賦苑》、清康熙年間陳元龍《歷代賦彙》、彭定求《全唐詩》,甚至同時代御修的《全唐文》(董誥主持)等皆未做到這一點,可見嚴氏識見之卓越,方法之科學。

(2)排列有序。《全文》依時代先後編排先唐文章,至於兩漢,則自然西漢在先,東漢在後。每代姓名次第,"曰帝,曰后,曰宗室諸王,曰國初群雄,曰諸臣,曰宦官,曰列女,曰闕名,曰外國,曰釋氏,曰仙道,曰鬼神"。以帝王后妃居首,以佛道鬼神居末,自然反映了封建時代文人對最高統治者的敬畏與推崇,有一定的歷史局限性。但作爲一種大型文章總集,根據人物的不同身份而分類編次,也不失爲一種可取的方法。

(3)作家小傳。嚴氏對先唐3496名作家,“皆爲之小傳,里系察舉,遷除封拜,贈謚著述,略具始末。或其人不見於史傳,則參考群書,略著爵里。如又不得,則云爵里未詳。或並不知當何帝之時,則列每代之末”。這些小傳于讀者非常有用,但于編者則甚爲勞苦。見諸史傳者易考,而名小職微者難尋。如東漢賦家蘇順、劉琬諸人,因歷史記載太少,所作小傳不得不極爲簡略:“(蘇)順,字孝山,京兆霸陵人。和、安間以才學稱,後拜郎中”,“(劉)琬,瑜子。靈帝時舉方正,不行”。至於生平不可考的鄧耽,就衹好書以“未詳”二字。這些小傳資料也應是文獻輯佚者的一項重要工作,但此前的李鴻《賦苑》、陳元龍《歷代賦彙》等都付之闕如。嚴氏將此作爲條例貫徹全書,無疑給讀者提供了更豐富、更全面的參考資料。

當然,作爲一部卷帙浩繁的大型文章總集,該書難免有篇目遺漏、誤收重收、内容闕失、文字訛誤等缺陷,有待於現當代學者去做增補或完善的工作。

【研究】

蹤凡撰有《嚴可均〈全漢文〉〈全後漢文〉輯録漢賦之貢獻》[《遼東學院學報》(社會科學版)2008年第6期]、《嚴可均〈全漢文〉〈全後漢文〉輯録漢賦之闕誤》(《文學遺產》2007年第6期),可以參看。

《國朝文録》82卷(賦4卷),清姚椿編

【編者】

姚椿(1777—1853),字子壽、春木,婁縣(今上海松江)人。清代散文家,詩人,畫家。曾主講河南彝山(或作夷山)書院、湖北荊南書院和松江景賢書院,以實學勉勵諸生,頗多造就。詩、文造詣很深。著有《通藝閣詩録》8卷續録8卷、《通藝閣文集》6卷補編1卷、《和陶詩》3卷、《晚學齋文録》12卷等。輯有《古文辭類纂續編》《國朝文録》《禹州志》等。事迹參見《清史稿》卷四八六。

【版本】

1. 清道光三十年庚戌(1850)初刻本(未見)

2. 清咸豐元年(1851)刻本

國圖藏,號:111454。本書4函24册。首張祥河《國朝文録序》2葉,鈐有“曾在吴官湯□□處”長方形章;次姚椿《國朝文録自序》1葉,署“道光庚戌七月”,是爲初刻時間;次沈曰富《國朝文録述例》2葉;次《國朝文録校勘題名》1葉,鈐有“陳垣同志遺書”“北平圖書館藏”印;次《國朝文録目次》(5—63葉);次正文。今看卷七十二“賦類”:四周雙邊,白口,單、黑魚尾,版心上端刻書名,中部刻“卷七十二(賦類一)”,下部刻頁碼。版框高17.6釐米,寬12.7釐米。

半葉12行,行23字。卷端題“國朝文録卷之七十二”,次行低一格爲“賦類一”,第三行爲篇名、作者。各篇衹有正文,没有圈點、評註。

3. 清光緒二十六年(1900)上海掃葉山房石印本

北大、南大、人大、復旦、鄭大藏。

【内容】

《國朝文録》凡82卷。其《述例》稱,本書效法姚鼐《古文辭類纂》的分類,將清代散文分爲17類:論辨、序跋、奏議上下、書、贈序、雜記、碑表上下、志銘、傳狀、賦、頌、箴、銘、贊、祭文哀誄。有兩類各分上下,其實爲15類。第72—75卷選賦,凡4卷,收賦23家,49篇,大致按照年代先後排列。同一賦家之賦,集中編排。各卷差異較大,如卷七十二凡選賦18篇,凡34頁,而卷七十三賦類二選賦4篇,衹有10頁,不詳其因由。粗略考察,可知所選之賦大多爲騷體賦,兼及散體大賦和詠物小賦,而時下流行的律賦則似乎未見選録。所選黄宗羲《避地賦》、焦元熹《述志賦》、張惠言《游黄山賦》等雖然長短不一,但皆使用“兮”字,屬於騷體賦;全祖望《皇輿圖賦》、紀昀《平定西域賦》、朱筠《哨鹿賦》等篇幅宏大,或使用問答體,是散體大賦;而焦元熹《心賦》、董士錫《憶梅賦》短小精緻,是詠物小賦。編者之旨趣與衆不同,於斯可見。

《敬修堂詞賦課鈔》16卷,清胡敬編

【編者】

胡敬(1769—1845),字以莊,號書農,仁和(今浙江杭州)人。清嘉慶十年(1805)進士,官翰林院編修。累官至侍講學士。詩文兼美。嘗預修《秘殿珠林》《石渠寶笈三編》。著有《崇雅堂詩文集》。事迹略見《清史列傳》卷七三。

【版本】

清道光年間刻本

南圖藏,號:GJ/92827。内封B面鎸有隸書書名“敬脩堂詞賦課鈔”。首訥音富呢揚阿《序》1葉,鈐有“木樨皂館范氏藏書”“江蘇省立第一圖書館藏書”印;次胡敬《敬脩堂詞賦課鈔序》2葉;次《敬脩堂詞賦課鈔目録》10葉,目録之末有附記云:“余在京主金臺講席,制藝之外,增課詩賦。時越三十餘載,散失略盡,叢殘數帙,檢自敝簏,不忍棄置,因録存之。”以下正文。左右雙邊,白口,雙、黑魚尾。半葉13行,行22字,小字雙行同。版框高18.4釐米,寬13.6釐米,無界行。卷端題“敬脩堂詞賦課鈔卷一”,版心中部刻“敬脩堂詞賦課鈔第一課”和頁碼。

【内容】

據胡敬目録序,嘉慶年間胡氏曾在京師“主金臺講席,制藝之外,增課詩賦”。時日既久,資料散失,本書即爲這些教學資料之殘賸者。

本書凡16卷,分108課,每課大都有賦有詩有文。例如第一課,講賦1題1篇,即《時辰表賦》(鄒志初);第二課,講賦1題2篇,即《藺相如完璧歸趙賦》(姚伊憲、丁遐福),此外尚講讀《擬司馬温公進資治通鑒表》(鄒志初)、《趙忠毅鐵如意歌》(姚伊憲、丁遐福、黄東汪、吴培元、邵綸)和《湖山暮歸即景四詠》(丁遐福)10篇,凡12篇。編者自云"時越三十餘載,散失略盡,叢殘數帙,檢自敝簏",則可知第一課所講習之内容,恐怕亦不止《時辰表賦》1篇,其餘詩文皆已散佚,僅賸此篇耳。需要説明的是,其中有21課祇講詩文,卻没有賦(可能原來就没有安排,也可能是原來所講賦篇已散失)。如此,則本書實際收録律賦87題。又由於每課所講賦題,常常選録不同作者的同名賦,以指示作賦的不同門徑。例如卷二第六講,講讀《錢武肅王犀弩射潮賦》,收録姚伊憲、丁遐福、姚光憲、邵綸、楊廷敬5人之賦各1篇,凡5篇。經核查,全書收賦87題,182篇,加上所附"金壇課藝"之賦5篇,實際收賦187篇。有些賦家名字反複出現,例如姚伊憲(收賦17篇)、馮培元(15篇)、董醇(13篇)、鄒志初(13篇)、胡琨(10篇),看來編者主要依賴這幾位賦家的别集,同時因爲這些賦家大都是杭州人,亦有宣揚地方文學的用意。

對於所講讀之詩賦,編者皆施以圈點。例如首篇《時辰表賦》(鄒志初),"惟泰西之匠巧,仿玉衡與璿璣"一段有連圈,"韻捶丁東,悵客裏之光陰孤負;音流子細,視箇中之消息何如"四句有連點;賦中尚有幾處截畫,既標限韻,也理層次。編者課徒,首篇即選自鳴鐘之賦,開眼看世界,甚有眼光。

《駢文類纂》46卷(詞賦4卷),清王先謙編

【編者】

王先謙(1842—1917),字益吾,湖南長沙人。因宅名葵園,又稱葵園先生。清同治四年(1865)進士,曾任翰林院侍講、國子監祭酒、江蘇學政,湖南嶽麓書院、城南書院山長。博覽圖籍,學識淹博,除校刻《皇清經解續編》外,還著有《虚受堂詩文集》《詩三家義集疏》《荀子集解》《莊子集解》《漢書補注》《後漢書集解》《水經注合箋》《十朝東華録》《續古文辭類纂》等。

【版本】

清光緒二十八年(1902)思賢書局刻本

首師大藏,號:PG/835.9/120。本書凡3函24册,書高26.9釐米,寬17.1釐米。内封A面鎸有篆文書名"駢文類纂四十六卷",鈐有"朱彭壽印""武原朱述庵珍藏印記""北京師範學院藏書之章";B面鎸"光緒壬寅歲思賢書局刊"。首王先謙《駢文類纂序目》49葉;次《駢文類纂撰人姓氏》15葉;下爲正文。左右雙邊,黑口,單、黑魚尾。半葉11行,行22字。板框高17.5釐米,寬13.8釐米。卷端題:"論説類一上,駢文類纂一上。"小題在上,大題(書名)在下。版心

中部刻"駢一上(論説)"和頁碼。

【内容】

本書是一部分體編纂的駢文總集。全書分爲論説類、序跋類、表奏類、書啟類、贈序類、詔令類、檄移類、傳狀類、碑誌類、雜記類、箴銘類、頌贊類、哀弔類、雜文類、詞賦類等共計15類,分别編選名家名作,乃係古代駢文分類精選。全書以詞賦類收尾,詞賦(辭賦)類之下又自然分爲兩種:第一種爲楚辭體(卷四十五),收録屈原、宋玉、賈誼、東方朔等人的楚辭體作品39篇(《九辯》計9篇);第二種爲賦體(卷四十六上、中、下),收録宋玉《高唐賦》《神女賦》、司馬相如《子虛賦》《上林賦》等作品43篇。此外,雜文類(卷四十四)還選録了揚雄《解嘲》、班固《答賓戲》、枚乘《七發》等賦體文數十篇。共計收録賦體以及接近賦體的詩文一百餘篇,反映了作者明細的文體分類意識。僅就狹義的賦體而言,編者顯然十分重視先唐賦的編選,篇幅佔此類之大半。唐以後賦,代不數篇。唐代僅僅收録李德裕一家賦3篇,宋代僅僅收録歐陽修、陳普二家賦3篇,金元明三代竟然没有一篇入選,明顯看出編者的傾向性。陳普是理學家,在辭賦領域並無太大影響,王先謙捨棄蘇軾賦而選陳普賦2篇,顯然有其偏愛。至於清代,亦僅有5家11篇,而李慈銘(字愛伯)一家就入選5篇:《西陵賦》《城西老屋賦》《海棠賦》《昆明湖望萬壽山賦》《九哀賦》,超過辭賦大家司馬相如(4篇)、揚雄(3篇)、張衡(3篇),亦可見其偏頗。所選各賦,皆無句讀、評論、注釋,偶有圈點,以示佳句而已。

【研究】

尚無專門研究《駢文類纂·賦》的論文。相關成果有:路海洋《王先謙〈駢文類纂〉的文學批評建樹》[《蘇州大學學報》(哲學社會科學版)2016年第6期]、莫道才、劉振乾《論王先謙〈駢文類纂〉的刊刻傳播》(《船山學刊》2018年第4期)等。

《八旗文經》60卷(賦5卷),清盛昱、楊鍾羲編

【編者】

盛昱(1850—1899),愛新覺羅氏,字伯熙(伯羲、伯兮),號韻蒔,一號意園,滿洲鑲白旗人,肅武親王豪格七世孫。清光緒二年(1876)進士,授編修。曾任文淵閣校理、國子監祭酒。累遷右庶子,充日講起居注官。因彈劾何璟等,被下吏嚴議,發黑龍江、新疆安置。光緒十年遷祭酒,整頓學風,士習爲之一變。著有《八旗文經》《雪屐尋碑録》《鬱華閣文集》等。

楊鍾羲(1865—1940),姓尼堪氏,原名鍾慶,後改爲鍾羲,冠姓楊,字子勤、聖遺、芷晴,號留垞、梓勵,又號雪橋、雪樵等。隸漢軍正黄旗,世居遼陽。清光緒十五年(1889)進士,授翰林院庶吉士,散館授編修。曾任國史館協修、湖北鄉

試内監試官,襄陽、淮安、江寧知府。辛亥革命後,蟄居上海。藏書數萬卷。著有《雪橋詩話》正、續、三、餘集,《雪橋自訂年譜》《聖遺詩集》《意園文略》《八旗文經》(合著)等。

【版本】

清光緒二十七年(1901)刊本

首師大藏,號:PG/835.7/34。本書凡2函12册,書高26.4釐米,寬17釐米。書衣左側印有朱色書名小字"八旗文經"。内封A面鎸有楷書書名全稱"八旗文經五十六卷作者考三卷叙録一卷",B面鎸有篆文牌記兩行:"光緒辛丑秋八月刊於武昌,侀活絡端方署檢。"首張之洞《八旗文經叙》3葉(以上皆爲朱色);次卷一目録1葉,卷端題:"八旗文經卷第一,賦甲。"目録之下,接刻正文。(以下每卷卷首都有目録)正文左右雙邊,大黑口,黑魚尾(雙、順)。半葉12行,行23字。板框高18.2釐米,寬13.1釐米。上魚尾之下刻"八旗文經卷一",下魚尾之下刻"賦甲"和頁碼。書末附有《作者考》3卷、《叙録》1卷。鈐有"北京師範學院藏書之章"。

【内容】

本書選録清代滿洲、蒙古、漢軍八旗人所作之文六百多篇,是一部專題性文章總集。據張之洞叙,清代内廷設立蒙養齋、尚書房,又於國子監之外設立宗學、覺羅學、八旗官學、景山學、咸安宫學、虎闈成均,非常重視對子弟的教育,八旗子弟的文學素養也隨之提高。雍正朝纂《八旗志》,詳於史實而不及文學;嘉慶間纂《熙朝雅頌集》,限於詩歌而不及散文。於是在光緒年間,盛昱、楊鍾羲二人搜訪遺文,得197家600餘篇,編爲56卷。書後附有《作者考》3卷,考述每位作家的生平;《叙録》1卷,係分體評論,可供讀者查考。該書將八旗散文分爲賦、論辨、序、題跋、奏議、表、書、記、碑、頌贊、箴銘、墓碑、墓誌、傳狀、七、連珠、設辭、哀祭,凡18體,分别編録。其中卷一至卷五爲賦體,依次收録成哲親王賦3篇、成德賦3篇、揆叙賦1篇、達禮賦1篇、李鍇賦8篇、黑瑀賦2篇、鮑鉁賦2篇、常安賦5篇、和寧賦1篇、鐵保賦2篇、玉保賦1篇、英和賦1篇、柏葰賦1篇。總數爲31篇。其中李鍇(8篇)、常安(5篇)二家數量最多;而和寧賦雖然衹有1篇《西藏賦》,但篇幅巨大,佔據了整整一卷,並且連同注釋一併收入,亦頗受重視。其餘各家賦,皆無注釋。所選賦大都是古賦,鮮少當時流行的律賦,可以看出八旗子弟作賦的風格。編者不加句讀和評點,版面十分整潔。

【研究】

尚無專門研究《八旗文經·賦》的論文,但韓麗霞《試論〈八旗文經〉的文學價值》(《蘭臺世界》2012年第12期)、于景祥、胡佩傑《〈八旗文經〉四題》[《内蒙古民族大學學報》(社會科學版)2018年第5期]亦可資參考。

第三章 賦別集正編

《毛西河賦》4 卷,清毛奇齡撰

【編者】

毛奇齡(1623—1716),原名甡,又名初晴,字大可,又字僧開、于一,號秋晴,又號初晴、晚晴等,蕭山(今杭州市蕭山區)人。以郡望西河,世稱"西河先生",與兄毛萬齡並稱爲"江東二毛"。明末諸生,清初參與抗清軍事,流亡多年始出。康熙時薦舉博學鴻詞科,授檢討,充明史館纂修官。尋假歸不復出。治經史及音韻學,著述極富。所著《西河合集》分經集、史集、文集、雜著,共四百餘卷。傳見《清史稿》卷四八一、《清史列傳》卷六八。

【版本】

1. 清康熙間蕭山陸氏刻本

國圖藏,號:41964:87。本書爲《毛西河全集》之一種,在第 7 函第 87 册。書高 24. 7 釐米,寬 16. 4 釐米。首《西河合集序目》1 葉,次《西河合集・賦目》1 葉,下爲正文。四周單邊(版框甚粗),白口,無魚尾。版框高 20 釐米,寬 14. 5 釐米,半葉 10 行,行 20 字,小字雙行同。卷端題:"西河合集,蕭山毛奇齡(字大可,又字于)稿,姜承烇次壁、金敬致正夏較。"版心刻"賦、卷一"(小字、並列)和頁碼。正文之旁有小圈,正文之末有尾評,以雙行小字刻之。

2.《輯刊》第 141 册影印首圖藏清康熙間蕭山陸氏刻本

【内容】

本書共收毛奇齡賦 26 篇。卷一爲詠物賦 11 篇,卷二爲應制賦 3 篇,卷三爲京殿賦 2 篇,卷四爲文學賦、詠古賦 10 篇。體製多爲古賦或小賦,未見律賦。時值清代初年,律賦尚未興起故也。賦中有圈點,賦末有尾評。如《江柳賦》(二)之末刻有 2 行小字:"蔣大鴻曰:綿綿渺渺,魂擾神渫,讀之百端交集。"《彈箏賦》之末刻有 6 行小字,爲二人評語:"張南士曰:既妙抒寫,復工形似,附物宛轉,緣情綺靡,真驚才絶豔之作也。簡文以下尚遜其妙麗,況近代耶?又曰:節節新變,每逐境由繹,惟恐其已。任屏臣曰:次梗邋遢,赤水稠濁,必如此裁,是妙絶組繪。"其中"次梗"指盧楠,"赤水"指屠龍,皆爲明末著名賦家。輯録他人評點,皆標註姓名,保存了一些賦論資料。雖多爲溢美之辭,亦可供參考。

《空明子茸城賦注》1 卷,清張榮撰並注

【編者】

張榮,字景桓,號玉峰,又號空明子,江南華亭(今上海市松江區)人。曾任崇川訓導。工詩詞古文,生平所作,共有古文雜作六百餘首,詩三萬餘首,詩餘一千五百餘首,歌謠三百餘首。康熙五十三年,存三十分之一,編爲《空明子詩集》10 卷又 8 卷,文集 6 卷又 2 卷,雜録 1 卷,詩餘 6 卷,其餘均付之一炬。生平略見《(嘉慶)松江府志·古今人物》。

【版本】

1. 清康熙年間謙益堂刻《空明子全集》本

國圖藏,號:10924:15。本書凡 1 册,在《空明子全集》第 2 函第 15 册。書高 25.2 釐米,寬 16 釐米。内封 B 面刻:"華亭空明子著,茸城賦注(楷書大字),謙益堂藏板。"首李如泌《空明子先生自註茸城賦序》2 葉;次凌顧榮《空明子先生自註茸城賦序》2 葉;以下正文。左右雙邊,黑口,黑、對魚尾。版框高 16.6 釐米,寬 11.8 釐米,半葉 11 行,行 21 字,小字雙行同。卷端題:"空明子茸城賦注,雲間張榮景桓氏著,同學諸子校訂。"版心中部刻"空明子茸城賦註"和頁碼。本書凡 29 葉。序首葉鈐"京師圖書館藏書記"印。

2.《輯刊》第 141 册影印國圖藏清康熙年間謙益堂刻《空明子全集》本

【内容】

作者在賦序中稱,自古以來詠茸城者,僅見小篇,"即郡志所載《松江》前後兩賦,亦不過寫嘉禾笠澤之事,要非松江之故典也,心竊非之。爲著《茸城》一賦,約五千言有奇,兩日告竣"。可見作者創作此賦,旨在補賦史之闕,其援筆爲文,兩日而就,亦可見其才思之敏捷,以及對鄉邦文化歷史之熟稔。凌顧榮序稱此賦,"其間山川之名勝,郡邑之沿革,風土人物之盛衰,院宇橋梁亭臺苑囿之興廢,以及物産之所直,賦税之所出,靡不搜羅點綴,貫串成文",可見其内容之浩博。

《茸城賦》是一篇歌詠茸城山川名勝、歷史文化的散體大賦,篇幅達五千言。作者自加註釋,其篇幅又數倍於原賦。如開頭"啟草昧於洪荒"注:"洪荒之世,草昧初開,洪水滔天,下民其咨。"又"滙東南爲澤國"注:"天空西北,地空東南,況水性東流。水土未奠以前,懷山襄陵,號爲澤國。"又"疏三江於既入"注:"《禹貢》云:三江既入,震澤底定。"又"仰神禹之大德"注:"禹既疏東江、婁江、松江之後,水患漸息,至今人蒙其德。"這里從大禹治水説起,十分符合茸城作爲江南水鄉的特點。據《空明子文集》卷一、卷二,張榮有賦 11 篇,作者單注此賦,可見其對此賦的重視。

《竹園賦略》1 卷，清張九鐔撰

【編者】

張九鐔（1721—?），字竹南，號吾溪，一號蓉湖，湘潭（今屬湖南）人。清乾隆四十三年（1778）考中進士，選庶吉士，散館授編修。閉户著書，淡泊名利。年八十尚在世。工詩文，著有《易通》《古文尚書考》《笙雅堂文集》《笙雅堂詩集》等。生平略見《清史列傳》卷七二、《國朝耆獻類徵初編》卷一三二、《國朝先正事略》卷四三等。

【版本】

1. 清嘉慶十七年（1812）湘潭張世浣刻《笙雅堂全集》本

國圖藏，號：8792：10。凡 1 册。本書是《笙雅堂全集》之一種。《全集》共 10 册，包括：《笙雅堂文集》4 卷、《詩集》14 卷、《易通》1 卷、《竹書紀年考證》1 卷、《竹南賦略》1 卷。《賦略》在最後一册。内封 A 面鎸有篆文書名"竹南賦略"4 字。首朱珪《序》1 葉，次張九鐔《自序》1 葉，次目録 2 葉，卷端題："竹南賦略目録，湘潭張九鐔蓉湖著，男世濂、世浣、世澧編次。"目録之末鎸校讀者姓名三行："壬申二月上浣愚姪譚光祜校讀，壬申二月既望愚姪楊芳燦校讀，壬申二月既望世再姪嚴學淦校讀"（此處壬申，當指嘉慶十七年，即 1812 年）。以下正文。四周雙邊，黑口，雙、黑魚尾。半葉 10 行，行 21 字，小字雙行同。卷端題："竹南賦略，湘潭張九鐔蓉湖著，男世濂、世浣、世澧編次。"上魚尾之下刻書名"竹南賦略"和頁碼。鈐有"武昌柯逢時收藏圖記""北京圖書館藏"印。

2.《輯刊》第 141 册影印國圖藏清嘉慶十七年湘潭張世浣刻本

【内容】

本書爲張九鐔自編之賦集，選賦 30 篇。作者自序云："戊戌夏六月，余始入教習館……余年已五十有八。"張九鐔於乾隆四十三年戊戌（1778）考中進士，選庶吉士，時年 58 歲。則可以推知其生年爲康熙六十年（1721）。自序又云："三年間凡大小課賦二十餘篇，附進呈、散館及少年時所作，爲一卷"，朱珪序亦稱："門人張君蓉湖以今年所作館課請正於余，余爲擇其尤者二十餘篇。"可見該書乃是以作者在翰林院庶常館所作館課之賦爲主，請館師朱珪鑒定，精選二十餘篇，另外又選録進呈賦、散館賦以及作者少年時所作之賦，編成一卷。據自序所署，本書編訂時間爲乾隆五十六年辛亥（1791）初夏，作者已 70 歲。首選《御試虚室生白賦》，乃係其庚子（1780）散館時所作。其餘諸賦，大都有尾評。如《友風子雨賦》尾評："名言絡繹，元氣淋漓，不愧'廣大精神'四字。于金壇師。"《太極圖賦》尾評："前半氣象宏闊，具大手筆，入後纙縷道妙，掃盪群言，真若披雲霧而睹青天矣。錢擇石師。"《賦賦》尾評："賦家之心，包括宇宙，總覽人物。似此標舉體要，動中規矩，豈必觀千賦而後曉賦耶！朱南崖師。"既提供了館閣試賦的相關信息,也保存了一些賦論資料。

《白華試體賦》1 卷,清吴省欽撰

【編者】

吴省欽(1729—1803),字沖之,號白華,南匯(今屬上海)人。清乾隆二十八年(1763)進士,授翰林院編修,歷任禮、工、吏部侍郎,官至左都御史。嘉慶初,白蓮教起義,秀水王曇詭稱能作掌心雷,省欽薦之,以誕妄奪職。和珅秉政,與其弟吴省蘭攀附和珅,令人不齒。工詩文,有《白華前稿》《白華後稿》《白華入蜀詩鈔》《白華入蜀文鈔》《白華試體詩賦》2 卷。生平事迹見《清史列傳》卷二八、《國史列傳》卷十、王昶《春融堂集》卷五六《都察院吴君墓誌銘》、《國朝耆獻類徵初編》卷一二六等。

【版本】

1. 清勤補堂《鶴沙吴氏試體詩賦合刻》本

國圖藏,號:81553:1。《合刻》1 函 4 册,本書在第 1 册,書名據版心所題。書高 24.3 釐米,寬 14 釐米。内封 B 面鎸:"鶴沙吴氏試體詩賦合刻,勤補堂藏板。"首《白華試體詩賦目録》4 葉,從中可知此集收詩 28 首,賦 16 首;次《白華試體詩》1 卷,凡 12 葉,卷端題"白華試體詩卷一,南匯吴省欽沖之";次《白華試體賦》1 卷,凡 36 葉,卷端無題署。賦集狀況:左右雙邊,白口,單、黑魚尾。版框高 16.4 釐米,寬 12.3 釐米。半葉 10 行,行 21 字。首賦爲"御試精理亦道心賦(丁丑),(南巡召試)吴省欽",以小字形式交代了作賦時間和作賦緣由。版心頂部刻"白華試體賦"5 字,魚尾之下刻"卷一"和頁碼,底部刻"勤補堂"3 字。有句讀。鈐有"國立北平圖書館珍藏"印。

按:本叢書包括《白華試體詩賦》(吴省欽)、《稷堂試體詩賦》(吴省蘭)、《奏御稿存》(吴省蘭)、《十國宫詞》(吴省蘭)4 種,各 1 册。實爲吴氏兄弟之合集。每册書衣皆以墨筆題"白華遺稿",不確。函套側脊印"鶴沙吴氏合集"6 字,甚是。

2.《輯刊》第 141 册影印國圖藏清勤補堂刻本

【内容】

本書共收録吴省欽賦 16 篇,以詠古賦爲主。例如《廣寒宫聽紫雲曲賦》,目録頁有題注云:"本《集異記》。明皇嘗八月望夜,與葉法善同遊月宫,聆月中奏樂。上問曲名,曰《紫雲曲》也。明皇素曉音律,默記其聲。還過潞洲城上,俯視城郭悄然,月色如晝,法善請上以玉笛奏曲。時玉笛在寢殿中,法善命人取之,旋頃而至。奏曲既,投金錢於城中而還。旬餘,潞洲奏八月望夜,有天樂臨城,獲金錢以進。"可見此賦乃是歌詠唐明皇李隆基與葉法善同遊月宫、聆聽仙樂的歷史傳説。清代賦在題材上難以突破前人,於是便出現了大量的詠古之作。吴省欽的賦恰好體現了這一特色,因而具有一定的代表性。

《稷堂試體賦》2 卷,清吴省蘭撰

【編者】

吴省蘭(1738—1810),字泉之,南匯(今屬上海市)人。吴省欽之弟。清代藏書家。清乾隆二十八年(1763),由舉人考取咸安宫官學教習,曾是和珅的老師。四十三年(1778)賜同進士出身,官至工部左侍郎,降補侍講,升侍讀學士。曾任編修、學政、侍讀等職。和珅當政,吴省蘭與其兄吴省欽反拜和珅爲師,投靠其門下,爲士人所不齒。和珅敗,去職。然博聞多學,喜聚書,搜羅文獻甚勤。曾於嘉慶中輯刊《藝海珠塵叢書》8 集,收書 136 種;由錢熙輔續輯 2 集,收書 42 種。共計 10 集,178 種。著有《聽彝堂文稿》《五代宫詞》《十國宫詞》《河源紀略》《楚南隨筆》《楚峒志略》等。生平事迹見《清史列傳》卷二八、《國史列傳》卷四二、《國朝耆獻類徵初編》卷一二六等。

【版本】

1. 清勤補堂《鶴沙吴氏試體詩賦合刻》本

國圖藏,號:81553:2。全書 1 函 4 册,本書在第 2 册中,書名據版心所題。書高 24.3 釐米,寬 14 釐米。首《稷堂試體詩賦目録》17 葉;次《稷堂試體詩》2 卷,收詩 123 篇,卷端題:"稷堂試體詩卷一,南匯吴省蘭泉之";次《稷堂試體賦》2 卷,收賦 22 篇,卷端無題署。賦集狀況:左右雙邊,白口,單、黑魚尾。版框高 16.2 釐米,寬 12.3 釐米。半葉 10 行,行 21 字。首篇爲《御試虚室生白賦》,署"(庚子散館)吴省蘭"。版心上端刻"稷堂試體賦",魚尾之下刻卷數、頁碼,底部刻"勤補堂"3 字。有句讀。鈐有"國立北平圖書館珍藏"印。

2.《輯刊》第 142 册影印國圖藏清勤補堂刻本

【内容】

《稷堂試體賦》卷一收賦 12 篇,卷二收賦 11 篇,共計 23 篇,内容、風格皆與其兄吴省欽相似,以詠古賦爲主。例如《列子御風賦》,典出《莊子・逍遥遊》篇:"夫列子御風而行,泠然善也,旬有五日而後反,彼於致福者未數數然也。此雖免乎行,猶有所待者也。"其他各賦,亦大致如此,可以參看該書目録中的題注。從古代典籍中尋找作賦題材,是吴氏兄弟賦的特色,也反映了一種時代風尚。這説明清人在辭賦題材上處於舉步維艱、難以拓展的窘境,祇好仰鼻息於古人;同時,清代各種考試皆從古代典籍中命題,大概也是造成這種現象的重要原因。

《陶午莊賦稿》不分卷,清陶廷珍撰

【作者】

陶廷珍,字效川,號午莊,祖籍會稽(今浙江紹興),蕭山(今屬浙江)人。陶

元藻(1717—?)子。清乾隆三十六年(1771)舉人,官甘肅肅州同知。著有《陶午莊賦稿》及《天目》《遠遊》《雞肋》《仇池》《關河》諸詩集等。傳見民國《蕭山縣志稿》卷十八。

【版本】

1. 清鈔本

國圖藏,號:108987。本書1函1册,書高25.1釐米,寬12釐米。書簽題"午莊賦鈔(汪世錫甥手録,寄贈劫木葊藏)",下鈐"劫木葊""際衍"2印。書衣尚有"苦茶庵""會稽周氏"兩枚印章,皆爲周作人所鈐。内葉上有周作人題記兩條:"劫木葊舊藏《陶午莊賦鈔》一册,八十三葉,民國廿一年十一月得自上海書店,十一日改訂讫,记此。知堂","案,汪世錫係龍莊孫[甥],生於嘉慶八年癸亥。見《病榻夢痕録》又載繼培娶會稽陳芑洲女,然則劫木菴蓋即陳氏與? 廿三年一月二日,燈下又記。"無目録、序跋,正文無邊欄,每半葉鈔9行,每行25字。行高約19釐米,寬約9.8釐米。卷端題:"陶午莊賦稿,會稽陶廷珍午莊著。"鈐有"劫木葊""際衍""苦雨齋藏書印""國立北平圖書館珍藏"印。全書共83葉,但不標頁碼。

2.《輯刊》第142册影印國圖藏清鈔本

【内容】

本書收録陶廷珍賦作39篇,包括一些描寫農村風俗和當地生産生活的賦作,如《菜花賦》《龍井焙茶賦》等。還有一些賦作從事典而來,比如《蟻穿九曲珠賦》出自孔子穿九曲珠的故事,《大禹惜寸陰賦》典出《晉書·陶侃傳》。各賦皆無圈點、句讀,但有總評。如《菜花賦》總評云:"鯨鏗春麗,弁冕群英。(錢茶山)"《六角扇賦》總評云:"題似囫圇,中間卻有許多周折,能手必爲一一鈎摹,不但刻畫六角,精神飽滿也。(錢稼軒)"其他評點者還有張百斯、彭芝庭、張潛亭、劉豹君、汪龍莊等。據《清人詩文集總目提要》,錢維臣曾爲《午莊賦草》撰序,蔣士銓題《遠遊集》,贊其"鴻朗高華,生造奇語,才人吐屬,美不勝收",通過此書所收之賦可以一窺陶氏之文學造詣。

《古綆齋律賦》2卷,清莊承籛撰

【作者】

莊承籛(1739—1787),字少彭,號羹堂,一號古香,武進(今屬江蘇常州)人,咸寧(今屬陝西)籍。清乾隆三十一年(1766)丙戌科進士,選庶吉士,散館授編修。曾任詹事府左贊善,侍讀學士。四十八年(1783),主山東鄉試。著有《古綆齋試帖》《古綆齋律賦》《餐勝閣詩集》《羹堂文稿》等。傳見《毗陵莊氏族譜》卷四、《詞林輯略》卷四。

【版本】

1. 清乾隆五十二年(1787)刻本

首師大藏。號:SG/847.4/525。本書附刻於莊大中《織雲樓詩》之末,凡上下2卷,裝訂爲1册。内封B面鎸:"元和莊畊塘稿,古綆齋律賦,計賦二十首。"首莊通敏(號迂甫)《序》2葉,鈐有"北京師範學院藏書之章";次莊承籛自識1葉;次《古綆齋律賦目録》1葉;以下正文。左右雙邊,白口,單、黑魚尾。半葉9行,行21字,小字雙行同。無界行。卷端題:"古綆齋律賦卷上,元和莊承籛畊塘。"版心頂部刻書名,魚尾之下刻"卷上"和頁碼。

2.《輯刊》第142册影印首師大藏清乾隆五十二年刻本

【内容】

本書收録莊承籛律賦20篇。儘管作者"髫齡即工屬對","自諸生拔萃,以洎翺翔詞苑,先後有作,無慮數百篇"(莊通敏《序》),但大都已經散佚。集中所收,皆作於壬辰、癸巳間(1772—1773),與沈朗峰、秦端崖、莊亭叔等結課作賦之時。由於作者擔任翰林院編修、詹事府左贊善等职,故其律賦大都以天文、懷古、詠物、抒情爲主,風格典雅,講究屬對,具有鮮明的翰院特色。各賦皆有圈點、截畫,賦末贅以評論。如首篇《雲漢爲章賦》尾評:"錦質報章,江波初濯,應與珠貝耀洪流也(劉青垣同年)","其氣沛然,其光熊然(温熙堂)",可供參考。

《紅樓夢賦》1卷,清沈謙撰

【作者】

沈謙(1783—1832),字青士,後改名錫庚。祖籍浙江蕭山,入籍順天府。清嘉慶十三年(1808)舉順天鄉試,揀選知縣。道光三年(1823)考取國子監學正,道光十年(1830)欽派天津南新倉監,道光十二年(1832)截取同知,未任而卒。敕授文林郎、晉封中議大夫。著有古今體詩、駢體文待刊。事迹略見光緒《蕭山長巷沈氏宗譜》卷二十一。

【版本】

1.清道光二年(1822)刻本

清華藏,號:庚470/7012。本書1函2册,未查。

2.清道光二十六年(1846)眠琴書屋刻本

鄭大(44.566/141+18)、復旦[723018(6)]、吉大(集8736K)皆有收藏。

3.清道光三十年(1850)吴江爰氏蝶園刻本

4.清光緒二年(1876)山陰何鏞刻本

北大(X/811.37/3408)、北師大(857.4/141-745)、吉大(子2477K)皆有收藏。

5.清光緒四年(1878)京都聚珍堂書坊木活字本

國圖藏,號:96234。本書凡1册,書衣左側貼有書籖,印"紅樓夢賦"4字,鈐有"聚珍堂印"。内封A面刻:"光緒戊寅首夏重校,紅樓夢賦(隸書大字),京都隆福寺路南聚珍堂書坊發兑。"並有"聚珍堂擺印"墨色章。首沈謙自叙 2 葉;次《紅樓夢賦目録》2 葉;以下正文。四周雙邊,白口,單、黑魚尾。半葉 10 行,行 22 字,無界行。卷端無題署。版心頂部刻書名,魚尾之下刻頁碼和"聚珍堂"3 字。

6.《輯刊》第 142 册影印國圖藏清光緒四年京都聚珍堂書坊木活字本

【内容】

《紅樓夢賦》共 20 篇,是一部以賦體形式評價《紅樓夢》的奇書。本書完成於嘉慶十四年己巳(1809),道光二年(1822)刊行。自叙中有"馮驩之歌,彈有三疊""悁結彌深,鬱伊未釋"之語,蓋爲作者會試失利後紓煩解悶之作。作者選取《紅樓夢》中的經典場面,分别進行鋪叙和評論,依次是:寶玉夢遊太虚幻境、寶釵滴翠亭撲蝶、黛玉葬花、探春海棠結社、櫳翠庵品茶、秋夜制風雨詞、蘆雪亭賞雪、寶玉雪中折紅梅、晴雯病補孔雀裘、邢岫煙典衣、史湘雲醉眠芍藥茵、怡紅院夜宴、黛玉見土物思鄉、中秋夜品笛桂花陰、凹晶館月夜聯句、四美釣魚、瀟湘館聽琴、焚稿斷癡情、熙鳳月夜感幽魂、李紈稻香村課子,幾乎囊括了書中所有的精彩片段。本書展示了作者對小説虚構性、色空觀的理解,流露出對小説中年輕女性的讚賞與同情。各賦皆無句讀、圈點,但賦末有總評。如《寶玉夢遊太虚幻境賦》尾評:"吹大法螺,擊大法鼓,然大法炬,如來説法,真要唤醒一切,救度一切。(俞霞軒)"以佛教思想點評《紅樓夢》,切中要害。本書以賦體形式評論小説,亦莊亦諧,開創了新的小説評論模式,也爲賦體文學注入了新的内容和活力。

【研究】

潘務正《沈謙〈紅樓夢賦〉考論》(《厦門教育學院學報》2011 年第 4 期)、趙春輝〈紅樓夢賦〉作者沈謙新考》(《紅樓夢學刊》2014 年第 6 期)、王雨容《沈謙〈紅樓夢賦〉之寄託論》(《凱里學院學報》2017 年第 1 期)有研究。

《簡學齋館課賦存》1 卷《續鈔》1 卷,清陳沆撰

【著者】

陳沆(1785—1826),原名學濂,字太初,號秋舫,蘄水(今湖北浠水)人。清嘉慶二十四年(1819)一甲一名進士,授翰林院編修。道光元年(1821)任廣東鄉試正考官,三年(1823)充會試同考官,轉都察院四川道監察御史。博通經史,工詩賦,著有《詩比興箋》《近思録補注》《簡學齋詩存》《簡學齋賦存》《白石山館遺稿》等。事迹略見《清史列傳》卷七三、《碑傳集補》卷八、《皇清書史》卷八。

【版本】

1. 清咸豐二年(1852)蘄水陳氏刻本

國圖藏,號:89217。本書爲《簡學齋詩賦》系列之兩種。全書 1 函 5 册,第 1

册爲《簡學齋詩存》4卷,第2册爲《簡學齋館課賦存》不分卷、《簡學齋館課試律存》不分卷,第3册、第4册爲《簡學齋館課賦續鈔》不分卷,第5册爲《簡學齋試律續鈔》不分卷。

《簡學齋館課賦存》在第2册,無目録、序跋。左右雙邊,白口,單、黑魚尾。版框高18.9釐米,寬13.9釐米。半葉8行,行21字,小字雙行同。卷端題:"簡學齋館課賦存,蘄水陳沆。"版心頂部刻"簡學齋館課賦存",下部刻頁碼。賦中刻有圈點、句讀、截畫,賦末有總評。共57葉。

《簡學齋館課賦續鈔》在第3、4册。行款同上。版框高18.3釐米,寬14.2釐米。卷端題:"簡學齋館課賦續鈔,蘄水陳沆秋舫,男廷經編次。"版心上端鎸書名,下部爲頁碼。賦中有圈點、句讀,賦末或有總評。第3册爲1—70葉,第4册爲71—177葉。鈐有"北京圖書館藏"印。

2.《清代詩文集彙編》第547册影印清咸豐二年蘄水陳氏刻本

3.《輯刊》第142—143册影印上圖藏清咸豐二年蘄水陳氏刻本

【内容】

《簡學齋館課賦存》共收陳沆賦23篇,全爲律賦。此集與景其濬編《四家賦鈔》本《簡學齋賦鈔》(29篇)篇目上有重疊,亦有不同。景其濬序贊其賦"氣息深厚,卓然漢唐人筆意",又在其説理賦開合動盪,尤見筆力,"與宋四六爲近"。可見該書係陳沆賦之精選。各賦於賦題下注明所限之韻,賦中有圈點、句讀,賦末有總評。如首篇《陶侃運甓賦》,在賦題下注云:"以在州無事朝暮習勞爲韻",正文"強宗橫而大將孤,烈士閑而雄心在"右側加圈,"躬雖勞而不悔"下有截;"敢樂無事而自休"下有截;"而忍自安乎"下有截;等等。標舉佳句,梳理脈絡,有助理解。賦末總批云:"龍跳天門,虎卧鳳闕,筆力固自不凡。(程雲芬前輩)"其他如《木蘭秋獮賦》尾評:"不襲《羽獵》《長楊》一字,而奇氣鬱蟠,自與之埒。(原評)"《盤山賦》尾評:"上盤松,中盤石,下盤泉,是盤山三勝,寫來清妙非常,通體亦極簡貴。(程雲芬前輩)"對賦之風格、淵源、層次的評點,切中肯綮,較之一般的恭維之辭,更見功力。賦末總評大多爲"程雲芬前輩""賀藕耕前輩""教習何仙槎先生""教習沈鼎甫先生""葉雲索師"撰寫,蓋爲當初館課試卷之評點。

《簡學齋館課賦續鈔》收陳沆賦53篇,全是律賦。與《賦存》合在一起,共收陳沆律賦76篇。作爲清代律賦大家,其創作的數量與質量都令世人矚目,此後不少賦集都選録或評析陳沆律賦。本書所收各賦,均注明所限之韻,賦中有圈點、句讀,天頭偶見眉批,賦末有總評。例如《陳詩觀民風賦》天頭眉批云:"美刺分疏,綱舉目張,尤妙在處處是民風。"(21b)"通篇温柔敦厚,絶妙好辭。此段撮舉刺什,又何怨誹而不怒也!"(22a)賦末總評云:"文章爾雅,訓詞深厚。"也有些賦篇在篇末附有"自記",如《人情以爲田賦》篇末自記云:"此題中包括《小學》《大學》兩書,不可草草説過。(自記)”總評大半是“立夫”所撰,亦有少數是“葉雲素師”和其弟陳澐、陳鑾撰寫的。

《行有恒堂賦稿》不分卷,清愛新覺羅・載銓撰

【作者】

愛新覺羅・載銓(1794—1854),字仲衡,號筠鄰,清宗室,襲封定郡王。歷任御前大臣,禮部、工部尚書等職,深受道光、咸豐二帝器重。官至宗人府宗令,卒謚敏。風度儒雅,疏狂率真,自謂“平生無所競,詩酒自相親”。善鼓琴,喜好收藏。著有《行有恆堂初集》等。《清史稿》卷二二一有傳。

【版本】

1. 清道光間鈔本

國圖藏,號:104691。全書1函4册,書籤題“行有恒堂稿(鈔本),庚辰八月韻村題識”。第1册爲《行有恆堂賦稿》,第2—4册爲《行有恆堂詩抄》。《賦稿》書高27.9釐米,寬17.6釐米。書衣有題記5行:“鋪采摛文,體物寫志,情韻不匱,發端必遒。雖專門名家,瞠乎莫逮,則雅俗之别,而天趣與人巧之殊也。三復是編,知卓然可傳者,不僅古近體詩矣。敬服敬服!道光辛卯正月下浣,許乃普謹識。”鈐有“滇生過眼”“臣許乃普”2印。無序跋、目録,用“行有恆堂”固定紙型抄寫,板框高18.9釐米,寬13.1釐米,半葉鈔11行,每行23字。左右雙邊,黑口,單黑魚尾,版心中部印有“行有恆堂”4字。卷端題“行有恆堂賦稿”,鈐有“詠春所收”(陰文)、“北京圖書館藏”印。《賦稿》凡20葉,鈔賦25篇。此外,《行有恆堂詩抄》首頁鈐有“筠鄰之印”“行有恆堂”“陶冶性靈存底物”印。

2.《輯刊》第143册影印國圖藏清道光間抄本

【内容】

本書收録載銓詩賦作品,先賦後詩。其中第1册前半部分(20葉)抄録律賦,後半部分爲《詩抄》的内容,抄録壬辰(1832)之後數年詩歌。但在時間上與題記中的落款“道光辛卯(1831)”相抵觸。顯然,題記的撰寫乃在壬辰年詩歌被抄録之前。或許《賦稿》先成,數年後編輯《詩抄》時,又將若干詩歌附在《賦稿》之後,重新裝訂,纔造成這種奇怪的現象。

賦作僅25篇,以體物見長,歌詠對象多爲春風桃李、花草樹木,似乎較爲單一,但在體制上既有古賦,也有律賦。前面幾篇如《擬秋菊賦》《近春園雙鶴賦》《並蒂蓮賦》《秋聲賦》皆爲詠物或抒情小賦,接下《籥雀啣鳳仙花賦》《春水緑波賦》《云無心以出岫賦》等皆爲律賦。各賦皆無圈點、句讀,亦無評點。

《律賦臘稿》1卷,清黄富民撰

【作者】

黄富民(1795—1867),字小田,號萍軒、萍叟。當塗(今屬安徽)人,居蕪湖。

黃鉞(1750—1841)子。清道光五年(1825)拔貢,官至禮部郎中。詩畫承家學。著有《禮部遺集》9卷,《小田小稿》不分卷,《黄勤敏公年譜》1卷,國家圖書館收藏。生平略見張文虎《禮部遺集·題記》。

【版本】

1. 清同治九年(1870)刻本

國圖藏,號:XD3482:2。本書爲《禮部遺集》7種之一,在《遺集》(全2册)之第2册。書高26.9釐米,寬18.7釐米。第1册内封A面鎸"禮部遺集,獨山莫友芝檢",B面牌記中鎸"同治庚午歲嘉平月刊成",知國圖綱所謂"咸豐年間"説法有誤。首爲《禮部遺集目録》,列書名7種,鈐有"長樂鄭振鐸西諦藏書"章;下爲張文虎序1葉,與目録連排。第1種是《過庭小集》1卷,鈐有"北京圖書館藏"印。《律賦塍稿》爲第6種。四周單邊,大黑口,黑、對魚尾。版框高17.4釐米,寬14.2釐米。半葉12行,行24字,小字雙行同。卷端題:"律賦塍稾,當塗黃富民小田。"版心中部刻"律賦塍稿"和頁碼。凡14葉。書末鈐有"長樂鄭氏藏書之印"。

2.《輯刊》第143册影印國圖藏清同治九年刻本

【内容】

《律賦塍稿》共收黃富民賦13篇。除《牛渚燃犀賦》外,各賦皆注明所限之韻。如《當魱賦》題下以小字注:"以似鯿大鱗肥美多鯁爲韻",《團扇家家畫放翁賦》題下以小字注:"以題爲韻。"13篇全爲律賦,反映了清代末年律賦創作的興盛。賦中無句讀、圈點,亦無批註。

《讀書延年堂賦存》不分卷,清熊少牧撰

【作者】

熊少牧(1795—1878),字書年,號雨臚,一號雨農,湖南長沙人。清道光十一年(1831)以優貢生入太學,頗得祭酒文慶賞識。道光十五年(1835)參加順天府鄉試,中第二名舉人。咸豐年間擔任長沙求忠書院主講、藍山縣(今屬湖南)教諭。適逢太平軍來攻,協助守城,詔加五品銜,以内閣中書選用。翌年辭歸。長於詩詞、駢文,詩名尤盛。著有《讀書延年堂詩集》等。事迹略見李元度《天嶽山館文鈔》卷二一《五品銜候選内閣中書熊雨臚先生墓誌銘》、楊恩壽《坦園文録》卷八《傳》。

【版本】

1. 清同治五年(1866)夏洞泉草堂刊《讀書延年堂全集》本

首師大藏,號:PG/847.7/856。本書是《讀書延年堂全集》之一種,與《駢文》合訂一册。内封A面鎸有隸書書名:"讀書延年堂賦存。"内封B面鎸:"同治五年夏洞泉艸堂栞。"首自叙1葉;次目録1葉,卷端題:"讀書延年堂賦存目

録,長沙熊少牧雨臚。"以下正文。四周雙邊,白口,單、黑魚尾。半葉9行,行22字,小字雙行同。卷端題:"讀書延年堂賦存,長沙熊少牧雨臚。"版心頂部刻書名,下部刻頁碼。鈐有"北京師範學院藏書之章"。

2.《輯刊》第143册影印首師大藏清同治五年夏洞泉草堂刻本

【内容】

本書是《讀書延年堂全集》之一種,收録熊少牧賦11篇,始《五渚賦》,迄《洞泉草堂賦》。作者自叙云:"往者非就試不作,雖宗工謬加賞異,益用顔泚。今髦矣,未逮之志,付之闕如。同學諸子,搜得十餘首,請坿存集中。"可知集中所收,乃係作者年輕時應試之作。清代中後期,由於翰林院庶常館的導向作用,文人士子皆創作律賦。而熊少牧所作,卻以古體、騷體爲主。如《五渚賦》是一篇散體大賦,句式長短不一,讀來流動自然;《洞泉草堂賦》使用"兮"字句式,頗有楚騷情韻;其他各篇亦不標限韻,句式或騷或駢,十分靈活。這是很難能可貴的。各賦皆無圈點、評騭。

《少沺賦草》4卷,清夏思沺撰

【作者】

夏思沺(1798—1868),字涵波,號少嵒,銅陵(今屬安徽)人。清道光十四年(1834)應鄉試中舉,選任蕪湖縣訓導,後升任潁州府教授。博學廣聞,詩、文、賦俱佳。著有《少嵒詩稿》《少嵒文稿》《少嵒賦草》《少嵒改課》等,行於世。現僅存《少嵒賦草》。事迹略見《安徽人物大辭典》。

【版本】

1. 清道光七年(1827)合益堂刻本

國圖藏,號:159880。本書凡1册,書高16.1釐米,寬11.3釐米。封面葉鎸:"道光七年新鎸,少嵒賦草,合益堂藏板。"首吴楠《序》2葉;次目録5葉,卷端題:"少嵒賦草卷之一,銅陵夏思沺涌汥著。"(今按:涌汥,當作"涵波");以下正文。左右雙邊,白口,單、黑魚尾。半葉8行,行20字,小字雙行同。版框高13.8釐米,寬9.4釐米。無界行。卷端題"少嵒賦草"。版心上端刻"少嵒賦草",魚尾之下刻"卷某"和頁碼。有朱筆圈點。

2. 清同治九年(1870)兩儀堂刻本

國圖藏,號:91089。本書凡1册,書高17.6釐米,寬11.3釐米。封面葉鎸:"同治庚午新鎸,注釋少嵒賦草,兩儀堂梓行。"首吴楠《序》2葉;次目録5葉,卷端題:"少嵒賦草卷之一,銅陵夏思沺涌汥著。"(今按:涌汥,當作"涵波");以下正文。版式與道光七年本同。此本完整。

3. 清咸豐之後重刻本(首師大藏:PG/847.7/348)

4.《輯刊》第143册影印國圖藏清道光七年合益堂刻本

【内容】

夏思沺是清代著名賦家,吴楠稱其"素工賦,拈筆立就,思若涌泉,積至數百篇",可見是一位多産賦家。本書精選其律賦72首,分爲4卷,每卷18首。其編排順序,大略以詠古、擬古之作居首(約佔三分之一),而後編選天象、歲時、音樂、禽鳥、草木之賦,未見君德、治政、典禮、文學、武備、農桑、珍寶、器具、服飾等題材。可知夏思沺之賦,自具風格特色。所選各賦,皆有點評。如首篇《漁父辭劍賦》,以"濟人之急取利誠非"爲韻,賦中"但餘切玉之珍,竟爾推辭不受"有連圈,旁批:"合題,清爽。"又,"幾度沉思:前渡有人,未識憐予否也;束手無策,何妨于彼求之"一段亦有連圈,旁批:"口吻逼肖。"所評頗爲恰切。"以彼""幸而""惜乎"等連接語加尖點,以醒眉目。賦末總評云:"(縮)[緒]密思清,詞圓筆活。"之下又有釋詞,解釋"切玉""窮士""逐鹿"3個詞語,主要揭示其出處。各賦體例大致如此。

【研究】

研究論文有:詹杭倫《〈少嵒賦草〉讀後記》(許結、馮良方主編《中國賦學》卷第二,江蘇教育出版社2012年版),游適宏《從〈少嵒賦草〉看清代臺灣賦的庾信餘影》(《漢學研究集刊》2014年第18期),王淑蕙《晚清〈少嵒賦草〉版本、流傳與在臺運用》(《國文學報》第65期,2019年6月)等。其中,王淑蕙文羅列《少嵒賦草》四卷72篇本13種,四卷65篇本4種,四卷68篇本3種,四卷81篇本3種,最爲翔實。

《少嵒賦草箋註》4卷(《增注少嵒賦草》),清夏思沺撰,姜兆蘭釋

【作者】

夏思沺(1798—1868),字涵波,號少嵒。詳見"少嵒賦草"條。

姜兆蘭,字仲馨,青陽(今安徽池州)人。清道光十九年(1839)歲貢,事親極孝。工詩詞古文,著有《春庭詩草》。事迹參見《安徽人物大辭典》。

【版本】

1. 民國十五年(1926)廣東廣益書局石印本

上圖藏,號:454661－2。本書凡2册。書高19.8釐米,寬13.1釐米。書衣印有紅色書簽:"(增注)少嵒賦草,廣東廣益書局印行。"内封A面印:"中華民國十五年,增註少嵒賦草,廣東廣益書局印行。"B面刻"廣益書局"圓形小篆圖印。首吴楠石仙氏《序》半葉;次目録一葉半,卷端題:"少嵒賦草,銅陵夏思沺涵波著。"以下正文。四周雙邊,白口,單、黑魚尾。半葉14行,行32字,小字雙行每行40字。版框高16.9釐米,寬11.9釐米。卷端題:"少嵒賦草箋註卷之一,銅陵夏思沺涵波著,青陽姜兆蘭仲馨釋。"版心頂部印"少嵒賦草箋註"6字,魚尾之下印"卷某"和頁碼。

2.《輯刊》第144册影印上圖藏民國十五年廣東廣益書局石印本

【内容】

本書是對清代著名賦家夏思沺《少嵒賦草》一書的注釋。《少嵒賦草》有道光七年刻本,凡4卷,每卷18篇,共收賦72篇。姜兆蘭在注釋時,對原書進行了調整。注釋本亦4卷,卷一收賦20篇,卷二收17篇,卷三收13篇,卷四收14篇,凡64篇,較原書減少8篇。篇目次序亦與原書不同。原書首篇爲《漁父辭劍賦》,此本則以《吴季子掛劍賦》居首。經核查,原書卷一所收賦18篇,有11篇仍然留在卷一,有7篇移至卷二。編者將擬賦全部編在卷一,似乎比原書更爲合理。注釋内容有題解、旁批、尾評和釋詞諸項。例如首篇《吴季子掛劍賦》,題解2行,徵引《史記》對季札的記載,以明賦題出處。賦中"亦見高風,惟一誠以相與"旁批:"籠起一篇大意。"賦末總評云:"纏綿悱惻,令人黯然銷魂。其尤妙處,在虚字摶弄得圓話。"認爲該賦最奇妙之處,在於善用虚字。此下又對"秋水""風胡"等9個詞語進行解釋,亦以揭示語源爲主。筆者以《吴季子掛劍賦》爲據,將此本與清道光七年合益堂刻本《少嵒賦草》4卷比較,發現二者内容基本相同,衹是個别文字有異。初刻本亦有注釋,衹是没有交代注釋者姓名而已;此本則糾正了初刻本的若干訛誤。可見該書題爲《少嵒賦草箋註》,衹是便於宣傳與銷售而已。

《時晴齋館賦》2卷,清張集馨撰,張寶恩、張兆蘭編校

【作者】

張集馨(1800—1878),字桂吾,號椒雲、雲海,别署時晴齋主人,儀徵(今屬江蘇)人。清道光九年(1829)進士,選庶吉士。曾爲山西朔平知府,福建汀漳龍道,陝西督糧道,四川、河南、湖北及陝西按察使,貴州、甘肅、直隸、福建及江西布政使,署理陝西巡撫。同治四年(1865)被劾革職。著有《道咸宦海見聞録》《時晴齋詞》《張集馨日記》《張集馨朋僚函札》等。傳見《續碑傳集》卷三七、詹嗣賢《時晴齋主人年譜》等。

【版本】

1. 清同治三年(1864)京師張兆蘭刻本

國圖藏,號:149351。本書凡2册。書籤上刻有隸書書名"時晴齋館賦(卷上)"。内封B面又刻有篆文書名"時晴齋館賦",鈐有"真州吴氏有福讀書堂藏書"章。首倭仁序1葉,次李嘉端序2葉,次何廷謙《序》4葉,次目録4葉,卷端題:"時晴齋館賦目録,儀徵張集馨椒雲甫著,姪寶恩、男兆蘭同校。"以下正文。四周雙邊,白口,單、黑魚尾。半葉9行,行25字(敬避行凸起,26字),小字雙行同。無界行。版心頂部鎸有書名,魚尾之下鎸"卷上"和頁碼。鈐有"北京圖書館藏"印。

2.《輯刊》第144册影印國圖藏清同治三年京師張兆蘭刻本

【内容】

本書收録張集馨館課之賦64篇。倭仁序稱,張集馨在翰林院時(1829—1831),曾經"約同年同官者數人校詩賦,藝於時晴齋",李嘉端序亦稱:"其時齋中會友十三人",可見當年時晴齋文人雅集、作詩論賦之盛況,而張氏作爲召集人,詩賦亦最佳。本書所收,大都産生於此時。其編纂時間,當在咸豐十一年辛酉(1861),"(張集馨之子)小雲恐其久而散佚,裒輯付梓"(何廷謙序),並於同治三年(1864)刊行。收賦始《棉花圖賦》,迄《鼻煙賦》,以治道、詠史、四時、草木爲主,頗能反映館閣賦家的情趣和風格。各賦皆無評騭,但行間刻有圈點。何廷謙稱譽張氏賦"其根柢則騷雅也,其胎息則漢魏也,其體格神韻則六朝也,唐宋也,洋洋乎大觀哉",評價甚高。

《適園賦稿》2卷,清袁學瀾撰

【作者】

袁學瀾(1804—1879或1894),原名景瀾,字文綺,號巢春,江蘇元和(今江蘇吴縣)人,世居尹山鄉。諸生。秋試金陵,八次未中。以能詩著聲吴下。因其詩作多吟詠當地風俗民情,故被人們譽爲"風俗詩人"。其作品《吴都歲華紀麗》(稿本現藏於美國國會圖書館)最爲人所稱道,另有《適園叢稿》《適園賸稿》《適園詩》《田家四時絶句百首》《游吴郡西山詩》《編年詩》《零錦集詞稿》《適園古文》《適園駢文》等。《(民國)吴縣志》有傳。

【版本】

1.清同治間刻本

國圖藏,號:44462。本書1函2册,書高24.3釐米,寬15.2釐米。内封B面鎸有篆文書名"適園賦稾二卷"。書内夾一長條題簽,刻:"適園賦稾,子晉(墨色章)。"首《適園賦稿·卷上目録》1葉,署"元和袁學瀾文綺",下爲正文。四周雙邊,白口,單、黑魚尾,無界行。板框高18釐米,寬12釐米,半葉9行,行22字。首葉無題署。魚尾上方刻"適園賦稿",下方刻"卷上"和頁碼。鈐有"國立北平圖書館珍藏"印。

2.《輯刊》第144册影印國圖藏清同治間刻本

【内容】

此書共兩卷,卷上凡39葉,收賦15篇;卷下凡40葉,收賦18篇。共79葉,33篇。大多爲律賦,在題目下標明限韻或寫作規則。例如《擬郭景純江賦》題下注:"禁用水字旁。"着意避免漢大賦"字必魚貫"的寫法,體現出更高的寫作技巧。又《擬宋玉釣賦》題下注:"以堯舜洪竿禹湯修綸爲韻",以限韻字揭示該賦的主旨和思想。賦末或有批點,如《擬陸士衡文賦》賦末批點云:"篇中精當處,足以方駕士衡,蓋非特知之,亦庶幾能之者。(吴縣劉禧延辰生)”稍嫌空洞。又,《擬郭景純江賦》尾評:“景純居江左偏安之局,其作《江賦》,但侈陳物産之繁富,曾未及政治之恢弘。今此擬作,於結處作冀望之詞,寓頌揚之意,亦能得立言之體要。通篇洋洋灑灑,宛如江流之不竭,不爲禁體所窘束,是胸懷江錦者手筆。(吴清如先生)”指出該賦對郭璞原賦的突破,肯定其“得立言之體要”,所論頗中要害。

【研究】

袁學瀾在江蘇一帶頗有聲名,其《吴都歲華紀麗》《適園叢稿》記録了晚清時期蘇州的大量人情民俗,研究者甚多,然而關於他的賦作卻無人問津。

《荻芬書屋賦稿》1 卷,清董醇(董恂)撰

【作者】

董醇(1807—1892),原名醇,號壽卿,後避同治帝諱改名董恂,字忱甫,號醖卿,江蘇甘泉(今揚州市)人。清道光二十年(1840)進士,先後事道光、咸豐、同治、光緒四朝,官至户部尚書。其間,曾任總理各國事務衙門,作爲全權大臣,奉派與比利時、英國、俄國、美國等國簽訂通商條約。爲維護國家利益,據理力争,不辱使命。一生所著頗多,先後著有《楚漕工程》《江北運程》《隨軺載筆七種》《甘棠小志》《荻芬書屋文稿》以及《手訂年譜》等近百卷。事迹參見《皇清書史》卷二三、《近代名人小傳・官吏》、《清代名人傳略》下。

【版本】

1. 清咸豐九年(1859)董氏刻本

國圖、首圖、北大、吉大、中大藏。國圖號:84155:7。本書爲《荻芬書屋全集》之一種。全集包括《詩稿》2 册,《文稿》2 册,《制藝》1 册,《試帖》1 册,《賦藁》1 册。本册書高 27.3 釐米,寬 16.3 釐米,書簽黄色,内封 B 面鎸有隸書書名“荻芬書屋賦藁”,下有“荻芬書屋”(墨篆陰文章)、“董醇字飲之號醖卿行弌”(墨篆陽文章)2 枚墨印。首董醇序 1 葉;次《荻芬書屋賦稿目録》2 葉,署“甘泉董醇醖卿甫著”;以下正文。四周雙邊,白口,單、黑魚尾,無界行。版框高 16.9 釐米,寬 11.6 釐米。半葉 9 行,行 25 字,小字雙行同。卷端無題署,版心上端刻書名,下部刻頁碼。凡 43 葉。書末附《石鼓賦注》8 葉,末行下端鎸“受業江都趙熙和校字”。本册無藏印。

2.《清代詩文集彙編》第 625 册影印清咸豐九年董氏刻本

3.《輯刊》第 144 册影印首圖藏清咸豐九年董氏刻本

【内容】

本書收録董醇(即董恂)賦 25 篇。因其仍署名董醇,可知該書刻於同治皇帝載淳即位(1862)之前。根據董醇自序所署日期,可定爲咸豐九年(1859)刻

本。所收各賦皆爲律賦,内容上以懷古、詠物爲主,體現出典雅凝重的風格。賦中有圈點、句讀、截畫,賦末有總評。如首篇《石鼓賦》開頭“古者文德勒鼎彝,武功銘鉦鼓”一段右側加圈,“而壽之貞珉,厥有十鼓”“夫”“至其”右側加尖點,正文“今試觀鼓之文兮”“是則可以觀禮兮”“是則可以知政兮”“是則可以審官兮”“是則可以正名兮”“是則可以辨器兮”“是則可以博物兮”“凡此以田以漁兮”等右側亦加尖點,以揭示各段領起句(實則爲各段主旨),將全賦自然劃分爲 8 個部分,眉目十分清楚。各段之末皆施以截畫,與領起語互相呼應。賦末總評云:“點竄原文,融會諸家訓詁,一氣鼓鑄,如金在鎔。是爲食古而化,不徒以沉博絶麗、光怪陸離見長。(受業趙熙和謹注)”由於作者充分吸收前人對石鼓文的研究成果,衍爲賦篇,因而賦中籀文、奇字較多,光怪陸離,令人難以卒讀;祇有深入研究石鼓文之後,再讀此賦,纔能領會其“如金在鎔,食古而化”的特色。各賦之總評質量較高,如《送春賦》尾評:“知爲‘送’字出力,故少暮春套語。(潘侶笙師)”;《熏爐賦》尾評:“屈宋遺豔,徐庾勝場,捧誦一過,黯然魂消。(潘思武)”;《曲江觀濤賦》尾評 3 條:“鼓洪濤於赤岸,淪餘波乎柴桑。網絡群流,端推名手。(王瑶圃)”“題中‘觀’字,布置得宜,合洗鍊、流𡟰爲一手。(徐雲甫)”“氣體雄壯,一縱一横,場中獲此,定當首選。(趙青海)”《擬李謫仙惜餘春賦》尾評:“借他人酒杯,澆胸中塊壘,讀之令人黯然。(受業趙熙和注)”等等,或揭示風格,或抒發感慨,或追溯其淵源,或肯定其謀篇,皆有一定的針對性。

全書之末附有《石鼓賦注》8 葉,釋詞一百餘條。由於賦中多用石鼓文字(籀文),較爲生僻,令人難以卒讀。注釋者重點揭示這些文字的出處,並詮釋其含義。例如,“旛”字條注曰:“丙鼓:左驂旛旛。注:郭氏云:旛,妨圓反,旌旗總名。旛旛,取其輕舉貌。○新丙鼓:其旃旛旛。注:潘云:輕舉貌。”又,“如章”注曰:“丁鼓:戎徒如章。潘注:如章,言戎徒整布,如文章然。”顯然,著者充分吸收前人研究石鼓文的成果,對賦中所用字詞進行詮釋。由於僻字太多,僅引兩例以説明其特點。

《寄鷗館賦鈔·試賦鈔》不分卷,清符葆森撰

符葆森(1814—1863),原名燦,改名葆森,字南樵,江都(今江蘇揚州)人。清咸豐元年(1851)舉人。一生困頓,轉徙于齊、楚、吴、越、京師,不廢吟詠。曾師事姚瑩,與張維屏、徐榮、陶梁、朱琦、葉名澧、王拯、蔡壽祺等友善,往來論詩。著有《寄鷗館詩集》《寄鷗館文集》《寄鷗館辛壬詩録》《寄鷗館行卷》《寄鷗館賦鈔》《咸豐二年避寇日記》等。生平略見《清史列傳》卷七二、《碑傳集補》卷五七、《(同治)續纂揚州府志》卷一三、《(光緒)江都縣續志》卷二五。

【版本】

1. 清道光十六年(1836)揚州集賢堂刻本

上圖藏,號:綫普 409289。本書凡 1 册,書高 24.9 釐米,寬 15.6 釐米。書衣右側墨書:"丙子春仲江都符旌樵持贈,□生珍藏。"内封 B 面鎸:"寄鷗館賦鈔,(板存揚州)集賢堂發兑。"首阮亨《序》、毛萼蘭序、王嘉銘跋、王嘉賓跋,凡 3 葉;次《寄鷗館賦鈔目次》1 葉;次正文。左右雙邊,大黑口,單、黑魚尾。半葉 9 行,行 22 字,小字雙行同。版框高 17.3 釐米,寬 12.3 釐米,無界行。卷端題:"寄鷗館賦鈔,江都符葆森南樵(原名燦)。"版心下部刻頁碼。凡 21 葉。鈐有"上海圖書館藏"印。《寄鷗館試賦鈔》如下:首《寄鷗館試賦鈔目次》1 葉,次正文。版式同《寄鷗館賦鈔》,卷端題:"寄鷗館試賦鈔,江都符葆森南樵。"凡 17 葉。

2.《輯刊》第 145 册影印上圖藏清道光十六年揚州集賢堂刻本

【内容】

《寄鷗館賦鈔》收録符葆森賦 17 篇,始《禹廟符山賦》,迄《菊影賦》;《寄鷗館試賦鈔》收賦 9 篇,始《文軒樓賦》,迄《道遠知驥賦》。總數爲 26 篇。先編録擬古登覽之作,再編録應試作品。毛萼蘭序評價説:"其體不拘拘於屈賈也、班馬也、潘張江鮑也,要皆不涉於淺淡浮薄、輕靡纖仄,而得乎沉博絶麗、變幻俶詭者。觀於感貧士之失職,痛羈人之不遇,撫時悼事,借物言懷,憯悽增欷,愴怳懭悢,蓋不得志於時者之所爲也。"對其感時傷懷、賢士不遇之作,頗有共鳴。本書所選各賦,皆無句讀、評點,但施以截畫,賦末有總評。如首篇《禹廟符山賦》,賦末總評云:"筆如蜿蜒,捉摸不住。(毛秋伯)"《十三樓賦》尾評云:"神骨俱古,僕當望而卻避。(曉峰弟王楹)""作者得子山神髓。庾筆多以濃取神,作者多以清取神,誰謂古今人不相及也?(秋伯)"毛秋伯將《十三樓賦》與駢賦大家庾信比較,評價甚高。

《勵志軒賦鈔》3 卷,清蔡之綬撰

【作者】

蔡之綬(約 1837—?),字紫卿,語溪(今浙江桐鄉)人。生平不詳。著有《勵志軒賦鈔》《勵志軒詩鈔》《青雲詩鈔》《勵志軒課藝》等。

【版本】

1. 清同治十年(1871)、十一年(1872)稿本

上圖藏,號:綫普 505366-71。本書凡 3 册,以固定紙型抄寫,朱格欄。無序跋。首卷一目録 2 葉,首行題:"勵志軒賦鈔卷一,(辛未)語溪蔡之綬紫卿著。"辛未即同治十年(1871),鈐有"蔡之綬""紫卿"印。下爲正文。四周雙邊,白口,單、黑魚尾。半葉 8 行,行 20 字,小字雙行同。卷端無題署。版心頂部印"鴻遠書屋"4 字,底部印"東來號製"。第二册目録葉題:"勵志軒賦鈔卷二,壬申語溪蔡之綬紫卿著。"壬申即同治十一年(1872),比第一册晚鈔 1 年。第三册

没有目録。需要説明的是,第一册之末附有《勵志軒詩鈔》1 卷,第二册書末附有《勵志軒古今詩鈔》1 卷,内容不純。下接《青雲詩鈔》3 卷。

2.《輯刊》第 145 册影印上圖藏清同治間稿本

【内容】

本書凡 3 卷,收録蔡之綬律賦 53 篇,起《擬孫興公游天台山賦》,迄《人迹板橋霜賦》。第一册書中夾有《吴道子畫嘉陵山水賦》(紙型與正文不侔),《南湖賦》之下抄録王仁壽《竹露滴清響賦》(無格紙,行書),標註"二覆十一名",2 篇可以視爲附録,則該書實際收賦 55 篇。所收各賦,大都有圈點、眉批、尾評,有的還有修改痕迹。例如卷一《范少伯泛五湖賦》,卷首眉批:"起段總籠全題。"首句"昔范蠡志立豐功,躬端懿範,譬若孟明,方之欒范","志立"以下 16 字用墨筆圈掉,旁書:"偉業垂成,英風頓減。思哲士之知幾,凜天威之莫犯。"原稿用詞生澀,並且兩用"范"字,一用"範"字,有重複之弊;修改後的文字更爲暢達,並且直接點題,更合乎律賦要求。賦末還有總批:"氣機充暢,辭旨清新。入題微嫌太驟,頌揚似近於寬。"既有肯定,亦指出本賦之缺點,可資參考。

《分緑軒賦鈔》1 卷,清徐聯蓉撰

【作者】

徐聯蓉(1841—1898),字鏡緣,號芙雙,室名分緑軒,私謚孝安先生,南通州(今江蘇南通)人。匯泉子。清光緒五年(1879)舉人,選知縣,贈朝議大夫。著有《兩漢摘要》《分緑軒文鈔》《分緑軒詩集》《分緑軒賦鈔》。事迹略見《分緑軒賦鈔》卷首韓國鈞《鄉謚孝安先生南通徐君墓表》。

【版本】

1. 民國三十四年(1945)抄本

上圖藏,號:綫普 556397。本書係抄本,凡一册。書衣有隸書題簽:"分緑軒賦鈔,積誠敬題",鈐有"朱□"印。首韓國鈞《序》2 葉,鈐有"南通徐氏""上海圖書館藏"章;次朱家駒《跋語》1 葉;次《題辭》2 葉;次韓國鈞《鄉謚孝安先生南通徐君墓表》3 葉;次《分緑軒賦鈔目録》3 葉;次正文。固定紙型,界行淺淡,半葉鈔 8 行,行 23 字,小字雙行同。卷端題:"分緑軒賦鈔,南通徐聯蓉芙雙著。"鈐有"分緑軒"印。書末有乙酉(1945)冬月其孫徐詠緋《跋》2 葉,鈐有"徐詠緋印"。

2.《輯刊》第 145 册影印上圖藏民國三十四年鈔本

【内容】

本書收録徐聯蓉律賦 32 篇。據民國三十四年乙酉(1945)冬月其孫徐詠緋《跋》,本書蓋爲徐聯蓉親手編定,時間當在清光緒二十四年(1898)徐氏去世之前。民國二十二年(1933),其孫徐宣武、徐詠緋擬將徐氏詩賦合刊,延請韓國

鈞、朱家駒等撰寫序言、題詞,未果,贈送南通圖書館的副本亦因抗戰而遺失。民國三十四年乙酉(1945)再録副本,即此本也。書中所收,皆爲律賦,以治道、詠古、文學、登臨、詠物爲主,頗能反映清末文人的博識和雅趣。有些賦係考場佳作,如《酌水勵清賦》,目録葉題下注:"咸豐己未童古試題,録取第五名,學院孫葆元(蓮塘)。"可知該賦撰寫於咸豐七年(1857)作者爲童生時,參加古學考試,獲取第五名佳績。各賦皆有旁批、尾評。如《酌水勵清賦》有旁批"總攬題意,筆力輕遒""折入,倜儻有神""神情栩栩,脱口如生"等九條,賦末總評云:"玉潤珠圓,後四段押官韻出色。(原評)"有一定參考價值。

《蒙香室賦録》2卷,清馮煦撰

【作者】

馮煦(1844—1927),字夢華,號蒿庵,晚年自稱蒿叟、蒿隱,江蘇金壇人。清光緒八年(1882)以副貢生舉於鄉,光緒十二年(1886)中一甲第三名進士,授翰林院編修。光緒十四年(1888)出任湖南鄉試副考官。二十一年(1895)赴任安徽鳳陽知府,頗有政聲。二十九年(1903)遷四川按察使,不久調任安徽布政使。官至安徽巡撫。清帝遜位後流寓上海。著有《蒿庵類稿》《蒿庵隨筆》《蒙香室詞》《蒙香室賦録》《宋六十一家詞選》等。傳見《清史稿》卷四四九、《碑傳集補》卷十五、《辛亥人物碑傳集》卷十三等。

【版本】

1. 清光緒十一年(1885)刻本

上圖藏,號:綫普557004－05,綫普499756－57。本書凡2册,合訂爲1册。襯葉墨書:"光復山河,三五、二、九",當爲抗戰期間持書人的筆迹。内封A面鎸有楷書書名"蒙香室賦録",内封B面刻有雙行牌記:"光緒十一年,夏五月刊成。"無序跋。首目録3葉,下爲正文。左右雙邊,大黑口,單、黑魚尾。半葉9行,行21字,小字雙行同。卷端題:"蒙香室賦録,金壇馮煦。"魚尾之下刻"卷上"和頁碼。書末有馮圻《跋》1葉。鈐有"上海圖書館藏"印。

2.《輯刊》第146册影印上圖藏清光緒十一年刻本

【内容】

據馮圻跋,該書是馮煦肄業於江南惜陰書院時所作,其創作時間,當在光緒八年(1882)中進士之前。南京惜陰書院由兩江總督陶澍於道光十八年(1838)創建,化育人才,海内聞名。馮煦之賦,頗得書院院長、教習們賞識,或稱"赤文緑字,如披異書",或云"獨以韻勝",或譽爲"齊梁體格",或贊爲"唐賢三昧"。今考書中所選,以律賦爲主,巧於聲韻,但亦具有漢大賦之規模,齊梁駢賦之情采。如《擬木廣川海賦》,以一千余字的篇幅摹狀大海,奇字連綿,應接不暇,但"禁用水旁字",反映了作者高超的文字學修養。又如《文選學賦》,以"文選自成一家”爲韻,該賦以甄博子和選樓主人的問答組織成篇,具有散體大賦的體製和風格。各賦皆無句讀與評點,偶見朱筆圈點。

《佩弦齋律賦存》1 卷,清朱一新撰

【作者】

朱一新(1846—1894),字蓉生,號鼎甫,别署質庵、拙庵,義烏(今屬浙江)人。清同治九年(1870)舉人,官内閣中書。光緒二年(1876)中進士,選庶吉士,散館授編修。光緒十一年(1885)充湖北鄉試副考官,轉陝西監察御史。次年,以疏劾内侍李蓮英,降爲主事,旋乞歸。後應張之洞之聘,主講肇慶端溪書院,繼爲廣州廣雅書院山長。潛心學術,著有《佩弦齋集》《無邪堂答問》《京師坊巷志》《漢書管見》等。生平事迹見《清史稿》卷四四五、《清史列傳》卷六九、金武祥《陝西道監察御史朱君傳》。

【版本】

1. 清光緒二十二年(1842)順德龍氏葆真堂刻《拙盦叢稿》本

首師大藏,號:PG/089. 7/315。本書是《拙盦叢稿》九種之一,分在第二函。本册未見書名頁、序跋、目録。四周單邊,黑口,單、黑魚尾。半葉 12 行,行 25 字,小字雙行同。卷端題:“佩弦齋律賦存卷一,義烏朱一新鼎甫。”版心中部刻“佩弦齋律賦存”和頁碼,底部刻“葆真堂藏板”。本册之末刻:“男萃祥初校,姪芝祥、芸祥覆校。”鈐有“北京師範學院藏書之章”。

2.《輯刊》第 146 册影印首師大藏清光緒二十二年刻本

【内容】

本書是朱一新《拙盦叢稿》九種之一,共收録律賦 33 篇,始《衆星拱北賦》,迄《擬王粲沛父老留漢高祖賦》。朱氏早年先後考中舉人、進士,擔任翰林院編修、鄉試副考官、監察御史等職務,政治熱情甚高。因而集中所選,儘管兼有天象、治道、文史、詠物數端,但大都與國家政治有關,反映了作者積極參政的熱情。如《知人安民賦》《任官惟賢賦》《政在順民心賦》《明君可與爲忠言賦》《德車樂御賦》等,頗有“致君堯舜”的情懷。天象類作品,亦多關乎治道,如《衆星拱北賦》《王者父事天兄事日賦》等。各賦皆無評點,或有墨筆圈點,蓋爲藏書者所爲。

《錦官堂賦鈔》不分卷,清延清撰

【作者】

延清(1846—1918),字子澄,一字紫丞,號鐵漢,蒙古鑲白旗人。清同治十三年(1874)進士,選翰林院庶吉士。曾任工部郎中、翰林院侍讀,累官至侍講學士。光緒年間曾奉帝命出使車臣汗部。著有《錦官堂詩草》《錦官堂詩續集》《錦官堂賦鈔》《奉使車臣汗記程詩》《前後三十六天詩》《庚子都門紀事詩》等。

事迹參見《八旗藝文編目》《庚子都門紀事詩》序跋等。

【版本】

1. 清光緒五年(1879)刻本

南圖藏,號:GJ/EB/90992。本書凡2册。内封A面鎸:“錦官堂賦鈔,松森署簽。”B面鎸有雙行牌記:“光緒五年七月開雕。”首范志熙序2葉;次《題辭》30條凡6葉;次目録序3葉,卷端題:“錦官堂賦鈔目録,京口延清子澄甫著。”以下正文。四周雙邊,白口,單、黑魚尾。半葉9行,行25字,小字雙行同。版心頂部刻書名,底部刻頁碼。書末有丁立鈞《跋》2葉,范鳴龢《書錦官堂賦鈔後》1葉。鈐有“江蘇省第一圖書館藏書”章。

2.《輯刊》第146册影印南圖藏清光緒十五年刻本

【内容】

本書收録延清律賦30篇,始《剪刀風賦》,迄《擬孫興公游天台山賦》,不分卷。范志熙序稱其“才情橫溢,固應獨步江東。其中詠史諸作,尤感慨淋漓,獨有千古”,對其詠古賦評價最高。集中所收,大致以天文、歲時、地理、登覽、苑囿、性道、詠古、草木的順序排列。各賦皆有圈點,賦末輯有評騭,雖多溢美之詞,亦有價值較高者。如《春寒花較遲賦》,賦中有圈點、截晝,賦末輯有三家評論:“清新俊逸,一字一珠。(沈仲復夫子)○詞華朗潤,層次分明,其嵌點題字處,顯豁異常,尤令人一目了然。(范觀亭夫子)○天然流麗,律賦正宗。鄙作貪運浣花事實,反使本題味同嚼蠟,不如此作恰到好處。對此,有糠秕在前之愧。(張友柏)”本賦以“三月春陰正養花”爲韻,依次押韻,各段之末嵌入限韻字,故有“層次分明”“顯豁異常”之譽;張文柏將個人同題之賦拿來比較,亦有趣味。

《賦學初草》不分卷(《聽松濤齋初集》),清慶珍撰

【作者】

瓜尔佳氏·慶珍(1870—1940),字伯儒,一作博如,號鐵梅,又號鐵板,滿洲鑲紅旗(一説正藍旗)人,嵩昆之子。清光緒二十九年(1903)經濟特科候補。曾官東陵員外郎,花翎四品銜。性格孤高怪僻,拙于理財,嗜酒,以書畫詩賦自娱。著有《鐵梅花館懷古集》《聽松濤齋初集》《漢碑詩》《北京遊覽真實記》,曾批點《燕京歲時記》。

【版本】

1. 清光緒十四年(1888)鈔本

國圖藏,號:95627。原書凡6册,使用書業德專用朱格紙抄寫,多處有塗改痕迹。第一册書衣有隸書題簽“聽松濤齋初集”,鈐有“書業德記發兑”章;第二册在内頁題“戊子中秋,賦學初艸,長白山人題”;第三册書衣題“賦艸外集

(弍),癡道人";第四册書衣題簽"賦艸外集(三)";第五册書衣題簽"賦草(四)";第六册書衣題"辭序珍藏",書末有跋語四行:"中有抄者誤字,及至誤句,可惡至甚。祈詳閲,以待寄京可也。臘月朔日求。"看來不是作者真迹,乃係請人抄寫。但不能肯定這六册賦集是否皆爲慶珍所撰。第一册内封B面印有朱色楷書"狀元及第"4字。首光緒十四年戊子慶珍《聽松濤齋序》1葉,序末鈐有"四五百竿竹二三千卷書""風月天生一種人"小篆朱印。以下正文。朱格欄,四周雙邊,白口,單、黑魚尾。半葉8行,行22字。卷端無題署,版心頂部印"狀元及第"4字,魚尾之下印"八行廿二",底部印"書業德"3字。鈐有"北京圖書館藏"印。

2.《輯刊》第147册影印國圖藏清光緒十四年鈔本

【内容】

本書係鈔本,采用書業德固定紙型抄寫,朱格欄,凡六册。第一册書衣題簽"聽松濤齋初集",第二册以下題爲"賦學初草""賦草外集""辭序珍藏"等。據作者自序,書中詩賦大都創作於晉陽(今山西太原),於光緒十四年戊子(1888)結爲此集。全書收賦二百餘篇,始《京兆畫眉賦》,迄《投書渚賦》,以律賦爲主,但也有不限韻者,如《登高賦》《落葉賦》等。有些賦係摘句,如《西湖賦》衹有4行,《江流賦》衹有6行,似乎不是完篇。亦有可能係作者習作,僅敷衍數句,滿足韻腳而已,並未完成創作。作者自云"余本武夫",在父親督促下學習詩賦,然後請友人删改。行間圈點、眉欄硃批、墨批、所貼便簽,皆出自友人之手。例如《落葉賦》眉欄墨批:"仿古體,頗得其中三昧。"賦末貼有便簽:"四通六闢,五花八門,思力筆力,均非時手所能夢見。"這大概是鼓勵之語。本書的文學價值雖然不高,但可以生動地反映清代文人作賦、改賦的情況,有一定的認識價值。

[非文學賦集]

《續左傳類對賦》不分卷,清周昚撰

【著者】

周昚,字誠哉,號雲毫、待庵,周杭子,江南吴江(今屬江蘇省)人。清雍正、乾隆年間,補博士弟子員。院試連冠而省闈不售,遂絶意進取,閉户著書40餘年,教授生徒衆多。著有《春秋説疑續》《雲毫遺文》《種德堂文集》等。

【版本】

1.清乾隆年間緑潤堂刻本

國圖藏,號:3018。本書1函2册,書高24.8釐米,寬15.9釐米。内封B面鐫:"吴江周誠齋續,左傳類對賦,緑潤堂藏板。"首周昚《序》1葉,次周昚《引》1葉;次《續左傳類對賦例言八則》2葉;次《續左傳類對賦叙次》1葉;下爲正文。

左右雙邊,大黑口,單、黑魚尾,版框高 20.1 釐米,寬 14 釐米。半葉 8 行,行 25 字,無界行。卷端題:"續左傳類對賦",版心魚尾之下方刻"續左傳類對賦(緣起、總論)"和頁碼。上册 1—37 葉,下册 38—95 葉。書末有周畬跋,接正文之下,低 4 格刻之。鈐有"國立北平圖書館珍藏"印。

2.《輯刊》第 152 册影印國圖藏清乾隆年間緑潤堂刻本

【内容】

宋徐晉卿撰有《春秋類對賦》1 卷(又叫《春秋經傳類對賦》《春秋左傳類對賦》),凡 1.5 萬字。參見第三編第三章"春秋類對賦"條。周畬此賦,體例與徐晉卿原賦不同。不再按十二公的時間順序鋪叙,而是根據《春秋左氏傳》的内容,分爲緣起、總論、叙述、春秋、錫命、冠婚、喪祭等 66 個方面,分别加以鋪陳藻飾,實際上是 66 篇短賦。每篇之下畫以"∟",表示告一段落,並在書口標示篇題。如開頭"緣起"部分:"竊聞孔子爲萬世而作經,游夏蓋一辭之莫贊。左氏之比事屬辭,杜預之錯經分傳。書豈病乎浮誇,理蓋取其條貫。特使文以足言,(旁注:襄廿五)無或顧之必亂。(旁注:桓五)則必殖而不落,(旁註:昭十八)如賦詩焉義可斷章;(旁註:襄廿八)亦且取而不貪,(旁註:襄廿九)若比耦者思無越畔。(旁註:昭十六)""畔"下畫以"∟"符號。版心所刻"緣起"2 字,實爲此段篇名。旁註揭示典故出處,提示讀者查閲《左傳》原文。不難看出,幾乎每句賦的出處都不相同,説明作者對《左傳》早就爛熟於心,故能融會貫通,組織成對仗工穩的賦篇。

《四書類典賦》24 卷,清甘紱撰

【作者】

甘紱,字馭麟,一字杯山,號曜(臞)園,豐城(今屬江西)人。清雍正七年(1729)拔貢。預修乾隆十七年版《豐城縣志》。著有《四書類典賦》《四書一得》《正氣編》《杯山文集》《杯山剩語》《四書文稿》《驚筵偶録》《存耕堂集》等。年八十五卒。事迹略見《(同治)豐城縣志》卷十五《儒林》。

【著録】

清丁仁《八千卷樓書目》卷十三子部著録:《四書類典賦》二十四卷,國朝甘紱撰,刊本。

【版本】

1. 清乾隆十一年(1746)刻本

上圖藏,號:綫普 497948 – 59。本書凡 12 册。首陳守創序 4 葉;次《凡例》15 條凡 4 葉;次甘紱《自序》2 葉;次包大爟《年譜上》《年譜下》凡 17 葉;次《四書類典賦目録》19 葉;次正文。左右雙邊,白口,單、黑魚尾。上下兩截:下截爲正文欄,半葉 9 行,行 21 字,小字雙行同;上截爲眉批欄,半葉 18 行,行 3 字。卷端題:“四書類典賦卷之某,南昌謝逢泰炳又、吉水周揚熙西顔仝參,豐城甘紱馭麟著,男仁溥立人校。”版心頂部刻書名,魚尾之下刻卷之某、篇名(小字)和頁碼。

2. 清乾隆三十五年(1770)廣益堂刊本

香港中文大學藏(b16384969);相同版式一部,藏北大(LSB/6105)。

3. 清乾隆四十一年(1776)嵩秀堂刊本,河南大學(007/K171/2)藏本

此外尚有萃雲堂版、爽來堂版、三樂堂版等。

4.《輯刊》第148—151册影印上圖藏清乾隆十一年刻本

【内容】

《四書類典賦》是一部以賦體撰寫,概括“四書”典籍所涉及的人物、典禮、治政、百科知識,旨在指導科舉制義和律賦偶對的教輔類文獻。據乾隆七年(1742)甘紱自序,本書“竊取諸先儒之意,彙四子中之典,分爲四十五韻。駢四儷六,探賾窮幽,凡二十四卷,一二言中,事理該括”。該書綜合濂、洛、關、閩四家(周敦頤,程頤、程灝,張載,朱熹)的觀點,分爲至聖(孔子、顔淵等5人)、十哲(閔子騫等10人)、諸賢(曾皙等20人)、帝王(上下)、王佐、諸侯(上中下)、諸臣(一二三四)、古人、隱逸、時人、權幸(上下)、閨閣、政教(上下)、官制、禮樂、朝聘、祭祀、音律、倫類(上中下)、農圃、百穀、技藝、百工、冠服(上下)、飲食、宫室、武事(上下)、刑罰、天文(上下)、時令、地理(上下)、都邑、邦國(上下)、人事(上下)、形體、喪事、鬼神、器用(上下)、寶貨、飛禽、走獸(上下)、鱗介、昆蟲、草木(上下)、經籍(上下),共計45門,66篇,分别進行歸納和鋪陳。大凡“四書”典籍中涉及的知識,上至天文地理,下至草木鳥獸蟲魚,無不加以體現,類目清晰,有條不紊。語言上講究對偶和用韻,或四言,或六言,實際上是66篇賦。例如卷一《至聖・孔子》開頭云:“粤稽黄帝之裔,誕降玄鳥之祥。成湯代夏綿祚,微子封宋開疆。弗父爲卿讓國,正考銘鼎循牆。”皆爲六言。一大段文字結束之後,再對這段賦中的黄帝、玄鳥、成湯、微子、讓國、循牆等詞語分别進行詮釋,内容詳贍,幾乎達原文的十倍之鉅。與賦文相對應的眉批多用二言(或三言),如“家世”“聖誕”“博學”“仕進”等,用以概括章段之意;注釋部分的眉批則格式不一,或辨字注音,或考證史事,提出個人之見。又如卷二十三《走獸下・虎》:“虎爲獸長,亦號山君。精感參伐,象應樞星。眈眈其視,般般有文。交而月暈,嘯則風生。”則又是整齊的四言句式。本書將經義、史事、辭章、百科完美結合,設計十分巧妙,因而大受歡迎,翻刻不衰。

《山海經類對賦》14卷,清涂景濤撰

【作者】

涂景濤,字稚蘅,一作子衡,號塗山,長沙(今屬湖南)人。清光緒元年

(1875)舉人。光緒二十四年(1898)任金州廳(今遼寧金縣)海防同知,曾就邊境問題與沙俄官員進行鬥争。著有《臥知齋駢體文初稿》《春華山人詩録》《涂稚蘅集》《山海經類對賦》等。

【版本】

1. 清光緒二十四年(1898)石印本

上圖藏,號:綫普 523344。本書凡 2 册,合訂爲 1 册,書衣墨書:"山海經類賦,全一册,朱方",蓋爲藏書人署名。内封 A 面鎸楷書"山海經類對賦",B 面鎸有雙行牌記:"光緒戊戌年孟春月石印。"首涂景濤《自序》1 葉,次正文。四周雙邊,白口,單、黑魚尾。半葉 7 行,行 30 字,小字雙行同。無界行。卷端題:"山海經類對賦卷一,長沙涂景濤初編。"版心頂部刻書名,魚尾之下刻卷某、篇名和頁碼。未見藏印。

2.《輯刊》第 152 册影印上圖藏清光緒二十四年石印本

【内容】

本書又名《山海經類對賦分注》,凡 14 卷。作者仿宋人徐晉卿《春秋類對賦》的寫法,以賦體語言鋪叙《山海經》之内容,完成於清同治十三年(1874)。涂景濤自序稱:"竊欲綜觀山川人物之勝,多識鳥獸草木之名。又以條緒太繁,記誦匪易,爰分類蒐輯,編撰爲賦。"分類編纂,旨在理清原書内容;賦體寫作,意在幫助讀者記誦。正文分爲原始、山、水、國、人、鬼神、鳥、獸、草、木、水族、昆蟲、珍異、拾遺凡 14 篇,篇各爲卷。例如卷二《山》云:"間嘗覽輿圖兮歷歷,訪禹迹之茫茫。外則曠觀八極,内則總計五藏。"以下便對《山海經》中的山名進行羅列,衍爲短賦,形式上以四字句、六字句爲主。每句之下皆有雙行小字注釋,抄録相關經文,並加按語、注音。例如"耿狄荊剛"4 字之下,注云:"《東山經》:杜父山南三百里曰耿山。《海外南經》有狄山,帝堯葬其陽,帝嚳葬其陰。《中山經》:景山東北百里曰荊山。《西山經》:涇谷山西百二十里曰剛山。"詳細徵引《山海經》對四座山具體方位的記載。《拾遺》部分還輯録《山海經》佚文,有一定研究價值。

《御製盛京賦》1 卷,清弘曆撰

【作者】

清高宗愛新覺羅・弘曆(1711—1799),是清朝入關之後的第四位皇帝,年號乾隆。在位六十年,享年八十九歲。弘曆在康熙、雍正兩朝文治武功的基礎上,進一步完成了多民族國家的統一,經濟發展,社會穩定,文化繁榮,纂修《四庫全書》,史稱"康乾盛世"。但在位後期生活奢靡,吏治有所敗壞,文字獄十分嚴酷,並且閉關鎖國,拉大了和西方的差距。著有《御製樂善堂全集定本》《御製文初集》《御製詩初集》等。《清史稿》卷一〇有傳。

【版本】

1. 清乾隆八年(1743)内府刻篆文十五體本(15 册)

美哈佛(5476.3/RAREB/T)、北師大(善 927.41/-716)藏。

2. 清乾隆八年(1743)刻楷篆對照本

上圖藏,號:綫普 355922。本書凡 1 册,未見書名頁。單賦成册,故亦無目録,開卷即爲正文。四周雙邊,白口,單、黑魚尾。半葉 5 行,行 7 字。卷端以篆文題:"御製盛京賦(有序),柳葉篆。"正文爲篆文(柳葉篆),正文右側有小字楷書。版心頂部刻"御製盛京賦"5 字,版心底部刻頁碼。鈐有"張水亭藏書印""上海圖書館藏"印。

3. 清乾隆十三年(1748)内府刻本(含有鄂爾泰輯注)

北大藏,號:Y/5531.4/3203.61。

4.《輯刊》第 153 册影印上圖藏清乾隆八年刻本

【内容】

本書爲清高宗愛新覺羅·弘曆《盛京賦》的單行本。正文以小篆(柳葉篆)刻印,美觀大方;正文右側有小字楷書,便於對照。盛京(今遼寧瀋陽)是清朝入關之前(1625—1644)的都城。順治元年(1644)清朝遷都北京後,盛京降爲留都(陪都)。由於盛京的重要地位,康熙皇帝曾三次拜謁,用展孝敬。弘曆《盛京賦序》云:"予小子纘承丕基,懼德弗嗣,深惟祖宗締構之勤,日有孜孜敬奉神器。言念盛京爲天作之基,永陵、福陵、昭陵巍然在望。不躬親祀事,其奚以攄愨忱而示來許?爰以乾隆癸亥秋,恭奉皇太后發軔京師,屆我陪都。孝思以申,祖武是仰,因周覽山川之渾厚,民物之樸淳,穀土之沃肥,百昌之繁廡,洵乎天府之國,興王之會也。"本賦就是乾隆第一次東巡盛京(1743)祭祖時所作,旨在歌頌先世創業之功勛、盛京物産之豐富及人才之鼎盛,表達對開國先祖的尊崇和懷念。乾隆帝在 32 歲的鼎盛之年創作此賦,可見其對盛京的崇高情感,以及對賦體文學的高度重視。本書分爲序、賦、頌三部分,篇末附有《篆書緣起》2 葉。二百多年來,《盛京賦》備受推崇,出版過篆書手抄本、刺繡、刻印、影印等多種版本。

【研究】

研究論文有:金燾方《滿文詩〈盛京賦·頌詞〉的藝術特色》(《滿族研究》1985 年第 1 期)、盧秀麗《乾隆〈御製盛京賦〉版本源流》(《滿族研究》2005 年第 1 期)、《關於漢滿合璧三十二體〈御製盛京賦〉清内府精寫本的探究》(《圖書館》2008 年第 3 期)、張萬興《漢滿三十二體篆書〈御製盛京賦〉的影響及其對中國書法史重構的啟示》[《中央民族大學學報》(哲學社會科學版)2009 年第 5 期]等。

《塗山賦稿》1 卷,清陳瀚撰

【作者】

陳瀚,字蓮舫,涪陵(今屬重慶市涪陵區)人,生平不詳。

【版本】

1. 清道光二十三年(1843)刻本

國圖藏,號:119882。本書 1 函 1 册,書高 26.3 釐米,寬 15.6 釐米。内封 B 面鎸有隸書書名"塗山賦稿"。無序言。正文四周單邊,黑口,黑、對魚尾,版框高 16.8 釐米,寬 12.2 釐米。半葉 10 行,行 22 字,小字雙行同。卷端題:"塗山賦稿,渝郡涪陵陳瀚蓮舫氏著。"版心中部刻"塗山賦一卷"和頁碼。鈐有"北京圖書館藏"印。今按:賦凡 4 葉(含注),賦末有李鄉穀跋半葉,元賈元《塗山碑記》2 葉,又有陳瀚《跋》半葉。全書共 8 葉。

2.《輯刊》第 154 册影印國圖藏清道光二十三年刻本

【内容】

塗山在重慶府巴縣(今屬重慶市),相傳大禹娶塗山氏女,即此地也。《華陽國志》載:"渝郡塗山,禹后家也。"酈道元《水經注》云:"江州塗山,有夏禹廟、塗后祠。"本賦前半部分主要鋪寫塗山的地理位置(遠分岷嶓,近接峩眉)、歷史掌故、物産、風景等方面,下半部分則着力辨析塗山在渝州,會稽、太平、九江之説皆非。雖屬考證文字,語言亦甚精美。作者在自跋中説:"非敢云賦,將以正訛云爾",表現出對故鄉歷史文化的熱愛與維護。賦中有注,不知是作者自撰,還是李鄉穀所爲。如"鐵柱標奇"注:"山絶頂覽勝亭側有鐵柱,明萬曆二十三年建。"又"地在西南一隅,囿爲人皇始拓"注:"《華陽國志》:人皇兄弟九人,分理九州,爲九囿。人皇居中州,制八輔。華陽之壤,梁岷之域,是其中一囿,囿中之國則巴蜀矣。"可見釋文以徵引故籍和相關典故爲主,可以幫助讀者理解賦句之内容。

《金陵賦》1 卷,清程先甲撰

【著者】

程先甲(1871—1932),字鼎臣,又字一夔,筆名百花仙子,江蘇江甯(今南京市)人。清光緒二十九年(1903)舉人,擅長文賦詩詞。21 歲創作鴻篇巨作《金陵賦》。1898 年任江南高等學堂教授。1905 年科舉制度廢除,現代教育興起,他被選爲江蘇教育總會評議員,江甯學會副會長,兩江學務處義紳。1932 年因病去世。他自命書齋爲千一齋,所著各書合稱《千一齋全書》,共有四十餘種。然《賦話》《詞話》《文種》《千一齋勝景録》《唐人五律類編》等未能刻印刊出。

【版本】

1. 清光緒二十三年(1897)江甯傅春官晦齋刻本

國圖藏,號:40051:8。本書爲《金陵叢刻》之一種,全書尚存8册,木板函裝,本書在第8册,與《養和軒隨筆》合訂。書高28.6釐米,寬16.9釐米,内封A面鎸:"金陵賦,光緒丁酉六月世珩署端。"B面鎸"晦齋校刊"4字。首傅春官《金陵賦後序》2葉,次魏家驊序1葉,下爲正文。左右雙邊(外欄邊極粗),白口,單、黑魚尾。版框高16.6釐米,寬12.2釐米,半葉11行,行21字,小字雙行同。卷端題:"金陵賦一卷(並序),江甯程先甲一夔箸,同縣傅春官校刊。"版心頂部刻"金陵賦"3字,底部刻頁碼。卷末署"金陵賦終,弟程先科覆審"。凡12葉,無藏印。

此外,北大(號:X/081.477/2353/C2:2、X/9110/8730/11)、北師大(號:847.8/792.9)、南大(10131)、吉大(號:集4406K)等皆有收藏。

2. 清光緒二十七年(1901)刻本

國圖藏,號:8556:7。全書1函8册,本賦在第7册。書名據書名頁,牌記題"光緒辛丑夏五月晦齋印"。版式與二十三年刻本同。

3. 清宣統二年(1910)刻本

國圖藏,號:地750.22/11.89.1,版心底部刻"千一齋全書第二次訂本"。10行21字,小字雙行同,黑口,左右雙邊,單魚尾。另外,北大(號:KG/2-0293)、吉大(號:集4572K)亦有收藏。

4.《輯刊》第154册影印上圖藏清光緒二十三年江甯傅春官校刊本

此本内封A面鎸"金陵賦,光緒丁酉六月張謇題",B面無字。卷首缺傅春官《金陵賦後序》。其餘與國圖藏本同。

【内容】

程先甲在《金陵賦序》中稱,此賦是對自己居住的六朝古都南京四時之風俗景物的描繪,或親眼所見,或驗於父老,形諸賦篇,備采風者取之。作者在賦末又云:"案四時而校俗,眇古昔以觀風,雖隅舉其二三,已可識其氣象之豐隆。"本賦通過對六朝古都南京世俗生活的描寫,顯示賦家對現實生活的批判,極大地減弱了頌美的傾向,突出了其關注世俗人情百態的世俗化審美追求。

【研究】

研究論文有許結《賦體文學與都市文明——以程先甲〈金陵賦〉爲例》(《古典文獻研究》2003年)、馮方《从〈金陵賦〉审视京都賦的嬗变》(《長春師範學院學報》2007年第11期)。

《百宋一廛賦》1卷,清顧廣圻撰,清黄丕烈注

【作者】

顧廣圻(1766—1835或1839),字千里,號澗蘋,又號一云散人,江蘇元和(今蘇州)人,清代著名校勘學家、版本學家。其人不事科舉,年三十始補博士弟

子員。幼從名師張思孝,繼從江聲游,讀惠氏書而通其義。嘉慶、道光年間,應阮元、孫星衍、張敦仁、胡克家、黄丕烈諸家之聘,校勘古籍。于學博通經史、訓詁、天文、曆算等,亦能詩古文詞、駢體文字。其著述有《説文辨疑》《戰國策劄記》《百宋一廛賦》《韓非子識誤》《淮南子校勘記》《思適齋集》等。生平參見趙詒琛《顧千里先生年譜》。

黄丕烈(1763—1825),字紹武,號蕘圃,又號復翁,江蘇長洲(今蘇州)人,清代著名藏書家。乾隆五十三年(1788)舉人,以知縣用發直隸。在京納貲得兵部主事,不久棄官歸故里。一生以藏書、校書爲業。著述有《士禮居藏書題跋記續》《再續記》《求古居宋本書》《百宋一廛書録》《蕘圃藏書題識再續録》《士禮居詩鈔》。輯有《虎丘詩唱和詩集》《夢境圖唱和詩集》《狀元會唱和詩集》。生平參見江標《黄蕘圃先生年譜》。

【版本】

1. 清嘉慶十年(1805)刻本(初刻本)

國圖藏,號:144260。本書1册,書高28釐米,寬18釐米,封面頁題有隸書書名"百宋弌廛賦注",左側有單行小字"嘉慶乙丑烁九月吴郡黄氏士禮居栞行"。卷端題:"百宋一廛賦,元和顧廣圻撰,吴縣黄丕烈注。"賦名之下有黄丕烈所撰題注,小字雙行。左右雙邊,白口,無魚尾,版框高19.4釐米,寬14.3釐米。半葉9行,行18字,小字雙行28—30字不等。版心上方印有字數,下方刻有"夏天培刊"4字。共22葉,尾頁印有牌記2行:"嘉慶乙丑九月,蕘翁手寫刊行。"鈐有"北京圖書館藏"印。

2. 其他版本簡述

其後所出各版本多依據嘉慶十年刻本影印或翻刻而成,依次爲:清光緒三年(1877)刻本,國圖、北大、北師大、吉大藏;清光緒十三年(1887)上海蜚英館石印本,收録在《士禮居黄氏叢書》中,國圖、北大、華東師大、川大藏;清光緒二十九年(1903)北京翰文齋刻本,國圖、北大藏;民國十一年(1922)上海博古齋影印本,收録在《士禮居叢書》中,國圖、北大藏;等等。

3.《輯刊》第185册影印上圖藏清光緒三年刻本

未見書名頁。四周單邊,白口,單、黑魚尾。半葉9行,行18字,小字雙行每行30字。卷端題:"百宋一廛賦,元和顧廣圻撰,吴縣黄丕烈注。"版式與嘉慶本略同。版心頂部刻字數,魚尾之下刻"賦"和頁碼。鈐有"雲間楊氏西谿艸堂藏書之印"。

【内容】

《百宋一廛賦》的得名源自黄丕烈之藏書室,因其酷愛藏書,尤愛宋刊本,故購專室貯藏宋本書,名之曰"百宋一廛"。顧廣圻爲之作《百宋一廛賦》,黄氏繼而作注。賦中顧稱黄所藏宋元善本多達百餘部,故稱之爲"佞宋主人"。黄在注文中説此賦寫成于 1804 年冬，次年春顧氏“手書其稿見寄”，秋天“適余注賦竟”。他在題注中稱其注“多陳宋槧之源流，遂略鴻文之詁訓”。此賦共 2640 字，注 13250 字。本賦是古籍版本學的重要文獻，對於研究宋元善本的流傳有重要參考價值。

【研究】

《百宋一廛賦》爲後人考察黄丕烈藏書、鑒書提供了可靠綫索，是研究黄氏、顧氏在文獻學領域所做貢獻的重要參考資料。目前對其進行研究的成果有趙飛鵬著《黄丕烈及其〈百宋一廛賦注〉研究》，花木蘭文化工作坊 2005 年版。

《疊字雙名賦》1 卷（《纍纍齋賦》），清文爔撰

【著者】

文爔，字東泉，萍鄉（今江西省萍鄉市）人。大約生活于清道光年間。

【版本】

1. 清道光十五年（1835）萍鄉文氏刻本

國圖藏，號：27299。本書凡 1 函 1 册。書高 28.8 釐米，寬 15.6 釐米。内封 B 面鎸：“道光乙未冬月刊，纍纍齋賦（小篆）。”首沈秉荃序 3 葉（草書），次鄭廷桂序 2 葉（4—5），次姜城題辭半葉（6a）、顏爾栻題辭半葉（6b），次許雲城題辭 1 葉（7），以下正文。四周雙邊，白口，單、黑魚尾。版框高 19.8 釐米，寬 13.4 釐米。半葉 9 行，行 22 字，小字雙行同。卷端題：“疊字雙名賦（并引），萍鄉文爔東泉。”版心頂部刻“纍纍齋賦”4 字，下部刻頁碼。凡 59 葉。第 60 葉爲其弟文晟跋。鈐有“國立北平圖書館珍藏”印。

2.《輯刊》第 185 册影印國圖藏清道光十五年萍鄉文氏刻本

【内容】

《疊字雙名賦》亦名《纍纍齋賦》，是一篇用疊字鋪就的賦。作者於小引中稱：“《詩・河水洋洋》篇六句連疊，是爲創體；屈原《九章・悲回風》用六疊，宋玉《九辯》用十一疊，殆爲嗣響。”古詩多用疊字，旨在增強表達效果。後人仿效，多用虚字連疊。作者不滿於此，“爰摭疊字雙名之實而有徵者，創爲斯賦”，雖是遊戲之筆，亦甚見功力。沈秉荃序中稱：“觀其援據古今，敷陳條達，搜騈駢儷，逞奇耀怪，用力之勤，亦云勞止。若其結構高遠，排以宏闊，下命一貫，萬流同歸，原雖本於子虚，義必要於大雅，博不蕪累，華不淫麗，六朝以來，未之多也。”是爲較爲中肯的評價。

該賦句句用疊，言必有雙。開頭云：“存存齋者，飿飿子憩息處也。偶遊申申亭，過憧憧橋，遇笑笑先生而問曰：余與君名地，皆疊雙不離。仰觀碧翁翁，俯察野莽莽……”可見一斑。作者自爲賦注。如“存存齋者”4 字注曰：“《存存齋四書説》十二卷，渭南劉懿撰，見《陝西通志》。○老農劉存存，見月泉吟社。○

馮山人號存存,元人,見《堅瓠廣集》。元黄鎮成,字元鎮,謚曰貞文處士,自號存存子,見《續宏簡録》。"廣徵博引,以示"存存"之名,自古有之,從中不難看出作者學識之淵博。讀者將賦文、注文對讀,不僅可以欣賞詞句之精美,構思之巧妙,亦可增長見聞,開闊視野。

《廣事類賦》40 卷,清華希閔著

【作者】

華希閔(1672—?),字豫原,號劍光,又號芋園,江蘇無錫人。清代學者、畫家。康熙五十九年(1720)舉人,授涇縣訓導。乾隆元年,舉博學鴻詞,不赴試。乾隆十六年,弘曆帝首次南巡,獻《廣事類賦》《遜志録》《經史質疑》各一帙。工花卉,作品揮灑自如,點染得體,結構嚴謹,頗具神韻。著有《延緑閣集》《無錫縣誌》《學時隨筆》等,生平詳見《清史列傳》卷六七《儒林傳上》二、顧棟高《萬卷樓文稿》卷七《墓志銘》、《國朝耆獻類徵初編》卷二五一、《清儒學案小傳》卷六等。

【著録】

《四庫全書總目》卷一百三十九《子部類書類存目》:"《廣事類賦》四十卷,内府藏本。國朝華希閔撰。希閔,字豫原,無錫人,康熙庚子舉人。希閔因校刻吴淑《事類賦》,病其未備,乃廣爲此編,附刻其後。凡二十七門,一百九十一子目,亦如淑例自註,然終不逮淑書也。"

《皇朝文獻通考》卷二百三十:"《廣事類賦》四十八卷,華希閔撰。希閔,字豫原,無錫人,康熙庚子舉人。"今按:"八"字衍。

《皇朝通志》卷一百二:"《廣事類賦》四十卷,華希閔撰。"

【版本】

1. 清康熙三十八年(1699)無錫華氏劍光閣刻本

北大藏,號:SB/031.85/2637.3。凡 5 册,與《事類賦》3 册合函。内封 B 面鎸:"劍光閣增廣事類賦,翻刻千里必究。"首華希閔《廣事類賦序》,次《廣事類賦目録》,以下爲正文。半葉 12 行,行 20 字。版框高 18.7 釐米,寬 15.3 釐米。左右雙邊,單黑魚尾。卷端題:"廣事類賦卷第一,無錫華希閔豫原著,同學鄒兆升泰和參。"第四行刻"天部 霞 虹霓 星象 附澤天儀",第五行"霞"。版心刻"廣事類賦卷一,霞"和頁碼。

2. 清劍光閣刻本

國圖藏,號:39626。本書 1 函 8 册,書高 25.8 釐米,寬 16.1 釐米,封面鎸:"劍光閣增廣事類賦,翻刻千里必究。"首華希閔自序,次目録,下爲正文。正文半頁 12 行,行 20 字,小字雙行同,黑口,左右雙邊,單魚尾。版框高 19.3 釐米,寬 15 釐米。鈐印:"北京圖書館藏"。與上本十分接近,疑爲同一版本。

3. 清藻思堂刻本

國圖藏,號:38897。本書 1 函 8 册,書高 15.6 釐米,寬 10.8 釐米,封面内頁中間大字題:"劍光閣增廣事類賦",左下側小字:"藻思堂藏板",右上側小字:"校正無訛"。首華希閔自序,次目録,下爲正文。正文半頁 10 行,行 20 字,小字雙行同,黑口,左右雙邊,單魚尾。版框高 10.3 釐米,寬 8.9 釐米。鈐有"北京圖書館藏"印。

4.清刻本

國圖藏,號:41733。本書 1 函 10 册,書高 25.4 釐米,寬 16 釐米。首《廣事類賦目録》,下爲正文。版框高 19 釐米,寬 15.2 釐米。卷端題:"廣事類賦卷第一,無錫華希閔豫原著,同學鄒兆升泰和參。"正文有墨筆、朱筆圈點。鈐有"北京圖書館藏"印。

5.清乾隆二十五年(1760)劍光閣刻本

國圖藏,號:37994。本書 1 函 8 册,内封 B 面鎸:"乾隆庚辰新鎸,重訂廣事類賦,劍光閣藏板。"卷首有華希閔《廣事類賦序》2 葉,次《廣事類賦目録》8 葉,以下正文。卷端題:"廣事類賦卷第一,錫山華希閔豫原著,同學鄒兆升泰和參。"半葉 12 行,行 20 字,版框高 18.5 釐米,寬 15.4 釐米。左右雙邊,細黑口,單黑魚尾。鈐有"松坡圖書館""北京圖書館藏"印。有蟲蛀。

按:有《四庫全書存目叢書》影印本,在子部 234 册。

6.清乾隆二十九年(1764)華希閎刻本

國圖藏,號:XD106。本書 1 函 10 册,内封 B 面鎸:"重訂廣事類賦,劍光閣藏板,聚錦堂發兑。"卷首有乾隆二十九年華希閎《重訂廣事類賦序》篆文 3 葉,次康熙三十八年華希閔《重訂廣事類賦序》楷書 1 葉,次《重訂廣事類賦目録》10 葉,次正文。卷端題:"重訂廣事類賦卷第一,錫山華希閔芋園著,同學鄒升恒慎齋參,胞弟希閎蕡囿重訂。"版框高 13.7 釐米,寬 9.9 釐米。半葉 9 行,行 21 字,細黑口,四周雙邊,單黑魚尾,版心上方刻有字數。鈐有"北京圖書館藏"印。

7.清嘉慶四年(1799)刻本

國圖藏,號:7231。本書 1 函 8 册,内封 B 面鎸:"嘉慶四年新鎸,重訂廣事類賦,劍光閣藏板。"卷首有華希閎《重訂廣事類賦序》3 葉,次華希閔《重訂廣事類賦序》1 葉,次《重訂廣事類賦目録》9 葉,次正文。卷端與上本同。版框高 17.6 釐米,寬 13.6 釐米。半葉 11 行,行 20 字,小字雙行同,白口,左右雙邊,單黑魚尾。鈐有"國立北平圖書館珍藏"印。

按:有《續修四庫全書》影印本,在 1248 册。但彼書版框高 18.2 釐米,寬 27.6 釐米,稍異。

8.清道光十七年(1837)務本堂刻本

國圖藏,號:40033。本書 1 函 10 册,書高 17.2 釐米,寬 11.6 釐米。内封 B 面鎸:"道光丁酉年鎸,重訂廣事類賦,務本堂藏板。"首華希閎《重訂廣事類賦序》3 葉,次《重訂廣事類賦目録》10 葉,次華希閔《重訂廣事類賦序》1 葉,次正文。卷端與乾隆二十九年刻本同。版框高 12.9 釐米,寬 10 釐米,半葉 9 行,行 21 字,小字雙行同,四周雙邊,細黑口,單黑魚尾。鈐有"北京圖書館藏"印。

9. 清同治三年(1864)刻本

國圖藏,號:39149。本書凡 10 册,與《事類賦》6 册合并爲 2 函。書高 17.5 釐米,寬 11.1 釐米,書衣鈐有"大旱逢霖"陰文方章 1 枚。内封 B 面鎸:"同治甲子新鎸,廣事類賦,本衙藏版。"首華希閔《廣事類賦序》2 葉,次《廣事類賦目録》9 葉,以下爲正文。半葉 9 行,行 23 字,小字雙行同。左右雙邊,大黑口,無魚尾。版框高 12.7 釐米,寬 9.4 釐米。卷端題:"廣事類賦卷第一,無錫華希閔豫原著,同學鄒兆升泰和參。"鈐有"大興馮氏玉敦齋收藏圖書記""北京圖書館藏"印。

10.《輯刊》第 163 册影印天圖藏清乾隆二十九年無錫華氏劍光閣重刻本

此本封面葉鎸:"乾隆甲申新鎸,重訂廣事類賦,劍光閣藏板。"卷端題:"廣事類賦卷第一,錫山華希閔芋園著,同學鄒升恒慎齋參,胞弟希閎蕡囿重訂。"半葉 11 行,行 20 字,小字雙行同。按,此本版式,與國圖藏清嘉慶四年(1799)刻本同,當爲同一刻本。

【内容】

本書凡 40 卷,係華希閔仿照宋吴淑《事類賦》的體例,對其進行補遺的著作。據卷首康熙三十八年(1773)華希閔自序,稱:"予六世祖都事公當有明嘉靖承平之日,重鋟以行,板藏學宫。又二百年,而家君子收之,散佚之後,重加校閲。間有未備者,命希閔增廣,凡四十卷。"今考明嘉靖十一年(1532),華希閔六世祖、無錫崇正書院華麟祥(都事公)曾校刻《事類賦》一書,風靡二百餘年;清康熙年間,華希閔之父(家君子)又對此書進行校勘,同時命華希閔增廣,乃成此書。本書仿《事類賦》體例,"以事隸賦,用便記誦,於初學尤宜"。全書共 27 部,191 子目,實際上是 191 篇短賦。華希閔自撰注釋,附在《事類賦》之後刊行。例如《事類賦・天部》,有《天賦》《日賦》《月賦》《星賦》《風賦》《雲賦》《雨賦》《霧賦》《露賦》《霜賦》《雪賦》《雷賦》,凡 12 篇。而華希閔《廣事類賦・天部》,則有《星象上》《星象下》《渾天儀》《霞》《虹霓》《河漢》,凡 6 篇,顯然係補《事類賦》之遺。其中《星象上》云:"天有三垣,一曰紫微。北極之位,天帝常居。爲之神者,天乙太乙;夾其門者,左樞右樞。"讀起來比較上口。其中"天有三垣,一曰紫微"句華希閔自注云:"《星官書》:三垣:紫微垣、太微垣、天市垣是也。紫微,宫室之位,帝朝夕在焉。《史記》亦云紫宫。《天皇會通》:中垣紫微,天子之大内也。"其中包含的古代天象學知識,非常專業。而作者旁徵博引,注文與賦文互相發明,這對讀者而言,是十分重要的。

《廣廣事類賦》32 卷,清吴世旃撰

【作者】

吴世旃,字通帛,涇縣(今屬安徽)人。清嘉慶六年(1801)舉人。專力著述,絶意進取。著有《四書參要》《韻學辯訛》《廣廣事類賦》等。事迹參見阮文藻、趙懋曜等《涇縣續志》卷三。

【版本】

1. 清文光堂刻本

國圖藏,號:41679。本書 1 函 6 册,書高 16.7 釐米,寬 11.1 釐米。内封 B 面鎸:"涇上吴氏重訂,廣廣事類賦,三餘堂藏板。"首吴世旃《自序》2 葉,次《廣廣事類賦目録》4 葉,下爲正文。卷端題:"廣廣事類賦卷一,文光堂藏板,涇上吴世旃通帛撰註,姪學洙脩源參訂。"四周雙邊,白口,單、黑魚尾。版框高 13.2 釐米,寬 9.9 釐米。半葉 9 行,行 21 字,小字雙行同。鈐有"北京圖書館藏"印。

2.《輯刊》第 165—166 册影印首圖藏清芸生堂刻本

此本書名葉鎸:"涇上吴氏重訂,廣廣事類賦,芸生堂藏板。"内容、版式與國圖藏文光堂刻本同,惟將"文光堂"改爲"芸生堂"。版心魚尾之下刻"重訂廣廣事類賦卷一"、篇名和頁碼。

【内容】

《廣廣事類賦》32 卷,乃係吴世旃在宋吴淑《事類賦》、清華希閔《廣事類賦》基礎上,增補編寫而成。其體例模仿以上二書,均是以賦之形式,編纂類事類書。其自序中言:"竊觀自宋迄今類林之書,又汗牛充棟矣。是以不揣固陋,更滋裒集。於宋賦百篇中,擇其題同事異,可以另成篇什者,隸而輯之,其故實寥寥不足成片段者姑闕焉,計得賦五十九首。此外仍有二公未及之題,宜供詞賦采取者,益廣之,又得賦七十八首。共計百三十七首。亦效向例,逐句箋注之。大概是編所引,出於唐宋以下者居多,間亦參以前集,妄意續貂。非敢擬李石之廣《博物》,陶濳之續《搜神》,聊使後生循習之次,得以日知所亡云爾。"可知這 137 篇賦,又可以分爲兩類:一類是賦題與吴淑《事類賦》同,但"題同事異,可以另成篇什"者,凡 59 篇;另一類是吴淑、華希閔"未及之題",完全是作者新創的賦題,凡 78 篇。例如卷一《天文部》10 篇,其中《天賦》《日賦》等 9 篇皆爲吴淑舊題,而内容全新;衹有《氣賦》1 篇屬於新創。各賦皆有注釋,體例與《事類賦》《廣事類賦》同。

《續廣事類賦》33 卷,清王鳳喈撰

【作者】

王鳳喈,字載賡,號簡亭,江西黎川人。清乾隆間諸生。學詩於黄祐,與同

邑楊湘、劉家駒、涂以轍等唱和。曾壯遊吴楚、粵東數十年,見聞日廣。著有《聽竹軒詩鈔》《續廣事類賦》。事迹略見《江西通志》卷一五六,黄日星、姜欽雲編《江西編著人物傳略》。

【版本】

1. 清乾隆嘉慶間(1736—1820)文光堂刻本

此本30卷。北大藏,號:X/031.85/2637.6。内封面鎸:"黎川王簡亭先生著,續廣事類賦全集,文光堂梓行。"

2. 清嘉慶六年(1801)寶翰樓刻本

此本30卷。北大藏,號:Y/9301/1176。本書1函8册。

3.《輯刊》第167—170册影印首圖藏清道光二十一年(1841)芸生堂刻本

此本封面葉鎸:"道光廿一年鎸,續廣事類賦(隸書大字),芸生堂藏板。"首楊元藻《序》2葉;次萬承風《序》1葉;次伊秉綬序1葉;次王鳳喈《續廣事類賦自序》2葉;次《續廣事類賦目録》6葉;以下正文。四周雙邊,白口,單、黑魚尾。半葉9行,行23字,小字雙行同。卷端題:"續廣事類賦卷一,黎川王鳳喈簡亭譔註,男仕偉晉之校録。"版心頂部刻"續廣事類賦"5字,魚尾之下刻"卷一(閏月)"和頁碼。

【内容】

王鳳喈認爲,吴淑《事類賦》和華希閔《增廣事類賦》流傳甚廣,但二書"地部均未詳",且各部内條目亦有缺略,遂決定補續,撰成《續廣事類賦》33卷(一作14卷,一作30卷)。王氏此書,並非全面續補。他以乾隆九年所修《大清一統志》爲據,"凡十九省之山川、古迹,則擇其命名最馴雅者登之,名宦、人物,各隨州郡而見。不能另分一部,則擇其勛名、忠孝、節義、文章爲千古所不朽者登之"。全書凡11部,314首,不僅堪稱爲一部以賦體寫成的全國地理著作,亦具有十分深廣的歷史文化價值。本書之編纂,或與當時文人重視地理之學,多以山川風物爲題撰寫詩賦的風氣相關。本書内容精詳,比屬工當,綴以韻語,取便記誦,可供初學者采擷辭藻,積累詩材,亦足以供宦遊覽勝、書牘往還之助。倣吴淑《事類賦》體例,作者自撰注釋,可彌補賦文之不足。

《事類賦補遺》14卷,清張均撰

【作者】

張均,號坦齋,頌江(今浙江江山市)人。生平不詳。著有類書《鏡原遺照集》《事類賦補遺》。生平事迹略見《事類賦補遺》自序。

【版本】

1. 清乾隆嘉慶間(1736—1820)文光堂刻本

北大藏,號:X/031.85/2637.6。内封面鎸:"須江張坦齋編,事類賦補遺,文光堂藏板。"

2. 清文盛堂刻本

山大藏,號:041/306。本書1函6册。

3.《輯刊》第170—171册影印首圖藏清嘉慶十六年(1811)芸生堂刻本

此本封面葉鎸:"富陽蔗林董、長沙雲房劉兩夫子鑒定,事類賦補遺(楷書大字),芸生堂藏板。"首張均序2葉;次《事類賦補遺目録》4葉;以下正文。左右雙邊,白口,單、黑魚尾。半葉8行,行18字,小字雙行同。卷端題:"事類賦補遺卷一,須江張均坦齋氏編譔。"版心頂部刻"事類賦補遺"5字,魚尾之下刻"卷一(霽)"和頁碼。

【内容】

本書凡14卷,是對宋吴淑《事類賦》、清華希閔《廣事類賦》、吴世旃《廣廣事類賦》、王鳳喈《續廣事類賦》的續補之作。前人已較完備,但編者復旁搜博采,另闢蹊徑,撰成新賦百首並爲之注,以殿諸家之後,從此事類之賦更無賸義。本书共列天地、山、水、居處、官職、人倫、人事、文武、服食、器用、草木、鳥獸、鱗蟲等13門,補充霽、雹、野、田、道路、岡、知州、君臣、言論、絹、如意、凌霄、葱、鵬、蝸牛等題,皆十分稀見,爲前著所未有。其内容題材都較爲貼近文人的日常生活,尤其是如意、凌霄、蝸牛之類,顯係文人雅興關注的題目。對於準備考試的士子,這些事類具有更多實用性。作者在錘煉辭藻方面下了很大功夫。例如《天地門·霽》:"太平之世,時雨時暘。宣天地之氣,新日月之光。掃除昏墊,倏覩青蒼。欣開明於萬景,獲清朗于八荒。"讀來清新自然,語言十分精美。自譔注釋,可資參考。

《增補事類統編》93卷卷首1卷(《增補事類賦統編》),清黄葆真輯

【編者】

黄葆真,號誠齋,丹陽(今江蘇鎮江)人。生平不詳,生活於清道光年間。輯有《增補事類統編》93卷。

【版本】

1. 清道光二十六年(1846)丹陽黄氏刻本

南圖藏,號:GJ/3009007。本書凡48册,書高17.3釐米,寬12釐米。内封A面刻有楷書書名"增補事類賦統編"7字,B面鎸有牌記:"道光丙午孟秋,丹陽黄氏開鎸。"卷首有序13篇,如下:1. 邊惇德《重訂事類賦序》1葉;2. 吴華雲《重刻事類賦叙》2葉;3. 華希閎《重訂廣事類賦序》1葉(乾隆二十九年);4. 華希閔《重訂廣事類賦序》1葉(康熙三十八年);5. 吴世海(當爲旃)《廣廣事類賦自序》2葉;6. 李夢松《續廣事類賦序》1葉;7. 萬承風《續廣事類賦序》1葉;8. 伊秉綬《續廣事類賦序》1葉;9. 楊元藻《續廣事類賦序》2葉;10. 王鳳喈《續廣事

類賦自序》2 葉;11. 張均《事類補遺叙》1 葉;12. 曾釗《增補事類統編序》2 葉;13. 黄葆真《自序》1 葉(隸書)。以上凡 18 葉。下《事類統編姓氏》1 葉,如下:

《事類賦》,宋博士渤海吴淑撰註,明後學無錫華麟祥校刊。

《廣事類賦》,錫山華希閔芋園氏著,同學鄒升恒慎齋參,胞弟希閎贊囿重校。

《廣廣事類賦》,涇上吴世旃通帛撰註,姪學洙脩源參訂。

《續廣事類賦》,黎川王鳳喈簡亭撰註,男仕偉晉之校録。

《事類賦補遺》,須江張均坦齋氏編撰。

下《事類統編總目次序》1 葉,如下:天文(附渾天儀)、歲時、地輿、帝王、職官、仕進、政治、禮制、禮儀、音樂、人倫、文學、學術、武功、邊塞、人品(附形體)、人事、閨閣、交際、技術(附巧藝)、釋道、靈異、飲食、寶貨、衣服、器用、宫室、花(附草)、木、果、禽、獸、水族、蟲豸。凡 34 門。下《增補事類統編目録》33 葉(2—34),再下爲正文。四周雙邊,白口,單、黑魚尾。半葉 9 行,行 21 字,小字雙行同。版框高 12.6 釐米,寬 10.1 釐米。卷端題:"增補事類統編卷一,丹陽黄葆真誠齋增輯,何立中敬亭校字。"版心頂部刻書名,魚尾之下刻"卷一(天)"和頁碼;版心底部刻"敦好堂"3 字。

2. 清道光二十九年(1849)聚盛堂刊本

北大藏,號:Y/9301/4844.15。本書凡 4 函 48 册。

3. 清咸豐十年(1860)丹陽黄氏刻本

人大藏,號:PG313/3。本書凡 5 函 40 册。

4. 清同治六年(1867)鴻漸書林刻本

北大藏,號:Y/9301/4844。本書凡 6 函 40 册。

5. 清光緒十二年(1886)上海同文書局石印本

北大藏,號:PG313/57。本書凡 2 函 12 册。

6.《輯刊》第 172—184 册影印南圖藏清道光二十六年丹陽黄氏刻本

【内容】

自宋人吴淑撰《事類賦》百篇,將類書與賦體融鑄一體,後之續編者不絶。目力所及,有清人華希閔《廣事類賦》、吴世旃《廣廣事類賦》、王鳳喈《續廣事類賦》、張均《事類賦補遺》等書,爲作賦者提供豐富的創作素材和有用辭藻。清末道光年間,丹陽人黄葆真考慮到讀者錘煉詞句、安排對偶的需要,遂將吴淑《事類賦》以及清華希閔《廣事類賦》、王鳳喈《續廣事類賦》、吴世旃《廣廣事類賦》等書合併在一起,接着又"就《欽定類函》及《字錦》諸書(今按:即《淵鑒類函》《分類字錦》)中,與夫前人詩賦,摘其對句,典雅清新,可供掇拾者,付各類後",於是編成了《事類統編》一書。

該書是一部爲創作和研究詩賦提供典故、詞藻的工具書。其分類沿襲吴淑原本,依次分爲天文、歲時、輿地等 34 部,每部之下又分細目。編者力圖將前人所編之相關著作匯聚一處,集其大成,之後再摘録對句,供讀者參考。如"天部"《天賦》(並注),集吴淑、華希閔、吴世旃等人之大成,賦後又補充有"摘對"一項:"化工,靈造"可以用作對偶,此下注云:'賈誼賦:'天地爲爐兮,造化爲工,陰陽爲炭兮,萬物爲銅。'唐人《天賦》:'諒神功之罕測,寔靈造之自然。'"交代兩個詞語的出處。又如"璧落,青冥"可以用作對偶,注云:"《宋史·樂志》:'炎精之神,飛駢璧落。'《楚辭》:'上有青冥之長大。'"這些對句優美精煉,可供讀者寫作《天賦》或者相關題材的作品時選用。因其體例嚴謹,出處詳明,文字可靠,故讀者可放心使用。該書迎合了普通讀者創作詩賦之需要,因而頗爲風行,一再刊印。

《藥性賦注》2 卷,清陸老封撰

【著者】

陸老封,清代醫藥學家。據玉德《藥性賦註釋序》,應該是"秦人"(即陝西人),大約生活于乾隆、嘉慶年間。

【版本】

1. 清嘉慶三年(1798)朱墨套印本

國圖藏。號:132344。本書凡 1 函 1 册,書高 25.4 釐米,寬 15 釐米。書衣題"药性賦,福靈峰主人藏"。首玉德《藥性賦註釋序》2 葉,下爲正文。四周單邊,白口,單、黑魚尾。版框高 18.4 釐米,寬 10.9 釐米。半葉 6 行,行 20 字,小字雙行同,無界行。版心頂部刻"藥性賦注"4 字,底部刻頁碼。首行空二格刻篇題"補氣(治氣虚)",正文頂格。印有朱色圈點,藥名右側皆印有朱色直綫,醒人眼目。鈐有"萬卷樓回純珍藏""北京圖書館藏"印。

2.《輯刊》第 185 册影印國圖藏清嘉慶三年朱墨套印本

【内容】

《藥性賦注》是清人陸老封對《藥性賦》所作的註釋。原賦作者不詳,或許就是陸老封本人所撰。該賦將 220 味中藥分爲補氣(2 味藥)、温補(12 味)、大熱(4 味)、辛温辛熱(8 味)、升提發散(26 味)、降氣(16 味)、破氣(8 味)、破血(20 味)、利水(28 味)、斂攝(6 味)、固澀(14 味)、苦寒(22 味)、清熱潤燥(34 味)、消導(12 味)、祛風化痰(14 味)凡 15 類,分别進行介紹。例如開篇"補氣"類云:"補氣之藥,首當慎詳。黄耆力達腠理,治勞乏,斂虚汗于皮毛之表;人參功魁群草,通血脈,回元氣于垂絶之鄉。"用語精煉,而黄耆"治勞乏,斂虚汗"、人參"通血脈,回元氣"的功效也被揭示出來。雖然使用長句,但仍很工整,賦長於鋪陳並且易於背誦的特徵在此被充分利用。在"黄耆"之下,陸老封注云:"味甘,微温無毒,入肺、脾二經。茯苓爲使,惡龜甲、白蘚皮。嫩緑色者佳。蜜炙透。"在"皮毛之表"下又注曰:"按,耆能補氣實表,表邪未净、真氣未虚、多怒者,均未可服。"這樣,就對黄耆的藥性、治病原理、藥引、禁忌、炮製方法等方面進行了較爲全面的介紹。注文與賦文互相配合,互相補充。

《藥性四言賦》1 卷,清佚名撰

【版本】

1. 清代稿本

國圖藏。號:131850。本書凡 1 册,書高 24.3 釐米,寬 13.5 釐米。無邊框,無界行。每半葉鈔 7—8 行,每行大字 20 個,小字 28—31 個不等。行高約 18.9 釐米,半葉寬約 10.4 釐米。卷端題"藥性四言賦",未署名。凡 35 葉。書中偶見修改痕迹,例如"菉豆甘寒,散疹厚腸。消腫下氣,清熱最良"一段,"下氣"二字以墨筆删去,旁改"利便"。審其文意,當爲作者本人所改,故將此本定爲清代稿本。凡 35 葉。鈐有"北京圖書館藏"印。

2.《輯刊》第 185 册影印國圖藏清代稿本

【内容】

本賦分爲草部(140 種)、木部(31 種)、禽獸部(10 種)、蟲部(9 種)、石部(10 種)、果菜部(19 種)、穀部(13 種)、補遺(30 種)等若干類,對 262 種藥物的性能逐一進行鋪陳。其中《草部》爲大宗,佔全書之半。而《補遺》部分的洋參、黨參、蒲公英、白芨、茜草、冬葵子等,亦爲草本。可見作者更加重視草本藥材。也可能是未完之稿,對禽獸部、蟲部、石部等類藥材的歌詠没有完成,都在 10 篇之下。至於《禽獸部》"鹿角"條衹有藥名,没有賦句(藥名下有小字,註明藥性:用生則散熱、行血、消腫;用霜則益腎、生精血、強骨、壯腰膝),顯然是書稿没有完成所留下的痕迹。各味中藥,皆以四言賦鋪陳之。例如《草部》開篇云:"人葠(參)温甘,功專入肺。止渴生津,大補元氣。更能養血,肺熱乃忌。""黄耆温甘,力耑補氣。收汗固表,内傷有濟。專託潰瘍,生肌大利。"全書以四言爲定格,對每種藥材都用 4 句 16 字或者 6 句 24 字加以鋪陳,簡明扼要地介紹該藥品的性能和功效,朗朗上口,便於記誦。以小字方式補充藥理、藥性、用藥方式。例如"人葠"旁書"參"字,以揭示異體字;下有小字"肺脾",可知該藥效力入於肺臟、脾臟,透露治病的原理。"乃忌"下另行小字:"細皮光潤者佳。去蘆用。肺中實熱,右寸洪大乏力者,勿用。"這又交代了該藥的甄選、用法與禁忌,非常實用。

《藥賦新編》1 卷,清江誠、程曦、雷大震撰

【著者】

江誠,字抱一,三衢(今浙江衢州)人。清末醫家,行醫於光緒年間(1875—

1908)。名醫雷少逸門人。光緒十年(1884)嘗與雷大震、程曦合編《醫家四要》4 卷。以"脈、病、方、藥"四要爲綱,輯録歷代醫書,分門整理而成。

程曦,字錦雯,歙縣(今屬安徽省)人,一説新安人。生活於清同治、光緒年間。師從雷少逸(雷豐)習醫,學有所成。曾參訂《時病論》,注釋《程敬通先生仙方遺迹》,與雷大震、江誠共編《醫家四要》4 卷。

雷大震,字福亭,三衢(今浙江衢州)人。清末醫家,與祖父雷逸仙、父親雷少逸俱有醫名。曾經合編《醫家四要》4 卷。

【版本】

1. 清光緒十二年(1886)養鶴山房刻《醫家四要》本

國圖藏,號:20919:4。全書 1 函 9 册,總名《醫家三書》。其中第 1—4 册爲《醫家四要》4 種凡 4 卷,内封(紅色)B 面鎸:"安陸劉賓臣觀察、三衢雷少逸先生鑒定,醫家四要,脈訣入門、機病約論、方歌别類、藥賦新編,養鶴山房藏板。"第 5—8 册爲《時病論》8 卷。第 9 册爲《醫法心得》1 卷。《藥賦新編》爲《醫家四要》之第 4 種。本册封面葉鎸"藥賦新編,養鶴山房藏板",右上有篆文墨印"養鶴山房";B 面有一長方形牌記:"光緒丙戌仲春上浣開刻",左下鎸"豫章鄧燦堂手梓"一行。首《醫家四要卷之四目録・藥賦新編》12 葉,下爲正文。左右雙邊,白口,單、黑魚尾。版框高 15.9 釐米,寬 12.1 釐米。半葉 8 行,行 20 字,小字雙行同。卷端題:"醫家四要卷之四,三衢江誠抱一甫、新安程曦錦雯甫、三衢雷大震福亭甫仝纂。"版心頂部刻"醫家四要",魚尾之下刻"卷之四(寒性)"和頁碼。凡 42 葉。鈐"北京圖書館藏"印。

2.《輯刊》第 185 册影印國圖藏清光緒十二年養鶴山房刻本

【内容】

全書分爲寒性門、熱性門、温性門、平性門凡 4 類,末附《藥性大畧》《十八反歌》《十九畏歌》3 篇。根據目録,該書《寒性門》介紹中藥 106 種,《熱性門》88 種,《温性門》70 種,《平性門》80 種,總共 344 種。比舊題元李杲之《藥性賦》(248 種)多出 96 種,可見其内容更爲豐富。不僅如此,對於每一味中藥的介紹也更爲詳細。比如對於犀牛角、羚羊角 2 種中藥,李杲《藥性賦》云:"犀角解乎心熱;羚羊清乎肺肝",僅僅 12 字;而本書云:"試觀犀角之功,清熱利痰治吐血;羚羊之效,定驚明目理拘攣。"不僅字數增加至 26 字,而且每味中藥的功效也由 1 種增加至 3 種。此外,本書還有詳細註釋(雙行小字),以彌補賦文之闕漏。比如"犀角"句下注云:"獸部湯劑。磨汁,用丸散剉細,紙裹,納懷中,待熱,搗之立碎。入心、胃二經。同生地、白芍、丹皮、名犀角、地黄湯,治吐血衄血。""羚羊"句下注云:"獸部。剉研極細,或磨用。入心、肝。同鈎籐、桑葉,治子癇。單用燒灰,用雞子清調,塗赤丹,極驗。"這樣,就對藥物的類别、炮製方法、治病原理都做了詳細介紹,甚爲實用。該書符合賦體文學形式,用韻較爲嚴格,如開頭云:“諸家本草,記誦誠難。爰編駢語,細別温寒。姑棄繁而就簡,當舉一而反三。”這樣朗朗上口,頗便於背誦。

【研究】

本書有唐文吉、唐文奇點校之《醫家四要》本,人民軍醫出版社 2010 年版;此外尚有上海衛生出版社 1957 年版和山西科學技術出版社 2012 年版之《醫家四要》本。

第四章　賦評正外編

《歷代賦話》14 卷(《歷代賦話正集》),清浦銑撰

【著者】

浦銑(1729—1813),字光卿,號柳愚,室名復小齋,浙江嘉善人。主要生活在乾隆、嘉慶年間,大致與袁枚,孫士毅等人同時,並與之有交往。據《(光緒)嘉善縣誌》及《歷代賦話》《復小齋賦話》序跋可知,浦銑學問根柢經史百家,而尤工詩賦,曾以選拔廷試高等,但不獲銓用,遂外出壯游,足迹幾遍天下。乾隆三十八年(1773),天子省耕津澱,浦銑參與獻賦;四十六年(1781)就楚南某中丞之聘,主講粵西秀峰書院,爲孫士毅作《百一山房歌》;五十三年(1788)返回故里,同年取道南京,赴隨園簡齋(袁枚)看山之約,因以《歷代賦話》質之,袁枚許爲"必傳無疑"。嘉慶十八年(1813)辭世,《嘉善縣誌》稱"年八十五卒",可以推知其生年爲 1729 年。浦銑一生注重節操,不願枉己辱身,謙卑自牧,於是遠離仕途,潛心著述。據《嘉善縣誌》記載,浦銑著有《歷代賦話》《續歷代賦話》《復小齋賦話》《百一集》《唐宋律賦箋注》《柳愚詩存》《羊城集》《西征集》等多種著作,現存者祇有《歷代賦話》《續歷代賦話》《復小齋賦話》《百一集》。事迹略見《(光緒)嘉善縣誌》及《歷代賦話》《復小齋賦話》序跋。

【著録】

1. 清江峰青等《(光緒)嘉善縣誌》卷三十《書籍》:"《歷代賦話》二十八卷,《復小齋賦話》二卷。"

2. 鄭振鐸《西諦書目・詩文評類》:"《歷代賦話》十四卷、續集十四卷,《復小齋賦話》二卷。清浦銑輯,清乾隆刊本,八册。"今按:鄭振鐸著録之本現藏國家圖書館古籍館,《賦話廣聚》第四册據此本影印。

【版本】

1. 清乾隆五十三年(1788)復小齋刻本

國圖藏,號:XD6437。原書 1 函 8 册,第 1—2 册爲《歷代賦話》正集,第 3—7 册爲《歷代賦話》續集,第 8 册爲《復小齋賦話》。書高 25. 3 釐米,寬 16 釐米。書名頁鎸:"嘉善浦銑柳愚輯,歷代賦話正集,復小齋藏板。"首袁枚序 1 葉,次孫士毅序、楊宗岱序、浦銑自序、浦銑後序各 1 葉,次《賦話凡例》10 條凡 2 葉。正集 14 卷,首《歷代賦話目録》1 葉,以下正文。左右雙邊,白口,單魚尾,半葉 11

行，行 21 字。板框高 19.6 釐米，寬 14.4 釐米。卷端題："歷代賦話卷一，嘉善浦銑柳愚輯。"版心頂部刻"歷代賦話"，魚尾之下刻"卷一（正集）"和頁碼。续集 14 卷，首《續歷代賦話目録》1 葉，下爲正文。版式同正集。卷端題："續歷代賦話卷一，嘉善浦銑柳愚輯。"版心頂部刻"歷代賦話"4 字，魚尾之下刻"卷一（續集）"和頁碼。鈐有"長樂鄭振鐸西諦藏書""長樂鄭氏藏書之印""北京圖書館藏"印。此本紙墨俱佳，似爲初印本。

又一本，號：95017。本書 1 函 4 册，衹有正集 14 卷。書高 25.3 釐米，寬 16 釐米。鈐有"會稽周氏鳳皇專齊藏""會稽周氏""苦雨齋藏書印""北京圖書館藏"印。

又一本，號：99225。全書 1 函 3 册，有缺葉。

又，北大藏本，號：/SB/811.304/3384，1 函 6 册。書高 25.3 釐米。钤有"北京大學文學院圖書館藏"印。北大又一本，號：LSB/2246。1 函 6 册，未查。

2.《續修四庫全書》影印乾隆五十三年復小齋刊本（第 1716 册）

此本據湖南圖書館藏本影印，上海古籍出版社 2002 年版。

3.《賦話廣聚》第 4 册影印國圖藏乾隆五十三年復小齋刊本（西諦本）

4.《輯刊》第 187 册影印國圖藏乾隆五十三年復小齋刊本（西諦本）

5. 何新文、路成文校證本

此爲何新文、路成文教授據湖北省圖書館藏乾隆五十三年復小齋刊本加以標點、校證的本子，上海古籍出版社 2007 年版。該書第 1—366 頁爲《歷代賦話校證》，第 367—409 頁爲附録《復小齋賦話校證》。

【内容】

正集 14 卷，以"作賦之人"爲綱，輯録《史記》至《明史》凡 22 部正史内賦作者傳記中與賦有關的内容，可以説是一部歷代賦家生平、創作史料的彙集。卷首載有乾隆五十三年袁枚序，五十二年孫士毅序，五十三年楊宗岱序，以及二十九年浦銑的"自序"和五十三年的"後序"。另有《賦話凡例》十則。該書取材廣博，資料豐富，史料編排合理，而且述而兼作，對有的賦篇存佚或者賦作的真僞情況做了考辨、説明。例如卷三《後漢》馬融傳記之後，浦銑加按語云："銑按：'頌'之名可通于'賦'。《漢書·王褒傳》'太子喜褒所爲《甘泉》及《洞簫頌》'，昭明易'頌'爲'賦'，入《文選》，唐人遂有《漢宫人誦〈洞簫賦〉賦》。《史記·司馬相如傳》'乃遂就《大人賦》'，又曰'相如既奏《大人之頌》'；揚雄《校獵賦》開首有'遂作頌曰'之語；皇甫謐《三都賦序》亦云：'相如《上林》、揚雄《甘泉》、班固《兩都》、張衡《二京》、馬融《廣成》、王生《靈光》，皆近代辭賦之偉也。'唯劉勰《文心雕龍》有'馬融之《廣成》《上林》，雅而似賦，何弄文而失質'之語。若例以《洞簫》，證以相如《大人》、皇甫《三都序》，《廣成》似當列入'賦'類，非自亂其例也。"以十分堅實的證據，論證古代"賦""頌"相通，馬融《廣成頌》當進入賦類,極有説服力。

【研究】

何新文、路成文《歷代賦話校證》(上海古籍出版社 2007 年版)是此書的校勘、標點本,使用十分方便。早期賦學專著如葉幼明《辭賦通論》、曹明綱《賦學概論》皆對此書有簡要介紹。何新文《讀〈賦話六種〉札記》(1991)、《浦銑及其賦話考述》(1997)有對《歷代賦話》的詳細考述,《中國賦論史稿》(1993)、《中國賦論史》(2012)相關章節有全面介紹。此外,詹杭倫《清代律賦新論》(2002)第十三章《浦銑及其〈歷代賦話〉》對此也有研究和評介。

根據浦銑於"乾隆閼逢涒灘辜月朔"(即乾隆二十九年甲申,1764 年 11 月 1 日)撰寫的自序,可知《歷代賦話》正續集早在 1764 年就已經完成初稿,比李調元《賦話》(乾隆四十三年,即 1778 年刻印)早 14 年;又據浦銑《賦話凡例》的撰寫時間"乾隆丙申",可知該書的定稿時間爲乾隆四十一年(1776),亦早於李調元《賦話》。可惜由於"無力付梓",直到乾隆五十三年(1788)纔刻印問世,時間反而在李調元《賦話》之後。何新文教授認爲,浦銑作爲"賦話"的開創者而兼有兩部賦話著作,"可謂是現知清代成就最高的賦話作者,其對賦學的獨到貢獻與學術地位,遠非李調元輩可比"①。

《續歷代賦話》14 卷(《歷代賦話續集》),清浦銑撰

【作者】

浦銑(1729—1813),字光卿,號柳愚,室名復小齋,嘉善(今屬浙江)人。生平參見"歷代賦話"條。

【版本】

與《歷代賦話》同,參見"歷代賦話"條。

【内容】

《續歷代賦話》是《歷代賦話》的續編,凡 14 卷。本書以"言賦"爲主,重在輯録歷代賦論資料。編者從正史之外的諸家文集以及野史、筆記、詩話、子書、類書、目録學著作等各類書籍中,采摘有關歷代賦家賦作的品評、序論文字等,範圍較爲廣博。在彙録歷代論賦史料時,還間載一二與作賦相關的逸聞、俳諧或怪異故事,以資談助,是一種與古代詩話相似的品評方法。在輯録前人賦論的同時,浦銑也提出個人的按斷或者觀點。例如卷二《兩漢》徵引揚雄《甘泉賦》:"迺搜逑索耦,皋、伊之徒,冠倫魁能。函《甘棠》之惠,挾東征之意。"接着又徵引應劭注:"冠其群倫魁桀也。"顔師古注:"言選擇賢臣,可匹耦于古賢皋陶、伊尹之類,冠等倫而魁桀。"劉攽曰:"'能'屬上句。"劉敞曰:"'能'屬'魁'

① 何新文、蘇瑞隆、彭安湘:《中國賦論史》,人民出版社 2012 年版,第 310 頁。

字。”浦銑下按語云:“銑按:《文選》以‘冠倫魁能’爲句,劉説是也。師古誤以‘魁’字斷句,而以‘能’字下連‘函甘棠之惠’,甚屬牽強。”認爲“能”字屬上,所言甚是。又如司馬相如《子虛賦》:“其東則有蕙圃,衡蘭芷若。”師古曰:“今流俗書本‘芷若’下有‘射干’字,妄增之也。”浦銑下按語云:

銑按:《史記》有“射干”二字,《文選》亦有之。然則俗本妄增,有自來矣。據下文“騰遠射干”,是獸名;又“藁本射干”,是草名。此文是香草名,如《史記》《文選》。則此賦凡三用“射干”字。〇《漢書》與《文選》《史記》多有異同。“諸柘巴且”,《史記》作“諸蔗猼且”,《文選》作“諸柘巴苴”。“其上則有宛雛孔鸞”,《史記》有“赤猨玃猱”四字在“鴛雛孔鸞”之上。又“蟃蜒貙犴”之下,《史記》有“兕象野犀,窮奇獌狿”八字。“襞積褰縐”句下,《文選》有“紆徐委曲”一句。又“眇眇忽忽,若神之髣髴”,《史記》作“縹乎忽忽,若神仙之彷彿”。又“怠而後游于清池”,《史記》作“怠而後發,游于清池”。又“奔揚會”,《文選》作“奔物會”。

浦銑指出:“射干”二字雖然係俗本妄增,但由來已久,不可忽視。接着又對《史記》《漢書》《文選》中的《子虛賦》異文進行羅列,細緻入微,至於其優劣高下,尚難以判定。但浦銑將“子虛賦”誤作“校獵賦”,這是應該糾正的。這或許是筆誤,前者係司馬相如作,後者又名《羽獵賦》,係揚雄所作。

《復小齋賦話》2 卷,清浦銑撰

【著者】

浦銑(1729—1813),字光卿,號柳愚,室名復小齋,嘉善(今屬浙江)人。生平參見“歷代賦話”條。

【版本】

1. 清乾隆五十三年(1788)復小齋刻本

國圖藏,號:122192。本書 1 函 1 册,書高 25. 4 釐米,寬 16. 4 釐米。書衣鈐“图整库”簡體楷書章。封面葉鐫“復小齋賦話”5 字。首浦銑自序 1 葉,次《復小齋賦話目録》1 葉,以下正文。左右雙邊,白口,單、黑魚尾,半葉 11 行,行 21 字。版框高 19. 6 釐米,寬 14. 2 釐米。卷端題:“復小齋賦話(上卷),嘉善浦銑柳愚著。”版心頂部刻“歷代賦話”,魚尾之下刻“卷上”和頁碼。卷末附王敬禧跋 1 葉。鈐有“苦雨齋藏書印”和“北京圖書館藏”印。

又一本,號:XD6437:8。原書 8 册,第 1—7 册爲《歷代賦話》正集、續集,第 8 册爲《復小齋賦話》。鈐有“長樂鄭振鐸西諦藏書”“長樂鄭氏藏書之印”“北京圖書館藏”印。

2. 清光緒四年(1878)秀水孫氏望雲仙館刻《檇李遺書》本

國圖藏,號:40456:9。此爲《檇李遺書》之一,此書與《巽隱文集》《拙宜遠集》等凡6種,合爲1函。書高17.5釐米,寬12.5釐米,爲袖珍本。首浦銑自序1葉,次正文。左右雙邊,黑口,單、黑魚尾。半葉9行,行21字。版框高12.5釐米,寬9.6釐米。卷端題:"復小齋賦話(上卷),槜李遺書,嘉善浦銑柳愚著,同里孫福清稼亭校刊。"鈐有"啟明"朱色小篆印。版心中部刻"復小齋賦話卷上"和頁碼,底部刻"望雲仙館"4字。書末附孫福清跋1葉,有墨印"孫氏望雲僊館校栞"。

又一本,號:37152:6。此本《槜李遺書》凡2函12册,本書在第1函第6册,上接盛百二《柚堂續筆談》3卷。版式同上。

北大藏本多部,號:X/081.478/1233:2;X/081.478/1233/C2;X/9110/4244.1/9。

3.《叢書集成續編》影印本(臺灣新文豐出版公司影印本第204册,上海書店出版社影印本第159册)

4.《續修四庫全書》第1716册影印清乾隆五十三年復小齋刊本

5.《賦話廣聚》第4册影印國圖藏清乾隆五十三年復小齋刊本(西諦本)

6.《輯刊》第188册影印國圖藏清乾隆五十三年復小齋刊本(西諦本)

7.何沛雄《賦話六種》本

此爲香港大學何沛雄教授據《槜李遺書》本標點本,生活·讀書·新知三聯書店香港分店1982年增訂本,第51—94頁。何沛雄是較早關注中國古代賦話並加以標點、介紹的學者,頗具慧眼。可惜書中標點有誤,參見何新文《讀〈賦話六種〉札記》,載氏著《辭賦散論》,東方出版社2000年版。

8.何新文、路成文校證本

此爲何新文、路成文教授據湖北省圖書館藏乾隆五十三年年復小齋刊本加以標點、校證的本子。附在《歷代賦話校證》之後,上海古籍出版社2007年版。該書第367—409頁爲《復小齋賦話校證》。

【内容】

浦銑《歷代賦話》《續歷代賦話》是對古代賦家傳記和賦論資料的匯集,儘管編者述而兼作,但筆墨十分有限。而《復小齋賦話》則是浦銑個人的賦論專著。全書分上、下兩卷,凡二百六十餘則。作者以漫話隨筆的形式,或品評賦家風格成就,賞析賦作名篇佳句,或論述體制作法,略載軼事傳聞,提出許多有意義的理論觀點,表現了浦銑的賦學思想和批評特點。其中論律賦者頗多,如:"唐人律賦,不必八韻皆有四六句,或六韻,或三韻、四韻不等,亦有全不用四六者。如石貫《藉田賦》、黎逢《貢士謁文宣土賦》、顔魯公《象魏賦》是也。"又稱:"律賦句法,不可但用四六,或六四,或七四,或四七。試取王輔文棨、黄文江滔、吴子華融、陸魯望龜蒙諸家觀之,思過半矣。"這是對律賦句法的歸納與分析,彰顯了時代特色。又稱:"律賦最重破題。李表臣程《日五色》,夫人知之矣。宋唯鄭毅夫《圜丘象天賦》,一破可與抗行。”這是對律賦破題的强調,認爲黄滔《秋色賦》、范仲淹《鑄劍戟爲農器賦》都是表率。但也不乏對古賦的論述,例如:“相如工爲文,陳皇后奉黄金百斤買《長門賦》。王子淵《洞簫頌》元帝宫人能誦之,爲千古文人豔羡。”又云:“太白《劍閣賦》,蓋在長安懷人之作也,絶似古風。不過五十餘字,而劍閣之崔嵬,宛然在目。”或陳述賦壇趣事,或品賞具體賦篇,亦有見地。但此類文字較少,作者的關注點主要還是唐宋律賦。

浦銑論賦,比較注重創作的獨創性,而且注重賦體文學作品的思想内容與真實感情。在賦體風格方面,既崇尚雄健闊大,也欣賞其他不同的風格特色。《復小齋賦話》對於作賦的方法、技巧,更以較多的篇幅做了認真的討論。諸如賦的體制、構思、謀篇、句法、字法、破題、押韻、描寫等,浦銑都結合對具體賦篇賦句的實例評析,發表了深刻的見解。

【研究】

何新文《讀〈賦話六種〉札記》《浦銑及其賦話考述》中有對《歷代賦話》的詳細考述。何新文、路成文《歷代賦話校證》一書,對此有詳盡介紹,孫福軒《清代賦學研究》、詹杭倫《清代律賦新論》亦有相關研究。

《雨村賦話》10 卷(《賦話》),清李調元撰

【作者】

李調元(1734—1803),字羹堂,號雨村、童山蠢翁等,羅江(今四川綿陽市安縣)人。清乾隆二十八年(1763)進士。曾任翰林院編修、廣東學政。乾隆四十六年(1781)擢授通水兵備道等職,因得罪和珅而被遣戍伊犁。後贖歸,居家著述以終。著有《童山詩集》《易古文》《鄭氏尚書古文證訛》等,凡 50 餘種。編有《粤風》《蜀雅》《全五代詩》,又輯録漢至明代蜀中重要著述爲《函海》30 集,收書 158 種,刊行於世。生平事迹見《清史列傳》卷七二、《國朝耆獻類徵初編》卷二一二、《國朝先正事略》卷四四、楊懋修《李雨村先生年譜》(同治四年刻《續修羅江縣志》卷二四)、楊世明《李調元年譜略稿》[載《南充師院學報》(哲學社會科學版)1980 年第 2 期]。

【版本】

1. 清乾隆四十四年(1779)廣州淪雅齋刻本(12 卷本)

館藏地不詳。李調元自訂年譜《童山自記》乾隆四十四年下云:“是年,《賦話》十二卷成。”則此本或許爲 12 卷本,新話、舊話各 6 卷。

2. 乾隆末年綿州李氏萬卷樓刻《函海》本(10 卷本,其中新話 6 卷舊話 4 卷,下同)

國圖藏,號:31880、100728。北大:Y/9100/1735/124 - 125。

3. 清嘉慶十四年(1809)李鼎元校刻《函海》本

國圖藏,號:10329:94－95。本書爲《函海》叢書之一種,與李調元《南越筆記》16 卷、《雨村詩話》上下卷、《詞話》4 卷合爲一函。凡 2 册,書高 25.1 釐米,寬 17.1 釐米。内封 B 面印有書名:“雨村賦話”。首李調元序 2 葉,鈐有“國立北平圖書館珍藏”印;次正文。左右雙邊,白口,單、黑魚尾。半葉 9 行,行 20 字,小字雙行同。版框高 18.7 釐米,寬 13.3 釐米。卷端題:“賦話卷一,巴西李調元(贊菴、雨村)。”版心頂部刻“賦話”2 字,魚尾之下刻“卷某”和頁碼。

4. 清道光五年(1825)李朝夔補刻《函海》本

武大藏,號:E081.17/4001。

5. 清光緒七年(1881)廣州瀹雅齋重刊本

北大藏,號:X/811.37/4001。

6. 清光緒八年(1882)廣漢鍾登甲樂道齋重刻《函海》本

北大藏,號:X/081.17/4001:14。山大:082.74/290J。

7.《叢書集成初編》據《函海》本重排本

商務印書館 1936 年版;中華書局 1985 年版。

8. 何沛雄《賦話六種》本(香港三聯書店 1982 年版)

9.《續修四庫全書》影印本(上海古籍出版社 2002 年版,1715 册)

10.《賦話廣聚》第 3 册影印本(北京圖書館出版社 2006 年版)

11.《輯刊》第 188 册影印清嘉慶十四年刻《函海》本

【内容】

李調元《雨村賦話》是一部著名的賦學理論著作。儘管其撰寫時間略晚於浦銑《歷代賦話》,但刻印時間卻早於浦書,因而長期以來被視爲第一部以“賦話”命名的著作。據李調元自序,該書是其“視學粤東”(即擔任廣東學政)時所作,旨在教導諸生。“凡歲試、月課之餘,有兼工賦者,莫不擊節歎賞,引而啟迪之,而苦未有指南之車也。因於敝簏中見杭郡湯稼堂前輩刻有《律賦衡裁》一書,頗先得我心。爰出予少時芸窗所藝習者,并列案頭,以日與諸生相指示。時用紙條摘録其最典麗者各數聯,以教之使知法。而又間以稼堂所評騭者,拈出以定其歸,庶幾乎溯流窮源,不至斷港之絶潢,而悉如百川之至於海也。新舊所得漸多,因匯爲一集,名曰《賦話》。”可知該書之纂,頗得益於湯聘(湯稼堂)《律賦衡裁》一書。其完成時間在乾隆四十三年(1778),比浦銑《歷代賦話》定稿時間(乾隆四十一年)晚兩年。

該書分爲《新話》和《舊話》兩部分。《新話》凡 6 卷(卷一至卷六),是李調元“本人”對賦的評論。開篇云:“論詩有摘句之圖,選賦亦有斷章之義。蓋一篇之中,玉石雜糅,棄置則菁英可惜,甄采則瑕病未除,不得不掇礫搴稂,略存去取。爰倣殷璠、高仲武之例,撮其佳語,悉屬妍辭,亦文囿漁獵之資,藝苑笙簧之佐云爾。”作者之意,顯然是想通過對“佳語”“妍辭”的徵引和分析,以爲寫作賦文者提供借鑒。例如卷一:"唐楊炯《浮漚賦》云:'雨密稠生,風牽亂上。'八字賦物之妙,工細入微。沈休文所謂'指物程形,無假於題署上'者也。"對楊炯賦句極爲歎賞。當然,作者並不僅僅賞析佳句妙聯,還往往表達"個人"的賦學觀念。例如卷一:"楊、馬之賦,語皆單行,班、張則間有儷句,如'周以龍興,秦以虎視''聲與風遊,澤從雲翔'等語是也。下逮魏晉,不失厥初。鮑照、江淹,權輿已肇;永明、天監之際,吴均、沈約諸人,音節諧和,屬對密切,而古意漸遠;庾子山沿其習,開隋唐之先躅。古變爲律,子山實開其先。"系統梳理了律賦文體的起源和流變,肯定了庾信在律賦形成過程中的重要作用,可謂卓有見地。又如卷四:"唐人限韻,有云以題爲韻者,則字字叶之;以題中字爲韻者,則就中任用八字,不必字字盡叶也。唐鄭錫《正月一日含元殿觀百獸率舞賦》率用題字,而獨遺'月'字不叶,於兩者皆不合。至其典麗而雄偉,則律賦中煌煌大篇矣。"具體討論限韻之事,對於唐代"以題爲韻"之賦"不必字字盡叶"的情況進行説明。

《舊話》4 卷(卷七至卷十),則從歷代正史、文集、筆記、詩話、雜著中輯録歷代賦家生平事迹、作賦故事、論賦資料和相關典故,爲研究中國古代賦學思想的發展演變提供重要依據。其中卷七"舊話一"輯録兩漢三國史料,卷八"舊話二"輯録兩晉南北朝隋代史料,卷九"舊話三"輯録唐五代資料,卷十"舊話四"則輯録宋金元明資料。該書采擷廣泛,資料豐富。例如卷七首條,徵引《釋名》《毛詩序》《漢書·藝文志》等文獻,爲賦體文學釋名;接着又從《韓詩外傳》、陸機《文賦》、劉勰《文心雕龍》、司馬遷《史記·屈原列傳》、宋玉《小言賦》、摯虞《文章流别論》等文獻中輯録賦論資料,幫助讀者認識賦體文學的特徵,用功勤苦,頗堪稱道。

《新話》與《舊話》互爲表裏,互相補充,形成了較爲完整的理論體系。但是,所謂《新話》6 卷,其實大都來自湯聘《律賦衡裁》,李調元在自序中雖有提及,但並不十分具體。當代學者一直認爲它是清代最早的也是成就最高的一部賦論著作,"表現了作者卓絶的欣賞水平和唯美的審美趣味"①,"對律賦的研究具有特殊的貢獻"②,"奠定了賦話這種文學批評樣式的體制格局……影響了有清一代賦話的大量産生,諸如浦銑的兩種賦話著作"③。其實早在 1993 年,湖北大學何新文教授就已經指出:該書"不是系統的賦論著作,而且還較多地吸取了他人的成果"④。本世紀初,詹杭倫撰寫《雨村賦話校正》時,通過仔細核對,發現《雨村賦話·新話》6 卷共 215 條,采録自湯聘《律賦衡裁》者竟達 191 條,衹

① 葉幼明:《辭賦通論》,湖南教育出版社 1991 年版,第 223 頁。
② 曹明綱:《賦學概論》,上海古籍出版社 1998 年版,第 361 頁。
③ 詹杭倫:《清代律賦新論》,北京燕山出版社 2002 年版,第 255 頁。
④ 何新文:《中國賦論史稿》,開明出版社 1993 年版,第 151 頁。

有“區區 20 餘條”爲李氏自撰。[①] 至此,李調元《賦話·新話》大量抄襲《律賦衡裁》的事實,纔被學術界所認知。

儘管如此,李調元將湯聘《律賦衡裁》中零散的賦論、賦評匯聚一處,重新整合,建構了較爲完善的理論體系,使“賦話”這一文論樣式在形成之初就具備了輯録文獻、記載本事、考辨源流、鑒賞佳句名篇、指示作賦門徑等基本内容和寫作範式。由於李調元本人在文化學術界的崇高地位,《雨村賦話》一書被多次刊刻,廣泛流傳,而對清代中後期的律賦創作和賦學理論産生了深遠影響。

李調元《雨村賦話》與浦銑《歷代賦話》《復小齋賦話》的撰寫時間,幾乎是重疊的,浦氏稍微早一點。李調元《新話》,相當於浦氏《復小齋賦話》,而其《舊話》則相當於浦氏《歷代賦話》正續集,撰寫思路十分接近。其實二人的人生軌迹没有交集,而在當時交通不便的情況下,亦無法互通信息,切磋交流,因此不存在誰影響誰的問題。這説明在清代乾隆年間,浦、李二人不約而同地總結歷代賦論成果,並創制新篇,形成自己的理論體系。可見清代賦話的出現不是偶然的,而是中國學術發展和中國文學理論演進的必然結果。

【研究】

校點本有兩種:何沛雄《賦話六種》,香港三聯書店 1982 年版;詹杭倫《雨村賦話校正》,臺灣新文豐出版公司 1993 年版。介紹和研究情況如下:葉幼明《辭賦通論》(湖南教育出版社 1991 年版,第 222—225 頁)、何新文《中國賦論史稿》(開明出版社 1993 年版,第 150—152 頁)、曹明綱《賦學概論》(上海古籍出版社 1998 年版,358—360 頁)皆對此書有專門論述,而孫福軒《清代賦學研究》(浙江大學出版社 2008 年版,第 232—252 頁)、何新文等《中國賦論史》(人民出版社 2014 年版,第 289—291 頁)論述尤詳。相關論文有:詹杭倫《李調元及其〈雨村賦話〉》(載詹杭倫《清代律賦新論》,北京燕山出版社 2002 年版,第 243—261 頁)、《論〈雨村賦話〉對〈律賦衡裁〉的沿襲與創新》(載詹杭倫《唐宋賦學研究》,中國社會科學出版社 2004 年版)、孫福軒《〈律賦衡裁〉與〈雨村賦話〉:乾嘉古律之争格局下的律體賦學》(《中國詩歌研究》,中華書局 2009 年)等。學位論文有:楊廣嶽《湯稼堂〈律賦衡裁〉與〈雨村賦話·新話〉之文本對比研究》(中國人民大學 2010 年碩士學位論文),趙豔林《〈雨村賦話〉研究》(湖北民族學院 2013 年碩士學位論文)。

《春暉園賦苑卮言》2 卷(《春暉堂賦話》),清孫奎撰

【作者】

孫奎(1733—1807),字敦五,號斗泉,南通州(今江蘇南通)人。少工詞賦,

---

① 詹杭倫:《論〈雨村賦話〉對〈律賦衡裁〉的沿襲與創新》,見《唐宋賦學研究》,中國社會科學出版社 2004 年版,第 361 頁。

遊廣陵,學於梅花書院。清乾隆二十七年(1762)、三十年以選貢兩召試,均二等,名益重。唯屢赴鄉試皆失利,主要以教授爲業。著有《虹岡詩存》《春暉園集》《春暉園賦鈔》《春暉園賦苑卮言》。生平事迹見《江蘇藝文志・南通卷》。

【版本】

1. 清嘉慶十五年(1810)廣東刻本

中大藏,號:14093。未查。

2. 清道光十六年(1836)書有堂刻本

國圖藏,號:31881。本書凡 1 函 2 册。書高 23.6 釐米,寬 15.6 釐米。内封 B 面鎸:"道光丙申冬鎸,南通州孫斗泉著,春暉堂賦話,書有堂刊。"首胡長齡序 1 葉,次正文。左右雙邊,白口,單、黑魚尾。半葉 10 行,行 20 字。版框高 17.1 釐米,寬 13 釐米。卷端題:"春暉園賦苑卮言卷上,通州孫奎著,孫長紀校刊。"魚尾之下刻書名、卷數和頁碼。鈐有"堉圃誌讀""臥雲山人""國立北平圖書館珍藏"印。

3.《賦話廣聚》第 3 册影印國圖藏清道光十六年刻本

4.《輯刊》第 189 册影印國圖藏清道光十六年書有堂刻本

【内容】

本書凡兩卷。卷上 130 條,主要從史傳、雜著中輯録有關賦家生平仕履和作賦典故方面的資料,内容上以漢魏六朝唐宋爲主,元明史料較少。所輯資料,皆未標註出處。例如"枚皋上書北闕"條,實出自《漢書・枚乘傳》;"孝武帝陳皇后"條,實爲《長門賦序》;"梁孝王游於忘憂之館"條,實出於《西京雜記》;"趙壹字元叔"條,實出自《後漢書》,但皆未註明出處,有失嚴謹。卷下凡 136 條,則以品賞名賦佳聯爲主,或以著名賦篇爲例,闡明作者賦學思想。如"應制賦體須莊重而清旨"條,以李程《華清宫望幸賦》、杜顗《集賢院山池賦》、林琨《駕幸温泉宫賦》、張良器《集靈臺賦》中的句子爲例,説明應制賦體不僅要典雅莊重,亦須有清新靈秀之筆;又如"王起黄雲捧日賦"條,以唐人王起《黄雲捧日賦》、楊宏貞《溜牙石賦》、獨孤鉉《鑿壁偷光賦》,宋人文彦博《善者繼人之志賦》、范仲淹《養老乞言賦》中的句子爲例,指出唐人作賦有"運用成字,間出一奇"的情況,而宋人則專門以此擅長,但較之唐人吐屬,尚有巧拙之别。不過,何新文先生研究後指出,該書"卷下的内容也大多與湯聘《律賦衡裁》及李調元《賦話》相同,也有對《四六叢話》《宋四六話》的徵引"①。其産生年代雖晚,但學術價值遠遠不及乾隆年間出版的浦銑《歷代賦話》和《復小齋賦話》,也在李調元《賦話》之下。

【研究】

何新文等《中國賦論史》(人民出版社 2014 年版,第 311—312 頁)對此書有

① 何新文、蘇瑞隆、彭安湘:《中國賦論史》,人民出版社 2012 年版,第 311 頁。

專門介紹。

《讀賦卮言》1 卷,清王芑孫撰

【著者】

王芑孫(1755—1818),字念豐,號惕甫,一號鐵夫,清蘇州府長洲縣(今江蘇蘇州)人。生平見“《古賦識小録》8 卷”條。

【版本】

1. 清嘉慶八年(1803)邗上刻《淵雅堂外集》本

國圖藏,號:26211:14。《淵雅堂全集》共 2 函 18 册,本書在第 2 函第 14 册。書衣題簽上書“淵雅堂全集(外集/賦得詩、瑶想詞、讀賦卮言),十四”。書高 27.7 釐米,寬 17.4 釐米。内封 B 面鎸:“惕甫少作,讀賦卮言,嘉慶癸亥秋栞於邗上。”首沈清瑞《舊序》2 葉;次《讀賦卮言目次》1 葉,署“長洲王芑孫念豐”;次汪榮光《序》1 葉;下爲正文。左右雙邊,白口,單、黑魚尾。版框高 18.8 釐米,寬 13.5 釐米,半葉 10 行,行 21 字。卷端題:“淵雅堂外集,長洲王芑孫念豐,讀賦卮言。”版心頂部刻“淵雅堂外集”,魚尾之下刻小字“讀賦卮言”和頁碼。

此外尚有北大藏本,號:X/081.57/1041 -1:3;吉大藏本,號:集 6398K。

2. 清嘉慶九年(1804)刻本

華東師大藏,號:V47.1 -12/7.21B。版本狀態不詳。

3. 清光緒五年(1879)上海淞隱閣刻《國朝名人著述叢編》本

國圖藏,號 8540:6。全書 1 函 6 册,鉛印袖珍本。書高 17.1 釐米,寬 10.1 釐米。首册書衣題簽上無字,鈐有“書業德記發兑”印。書名葉鎸:“國朝名人著述叢編,光緒五年三月上海淞隱閣印。”B 面刻有叢書總目録“救文格論、金石要例、師友詩傳續録、然燈紀聞、聲調譜、談龍録、漫堂説詩、論學三説、詞統源流、説詩晬語、詩學纂聞、唐人試律説、讀賦卮言”,凡 13 種,訂爲 6 册。第一種《救文格論》首葉鈐有“耿氏藏書”“國立北平圖書館珍藏”印。第 6 册爲《唐人試律説》和《讀賦卮言》。

《讀賦卮言》卷首有汪榮光序 1 葉、沈清瑞序 2 葉、《讀賦卮言目次》1 葉,下爲正文。四周雙邊,黑口,無魚尾。版框高 11.9 釐米,寬 8 釐米,半葉 9 行,行 21 字,小字雙行同。卷端題:“讀賦卮言,長洲王芑孫念豐。”版心刻“讀賦卮言”和頁碼。沈序天頭有朱批 7 行:“賦學吾所不解,曾文正公以爲非殆庶之才不能爲,此言是也。若近日官韻律賦,則又可不必著之論説。此如五言詩與試帖,必不能合爲一境。”玩其文意,當亦爲光緒年間佚名學者所批。本書凡 25 葉。

4. 清光緒九年(1883)斐然山房刻《國朝名人著述叢編》本

國圖藏,號 10560。川大藏,號:0209 -13。

5. 清末鉛印本

國圖藏,號:31896。本書 1 函 1 册,與紀昀《唐人試律説》合併爲一册,書高 17.2 釐米,寬 10.1 釐米。黑口,四周雙邊,無魚尾,9 行 21 字,小字不等。板框高 11.9 釐米,寬 8.2 釐米。首卷鈐有朱色方章"北京圖書館藏"。

6.《賦話廣聚》第 3 册影印清光緒年間《國朝名人著述叢編》本

按:此本闕汪榮光、沈清瑞二家序。

7.《輯刊》第 189 册影印國圖藏清嘉慶八年《淵雅堂外集》本

今按:《輯刊》誤題作"清光緒五年(1879)上海淞隱閣刻《國朝名人著述叢編》本"。相其行款及版心所題,實爲清嘉慶八年刻本。

【内容】

《讀賦卮言》撰成於清乾隆四十六年(1781),時作者 26 歲。儘管頗受彭尺木、沈芷生等名家好評,但堅辭不刻。直至晚年,方命門人重録付梓。本書分導源、審體、立意、謀篇、造句、小賦、律賦、獻賦、試賦、序例、注例、賦例、韻例、官韻例、押虚字例、總指等,共 16 則,約九千言,對賦體的流變、作法、體裁、結構、韻律等進行了詳盡的研討,是清代賦論的重要著作。尤其是提出"力宗漢魏,下取唐賢"和"詩莫盛於唐,賦亦莫盛於唐"的賦史觀,十分獨到,對唐賦給予高度評價,這在當時可謂空谷足音。此一觀點爲著名學者馬積高之《賦史》發揚光大,在當代賦壇有很大影響。

【研究】

孫福軒《清代賦學研究》、何新文等《中國賦論史》都有專節介紹,詹杭倫撰有《王芑孫及其〈讀賦卮言〉》一文(載氏著《清代律賦新論》第 276—303 頁,北京燕山出版社 2002 年版),復旦大學眭駿的博士學位論文《王芑孫研究》亦有涉及。

《作賦例言》1 卷,清汪廷珍撰

【作者】

汪廷珍(1757—1827),字玉粲、瑟庵,號玉爛,山陽(今江蘇淮安)人。清乾隆五十一年(1786)舉人,乾隆五十四年(1789)一甲第二名進士,與阮元、伊秉綬同年,授翰林院編修。兩年後陞侍讀、國子監祭酒。嘉慶元年(1796)直上書房,二年(1797)擢侍講學士,七年(1802)督安徽學政。任滿,復督江西學政。累遷侍讀學士、太僕寺卿、内閣學士、禮部侍郎、典浙江鄉試、翰林院掌院學士,遷禮部尚書。道光二年(1822)典會試,教習庶吉士,五年(1825)授協辦大學士。卒謚文端。著有《實事求是齋詩文集》。生平事迹見《清史稿》卷三六四、《清史列傳》卷三四、《續碑傳集》卷三、《國朝先正事略》卷二三、《國朝耆獻類徵初編》卷四八、《清代樸學大師列傳》卷二五等。

【版本】

1. 清道光至咸豐間宜黄黄氏活字《遜敏堂叢書》本

國圖藏,號:40589:3。本書是《遜敏堂叢書》32 種之一,叢書書名頁鎸:"道光戊申孟夏月,遜敏堂叢書,世愚弟李星沅題簡。"本書在第 3 册,前接翁昱《試律須知》,後接劉大魁《論文偶記》。僅兩頁。四周雙邊,白口,單、黑魚尾。半葉 10 行,行 26 字。版框高 22.1 釐米,寬 14 釐米。卷端題:"作賦例言,山陽汪廷珍瑟庵甫著,宜黄黄秩模正伯氏校。"版心頂部刻書名,底部刻頁碼。書末有"蕉陰小梘排版"字樣。

2.《賦話廣聚》第 3 册影印清道咸間木活字《遜敏堂叢書》本

3.《輯刊》第 189 册影印國圖藏清道咸間宜黄黄氏活字《遜敏堂叢書》本

【内容】

本書號稱 1 卷,實際上僅 2 葉,凡 11 條,約八百字篇幅。主要討論如何作賦,認爲"作賦之法,首重認題""次在布勢""三在用筆""四在着色",並對首段、次序、對偶、章法、風格等方面有所討論。儘管篇幅短小,但作者認爲"長句不如短句,四句對不如兩句對","擬古之體,不可太似,不可不似","文章與説話一般,全要有真氣,有清氣",閲讀時文、試賦"貴精不貴多",等等,都是有價值的見解。

【研究】

何新文等《中國賦論史》(人民出版社 2014 年版,第 318—319 頁)對此書有專門介紹。

《夢陔堂文説》11 卷,清黄承吉撰

【作者】

黄承吉(1771—1842),字謙牧,號春谷,江都(今江蘇揚州)人。清嘉慶十年(1805)進士。歷官廣西興安、岑溪等縣知縣。治經學宗漢儒,能辨中西異同;論史每能獨具隻眼,另闢新説。尤工詩古文。著有《夢陔堂詩集》《文説》《文集》《周官析義》等。事迹略見《清史列傳》卷六九、《碑傳集補》卷五八、《國朝先正事略》卷三五、《清代疇人傳三編》卷二等。

【版本】

1. 清道光二十一年(1841)刻本

國圖藏,號:111341。本書凡 32 册,書高 24.7 釐米,寬 15.7 釐米。首劉文淇《序》4 葉,鈐有"秉圻"印;次黄承吉《目録序》1 葉;以下正文。左右雙邊,白口,單、黑魚尾。半葉 10 行,行 21 字。版框高 17 釐米,寬 13.1 釐米。卷端題:"夢陔堂文説,江都黄承吉撰。"版心頂部刻書名,魚尾之下刻"第幾篇"和頁碼。鈐有"陸氏叩雲""曇雲閣""陳垣同志遺書""北京圖書館藏"諸印。

2.《清代詩文集彙編》第503冊影印清道光二十一年刻本

3.《輯刊》第189—193冊影印上圖藏清道光二十一年刻本

此本在劉文淇序之下,有阮元《江都黄君墓志銘》5葉,提供珍貴的作者生平資料。鈐有"王培孫紀念物"章。

【内容】

本書是一部文論著作。據劉文淇序,其寫作肇端於道光十三年癸巳(1833),完成于道光二十年庚子(1840),歷時凡8年。黄承吉《目録序》云:"作《文説》十數篇,凡百餘萬言。……先刊十篇就質,餘稿因未晰出,尚有待焉。"可知該書乃是其《文説》的部分内容。先行刊印的10篇,除了一篇專論班固,其餘9篇大都就揚雄生平、思想、賦作,以及撰述之心迹而發。其中有以下數篇與賦有關:

論自揚雄有"雕蟲篆刻"之説,致文爲後世詬病。首著此篇,以明文章關繫至重。第一。

論《法言》内謂賦爲"童子雕蟲篆刻,壯夫不爲",其壯夫乃指壯年,及考雄賦,皆是壯年所爲。第二。

論揚雄《甘泉賦》賦與序不合。第五。

論《甘泉賦》通體皆以崑崙諛頌。第六。

論揚雄《河東》《校獵》《長揚》《逐貧》《太玄》諸賦。第七。

論揚雄設風、勸二字貶賦,就以誣陷司馬相如,乃先誤解詩序,兼誤及一切諸書。第八。

準此,該書大致可視爲一部專門研究揚雄生平及其賦論、賦作的專著。黄承吉讀史論賦,往往能够另具隻眼,洞察秋毫,於不疑處生疑,尋繹歷史記載背後的隱情。《漢書·揚雄傳》言:"雄之自序云爾。"乃謂揚雄本傳,是以揚雄《自序》爲藍本删潤而成。本傳完整載録了揚雄《甘泉》《河東》《羽獵》《長揚》四賦,每賦之前(或之後)皆有小序,交代其創作原委,或風或諫,皆針對時事而發。其中《甘泉賦》之後云:"是時趙昭儀方大幸,每上甘泉,常法從,在屬車間豹尾中。故雄聊盛言車騎之衆,參麗之駕,非所以感動天地,逆釐三神。又言'屏玉女,卻虙妃',以微戒齊肅之事。"顯然是在批評漢成帝好色荒淫、寵幸趙昭儀(趙飛燕)的事。但黄承吉細讀《甘泉賦》正文,發現該賦有"想西王母欣然而上壽兮,屏玉女而卻虙妃。玉女無所眺其清盧兮,虙妃曾不得施其蛾眉"一段,作者把趙昭儀比作了西王母;又因崑崙係西王母所居,賦中所用故實皆出自崑崙,其獻媚於趙昭儀之心,可謂急切而誠懇!黄氏以十餘萬言的篇幅,考證崑崙山、西王母在古人心目中的位置,進而洞察揚雄的諂媚之心。序與正文之所以産生矛盾,乃在於揚雄自序其賦。賦作在先(漢成帝時),序作在後(漢哀帝之後)。原賦旨在獻媚,但其晚年作序,乃自託於諷諫,以掩蓋其諂媚之心,是其巧於作僞也。此説另闢蹊徑，振聾發聵，雖不能成爲定論，卻頗能新人耳目，啟人思考。又如，揚雄早年創作四賦，名震朝野，晚年卻鄙薄漢賦，輟不復爲，潛心于《法言》《太玄》的寫作。後代批評、否定漢賦者，無不徵引揚雄言論，以爲口實。《漢書·司馬相如傳》贊云："揚雄以爲靡麗之賦，勸百而諷一，猶馳騁鄭衛之聲，曲終而奏雅，不已虧乎？"揚雄本傳亦云："雄以爲賦者，將以風之也，必推類而言，極麗靡之辭，閎侈巨衍，競於使人不能加也，既乃歸之於正，然覽者已過矣。……賦勸而不止，明矣。又頗似俳優淳於髡、優孟之徒，非法度所存，賢人君子詩賦之正也，於是輟不復爲。"揚雄批評漢賦欲風（諷諫、批評）反勸（鼓勵），勸百而諷一，起不到現實的諷諫作用，因而放棄了漢賦的創作。黄承吉卻從文字學的角度出發，探討"風"的本義和引申義，認爲"風"本義是自然界的氣流，後來引申爲風化之意，而没有諷諫之意。《毛詩序》云"上以風化下，下以風刺上，主文而譎諫，言之者無罪，聞之者足以戒，故曰風"，乃所以明正風而非變風。自雄以"風"爲刺惡，而後人之讀《詩序》者，不明風刺諫戒等本然之字義，以爲屬於衰世闇主之規譏，而詩人温柔敦厚之旨以失。黄承吉稱："六經莫外於小學，小學者，即載道之文字，而文字之訓詁，莫非本於聲音。故凡字義以所從之聲綱爲主，而偏旁乃逐物行迹之目"，"字義必視乎隨文所用，而字之本義則一，核其本義之聲，斯義無不明，而其字義遷流之故，亦即於字中可見"。可見黄氏具有較高的文字學素養，能够從字義源流變遷的角度指出揚雄對經典的誤讀，進而否定其"欲風反勸""勸百風一"的觀點。其對司馬相如賦的種種指責，也就不攻自破了。總之，黄承吉論賦，往往能够與史書、經書、小學的研究相結合，既能融會貫通，左右逢源，又能另闢蹊徑，自立新説，而且論證詳細，説理透徹，是十分重要的賦論成果。但是，作者往往抓住一點，不及其餘，觀點較爲偏激，其研究方法也有值得檢討的地方。

【研究】

研究論文有：蔣寅《黄承吉及其〈夢陔堂文説〉略述》［《勵耘學刊》（文學卷）2006 年第 1 期］、孫晶《清代學者黄承吉的"正揚論"——以黄承吉論〈解嘲〉爲中心》［《煙臺大學學報》（哲學社會科學版）2016 年第 6 期］。

《見星廬賦話》10 卷，清林聯桂撰

【作者】

林聯桂（1774—1835），字道子，又字辛山，吴川（今屬廣東省）人。主要生活在乾隆、嘉慶、道光時期。積學能文，尤工於詩，著名學者趙翼評其詩"牢籠衆態、雄騁莫當"。中年寓居京師，常赴詞人文酒之會，與黄玉衡、黄培芳、張繼屏、譚敬詔、吴梯、黄釗等並稱爲"粵東七子"，合刻有《粵東七子詩》；至道光六年（1826）53 歲時，始考中進士，之後歷官湖南綏寧、新化、邵陽等地，俱有政聲；又

曾捐建虎溪書院、續修《綏寧縣誌》等。卒於邵陽任上。林氏著述豐富,見於著録者有 14 種之多,依其内容可分爲三類:一是詩文集,如《見星廬詩稿》《詞稿》及《見星廬古文》;二是筆記史料,如《講學偶話》《續清秘述聞》;三是詩話賦話,如《見星廬賦話》《見星廬館閣詩話》等。事迹見《國朝耆獻類徵初編》卷二四九,卞寶第、李瀚章等《(光緒)湖南通志》卷一〇八。

【版本】

1. 清道光六年(1826)刻本

日本東京大學東洋文化研究所藏。未見原本,據費振剛先生提供的影印本,此本封面頁鎸:"道光丙戌鎸,見星廬賦話,番禺劉彬華題。"首林聯桂《見星廬賦話自序》1 葉,次爲正文。四周雙邊,黑口,單、黑魚尾。半葉 9 行,行 23 字。版心頂部刻"賦話"2 字,魚尾之下刻卷次和頁碼。鈐有"習齋楹書""葉德輝焕彬甫藏閲書"等藏印。

2. 清光緒間《高涼耆舊遺集》本

上圖、北大藏。此本無封面,卷首有林聯桂《見星廬賦話自序》1 葉,次爲正文。四周單邊,黑口,無魚尾。半葉 9 行,行 21 字。卷端題:"見星廬賦話卷某,吴川林聯桂辛山。"版心中部刻"賦話卷某"和頁碼,底部刻"高涼耆舊遺書"6 字。書末附有李文泰、吴宣崇《访李惟實林辛山遺集啟》4 葉。

3.《賦話廣聚》第 3 册影印清光緒間《高涼耆舊遺書》本

4.《輯刊》第 193—194 册影印上圖藏清光緒間《高涼耆舊遺書》本

【内容】

《見星廬賦話》10 卷,爲道光二年(1822)林聯桂"買舟遊岱(泰山)"時所輯,全書以品評清代館閣律賦藝術爲主,内容大致包括三個方面:

一是概述漢至明代"古賦"尤其是"駢賦"的發展演進。卷一稱:"駢賦體,駢四儷六之謂也。此格自屈、宋、相如畧開其端,後遂有全用比偶者,浸淫至於六朝,絢爛極矣。唐人以後,聯四六,限八音,協韻諧聲,嚴於銖兩,此如畫家之有界畫勾拈,不得專取潑墨淡遠爲能品也。"然後列舉漢魏以來的名家名作,分析粗略,但脈絡還算清晰。林氏因襲清初陸棻《歷朝賦格》的觀點,將律賦視爲駢賦的一種,因而尤重唐律。對於宋代駢賦(律賦),林氏稱:"宋人駢賦體格,又一變矣。是時崇尚理學,試賦率多理致之題,如王曾之《有物混成賦》,楊傑《五六天地之中合賦》《荀楊大醇而小疵賦》,蘇軾《延和殿奏新樂賦》之類是也。至若葉清臣之《松江秋泛賦》,晏殊之《中園賦》,歐陽修之《黄楊樹子賦》之類,有唐人小賦風致焉。"指出宋代駢賦多有"理致之賦"的特點,十分準確。

二是以嘉慶館閣賦爲例論律賦藝術及其作法,如論賦題、賦韻、對偶、擬古之法等,並論及賦與詩及八股時文的關係。所徵引整篇或整段的館閣賦作品多達 200 多篇,其中包括吴錫麒、鮑桂星、顧元熙、陳沆等四位律賦名家之作。例如卷二論官韻時，作者指出："賦題所限官韻，近來館閣巨手，固須挨次順押，不許上下顛倒。而且順押之韻，每韻俱押於每段收煞之句，此亦見巧争奇之一法。"然後以蔣立鏞《博選爲本賦》爲例，該賦以"知人則哲惟帝其難"爲韻，共有八段文字，每一段的煞尾句分别以"知""人""則""哲""惟""帝""其""難"作爲韻腳字，嚴格遵守"順押"的規則，所以是上乘之作。

三是載録林氏本人及時人作賦故事。如嘉慶二十二年在京邸結詩社、衆人作《黄金臺賦》，林氏自作《臨雍講學賦》《聖駕東巡謁陵禮成賦》等，卷末附録《國朝駢體正宗》所收袁枚等人 30 篇駢文題目並作評説，均是有價值的賦史文獻資料。該書卷十抄録作者自己撰寫的回文賦《臨雍講學賦》，其順文則以"治臻唐虞，道尊周孔"爲韻，其回文則以"德配天地，學隆古今"爲韻。其順文賦云："今古立極兮道崇，宙合敷教兮盛治。心性命兮貫以三，校序庠兮與之四。……億兆年兮，永祚之繼繼承承；千萬狀兮，佳氣之鬱鬱蓊蓊。"其回文賦云："蓊蓊鬱鬱之氣佳兮，狀萬千；承承繼繼之祚永兮，年兆億。……四之與兮庠序校，三以貫兮性命心。治盛兮教敷合宙，崇道兮極立古今。"雖然表現出極高的語言文字技巧，但畢竟屬於文字遊戲，無益于思想感情的抒發，亦不可作爲賦體文學的正途。

【研究】

何新文、蹤凡撰有《見星廬賦話校證》一書（上海古籍出版社 2014 年版），可參。何新文等《中國賦論史》（人民出版社 2014 年版，第 319—327 頁）對此書有專門介紹。研究論文有：潘務正《林聯桂〈見星廬賦話〉與嘉道之際館閣賦風》（《文學遺産》2010 年第 5 期）、何新文《林聯桂及其賦作賦話考論》[《遼東學院學報》（社會科學版）2010 年第 5 期]、何新文、彭安湘《論〈見星廬賦話〉對清代律賦藝術的評析》[《湖北大學學報》（哲學社會科學版）2010 年第 6 期]、侯春艷《〈見星廬賦話〉對〈歷朝賦格〉的承與變》[《遼東學院學報》（社會科學版）2018 年第 5 期]等。

《賦品》1 卷，清魏謙升撰

【作者】

魏謙升（1797—1861），字滋伯（一説字雨人，號滋伯），晚號無無居士，仁和（今浙江杭州）人。九歲能文，弱冠後雄長壇坫，尤工書法。曾以廩貢生選仙居縣訓導，不就。家居西馬塍，以著述自娱。咸豐十一年（1861）太平軍再克杭州時，驅至萬安橋下而死。著有《書三味齋稿》《翠浮閣遺詩》。生平事迹見《清史稿》卷四九三、《浙江忠義録》卷二下及卷七、《皇清書史》卷二七等。

【著録】

清龔家儁《杭州府志》、王紹曾《清史稿藝文志拾遺》著録。

【版本】

清佚名《詩賦詞曲品》本。現有何沛雄《賦話六種》本,《賦話廣聚》第三册據抄本重排本,《輯刊》第194册影印重排本。

【内容】

本書是一部專論賦的源流、體制、表現手法、藝術風格的賦學專著。作者模仿司空圖《詩品》的體例,分爲源流、結構、氣體、聲律、符采、情韻、造端、事類、應舉、程試、駢驪、散行、比附、諷諭、感興、研鍊、雅贍、瀏亮、宏富、麗則、短峭、纖密、飛動、古奥等,凡24品。每品爲四言韻語12句,語言亦效法《詩品》。自"源流"至"事類"8品,論賦的源流及體制特點;"應舉""程試"2品,專論科舉試賦;"駢儷"至"研鍊"6品,乃論賦的語言風格及表現手法;"雅贍"至"古奥"9品,探討賦的藝術風格。全書僅有1500字,但内容豐富,結構謹嚴,頗有獨到之見。

《賦學指南》10卷(《分類賦腋》《賦學入門》),清余丙照撰

【作者】

余丙照,字紗山,室名醉經堂,光山(今河南汝陽)人。清末著名賦論家。少從吴東昱學,後從周豹山遊,日臻宏博。著有《賦學指南》10卷(又名《分類賦腋》《賦學入門》),流傳甚廣。

【版本】

1.清道光七年(1827)醉經堂刊本

陝圖藏,號:X11320。本書凡1函4册,書高19.3釐米,寬11.4釐米。書衣題寫朱筆書名"賦學指南",4册分别書"含英咀華"。内封B面鎸:"光山余紗山輯,增註賦學指南,(分類詳明諸法備載)醉經堂藏板。"首吴東昱《叙》2葉;次余丙照《叙》2葉;次《賦學指南總目》1葉;次正文。四周單邊(或雙邊),白口,單、黑魚尾。半葉8行,行24字。版框高15.7釐米,寬8.9釐米。無界行。卷端題:"賦學指南卷一,楚黄吴立莽夫子鑒定,古弦余丙照紗山編輯。"版心頂部刻書名,魚尾之下刻"卷某"、篇題和頁碼。有朱筆圈點。鈐有"竹醉荷香"等印。卷十(書末)附有《賦法緒論》。今按:此本吴東昱、余丙照序皆署爲"道光七年歲次丁亥",故定爲道光七年刻本。書名葉題"增註賦學指南",其實没有注釋,或許是後來重印時刻意加"增註"二字,以促銷售。

又,南圖藏本,殘存1—6卷。索書號:GJ/93093。這是初刻本,何新文先生曾經查閲。

2.清道光九年(1829)醉經堂刻本

陝圖藏,號:X08094。本書凡1册,書高18.6釐米,寬11釐米。外書衣左上角墨書:"分類賦腋",右側書"元英"。内書衣貼有書籤,刻有"(袖珍)賦學指南"6字,鈐有"致和堂藏書"章。内封B面鎸:"道光己丑新鎸,光山余紗山輯,

賦學指南,(分類詳明諸法備載)醉經堂藏板。"首吴東昱《叙》2葉;次余丙照《叙》2葉;次《賦學指南總目》1葉;次正文。版式與道光七年刻本同。版框高15.4釐米,寬9.3釐米。有朱筆圈點。鈐有"陝西省圖書館"章。按:此本《賦法緒論》在卷十目録之下,正文之前。

3.清道光九年(1829)三益堂刻本

國圖藏,號:93058。本書凡1函4册,書高18釐米,寬11.7釐米。書衣左上角貼有書簽:"賦學指南",右下角鈐有"图整库"楷書簡體章。内封B面鎸:"道光己丑新鎸,光山余紗山輯,賦學指南,(分類詳明諸法備載)三益堂藏板。"首吴東昱《叙》2葉;次余丙照《叙》2葉;次《賦學指南總目》1葉;以下正文。四周雙邊(有時單邊),白口,單、黑魚尾。半葉8行,行24字。版框高15.3釐米,寬9.2釐米。無界行。卷端題:"賦學指南卷一,楚黄吴立莽夫子鑒定,古弦余丙照紗山編輯。"版心頂部刻書名,魚尾之下刻"卷某"、篇題和頁碼。有朱筆圈點。鈐有"北京圖書館藏"印。

4.清道光十七年(1837)文元堂刻本(名爲《分類賦腋》)

上圖藏,號:綫譜409279-82。本書凡4册,書高17.7釐米,寬11.8釐米。内封B面鎸:"道光丁酉年新刊,分類賦腋,文元堂藏板。"首吴東昱《叙》2葉(時道光七年歲次丁亥孟秋月立莽吴東昱題於響泉書屋);次余丙照《叙》2葉;次《分類賦腋總目》1葉;以下正文。左右雙邊,白口,單、黑魚尾。半葉8行,行24字。版框高13釐米,寬8.7釐米。無界行。卷端題:"分類賦腋卷一,楚黄吴立莽夫子鑒定,古弦余丙照紗山編輯。"魚尾之下刻"卷某"、篇題和頁碼。鈐有"上海圖書館藏"印。按:此本《賦法緒論》在卷十目録之下,正文之前。

5.臺灣廣文書局1979年影印民國間石印本(此本2卷)

據詹杭倫先生介紹,此本名爲《增註賦學入門》,但僅有原文,並無增註。

6.《輯刊》第194册影印上圖藏清道光十七年文元堂刻本(書名爲《分類賦腋》)

【内容】

余丙照曾就學於吴立莽(吴東昱),後又師從周豹山研習賦學,益加閎博。清道光七年(1827)夏天,撰成《賦學指南》10卷,就正於吴立莽夫子。吴氏"少爲更正,益以數條",遂付剞劂,是爲道光七年醉經堂刻本。兩年後又有道光九年己丑(1829)三益堂刻本,此後還有道光十七年丁酉(1837)文元堂刻本。三刻内容相同,但丁酉本更名爲《分類賦腋》,蓋爲書商射利,冒充新書之舉。

此書編寫之目的,"欲爲無師授者示迷途"(自叙),故反復申説,旁徵博引,不厭其繁。全書論作賦十法,分爲十卷。每章(法)皆先有總論,再取唐代名篇和當代佳作,擇其佳句名段,進行説明。其中押韻、詮題、裁對、琢句、賦品5章主要談"句法",故多引佳聯;首段、次段、諸段、結段4章主要講"段法",故多引佳段；鍊局1章專門談“篇法”，故盡録全篇。每章（法）之下又分出若干細則，條分縷析，分别舉例。比如卷一“論押韻”，先有總論兩葉，論押韻的重要性和基本原則，接下來又從押虚字、因韻法、出色韻、押人名、押地名等5個方面，分别介紹，並舉例説明。其中“押虚字”條，就摘引了唐肇垚《王猛捫虱賦》、蔣詩《去害馬賦》、顧元熙《吴季子掛劍賦》、韋肇《瓢賦》（以上倒押法）、馮嘉穀《項羽垓下聞楚歌賦》、唐肇垚《王質觀棋賦》、熊大音《聚頭扇賦》、伍長華《貫月查賦》（上實押法），凡8篇賦中的句子，例證豐富，讓讀者自己揣摩。又如第十卷“論鍊局”，較爲特殊。卷端題“賦法緒論”，輯録侯心齋、余紗山、《賦譜》論賦10條，然後全文抄録佚名《漁父辭劍賦》、宋言《斅雞鳴度關賦》、王棨《沛父老留漢高祖賦》等30篇律賦作品（唐賦10篇，清賦20篇）。各賦皆有圈點、旁批、總評。如宋言《斅雞鳴度關賦》，首句“雞伺晨而風雨不渝，人懷詐而關防可圖”句旁批：“用雙調直起。”又，“將五德以無殊，昔者田文，久爲秦質”一段有連點，旁批：“叙事。”賦末總評云：“此賦之佳，固不待言。尤愛其‘處北關合雞鳴’二字，乃近來風簷中秘訣也。”其指導初學者寫賦的用心，昭昭在焉。

今按：上圖藏道光十七年丁酉文元堂刊《分類賦腋》一書，與道光九年己丑三益堂刊本《賦學指南》相比，版式、序跋、内容完全相同，但亦有三點差異：一是書名改爲“分類賦腋”，二是卷一之首的總論，己丑本無題目，此本題爲《律賦大指》（蔡元春）；三是版框高度、寬度皆小於己丑本。説明此本乃是據己丑本重刻之本。此外，上圖藏《分類賦腋》卷十還有不少墨筆評點，或自評，或輯録前人評點，亦爲己丑本所無。如《漁父辭劍賦》（宋言）一篇，除了正文旁刊刻的連圈和旁批，還有很多眉批：“首段直叙本事”“次承起處叙道過渡”“三段寫贈劍”“四段入辭劍”等等，賦末除了刊刻的尾評“局勢開展，層次井然，叙事體當以此爲繩墨”，尚有墨筆評點一條：“此君律賦惜不多覯，清詞麗句，不減王輔文郎中。（《律賦選青》評）”標註評語出處，態度十分嚴謹。《斅雞鳴度關賦》（宋言），除了旁批、尾評，天頭還有墨筆眉批8條；賦末還有墨筆評點1條：“叙次整齊，脩詞精切，雕蟲家耑奉此爲金科玉律。（《唐律賦選》評）”

《增註賦學指南》16卷，清余丙照撰，清余榮耀等註

【作者】

余丙照，字紗山，室名醉經堂，光山縣人。生平詳參“賦學指南”條。

余榮耀、余榮辛、余榮澤、余榮燮，皆爲余丙照之子，生平不詳。

【版本】

1. 清道光二十三年（1843）醉經堂刻本

南圖藏，號：GJ/78122。該書係十六卷之殘本，何新文曾查閲。見何氏《中國賦論史》第329頁。

2. 道光二十八年(1848)文質堂重刊本

陜圖藏,索書號:X11319。本書凡6册。書名頁鎸:“道光戊申新鎸,光山余紗山輯(校對無訛翻刊必究),增註賦學指南,(分類詳明諸法備載)文質堂梓。”首王雅南《叙》3葉;次余丙照《原叙》2葉(第4—5葉);次吴東昱《原叙》2葉(第6—7葉);次余丙照《增註賦學指南叙》2葉(第8—9葉);次《凡例》12條凡2葉;次《賦學指南總目》1葉;以下正文。四周雙邊,白口,單、黑魚尾。半葉8行,行24字。版框高15.3釐米,寬9.4釐米。無界行。卷端題:“賦學指南卷一,楚黄吴立莾夫子鑒定,光山余丙照紗山編輯,男榮耀、榮辛、榮澤、榮燮註。”版心頂部刻“賦學指南”4字,魚尾之下刻“卷某”、篇題和頁碼。鈐有“王魯□章”。書末(卷十六)附余紗山《賦法緒論》3葉。

又,北大藏本,號:X/811.107/8016。人大藏本,號:PG4172/74。

3. 清咸豐七年(1857)丹桂堂刻本

陜圖藏,號:X08105。本書凡2册(有殘缺)。書高19.3釐米,寬11.9釐米。書衣墨筆書寫“賦學指南(上)”。内封B面鎸:“咸豐丁巳重刊,光山余紗山輯,增註賦學指南,(分類詳明諸法備載)丹桂堂藏板。”首余丙照《增註賦學指南叙》2葉(文字、題署與戊申本同),王雅南《叙》3葉;次吴東昱《原叙》2葉(第3—4葉);次余丙照《原叙》2葉(第5—6葉);次《凡例》12條凡2葉(第7—8葉);次《賦學指南總目》1葉(第9葉);以下正文。四周雙邊,白口,單、黑魚尾。半葉8行,行24字。版框高16.4釐米,寬9.4釐米。無界行。卷端題:“賦學指南卷一,楚黄吴立莾夫子鑒定,光山余丙照紗山編輯,男榮耀、榮辛、榮澤、榮燮註。”版心頂部刻“賦學指南”4字,魚尾之下刻“卷某”、篇題和頁碼,底部刻有大字“初集”。鈐有“陜西省圖書館藏”印。存卷一至卷十,缺卷十一至卷十六,即“鍊局”部分。有圈點和眉批。印刷質量差。

4. 清咸豐八年(1858)尚德堂刻本

河南大學藏,號:811.604/Y685。

5. 清光緒十九年(1893)書業德刻本

國圖藏,號:111211。本書凡4册。書名頁鎸:“道光癸巳新鎸,光山余紗山輯(校對無訛翻印必究),增註賦學指南,(分類詳明諸法備載)書業德梓。”首王雅南《叙》2葉;次余丙照《原叙》2葉;次吴東昱《原叙》2葉;次余丙照《增註賦學指南叙》2葉;次《凡例》11條凡2葉;次《賦學指南總目》1葉;以下正文。四周雙邊,白口,單、黑魚尾。半葉10行,行24字。版框高13釐米,寬8.7釐米。無界行。卷端題:“賦學指南卷一,楚黄吴立莾大子鑒定,光山余丙照紗山編輯,男榮耀、榮辛、榮澤、榮燮註。”版心頂部刻“賦學指南”4字,魚尾之下刻“卷某”、篇題和頁碼,版心底部刻“書業堂”3字。鈐有“陳垣同志遺書”“北京圖書館藏”印。

6. 清末(1843—1911)務本堂刻本

北大藏,號:X/811. 107/8016. 1。

7.《賦話廣聚》第5册影印清光緒十九年書業德刊本

8.《輯刊》第195册影印國圖藏清光緒十九年書業德刻本

今按:《輯刊》書名頁誤題作“清道光七年(1827)刻本”,當糾正。

【内容】

余丙照《賦學指南》10卷,初刻於道光七年丁亥(1827),兩年後又有道光九年己丑(1829)三益堂刻本,此後還有道光十七年丁酉(1837)文元堂刻本(此本名爲《分類賦腋》)。該書流傳甚廣,不斷翻刻,但是所摘録的佳聯、勝段、賦篇皆無註解,讀者“昧於賦中之典”,研習頗爲不便。作者自云:“壬、癸歲,課徒多暇,取《指南》舊本增而註之。選兩漢六朝賦數篇,冠唐之前,以溯其源;選宋賦數篇,殿唐之後,以觀其變;選時賦之清新典雅有裨後學者十餘篇,以便其取資。且命小子耀輩博考群書,於賦中典故載於習見書中者,采而註之篇後,使不苦於查考。”(余丙照《增註賦學指南敘》)則該書的增補、註釋工作,主要在道光二十二年壬寅(1842)、二十三年癸卯(1843)兩年進行。較之原編,本書有以下幾點不同:1. 原書卷十編選唐賦10篇、清賦20篇,進行評點、分析,作爲研究“鍊局”之實例。本書則通選各代,新選漢魏六朝賦9篇、宋賦2篇,此外唐代賦增補5篇,清代賦增補14篇。如此,選賦由原書的30篇,而增加至60篇。不僅篇幅加倍,還增加了不少解題和註釋,故其卷數也由原來的10卷而增加至16卷。基本格局是:卷一至卷十論作賦九法;卷十一至卷十六除了“論鍊局”1葉,皆爲賦選。2. 原書中的所有“佳聯勝段”和完整賦篇,皆無註釋,余丙照令其子余榮耀、余榮辛、余榮澤、余榮燮進行註釋,使内容更爲充實,也更加方便初學者閱讀、學習。例如卷一“押虛字”條“順押法”例,列有唐肇垚《王猛捫虱賦》、蔣詩《去害馬賦》等8篇賦中的佳句妙聯,本皆無註;增註本在8段佳句之後,集中進行註釋。比如《王猛捫虱賦》“歎或撫髀,豈是因人者也;瞭若指掌,尚須俟我乎而”,註釋部分先註賦題:“王猛捫虱,《王猛傳》:桓温入門,猛披褐謁之,捫虱而談,旁若無人。”揭示賦題出處,幫助讀者審題,理解本賦意旨。然後又解釋賦句,通過對《三國志》《戰國策》《詩經》的徵引,來解釋“歎或撫髀”“因人者也”“俟我乎而”等詞語,内容十分詳盡。

此外,增註本還有以下調整:書前增加了王雅南敘1篇、余丙照《增註賦學指南敘》1篇、《凡例》12條,使讀者對該書的編寫意圖、經過、原則、體例有較爲全面的瞭解;卷一之首原有蔡元春《律賦大指》1篇,有贅疣之感,增註本删除;原書在卷十之首有余丙照所輯《賦法緒論》10條凡3葉,實與“鍊局”關係不大,增註本將其移至書末,十分恰當。總的來看,增註本内容更豐富、體例更嚴明,也更加方便讀者。

今按：光緒本卷首有余丙照《原叙》和吴東昱《原叙》，皆將其寫作時間由道光七年改爲道光二十八年；王雅南叙的時間，也由道光二十三年改爲道光二十八年戊申，造成時間上的錯亂，殊覺不妥。

【研究】

詹杭倫撰有《余丙照及其〈賦學指南〉》（載其《清代律賦新論》，北京燕山出版社 2002 年版，第 304—322 頁）。

《漢魏六朝賦摘豔譜説》4 卷，清戴綸喆撰

【作者】

戴綸喆，字吉雙，綦江（今屬重慶）人。清光緒二年（1876）舉人，官卭州訓導。少從吴松軒學賦，後受知於綦江令田子實。曾“南遊黔，北赴京，山川跋涉，不廢著述”。晚年返鄉，於光緒七年（1881）主講四川瀛山書院。著有《聽鸝仙館駢文》《詩集》《詩話》《書記》《瑣言》《江漢歸船日記》《毻毿雜記》《漢魏六朝賦摘豔譜説》《綦江續誌》《四川儒林文苑傳》等，稿藏於家，多未刊行，唯《漢魏六朝賦摘豔譜説》《綦江續縣誌》《四川儒林文苑傳》等行於世。事迹略見《益州書畫録》卷一。

【版本】

1. 清光緒七年（1881）瀛山書院刻本

川圖藏。未見原書，據影印本，其内封 A 面鎸有隸書書名“漢魏六朝賦摘豔譜説”9 字，鈐有“熱腸冷面傲骨平心”等印；B 面刻有楷書牌記：“光緒辛巳秋梓於瀛山書院”，鈐有“聲山翰墨”印。首戴綸喆自序 2 葉；次《凡例》15 條凡 2 葉；次《漢魏六朝賦摘豔譜説所收賦目》12 葉，鈐有“明月前身”印；以下正文。四周雙邊，黑口，單、黑魚尾。半葉 9 行，行 24 字，小字雙行同。卷端題：“漢魏六朝賦摘豔譜説卷一，綦江戴綸喆吉雙甫稿，及門諸子同校。”版心中部刻“卷某”和頁碼。首行下部墨書“榕莊珍藏”4 字，並鈐有“榕莊”印一枚。書後有戴世懷跋 1 葉。

2.《輯刊》第 196 册影印川圖藏清光緒七年瀛山書院刻本

【内容】

《漢魏六朝賦摘豔譜説》一書，是戴綸喆晚年主講瀛山書院時所編，以書院課徒爲指歸。該書自序云：“今年謬主瀛山講席，從者近七十人，天資多高敏者，時藝外課以古學，而賦尤加意焉，以其爲翰苑之所必需也。但諸生所爲，於字句未經細講。爰取前誦習賦授之讀，暇復取荀屈以來古句之駢而雅者，摘列爲譜，附以己説，證以唐以後句法。又恐諸生以爲專事字句，益以《餘説》一卷。”可知其編纂原委。其侄戴世懷跋又云：“近張香濤先生《書目答問》，所收亦不過李雨村《賦話》、王念豐《讀賦卮言》兩書，而王書敷陳大旨，非利初學；李書雖利初

學,未臻明備,於六朝前亦過略,難云盡善也。吾叔主講瀛山,課讀之餘,摘録是編,分門别類,考證周詳,如行路然,一經指點,即無至迷途是誤。循循善誘之心,不良苦哉。”跋中張香濤即張之洞,其《書目答問》僅僅收録兩部賦話,一爲李調元《雨村賦話》,一爲王芑孫《讀賦卮言》,但前者“非利初學”,後者“未臻明備”,故撰爲此書,指導士子於迷途,用心可謂良苦。

本書凡4卷,書前有作者自序、《凡例》和《漢魏六朝賦摘豔譜説所收賦目》,書後有其侄戴世懷跋。正文分兩部分:前三卷爲“摘豔”部分,取漢魏六朝賦句,摘列爲譜,分爲“短句”“長句上”“長句下”3大類,每一大類下又分若干小類。例如第一卷論“短句”,下以“鍊第一字句”“鍊長句”“鍊之字句”“鍊以字句”“鍊者字句”“四字俱實句”“疊字句”“駢字句”等標目,每目之下皆羅列若干佳句(以小字標註篇名),然後綴以詳細解説,並援引唐代至清代律賦名家名句爲證。據卷首《漢魏六朝賦摘豔譜説所收賦目》,該書共摘引漢魏六朝作家175人,賦作441篇,重題者98篇,賦句1500餘聯。第四卷爲“賦論”部分,題爲《餘説》,分爲總論、辨體、審題、佈局、措詞五項,闡釋相關的律賦作法和賦學理論,價值頗高,體現出晚清古學復興思潮下以古入律、古律匯通的賦學風尚。孫福軒認爲該書是“清代賦學的收關和總結,具有觀照清代賦論乃至歷代賦學的學術意義”。

【研究】

孫福軒撰有《戴綸喆〈漢魏六朝賦摘豔譜説〉與清末賦學》一文[《浙江大學學報》(人文社會科學版)2013年第3期],對此書評論甚詳。

[賦評外編]

《四六叢話》33卷,清孫梅撰

【作者】

孫梅(?—1790),字松友,號春浦,歸安(今浙江湖州)人,一説浙江烏程人。清乾隆三十四年(1769)進士。在京充任大約十年的内閣中書舍人。後出任太平府同知。歷校南闈。著有《舊言堂集》《四六叢話》等。

【版本】

該書初刻於清乾隆五十四年(1789),未見。現存清嘉慶二年(1797)烏程孫氏刻本,國圖藏,號:31554,凡10册。又有李金松校點本,人民文學出版社2010年版。

【内容】

四六,駢文的别稱。駢文常以四字六字句爲對偶,稱“駢四儷六,隔句作對”,故又稱四六文。《四六叢話》凡33卷,包括:選2卷,騷1卷,賦2卷,制、敕詔、册4卷,表3卷,章疏1卷,啟2卷,頌1卷,書1卷,碑誌1卷,判1卷,序、記、論各 1 卷，銘、箴、贊 1 卷，檄、露布 1 卷，祭誄 1 卷，雜文 1 卷，談諧、總論 2 卷，作家 5 卷等。每一類開頭皆有孫氏序論，對這一文體進行簡要説明，然後從歷代典籍中摘引有關評述資料，間或加上按語。秦潮《四六叢話・序》稱其“剌取浩博，積數十年始成”。

本書卷四、卷五爲《賦話》，凡 2 卷，專論賦體文學。這部分徵引子史雜著 115 種，共 229 條，資料較爲豐富。《四六叢話・賦話》的編纂時間與李調元《雨村賦話》、浦銑《歷代賦話》基本相當，將三本書進行比較，可知《四六叢話・賦話》所輯録的資料不如《雨村賦話・舊話》《歷代賦話》正續集完備，但有時也能補李書、浦書之遺漏。此外，孫氏的個人見解，僅僅以按語的形式出現，也不如《雨村賦話・新話》和《復小齋賦話》系統、全面。不過，孫氏按語亦偶有卓見。例如，卷四之首有孫氏序論，介紹辭賦源流和律賦作法，以柳宗元《披沙揀金賦》《記里鼓賦》爲典範，認爲這兩篇律賦“質有其文，巧而兼力，誠鴻博之新裁，場屋之定式矣”，這與李調元等人推崇李程、王起爲律賦正宗的觀點有異。此外，孫氏認爲文賦乃是“古文之有韻者”，源出荀子《賦篇》，亦爲獨到之見。

《藝概》6 卷，清劉熙載撰

【作者】

劉熙載（1813—1881），字伯簡，號融齋，晚號寤崖子，江蘇泰州市興化人。清道光二十四年（1844）進士，改翰林院庶吉士，授編修。咸豐三年（1853）皇帝召對稱旨，旋奉命入值上書房。咸豐十年（1860）英法聯軍侵犯北京，官吏多遷避，熙載獨留。同治三年（1864）補國子監司業，其秋命爲廣東學政，補左春坊左中允。兩年後辭官歸里，主講上海龍門書院 14 年。一生治經學，精通聲韻，旁及詩、詞、曲及書法。著述宏富，曾匯刻所著《四聲定切》《説文雙聲》《説文疊韻》《持志塾言》《昨非集》及《藝概》爲《古桐書屋六種》，又繼刻《古桐書屋劄記》《遊藝約言》《制藝書存》爲《古桐書屋續刻三種》。

【版本】

現存同治十三年（1874）刻《古桐書屋六種》本，國家圖書館藏，號：101859，凡 1 册。此外還有北京富晉書社 1927 年鉛印本，上海古籍出版社 1978 年鉛印本，以及袁津琥《藝概注稿》（中華書局 2009 年版）。

【内容】

《藝概》見於《古桐書屋六種》，係劉熙載歷年論藝之匯鈔，約成丁同治十二年（1873），九萬三千餘字。全書包括《文概》《詩概》《賦概》《詞曲概》《書概》《經義概》各 1 卷。劉熙載於《自叙》中説：“顧或謂藝之條緒綦繁，言藝者非至詳不足以備道。雖然，欲極其詳，詳有極乎？若舉此以概乎彼，舉少以概乎多,亦何必殫竭無餘,殆足以明指要乎！是故余平昔言藝,好言其概,今復於存者輯之,以名其名也。莊子取‘概乎皆嘗有聞’,太史公歎‘文辭不少概見’,‘聞’‘見’皆以‘概’爲言,非限於一曲也。蓋得其大意,則小缺爲無傷,且觸類引伸,安知顯缺者非即隱備者哉?”既解釋《藝概》命名之緣由,亦說明本書評論方法與特點。《賦概》是《藝概》中之一概,以論述騷人之賦與漢魏六朝諸家之賦爲主,唐宋名篇亦偶有論及。其賦學思想十分豐富,主要有以下幾個方面:

(一)論賦的文體性質。劉熙載基本上認可賦爲“古詩之流”的舊説,但他並没有將賦簡單地等同於詩歌。該書在《文概》《詩概》之外又列《賦概》,以洋洋七千言的篇幅對其展開討論,充分説明劉氏已將賦視爲與詩歌、散文都不相同的另一種文體。他着力揭示詩與賦的文體之異:“詩爲賦心,賦爲詩體。詩言持,賦言鋪,持約而鋪博也。古詩人本合二義爲一,至西漢以來,詩、賦始各有專家。”又云:“樂章無非詩,詩不能樂;賦無非詩,詩不皆賦。故樂章,詩之宫商者也;賦,詩之鋪張者也。賦别於詩者,詩辭情少而聲情多,賦聲情少而辭情多。”儘管“詩爲賦心,賦爲詩體”,詩與賦有著相當的一致性和親密的血肉聯繫,但前者簡約,後者博富,前者旨在抒情,後者旨在體物,前者語言空靈,後者文辭絢爛,劉氏對詩與賦的同中之異與異中之同,做了至爲辯證且十分周密的闡述,既準確把握住了賦的文體特徵,又揭示了文學從簡約走向繁富的必然趨勢。

劉熙載將辭(楚辭體)、七皆納入賦類:“古者辭與賦通稱……辭亦爲賦,賦亦爲辭,明甚。”又云:“枚乘《七發》出於宋玉《招魂》。枚之秀韻不及宋,而雄節殆於過之”,認爲“枚叔、長卿之巨麗”爲宇宙間賦之三大境界之一,顯然對《七發》的賦文學成就給予了極高的評價。劉熙載納七體入賦,擺脱了前人重名輕實、拘泥於題目而忽略其本質的傾向。

(二)賦之淵源與“賦兼比興”。劉熙載在探討賦源及騷、賦之關係時,自然而然地論述了賦對前代文學的繼承與發展。《賦概》云:“言情之賦本於《風》,陳義之賦本於《雅》,述德之賦本於《頌》。”〇李仲蒙謂:‘叙物以言情謂之賦,索物以托情謂之比,觸物以起情謂之興。’此明賦、比、興之别也。然賦中未嘗不兼具比、興之意。”劉氏認爲言情、陳義、述德之賦無不源出於《詩經》,高度評價了《詩經》對漢賦的不同題材的規範、引導作用,確實道前人所未道。劉氏更突出的地方,在於他論證了詩、賦二體在情感與比興上的一致性,提出了“賦兼比興”的論斷,揭示出文學作品皆以情感爲基石的本質特徵,這對於篇幅短小的騷體賦及抒情小賦尤其貼切。劉氏此説比籠統的“古詩之流”説或者一味強調詩、賦二體的差異,都更能洞見問題的實質。

劉熙載在辭、賦同體的前提下,認定“騷爲賦之祖”,強調楚騷在賦壇上的崇高地位:“叙物以言情謂之賦,余謂《楚辭·九歌》最得此訣。○《橘頌》品藻精至,在《九章》中尤純乎賦體。○長卿《大人賦》出於《遠遊》,《長門賦》出於《山鬼》;王仲宣《登樓賦》出於《哀郢》……而屈子深遠矣。○屈子之賦,賈生得其質、相如得其文。”《九歌》的“叙物言情”,《桔頌》的鋪陳藻飾,皆已具備賦文學的某些特徵。而《大人賦》之縹緲近乎《遠遊》,《長門賦》之哀怨有如《山鬼》,《登樓賦》之淒清仿佛《哀郢》,這又從具體作品著眼,細細品味賦在意境風格、語言藻飾等方面對楚辭的借鑒與吸收。劉熙載一如祝堯,以騷爲辭賦之祖,以真情實感作爲論賦之準繩,那麽長於抒寫哀怨婉轉之情的楚辭,自然就成爲二人心目中的最高典範了。甚至還得出“漢賦之最上者,機括必從楚辭得來”的結論。

此外,劉熙載還認識到,漢賦的興起與大漢帝國蒸蒸日上的聲威氣象及豐富多彩的社會生活密切相關。《賦概》云:“賦起於情事雜遝,詩不能馭,故爲賦以鋪陳之。斯於千態萬狀,層見迭出者,吐無不暢,暢無或竭。”所謂“情事雜遝”,是指社會生活豐富多彩,人間萬象層出不窮。劉熙載以極其簡洁的語言描述了賦體文學興起的外部背景,考慮到了文學發展過程中内因與外因、形式與内容的辯證關係,在一定程度上揭示出文學史的某些本質和規律。

(三)論賦之風格。劉熙載雖以騷入賦,但對於楚辭與漢賦的不同風格面貌卻有着相當準確的把握。《賦概》云:“楚辭風骨高,西漢賦氣息厚,建安乃欲由西漢而復於楚辭者。若其至與未至,所不論焉。○問楚辭、漢賦之别,曰:楚辭按之而逾深,漢賦恢之而彌廣。○楚辭尚神理,漢賦尚事實。○楚辭,賦之樂;漢賦,賦之禮。歷代賦體,衹須本此辨之。”

楚辭多抒發主人公强烈的忠君愛國之情和矢志不渝的人格操守,有深刻的思想内涵,故稱“按之而逾深”;漢賦可體物,也可抒情,能够廣泛展示漢代社會的各個方面,故稱“恢之而彌廣”。楚辭感情激昂,塑造了峻潔高大的主人公形象,而且常以馳騁雲天的浪漫主義想象來構思全篇,所以風骨遒勁;漢賦貼近現實,即使有浪漫主義的想象和誇張,不過是誇飾人間的宫宇殿閣,羅列八方的奇異名物,因而富於生活氣息。楚辭神韻流動,如樂曲般動人;漢賦鋪陳萬象,如禮儀般繁富。這樣,劉熙載就以極其凝煉而又精確恰當的語言,揭示了楚辭與漢賦在思想意蘊、感情深度、寫作手法、藝術風格等方面的不同。

在反復研讀、品鑒的基礎上,劉氏還以具體作家爲例,論析古今辭賦藝術風格之異:“屈子之纏綿,枚叔、長卿之巨麗,淵明之高逸,宇宙間賦,歸趣總不外此三種。”所謂“歸趣”,指的是審美趣味、藝術追求,表現在作品中,就是賦作的美學風格、藝術境界。在此,劉氏以枚叔(乘)、長卿(司馬相如)作爲漢賦的代表,這是卓有見地的。因爲枚乘是漢初從藩國賦走向宫廷賦、從騷體賦走向散體賦的關鍵人物,其《七發》雖不以“賦”名,卻粗具散體大賦的體制格局;所謂的漢賦“四大家”中,其餘三家揚雄、班固、張衡無不祖述司馬相如之賦體。所以,“巨麗”一詞,是劉熙載對枚乘、相如賦藝術風格的判斷,同時也可移評漢代所有的散體大賦乃至後人的各種仿作。其中的“巨”字,指的是賦作體制的龐大、鋪寫的繁富和氣勢的恢宏;其中的“麗”字,指的是辭藻的絢爛,意象的繽紛和聲韻的鏗鏘。對於漢代著名賦家的個人風格,劉氏也是通過比較來予以揭示的:“賈生之賦志勝才,相如之賦才勝志。○相如之淵雅,鄒陽、枚乘不及;然鄒、枚雄奇之氣,相如亦當避謝。○枚乘《七發》出於宋玉《招魂》。枚之秀韻不及宋,而雄節殆於過之。○後漢趙元叔《窮魚賦》(按:當爲《窮鳥賦》)及《刺世嫉邪賦》,讀之知爲抗髒之士。惟徑直露骨,未能如屈、賈之味余文外耳。”賈誼之抱負遠大,相如之淵雅富麗,鄒陽、枚乘之雄奇高超,趙壹之徑直露骨,都通過對比而給人以十分鮮明的印象。

(四)論賦之創作。《賦概》云:“屈子之賦,筋節隱而不露;長卿則有迹矣。然作長篇,學長卿入門較易。”又云:“余謂楚取於經,深微周浹,無迹可尋。”劉熙載認爲,屈騷清深綿邈,筋節不露,難以效法;相如賦篇幅雖長,但章法可循,易於後人學習。在討論作賦之法時,劉氏首先從賦之本義及相如賦論入手,闡述了較爲通達的創作理論:“鋪,有所鋪,有能鋪。司馬相如《答盛覽問賦書》有賦迹、賦心之說。迹,其所;心,其能也。心、迹本非截然爲二,覽聞其言,乃終身不敢言作賦之心,抑何固哉!”劉氏引用司馬相如的“賦迹”“賦心”說,並賦予其新的解釋:賦心是作賦的原動力,賦迹是作賦的具體方法和技巧,前者爲内容,後者爲形式,二者互相依存,不可“截然爲二”,如此闡釋,顯然比相如的本意更加深刻。在具體討論作賦之“意”(即“賦心”)時,劉熙載引用《國語》《左傳》的記載,照例提出言志與諷諫二端,並稱:“志與諷諫,賦之體用具矣。”以此爲標準,早期辭賦作家的高下優劣就昭然若揭了:“屈兼言志、諷諫,馬、揚則諷諫爲多。至於班、張,則揄揚之意盛,而諷諫之意鮮矣。”過分強調辭賦的諷諫功能,揚屈抑馬,貴古賤今,這同漢代文論家並無二致。他甚至還稱引《史記》對相如賦的評價,以及《漢書》對揚雄四賦創作意圖的介紹,認爲“賦之諷諫,可於斯取則也矣”,可見司馬遷等人的漢賦諷諫論對後世有多麼深遠的影響。

(五)論賦家品德才學。作賦要講究方法、技巧,這是不錯的。但僅僅於方法、技巧上用力,未必能寫出上乘的賦作。事實上,還有比方法、技巧更重要的方面,那就是賦家的品德、才學。劉勰《文心雕龍》、王芑孫《讀賦卮言》都對此有所論述,劉熙載尤其強調這一點:“古人一生之志,往往於賦寓之。……禰正平賦鸚鵡於黄祖長子座上,蹙蹙焉有自憐依人之態,於平生志氣,得無未稱!○志士之賦,無一語隨人笑歎。故雖或顛倒複遝,糾轕隱晦,而斷非文人才客,求慊人而不求自慊者所能擬效。○揚子雲謂‘雕蟲篆刻,壯夫不爲’,然壯夫自有壯夫之賦。”賦如其人,賦家的政治觀點、志向抱負、道德修養、人格操守,無不從其賦作中自然流露出來。劉氏崇尚“無一語隨人笑歎”的“志士之賦”,氣勢豪邁的“壯夫之賦”,而對於怨天尤人的“文人才客”以及摇尾乞憐的獻媚之作十分鄙夷,對於揚雄晚年悔賦之語十分不滿。禰衡一生恃才自傲,骨氣錚錚,而其《鸚鵡賦》卻流露出“自憐依人之態”,劉氏對其深表歎惋。所以,要提高賦的品格,賦家就必須具備高尚的思想、才識與抱負。

另一方面,劉熙載也十分重視賦家的才識和學習:“賦兼才學。才,如《漢書·藝文志》論賦曰‘感物造端,材智深美’,《北史·魏收傳》曰‘會須作賦,始成大才士’;學,如揚雄謂‘能讀賦千首,則善爲之’。○賦從貝,欲其言有物也;從武,欲其言有序也。”才,應當指賦家的藝術感悟能力與創造能力;學,指賦家的知識積累。有了學,纔能言之有物;有了才,纔能言之有序。有物有序,始能稱賦。劉熙載認爲,賦對於才和學的要求比詩歌更高,“才弱者往往能爲詩,不能爲賦”。因爲詩歌多出於性靈,所以“雖婦人女子無不可與”;賦則“言典致博”,異于“家人之語”,所以“雖宏達之士,未見數數有作,何論隘胸襟、乏聞見者乎!”劉氏此言,亦有一定的合理因素。

《藝概·賦概》是感悟式的隨筆,語言精粹,含義深永,處處閃爍着思想和智慧的火花,令人百讀不厭。劉氏不僅善於創立新説,更善於兼綜、提升前人的論述,言其所未言,發其所未發,點鐵成金,自成高論。如對“升高能賦”的點化,對相如賦論的闡發,就頗爲精彩,耐人尋味。劉氏具有很高的藝術修養,除探究經、史、子之外,還精通聲韻、詩賦、詞曲、書畫等等,這使他在論賦時能够融會貫通,獨具隻眼。識見的高妙、卓絶,論述的全面、系統,語言的精粹、優美,使《藝概·賦概》當之無愧地成爲古代賦壇的重要理論著作。

【研究】

研究論文有:何新文《劉熙載漢賦理論述略》(《中國文學研究》1988 年第 3 期)、袁明慧《〈藝概·賦概〉研究綜述》(《南昌師範學校學報》2014 年第 4 期)、韓麗霞《劉熙載〈藝概·賦概〉體系與範疇》[《齊齊哈爾大學學報》(哲學社會科學版)2015 年第 2 期]等;學位論文有:元文廣《劉熙載〈藝概·賦概〉研究》(陝西師範大學 2012 年碩士學位論文)、袁明慧《〈藝概·賦概〉注評》(遼寧師範大學 2015 年碩士學位論文)。

《昭明文選集評》15 卷卷首 1 卷卷末 1 卷,清于光華編

【編者】

于光華(1727—?),字惺介,號晴川,室名心簡齋,鎮江府金壇縣(今屬江蘇省)人。乾隆時諸生,一生不仕,以教授爲業。著有《心簡齋集録》6 卷、《四書集益》6 卷、《昭明文選集評》15 卷、《古文分編集評》四集 22 卷。

【版本】

清乾隆三十七年(1772)友于堂刻本

【内容】

該書增補本名为“重訂文選集評”。其内容詳參“重訂文選集評”條。

《重訂文選集評》15 卷卷首 1 卷卷末 1 卷,清于光華編

【編者】

于光華(1727—?),字惺介,號晴川。生平參見“昭明文選集評”條。

又,于氏《重訂文選集評自序》云:“乾隆癸未,華年三十有七。”乾隆癸未即乾隆二十八年(1763),由此上推 37 年,可知其生年應爲雍正五年(1727)。卒年不詳,但該書自序作於乾隆四十三年(1778),時光華已 52 歲。

【版本】

1. 清乾隆四十三年戊戌(1778)錫山啟秀堂刻本

2. 乾隆四十六年辛丑(1781)世壽堂刻本

3. 其他版本

清乾隆四十三年(1778)啟秀堂本校勘精細,紙墨俱佳,後代覆刻者甚衆。除了世壽堂本,乾隆年間尚有仿范軒本、三樂堂本、鴛湖芝暉閣本、有懷堂本、金閶書業堂本、經綸堂本,嘉慶年間有懷德堂本,咸豐年間有右文堂本,同治年間有緯文堂本、江蘇書局本,光緒年間有世壽堂本,還有年代不詳之月漁古山房本、天禄閣本、崇儒書屋本等,皆以此本爲據加以覆刻。① 民國八年上海埽葉山房又出版石印本,更名爲《評注昭明文選》,尤爲風行。限於篇幅,不再一一列舉。

【内容】

《重訂文選集評》于光華自序稱,乾隆癸未(1763)冬十一月,光華“航海來粵,倥偬造次,止攜《文選》一編,蓋素所篤好,稟先訓而奉師承也。……苟得聞見,輒抄卒業,即奔走衣食,漂泊天涯,旅舘孤燈,不忍釋手,歷十數寒暑,編輯成帙”。可見他曾漂泊廣東,但酷愛《文選》,隨身攜帶,日夜吟誦,不斷鈔補,積十餘年之力,方輯成《昭明文選集評》一書。據金嘉琰序,于光華在粵教授門徒,即以此書爲教材。乾隆三十七年壬辰(1772),“同志交迫,強付棗梨”,該書首次刊行於世,故該書《凡例》及秦鐄序、金嘉琰序、于在衡序皆作於此年。六年之後,即乾隆四十三年(1778),錫山鍾絅“見而善之,復請剞梓”,于氏又作《重訂文選集評自序》和《重訂凡例》,其友黄燡照序和世姪邱先德序也作於此年。該書封面頁鐫有“乾隆戊戌夏鐫”字樣,戊戌秋所撰之《重訂凡例》亦稱鍾君“捐資

① 詳參范志新編撰《文選版本擷英》,貴州人民出版社 2004 年版,第 266 頁。有增補。

付梓，期年工竣”，可知乾隆戊戌(1778)秋日此書已雕梓完畢。但書中鍾絅序作於乾隆庚子(1780)三月，蓋爲重印時補入也。

于光華《重訂文選集評自序》云：“念先人之屬望，師友之親承，悠忽無聞，徒事丹鉛纂記，等同抄胥，愧何如也！”這是于氏自謙之詞，其實該書絶非一般的“抄胥”之作。書中除《文選》原文外，還録有六臣原注，節略其“習見習聞及前後雷同複出處”；至於評點，則選録了元明及清代前期各家的精彩文字。讀者手此一編，既可藉助註釋讀懂《文選》文本，又能通過評點領略其中妙處，含英咀華，悦性怡情。金嘉琰序中稱該書“考古叶韻，麗於句下；考今疆域，瞭如掌上；諸家之評，精嚴切要。不必丹黄鉛槧，而人人可解，人人可讀，洵文章之椝矱，學者之津梁也”，指出該書嘉惠後學之功，頗爲中肯。朱自清先生《論詩學門徑》一文曾向中學生推薦過數種古詩文選本，本書即在其中。①

據于氏《凡例》和《重訂凡例》，該書以何義門（焯）所評汲古閣本爲藍本，但將60卷合併爲15卷，以便閲讀；“《瀹注》所載孫月峰（鑛）先生評論，瑕瑜不掩。片言隻字，無不指示，誠後學之津梁，修詞之標的也，今悉載入無遺。至如《纂注》《評林》《瀹注》《約注》《山曉閣》《賦彙疏解》及張伯起、陸雨侯、俞犀月、李安溪諸先生評，各采其一二，或十之二三。”其采摭頗爲廣泛。1778年修訂重刻時，又增入邵子湘、方廷珪、葉樹藩等人的評點或考釋，内容更爲豐富。所録最多者爲孫月峰、何義門二家，其餘各家則精選其佳妙之語，頗見裁剪之力。如卷二司馬相如《子虚賦》，題注録何義門1條（未標出處），正文眉批録何義門14條，孫月峰12條（有八條未標出處），賦末總評録孫月峰、俞犀月、何義門、邵子湘各1條；又如卷八屈原《離騷經》，眉批録何義門8條，孫月峰5條，朱熹、浦起龍各4條，方廷珪、李安溪各3條，林兆珂、陸敏樹各1條，總評又録孫月峰、陸生生、浦二田、方伯海、周平園各1條。顯而易見，該書引録最多者爲何義門，其次是孫月峰。但二家評也並非真的“悉載入無遺”，除了漏標出處者，尚有一些評點被有意或無意間捨棄。如《子虚賦》，于氏捨棄孫月峰眉批多達8條，見出裁剪之迹。所以，欲全面研究孫批或何批，尚需查閲原批，不能盡以于光華輯本爲據。

據查考，除了孙批、何批（每人數千條），該書引録較多者尚有方伯海（方廷珪）、俞犀月（俞瑒）、邵子湘（邵長蘅）、陸雨侯（陸雲龍）、孫執升等，每人達數百條；引録較少者有劉勰、祝氏（祝堯）、王元美（王世貞、王弇州）、陸平原（陸樹聲）、郭明龍（郭正域）、張伯起（張鳳翼）、陳玉陽（陳與郊）、林兆珂、閔齊華、鍾惺、陸生生（陸敏樹）、李安溪（李光地、李溶村）、山曉閣（孫琮）、蔡世遠、黄叔琳、浦二田（浦起龍）、沈德潛、孫端人（孫人龍）、張甄陶、陳鳴玉、周平園、陳螺

① 參朱自清著《朱自清説詩》，東方出版社2007年版，第166頁。

渚、陳尹梅、魏霽亭、何念修、盧此人、潘西黄等人的評語,每人數條至數十條不等。總人數多達三十餘家。其中孫鑛評語出自《孫月峰先生評文選》,張鳳翼評語出自《文選纂注評林》(實爲張氏輯録他人之語),孫琮評語出自《山曉閣重訂文選》,孫人龍評語出自《昭明選詩初學讀本》,方廷珪評語出自《昭明文選集成》,何焯評語出自其《文選》評本,其餘各家,或轉引自以上諸書,或取自其他評點本,搜羅之富,用功之勤,實堪稱道。有些評點當時就十分稀見,今日原評本早已佚失,藉助于氏此書纔得以保存下來。不難看出,該書對乾隆之前的《文選》評點成果進行了廣泛蒐輯和全面總結,既突出了評點大家孫鑛、何焯的學術功績,又不埋没普通評點者的真知灼見,堪稱是《文選》評點史上的集大成著作,具有十分重要的資料價值和學術意義。

于氏所輯之批點,形式上以眉批爲主,或梳理層次,或品賞佳句,或挖掘内蘊之意,或品評寫作技巧,或追溯語詞淵源,或揭示文學影響,内容豐富,不一而足。但亦有刻於篇題之下者,如卷一班固《兩都賦》題下批云:"何義門曰:兩都一開一合,以賓主二字見意。其賦之用意處,全在序末二句,見作賦之由,勸戒之體也。氣度雍容,音調鴻暢,大家手筆。"這是對《西都》《東都》二賦的總評。文字較長的總評則刻於篇末,如《兩都賦》之末依次刻有孫月峰評語 1 條,孫執升 1 條,何義門 4 條,祝氏 1 條,觀點精湛,足資讀者參考。至於旁批,大都三言兩語,極其凝練,且不記批點者姓氏,但亦頗有佳勝。如卷三張衡《歸田賦》旁批:"歸田之由","歸田之景","歸田之樂","歸田之感";又如卷五曹子建《七哀詩》"君若清路塵,妾若濁水泥"句旁批:"運用兩喻,意自深遠,風人之遺。"或歸納語段,或鑒賞詩句,巧於點撥,耐人尋味。

除眉批、旁批、夾批、題下批、文末總批之外,于氏還在《文選》正文中施以圈點。該書《凡例》云:"圈點畫乙,俱參各本校定。大段落用大畫截住,小段落用句中逗圈别之,佳句用密圈,脈絡用密點,逐段眼目用尖圈,或用密點,字法用實圈,或用單點,俱各從其輕重耳。"顯然,于氏在吸收諸家圈點的基礎上制訂了十分嚴明的圈點體例。但爲避免繁瑣,皆不注明來自何人何書。如卷一班固《西都賦》,每句之下都有逗圈圈斷,裨讀之順暢;而在開頭至"弘我以漢京"一段下以大畫截住,在"賓曰:唯唯"至"故窮泰而極侈"一段下也用大畫截住,等等,這相當於今天的分段,可幫助讀者理清文章脈絡層次。"華實之毛"一段用密圈,即在每字的右側皆加圈,這是提示佳句,讓讀者吟詠體會。"其陽則崇山隱天"一段,于氏在"其陽""其陰""東郊""西郊"等短語之右側皆施以尖圈,此爲提示段落眼目,有提綱挈領之效。至於"左據函谷、二崤之阻"一段,則在"左""右"二字之右用尖點"丶",在"據""表""界""帶"諸動詞之右用實點"・",這是在標示行文眼目及用字之妙。以上略舉數例,説明于光華在作品圈點上頗用功夫,這對於理解文章層次、品味妙字佳句有很好的提示和點撥作用,某些圈點甚至具有一般批語所達不到的效果。

【研究】

蹤凡《漢賦研究史論》(北京大學出版社 2007 年版,第 594—597 頁)有簡要介紹。趙俊玲撰有《〈文選〉評點集大成著作——于光華〈文選集評〉考論》(《古籍整理研究學刊》2014 年第 1 期),吴冬莉亦有《于光華〈文選集評〉研究》(雲南師範大學 2019 年碩士學位論文)。

第五章　賦注正外編

《雪心賦正解》4 卷辯論 1 卷(《雪心賦辨訛正解》),唐卜應天撰,清孟浩注

【作者】

卜應天,字則巍,號昆侖子,又稱濮都監,唐朝堪輿學家。卜應天世居贛州,薦太史不就而入道門,爲黄冠師。因自許"心地雪亮,透徹地理",因而將其堪輿學著作取名爲《雪心賦》。

孟浩,字天其,宛陵(今安徽宣城)人。約生活於清順治、康熙年間。棄諸生業,專精堪輿之學。精研《雪心賦》,辨訛索解,凡七易秋始成。生平略見《(光緒)宣城县志》卷二七。

【版本】

1. 清康熙十九年(1680)經綸堂刻本

國圖藏,號:135721。本書 1 函 4 册,書高 22.6 釐米,寬 14.1 釐米。内封 B 面鎸:"地理第一書(版框上端),宛陵孟天其先生註(右欄小字),雪心賦辯訛正解(宋體大字),經綸堂藏板(左下小字)。"首張鐸《雪心賦正解序》6 葉;次孟浩《自序》3 葉(7—9 葉);次《凡例》11 條凡 3 葉;次孟浩《小引》1 葉;次《辯論目録》1 葉;以下正文。西周單邊,白口,單魚尾。版框高 19.6 釐米,寬 13.3 釐米。半葉 9 行,行 20 字,小字雙行同。卷端題:"辯論三十篇,宛陵孟浩天其甫著,歷陽張鐸文持、趙延芳繩玉仝訂。"版心頂部刻"辯論篇"3 字,下部刻頁碼。第二册卷端題:"雪心賦正解卷之一,唐章貢卜應天則巍甫著,宛陵孟浩天其甫註,歷陽張鐸文持甫訂、趙延芳繩玉甫校。"版心頂部刻"雪心賦正解"6 字,魚尾之下刻"卷之一"和頁碼。第 3 册爲卷之二,第 4 册爲卷之三、卷之四,卷端題署同。

2. 清玉田齋刻本

國圖藏,號:135721;135716。此本凡 4 册,書高 23.5 釐米,寬 14.7 釐米。書名頁題:"地理第一書,宛陵孟天其先生註,雪心賦辯訛正解/玉田齋梓行。"9 行 20 字,小字雙行同,白口,四周單邊,單魚尾。板框高 19.1 釐米,寬 13.3 釐米。版心有卷數和頁碼。

3. 清末埽葉山房刻本

國圖藏,號:136327。此本凡 4 册,書高 24.2 釐米,寬 15.2 釐米,書名頁題:"地理第一書,宛陵孟天其先生註,雪心賦辯訛正解,校經山房藏板。"註"下有

朱色長方形章:"校經山房督造書籍"。9 行 20 字,小字雙行同,白口,四周單邊,單魚尾,板框高 18.8 釐米,寬 13.3 釐米。版心有書名和頁碼。

4. 清末民初錦章圖書局石印本

國圖藏,號:93003。此本凡 2 册,20 行 36 字,小字雙行同,白口,四周單邊,單魚尾。

5.《輯刊》第 159 册影印國圖藏清康熙十九年經綸堂刻本

【内容】

《雪心賦》以賦的筆法來宣揚堪輿學思想,詞理明快,朗朗上口。有些術語難以理解,爰有孟浩注輔之以行。孟氏《凡例》云:"此註一解字義,一釋文理,一辯謬註,一多引證,一具圖説,庶令讀者開卷了然,打破沙鍋、盡釋泥團矣。"可見其内容之全面。如開篇"蓋聞天開地闢,山峙川流。二氣妙運於其間,一理並行而不悖。氣當觀其融結,理必達於精微"句,孟浩註釋(另起一行、空一格,雙行小字)云:"蓋聞者,卜氏自述所聞,以起語也。闢與開同。峙,聳立也。流,行也。二氣,陰陽也。一理,一元之理,即太極也。悖,相反也。融,會也。結,凝聚也。精微,理之極致也。○此卜氏欲叙地理之所由起,故遡天地之開闢,與山川之峙流,推其理氣而言之。蓋天地之初,混沌未判,無有山川之可言也。既而開闢,風氣相摩,水土相盪,則剛者峙而獨存,柔者流而漸去,於是乎山川形焉……"釋文長達四百餘字,既解釋字詞,又闡發義理,明白詳盡,足可參考。對於舊注訛謬之處,專設《辯論》1 卷,極力辯駁;註釋中亦時有討論。注者對此賦進行分段註釋。例如自開頭至"誰謂茫昧而不信"之下,低二字刻"右段論山川理氣"7 個大字,並以雙行小字注曰:"此段論山川理氣,而結之以應驗,以明地理之不可不信也。文義起結甚明。而諸注不能分者,由於未曾細玩耳。"經初步統計,孟注將全賦分爲 18 段,逐段分析,逐句解讀,頗爲明了。此外,書中多有插圖。如卷一"既明倒杖之法,方知卦例之非"12 字之下,不僅有三千多字的註釋,而且配有"順杖""逆杖""縮杖""綴杖""開杖""穿杖""離杖""没杖""對杖""截杖""頑杖""犯杖""順兼逆""逆兼縮""逆兼順""逆兼穿"凡 16 幅地理形勢圖,以與註釋文字相應。可見孟浩述而兼作,在註釋《雪心賦》文本時不斷發表個人觀點,推廣自己的學説。因其闡述透徹,方便實用,而在清代廣爲流傳,刻印不衰。

《雪心賦正解》,唐卜應天撰,清江之淮注

【注者】

卜應天,字則巍(一説卜則巍,字應天),唐朝堪輿學家。見上條。

江之淮,字夢得,徽州府歙縣(今屬安徽)人。《雪心賦正解》卷端題"新安後學江之淮夢得氏注",清沈荃叙亦稱:"江子名之淮,新安人。"考新安爲古代郡

名，晉武帝太康元年置，後更名爲歙州、徽州。又，《全本徐州府志》卷六《職官表》“睢寧縣教諭”一欄有“江之淮，歙縣人，歲貢，(康熙)二十三年任”。與本書張士甄序“以明經謁選，行將廣厲學宫”，以及沈荃叙“江子以明經除教授”語相合。可知江之淮爲徽州府歙縣人，歲貢生，清康熙二十三至二十六年(1684—1687)任江蘇睢寧縣教諭。於詩歌古文詞、天文、地理、術數等，無不通曉。著有《雪心賦正解》《地理玄珠經》等。

【版本】

1. 清抄本

國圖藏，號：140778：1。原書凡 4 册，無函。第一册爲《雪心賦正解》。書高 25.7 釐米，寬 17.8 釐米。首張士甄《雪心賦正解序》2 葉，次吴苑《序》1 葉，次沈荃《叙》1 葉，次江之淮《自斥》2 葉，次《參訂授梓》1 葉 14 行，可知乃據刻本鈔出。下爲正文。卷端題：“雪心賦正解，章貢卜則巍先生著，新安後學江之淮夢得氏註。”半葉 10 行，每行鈔 25—27 字。每半葉行高約 20.5 釐米，寬約 16 釐米。無頁碼，有墨筆圈點。鈐有“國立北京圖書館珍藏”印。

2.《輯刊》第 159 册影印國圖藏清鈔本

【内容】

《雪心賦》是以賦的筆法來宣揚堪輿學思想的著作。江之淮《自斥》云：“癸亥孟冬，承郝、陳兩先生命，檢《雪心賦》而正解之，指其舛訛，開其蒙晦，協上下以承天休。……甲子春，承諸先生序而刻之。正人心以息邪説，當從此始。”可知該書撰於康熙二十二年癸亥(1683)冬季，而於康熙二十三年甲子(1684)付梓。作者於此年赴任江蘇睢寧縣教諭，而張士甄、吴苑、沈荃諸家序皆作於此年。與孟浩注本相比，江之淮注釋較爲簡略，特點是重視義理闡發，略於字詞訓釋。例如開篇“天開地闢，山峙川流。二氣妙運於其間，一理並行而不悖。氣當觀其融結，理必達於精微。由智士之講求，豈愚夫之臆度”一段，江之淮註釋(另起一行、低二格，大字)云：“此一節地理之大綱也。經曰：‘天尊地卑，陽奇陰偶。’有天而後有地，故地統於天。開闢云者，非僅子丑之謂，天有象，地有形，上下相須，而成一體。天開而地始闢，地闢而天必開。天光下臨，地德上載，山因之而峙，川因之而流。山川之理，不外乎天地之道。天有氣而無位，位載於地；地有位而無氣，氣稟於天……”以大約三百字的篇幅，闡釋天地與山川的關係。註釋者提出“山川之理，不外乎天地之道”的理論，所言甚精，析理透徹，頗有助於對原賦的理解。較之孟浩注，江注更重視義理闡發，自有特色。

《楊雄蜀都賦讀》1 卷，漢楊雄撰，清馮李驊注

【作者】

楊雄，一作揚雄(前 53—18)，字子雲，蜀郡成都(今四川成都郫縣)人。漢成帝時任給事黄門郎，王莽時任大夫，校書天禄閣，後辭職。著有《法言》《太玄》《方言》《揚子雲集》等。

馮李驊，字天閑，自號華川主人，錢塘（今浙江杭州）人。清康熙年間，曾與陸浩同編《春秋經傳左繡》30卷。著有《讀易小得》《讀詩小匡》《讀左約箋》《楊雄蜀都賦讀》等。

【版本】

1. 清鈔本

南圖藏，號：GJ/KB0053。本書與馮李驊《讀易小得》《讀詩小匡》合爲一册，攝爲一卷，有清丁丙跋。膠卷卷頭著録："原卷書號：112227，原卷完好。"該書卷端題"楊雄蜀都賦讀"，半葉10行，行20字，小字雙行同。字心高度寬度不詳。鈐有"八千卷樓""何元錫印""臣巷怡""容氏米荃""錢唐丁氏正修堂藏書""江蘇省立第一圖書館藏書"等印，可見其遞藏脈絡。版心無題署。凡9葉。

2.《輯刊》第140册影印南圖藏清鈔本

【内容】

本書是對揚雄《蜀都賦》的音讀與注釋。賦題下注云："《古文苑》刻多脱譌，音義未確，疑字如㘣、嶀、櫓、檄等竟闕而不釋。且无韻叶。今稍爲補註，異日尚當求善本而訂之。華川馮李驊識。"本書主要標註韻腳，同時辨字、釋詞。如"蜀都之地，古曰梁州"之下注"章，叶"2字，左側有詳注："州，晉鄭烈碑：玄澤洽於朔郡，忠良及於南州，與霜叶同。"接下來，"禹治其江，亭皋彌望，鬱乎青葱，沃壄千里"，"壄"字下注："野，古"，指出是"野"的古字。接下來"上稽乾度，則井絡儲精；下按地紀，則巛宫尊位"句，"巛"下注："坤，古"，"位"下注："涖上聲"，左側有詳注："位，《易・需》：位乎天位。上位，鄭本作涖。《易林》：天命在位，與齊姜叔子。叶則涖上聲。"可見，作者以夾注的方式標註韻腳字，主要使用叶音法。而詳細的語詞訓釋則另起一行書之。賦末有跋云："賦意宜不盡此，殆得半而止者，然已令讀者望洋矣。載酒之問，亦復略露一斑。儘足供人索模，毋拉入故紙堆中也。甲子華朝前一日，華川主人書。旹年七十。"又有補註1條，釋"徒"字。接下附"楊雄蜀都賦逸文"1句："夏含霜雪，蚌含而璧裂。"下註："《文選・南都賦》註。又《江賦》注'引蚌含珠而擘裂'。"可見作者治學之嚴謹。

《庾開府哀江南賦注》1卷，北周庾信撰，清徐樹穀、徐炯集註

【編者】

庾信（513—581），字子山，小字蘭成，南陽新野（今屬河南）人。輔佐梁元帝。後奉命出使西魏，被迫留在北方。北周時遷爲驃騎大將軍、開府儀同三司，封侯。有《庾子山集》。

徐樹穀（1655—?），字藝初，号以約，崑山（今属江蘇）人。徐乾學长子。清康熙二十四年(1685)進士,官至山東道監察御史。著有《李義山文集箋注》等。徐炯,字章仲,号自强,崑山人。徐乾學仲子,徐樹穀之弟。康熙二十一年(1682)進士,授行人。累官至刑部郎中,出爲山東提學僉事。母喪服除,補口北道,調通永,遷直隸巡道,尋罷歸。

【版本】

1. 清康熙二十一年(1682)刻本

國圖藏,號:81718。本書1函1册。書高23釐米,寬13.6釐米,首徐樹穀《序》2葉,次徐炯《序》2葉,次《原註哀江南賦姓氏》1葉,以下正文。左右雙邊,大黑口,對、黑魚尾。版框高17.4釐米,寬11.3釐米。半葉9行,行21字,小字雙行每行27字。卷端題:"庾開府哀江南賦註,崑山徐樹穀藝初、徐炯章仲纂輯。"版心中部刻"哀江南賦"和頁碼。凡33葉(第33葉爲抄補)。有朱筆點、畫,地名右側加畫,朝代名則以朱筆框起,以醒眉目。鈐有"國立北平圖書館珍藏"印。

2.《輯刊》第140册影印國圖藏清康熙二十一年刻本

【内容】

《哀江南賦》是駢賦名篇,也是古代愛國辭賦的代表,與屈原《離騷》前後輝映。前人選録、註釋此賦者甚多。本書彙輯了明清之際王洄、王涓、歸莊、吴兆宜、陸繁弨5家註釋,是閱讀《哀江南賦》、研究該賦傳播的重要文獻。例如開頭"粤以戊辰之年,建亥之月,大盗移國,金陵瓦解"數句之下,以雙行小字注曰:"以上叙國事。○王氏曰:《梁書·武帝紀》:'太清二年冬十月己酉,侯景自横江濟采石。辛亥,景師至京。'按,太清二年,歲在戊辰,十月爲建亥之月,餘詳賦註。粤,發語辭。○吴氏曰:《後漢·光武贊》:'炎政中微,大盗移國。'○王氏曰:楊雄《潤州箴》曰:'江寧之邑,楚曰金陵。'《秦始皇本紀》:'土崩瓦解。'"這段註釋先總括此段内容,再輯録王氏、吴氏註釋,中間用○間隔。"王氏"指王洄、王涓兄弟,"吴氏"指吴兆宜。王、吴二家,采用以引代釋的訓詁體式,通過對《梁書》《後漢書》《史記》《潤州箴》中相關史實、典故的徵引,巧妙地解釋了"戊辰""建亥""大盗""金陵"等語詞的含義。若義有不明,則加以按斷。

此外,徐樹穀、徐炯二人作爲明朝遺民,通過輯録舊注的方式,來表達强烈的故國之思。徐炯在序中,對於庾信屈仕北國,面對南朝滅亡、故國破碎的現實而産生的强烈的亡國之痛和故國之思,有着深刻的揭示。序云:"自非宏覽博物君子,于以注是賦也,誠難矣哉!然則炯亦有爲爲之也。"所謂"有爲爲之",正是編者借註釋此賦寄託故國之思的含蓄表達。而徐樹穀序借客之口,稱"古之著書者,皆有爲爲之,雖訓詁之體,亦多有所寄託而然,非强作也",並舉胡氏傳《春秋》、朱熹注《楚辭》爲例,更是間接地指出本書借註釋庾賦以寄託亡國之痛的用心。但處在異族統治之下,不便明言,故閃爍其辭,欲言又止。讀者自可領會。

《賦彙録要箋略》28 卷補遺 1 卷外集 1 卷補題注 1 卷，清吴光昭、陳書著

【編者】

吴光昭，字翼心，號潛齋，秀水（今浙江嘉興）人。清乾隆間歲貢生。《吴氏家傳》云："潛齋博學，工詩文，與同郡李敬堂集、董曉滄潮齊名。"主要以教授爲業。著有《抱究齋集》。事迹略見《兩浙輶軒録》卷三六。

陳書，字應雷，吴光昭門生，生平不詳。

【版本】

1. 清乾隆二十三年（1758）汲古齋刻本

孫殿起《販書偶記續編》卷一九著録此書。現有國圖藏本，號：79543。本書 2 函 16 册，書高 24.5 釐米，寬 16.2 釐米。首沈德潛《叙》5 葉，大字行書；次錢陳群《叙》4 葉，楷書；次《發凡五則》1 葉；次《賦彙録要箋畧目録》2 葉；以下正文。左右雙邊，大黑口，對、黑魚尾。版框高 17 釐米，寬 12.8 釐米。半葉 10 行，行 21 字，小字雙行同。卷端題："賦彙録要卷之一，秀水吴光昭箋畧，門人陳書仝輯。"版心中部刻"賦彙録要箋畧卷一（天象）"和頁碼。鈐有"北京圖書館藏"印。

2.《輯刊》第 197—200 册影印國圖藏清乾隆二十三年汲古齋刻本

【内容】

本書是對康熙年間陳元龍所輯《歷代賦彙》的節録與註釋。《歷代賦彙》凡 186 卷，收賦 4161 篇，卷帙浩繁，披閱惟艱；而康熙之後"召試詞臣，間以是書命題"，因而頗爲當時文人所重。本書將《賦彙》所録諸賦，摘録名句，存其菁華；詮釋詞語，疏通文義。使讀者一書在手，即可掌握《賦彙》梗概，頗有助於《賦彙》的閲讀、理解與傳播，可謂《賦彙》之功臣，文士之寶笈也。例如《賦彙》卷一"天象"類之首篇爲成公綏《天地賦》，全文約 800 字。《録要箋畧》卷一《天象上》先標賦題（低一格刻之），再節録賦中佳句（頂格）："懸象成文，列宿有章。三辰燭曜，五緯重光。河漢委蛇而帶天，虹蜺偃蹇於昊蒼。望舒弭節於九道，羲和正轡於中黄。衆星回而環極，招摇運而指方。白虎峙據於參井，青龍垂尾於氐房。玄龜匿首於女虚，朱鳥奮翼於星張。帝皇正坐於紫宫，輔臣列位於文昌。垣屏絡繹而珠連，三台差池而雁行。軒轅華布而曲列，攝提鼎峙而相望。○川瀆浩汗而分流，山嶽磊落而羅峙。滄海沆漭而四周，懸圃隆崇而特起。昆吾嘉於南極，燭龍曜於北阯。扶桑高於萬仭，尋木長於千里。崑崙鎮於陰隅，赤縣據於辰巳。○青冀白壤，荆衡塗泥。海岱赤埴，華梁青黎。兖帶河洛，揚有江淮。"凡 3 段文字，共 214 字。然後另起一行，低二格刻印語詞訓釋："三辰：《漢書・律歷志》：'太極運三辰五星於上，而元氣轉三統五行於下。其於人皇極統三德五事。'故三辰之合于三統也。""五緯：《乾鑿度》：'五緯順軌，四時合栗。'《西京

賦》:'五緯相汁以旅於東井。'注:'五緯,五星也。'"大約 27 個詞條,釋文約 1200 字,内容極爲豐富。其主要方式是,從賦中摘取詞語,以大字刻之;釋文雙行小字,大都徵引故籍,以揭示語典出處爲主,而很少直接訓釋。此法甚爲嚴謹,涉及典籍極多,可見注者引證之繁富,學識之淵博。筆者曾做過統計,吴氏僅爲 70 篇漢賦所作的題注就徵引了《尚書》《詩經》《禮記》《爾雅》《廣雅》《説文解字》《史記》《漢書》《後漢書》《三國志》《隋書》《唐書》《方輿紀要》《帝王世紀》《博物志》《辛氏三秦記》《明皇雜録》《古今注》《類篇》《典術》《雍録》《元和郡國志》《西京雜記》《器物叢談》《白虎通義》《説苑》《易乾鑿度》《本草綱目》《莊子》《廣志》《群芳譜》《山海經》《文選》等經史子集各類文獻及其注釋,以及相關的賦作、賦序等,涉及典籍數百種,資料豐贍,視野開闊。此外,本書在徵引時也偶作個人按斷。如杜篤《書摢賦》題下注云:"按《類篇》:'槴,候古切,並音户。籍書具,一曰取魚具。'《賦彙》作摢,疑誤。"此處糾正賦題之誤,所言甚當,惜今人仍沿《賦彙》之誤而不曉。但亦有不足之處,一是限於體例和篇幅,有半數以上的賦篇没有作注,或者註釋條目太少,不能滿足讀者的閲讀需要;其次,僅有對個别詞語的訓解,而没有對章段和全賦内容的評析,無法真正起到導讀的作用。當然,面對卷帙如此龐大的《歷代賦彙》,著者已經做出了巨大努力。

需要説明的是,如果同題多篇,編者亦往往從數篇同題賦中摘引佳句,在段末以小字揭示作者。如《管中窺天賦》,摘引了唐張仲素、闕名二人的賦句。亦有不引佳句者,如唐楊炯《渾天賦》,編者直接在賦題下解題,不引佳句,亦無釋詞;至於《新渾儀賦》《大衍虚其一賦》等,則解題(小字)、摘句(大字)、釋詞(小字)三者皆備。這説明編者在撰述時手法靈活,不泥成規。本書凡 28 卷。書後對《賦彙補遺》《外集》亦有"箋畧",但往往衹有解題,没有摘句和釋詞。如《賦彙補遺録要》卷之一,僅有 5 葉,衹對《日方升賦》等 29 個賦題進行解題;《賦彙録要外集》卷之二僅有 2 葉,衹有對《送君南浦賦》等 6 個賦題的解題。今按:《歷代賦彙外集》内容極爲豐富,共 20 卷,分爲 8 類,收賦 423 篇,而《箋畧》僅釋 6 個賦題,顯然有力不從心、虎頭蛇尾之憾。此外,書末還有《補題注》1 卷,凡 7 葉,收題注 71 條,亦無摘句和釋詞。

總的來看,《録要箋畧》内容豐富,徵引富贍,體例明確,眉目清晰,有效地促進了《歷代賦彙》的傳播與研習,直至今日仍有一定參考價值。

【研究】

蹤凡《漢賦研究史論》對此書有介紹,但將編者"陳書"誤作"陳書仝"。

《賦彙題解》10 卷,清倪一擎編,清杭世駿鑒定

【作者】

倪一擎,字建中,號筆農,仁和(今浙江杭州)人。本姓淩,字嘉樹,室名有真

意齋。乾隆時秀才。擅長詩賦，一生以教授爲業。晚年失明，因自號不盲心叟。年八十餘而卒。著有《煙志》《湖山便覽》《賦彙題解》《律賦鳳喈注釋》《續名媛詞話》等。事迹略見《杭州府志》卷一四六《文苑傳》。

鑒定者杭世駿（1695—1773），字大宗，號堇浦、智光居士、秦亭老民等，仁和（今浙江杭州）人。清雍正二年（1724）舉人，乾隆元年（1736）舉鴻博，授編修，官御史。晚年主講廣東粵秀和江蘇揚州兩書院。著有《續禮記集説》《道古堂集》《榕桂堂集》《文選課虚》等。

【版本】

1. 清乾隆二十三年（1758）仁和倪氏刻本

上圖藏，號：綫普 521011－12。本書凡 2 册，書高 25.5 釐米，寬 16.3 釐米。内封 B 面鐫："乾隆二十三年新鐫，仁和杭堇浦定，賦彙題解（隸書大字），本衙藏板。"首杭世駿《賦彙題解叙》3 葉；次《賦彙題解例言》8 條凡 2 葉；次《賦彙題解目次》2 葉；次正文。左右雙邊，白口，單、黑魚尾。半葉 10 行，行 21 字，小字雙行同。版框高 19.3 釐米，寬 13 釐米。卷端題："賦彙題解卷第一，仁和杭世駿堇浦氏定，倪一擎建中氏編。"版心中部刻"賦彙題解卷一（天文）"和頁碼。偶有朱筆或墨筆批點，以補遺、正訛爲主。

2.《輯刊》第 200 册影印上圖藏清乾隆二十三年仁和倪氏刻本

【内容】

本書是對陳元龍《歷代賦彙》中每個賦題所作的詮解。順序完全依照《歷代賦彙》，分爲正集 30 類、外集 8 類，共計 2784 題，依次進行解題。《凡例》稱"今依次類列，按題綴解，概不删削，以期完備"。例如卷一天象類，依次對《天地賦》《乾坤爲天地賦》《天賦》《碧落賦》《天行健賦》等賦題進行疏解，以大字列賦題，以雙行小字作疏解。其中"碧落"之下解題云："李白詩：'步綱繞碧落。'注：'綱，罡氣也。'李商隱詩：'由來碧落銀河畔。'注：'東方第二天有碧霞徧滿，是名碧落。'"可見編者主要通過徵引古代典籍及其注釋的方式，來揭示賦題出處。亦有略去解題者，如《郊天日五色祥雲》《早秋望海上五色雲》《春雲》《夏雲》等賦題之下，皆無解題。其中前兩題，可以參見《五色雲》的解題；至於後兩題，似乎無須疏解。

《黄鶴賦》不分卷，舊題唐吕嵒撰，清傅金銓注

【編者】

吕嵒（796—?），字洞賓，號純陽子，河中府永樂縣（今山西芮城）人，一説京兆（今陝西西安）人。著名的道教仙人，八仙之一、全真派北五祖之一，全真道祖師，鍾、吕内丹派代表人物。著有《吕祖全書》《九真上書》《孚佑上帝文集》《孚佑上帝天仙金丹心法》等，然大多爲託名。此賦亦然。事迹略見《吕祖志・真人

本傳》。

傅金銓(1765—?),字鼎雲,號濟一子、醉花老人,金溪縣(今屬江西省)人。自言受訓于純陽吕祖,應八百之讖。清代東派内丹家。曾遊歷江西、江蘇、湖南、四川,嘉慶二十二年(1817)寄居四川巴縣,設壇傳教。門下弟子甚衆。著有《試金石》《女丹撮要》《女丹詩集》等。

【版本】

1. 清道光三年(1823)善成堂刻《濟子證道秘書十七種》本

國圖藏,號:42354:10。本書係《濟子證道秘書十七種·新鎸道書五篇註》叢書之一,在第10册。書高24.1釐米,寬15.8釐米。内封B面鎸:"道德真宗(框上),金丹的旨(右上),吕祖五篇註(楷書大字)。"並鈐有"東省鐵路中央圖書館"圖形章(此章爲中俄雙語,四周有俄文:цЕнтрАльнАя библиотека及縮寫KВЖБ)。首傅金銓《序》2葉,次《新鎸道書五篇註卷之四目録》1葉,以下正文。四周雙邊,大黑口,單、黑魚尾。版框高19.5釐米,寬14.3釐米。半葉7行,行21字,小字雙行同。卷端題:"新鎸道書五篇註卷之四,孚佑大帝純陽吕祖師著,弟子傅金銓濟一子敬釋。"版心上端刻"五篇註"3字,中部刻"卷四(黄鶴賦)"和頁碼。按:《黄鶴賦》之下,尚有《百句章》《真經歌》《鼎器歌》《采金歌》4種,合爲一卷。本書紙、墨均較差。

2.《輯刊》第158册影印國圖藏清道光三年善成堂刻本

【内容】

《黄鶴賦》爲道教經典,托名吕洞賓撰,實爲明清時期道教徒所爲。賦之開篇有云:"奥矣(或作兮、以)!最上一乘,乃無作而亦無爲;還丹七返,因有動而方有静。上德以道全其形,斯(一作固屬)純乾之未破;下德以術延其命,乃撅坎(一作配坎離)之已成。是以用陰陽之道,即依世法而脩出世之法;效男女之生,必發天機而作洩天之機。方其性命以雙修,須仗法財而兩用。"仔細品味,乃是宣揚道家思想的哲學著作,文學性很弱。從中可以看出儒、道思想相融相通的特徵。此文雖然題爲"黄鶴賦",但文中押韻並不嚴格,算不上合格的賦體,衹是稍微注重語言的偶對而已。

該書以大字刻正文,另起一行以雙行小字刻註釋,釋文十分詳盡。如開篇"奥矣!最上一乘,乃無作而亦無爲;還丹七返,因有動而方有静"下註云:"道分三乘,初乘、中乘、上乘也。到最上一乘,無所作爲。從三關逆返,至撲地聲離胎。再返至元年之初,此時聲臭俱泯,廓然太虚。一旦露出乾元面目,釋氏謂之得證實相,于以見初中之必有作爲也。還丹者,丹本我之故物,還者自外而還於内,從彼而還於我,去而復返,失而復得之辭也。七乃火之成數,陽動極而静,陰静極而動,動静相推,互爲其根。煉丹之道,就極静中尋覓動機,邵子所謂'一動一静之間,天地人之至妙至妙者也'。"由此可見,傅註並不僅釋詞語,還對道家思想多有闡發。其中動静相推的理論,尤爲精彩。

《黄鶴賦》1卷,舊題唐吕嵓撰,清雲龕道人注解

【作者】

吕嵓,生平見上條。雲龕道人,生平不詳,蓋爲清代道教人士,著有《道詩玄真》《黄鶴賦注》。

【版本】

1. 清同治十二年(1873)醉僊亭刻《道書一貫》本

國圖藏,號:135623:8。《道書一貫》凡2函16册,本書在第1函第8册。書高26.6釐米,寬15.3釐米。内書衣貼有書簽:"道書一貫(上函卷八)",書名葉鎸有隸書:"雲龕道人註解,黄鶴賦,醉僊亭。"首鄧懷琨《黄鶴賦序》13葉,序末附註者、題簽者、校者名姓;以下正文。四周雙邊,白口,單、黑魚尾。版框高20.1釐米,寬13.1釐米。半葉9行,行24字。卷端題"純陽演正警化孚佑帝君黄鶴賦",版心頂部刻"黄鶴賦注"四字,底部刻頁碼。正文凡11葉。按:《黄鶴賦》之下依次有《百字碑》1卷、《三字訣》1卷、《心印經》1卷、《清静經》1卷,5種書合訂一册,本册之末鈐有"北京圖書館藏"印。

2.《輯刊》第158册影印國圖藏清同治十二年醉僊亭刻《道書一貫》本

【内容】

《黄鶴賦》是宣揚道家思想的哲學著作,文學性很弱,詳參上條。此本註釋比傅金銓注本簡略。如開篇"粤以最上一乘,乃無作而亦無爲;還丹七返,因有動而方有静"一段,注云:"言乎道有三乘,上乘者乃静中有動,動中有静,非比空門中專主於静,而不有動時也。"僅有33字,相當於傅注(165字)的五分之一。註釋亦爲大字,另起一行低二格刻之。本書卷前有清鄧懷琨《黄鶴賦序》13葉,5千餘字,篇幅遠遠超過正文。此序主要宣揚道家思想,與賦學無關,序末署"時大清同治十二年歲次癸酉孟夏月朔日,潞河散人雪中鄧懷琨序於廣漠山村悟非齋中"。序後列有校閱人名姓:"黄鶴賦,純陽演正警化孚佑帝君題,雲龕道人註解,雪中鄧懷琨述,隱隅鄧懷瑾閱,守真鄧懷璞校。吕鴻逵、張文恒、李文純、鄧景芳、鄧景崧、鄧景華、李廷桂、劉鋆、蔺福昌、顧桂保、周隆秀、董松壽恭校。"

《四明形勝賦》1卷,明張得中撰,清沈淩飆注

【作者】

張得中,本名德忠,字大本,鄞縣(今浙江寧波)人。明永樂二年(1404)進士,授刑部主事,調工部,改江寧知縣。寬仁敬業,愛民如子,自號江寧牧。曾參與纂修《永樂大典》。年四十六,以疾卒。著有《江樸吟稿》《思牧集》《書圃擷

英》。生平略見徐象梅《兩浙名賢録》卷二八、《(民國)鄞縣通志・文獻志》。

沈淩飃(1793—1856),字翔風,號伴雲,慈溪(今屬浙江省)人。邑庠生補廩。道光二十年(1840)庚子歲貢元,例選儒學訓導。著有《師橋沈氏宗譜》《四明形勝賦注》等。

【著録】

《浙江通志》卷二百五十四《經籍四》著録:《明形勝賦詳解》一卷(按,《天一閣書目》不著名氏)。又本書卷二十二引作"張時徹《四明形勝賦》"。

【版本】

1. 清道光十年(1830)沈氏海隅書屋刻本

國圖藏,號:113658。本書 1 函 1 册,書高 16. 6 釐米,寬 10. 8 釐米,爲袖珍小册。書衣墨書"四明形勝賦"5 字,鈐"王宗溪印""蓉崖"兩枚小篆方形章。内封 B 面鎸:"道光十年刊,慈溪沈淩飃注,四明形勝賦(隸書大字),板藏海隅書屋。"鈐有"真州吴氏有福讀書堂藏書"章。首沈淩飃序 4 葉,鈐有"國立北平圖書館珍藏"印;下爲正文。四周單邊,白口,無魚尾,無界行。版框高 13. 2 釐米,寬 9. 2 釐米。半葉 7 行,行 16 字,小字雙行同。卷端題:"明張得中四明形勝賦,慈谿沈淩飃翔風氏評注。"版心頂部刻"四明形勝賦",下部刻頁碼。

2.《輯刊》第 154 册影印國圖藏清道光十年沈氏海隅書屋刻本

【内容】

《四明形勝賦》,乃張得中以賦的形式描繪一郡之"山川風土、疆輿物産、人文古迹",可視爲一篇不可多得的"四明郡誌"。四明,寧波府(今浙江省寧波市)的别稱。此賦爲我們瞭解明代寧波府提供了可靠資料,頗具價值。注釋緊接在原文之下,雙行小字夾注。例如,首句"甬東故郡"下注云:"自夏至周,皆越之東南境地。春秋時或稱鄞,或稱勾甬,或稱甬勾東。"第二句"寧波新府"下注云:"明洪武十四年,以名同國號,因郡有定海縣,海定則波寧,故改爲寧波府。"這樣就把四明郡古今地名的變遷,極爲清晰地勾勒出來,並且交代了由四明府改稱寧波府的緣由,頗能增長見聞。

《粤會賦箋釋》1 卷,明黄佐撰,清何健箋釋

【作者】

黄佐(1490—1566),字才伯,號泰泉,香山縣(今廣東中山)人。明正德十六年(1521)辛巳科進士,選庶吉士,嘉靖初授翰林院編修。以翰林外調,歷江西僉事、廣西學政。嘉靖十五年(1536)以翰林編修兼左春坊左司諫,晉侍讀掌南京翰林院,擢南京國子祭酒,穆宗詔贈禮部右侍郎,謚"文裕"。爲學重博約,博通典、禮、樂、律、詞、章。著有《論學書》《論説》《東廓語録》《樂典》《泰泉集》等數百卷,纂《廣東通志》《廣西通志》《廣州府志》等。

何健,字建人,一字慕劉,香山縣(今廣東中山)人。清嘉慶十二年(1807)舉人,已年近五十。著有《鄉黨圖考》《典制解觚録》《思貽堂文稿》等。

【版本】

1. 清道光三十年(1850)會城文經樓刻本

國圖藏,號:102097。本書 1 函 1 册,書高 24.4 釐米,寬 12.9 釐米。封面葉爲紅色,鎸:"何慕劉撰,粤會賦釋(篆文大字),會城文經樓藏板。"首劉履元《序》3 葉;下爲正文。左右雙邊,白口,單、黑魚尾,無界行。版框高 15.8 釐米,寬 10.9 釐米。半葉 9 行,行 25 字,小字雙行同。卷端題:"粤會賦,香山才伯黄佐手撰,香山慕劉何健箋釋,孫兆樾薰沐校鎸,曾孫瑞光、元孫國勛敬録。"版心上端刻"粤會賦"3 字,下部刻頁碼。凡 50 葉。無藏印。

2.《輯刊》第 155 册影印國圖藏清道光三十年會城文經樓刻本

【内容】

《粤會賦》原名《越都賦》,明黄佐之少作也。後來加以芟削潤色,更名爲《粤會賦》。本賦先言粤之疆域、地理,爲全篇提綱;次言其物産之富,包括禾稻、布帛、材木、香藥、果蔬、豢植,以及山珍之利、水産之盛、民生之樂,爲全篇核心;次又追溯歷史,歷述自暴秦以來粤民所受之苦痛;以下盛讚大清朝德政化民,粤人富庶康樂之情景;末言粤地人才之盛,文化之興,收束全篇。其間雖有粉飾太平的成分,但對於粤之山川地理、物産民俗、歷史文化諸方面有全面而詳實的反映,可謂"備羊城之大勢",其價值是多方面的。

據清人劉履元《序》,其師何健曾註釋《粤會賦》並教授生徒。何健歿後,邑志纂修黄香石見此《賦釋》而贊之,囑伍遐齋刻之。惜遐齋亦歿。最終由劉履元撰成序文,促其付梓。披覽何注,確實如劉序所言,"事必稽其始終,字必考其來歷","疏解精詳而不簡略,段落分明而不混淆"。例如首段"百粤之會,是爲南海"諸句注釋:"廣東古百越地。周顯王時,楚子熊商大敗越,越散處江南海上,各爲君長。漢平百粤,置交州刺史,察舉南海等郡"云云,凡 137 字,叙述極爲詳盡。其釋語數倍於原賦,實爲黄賦之功臣,對於理解《粤會賦》、瞭解粤地物産風俗、歷史文化有重要參考價值。

《陶淵明閑情賦注》1 卷,晉陶淵明撰,清劉光蕡注

【作者】

陶淵明(352 或 365—427),字元亮(一説名潛,字淵明),潯陽柴桑(今江西九江)人。晉代文學家。曾任江州祭酒、建威參軍、鎮軍參軍、彭澤縣令等職,後棄官歸隱。著有《陶淵明集》。

劉光蕡(1843—1903),字焕唐,號古愚,晚號瞽魚,咸陽(今屬陝西)人。清光緒元年(1875)舉人。曾任陝西味經書院、崇實書院院長,甘肅大學堂總教習

等。主張維新,傳播西學,籌辦民族工業。著有《立政臆解》《學記臆解》《大學古義》《孝經本義》《論語時習語》《煙霞草堂文集》等。傳見劉瑞騻等《行狀》、李岳瑞《墓志銘》(均見民國四年刻本《煙霞草堂文集》附),以及《碑傳集補》卷五二、《碑傳集三編》卷四十等。

【版本】

1. 民國九年(1920)蘇州思過齋刻《煙霞草堂遺書》本

國圖藏。本書僅4頁,上接《古詩十九首注》。内封A面刻大字書名:"陶淵明閒情賦注,南海康有爲。"B面有隸書牌記兩行:"歲次庚申刊於蘇州。"左右雙邊,黑口,單、黑魚尾。半葉10行,行21字,小字雙行同。卷端題:"陶淵明閒情賦注(煙霞草堂遺書十四),咸陽劉光蕡古愚。"魚尾之下刻書名和頁碼,版心底部刻小字"思過齋鋟版"。

2.《輯刊》第140册影印國圖藏民國九年蘇州思過齋刻本

【内容】

本書衹詮釋陶淵明《閑情賦》一篇,内容有限,但觀點頗可稱道。作者不拘泥於語詞訓釋,而是努力挖掘該賦内蘊之思想。賦中"鳴佩玉以比潔"句下雙行小字注云:"慕古之有德者以自修。一篇主意在此句。"以此爲依據,作者將賦中"十願"全部解釋爲陶淵明對"道"的追求。例如"願在衣而爲領"下注曰:"以衣喻其人之道,領即道之綱領";"願在夜而爲燭"下注:"求道於隱"。全賦之末,作者又集中闡釋該賦之内涵以及研究此賦之方法,認爲:"此篇乃淵明悟道之言,較《歸去來詞》《桃花源記》《五柳先生傳》尤精粹。……所賦之詞,以爲學人之求道也可,以爲忠臣之戀主也可,即以爲自悲身世以思聖帝明主也,亦無不可。"作者鼓勵發散性思維,故對於此賦之篇旨並不定於一尊,而是提出富有啟發性的研究視角。其説雖有附會之嫌,但不失爲一種有價值的見解。

[外編]

《應制詩賦題解》4卷,清丁湘錦編

【編者】

丁湘錦,原名丁序賢,字人可,號南阿居士,寧都(今屬江西省贛州市)人。清乾隆五年(1740)庚申科拔貢,録館纂修官議叙州判。吴鴻序云:"丁君南阿,爲吾師學齋先生首座弟子,冥心孤詣,究史窮經,著述富于縹緗。"可知其師承及治學之大概。

【版本】

清致遠堂刻本

南圖藏,號:GJ/100838。本書凡4册,書高18.9釐米,寬12.6釐米。内封B面鎸:"丁人可纂釋,應制詩賦題解,翻刻必究,致遠堂梓。"首吴鴻序3葉,有破損,鈐有"江蘇省立第一圖書館藏書"章;次南阿居士《應制詩賦題解凡例》5條凡3葉;次《應制詩賦題解目録》2葉;次正文。四周單邊,白口,單、黑魚尾。半葉8行,行22字,小字雙行同。版框高15釐米,寬8.9釐米。卷端題:"應制詩賦題解卷一,太史吴雲霞先生鑒定,高安黄昌裔際武校字,寧都丁湘錦(原名序賢)人可選註,弟序五經可同訂。"版心頂部刻書名,魚尾之下刻"卷一,天象"和頁碼。

【内容】

本書是對應制詩賦的解題之作。吴鴻序云:"今令甲新頒,又以五言八韻定爲鄉試第二塲程式,誠千載一時之遭逢,鼓吹休明之盛事也。……則《題解》一編,考核精詳,箋疏切當,爲功於詩學也,匪淺鮮矣。"可知該書之編纂,實與科舉考試制度密切相關。卷一爲"賦彙題解",卷二爲"經傳子史句題解",卷三爲"楚辭文選句題解",卷四爲"唐宋詩句題解"。其中卷一專門詮釋《歷代賦彙》中所輯録的賦題,按照原書分類,依次排列。《凡例》云:"卷一所采各題,全録《賦彙》,其分類悉照原本。間有增入一二者,亦遵館閣諸先輩舊輯。"可知其依從《賦彙》之題目與分類,而略有增補,以顯示賦學創作的最新趨向。又由於其服務於應制應試的需要,故"集中所采,或因時景,或因民事,或因治術,或因學問,必句中有精義可爲敷宣者。其無關緊要之語,憤世嫉俗之言,慷慨悲歌之句,諷刺憫傷之詞,槩不搜録"。衹詮解雍容典雅、歌詠太平的賦題,而摒棄那些嫉惡如仇、批判現實的篇章。凡27類,始於天象、歲時,終於鳥獸、鱗蟲。各賦題皆用大字,釋文雙行小字。例如"天象類",賦題"乾坤爲天地"下以小字注曰:"《周易》乾爲天,坤爲地。○《河圖括地象》:伏者爲天,偃者爲地。"賦題"碧落"下注云:"東方第二天有碧霞徧滿,是名碧落。青,碧也。浩,落也。言天地之氣也。"意在揭示賦題出處,略作箋釋而已。

《國朝三十五科同館詩賦解題》7卷卷首1卷,清魏茂林輯

【編者】

魏茂林,字賓門,號笛生,晚年自號蘭懷老人,福建龍岩人。清嘉慶十四年(1809)進士,授内閣中書。曾先後任鄉試副考官、會試同考官。道光十二年(1832)起,出任河間、保定知府及通永河道道臺等職。後因病退休,僑居江蘇泰州,閉門著書,致力於文字學、音韻學、訓詁學研究,與段玉裁、苗夔齊名。著作甚豐,有《駢雅訓纂》《同館詩賦解題》《覃雅廣腋》《天部類腋》《天部二十九聞》等。

【版本】

1. 清道光二十九年(1849)有不爲齋刻本

國圖藏,號:36164。本書凡6册,與《國朝十二科同館詩賦解題》2册合爲一函。書高 26.4 釐米,寬 16.7 釐米。書衣貼有書簽:"國朝同館詩賦解題(三十五科,首)。"内封 B 面鎸:"弍十五科同館詩賦解題(篆文),有不爲齋藏板。"首祝慶蕃《序》1 葉,鈐有"學部圖書之印""南陵徐氏仁山珍藏""京師圖書館藏書記"章;次吴其泰《序》2 葉;次魏茂林《自叙》1 葉;次《凡例》13 條凡 4 葉;次《目録》1 葉;次《參訂姓氏》等 2 葉;以下正文。四周雙邊,白口,單、黑魚尾。版框高 17.7 釐米,寬 13.3 釐米。半葉 12 行,行 22 字,小字雙行同。卷端題:"國朝三十五科同館詩賦解題(卷首上),賜進士出身授中憲大夫直隸通永河道前内閣中書署侍讀、臣魏茂林恭輯。"版心上端刻"國朝同館詩賦解題",魚尾之下刻"卷首"和頁碼。

2. 清同治三年(1864)文光書屋刻本

國圖藏,號:148828:1-6。本書 1 函 6 册,版式同上本。

【内容】

據魏茂林《自序》和吴其泰《序》,《三十五科同館詩賦解題》之撰寫,始於嘉慶二十一年丙子(1816)。時魏氏與其生徒林薇省、吴其泰共同創爲書稿。林、吴將法式善《同館賦鈔》《同館試律三鈔》所收詩賦分韻編目,爲之解題,撰寫初稿;魏茂林負責修改、補充。但由於魏氏正在傾力撰寫《駢雅訓纂》一書,故對此書祇能抽暇爲之,時撰時輟。據祝慶蕃《序》,祝氏在翰林院亦曾與吴其泰共爲同館詩賦解題,但倉促未就,稿本亦歸魏氏。魏氏出任河間、保定知府,此事中輟十餘年;直至道光己亥(1839),魏氏由通永道道臺退養,寓居泰州,於是閉門謝客,專力此書,於道光乙巳(1845)完稿。前後近三十年,參與者众。爲此,編者特設"參訂姓氏"一項,列舉祝慶蕃、周祖培、翁心存、吴其泰、許乃安、趙楫凡 6 人。可見此書不僅歷時長久,亦爲多人合作之成果。

本書凡 7 卷,分爲平、上、去、入四聲編排,逐條作注。編者又將欽命詩賦題以及與國家政治密切相關的詩賦題,另編一卷,登諸卷首,體現了文人士子在特定歷史環境中對皇權的敬畏與尊崇。書中詩賦題有單擡、雙擡、三擡之分,注文有空一格、空二格、空三格之别,以表敬畏,可見編者未能免俗。釋文或詳或略,略者如卷一上平聲一東"水在洗東"注:"《禮·鄉飲酒義》:洗之在阼,其水在洗東,祖天地之左海也。"尚有更簡者,如"我稼既同"注:"《詩·豳風·七月》。"僅交代詩賦題之出處而已。詳者如卷一上平聲四支"岣嶁山尖神禹碑"條,釋文引用了《山海經·東山經》經文及郭璞注、韓愈《岣嶁山詩》、蘇軾《巾隱堂詩》第五首和查慎行補注、楊慎《丹鉛總録·地理類》等典籍,共 30 行,約 600 字,可謂詳贍;之下又有按語 8 行:"按,岣嶁自是衡山别峯名,非衡山之總號也。《明一統志》六十四《衡州府·山川》:'衡山在縣三十里,岣嶁峰在府城北五十里。'又按:碑在今岣嶁峰之半。劉曰祝融既誤,韓曰山尖亦非。又《岳志》載,沈靖陽、楊時喬與升庵三家,皆有禹碑釋文,所釋互異。

碑近有裂痕,勢欹側而不傾仆,好事者欲以升庵釋文刻於碑旁,甫鎸及半,震雷下擊,遂止。”既辨明了衡山與岣嶁峰之關係,又對大禹碑之位置和釋文有所交代,刻碑遭雷擊的傳説亦頗有神異色彩。這些文字,不僅有效地詮釋了題意,也爲詩賦創作提供了鮮活的素材。

引書體例,略仿紀昀《庚辰集》,其對篇名、卷數的交代,實比《庚辰集》更爲詳悉、細緻,這從以上引文中不難看出。對於“説部”(戲曲、小説等民間文藝)等書,《庚辰集》多不載其篇卷。本書則力糾其偏,對於經史著作與戲曲小説一視同仁,並且不論篇數多寡,有卷數者必標卷數,有篇名者必標篇名,即便書僅一卷,亦必載明第幾條、第幾則,注明此卷載在何書,如《稗海》《説郛》之類。其嚴謹與公正遠遠超過了紀昀《庚辰集》。雖然有些繁瑣,但言必有據,不易一字,且出處詳明,便於覆核,學術價值頗高。

《國朝十二科同館詩賦解題》5 卷卷首 1 卷,清魏茂林輯

【編者】

魏茂林,字賓門,號笛生,福建龍岩人。生平詳見上條。

【版本】

1. 清道光二十九年(1849)有不爲齋刻本

國圖藏,號:36164。本書凡 2 册,與《國朝三十五科同館詩賦解題》6 册合爲一函。書高 26.4 釐米,寬 16.7 釐米。書衣貼有書簽:“國朝同館詩賦解題(十二科,首、一、二)”。内封 B 面鎸:“十弍科同館詩賦解題(篆文),有不爲齋藏板。”有“王恩未報恥歸田”墨色篆文方印。首趙楫《序》1 葉,鈐有“京師圖書館藏書記”章;次魏茂林《後序》1 葉;次《目録》1 葉;下爲正文。版式同上。版框高 17.6 釐米,寬 13.6 釐米。卷端題:“國朝十二科同館詩賦解題(卷首),賜進士出身授中憲大夫直隸通永河道前内閣中書署侍讀、臣魏茂林恭輯。”版心同上本。

2. 清同治三年(1864)文光書屋刻本

國圖藏,號:148828:7－8。本書 1 函 2 册,版式同上本。

【内容】

本書爲《國朝三十五科同館詩賦解題》之續編。《三十五科》所收詩賦題,止於嘉慶庚辰(1820);本書則續接之,專門對道光壬午至甲辰(1822—1844)十二科詩賦題作注。其體例同上書,亦將有關國家事典者勒爲一卷,置於卷首;正文依平、上、去、入分類編輯,逐條作注。釋文或繁或簡,但皆備載出處,以便檢核。如卷一上平聲一東“雁來紅”條注:“《廣群芳譜·卉譜》:‘老少年一名雁來紅。’又《草花譜》:‘雁來紅以雁來而色嬌紅。’○明楊慎有《雁來紅賦》,見《賦彙》卷一百十九《草木五》。”又如卷二下平聲十一尤“王粲登樓”條注:“魏王粲有《登樓賦》一首，見《文選》卷十一游覽。粲字仲宣。”亦有十分詳盡者。如卷三上聲二十二養“旃檀瑞像”條，釋文大段引用蔡絛《鐵圍山叢談》卷五的文字和陶宗儀《輟耕録》第十七《旃檀佛》中的記載，多達64行，1300字，可謂詳盡之至。

主要參考文獻

一、古籍

(一)經部

〔宋〕徐晉卿:《春秋類對賦》,《四庫全書存目叢書》影印清乾隆十九年(1754)通志堂刻本,齊魯書社1997年版

〔宋〕徐晉卿撰,〔清〕高士奇注:《春秋左傳類對賦》,清康熙三十年(1691)刻本

〔清〕甘紱:《四書類典賦》,清乾隆十一年(1746)刻本

〔南唐〕徐鍇:《説文解字繫傳》,中華書局1987年影印清道光年間祁嶲藻刻本

〔宋〕吴棫:《韻補》,元刻本,中國國家圖書館善本部藏;《叢書集成初編》本,中華書局1985年版

(二)史部

〔漢〕司馬遷撰,〔宋〕裴駰集解,〔唐〕司馬貞索隱,〔唐〕張守節正義:《史記》,中華書局1959年版

〔漢〕司馬遷撰,〔明〕凌稚隆輯校,〔明〕李光縉增補:《史記評林》,天津古籍出版社1998年版

〔漢〕司馬遷撰,[日]瀧川資言考證,水澤利忠校補:《史記會注考證(附校補)》,上海古籍出版社1986年影印本

〔漢〕班固撰,〔唐〕顔師古注:《漢書》,中華書局1962年版

〔隋〕蕭該撰,〔清〕臧鏞堂輯:《漢書音義》,《兩漢書訂補文獻彙編》本,北京圖書館出版社2004年影印清光緒十四年刻本

〔漢〕班固撰,〔明〕凌稚隆輯校:《漢書評林》,明刻本

〔宋〕范曄撰,〔唐〕李賢等注:《後漢書》,中華書局1965年版

〔唐〕房玄齡等:《晉書》,中華書局1974年版

〔唐〕魏徵等:《隋書》,中華書局1973年版

〔後晉〕劉昫等:《舊唐書》,中華書局1975年版

〔宋〕歐陽修、宋祁:《新唐書》,中華書局 1975 年版
〔元〕脱脱等:《宋史》,中華書局 1985 年版
〔明〕宋濂等:《元史》,中華書局 1987 年版
〔清〕張廷玉等:《明史》,中華書局 1974 年版
趙爾巽等:《清史稿》,中華書局 1977 年版
二十五史刊行委員會:《二十五史補編》,中華書局 1955 年版
徐蜀:《兩漢書訂補文獻彙編》,北京圖書館出版社 2004 年版
王承略、劉心明:《二十五史藝文經籍志考補萃編》(全 27 卷),清華大學出版社 2014 年版
〔宋〕鄭樵撰,王樹民點校:《通志二十略》,中華書局 1995 年版
〔元〕馬端臨:《文獻通考》,清浙江書局本
〔宋〕王十朋撰,〔宋〕周世則注,〔宋〕史鑄補注:《會稽三賦》,國家圖書館藏宋刻元修本,《中華再造善本》影印本
〔宋〕王十朋撰,〔明〕南逢吉注,〔明〕尹壇補註,〔明〕陶望齡評:《會稽三賦注》,國家圖書館藏明天啟元年(1621)凌氏刻朱墨套印本
〔宋〕尤袤:《遂初堂書目》,清順治間刻本;《叢書集成初編》本
〔宋〕陳振孫:《直齋書録解題》,上海古籍出版社 1987 年版
〔宋〕晁公武撰,孫猛校證:《郡齋讀書志校證》,上海古籍出版社 2011 年版
〔宋〕王應麟:《漢藝文志考證》,文淵閣《四庫全書》本
〔宋〕王堯臣編,〔清〕錢東垣集釋:《崇文總目》,《叢書集成初編》本
〔明〕楊士奇:《文淵閣書目》,《叢書集成初編》本
〔清〕黄虞稷:《千頃堂書目》,上海古籍出版社 2001 年版
〔清〕永瑢等:《四庫全書總目》,中華書局 1965 年版
〔清〕錢謙益:《絳雲樓書目》,《中國著名藏書家書目匯刊》本,商務印書館 2005 年版
〔清〕丁申:《武林藏書録》,江蘇廣陵古籍刻印社 1982 年版
〔清〕楊紹和:《海源閣書目》,清光緒十四年(1888)刻本
〔清〕瞿鏞:《鐵琴銅劍樓藏書目録》,上海古籍出版社 2000 年版
〔清〕于敏中:《天禄琳瑯書目》,“清人書目題跋叢刊”本,中華書局 1995 年版
〔清〕姚振宗:《漢書藝文志拾補》,《二十五史補編》本,中華書局 1955 年版
〔清〕姚振宗:《隋書經籍志考證》,《二十五史補編》本,中華書局 1955 年版
〔唐〕劉知幾撰,〔清〕浦起龍釋:《史通通釋》,上海古籍出版社 1978 年版
〔清〕章學誠著,葉瑛校注:《文史通義校注(附校讎通義)》,中華書局 1985 年版

(三)子部

〔清〕王先謙:《荀子集解》,"新編諸子集成"本,中華書局1988年版

〔清〕汪榮寶:《法言義疏》,中國書店1991年版

黄暉:《論衡校釋》,中華書局1990年版

〔宋〕吴曾:《能改齋漫録》,上海古籍出版社1979年版

〔宋〕王觀國撰,田瑞娟點校:《學林》,中華書局1988年版

〔宋〕洪邁:《容齋隨筆》,上海古籍出版社1987年版

〔明〕楊慎:《丹鉛餘録》,文淵閣《四庫全書》本

〔清〕何焯著,崔高維點校:《義門讀書記》,中華書局1987年版

〔元〕劉壎:《隱居通議》,文淵閣《四庫全書》本

〔隋〕虞世南:《北堂書鈔》,中國書店1989年版

〔唐〕歐陽詢撰,汪紹楹校:《藝文類聚》,中華書局1965年版

〔唐〕徐堅等:《初學記》,中華書局2004年版

〔宋〕吴淑撰注,冀勤等校點:《事類賦注》,中華書局1989年版

〔晉〕葛洪撰,周天游校注:《西京雜記》,三秦出版社2006年版

楊明照:《抱朴子外篇校箋》,中華書局1997年版

〔五代〕王定保:《唐摭言》,上海古籍出版社2012年版

〔唐〕卜應天撰,〔明〕謝壽昌注:《地理雪心賦句解》,明刻本

〔舊題晉〕王喬子撰,〔宋〕李仝注,〔宋〕東方明疏:《新雕注疏珞琭子三命消息賦》,國家圖書館藏金刻本,《中華再造善本》影印本

〔舊題元〕李杲:《藥性賦》,明刻《醫要集覽》本

〔元〕岳熙載:《天文精義賦》,明抄本

(四)集部

〔宋〕洪興祖撰,白化文等點校:《楚辭補注》,中華書局1983年版

〔宋〕朱熹:《楚辭集注(附楚辭辯證、楚辭後語)》,上海古籍出版社、安徽教育出版社2001年版

〔戰國〕宋玉撰,〔明〕張燮輯:《宋大夫集》,《七十二家集》本,明天啟、崇禎間刻本

吴廣平:《宋玉集》,嶽麓書社2001年版

〔漢〕賈誼撰,〔明〕張燮輯:《賈長沙集》,《七十二家集》本,明天啟、崇禎間刻本

王洲明、徐超:《賈誼集校注》,人民文學出版社1996年版

〔漢〕司馬相如撰,〔明〕張燮輯:《司馬文園集》,《七十二家集》本,明天啟、崇禎間刻本

〔西漢〕司馬相如著,金國永校注:《司馬相如集校注》,上海古籍出版社

1993 年版

李孝中:《司馬相如集校注》,巴蜀書社 2000 年版

〔漢〕司馬相如撰,張連科箋註:《司馬相如集編年箋注》,遼海出版社 2003 年版

〔漢〕揚雄撰,〔清〕馮李驊注:《揚雄蜀都賦讀》,清刻本

〔漢〕揚雄著,張震澤校注:《揚雄集校注》,上海古籍出版社 1993 年版

鄭文:《揚雄文集箋注》,巴蜀書社 2000 年版

〔清〕張溥輯,白静生注:《班蘭臺集校注》,中州古籍出版社 1991 年版

〔漢〕張衡著,張震澤校注:《張衡詩文集校注》,上海古籍出版社 2009 年版

鄧安生:《蔡邕集編年校注》,河北教育出版社 2002 年版

〔魏〕曹植著,趙幼文校注:《曹植集校注》,人民文學出版社 1984 年版

金濤聲:《陸機集》,中華書局 1982 年版

逯欽立:《陶淵明集》,中華書局 1979 年版

〔南朝宋〕鮑照著,丁福林、叢玲玲校注:《鮑照集校注》,中華書局 2012 年版

俞紹初、張亞新:《江淹集校注》,中州古籍出版社 1994 年版

〔北周〕庾信撰,〔清〕倪璠注,許逸民校點:《庾子山集注》,中華書局 1980 年版

〔北周〕庾信撰,〔清〕徐樹穀、徐炯纂輯:《庾開府哀江南賦注》,清康熙二十一年(1682)刻本

〔清〕王琦:《李太白全集》,中華書局 1977 年版

〔唐〕杜甫著,〔清〕仇兆鰲注:《杜詩詳注》,中華書局 1979 年版

顧學頡:《白居易集》,中華書局 1979 年版

〔唐〕李商隱撰,〔清〕馮浩編訂:《樊南文集詳注》,《四部備要》本

〔唐〕王棨:《麟角集》,文淵閣《四庫全書》本;乾隆、嘉慶間《知不足齋叢書》本

〔唐〕黄滔撰,〔清〕王懿榮校:《莆陽黄御史集》,《叢書集成初編》本

〔唐〕徐寅:《徐公釣磯文集》,《四部叢刊三編》影印也是園舊抄本

〔宋〕田錫著,羅國威校點:《咸平集》,巴蜀書社 2008 年版

〔宋〕范仲淹撰,〔清〕范能濬校:《范文正忠宣公全集》,清康熙四十六年(1707)歲寒堂刻本

李逸安:《歐陽修全集》,中華書局 2001 年版

孔凡禮:《蘇軾文集》,中華書局 1986 年版

〔宋〕楊萬里:《誠齋集》,《四部叢刊初編》影印江陰繆氏藝風堂藏宋抄本

〔金〕趙秉文:《滏水集》,文淵閣《四庫全書》本

〔元〕楊維楨著,〔元〕陳存禮編,〔元〕黄清老評:《新刊麗則遺音古賦程式》,

國家圖書館藏元刻黄丕烈鈔補本,《中華再造善本》影印本
〔元〕楊維楨:《鐵崖賦稿》,《續修四庫全書》影印清勞格抄本
〔元〕郝經:《陵川集》,明正德年間李淑淵鄂州重刊本
〔元〕耶律鑄:《雙溪醉隱集》,文淵閣《四庫全書》本
〔元〕袁桷:《清容居士集》,《四部叢刊》影印元刻本
〔明〕劉基:《誠意伯文集》,《四部叢刊》影印烏程許氏所藏明刻本
〔明〕余紹祉:《賦草》,明崇禎間《余子疇先生雜著》本
〔明〕葉憲祖:《青錦園賦草》,民國二十四年(1935)木活字本
〔明〕湯顯祖:《玉茗堂賦集》,明天啟年間玉茗堂全集本
〔明〕譚貞默:《譚子雕蟲》(《小蟲賦》《小化書》),民國八年(1919)嘉興譚新嘉刻本
〔明〕金幼孜:《金文靖集》,明成化四年(1468)刻本
〔明〕李東陽:《懷麓堂集》,清康熙二十一年(1682)茶陵州學正廖方達校刊本
〔明〕祝允明:《懷星堂集》,明萬曆三十九年(1611)陳以聞刻本
〔明〕李夢陽撰,〔明〕曹嘉、朱睦㮮輯:《空同集》,明萬曆三十年(1602)鄧雲霄刻本
〔明〕何景明:《何大復集》,明萬曆五年(1577)南海陳堂刻本
〔明〕劉鳳:《劉子威集》,萬曆間刻本
〔明〕王世貞:《弇州山人四部稿》《續稿》,文淵閣《四庫全書》本
〔明〕盧楠:《蠛蠓集》,明嘉靖二十二年(1543)馮清、梁相刻本
〔明〕徐渭:《徐渭集》,中華書局1983年版
〔明〕夏完淳著,白堅箋校:《夏完淳集箋校》,上海古籍出版社1991年版
〔明〕夏完淳著,王學曾注釋:《大哀賦注釋》,上海古籍出版社1997年版
〔清〕毛奇齡:《毛西河賦》,清康熙間蕭山陸氏刻本
〔清〕張榮撰並注:《空明子芊城賦注》,清康熙年間謙益堂刻《空明子全集》本
〔清〕吴省欽:《白華試體賦》,清勤補堂《鶴沙吴氏試體詩賦合刻》本
〔清〕吴省蘭:《稷堂試體賦》,清勤補堂《鶴沙吴氏試體詩賦合刻》本
〔清〕夏思沺:《少岳賦草》,清道光七年(1827)合益堂刻本
〔清〕夏思沺撰,姜兆蘭釋:《少岳賦草箋註》,民國十五年(1926)廣東廣益書局鉛印本
〔清〕符葆森:《寄鷗館賦鈔》,清道光十六年(1836)刻本
〔清〕愛新覺羅・載銓:《行有恒堂賦稿》,清道光間刻本
〔清〕鮑桂星:《覺生賦鈔》,清嘉慶二十一年(1816)至同治四年(1865)間觀

古閣叢刻本;清同治八年(1869)龐鍾璐刻本
〔清〕陳沆:《簡學齋館課賦存》,清咸豐二年(1852)蘄水陳氏刻本
〔清〕黄富民:《律賦賸稿》,清同治九年(1870)刻本
〔清〕董醇(董恂):《荻芬書屋賦稿》,清咸豐九年(1859)董氏刻本
〔清〕陶廷珍:《陶午莊賦稿》,清抄本
〔清〕袁學瀾:《適園賦稿》,清同治間刻本
〔清〕慶珍:《賦學初草》,清光緒間刻本
〔清〕延清:《錦官堂賦鈔》,清光緒五年(1879)刻本
〔梁〕蕭統編,〔唐〕李善注:《文選》,中華書局1977年影印清胡克家刻本
〔梁〕蕭統編,〔唐〕李善、吕延濟、劉良、張銑、吕向、李周翰注:《六臣注文選》,中華書局1987年影印《四部叢刊》本
〔梁〕蕭統編,唐人注,周勛初纂輯:《唐鈔文選集註彙存》,上海古籍出版社2000年版
〔明〕陳與郊:《文選章句》,《四庫全書存目叢書》影印明萬曆二十五年(1597)刻本
〔明〕孫礦評,〔明〕閔齊華注:《孫月峰先生評文選》(《文選瀹注》),明天啟二年(1622)烏程閔氏刻本
〔明〕郭正域評點:《選賦》,明末烏程淩氏鳳笙閣刻朱墨套印本
〔清〕于光華:《昭明文選集評》,清乾隆三十七年(1772)友于堂刻本
〔清〕于光華:《重訂文選集評》,清乾隆四十三年(1778)錫山啟秀堂刻本,國家圖書館出版社2012年影印本
〔唐〕佚名編,〔宋〕章樵注:《古文苑》,《叢書集成初編》本
〔宋〕李昉等:《文苑英華》,中華書局1966年版
〔宋〕姚鉉:《唐文粹》,文淵閣《四庫全書》本
〔宋〕吕祖謙:《宋文鑒》,《四部叢刊》影印宋刻本
〔元〕祝堯:《古賦辯體》,北大圖書館藏明成化二年(1466)刻本
〔元〕佚名:《青雲梯》,清宛委别藏影鈔元寫本,民國二十四年(1935)上海商務印書館影印本
〔明〕吴訥:《文章辨體》,《四庫全書存目叢書》影印明天順八年(1464)刻本
〔明〕劉節:《廣文選》,明嘉靖十六年(1537)陳蕙刻本,《四庫全書存目叢書》影印本
〔明〕徐師曾:《文體明辨》,《四庫全書存目叢書》影印明萬曆建陽游榕銅活字本
〔明〕張燮:《七十二家集》,《續修四庫全書》影印明崇禎四年(1631)刻本
〔明〕張溥:《漢魏六朝百三名家集》,明末婁東張氏刻本;江蘇古籍出版社

2001 年影印光緒年間信述堂刻本

〔明〕周履靖:《賦海補遺》,明萬曆年間金陵書林葉如春刻本

〔明〕李鴻:《賦苑》,《四庫全書存目叢書》影印山東省圖書館藏明萬曆刻本

〔明〕施重光:《賦珍》,明萬曆二十九年(1601)間任邢(刑)部韓鋪刻本

〔明〕俞王言編,〔明〕金溥參訂:《辭賦標義》,明萬曆二十九年(1601)休寧金氏渾樸居刻本

〔明〕袁宏道輯,〔明〕王三餘補:《精鐫古今麗賦》,明崇禎四年(1631)固陵王氏瑞桂軒刻本

〔明〕陳山毓:《賦略》,明崇禎七年(1634)陳臨、陳舒、陳臯、陳龐較刻本

〔清〕黄宗羲:《明文海》,中華書局 1987 年影印本

〔清〕趙維烈:《歷代賦鈔》,康熙二十五年(1686)立敬堂刻本

〔清〕錢陸燦選,清劉士弘校訂:《文苑英華律賦選》,清康熙二十五年(1686)吹藜閣刻本

〔清〕王修玉:《歷朝賦楷》,清康熙二十五年(1686)刻本

〔清〕陸菜:《歷朝賦格》,清康熙二十五年(1686)敦雅堂刻本

〔清〕陳元龍:《歷代賦彙》(《御定歷代賦彙》),清康熙四十五年(1706)内府刻本,北京圖書館出版社 1999 年影印本

〔清〕陳元龍:《歷代賦彙》(《御定歷代賦彙》),清光緒十二年(1886)雙梧書屋石印本,鳳凰出版社 2004 年影印本

〔清〕孫濩孫:《華國編賦選》,清雍正十一年(1733)高郵王氏刻本

〔清〕沈豐岐:《國朝律賦偶箋》,清乾隆二十四年(1759)刻本

〔清〕胡浚:《國朝賦楷》(《國朝賦選同聲集》),清乾隆二十三年(1758)杭州敷文書院刻本

〔清〕周嘉猷、周鈴輯,〔清〕湯聘評騭:《律賦衡裁》,清乾隆二十五年(1760)瀛經堂刻本

〔清〕董誥等:《全唐文》,中華書局 1983 年版

〔清〕汪憲:《宋金元明賦選》,清乾隆間抄本

〔清〕葉抱崧、程琰等:《本朝館閣賦前集》,清乾隆二十九年(1764)困學齋刻本

〔清〕周日漣、程琰等:《本朝館閣賦後集》,清乾隆三十三年(1768)困學齋刻本

〔清〕王鏗輯,〔清〕雷琳、張杏濱箋注:《賦鈔箋略》,清乾隆三十一年(1766)刻本

〔清〕鄒玉卺:《國朝律賦麗則》,清乾隆三十二年(1767)刻本

〔清〕潛兆穀:《賦苑類選》,清乾隆三十五年(1770)刻本

〔清〕魯琢:《賦學正體》,乾隆四十一年(1776)養園刻本

〔清〕朱一飛:《律賦揀金録》,清乾隆四十一年(1776)小西山房刻本

〔清〕姚鼐纂集,胡士明、李祚唐標校:《古文辭類纂》,上海古籍出版社1998年版

〔清〕蔡霞舉、陳翊霄:《國朝註釋律賦雕龍》,清乾隆四十三年(1778)刻本

〔清〕沈業富:《古今賦略》,清乾隆四十八年(1783)刻本

〔清〕葉簡裁:《會稽名勝賦》,清乾隆五十三年(1788)菑耕堂刻本

〔清〕張惠言:《七十家賦鈔》,清乾隆五十七年(1792)初刻,清道光元年(1821)合河康氏家塾刻本

〔清〕盧文弨:《四賦體裁箋註》,清乾隆間刻本

〔清〕法式善:《同館賦鈔》,清嘉慶元年(1796)詩龕刻本;清嘉慶十七年(1812)刻本

〔清〕吴琥繡:《律賦崇雅》,清嘉慶六年(1801)知止草堂刻本

〔清〕姚文田:《賦法》,清嘉慶六年(1801)雲間研緣齋刻本

〔清〕陳士楨、丁鹿壽:《館賦初箋》《續箋》,清嘉慶十七年(1812)刻本

〔清〕郯掄才、蔣承志:《古小賦鈔》,清嘉慶十七年(1812)姑蘇衛前汪耀明刻本

〔清〕蕭應櫆、鄭伯壎:《律賦錦標集》,清嘉慶十七年(1812)刻本

〔清〕邱先德、邱士超:《唐人賦鈔》,清嘉慶十八年(1813)刊本

〔清〕任聘三纂註,〔清〕方汝帶評點:《律賦選青》(《律賦選青註釋》),清嘉慶十七年(1812)賁堂刻本

〔清〕顧蒓:《律賦必以集》,清嘉慶十八年(1813)菊坡精舍刻本

〔清〕蕭應魁、顧德馨:《律賦蕊珠新編》,清道光十七年(1837)天籟堂刊本

〔清〕吴錫麒:《律賦清華》,清嘉慶二十二年(1817)一經堂刻本

〔清〕嚴可均:《全上古三代秦漢三國六朝文》,中華書局1958年影印清光緒十八年(1892)廣州廣雅書局刻本

〔清〕王芑孫:《古賦識小録》,清嘉慶二十二年(1817)姑蘇彭蘊章鈔本

〔清〕陳希恕:《小賦寸錦三編》,清嘉慶二十二年(1817)衣言堂刻本

〔清〕陳士楨等:《館賦宛虹集箋注》,清嘉慶二十三年(1818)刻本

〔清〕陳鶴年:《律賦鳳芝箋釋》,清嘉慶二十三年(1818)芸生堂刻本

〔清〕蕭應櫆、鄭伯壎、徐振族:《律賦蕊珠二編》,清道光三年(1823)芸生堂刊本

〔清〕陸雲槎:《律賦韻蘭集註釋》(《韻蘭集賦鈔》),清道光元年(1821)明經堂刻本

〔清〕吴坦:《六朝唐賦英華》,清道光元年(1821)抱青閣刻本

〔清〕鮑桂星:《賦則》,清道光二年(1822)歙縣鮑氏刻本
〔清〕徐斗光:《賦學仙丹》,清道光四年(1824)柳深處草堂家塾刻本
〔清〕胡金瑞、席振起:《埽紅僊館彙刻賦鈔初集》,清道光五年(1825)刻本;清道光十九年己亥(1839)刻本
〔清〕蔣攸銛:《同館律賦精萃》,清道光七年(1827)襄平蔣氏刻本
〔清〕顧䴉:《律賦莩新集》,清道光九年(1829)同文堂刻本
〔清〕趙楫、趙霖輯,〔清〕夏彦保注釋:《律賦新編箋註》,清同治九年(1870)金閶小酉山房刻本
〔清〕高敏:《瀛奎玉律賦鈔》,清道光十年(1830)刻本
〔清〕程廷獻:《律賦先春》,清道光十五年(1835)中元堂刻本
〔清〕屈塵菴(疑爲屈麈菴):《註釋韻蘭賦鈔二集》,清道光十六年(1836)刻本
〔清〕朱其鎮:《同館賦鈔》(《試賦彙選新編》),清道光十七年(1837)京都郁郁堂刻本
〔清〕屈麈菴:《律賦玉犀箋注》,清道光十八年(1838)刻本
〔清〕阮亨:《律賦經畬集》,清道光十九年(1839)揚州二酉堂巾箱本
〔清〕翁心存、林召棠、龍瑛等:《館課賦鈔》,清道光二十一年(1841)小蓬萊山館重刻本
〔清〕宗金樹、胡連耀、張金誥:《東皋四傑賦集》,清道光二十二年(1842)刻本
〔清〕顧䴉:《律賦行遠集》(《律賦行遠集箋註》),清道光二十四年(1844)書有堂刻本
〔清〕楊景曾:《澄江賦約》,清道光二十五年(1845)金陵寶仁堂刻本
〔清〕孫清達:《竹笑軒賦鈔初集》,清同治十三年(1874)刻本
〔清〕胡希周:《唐古賦選》,清道光二十六年(1846)刻本
〔清〕蔣圻:《近科館賦鴛鍼》,清道光二十七年(1847)古心書屋刻本
〔清〕綺蕙樓主人:《館賦精選》,清道光二十七年(1847)刻本
〔清〕潘遵祁:《唐律賦鈔》,清道光二十八年(1848)三松堂刻本
〔清〕李元春:《古律賦要》,清道光三十年(1850)刻本
〔清〕胡敬:《敬修堂詞賦課鈔》,清道光刻本
〔清〕張維城:《分類賦學雞跖集》,清道光三十年(1850)粲花吟館刻本
〔清〕黄爵滋:《國朝試賦匯海續編》前集、後集、補遺,清咸豐元年(1851)仙屏吟榭刻本
〔清〕王家相、邱家煒、龍汝言、龍瑛、朱鳳標等:《同館賦鈔二集》,清咸豐間文琳堂書坊刻本,南京圖書館藏(本書45卷,與《同館試律續鈔二集》合刊。原

書 91 卷,分裝成 22 函 133 册,題爲《同館詩賦鈔二集》。)

〔清〕姜學漸:《資中賦鈔》,清同治六年(1867)刻本

〔清〕梁夔譜:《古賦首選》,清同治八年(1869)梁鏡古堂家刻本

〔清〕景其濬:《四家賦鈔》,清同治九年(1870)誦芬堂刻本

〔清〕趙瑜:《律賦又新集》,清同治九年(1870)墨稼山房刻本

〔清〕李元度:《賦學正鵠》,清同治十年(1871)爽谿書院刻本

〔清〕李元度編,〔清〕成性根注:《賦學正鵠集釋》,清光緒十一年(1885)文昌書局刻本

〔清〕姚伊憲、吴錫麒、黄模、黄士珣、姚思勤、厲鶚:《琴臺正續合刻》,清刻本(咸豐之後)

〔清〕葉祺昌:《律賦標準》,清同治十二年(1873)書業德刻本

〔清〕葉祺昌:《律賦標準二集》,清同治十三年(1874)書業德刻本

〔清〕應泰泉等:《鷄跖賦續刻》,清同治十三年(1874)蘭言室刻本

〔清〕馬傳庚:《六朝唐賦讀本》(《選注六朝唐賦》),清同治十三年(1874)馬氏玉燕書巢刻本

〔清〕佚名:《近科同館賦》,清光緒二年(1876)好古齋刻本

〔清〕楊浚:《閩南唐賦》,清光緒二年(1876)群玉齋書坊刻本

〔清〕葉祺昌:《律賦精腋》,清光緒五年(1879)好友堂刊本

〔清〕張元灝:《得月樓賦鈔》,清光緒七年(1881)刻本

〔清〕王秉恩:《元尚居彙刻三賦》,清光緒八年(1882)華陽王秉恩元尚居刻本

〔清〕劉源灝:《關中課士律賦箋註》(《關中課士詩賦録》《關中書院賦》),清光緒十年(1884)江左書林刻本

〔清〕孫欽昂:《近九科同館賦鈔》,清光緒十一年(1885)刻本

〔清〕翰林院:《同館經進賦鈔》,清光緒十五年(1889)京都琉璃廠刻本

〔清〕景其濬:《吴顧賦鈔》,清光緒十三年(1887)蒲圻但氏刻本

〔清〕佚名:《静娱軒賦鈔》(《静娱室課牘・賦》),清同治光緒間鈔本

〔清〕佚名:《六朝賦鈔》,清汲脩齋鈔校本

〔清〕鴻寶齋主人:《賦海大觀》,清光緒十四年(1888)上海鴻寶齋書局石印袖珍本

〔清〕劉嶽雲:《律賦選讀》,清光緒二十二年(1896)四川尊經書院刻本

〔清〕李恩綬:《潤州賦鈔》,清光緒二十三年(1897)冬心書屋刻本

〔清〕王先謙:《駢文類纂》,清光緒二十八年(1902)思賢書局刻本

〔清〕盛昱、楊宗羲:《八旗文經》,清光緒二十七年(1901)刻本

〔清〕徐承垛:《賦法梯程》,清末春暉草堂費氏抄本

〔清〕錢世簪:《國朝試體賦約》,清抄本

〔清〕佚名:《湖北試牘賦》,清刻本

〔清〕葉曲鏞:《律賦約編》,清抄本

〔南朝梁〕刘勰著,范文瀾註:《文心雕龍註》,人民文學出版社 1958 年版

〔南朝梁〕劉勰著,詹鍈義證:《文心雕龍義證》,上海古籍出版社 1989 年版

〔南朝梁〕任昉撰,〔明〕陳懋仁注:《文章緣起注》,《叢書集成初編》本

〔唐〕佚名:《賦譜》,張伯偉撰《全唐五代詩格彙考》本,江蘇古籍出版社 2002 年版

〔宋〕王銍:《四六話》,明弘治十四年(1501)無錫華氏刻本

〔宋〕葛立方:《韻語陽秋》,〔清〕何文焕輯《歷代詩話》本,中華書局 1981 年版

〔宋〕孫奕:《履齋示兒篇・文説》,王水照編《歷代文話》本,復旦大學出版社 2007 年版

〔宋〕鄭起潛:《聲律關鍵》,王冠輯《賦話廣聚》本,北京圖書館出版社 2006 年影印宛委別藏本

〔元〕陳繹曾:《文筌》,《續修四庫全書》影印清李士棻家藏抄本

〔明〕楊慎:《升庵詩話》,丁福保輯《歷代詩話續編》本,中華書局 1983 年版

〔明〕王世貞:《艺苑卮言》,丁福保輯《歷代詩話續編》本,中華書局 1983 年版

〔明〕謝榛:《四溟詩話》,丁福保輯《歷代詩話續編》本,中華書局 1983 年版

〔明〕胡應麟:《詩藪》,中華書局 1958 年版

〔清〕浦銑:《歷代賦話》《續歷代賦話》《復小齋賦話》,清乾隆五十三年(1788)復小齋刻本

〔清〕浦銑著,何新文、路成文校證:《歷代賦話校證(附復小齋賦話)》,上海古籍出版社 2007 年版

〔清〕李調元:《賦話》,清嘉慶十四年(1809)刻《函海》本;《叢書集成初編》本

〔清〕李調元撰,詹杭倫等校證:《雨村賦話校證》,臺灣新文豊出版公司 1993 年版

〔清〕孫梅著,李金松校點:《四六叢話》,人民文學出版社 2010 年版

〔清〕王芑孫:《讀賦卮言》,清光緒五年(1879)上海淞隱閣《國朝名人著述叢編》本

〔清〕汪廷珍:《作賦例言》,清道光至咸豐間宜黄黄氏木活字《遜敏堂叢書》本

〔清〕魏謙升:《賦品》,清抄本

〔清〕孫奎:《春暉園賦苑卮言》,清嘉慶十五年(1810)廣東刻本
〔清〕余丙照:《分類賦腋》,清道光十七年(1837)文元堂刻本
〔清〕余丙照:《增注賦學指南》,清光緒十九年(1893)書業德重刊增注本
〔清〕黄承吉:《夢陔堂文説》,清道光二十一年(1841)刻本,《清代詩文集彙編》本
〔清〕林聯桂:《見星廬賦話》10卷,清光緒間《高涼耆舊遺書》本
〔清〕林聯桂撰,何新文、佘斯大、蹤凡校證:《見星廬賦話校證》,上海古籍出版社2013年版
〔清〕劉熙載撰,袁津琥校注:《藝概注稿》,中華書局2009年版
〔清〕戴綸喆:《漢魏六朝賦摘豔譜説》,清光緒七年(1881)瀛山書院刻本
〔清〕吴光昭、陳書:《賦彙録要箋略》,清乾隆二十三年(1758)汲古齋刻本
〔清〕倪一擎:《賦彙題解》,清乾隆二十三年(1758)仁和倪氏刻本
〔清〕魏茂林:《國朝三十五科同館詩賦解題》,清道光二十九年(1849)有不爲齋刻本
〔清〕魏茂林:《國朝十二科同館詩賦解題》,清道光二十九年(1849)有不爲齋刻本
〔清〕丁湘錦:《應制詩賦題解》,清致遠堂刻本
劉師培著,舒蕪校點:《中國中古文學史論文雜記》,人民文學出版社1959年版
章太炎:《國故論衡》,上海古籍出版社2006年版

二、現當代著作

(一)賦學文獻整理

馬積高:《歷代辭賦總匯》(26册),湖南文藝出版社2014年版
趙逵夫:《歷代賦評註》(7册),巴蜀書社2010年版
詹杭倫、沈時蓉、孫福軒等:《歷代律賦校注》,武漢大學出版社2009年版
龔克昌等:《全漢賦評注》(全三册),花山文藝出版社2003年版
費振剛、仇仲謙、劉南平:《全漢賦校注》(上、下册),廣東教育出版社2005年版
龔克昌、周廣璜、蘇瑞隆:《全三國賦評注》,齊魯書社2013年版
韓格平、沈薇薇、韓璐、袁敏:《全魏晉賦校注》,吉林文史出版社2008年版
簡宗梧、李時銘:《全唐賦》(8册),里仁書局2011年版
曾棗莊、吴洪澤:《宋代辭賦全編》(6册),四川大學出版社2008年版
伏俊連:《敦煌賦校注》,甘肅人民出版社1994年版
張錫厚:《敦煌賦彙》,江蘇古籍出版社1996年版

何沛雄:《賦話六種》(增訂本),生活·讀書·新知三聯書店香港分店 1982 年版

徐志嘯:《歷代賦論輯要》,復旦大學出版社 1991 年版

陳良運:《中國歷代賦學曲學論著選》,百花洲文藝出版社 2002 年版

王冠:《賦話廣聚》,北京圖書館出版社 2006 年版

孫福軒、韓泉欣:《歷代賦論彙編》(上、下),人民文學出版社 2016 年版

蹤凡、郭英德:《歷代賦學文獻輯刊》(200 册),國家圖書館出版社 2017 年版

(二)賦學專著

陳去病:《辭賦學綱要》,民國十六年(1927)東南大學鉛印本

佚名:《賦選·賦學》,北京大學講義,首都師範大學圖書館藏

佚名:《賦學史》,民國二十年(1931)北京大學鉛印本,北大、清華圖書館藏

[日]鈴木虎雄著,殷石臞譯:《賦史大要》,重慶正中書局 1942 年版

馬積高:《賦史》,上海古籍出版社 1987 年版

葉幼明:《辭賦通論》,湖南教育出版社 1991 年版

何新文:《中國賦論史稿》,開明出版社 1993 年版

畢庶春:《辭賦新探》,東北大學出版社 1995 年版

郭維森、許結:《中國辭賦發展史》,江蘇教育出版社 1996 年版

曹明綱:《賦學概論》,上海古籍出版社 1998 年版

馬積高:《歷代辭賦研究史料概述》,中華書局 2001 年版

龔克昌:《中國辭賦研究》,山東大學出版社 2003 年版

程章燦:《賦學論叢》,中華書局 2005 年版

許結:《賦體文學的文化闡釋》,中華書局 2005 年版

許結:《賦學講演録》,北京大學出版社 2009 年版

許結:《賦學:制度與批評》,中華書局 2013 年版

許結:《中國辭賦理論通史》(上、下),鳳凰出版社 2016 年版

游適宏:《試賦與識賦:從考試的賦到賦的教學》,秀威資訊科技股份有限公司 2008 年版

吴儀鳳:《賦寫帝國——唐賦創作的文化情境與書寫意涵》,萬卷樓圖書股份有限公司 2012 年版

何新文、蘇瑞隆、彭安湘:《中國賦論史》,人民出版社 2012 年版

易聞曉:《詩賦研究的語用本位》,中國社會科學出版社 2015 年版

蹤凡:《賦學文獻論稿》,商務印書館 2017 年版

王天海:《荀子校釋》,上海古籍出版社 2005 年版

吴廣平:《宋玉研究》,嶽麓書社 2004 年版

劉剛:《宋玉辭賦考》,遼海出版社 2011 年版
鄧郁章:《司馬相如與巴蜀文化研究論集》,四川人民出版社 2007 年版
金秬香:《漢代詞賦之發達》,上海商務印書館 1934 年版
陶秋英:《漢賦之史的研究》,上海中華書局 1939 年版
汪吟龍:《漢賦考》,民國二十八年(1939)中華儒學研究會石印本
簡宗梧:《漢賦源流與價值之商榷》,文史哲出版社 1980 年版
簡宗梧:《漢賦史論》,東大圖書股份有限公司 1993 年版
龔克昌:《漢賦研究》,山東文藝出版社 1984 年版,1990 年修訂版
萬光治:《漢賦通論》,巴蜀書社 1989 年版,中國社會科學出版社、華齡出版社 2004 年增訂本
康金聲:《漢賦縱横》,山西人民出版社 1992 年版
章滄授:《漢賦美學》,安徽文藝出版社 1992 年版
阮忠:《漢賦藝術論》,華中師範大學出版社 1993 年版
曲德來:《漢賦綜論》,遼寧人民出版社 1993 年版
朱曉海:《漢賦史略新證》,陜西人民出版社 2004 年版
馮良方:《漢賦與經學》,中國社會科學出版社 2004 年版
曹勝高:《漢賦與漢代制度——以都城、校獵、禮儀爲例》,北京大學出版社 2006 年版
王焕然:《漢代士風與賦風研究》,中國社會科學出版社 2006 年版
孫晶:《漢代辭賦研究》,齊魯書社 2007 年版
蹤凡:《漢賦研究史論》,北京大學出版社 2007 年版,2016 年修訂版
鄭明璋:《漢賦文化學》,齊魯書社 2009 年版
彭春豔:《漢賦繫年考證》,上海古籍出版社 2017 年版
彭春豔:《漢賦文本研究》,花木蘭文化出版社 2017 年版
高光復:《漢魏六朝四十家賦述論》,黑龍江教育出版社 1988 年版
曹道衡:《漢魏六朝辭賦》,上海古籍出版社 1989 年版
何沛雄:《漢魏六朝賦論集》,聯經出版事業公司 1990 年版
郭建勛:《先唐辭賦研究》,人民出版社 2004 年版
余江:《漢唐藝術賦研究》,學苑出版社 2005 年版
侯立兵:《漢魏六朝賦多維研究》,人民出版社 2007 年版
冷衛國:《漢魏六朝賦學批評研究》,商務印書館 2012 年版
郭瓏:《〈文選·賦〉聯綿詞研究》,巴蜀書社 2006 年版
程章燦:《魏晉南北朝賦史》,江蘇古籍出版社 1992 年版
廖國棟:《魏晉詠物賦研究》,文史哲出版社 1990 年版
于浴賢:《六朝賦述論》,河北大學出版社 1999 年版

廖志强:《南朝賦闡微》,天工書局 1997 年版
尹占華:《律賦論稿》,巴蜀書社 2001 年版
韓暉:《隋及初盛唐賦風研究》,廣西師範大學出版社 2002 年版
王兆鵬:《唐代科舉考試詩賦用韻研究》,齊魯書社 2004 年版
詹杭倫:《唐宋賦學研究》,中國社會科學出版社、華齡出版社 2004 年版
趙俊波:《中晚唐賦分體研究》,中國社會科學出版社、華齡出版社 2004 年版
伏俊璉:《俗賦研究》,中華書局 2008 年版
彭紅衛:《唐代律賦考》,社會科學文獻出版社 2009 年版
趙成林:《唐賦分體叙論》,湖南大學出版社 2009 年版
黄水雲:《傳承與拓新:唐代遊藝賦書寫》,臺灣文津出版社 2012 年版
王士祥:《唐代試賦研究》,上海古籍出版社 2012 年版
何玉蘭:《宋人賦論及作品散論》,巴蜀書社 2002 年版
林天祥:《北宋詠物賦研究》,萬卷樓圖書股份有限公司 2004 年版
劉培:《兩宋辭賦史》(上、下),山東人民出版社 2012 年版
康金聲、李丹:《金元辭賦論略》,學苑出版社 2004 年版
武懷軍:《金元辭賦研究評註》,群言出版社 2006 年版
李新宇:《元代辭賦研究》,中國社會科學出版社 2008 年版
牛海蓉:《金元賦史》,人民出版社 2015 年版
遊適宏:《祝堯〈古賦辯體〉研究》,花木蘭文化出版社 2008 年版
李新宇:《元明辭賦專題研究》,中國社會科學出版社 2011 年版
孫海洋:《明代辭賦述略》,中華書局 2007 年版
王欣慧:《作賦津梁——明代萬曆年間辭賦選本研究》,五南圖書出版股份有限公司 2015 年版
詹杭倫:《清代賦論研究》,學生書局 2002 年版
詹杭倫:《清代律賦新論》,北京燕山出版社 2002 年版
孫福軒:《清代賦學研究》,浙江大學出版社 2008 年版
(三)其他撰述
顧實:《漢書藝文志講疏》,上海古籍出版社 1987 年版
張舜徽:《廣校讎略　漢書藝文志通釋》,華中師範大學出版社 2004 年版
陳國慶:《漢書藝文志注釋彙編》,中華書局 1983 年版
王紹曾:《清史稿藝文志拾遺》(全 3 册),中華書局 2000 年版
裘錫圭:《文字學概要》,商務印書館 1988 年版
郭英德:《中國古代文體學論稿》,北京大學出版社 2005 年版
程千帆、徐有富:《校讎廣義・版本編》,齊魯書社 1998 年版

程千帆、徐有富:《校讎廣義·目録編》,齊魯書社 1998 年版
孫欽善:《中國古文獻學史》(上、下),中華書局 1994 年版
劉毓慶:《歷代詩經著述考(先秦—元代)》,中華書局 2002 年版
崔富章:《楚辭書録解題》,高等教育出版社 2010 年版
應三玉:《〈史記〉三家注研究》,鳳凰出版社 2008 年版
[美]康達維著,蘇瑞隆譯:《康達維自選集:漢代宫廷文學與文化之探微》,上海譯文出版社 2013 年版
高步瀛:《文選李注義疏》(全 4 册),中華書局 1985 年版
駱鴻凱:《文選學》,中華書局 1989 年版
傅剛:《〈昭明文選〉研究》,中國社會科學出版社 2000 年版
傅剛:《文選版本研究》,北京大學出版社 2000 年版
王書才:《文選評點述略》,上海古籍出版社 2012 年版
趙俊玲:《〈文選〉評點研究》,上海古籍出版社 2013 年版
趙俊玲:《文選彙評》(全 4 册),鳳凰出版社 2017 年版
胡旭:《先唐别集敘録》,中國社會科學出版社 2011 年版
俞紹初:《建安七子集》,中華書局 2005 年版
商衍鎏著,商志䃅校注:《清代科舉考試述録及有關著作》,百花文藝出版社 2004 年版
潘務正:《清代翰林院與文學研究》,人民出版社 2014 年版
李世愉、胡平:《中國科舉制度通史·清代卷》,上海人民出版社 2015 年版

(四)工具書

費振剛、仇仲謙:《漢賦辭典》,北京大學出版社 2002 年版
遲文浚、許志剛、宋緒連:《歷代賦辭典》,遼寧人民出版社 1992 年版
霍松林、徐宗文:《辭賦大辭典》,江蘇古籍出版社 1996 年版
上海圖書館:《中國叢書綜録》,上海古籍出版社 1986 年版
中國古籍善本書目編委會:《中國古籍善本書目》(全 8 册),上海古籍出版社 1985—1998 年版
傅璇琮、楊牧之:《中國古籍總目》(全 30 册),上海古籍出版社 2009—2013 年版
瞿冕良:《中國古籍版刻辭典》(增訂本),蘇州大學出版社 2009 年版
張撝之、沈起煒、劉德重:《中國歷代人名大辭典》(上、下),上海古籍出版社 1999 年版
譚其驤:《中國歷史地圖集》(全 8 册),中國地圖出版社 1982 年版
方詩銘:《中國歷史紀年表》,上海辭書出版社 1980 年版
譚正璧:《中國文學家大辭典》,上海書店 1981 年版

曹道衡、沈玉成:《中國文學家大辭典·先秦漢魏晉南北朝卷》,中華書局1996年版
周祖譔:《中國文學家大辭典·唐五代卷》,中華書局1992年版
曾棗莊:《中國文學家大辭典·宋代卷》,中華書局2004年版
鄧紹基、楊鐮:《中國文學家大辭典·遼金元卷》,中華書局2006年版
李時人:《中國文學家大辭典·明代卷》,中華書局2018年版
錢仲聯:《中國文學家大辭典·清代卷》,中華書局1996年版
江慶柏:《清代人物生卒年表》,人民文學出版社2005年版
楊廷福、楊同甫:《清人室名別稱字號索引》(增補本),上海古籍出版社2001年版
尚恆元、孫安邦:《中國人名異稱大辭典》,山西人民出版社2002年版
戴均良等:《中國古今地名大詞典》(全3册),上海辭書出版社2005年版

三、研究論文

許結:《歷代賦集與賦學批評》,《南京大學學報》(哲學·人文科學·社會科學版)2001年第6期
許結:《論清代科制與律賦批評》,見徐中玉、郭豫适主編《古代文學理論研究》(第二十一輯),華東師範大學出版社2003年版
許結:《湯稼堂〈律賦衡裁〉與清代律賦學考述》,《浙江學刊》2003年第6期
許結:《鄭起潛〈聲律關鍵〉與宋代科舉八韻律賦叙論》,見李國章、趙昌平主編《中華文史論叢》(總第七十四輯),上海古籍出版社2004年版
許結:《鮑桂星〈賦則〉考論》,《南京大學學報》(哲學·人文科學·社會科學版)2010年第5期
許結:《宋代科舉與辭賦嬗變》,《復旦學報》(社會科學版)2012年第4期
程章燦:《〈賦珍〉考論》,見《賦學論叢》,中華書局2005年版
程章燦:《〈事類賦注〉引漢魏六朝賦考》,《古籍整理研究學刊》2000年第2期
詹杭倫:《李調元及其〈雨村賦話〉》,見《清代律賦新論》,北京燕山出版社2002年版
詹杭倫:《賦譜校注》,見《唐宋賦學研究》,中國社會科學出版社2004年版
詹杭倫:《論〈雨村賦話〉對〈律賦衡裁〉的沿襲與創新》,見《唐宋賦學研究》,中國社會科學出版社、華齡出版社2004年版
詹杭倫:《范仲淹的賦論與賦作新探》,《濟南大學學報》(社會科學版)2006年第2期
何新文:《〈春秋經傳類對賦〉與〈左傳〉的傳播》,見孫緑怡主編《春秋左傳

研究:2008〈春秋〉〈左傳〉學術研討會論文集》,中華書局、中央廣播電視大學出版社 2009 年版

何新文:《浦銑和他的兩種賦話:賦話探考之一》,見張國光、祝敏徹主編《文學與語言論集》,中國社會科學出版社 1991 年版

何新文:《論晚唐律賦的藝術變化》,《湖北大學學報》(哲學社會科學版)1995 年第 1 期

何新文:《林聯桂及其賦作賦話考論》,《遼東學院學報》(社會科學版)2010 年第 5 期

何新文、彭安湘:《論〈見星廬賦話〉對清代律賦藝術的評析》,《湖北大學學報》(哲學社會科學版)2010 年第 6 期

何新文、胡武生:《論劉壎〈隱居通議〉"古賦"選評的賦學意義》,《南京大學學報》(哲學·人文科學·社會科學版)2012 年第 5 期

孫晶:《清代學者黄承吉的"正揚論"——以黄承吉論〈解嘲〉爲中心》,《煙臺大學学報》(哲學社會科學版)2016 年第 6 期

潘務正:《法式善〈同館賦鈔〉與清代翰林院律賦考試》,《南京大學學報》(哲學·人文科學·社會科學版)2006 年第 4 期

潘務正:《王修玉〈歷朝賦楷〉與清初文教政策》,《浙江師範大學學報》(社會科學版)2010 年第 1 期

潘務正:《林聯桂〈見星廬賦話〉與嘉道之際館閣賦風》,《文學遺産》2010 年第 5 期

潘務正、桂梟:《〈國朝賦楷〉編者及選目考》,《文獻》2013 年第 6 期

潘務正:《張惠言〈七十家賦鈔〉與常州學風》,《江蘇師範大學學報》(哲學社會科學版)2015 年第 1 期

孫福軒:《康雍年間賦選賦學思想論》,《濟南大學學報》(社會科學版)2008 年第 4 期

孫福軒:《〈律賦衡裁〉與〈雨村賦話〉:乾嘉古律之争格局下的律體賦學》,《中國詩歌研究》2009 年

孫福軒:《戴綸喆〈漢魏六朝賦摘豔譜説〉與清末賦學》,《浙江大學學報》(人文社會科學版)2013 年第 3 期

王思豪:《中國早期文學文本的對話:〈詩〉賦互文關係詮解》,《文學評論》2018 年第 3 期

何易展:《清代孫濩孫生平及〈華國編〉考辨》,《文獻》2018 年第 4 期

程維:《從王世貞對揚雄賦論的"誤"引看明中期的賦學復古》,《中南大學學報》(社會科學版)2014 年第 6 期

禹明蓮:《張惠言〈七十家賦鈔〉分體歸類與評點考述》,《山西師大學報》

(社會科學版)2016年第3期
禹明蓮:《俞王言編選評點〈辭賦標義〉與明代賦學批評》,《中國文學研究》2016年第4期
禹明蓮:《陳山毓〈賦略〉古賦選評及其賦學意義》,《中國韻文學刊》2018年第2期
禹明蓮:《明清賦集選本視域下的漢賦評點》,《中華文化論壇》2018年第8期
王淑蕙:《晚清〈少嵒賦草〉版本、流傳與在臺運用》,《國文學報》2019年第65期
蹤凡:《劉向父子的漢賦研究》,《文獻》2002年第1期
蹤凡:《試論王充的漢賦觀》,《社會科學研究》2002年第2期
蹤凡:《祝堯〈古賦辨體〉的漢賦觀》,《首都師範大學學報》(社會科學版)2003年第2期
蹤凡:《興楚盛漢,蔚成大國——劉勰論漢賦的性質源流》,《天府新論》2004年第6期
蹤凡:《寫物圖貌,蔚似雕畫——劉勰論漢賦的文學成就》,《陰山學刊》2004年第6期
蹤凡:《〈歷代賦彙〉的漢賦編録與分類》,《天津社會科學》2004年第6期
冷衛國、蹤凡:《陳山毓〈賦略〉及其賦學觀》,《貴州社會科學》2005年第3期
蹤凡:《唐宋類書對漢賦的摘録與編類》,《中國韻文學刊》2006年第2期
蹤凡:《〈神烏賦〉集校集釋》,《先秦兩漢學術》第六期
蹤凡:《王觀國的漢賦研究》,《學術論壇》2007年第1期
蹤凡:《漢魏六朝的漢賦整理與編録》,《中國詩歌研究》2006年
蹤凡:《李善〈文選注〉對漢賦的注釋》,《貴州大學學報》(社會科學版)2007年第3期
蹤凡:《明代漢賦輯録的文獻考察》,《首都師範大學學報》2007年第5期
蹤凡:《嚴可均〈全漢文〉〈全後漢文〉輯録漢賦之闕誤》,《文學遺産》2007年第6期
蹤凡:《古代語言文字學著作中的漢賦資料》,《文獻》2008年第1期
蹤凡:《嚴可均〈全漢文〉〈全後漢文〉輯録漢賦之貢獻》,《遼東學院學報》(社會科學版)2008年第6期
蹤凡、郭曉明:《〈韻補〉引賦考》,《文史》(二〇〇九年第三輯),中華書局2009年版
蹤凡:《〈司馬相如集〉明清輯本初探》,《文獻》2010年第1期

蹤凡、孫晨:《〈賦海補遺〉編者考》,《中國典籍與文化》2011 年第 1 期
蹤凡:《〈司馬相如集〉版本叙録》,《古籍整理研究學刊》2011 年第 6 期
蹤凡、王海燕:《何景明的一篇集外賦》,《中州學刊》2011 年第 4 期
蹤凡:《〈賦海大觀〉價值初探》,《文獻》2011 年第 3 期
蹤凡:《〈古賦辯體〉版本研究》,《南京大學學報》(哲學·人文科學·社會科學版)2012 年第 5 期
蹤凡:《〈賦珍〉補論》,《遼東學院學報》(社會科學版)2012 年第 6 期
蹤凡:《論明代的漢賦評點》,《中州學刊》2013 年第 3 期
蹤凡、方利俠:《〈歷代賦彙〉版本叙録》,《中國韻文學刊》2013 年第 2 期
蹤凡、方利俠:《〈會稽三賦〉的注本和版本》,《紹興文理學院學報》(哲學社會科學)2014 年第 4 期
蹤凡:《〈賦海大觀〉之闕誤》,《中南民族大學學報》(人文社會科學版)2014 年第 5 期
蹤凡:《〈宋金元明賦選〉王鴻朗跋語考辨》,《文獻》2014 年第 6 期
蹤凡:《東漢賦注考》,《文學遺産》2015 年第 2 期
蹤凡:《〈辭賦標義〉的編者、版本及其賦學觀》,《社會科學》2015 年第 5 期
蹤凡、郭英德:《歷代賦學文獻的變遷、類型與研究》,《求索》2017 年第 3 期
蹤凡:《〈賦苑〉編者李鴻生平考略》,《文獻》2018 年第 4 期
蹤凡:《歐陽詢賦學思想探微》,《新疆大學學報》(哲學·人文社會科學版)2018 年第 6 期

人名索引

説明:

1. 本索引所列條目,爲本書標題中出現的作者、編者、注者和評點者,以目録學著作中的著録信息,古籍的封面頁、目録頁、卷端(正文首頁)或版心所題爲據,不包括序跋作者、出版者、收藏者等,不包括正文中涉及的人名。

2. 以人物姓名爲詞條,一般不列字、號、别稱等。

3. 以首字漢語拼音爲序。音節相同者,按音調陰平、陽平、上聲、去聲排列;如果音節和音調相同,按筆畫數由少到多排列;筆畫數相同者,按照筆順排列。首字相同者,則比較第二字。

4. 索引條目後顯示頁碼;若人名出現多次,則顯示多個頁碼。

D

F

G

H

J

K

L

M

N

O

P

Q

R

S

T

W

X

Y

Z

書名索引

説明:

1. 本索引爲本書標題中的書名索引,不包括正文中所涉及的書名。

2. 所列條目,以目録學著作中的著録信息,古籍的封面頁、目録頁、卷端(正文首頁)或版心所題爲據。如果各處所題之書名不一,則分别列爲詞條,編製索引。

3. 書名中的"欽定""御定""重訂""增註""新刊""國朝"等一仍其舊,不予删減。

4. 以首字漢語拼音爲序。音節相同者,按音調陰平、陽平、上聲、去聲排列,如果音節和音調都相同,按筆畫數由少到多排列;筆畫數相同者,按照筆順排列。首字相同者,則比較第二字。

5. 索引條目後顯示頁碼。書名相同而作者不同者,則合併爲一條。書名相同且頁碼相同者,則在該頁碼後以括號標注出現次數。如:賦集(南朝宋謝靈運輯,146 頁)、賦集(南朝宋劉義宗輯,147 頁)、賦集(南朝宋劉彧輯,147 頁)、賦集(北魏崔浩輯,150 頁),合併爲:賦集/146、147(2)、150。

B

C

D

E

F

G

H

J

K

L

M

N

O

P

Q

R

S

T

W

Y

Z

後　記

對於像我這樣資質駑鈍的人來説,要想完成一個研究課題並且達到让自己基本滿意的程度,大約需要八到十年。我所研究的第一個課題"漢賦研究史",從1997年9月博士生入學算起,到2005年10月將書稿完成並交付北京大學出版社,用了整整八年的時間。如果算到2007年5月《漢賦研究史論》出版面世,則已經有十年之久。好在本書出版後受到很多專家學者的肯定和鼓勵,《書品》《天府新論》《中國詩歌研究動態》《中國文學年鑒2008》等刊物都發表了署名文章,予以評介。本書還榮獲北京市第十届哲學社會科學優秀成果獎一等獎。

無獨有偶,我所承擔的第一個國家社科基金項目"歷代賦學文獻考"也是如此。該項目於2010年6月獲批,2017年1月結項(鑒定成果爲優秀),至2019年2月修改完畢,已經用去了九年的時間。好在該成果的兩個副産品都已經先行出版:一是《賦學文獻論稿》(46萬字,商務印書館2017年版)。我將本項目的前期成果和研究過程中發表的學術論文略作分類,匯成此書,甚得學術界同仁讚譽。《澳門文獻信息學刊》《安順學院學報》《天中學刊》皆發表書評,多有溢美之詞。一是《歷代賦學文獻輯刊》(全200册,國家圖書館出版社2017年版)。該書由我和郭英德先生合作,從本人經眼的數百種賦學古籍中精選214種,影印出版,俾爲賦學研究者和文史研究者提供最基本的查考文獻,免去其奔波抄録之苦。該書規模宏大,出版后好評如潮,中國賦學會會長許結教授贈詩云:"七載勤心治,與君品麗辭。《輯刊》呈盛世,群彦聚京師。敢效公榮酒,堪鄰逸少池。金秋觀碩果,展卷賦新詩。"教育部長江學者程章燦教授贈詩云:"嘆惜故園蕪,誰培橘萬株? 漢家新制度,我土益膏腴。林薄招奇士,江湖解宿逋。采山荆棘道,從此是通途。"《古籍整理出版情况簡報》《中國出版》《中國韻文學刊》等刊物均對此書發表評論文字。該書榮獲2017年度全國優秀古籍圖書獎一等獎。

書稿總算是完成了,九年辛勞,甘苦自知。自我羞愧之餘,忽然想到了司馬遷《史記》、許慎《説文解字》、李時珍《本草綱目》、曹雪芹《紅樓夢》等古代名著,無不耗盡了作者畢生的精力。與前賢相比,我用 9 年時間做一個課題,已經算是速成了,當然,也無疑是速朽的。其實,“歷代賦學文獻考”的研究並没有完成,除了本書所收者,對見藏於北京、上海、南京、武漢等地圖書館的賦學文獻還有不少遺漏(主要是賦别集),全國地市級圖書館、港台以及海外圖書館的賦學文獻還大都没有查閲,因此我又與馬自力教授合作,正在進行“歷代賦學文獻續考”的研究。

不能忘記,本課題研究過程中曾經得到過很多師友的關心、指導、鼓勵和幫助。首先應該感謝的是北京師範大學郭英德教授。就在 2014 年本項目經費已經用完而研究進度剛剛過半,“路迢迢,炊斷糧”的緊要關頭,郭先生邀請我進入他主持的國家社科基金重大項目“中國古代散文研究文獻集成”課題組,並且提供了充足的調研經費。於是 2015 年暑假,我得以和内子、女兒一起去上海圖書館、南京圖書館查閲賦學文獻,或抄録,或拍照,以賡續本項目研究,最大限度地彌補了缺憾。本書對歷代賦學文獻的分類、將每一時期賦學文獻分爲正編、外編的基本格局,就是在郭先生的指導下設計的。此外,在合作編纂《歷代賦學文獻輯刊》時,郭先生不僅通讀前言和各篇提要,潤色文字,還親自查閲家譜、地方志等稀見文獻,考證出很多不知名作者(編者)的生平履歷,貢獻巨大。在本書的編撰過程中,南京大學許結教授、貴州師範大學易聞曉教授、浙江大學孫福軒教授、安徽師範大學潘務正教授、呼倫貝爾學院楊晶瑜副教授、朝陽師範高等專科學校帥磊副教授、國家圖書館出版社南江濤博士等,或提供寶貴資料,或審讀部分提要,或考證賦家生平,甚至還撰寫部分條目的初稿,惠我實多,令人感懷。内子方利俠館員多次協助我查閲文獻,並且將大部分資料録入電腦。文學院研究生楊清琴、孫晨、郝艷娜、景晶、江曉、宋秋霜、郭晨鳴等幫助查閲了部分古籍文獻,郭玥、郭媛、吴天宇、霍安琪等幫助核對全書引文,劉夢婷、吴世松爲本書編製了人名、書名索引,點點滴滴,令人難忘。本書的出版,又得到山東畫報出版社趙發國總編輯、我的師姐齊魯書社張麗副總編輯、好友張超編輯的大力幫助和指教,良朋嘉惠,深表謝忱。

書中的缺點和謬誤,尚祈海内外賢達不吝賜教。其中有些缺失,可以在《續考》中彌補。

蹤　凡

2019 年 2 月 14 日於北京昆玉河畔